Freudenthal und seine Kreisgemeinden

Freudenthal
und seine Kreisgemeinden

Dokumentation eines Landkreises

im Ostsudetenland

Heimatkreis Freudenthal / Altvater e. V.

Zusammengestellt von
Adolf Gottwald, früher Würbenthal
und Helmut Rössler, früher Bennisch

Herausgegeben vom Heimatkreis Freudenthal/Altvater e. V.
ISBN 3 9241 81 34 9
Bruno Langer Verlag D-7300 Esslingen 1991
2. Auflage
Gesamtherstellung Bruno Langer Druckerei
Printed in Germany

Ferienstimmung in Bad Karlsbrunn, Gemälde von Erich Hürden, 1917

Heimatland, Sudetenland

Wilhelm Urban

Die schönste aller Heimathymnen. Zu Joseph Haydns bekanntester Weise.

Land der ewig grünen Wälder,
Deutsche Gauen, berggekrönt,
Die durch blütenduft'ge Fluren
Hell umkränzt und bunt verschönt;
Tausend klare Quellen sprudeln
Aus dem Moos, aus Felsenwand:
Liebumhegter Garten Gottes,
Heimatland, Sudetenland!

Erzgesegnet deine Erde,
Die erschürft des Bergmanns Fleiß,
Fruchtgesegnet deine Scholle,
Die getränkt der Väter Schweiß.
Der Geschlechter lange Reihen
Reichten schaffend sich die Hand,
Stammestreu und festverwurzelt
Stets in dir, Sudetenland.

Großer Meister reges Walten
Kündet mancher stolze Bau,
Himmelstrebend ragen Dome
In des Äthers lichtes Blau.
Forschung, Wissenschaft und Künste
Schlingen sich als geist'ges Band
Ins Kulturgut aller Deutschen,
Zeugend vom Sudetenland.

Lasten der Vertrieb'nen Sorgen
Auf uns wie ein schwerer Traum,
Da gewaltsam uns entrissen
Unsrer Ahnen heil'ger Raum:
Innig klingen unsre Grüße
Hin zu dir vom fernsten Strand,
Immer bleibst du unser eigen,
Heimatland, Sudetenland!

Grußwort

Die schrecklichen Folgen des unheilvollen Zweiten Weltkrieges haben die Bewohner in allen Teilen Deutschlands schwer getroffen. Ein besonders schmerzliches Schicksal erlitten dabei die vielen Millionen, die aus der Heimat verschleppt und vertrieben wurden.

Dieses harte Los der Vertreibung hatten auch die Bürger der traditionsreichen und wirtschaftlich hochentwickelten Stadt Freudenthal und des umgebenden Landkreises zu tragen, die sich nach entbehrungsreichen Kriegswirren in fremder Umgebung eine neue Existenz aufbauen mußten.

Mit den zahlreichen Flüchtlings- und Vertriebenentransporten in diesen Nachkriegszeiten erreichten auch viele Bewohner aus Freudenthal die Stadt Memmingen, die ihnen nun zusammen mit Leidensgenossen aus anderen Gebieten zu einer zweiten Heimat werden sollte. Nach den von alteingesessenen Bürgern und den Zwangsumgesiedelten gemeinsam gemeisterten Anfangsschwierigkeiten begann in Memmingen ein zielstrebiger Aufbau, der durch die Leistungen der heimatvertriebenen Neubürger und ihren Willen zum Neubeginn mitgetragen wurde.

Um den hohen Stellenwert zu verdeutlichen, den der Stadtrat Memmingen von Beginn an der Eingliederung der Heimatvertriebenen sowohl in der Bürgerschaft wie auch im öffentlichen Leben unserer Stadt beimaß, wurde mit einstimmigen Beschlüssen in den Jahren 1955/56 die Patenschaft für Stadt und Landkreis Freudenthal übernommen. Aus dieser Verpflichtung heraus wurde in der Folgezeit im städtischen Museum eine Freudenthaler Heimatstube eingerichtet und vor allem in jüngster Zeit ausgebaut. Hier verdient der unermüdliche Einsatz und die Unterstützung der jeweiligen Betreuer besonders hervorgehoben zu werden, ohne deren Engagement die heutige Gestaltung und Ausstattung der Heimatstube nicht ermöglicht worden wäre.

Mit der Herausgabe eines Freudenthaler Heimatbuches schaffen die Autoren ein Werk, das die Vergangenheit und die Geschichte Freudenthals wieder lebendig werden läßt und der Vergessenheit entreißt. Für die Älteren wird es eine langersehnte Begegnung mit vertrauten Bildern und Begebenheiten werden, während es der jüngeren Generation Zeugnis von einer Heimat gibt, die sie nur aus den Erzählungen kennt.

Ich freue mich über die Initiative des Heimatkreises Freudenthal, dieses Buch herauszugeben und darf im Namen der Patenstadt Memmingen dazu die herzlichsten Glückwünsche übermitteln. Ich verbinde damit den Wunsch und die Hoffnung, daß dieses Werk dazu beitragen wird, den Freudenthaler Landsleuten in aller Welt, vor allem der nachwachsenden Generation, die Wurzeln ihrer Herkunft deutlich zu machen und damit die Geschichte und Entwicklung der verlorenen aber unvergessenen Heimat wieder in Erinnerung zu bringen.

Dr. Holzinger
Oberbürgermeister

Zum Geleit

43 Jahre nach der Vertreibung bringt der Heimatkreis Freudenthal mit der Dokumentation „Freudenthal und seine Kreisgemeinden" eine Arbeit heraus, die dem Leser in Wort und Bild einen umfassenden Geschichtsüberblick dieses Kreises bietet.

Schon unter meinem Amtsvorgänger Dr. Hans Schober war die Herausgabe eines Heimatkreisbuches beschlossen und mit den Vorarbeiten hierzu begonnen worden. Sie gerieten durch seinen Tod ins Stocken. Es ist uns ein Herzensbedürfnis, daß dieses Buch zahlreiche Leser und weite Verbreitung finden möge, damit das Wissen um die fast achthundertjährige Geschichte des Altvaterlandes erhalten bleibt. Das Buch soll zugleich den vielen Generationen von Vorfahren, die jene Gegend durch Schweiß und Arbeit zu einem blühenden Landstrich machten, ein ehrendes Denkmal setzen. Von böhmischen Königen zur Zeit der deutschen Ostkolonisation gerufen, kamen einst deutsche Siedler in ein weitgehend menschenleeres Land. Die Bergleute schürften nach Erzen und fanden Gold, Silber und andere Metalle. Die Bauern rodeten Wälder, machten den Boden urbar und legten Städte und Dörfer an. Beide zusammen schufen damit den adeligen Landesherren durch Zinsen und Abgaben ständige Einnahmequellen. Neben langen Perioden des Friedens gab es Zeiten von Kriegen, Religionswirren, Seuchen und andere Heimsuchungen. Durch Pest und Cholera starben ganze Dörfer aus und mußten neu aufgebaut und besiedelt werden. Doch alle Drangsale wurden überwunden, und das Land brachte es zu neuem Wohlstand, insbesondere in der vierhundertjährigen Zeit der Zugehörigkeit zum Kaisertum Österreich.

Wohl war der Boden in unseren Gebirgsdörfern karger als unten in den Tälern. Die Winter waren hart und lange, aber die Heimat gab uns alles, was wir zum Leben brauchten. Wir waren ein arbeitsames und dennoch fröhliches und geselliges Völkchen, allem Guten und Schönen aufgeschlossen. Darum kamen auch viele Urlauber aus den Städten und Industrierevieren gern zu uns, um sich in der schönen Landschaft zu erholen. Diese Heimat mußte man lieben.

Wer hätte je gedacht, daß einmal ein fremdes Volk, unsere Nachbarn die Tschechen, uns dieses Land, das uns das Schicksal zugeteilt hatte, streitig machen könnte? Wir wollten mit allen in Ruhe und Frieden leben und den Boden, den wir von unseren Vorfahren geerbt hatten, einmal an unsere Kinder weitergeben.

Nach dem Ende des Zweiten Weltkrieges nutzten tschechische Politiker, namentlich Dr. Eduard Benesch, die Gunst der Stunde, um die Deutschen der Sudetenländer aus ihrer angestammten Heimat zu vertreiben. Heute erweist es sich, daß sie damit ihrem eigenen Volk mehr geschadet als genützt haben. Die Geschichte unserer Heimat ist damit nicht zu Ende. Wir wurden zwar aus der Heimat vertrieben, haben sie aber im Herzen mitgenommen und sind überzeugt, daß auf die Dauer das Recht stärker als die Macht sein wird. Auch dieses Buch soll ein zusätzliches Dokument für das Recht auf unsere Heimat sein.

Wir danken dem Oberbürgermeister unserer Patenstadt Memmingen, Dr. Ivo Holzinger, für sein treffliches Grußwort zu unserem Buch und für die stets zuteil gewordene Unterstützung sowie dem Heimatpfleger Uli Braun für seinen historischen Beitrag „Memmingen im Spiegel seiner Geschichte".

Den Landsleuten Helmut Rössler, Adolf Gottwald und Bruno Langer danken wir für die viele Arbeit, die sie geleistet haben, um all das zusammenzutragen, was für uns wichtig war. Vor allem aber sind wir jenen zu Dank verpflichtet, die uns in vielen Aufzeichnungen das Leben in der Heimat geschildert und überliefert haben.

Adolf Irmler

Adolf Irmler
Heimatkreisbetreuer

Einführung

Seit dem Ende des Zweiten Weltkrieges und der Vertreibung von vielen Millionen deutscher Menschen aus ihrer Heimat sind mehr als vierzig Jahre vergangen. Vieles hat sich seither verändert, und auch in den Aufnahmegebieten der Heimatvertriebenen ist manche einst festgefügte Ordnung neuen Notwendigkeiten und Bedürfnissen gewichen. Seit der Öffnung der Berliner Mauer im Herbst 1989 sind erstarrte Fronten und das Blockdenken zwischen Ost und West in Bewegung geraten. Im Geiste europäischer Zusammenarbeit sollte eine allseitig annehmbare Lösung der deutschen Frage möglich sein, dennoch besteht für Euphorie kein Anlaß.

Die Heimatvertriebenen wurden in den Nachkriegsjahren glücklicherweise nicht zum befürchteten sozialen Sprengstoff, sondern dank ihres Fleißes und ihres zähen Aufbauwillens zu einem wichtigen Faktor der Wirtschaftskraft unseres Volkes. In harter Arbeit haben sie sich ein eigenes Dach über den Kopf und festen Boden unter den Füßen geschaffen. Ihr überwiegender Teil kann als wirtschaftlich, kulturell und gesellschaftlich eingegliedert gelten. In der Stuttgarter „Charta der deutschen Heimatvertriebenen" vom Jahre 1950 haben sie aus freiem Entschluß auf Rache und Vergeltung des ihnen angetanen Unrechtes verzichtet, jedoch gleichzeitig ihr Recht auf Heimat und Selbstbestimmung bekräftigt. Ihre Liebe zur alten Heimat ist ungebrochen.

Wer mit einem Abstand von vier Jahrzehnten versucht, sich das Bild seiner Heimat in Erinnerung zu rufen, wer ihrer Geschichte nachspürt, um sie weiterzugeben, dem wird bewußt, welche gewaltige Aufbauleistung von den Vorfahren erbracht worden ist. Das vorliegende Buch dokumentiert die Geschichte des sudetendeutschen Landkreises Freudenthal und das Schicksal seiner Bewohner. Dieser Kreis ist ein Herzstück des Altvaterlandes, jener deutschen Rodungslandschaft des Mittelalters, die geographisch im nördlichen Teil zu Schlesien und im südlichen zu Mähren zählte. Er ist eingebettet in die deutschen Nachbarkreise Freiwaldau, Jägerndorf, Troppau auf schlesischer, Mährisch-Schönberg, Sternberg, Römerstadt und Bärn auf mährischer Seite. Die Geschichte dieser Nachbarkreise ist mit der Geschichte des Kreises Freudenthal aufs engste verbunden. Ebenso sind Mundart, Sitte und Brauchtum allen gemeinsam. Wer in dieser Landschaft aufgewachsen ist, wurde von ihr geprägt. Den Nordmährern und Sudetenschlesiern sagt man nach, daß sie gutherzig, gewissenhaft und arbeitsam seien und in ihrem Wesen mehr nachdenklich und bedachtsam als zungenfertig und vorschnell. Sie hängen zäh an ihrer Scholle und lassen sich nicht leicht aus dem Gleichgewicht bringen.

Der Kreis Freudenthal reicht vom Altvater an der mährischen Grenze im Nordwesten bis zum Tiefland der Troppauer Bucht bei Groß-Herrlitz und den Schieferbrüchen bei Frei-Hermersdorf/Eckersdorf im Südosten. Von Norden nach Süden erstreckt er sich von Einsiedel bei Würbenthal bis Rautenberg im Mohratal. In seiner Mitte liegt zu Füßen der Wallfahrtskirche des Köhlerberges die gewerbefleißige Kreisstadt Freudenthal. Sie war ein bedeutendes Zentrum der Textilindustrie und Sitz der Deutschordensherrschaft Freudenthal, der sie zahlreiche Bauten und gemeinnützige Einrichtungen verdankt. Persönlichkeiten aus dem österreichischen Kaiserhause wie die Ordenshochmeister und Erzherzöge Wilhelm und Eugen, sodann deren bürgerliche Nachfolger Bischof Klein, Propst Heider und Abt Schälzky wurden von der Bevölkerung hochverehrt.

Freudenthal beherbergte aber auch das als Gemeinschaftsleistung der deutschen Katholiken Nordmährens und Schlesiens errichtete Knabenseminar der Erzdiözese Olmütz. Es war nicht nur ein Zentrum des Priesternachwuchses, sondern trug durch seine Existenz auch wesentlich zum Erhalt des in den zwanziger Jahren von der Schließung bedrohten Staatsrealgymnasiums bei. Die Vorbesitzer der Deutschordensherrschaft Freudenthal, die Herren von Würben, förderten insbesondere den Bergbau und die Verhüttung der Erze und sind auch die Gründer der Bergstädte Engelsberg und Würbenthal. Dieses Geschlecht war auch Besitzer der im Ostteil des Kreises gelegenen Herrschaft Herrlitz. Etwa auf halbem Wege zwischen Freudenthal und Groß-Herrlitz liegt die alte Silberbergstadt Bennisch mit ihrer langen Bergbau- und Webereitradition. Sie war als Sitz eines Gerichtsbezirkes Mittelpunkt der sie umgebenden 14 Landgemeinden. Nach dem Wortlaut der erhalten gebliebenen Gründungsurkunde entstand die Stadt Bennisch am 11. April 1253.

Schon vorher gab es zwischen Bennisch und Troppau eine Reihe von deutschen Orten, die man Klosterdörfer nannte, weil sie vom Zisterzienserstift Welehrad bei Ungarisch-Hradisch errichtet worden waren. Troppau selbst wurde um 1200 vom mährischen Markgrafen Wladislaw Heinrich als Großsiedlung mit 400 Häusern gegründet und war bald darauf unumstrittener Vorort der gleichnamigen Provinz. Schon 1204 besaß hier der Deutsche Ritterorden eine Kommende (Niederlassung) und 1221 wird mit dem Stadtschreiber Purkhard von Troppau der erste deutsche Bürgername urkundlich genannt.

Kurz nach 1200, wahrscheinlich 1213, wie die Mährisch-Neustadter Gründungsurkunde besagt, wurde ebenfalls von

Wladislaw Heinrich die Stadt Freudenthal nach Magdeburger Recht gegründet. Dieses Recht erhielten später noch viele andere Städte. Das Besondere an Freudenthal ist daher nicht die Verleihung des Magdeburger Rechtes an sich, sondern der sehr frühe Zeitpunkt der Gründung und die weit nach Südosten vorgeschobene Lage der neuen Stadt im damals noch unerschlossenen Grenzwald zwischen Böhmen und Polen. Die Siedlungstätigkeit muß sehr erfolgreich gewesen sein, denn nur wenige Jahrzehnte später wetteiferten sowohl weltliche als auch geistliche Grundherren miteinander, durch Gründungen neuer Städte und Dörfer ihre Herrschaftsgebiete immer mehr zu erschließen. Sie erbrachte ihnen neue Einnahmen durch Zinsen und Abgaben. Nirgendwo kamen deutsche Siedler als Eroberer ins Land, sie wurden vielmehr von den slawischen Grundherren gerufen. Gemeinsam mit deutschen Bergleuten, die nach Erzen schürften und fündig geworden waren, zogen deutsche Bauern hierher, rodeten die Wälder und schufen neues Ackerland. So entstanden die Städte und Dörfer des Kreises Freudenthal. Er behielt über alle Zeitläufe hinweg seinen rein deutschen Charakter. Auch die letzte tschechoslowakische Volkszählung vom Jahre 1930 weist ihn als zu 97% deutsch bewohnt aus!"

Das Heimatbuch bringt zahlreiches, präzises Zahlenmaterial, darunter auch weniger Bekanntes und stellt in einem eigenen Abschnitt jede einzelne Kreisgemeinde gesondert vor. Es berichtet über Kirchen und Schulen, über Land- und Forstwirtschaft sowie über Handel, Gewerbe und Industrie und stellt auch rund 150 namhafte Personen in Lebensbildern, mit Quellenangaben versehen, vor. Mehr als 900 Abbildungen veranschaulichen und bereichern den Text. Personen- und Ortsregister erleichtern das Auffinden von Einzelheiten. Wer sich in dieses Buch vertieft, erfährt von Zeiten des Wohlstandes und solchen der Not. Auch in früheren Jahrhunderten wurden Kriege geführt und fremde Truppen verwüsteten ganze Landstriche. Doch sie kamen und gingen, die Bevölkerung blieb! Erst unserem sich doch so fortschrittlich und überlegen dünkenden 20. Jahrhundert blieb es

vorbehalten, im Taumel des Sieges die Angehörigen des unterlegenen Gegners millionenfach aus ihrer Heimat zu vertreiben! Das Buch beschreibt daher auch ausführlich den Ablauf der schicksalhaften Jahre 1945 und 1946. Dennoch will es nicht anklagen, sondern nüchtern und sachlich das Geschehene festhalten.

Der Kreis Freudenthal ist in der glücklichen Lage, zahlreiche Dokumentationen seiner Gemeinden zu besitzen. Was bislang fehlte, war eine Gesamtschau des Kreises und seine Einbettung in die Geschichte des Altvaterlandes bzw. des Ost-Sudetenraumes. Mit dem vorliegenden Buch ist diese Lücke geschlossen worden. Es soll für die ältere Generation ein Erinnerungsbuch sein und ihr als Nachschlagewerk in heimatlichen Fragen dienen. Die jüngere und mittlere Generation möge es dazu anregen, ihr Wissen um die Heimat ihrer Eltern und das Land ihrer Herkunft zu vertiefen. Letztlich soll es dazu beitragen, daß Gräben überwunden und neue Brücken geschlagen werden können, auch zum tschechischen Volk, das immer Nachbar bleiben wird. Beide Völker sollten künftig mehr die langen Zeiträume fruchtbarer Zusammenarbeit und weniger die Jahre der Gegnerschaft herausstellen. Hierzu bedarf es eines ehrlichen und offenen Meinungsaustausches, der kein Thema ausspart. Hier bleibt für die jüngere Generation ein reiches Aufgabenfeld!

Abschließend sei allen, die zum Gelingen des Buches beigetragen haben, insbesondere allen Ortsbetreuern, für ihre rege Mithilfe herzlich gedankt.

Helmut Rössler

Helmut Rössler

Der sagenumwobene Hinnewiederstein bei Bad Karlsbrunn

Die Landschaft um den Altvater

Der sudetenschlesische Landkreis Freudenthal mit seinen deutschen Städten und Dörfern ist ein Teil des Altvaterlandes, das seinen Namen von dessen höchster Erhebung, dem Altvater, erhalten hat.

Die Landschaft wird im Band Nr. 17/18 „Sudetenland" der „Deutschen Reiseführer" 1939 beschrieben: „Das Altvatergebirge, das im Altvater (1490 m) seine größte Höhe erreicht, ist der mittlere und höchste Teil der Ostsudeten. Waldreich, aus Urgesteinen aufgebaut, mit mächtigen Bergformen und flachgewölbten Koppen bildet es das Kernstück des Ostsudetenlandes. Schmucke Reihendörfer in den oberen Lagen und industriereiche Stadtsiedlungen im Vorland des Gebirges kennzeichnen die Flußtäler im Altvatergebirge. Freiwaldau-Gräfenberg, der Prießnitzkurort im Norden, Mährisch-Schönberg, die schön gelegene Industriestadt im Süden, im Tal der Teß, und Freudenthal, der Sitz des Deutschen Ritterordens, sind die bedeutendsten Städte dieses Gebietes. Mitten im Altvatergebirge, von weiten Wäldern rings umgeben, liegt Bad Karlsbrunn und im nördlichen Vorland des Gebirges, nahe Freiwaldau, der bekannte Schrothkurort Nieder-Lindewiese. Gegen Westen setzt sich das Altvatergebirge im Glatzer Schneegebirge fort, nördlich geht es zunächst in das Reichensteiner Gebirge und dann in das schlesische Tiefland über. Gegen Süden senkt es sich in die Täler der Teß und March und geht über den Talkessel von Mährisch-Neustadt in das Hügelland des Schönhengstgaues und in die mährische Ebene über. Im Osten senkt es sich zu der ebenfalls aus Urgestein gebildeten Hochfläche des Gesenkes." Das Gesenke stellt eine gebirgige Hochfläche dar, mit in sich geringen Höhenunterschieden, die den Raum des Ostsudetenlandes bis zur Oder ausfüllt. Das Gesenke erreicht Höhen von 500 – 700 m. Auf seinen Hochflächen und in den landschaftlich reizvollen Hochtälern der Mohra und Oppa sind zahlreiche mittlere und kleinere Siedlungen, wie Würbenthal, Engelsberg, Römerstadt, Bennisch, Bärn u. a. Bereits im Einzugsgebiet der schlesischen Tiefebene liegen das industriereiche Jägerndorf und die ehemalige Landeshauptstadt Troppau. Das Gesenke bildet in seinem östlichen Bereich den Übergang zur Mährischen Pforte und dem Kuhländchen mit den Hauptorten Wagstadt und Neutitschein. In diesem Übergangsgebiet liegt auch das Odergebirge, in welchem der Hauptfluß Schlesiens, die Oder, ihren Ursprung hat.

Die Schäferei im Jahre 1910 mit Altvaterturm

Schneelandschaft Altvater, Blick zur Hochschar (1351 m) mit dem St. Georgschutzhaus

Die geographische Lage

Das Kreisgebiet erstreckt sich von 50 Grad 10 Minuten nördlicher Breite (im Norden) bis 49 Grad 53 Minuten im Süden und reicht von 17 Grad 13,5 Minuten östlicher Länge von Greenwich (im Westen) bis 17 Grad 46 Minuten im Osten. Die größte Ausdehnung in Richtung Nord/Süd beträgt 33 km, die größte West/Ost-Ausdehnung 40,6 km.

Die Koordinaten der vier Städte des Kreises lauten:

	nördliche Breite		östliche Länge
Bennisch	49 Grad 59 Minuten	4 Sekunden	17 Grad 37 Minuten
Engelsberg	50 Grad 4 Minuten	41 Sekunden	17 Grad 21 Minuten
Freudenthal	49 Grad 59 Minuten		17 Grad 28 Minuten
Würbenthal	50 Grad 7 Minuten		17 Grad 21 Minuten

Der Peterstein auf der Hohen Heide

Entsprechend seiner Lage im Herzen des Altvaterlandes wird der Kreis Freudenthal vom Nordwesten bis zum Osten von den drei schlesischen Kreisen Freiwaldau, Jägerndorf und Troppau und im Westen, Süden und Südosten von den mährischen Kreisen Mährisch-Schönberg, Römerstadt und Bärn umschlossen. Von den acht Kreisen des Altvaterlandes grenzt also nur der Kreis Sternberg nicht unmittelbar an unseren Heimatkreis.

Die Höhenlage des Kreisgebietes weist ein stetiges, treppenförmiges Ansteigen des Geländes von der Troppauer Bucht im Osten mit einer Meereshöhe um 350 m bis zum Mittelgebirgscharakter tragenden Bergmassiv des Altvatergebirges und seiner höchsten Erhebung, dem Altvater (1490 m) auf. Je höher die Lage, desto waldreicher wird das Gebiet, wobei die höchsten Lagen bereits die Baumgrenze übersteigen.

Der große Kessel im Altvatergebirge

Freudenthal – „Marterl" an der alten Straße nach Vogelseifen

Harter Winter: Hochwildfutterstelle

Bad Karlsbrunn inmitten der ausgedehnten Nadelwälder

Franzens Jagdhaus

Die Kreisgrenzen

Die Grenze zum Kreis Freiwaldau erstreckt sich vom Kleinen Vaterberg (1367 m) bis zum Kirchberg bei Einsiedel. Die Höhenrücken des oberen Oppatales nahe der Gemeinden Adamsthal, Karlsthal und Breitenau bis zum Oppaknie bei Neu-Erbersdorf und daran anschließend die Hügelkette zwischen den Dörfern Lichten, Seifersdorf, Taubnitz und Aubeln bis zum Unterlauf des Horschinabaches bei Braunsdorf bilden die Grenze zum Kreis Jägerndorf. Im Gebiet östlich von Bennisch ist das Sprachgrenzgebiet zwischen Groß-Herrlitz und Zattig und den Orten Tabor, Birkowitz bzw. zwischen Brättersdorf/Eckersdorf und Glomnitz, Mladetzko, Dorfteschen die Grenze zum Kreis Troppau.

Die alte Landesgrenze zwischen Mähren und Schlesien verläuft von Nordwesten nach Südosten. Sie beginnt wiederum am bereits genannten Kleinen Vaterberg, zieht sich über den Höhenkamm des Altvaters zum Peterstein (1460 m) und zur Hohen Heide (1464 m) hin und bildet zugleich die Grenze zum Nachbarkreis Mährisch-Schönberg. Der Grenzverlauf zum Kreis Römerstadt beginnt nahe den Mohraquellen im Gebiet der Hohen Heide und führt über Klein-Mohrau/Karlsdorf an Klein-Stohl vorbei nach Nieder-Wildgrub und Mährisch-Kotzendorf. Die Landes- und Kreisgrenze reicht hier fast bis an das Weichbild von Freudenthal. Bei Neurode beginnt die Kreisgrenze zum Nach-

barkreis Bärn. Sie wird hier bis Hartau/Kunzendorf vom Flußlauf der Mohra gebildet.

Durch die Änderung der Kreiseinteilung im Frühjahr 1939 gelangten die bislang zu Bärn, also mährisch gewesenen Mohratalgemeinden Neurode, Karlsberg und Rautenberg an den Kreis Freudenthal.

Der Hohe Rautenberg im Winter

Das alte Heidebrünnel im Jahre 1923

Die mitteleuropäische Wasserscheide

Unser Kreisgebiet gehört zum Einzugsbereich der Oder. Alle Bäche münden in die Flüsse Mohra oder Oppa, und diese führen ihre Wasser der Oder zu, das dadurch schließlich in die Ostsee gelangt. Die Wasserscheide verläuft im Gebiet des Altvatergebirges vom Ramsauer Sattel über die Hochschar (1351 m) und den Kepernik (1424 m) zum Roten Berg (1333 m) und führt über den Kamm des Altvaters an der Alfredshütte (1278 m) vorbei bis westlich von Janowitz. Von dort zieht sich die Wasserscheide ostwärts an Zechitz vorbei bis zum Sonnenberg (798 m) bei Bärn, wendet sich nach Süden, schließt Habicht in den Oderbereich ein, während Haslicht bereits zum Marchgebiet gehört, und führt weiter zur Mährischen Pforte. Alle Wasser südlich dieser Linie gelangen über die March zur Donau und damit fließen sie letztendlich ins Schwarze Meer.

Das Klima

Unsere Heimat gehört dem Übergangsgebiet der mitteleuropäischen Klimazone an. Diese Zone erhält sowohl ozeanische Einflüsse aus dem Westen als auch kontinentale aus dem Osten. Das Klima ist gemäßigt bis rauh. Die meist mäßigen Winde bringen aus dem Westen Regen und Schnee, aus dem Süden Hitze. Die selteneren Ost- und Nordwinde schirmt das Gebirge ab, sie bringen Kälte und unfreundliche Nässe. Vorherrschend sind jedoch die regen- und wärmebringenden West-, Süd- und Südwestwinde. Sie erreichen im Bennischer Gebiet einen Anteil von 67 % im Herbst und Winter, doch auch im Frühjahr und Sommer macht ihr Anteil noch 54 % aus. Dies bestätigt die allgemein bekannte Tatsache des „Schlesischen Herbstes", der sich oft weit in den Oktober hineinzieht. Da strömen eben ozeanische milde Luftmassen über unser Gebiet und halten es oft bis über Weihnachten hinaus von strengem Winterwetter fern. Die mittlere Jahrestemperatur wurde für Bennisch mit 7,3 Grad Celsius, für Freudenthal mit 6,2° C und für Würbenthal mit 6,1° C errechnet. Im Januar ist es mit einer Durchschnittstemperatur von -2° C (Bennisch), -2 bis -1° C (Engelsberg) bzw. -5,9° C (Würbenthal) am kältesten; im Juli mit Durchschnittswerten von + 17,6° C (Bennisch), +19 bis +20° C (Engelsberg) bzw. + 17,4° C (Würbenthal) am wärmsten. Die durchschnittliche jährliche Nieder-

Die Alfredshütte (1078 m)

Winter im Altvatergebirge, Schäferei mit Altvaterturm

Der Altvaterturm im Rauhreif

Der Altvaterturm (Habsburgwarte, 32 m hoch), erbaut 1908 vom
Mährisch-Schlesischen Sudetengebirgsverein

schlagsmenge betrug in Bennisch 564,7 mm (an 131 Niederschlagstagen), in Freudenthal 700 mm, in Würbenthal 763 mm
und in Engelsberg 600–700 mm (an 140 Niederschlagstagen).
Die geringsten Niederschläge weisen die Monate Januar/Februar
(Bennisch 27 mm, Würbenthal 31 mm) und die reichsten
Niederschläge die Monate Juli/August (Bennisch 78,6 mm,
Würbenthal 109 mm) auf. Von Bennisch liegen auch Aufzeichnungen über die Windstärken der Jahre 1925–1928 vor. Sie sind
nach der Skala von Beaufort, die 12 Windstärkegrade kennt, ermittelt. Danach wurden die einzelnen Prozentanteile der Wind-
arten errechnet. Es erreichten Windstille (Skala 1 + 2) 6,8%;
leichter Wind (Skala 3 + 4) 24,5%; starker Wind (Skala 5 bis 7)
49,5%; stürmischer Wind (Skala 8) 12,1% und Sturm oder Orkan
(Skala 9 bis 12) 7,1%. Windstille war also ein recht seltenes Ereignis.

Nachtfröste gibt es manchmal schon Ende Oktober, gänzlich
frostfrei sind nur die Monate Juni bis September. Die Luftfeuch-
tigkeit schwankt im Jahresmittel zwischen 76 und 83%.

Im schneereichen Winter 1928/1929 wurden in Bennisch
-28,8°C, in der Vorstadt Aue -35°C (10. 2. 1929) gemessen. In
Groß-Herrlitz, dessen Meereshöhe 357 m beträgt, wurden am
12. 2. 1929 -36°C gemessen. Der Autobusverkehr nach Troppau
war in der Zeit vom 5. 1.–18. 3. 1929 eingestellt. Aus Engelsberg

wurden Temperaturen von -40°C gemeldet. Solche Rekordtem-
peraturen blieben natürlich die Ausnahme.

Geologisch zählt das Kreisgebiet zum Erdaltertum, dem Devon und zu den unteren Teilen des Karbon. Die Quarzite vom
Dürren Berg (941 m) und vom Rauberstein (1019 m) bei Einsie-
del-Würbenthal gehören bereits den untersten Teilen des Devon
an. Die Phylitte im Raum Großer Hirschkamm-Karlsbrunn
stammen aus dem Mitteldevon, zu dem westlich von Engelsberg
Tuffe aus der gleichen Zeit hinzukommen. Die als „Engelsberger
Schichten" in die Fachliteratur eingegangenen dunkelblaugrauen
Dachschiefer sowie die grünlichgrauen Grauwackesandsteine
sind bis in das Gebiet östlich von Freudenthal vorherrschend und
entstammen dem Oberdevon.

In der Zeit zwischen Devon und Karbon entstanden die
„Bennischer Grauwacken", denen sich in östlicher Richtung die
als „Mohradorfer Posidonienschiefer" bezeichneten Erdforma-
tionen anschließen. Beide werden dem Karbon zugezählt.
Schließlich stammen aus dem Miozän die erloschenen Vulkane
Rautenberg (780 m), Köhlerberg (674 m) und Venusberg
(656 m), deren Basaltkegel ausgezeichnetes Straßenbaumaterial
ergaben.

Das alte Heidebrünnel im Jahre 1908

Der Peterstein (1448 m) in Winterpracht

Ein Wintermärchen – das tiefverschneite Heidebrünnel (1333 m)

Die Pflanzenwelt

Neben Kulturpflanzen und Bäumen, die im Abschnitt Land- und Forstwirtschaft behandelt werden, gab es eine Vielzahl von Gräsern, Moosen, Schachtelhalmen, Bärlappen, Farnen, Pilzen und Flechten. Die Fluren wurden durch eine Vielzahl wildwachsender Pflanzen bereichert. Adolf Kühnel zählt in seinem Buch „Meine Heimatstadt Engelsberg" beispielgebend auf, was sich da alles findet: „Im Laubwald Birnbäumchen (Pirola), Brombeere, Buschwindröschen, Distel, Dotterblume, Ehrenpreis, Einbeere, Eisenhut, Erdbeere, Fingerhut, Flockenblume, Gamander, Günsel, Glockenblume, Goldnessel, Habichtskraut, Hahnenfuß, Hartheu, Hartriegel, Haselwurz, Heckenrose, Heidelbeere,

Himbeere, Hohlzahn, Hundsveilchen, Kerbel, Knabenkraut, Kreuzkraut, Labkraut, Lattich, Leberblümchen, Lerchensporn, Lungenkraut, Maiglöckchen, Miere, Milzkraut, Quendel, Salomonssiegel, Sauerklee, Schlehe, Schlüsselblumen, Schuppenwurz, Seidelbast, Skabiose, Springkraut, Storchenschnabel, Taubnessel, Tollkirsche, Vergißmeinnicht, Wachtelweizen, Waldmeister, Waldplatterbse, Weidenröschen, Zweiblatt.

Daneben noch im Nadelwald Ampfer, Fichtenspargel, Heidekraut, Hollunder, Katzenpfötchen, Königskerze, Schneebeere, Traubenkirsche, Wolfsmilch; auf Waldblößen Johanniskraut, Nelkenwurz; auf sonnigen Hügeln Augentrost, Fingerkraut, Jakobs-Kreuzkraut, Natternkopf, Kreuzblume, Pechnelke, Rainfarn, Salbei, Schafgarbe, Tragant, Weiße Pechnelke; in Hecken Brennessel, Feigwurz, Schneeglöckchen, Schöllkraut; auf Feldern Ackerschachtelhalm, Ackersenf, Erdrauch, Frauenmantel, Gauchheil, Hederich, Hirtentäschchen, Huflattich, Hungerblümchen, Kamille, Kornblume, Kornrade, Löwenzahn, Mohn, Stiefmütterchen, Wegwarte; auf Wiesen Gänseblümchen, Klappertopf, Kümmel, Leinkraut, Margerite, Sauerampfer, Wiesenschaumkraut; an Wasseradern Beinwell, Braunwurz, Dotterblume, Knöterich, Pestwurz, Teichlinse; an Straßen und Wegen Farnkraut, Klette, Mauerpfeffer, Turmkraut, Wegerich, Wolfsmilch, Winde; an Schuttplätzen die stickstoffholden Sippen der Melden und des Guten Heinrich, Fingerkräuter."

Er nennt dann noch als beliebte Hausgartenpflanzen Flieder, Jasmin, Malve, Märzenbecher, Rose, Safran, Schneeball, Weigelie und wilder Wein sowie an Beerenobst Johannisbeeren (Ribisl) und Stachelbeeren (Rauhbeeren) und schließlich an Kern- und

Gabel bei Buchbergsthal, Blick zum Gabelkirchlein

Rauhreiffichten am Abhang des Altvater

Steinobst Äpfel, Birnen, Kirschen und Pflaumen, die jedoch meist nur mittlerer Qualität waren. In Anlagen fanden sich Goldregen, Roßkastanien und Weißdorn und auf Friedhöfen auch Trauerweiden und Thujas. In vielen Fenstern wurden Meerzwiebel (Urginea maritima) gezogen, die zu einem heilkräftigen Sirup verkocht werden konnten.

An jagdbarem Wild gab es in den Hochlagen des Gebirges Hirsche und Wildschweine, Birk- und Auerhähne und ansonsten fast an allen Orten Hasen, Rehe, Fasanen und Rebhühner. In besonders angelegten Reservaten schirmte ein Hochwildzaun, ausgehend vom Kapellenberg im Revier Klein-Mohrau, längs der Felder der Gemeinden Klein-Mohrau, Wiedergrün, Altwasser, Dürrseifen, Ludwigsthal bis zum Floßplatz bei Buchbergsthal das Hochwild ab. Dabei wurde im Raum Hubertskirch-Buchbergsthal mit Erfolg Gamswild angesiedelt. Die Gemsen haben

sich rasch vermehrt. An Raubwild waren auch Dachse, Iltisse und Marder heimisch.

Breitenau im Oppatal

Würbenthal – im Vordergrund die Weiße Oppa, rechts der Kalksteinbruch Einsiedel

Zimmerei, Säge- und Hobelwerk Josef Nitsch, 1869
Elektrizitätswerk Würbenthal, 1910

17

Der vom sudetendeutschen Freiwilligen Arbeitsdienst erbaute neue Oppafallweg

Flüsse und Bäche im Kreis Freudenthal

Die zwei wichtigsten Flußläufe sind die Oppa und die Mohra. Die Oppa, unsere Hauptwasserader, nimmt alle Quellbäche vom Ostabhang des Altvatergebirgsstockes auf und führt sie der Oder zu. Sie hat im Oberlauf bis Jägerndorf vielerlei Namen, danach wird sie bis zur Mündung nur noch Oppa genannt. Der Fluß hat ein verhältnismäßig starkes Gefälle und treibt viele Mühlen und Brettsägen. Sein Wasserstand ist sehr unterschiedlich, durch Regulierungsmaßnahmen hat man die früher häufigen Überschwemmungen erheblich eingedämmt. Die Oppa erreicht eine Länge von 129 Kilometern. Die Weiße Oppa entspringt unterhalb des Altvaters, bildet unweit des bekannten Gebirgsschutzhauses Schäferei (1260 m) den wildromantischen Oppafall, schlängelt sich durch das malerische Bad Karlsbrunn und durch die Sommerfrische Ludwigsthal und vereinigt sich bei Buchbergsthal mit der Mittleren Oppa. Diese entspringt ebenfalls am Fuße des Altvaters, durchfließt das schöne Gabeltal und nimmt zwischen dem Ortsteil Gabel und dem Ortsanfang von Buchbergsthal die beiden Gebirgsbäche Steinseifen und Weißenseifen auf. Die Schwarze Oppa hat ihr Quellgebiet an den Hängen des Hohen Urlich (1205 m), durchfließt das arbeitsame Einsiedel und nimmt bei Würbenthal die beiden anderen Quellflüsse Weiße und Mittlere Oppa auf. Die Schwarze Oppa fließt durch

das vielbesuchte Karlsthal sowie durch die bekannten Gemeinden Pochmühl, Breitenau, Markersdorf, Schreiberseifen, Kunau nach Neu-Erbersdorf, verläßt hier das Kreisgebiet und vereinigt sich bei Jägerndorf mit der Goldoppa. Diese hat ihren Ursprung am Südabhang des Querberges (939 m) und nimmt auf der linken Uferseite zwischen den Gemeinden Kammer und Heinzendorf vier kleinere Gebirgsbäche sowie oberhalb von Jägerndorf das Mohla- und das Türmitzerflössel auf. Am rechten Ufer fließen ihr der Eibenbach, der Kohlbach und das Mösnigflössel zu. Wichtigste Zuflüsse der Schwarzen Oppa sind der Kobelbach bei Karlsthal, dann das Friedersdorfer Wasser und der Ramselbach. Alle drei Bäche münden in das linke Oppa-Ufer ein. Auf der rechten Uferseite münden der Lauterseifener, der Schreiberseifener und der Spillendorfer Bach. Letzterer entspringt am Ziegenrücken (617 m) und nimmt den von den Hängen des Grünberges kommenden Erlengrundbach sowie den von den Teichwiesen kommenden Hinteren Grundbach auf. Auf der rechten Uferseite nimmt die Oppa sodann den Lichtner Bach, der im Oberlauf Goldseifenbach und im Unterlauf Cziczina heißt, auf und unweit der Kolonie Wüstemühle bei Braunsdorf mündet schließlich der Zossner Bach, auch Horschina genannt, in die Oppa.

Die Mohra, der größte Nebenfluß der Oppa, entspringt am Fuße des Schwarzhübels (1273 m), erhält erste Zuflüsse aus den Wäldern um Klein-Mohrau und nimmt bis zur Mündung in die

Schlesisch-Hartau – Steinmüllers Mohrawehr, im Hintergrund
der Schusterwald

Oppa zahlreiche kleinere Wasserläufe und Bäche auf. An ihren Ufern finden wir Brettsägen, Hammerwerke, Mühlen und Papierfabriken. Im Bereich unseres Heimatkreises durchfließt die Mohra die Gemeinden Klein-Mohrau, Neurode, Karlsberg, Rautenberg, Raase, Spachendorf und Schlesisch-Hartau. Sie berührt im Oberlauf Römerstädter Gebiet (Karlsdorf, Niedermohrau, Klein- und Groß-Stohl und Kriegsdorf) sowie im Mittellauf die Bärner Kreisgemeinden Mödlitz, Gersdorf und Kreuzberg. Im Unterlauf durchfließt die Mohra in zahlreichen Windungen die Orte Mohradorf, Nieder-Wigstein, Zimrowitz, Branka und Grätz. Sie mündet kurz danach bei Troppau-Komorau in die Oppa.

Die Mohra nimmt am linken Ufer den Weißsteinbach bei Klein-Mohrau, dann den Kotzendorfer Seifen, weiters bei Karlsberg den Schwarzbach und zwischen Gilschwitz und Branka im Troppauer Gebiet die Hoßnitz auf. Am rechten Ufer münden im Oberlauf der Stollenbach bei Niedermohrau, der Podolskybach bei Groß-Stohl, der Tillendorfer Bach bei Kriegsdorf und schließlich der Seifenbach bei Neurode in die Mohra. Dazu kommen noch einige andere, kleinere Zuflüsse, die jedoch im Unterlauf der Mohra liegen und hier von geringem Interesse sind. Die Aufzählung wäre unvollständig, wenn die Zuläufe des Schwarzbaches und der Hoßnitz nicht erwähnt würden. Zuläufe des Schwarzbaches sind der Heinebach und der Dornseifen im Engelsberger Gebiet sowie der Schwarzseifen, der nahe von Langenberg in den Schwarzbach mündet. Dieser durchfließt die Gemeinden Neudörfel, Altstadt und Freudenthal, führt an Messendorf und Langenberg vorbei und wird bei Karlsberg von der Mohra aufgenommen.

Die Hoßnitz hat ihr Quellgebiet unterhalb des Hainzerlberges (703 m) zwischen Raase und Spachendorf, durchfließt Boidensdorf und Eckersdorf, nimmt den aus Richtung Bennisch-Alt-Erbersdorf kommenden Stollenbach sowie den bekannten Altwasserbach, den Seitendorfer Bach und schließlich den Hermersdorfer Dorfbach auf. Die Hoßnitz mündet kurz hinter Ottendorf in die Mohra.

Neurode – Angler an der Mohra

Der wilde Steingraben im Altvatergebirge

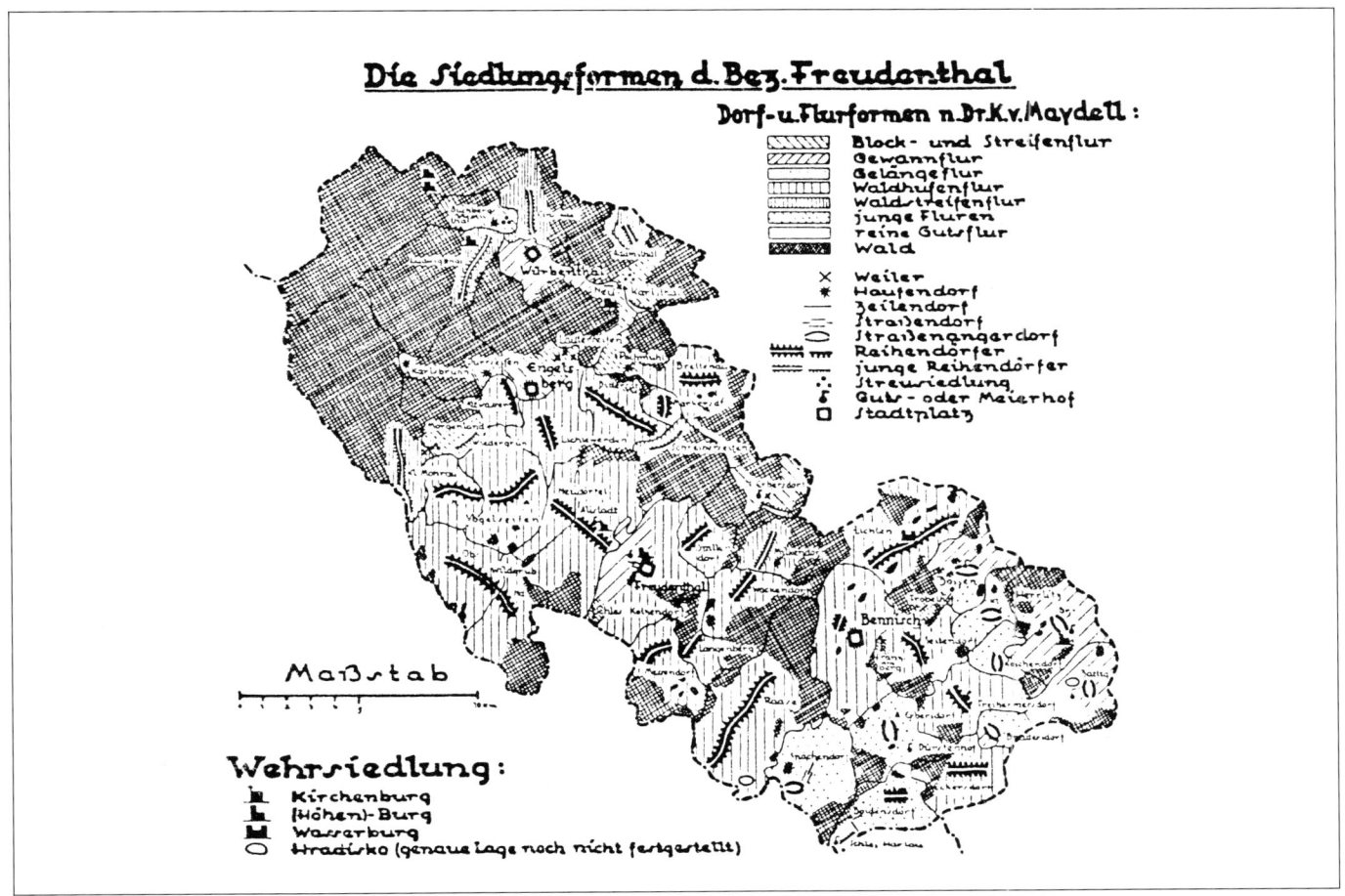

Die Siedlungsformen d. Bez. Freudenthal

Dorf- u. Flurformen n. Dr. K. v. Maydell:

- Block- und Streifenflur
- Gewannflur
- Gelängeflur
- Waldhufenflur
- Waldstreifenflur
- junge Fluren
- reine Gutsflur
- Wald

× Weiler
＊ Haufendorf
Zeilendorf
Straßendorf
Straßenangerdorf
Reihendörfer
junge Reihendörfer
Streusiedlung
Gut- oder Meierhof
Stadtplatz

Maßstab

Wehrsiedlung:
- Kirchenburg
- (Höhen)-Burg
- Wasserburg
- Hradisko (genaue Lage noch nicht festgestellt)

Dorf-, Flur-, Hof- und Hausformen sowie Flurnamengeographie

Betrachtet man die Dorf- und Flurformen des Kreises Freudenthal, so zeigt sich – von nur ganz wenigen Ausnahmen abgesehen – entsprechend dem geschichtlichen Alter dieser Form ein zeitliches Fortschreiten der einzelnen Dorfgründungen vom Osten aus der Troppauer Bucht nach Westen gegen das Gebirge zu in vier ungleich großen Zonen: Im äußersten Osten finden wir einige Straßenangerdörfer mit Gewannflur. Bei dieser Flurform sind die alle außerhalb des Dorfes liegenden Felder ohne Hofanschluß und in ebensoviel gleiche Teile zerlegt worden, wie Bauern in diesem Dorf ansässig waren. An diese im Osten des Kreises liegenden Dörfer schließt ein teilweise unterbrochener Gürtel von Straßenangerdörfern mit Gelängeflur an. Hier haben ein Teil der Gehöfte bereits Felder im Hofanschluß und den Rest mit den übrigen Bauern in Gewannen gemeinsam. Die Gewannflur ist auch die zwingende Flurform für die in Städten lebenden Bauern. Hiervon gibt es im Kreis Freudenthal zwei Ausnahmen: Die Waldhufenflur der Stadt Bennisch gehört vermutlich zur Vorstadt Aue, einem älteren Waldhufendorf, neben dem später die Stadt gegründet wurde, und die neben Gewannen auch teilweise Waldhufenflur der Kreisstadt Freudenthal. Sie dürfte vom Dorf Spillendorf stammen, das wahrscheinlich auf der Stadtflur angelegt worden ist, weil diese Waldhufenflur – wie Weinelt festgestellt hat – aus der Stadtflur herausgeschnitten zu sein scheint.

Der dritte und weitaus größte Teil der Kreisfläche beherbergt die mittelalterliche Hochform der deutschen Besiedlung, das Reihendorf mit Waldhufenflur. Dazwischen sind – geographisch bedingt – einige wenige jüngere Flurformen eingebettet, die dem nachträglichen Landesausbau ihre Entstehung verdanken. In den Reihendörfern mit Waldhufenflur wurden die beidseits des Dorfbaches oder der Straße erbauten Höfe soweit auseinandergerückt, daß die gesamte Flur des betreffenden Bauernhofes in einem einzigen hofanschließenden Streifen von etwa 100 Metern Breite zusammengefaßt ist, der sich vom Hof bis zur Gemarkungsgrenze des Dorfes erstreckte, wobei an der Grenze häufig ein kleiner Teil ungerodeten Waldes als sogenannter Bauernbusch (pauanposch) stehen blieb. Die Hofgebäude rückte man soweit vom Bach und/oder der Straße ab, daß vor der Firstseite der Gebäude Platz für ein Vorgärtlein mit Gemüse blieb. Da die Flurbreite meist größer als die Hofbreite war, nutzte man diese rechts und links der Gebäude verbleibende Flur meist als Obstgarten. Ein typisches Beispiel eines solchen Waldhufendorfes ist die Flur von Altstadt, der nachweislich ersten Ansiedlung des Kreises. Die gegen die Gemarkungsgrenze zu breiter werdenden Hufen lassen klar erkennen, daß bei der Gründung noch auf keinen Nachbarn Rücksicht genommen werden mußte. Der letzte Gürtel im Westen des Kreises rückte bereits in den bergigen Teil hinauf, sodaß man hier nur mehr die jüngere Kümmerform des Waldhufendorfes, das Reihendorf mit Waldstreifenflur einsetzen konnte, bei dem der hofanschließende Felderstreifen wegen der zu nahe liegenden Berge nur kürzer ausfallen konnte.

Das Jorde–Haus in Adamsthal

Altschlesisches Wohnhaus mit Schopfdächlein

Haus- und Hofformen

Als die ersten deutschen Siedler das waldreiche Gebiet der Landschaft Freudenthal rodeten, fanden sie einen Wald mit fast ausschließlichem Nadelholzbestand vor. Die langstämmigen, gerade gewachsenen Stämme der Nadelbäume eigneten sich besonders für den Blockverband im Hausbau, und daher finden wir die ersten Häuser dieses Gebiets im Holzblockbau. Die ebenfalls von den Siedlern mitgebrachte mitteldeutsche Zimmermannskunst ersetzt die alten Wettköpfe der Baumstamm-Eckverbindung durch die bessere und nicht überstehende Schwalbenschwanz- oder Hakenverblattung. Die Wände bestanden aus behauenen Vollhölzern mit Waldkanten, die Fugen zwischen den einzelnen Stämmen wurden mit Lehm abgedichtet und dann weiß gestrichen. Eine glänzende Entfaltung hat das Blockwerk besonders im Holzkirchenbau der Karpatenländer erlebt. Erst seit den letzten 50 Jahren wurden die Holzhäuser durch vorwiegend Ziegel- oder Steinbauten ersetzt.

Doch müssen diese Siedler auch das Fachwerk aus ihrer alten Heimat mitgebracht haben, und sie haben es auch trotz des naturgegebenen Blockwerks verwendet. Gelegentlich noch, aber spärlich, sieht man heute Fachwerkhäuser, wie beispielsweise das 1754 erbaute sogenannte „Fritschhaus" in Markersdorf mit halbkreisförmig gebogenen Balken über den Fenstern. Diese Bogen berührten oben den Querbalken des Dachbodens und die beiden Enden des Halbkreisbogens saßen auf senkrechten Balken, die bis zum Erdboden reichten. Da die Wände der Häuser im Blockwerk errichtet wurden, beschränkte sich das Fachwerk auf die Zierde des Giebeldreiecks, wobei die obere Spitze dieses Dreiecks oder, ohne Verwendung des Fachwerks, das ganze Dreieck mit Brettern verschalt wurde (Bretterziergiebel). Daß das Fachwerk früher noch weiter verbreitet gewesen ist als heute, zeigt eine Karte der Herrschaft Freudenthal aus dem Jahre 1579, die in diesem Buch zu sehen ist. Eine ganze Reihe Häuser, vor allem Mühlen, sind deutlich als Fachwerkbauten - Giebelfachwerk, aber auch einige Wände im Fachwerk - eingezeichnet.

Bei den Häusern unserer Heimat wurde fast ausschließlich das Sparrendach mit stehendem Stuhl verwendet. Das slawische Vollwalmdach kam gelegentlich vor, es war im allgemeinen auf alte herrschaftliche Gebäude, wie Pfarreien, beschränkt, und es ist deutlich als Fremdkörper in der Formenlandschaft mit dem Steilgiebeldach erkennbar. Der Vollwalm wird stets durch einen Halbwalm abgelöst, der einem Steck- oder Krüppelwalm Platz macht und schließlich dem Steilgiebel weicht. In einigen Gebieten des Freudenthaler Kreises beherrschte der Krüppelwalm - auch bei Stein- und Ziegelbauten - ganz das Bild. Er diente wohl wie das Fachwerk, der Bretterziergiebel oder das Schopfdächlein der Zierde des Steilgiebels.

In der Nähe der beiden Städtlein Engelsberg und Würbenthal mehrten sich die Mansardendächer. Auch hier waren die Giebel mit Brettern verschlagen und mit einem Schopfdächlein verziert. In einigen schlesischen Gegenden und im Schönhengstgau haben sich aus diesen Mansarden die sogenannten Kreuzstuben gebildet, ein auf Balken getragener Querbau, der über die Eingangstür hinausreichte. Im Schönhengstgau findet man sie vor allem bei Schmieden, bei denen der von der Kreuzstube überdachte ebenerdige Raum zum Abstellen benutzt werden konnte.

Das Fritsch-Haus Nr. 6 in Markersdorf

Der Brückenkratschen in Würbenthal, Linolschnitt von Rudolf Tamm

Die deutschen Siedler sahen im Steilgiebel das Schmuckstück und den Schild des Hauses; sie trachteten daher, wenigstens das Giebeldreieck aus dem übrigen Blockverband herauszunehmen und mit dem aus der Herkunftsgegend bekannten Fachwerk auszustatten. Die Bedeutung des Giebels für das Haus zeigt sich auch in einigen, noch gelegentlich vorhandenen Doppelgiebeln, die man vorwiegend bei den Erbgerichten (Gehöft des Ortsvorstehers) und einigen Gasthäusern findet, beispielsweise dem sogenannten „Brückenkratschen" in Würbenthal. „Kratschen" war das in die deutsche Mundart übernommene slawische Lehnwort für Gasthaus. Die Karte der Herrschaft Freudenthal von 1579 zeigt noch einige Häuser mit Doppelgiebel. Die beiden Mühlen bei der Stadt Freudenthal: die „mil" und die „mil bey der stat" haben einen Doppelgiebel, und mit dem Doppelgiebelhaus in Messendorf bei Freudenthal dürfte möglicherweise das dortige Erbgericht gemeint sein.

Auch das Schopfdächlein, das früher als Regenschutz für die Abluftlöcher im Giebel zum Trocknen der Getreidekörner auf dem Schüttboden diente, wurde später zur Giebelzier. Die Abbildung zeigt ein solches Schopfdächlein am 1934 abgerissenen Elternhaus des Verfassers in Alt-Vogelseifen. Dieses Haus war eines der wenigen des Gebietes mit dem alten Holzblockverband. Ursprünglich wurden die Dächer mit Stroh und Schindeln gedeckt. Im deutsch-slawischen Grenzraum verwendete man die aus dem Westen mitgebrachten Büschel geordneten Langstrohs, die sogenannten „Schauben". Dieses Langstroh mußte mit den sogenannten „Dreschflegeln" gedroschen werden. Gegen Osten zu wurde das „Schaubendach" durch das Wirrstrohdach abgelöst. Das Wort Schaube hatten alle deutschen Siedlungsmundarten gemeinsam. Die Slawen verwendeten dafür von Stamm zu Stamm unterschiedliche Wörter, darunter auch das entlehnte deutsche Wort Schaube. Die Strohschaubendächer mußten sehr steil sein, damit das Wasser rasch nach unten ablaufen konnte und die Schaube innen nicht faulte. Außerdem war ein Strohdach, vor allem in trockenen, warmen Zeiten, sehr feuergefährlich. Wohl auch aus diesem Grunde ging man zum vollen Schindeldach über. In einer Wiederaussetzungsurkunde für das Dorf Kreuzberg der nahen Herrschaft Olbersdorf aus dem Jahre 1592 wird ausdrücklich vorgeschrieben, daß die Siedler ihre Häuser mit Schindeln decken und den Giebel mit Brettern verschlagen müssen. Sicher waren auch Schindeldächer feuergefährlich, sie waren aber gegenüber dem viel rascher zündenden Strohdach ein Fortschritt.

Würbenthal – Die „Hadergasse", Holzschnitt von Rudolf Tamm

Schlesische Bergheimat, Holzschnitt von Rudolf Tamm

Die Raumaufteilung der Bauernhäuser in dem betrachteten Gebiet entspricht der des mitteleuropäischen Wohnstallhauses. Die Wohnräume und der Stall waren unter dem gleichen Dach vereinigt. Sie liegen zu beiden Seiten eines Hausflurs, der das Haus quer trennt. Der hintere Teil dieses Flurs hatte ursprünglich als sogenannte „schwarze Küche" Verwendung gefunden, an die heute noch oft der stehengebliebene Backofen erinnert. Die Küche selbst ist inzwischen in eine der rechts vom Flur gelegenen Kammern, am häufigsten die vorn neben dem Pferdestall, verlegt worden. Dafür wurde am hinteren Ende des Flurs eine Tür zum Garten vorgesehen. Der links vom Flur liegende Wohnteil besteht aus der größeren „Guten Stube" und einer daran anschließenden kleineren Schlafkammer. In der Mitte des Flurs zweigt rechts ein Gang zum Stall ab, an dessen beiden Seiten die Gesindekammern, bzw. bei neueren Grundrissen, auch die Küche und der Pferdestall liegen.

Die zweite gebräuchliche Raumeinteilung, die vorwiegend in den Häusern der Altbauern und Häusler Verwendung fand, kann man beim flüchtigen Betrachten ebenfalls als zum Wohnstallhaustyp gehörig ansehen. Trotzdem auch hier Wohnteil und Stall unter einem Dach lagen, gehörten diese Häuser zum Typ des nord- und osteuropäischen Wohnspeicherhauses, denn die ursprünglich getrennten Bereiche Wohnteil, Speicher und Stall sind durch Anbau unter ein gleiches Dach gelangt. Vielfach ist der Stall an die Stelle des Speichers gerückt und dafür die Scheune

Schlesisches Bauernhaus in Adamsthal, Holzschnitt von Rudolf Tamm

Der Freihof von Alt-Vogelseifen, ein typischer Bauernhof unserer Heimat. Er wurde 1945 von russischen Soldaten in Brand gesteckt.

an die Stelle des Stalles getreten. Wollte in diesem Haus ein Bewohner vom Wohnteil in den Stall gelangen, mußte er das Haus verlassen. Damit dies auch bei Regenwetter und Schnee trocken möglich war, hat man die Traufseite mit den drei getrennten Eingangstüren durch eine sogenannte „Laube" (mundartlich lep) überdacht. Bei den ältern Lauben waren die Säulen zwischen Brüstung und der Überdachung schön geschnitzt.

Das Bauernhaus der Höfe stand etwas zurückgesetzt mit der Giebelseite zur Straße, von der es meist durch einen Vorgarten getrennt war. In diesem Haus schlossen sich an die Wohnräume des Besitzers hinten die Großviehstallungen an. Quer zum Bauernhaus begrenzte eine Scheune den Hof nach hinten. Quer zu dieser und parallel zum Bauernhaus stand auf der anderen Hofseite ebenfalls mit dem Giebel zur Straße das Ausgedingerhaus, in dem hinter den Wohnräumen des Altbauern Kleintierstallungen und ein Schuppen untergebracht waren. Die Hofeinfahrt von der Straße ziert bei einigen alten Höfen, beispielsweise beim Freihof in Alt-Vogelseifen, noch der bekannte fränkische Torbogen.

Flurnamengeographie

Nach umfangreichen Vorarbeiten, der Durchsicht alter Urkunden und Akten, des Theresianischen und Josephinischen Katasters, sowie nach der Sammlung örtlicher noch lebender Flurnamen durch die Schulleiter der einzelnen Gemeinden konnte der bekannte Geschichts- und Volkstumsforscher des Kreises

Dr. Herbert Weinelt 1937 als Heft 2 des Sudetendeutschen Flurnamenbuches, die Flurnamen des Kreises Freudenthal veröffentlichen (Weinelt, H.: Die Flurnamen des Bezirks Freudenthal, Reichenberg 1937). Die auf 45 Gemeinden verteilten 3663 Flurnamen sind fast ausnahmslos deutsch. Die ganz wenigen slawischen Flurnamen beschränken sich auf den Osten des Gerichtsbezirks Bennisch. Von allen gesammelten Flurnamen waren zur Zeit der Vertreibung noch 2100 in Gebrauch. Das Beispiel Lichtewerden zeigt, daß diese Flurnamen schon sehr alt sein können, denn das 1267 gegründete Dorf ist, wie es in der erhalten gebliebenen Lokationsurkunde heißt, in dem gleichnamigen Wald (die Lichte Werde, das ist eine gelichtete Insel im Wald) angelegt worden. Auch der Burgname Fürstenwalde und der Ortsname Gesenke bei Würbenthal, denen wir 1348 in einer Urkunde begegnen, sind ursprünglich Flurnamen. Trotzdem alle Dörfer des Kreises ausgesprochene Bauerndörfer sind, ist die anfängliche Triebfeder der Kreisbesiedlung der einträgliche Bergbau gewesen. Das Wappen der Stadt Freudenthal zeigt in der uns 1405 überlieferten Fassung bereits den Bergmann. Das bezeugen auch die außerordentlich zahlreichen „Seifen"-Namen in der Bedeutung: Der Ort – zumeist der Bach – wo Gold gewaschen wurde, oder die Flurnamen Goldfluß als alter Name für die Oppa, die Goldschnüre bei Karlsthal, Goldbach in Lichten, Silberberg bei Wockendorf, Silberquelle bei Engelsberg, der St.-Augustin-Erbstollen und Halden bei Dürrseifen, die Trübe Pinge bei Karlsthal oder je ein Zechenbach bei Nieder-Wildgrub und Neu-Vogelseifen, um nur einige wenige zu nennen. Diese Namen treten besonders häufig um Neu-Vogelseifen, Klein-Mohrau, an der Oppa zwischen Breitenau und Karlsthal, um Engelsberg-Dürrseifen sowie bei Würbenthal und Ludwigsthal auf.

Aber auch auf den Ablauf der Besiedlung kann aus dem Vorkommen von Flurnamen geschlossen werden: Nördlich von Würbenthal – wobei Einsiedel und Buchbergsthal außerhalb des Kreises fallen – verlief in der mährisch-schlesischen Landesgrenze eine solche aussagekräftige Flurnamenscheide. Südlich dieser Grenze im Kreis Freudenthal wurde der Lokator (Gründer) der Orte zum Erbrichter des neuen Dorfes und sein Hof hieß das Erbgericht. Nördlich dieser Scheide in den Kreisen Zuckmantel und Freiwaldau lauteten die entsprechenden Benennungen aber Schulze und Scholtisei. Während im Freudenthaler Bereich vornehmlich Ostmainfranken zur Besiedlung herangezogen wurden, besiedelten Schlesier den nördlich der Grenze liegenden Bereich im Auftrag des Breslauer Bistums.

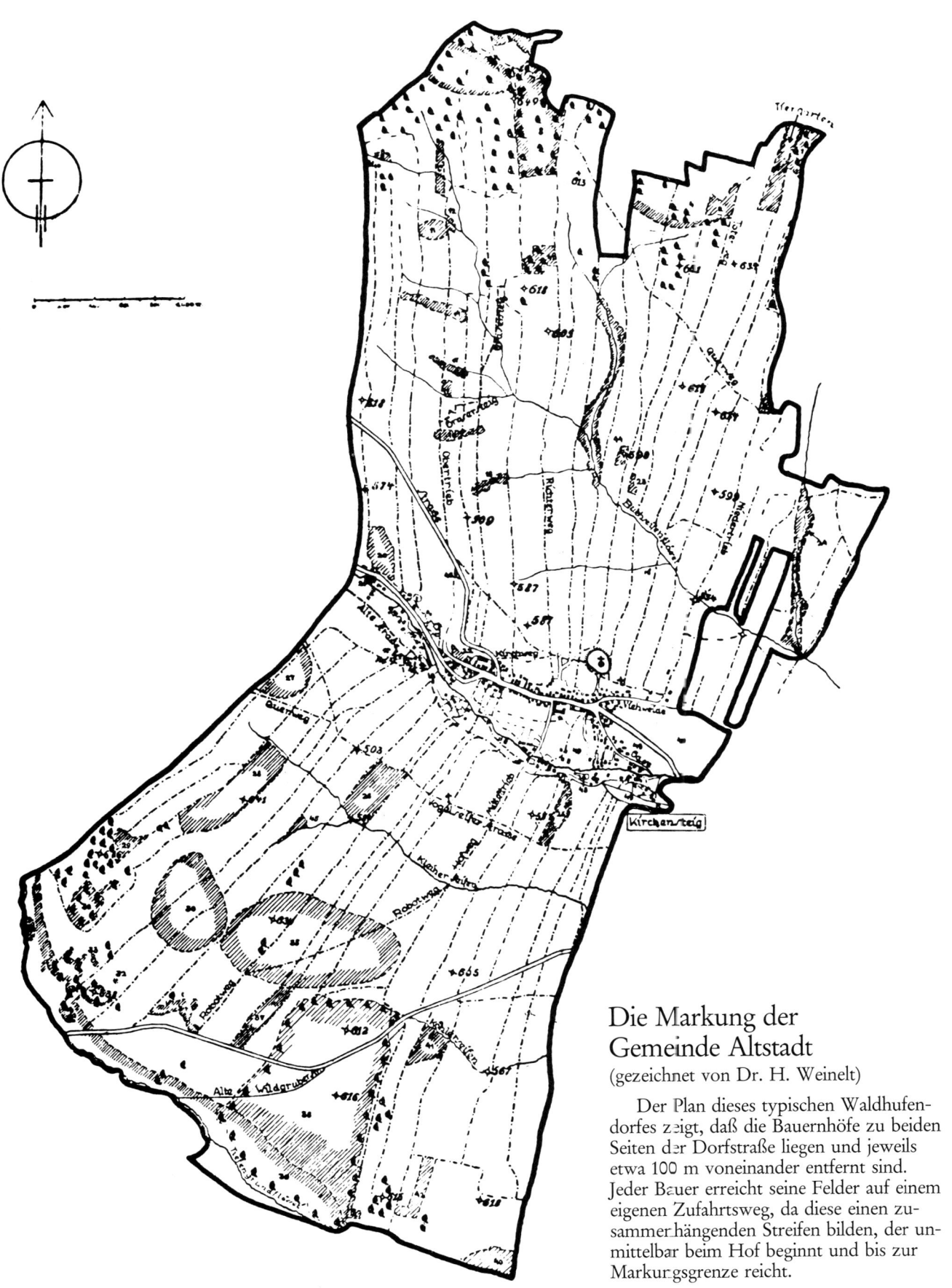

Die Markung der Gemeinde Altstadt
(gezeichnet von Dr. H. Weinelt)

Der Plan dieses typischen Waldhufendorfes zeigt, daß die Bauernhöfe zu beiden Seiten der Dorfstraße liegen und jeweils etwa 100 m voneinander entfernt sind. Jeder Bauer erreicht seine Felder auf einem eigenen Zufahrtsweg, da diese einen zusammenhängenden Streifen bilden, der unmittelbar beim Hof beginnt und bis zur Markungsgrenze reicht.

Heimatlandschaft Altvater

FREUDENTHAL　　TROPPAU　　BÄRN

JÄGERNDORF　　RÖMERSTADT

FREIWALDAU　　STERNBERG

M.-SCHÖNBERG

Die Wappen der Kreisstädte der Landschaft Altvater

Wallfahrtskirche am Köhlerberg bei Freudenthal

Städtewappen

Ehe auf die einzelnen Wappen eingegangen werden kann, soll – soweit dies zum Verständnis notwendig ist – eine kurze Einführung in die Heraldik (Wappenkunde) vorausgeschickt werden. Die einzelnen Städtewappen folgen dann in der Reihenfolge der Jahreszahl ihrer Gründung, also Freudenthal um 1213, Bennisch 1253, Engelsberg 1556 und Würbenthal 1608.

Das Wort Wappen entstammt dem niederdeutschen Wort „wapen" und bedeutet ursprünglich Waffen – die gesamte Rüstung – und dann nur noch den Schild allein. Um die Mitte des 12.Jahrhunderts wurde es üblich, diesen Schild zur Kennzeichnung der einzelnen Kämpfer, die damals alle in der gleichen Ritterrüstung steckten, mit bunten, weithin sichtbaren Zeichen zu versehen. Sollten solche Zeichen auch auf weitere Entfernungen wirklich erkannt werden können, mußten sie stilisiert sein. Daher verwendete man dazu vorwiegend sogenannte Heroldsstükke, das sind geometrische Figuren – horizontale, vertikale oder schräge Balken, Wellenbalken usw. – weil diese leichter unterschieden werden konnten. Gebrauchte man die sogenannten gemeinen Figuren – Menschen, Tiere, Pflanzen und Gegenstände – so wurden diese zur besseren Unterscheidung ebenfalls stilisiert. Beispiele hierfür sind der bekannte doppelschwänzige, gezüngelte Löwe, der österreichische Doppeladler, die heraldische Lilie, der wir im Wappen der Würben begegnen werden, oder Bäume, die anstelle des Astwerks einzelne größere Blätter besitzen, an denen man die Baumart feststellen konnte. Von redenden Wappen sprechen wir, wenn man aus den Figuren des Schildes auf den Namen des Trägers schließen kann. An Farben kennt die Heraldik, abgesehen vom Pelzwerk, das jedoch in Städtewappen nicht

verwendet wird, nur vier: rot, blau, grün und schwarz. Dazu kommen zwei Metalle, Gold (= gelb) und Silber (= weiß). Die Farbgebung nennt der Heraldiker Tingierung. Deren Hauptregel lautet, daß niemals Farbe auf Farbe, sondern immer Farbe auf Metall stehen sollte. Was bei einem Wappen rechts oder links bzw. vorn und hinten ist, wird verständlich, wenn man sich vergegenwärtigt, daß rechts bzw. links vom Schildhalter und nicht vom Betrachter aus gesehen gilt, und daß der Schild beim Ritt auf dem Pferde an der linken Seite des Reiters hing, daß also beim Schild rechts gleich vorn und links gleich hinten ist. Dies war bei der Darstellung von Menschen und Tieren wichtig, weil man diese Figuren dem Feind, der stets vor dem Reiter sein mußte, zugekehrt und nicht abgekehrt, also fliehend, auf den Schild zu setzen pflegte. Alle diese Regeln waren für eine heraldisch einwandfreie Beschreibung der Wappen wichtig, von der Sie in den folgenden Städtewappen Beispiele finden können.

Von einer Benutzung des deutschen Standardwerkes der Heraldik, dem „Siebmacher", wurde abgesehen, weil dieser, wie Professor A. v. Brandt in seinem „Werkzeug des Historikers" meint, was die Städtewappen betrifft, von stilistischen Gesichtspunkten völlig absieht, seine materiellen Einzelangaben vielfach unkritisch und daher die riesigen Stoffsammlungen unbrauchbar sind. Deshalb werden hier nur Hugo Gerhard Ströhls „Städtewappen in Österreich" (2. Auflage, Wien 1904) und vor allem das erst kürzlich erschienene „Sudetendeutsche Wappenlexikon" (Passau 1985) von A. Zelenka herangezogen. Die Tingierung der vier Städtewappen des Heimatkreises erfolgt ausschließlich nach dem Sudetendeutschen Wappenlexikon.

27

Freudenthal

Freudenthal besitzt das älteste Wappen des Kreises. Auch die Stadt selbst, beziehungsweise ihr Vorgänger, das Dorf Altstadt (das alte Freudenthal), ist die älteste Siedlung dieses Gebietes überhaupt. Schon als die beiden Troppauer Herzöge Johann und Nikolaus das ihnen gemeinsam zugefallene Gebiet Freudenthal am 1. Oktober 1405 unter sich aufteilten, waren dieser Teilungsurkunde drei Siegel angehängt, von denen das einzig erhaltene einen aufrecht stehenden Bergmann zeigt und die Umschrift „SIGILVM + C(ivitati)S + FREVDENTAL" trägt. Bereits 1405 hatte also das Freudenthaler Wappen seine heutige Form. Im Siegeltypar aus dem Jahre 1562 mit der Umschrift „SIGILLVM + CIVITATIS + FREIDENTHAL" sehen wir einen Bergknappen, der einen Bergschlegel über der rechten Schulter trägt, während sich die linke Hand auf eine Seifenkratze stützt, und der von Bäumen und blühenden Sträuchern flankiert ist. Die These, daß damit angeblich auf den Namen Freudenthal hingewiesen werden soll, wird aber von den Heraldikern verworfen. Das gleiche Wappenbild finden wir auch auf dem Typar von 1624 „SIGILLVM + DER + STAT + FREVDENTAL + VSW" sowie dem von 1651 „SIGILLVM + CIVITATIS + FREIDENTALENSIS", dagegen zeigt das Typar von 1652 einen Bergknappen mit einem Keil in der rechten und einem Schlegel über der Schulter in der linken Hand, im Hintergrund eine Landschaft mit Bäumen, rechts der Stolleneingang. Später wurde aus einem Bergknappen in Arbeitskleidung ein Bergmann in Festtracht. Wappenbeschreibung: In einem blauen Wappen auf grünem Boden zwischen silbernen Felsen ein Bergmann im schwarzen Rock und schwarzer Kappe, mit weißem Beinkleid und einer geschulterten Spitzhacke in der rechten Hand.

Bennisch

Bennisch wurde am 11. April 1253 durch Benesch von Beneschau auf Branitz und Lobenstein gegründet und gehörte bis zur großen Gebietsreform 1848 zum Fürstentum Jägerndorf. Weil Jägerndorf ein schlesisches Fürstentum war, führt Bennisch in der vorderen Schildhälfte den halben schlesischen Adler mit seinem Perison auf der Brust und auf der hinteren Schildhälfte zwei schräglinks gelegte Rodhauen (Besiedlung des Gebietes nach der Rodung). Diese hintere Schildhälfte änderte sich im Laufe der Zeit, sobald die Landwirtschaft mit den Rodhauen als Symbol für die Gründung aus grüner Wurzel, der Bergbau und schließlich die Weberei als Haupteinnahmequellen vorherrschten. Das älteste bekannte Wappen mit den beiden Rodhauen stammt von 1562, das Typar jedoch gehört dem 15. Jahrhundert an. Seine Umschrift lautet „VOITMITTEL + ZU + BENESCHAU". Mit der Ernennung von Bennisch zur freien Bergstadt im Jahre 1590 wurden die beiden Rodhauen durch zwei Brechstangen mit deutlich abgesetzter Spitze und Schaufeln ersetzt. Die obere Schaufel ist von der Vorderseite, die untere von der Rückseite gesehen. Dieses Siegel mit den beiden Brechstangen ist seit 1589 im Gebrauch und trägt die Umschrift „SIGILL + CIVITATIS + METALLICAE + BENNISCH". Von 1607 ist ein Wappen bekannt, das auf der hinteren Stadthälfte zwei gekreuzte Hämmer, ebenfalls ein Bergbausymbol, zeigt. Nach 1845, als Bennisch zu einem bedeutenden Weberstädtchen des Kreises wurde, hat man das Bergbausymbol durch Spindeln oder Rockenstöcke ersetzt. 1936 beschloß der Stadtrat auf Antrag des Stadtchronisten, Fachlehrer Adolf Peschke, auf die ursprüngliche Form mit den Rodhauen zurückzugehen. Die Wappenbeschreibung: In der vorderen Schildhälfte ist auf silbernem Feld (die älteren Beschreibungen nennen das Feld golden) der halbe schwarze, rotbewehrte Adler mit silbernem Perison auf der Brust und in der hinteren Schildhälfte sind auf rotem Feld zwei silberne schräggelegte Rodhauen zu sehen.

Engelsberg

1540 wurde vom damaligen Herrn der Herrschaft Freudenthal, Johann dem Älteren von Würben ein Bergstädtlein gegründet, das dieser 1542 zur Bergstadt erhob, und das ursprünglich Engelstadt hieß. 1556 erhielt die Stadt ihre Bergordnung als freie Bergstadt und wurde fortan Engelsberg genannt. Im Jahre 1688 siegelt Engelsberg auf einer, im Deutschordens-Zentralarchiv in Wien aufbewahrten Urkunde mit einem Wappen, dessen Schild von einem Engel gehalten wird. Das Siegel trägt die Umschrift „SIGILLVM + CIVITATIS + ANGELI", und sein durch einen Balken waagrecht geteilter Schild hat im Schildhaupt drei Lilien. Dieser Teil des Wappens gleicht dem der Würben, das die Mönche des Klosters Schweidnitz in Schlesien – eine Stiftung der Würben – im Jahre 1528 auf Verlangen folgendermaßen beschrieben: „sechs gulden (goldene) lilien in einem blohen (blauen) felde, drey oben und drey unten, und im mittel ein guldener strich (Balken)". Der im Siegel von 1547 leicht beschädigte Schildfuß hat Bezug auf die Gründung als Bergstadt und zeigt einen mit dem Schubkarren erzfahrenden Bergmann, der einen Stollen verläßt sowie gekreuzte Bergeisen und Schlegel in der vorderen Hälfte des Schildfußes. Die Wappenbeschreibung: Der durch einen goldenen Balken waagrecht geteilte Schild zeigt im Schildhaupt auf blauem Feld drei goldene Lilien sowie im Schildfuß auf ebenfalls blauem Feld einen Bergmann mit schwarzem Rock, schwarzer Kappe und weißem Beinkleid, der links aus dem Stolleneingang eines Berges auf goldenem Schubkarren Erz herauskarrt, rechts von gekreuzten Bergeisen und Schlegel begleitet. Berg mit Stolleneingang und die Wiese, worauf der Bergmann steht, sind grün.

Würbenthal

Dem sicher sehr seltenen Umstand, daß die allgemein üblichen zinsfreien sechs Anfangsjahre der Bewohner einer Neugründung aus grüner Wurzel überschritten wurden, verdanken wir es, daß Gründungszeit und -ablauf Würbenthals im Urbar (Zinsbuch) der Herrschaft Freudenthal von 1618 vermerkt sind. Dort heißt es, daß Hynek von Würben im Jahre 1608 mit dem Bau der Bergstadt beginnen ließ. Weil er aber noch vor dem Ablauf der zinsfreien Zeit von 6 Jahren gestorben ist (1614) und seine Gläubiger die stark verschuldete Herrschaft Freudenthal als Pfand einbehielten, unterblieb in Würbenthal die Zinsbelastung der Bewohner. Erst nachdem Johann der Jüngere von Würben aus der Herrlitzer Linie am 26. Mai 1617 die Herrschaft Freudenthal zurückkaufte, weil er nicht wollte, daß diese, nach der sich die Würben „Bruntalsky" nannten, in fremde Hände kommt, wurden Würbenthals Einwohner zur Zinsung herangezogen. Daraus folgt, daß die Stadt ihr Siegelrecht und Wappen nicht 1616 erhielt, wie A. Zelenka im Sudetendeutschen Wappenlexikon angibt, sondern erst 1617, als die Herrschaft wieder einen „Rechten anwesenden Erbherrn" hatte. Ein Siegel aus dem Jahre 1626, das im Deutschordens-Zentralarchiv in Wien einer Akte aufgedrückt ist, zeigt den durch einen waagrechten Balken geteilten Schild, im Schildhaupt einen springenden Fuchs und einem Schildfuß, der dem Engelsberger Wappen gleicht: Einen mit Schubkarren erzfahrenden Bergmann, der den Stollen verläßt, aber die gekreuzten Bergeisen und Schlegel fehlen. Die Umschrift des Siegels lautet „SIGILLVM + CIVITATIS + WIRBENTALENSIS + 1626". Schon Ströhl weist darauf hin, daß bei diesem Wappen eindeutig das ältere, durch ein Siegeltypar von 1547 nachweisbare, ebenfalls von den Würben verliehene Engelsberger Wappen Pate stand.

Deutschordensschloß Freudenthal – Hauptportal

Burgen und Schlösser

Grenzburgen

Wie im geschichtlichen Teil weiter ausgeführt wird, verlief knapp nordöstlich der heutigen Stadt Würbenthal die ehemalige Landesgrenze zwischen der Markgrafschaft Mähren und dem schlesischen Bistum Breslau. Lediglich die Stadt Würbenthal und das Dorf Karlsthal liegen auf mährischem Boden, während das Gebiet nördlich der Stadt zu Schlesien gehörte. Während der deutschen Besiedlung dieser Grenzregion um 1200, die von schlesischer Seite früher und zielstrebiger einsetzte, muß es zu Übergriffen des mährischen Markgrafen gekommen sein, der sich begehrter Goldbergwerke des Bistums in der Nähe der heutigen Stadt Zuckmantel bemächtigte. Daraufhin dürfte sich das Bistum gezwungen gesehen haben, weiteren Übergriffen durch den Bau einer Reihe von Grenzburgen vorzubeugen. Die älteste Straße vom Breslauer Bistumsland in das obere Oppatal folgte dem Lauf der Schwarzen Oppa und überschritt die Gebirgshöhe in der Gegend des heutigen Dorfes Reihwiesen. Von schlesischer Seite war dieser Weg durch die beiden Burgen Koberstein und die Quingburg geschützt. In der kleinen und schwer zugänglichen Quingburg wird heute zu Unrecht ein Jagdschloß vermutet, aber ihr Name Quingburg = Zwingburg sagt deutlich genug aus, was der eigentliche Zweck dieser Burg gewesen ist. Der Koberstein war so angelegt worden, daß man von ihm mühelos bis in die Gegend des heutigen Dorfes Einsiedel blicken konnte. Hier

standen schließlich als letztes Bollwerk des Bistums vor der Grenze die beiden – kaum 700 Schritte von einander entfernt – anscheinend zusammengehörigen, sich ausgezeichnet ergänzenden Burgen Rabenstein und das Wüste Schloß. Das hart am Weißen Seifen liegende Wüste Schloß ist ohne die weit ausschauende Warte des Rabensteins nicht denkbar und dieser wiederum nicht ohne die das Tal sperrende Burg Wüstes Schloß. Beide sind auf dem 1019 Meter hohen Raubschützenstein, einem ziemlich mächtigen, schwer ersteigbaren und nach allen Seiten fast senkrecht abfallenden Felsklotz errichtet worden, der östlich des Weißen-Seifen-Baches liegt, welcher bei der zur Gemeinde Einsiedel gehörigen Zainhütte in die Mittlere Oppa mündet. Das nur sehr kleine und enge Wüste Schloß, in früheren Zeiten auch Weißenseifenschloß genannt, stand auf zwei aneinanderliegenden, unterschiedlich hohen Felsstufen, einer größeren höher gelegenen und einer kleineren niedrigeren. Die einzigen wenigen, stellenweise noch bis in Manneshöhe erhⁱltenen Mauerreste liegen auf der niedrigen Stufe. Seine Ruine ist wie die des nahen Rabensteins wegen des inzwischen hohen Nadelwaldes für Fremde nur schwer zu finden. Die Ruine des Rabensteins, dessen Name naH. Weinelt eine Umdeutung des volkstümlichen Raubersteins sein dürfte, besteht zur Zeit nur mehr aus einem quadratischen Mauerrest mit Innenhof – wahrscheinlich dem ehemaligen Turm –, der auf einem hohen, nur von einer Seite ersteigbaren Felsenkopf steht. Sechs bis sieben Meter entfernt liegt ein weiterer, ähn-

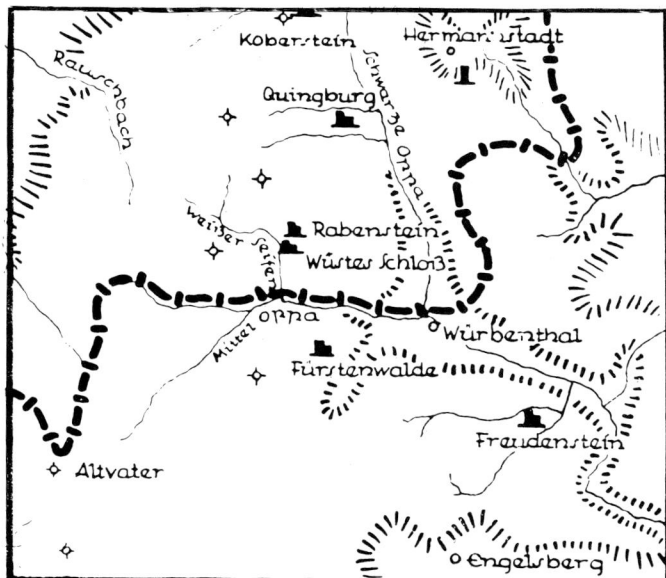

Alte Landesgrenze zwischen der Markgrafschaft Mähren und dem Bistum Breslau

zeigten und erläuterten Karte aus dem Jahre 1579 ist sie als Ruine eingezeichnet und trägt hier den Namen „Freidenstein". Ob das ihr wirklicher Name gewesen ist, läßt sich bei dieser Quellenlage

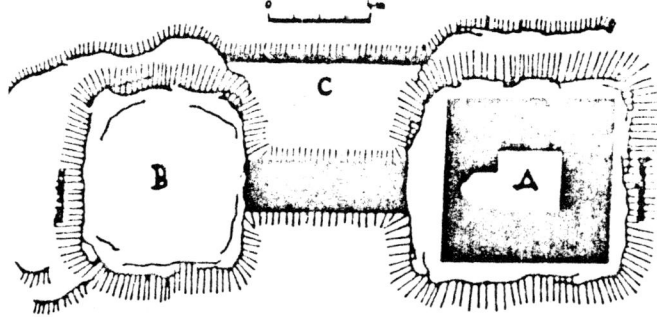

Burg Rabenstein bei Einsiedel

nicht mehr feststellen, Alt-Fürstenwalde aber hieß sie sicher nicht. Sie liegt auf einem schmalen Bergrücken zwischen der heutigen Straße Würbenthal–Engelsberg und der Raimertalstraße westlich von Karlsthal. Ein wechselnd breiter Wall- und Ringgraben war ihr Schutz. Die einzige, heute noch erhaltene Mauer ist eine in der Mitte zersprengte Futtermauer. Nahe des steilen felsi-

lich geformter Felsenkopf, der ohne Hilfsmittel nicht erstiegen werden kann, und der heute kahl ohne jeden Mauerrest ist. Der Graben zwischen diesen beiden Felsplatten wird durch eine zwei Meter breite, nur noch niedrig erhaltene Mauer überbrückt, welche die zwei tiefer gelegenen Felsenstufen verbindet. Von dieser Mauer waren zur Zeit der Vertreibung nur noch die Außenkanten erkennbar. Zusammen mit der nordöstlich davon gelegenen Burg Edelstein bei Zuckmantel dürften die vier genannten Burgen für die Grenze des Bistums damals ein ausreichender Schutz gewesen sein.

Dem hatte der Markgraf auf mährischer Seite anscheinend nur zwei Grenzburgen gegenüberzustellen, den Freudenstein beim heutigen Dorf Karlsthal und die bekanntere landesfürstliche Burg Fürstenwalde bei der heutigen Stadt Würbenthal. Von der Burg Freudenstein, die im heimatlichen Schrifttum fälschlicherweise Alt-Fürstenwalde genannt wurde, ist nur eine einzige Quelle aufgefunden worden: Auf einer, auch in diesem Buch ge-

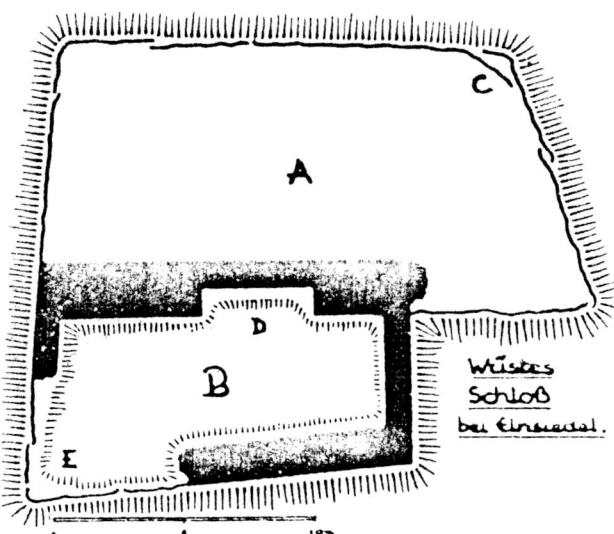

Wüstes Schloß bei Einsiedel

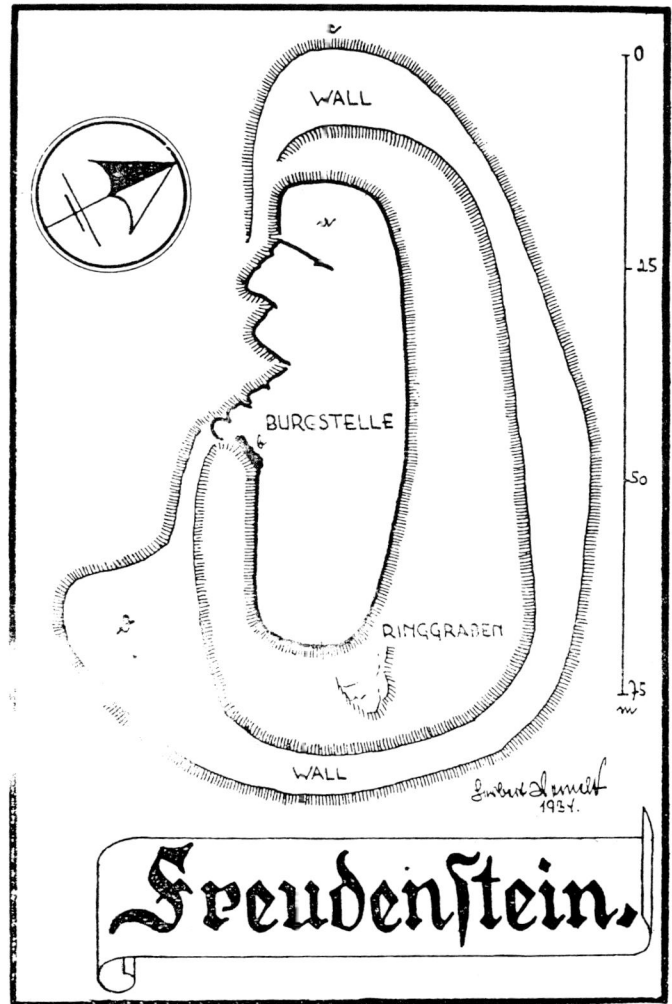

Burg Freudenstein bei Karlsthal

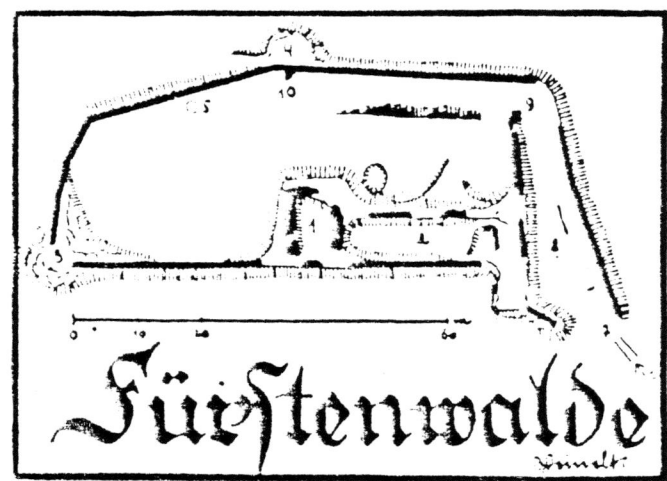

Burg Fürstenwalde bei Würbenthal

gen Abfalls stecken Grundmauerreste im Boden, die von einer unbedeutenden Schuttschicht bedeckt sind. Die bekanntere und in den Quellen öfter erscheinende Burg Fürstenwalde beim Gesenke, dem Vorläufer der 1609 gegründeten Stadt Würbenthal wird erstmals 1348 bereits als eine landesfürstliche Burg genannt. Ihre Bedeutung ersehen wir aus der Teilungsurkunde des Herzogtums Troppau von 1377, wo sie neben der Burg Edelstein bei Zuckmantel als das „Haupt" eines der beiden Landesteile genannt wird. Bei einer neuerlichen Teilung im Jahre 1405 ist sie ideelle Gauerbenburg, das heißt, sie gehört den beiden teilenden Partnern gemeinsam, aber als Herzogin Barbara von Jägerndorf 1506 die Herrschaft Freudenthal den drei Brüdern Bernhard, Nikolaus und Hynek von Würben als erbliches Lehen in die Landtafel einlegte, fehlt die Burg Fürstenwalde bei den Liegenschaften, ein untrügliches Zeichen, daß sie bereits wüst war. An ihrer Stelle wird in dieser Landtafeleinlage 1506 erstmals das Schloß Freudenthal erwähnt. Trotzdem schon in den 20er Jahren Schatzgräber meterhohe Mauern dieser Burg zu Fall gebracht hatten, waren zur Zeit der Vertreibung noch geringe Mauerreste erkennbar.

1405 gehörte zu dieser Burg nur eine Wiese, die unten am Bergabhang „negchst dem Gesenk wert" gelegen. Hierbei dürfte es sich um das Städtlein Gesenk, dem später erneut eingegangenen Vorgänger der 1611 gegründeten Stadt Würbenthal handeln. 1405 betrachtete man „acht gute Gesellen" als ausreichende Besetzung, um die Burg in Friedenszeiten zu bewachen und zu halten.

Burgen, Festen und Rittersitze im Kreisgebiet

Unabhängig von den Grenzburgen gab es im Kreisgebiet selbst Burgen und Rittersitze, deren Aufgabe nicht der Grenzschutz gewesen sein konnte. Auch derartige Befestigungen entlang der Oppa, der späteren Grenze mit dem Fürstentum Jägerndorf lassen sich nicht zu den Grenzburgen zählen, weil sie noch aus einer Zeit stammen, als die Herrschaft Freudenthal zu Jägerndorf gehörte. Vor allem Festen muß es damals sehr viele gegeben haben, auch wenn wir heute nur mehr spärliche Reste von ganz wenigen kennen. Unter einer Feste verstehen wir den einfachen wehrhaften Herrensitz oft ohne jeden natürlichen Schutz. Sie waren meist Eigentum von Angehörigen des niederen Adels, die

gleichzeitig auch Besitzer jener Dörfer waren, in denen diese Festen standen. So werden beispielsweise schon in der Teilungsurkunde des Herzogtums Troppau aus dem Jahre 1377 ein „Smil mit dem alden Fraidintal" (das Alte Freudenthal = Altstadt), ein „Herr Bobke mit Dietrichsdorf" (Dittersdorf), ein „Rosat mit Markwardisdorf" (Markersdorf), ein „Nikel Kunil (Kühnel) mit dem Fogelseiffe" und ein „herr Cuncze mit Liechtenwerde" genannt. Bei der damals nur für Ritter und Adelige üblichen Namensnennung in solchen Teilungsurkunden muß es sich hier um ritterbürtige Herren gehandelt haben. Heute sind diese Herrensitze fast alle verschwunden. Zur Zeit der Vertreibung hatte es neben Breitenau, Kotzendorf und Langenberg nur noch in Zator und Seifersdorf dürftige Reste solcher Festen. In Lichten erinnern heute nur Unebenheiten im Gelände und ein Herrenhof an eine ehemalige Wasserburg. Zu dieser Burg beim Oberhof gehörten zwei Meierhöfe und das Dorf Lichten, nach dem sich die Besitzer der Burg „Lichnowsky" nannten, ähnlich den Würben, welche nach der Burg Freudenthal „Bruntalsky" hießen. Schließlich verraten Spuren eines Walles – zweier Gräben, eines inneren und eines äußeren – sowie der innerhalb des inneren Grabens liegende Brunnen, daß die abseits des Dorfes liegende Kirche von Altstadt ursprünglich eine mit Mauer und doppeltem Graben umgebene Wehrkirche gewesen ist. Ihre heutige barocke Form hat sie vermutlich einem späteren Neubau zu verdanken, dem die ehemalige Wehrkirche weichen mußte.

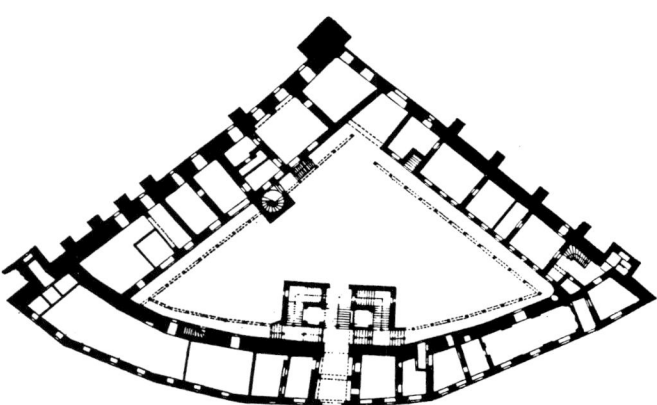

Grundriß von Burg Freudenthal

Burg Freudenthal, gezeichnet von Franz Würml nach Angabe von Dr. H. Weinelt

Schloß Freudenthal – Saaldurchblick

Schloß Freudenthal – Römischer Saal

Schloß Freudenthal

1945 besaß der Kreis noch zwei unversehrte Schlösser, die beide nachweislich aus ehemaligen Burgen hervorgegangen sind: Das Deutschordensschloß in Freudenthal und das Bellegardesche Schloß in Groß-Herrlitz.

Betrachtet man den Grundriß des heutigen Deutschordensschlosses in Freudenthal, so sind zwei auffällige Erscheinungen nicht zu übersehen: die Dreiecksform der Schloßanlage sowie die ungewöhnlich dicken rückwärtigen Außenmauern an der Nordwest- und Nordostseite der beiden geraden Schloßgebäude sowie die starke Rückmauer des geschwungenen Hauptflügels. Daraus läßt sich – wie schon Herbert Weinelt Mitte der dreißiger Jahre erkannt hat – mit an Sicherheit grenzender Wahrscheinlichkeit schließen, daß anstelle des Schlosses eine dreieckige Burg gestanden hat, die folgendermaßen entstanden sein dürfte: In einer Ecke der Stadtmauer hat man, wo diese gerade einen Winkel von etwa 100 Grad bildete, unter Einbeziehung eines Wehrturmes der Mauer an diese auf der Nordwestseite der Ecke den Burgpallas und auf der Nordostseite das Wirtschaftsgebäude angelehnt, und diese Ecke durch eine leicht geschwungene Mauer mit Graben gegen die Innenstadt gesichert. Diese Sicherung war notwendig, um das Schloß auch dann noch verteidigen zu können, wenn die Stadt bereits vom Feind genommen war. Dieser Fall ist – wie wir aus der Kreisgeschichte wissen – am 20. September 1626 bei der Gefangennahme Klüppels im Dänischen Krieg eingetreten. An den beiden, mit der Traufseite an die geraden Mauerteile der Burg gelehnten Gebäude, lief in der Höhe des dritten Stockwerks dieser Gebäude ein gegen außen gedeckter Gang, an der Mauer gegen die Stadt ein ungedeckter zinnengekrönter Wehrgang. Beim Umbau zum Schloß wurden sowohl die geraden Stadtmauerstücke der Burg als auch die geschwungene Burgmauer gegen die Stadt in die ebenfalls dreieckige Schloßanlage einbezogen. Urkundlich wurde das Schloß 1506 bei der Landtafeleinlage in Jägerndorf erstmals erwähnt.

Es gibt eine Reihe von Gründen, die beweisen, daß an der Stelle des heutigen Schlosses früher eine Burg gestanden hat. Wir kennen genügend Burgen ohne den natürlichen Schutz des Wassers oder einer Bergeshöhe. Auch ausreichend breite und tiefe trockene Gräben waren genauso wirksam wie mäßig breite Wassergräben. In einer Stadt kam noch die Sicherung durch eine Stadtmauer hinzu. Die Freudenthaler Burg wird nachweislich erstmals 1605 als Schloß erwähnt, da sich aber die Würben, die sich bereits vorher im Pfandbesitz der Herrschaft befanden, seit 1467 nach dieser Herrschaft „Bruntalsky" nannten, so muß zumindest schon damals eine Burg oder das Schloß bestanden haben, denn sonst hätten sie ihr Adelsprädikat Bruntalsky nicht davon nehmen können. Bereits 1432 übergab die adelige Ludmilla Znata von Erbersdorf ihrem Gatten Georg von Freudenthal alle ihre Besitzrechte an Erbersdorf. Auch Georg von Freudenthal war vom Adel, und daher gab es sicher schon 1432 die Burg Freudenthal. Völlige Gewißheit, daß das Schloß durch Umbau einer Burg seine Entstehung verdankt, brachten erst sieben Risse und Pläne vom Aussehen des alten Schlosses, die Weinelt im Zentralarchiv des Deutschen Ordens entdeckte, und die der damaligen Baumeister Franz Alexander Neumann – ein Sohn des Freudenthaler Rentschreibers – vor dem letzten Umbau 1766 anfertigte. Aus ihnen läßt sich auf das eingangs frühere Aussehen der Burg schließen.

Schon unter den Würben war 1556 am Schloß gebaut worden, wie wir aus einer, vom Dienstag nach Reminiscere (16. März) 1557 datierten Urkunde von der Übergabe der Freudenthaler Stadtvogtei an Johann den Älteren von Würben wegen eines Aufstandes der Stadtuntertanen wissen. Darin heißt es: „Dadurch dem Herrn zum Theil sein Getreide und Heu im Felde bleiben müssen, auch der Herr in seinem Bau des Schlosses und Brauheuses, der Fuhren und anderer Nothdurft dadurch gehindert,…" Aber nach dem Dreißigjährigen Krieg blieb das Schloß einige Jahre in seinem halbzerstörten Zustand liegen, ehe man es endlich kurz nach 1666 unter dem tatkräftigen Hochmeister Johann Caspar von Ampringen wieder instandsetzte. Zwar wollte man mit den Arbeiten, wie die Akten ausweisen, im Frühjahr 1666 beginnen, es ist aber möglich, daß sich der Beginn der Ausbesserungen noch um einige Jahre verzögerte, denn in seinem großen Privileg vom 18. März 1672 ermahnt Ampringen die Dorfrichter der Herrschaft besonders, kein schwaches, unmündiges Gesinde oder Kinder als Fröner zu den obrigkeitlichen Bauten zu schicken. Man setzte das Schloß damals nur instand, Umbauten wurden keine vorgenommen. Lediglich der alte Burggraben gegen die Stadt zu dürfte in seinem westlichen Teil zugeschüttet worden sein. Daß bei dieser Ausbesserung auch die Schloßkapelle eingeschlossen war, geht aus der Errichtung einer

Grundriß des Schlosses samt Umgebung.
ẞerrenhaus, ³ ẞutsherrschaftliches ẞräuhaus, ⁴ ẞischbehälter, ⁵ ẞezirksgericht ⁶ ẞühlgraben.

Schloß Freudenthal – Schloßbalkon

eisen die Gewölbeschübe der Arkadenüberdeckungen auf. Der Aufbau und die Abdeckung dieser Laubengänge hat große Ähnlichkeit mit dem westlichen Arkadenhof des Schlosses Lundenburg.

Schloß Freudenthal – Laubenhof mit Brunnen

eigenen Schloßkaplanie nach einem Dekret vom 25. April 1670 hervor.

Lange Jahrzehnte hat dann der Orden fast nichts mehr für die Erhaltung des Schlosses getan. Es stand noch in den sechziger Jahren des 18. Jahrhunderts als Halbruine da, deren genaues Bild uns Pläne, Schnitte und Ansichtsskizzen Franz Alexander Neumanns vermitteln, die dieser vor dem Beginn des letzten Umbaus angefertigt hatte. Während der Regierungszeit des Hochmeisters Carl Alexander von Lothringen (1761–1780), dessen Initialen aus diesem Grunde den Balkon zum Remter über dem Eingangstor zierten, begann endlich 1766 die schon seit langer Zeit fällige Renovierung und der Umbau des Schlosses, die diesem sein heutiges Aussehen gaben, durch den Baumeister Franz Alexander Neumann, einem heimischen Talent und Sohn des Freudenthaler Rentschreibers. Die Front des Südflügels erhielt damals ihre barocke Hauptfassade mit dem prachtvollen Torbau, im Hof wurde ein breites, bequemes Stiegenhaus eingebaut sowie die fehlenden Renaissancearkaden ersetzt, ein in so später Zeit selten gebliebener Fall. Vom alten westlichen Burgturm war nur der massive Unterbau übrig geblieben. Auf diesen aufgesetzt erscheint 1768 ein polygones kleines Türmchen, das fünf auffallende, schießschartenähnliche Fester erhielt. Mächtige Stützpfeiler sichern heute das ehemals baufällige Schloß. Der nördliche Eckpfeiler war ursprünglich Verteidigungsturm. Schließlich wurden auch die letzten Reste der ehemaligen Wehrhaftigkeit beseitigt: der restliche Graben vollends zugeschüttet, und die Überbleibsel des vorgeschobenen Torschutzes abgetragen. Der Arkadenhof, ein Bild herrlicher Renaissance, allseitig mit 14, 13, 9, 9 Archivolten gebildet, hat über Souterrain und Hochparterre reichende Pfeiler aus heimischen Sandsteinquadern. Die Arkadengänge des ersten Stockes mit toskanischen zierlichen Säulen und kräftigen segmentförmigen Sandsteinbögen sind knapp über den Scheiteln der Bögen mit einem Pultdach gedeckt. In den beiden Geschossen hält eine durchgehende Längs- und Querankerung aus Rund-

Die Trakte im Westen und Norden liegen mit ihren vor die Mauerflucht tretenden viereckigen Türmen in der Fortsetzung der alten Stadtmauer und bringen noch deutlich den wehrhaften Charakter der ehemaligen Burg zum Ausdruck. Durch das Vorspringen der noch zur Verteidigung eingestellten Nebentürme konnte man auch die Längsfront der Mauer bestreichen, worauf heute noch die kleinen, quadratischen Fenster der Turmflanken hindeuten, zumal sie in den unteren Etagen fehlen. Die Türme selbst sind in der typischen Art ihrer Entstehungszeit in gleicher Höhe mit dem Schloßgebäude aufgeführt und mit der niederen Dachpyramide der Renaissance bedeckt. Die Ecken der Türme sind mit Quadern armiert, und an ihrer Stirnseite Fensterblenden mit den Verdachungen der Hauptfassade eingesetzt.

Der Angriffsseite zugewendet, sind die Mauern der beiden Nebenfassaden als ehemalige Stadtmauerteile ungemein dick, stark geböscht und durch klotzige Stützpfeiler verstärkt. Die Fenster des Ebenerdes fehlen auf der Nordseite fast ganz und sind, soweit sie nicht später ausgebrochen wurden, noch einzeln angeordnet, klein und gut gesichert gehalten. Im ersten und

Schloß Freudenthal – Hauptsaal

zweiten Stockwerk finden sich große Fenster bei durchwegs regelmäßiger Verteilung vor. Als einziger Schmuck der glattgehaltenen Westseite fällt nur das Wappenrelief Johann Caspar von Ampringens auf, das die Jahreszahl 1679 trägt.

Wie bei den meisten Renaissanceschlössern ist auch in Freudenthal der dreieckige Hoftrakt vornehm ausgestattet. Bei uns gibt es ebenfalls den im 16. Jahrhundert mit Vorliebe zur Ausführung gelangten charakteristischen Säulengang, ja er ist hier sogar rings um den Hof geführt, was sonst nur selten vorkommt. Während im zweiten Stock diese Galerie fehlt, sind in der ersten Etage unter einem flachen Pultdach Rundsäulen toskanischer Ordnung angebracht, wogegen ebenerdig eine Pfeilerstellung folgt, die aus Sandsteinquadern von gleichmäß9g wechselndem Umfang besteht. Die Höhe der Arkaden steht im Zusammenhang mit den Wohngeschossen, schwankt daher in den einzelnen Stockwerken. Das Erdgeschoß ist weit höher als das obere Stockwerk, ein Beweis, daß die Säulengänge bereits vorhandenen Bauteilen angepaßt, d. h. also nachträglich eingebaut wurden. Zur Zeit der Renaissance müssen wir uns den Hof noch weit wirkungsvoller vorstellen. Sicher wird auch hier der malerische Schmuck nicht gefehlt haben.

Die Westfront wird vom mächtigen über sechzig Meter hohen Hauptturm beherrscht. Fast in seiner ganzen Entwicklung vor die Fassade gestellt, reicht er als einziger über Dach und Mauerwerk hinaus. Von der Angriffsseite abgekehrt, ja in gesicherter Stelle im Hofe postiert, ist er nicht als Schutzwehr, sondern nur als Treppenturm gedacht. Eine in die Bogenreihe gestellte Freitreppe führt seitlich in Höhe des niedrigeren Zwischengeschosses zum Stiegenhaus. In seiner äußeren Ausgestaltung geht ein quadratischer Unterbau etwas über der Ansatzhöhe des Daches in ein Achteck über. Während der Unterbau mit echten Renaissancemitteln, den kleinen, quadratischen Fenstern und einer Quaderverzierung versehen ist und ohne jede Gesimsgliederung bleibt, wird der Oberbau, dessen Ecken mit Quadern befestigt sind, durch Gesimse geteilt. Über dem Mittelgesimse ist das Uhrwerk eingesetzt. In der Bekrönung die italienische Haube annehmend, wird die mit einer Laterne und dem Glockengehäuse versehene Turmspitze vom Ordenskreuz überragt.

Zur weiteren Belebung des einst dicht beschatteten Schloßhofes tragen ferner die schönen schmiedeeisernen Laternen sowie vor allem der Schloßbrunnen bei, bekanntlich ein bei der Ausstattung der Renaissance nie fehlendes Requisit. Über einer

kreisrunden Steinfassung erhebt sich, in etwa drei Meter Höhe, ein mit ornamentalen Details verziertes Gittergehäuse aus Rundstäben. Es erhielt aber in der erzherzoglichen Bügelkrone einen klotzigen, nicht allzu glücklichen, Abschluß. Auch das dem Gehäuse einverleibte hölzerne Pumphäuschen hätte künstlerisch eine bessere Lösung finden können.

Das Schloß präsentiert sich heute als ein gewaltiges, isoliert stehendes Bauwerk, das eine Fläche von etwa viertausend Quadratmeter bedeckt. Der Grundriß erinnert an einen dreieckigen Kreisausschnitt, dessen Bogen über einen Winkel von hundert Grad zweimal gebrochen wird. Die durchwegs gleichgehaltene Höhe des Gebäudes, die Regelmäßigkeit der einzelnen Trakte und das einheitliche, ziemlich steile Satteldach erhöhen die Gleichförmigkeit des äußeren Eindrucks. Aber eine nähere Betrachtung zeigt, daß in den Einzelheiten doch wesentliche Unterschiede bestehen. So ist die in weiten Bogen geschwungene stadtwärts gewendete Südostflucht entschieden als Hauptfassade entwickelt, sie weist in der Architektonik und Dachung reichere Formen als die anstoßenden Partien auf und bringt barockes Leben und Abwechslung zur Geltung. Während die horizontale Gliederung fehlt, beleben breite Pilaster (Wandpfeiler) die palastartigen Flügeltrakte. Auf hohen Sockeln ruhend, reichen die Pilaster durch die Stockwerke hindurch. Der Stockwerksaufbau der Hauptfront betont die Scheidung in Haupt- und Nebengeschos-

Schloß Freudenthal – Hauptsaal

Schloß Freudenthal – Salon im Stil Ludwig XIV.

se, die wir an den anderen Fronten vermissen oder nur schwächer durchgebildet sehen. Die in ungleichen, nach der Mitte zu abnehmenden Abständen angebrachten Fenster weisen auch in den Verdachungen abwechselnde Formen auf. Die Nebengeschosse haben einfache Abschlüsse, das Hauptgeschoß enthält höher gestellte Fenstergiebel mit geschweiften Spitzbogen, die auf Konsolen ruhen.

Eine besondere Ausbildung erfuhr der Mitteltrakt, der mit einem prächtigen Portal ausgestattet ist. Mächtige Wandpfeiler und Doppelpfeiler tragen ein kräftiges Gebälk, über dem ein plastisch gehaltenes Friesband sichtbar wird. Zu beiden Seiten der Jahreszahl MDCCCLXIX (1869) winden sich zwischen ornamental verzierten Gesimsekonsolen Blattgehänge hin. Die Fenster des Hauptgeschosses sind hier von rundbogigen Verdachungen mit geraden Ansätzen überdeckt. Dem Hauptgesimse ist ein Steingiebel aufgesetzt, dessen Füllung die Jahreszahl MDCCLXVI (1766) trägt. Die Spitze wird von einer Vase gekrönt. Ein hohes Mansardendach bildet den Hintergrund und zwei Dacherker, Dachknöpfe sowie die Fahnenstange ergänzen die Ausstattung.

Das Portal selbst zeigt schöne Verhältnisse. Der etwas gedrückte Torbogen ruht auf zwei glatten Wandpfeilern auf. Sein stark überhöhtes, mit Blumengehängen verziertes Feld wird durch den vorragenden profilierten Schlußstein geteilt. Dieser verbreitert sich nach oben in mehrfacher Abkröpfung zu einer mächtigen, ornamental dekorierten Balkonstütze. Als seitliche Begrenzung des Portals treten schiefgestellte, gekuppelte Säulen jonischer Ordnung vor, hinter denen Wandpfeiler stehen. In der Höhe des ersten Stockwerks ist ein, dem Speisesaal zuführender Balkon eingesetzt, dessen schönes, schmiedeeisernes Geländer die geschwungene Randlinie der Balkonplatte wiedergibt. Das Geländer war bis 1945 mit den Initialen CA (Carl Alexander, Herzog von Lothringen), des Bauherrn, versehen. Über den Säulen wird der Balkon recht wirkungsvoll durch sockelartige Aufbauten begrenzt, denen Armaturen mit Fahnen und sonstigem dekorativen Beiwerk aufgesetzt sind. Die doppelflügelige Austrittstür ist von quergerillten Wandpfeilern mit Konsolsäulenköpfchen flankiert und hat eine zweiteilige, geschwungene Verdachung, die nach der Mitte in symmetrischen Schnecken zusammenläuft. Auf ihr thront das Wappen des Hochmeisters Carl Alexander, Herzogs von Lothringen, eines Schwagers der Kaiserin Maria Theresia.

Schloß Freudenthal Audienzsaal – Stirnseite

Schloß Freudenthal – Kapitelsaal

Schloß Freudenthal – Laubenhof

Schloß Freudenthal Audienzsaal – Frontseite

36

Das Schloß des Grafen von Bellegarde in Groß-Herrlitz

Schloß Groß-Herrlitz

In Groß-Herrlitz, einem der ältesten deutschen Dörfer Schlesiens, steht seit altersher ein Adelssitz, einst eine feste, wehrhafte Burg, von der noch Reste in dem später aus ihr entstandenen Barockschloß verbaut erhalten sind, das in einem schönen großen Park an der Straße Freudenthal-Troppau liegt. Noch heute deutet die unregelmäßige Gestaltung des Grundrisses und der ganz verbaute Rest des großen, quadratischen Wartturmes an, daß die Burg allmählich zu einem wohnlichen Schloß um- und ausgebaut worden ist. Das Dorf Groß-Herrlitz ist schon 1265 urkundlich als Heroldsdorf belegt und wurde nach seinem Lokator Herold so benannt. Aus Heroldsdorf wurde durch die adeligen slawischen Besitzer der Burg „Heroltitz", und dieser Name änderte sich im Laufe der Jahrhunderte schließlich zu Herrlitz.

Wann die Burg entstand, ist nicht bekannt. Wie in der Mehrzahl der Burgen Schlesiens dürfte sie in der ersten Hälfte des dreizehnten Jahrhunderts erbaut worden sein. Sie ist kaum älter als das Dorf Herrlitz, denn die Burg hat von diesem seinen Namen bezogen und nicht umgekehrt. Herrlitz ist von allem Anfang an ein deutsches Dorf gewesen, der Adelssitz, die Burg aber, scheint im Besitz eines slawischen Rittergeschlechtes gewesen zu sein, manches läßt uns vermuten, daß die ersten Besitzer aus dem sehr angesehenen Hause der Herrn von Krawarn stammten. Der erste Adelige, der sich nach Herrlitz nennt, ist der 1256 als Zeuge auf einer Urkunde, die in Troppau ausgestellt ist, genannte Radozlaus de Heraltisch, der nochmals im gleichen Jahr erwähnt wird, und der vielleicht mit dem 1260 als Zeugen geführten De Heroltitz Raclaus identisch ist. Als König Ottokar der Zweite von Böhmen 1265 dem Ritter Herbord von Fullenstein ein Privilegium bezüglich des Städtchens Kranowitz verleiht, da ist ein Borzlaus de Heroltstorff als Zeuge dabei und 1269 ist unter vielen anderen Zeugen, die alle aus dem Troppauer Lande stammen, auch der Ritter (miles) Woyzlaus de Heroltiz. Dieses Geschlecht hat aber noch im gleichen Jahrhundert Herrlitz verloren, wie aus einer wenig bekannten Urkunde hervorgeht, die undatiert ist. Herzog Nikolaus, Herr des Troppauer Landes, Hauptmann von Krakau und Sandomierz urkundet, daß er seinem leiblichen Bruder Johann, Propst von Wyschehrad bei Prag und Kanzler des Königreiches Böhmen, das erst unlängst von Protiwa von Dubravec durch Kauf erworbene Dorf Herrlitz samt der Burg zu erbliechem, steuerfreien Besitz mit Ausnahme des landesfürstlichen Gerichts – letztere Vorrechte aber nur für ihn selbst und nicht auch die künftigen Besitzer – überlassen habe. Nun klafft eine Lücke in der Reihe der Besitzer und die Nachricht, daß nach dem Tode des Propstes das Stift Welehrad die Burg und das Dorf

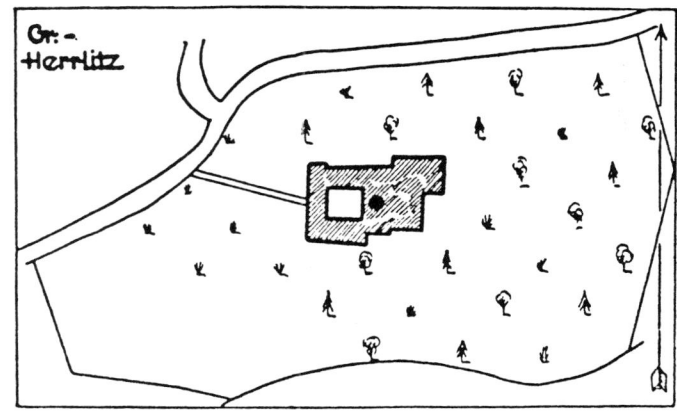

Lageskizze von Schloß Groß-Herrlitz

Herrlitz inne hatte, ist daher durchaus glaubwürdig. 1330 aber beginnt bereits wieder die urkundlich beglaubigte Geschichte mit Borzuta von Heroltovicz, der als Zeuge auf einer Schenkungsurkunde der Herren von Krawarn genannt wird. Wieder sitzt also ein adeliges Geschlecht auf der Herrlitzer Burg und hat deren Namen angenommen. Seit 1378 beginnt ein rascherer Wechsel der die Burg und das Dorf besitzenden Familien, wohl bedingt durch die Ungunst der Zeit, durch die Hussitenzüge und den kriegerischen Einmarsch des ungarischen Königs Mathias Corvinus. 1411 erwirbt Sbinek Hrzywnacz die Burg Groß-Herrlitz samt Zubehör von Czenko Drahotusch, doch geht aus der Landtafeleinlage von 1410 hervor, daß Herrlitz den Czenko von Drahotusch nicht allein gehörte, sondern es waren noch eine Reihe von Mitbesitzern, also Ganerben da, denen bestimmte Anteile gehörten. 1484 war der Ritter Hynek Birka von Nassidel Eigentümer der Burg und des Dorfes Herrlitz, ihm folge im Besitz sein Sohn Hyncik und 1525 kaufte den Besitz Bernhard von Würben und Freudenthal. Als 1538 die Würben daran dachten, ihre Herrschaft Freudenthal dem Fürsten von Jägerndorf wieder zu verkaufen und schon eifrig verhandelt wurde, verlangten die Würben neben den 13 000 Gulden bar auch für ewige Zeiten Bau- und Brennholz aus dem Wald bei Seitendorf oder Bennisch „zu dem Haus Heraltitz". 1549 heißt es, daß dem Grundherrn „auf Geraltitz" Einkünfte in Seitendorf zustünden, aber die Verhandlun-

Schloß Groß-Herrlitz, Speisezimmer

gen zerschlugen sich. Darauf erwarb Herrlitz Freiherr Wenzel Sedlnitzky von Choltitz, dem es 1620 konfisziert wurde. Seit 1623 war Wenzel Graf von Oppersdorf Eigentümer von Großherrlitz. Sein Sohn verkaufte 1669 Schloß und Dorf an den Reichsgrafen Georg Stephan von Würben. 1695 verkaufte der damalige Eigentümer Graf Ferdinand Oktavian von Würben Schloß Herrlitz gegen Rückkaufsrecht dem Stift Welehrad, dessen Patres die alte Burg bis zum Jahre 1720 in ein wohnliches Schloß umbauen ließen. 1852 erwarb dieses Fürst Ferdinand Kinsky. Die Schwester dieses Fürsten, Rudolfine, heiratete 1857 Franz Graf von Bellegarde. Sein Sohn, August Graf von Bellegarde, vermählt mit Maria, geborene Prinzessin von Öttingen-Wallerstein, starb 1929. Schloß und Gut waren bis 1945 im Besitze der jungen Gräfinnen Ernestine, Rudolfine, Elisabeth, Gräfinnen von Bellegarde, und Sophie, Gräfin von Wedel. Nach der Vertreibung 1945 beherbergte das Schloß zuerst geistesschwache Kinder, dann Kinder griechischer Partisanen, heute aber ist es Altersheim.

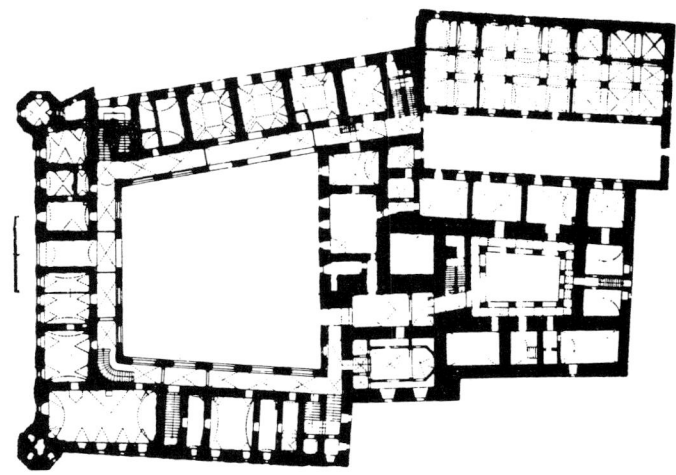

Grundriß von Schloß Groß-Herrlitz

Der Umbau der Burg zu einem Schloß fand – wie wir bereits wissen – seinen Abschluß um das Jahr 1720, in welchem das Schloß sein heutiges Aussehen als Barockbau erhalten hat. Die noch vorhandenen Wehrbauten sowie der Bergfried fielen, und die Gräben, welche die Mauern umgaben, wurden damals zugeschüttet. Aber an der Westseite ist der Graben heute noch erhalten und wird von einer aus Ziegeln gemauerten Brücke überquert. Der natürliche, durch das Gelände gegebene Schutz der Burg war sehr gering, nur an der Südseite fällt das Gelände halbwegs ab und bot dadurch einige Sturmfreiheit. An der Nord- und Ostseite ist der heutige Schloßbau einstöckig, an der West- und Südseite aber zweistöckig; an diesen beiden Seiten ist je ein vorspringender Eckturm vorhanden, die wir aber nicht als Reste des Wehrbaues der Burg ansehen dürfen. Gerade in der Frühzeit des Barocks sind derartige Türme nicht eben selten. Die Gliederung der Außenfronten des Schlosses ist eine durchaus ruhige, ja beinahe einfache.

Kurze Rast bei einer Altvatergebirgstour

Schloß Karlsberg des Fürsten von Liechtenstein – eine Gründung des Gutsherrn Herzog Karl von Münsterberg (1563 – 1617)

Schloß und Herrschaft Karlsberg

Das im idyllischen Mohratal liegende Schloß Karlsberg zählte bis 1945 zum Besitz der in Böhmen, Mähren und Schlesien überaus reich begüterten Fürsten von Liechtenstein. Die zugehörige Herrschaft Karlsberg stellte für sie ein wichtiges Bindeglied zu ihren weiteren Besitzungen, insbesondere zu den benachbarten Herrschaftsgütern Sternberg und Jägerndorf dar.

Über den genauen Zeitpunkt der Erbauung des Karlsberger Schlosses ist wenig bekannt. Es dürfte wohl gleichzeitig mit dem Dorf Karlsberg entstanden sein. Die Gründung des Dorfes fällt in die Zeit der Herrschaft des Herzogs Karl von Münsterberg (1563 - 1617).

Im Urbar vom Jahre 1600 wird Karlsberg sowohl als Dorf als auch als Festung genannt. In dem zu Beginn des 17. Jahrhunderts in der Sternberg-Karlsberger Herrschaft neu angelegten Urbar heißt es unter anderem: „die Herrschaft umfaßt außer Hof und Bärn an Ortschaften, welche dem Karlsberger Anteil zugehören: Rautenberg mit 66 Anwesen, Maiwald mit 14, Reigersdorf mit 27, Gersdorf mit 15, Kunzendorf mit 22 und Mödlitz mit 21 Anwesen."

Es wird vorgeschrieben, was in den Schüttboden zu Karlsberg geliefert werden muß, zum Beispiel von der herzoglichen Mühle in Hof 48 Scheffel jährlich als Pachtzins und von der Hofer Stadtmühle, der späteren Greipelmühle, fünf Scheffel jährlich. Der Karlsberger Schüttboden dürfte mit dem Bräuhaus in der Zeit zwischen 1561 - 1600 erbaut worden sein. Als erster namentlich bekannter Amtmann von Karlsberg wird 1602 Adam Schubhardt genannt. Auf ihn folgt am 31. Juli 1606 Heinrich Zenzinger.

Vom Jahre 1640 hören wir, daß in jener Zeit das Schloß umgebaut worden war und die neuen Räumlichkeiten vom Schloßverwalter Adam Huppauf übernommen wurden. Im Jahre 1647 verstarb Herzog Karl Friedrich von Münsterberg-Oels, ohne einen männlichen Nachkommen hinterlassen zu haben. Seine Tochter Maria Elisabeth, die mit dem Herzog Sylvius Nimrod von Württemberg verheiratet war, erbte die Münsterbergischen Herrschaften Sternberg, Kniebitz und Karlsberg. Die Söhne von Herzog Sylvius Nimrod teilten 1692 das Erbe unter sich auf. Die Herrschaft Karlsberg gelangte an Herzog Sylvius Friedrich. Dieser verkaufte sie jedoch bereits 1693 an den Grafen Dietrich Heinrich von Stratmann. Nach dessen baldigem Ableben gelangte Karlsberg an seinen Sohn Heinrich Johann Franz von Strat-

mann. Von ihm erwarb Fürst Johann Adam Andreas von Liechtenstein am 1. September 1699 die Herrschaft Karlsberg um die namhafte Summe von 260.000 Gulden, nachdem er bereits 1695 die Herrschaftsgüter Sternberg und Kniebitz um 50.000 Gulden rheinisch und 4.000 Dukaten erkauft hatte. So war die ganze große einstige Münsterbergische Herrschaft Sternberg wieder in einer Hand vereinigt.

Karlsberg besaß um 1670 die Blutgerichtsbarkeit. Scherigstube und Gefängnis sind noch heute im Schloß erhalten. 1747 kam es vorübergehend zur Errichtung eines eigenen Hochgerichtes in Hof, dem auch Karlsberg sowie Neurode und Rautenberg zugehörten. Diese Gerichtsbarkeit fiel jedoch 1759 vollständig an das Herrschaftsamt Sternberg. Dieses hielt alle Monate in der Stadt Hof einen Gerichtstag ab.

Im Juni 1850 wurden durch kaiserliche Verfügung die bisherigen Herrschaftsämter sowie die Patrimonial- und Kommunalgerichte abgeschafft. An ihre Stelle traten die Bezirksämter. Seit dieser Zeit ist für Karlsberg das damals geschaffene Bezirksgericht in Hof zuständig.

Am 22. Mai 1798 brach durch unvorsichtiges Hantieren im Karlsberger Schloß ein Feuer aus, das sich durch den herrschenden heftigen Sturm rasch über alle Räumlichkeiten ausbreitete. Dem Brande fielen in kurzer Zeit sowohl das Schloß als auch das Bräuhaus, der Meierhof, das Beinhaus und der Schüttkasten zum Opfer. Der Meierhof und die Scheunen waren bereits Mitte Juli wieder soweit instandgesetzt, daß die Ernte darin gelagert werden konnte. Das Bräuhaus wurde nicht mehr aufgebaut und in die Gemeinde Brockersdorf verlegt. Die Schule konnte am 1. Oktober den Unterricht wieder aufnehmen, und auch das Schloß hatte bis zum Beginn des Winters einen neuen Dachstuhl erhalten, so daß die Innenarbeiten auch während der kalten Jahreszeit fortgesetzt werden konnten.

Im Jahre 1802 brachte der Karlsberger Lokalkaplan Friedrich Bayer aus Lichten am Schloß eine Sonnenuhr an.

Bald nach dem Ende des Ersten Weltkrieges und der Gründung der Tschechoslowakischen Republik wurde ein Gesetz über die Bodenreform erlassen, durch welches zahlreiche Großgrundbesitzer weite Teile ihrer Besitzungen verloren. Zu diesen gehörten auch die Fürsten von Liechtenstein. Trotz hoher Verluste an Gütern und Waldungen blieb ihnen noch immer ein recht umfangreicher Besitz bis zum Ende des Zweiten Weltkrieges erhalten, darunter auch die Güter Sternberg, Karlsberg und Jägerndorf. Sie fielen schließlich, wie alles deutsche Eigentum, 1945 den tschechoslowakischen Enteignungsdekreten zum Opfer.

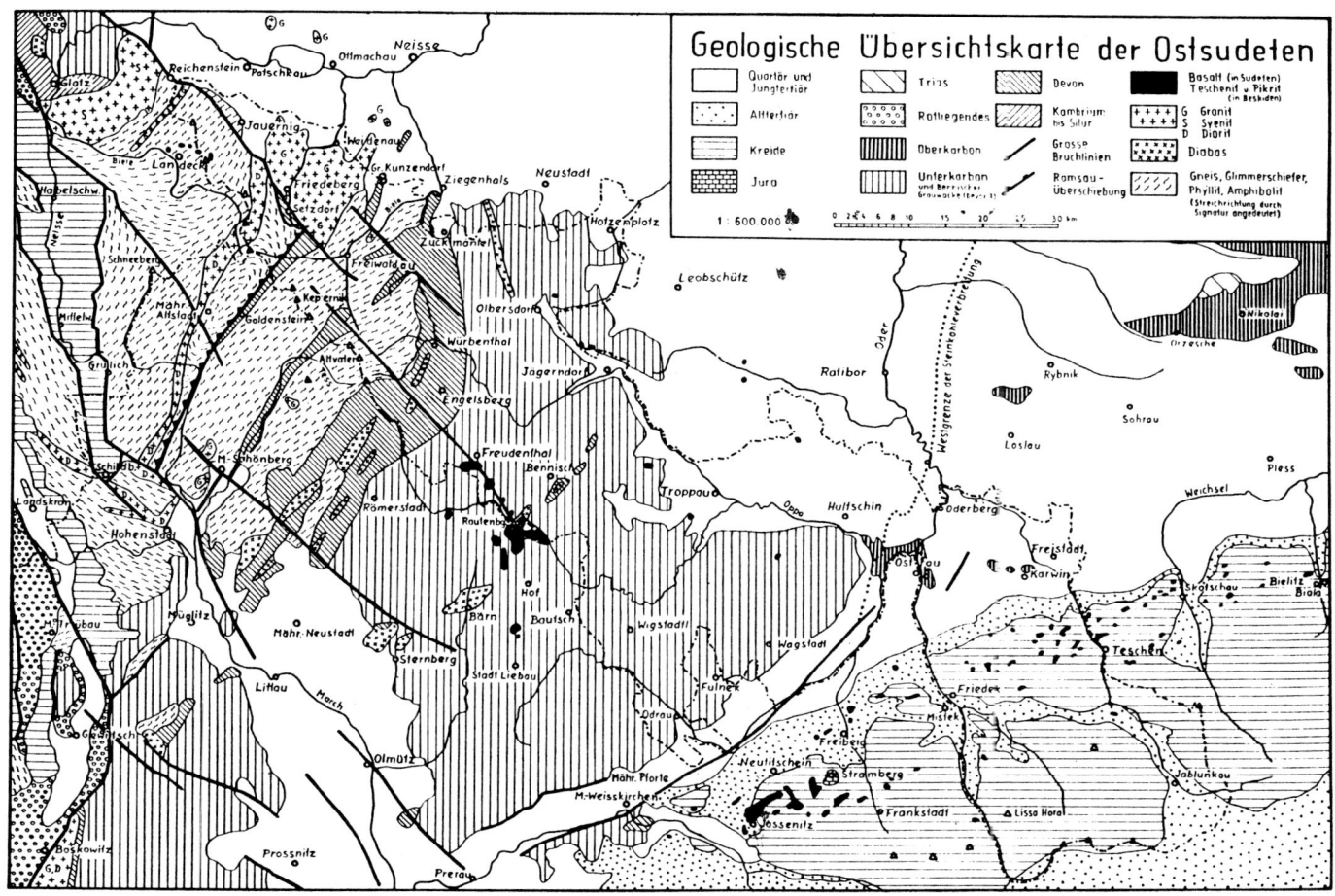

Erdgeschichte

Jahrmillionen waren nötig, ehe die Erde ihr uns heute so vertrautes Antlitz bekommen hatte. Diese unvorstellbar lange Entwicklung teilen wir ebenso wie die Geschichte der Menschheit in drei Epochen ein: dem Altertum, dem Mittelalter und der Neuzeit. Lediglich die Dauer der einzelnen Epochen ist bei beiden Einteilungen verschieden. Während wir bei der Menschheitsgeschichte in Jahrhunderten rechnen, sind es bei der Erdgeschichte Jahrmillionen. Das Erdaltertum oder Paläozoikum beginnt bei 540 Jahrmillionen vor der Gegenwart und geht mit 200 Jahrmillionen v. G. in das Erdmittelalter über. Von den Unterabschnitten des Altertums, dem Kambrium, Silur, Devon, Karbon (Kohlezeit) und Perm werden uns besonders das Devon zwischen 350 und 310 Jahrmillionen (immer von der Gegenwart gerechnet) und die Steinkohlezeit (Karbon) zwischen 310 und 240 Jahrmillionen interessieren. Das Erdmittelalter mit seinen Abschnitten Trias, Jura und Kreide reicht von 200 bis zu 60 Jahrmillionen von heute; und die Erdneuzeit oder Känozoikum schließlich mit Tertiär und Quartär begann vor 60 Jahrmillionen und dauert heute noch an.

Europas Gebirge sind zu verschiedenen Zeiten und in drei voneinander getrennten Phasen entstanden: Im älteren Erdaltertum (Kambrium/Silur) das skandinavische Gebirge (Norwegen, Schweden, Finnland) und im nördlichen Schottland. Im jüngeren Erdaltertum (Devon/Karbon) wurden die Berge in West- und Zentralfrankreich, in Mitteldeutschland sowie die böhmischen und schlesischen Gebirge (Altvater) emporgehoben. Und schließlich entstanden als ein sehr junges Gebirge an der Wende vom Erdmittelalter zur Neuzeit (Kreide/Tertiär) die Pyrenäen, die Alpen und der Karpatenbogen. Die Ursache solcher Gebirgsbildungen sind Spannungen in der noch sehr dünnen und daher noch leicht verformbaren Erdkruste.

Ehe die zweite Faltung im Devon und Karbon zur Bildung des Altvatergebirges führte, ragten aus dem damaligen Urmeer schon die Gneisgranitkuppen des Kepernik-Hochscharmassivs heraus. Ihre Baustoffe stammen aus den glutflüssigen Magmaherden der Erdtiefe. Wann dieses Gneismassiv entstanden ist, wissen wir nicht und auch die verschiedenen Deutungstheorien weichen in ihrer Zeitannahme erheblich voneinander ab. Zur Zeit der zweiten Gebirgsfaltung war es jedenfalls schon da. Während der Devonzeit, noch vor der Gebirgsfaltung, sank das Gneismassiv mit seinen, unter einem seichten Meer liegenden Nord- und Südsaum immer mehr in die Tiefe ab und führte zur Überflutung durch ein Meer, das die March-Betschwalinie aufwärts rückte, ein nördlicher Ausläufer des weiten Mittelmeeres, das damals das Donaubecken bis nach Ungarn erfüllte. Ein nordwestlicher Arm erreichte sogar Freudenthal. Doch diese flache Überflutung zog sich, geologisch gesehen, bald wieder zurück und ihr rückten Küstenflüsse nach, zu denen als Sammelgerinne vor allem die Mohra gehörte. Auf dem absinkenden Boden dieses Saums lagerten sich neben den Abtragungsprodukten des Massivs (Schotter, Sand und Tone) auch die Kalk- oder Kieselsäuregehäuse devonischer Meereslebewesen, wie z. B. Kopffüßler, Armkiemer, Schnecken, Muscheln und andere ab. Stejskal rechnet die Zeit dieser Ablagerung noch zum Unterdevon und bezeichnet sie als Würbenthaler Devon, während Bederke von den Würbenthaler Schichten spricht.

Die ursprünglich nur lockeren Aufschüttungen wurden durch die allmähliche Austrocknung in größeren Tiefen, durch das Gewicht der überlagernden Masse von mehreren tausend Metern Dicke, durch chemische Reaktionen und schließlich durch den gewaltigen Druck der später folgenden Gebirgsfaltung zu festem Gestein umgestaltet, beispielsweise Ton zu Tonschiefer, Sand zu Sandstein usw. Die im Innern der Gesteine eingeschlossenen Lebewesen zersetzten sich und hinterließen Hohlräume (sog. Versteinerungen). Dabei blieb in den besonders widerstandsfähigen Quarziten die Form der Fossilien (versteinerte Lebewesen) unverändert. Nach dem Göttinger Geologen Schmidt gehört auch dieser Würbenthaler Quarzit in die Zeit des Unterdevons.

In den plattenförmig abgesonderten, glimmerreichen Quarziten des nördlich von Würbenthal gelegenen Dürren Berges fand A. Halfar einige gut erhaltene versteinerte Fossilien aus dem Devon. Römer hat diesen Fund – es handelt sich in erster Linie um Zweischaler (Muscheln), Schnecken (Gastropoden), Armkiemer (Brachiopoden), Kopffüßer (Cephalopoden) und Dreilapper (Trilobiten) – veröffentlicht (siehe Bild 1). An den Abhängen der sogenannten Raubersteine bei Würbenthal hatte Oberförster Peschek im Unterdevonischen Quarzit ebenfalls deutliche Abdrücke von Muscheln (Grammysia) und andere Bivalvenspuren entdeckt, über die Suess berichtete. Die schon früher in einem Dachschieferbruch von Dittersdorf bei Engelsberg gefundenen tierischen Reste stammen aus dem Unterkarbon (Engelsberger Schichten).

Im Devon kam es zu ausgiebigen Ergüssen eisenreicher vulkanischer Gesteine, die häufig auch benachbarte Kalke in Eisenerze umwandelten. Solche Erzlagerstätten finden sich vornehmlich im Gebirge, wo durch Abtragungen die Decke des Dilluviums und Alluviums fehlt und die erzführenden Schichten am ehesten zugänglich sind. Im Kreis Freudenthal liegt eine erzführende Zone bei Engelsberg in der Mulde des Annaberges, die zwischen Dürrseifen und Ludwigsthal eine Breite von 3 km erreicht. Das zweite Abbaugebiet – hauptsächlich für Eisenerze (Rot- und Magneteisenstein) – liegt bei Neu-Vogelseifen, Wiedergrün und Klein-Mohrau. Diese Erzbänke, die zum Teil eine Mächtigkeit von 2 bis 6 m erreichen, sind an die Grünschieferschichten gebunden. Sekundäre Goldlagerstätten, die sogenannten Seifen, finden sich im unteren Abschnitt der Gebirgsbäche bei fast allen Gewässern des Kreises. Diese Erzbänke führten im Mittelalter – Freudenthal, etwa 1213 die erste Siedlung in Sudetenschlesien und Nordmähren, war ursprünglich eine Bergstadt – zu einer lebhaften Bergbautätigkeit, und sie waren auch noch im 17. Jahrhundert für die wirtschaftliche Entwicklung des Kreises von größter Bedeutung. Im Altvatergebirge sind diese Erze, namentlich Gold und Silber, in der Regel in schmalen, vielfach geworfenen Gängen eingesprengt gewesen, die plötzlich aufhörten, deren Fortsetzung nur mit großen Schwierigkeiten und unter hohen Zubußen beim Abbau gesucht werden mußten und oft nicht mehr gefunden wurden. Dadurch war der Bergbau in unserem Gebiet mit erheblichen Risiken belastet, und als die mit Edelmetallen beladenen spanischen Schiffe aus der neuen Welt ka-

men, wurde wegen der sinkenden Preise der Edelmetallbergbau bei uns unrentabel und hörte auf.

Die geologischen Störungen bedingten auch einen Jungvulkanismus im Gesenke. Vermutlich begann er erst im ausklingenden Tertiär und zeigt damit die Endphase der heftigen Schollenbewegungen an. Den Höhepunkt erreichte er im Quartär, wie die Basaltströme der Vulkane in unserem Kreis, Köhler- und Venusberg sowie kleiner und großer Rautenberg, beweisen. Als Nachklang zu diesem Spätvulkanismus finden wir vor allem in den Tälern Säuerlinge, z. B. in Karlsbrunn, am Schwarzbach in Dürrseifen und Wiedergrün, an der Mohra in Klein- und Nieder-Mohrau, in Stohl, Neurode, Nieder-Rautenberg, Raase sowie an anderen Stellen des Niederen Gesenkes bis ins Kuhländchen. Sie belegen, daß ein basaltischer Magmaherd unter der Gesenkscholle bis heute noch nicht zur Ruhe gekommen ist und seine Kohlensäure an das Quellwasser abgibt.

Im Bereich der beiden sich senkenden Saumtiefen kam es mit dem Ende der Devonzeit aus irgend einem Grunde (vielleicht Schrumpfung) zu Spannungen, die den abgelagerten Absatz des Meeres zu einem Faltengebirge auftürmten. Dabei wurden die ursprünglich nebeneinander liegenden großen Gebirgskörper der böhmischen Masse nach Osten übereinander geschoben, so daß die östliche Gebirgsscholle (Sudeten) unter der westlichen, der sogenannten moldanubischen zu liegen kam und heute nur mehr am östlichen Rand an einigen Stellen freiliegt. Dieses aufgetürmte Faltengebirge war höher und seine Formen viel schroffer als die heute abgerundeten Kuppen des Altvaterkammzuges.

Säuerlinge im Hohen und Niederen Gesenke – im Kreisgebiet gab es bei Bad Karlsbrunn, Klein-Mohrau, Buchbergsthal, Würbenthal, Lichten, Rautenberg und Neurode sogenannte Sauerbrunnen

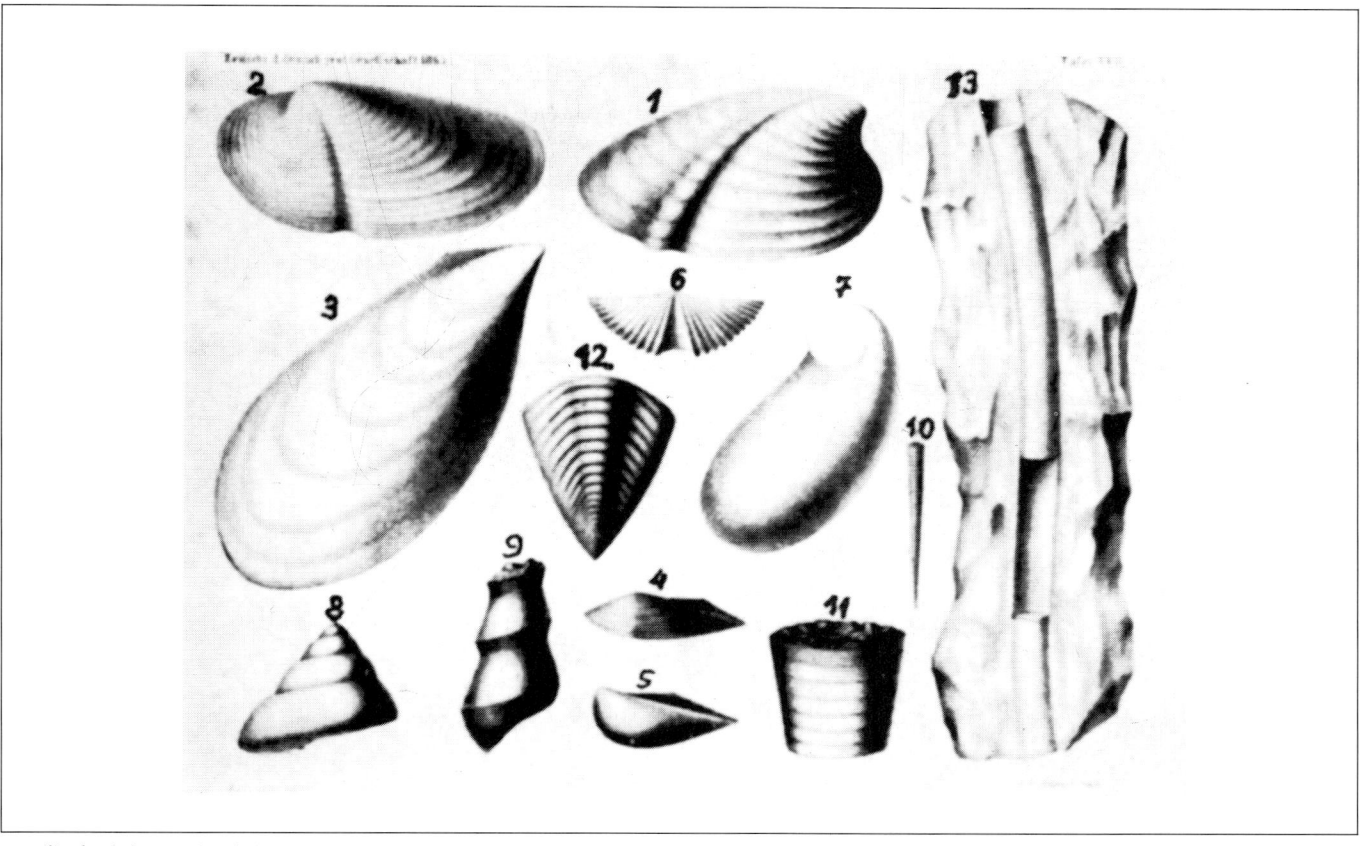

Fossilienfunde bei Würbenthal. Abb. 1 und 2 Muscheln (oval), 3 Muschel (ungleichlappig), 4 Muschel (queroval, Zweischaler), 5 Muschel (queroval Zweischaler, 6 Armkeimer (Brachlopoda), 7 Schnecke (dickschalig, Gastropoda), 8 Schnecke (mit gerauhten Spiralkielen), 9 Schnecke (Windungen mit Spiralkielen), 10 Schnecke (röhrenförmig), 11 Kopffüßer (Cephalopoda), 12 Dreilapper (Trilobit) und 13 Hohltier

Diese Faltung verbreitete den alten Festlandskern nach Norden und Süden und auf seinem, nach Südosten zum Strand des karbonischen Südmeeres geneigten Rücken entwickelte sich in der Unterkarbonzeit eine reiche Flora. Die Pflanzenstammreste und Blattstücke wurden in dieses Südmeer eingeschwemmt und zusammen mit den Schalenresten der Meeresbewohner im tonigen Schlamm des Meeresbodens unter Luftabschluß gelagert. Bei einem plötzlich einsetzenden schnelleren Absinken des Untergrundes gerieten kleinere Pflanzen und die Wurzelstöcke der Bäume unter die Wasseroberfläche und erstickten. Bäume stürzten um und sanken in den weichen Torf des Untergrundes ein. Die aus den Bergen kommenden Bäche und Flüsse schwemmten die mitgebrachte Tontrübe und den mitgeführten Sand als Deckschicht darauf. Diese versunkenen Pflanzenreste sind als dünne Kohlenbänder (vor allem im Südosten, Ostrauer Gegend) erhalten geblieben; das frühere Sumpfflachmoor wurde zum Flöz.

Zur Zeit des unteren Kulms (Unterkarbon) wurde das Gebirge erneut allmählich gehoben und samt der jungen Decke intensiv gefaltet. Diese zweite Hauptfaltung betraf alle Schichten vom Grundgebirge bis einschließlich des Devons, dessen Reste uns heute nur mehr als Streifen am Ostrand des Altvaters (Linie: Römerstadt – Würbenthal – Zuckmantel) begegnen. Eine kleinere dritte Hauptfaltung (zwischen Oberkarbon und Perm) betraf vor allem das niedere Gesenke.

Aus einer ungestörten Entwicklung der Pflanzenwelt (Flora) läßt sich schließen, daß vom Perm an keine durchgreifenden Störungen der Schichtbildung mehr stattgefunden haben.

Bemerkenswert ist ein Wechsel von der vulkanischen zu einer Kaltära. Vermutlich hat erst die von Norden kommende zweite Vereisungsepoche, die sogenannte Elster-Eiszeit, die Troppauer Bucht erreicht und dort zwei erloschene Zwergvulkane – den einen bei Kamenz (östlich von Groß-Herrlitz) und den anderen bei Ottendorf (südwestlich von Troppau) – zerstört. Eine schmale Eiszunge reichte von Jägerndorf bis Seifersdorf im Südwesten. Das östliche Gesenkeplateau wurde mindestens zeitweise von nordischem Inlandeis überzogen, das in der Niederung des Kuhländchens bis zur europäischen Wasserscheide nordöstlich von Mährisch-Weißkirchen vorzustoßen vermochte.

Die Freudenthal-Römerstädter Hochfläche befand sich damit in einer eigentümlichen Mittellage zwischen nordischer Vereisung im Oderbecken und der Verfirnung mit einzelnen Eiszungen im Hochgesenke. Sie besaß deshalb einen ausgesprochenen Tundracharakter mit Moosteppichen um Wasserlachen und vereinzeltem Zwerggesträuch. Ob die dritte Vereisung – die Saaleepoche – den Gesenkerand noch erreicht hat, ist ungewiß. Wahrscheinlich blieb die Endmoräne schon an der Neißelinie stehen. Der Tundracharakter unseres Gebietes war weiter vorhanden. Erst zur Zeit des Warthe-Weichselstadiums dürfte langsam Mischwald aus Birke, Hasel und Föhre bei uns Einzug gehalten haben.

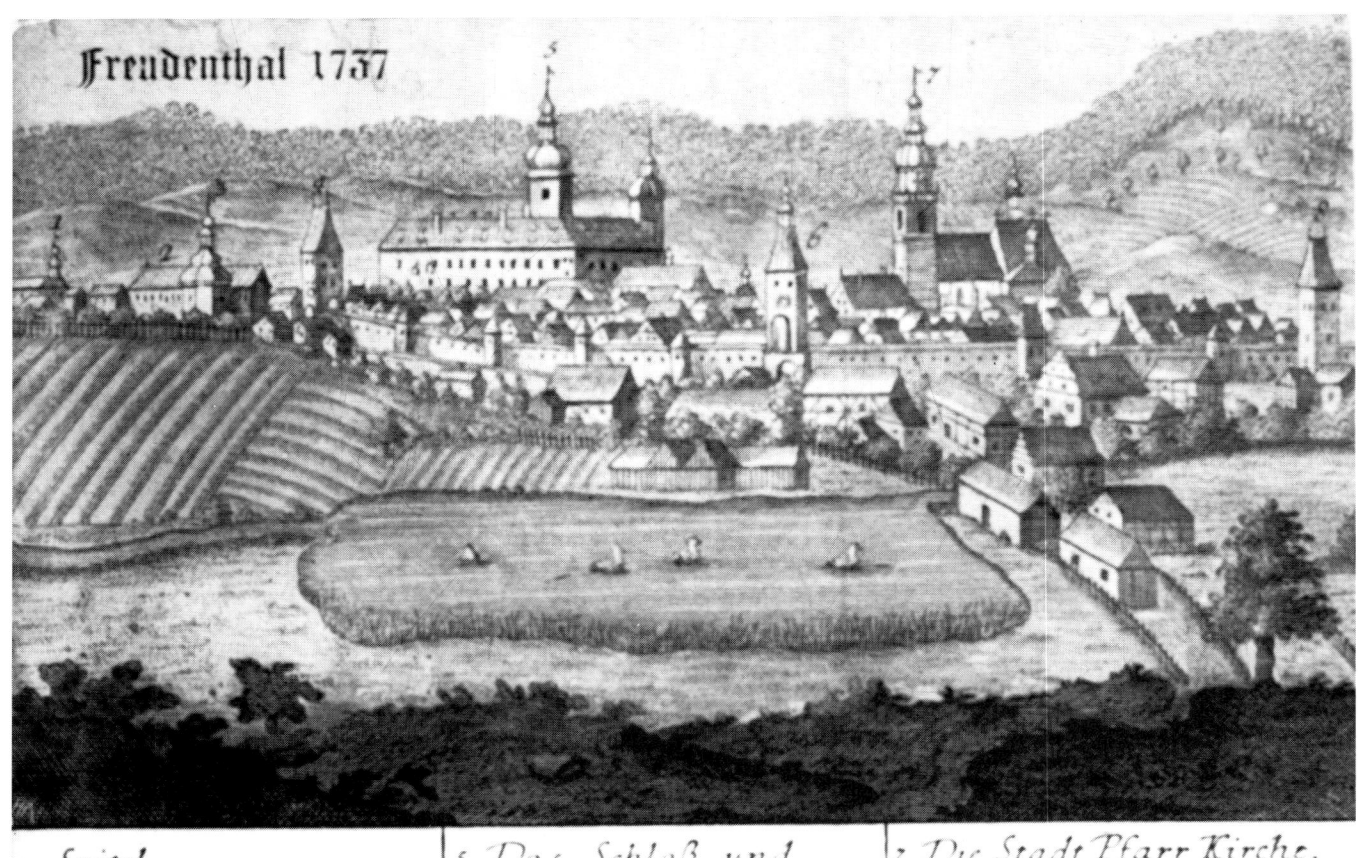

Alt-Freudenthal – Stadtbild vom Jahre 1737 nach einem altkolorierten Kupferstich von F. B. Werner

1 Spitel.
2 Piaristen Clösterl.
3 St. Michael.
1 Das Neische Thor.
5 Das Schloß und Commendatur der deutschen Herrn.
6 Das Ollmutzer Thor.
7 Die Stadt Pfarr Kirche.
8 Das Jägerndorfische Thor.
1737

Geschichtliche Entwicklung des Heimatkreises Freudenthal

Ehe wir uns der Entstehung und der geschichtlichen Entwicklung des Kreises Freudenthal zuwenden können, muß vorausgeschickt werden, daß dieser Kreis seine endgültige Form und Größe zur Zeit der Vertreibung einer relativ späten Gebietsform in der Mitte des 19. Jahrhunderts verdankt. Die einstige Herrschaft Freudenthal war zwar der größere, aber eben nur ein Teil des späteren Kreises. Die Stadt Bennisch mit ihren Weichbilddörfern Alt-Erbersdorf, Boidensdorf, Brättersdorf, Eckersdorf, Freihermersdorf, Groß-Herrlitz, Klein-Herrlitz, Koschendorf, Lichten, Raase, Schlesisch-Hartau, Seitendorf, Spachendorf, Zattig und Zossen – die teilweise aus dem Gebiet Bennisch und zum Teil aus der Herrschaft Herrlitz stammen – die sogenannten Oppadörfer: Dittersdorf, Breitenau, Markersdorf sowie die Flur des wüst gewordenen und später verschwundenen Dorfes Heinzendorf und Karlsthal – wobei dessen Ortsteile Neu-Bürgersdorf zur Stadt Jägerndorf und Neu-Karlsthal bereits seit seiner Gründung zur Herrschaft Freudenthal gehörten – waren Teile des Fürstentums Jägerndorf. Die bei Würbenthal liegenden Dörfer Einsiedel und Buchbergsthal gehörten zum Bistum Breslau in Neisse, weil nördlich von Würbenthal zwischen dieser Stadt und den beiden zuletzt genannten Dörfern seit dem Pfingstfrieden von Glatz 1137 die Landesgrenze zwischen Schlesien und Mähren verlief. Alle diese früher nicht bei Freudenthal gewesenen Gemeinden waren für die Herrschaft Freudenthal „Ausland". Daraus resultierten bei der damals noch in den Anfängen steckenden kartographischen Festlegung der Grenzen eine Reihe jahrhundertelanger Grenzstreitigkeiten, die sich vor allem auf die Oppadörfer und die Grenze bei Würbenthal konzentrierten. Noch 1682, als sowohl Freudenthal als auch das Fürstentum Jägerndorf andere Landesherrn bekommen hatten, gründete der Freudenthaler Deutsche Orden das Dorf Schreiberseifen an dem gleichnamigen Bach, um – wie es in der Gründungsurkunde heißt – den Besitzansprüchen der Jägerndorfer Herren zuvorzukommen.

Wenn auch die Besiedlung des Kreises durch unterschiedliche Grundherrn erfolgte, gehörte doch der gesamte Bereich des heutigen Heimatkreises anfänglich mit Bennisch, Jägerndorf und Zuckmantel zum Herzogtum Troppau. Erst durch die Erbteilungen und durch Verpfändungen der geldbedürftigen Troppauer Herzoge, die sich im Verlauf dieser Teilungen in eine Troppauer und eine Jägerndorfer Linie spalteten, kam es zur Entstehung der Herrschaft Freudenthal und des unabhängig davon anderweitig orientierten Bereichs Bennisch mit den bei Jägerndorf verbliebenen Oppadörfern sowie den zum Breslauer Bistum gehörigen späteren Gemeinden Einsiedel und Buchbergsthal.

Die Hohe Heide (1464 m)

Frühgeschichte

Vorgeschichtliche Funde gibt es im Freudenthaler Gebiet nur sehr spärlich und punkthaft, und germanische Funde fehlen ganz. Daher können wir nur annehmen, daß dieses Gebiet zwar von den umherstreifenden, vorzeitlichen Jägern und Nomaden durchstreift worden ist, daß sie aber hier nicht seßhaft geworden sind. Das damals zum größten Teil bewaldete Kreisgebiet hatte eine bedeutend größere Meereshöhe als eine für die Kelten, Germanen und die später in die durch die Völkerwanderung entblößten Gebiete einwandernden Slawen maximale Siedlungshöhe von 300 Metern. Ihrer noch geringen Anzahl wegen hielten sich diese in den fruchtbaren, waldärmeren Niederungen unter 300 Meter Meereshöhe auf und hatten noch keinen Grund, in die unwirtlichen höheren Lagen auszuweichen. Das Altvatergebirge war für die damals lebenden Völker ein hindernder Wall, an dem alle von Norden kommenden Wanderbewegungen in südöstlicher Richtung abglitten. Dieses Vorland war bis zum Beginn der deutschen Besiedlung, die etwa um 1200 einsetzte, ein Teil des Grenzwaldes zwischen Schlesien und Böhmen-Mähren, der selbst noch Anfang des 15. Jahrhunderts viel weiter in Richtung Freudenthal reichte als heute. Dieser Grenzwald, zu dem auch das noch unerschlossene Freudenthaler Kreisgebiet gehörte, wurde, ehe er endgültig an Böhmen fiel, zum Zankapfel zwischen den böhmischen Přemysliden und den polnischen Piasten in Schlesien, die sich dieses Gebiet in Kriegen mit wechselndem Erfolg gegenseitig abjagten. Erst mit dem Pfingstfrieden von Glatz 1137 wurden die Auseinandersetzungen schließlich been-

det. Die in diesem Frieden geschaffene Grenze zwischen Polen und Böhmen bildete der Sudetenwald längs des Eulen- und Reichensteiner Gebirges und östlich davon die Flüsse Zinna und Ostrawitza mit dem dazwischen liegenden Oderabschnitt. Diese Grenze hat sich noch lange in den Diözesangrenzen zwischen dem Olmützer Bistum und dem Bischof von Breslau gehalten. Mit diesem Frieden fiel die spätere Provinz Troppau mit dem Grenzwald an Böhmen und wurde zur Ausstattung der mährischen Markgrafen und der böhmischen Königinnen benutzt, ehe sie 1261 König Přemysl Ottokar seinem unehelichen Sohn Nikolaus übergab. Die Gebiete um Freiwaldau und ab 1474 endgültig auch die um Zuckmantel verblieben beim Breslauer Bistum.

Eine Pergamenturkunde, 1223 in Mährisch-Neustadt ausgestellt, verweist auf Freudenthal mit Magdeburger Recht. Sie ist lateinisch und hat ins Deutsche übertragen folgenden Wortlaut:

C. Im Namen des Vaters und des Sohnes und des heiligen Geistes. Amen. Wir Othakar, auch Przemysl genannt, von Gottes Gnaden König von Böhmen, tue mit meinen Kindern allen Gegenwärtigen und Zukünftigen kund, daß Wir dasselbe Recht und dieselbe Freiheit in allem, die Unser Bruder Wladislaus Seligen Angedenkens, einst Markgraf von Mähren, Unseren lieben Bürgern von Unisov (Mährisch-Neustadt, das ist eine Neugründung in demselben befestigten Orte oppidum) oder außerhalb desselben gegeben hat, ihnen aus königlicher Gnade entgegenkommend zugestehen und in einer authentischen Urkunde feierlich aufzeichnen, besonders daß jedes Grundstück in besagter Stadt, es sei klein oder groß, sechs Denare und jede Hufe Ackerland einen Vierding Silber und drei Scheffel Getreide, und zwar einen vom Korn, einen vom Weizen und den dritten vom Hafer, jährlich am Feste St. Martin zu entrichten gehalten sei. Ebenso geben Wir den Wald, den sie auf dreißig Jahre zur Rodung erhalten haben und von denen zehn schon vergangen sind, ihnen frei, soweit jeder von ihnen imstande sein wird, ihn auszuroden. Ebenso befehlen Wir, daß die Grenzen ihrer Ortsflur, sowohl in den Wäldern wie in den Feldern und Weiden, die ihnen von Unserem vorgenannten Bruder, dem Markgrafen, rechtmäßig von Anfang an zugewiesen wurden, ihnen frei und friedlich unter königlicher Machtvollkommenheit bewahrt bleiben sollen.

Ferner gestatten Wir ihnen, alle Rechtsfälle, die bisher mit Zustimmung Unseres Bruders unter sich und bei ihnen selbst abgeurteilt haben, nach ihrem gewohnten Recht zu richten, außer wenn ein großer und schwerer Rechtsfall vorliegt, der in Unserer und der Unseren Gegenwart von Rechts wegen erörtert werden muß. Ebenso wollen Wir ihnen dasselbe Meidburger (Magdeburger) Recht und dieselben Rechtsgewohnheiten, die Unsere Bürger von Froudenthal (Freudenthal) haben, in Gnaden zugestehen. Von dieser Besiedlung oder Vogtei, welche Unser genannter Bruder dem Vogt Theoderich und seinen Erben übertragen hat, wollen Wir, daß sie den Theoderich selbst und seinen Erben, wie sie übertragen wurden, in Frieden in Besitz bleiben sollen. Damit aber diese Unsere Zusage dauernd und ständig sei, bekräftigen Wir sie fest mit gegenwärtiger Urkunde und mit Unserem Siegel und baten den ehrwürdigen Vater Rupert, Bischof von Olmütz, der anwesend war, daß er zur größeren Festigkeit der Zusage sein Siegel anhänge. Das hat er auch getan.

Geschehen ist dies feierlich in Brünn im Jahre der Menschwerdung 1223, in der eilften Indiktion, durch die Hand des Wigbert, Unseres Notars, in Anwesenheit vieler Zeugen, deren Namen folgend sind: Sdislaus, Probst von St. Peter in Brünn (Bruna); Cuonrad, Schreiber in Brünn – Stefan von Medlov ....

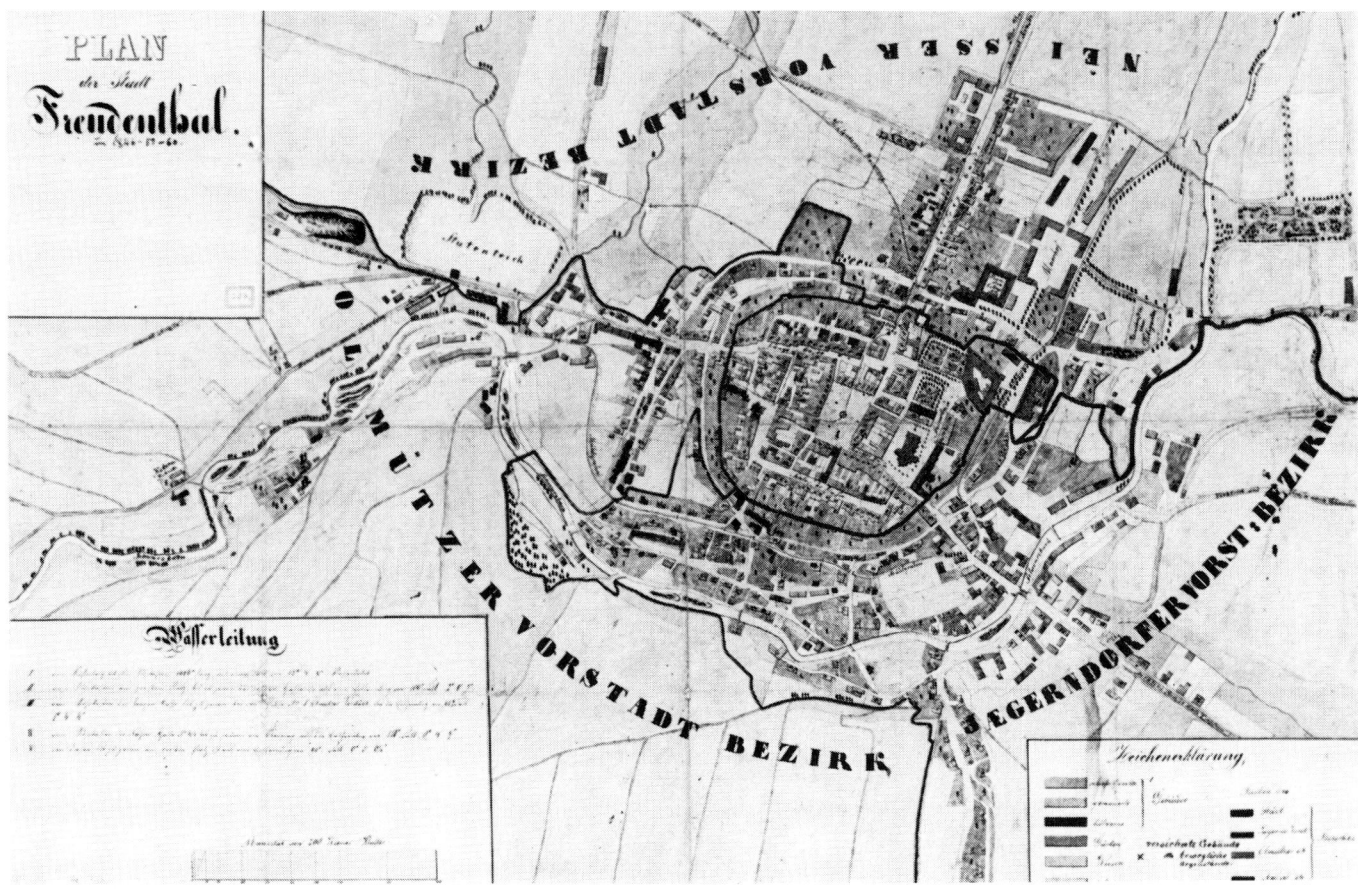

Alt-Freudenthal – Stadtplan mit Innerer Stadt sowie Olmützer-, Neißer- und Jägerndorfer Vorstadt

Die Besiedlung des Kreises

Die Besiedlung eines noch unerschlossenen Gebietes durch Deutsche erfolgte damals nach einem festgelegten Plan: Als Mittelpunkt wurde als erstes eine Stadt gegründet, welche die Aussetzung der Dörfer in ihrem Weichbild (in dem ihr zugewiesenen Bereich) übernahm. Der Kreis Freudenthal gehört heute zu den wenigen glücklichen Kreisen, in denen sich sowohl die Gründungsurkunde einer Weichbildstadt – Bennisch vom 11. April 1253 – als auch die Lokationsurkunde eines Dorfes – Lichtewerden vom 8. März 1267 – erhalten haben. Die Urkunde für Bennisch besagt auszugsweise folgendes:

Die neue Stadt-Vogtei der beiden Lokatoren Erwig und Guido erhält das freie und erbliche Besitzrecht der achten Stadthufe, den dritten Pfennig, das Recht zur Erbauung von Brot- und Fleischbänken in unbegrenzter Anzahl mit der Möglichkeit sie zu vertauschen und zu verkaufen und das Recht, Mühlen zu freiem Besitz zu errichten. Die neue Stadt erhält für 12 Jahre Zinsfreiheit. Nach deren Ablauf sind jährlich von jeder Hofstatt 6 Pfennige und von den dazugehörigen Äckern je 2 Maß Roggen, Weizen und Hafer und 1 Vierdung Silber zu Martini zu zinsen. Die Lokatoren sollen auch mit der Gründung von Dörfern in der Umgebung der neuen Stadt betraut sein. Sie werden damit Erbrichter in den neuen auf Rodland angelegten Dörfern. Die 8. Hufe, sowie Schank- und Mühlenrecht bilden die Ausstattung der Dorfgerichte. Alle anderen Schenken im Umkreis einer Meile von der Stadt sind verboten. Wer von den Dörfern jedoch eine Schenke in der Stadt selbst anlegen will, dem soll dies erlaubt sein. Die neuen Dörfer genießen für 20 Jahre Zinsfreiheit, dann zahlen sie den gleichen Zins wie die Bürger der Stadt, mit Ausnahme des städtischen Häuserzinses. Die Richter der Dörfer haben sich die Rechtsbelehrung in der Stadt zu holen. Alle Fälle, die ans Blut gehen, sind in der Stadt selbst abzuurteilen.

Durch die Zuteilung eines genau begrenzten Gebietes zur Rodung und zur Besiedlung wurde der Erbvogt der Weichbildstadt zum Grundherrn dieses Gebietes und mußte es in Teilstücken den sogenannten Lokatoren zur Gründung der Dörfer abtreten. Die Lokatoren dieser Dörfer hatten die Siedler in ihrer alten Heimat anzuwerben und sie in die neue Heimat zu führen. Hier angekommen, sorgte der Lokator für den einstweiligen Unterhalt sowie die erste notdürftige Unterkunft der neuen Dorfbewohner und leitete die Ausmessung der Hof- und Flurgrößen, beschaffte die benötigten Rodungswerkzeuge sowie das erste Saatgut und unterstützte die Siedler während der sicherlich schweren Anfangsjahre, für die es ebenfalls einen begrenzten Grundzinserlaß des adeligen Grundbesitzers gab. Eine solche Dorfentstehung in einem unerschlossenen, oft fast noch menschenleeren Gebiet muß ein großes Wagnis gewesen sein, und manche Gründung ist wohl auch gescheitert. Als Belohnung für die Mühe und vor allem für seinen Mut wurde der Lokator der erste Erbrichter des neuen Dorfes, eine Benennung, die auch zur Zeit der Aussiedlung noch gebräuchlich war.

Über die Rechte und Pflichten eines Lokators und späteren Erbrichters erfahren wir aus der Lokationsurkunde von Lichtewerden folgendes: Am 8. März 1267 übergab der damalige Stadtvogt von Freudenthal, Berthold, als Grundherr dem Lokator Heinrich von Waldau einen 52 Lahnen großen Wald, der zu jener Zeit schon Lichtenwerde genannt wurde, zur Rodung und Dorfgründung. Das Wort laneus – Lahn ist das slawische Lehnwort für die deutsche Bezeichnung Lehen, die wiederum das mittelalterliche Wort für die fränkische Hufe von rund 24,2 ha ist.

Die ersten 20 Jahre nach der Dorfgründung waren alle Anwesen des Dorfes zinsfrei, um die neuen Bewohner während der ersten, schwierigen Aufbau- und Rodungsjahre nicht zusätzlich zu belasten. Nach den zinsfreien Jahren war für jede Hufe ein jährlicher Zins von einem Setinus, das ist ein halbes Lot Gold, zu entrichten. Das Geld war damals noch nicht Zahlungsmittel im heutigen Sinne, sondern ein Gewicht, das beim Kauf von Waren zugewogen wurde. Der Gründer oder Lokator des Dorfes wurde der erste Erbrichter des neuen Dorfes und erhielt als solcher zwei zinsfreie Hufen, von den übrigen Dorfbewohnern zinste jeder sechste nicht dem Grundherrn, sondern ebenfalls dem Erbrichter. Dieser übte die niedere Gerichtsbarkeit in seinem Dorfe aus, und dafür erhielt er den dritten Pfennig der Gerichtsbußen. Die hohe oder Blutgerichtsbarkeit stand dem Grundherrn, im Falle Lichtewerden also der Weichbildstadt Freudenthal, zu. War ein Dorfbewohner in einen Blutgerichtsfall verwickelt, so wurde unter dem Vorsitz des Freudenthaler Stadtvogtes vor dem Dorfgericht verhandelt und erst das Urteil in der Stadt, als der übergeordneten Rechtsinstanz, gefällt. Hatte man in einem solchen Falle den Delinquenten zu einer Geldstrafe begnadigt, so erhielt der Erbrichter des Dorfes ebenfalls den dritten Teil dieser Geldstrafe. Das Strafmaß war für die Dorfbewohner nur halb so hoch wie für die Bürger einer Stadt, und auch von dieser Strafhälfte konnte noch ein Nachlaß von der halben Höhe gewährt werden. In der Herrschaft Freudenthal unterstand dem Erbrichter jedenfalls zur Zeit der Gründung auch die Dorfkirche, ein Fall, den wir sonst nicht finden. In der Lichtewerdener Lokationsurkunde heißt es, daß der Erbrichter „habebit ecclesiam" (eine Kirche hat!), und daß dies kein Einzelfall war, erfahren wir in einer Kaufbestätigung des Ober-Wildgruber Erbgerichts vom 11. Mai 1412, daß auch dort zum Erbgericht „eyne freye kirche" gehört.

Die alten deutschen Ortsnamen der Siedlungszeit haben eine scharf geprägte Einheitlichkeit und Einseitigkeit. Sie sind fast alle zweiteilig und mit dem vorherrschenden Grundwort -dorf gebildet. Im Bestimmungswort überwiegen die Personennamen in der vom 12. bis 14. Jahrhundert üblichen Vornamensform. Beispielsweise Dietrichsdorf (Dittersdorf), Marquartsdorf (Markerdorf) oder Heinzendorf usw. Besonders im Kreis Freudenthal hatte man bei einigen Dörfern das Wort -dorf durch die Bezeichnung -seifen ersetzt. „Seifen" waren die sekundären Goldlagerstätten, die man bei fast allen Gewässern des Gebietes im unteren Abschnitt der Gebirgsbäche fand. Diese Bäche müssen schon zur Ortsgründungszeit so geheißen haben – vermutlich von den Bergleuten der Stadt Freudenthal auf deren Suche nach diesem Edelmetall –, und dieser Name ging auf das an seinen Ufern errichtete Dorf über. Eine zwar kleine, aber bezeichnende Gruppe sind die sogenannten „Wunschnamen", die das gute Gedeihen der Neugründung fördern sollten (Freudenthal). Die wenigen, im Kreis Freudenthal recht seltenen slawischen Bezeichnungen, die den überwiegend deutschen Ortsnamen beigemischt sind, gehen auf den slawischen Grundherrn und nicht den deutschen Lokator (Gründer) zurück. Die Bergstädte hatten ihre eigene, andere Namensform, die vorwiegend aus Heiligennamen und dem Wort

---

Bennischer Gründungsbrief 1253

Im Namen des Herrn Amen + Auf das nicht durch verfallung der Zeit der ding so gegeben geschwecht werden pfleget man sie Jnn ehrlichen Zeugen münder Außerungen aber durch gedechtnüs der geschrifft Zu verewigen + Derhalben ir Wunsch sowoll allen den Jtzigen als den nachkomlingen Das ich Benesch Von der Caurir des Koniges von Boheme Erwege und Revidir die stadt welche man Benesch nennet aufzurichten und Zuerbauen gestattet habe + Welche in allen fellen das Leobschützer Recht haben soll mit dieser bedingung Auf das der von Benesch mit dem Recht den achten grundt oder Hof der stadt vor sich und Jrr Erben frey und rechtlich Befreyen sollen Also das von Jren gerichte Zwey teil wis haben sollen das dritte teyl aber demselben Richtern und Jren Erben + Die Achte Hube aber zur Stadt geherig soll zwar frey und rechtlich Zudienen schuldig sein + Und wievil sie fleisch und brotbenke erbauen würden die ungenißt ,entweder verwechseln verwandten aber verkauffen frey ungehündert Mülen aber wie vil so der Erbauen würden zur stadt gehorig es sey wo es nur warr Jnn wüste Erbschafft die sollen die erbgedachten Richter frey besitzen + Item ich hab auch der genanten stadt freiheit auf zwelf Jar übergeben und zugesagt welche so so verhoffen sinn sollen fir von einem jeglichen grund sechs pfennig und von Jren Eckern so dazugehorig zwey mas weitz zwey mas Korn zwey mas haber Und einen firrdung Silber fur die Zins entrichten und bezalen + Und das sol jerlich auf Sanct Martini geschehen + Jch gebe Jnen auch zu das die Dorffer die so erbaut haben mit den achten Huben den Richtern Unterthenig und gehorsam sein sollen Und so Rechten abzuhlen aber Kretschem auf den genanten Dorfern Erbaut wurden und die Richter so besitzen mit dem Rechte welches der Stadt nach Jrem Prais allein gebüren solle + Den verbitten wir Jnn unserer Erbschaft alle Kretschem nahent umb die stadt Untereiner meilen nicht zuhaben Und sonderlich so jemant aus den nahen liegenden Dorfern der stadt bier verkauffen wolt aber einen Kretschen aufrichten aber so solche habe verkauffe besitze in der stadt mit dem Rechte wie den andern Leobschützer zu recht haben + Dergleichen gebe ich auch den Richtern zu wie vil dorffer sie Jnn unserer Erbschaft erbauen würden genügliche und volkomliche freiheit auf zwanzig Jar zu haben + Die andern aber so dorffer Erbaut nnd unsere welder verwüstet haben derer aller sollen die oben genannten Menner und Leute Richter sein Und für den Zins nach erfülter freiheit Zwey mas Weitz Zwey mas Korn Zwey mas haber Und einen Virrdüng Silber auf Sanct Martinitag gleich wie Jnn ð stadt bezalen sollen + Uber das wollen wir auch das alle Richter der dorffer Jnn unserer Erbschaft gerechtes Urteil und recht Jnn der gedachten stadt suchen sollen Auf das dis hauptgericht als Diebstal und Todtschlag so das Urteil des Todes verschuldet Jnn dieser stadt gericht sollen werden Damit aber diese siberung und übergebungk nicht zum spott gereiche aber Jnn vergessenheit komm hab ich diesem gegen wertigen Brief durch zw Zeugnüs meines Sigils bekrefftigen wollen + Welcher solchen denn zeugen sinn Wosicke Guroldus Castellanus Wirschko Pribislaus indem das Curoldi Siffrid Fogt von Jegerdorff Theodorius zu diesen sachen geruffen mit dem Heinrich welcher vor Zeiten Richter zu Lobenstein war Und anderes viel mehr Dies ding somit geschen Jm Jar Tausent Zweihundert Jm dreyundfünfzigsten den Elfften tag Aprilis

Nach einer colationierten Handschrift aus dem Jägerndorfer Kammerarchiv D 13 F 1 ins Leserliche niedergeschrieben von Rudolf Klos.

-berg aus „Bergbau" zusammengesetzt waren (Engelsberg). Die neuzeitlichen Bergbausiedlungen der zweiten Bergbauwelle des 16. und 17. Jahrhunderts waren Doppelnamen, bei denen der Heiligenname später durch den Namen des Grundherrn ersetzt wurde, und dem Zusatz -thal von „St. Joachimsthal", der ersten Gründung dieser Zeit (Würbenthal).

Schon im Jahre 1163 hatte Herzog Boleslaw der Lange von Schlesien mit päpstlicher Genehmigung die polnischen Benediktiner aus dem um 1150 gegründeten Kloster Leubus verjagt, das nicht recht gedeihen wollte, und holte an ihre Stelle deutsche Zisterziensermönche aus Pforta in Thüringen, wo er 17 Jahre im Exil gelebt hatte. 1175 ließ sich dann der Abt die berühmt gewordene Bestätigungsurkunde ausstellen, die ihm erlaubte, unter dem Schutz der Klosterimmunität deutsche Bauernsiedlungen anzulegen, in denen die ersten nach Schlesien gerufenen Deutschen ohne Anwendung des polnischen Rechts ausnahmslos in Freiheit leben und ihr Brauchtum, ihre Sprache sowie ihr eigenes deutsches Recht benutzen durften.

Über den Beginn der deutschen Besiedlung auf dem Breslauer Bistumsgebiet, zunächst bei Ottmachau und dann auch um Ujest (nordöstlich von Annaberg), erhalten wir durch drei Papsturkunden Kenntnis, in denen es um einen Streit wegen des Neubruch-Zehnten an den Bischof geht, und die alle drei etwa gleichzeitig oder kurz hintereinander um 1215/1216 ausgestellt worden sind. Nach Verhandlungen und einem Schiedsspruch muß es in diesem Streit zu einer für beide Parteien annehmbaren Lösung gekommen sein, denn am 15. Februar 1217 teilte Papst Honorius III. dem Herzog mit, daß auch er den im beiderseitigen Einvernehmen gefällten Schiedsspruch bestätige. In dieser Urkunde wird ausdrücklich erwähnt, daß die Deutschen zur Rodung und Besiedlung in das Land geführt worden waren. Alle diese Besiedlungsurkunden sprechen davon, daß man die Deutschen gerufen, geholt oder in das Land geführt habe, nirgends ist die Rede von Eroberung oder gewaltsamer Besetzung.

Südöstlich des Bistums war der Stadt Freudenthal bei ihrer Gründung durch Wladislaw Heinrich von Mähren ein genau umgrenztes Waldgebiet zur Rodung und Besiedlung mit deutschen Bergleuten und Bauern zugewiesen worden, das sich von der Stadt nach Westen bis zum Altvatergebirge, im Norden und im Süden zwischen den beiden Flüssen Oppa und Mohra erstreckte, und das im Osten fast vor den Toren der Stadt endete.

Der raschen Erfassung des Bistumslandes durch die deutschen Siedler konnte anscheinend Markgraf Wladislaw Heinrich von Mähren, ein Bruder Přemysl Ottokars, nichts Entsprechendes entgegensetzen, denn im Januar 1224 ermahnt der Papst den König Ottokar von Böhmen, der Breslauer Kirche Güter zurückzugeben, auf denen sich Goldgruben befinden, und die sein verstorbener Bruder dem Bistum gewaltsam weggenommen habe.

Der ehemalige Brünner Archivar Boczek, dem man Urkundenfälschungen, vor allem aus der Zeit des Mongolensturms nachweisen konnte, will im Kloster Tischnowitz unter anderem eine Urkunde eingesehen haben, in welcher der Stadt Freudenthal 1213 die Privilegien bestätigt werden. Die Urkunde ist aber weder in Tischnowitz noch sonstwo auffindbar. Daher bleibt als einziger Anhaltspunkt für die Entstehung Freudenthals die Gründungsurkunde von Mährisch-Neustadt aus dem Jahre 1223, in der den Neustädtern das gleiche Magdeburger Stadtrecht zugesichert wird, wie es die Bürger von Freudenthal besitzen. Da bekannt ist, daß mit dem Bau von Neustadt schon zehn Jahre vorher begonnen wurde, käme man für Freudenthal eben-

Alt-Freudenthal – Reste der einstigen Stadtmauer

falls auf das bereits von Boczek genannte Jahr 1213. Allerdings ist dieser Schluß nicht absolut zwingend, denn während sich Přemysl Ottokar bei fast allen anderen Bestimmungen der Urkunde auf vorausgegangene Anordnungen seines verstorbenen Bruders Wladislaw Heinrich beruft, läßt sich die Erteilung des Magdeburger Rechts auch als eine neue Verfügung Ottokars verstehen, die sehr wohl eine erst um 1220 erfolgte Entstehung Freudenthals zulassen würde.

Älter als die Stadt Freudenthal ist jedenfalls das vor ihrem Neisser Tor liegende Dorf Altstadt. In der Teilungsurkunde des Herzogtums Troppau vom 18. April 1377 heißt das Dorf noch das „Aldin Fraidintal" (Alte Freudenthal). Seine sich zur Gemarkungsgrenze hin verbreiternden Waldhufenfluren deuten darauf hin, daß bei der Gründung noch auf keinen Nachbarn Rücksicht genommen werden brauchte. Es bekam bei seiner Entstehung den Namen Freudenthal, mußte diesen aber später an die vermutlich um 1220 gegründete Stadt abgeben; es wurde deshalb das alte Freudenthal und danach abgekürzt die alte Stadt, „Altstadt" genannt, obwohl es als ein reines Waldhufendorf keines der für den Besiedlungsvorgang unentbehrlichen städtischen Kennzeichen hatte.

Wahrscheinlich erst gegen 1250, also nach dem Mongoleneinfall vom Jahre 1241, der das Gebiet kaum berührt haben dürfte, kam die weitere Besiedlung des Freudenthaler Gebietes langsam in Gang. Einige Forscher wie Weinelt sehen in dem 1267 gegründeten Lichtewerden das erste von der Stadt Freudenthal aus besiedelte Dorf, weil es am damals schon wichtigen Verkehrsweg Freudenthal – Zuckmantel liegt, während andere Forscher wiederum, zum Beispiel Latzke, in Alt–Vogelseifen das ältere Dorf sehen. Diese Frage wird sich wohl nie klären lassen, denn uns ist nur die Lichtewerdener Gründungsurkunde von 8. März 1267 in einer beglaubigten Abschrift erhalten geblieben, alle anderen sind verloren gegangen.

Tiefverschneite Bergwälder im Altvatergebirge

Die erste Siedlungswelle des 13. Jahrhunderts dürfte Mitte des 14. Jahrhunderts abgeschlossen und der Siedlerstrom versiegt gewesen sein. Um die Mitte des 16. Jahrhunderts wiederholte sich der Vorgang. Diesmal waren es folgende drei Gründe, die ihn begünstigten: Man war gezwungen, die recht zahlreich gewordenen Wüstungen wieder aufzubauen. Dabei wurden auch Stellen zwischen den Erstgründungen erfaßt, die damals zu ungünstig schienen und daher verschmäht worden waren, aber jetzt mit den mittlerweile gewonnenen Erfahrungen leichter erschlossen werden konnten. Dieses erworbene Wissen erlaubte jetzt auch die Besiedlung höher im Gebirge gelegener Plätze. Hierbei stattete man die neuen Siedlerstellen der neuen Dörfer in der Regel mit höchstens einer halben Fränkischen Hufe aus (Halbbauern) und teilte die ganzen Hufen der Länge nach. Die Fluren der höher im Gebirge liegenden Dörfer fielen wegen der Behinderung durch Berge kürzer aus als die Fränkische Hufe. Diese Dörfer wurden Reihendörfer mit Waldhufenflur genannt. Beim Wiederaufbau wüster Dörfer konnte man an die alte Waldstreifenflur wieder anknüpfen, weil im Gebirge die Raine der Hufen durch Steinreihen (Steinrücken) gekennzeichnet waren, die auch bei Verödung und Wiederbewaldung noch zu sehen waren. Die beim Pflügen der dünnen, steindurchsetzten Bodenkrume an die Oberfläche gekommenen Steine wurden gesammelt (geklaubt) und am Feldrain aufgeschüttet. Aber auch ältere Flurformen hat man beim Wiederaufbau belassen, beispielsweise in Alt-Erbersdorf die Gelängeflur.

Während der Boden einer Ebene bei sorgfältiger Bestellung im allgemeinen Jahr für Jahr eine sichere Ernte bringt und die Nahrung des Bauern sicherstellt, haben die Schätze des Waldes und der Erde die Neigung, sich früher oder später zu erschöpfen. Dadurch waren die Bewohner gezwungen, sich in ihrer Arbeit umzustellen. Die Art ihrer neuen Beschäftigung wechselte vielerorts in kurzen Abständen und damit auch Zeiten eines bescheidenen Einkommens mit den seltenen eines gesicherten Wohlstandes sowie den viel häufigeren der bitteren Not. In solchen Krisenzeiten trat auch die Landwirtschaft im Gebirge stärker in den Vordergrund, als es den ungünstigen Bedingungen entsprach. Ihr Hauptfeind waren die steilen Hanglagen, eine dünne, steinedurchsetzte Bodenkrume und das naßkalte Klima. In allen deutschen Mittelgebirgen gilt die Redensart, daß es „neun Monate Winter und die übrigen drei Monate kalt sei!"

Entlang der Bruchlinie zwischen dem Mittelgebirge und der Plateaufläche, die auf eine verschieden starke Hebung des alten Rumpfes zurückzuführen ist, finden sich größere Erzvorkommen an Gold, Silber und Eisen, auch geringe Mengen Blei sowie Kupfer, die im Mittelalter zur Besiedlungszeit zu einer lebhaften Bergbautätigkeit führten – Freudenthal wurde, wie das Stadtsiegel des Jahres 1405 zeigt, als Bergstadt gegründet – und auch noch im 17. Jahrhundert für die wirtschaftliche Entwicklung von größter Bedeutung waren. Eine dieser erzführenden Zone lag bei Engelsberg in der Mulde westlich des Annaberges, die zwischen Dürrseifen und Ludwigsthal eine Breite von drei Kilometer erreichte. Das zweite Abbaugebiet – hauptsächlich für Eisenerz (Rot- und Magneteisenstein) – war bei Neu-Vogelseifen, Wiedergrün und Klein-Mohrau. Diese Erzbänke, die zum Teil eine Mächtigkeit von zwei bis sechs Meter erreichten, sind an die Grünschieferschichten gebunden. Die Förderung auf Eisenerz spielte bald eine führende Rolle. 1405 ist schon ein Schmiedewerk

Winterzauber am Kepernik, Ausblick zum Altvater (1492 m)

bei Dürrseifen belegt. 1548 wird von zwei Eisenhämmern und einem Blashaus bei Freudenthal gesprochen, die sich nach der Karte von 1579, von der noch berichtet werden wird, in der Nähe von Messendorf befanden. 1567 wurde ein weiterer Hammer bei Messendorf erbaut. Diese herrschaftlichen Hämmer dürften möglicherweise schon zu Beginn der siebziger Jahre nach dem späteren Klein-Mohrau verlegt worden sein, wo sie günstiger zu den Eisenzechen lagen und auch das unentbehrliche Holz leichter herbeizuschaffen war. Der schließlich auch hier eingetretene Holzmangel erforderte um 1700 eine Verlegung der Erzverhüttung nach Ludwigsthal.

Zu der alten Waldnutzung für den bäuerlichen sowie den Gewerbebedarf und zur industriellen Verwendung durch Köhler, Aschenbrenner und Pechler, durch Eisenhämmer, Glashütten und Bergwerke trat in den ostdeutschen Mittelgebirgen seit dem 16. Jahrhundert die landes- und gutsherrliche Forstkultur durch Waldarbeiter, vorwiegend Holzschläger, auch Holzmacher genannt. Sie wurden im Mittelgebirge zunächst durch den unmäßigen Holzbedarf der Bergwerke nötig. In der zweiten Hälfte des 17. Jahrhunderts kam der Bergbau durch Erschöpfung der Lagerstätten und durch die Konkurrenz des amerikanischen Silbers zum Erliegen. Hämmer und Glashütten wechselten, wenn das Erz oder Holz aufgebraucht waren, häufig ihre Standorte, ließen aber einen Teil ihrer Mannschaft auf dem alten Platz zurück, die gezwungen war, sich zum Broterwerb eine Ersatzindustrie zu suchen. Die älteste dieser Ersatzindustrien war die Weberei und mit ihr der Flachsanbau.

Entstehungsdaten einzelner Ortschaften: 1348 wird nach einer vorhandenen Urkunde das wüst gewordene Städtlein Gesenke, der Vorläufer des heutigen Würbenthal, erneut besiedelt. Seine Erstgründung dürfte nicht vor 1250 erfolgt sein. Nördlich des Städtleins Gesenke verlief die Landesgrenze gegen das Breslauer Bistumsland. Das 1544 erstmals belegte Einsiedel ist ebenso wie das 1795 zur Gemeinde erhobene Buchbergsthal vom Breslauer Bistum gegründet worden. Ludwigsthal ist ein Reihendorf mit der jungen Waldstreifenflur und wurde 1718 durch den Deutschen Orden von Freudenthal aus besiedelt. Klein-Mohrau dürfte um 1600 gegründet worden sein. Das Dorf hatte im Urbar von 1604 nur 17 Gärtner, deren Zahl aber bis 1618 auf 42 anstieg. Eine andere, aber auch junge Flurform hat das 1634 durch den Deutschordens-Statthalter Georg Wilhelm von Elkershausen gegründete Wiedergrün. Zwischen diesem und Klein-Mohrau gruppierten sich einige Klein- und Gärtnerhäuser zu der jungen Streusiedlung Morgenland, das 1662 bereits zinste. Ebenso wie das 1556 erbaute Bergstädtlein Engelsberg verdankt auch das 1608 gegründete Würbenthal der zweiten Bergbauwelle in den Sudetenländern seine Entstehung. Karlsthal liegt zwar auf dem rechten Oppaufer, gehörte aber mit Ausnahme des Ortsteils Neu-Karlsthal bis 1850 zum Fürstentum Jägerndorf. Es entwickelte sich aus der kleinen Bergbausiedlung „Hütten". In der Teilungsurkunde von 1405 wird zum ersten Male Dürrseifen (Dornseyfen mit dem Smydwerk) erwähnt, damals dürfte allerdings noch nicht viel mehr als das erwähnte Schmiedewerk von dem jungen Bergbauort vorhanden gewesen sein. Vogelseifen wird 1377 zum ersten Male erwähnt. Gegründet worden sein dürfte es jedoch schon knapp hinter, wenn nicht gar kurz vor Lichtewerden, von dem wir aus der erhalten gebliebenen Lokationsurkunde wissen, daß es am 8. März 1267 ausgesetzt worden ist. Eine Karte der Herrschaft Freudenthal aus dem Jahre 1579 verzeichnet schon die Trennung in Nieder- und Ober-Vogelseifen. Das Letztere war nicht nur ein Ortsteil, sondern Neu-Vogelseifen war ein eigenes Dorf mit einem unabhängigen Erbgericht. Ebenfalls 1405 werden Neudörfel und das Vordörflein genannt, ein kleiner, aus wenigen Höfen bestehender Ort zwischen Freudenthal und Altstadt, der später in Altstadt aufgegangen ist. 1385 wird Nieder-Wildgrub genannt („zu der alten Wildgrub") und 1405 Ober-Wildgrub. Beide kamen erst später zu Freudenthal.

An der Oppa nennt uns die Teilungsurkunde von 1377 folgende Dörfer: Markersdorf (Markwardisdorf), Dittersdorf (Dietrichsdorf) und Heinzendorf. Diese drei Dörfer, die nach 1474 wüst sind, dürften zur Zeit des ersten Landesausbaus zwischen 1250 und 1275 entstanden sein. Wüst-Heinzendorf wurde nicht wieder aufgebaut. Neu-Erbersdorf wird 1406 und Breitenau 1498 zum ersten Mal erwähnt. Alle Oppadörfer sind über Jägerndorf gegründet worden.

Das Dorf Kotzendorf war zu Ende des 15. Jahrhunderts wüst, aber 1579 schon wieder aufgebaut, wie die Karte der Herrschaft Freudenthal aus diesem Jahre zeigt. Es wird bis zum Ende des 17. Jahrhunderts Kutzendorf geschrieben. Das Dorf Langenberg entstand erst im 16. Jahrhundert. Sein Ortsried liegt vermutlich auf dem des wüsten Dorfes Tillendorf, während seine Flur an die der beiden Wüstungen Tillendorf und Schwarzendorf anknüpft. Beide sind nicht wieder aufgebaut worden. Schwarzendorf wird schon 1288 als zu Bennisch gehörig erwähnt. Beide waren, wie Forschungen im Gelände ergaben, Reihendörfer mit Waldhufenflur. Ebenfalls früher zu Bennisch gehörig wird 1288 Milotndorf genannt. Von 1342 bis 1612 gehört es zur Herrschaft Lichten. Ab 1417 ist Milotndorf wüst. An seiner Stelle entstand 1608 Milkendorf. Die Flur Milotndorfs lag nahe bei Wockendorf und heißt heute das alte Dorf; ihre Form läßt sich nicht mehr eindeutig feststellen. Milkendorf selbst hat die junge Waldstreifenflur, die jedenfalls nicht auch für Milotndorf gegolten haben kann. Wockendorf, das 1288 zu Bennisch gehört, hieß tschechisch Jeleni, und da die Landtafeleinlage der Herrschaft Freudenthal 1506 ein Jeleni als Dorfeinöde verzeichnet, könnte man versucht sein, Wockendorf für das wiederaufgebaute Jeleni zu halten. Nach der Landtafeleinlage aber gehörte Jeleni zu Freudenthal, während Wockendorf in einem deutschen Brief aus dem Jahre 1506 als zur Bannmeile von Bennisch, also zum Fürstentum Jägerndorf gehörig bezeichnet wird. Beide Nachrichten lassen sich nicht auf ein und denselben Ort anwenden.

Messendorf wird 1331 als Mestendorf erwähnt; auch die Teilungsurkunde von 1405 und die Karte von 1579 nennen es Mestendorf. Spillendorf, 1405 Spillenberg genannt, scheint auf der Stadtflur von Freudenthal angelegt worden zu sein, weil die Dorfflur aus dieser herausgeschnitten ist. Eines der alten Waldhufendörfer ist Kriegsdorf. Ende des 15. Jahrhunderts wüst, wird es 1561 wieder erbaut und war ursprünglich nur ein einreihiges Waldhufendorf, dessen zweite Zeile erst später dazugebaut worden ist. 1377 lesen wir schon von Otto mit dem Stohl. Eine Nachricht aus dem Jahre 1298: Stalsdorf (circa) Freudenthal wird ebenfalls auf Stohl bezogen, allerdings ist diese Gleichsetzung nicht gesichert. Stohl war Ende des 15. Jahrhunderts wüst. Heute liegt nur der Ortsteil Klein-Stohl in der Herrschaft Freudenthal.

Kurz vor der Gründung der mittelalterlichen Dörfer von Freudenthal aus hatte Benesch von Krawarn-Lobenstein den beiden Lokatoren Erwig und Guido am 11. April 1253 die Errichtung der Stadt Bennisch nach dem fränkischen Recht von Leobschütz erlaubt. Auch um Leobschütz hatten die Krawarne Besitzungen und daher dessen fränkisches Recht für Bennisch inmitten eines großen Gebietes mit Magdeburger Stadtrecht. Bennisch wurde als Bergstadt gegründet und gehörte mit seinen Weichbilddörfern bis 1850 zu Jägerndorf. Ein Freudenthaler Einfluß ist bei der Gründung nicht faßbar. 1288 ist Bennisch der Mittelpunkt eines Distriktes mit den Dörfern Seitendorf, Spachendorf, Raase, Wockendorf, Milkendorf (Milotndorf) Rabendorf und Schwarzendorf. Seitendorf wird 1288 Seiwetndorf genannt und 1284 als Seybottendorf erwähnt. Das große Straßenangerdorf Spachendorf wird sogar schon 1224 Lechsdorf genannt, und 1302 lesen wir Spachendorf sive Lescowecz. Aus Lechsdorf ist also Lescowecz und daraus schließlich Spachendorf geworden. Es war 1474 wüst und ist später wieder aufgebaut worden. Das heutige Spachendorfer Ried „Die Huben" war früher die Flur eines Dorfes Hosnitz, das Einöde geblieben ist. Auch Raase, 1288 Razow genannt, verödete zum Ende des 15. Jahrhunderts und wurde erst 1548 als unüblich langes Waldhufendorf wieder aufgebaut, in dessen Flur wahrscheinlich Teile damaliger Wüstungen einbezogen worden sind. Das 1288 ebenfalls genannte Rabendorf lag zwischen Lichten und Milkendorf. Es ist nach seiner Verödung nicht wieder besiedelt worden, obzwar man 1611 seine Wiedererrichtung geplant hatte.

Das Straßenangerdorf mit Gelängen Brättersdorf wird 1250 als Bratrigsdorf zum ersten Male genannt. Es folgen Herrlitz 1269 als Heroltsdorf. Dieser deutsche Ortsname für ein großes Straßenangerdorf mit Gewannflur ist beachtlich! 1265 Boidensdorf als Bohdanowitz, 1340 Lichten als Lichnow, 1377 Zossen als Sosna und 1410 Koschendorf als Kossotindorf. Von Alt-Erbersdorf wissen wir nur, daß es 1512 noch verödet war, auch noch 1576 ist vom wüsten Dorf Erbersdorf die Rede. Die Wiederbesiedlung als Straßenangerdorf mit Geländeflur ist gegen Ende dieses Jahrhunderts erfolgt. Eckersdorf und Freihermersdorf sind Reihendörfer mit Waldhufenflur, die schon während der ersten Siedlungswelle entstanden sind. Beide werden 1250 zum ersten Male benannt. Anstelle des wüsten Ortes Rudelsdorf entstand die heutige Bennischer Vorstadt Aue und mit dem gleichfalls wüsten Jamnik deckt sich das zur Bennischer Flur gehörige Ried, „die Hennen". Schließlich wurde Ende des 15. Jahrhunderts auch noch ein Ort Helmsdorf wüst, der nicht wieder errichtet wurde und von dem wir heute nichts mehr wissen.

Woher kamen nun die deutschen Siedler im Freudenthaler Rodungsgebiet? Untersuchungen der Prager Universität in den 20er Jahren haben ergeben, daß dieses Gebiet in mundartlicher Hinsicht eine Stufenlandschaft ist, in der sich ein allmählicher Sprachausgleich zwischen den in Nordmähren bis Freudenthal vorwiegend angesiedelten Ostmainfranken, bei denen auch Bayern aus der Bamberger Gegend gewesen sein dürften, und den von Nordwesten her kommenden Schlesiern vollzog, deren Mundart sich vor ihrem Weiterwandern nach Schlesien im thüringisch-sächsischen Auffangkessel verschiedener siedlungswilliger deutscher Stämme aus dem Westen gebildet hatte. Je weiter wir uns im Freudenthaler Gebiet nach Nordwesten begeben, umso mehr nehmen die ostmainfränkischen Eigenheiten der Mundart zugunsten der schlesischen ab. Da die Letzteren auch im Süden des Gebietes vorherrschen, wird unsere Mundart die „schlesische" genannt.

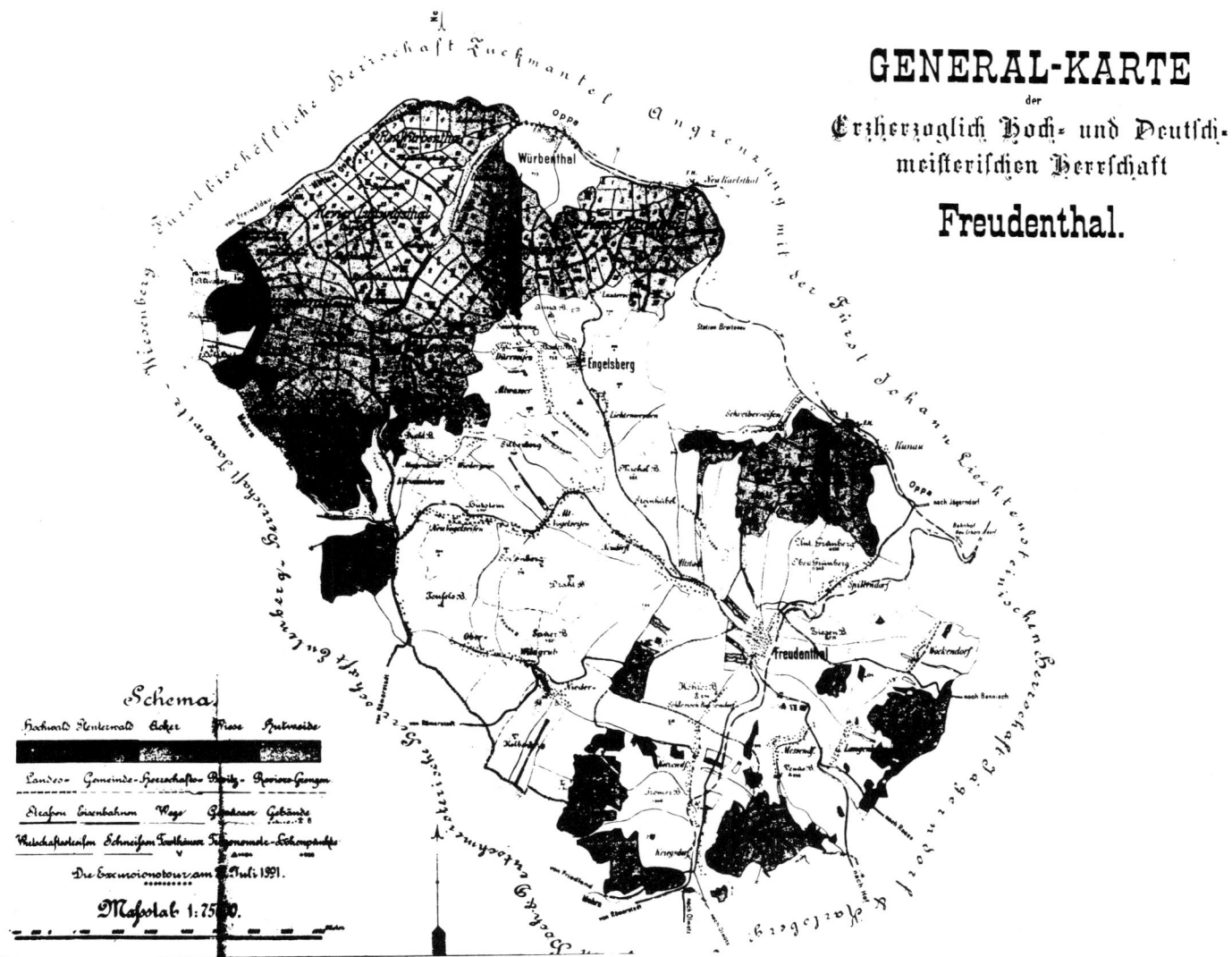

Die Deutschordensherrschaft Freudenthal um 1890

Die Entstehung der Herrschaft Freudenthal

1261 hatte König Přemysl Ottokar seinen unehelichen Sohn Nikolaus mit der Provinz Troppau belehnt, und die offizielle Übergabe 1318 durch König Johann von Böhmen vollzog die staatsrechtliche Trennung Troppaus von Mähren. Als Nikolaus' Sohn, ebenfalls Nikolaus (II) mit Namen, die Schwester Leskos von Ratibor heiratete und nach des Letzteren kinderlosem Tode, trotz aller Proteste der piastischen Teilfürsten Schlesiens, Ratibor zugesprochen erhielt, war Troppau unter die schlesischen Fürstentümer getreten.

Während Herzog Nikolaus I. im Besitz des Fürstentums Troppau nicht unumstritten war, stabilisierte sich das Fürstentum unter seinem Nachfolger Nikolaus II. Dieser hinterließ nach seinem Tode vier noch minderjährige Söhne, die, nachdem sie volljährig geworden waren, am 18. April 1377 ihr Erbe, das Fürstentum Troppau, unter sich aufteilten. Durch Losentscheid fiel ein Teil mit den beiden Burgen Fürstenwalde (beim späteren Würbenthal) und Edelstein (bei Zuckmantel) mit den Städten Jägerndorf, Leobschütz, Freudenthal, Zuckmantel und Deutsch-

Neukirch (bei Leobschütz) an die beiden älteren Brüder Johann und Nikolaus. Johann als der Älteste erhielt außerdem noch Ratibor. In ihrem Teil lagen unter anderem auch „Smil mit alden Fraidintal (Altstadt), herr Bobke mit Dietrichsdorf (Dittersdorf), Rosat mit Markwardisdorf (Markersdorf), Nickel Kunil mit dem Fogelseiffe und herr Cuncze mit Liechtenwerde." Wie aus der Wiedergabe der Ortsnamen geschlossen werden kann, sind diese Dörfer im Besitz verschiedener Herren, wahrscheinlich niedriger Adeliger. Ähnlich verhält es sich 1385 mit Nieder-Wildgrub, das ein Nikolaus von Weißbach besitzt und Ober-Wildgrub, dessen Herr 1412 ein Bohusch von Dobersdorf ist.

Drei Tage später, am 21. April 1377, teilten Johann und Nikolaus das erhaltene Gebiet unter sich so auf, daß an Johann außer Ratibor die Burg Fürstenwalde mit Freudenthal fiel, während Nikolaus die Burg Edelstein mit den Städten Jägerndorf und Zuckmantel sowie deren Umgebung erhielt. Die gleichberechtigte Erbfolge der herzoglichen Kinder führte zu Verpfändungen und damit zu Besitzverhältnissen, die man kaum mehr über-

53

Burg Fürstenwalde bei Würbenthal um 1460, nach einer Rekonstruktion von Dr. H. Weinelt

blickt. Dadurch scheinen auch Jägerndorf und Freudenthal vorübergehend aus der Hand der Přemysliden gekommen zu sein, denn am 28. Februar 1390 verkaufte Herzog Ladislaus von Oppeln Jägerndorf an den Markgraf Jost von Mähren und sieben Jahre später, am 10. April 1397, traf er sich mit Markgraf Jost und Herzog Johann von Troppau in Katscher und trat von seinem Rückkaufsrecht des Landes „Jegerndorf, Frewdental und Fuerstenwalde" (Burg), das der Herzog Johann um 29 000 polnische Mark gekauft hatte, zurück.

Die Söhne Johanns I., Johann II. und Nikolaus, teilten am 1. Oktober 1405 nach dem Tode Johanns I. das ihnen verbliebene Gebiet in einen nördlichen und einen südlichen Teil, von denen der erstere an Johann und der letztere an Nikolaus fiel, wobei Johann als der Ältere auch Ratibor erhielt. Bei dieser Teilung wurde sogar die Stadt Freudenthal entlang der „rechten landstroß", die vom Jägerndorfer zum Kotzendorfer Tor ging, in zwei Teile geteilt, von denen jeder Teil einen anderen Herrn hatte. Zum südlichen Teilgebiet gehörten die Dörfer: Messendorf, Spillendorf, Altstadt, Dittersdorf, Markersdorf, Heinzendorf, Vogelseifen und Dürrseifen (mit dem Schmiedewerk); dazu der Teil der Stadt, in dem die Kirche steht. Zum nördlichen Teilgebiet gehörten neben den Dörfern Neudörfel, Lichtewerden und dem Gesenk (Vorläufer der Stadt Würbenthal) auch „die Höfe, die gelegen sein vor dem Dorf Aldinstatt". Wahrscheinlich handelte es sich bei diesen Höfen um die Anfänge des Vordörfleins. Gemeinsam besaßen beide Herzoge die Burg Fürstenwalde (beim späteren Würbenthal). Da aber Nikolaus bald starb, kam Johann wieder in den alleinigen Besitz von Ratibor und ganz Freudenthal.

Ihm gelang es 1422, sogar Jägerndorf, das von Freudenthal seit 1384/85 getrennt war, wieder zu erwerben und beide blieben nun vereint bis 1524, als die Herrschaft Freudenthal auf Wunsch der Würben in der Jägerndorfer Landtafel gelöscht und in die Troppauer Landtafel übertragen wurde. Weitere Teilungen der Troppauer Herzoge im Jahre 1434, 1437 und 1464 änderten an dem Besitzstand von Freudenthal und Jägerndorf nichts.

Als sich nach dem Tode von Ladislaus Posthumus der bisher als Landesverweser eingesetzte Utraquist Georg von Podiebrad zum König von Böhmen, Mähren und Schlesien krönen ließ, hatte nur noch der Jägerndorfer Teil (mit Freudenthal) des Herzogtums Troppau in Johann IV. einen přemyslidischen Herrn. Die Troppauer Linie war schon ausgestorben und Troppau von Georg an seine Söhne weitergegeben worden. Der ursprünglich Georg wohlgesonnene Ungarn-König Matthias Corvinus änderte seine Haltung, als sich Georg zum König hatte krönen lassen, und machte nun seinerseits Thronansprüche geltend. Er besetzte 1474 mit seiner gefürchteten „Schwarzen Legion" Mähren und Schlesien, wobei vermutlich eine Reihe von Dörfern unserer Heimat verwüstet worden sein dürften, wie Dittersdorf, Markersdorf und Heinzendorf an der Oppa sowie das Städtlein Gesenk, der Vorläufer Würbenthals. Herzog Johann wurde als Parteigänger Georgs vertrieben und Jägerndorf durch einen von Matthias eingesetzten Landeshauptmann verwaltet. Zu Jägerndorf gehörte zu diesem Zeitpunkt immer noch auch Freudenthal. Matthias Corvinus starb am 6. April 1490 ohne leibliche Erben und damit war seine Regierungszeit in Schlesien nur eine kurze Episode.

Johann von Würben, Pfandherr von Freudenthal, begraben 16. 6. 1477

Johann d. Ältere von Würben † 1559

Als Freudenthal von Jägerndorf 1524 getrennt wurde, muß es sich seit wenigstens 65 Jahren im Pfandbesitz adeliger Familien befunden haben. In der schon genannten Urkunde für das Erbgericht von Nieder-Wildgrub aus dem Jahre 1459 nennt sich Bernhard Bierka von Nassiedel als Herr von Freudenthal. Wahrscheinlich war ihm die Landschaft Freudenthal von den geldbedürftigen Troppauer Herzögen verpfändet worden. Seit 1447 war Bernhard Bierka schon im Besitz der Burg Wartenau und der dazugehörigen Herrschaft Bennisch. Er hatte also mit Freudenthal einen ansehnlichen Landbesitz. Um 1473/1474 scheint aber schon Johann von Würben im Pfandbesitz von Freudenthal gewesen zu sein, denn um diese Zeit taucht zum ersten Mal der Zusatz „Bruntalsky" (Bruntalsky von Würben) auf, den sich die Würben gaben, als sie die Herren von Freudenthal wurden. Wartenau und Bennisch blieben aber bei Bernhard Bierka.

Johann von Würben dürfte es verstanden haben, sich keinen der beiden gegnerischen Könige Wladislaw und Matthias Corvinus zum Feind zu machen, denn er erhielt von beiden Vergünstigungen. Nach Johanns Tod erhielten den Pfandbesitz seine drei noch minderjährigen Söhne Bernhard, Nikolaus und Hynek. Diesen dreien bestätigte Herzogin Barbara von Troppau den Pfandbesitz am 18. Juni 1496 für weitere zehn Jahre. Da sie aber nach Ablauf der zehn Jahre die Pfandsumme von 3000 Gulden nicht auftreiben konnte, legte sie im Jahre 1506 den drei Würbenschen Brüdern die Herrschaft Freudenthal als erblichen Allodialbesitz in die Landtafel zu Jägerndorf ein. Nach diesem Eintrag bestand 1506 die neue Minderstandesherrschaft Freudenthal aus der Stadt und dem Schloß Freudenthal mit der Maut (Stadtzoll), den Mühlen und Ortschaften: Wogylsayeff (Vogelseifen), Ober-

und Niederwiltgrub, Lichtenwerden, Altstadt, Wierdörfle (Vordörflein), das neue Dörfel (Neudörfel), sowie die Wüstungen Lúkina, Zarnice und Jelení. Bei den zuletzt genannten Wüstungen nimmt man an, daß es sich um die Reste von drei slawischen Weilern gehandelt habe, die von der Troppauer Bucht gegen das Gebirge zu vorgeschoben und schließlich, weil den Slawen noch die Siedlungskraft fehlte, aufgegeben worden waren. Sie werden nur 1524 noch einmal erwähnt und verschwinden dann. Die öfters gehörte Behauptung, daß Jelení mit Wockendorf identisch sei, ist nicht sicher. Es könnte sich aber auch um deutsche Dörfer gehandelt haben, die nach der Gründung wieder eingingen und die beim Eintrag in die tschechisch geführte Landtafel tschechische Namen erhielten.

Bernhard und Hynek erwirkten am 1. Mai 1516 von Georg von Schellenberg die Zusicherung, daß sie von der Untertänigkeit unter das Fürstentum Jägerndorf befreit sein sollten, und daß beim Verkauf des Fürstentums durch Georg von Schellenberg die Herrschaft Freudenthal in die Troppauer Landtafel übertragen werden würde. Aber noch vor dem tatsächlichen Verkauf von Jägerndorf erwirkten die beiden Würben am 15. März 1523 die Bestätigung dieser Zusagen durch die Söhne Georgs und schließlich am 1. April 1523 König Ludwigs Erlaubnis zum Eintrag in die Troppauer Landtafel, die jedoch erst im Dezember 1524, als das Fürstentum Jägerndorf schon an den Markgrafen Georg von Brandenburg-Ansbach verkauft worden war, erfolgte. Sicherlich werden es die Würben gewesen sein, denen viel an dem Eintrag in die Troppauer Landtafel gelegen war. Sie erhofften sich im Fürstentum Troppau eine größere Selbständigkeit und Freiheit, als sie sie in Jägerndorf hätten erreichen können.

Die Entstehung des Bennischer Gebietes und der Herrschaft Herrlitz

Hier müssen wir uns nun dem Aufbau und der Entwicklung des Bennischer Gebietes sowie der Herrschaft Herrlitz zuwenden, die beide bis zur großen Gebietsreform in der Mitte des 19. Jahrhunderts ihren eigenen, von der Herrschaft Freudenthal unabhängigen geschichtlichen Weg gingen. Bennisch war wie jede damalige Weichbildstadt mit dem Auftrag gegründet worden, in dem ihr übergebenen Bereich Dörfer anzulegen. Schon 35 Jahre nach der Stadtgründung war der größere Teil des zugewiesenen Waldgebietes zwischen Oppa und Mohra, welches wie Bennisch selbst den Herren von Krawarn gehörte, mit neuen Dörfern besiedelt. Eine Schenkungsurkunde von Benesch von Branitz an das Kloster Hradisch vom 18. Mai 1288 nennt bereits die Orte Raase, Schwarzendorf, Seitendorf, Wockendorf, Milkendorf und Rabendorf. 1302 werden ein Milota, der Bruder des Benesch von Branitz als Herr von Spachendorf und gleichzeitig die Krawarner zum letzten Mal als Grundherrn des Bennischer Gebietes erwähnt. Noch vor 1340 scheint dieses an den Landesfürsten, den Herzog von Troppau, zurückgelangt zu sein, aber 1377 gehört es schon wieder zur Herrschaft des Stefan von Wartenau aus dem mährischen Geschlecht der Holsteiner. In den letzten Jahren des 15. Jahrhunderts ist der gesamte Wartenauer Besitz in die Hände der přemyslidischen Herzoge von Jägerndorf übergegangen, doch nur wenige Jahre nach 1427 wurde dieser Besitz wohl aus Geldnot dieser Herzoge dem Troppauer Landeshauptmann Bernhard Bierka von Nassiedel verkauft, der sich 1459 in einer Urkunde für das Nieder-Wildgruber Erbgericht zudem noch Herr der Herrschaft Freudenthal nennt. Dem Umstand, daß dieser ebenso wie der Jägerndorfer Herzog Johann IV. ein eifriger Anhänger König Georgs von Podiebrad und damit ein erbitterter Feind des Ungarnkönigs Matthias Corvinus war, ist es vermutlich zuzuschreiben, daß der letztere auf seinem Kriegszug mit der gefürchteten Schwarzen Legion 1474 fast nur Bennischer Dörfer sowie die nicht zur Herrschaft Freudenthal gehörenden Oppadörfer Dittersdorf, Breitenau, Markersdorf und Heinzendorf verwüstete. Johann der Ältere von Würben dagegen, dem zu dieser Zeit die Herrschaft Freudenthal (ohne Bennisch und die Oppadörfer) bereits wieder gehörte, scheint es – wie wir bereits wissen – verstanden zu haben, keinen der beiden gegnerischen Könige zum Feind zu haben, denn er erhielt von beiden Begünstigungen und sein Besitz wurde von Matthias weitgehend geschont. Daß bei diesem Kriegszug wahrscheinlich auch die zur Herrschaft Freudenthal gehörige Burg Fürstenwalde (beim späteren Würbenthal) geschleift und das darunter liegende Städtlein Gesenk (der Vorläufer Würbenthals) vernichtet wurden, lag an den Kriegsgepflogenheiten jener Zeit, die sich um Grenzen nicht kümmerten und eher mehrere Orte eines Freundes plünderten und brandschatzten, als ein Dorf des Gegners zu vergessen. Die Bennischer Dörfer Schwarzendorf und Rabendorf sowie das Oppadorf Heinzendorf blieben anschließend wüst und sind nicht wieder aufgebaut worden. Die Wartenauer Herrschaft mit Bennisch schlug man dem Jägerndorfer Kammergute zu. 1506 bestätigte Herzogin Barbara von Jägerndorf, die Tochter Johanns IV., als letzte přemyslidische Herrin des Fürstentums Jägerndorf, Bennisch die althergebrachten Privilegien, wobei als Stadtdörfer, die der Bennischer Gerichtsbarkeit unterstanden, die Orte Lichten, Zossen, Braunsdorf, Koschendorf, Seitendorf, Spachendorf und Wockendorf genannt werden. Barbaras Mitre-

gent und Schwiegersohn Georg von Schellenberg verkaufte 1524 das gesamte Fürstentum Jägerndorf und damit auch das Bennischer Gebiet an den Markgrafen Georg von Ansbach-Brandenburg. 1621 wurde das Fürstentum in den Anfangswirren des 30jährigen Krieges dem evangelisch gewordenen Markgrafen, der seinen schlesischen Besitz an den Bundesgenossen des Kaisers, den König von Sachsen, verlor, vom Kaiser abgenommen und dem Fürsten Karl von Liechtenstein zugesprochen, der ebenfalls das Herzogtum Troppau erhalten hatte, und der jedoch vergeblich versuchte, auch die dem Deutschen Orden übergebene Herrschaft Freudenthal, wie sie vordem zum Herzogtum Troppau gehörte, zurückzuerhalten.

Da dem Kreis Freudenthal bei der schon öfters zitierten großen Gebietsreform 1848 auch Ortschaften der ehemaligen Herrschaft Herrlitz zugeschlagen worden waren, müssen wir deren Geschick ebenfalls streifen. Die am Südrand der sogenannten Troppauer Bucht gelegene damalige Herrschaft Herrlitz umfaßte im wesentlichen folgende Dörfer: Groß-Herrlitz, Klein-Herrlitz, Frei-Hermersdorf, Eckersdorf, Alt-Erbersdorf, Boidensdorf, Brättersdorf, Hartau und Zossen. Die Besiedlung dieser Orte erfolgte durch das Zisterzienserstift Welehrad bei Ungarisch-Hradisch. Da dieses Kloster, wie alle Zisterzienserklöster übrigens auch, ausgesprochen deutsch und eine Besiedlung in großem Stil damals nur mit Deutschen möglich war, kann angenommen werden, daß die ersten Bewohner aller dieser Orte Deutsche waren, wenn auch – wie sich aus den Namen schließen läßt – einige Dörfer slawische Lokatoren hatten. In einer Besitzbestätigung des Klosters durch den Papst Innozenz im Jahre 1250 gehörten folgende Orte zum Kloster (soweit sie später zum Kreis Freudenthal kamen): Sczadek (Zattig), Ekkardisdorf (Eckersdorf), Hermannsdorf (Frei-Hermersdorf) und Bratrigsdorf (Brättersdorf). Dazu kommt in einer Urkunde König Ottokars II. noch Mezina (Messendorf). Am 30. April 1421 stürmten Taboriten (Hussiten) das Kloster und steckten es in Brand. Damit begann auch der Verfall von Welehrad, der trotz einer Erlaubnis zur Geldaufnahme für die Wiedereinlösung der verpfändeten Güter, unaufhaltsam weiterging. Im Jahre 1589 überließ das Kloster aufgrund eines Schiedsspruchs an Hynek von Würben auf Freudenthal, an Karl von Würben auf Schillersdorf und an die Brüder Albrecht, Wilhelm sowie Hynek von Würben auf Groß-Herrlitz die schon längst versetzt gewesenen Dörfer Zattig, Brättersdorf, Hermersdorf, Eckersdorf und Boidensdorf ins volle Eigentum. Nach dem Wiedererstarken des Klosters kaufte dieses 1694 die Herrschaft Herrlitz zurück, die dann 1767 Graf Eugen von Würben erneut erwarb. Bei ihm blieb sie bis zum Jahre 1844. In diesem Jahr erheiratete Anton Friedrich Mittrowsky die Herrschaft und verkaufte sie 1852 an den Fürsten Ferdinand Kinsky. 1859 erwarb dessen Schwester Rudolfine Gräfin Bellegarde den Besitz mit ihrem Gemahl Franz Graf Bellegarde, deren Erben ihn bis 1945 behielten. 1862 kam das damalige landtäflig zu Bennisch gehörige Gut Zossen zur Herrschaft Herrlitz.

Alt-Freudenthal – die Würben-Grabmäler an der Pfarrkirche

Die Würben als Besitzer der Herrschaft Freudenthal

Nachdem Nikolaus von Würben als Mitbesitzer der Herrschaft Freudenthal abgegolten worden war, teilten sich Bernhard und Hynek in dessen Freudenthaler Besitz. Nach Bernhards Tod am 26. Dezember 1529 traten seine drei Söhne Johann der Ältere, Albrecht und Stefan der Ältere an seine Stelle und teilten sich den Besitz von Freudenthal mit ihrem Onkel Hynek. Als auch dieser kinderlos starb, kam für ihn der Sohn Bartholomäus des abgefundenen Nikolaus in den Mitbesitz, dem ein Teil des Hynekschen Besitzes vererbt worden war. 1553/54 teilten diese vier Würben (Johann, Albrecht, Stefan und Bartholomäus) ihren gesamten Besitz, und aus dieser Teilung ging Johann der Ältere von Würben als alleiniger Besitzer von Freudenthal hervor. Trotzdem dieser und mit ihm seine Herrschaft Freudenthal zum lutherischen Glauben übertraten, erfreute er sich der besonderen Gunst König Ferdinands. In der Herrschaft scheint er aber der gefürchtetste und am meisten gehaßte aller Würben gewesen zu sein. Ihm verdankt die Stadt Engelsberg auch ihre Entstehung und eine Bergordnung, die er ihr 1556 verlieh.

Im gleichen Jahr (1556) wagten es die Untertanen der Stadt Freudenthal sowie der dazu gehörigen vier Dörfer Messendorf, Spillendorf, Neudörfel und Vordörflein sich aus unbekannter Ursache bei den Landrechtsbeisitzern in Troppau über Johann zu beschweren. Diese aber ließen die Überbringer der Beschwerde kurzerhand ins Gefängnis werfen. Einigen der Verhafteten gelang es jedoch zu fliehen, worauf Johann von Würben, der sich in Troppau aufhielt, seinen Dienern im Schloß Freudenthal befahl,

die Flüchtigen zu suchen und zu verhaften. Die darüber erbosten Bewohner der Stadt und der eben genannten vier Dörfer entwaffneten aber die Diener und belagerten Johanns Familie im Freudenthaler Schloß, mußten die Belagerung jedoch bald aufgeben, als Soldaten aus Troppau anrückten. Die Rädelsführer des Aufstandes wurden verurteilt und Johann zwang die Stadt, die Stadtvogtei ohne jede Bezahlung herauszugeben. Er erwarb auch die beiden, der Herrschaft Freudenthal entfremdeten Dörfer Kotzendorf und Kriegsdorf, die im Laufe des 15. und 16. Jahrhunderts häufig ihren Besitzer gewechselt hatten, und die nun fortan im Besitz der Würben bzw. der Herrschaft Freudenthal blieben.

1545 sind Spillendorf und Alt-Vogelseifen sowie 1552 Altwasser infolge der Beulenpest wüst. Sie wurden zwischen 1550 und 1557 wieder besiedelt. Wie das Beispiel Kriegsdorf und Kotzendorf, die damals ebenfalls wüst waren, aber nicht zu Freudenthal gehörten, zeigt, behielt der Herrschaftsbesitzer bei der Neubesetzung der wüsten Höfe einen Teil des Landes zur Eigenbewirtschaftung bei gleichzeitiger Erweiterung der Fron. Mit großer Wahrscheinlichkeit ist auf diese Weise der Meierhof Wokkendorf entstanden. Der Vogteiacker der Stadt Freudenthal, in dessen Besitz die Würben 1557 gekommen waren, bildete die Grundlage für den Freudenthaler Meierhof. Vielleicht als Ersatz für einen älteren Hof in der Nähe von Klein-Mohrau – das Vorhandensein eines alten Meierhofs bei Klein-Mohrau geht aus dem Urbarium von 1629 hervor – wurde der Meierhof bei Altstadt geschaffen. Mit dem Erwerb von Kotzendorf kamen noch zwei weitere herrschaftliche Höfe hinzu, sodaß bei Beginn des 30jährigen Krieges die Herrschaft Freudenthal fünf Meierhöfe hatte.

Nach Johanns Tod 1559 teilten sich seine Söhne Bernhard und Stefan die Herrschaft, wobei der letztere jedoch nicht in Erscheinung trat; alle Geschäfte regelte Bernhard allein. In einem „Löwenvertrag", den Bernhard im Jahre 1568 mit der Stadt Freudenthal schloß, mußte diese schließlich auch noch die ihr verbliebenen vier Dörfer (Messendorf, Spillendorf, Neudörfel und Vordörflein) an Bernhard abgeben, um wenigstens die Schankberechtigung der Stadt zu retten.

1567 starb Stefan, aber gegen dessen Sohn Bernhard setzte sich Stefans und Bernhards des Älteren Bruder Hynek durch, und als auch Bernhard der Ältere, der ledig geblieben war, am 22. Februar 1582 starb, wurde Hynek alleiniger Besitzer beider Herrschaften Freudenthal und Goldenstein, denen er 1584 eine evangelische Kirchen-, Schul- und Eheordnung gab, die er 1591 und 1592 erneuerte bzw. ergänzte. Im Freudenthaler Schloß ließ er eine Druckerei für utraquistische Schriften einrichten, die er aber auf Einspruch des Olmützer Bischofs Pawlowsky nach Jäschkowitz verlegen mußte. Der Stadt Freudenthal stiftete er 1584 ein Armenhospital an der Neißer Straße. Als Hynek am 30. April 1596 starb, erhielt bei der Teilung seines umfangreichen Besitzes sein jüngster Sohn Stefan die Herrschaft Freudenthal, doch dieser verkaufte sie am 2. Juli 1601 an seinen ältesten Bruder Johann den Älteren, und nach dessen frühem Tod 1608 erbten sie Johanns des Älteren Söhne Hynek der Jüngere (der Gründer der Stadt Würbenthal) und Bernhard der Jüngere. Da der letztere noch vor dem Erreichen der Volljährigkeit starb, trat Hynek meist allein als Besitzer der Herrschaft Freudenthal auf.

Die Herrschaft Freudenthal 1579

Im Jägerndorfer Burggrafenkammerarchiv lagerten vier dikke Aktenbündel, die von den nicht enden wollenden Grenzstreitigkeiten zwischen der Herrschaft Freudenthal und dem Fürstentum Jägerndorf handelten. In einem dieser Bündel fand A. Peschke 1934 eine handgezeichnete, 84,5 cm hohe und 80 cm breite, undatierte Landkarte, die auf ihrer Rückseite die Beschriftung: „Abries vber die herrschaft Freudenthaal" trägt. Sie ist gewestet und die Lage der einzelnen Orte zueinander stimmt nur in der Umgebung von Freudenthal halbwegs. Das ansonsten stark verzeichnete Gebiet wurde offensichtlich in den rechteckigen Rahmen des Kartenformats gezwängt. Der größte Fehler des Zeichners ist das Weglassen der Stadtmauer bei Freudenthal, obwohl diese bereits früh erwähnt und auch schon vor 1579 ausdrücklich genannt wird. Die Angaben auf der Karte vom Grenzverlauf der Herrschaft mit dem benachbarten Fürstentum Jägerndorf stimmen auffällig mit einer Grenzbeschreibung vom 2. August 1579 überein, sodaß mit einer an Sicherheit grenzenden Wahrscheinlichkeit angenommen werden kann, daß die Karte zu dieser Grenzbeschreibung gehört und man sie ebenfalls 1579 angefertigt hat.

Zu dieser Karte stellte H. Weinelt fest, daß es kaum einen Zweifel geben kann, daß ein jeder der damals in der Herrschaft bestehenden Orte eingezeichnet worden ist. Diese Annahme wird auch durch die Einsicht in schriftliche Quellen gestützt. Wir finden auf der Karte jedoch nur jene Orte angegeben, die zur Herrschaft gehören, alle außerhalb liegenden Orte wurden weggelassen. Das offenbar fälschlich eingetragene, nicht zur Herrschaft gehörige und aus sieben Häusern ohne Kirche bestehende

Wappen der Herren von Würben

Hynek von Würben † 1596

Karte der Herrschaft Freudenthal um 1579

Dorf Mare (heute Groß-Mohrau) wurde vom Zeichner später mit brauner Farbe übermalt. Der gesamte Gerichtsbezirk Bennisch des späteren Kreises Freudenthal sowie die östlich von Lichtewerden und Engelsberg gelegenen Orte Dittersdorf, Markersdorf und Breitenau fehlen, denn sie gehörten allesamt zu Jägerndorf.

Die Stadt Freudenthal als der Herrschaftsmittelpunkt läßt sich an ihrer Größe leicht in der Mitte des Unteren Kartendrittels

erkennen. Unterhalb der Stadt sind von rechts nach links folgende Dörfer eingezeichnet: Sppillendorff (Spillendorf), Wockendorff (Wockendorf), Mestendorff (Messendorf), Kutzendorff (Kotzendorf) und Kriegsdorff (Kriegsdorf). Oberhalb der Stadt in nordwestlicher Richtung (nach links oben): Nieder Wildgrub (Nieder-Wildgrub) und Ober Wiltgrub (Ober-Wildgrub). Von Freudenthal nach oben finden wir: Altstadt (das Dorf Altstadt, älter als die Stadt selbst, wird noch 1377 Aldin Fraidintal = das al-

59

te Freudenthal genannt), Vorderfle (Vordörflein, ein kleines Dörflein, das später in Altstadt aufgegangen ist), Neuderflein (Neudörflein) und Lichtewern (Lichtewerden). Westlich (links) davon: Nieder-Vogels Seuffen (Alt-Vogelseifen) sowie Ober-Vogels Seuffen (Neu-Vogelseifen) und schließlich von Lichtewerden nach Norden (oben): Die Stadt Engelsberg, sowie darüber das Dorf Seuffen (Dürrseifen, auch in der Mundart kurz Saifn genannt). Die Karte umfaßt, wie wir sehen, das gesamte Gebiet der späteren Deutschordensherrschaft Freudenthal und zeigt – wie bereits oben erwähnt – alle damals bestehenden Ortschaften. Von den eingezeichneten Dörfern haben Wockendorf, Altstadt, Lichtewerden, Alt-Vogelseifen, Nieder-Wildgrub, Ober-Wildgrub und Kotzendorf Kirchen. Die von Wockendorf und Alt-Vogelseifen erweisen sich als deutlich erkennbare Dachreitertürme, nur bei Kotzendorf fehlt jeder turmartige Aufbau. Bei allen anderen ist die einfache Turmspitze auf dem Dach, teilweise erst nachträglich mit brauner Tusche hinzugefügt.

Die Grenzstreitigkeiten

Da die Karte von 1579 im Zusammenhang mit Grenzstreitigkeiten steht, die sich über mehr als zwei Jahrhunderte hingezogen haben, soll an drei Beispielen gezeigt werden, um welche Probleme es dabei gehen konnte. Vorher müssen wir uns jedoch noch mit der damaligen Grenzziehung und den Grenzzeichen beschäftigen.

Als Grenzzeichen benutzte man Wasserläufe, auch Bergrücken und Wege, absonderlich geformte Steine, denen man phantasievolle Namen gab, und auffallende Bäume, in die man Zeichen einschlug, um sie als Grenzzeichen kenntlich zu machen. Künstliche Grenzhügel, sogenannte „Kopeze" wurden angelegt, oder man benutzte größere Baumstümpfe, um sie mit Bienenbeuten zu versehen und damit als Grenzzeichen auszuweisen. Die steinernen Grenzmale in ihrer heutigen Form mit Jahreszahl und Herrschaftssymbol versehen, bürgerten sich erst zu Beginn des 17. Jahrhunderts ein, doch wurden bis zum Ende dieses Jahrhunderts vielfach auch die alten Grenzzeichen weiterverwendet.

Es ist klar, daß alle diese Grenzmerkmale vor ihrem widerrechtlichen Versetzen nicht gesichert werden konnten. Selbst die Zeichen in den Grenzbäumen wurden herausgeschlagen, wenn sie noch so hoch am Stamm angebracht worden waren und nur mit Leitern erreicht werden konnten, oder aber man verbrannte die Bäume einfach. Auch vor den Grenzsteinen wurde nicht halt gemacht.

Strittige Gebiete sind auf den alten Grenzkarten nicht selten und leicht zu finden; sie sind mit einer doppelten Grenzlinie versehen. Die Karte vermerkt dann in den meisten Fällen ausdrücklich, daß es sich um strittige Gebiete handelt. Um solche Gebiete entbrannte oft ein persönlicher Kleinkrieg zwischen den Untertanen der beiden betroffenen Herrschaften. Bei strittigen Waldgebieten half man sich damit, daß man diesen Wald mit beiderseitigem Einverständnis als sogenannten „Stillstand" erklärte und jedem der beiden Parteien seine Nutzung bis zur endgültigen Besitzregelung untersagte. Er blieb dann als eine Art Niemandsland zwischen den Herrschaften liegen. In Bergbaugebieten, wie dem Kreis Freudenthal, in denen man das Holz zum Kohlebrennen benötigte, konnte ein solcher Stillstand eine fühlbare wirtschaftliche Einbuße für beide Parteien bedeuten.

Selbst bei den beliebten Grenzflüssen und Grenzbächen konnten Schwierigkeiten auftreten. Abgesehen davon, daß es

Grenzstein auf der Hohen Heide, das Deutschordenskreuz zeigt das Ende des Ordensherrschaftsgebietes Freudenthal an

beim Fischen in solchen Bächen zu Übergriffen seitens der Untertanen kommen konnte – allgemein wurde vereinbart, daß jede Partei im Wechsel ein Jahr im Grenzfluß fischen durfte – führten manchmal auch die wolkenbruchartigen Regen, die in unserem Gebiet nicht selten waren, zu einer Verlegung des Flußbettes.

Durch die leichte Vergänglichkeit hölzerner und auch steinerner Grenzzeichen sowie bei den Schwierigkeiten mit den Grenzflüssen häuften sich Grenzstreitigkeiten, und jede Seite war bestrebt, ihre vermeintlich richtige Auffassung von der Grenzlage durch umfangreiche Zeugenaussagen zu stützen. Um nun zur rechten Zeit die benötigten Zeugen zur Hand zu haben, nahm man zu den Grenzbesichtigungen beim Setzen neuer Grenzzeichen mehrere etwa 10 Jahre alte Knaben aus den an der Grenze liegenden Ortschaften mit. Wurde ein neues Grenzzeichen angebracht oder ein Stein gesetzt, so peitschte (Streichen nennen es die Urkunden) man an dieser Stelle einige Knaben aus dem benachbarten Ort mit einem Hirschfänger und schenkte jedem gleichzeitig ein Goldstück, damit sich diese Knaben den Ort, wo man die Grenzzeichen gesetzt hat, für ihr ganzes Leben genau merken sollten.

In einem amtlichen Bericht der Jägerndorfer vom 11. März 1558 wird folgendes von der Grenze zwischen Dittersdorf und Lichtewerden berichtet: Der alte Hans Schindler war früher Untertan der Herren von Freudenthal und Heger in Lichtewerden, ehe er sich in Dittersdorf bei dessen Wiederbesiedlung niederlassen hat. In Lichtewerden besaß er auch ein Bauerngut, dessen Äcker an die Dittersdorfer Flur grenzten. Er und seine Nachbarn hatten fast 40 Jahre die Dittersdorfer Äcker in Zins, weil Dittersdorf ja unbewohnt gewesen sei. Hans Schindler habe sich nun in dieser Zeit „bevlissen, sambt den andern seinen nachbarn, dero ecker an der Dittersdorfer ecker stoßen, das (daß) er und dieselben (seine Nachbarn) die granitz (Ackergrenze) von jar zu jar abgeackert, dem Dittersdorfer velde (Feld) abgewendet und der Lichtenwerd als irem vhelde (Feld) zugezogen…" Dittersdorf sei damals unbewohnt und Jägerndorf weit weg gewesen, so daß niemand da war, der es ihnen gewehrt hätte. Als dann Markgraf Georg Friedrich von Brandenburg, der Fürst zu Jägerndorf, Dit-

Die Grenzstreitigkeiten im oberen Oppatal. Die aus dem Kammerarchiv Jägerndorf stammende Karte zeigt Karlsthal mit der „Stohlhütte", „Stohlbrücke" und der „Goldwiese"

tersdorf habe wieder aufbauen lassen, hat Schindler sein Gut in Lichtewerden verkauft und ist nach Dittersdorf gezogen.

Als über das Abackern der Grenze gesprochen wurde, versuchten die Jägerndorfer aus Schindler den genauen Verlauf der alten Grenze herauszubekommen. „weil aber Schindler selbst die fürnembst ursach der übergreifung" war und er fürchten mußte, an die Herren von Freudenthal zurückverwiesen zu werden, „hat er mit der warheit nit heraus gewolt". Selbst als der Jägerndorfer Kanzler Hironismus Reinwaldt, der Sekretär Hans Petrarch und andere Mitglieder der Jägerndorfer Regierung 1556 mit Schindler die Grenze abschritten, war nichts aus ihm herauszubekommen. Nach der Rückkehr von dieser Grenzbegehung sei dann Schindler im Gasthaus der Erbrichterei zu Markersdorf mit dem Freudenthaler Untertan Gall zusammengetoffen, und dabei sei auch über die Grenze gesprochen worden. Beim Hinausgehen soll dann Schindler, als er sich unbelauscht gewähnt habe, im Vorhaus zu Gall gesagt haben: „Galle, diese granitz (Grenze) ist in mein hertz gegraben, sie soll auch mit mir nit herauskommen bis ich sterbe!" Die Wirtin des Erbrichters Johann Schwammel von Markersdorf, Katharina, habe diese Worte jedoch gehört und den Jägerndorfern gemeldet. Weitere Einzelheiten darüber sind uns leider nicht überliefert worden, doch dürfte Schindler sein Wort gehalten haben, denn selbst nach seinem Tode ging der Streit um die Lichtewerden-Dittersdorfer Grenze weiter.

Eine andere der heftig umstrittenen Grenzen war der Oppaverlauf bei Karlsthal in der Gegend des sogenannten Tiefen Grundes, weil es sich hier um ein Bergbaugebiet handelte. 1601 ließ Hans von Würben den dortigen Stollen, der zwar nahe an der Grenze lag, aber noch zum Fürstentum Jägerndorf gehörte, überfallen, alles „BergZeugk verterben und zerhawen (zerhauen)" und die dort arbeitenden Jägerndorfer Bergleute ins Gefängnis nach Freudenthal werfen. Darauf stellte der Markgraf Georg Friedrich ein bewaffnetes Aufgebot zur Befreiung der Bergleute und zur Bestrafung der Würbenschen Handlanger auf. 1602 scheint Ruhe gewesen zu sein, denn wir erfahren nichts weiter darüber. Als der Markgraf 1603 starb, nutzte Hans von Würben die Gelegenheit, bemächtigte sich des Bergwerks erneut, ließ es zerstören und warf die Bergleute wieder ins Freudenthaler Gefängnis, wo auch der Bergherr gestorben ist.

1625 ließ der Jägerndorfer Fürst Karl von Liechtenstein nachts die hölzerne Wasserleitung, in der das Wasser der Kleinen Oppa auf die Eisenhämmer von Klein-Mohrau abgeleitet wurde, durch den Jägerndorfer Burggrafen und etliche bewaffnete Die-

ner auf dem Freudenthaler Gebiet zerstören. Diese Wasserleitung war schon durch die Würben errichtet worden, zuerst als Wassergraben zu den Bergwerken von Lichtewerden und Dürrseifen. Darüber war es mit den Troppauern und dem damaligen Markgrafen von Jägerndorf zum Streit gekommen, weil dadurch eine Reihe von Mühlen am Fluß Wassermangel hatten. Die Ableitung war zwar den Würben von Kaiser Ferdinand I. untersagt worden, doch hielt man sich offenbar nicht daran, denn nach Zeugenaussagen ließ der Gewerke von Engelsberg, Jakob Mann, Wassergraben ausheben, die – da sie sich nicht bewährten – unter Hynek dem Älteren durch Wasserspünde ersetzt wurden. Das führte zu einer erneuten Differenz mit dem Markgrafen, die aber das Troppauer Landrecht zugunsten der Würben entschied, da die Oppa auf deren Grund entsprang. Seit dem Rückgang des Goldbergbaus hatte der Deutschordens-Hochmeister Erzherzog Karl als neuer Besitzer der Herrschaft Freudenthal 1624, also ein Jahr vor der Zerstörung, ohne Einwand der Jägerndorfer die hölzernen Spünde so verlegen lassen, daß die Klein-Mohrauer Hämmer auch bei Wasserknappheit weiterarbeiten konnten.

Noch im 17. Jahrhundert, als das Fürstentum Jägerndorf schon an die Fürsten von Liechtenstein und die Herrschaft Freudenthal an den Deutschen Orden übergegangen waren, dauerten diese Grenzstreitigkeiten weiter an. Dies folgt aus der Gründungsurkunde des Dorfes Schreiberseifen vom 28. September 1682, in der es eingangs heißt, daß der Deutsche Orden „an diesem flößl Schreiberseifen, welchen die Jägerndorfer strittig machen wollen", alles habe ausholzen lassen und „zur behaubtung deß possesses (Besitzes) aldahin ein dörffl zu 20 heuser auffgeben und nach dem flößl Schreiberseiffen benahmbset".

Johann Caspar von Ampringen,
Statthalter in Freudenthal 1653 – 1664, Hochmeister 1664 – 1684

Franz Ludwig Pfalzgraf bei Rhein, Hochmeister 1694 – 1732

Die Herrschaftsübernahme durch den Deutschen Orden

Bei Hyneks Tod am 7. Februar 1614 waren dessen Güter Freudenthal und Goldenstein so stark verschuldet, daß seine Bürgen diese Güter zur Abdeckung der Schulden selbst behielten. Im Mai 1617 verkaufte Johann (Hans) von Würben aus der Herrlitzer Linie der Würben sein Gut Stemplowitz, um die Herrschaft Freudenthal um 150 600 Taler von den Hynekschen Bürgen zurückkaufen zu können, weil er nicht wollte, daß dieses Gut, nach dem sich die Würben „Bruntalsky" nannten, in fremde Hände komme. Und doch sollte gerade er der letzte Würbensche Besitzer der Herrschaft Freudenthal sein, denn schon wenige Jahre später, nach der Schlacht am Weißen Berge bei Prag (1620) mußte Hans von Würben als Parteigänger des Winterkönigs Friedrich von der Pfalz nach Holland fliehen. Die Herrschaft wurde vom Kaiser als erledigtes Lehen eingezogen und zur Tilgung einer Schuld des kaiserlichen Hauses von 200 000 Goldgulden dem Deutschen Orden im Jahre 1621 übergeben. Diese Sum-

me hatte der verstorbene Hochmeister Erzherzog Maximilian, dem Orden testamentarisch hinterlassen, weil ihm dieser zu Lebzeiten bei verschiedenen Gelegenheiten mit Geldzuwendungen ausgeholfen hatte.

Mit der Unterzeichnung der Übergabeurkunde am 17. Juli 1621 konnte der Deutsche Orden seine Herrschaft noch nicht antreten, sie befand sich noch in der Hand markgräflich Jägerndorf'scher Truppen. Der Markgraf von Jägerndorf dachte nicht daran, nach der Schlacht am Weißen Berge sein Fürstentum Jägerndorf ebenfalls zu verlassen. Er hatte eine Reihe schlesischer Städte besetzt und dort Besatzungen gelassen. Die Schlesier kämpften wegen der schon erwähnten kaiserlichen Zusicherung und des in diesem Zusammenhang mit dem Kurfürsten von Sachsen geschlossenen Dresdener Akkords auf der Seite Sachsens. Als die Sachsen darangegangen waren, die vom Markgrafen besetzten schlesischen Städte zurückzuerobern, beschlossen Ende Dezember 1621 der sächsische Oberst Bodenhausen und der schlesische Hauptmann Elbel auch Freudenthal zu besetzen. Sie mußten aber unverrichteterdinge wieder abziehen, weil ihnen der zum Markgrafen übergetretene Hauptmann Rauber zuvorgekommen war. Rauber, ein Anhänger Friedrichs von der Pfalz, hatte sich im Juli 1621 mit 300 Mann zu Fuß in kaiserlichen Dienst begeben und dadurch Pardon erlangt. Er übergab laut eines Briefes vom 13. Oktober 1621 das von ihm verteidigte Skalitz dem heranziehenden Bethlen Gabor, zog nach Mähren, stieß dort zum Grafen Thurn und trat wieder in die Dienste des Markgrafen von Brandenburg-Jägerndorf.

Im Januar 1622 entschloß sich Bethlen Gabor, mit dem Kaiser Frieden zu schließen. Damit war des Markgrafen Stütze weggefallen, er verließ sein Heer und ging nach Ungarn. Seine Truppen lösten sich auf und traten zum größten Teil in die kaiserliche Armee über. Als einer der letzten verließ auch Hauptmann Rauber Freudenthal, und im Februar 1622 konnte ein sächsisches Fähnlein in Freudenthal einziehen, dem der Hochmeister wahrscheinlich seine Leibkompagnie zu Pferd unter Obristleutnant Hundtbiß beigegeben hatte. Jetzt erst konnte auch eine fünfköpfige Ordenskommission nach Freudenthal gehen, um die notwendigen verwaltungstechnischen Maßnahmen der Übergabe einzuleiten. Die Kommission begann ihre Tätigkeit mit der Entgegennahme der landesüblichen Erbhuldigung, wozu sich die Untertanen der Herrschaft vor dem Schloß versammelten und den Huldigungseid leisteten. Um die hohen Quartierkosten für das in Freuden-

thal stationierte kursächsische Fähnlein zu sparen, gelang es dem Hochmeister, Erzherzog Karl, die Verlegung der Sachsen nach Freiwaldau zu erreichen.

Solange der Hochmeister, Erzherzog Karl – der Initiator der Herrschaftsübergabe an den Deutschen Orden – noch lebte, bestand die einzige Verbindung der neuen Ordensherrschaft mit dem Orden lediglich in der Person des Hochmeisters selbst, denn dieser betrachtete die Herrschaft als sein Privateigentum. Er schickte einen seiner fähigsten Ordensritter, den bisherigen Hauskomtur zu Ellingen, Georg Wilhelm von Elkershausen, genannt Klüppel (d. h. grober Klotz) nach Freudenthal, der auf der neuen Herrschaft nicht nur gut zu wirtschaften verstand, sondern der auch schwierige Verhandlungen selbständig und erfolgreich führte. Da Klüppel voraussah, daß sowohl die katholische Linie der Würben als auch Karl von Liechtenstein, Herr des Fürstentums Troppau, dem Deutschen Orden bei der Herrschaftsübernahme Schwierigkeiten machen würden, erreichte er bei Hochmeister Karl, daß dieser ihm seinen ehemaligen Hofkanzler Johann Metziger von Kaltenstein als Kanzler auf die Herrschaft mitgab. Klüppel fand sich jedoch allein auch in den schwierigen Verhandlungen zurecht. Er setzte seine Energie und Zähigkeit, die sein Geschlecht auszeichnete, und die diesem den Namen Klüppel eingetragen hatte, in den Dienst der ihm anvertrauten Herrschaft und verteidigte deren Belange oft recht rauh auch gegenüber seinen Ordensvorgesetzten.

Der Dreißigjährige Krieg

Ursache und Kriegsbeginn

Am 4. Januar 1614 war das Herzogtum Troppau von Kaiser Mathias, der auch König von Böhmen war, dem katholisch gewordenen Karl von Liechtenstein mit den gleichen Rechten, Privilegien und Freiheiten übergeben worden, wie sie auch die anderen schlesischen Fürsten genossen. Dieser Verleihung setzten die Troppauer Stände einmütig ihren Widerstand entgegen, und

Der Prager Fenstersturz

verweigerten Liechtenstein die Erbhuldigung, weil diese Belehnung einem Privileg von 1511 zuwiderhandelte, wonach das Fürstentum stets nur unmittelbar der Krone Böhmen unterstellt bleiben sollte, und nach Ansicht der Stände Troppau immer zu Mähren und niemals zu Schlesien gehörte. Liechtenstein gelang es lediglich, sich in der Stadt Troppau und dem Schloß durchzusetzen.

Inzwischen hatten die böhmischen Stände ihrem Zorn über das streng katholische, ständefeindliche Regiment der habsburgischen Statthalter im Prager Fenstersturz Luft gemacht, ihr vorheriges Einverständnis für die Thronfolge Ferdinands widerrufen und Friedrich V. von der Pfalz zum böhmischen König gewählt.

Nach der Niederlage Friedrichs am Weißen Berge am 8. November 1620 war über die böhmischen Stände ein blutiges Strafgericht verhängt worden. Leidlicher erging es den schlesischen Ständen, denn für diese war dem Kurfürsten von Sachsen die Erhaltung des Protestantismus versprochen worden. Sie schlossen mit dem Kurfürsten von Sachsen am 28. Februar 1621 den Dresdener Akkord, der jedoch nicht für die Herzogtümer Troppau und Jägerndorf sowie die Herrschaft Freudenthal galt. Der Inhaber der Herrschaft Freudenthal, Johann von Würben, floh nach Holland, die Herrschaft wurde als ein erledigtes Lehen eingezogen und am 17. Juli 1621 dem Deutschen Orden übergeben. doch konnte, wie wir wissen, der Orden den Besitz der Herrschaft wegen der kriegerischen Ereignisse nicht sofort antreten.

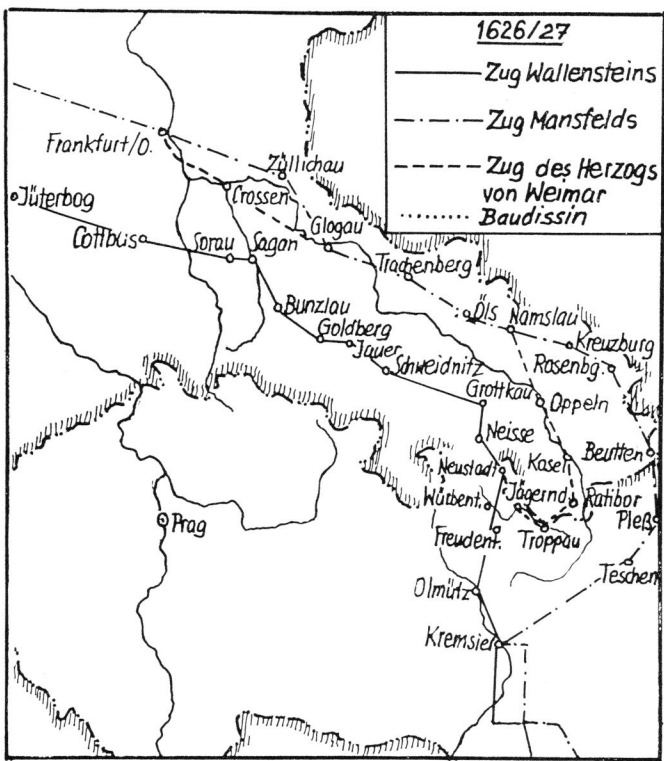

Die militärischen Bewegungen Wallensteins,
Mansfelds und des Herzogs von Weimar

Der Dänische Krieg

In den folgenden Jahren tobte der Krieg in Nordwestdeutschland; erst im August 1626 zog er sich wieder in unsere Gegend. Vom 10. Juli an wälzten sich von Havelberg aus die Heere der protestantischen Feldherrn Mansfeld und Herzog Johann Ernst von Weimar östlich der Oder südwärts nach Ungarn zu, und etwa einen Monat später folgte ihnen Wallenstein in Eilmärschen.

Am 19. August hatte der Herzog von Weimar Troppau eingenommen und dort eine Besatzung unter dem dänischen Kriegskommissar Mitzlaff gelassen. Ein Teil dieser Besatzung unter dem Oberst Baudissin war am 22. August kampflos in Jägerndorf einmarschiert.

Die dänische Besatzung in Jägerndorf blieb für die Herrschaft Freudenthal nicht lange ein guter Nachbar, schon am 20. September erschien sie vor Freudenthal. Am 13. September hatte die Jägerndorfer Besatzung einen Brief an den Freudenthaler Stadtrat geschrieben und die Übergabe der Stadt gefordert. Doch erst am 19. September wurde der Brief verschlossen dem Statthalter übergeben und erklärt, er sei erst vor wenigen Stunden abgegeben worden. Der Statthalter hatte gerade noch Zeit, den Hauskomtur der Herrschaft, Hans Bernhard von Metternich, um Entsatz wegzuschicken, und dieser war noch nicht in Neiße angelangt, da erschienen die Mansfelder aus Jägerndorf am 20. September früh zwischen 2 und 3 Uhr vor Freudenthal und haben „ein Thor, daß Jägerndorffische Thor genandt, angefallen, aber abgetrieben, sich zum andern dem Altstadter Thor gemacht, selbiges aufgehauen, und ob sich zwar etzliche gegen dem Feinde gewähret (gewehrt), jedoch die Stadt gar bald einbekhomben..."

Auch im Schloß, wohin sich der Statthalter habe zurückziehen müssen, sei an eine Verteidigung nicht zu denken gewesen, weil die darin kommandierten Musketiere sich zum Teil versteckt und zum Teil sich nicht hatten wehren wollen. Die Bürgerschaft sei in ihre Häuser gelaufen und habe sich nicht mehr sehen lassen. „Daher hat sich... Herr Stadthaldter zu Pferdt ainzig und allein ins feldt begeben, der mainung, desto sicherer durchzukomben und sich salvieren (retten), alß aber die Reiterei (der Mansfelder) alle weeg und päss verwahret und mit schültwachten alles umbstält gewesen, hat zwar Herr Statthalter einen Schültwacht das Pferd niedergeschossen, worauff baldt bis zu 50 Pferdt nachgeeilt. Herr Statthaltern umbringt (eingekreist), und also gefangener zum Obristen Baudissin (nach Jägerndorf), von dannen inß Schloß, nach Mittag aber mit uff Tropaw abgeführt, alda er noch verwahrter gehalten..." Die genaue Kenntnis der Vorgänge bei der Eroberung Freudenthals verdanken wir einem vom 3. Oktober 1626 datierten Brief, den der Hauskomtur Metternich und der Freudenthaler Kanzler Johann Christof Metziger von Kaltenstein geschrieben haben. Metternich und Kaltenstein schlagen vor, den Statthalter gegen Gefangene aus Mansfelds Heer auszutauschen. Auf der Stelle, auf der Klüppel bei seinem Fluchtversuch gefangen genommen worden war, hat man später (vermutlich erst 1641) die sogenannte Klippelsäule errichtet. Anläßlich dieser Einnahme Freudenthals wurde auch die Stadt Engelsberg geplündert, wie wir in einem Brief vom 23. Oktober 1626 erfahren, den der Hochmeister dem damals in Glatz weilenden Freudenthaler Ordenskanzler Johann Christoff Metziger von Kaltenstein schrieb, und in welchem er um genauere Informationen bat, wie „so wol die Statt vnd (und) schloß Frewdenthal, als auch die darzu gehörige Statt Engelsberg von der mansfeldischen vnd weimarischen besatzung zu Jägerndorf mit gewaldt occupirt (eingenommen) vnd spolyirt (geplündert) sein worden".

Inzwischen hatte Mansfeld die Überreste seines Heeres verlassen, um sich über Venedig nach Paris und London zu begeben und dort neue Subsidien zur Auffüllung seiner Truppen zu bekommen. Auf seinem Wege erlag er am 30. November 1626 unweit Sarajewo einem Blutsturz, und kurze Zeit später starb auch der erst 32jährige Herzog von Weimar am 24. Dezember im ungarischen Städtchen Szent Marton an den Folgen der Kriegsanstrengungen. Die 4000 Söldner beider Heerführer zog der Kommissar Mitzlaff in die dänischen Stützpunkte in Schlesien (Leobschütz, Troppau, Jägerndorf, Grätz usw.) zurück, so daß sich hier die Gesamtzahl der dänischen Truppen auf 17 000 Mann er-

Die Klippelsäule bei Altstadt

64

Georg Wilhelm von Elkershausen gen. Klüppel, Statthalter in
Freudenthal 1625 – 1641, Grabplatte in der Schloßkirche Ellingen.

Marsch geradt herein in Schlesien durch Bisthumb (Neiße) genommen. Mit einem Heer von 20 000 Soldaten war Wallenstein
von Zerbst aufgebrochen, von denen ihm kaum 5000 Mann
übrigblieben.

Auf die Wiedergewinnung seiner Herrschaft Freudenthal
konnte der Deutsche Orden mit seinen nur sehr bescheidenen
militärischen Mitteln keinen Einfluß nehmen. Sie war lediglich
im Rahmen der Wallensteinschen Unternehmung möglich, und
daher konzentrierte sich das Interesse des Ordens in erster Linie
auf die Befreiung des Statthalters Klüppel aus seiner Troppauer
Haft. Der Versuch eines Tausches Klüppels gegen den gefangenen dänischen Kapitän Cracau scheiterte jedoch am dänischen
Kommissar Mitzlaff, der für Klüppel mehr herauszuholen gedachte. Ende 1627 ergab sich mit dem Tode des Herzogs von
Weimar eine neue Möglichkeit, Klüppel gegen die Zusicherung
des freien und ungestörten Geleites der Leiche des Herzogs
durch kaiserliches Gebiet auszutauschen. Erst nach langen und
schwierigen Verhandlungen kam endlich am 18. Juli 1627 der
Austausch Klüppels gegen den dänischen Kapitän Cracau zustande. Denn inzwischen hatte Wallenstein Jägerndorf am 2. Juli
zurückerobert und sich nach Cosel gewandt, und es war nur
mehr eine Frage der Zeit, daß auch Troppau fallen mußte, so daß
Mitzlaff trachtete, vorher den Austausch durchzuführen, und er
sich mit einem Tausch gegen Cracau einverstanden erklärte.

Die für die Ordensherrschaft Freudenthal folgende, etwas
friedlichere Zeit gestattete es dem Orden, sich wieder mehr um
die Landwirtschaft und das Gewerbe in den beiden Herrschaften
Freudenthal und Eulenberg zu kümmern. Während Klüppel
noch am 26. Februar 1630 geschrieben hatte, daß es unmöglich
sei, die ausstehenden Schulden von 18 000 Gulden einzutreiben,
weil niemand Geld habe, daß sich das Eisen nicht verkaufen ließe,
daß Geldmangel und Hungersnot herrschte und daß den Untertanen geholfen werden müsse, wenn sie nicht wie an anderen Orten entlaufen sollten, so änderte sich das Bild nach dem Jahre 1631
grundlegend. Seit diesem Jahre arbeitete die Eisenindustrie der
Herrschaft – vor allem die Klein-Mohrauer und Friedländer Eisenhämmer – angestrengt, um die Waffenwünsche der in der
Umgebung stationierten kaiserlichen Unterführer zu befriedi-
gen. Durch die Truppenmassierung in Schlesien und Mähren
war die im Verbindungsgebiet gelegene Ordensherrschaft zu einer wichtigen Waffen- und Munitionskammer kaiserlicher
Truppen geworden.

Klüppel gelang es, in zwei Jahren über 12 000 Musketen, 1000
Pistolen, ferner Kürasse und Schanzzeug wie Schippen, Spaten,
Hauen und Beile zu liefern. Dabei konnte nur in den warmen
Monaten gearbeitet werden, denn bei Kälte ließen sich die Musketen zwar schmieden, aber nicht bohren. Bei warmem Wetter
war es der Herrschaft möglich, in einer Woche 400 bis 500 Musketen anzufertigen. Dieses Waffengeschäft entwickelte sich so
gut, daß Klüppel 1636 zwei Eisenfrischer und einen Hohlgießer
aus dem Fürstentum Weimar kommen lassen konnte und ihnen
beständige Arbeit zusicherte. Daneben wurde auch die Eulenburg für eine eventuelle Belagerung ausgerüstet. Ende 1636 wurde die Ruhe in der Herrschaft für kurze Zeit unterbrochen.

höhte. Auch Wallenstein kehrte mit dem kärglichen Rest seiner
Truppen in die Winterquartiere in Schlesien zurück. Seine Rückkehr schildert uns der Freudenthaler Hauskomtur Metternich in
einem Brief vom 10. Januar 1627: „Die Kayserlichen auß Ungarn
in Schlesien in die winter Quartier und Läger zurückh kommende Armee von 13 Regimentern zue Roß und fueß ist zwar new-
lich selbiger orth (Freudenthal) nahennd vorüber gezogen, aber
wegen mattigkeit und großer Khällde – deren sehr viehl theils vor
frost theils hungers gestorben und unnderwegs blieben – gegen
dem Feindt (Dänen) das wenigste nicht tentirt sondern ihren

Die Eulenburg vor dem Brande – mit dem mächtigen Bergfried und dem Deutschordenswappen. Angelegt zu Beginn des 14. Jahrhunderts. Schutzwall und Zufluchtsstätte im 30jährigen Kriege, besonders zur Zeit der Belagerung durch die Schweden im Jahre 1643.

Der Schwedische Krieg in der Ordensherrschaft 1642 – 1648

Der erste Teil des Schwedischen Krieges von der Landung König Gustav Adolfs in Usedom im Juli 1630 bis zu seinem Tod in der Schlacht bei Lützen am 16. November 1632 und die folgenden Auseinandersetzungen unter Gustav Adolfs Nachfolger Banér berührten die Herrschaft Freudenthal kaum und gaben sich mindestens bis zum Tod Gustav Adolfs noch den Anschein eines Glaubenskrieges. Das änderte sich jedoch, als der schwedische General Torstenson, um den verstorbenen Feldherrn Banér, den Nachfolger Gustav Adolfs, zu ersetzen, am 14. Oktober 1641 in Norddeutschland landete. Aus dem Glaubenskrieg wurde ein erbarmungsloser Machtkampf, den auch die Protestanten, deretwegen er angeblich geführt wurde, in voller Stärke zu spüren bekamen und welcher der Herrschaft Freudenthal die schwerste Leidenszeit des gesamten Dreißigjährigen Krieges brachte.

Im Frühjahr 1642 brach der schwedische Feldherr Torstenson in Schlesien ein. Ein kaiserliches Heer, das sich ihm entgegenstellte, wurde bei Schweidnitz geschlagen und dessen Heerführer Herzog Franz Albrecht von Sachsen-Lauenburg fiel. Nach dem Fall von Schweidnitz (3. Juni) belagerte Torstenson Neiße, überließ jedoch die weitere Belagerung General Liljenhoek und versuchte den kaiserlichen Truppen den Weg nach Mähren abzuschneiden. Auf seinem Weg über Würbenthal, Engelsberg, Freudenthal nach Olmütz passierte er am 8. Juni 1642, dem Pfingstsonntag, Würbenthal und Freudenthal. Daß er über Würbenthal,

Engelsberg und Freudenthal gezogen ist, bestätigt uns der damalige Kommandant von Olmütz, Antonio Miniatti, der in seinem italienischen Rechtfertigungsschreiben wegen der schnellen Übergabe von Olmütz mitteilt, daß er als Zahl- und Quartierkommissar von Olmütz 40 Wagen Proviant nach Neiße abgeschickt habe. Diese Wagen wären nur bis Freudenthal gekommen und hätten dann umkehren müssen, weil schon Flüchtlinge aus Neiße entgegengekommen seien, die den Anmarsch der Schweden auf Freudenthal meldeten. Die bei Schweidnitz geschlagene Armee hatte sich zunächst nach Troppau zurückgezogen, um sich nach Befehlen des Kaisers und des Generalissimus Erzherzog Leopold Wilhelm „in Salvo (Sicherheit) zu bringen". Das Oberkommando der Armee hatte der General der Artillerie, Fernemont, übernommen. Als dieser erfuhr, daß ihm Torstenson bis Hotzenplotz nachgerückt war, marschierte er über Hof auf Olmütz zu und Torstenson folgte ihm über die Gesenkestraße Würbenthal, Freudenthal nach Olmütz.

Da Olmütz für Torstenson eine Schlüsselstellung bei seinen Versuchen war, Wien zu erreichen, ließ er dort eine starke Besatzung von zwei Reiterregimentern und einem Regiment Fußtruppen zurück und ging am 17. Juni über Troppau nach Schlesien zurück, um dort einige Festungen zu brechen, die er als Stützpunkte für seine weiteren Kriegszüge zu halten versuchte. Nach einer Vereinigung mit Liljenhoek, der am 16. Juni Neiße erobert

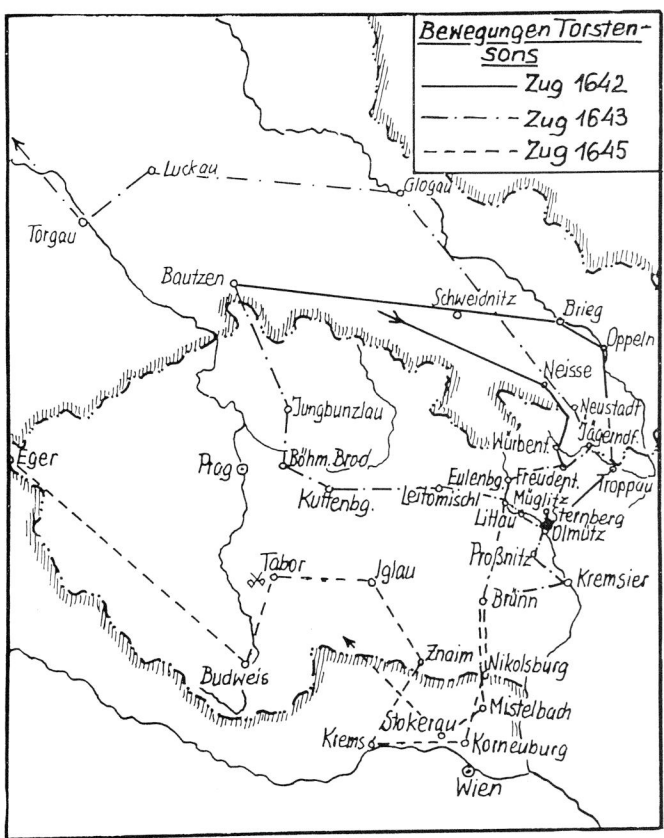

Die Kriegszüge Torstensons 1642 – 1645

halter Augustin Oswald von Liechtenstein, seit 1641 Nachfolger von Klüppel, auf. Am 17. September 1643 traf Torstenson vor der Eulenburg ein, beschloß die Belagerung, nachdem Liechtenstein seine Aufforderung zur Übergabe der Burg getreu dem Befehl des Hochmeisters höflich aber entschieden zurückgewiesen hatte. Aber der schwedische Feldherr stieß hier auf einen wesentlich härteren Widerstand, als er vermutet hatte, denn erst als durch die ständige Kanonade und erfolgreichen Minierarbeiten ein Teil der Befestigungsanlagen zerstört, die Munition zur Neige gegangen und Liechtenstein selbst durch eine Granate am Bein verletzt worden war, entschloß sich dieser am 6. Oktober nach dreiwöchiger Belagerung zu Übergabeverhandlungen. In einem ehrenvollen Akkord wurde ihm und den anderen Ordensmitgliedern sowie der Besatzung freier Abzug nach Würbenthal oder Neiße gewährt. Alles Ordens- oder das Privateigentum durfte mitgenommen werden, lediglich die Dokumente, die zur Burg gehörten, „und davon alle nachricht genommen werden mueß", hatten auf der Burg zu verbleiben. Den Weltgeistlichen, Beamten und sonstigen herrschaftlichen Bediensteten wurde Schutz und freie Amtsausübung zugesichert, falls sie nichts gegen die Krone Schwedens unternähmen. Am 7. Oktober zogen die Verteidiger ab, deren Verluste an Toten und Verwundeten 72 Mann betrugen, während der Angreifer angeblich über 800 Mann verloren hatte. Während dieser drei Wochen lagerte Gallas mit der kaiserlichen Armee keine dreißig Kilometer entfernt unbeweglich bei Müglitz und reagierte nicht auf die flehentlichen Hilfeersuchen der schwer bedrängten Festung. Nach Torstensons Abzug folgte er diesem erneut in geringem Abstand und sah der dreitägigen Belagerung von Jägerndorf sowie dem weiteren Verwüstungszug der Schweden wiederum untätig zu, bis diese aus Schlesien abzogen und er sich nach Böhmen in die Winterquartiere begeben konnte. In die Eulenburg hatte Torstenson eine starke schwedische Besatzung gelegt.

Während der Belagerung der Eulenburg war die Ordensherrschaft Freudenthal – mit Ausnahme von Würbenthal – völlig in der Hand der Schweden, deren Stärke etwa 9000 Mann betragen haben soll. In Freudenthal hatte Torstensons Unterfeldherr Wrangel Quartier bezogen und erpreßte mit Gewalt Ranzionen (Lösegelder) und den Rest der noch nicht abgeführten Kontributionen (Unterhalt der Besatzungstruppen). Erst am 13. Oktober zog auch er ab. Der angerichtete Schaden war in der Herrschaft Freudenthal beträchtlich, in der Herrschaft Eulenberg nahezu katastrophal. Während die Meierhöfe bei Wockendorf und Wiedergrün fast unversehrt geblieben waren, hatte man auf den Höfen bei Kotzendorf und Altstadt ziemlichen Schaden zu verzeichnen, und der Freudenthaler Hof wurde fast völlig zerstört. An Vieh waren noch etwa 70 bis 80 Rinder und Schweine, 3000 Schafe und etliche Pferde gerettet worden. Den Großteil des Getreides hatte der Feind geraubt oder vernichtet. Das Schloß zu Freudenthal war von der Soldateska geplündert worden. Besonders schwer waren die Untertanen betroffen, denen ihr Vieh und Getreide genommen worden war, nur die im Gebirge gelegenen Ortschaften waren etwas glimpflicher davongekommen. Den „Underthanern würdt vilen nit mehr zu helffen sein, den ihr Roß und Rindtviehe hinweckhgenommen, das gedreid im feldt verderbt, das in Scheüer außgetroschen und also armb gemacht worden, daß manchen nit ein bissen brodt, und nur die zerissenen klaider am halß gebliben...", heißt es in einem Schreiben vom 27. Oktober 1643.

hatte, belagerte Torstenson Oppeln, eroberte es am 24. Juni und erschien am 27. Juni vor Brieg, vermochte diese Stadt jedoch nicht zu nehmen. Als am 25. Juli ein kaiserliches Heer unter dem Deutschordenshochmeister Erzherzog Leopold Wilhelm und unter Piccolomini vor Brieg auftauchte, zog er sich nach Guhrau östlich von Glogau zurück, um Verstärkung aus Schweden abzuwarten. Mit seinem inzwischen verstärkten Heer schlug Torstenson am 2. November bei Breitenfeld die kaiserliche Armee und nahm dann Winterquartier bei Bautzen. Dieser erste schwedische Durchzug hat – obwohl er direkt die Herrschaft durchquerte – kaum nennenswerte Schäden gebracht, denn Torstenson marschierte unter Zeitdruck.

Bei Wiederbeginn der Kampfhandlungen im Frühjahr 1643 beschloß Torstenson, von seinem Winterquartier in der Lausitz über Böhmen und Nordmähren (Auffüllen der Festung Olmütz) in Richtung Wien vorzustoßen. Er brach am 17. April 1643 von Bautzen auf, zog nach Schönberg und überschritt am 23. April bei Seidenberg die böhmische Grenze. Sein weiterer Zug führte an Prag vorbei nach Böhmisch-Brod (11. Juni), Kuttenberg, nach Mähren und dort über Müglitz, Littau (19. Juni) und Sternberg (22. Juni) – alle drei wurden erobert – bis nach Olmütz, wo er jedoch nur 24 Stunden blieb und dann über Proßnitz (24. Juni) und Kremsier nach Brünn weiterzog, wo er am 6. September eintraf und die Stadt belagerte. Am 8. September mußte er jedoch die Belagerung schon wieder abbrechen, weil er von seiner Regierung auf den dänisch-schwedischen Kriegsschauplatz an der Ostsee gerufen wurde. Vorher jedoch wollte er die Eulenburg erstürmen, die seiner Olmützer Besatzung den Ausfall zur Verproviantierung erschwerte. Hier hielt sich der Freudenthaler Statt-

67

Die Eulenburg vor dem Brande

Waren am 30. August 1642, also nach dem ersten schwedischen Durchzug, noch fast 400 Pferde im Besitz der Untertanen gewesen, so waren es am 10. Dezember 1643 nicht einmal 300. Die Zahl der Rinder war von über 2400 auf weniger als 900 zusammengeschmolzen, diejenige der Schafe von etwa 1700 auf 270, von fast 1000 Schweinen waren noch etwa 250 übrig. Über 80 Höfe und Häuser waren abgebrannt oder wüst. Am schlimmsten hatte es das kleine Dorf Neudörfel getroffen, wo mit 14 abgebrannten Bauernhöfen zwei Drittel des Dorfes zerstört waren.

Die militärischen Erfolge der Schweden nach ihrer Rückkehr aus Dänemark 1645 machten alle Hoffnungen auf eine baldige Wiedergewinnung der Eulenburg zunichte, ja sie führten schließlich sogar praktisch zur völligen Unterwerfung der Ordensherrschaften Freudenthal und Eulenberg. Ein erster Angriff auf Freudenthal erfolgte zu Ostern. Unter dem Olmützer Kommandanten Valentin Winter bestürmte die schwedische Besatzung mit 700 Mann zu Pferd und 300 Mann zu Fuß, unterstützt durch das Feuer zweier Sechspfünder-Kanonen und eines Mörsers, von Karfreitag bis Ostersonntag (14. bis 16. April 1645) die Stadt, die von der erzherzoglichen Dragonerkompanie unter Hauptmann Hans Sigmund von Bodmann und der Bürgerschaft erbittert verteidigt wurde. Selbst als Winter die Vorstädte in Brand stecken ließ, blieben die Verteidiger standhaft, sodaß er schließlich abziehen mußte, nicht ohne vorher die umliegenden Dörfer völlig auszuplündern. Bei dieser Belagerung brannte auch der herrschaftliche Fruchtkasten mit allen Vorräten nieder. Zum Schutz der Herrschaft sandte daraufhin Feldmarschalleutnant Graf Raimund von Montecuccoli eine Kompanie Polen, deren Unterhalt die Herrschaft aber nur noch mehr belastete. Mitte Mai 1645 fühlten sich der Statthalter Liechtenstein und der Hauskomtur Westernach in ihrer Herrschaft so unsicher, daß sie ständig zwischen Freudenthal, Würbenthal und Neiße als ihrem Aufenthaltsort hin- und herlavierten.

Im September 1645 brach der schwedische General Hans Christoffer Königsmarck von Schlesien kommend in Mähren ein, um die dortigen Garnisonen zu verstärken, ohne daß ihn der kaiserliche Generalkommandant in Schlesien, Fürst de Gonzaga, daran hindern konnte. Die schwedische Armee hauste fürchterlich. Am 25. Oktober erschien sie auf ihrem Rückmarsch vor Freudenthal, das erbitterten und verzweifelten Widerstand leistete. Nach viertägiger Belagerung wurde die Stadt jedoch am 29. Oktober im Sturm genommen, von der verrohten Soldateska ausgeplündert und in Brand gesteckt. Kaum besser erging es En-

gelsberg und zwei Tage später, am 31. Oktober, brannte auch Würbenthal. Die schwer getroffenen Städte, aus denen eine Reihe von Bürgern mitgeschleppt wurden, mußten zudem hohe Lösungsgelder zahlen, so Freudenthal allein 3000 Reichstaler. Hauskomtur Westernach gelang es, sich zu Pferd zu retten und trotz Verfolgung ins Gebirge zu entkommen. Den Eulenberger Rentschreiber ermordeten die Schweden bestialisch.

Nach dem Durchmarsch Königsmarcks blieb die Herrschaft Freudenthal, in der bis Mitte März 1646 ein Kapitän Oldenburg einquartiert war, in der Gewalt oder doch wenigstens im Machtbereich der Schweden. Zwar verließen im Frühjahr 1646 die Soldaten die Herrschaft, diese mußte aber monatlich 440 Reichstaler in die schwedische Kasse nach Jägerndorf abführen. Im April 1646 scheint in Jägerndorf nur mehr das Schloß in schwedischer Hand gewesen zu sein, denn am 11. April meldete Oberst Winter aus Olmütz dem General Wrangel: „Von Jägerndorff will verlauten, daß das Lucatellische Regiment zu Fuß nebenst Rittmester Gärttner von Golz zu Frankstein in der Stadt sich gesetzt und die Unsrigen im Schlosse attaquiert hatten." Am 24. Oktober 1648 beendete der Westfälische Friede das schreckliche Ringen. Aber selbst der Friedensschluß brachte den Deutschordensherrschaften kaum große Erleichterungen, da die schwedischen Garnisonen noch auf zwei weitere Jahre im Lande blieben.

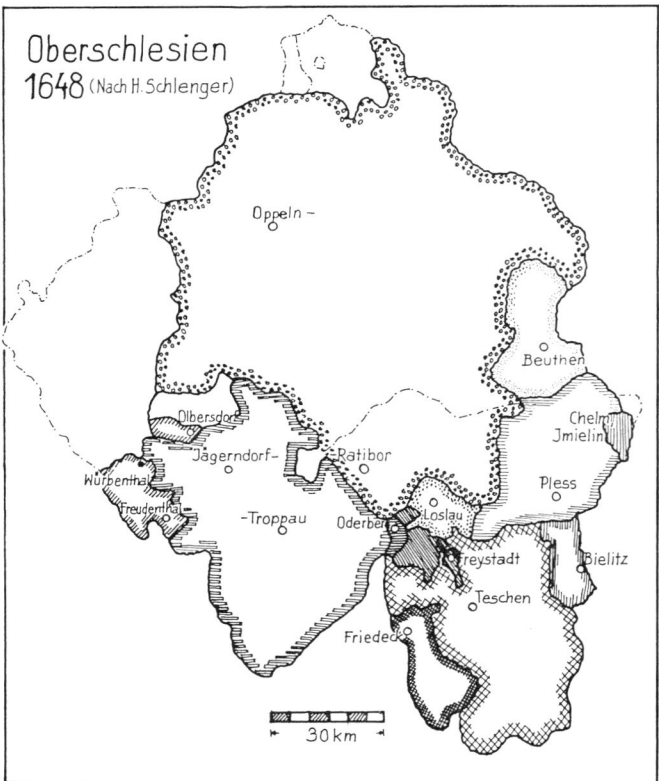

Die territoriale Gliederung Oberschlesiens im Jahre 1648 (nach H. Schlenger): In Oberschlesien lagen damals die Fürstentümer Oppeln-Ratibor, Teschen und Troppau-Jägerndorf, die freie Landesherrschaft Pleß sowie die Minderstandesherrschaften Beuthen, Bielitz, Freystadt, Friedeck, Freudenthal-Olbersdorf, Loslau, Oderberg und Chelm-Jmielin

Kaiserin Maria Theresia

König Friedrich II., der Große

Die drei Schlesischen Kriege (1740 – 1763)

In die Auseinandersetzung um die Erbfolge Maria Theresias hatte auch König Friedrich von Preußen eingegriffen und die etwas fragwürdigen Ansprüche auf das Herzogtum Jägerndorf, das von 1523 bis 1623 zum Hause Brandenburg gehört hatte und als erledigtes Lehen vom Kaiser eingezogen worden war, zum Vorwand genommen, um am 16. Dezember 1740 in Schlesien einzufallen. Jägerndorf und Troppau wurden von den preußischen Truppen besetzt und bildeten während des ersten Winters die vorgeschobene Stellung der Preußen, während Freudenthal der vorgeschobene Punkt der Österreicher war, die in Nordmähren in ihren Winterquartieren lagen. Am 19. März 1741 brach der österreichische Feldmarschall Graf Neipperg mit seiner Armee von Sternberg auf und marschierte über Freudenthal, Lichtewerden, Engelsberg und Würbenthal weiter nach Neiße und Grottkau. Auf diesem Wege wurden sie von den parallel mitmarschierenden Preußen, die durch Überläufer von diesem Vorhaben Neippergs in Kenntnis gesetzt worden waren, bei Mollwitz abgefangen und am 10. April 1741 geschlagen. Die geschlagene österreichische Armee unter Neipperg zog sich über Würbenthal, Vogelseifen, Wildgrub (Gesenke-Straße) in Richtung Olmütz zurück.

Durch ein Geheimabkommen von Klein-Schnellendorf am 9. Oktober sicherte sich Graf Neipperg den freien Abzug an die Donau, um die Bayern auf ihrem Marsch nach Wien aufzuhalten. Die Indiskretion österreichischer Stellen, durch die das Abkommen an die Öffentlichkeit gelangte, gab Friedrich den gesuchten Vorwand zu einem erneuten Eingreifen in die Kämpfe. Die Preußen marschierten in Mähren ein. Der Befehl Friedrichs, die ausgeschriebenen Kontributionen in Mähren rigoros einzutreiben, entfachte einen Volkskrieg, und im März 1742 war des Königs Lage bei Olmütz nahezu unhaltbar geworden. Da bot ihm ein Hilferuf des französischen Marschalls Broglie aus Böhmen die Möglichkeit, nach Böhmen zu marschieren. Dort schlug er am 17. Mai 1742 die Österreicher bei Chotusitz und zwang damit Maria Theresia, ihm im Frieden von Berlin (28. 7. 1742) Schlesien abzutreten.

Beim Abzug des Königs von Olmütz nach Böhmen hatte Prinz Dietrich die Weisung erhalten, sich nach Schlesien zurückzuziehen. Am 27. und 28. April hatte der Prinz die Truppen in Quartiere gelegt, die sich auf dem linken Ufer der Oppa von Jägerndorf bis Troppau erstreckten. Vorgeschobener, allerdings zu schwach besetzter Punkt war Freudenthal. Am 29. April morgens 4 Uhr erschien eine starke Abteilung österreichischer Truppen vor Freudenthal und forderte die Besatzung zur Übergabe

Ausschnitt aus der Karte „Moraviae" von Johann Baptist Homann, Nürnberg

der Stadt unter Zusicherung freien Abzuges auf. Dieses Anerbieten wurde abgelehnt, und es entspann sich nun zwischen der Besatzung und den Österreichern ein Geplänkel, welches den ganzen Tag anhielt und während dessen sich die Österreicher der Vorstädte bemächtigten. Gegen 7 Uhr abends verstärkten 300 Husaren den Feind, der nunmehr die Stadt vollkommen einschloß. Ein Rittmeister erneuerte die Aufforderung zur Übergabe und fügte hinzu, daß die Abteilung nicht auf Entsatz rechnen könne, da die nach Jägerndorf geschickten Boten abgefangen worden seien. Trotzdem verharrte Osterwieck bei seinem Entschluß, den Ort bis auf den letzten Mann zu verteidigen. Gegen 8 Uhr rückte der Feind, mit Leitern versehen, näher an den Wall heran und nahm denselben unter Feuer. Um 10 Uhr begann der Sturm auf fünf Ecken. Zwar gelang es den Österreichern, das Neißer Tor in Brand zu stecken, jedoch wurde der nun unternommene Sturm durch Handgranaten und durch Feuer der Besatzung zurückgewiesen. Bis 2 Uhr nachts war es dem Feinde an keiner Stelle gelungen, in die Stadt einzudringen, doch fiel um diese Zeit das Schloß, dessen Besatzung nur aus einem Unteroffizier und 6 Gemeinen bestand. Die Lage der Preußen hatte sich dadurch wesentlich verschlechtert. Oberst Dessewffy erneuerte am Olmützer Tor abermals die Aufforderung zur Übergabe,

und es wurde nunmehr mit diesem eine halbstündige Waffenruhe vereinbart. Nach Ablauf derselben ergab sich Leutnant von Osterwieck mit seiner Abteilung.

Die Erfolge Maria Theresias im Österreichischen Erbfolgekrieg ließen Friedrich um den eben erst erworbenen Besitz Schlesiens bangen und veranlaßten ihn 1744, erneut in die Kampfhandlungen einzugreifen. Dieser Kampf ist als der Zweite Schlesische Krieg in die Geschichte eingegangen. Den Preußen gelang es, sich in Jägerndorf und Troppau festzusetzen, während die österreichische Armee über Freiwaldau in Schlesien einrückte. Sie besetzte Neustadt, Oberglogau und Leobschütz und zwang die Preußen dadurch, am 20. Dezember 1744 Jägerndorf und Troppau zu räumen. Noch am gleichen Tage, also am 20. Dezember, besetzten die Österreicher Jägerndorf und zwei Tage später auch Troppau. Jedoch schon am 16. Januar 1745 konnten die Preußen ihre Winterquartiere in Jägerndorf beziehen, und am 19. Januar fiel auch wieder Troppau in ihre Hand. Das österreichische Hauptheer, das bei Bennisch gestanden hatte, wurde in die Winterquartiere nach Nordmähren zurückgezogen. Erst ihr entscheidender Sieg am 4. Juni 1745 bei Hohenfriedberg hat die Preußen aus ihrer schwierigen Situation befreit. Am 16. Juni wurden die Österreicher aus Oppeln verdrängt und zum Rückzug auf Cosel genötigt. Um die Aufmerksamkeit der Österreicher von der bevorstehenden Belagerung Cosels abzulenken, unternahmen die Preußen mit stärkeren Abteilungen Erkundungszüge über Würbenthal, Engelsberg, Lichtewerden bis Freudenthal. Anläßlich eines solchen Zuges am 3. August glaubten die Österreicher das preußische Lager bei Jassen entblößt und griffen es in der Nacht zum 4. August an. Dieses Vorhaben war aber den Preußen zu Ohren gekommen, und sie hatten das Lager in aller Stille wieder aufgefüllt. Die angreifenden Österreicher wurden in die Sümpfe bei Hotzenplotz zurückgeworfen. Am 27. und 28. August eroberten die Preußen Jägerndorf wieder zurück, und am 15. Oktober war auch Troppau wieder in ihrer Hand. Die Entscheidung über den Ausgang in diesem Zweiten Schlesischen Krieg fiel in Sachsen. Durch ihren Sieg über die Sachsen bei Kesselsdorf konnten die Preußen in Dresden einziehen und zwangen Maria Theresia zu Friedensverhandlungen. Im Frieden von Dresden am 24. Dezember 1745 mußte sich Österreich in den Verlust Schlesiens fügen, dafür war Friedrich bereit, den Gemahl Maria Theresias, Franz I., als deutschen Kaiser anzuerkennen.

Am 2. Juni 1746 hatte Österreich mit Rußland für den Fall eines preußischen Angriffs ein Defensivbündnis geschlossen, das Österreich im Falle des Sieges in einem Geheimartikel Schlesien versprach. Bewogen durch Friedrichs Anlehnung an England trat auch Frankreich am 1. Mai 1756 dem Bündnis Österreich-Rußland bei. Am 26. Juli und 22. August 1756 verlangte Friedrich von Österreich Aufklärung über dessen Rüstungen und die Zusage, den Frieden auch 1756/57 nicht zu brechen. Als Österreich ausweichend antwortete, marschierte Preußen am 26. August 1756 in das neutrale Sachsen ein. Schweidnitz, das die Österreicher besetzt hatten, wurde von den Preußen zurückerobert, und Friedrich marschierte nach Neiße, von dort am 27. April 1758 über Neustadt/OS, Leobschütz, nach Troppau, wo er am 29. April eintraf. Inzwischen hatte Feldmarschall Keith mit seiner preußischen Armee Jägerndorf erreicht. Am 1. Mai begannen die Preußen in mehreren Kolonnen das Gebirge zu überschreiten und belagerten Olmütz.

Um die Belagerung rasch durchführen zu können, mußten Geschütze und Belagerungszeug von Neiße nach Olmütz geschafft werden. Bis Troppau gelangte der Zug mit dem Belagerungszeug unbehelligt, doch dann hatten die Österreicher Nachricht davon erhalten und erwarteten den Zug mit starken Kräften bei Domstadtl. Gegen die österreichische Übermacht hatte der Zug keine Chance und wurde vollständig aufgerieben. Als Friedrich vor Olmütz die Unglücksbotschaft erhielt, entschloß er sich für den Rückzug, hob die Belagerung von Olmütz auf und marschierte, da ihm der Weg über das Gesenke zurück von den Österreichern versperrt war, nach Königgrätz, um das dortige österreichische Magazin auszuheben.

Nach dem Abzug Friedrichs von Olmütz schritt ein Teil des österreichischen Heeres zur Belagerung von Neiße. Die dazu benötigte Artillerie wurde über Lichtewerden, Engelsberg, Würbenthal und Zuckmantel herangeführt. Zu Beginn des Jahres 1762 starb die Zarin Elisabeth, und ihr Nachfolger Peter III. trat aus dem Bündnis mit Österreich aus und kämpfte auf preußischer Seite weiter. Aber kurz darauf wurde Peter gestürzt, und dessen Nachfolgerin Catharina II. stellte die Kampfhandlungen ein und verhielt sich neutral. Damit besserte sich die Lage Friedrichs, die hoffnungslos schien, bedeutend. Die allgemeine Erschöpfung durch die Kriegsjahre führte am 15. Februar 1763 zum Frieden von Hubertusburg ohne jede Gebietsabänderung. Preußen behielt Schlesien, allerdings bis auf das österreichisch geblie-

bene Gesenkevorland einschließlich Jägerndorf, dessentwegen Friedrich die Schlesischen Kriege begonnen hatte.

Noch einmal kam es 1778/1779 zum Kriege zwischen Maria Theresias Nachfolger Joseph II. und Friedrich von Preußen. Joseph II. wollte nach dem Aussterben der bayerischen Linie der Wittelsbacher Niederbayern und Oberpfalz an das Habsburger Haus bringen, dadurch die Stellung Österreichs im Reich stärken und einen Ersatz für die verlorenen schlesischen Gebiete erreichen. Preußen sollte durch in Aussicht gestellte Tauschverhandlungen günstig gestimmt werden, doch Friedrich lehnte ab, denn mit der Stärkung Österreichs wäre die Schwächung der Stellung Preußens verbunden gewesen, und er marschierte am 5. Juli 1778 in Böhmen ein. In Schlesien erreichten die preußischen Truppen nur Troppau und Jägerndorf. Direkte Kampfhandlungen fanden im Freudenthaler Gebiet nicht statt, und am 13. Mai 1779 wurde der Bayerische Erbfolgekrieg durch russisch-französische Vermittlung mit dem Frieden von Teschen beendet.

Kaiser Joseph II. und sein Bruder Leopold

Napoleon Bonaparte. Gemälde von Philippotaux

Von den Schlesischen Kriegen bis zum Ende der Donaumonarchie

Nach dem Siebenjährigen Krieg setzte sich der aufgeklärte Absolutismus als vorherrschende Regierungsform durch. Diese Geistesbewegung sah in der Vernunft das eigentliche Wesen des Menschen. Sie suchte die Kultur von kirchlicher Bevormundung, Mystizismus und Aberglauben zu befreien. Darüber hinaus erstrebte sie Toleranz und glaubte an den Fortschritt der Menschheit durch Gestaltung des Lebens nach vernünftig-natürlichen Grundsätzen und durch wissenschaftliche Forschung.

Friedrich der Große sorgte „als erster Diener seines Staates" für die wirtschaftliche Wohlfahrt Preußens und reformierte die Rechtspflege.

Der Verlust des weitaus größten Teiles Schlesiens an Preußen hatte Kaiserin Maria Theresia gelehrt, daß eine erfolgreiche Verteidigung Österreichs nur durch eine stärkere Zusammenfassung ihrer Länder zu erreichen sei. Sie schuf daher für ihre böhmisch-österreichischen Erblande zentrale Staatsbehörden, beschränkte die Macht der Stände auf die niedere Rechtspflege und Verwaltung und verstaatlichte die Provinz- und Finanzverwaltung. Die Kaiserin wollte auch den ärmsten Untertanen eine christliche Landesmutter sein. Sie suchte deren Lasten gerechter zu verteilen, schaffte auf ihren Domänen die Leibeigenschaft ab und verwandelte die Frondienste in Geldleistungen. Der Adel folgte leider diesem kaiserlichen Beispiel nicht. Ebenso gelang die Besteuerung der Adelsgüter nur in der halben Höhe der bäuerlichen Lasten. Auch in Ungarn erreichte die Kaiserin eine Regelung der Frondienste zugunsten der Bauern, so daß es den Bauern in den habsburgischen Ländern besser ging als anderswo in Europa. Ihnen kam auch die Wiederaufnahme des ins Stocken geratenen Siedlungswerkes in Ungarn zugute, das der kaiserliche Feldherr Prinz Eugen, der „edle Ritter" nach den Türkenkriegen begonnen hatte. Wieder fuhren Tausende von deutschen Siedlern, insbesondere aus den Ländern am Rhein, an der Mosel und am Main die Donau hinab, um im Schutz der großen Kaiserin eine neue Heimat zu finden. Von 1740 bis 1790 kamen mehr als 100.000 Deutsche nach Ungarn, wo sie aus Öde und Wüsteneien blühendes Kulturland schufen.

Maria Theresias ureigenstes Werk war jedoch der Aufbau eines vorbildlichen Volksschulwesens, von dem alle Nationalitäten profitierten.

Nach dem Ableben ihres Gatten, Kaiser Franz I. im Jahre 1765, machte die Kaiserin ihren Sohn Joseph zum Mitregenten und überließ ihm das Heerwesen und die Außenpolitik. Im Unterschied zu seiner tief religiösen Mutter war Joseph II. ganz von den Gedanken der Aufklärung erfüllt. Er kannte die Habsburger-Monarchie sehr genau und wußte, wie rückständig sie in manchen Teilen war. Nach dem Tode Maria Theresias (1780) regierte Kaiser Joseph II. bis zu seinem frühen Tode im Jahr 1790 allein. Er vergrößerte sein Reich um Galizien und die Bukowina, vereinheitlichte die österreichische Staatsverwaltung, hob die Leibeigenschaft auf und stellte die römisch-katholische Kirche Österreichs in den Dienst des Staates. Joseph II. verkündete engagiert Toleranz für alle christlichen Bekenntnisse und verbesser-

Französisches Biwak am Vorabend der Schlacht von Austerlitz

te die Rechtsstellung der Juden. Er sorgte außerdem vorbildlich für Schwache und Kranke. Sein Ziel war ein machtvoller, übersichtlich gegliederter, obrigkeitlich regierter Einheits- und Wohlfahrtsstaat, in welchem alle Bürger gleichgestellt sein sollten. Zur leichteren Durchführung seiner Reformen führte er in der gesamten Monarchie das Deutsche als Verwaltungssprache ein, „weil er es für die Sprache der höchsten Kultur" in seinem Reich hielt. Dies schuf ihm in Ungarn viele Gegner, die Latein beibehalten wollten. Die ungarische Sprache, bis dahin weder literarisch noch politisch verwendet, wurde zum Symbol nationaler Freiheit. Eine ähnliche Entwicklung bahnte sich auch bei der tschechischen Sprache an. Joseph II. mußte kurz vor seinem Tod viele seiner teilweise überstürzten Reformen wieder rückgängig machen. Er starb 49jährig in dem niederdrückenden Gefühl, vergebens gegen menschlichen Unverstand und Egoismus gekämpft zu haben.

Für unsere Heimat von großer Wichtigkeit war u. a. die Verordnung vom 13. Januar 1787. Mit ihr hatte Joseph II. die Theresianische Strafprozeßordnung, die mit nur unbedeutenden Milderungen noch auf der „peinlichen Gerichtsordnung" Kaiser Karl V. vom Jahre 1532 beruhte, außer Kraft gesetzt und durch eine modernere ersetzt. Die Strafgerichtsbarkeit wurde nun zu einem ausschließlichen Majestätsrecht. Die früheren Privatge-

richte wurden damit aufgelöst. Recht sprechen durfte von nun an im Namen des Landesfürsten nur noch eine kollegiale Gerichtsbehörde, die mit geprüften Richtern besetzt war. Bereits mit der Verordnung vom 1. November 1781 hatte er die Erbuntertänigkeit der Privatbauern aufgehoben. 1789 bestimmte er die Erblichkeit der Bauerngüter und verfügte in seiner „Urbarialregulierung" die Umwandlung aller Lasten und Dienste in Geldrenten. Allerdings wurden diese Gesetze von seinem Nachfolger, Kaiser Leopold II., zum größten Teil wieder rückgängig gemacht. Sie waren ihrer Zeit weit voraus geeilt. Die Leibeigenschaft blieb jedoch aufgehoben.

Leopold II. war ein aufgeklärter, modern denkender Monarch mit gesundem Hausverstand und einem ausgeprägten Gespür für das Mögliche. In seiner kurzen Regierungszeit (1790 bis 1792) beendete er die Reform-Ära Joseph II., glättete die Wogen des Aufruhrs in Ungarn und in den Niederlanden und legte den Türkenkrieg bei. 1792 versuchte er den drohenden Ausbruch eines Krieges mit dem revolutionären Frankreich zu verhindern, da holte ihn, noch keine 50 Jahre alt, der Tod.

Sein Nachfolger als römisch-deutscher Kaiser wurde Franz II., der 1806 die deutsche Kaiserkrone niederlegte und als österreichischer Kaiser Franz I. bis 1835 regierte. Während der Kriege gegen Napoleon war Böhmen das einzige Land des römisch-

Soldaten der Großen Armee Napoleons auf dem Rückzug durch die verschneiten Ebenen Rußlands

deutschen Reiches, das niemals von den Franzosen besetzt wurde. Rings um Böhmen tobten gewaltige Kämpfe und wurden Schlachten von weltgeschichtlicher Bedeutung geschlagen. 1805 stand Napoleon in Mähren, also in Böhmens Südostflanke und besiegte bei Austerlitz Russen und Österreicher. 1806 streiften napoleonische Truppen bei Hof in Bayern die Grenze des Egerlandes und besiegten bei Jena und Auerstädt das preußische Heer. Über Berlin drang Napoleon weit nach Osten vor, in Preußen und Polen wurde gekämpft, Böhmen blieb unberührt. Bei Aspern im niederösterreichischen Marchfeld erlitt Napoleon 1809 seine erste Niederlage und Erzherzog Karl, der Führer des österreichischen Heeres wurde zum Nationalhelden und Sinnbild des Freiheitskampfes. Doch wenige Wochen später erkämpften sich napoleonische Truppen abermals den Donauübergang und schlugen die Österreicher bei Wagram.

Im Sommer 1812 marschierte Napoleon mit mehr als 700.000 Soldaten aller europäischen Länder, darunter 180.000 Deutsche, nach Rußland und gelangte bis nach Moskau. Der strenge Winter, die langen Nachschubwege sowie die ständigen Angriffe von Kosakeneinheiten zwangen die erschöpften französischen Truppen zum Rückzug. Im Februar 1813 war ein preußisch-russisches Bündnis geschlossen worden. Napoleon eilte nach Sachsen und schlug in zwei Schlachten das preußisch-russische Heer. Nachdem auch Österreich Verbündeter von Preußen und Rußland geworden war, gelang es den vereinten Kräften der Verbündeten im Oktober 1813, den Korsen in der Völker-

schlacht bei Leipzig entscheidend zu schlagen. In den Gemeindechroniken unserer Heimat liest man über diese Zeit mehr oder weniger das gleiche. So wird von Klein-Herrlitz berichtet, daß 1794 viele Rekruten ausgehoben wurden und daß zahlreiche Transportfuhren in die kaiserlichen Verpflegungsmagazine in Troppau zu leisten waren. Sämtliche Vorräte an Getreide, Heu und Stroh wurden registriert und alles nur halbwegs Entbehrliche mußte zu sehr niedrigen Preisen abgeliefert werden. 1800 heißt es „die Teuerung wird immer drückender, so daß die Gemeinde bei der Herrschaft um Erhöhung der Fuhrlöhne bitten mußte". Bisher erhielten die Bauern für das Beistellen von 2 Pferden pro Tag nur 1 Gulden und 20 Kreuzer. Der Gutsherr erhöhte den Robotlohn schließlich auf 1 Gulden und 50 Kreuzer. 1805 kamen viele kranke Soldaten beim Rückzug von Austerlitz in die Spitäler von Freudenthal, Bennisch und Troppau, wo sie unter oft elenden Verhältnissen dahinsiechten.

Die Breitenauer Chronik berichtet, daß im Oktober 1808 die Militärergänzungsordnung in Kraft getreten sei und Zwangsrekrutierungen angeordnet wurden. Viele junge Männer mußten einrücken, und es wurde damals die „Landwehr" und die „Reserve" geschaffen, auf die man im Kriegsfalle zurückgreifen konnte.

Die Finanzlage Österreichs wurde immer schlechter. Alles Gold wurde eingezogen, um Münzen daraus zu prägen. Es kamen jedoch nur wenige Silber- und Kupfermünzen in Umlauf, denn sie wurden von der Bevölkerung gehortet. Die Regierung gab daraufhin sogenannte Bankozettel aus, welche aber die Be-

Die Staaten in Mitteleuropa nach dem Wiener Kongreß

nalstaates war, der „Deutsche Bund" geschaffen worden. Er stellte einen locker gefügten Staatenbund dar, dem 35 Fürstenstaaten und 4 freie Städte angehörten. Jeder Staat schickte einen Gesandten in den gemeinsamen Bundestag nach Frankfurt am Main. Wichtige Gesetze galten nur als beschlossen, wenn alle Mitglieder zustimmten, was nur selten der Fall war. Jeder dieser Einzelstaaten sollte eine Verfassung mit ständischer Vertretung des Volkes erhalten. Einige von ihnen erließen bald eine Verfassung, doch die Bürger der beiden größten Staaten des Deutschen Bundes, Österreich und Preußen, warteten vergeblich auf das Recht, durch ein gewähltes Parlament an der Regierung und Verwaltung mitwirken zu können.

Nach diesem Versagen der Herrscher übernahmen in Deutschland die Professoren der Hochschulen mit der geistigen auch die politische Führung des Volkes. Sie gehörten überwiegend der Generation an, die in den Freiheitskriegen gekämpft und die 1817 auf der Wartburg bei Eisenach die studentischen Burschenschaften gegründet hatten. Zu ihnen gehörten Germanisten, Historiker und Rechtsgelehrte. Sie diskutierten die ihnen nötig erscheinende Reform des Deutschen Bundes und die dann zu schaffende neue Verfassung.

Die Pariser Revolution vom 24. Februar 1848 wurde wenig später auch zu einer Volksbewegung auf dem Gebiet des Deutschen Bundes. Sie forderte die Erfüllung der vier Grundverlangen: Pressefreiheit, Schwurgerichte, Volksbewaffnung und ein deutsches Parlament. Das wichtigste Ergebnis dieser Volksbewegung war der Rücktritt von Staatskanzler Metternich, der die Politik des Deutschen Bundes in den letzten drei Jahrzehnten ge-

völkerung nicht als Zahlungsmittel annehmen wollte. Um dem Mangel an Silbergeld abzuhelfen, erließ die Regierung am 2. Mai 1810 eine Verordnung, wonach die Kirchen alle entbehrlichen Geräte aus Gold und Silber abzuliefern hatten. Die daraus geprägten Münzen enthielten aber nur wenig Edelmetall und konnten den Währungsverfall nicht mehr aufhalten. Am 15. März 1811 verfügte eine neue Verordnung die Herabsetzung der Bankozettel auf ein Fünftel ihres Wertes. Es entstand eine große Teuerung, und die Bewohner litten Hunger. Ein Pfund Rindfleisch kostete damals 50 Kreuzer, 1 Pfund Schweinefleisch 80 Kreuzer und 1 Laib Brot zu 6 Pfund 2 Gulden und 30 Kreuzer. Die Preise der Grundbesitze stiegen auf das Fünffache an.

Im Frühjahr 1814 zogen die Verbündeten nach wechselvollen Kämpfen in Paris ein. Napoleon dankte ab und erhielt das Fürstentum Elba. Den französischen Thron bestieg Ludwig XVIII., ein Bruder des 1793 hingerichteten Königs. Im Herbst 1814 kamen die europäischen Staatsmänner in Wien zusammen, um die künftige Ordnung Europas zu beraten. Die Sieger konnten sich über die Beute nicht einigen, und Frankreich erreichte einen milden Frieden. Da landete im Frühjahr 1815 Napoleon überraschend auf französischem Boden und gelangte wieder auf den Kaiserthron. Sein neues Heer gewann bei Ligny in den österreichischen Niederlanden seine letzte Schlacht. Wenig später, am 18. Juni 1815, gelang es den verbündeten Engländern unter Wellington und Preußen unter Blücher und Gneisenau, den Korsen bei Waterloo (südlich von Brüssel) entscheidend zu schlagen. Napoleon mußte zum zweiten Mal abdanken und wurde auf die Insel St. Helena verbannt. Da in den Freiheitskriegen auch bei den Deutschen das Bewußtsein ihrer nationalen Zusammengehörigkeit gewachsen war, befürchteten viele Fürsten deutscher Kleinstaaten den Verlust ihrer Selbstständigkeit. Beim Wiener Kongreß war auf Vorschlag des österreichischen Staatskanzlers Metternich, der ein entschiedener Gegner eines deutschen Natio-

Einzug der Abgeordneten in die Paulskirche am 18. Mai 1848

Hans Kudlich, der Bauernbefreier Österreichs

Die Urne mit der Asche Hans Kudlichs und dessen Gattin in Lobenstein

prägt hatte. In den Einzelstaaten gelang es den Regierungen, durch begrenzte Zugeständnisse die revolutionäre Bewegung zu beruhigen, aber die autokratische Macht der Regierungen blieb weiterhin unangetastet.

Am 5. März 1848 hatten bereits 51 oppositionelle Abgeordnete, insbesondere aus den süddeutschen Staaten, die Einberufung einer gesamtdeutschen Nationalversammlung gefordert, die eine für alle verbindliche demokratische Reichsverfassung ausarbeiten sollte. Diese Versammlung trat am 31. März 1848 in der Frankfurter Paulskirche zur ersten Beratung zusammen. 573 Teilnehmer aus 24 Staaten des Deutschen Bundes hatten sich eingefunden. Die stärkste Gruppe stellten die preußischen Vertreter dar.

In Böhmen waren aus 22, in Mähren aus 18 und in Österreich-Schlesien aus 7 Wahlbezirken Abgeordnete entsandt worden. Unter ihnen befand sich auch der Abgeordnete des Wahlbezirkes Bennisch Dr. Joseph Hermann Kudlich, geboren am 1. November 1809 als Sohn eines Robotbauern in Lobenstein bei Jägerndorf. Er war ein Vertreter des großdeutschen Gedankens und gehörte der Nationalversammlung bis zu ihrer Auflösung in Stuttgart an.

Weitere Vertreter unserer engeren Heimat in Frankfurt waren Franz Florian Göbel aus Jauernig, Dr. Albert Trampusch aus Zuckmantel, Dr. Karl Giskra aus Mährisch-Trübau, Dr. Johann Demel aus Teschen, der Erbrichter Teltschik aus Zauchtel sowie Prof. Andreas L. Jeitteles und Bürgermeister Schweidler aus Olmütz. In dieser geistig vornehmen und hochstehenden Versammlung saßen Männer wie Friedrich Ludwig Jahn, Ernst Moritz Arndt, Heinrich Laube, Wilhelm Jordan, Jakob Grimm und Ludwig Uhland.

Nur in Böhmen hatten 46 Wahlbezirke auf Verlangen des tschechischen Historikers František Palacky auf die Wahl von Delegierten verzichtet. Palacky bestritt eine gesetzmäßige Verbindung Böhmens zum Deutschen Reich oder zum Deutschen Bund und sah nur in Wien das Zentrum für Frieden, Freiheit und Recht aller Slawen.

Die freiheitlich-demokratische Tradition des Vormärz und der Frankfurter Nationalversammlung überdauerte sowohl in den Sudetenländern als auch in Österreich trotz mancher Hemmnisse die Epoche des Neoabsolutismus (1838 – 1859).

Während der Revolutionswirren vom Frühjahr 1848 hatte der kaiserliche Hof seinen Sitz von Wien nach Olmütz in Mähren verlegt. Dort wurde am 2. Dezember 1848 Franz Joseph I. als Nachfolger seines glücklosen Onkels Ferdinand (1835 – 1848) zum Kaiser ausgerufen. Am 22. Juni 1848 hatte auch das Sudetendeutschtum Abgeordnete in den neu gewählten Reichstag in Wien entsandt. Dessen einzige bleibende Leistung blieb die Abschaffung des Untertänigkeitsverhältnisses und der Robotpflicht der Bauern.

Mit Stolz können wir feststellen, daß es ein Mann unserer Heimat war, der den entscheidenden Antrag hierzu stellte und ihn auch durchsetzte. Der schlesische Reichsratsabgeordnete Dr. Hans Kudlich, der jüngere Bruder des vorgenannten Dr. Joseph Hermann Kudlich, beantragte am 26. Juli 1848 „die Aufhebung des Untertänigkeitsverhältnisses samt allen daraus entspringenden Rechten und Pflichten". Diesem Verlangen wurde mit dem Erlaß des Grundentlastungsgesetzes vom 7. September 1848 Rechnung getragen. Die Grundobrigkeit hörte auf zu bestehen, und die Bauern wurden von der Leistung aller Frondienste (Robot) befreit.

ES-Engelsberg (Dr. Eduard Schön), Komponist

Erzherzog Eugen von Österreich,
Hochmeister des Deutschen Ordens 1894 – 1923

Das Revolutionsjahr 1848 kann außerdem als der Zeitpunkt angenommen werden, von dem an der nationale Konflikt zwischen Deutschen und Tschechen politisch relevant wurde. Da weder die Frankfurter Verfassung noch die Planungen der österreichischen Reichstage von Wien und Kremsier ihre Ziele Beibehaltung der Außengrenzen, aber innere Gliederung nach nationalen Wohngebieten und damit Spracheneinheiten, verwirklichten, blieb das Problem bestehen. Das bisherige Bewußtsein innerhalb der Habsburger-Monarchie „Böhme" gleichgültig welcher Sprache zu sein, wurde vom Bekenntnis zu „seiner" Nation abgelöst. Die Bauernbefreiung steigerte auch das Selbstwertgefühl der tschechischen Bauern, und die Zuwanderung tschechischer Arbeiter in deutsche Industriestädte ließ deren tschechischen Bevölkerungsanteil anwachsen.

Für die Deutschen der Sudetenländer war die unmittelbare Folge des preußisch-österreichischen Krieges von 1866, daß sie sich nunmehr in erster Linie als Österreicher sahen und bezüglich ihrer politischen Handlungsmöglichkeiten allein auf Wien verwiesen waren.

Die Umwandlung Österreichs in einen Nationalitätenbundesstaat wurde immer öfter gefordert. Nach dem Brünner Programm der österreichischen Sozialdemokraten von 1899 sollten die bestehenden Kronländer mit ihren Landtagen und Landesverwaltungen aufgelöst werden. In dem neu zu schaffenden Nationalitätenbundesstaat waren national abgegrenzte Selbstverwaltungskörper vorgesehen, „deren Gesetzgebung und Verwaltung durch Nationalkammern" besorgt werden sollte. Zur Überwindung des Sprachenstreites lehnte man die Einführung

einer offiziellen Staatssprache ab, zog aber eine „Vermittlungssprache" in Erwägung. Mit Ausnahme des „Mährischen Ausgleiches" von 1905 kam es jedoch zu keiner Einigung.

Der Mährische Ausgleich sah vor, daß Deutsche und Tschechen eine festgesetzte Anzahl von Abgeordneten ihrer Nationalität in getrennten nationalen Kurien wählen konnten.

Weder die Liberalisierung und Demokratisierung noch die Klärung der nationalen Frage machten Fortschritte. Folglich entwickelten die Tschechen gegenüber dem bestehenden Staat immer stärker werdende Vorbehalte, aber auch die Deutschen identifizierten sich nicht mehr völlig mit ihm. Die Untätigkeit der kaiserlichen Regierungen mußte den Volkstumskampf verstärken. Bis 1914 hatten sich beide Nationalitäten zahlreiche Schutzorganisationen geschaffen, wobei jede Gründung der einen Seite mit einer Gegengründung der anderen Seite beantwortet wurde.

Nachdem 1916 der greise Kaiser Franz Joseph I. gestorben war, ergriff in der Endphase des Krieges sein Nachfolger Kaiser Karl die Initiative. Er wollte den drohenden Zerfall der Monarchie aufhalten. Als Versöhnungsgeste gegenüber den Tschechen war an die Freilassung ihrer politischen Führer Kramář und Rašin gedacht. Den Deutschen versprach man die Gründung eigener Provinzen. Am 16. Oktober 1918 erklärte der Kaiser sich bereit, das Prinzip der nationalen Selbstbestimmung anzunehmen. Es kam zu spät, so daß es weder von den Tschechen noch von den Ungarn akzeptiert wurde.

Die Monarchie zerfiel, und es entstanden in den 1919 geschaffenen Nachfolgestaaten neue Nationalitätenprobleme.

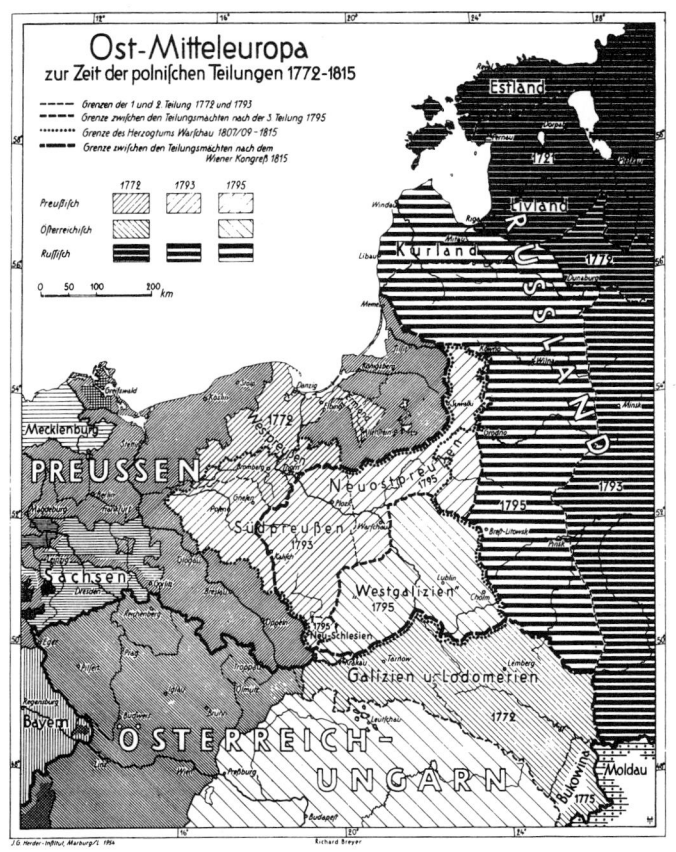

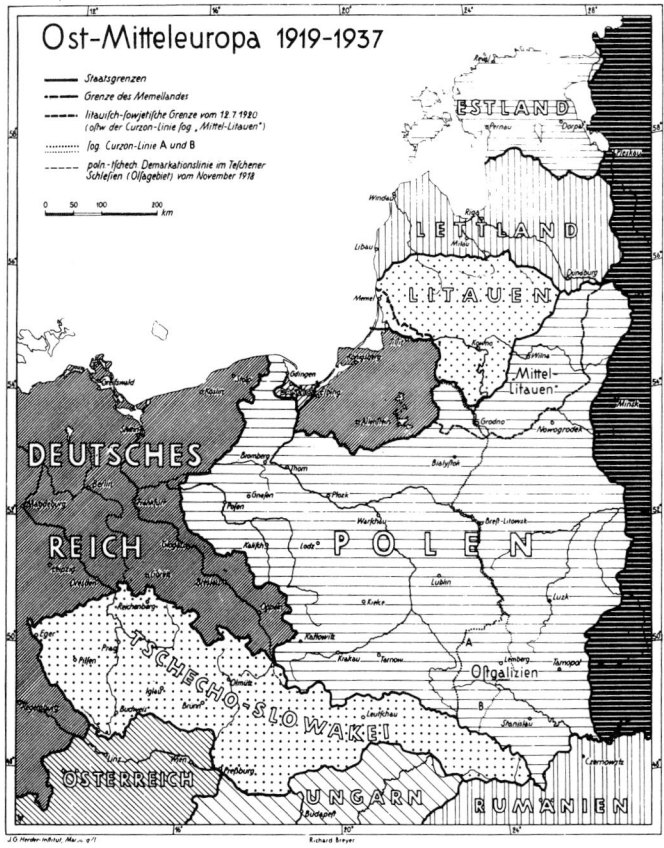

Von St. Germain über München nach Potsdam

Als im November 1918 der Erste Weltkrieg mit dem Sieg der verbündeten Engländer, Franzosen und Amerikaner zu Ende ging, hofften die Völkerschaften Mittel- und Osteuropas auf die Einlösung jenes Versprechens, das der damalige Präsident der Vereinigten Staaten, Woodrow Wilson, am 8. Januar 1918 feierlich abgegeben hatte, nämlich „daß den Völkern Österreich-Ungarns die freieste Gelegenheit zu autonomer Entwicklung gewährt werden solle."

Zu diesen insgesamt 16 Nationalitäten der Donau-Monarchie gehörten auch die Deutschen Böhmens und Mährens sowie Österreich-Schlesiens.

Wie die Polen, Tschechen, Slowaken oder Kroaten bezogen auch sie diese feierliche Zusicherung in den „Vierzehn Punkten" Wilsons auf ihre Völkerschaft und beschlossen durch ihre gewählten Vertreter bereits am 29./30. Oktober bzw. am 3. November 1918 den Anschluß ihrer Gebiete an den Staat Deutsch-Österreich.

Die Provisorische Deutsch-Österreichische Nationalversammlung ratifizierte diese Beschlüsse durch Gesetz vom 22. November 1918 über „Umfang, Grenzen und Beziehungen des Staatsgebiets" und nahm damit Deutsch-Böhmen, Deutsch-Mähren und Sudetenschlesien förmlich unter ihre staatliche Hoheit.

Nachdem diese Provisorische Nationalversammlung ihrerseits schon am 12. November 1918 den deutsch-österreichischen Staat zum „Bestandteil der Deutschen Republik" erklärt hatte, war auf diesem Wege der freien Selbstbestimmung der Völker auch bereits der Anschluß des nachmaligen Sudetenlands an

Deutschland vollzogen. Die von US-Präsident Wilson als Friedensziel versprochene „autonome Entwicklung der Völker Österreich-Ungarns" schien mit diesen Beschlüssen der Sudetendeutschen und der Deutsch-Österreicher ebenso verwirklicht wie die Gründung der „Tschechoslowakischen Republik" oder die Bildung des „Südslawischen Staates" (Jugoslawien) in denselben Wochen.

Da marschierten überraschend tschechische Truppen ab Mitte November 1918 in die deutschen Siedlungsgebiete ein und besetzten sie. In treuhänderischer Fürsorgepflicht protestierte die deutsch-österreichische Regierung in einer Note vom 13. Dezember 1918 an die alliierten Hauptmächte gegen dieses eigenmächtige Vorgehen der Tschechen und wies auf die klaren Willensbekundungen der Sudetendeutschen hin, „ihre Freiheit aufrechtzuerhalten und vom tschechoslowakischen Staat unabhängig zu bleiben".

Die tschechoslowakische Regierung ersuchte daraufhin die Siegermächte um nachträgliche Ermächtigung zur Besetzung des Sudetenlandes und um die förmliche Erklärung, daß sich „die deutschen Bewohner und die angrenzenden Regierungen für den gegenwärtigen Zeitpunkt der angegebenen Regelung zu fügen" hätten. Ein Verlangen, das dem Selbstbestimmungsrecht der Deutschen in Böhmen, Mähren und Sudetenschlesien wie auch in Österreich ins Gesicht schlug.

So empfand es auch die amerikanische Regierung, welche sich weigerte, die von Prag gewünschte Ermächtigung zu geben. Sie beschränkte sich vielmehr darauf, der tschechoslowakischen Regierung lediglich eine Empfangsbestätigung ihrer Note vom

Volksgenossen!

Am Dienstag, den 4. März l. J.,

als dem Tage des Zusammentrittes der deutschösterreichischen Nationalversammlung in Wien, wird in ganz Deutschböhmen und Sudetenland ein

allgemeiner Generalstreik

durchgeführt als Protest gegen die gewaltsame Verhinderung der Wahlen
in diesen rein deutschen Gebieten durch die Tschechen. aber auch als
Massenkundgebung gegen die mit der Notenabstempelung verbundene
Zurückbehaltung der Hälfte alles Barvermögens durch den tschechoslowakischen Staat!

An diesem Tage ruhe jegliche Arbeit in Fabrik. Werkstätte.
Geschäft. Kanzlei und Schulstube. damit der Welt die einmütige Empörung
des ganzen deutschen Volkes im Sudetenland anschaulich vor Augen
geführt werde! Deutsche Eltern. schickt an diesem Tage Eure Kinder
n i c h t in die Schule! Deutsche Bürger. Arbeiter und Angestellte.
Gewerbetreibende und Kaufleute. verleiht Eurer Erbitterung über die
einschneidenden volkswirtschaftlichen. völkerrechtswidrigen Maßnahmen
der tschechoslowakischen Regierung. die der Entscheidung der Friedenskonferenz vorgreifen. durch

allgemeine Arbeitsruhe u. Geschäftssperre
am Dienstag, den 4. März 1919

deutlichen Ausdruck!

Sämtliche politischen Parteien des Sudetenlandes.

Örtlicher Aufruf sämtlicher sudetendeutschen politischen Parteien zum
Generalstreik am 4. März 1919

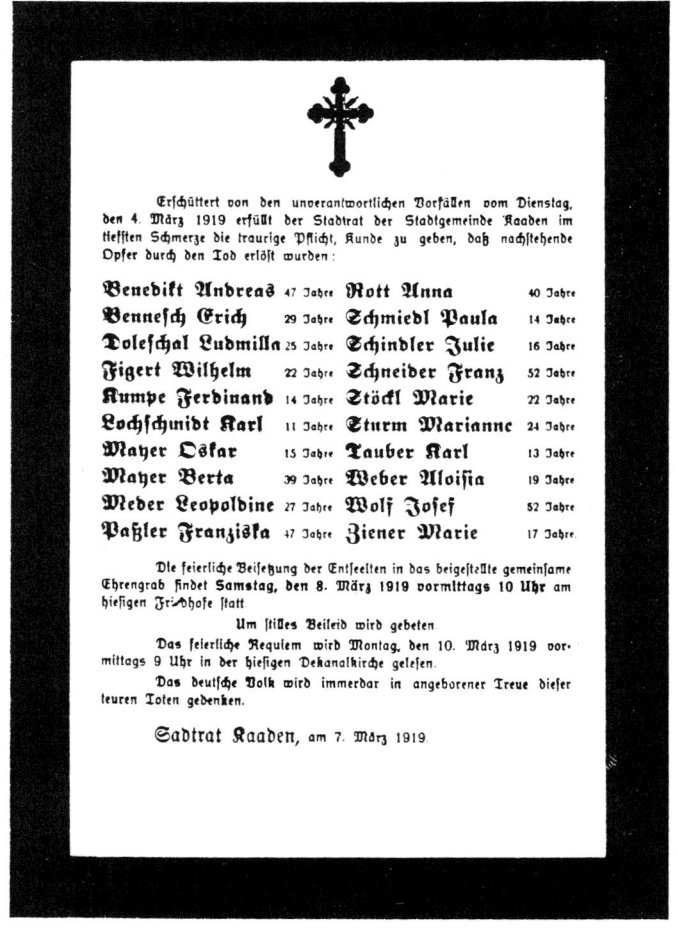

Erschüttert von den unverantwortlichen Vorfällen vom Dienstag,
den 4. März 1919 erfüllt der Stadtrat der Stadtgemeinde Kaaden im
tiefsten Schmerze die traurige Pflicht, Kunde zu geben, daß nachstehende
Opfer durch den Tod erlöst wurden:

Benedikt Andreas	47 Jahre	**Rott Anna**	40 Jahre
Bennesch Erich	29 Jahre	**Schmiedl Paula**	14 Jahre
Dolejschal Ludmilla	25 Jahre	**Schindler Julie**	16 Jahre
Figert Wilhelm	22 Jahre	**Schneider Franz**	52 Jahre
Rumpe Ferdinand	14 Jahre	**Stöckl Marie**	22 Jahre
Lochschmidt Karl	11 Jahre	**Sturm Marianne**	24 Jahre
Mayer Oskar	15 Jahre	**Tauber Karl**	13 Jahre
Mayer Berta	39 Jahre	**Weber Aloisia**	19 Jahre
Weber Leopoldine	27 Jahre	**Wolf Josef**	52 Jahre
Paßler Franziska	47 Jahre	**Ziener Marie**	17 Jahre

Die feierliche Beisetzung der Entseelten in das beigestellte gemeinsame
Ehrengrab findet Samstag, den 8. März 1919 vormittags 10 Uhr am
hiesigen Friedhofe statt.

Um stilles Beileid wird gebeten.

Das feierliche Requiem wird Montag, den 10. März 1919 vormittags 9 Uhr in der hiesigen Dekanalkirche gelesen.

Das deutsche Volk wird immerdar in angeborener Treue dieser
teuren Toten gedenken.

Stadtrat Kaaden, am 7. März 1919.

20. Dezember 1918 zukommen zu lassen. Die Regierungen Eng-
lands, Frankreichs und Italiens erteilten dagegen der Prager
Staatsführung ihre Zustimmung und damit dem Selbstbestimmungsrecht der Sudetendeutschen eine klare Absage. Eine Haltung, die sie auf den Friedenskonferenzen von Versailles und St.
Germain bekräftigten – und die dieselben Mächte dann zwanzig
Jahre später auf der Münchener Konferenz zu korrigieren haben
werden.

Vorerst glaubten die europäischen Entente-Mächte im Ver-
ein mit der tschechoslowakischen Regierung den besiegten
Deutschen und Österreichern aber diesen klaren Bruch des
Selbstbestimmungsrechtes zumuten zu dürfen.

Der Gründer und erste Präsident der „Tschechoslowakischen Republik" (CSR), Tomas G. Masaryk, fühlte sich durch
die englisch-französisch-italienische Rückendeckung so stark,
daß er am 23. Dezember 1918 offen erklärte: „Die von den Deutschen bewohnten böhmischen Gebietsteile sind und bleiben unser" und am 10. Januar 1919 noch hinzufügte: „Im übrigen bin
ich davon überzeugt, daß eine sehr rasche Entgermanisierung
dieser Gebiete vor sich gehen wird."

In dieser Bemerkung Masaryks wurde schlaglichtartig die
alttschechische Tendenz seiner Regierung und Politik deutlich, in
welcher es für Volksgruppenrecht und nationale Selbstbestimmung keinen Platz gab. An die Stelle des auskömmlichen Neben-
und Miteinander, das die gemeinsame Geschichte von Tschechen und Deutschen seit dem ausgehenden Mittelalter ausgezeichnet hatte und nur während der Hussitenstürme und beim

Ausbruch des Dreißigjährigen Krieges vorübergehend gestört
war, trat nun das nationalistische Über- und Gegeneinander, dessen Opfer die Sudetendeutschen zu werden drohten.

Wäre es gar nach den Vorstellungen des tschechischen Mili-
tärschriftstellers Hanuš (Hans) Kuffner (1861 – 1929) gegangen,
hätten auch die Österreicher und die Reichsdeutschen die von
Masaryk angedeutete „Entgermanisierung" zu spüren bekommen. In einer mit 5 Landkarten ausgestatteten Schrift „Unser
Staat und der Weltfriede" entwarf er ein Tschechen-Reich, das
sich als „Tschechien" von Mitteldeutschland über Schlesien und
die Slowakei bis kurz vor Wien erstreckte und von Österreich
nur noch ein kleines hantelartiges Gebilde übrig ließ, das ent-
deutscht und zum neutralen Durchgangs-und Verbindungsland
zwischen Tschechien und Südslawien gemacht werden sollte.

Deutschland gedachte Hanuš Kuffner in das Gebiet zwischen
Teutoburger Wald, Harz und Dresden im Norden sowie Rhein
und Alpen im Süden einzugrenzen. Es sollte den Namen „Deutsche Reservation" erhalten. Das restliche deutsche Siedlungsgebiet sollte teils an die Nachbarstaaten angeschlossen, teils von
der deutschen „Reservation" unabhängige Pufferstaaten aufgeteilt werden.

Daß diese Vorstellungen von einem Groß-Tschechien nicht
bloß absonderliche Phantastereien eines ehemaligen k. u. k.-
Oberleutnants aus gut bürgerlichem Hause waren, sondern sich
auch mit Gedankengängen ungleich prominenterer Zeitgenossen trafen, beweist die von Tomas Masaryk im April 1915 für den
englischen Außenminister Edward Grey verfaßte Denkschrift

„Unabhängiges Böhmen". Darin verlangte der damalige „Gründer-Präsident" der CSR gleichfalls weite Landstriche in der Südslowakei, lehnte die Abtretung der von den Deutschen besiedelten Gebiete rings um den böhmischen Kessel ab und trat für eine Landbrücke nach Serbien sowie eine Personalunion mit dem entsprechend vergrößerten südslawischen (jugoslawischen) Königreich ein. Nur hütete man sich wohlweislich in Prag, sich öffentlich hinter diese großtschechischen Vorstellungen Kuffners zu stellen und suchte dessen Schrift intern zu halten. Schließlich stand ihnen nicht allein das Selbstbestimmungsrecht der Deutschen und der Österreicher entgegen, sondern auch der mehrfach erklärte Wille der amerikanischen Regierung, in Mittel- und Osteuropa eine gerechte Friedensordnung zu errichten. Der tschechischen Führung war nicht verborgen geblieben, daß man in Washington bereits der vorschnellen Okkupation der sudetendeutschen Gebiete im November 1918 überaus kritisch gegenüberstand. Neben Präsident Wilson hatten besonders Außenminister Lansing und der Präsidentenberater Archibald Coolidge starke Bedenken gegen diese militärische Annexion und wollten sich vor einer endgültigen Entscheidung auf der Friedenskonferenz erst einmal durch persönlichen Augenschein sachkundig machen. Zu diesem Zwecke begab sich dann im Februar 1919 Coolidge in die von Masaryk beanspruchten Gebiete, um ihre Lage und Besiedlung genau zu studieren. Während dieser Erkundungszeit hielt es die tschechische Regierung für angezeigt, ihren Willen zur Toleranz gegenüber den Deutschen zu betonen und in der Nationalitätenfrage die Schweiz als ihr Vorbild hinzustellen. Von ihren eigenmächtigen Maßnahmen gegen die Sudetendeutschen nahm sie jedoch keine einzige zurück und verwehrte den Deutschböhmen auch die von ihnen gewünschte Teilnahme an der Arbeit des deutsch-österreichischen Parlaments. Als diese am 4. März 1919 gegen diese Unterdrückung ihres Selbstbestimmungsrechts öffentlich protestierten und neben einem Generalstreik im ganzen deutschen Siedlungsgebiet friedliche Demonstrationen durchführten, ging tschechische Miliz mit Waffengewalt gegen die Teilnehmer vor und tötete dabei über fünfzig Menschen. Archibald Coolidge, der Zeuge dieser Vorgänge geworden war, schrieb darüber seinem Präsidenten:

„Das Blut, das am 4. März geflossen ist, als tschechische Soldaten in mehreren Städten auf die deutsche Menge feuerten, ist – obwohl es im Vergleich zu den Opfern, deren Zeugen wir geworden sind, nur ein Tropfen ist – auf eine Art und Weise vergossen worden, die nur schwer verziehen werden kann", um dann zu resümieren: „Die Beziehungen zwischen Deutschen und Tschechen in Böhmen sind in den letzten drei Monaten immer schlechter geworden. Heute besteht zwischen ihnen tiefe Feindschaft, und es ist kein Grund für die Erwartung vorhanden, daß diese Feindschaft in naher Zukunft überwunden werden wird."

Aus diesen Beobachtungen und Erkenntnissen zog der US-Präsidenten-Berater die Folgerung, durch eine entsprechende Grenzziehung möglichst wenig Deutsche der Tschechoslowakischen Republik zuzuschlagen und empfahl seinem Staatschef „a) im Süden Nieder- und Oberösterreich so weit als möglich bis zur jetzigen ethnischen Grenzlinie auszudehnen... b) dem Bezirk Eger die Vereinigung mit Bayern zu gestatten" und fuhr fort: „c) im Fall des großen, reichen Nordböhmens ist die Frage viel schwieriger. Von Sachsen ist es durch natürliche Hindernisse getrennt; es ist von großem wirtschaftlichen Wert und sein Verlust wäre für die Tschechoslowaken ein schwerer Schlag. Wenn andererseits – was offensichtlich der Fall ist – der Wunsch nach einer Trennung von Böhmen mit überwältigender Mehrheit laut wird, so ist die Rechtmäßigkeit dieses Anspruchs nicht zu beseitigen. Wird er erfüllt, so sollte man in Zweifelsfällen zu tschechischen Gunsten entscheiden. Wird er nicht erfüllt, so müßte dem Gebiet von Eger eine größtmögliche Ausdehnung gegeben und auch noch andernorts Modifikationen im Rahmen des Möglichen durchgeführt werden.

d) Das sogenannte „Sudetenland" (gemeint war Nordmähren und Österreichisch-Schlesien) kann leicht von Böhmen abgetrennt werden. Unglücklicherweise hat es keine Verbindung mit Österreich oder dem übrigen Deutschböhmen. Es könnte als Kleinstaat innerhalb der neuen deutschen Republik bestehen oder mit Preußisch-Schlesien verbunden werden." Sieht man einmal von der Tatsache ab, daß die von Coolidge unterbreiteten Vorschläge verblüffende Ähnlichkeiten mit der im Münchner Abkommen vom 29. September 1938 erzielten Grenzregelung hatten, wären die von ihm angeführten Schwierigkeiten einer Landverbindung der sudetendeutschen Gebiete zu Österreich oder dem Deutschen Reich weggefallen, hätten die Alliierten den von den Österreichern im Herbst 1918 bekundeten Wunsch nach Anschluß Deutsch-Österreichs an die Deutsche Republik respektiert. In diesem Falle wären die Sieger des Ersten Weltkriegs dem Versprechen Präsident Wilsons vom 8. Januar 1918 gegenüber den zehneinhalb Millionen Sudetendeutschen und Österreichern treu geblieben und hätten zugleich der Welt die Sudetenkrise des Jahres 1938 erspart. Und ein Adolf Hitler – sofern er bei einer gerechten Friedensordnung nach dem Ersten Weltkrieg in Deutschland überhaupt an die Macht gelangt wäre – hätte sich im Frühjahr und Herbst 1938 nicht zum erfolgreichen Anwalt des Selbstbestimmungsrechts der Österreicher und der Sudetendeutschen aufwerfen und seine „Blumenfeldzüge" durchführen können. Um die von Archibald Coolidge unterbreiteten Empfehlungen abzuwehren und die schon im November 1918 vorgenommenen Annexionen von den Siegermächten nachträglich gebilligt zu bekommen, legte die tschechoslowakische Regierung der Friedenskonferenz von Versailles und St. Germain wohlberechnete Denkschriften vor. Darin gab sie beispielsweise das feierliche Versprechen ab, „den Deutschen alle

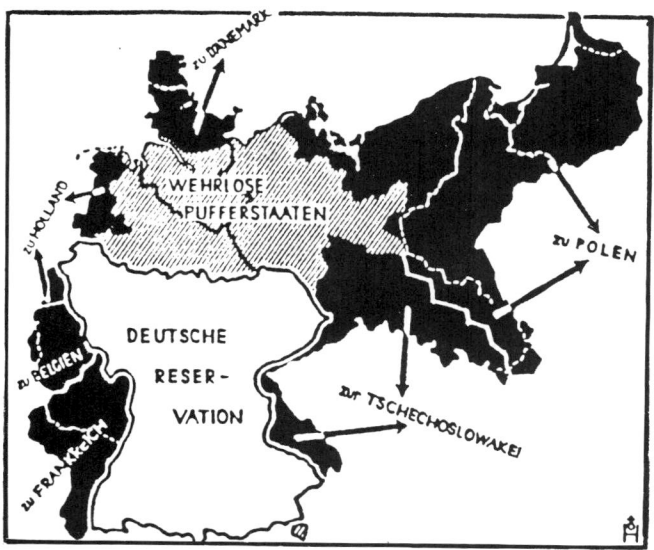

Hanuš Kuffners Deutschlandplan (1919)

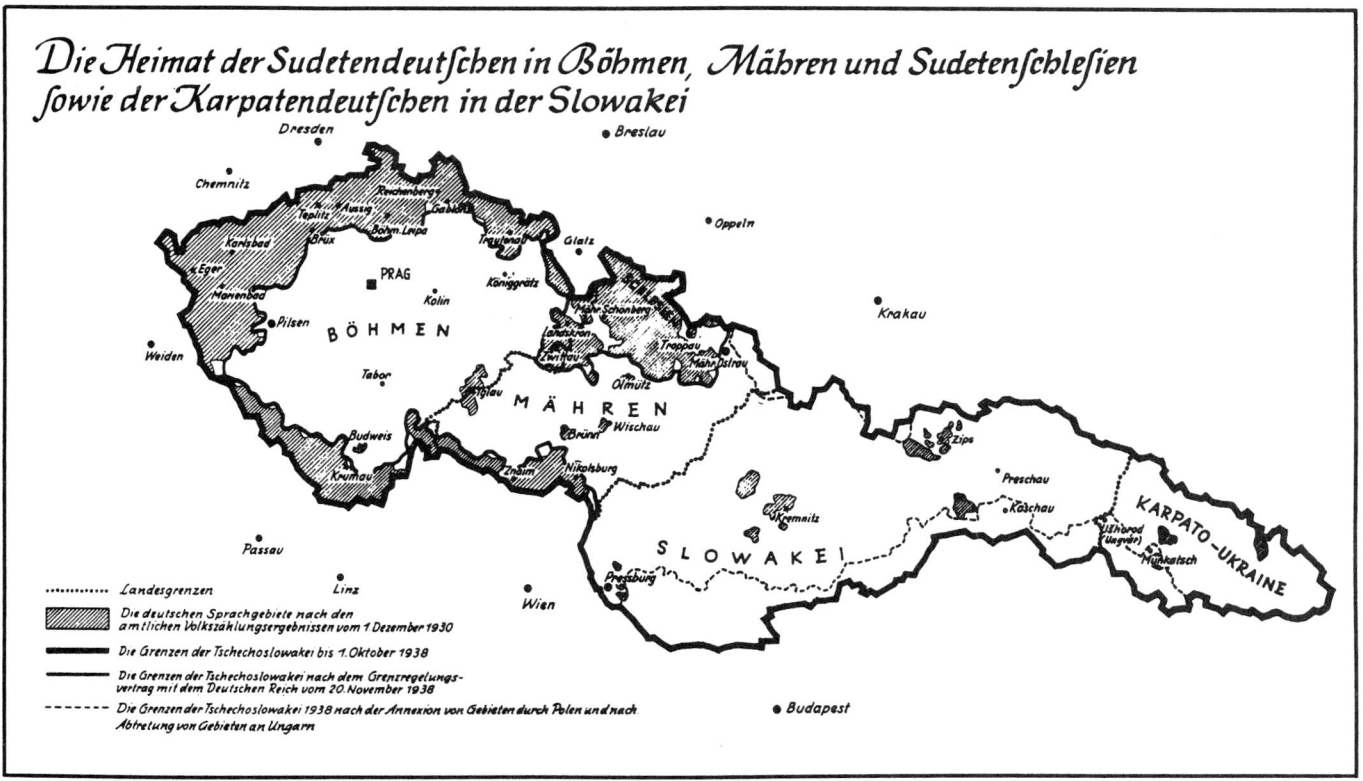

Die Heimat der Sudetendeutschen in Böhmen, Mähren und Sudetenschlesien sowie der Karpatendeutschen in der Slowakei

.... Landesgrenzen

///// Die deutschen Sprachgebiete nach den amtlichen Volkszählungsergebnissen vom 1 Dezember 1930

▬▬▬ Die Grenzen der Tschechoslowakei bis 1. Oktober 1938

▬▬▬ Die Grenzen der Tschechoslowakei nach dem Grenzregelungsvertrag mit dem Deutschen Reich vom 20. November 1938

------ Die Grenzen der Tschechoslowakei 1938 nach der Annexion von Gebieten durch Polen und nach Abtretung von Gebieten an Ungarn

Rechte zu gewähren, die ihnen zukommen", wie es in einem Memorandum vom 24. März 1919 wörtlich hieß.

Eduard Benesch, Außenminister und späterer Nachfolger Tomas Masaryks, versuchte die von den Sudetendeutschen wiederholt bekundeten Beschlüsse, sich Deutsch-Österreich anzuschließen, als Hetze von „ein paar Aufwieglern und nichts anderes als eine künstliche Aufregung" herunterzuspielen – und dies laut Sitzungsprotokoll des „Unterausschusses für Grenzfragen" der Friedenskonferenz von St. Germain (für Österreich) ausgerechnet am 4. März 1919, da zur gleichen Zeit Hunderttausende von Sudetendeutschen gegen die Annexion ihres Landes durch die tschechische Regierung demonstrierten.

So stand an der Wiege des neuen Vielvölkerstaates eine geschichtliche Unwahrheit, die unheilvoll auf der neuen Staatskonstruktion lastete und schließlich zu den Ereignissen des Jahres 1938 führte.

Die Friedensmacher von Versailles und St. Germain nahmen diese Hypothek offenbar bewußt in Kauf; dies um so mehr, als Frankreich die neugegründete Tschechoslowakei als wirtschaftlich und militärisch starken Bundesgenossen der künftigen „Kleinen Entente" in Mittel-Ost- und Südosteuropa haben wollte und daher für jede mögliche Stärkung und Vergrößerung dieses neuen Staatsgebildes eintrat. Kaum hatten die tschechoslowakischen Staatsgründer ihr Unternehmen außenpolitisch abgesichert, gestalteten sie das neue Staatswesen ganz nach ihren Vorstellungen.

Sie setzten am 29. Februar 1920 eine Verfassung in Kraft, welche die CSR nicht als einen Nationalitätenstaat beschrieb, sondern als einen Nationalstaat vorstellte, in welchem eindeutig die Tschechen den Ton angaben.

Dabei war die im Oktober 1918 von Masaryk und seinen Freunden ausgerufene „Tschechoslowakische Republik" mit der nachfolgenden Inbesitznahme der Randgebiete Böhmens und Mährens nachweislich ein Nationalitätenstaat, umfaßte sie doch folgende Völkerschaften: 7,2 Millionen Tschechen, 3,4 Millionen Deutsche, 2,5 Millionen Slowaken, 700.000 Ungarn, 500.000 Karpato-Ukrainer und 100.000 Polen.

Im Staatsnamen traten jedoch nur zwei Völkerschaften, die Tschechen und die Slowaken, in Erscheinung; entsprechend einer Absprache, die Tomas Masaryk noch vor Kriegsende mit slowakischen Vertretern im amerikanischen Pittsburgh getroffen hatte. Die übrigen knapp 5 Millionen Einwohner des Staates verschwieg man. Besonders unterschlug man die deutsche Volksgruppe, welche der Zahl nach immerhin die zweitstärkste des ganzen Staates war.

Wie neueste Erkenntnisse ergaben, glaubte man in den USA und zunächst auch in einigen sudetendeutschen Kreisen, daß mit der Bezeichnung „Tschechoslowakei" klar die Absicht zum Ausdruck kommen sollte, nur Tschechen und Slowaken als künftige Staatsbürger haben zu wollen – bis mit der Besetzung der nichttschechisch besiedelten Gebiete das wahre Ziel der tschechischen Staatsgründer offenbar wurde.

Ähnliche Überraschungen erlebten die Sudetendeutschen auch in den nachfolgenden Jahren. Statt die auf der Friedenskonferenz von den tschechischen Vertretern zugesicherte kulturelle Autonomie zu erhalten, wurden ihre einschlägigen Aktivitäten von der Prager Regierung zunehmend mehr eingeschränkt. So verfügten die tschechischen Unterrichtsbehörden zwischen 1920 und 1938 die Schließung von rund 1.000 deutschen Schulklassen und forderten den Sudetendeutschen bei Aufnahme in den Staatsdienst noch zusätzliche Sprachprüfungen ab.

Hitler warf sich seinerseits in Berlin zum Anwalt der Aus-

Schriftsteller und Dichter Bruno Hanns Wittek

Heimatdichter Viktor Heeger

landsdeutschen auf und gedachte den Volkstumskampf im böhmisch-mährischen Raum für seine expansionistischen Ziele zu mißbrauchen.

So kam es im Jahre 1938 zur Sudetenkrise, während südlich und nördlich des Erz- und des Sudetengebirges militärische Einheiten in Bereitschaft gingen.

Die „Sudetendeutsche Partei" erklärte die Kommunalwahlen im Mai und Juni 1938 zur Testwahl für den Wunsch der Sudetendeutschen nach Selbstbestimmung und Autonomie. Die Prager Regierung verlegte daraufhin Truppenverbände in die sudetendeutschen Abstimmungsgebiete, um durch ihre Anwesenheit tschechoslowakische Regierungsmacht zu demonstrieren und die sudetendeutschen Wähler einzuschüchtern. Zugleich verfügte der Kriegsminister eine Teilmobilisierung der tschechischen Armee und veranlaßte auf diese Weise eine Massenflucht wehrpflichtiger sudetendeutscher Männer in das benachbarte Deutschland, die einem möglichen Bruderkrieg mit der deutschen Wehrmacht aus dem Wege gehen wollten.

Trotz dieser massiven Einschüchterungsversuche Prags sprachen sich über 90 Prozent der sudetendeutschen Wähler für die SdP und ihre Forderungen aus, so daß die Londoner „Times" eine Lösung des Sudetenproblems durch eine Volksabstimmung vorschlug.

Eine Erkundungsreise des britischen Sonderbotschafters Lord Runciman durch die Tschechoslowakei im August 1938 erbrachte die Empfehlung an die tschechoslowakische Staatsführung, das Sudetenland an das Deutsche Reich abzutreten.

Hitler nutzte diese verständigungsbereite Haltung Großbritanniens für Drohreden gegen die CSR und forderte immer lautstärker den sofortigen Anschluß des Sudetenlandes an das Reich.

Die mit der CSR verbündeten Westmächte Frankreich und Großbritannien mochten es über das Sudetenproblem nicht zu einem kriegerischen Konflikt kommen lassen und boten alle ihre Möglichkeiten auf, um Prag zum Nachgeben zu bewegen, zumal man – besonders in England – zugab, daß die Sudetendeutschen jetzt nur etwas forderten, was ihnen schon 1918 versprochen, dann aber verwehrt worden war: das Recht, sich Deutschland anzuschließen.

Um der ins Auge gefaßten Volksabstimmung zuvorzukommen, erklärte sich Staatspräsident Benesch bereit, von sich aus sudetendeutsches Gebiet abzutreten. In einem Notenwechsel zwischen Prag und den Westmächten vom 19. und 21. September 1938 wurde darüber grundsätzlich Einigung erzielt. Offen waren nur noch der Umfang des abzutretenden Gebietes und der Zeitpunkt der Angliederung an Deutschland. Auf Vermittlung des italienischen Ministerpräsidenten Mussolini kam es zur Regelung dieser offenen Fragen auf der Viererkonferenz in München am 29. September 1938. Die Regierungschefs von Frankreich, England, Italien und Deutschland einigten sich dabei auf Termin (1. – 10. Oktober 1938) und Umfang der Abtretung (ca. 28.000 Quadratkilometer) und legten diese Vereinbarungen im sogenannten Münchner Abkommen nieder.

Die meisten Zeitgenossen, von den beiden westlichen Regierungschefs Chamberlain und Daladier über die Deutschen und ihre Nachbarn bis zur Militäropposition gegen Hitler, waren damals überzeugt, daß der Münchner Vertrag eine faire und frie-

Schriftleiter Erwin Weiser

Hochmeister Abt Robert Schälzky

denssichernde Lösung gewesen ist, und daß die Sudetendeutschen „spät, aber nicht zu spät", wie die Londoner „Times" meinte, ihr Selbstbestimmungsrecht erhalten hätten.

Allein die tschechische Regierung und die Mehrzahl ihrer Parteigänger kritisierten das Münchner Abkommen und beklagten dessen Abschluß. Da sie in München bei den Verhandlungen nicht zugegen sein konnten, empfanden sie ihr Ergebnis als ein Diktat der vier Großmächte – ähnlich wie die Deutschen 1919 von den Friedenskonferenzen ausgeschlossen blieben und die Siegermächte allein über ihr Schicksal entschieden und den Deutschen zwischen Nordsee und Plattensee die Diktate von Versailles und St. Germain auferlegten.

So führte der deutsch-tschechische Schicksalsweg gleichsam zwangsläufig von Versailles und St. Germain nach München.

Staatspräsident Benesch mochte dies nicht so sehen, als er am 5. Oktober 1938 von seinem Amte als tschechoslowakisches Staatsoberhaupt zurücktrat und sich in einer Rundfunkansprache von seinen Landsleuten verabschiedete. Mit der sich alsbald als richtig herausstellenden Befürchtung, daß Hitler in seinem Expansionsdrang nicht an der neuen deutsch-tschechischen Grenze werde stehen bleiben wollen, ging er nach London ins Exil, um den „Kampf gegen das Unrecht von München" aufzunehmen. Vertrauten Gesinnungsfreunden wie Hubert Ripka sagte er bereits im Dezember 1938, daß eine neue Tschechoslowakische Republik durch vorherige Entfernung der gegnerischen Deutschen ein „zweites München nicht erleben werde". Die von Tomas Masaryk am 10. Januar 1919 erwähnte „Entgermanisierung" sollte diesmal durch eine „final solution" („Endlösung"), wie Benesch 1941 in sein Tagebuch schrieb, verwirklicht werden, das heißt in eine Vertreibung münden.

Vorerst aber mußte Benesch erleben, wie im März 1939 die sogenannte Rest-Tschechei zerfiel und zu einem „Reichsprotektorat Böhmen und Mähren" absank.

In dieser deutschen Halbkolonie standen die Tschechen unter der Aufsicht der Deutschen und hatten die Aufgabe, die deutsche Wirtschaft und Rüstungsindustrie mit Arbeitskräften zu versorgen. Die tschechischen Männer wurden dieserhalb von jedem Wehrdienst freigestellt, während die Wehrpflichtigen der im März 1939 selbständig gewordenen Slowakei alsbald zu Kampfgenossen der deutschen Wehrmacht wurden. Der Lebensstandard der Tschechen unterschied sich nicht von jenem der Deutschen. Er war gegen Kriegsende sogar teilweise besser als in den meisten Gegenden des Reiches. Voraussetzungen für eine ungleich günstigere Entwicklung des Bevölkerungswachstums als in den kriegführenden Ländern, wie die Geburtenstatistik ausweist.

Da sich die meisten Tschechen in die neue Lage fügten, zumal man ihnen unter dem neuen Staatspräsidenten Dr. Emil Hacha formell eine eigene Regierung und sogar eine tschechische Armee von 7.000 Mann belassen hatte, fand auch ein zunächst sich verschiedenenorts regender Widerstand gegen die deutsche Oberherrschaft auf Dauer kein nennenswertes Echo.

Das konstatierte die in London unter Präsident Benesch amtierende tschechische Exilregierung mit wachsender Besorgnis und bereitete daher ein Attentat gegen den stellvertretenden deutschen Reichsprotektor Reinhard Heydrich vor, das im März

1942 dann auch von zwei mit Fallschirmen abgesprungenen Geheimagenten durchgeführt wurde.

Benesch wollte durch eine derartige Aktion seine tschechischen Landsleute zu augenscheinlichen Kampfgenossen der Alliierten machen und zugleich ein künftiges Zusammenleben von Deutschen und Tschechen in einer wieder errichteten CSR als eine Unmöglichkeit hinstellen. Schließlich hatte er sich mittlerweile endgültig entschlossen, sich „etwa zwei Millionen Deutscher zu entledigen", wie er am 5. Mai 1942 dem Direktor des Jüdischen Forschungsinstituts in New York, Dr. Max Weinreich, von seinem nachmaligen Außenminister Jan Masaryk mitteilen ließ.

Der Tod Reinhard Heydrichs am 4. Juni 1942 zog die erwarteten blutigen Vergeltungsaktionen der Deutschen nach sich, deren symbolischer Höhepunkt die Zerstörung des tschechischen Dorfes Lidice mit der Ermordung der meisten männlichen Bewohner und der Deportation der Frauen und Kinder gewesen ist.

Es galt nun, zu der geplanten Ausweisung der Sudetendeutschen noch die Zustimmung der alliierten Staatsführer zu erhalten. Bei US-Präsident Roosevelt erreichte sie Benesch mit Hinweis auf die Unzuträglichkeiten zwischen Tschechen und Deutschen, die zum Münchner Abkommen führten und angeblich die Hitler'sche Kriegspolitik begünstigten. Noch im Juli 1946 begründete der amerikanische Militärgouverneur Clay die Vertreibung der Sudetendeutschen in einem Brief an den Bischof von Berlin, Konrad Kardinal Graf Preysing, mit der Behauptung, daß „die Umsiedlung der betreffenden Deutschen notwendig für die zukünftige Sicherheit Europas" sei und meinte wörtlich:

„Die Gegenwart einer deutschen Minderheit, zum Beispiel in der Tschechoslowakei, führt zu vorsätzlicher Unruhe und umstürzlerischer Tätigkeit gegen die bestehende Regierung. Wo diese Minderheiten bestanden, hatten sie bewiesen, daß sie nicht willens waren, voll die Verantwortung für das ihnen verliehene Bürgerrecht zu übernehmen, sondern begünstigten ungestüm die Bestrebungen der deutschen Kriegsführung..."

Für Josef Stalin, dessen Sowjetunion über hundert nichtrussische Nationalitäten umfaßte, konnte die Existenz einer deutschen Minderheit in der Tschechoslowakei bzw. deren gewaltsame Auslöschung von nicht so großer Bedeutung sein.

Wenn er dem tschechischen Staatspräsidenten seine Zustimmung zur Ausweisung der Sudetendeutschen gab, dann hatte dies andere Gründe.

Er konnte sich zunächst einmal die Benesch-Regierung durch einen Vertrag vom 12. Dezember 1943 politisch verpflichten und sich ein Mitspracherecht in der künftigen tschechischen Politik sichern, wie sich dies im Juli 1947 zeigte, als es um die Teilnahme der CSR am amerikanischen Marshall-Plan ging und Stalin Prag davon abhielt.

Sodann durfte er sich ausrechnen, daß eine Vertreibung von Millionen Deutschen durch die Tschechen für lange Zeit Feindschaft zwischen Deutschland und der Tschechoslowakei schaffen und die CSR mithin auf die Freundschaft der Sowjetunion angewiesen machen und damit ein Abhängigkeitsverhältnis Prags von Moskau begründen würde.

Eine Vorstellung, die der geplanten Ausdehnung der sowjetrussischen Einflußsphäre sehr zupaß kam.

Schließlich sah Stalin in der Vertreibung von Millionen Menschen, die als Habenichtse in die Fremde gestoßen werden, wirksames „Revolutionspotential", das durch die eigene Verelendung die Bolschewisierung des restlichen Deutschlands besorgen würde. Eine aktualisierte Form der marxistischen „Verelendungs-

theorie", an deren Ende die sogenannte „Proletarische Revolution" stehen und die Sowjetisierung ganz Europas einleiten würde.

Der überzeugte Nicht-Kommunist Benesch sollte mit der von ihm gewünschten Vertreibung der Deutschen gleichsam zum unfreiwilligen Helfershelfer der kommunistischen Weltrevolution werden.

Als sich diese Erwartungen nicht erfüllten und die heimatvertriebenen Ost- und Sudetendeutschen vielmehr zu entschlossenen Gegnern des totalitären Kommunismus wurden, hatte Benesch offensichtlich in den Augen Moskaus nicht nur versagt, sondern wurde im Frühjahr 1948 von Stalin auch zum politischen Abschuß freigegeben.

Bei Abschluß des tschechisch-sowjetischen „Beistands- und Freundschaftsvertrages" vom 12. Dezember 1943 durfte sich der tschechische Staatspräsident noch der Hoffnung hingeben, daß mit Stalins Ja zu seinen Vertreibungsplänen der Weg zur „Endlösung" der Sudetenfrage frei sei. Spätestens mit Churchills Einwilligung im Januar 1945 war sich Benesch dann ganz sicher und wartete nur noch die bedingungslose Kapitulation der deutschen Wehrmacht ab, um dann unverzüglich an die Austreibung der Sudetendeutschen zu gehen.

So wurden bereits Mitte Juni 1945 Zehntausende Sudetendeutsche zu Fuß über die Grenze nach Sachsen gejagt, bis die britische und die amerikanische Regierung gegen diese voreiligen Aktionen Einspruch einlegten und die Tschechen zur vorläufigen Einstellung weiterer „wilder Vertreibungen" veranlassen konnten. Aber wie das tschechische Vorgehen im November 1918 nicht von den Westmächten rückgängig gemacht, sondern letztlich hingenommen bzw. gebilligt wurde, so blieben auch die schon am 12. Juni 1945 vertriebenen Sudetendeutschen heimatlos in der Fremde. Denn die westlichen Siegermächte wollten mit ihren Interventionen in Prag nicht etwa ihre Zustimmung zu den Vertreibungen widerrufen, sondern lediglich noch eine vertragliche Vereinbarung darüber treffen. Und die sollte auf der Potsdamer Konferenz erzielt werden. So mußten die Tschechen bis zur Bekanntgabe der „Potsdamer Beschlüsse" am 2. August 1945 mit weiteren Ausweisungen warten.

In diesen sechs Wochen mißhandelten sie die Sudetendeutschen auf andere und vielfältige Weise.

Die Regierung erklärte die Deutschböhmen zu Kollaborateuren der Nationalsozialisten und damit zu Staatsfeinden und erkannte ihnen jegliches Eigentum ab. Zum Zeichen ihres wehr- und rechtlosen Standes hatten sie weiße Armbinden zu tragen und durch Gesetz auch jeglichen Anspruch auf Schulbildung oder Benutzung öffentlicher Verkehrsmittel verloren. Sudetendeutsche Unternehmen, Werkstätten, Läden und Bauernhöfe standen Tschechen zur kostenlosen Übernahme zur Verfügung. Bei Bedarf und Arbeitskräftemangel wurden solchermaßen enteignete und entrechtete Sudetendeutsche auch ins Innere der Tschechei deportiert und zur unentgeltlichen Feld- und Fabrikarbeit verpflichtet oder zur Zwangsarbeit in die Sowjetunion verschleppt.

Der Verweigerung des Selbstbestimmungsrechts von 1918/19 war nunmehr die Verweigerung des Heimatrechts gefolgt, war der Unrechtsakt von St. Germain durch jenen von Potsdam noch übertroffen. Mußten im März 1919 über 50 Sudetendeutsche ihr Eintreten für das Selbstbestimmungsrecht mit dem Leben bezahlen, fielen den Vertreibungen nach dem Zweiten Weltkrieg über 240.000 Sudetendeutsche zum Opfer. Tote, deren Andenken selten gewürdigt wird.

Dr. Alfred Schickel

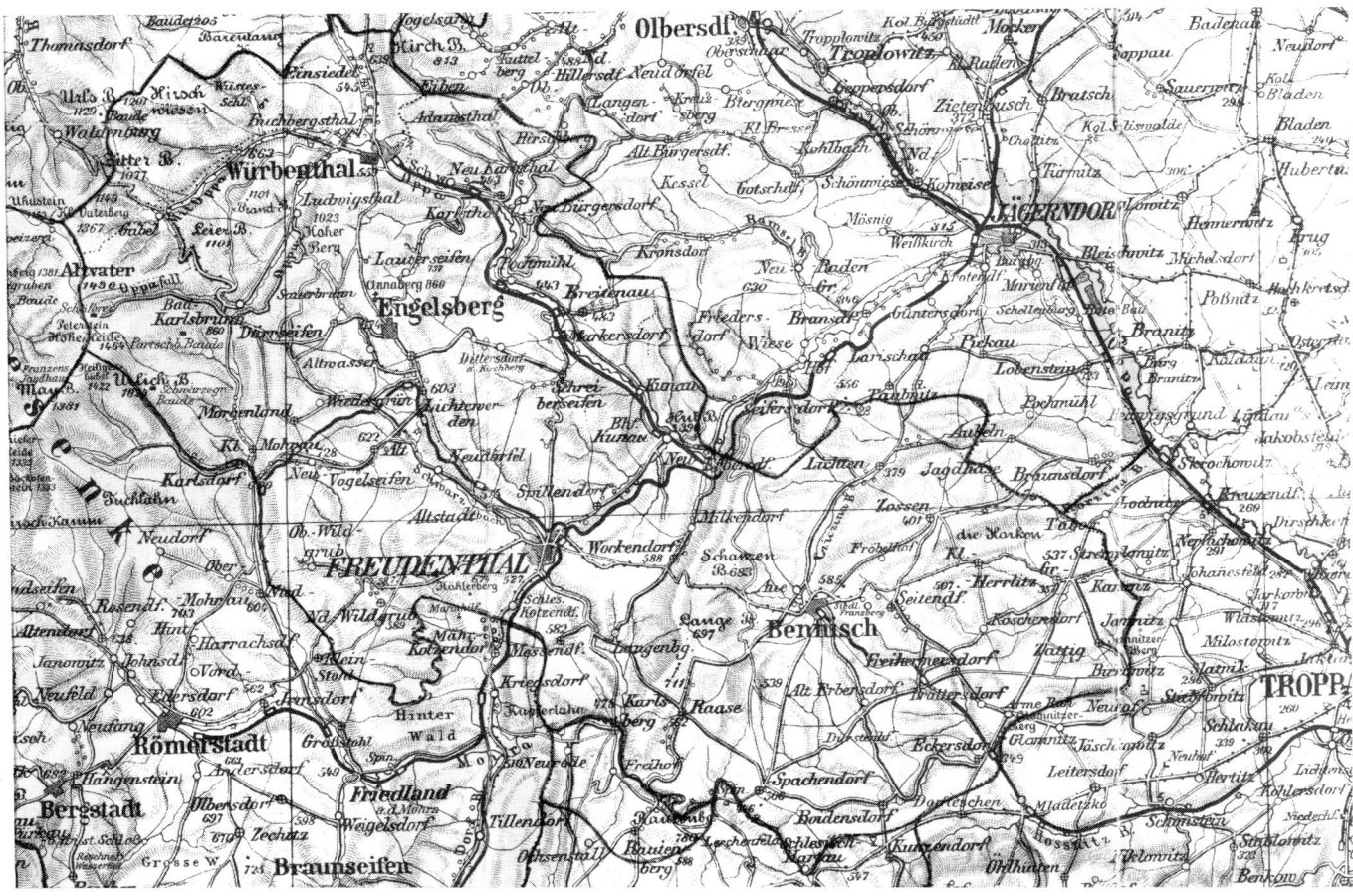

Der politische Bezirk Freudenthal 1918 bis 1945

Die Zeit zwischen dem Ende des Ersten und dem Ausbruch des Zweiten Weltkrieges war sowohl von großen politischen Veränderungen als auch von starken wirtschaftlichen Schwankungen erfüllt.

Als am 28. Oktober 1918 in Prag ein Staat der Tschechen und Slowaken ausgerufen wurde, war noch völlig unklar, welche Gebiete zu ihm gehören sollten. Die Bevölkerung der deutschen Gebiete Böhmens, Mährens und Österreich-Schlesiens hatte verständlicherweise den Wunsch, bei Österreich zu verbleiben. Für unsere engere Heimat konstituierte sich daher bereits am 29. Oktober 1918 in der schlesischen Landeshauptstadt Troppau die deutsch-österreichische Provinz Sudetenland. Landespräsident von Schlesien war Adalbert Freiherr von Widmann (1915 bis 5. 11. 1918). Er wurde von Dr. Rudolf Ritter Fürer von Haimendorf abgelöst, den der Staatsrat in Wien zum Landesverweser der Provinz Sudetenland ernannt hatte. Er war bevollmächtigt, dieses Gebiet notfalls mit der Waffe verteidigen zu lassen. Als jedoch ab Mitte November 1918 tschechische Legionäre mit der gewaltsamen Besetzung deutscher Städte und Dörfer begonnen hatten, entschied die Zentralregierung in Wien, diese widerstandslos hinzunehmen. Sie vertraute den feierlichen Erklärungen des amerikanischen Präsidenten Woodrow Wilson, wonach alle Nationalitäten Österreich-Ungarns frei bestimmen könnten, welchem Staat sie angehören wollen. So fügte sich am 21. Dezember 1918 auch Freudenthal, zwar unter Protest, doch gewaltlos der Besetzung durch tschechische Soldaten.

Bald danach wurden die österreichischen Banknoten um 50% abgewertet. Dies geschah in der Weise, daß man auf dem Postamt „Wertmarken" kaufen und auf das Papiergeld aufkleben mußte. Nur mit Wertmarken versehene Geldscheine wurden als Zahlungsmittel angenommen. Die Geldanlagen bei Banken und Sparkassen unterlagen der gleichen 50%igen Abwertung. Als dann die tschechischen Banknoten gedruckt waren, kam es beim Umtausch der sich im Umlauf befindlichen Gelder zu einer weiteren 10%igen Abwertung.

Am 29. Dezember 1918, einen Tag nach der Besetzung Troppaus durch tschechische Legionäre unter Hauptmann Pešek, wurde der tschechische Ministerialrat Josef Šramek von der Regierung in Prag zum Landespräsidenten von Schlesien ernannt. Er war bis zur Zusammenlegung Schlesiens mit Mähren im Jahre 1928 im Amt.

Im Bezirk Freudenthal wurden die bisherigen Staatsbediensteten im Amt belassen und auch der seitherige Bezirkshauptmann, Landesregierungsrat Friedrich Stellwag von Carion, leitete die Behörde weiter. Durch die lange Kriegszeit bestand ein großer Nachholbedarf an Gütern aller Art. Die wirtschaftliche Entwicklung normalisierte sich. Große Unsicherheit bereiteten die politischen Verhältnisse, weil niemand wußte, wie die Friedensverhandlungen ausgehen würden. Als sich dann immer deutlicher abzeichnete, daß die Einverleibung in die Tschechoslowakische Republik von Dauer sein werde, riefen die politischen Vertreter des Sudetendeutschtums, Dr. Rudolf Lodgman von Auen (Deutsche Nationalpartei), letzter deutscher Landeshauptmann von Böhmen, und der Führer der deutschen Sozial-

Freudenthal – Pfarrkirche mit Kriegerdenkmal

Freudenthal
Kaiser Josef-Denkmal

Das Denkmal des Volkskaisers Josef II. auf dem Freudenthaler Schloßplatz

demokraten, Josef Seliger, zu friedlichen Demonstrationen auf. Die Massenkundgebungen sollten der Weltöffentlichkeit noch einmal verdeutlichen, daß die Sudetendeutschen ihr Recht auf Selbstbestimmung in Anspruch nehmen und beim Staat Deutschösterreich bleiben wollten. Als Zeitpunkt war der 4. März 1919 festgelegt worden. Es war der Tag, an welchem die Nationalversammlung der österreichischen Republik erstmals ohne sudetendeutsche Abgeordnete zusammentrat. An diesem Tag nahmen etwa 1 Million Menschen an den Protestkundgebungen teil. Überall war Ruhe und Ordnung bewahrt worden, dennoch schossen emotionalisierte tschechische Truppen in Arnau, Aussig, Eger, Kaaden, Karlsbad, Mies und Sternberg in die bereits auseinandergehende Menge. Dem Kugelhagel fielen 54 deutsche Kundgebungsteilnehmer zum Opfer.

In Freudenthal selbst verlief der 4. März 1919 still und opferlos. Die große Volkskundgebung mit über 4.000 Teilnehmern hatte hier bereits neun Tage früher, am 23. Februar, stattgefunden. Auf ihr protestierten Vertreter aller Parteien gegen die Verweigerung des Selbstbestimmungsrechtes. Die Versammlung nahm eine Protestresolution an die Pariser Friedenskonferenz an, in der u. a. hieß, man möge sich an Ort und Stelle über die tatsächlichen Verhältnisse informieren. Während der Rede des als besonnen bekannten sozialdemokratischen Gemeinderates, Alois Scharnowell, forderten Soldaten den anwesenden Regierungskommissär auf, die Versammlung aufzulösen. Diesem

Verlangen wurde sofort stattgegeben. Mit Bajonetten und Gewehrkolben drängten die Soldaten die Teilnehmer ins Freie. Die Volksmenge strömte nach Hause. Plötzlich fielen Schüsse. Es gab Verwundete, darunter auch den Arbeiter Karl Fischer, der wenig später seinen schweren Verletzungen erlag. Er zählt zu den ersten Blutopfern für das Selbstbestimmungsrecht. Seine Beerdigung am 26. Februar 1919 gestaltete sich zu einer noch nie dagewesenen Trauerkundgebung mit Tausenden von Teilnehmern.

An den Friedensverhandlungen in Paris nahmen als Vertreter Sudetenschlesiens die Abgeordneten Dr. Robert Freißler (Deutsche Nationalpartei) und Hans Jokl (Deutsche Sozialdemokraten) aus Troppau teil. Sie wurden gleich den anderen Vertretern der besiegten Staaten in Paris unter Hausarrest gestellt und konnten nur schriftliche Vorschläge einreichen. Von einem Selbstbestimmungsrecht war keine Rede mehr. Der Friedensvertrag wurde am 8. September 1919 in St.-Germain unterzeichnet. Durch ihn kamen 3 1/2 Millionen Deutsche unter tschechische Herrschaft.

Kaum hatte sich die angespannte Lage der ersten Nachkriegsjahre einigermaßen beruhigt, erregte im Bezirk Freudenthal ein neuer Vorfall die Bevölkerung. Offiziere und Dienstgrade der nach Freudenthal verlegten tschechischen Garnison feierten am 27. Oktober 1922 im Saale des renommierten Hotels Mann-Thiel den 4. Jahrestag der Gründung der Republik. Es herrschten bereits winterliche Verhältnisse. Während der Feier fiel plötzlich in der ganzen Stadt das Licht aus. Ein Baum war vom Sturm umgestürzt worden und hatte die Stromzufuhr unterbrochen. Die in ihrer Feier gestörten Soldaten vermuteten eine absichtlich herbeigeführte Störung, und eine fanatische Gruppe von ihnen schwor Rache. Sie beschloß, das Freudenthaler Denkmal des österreichischen Volkskaisers Joseph II., das ihnen schon lange ein Dorn im Auge war, zu stürzen. Als man von diesem Vorhaben erfuhr, übernahmen Angehörige des Turnvereines dessen Bewachung. Begünstigt durch das schlechte Wetter gelang es dennoch jener Gruppe von Soldaten, das Denkmal am späten Abend des 28. Oktober mit Ketten vom Sockel zu stürzen. Fast zur gleichen Zeit eilten Angehörige der Turnerwache und andere Stadtbewohner herbei und verfolgten die Flüchtenden bis in den schmalen, von beiden Seiten durch Mauern begrenzten Junginhgensteig. Da schoß ein tschechischer Soldat aus dem Hinterhalt in die Menge. Der Freudenthaler Zahntechniker Max Kinzel erlitt so schwere Schußverletzungen, daß er an Ort und Stelle ver-

Das am 29. 10. 1922 in Freudenthal von tschechischen Soldaten
gestürzte Kaiser-Josef II. – Denkmal

schied. Eine vieltausendköpfige Menschenmenge erwies ihm
durch die Teilnahme am Begräbnis die letzte Ehre. Gegen den
Todesschützen und den Offiziers-Aspiranten, der den Schießbe-
fehl erteilt hatte, wurde „wegen Subordinationsverletzung" in
einem Gerichtsverfahren eine bedingte Strafe ausgesprochen.
Die übrigen Beteiligten erhielten nicht einmal disziplinarische
Strafen.

Nach und nach wurden deutsche Staatsbeamte durch tschechische ersetzt. So beurlaubte man am 1. Mai 1923 den gerade
50jährigen Bezirkshauptmann Friedrich Stellwag von Carion
und schickte ihn in den vorzeitigen Ruhestand. Demonstrativ ernannten ihn 44 der 45 Gemeinden des Bezirkes in Würdigung
seiner Verdienste zum Ehrenbürger. Von Jahr zu Jahr erhöhte
sich die Zahl der tschechischen Staatsangestellten im Bezirk
Freudenthal. Für jeden ausgeschiedenen Deutschen rückte ein
Tscheche nach. Deutsche hatten kaum eine Möglichkeit, in den
Staatsdienst zu gelangen. Die im Dienst verbliebenen deutschen
Staatsangestellten mußten sich nach Ablauf einer Frist einer
strengen Prüfung in der tschechischen Sprache unterziehen, die
von vielen nicht bestanden wurde. Die durchgefallenen Prüflinge
wurden sodann vorzeitig pensioniert. Einer von ihnen war neben
vielen anderen der Bennischer Steuerdirektor Viktor Schreiber.
Wer aber die Sprachprüfung bestanden hatte, wurde nicht selten
zu einer Behörde in einer rein tschechischen Gegend versetzt
oder bei anstehenden Beförderungen übergangen. Viele, oft
kleinliche Auslegungen von Bestimmungen und Verwaltungs-
maßnahmen verbitterten zunehmend die Bevölkerung. Man bezeichnete dieses Verhalten als „Taferlpolitik". Es ging um die Be-
flaggung bei Festen und Feierlichkeiten, um Ortsschilder und
Tafeln von Apotheken, Notariaten, Tabaktrafiken, Kinos und
Gemeindebehörden. Es ging um deutsche Schulklassen und um

die Errichtung tschechischer Minderheitsschulen. Auch die
Ortsvereine „erfreuten" sich besonderer staatlicher Beobach-
tung, ob es nun Turnvereine, Schützen- oder Veteranenvereine
waren.

Trotz der Beteiligung deutscher Parteien an der Regierung
verschlechterte sich sowohl die nationale als auch die wirtschaftliche Lage. 1930 traf die Weltwirtschaftskrise auch die Tschechoslowakei. Die wenigen Maßnahmen des Staates zu ihrer Be-
kämpfung begünstigten die tschechischen Gebiete, und in den
deutschen Siedlungsgebieten stieg die wirtschaftliche Not erheblich an. Wie sich die Arbeitslosigkeit auf deutsches Gebiet verla-
gern ließ, zeigt ein Beispiel aus unserem Bezirk Freudenthal. In
Würbenthal kam die 1869 gegründete und 1884 in eine Jutespinnerei und -Weberei umgewandelte Flachsspinnerei in Bedrängnis. Ursache war der Niedergang des Olmützer Bankhauses Primavesi. Die Würbenthaler Spinnerei gelangte in den Besitz der
Jutespinnerei und Weberei AG in Prag, deren Aktienkapital sich
fast ausschließlich in tschechischen Händen befand. Diese Gesellschaft benutzte die Weltwirtschaftskrise, um 1931 alle einge-
henden Aufträge nur an tschechische Betriebe zu vergeben. Das
Würbenthaler Werk wurde stillgelegt, und die dort beschäftigten
550 Angestellten und Arbeiter verloren ihre Arbeitsplätze. Viele
Betriebe mußten zur Kurzarbeit übergehen und verringerten ihre Belegschaftsstärken. In Bennisch beispielsweise mußten zwei
alte Webereien, die Firmen Franz Ludwigs Söhne und Johann
Krommer & Co., mit etwa 150 bzw. 50 Arbeitskräften stillgelegt
werden. Viele Arbeiter waren infolge ihrer langandauernden Arbeitslosigkeit „ausgesteuert". Sie lebten mit ihren Familien in

Begräbnis des zweiten Freudenthaler Blutzeugen Max Kinzel.

großer Armut, nur vom Bezug der sogenannten „Czech-Kar-
ten". Diese hatten ihren Namen nach dem seinerzeitigen Minister für soziale Fürsorge Dr. Ludwig Czech. Ein verheirateter
Arbeiter erhielt als Unterstützung 20 Kronen pro Woche, ein Le-
diger 10 Kronen. Das waren damals 1,25 Reichsmark oder der
Lohn zweier Facharbeiterstunden und bedeutete kaum mehr als
ein Almosen.

In der Zeit von 1935 bis 1938 ließ die tschechoslowakische
Regierung entlang der Grenze zum Deutschen Reich starke Befestigungsanlagen errichten. Dieses Festungssystem bestand aus
Bunkern, Gräben, spanischen Reitern und Straßensperren. Eines
der stärksten Bollwerke befand sich bei Freiheitsau, 12 km östlich
von Troppau. An diesem war drei Jahre lang Tag und Nacht
gearbeitet worden. Es konnte 3.000 Mann Besatzung aufnehmen. Die mit Geschützen aller Kaliber bestückten Türme waren
durch unterirdische Gänge in der Gesamtlänge von 3.000 m mit-

Historische Aufnahme vom Einzug der Deutschen Wehrmacht im Oktober 1938 auf dem Hauptplatz in Freudenthal

7. 10. 1938 – Einmarsch der deutschen Wehrmacht unter dem Oberbefehl des Generals der Flieger Milch in Freudenthal. Am gleichen Tage besuchten Reichskanzler Adolf Hitler und Feldmarschall Hermann Göring die Stadt

einander verbunden. Diese Festung sperrte sowohl den Zugang nach Troppau als auch nach Mährisch-Ostrau/Witkowitz. Im Bezirk Freudenthal zog sich die Bunkerlinie von Groß-Herrlitz/ Zattig bis in den Raum Würbenthal/Karlsthal hin. Als mit dem Bau dieser Anlagen begonnen wurde, erhofften sich viele deutsche Arbeitslose eine neue Beschäftigung. Da gab der damalige Verteidigungsminister den nach ihm benannten „Machník-Erlaß" von 1936 heraus, der die Vergabe von Aufträgen an deutsche Unternehmen von der Auflage abhängig machte, tschechische Arbeiter einzustellen. Schon lange vorher war es allgemeine Praxis tschechischer Geldinstitute, Kredite an deutsche Firmen von der Auflage abhängig zu machen, tschechische Arbeiter einzustellen.

Im Mai 1938, wenige Monate nach dem Anschluß von Österreich an das Deutsche Reich, war es zu einer Teilmobilmachung tschechischer Militäreinheiten gekommen. Die Lage beruhigte sich wieder, doch im Herbst 1938 erreichte die Krise ihren Höhepunkt. Schon bei den Parlamentswahlen vom 19. Mai 1935 hatte die Sudetendeutsche Partei unter Führung des Ascher Turnlehrers Konrad Henlein mehr als zwei Drittel aller deutschen Wählerstimmen erhalten. Henlein begann als Aktivist in dem ehrlichen Streben, die tschechoslowakische Regierung zu einem Nationalstatut zu bewegen, wie es Staatspräsident Masaryk mit seinem Ausspruch von „der höheren Schweiz" in Aussicht gestellt hatte. Er hatte am 1. Oktober 1933 zur Gründung einer Heimatfront aufgerufen und wollte zuerst keine politische Partei gründen, freilich durch Werbung auf die Wahlen Einfluß nehmen. Dies wurde ihm verboten, weil er keine angemeldete Partei vertrat. So zwang ihn die Regierung zur Gründung der Sudetendeutschen Partei (SdP). Auch nach den Erdrutschwahlen vom 19. Mai 1935 erklärte er sich zu Verhandlungen über eine deutsche Autonomie im Rahmen der ČSR bereit. Henlein war in jenen Jahren mehrfach zu Vorträgen über die Lage des Sudetendeutschtums nach England gereist und hatte dort Verständnis gefunden. Im Sommer 1938 entsandte die britische Regierung Lord Runciman als „Privatmann" zur Lageerkundung in die Tschechoslowakische Republik. Dieser prüfte eingehend die entstandene Lage, verhandelte mit beiden Seiten und fand die sudetendeutschen Forderungen berechtigt. Sein Bericht an die britische Regierung vom 14. September 1938 beginnt wörtlich:

„Es ist bitter, von einem fremden Volk beherrscht zu werden, und mein Gesamteindruck geht dahin, daß die tschechoslowakische Herrschaft in den sudetendeutschen Gebieten während der

letzten 20 Jahre zwar keine direkte Bedrückung dargestellt hat und auch sicher nicht „terroristisch" gewesen ist, dennoch aber als taktlos, verständnislos und kleinlich bezeichnet werden muß – und dies in einem Ausmaß, welches die allgemeine Meinung der deutschen Bevölkerung unweigerlich in die Richtung offenen Widerstandes treiben mußte. Den Sudetendeutschen war auch klar, daß ihnen seitens der tschechoslowakischen Regierung in der Vergangenheit zwar eine Menge versprochen worden war, daß aber nichts oder nur sehr wenig hiervon in Erfüllung gegangen ist."

Die Bevölkerung begrüßte daher nach den Wochen größter Kriegsgefahr das Abkommen der Großmächte England, Frankreich, Italien und Deutschland vom 29. September 1938 in München. Sie bereitete den einziehenden deutschen Truppen überall einen herzlichen Empfang. Sie sah in ihnen nicht die Repräsentanten eines diktatorischen Regimes, sondern in der Eingliederung der Sudetengebiete in das Deutsche Reich eine Revision des ihr zwanzig Jahre zuvor im Vertrag von St.-Germain zugefügten Unrechtes.

Bei seinen Fahrten in die Sudetengebiete kam Reichskanzler Hitler am 7. Oktober 1938 mit großem Gefolge auch nach Freudenthal. Dort nahm er gemeinsam mit Feldmarschall Göring und dem Fliegergeneral Milch den Vorbeimarsch einer auf dem Gelände zwischen Freudenthal und Altstadt gelandeten Luftlandeeinheit ab. Bereits vorher hatte er bei Milkendorf einen Bunker der tschechischen Verteidigungslinie besichtigt. Kurz nach dem Vorbeimarsch verließ Adolf Hitler wieder unsere Stadt. Auch Würbenthal und die umliegenden Gemeinden waren noch am 7. Oktober von deutschen Truppen besetzt worden. Einen Tag später zog das in Gleiwitz und Cosel stationierte deutsche Infanterie- und Panzerregiment Nr. 84 mit seinem Kommandeur, Oberst Stüver, in Bennisch ein.

Mit Verfügung vom 30. Oktober 1938 wurde der Reichsgau Sudetenland geschaffen. Er erstreckte sich räumlich von der Further Senke in Bayern bis zu den Bezirken Troppau/Neutitschein im Ostsudetengebiet. Am 21. November 1938 erließ die Reichsregierung ein Gesetz über die Wiedervereinigung der sudetendeutschen Gebiete mit dem Deutschen Reich. In ihm bestimmt Artikel I „Die heimgekehrten sudetendeutschen Gebiete sind Bestandteil des Deutschen Reiches" und Artikel II lautet „Durch die Wiedervereinigung sind die alteingesessenen Bewohner der sudetendeutschen Gebiete deutsche Staatsangehörige nach Maßgabe näherer Bestimmung".

Der Aufbau der deutschen Verwaltung ging rasch vor sich. Allerdings fanden nicht alle Maßnahmen des in Reichenberg amtierenden Stillhaltekommissars, Gauleiter Bürkel, den ungeteilten Beifall der Bevölkerung. Vor allem die Auflösung vieler alter, unpolitischer Vereine oder ihre Eingliederung in NS-Organisationen stieß auf Kritik. Auch die Vielzahl der verschiedenen Parteigliederungen und die gegenseitige Abwerbung der Mitglieder fand wenig Verständnis. Auch den Arisierungsmaßnahmen der neuen Herren stand man mit Reserve gegenüber. Alsbald nach der Eingliederung wurde der Deutsche Orden als Körperschaft des öffentlichen Rechtes aufgelöst und sein Vermögen beschlagnahmt. Der Orden, der sein Vermögen für die Erhaltung von Schulen, Krankenhäusern, Altenheimen, Kindergärten, Kur- und Erholungsheimen und für viele sonstige caritative Maßnahmen verwendete, war damit des Besitzes beraubt, für den insbesondere die bürgerlichen Hochmeister, Bischof Norbert Klein, Propst Paul Heider und Abt Robert Schälzky mutig und mit Erfolg gekämpft hatten. Eine weitere unangenehme Begleiterscheinung des Anschlusses war die Sucht mancher reichsdeutscher Beamter, alles und jedes zu vereinheitlichen, auch wenn es sich in der bisherigen Form bei uns durchaus bewährt hatte.

Trotz dieser Schattenseiten war die Besserung des Wirtschaftslebens und der Kaufkraftaufschwung unverkennbar. Bei der Umstellung auf die Reichsmarkwährung im Verhältnis 8 Kronen = 1 Reichsmark wurde niemand benachteiligt. Die Einrichtung neuer Verkehrslinien und die Belebung der Verkehrsdichte bereits bestehender Verbindungen wurde lebhaft begrüßt.

Seit 20 Jahren fanden nun auch wieder Deutsche Anstellungen im öffentlichen Dienst. Das Schulwesen wurde zielstrebig ausgebaut und eine eigene Kreisberufsschule geschaffen. Die Bautätigkeit belebte sich, und bald war die vorherige Arbeitslosigkeit völlig beseitigt. Zum Teil wurden Arbeitslose zur Dienstleistung bei großen Baufirmen im Reich vermittelt, die zumeist beim Bau der Reichsautobahnen und des Westwalles mitwirkten.

Am 4. Januar 1939 rückten die ersten sudetendeutschen Wehrdienstpflichtigen in deutsche Garnisonen ein.

Die großen Warenvorräte der einheimischen Textilindustrie wurden zu guten Preisen fast stürmisch geleert. Dies ist verständlich, wenn man bedenkt, daß die Textilfirmen der Sudetengebiete fast ausnahmslos reine Baumwoll-, Leinen- und Schafwollwaren ohne jede Beimischung von Kunstfasern erzeugt hatten. Die Betriebe modernisierten ihren Maschinenpark und konnten ihre Waren zu angemessenen Preisen veräußern. Die geltenden Bestimmungen über den Preis- und Lohnstop schufen geordnete überschaubare Verhältnisse und wirtschaftliche Sicherheit.

Leider wurde die eben begonnene Aufbauperiode durch neue politische Veränderungen in Mitleidenschaft gezogen. Schom im März 1939 ließ Reichskanzler Hitler deutsche Truppen in die Rest-Tschechoslowakei einmarschieren und errichtete das Protektorat Böhmen und Mähren. Damit begann eine Fehlentwicklung, die schließlich 1945 in der militärischen Niederlage Deutschlands endete.

Ende August 1939 begann der Feldzug gegen Polen, der schnell zu Ende ging, allerdings auch den Kriegszustand mit England und Frankreich zur Folge hatte.

Seit Kriegsbeginn traf eine Vielzahl von Bewirtschaftungsmaßnahmen die Bevölkerung. Am 4. September wurden die Lebensmittelkarten eingeführt. Anfangs waren lediglich Fleischwaren, Fett, Zucker, Hülsenfrüchte, Kaffee und Tee bewirtschaftet, dann kamen Brot, Mehl und Milch hinzu. Der Normalverbraucher erhielt pro Kopf und Woche 2.400 g Brot oder Mehl, 500 g Fleischwaren, 80 g Butter, 125 g Margarine, 65 g Schweineschmalz, 250 g Zucker und 100 g Marmelade. Schwerarbeiter erhielten entsprechend höhere Rationen. Kinder bekamen je nach Alter höhere oder niedere Zuteilungen. Personen über 14 Jahre erhielten keine Vollmilch.

Für Schuhe, Spinnstoffe und Textilien wurden Bezugsscheine eingeführt, die vom jeweiligen Gemeindebürgermeister ausgegeben wurden. Bald gab es auch eine Seifenkarte. Je Person und Monat gab es 125 g Seife und 250 g Waschmittel. Ab Dezember 1939 kam es zur Ausgabe von Kleiderkarten mit 100 Punkten für ein Jahr. Die Punktwerte für die einzelnen Kleidungsstücke waren genau festgelegt. Für einen Anzug benötigte man 60 Punkte, für ein Oberhemd 20 Punkte usw.

Ab 1. Dezember 1941 gab es auch eine Tabakkarte. Die Männer erhielten pro Tag 10 Zigaretten oder 2 Zigarren. Ab April 1942 erhielten auch die Frauen Raucherkarten. Die Rauchwarenzuteilung verringerte sich für Männer auf 50 Zigaretten pro Woche. Die Frauen bekamen 25 Zigaretten. Im Oktober 1942 erfolgte eine neuerliche Kürzung. Die Männer bekamen sodann 40, die Frauen 20 Zigaretten. Mit 1. Juli 1943 betrug die Tagesration an Rauchwaren für Männer nur noch 3, für Frauen 2 Zigaretten. Im April 1942 waren auch die Lebensmittelzuteilungen gekürzt worden, die Wochenration betrug 300 g Fleisch und 600 g Brot. Dank der guten Ernte konnten die Zuteilungen ab Oktober wieder auf den alten Stand angehoben werden. Im Oktober 1942 erhielt jede Person als Jahresration 200 kg Kartoffeln. Sie wurden 1943 auf 100 kg gekürzt. Anfang März 1945 erhielten Erwachsene je Kopf und Monat 5.700 g Brot, 250 g Butter, 100 g Fleisch, 1.200 g Mehl und 250 g Nährmittel.

Während des Krieges durften die Preise für Lebensmittel und Verbrauchsgüter nicht erhöht werden, so daß trotz allgemeiner Verknappung eine Verteuerung nicht eintrat. Der Verkauf dieser Güter ohne Lebensmittelkarte oder Bezugschein wurde sehr streng bestraft.

Infolge des Krieges wurden die Einberufungen zum Militärdienst immer zahlreicher. Die Arbeitsplätze der zum Wehrdienst eingezogenen Soldaten konnten anfangs durch den vermehrten Arbeitseinsatz von Frauen wettgemacht werden. Es häuften sich die Dienstverpflichtungen zur Arbeitsleistung in kriegswichtigen Betrieben. Ab Mitte 1942 mußten kleinere Textilbetriebe wegen Rohstoff- und Arbeitskräftemangel stillgelegt werden.

Kriegsgefangene und Fremdarbeiter fanden vor allem in der Landwirtschaft Beschäftigung. Sie wurden im wohlverstandenen Eigeninteresse der Landwirte im allgemeinen gut behandelt, weil sie ja auch gute Arbeitsleistungen zu erbringen hatten.

Nach 1943 evakuierte man reichsdeutsche Familien aus West- und Norddeutschland in unseren Kreis. Lange wurde ja gerade das Sudetenland als Luftschutzkeller des Reiches bezeichnet. Sie waren in ihrer Heimat teils durch gegnerische Luftangriffe ausgebombt, teils aber auch vorsorglich evakuiert worden. Ihre Zahl hielt sich in erträglichen Grenzen.

Auf den Zweiten Weltkrieg mit seinen bitteren Folgen, den Entbehrungen und Opfern folgten die oft grausamen Geschehnisse bei der „Befreiung" durch die Rote Armee und schließlich die Vertreibung aus der angestammten Heimat. Diesem Zeitraum ist am Schluß dieses Buches ein eigenes Kapitel gewidmet.

Wahlergebnisse 1918 – 1935

Unmittelbar nach dem Zusammenbruch der Donaumonarchie hatten sich in den deutschen Siedlungsgebieten Böhmens, Mährens und Österreich-Schlesiens die beiden deutschösterreichischen Provinzen „Deutschböhmen" und „Sudetenland" konstituiert. Ihre Landesversammlungen setzten sich aufgrund der Ergebnisse der Wahlen von 1911 in den Wiener Reichsrat zusammen.

Der Landesversammlung Deutschböhmen gehörten 76 Vertreter an. Von ihnen waren 32 deutsche Sozialdemokraten, 17 Deutschradikale, 10 Schönerianer (= Alldeutsche), 9 deutsche Agrarier, 5 deutsche Christlichsoziale, 4 deutsche Arbeiterparteiler (= spätere DNSAP), 4 Volksparteiler, 4 Fortschrittsparteiler und 1 Freisozialer. Die Landesversammlung Sudetenland umfaßte die Gebiete Nordmährens, Ostböhmens und Österreich-Westschlesiens und bestand aus 54 Mitgliedern. Davon waren 12 im Jahre 1911 gewählte Reichsratsabgeordnete und 37 von Vertrauensmännern ernannte Vertreter (15 Deutschnationale, 14 Sozialdemokraten, 5 Christlichsoziale und 3 deutsche Arbeiterparteiler).

Gemeindewahlen 1919

Die ersten Wahlen nach dem Umsturz von 1918 waren die Gemeindewahlen vom 15. Juni 1919. Damals wurde in 10.768 von den insgesamt 11.182 Gemeinden der Tschechoslowakischen Republik gewählt. Diese Wahlen waren deshalb von besonderer Wichtigkeit, weil sie noch vor der Unterzeichnung des Friedensvertrages von St. Germain (8. 9. 1919) stattfanden. Das Wahlergebnis bestätigte den rein deutschen Charakter der sudetendeutschen Heimatgebiete sowie das Vorhandensein eines geschlossenen deutschen Siedlungsgebietes. Es berichtigte damit die anderslautenden Behauptungen der tschechischen Politiker Tomas Masaryk und Eduard Benesch über die nationalen Besitzstände und Bevölkerungsräume in den Sudetenländern. Für deutsche Parteien wurden insgesamt 1.449.255 Stimmen abgegeben. Es erhielten im einzelnen: Deutsche Sozialdemokraten 609.903 Stimmen (42,1%), Deutsche Mittelstandsparteien 340.834 Stimmen (23,5%), Deutsche Agrarier 196.773 Stimmen (13,6%), Deutschnationale 100.059 Stimmen (6,9%), Deutsche Christlichsoziale 72.720 Stimmen (5,0%), Vereinigte deutsche Parteien 37.234 Stimmen (2,6%), Deutsche Nationalsoziale 35.889 Stimmen (2,5%), Deutsche Liberale 12.306 Stimmen (0,8%) und andere deutsche Parteien 43.528 Stimmen (3,0%).

Die Parlamentswahlen von 1920 – 1935

Wahlen 1920

Bei den ersten Parlamentswahlen in die sogenannte tschechoslowakische Nationalversammlung vom 18. bzw. 25. April 1920 erhielten die sudetendeutschen Parteien zusammen 1.585.321 Stimmen. Davon entfielen auf die Sozialdemokraten 689.201 Stimmen (43,5%). Sie stellten damit 31 Abgeordnete. Die deutsche Wahlgemeinschaft (Deutschnationale und DNSAP) erreichte 328.354 Stimmen (20,7%), der Bund der Landwirte 241.723 Stimmen (15,2%), die Christlichsoziale Volkspartei 212.999 Stimmen (13,4%), die Deutsche Demokratische Freiheitspartei 105.418 Stimmen (6,7%) und die Freisoziale Partei 7.629 Stimmen (0,5%).

Wahlen 1925

Bei den Parlamentswahlen vom 15. November 1925 ergaben sich im sudetendeutschen Lager einige bedeutsame Veränderun-

Ergebnisse der Parlamentswahlen in der Tschechoslowakei 1920 – 1935 (Sitzverteilung)

Parteien	Wahlen			
	vom 18.4.20	vom 15.11.25	vom 27.10.29	vom 19.5.35
Tschechen und Slowaken				
Sozialdemokraten	74	29	39	38
Republikan. Partei des Landvolks (Agrarier)	40	45	46	45
Volkspartei	33	31	25	22
Nationalsozialisten (Tschechische Sozialisten)	24	28	32	28
Nationaldemokraten	19	13	15	17
Gewerbepartei	6	13	12	17
Arbeiterpartei	3	–	–	–
Slowakische Volkspartei	–	23	19	22
Faschistische Partei	–	–	–	6
Liga gegen gebundene Kandidatenlisten	–	–	3	–
	199	182	191	195
Deutsche				
Deutsche Sozialdemokratische Arbeiterpartei (DSAP)	31	17	21	11
Bund der Landwirte (Agrarier) (BdL)	11	24	16	5
Deutsche Christlich-Soziale Volkspartei (DCSVP)	10	13	14	6
Deutsche Nationalpartei (DNP)	10	10	7	–
Deutsche Nationalsozialistische Arbeiterpartei (DNSAP)	5	7	8	–
Deutsche Demokratische Freiheitspartei (DDFP)	5	–	–	–
Sudetendeutsche Partei, Vorsitz. Konrad Henlein (SdP)	–	–	–	44
	72 (25,6%)	71 (23,7%)	66 (22,0%)	66 (22.0%)
Weitere Parteien				
Magyarische Parteien	1	4	–	–
Magyarisch-Deutsche Parteien	9	–	9	9
Polnische Parteien	–	2	–	–
Polnisch-Jüdische Wahlgemeinschaft	–	–	4	–
Kommunistische Partei der ČSR	–	41	30	30
Abgeordnete insgesamt	281 (100%)	300 (100%)	300 (100%)	300 (100%)

Nach Celovsky, Boris, Das Münchener Abkommen 1938 und Rhode, Gotthold, Die Tschechoslowakei von 1918 bis 1939.

gen. Die Sozialdemokraten verloren gegenüber 1920 14 Abgeordnetenmandate. Die Deutsche Demokratische Freiheitspartei verschwand ganz von der politischen Bühne. Dafür kam die Deutsche Gewerbepartei hinzu, welche mit dem Bund der Landwirte, der 16 Mandate errang, die stärkste Gruppe (zusammen 24 Mandate) stellte.

Wahlen 1929

Bei den dritten Parlamentswahlen vom 27. Oktober 1929 erhielten die Sozialdemokraten 506.761 Stimmen (30,7%). Die deutsche Wahlgemeinschaft (diesmal vom Bund der Landwirte, der Deutschen Arbeits- und Wirtschaftsgemeinschaft und der Karpatendeutschen Partei gebildet) erhielt 396.454 Stimmen (24,0%), die Christlichsoziale Volkspartei (mit der Deutschen Gewerbepartei) erreichte 348.066 Stimmen (21,1%), die Deutsche Nationalsozialistische Arbeiterpartei 204.110 Stimmen (12,3%), die Deutsche Nationalpartei (mit Sudetendeutschen Landbund) 189.187 Stimmen (11,5%) und die Alldeutsche Partei mit 6.672 Stimmen (0,4%). Die deutschen Parteien zusammen erhielten 1.651.250 Stimmen.

Wahlen 1935

Bei den Parlamentswahlen vom 19. Mai 1935 erhielten die deutschen Parteien zusammen 1.854.652 Stimmen. Bei diesen Wahlen gab es eine Sensation. Im angeblichen tschechoslowakischen Nationalstaat wurde die Sudetendeutsche Partei nach der Stimmenzahl die stärkste Partei in der Tschechoslowakischen Republik überhaupt. Die Gründe für diesen Aufschwung sind sowohl in außen- wie in innenpolitischen Vorgängen zu suchen.

Die Weltwirtschaftskrise und die damit zusammenhängende hohe Arbeitslosigkeit sowie die geringen Erfolge der deutschen Regierungsparteien haben sicher daran Anteil gehabt. Als sogenannte aktivistische Parteien waren seit 1926 der Bund der Landwirte, die Deutsche Christlichsoziale Volkspartei und später auch die Deutsche Sozialdemokratische Arbeiterpartei durch Minister im Regierungskabinett vertreten.

Wahlendergebnis 1935: Sozialdemokraten 299.942 Stimmen (16,2%), Bund der Landwirte 142.399 (7,7%), Christlichsoziale Volkspartei 162.781 Stimmen (8,8%), Sudetendeutsche Partei (einschließlich Karpatendeutsche Partei) 1.249.530 Stimmen (67,3%).

Nach demokratischen Gepflogenheiten hätte die Sudetendeutsche Partei mit der Regierungsbildung beauftragt werden müssen. Dies geschah deshalb nicht, weil die größte tschechische Partei (die Republikaner, auch Agrarier genannt) über 1 Abgeordnetenmandat mehr als die Sudetendeutsche Partei verfügte. Dies hing damit zusammen, daß die tschechischen Wahlkreise fast durchwegs kleiner als die deutschen waren und dadurch eine tschechische Partei weniger Stimmen für ein Mandat benötigte als eine deutsche.

Bei den Ergebnissen der Parlamentswahlen von 1925, 1929 und 1935 ist außerdem zu berücksichtigen, daß die Kommunistische Partei der CSR nicht als nationale Partei kandidierte und von Wählern aller Nationalitäten im Staate Stimmen erhielt. Sie errang 1925 41 sowie 1929 und 1935 jeweils 30 Mandate. Der Anteil der deutschen Wählerstimmen kann mit 20 – 25% angenommen werden.

Deutsche Abgeordnete im Prager Parlament 1920 – 1938

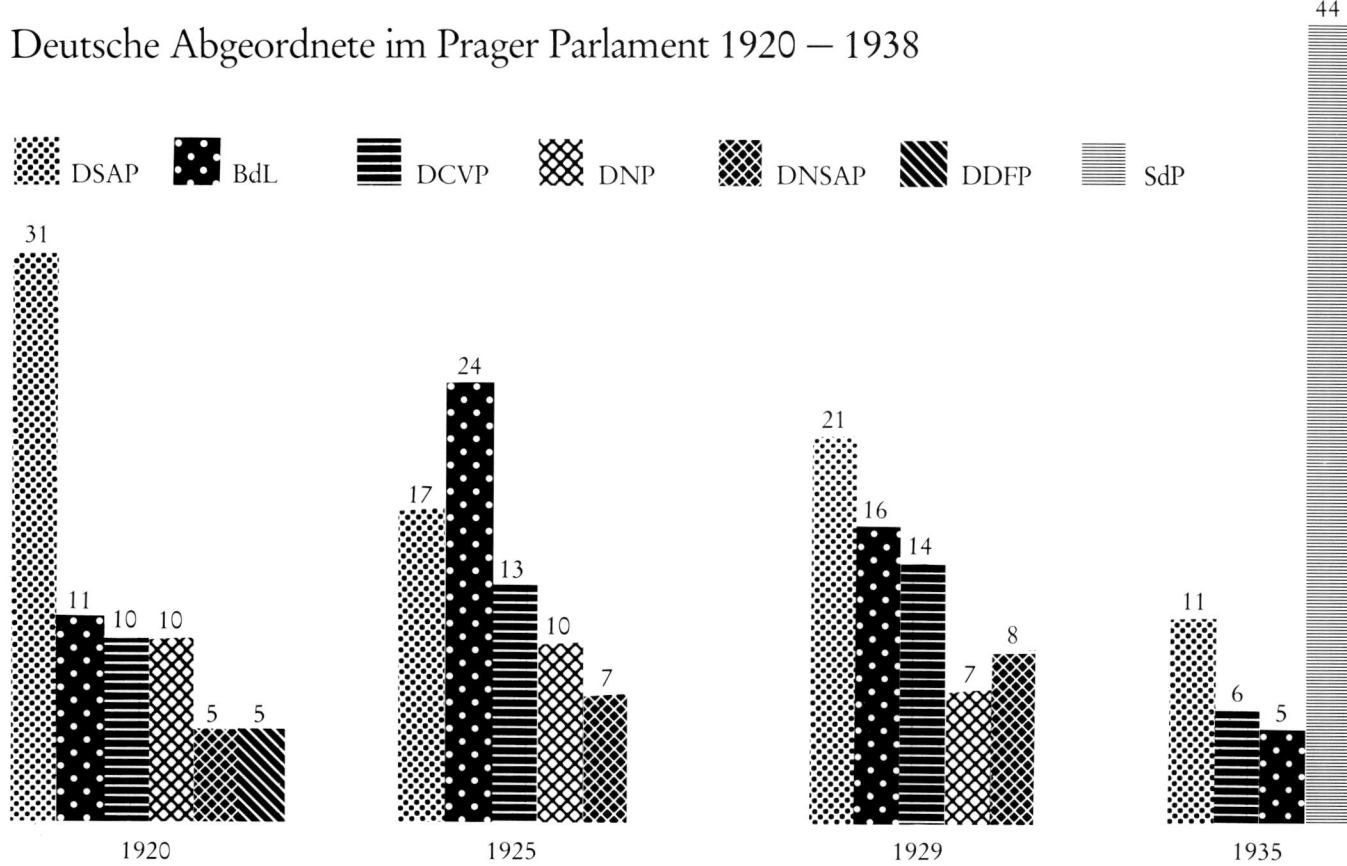

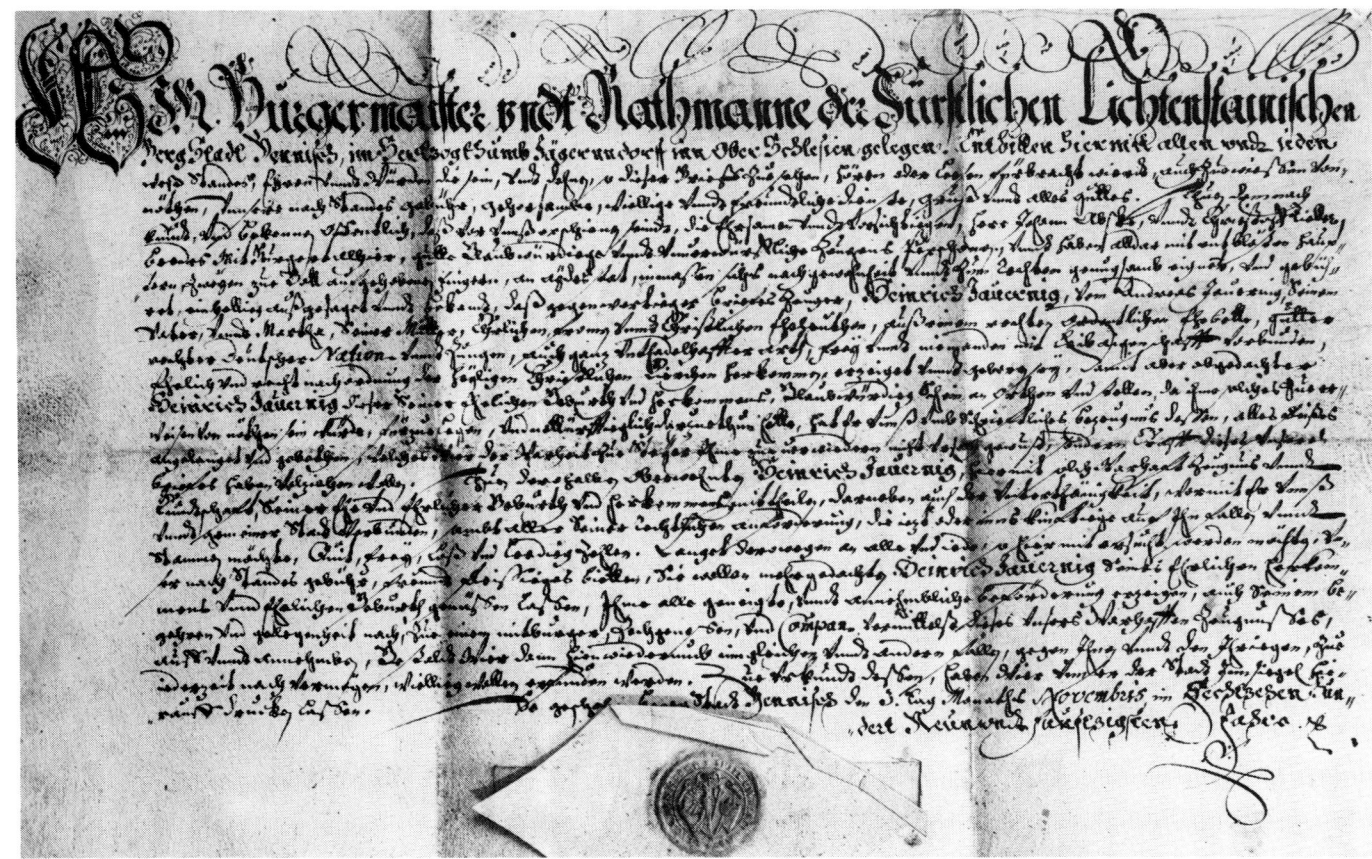

Geburtsbrief des Bennischer Bürgers Heinrich Jauernig vom 3. 11. 1659, Sohn von Andreas und Martha Jauernig „frommen undt Christlichen Eheleuten, gutter deutscher Nation undt Zungen"

Verwaltungszugehörigkeit

Das Freudenthaler Land ist von altersher ein Teil Schlesiens. Während im Frieden von Breslau 1742 der größte Teil Schlesiens zu Preußen und damit später zum Deutschen Reich kam, verblieb ein kleinerer Teil, der aus den ehemaligen Fürstentümern Troppau, Jägerndorf und Teschen sowie aus einem Teil des früheren Fürstentumes Neiße (Freiwaldauer Gebiet) bestand, bei Österreich.

Österreichisch-Schlesien war 5 147,02 Quadratkilometer groß, hatte im Jahre 1910 756 949 Einwohner, von denen 43,9% Deutsche, 31,7% Polen, 24,3% Tschechen und Slowaken sowie 0,1% Sonstige waren. Durch den Friedensvertrag des Jahres 1919 von St.-Germain wurde Österreichisch-Schlesien tschechoslowakisches Staatsgebiet. Es mußte 1920 das 724 Quadratkilometer große Olsagebiet an Polen abtreten und erhielt 316,67 Quadratkilometer vormals preußisches Gebiet (Hultschiner Ländchen) dazu. 1930 zählte Schlesien 738 000 Einwohner. Es wurde 1928 gegen den Willen seiner Bevölkerung mit Mähren zum Land „Mähren-Schlesien" vereinigt.

Als im Herbst 1938 die deutschen Gebiete Böhmens und Mähren-Schlesiens als Reichsgau Sudetenland dem Deutschen Reiche angegliedert wurden, teilte man diesen in die drei Regierungsbezirke Eger, Aussig und Troppau ein. Gauhauptstadt und Sitz des Reichsstatthalters wurde Reichenberg. Unsere Heimat gehörte zum Regierungsbezirk Troppau. Dieser war mit einer Fläche von 7 848,28 Quadratkilometern der größte der drei sudetendeutschen Regierungsbezirke. Er umfaßte 16 Kreise mit 849 Gemeinden, 244 860 Haushalten und 811 103 Einwohnern. Geographisch gliederte er sich in vier abgegrenzte Landschaften: Adlergebirge, Altvaterland, Schönhengstgau und Kuhländchen.

Das Adlergebirge umfaßte im wesentlichen den Kreis Grulich in Ostböhmen; das Altvaterland bildete mit den acht Landkreisen Bärn, Freiwaldau, Freudenthal, Jägerndorf, Mährisch-Schönberg, Römerstadt, Sternberg und Troppau den Kern des Regierungsbezirkes; der Schönhengstgau mit den Kreisen Hohenstadt, Landskron, Mährisch-Trübau und Zwittau lag in dessen südwestlichen und das Kuhländchen mit den Kreisen Wagstadt und Neutitschein im südöstlichen Teil.

Verwaltungsgliederung

Seit Einführung der liberalen Reichsverfassung (1867) in Österreich-Ungarn bis zum Ende des 2. Weltkrieges (1945) war der Landkreis (Politischer Bezirk) Freudenthal folgenden übergeordneten politischen Verwaltungen unterstellt:

Zeitraum 1867 – 1918: (Kaiserr. Österreich-Ungarn)

Der Bezirkshauptmann als Leiter der Bezirkshauptmannschaft (1. Verwaltungsstufe) war dem Landespräsidenten in Schlesien (2. Verwaltungsstufe) mit dem Sitz in Troppau unterstellt. Das Kronland Schlesien war wiederum ein Teil des österreichischen Anteiles der Habsburgischen Doppelmonarchie, Cisleithanien genannt, und unterstand dem kaiserlich-königlichen Innenminister in Wien (3. Verwaltungsstufe).

Freudenthal mit Köhlerberg

Hierzu gehörten:

Erzherzogtum Niederösterreich	96% Deutsche,	4% Tschechen,	
Erzherzogtum Oberösterreich	99% Deutsche,	1% Sonstige,	
Herzogtum Salzburg	100% Deutsche,		
Herzogtum Steiermark	68% Deutsche,	32% Slowenen,	
Herzogtum Kärnten	72% Deutsche,	28% Slowenen,	
Herzogtum Krain	94% Slowenen,	6% Deutsche,	
Küstenland (Gefürstete Grafschaft Görz und Gradiska sowie Markgrafschaft Istrien und Triest)	46% Italiener,	31% Slowenen,	
	21% Serbokroaten,	2% Deutsche,	
Gefürstete Grafschaft Tirol mit Vorarlberg	62% Deutsche,	38% Italiener,	
Königreich Böhmen	63% Tschechen,	37% Deutsche,	
Markgrafschaft Mähren	70% Tschechen,	29% Deutsche,	
	1% Sonstige,		
Herzogtum Schlesien	47% Deutsche,	30% Polen,	
	23% Tschechen		
Königreich Galizien und Lodomerien	54% Polen,	43% Ruthenen,	
	3% Deutsche,		
Herzogtum Bukowina	42% Ruthenen,	32% Rumänen,	
	21% Deutsche,	5% Sonstige,	
Königreich Dalmatien	96% Serbokroaten,	3% Italiener,	
	1% Deutsche.		

Der „Österreichische Anteil der im Reichsrat vertretenen Königreiche und Länder" umfaßte 300 004 Quadratkilometer mit 29 193 000 Einwohnern. Davon waren 36% Deutsche, 23% Tschechen, 16% Polen, 13% Ruthenen, 5% Slowenen, 3% Italiener, 3% Serbokroaten und 1% Rumänen. Der Vollständigkeit halber sind noch die nationalen Anteile der Länder der ungarischen Krone (Königreich Ungarn, Fiume sowie Königreich Kroatien und Slawonien) angeführt: 43% Ungarn, 15% Serbokroaten, 15% Rumänen, 12% Deutsche, 11% Slowaken, 2% Ruthenen, 1% Slowenen und 1% Sonstige.

Die gesamte Österreichisch-Ungarische Monarchie umfaßte eine Fläche von 676 615 Quadratkilometern mit 52 799 000 Einwohnern. In ihr lebten zehn verschiedene Nationen mit folgenden Bevölkerungsanteilen:

25% Deutsche,	8% Ruthenen,
17% Ungarn,	7% Rumänen,
13% Tschechen,	4% Slowaken,
11% Serbokroaten,	3% Slowenen,
9% Polen,	2% Italiener und
	1% Sonstige.

Nach diesem Ausflug zurück zur Verwaltungsgliederung der engeren Heimat.

Zeitraum 1918 – 1928: (Tschechoslowakische Rep.)

Der Bezirkshauptmann als Leiter der Politischen Bezirksbehörde unterstand dem Landespräsidenten in Schlesien mit dem Amtssitz in Troppau, dieser dem tschechoslowakischen Innenminister in Prag.

Zeitraum 1928 – 1938: (Tschechoslowakische Rep.)

Infolge der Vereinigung der Länder Mähren und Schlesien zum neuen Land Mähren-Schlesien gab es nur noch einen Landespräsidenten für Mähren-Schlesien mit dem Amtssitz in Brünn. Dieser unterstand dem Innenminister in Prag.

Die Landesvertretung Schlesiens bestand aus einem auf sechs Jahre gewählten Landtag und einem Landesausschuß. 1919 wurde eine Landesverwaltungskommission für Schlesien mit einem Landesausschuß eingesetzt. Zur Erneuerung des schlesischen Landtages, der 31 Abgeordnete zählte, kam es nicht mehr, da es angesichts der deutschen Bevölkerungsmehrheit in Westschlesien und der starken polnischen Minderheit in Ostschlesien den tschechoslowakischen Behörden ungelegen war, Landtagswahlen durchzuführen. Dies war der Hauptgrund für die Zusammenlegung der Länder Schlesien und Mähren zum Land Mähren-Schlesien im Jahre 1928.

Zeitraum 1938 – 1945: (Deutsches Reich)

Die bisherigen „Politischen Bezirksbehörden" wurden in Landkreise (Stadtkreise) umbenannt. An ihrer Spitze stand anstelle des Bezirkshauptmannes der Landrat (1. Verwaltungsstufe). Dieser war dem Regierungspräsidenten in Troppau (2. Verwaltungsstufe) unterstellt. Dessen Dienstvorgesetzter war der Reichsstatthalter des Reichsgaues Sudetenland mit dem Sitz in Reichenberg (3. Verwaltungsstufe), der wiederum dem Reichsinnenminister in Berlin (4. Verwaltungsstufe) verantwortlich war.

Zeitraum 1945 (Tschechoslowakische Sozialistische Republik)

Die alten tschechoslowakischen Verwaltungseinteilungen wurden wieder in Kraft gesetzt. Nach 1948 wurde das Land Mähren-Schlesien in die beiden Kreise Nordmähren mit Sitz in Mährisch-Ostrau und Südmähren mit Sitz in Brünn aufgeteilt. Auch die Politischen Bezirke erhielten neue Einteilungen.

Die Bevölkerung im Regierungsbezirk Troppau

nach dem Volkszählungsergebnis vom 17. Mai 1939

Kreis	Zahl der Gemeiden	Wohn-bevölk.	davon Reichs-angehörige	Von den Reichs-angehörigen waren deutsch/tschechisch	
Bärn	58	37.121	36.878	36.682	181
Freiwaldau	40	70.005	69.447	69.390	53
Freudenthal	46	48.339	48.059	48.014	37
Grulich	61	29.161	28.778	28.290	482
Hohenstadt	88	60.314	57.709	28.905	28.788
Jägerndorf	65	63.125	62.469	62.379	74
Landskron	43	32.637	28.289	23.649	4.637
Mähr.-Schönberg	61	76.244	74.495	64.134	10.346
Mähr.-Trübau	49	36.225	35.534	33.175	2.354
Neutitschein	79	84.631	68.026	53.428	14.564
Römerstadt	39	26.936	26.820	26.794	23
Sternberg	60	46.695	45.476	41.270	4.191
Troppau-Land	76	47.781	45.934	20.644	25.234
Troppau-Stadt	1	47.551	45.426	36.942	8.441
Wagstadt	44	54.698	50.164	19.520	30.592
Zwittau	39	49.640	48.686	48.020	661
Reg.Bez. Troppau	849	811.103	772.190	641.236	130.658

Bevölkerungsdichte im Sudetenland und im Regierungsbezirk Troppau

Gebiet	Einw./qkm	Gebiet	Einw./qkm
Gau Sudetenland	130,2	Kreis Sternberg	105,6
Reg.Bez. Aussig	182,2	Kreis M.-Schönberg	103,2
Reg.Bez. Eger	107,6	Kreis Landskron	96,6
Reg.Bez. Troppau	103,3	Kreis Freiwaldau	95,1
Kreis Troppau-Stadt	1099,2	Kreis Troppau-Land	92,2
Kreis Wagstadt	145,1	Kreis M.-Trübau	92,1
Kreis Neutitschein	144,5	Kreis Freudenthal	81,7
Kreis Jägerndorf	118,6	Kreis Römerstadt	70,6
Kreis Hohenstadt	108,3	Kreis Grulich	59,9
Kreis Zwittau	106,2	Kreis Bärn	56,3.

Das Betreuungsgebiet des Heimatkreises Freudenthal

Während in den amtlichen Übersichten und Statistiken Österreich-Ungarns und der 1. Tschechoslowakischen Republik das Gebiet des politischen Bezirkes mit 45 Gemeinden, in den reichsdeutschen Publikationen das Gebiet des Landkreises mit 46 Gemeinden angeführt ist, umfaßt das Betreuungsgebiet des Heimatkreises Freudenthal 48 Gemeinden.

Die anläßlich der Neugliederung der Landkreise im Jahre 1939 zum Landkreis Troppau gekommenen Gemeinden Groß-Herrlitz und Zattig gehören heute im Rahmen der Heimatgliederung der Sudetendeutschen Landsmannschaft betreuungsmäßig zum Heimatkreis Freudenthal.

Rechnen wir die Hektarflächen und Einwohner der Gemeinden Groß-Herrlitz und Zattig zum Gebiet des Heimatkreises hinzu, so ergibt sich eine Gesamtfläche von 61 965 Hektar bzw. 619,65 Quadratkilometer und eine Bevölkerung von 49.809 Einwohnern.

Die Ortsnamen des Kreises

Vor 1918 gab es für viele Gemeinden unseres Kreises noch überhaupt keinen tschechischen Namen. Es bestand auch keinerlei Bedürfnis dafür, da sowohl die Bevölkerung als auch die Verwaltung seit jeher deutsch war. Unsere deutschen Ortsnamen stammen aus der Zeit der Besiedlung, mitunter hat sich die Schreibweise im Laufe der Zeit geringfügig geändert, aber im Wortlaut blieb stets der Ursprung erhalten. Oft konnte man im Ortsnamen den Gründer erkennen, z. B. Eckersdorf = Ekkardisdorf, Erbersdorf = Erwigsdorf, Markersdorf = Marquardisdorf oder er wies auf die einstige Goldwäscherei hin, z. B. Dürrseifen, Vogelseifen usw.

Nach der Gründung der Tschechoslowakischen Republik suchten die Behörden nach tschechisch klingenden Namen für unsere deutschen Gemeinden. Hierzu wurde entweder der Ortsname einfach übersetzt, z. B. Altwasser = Stará Voda, Engelsberg = Andělská Hora oder er erhielt eine tschechische Endung, z. B. Lichten = Lichnov, Breitenau = Bretnov, Ludwigsthal = Ludvíkov, Karlsthal = Karlovice, Markersdorf = Markvartice.

Nach der Vertreibung haben anscheinend immer noch zu viele Ortsnamen ihre deutsche Herkunft erkennen lassen und man suchte und fand wiederum neue Bezeichnungen, die nun kaum noch etwas mit dem einstigen deutschen Namen zu tun haben. Wir geben deshalb in der folgenden Übersicht neben den deutschen Ortsnamen und der mundartlichen Bezeichnung sowohl die alten als auch die neuen tschechischen Ortsnamen an, wobei die alte Bezeichnung in Klammern gesetzt ist.

deutsch	mundartlich	tschechisch
Adamsthal	Adamsthoal	Adamov, jetzt Ortsteil von Karlovice
Alt-Erbersdorf	Oalt-Erbesdorf	Staré Heřminovy
Altstadt	Oaltschtoadt	Staré Město
Alt-Vogelseifen	Oalt-Voglseifn	Stará Rudná (fr. Starý Voglzejf), jetzt Ortsteil v. Rudná pod Pradědem
Altwasser	Ooaltwoassr	Stará Voda, jetzt Ortsteil von Suchá Rudná
Bennisch	Benntsch	Horní Benešov
Brättersdorf	Braaterschdorf	Bratříkovice
Boidensdorf	Benelsdorf	Bohdanovice
Breitenau	Bräeten	Široká Niva (fr. Bretnov)
Buchbergsthal	Hoammrdörfla	Železná (fr. Buchberkstál)
Dittersdorf	Ditterschdorf	Dětřichovice
Dürrseifen	Seifn	Suchá Rudná (fr. Suchý Zejf)
Eckersdorf	Eckerschdorf	Jakartovice
Einsiedel	Ansiedl	Mnichov
Engelsberg	Englsbarg	Světlá (fr. Andělská Hora)
Frei-Hermersdorf	Hermersdorf	Svobodné Heřmanice
Freudenthal	Fräentoal (Fräentl)	Bruntál
Groß-Herrlitz	Gruoß-Herrlitz	Velké Heraltice
Karlsberg	Koarlesbarg	Karlovec
Karlsthal	Koarlsthoal	Karlovice
Klein-Herrlitz	Klien-(Kläen)Herrlitz	Malé Heraltice
Klein-Mohrau	Klien-(Kläen)Mohrau	Malá Morávka
Koschendorf	Koschndorf	Košetice
Langenberg	Langabarg	Dlouhá Stráň
Lichten	Lichtn	Lichnov
Lichtewerden	Lichtewarn	Světlá (fr. Lichtvard)
Ludwigsthal	Lopichsthoal	Ludvíkov

Freudenthal – Die Piaristenkirche mit Knaben-Volks- und Bürgerschule

Markersdorf	Markerschdorf	Široká Niva (fr. Markvartice)
Messendorf	Mestndorf	Mezina
Milkendorf	Melkndorf	Milotice
Neudörfel	Neidörfla	Malá Veska (fr. Nová Veska)
Neu-Erbersdorf	Nei-Erberschdorf	Nové Heřminovy
Neurode	Neirode	Nová Pláň
Neu-Vogelseifen	Nei-Voglseifn	Nová Rudná (fr. Nový Voglzejf) jetzt Ortsteil von Rudná pod Pradědem
Nieder-Wildgrub	Neda-Weldgrub	Dolní Václavov (fr. Dolný Velkruby) jetzt Ortsteil von Václavov u Bruntálu
Ober-Wildgrub	Oba-Weldgrub	Horní Václavov (fr. Horný Velkruby) jetzt Ortsteil von Václavov u Bruntálu
Raase	Roas	Razová
Rautenberg	Raudnbarg	Roudno
Schlesisch-Hartau	Schlesisch-Hartau	Sleszká Harta
Schreiberseifen	Schreibrseifn	Skrbovice
Seitendorf	Seitndorf	Horní Životice
Spachendorf	Schpoachndorf	Leskovec nad Moravicí
Spillendorf	Schpilndorf	Oborná (fr. Špilendorf)
Wiedergrün	Wiedagrien	Podlesí
Wockendorf	Wockndorf	Jelení
Würbenthal	Wirmthoal	Vrbno pod Pradědem (fr. Vrbno ve Sleszko)
Zattig	Zoattich	Sádek
Zossen	Zossn	Sosnová.

Größe, Einwohner, Gliederung

Der Kreis Freudenthal ist 591,70 Quadratkilometer groß und hatte 1939 48.339 Einwohner. Er gliedert sich in die drei Gerichtsbezirke Bennisch, Freudenthal und Würbenthal. Ursprünglich zählte der politische Bezirk Freudenthal 45 Gemeinden. Durch die Neugliederung der Landkreise im Frühjahr 1939 kamen mit den Orten Karlsberg, Neurode und Rautenberg drei Gemeinden dazu, andererseits mußten Groß-Herrlitz und Zattig an den Kreis Troppau abgegeben werden, sodaß in den reichsdeutschen Übersichten 46 Gemeinden angeführt sind.

Gerichtsbezirke, Gemeindegrößen und Ackerbauflächen

Gerichtsbezirk Bennisch	Gemeindegröße in ha	Ackerbaufläche in ha	Einwohner
Alt-Erbersdorf	1027	666,95	563
Bennisch	2028	1227,67	3414
Boidensdorf	946	625,73	496
Brättersdorf	374	247,98	309
Eckersdorf	1058	535,15	724
Frei-Hermersdorf	1150	770,93	902
Klein-Herrlitz	490	344,21	328
Koschendorf	389	270,96	247
Lichten	2280	1004,17	1676
Raase	3204	1382,93	1709
Schlesisch-Hartau	216	122,42	140
Seitendorf	1142	673,10	702
Spachendorf	1290	824,71	1348
Zossen	1304	719,66	771
	16898	9416,57	13329
Groß-Herrlitz	1655	875,30	988
Zattig	1140	896,97	482
	2795	1772,27	1470

Gerichtsbezirk Würbenthal	Gemeindegröße in ha	Ackerbaufläche in ha	Einwohner
Adamsthal	173	96,06	262
Buchbergsthal	992	11,69	800
Einsiedel	4093	300,86	2100
Karlsthal	1942	155,33	1698
Ludwigsthal	2226	13,75	862
Würbenthal	1876	314,24	3994
	11302	891,93	9716

Gerichtsbezirk Freudenthal	Gemeindegröße in ha	Ackerbaufläche in ha	Einwohner
Altstadt	2137	1419,79	1263
Altwasser	360	213,22	282
Breitenau	1995	499,77	1055
Dittersdorf am Kirchberg	878	565,56	382
Dürrseifen (Karlsbrunn)	1116	191,35	542
Engelsberg	1601	295,48	1410
Freudenthal	2325	1129,51	10126
Karlsberg[1]	413		382
Klein-Mohrau	3831	238,11	1202
Langenberg	222	203,32	221
Lichtewerden	1140	651,47	1028

	Gemeindegröße in ha	Ackerbaufläche in ha	Einwohner
Markersdorf	318	167,17	463
Messendorf	1126	574,02	582
Milkendorf	788	197,64	501
Neudörfel	519	322,47	201
Neu-Erbersdorf	1066	136,73	824
Neurode[1]	166		271
Rautenberg[1]	2216		791
Schreiberseifen (Kunau)	1439	142,24	503
Spillendorf	558	495,76	494
Alt-Vogelseifen	1635	1141,59	612
Neu-Vogelseifen	582	409,80	268
Wiedergrün	782	241,78	262
Nieder-Wildgrub	1375	747,86	465
Ober-Wildgrub	1210	829,80	543
Wockendorf	1167	502,52	621
	30965	11316,96	25294

Zusammenfassung	Gemeindegröße in ha	Ackerbaufläche in ha	Einwohner
Gerichtsbezirk Bennisch (ohne Groß-Herrlitz und Zattig)	16898	9416,57	13329
Gerichtsbezirk Freudenthal	30965	11316,96	25294
Gerichtsbezirk Würbenthal	11302	891,93	9716
	59165	21625,46	48339

[1] für Karlsberg, Neurode und Rautenberg liegen die genauen Ackerbauflächen nicht vor.

Amtsgebäude der Bezirksbehörde (Aufnahme Loserth)

Die Behörden und Ämter des Kreises

Die wichtigste Verwaltungsbehörde des Kreises war die Bezirkshauptmannschaft, später „Politische Bezirksbehörde" und von 1938 – 1945 Landratsamt genannt. Diese Behörde hatte naturgemäß in der Bezirks-(Kreis)stadt Freudenthal ihren Sitz. Das Landratsamt war entsprechend der verschiedenen Aufgaben in zahlreiche Unterabteilungen wie Kreisbauamt, Jugendamt, Schulamt, Meldeamt, Gesundheitsamt usw. gegliedert. Diese Ämter hatten auf ihren Fachgebieten Weisungsbefugnisse an die Gemeindeämter der einzelnen Orte.

Freudenthal – Bezirksgericht

Das nächste für den gesamten Kreis zuständige Amt war das Finanzamt.

Für die Überwachung der Wehrdienstpflichtigen bestanden ein Wehrbezirkskommando und ein Wehrmeldeamt.

An Justizbehörden waren die Bezirks-(Amts-)gerichte mit ihren Grundbuchämtern und den Strafvollzugsanstalten (Arrestlokalen) vertreten. In diesen konnten jedoch nur leichtere Straffälle gesühnt werden.

Sitz der Bezirksgerichte waren die drei Gerichtsbezirksstädte Bennisch, Freudenthal und Würbenthal. In den genannten Orten befanden sich auch die für den Gerichtsbezirkssprengel zuständigen Behörden, wie Steueramt, Gefällskontrollamt, Arbeitsamtnebenstelle, Expositur (Zweigstelle) der tschechoslowakischen Staatspolizei, Gendarmeriepostenkommandos und die Dienststellen der Bezirkskrankenkassen (ab 1938 Allgemeine Ortskrankenkasse).

Die Gendarmeriestationen besaßen Polizeifunktionen und hatten für die Aufrechterhaltung der öffentlichen Sicherheit und Ordnung zu sorgen. Sie konnten Gesetzesübertreter überprüfen, sie notfalls verhaften und den ordentlichen Gerichten zur Aburteilung zuführen. Gendarmeriestationen bestanden in allen größeren Gemeinden. Sie waren zumeist auch für einige Nachbarorte mit zuständig. Solche Stationen befanden sich in Bennisch, Breitenau, Eckersdorf, Engelsberg, Frei-Hermersdorf, Freudenthal, Groß-Herrlitz, Karlsberg, Karlsthal, Klein-Mohrau, Lichten, Neu-Erbersdorf, Ober-Wildgrub, Raase, Spachendorf und Würbenthal.

Zu den Justizbehörden zählen auch die Notariate. Als Urkundsbehörden hatten sie öffentlich-rechtlichen Charakter. Den Notaren oblag die Beglaubigung von Rechtsgeschäften, Privatverträgen, Testamenten, Eheverträgen, die Beurkundung aller Grundstücksgeschäfte und deren Eintragung in die zuständigen Grundbücher sowie die Verwahrung von Urkunden, insbesondere für Voll- und Halbwaisen zur Sicherung eventueller Ansprüche. In den drei Bezirksgerichtsorten waren öffentliche Notariate ansässig.

Bahn-, Post- und Pfarrämter werden in den Abschnitten Verkehrswesen, Postwesen bzw. Kirchen und Klöster behandelt.

Garnisonen

Eine ständige Garnison mit etwa dreihundert Soldaten bestand in Freudenthal. Daneben wurden anläßlich des Ausbaues der tschechoslowakischen Verteidigungsanlagen und Bunkerlinien in den Jahren 1935 – 1938 zahlreiche Militärwachkommandos eingerichtet. Sie hatten den Auftrag, die streng geheimen Bauanlagen entlang der Grenze zum Deutschen Reich zu bewachen und die Einhaltung des strengen Fotografierverbotes solcher militärischer Objekte zu gewährleisten. In den Jahren 1935 – 1938 hatten die Gemeinden Zattig, Groß-Herrlitz, Klein-Herrlitz, Seitendorf, Bennisch, Zossen, Lichten, Neu-Erbersdorf, Milkendorf, Schreiberseifen, Breitenau, Markersdorf, Karlsthal, Würbenthal und Einsiedel entsprechende Unterkünfte für tschechoslowakische Militärdienststellen und ihr Wachpersonal bereitzustellen. Diese Verbände übernahmen den Wach- und Sicherungsdienst der neuerrichteten Befestigungsanlagen mit ihren zahlreichen Betonbunkern, Wachtürmen, Panzersperren (Spanische Reiter mit Stacheldrahtverhau) und sonstigen Verteidigungsanlagen. Glücklicherweise brachte der Anschluß der sudetendeutschen Gebiete an das Deutsche Reich im Herbst 1938 eine kampflose Räumung der Bunkerlinien. Am Tag des Einmarsches der deutschen Truppen (7. 10. 1938) inspizierten Hitler und Göring einige Bunker in der Gegend von Milkendorf/Neu-Erbersdorf.

Karlsthal – Panzersperren (spanische Reiter) der tschechischen Befestigungslinie – Reichsarbeitsdienstmänner beim Wegräumen der Sperren 1938

Karlsthal – Bunker der tschechischen Befestigungslinie 1938

Artilleriebunker an der Straße nach Groß-Herrlitz

In den Jahren 1937 – 1938, also vor fünfzig Jahren, wurde von der tschechischen Regierung eine Bunkerlinie an der deutschen Reichsgrenze erbaut, die auch durch die Zattiger Gemarkung führte. Das Foto zeigt den Artilleriebunker an der Straße nach Groß-Herrlitz mit drei Meter dicken Betonwänden und den Schießscharten. Sprengversuche sind bisher gescheitert, so daß diese Betonklötze noch im nächsten Jahrhundert die Landschaft verunstalten werden.

Tschechischer Bunker in Markersdorf

Das Städtische Krankenhaus in Freudenthal in der Bahnhofstraße

Bad Karlsbrunn – Kurhotel

Das Gesundheitswesen

Dem Staatlichen Gesundheitsamt in Freudenthal oblag die ständige ärztliche Kontrolle der Bevölkerung, die angemessene ärztliche Versorgung und Behandlung erkrankter Personen, die Gesundheitsvorsorge und die Lebensmittelüberwachung. Hierzu war das Kreisgebiet in Sanitätsdistrikte eingeteilt. In jedem dieser Distrikte gab es einen Distrikts- oder Amtsarzt, der in der Regel eine eigene Praxis ausübte und zur Erledigung der einschlägigen amtsmedizinischen Obliegenheiten bestellt wurde. Leiter des Gesundheitsamtes war Obermedizinalrat Dr. Alfred Geyer. Distriktsärzte im Kreisgebiet waren u. a. für Bennisch Dr. Walter Link; für Lichten Dr. Edmund Schleser; für Frei-Hermersdorf Dr. Rudolf Glaser; für Spachendorf Dr. Hans Moraw; für Neurode Dr. Kurt Kupka; für Lichtewerden Dr. Viktor Buchmann; für Klein-Mohrau Dr. Hugo Hampel; für Breitenau Dr. Gustav Göbel; für Karlsthal Dr. Julius Lehrer und für Würbenthal Dr. Alois Sturm. Amtsarzt für den Kreis Freudenthal war der Chefarzt des Allgemeinen Krankenhauses Dr. Viktor Ludwig. Chefarzt des Deutschordenskrankenhauses war Dr. Wanke. An praktischen Ärzten hatten sich niedergelassen: in Freudenthal Dr. Klement, Dr. Seidler, Dr. Englisch, Dr. Opitz, Dr. Gregor, Dr. Axmann und Dr. Fink; in Bennisch Dr. Fritz Machold; in Eckersdorf Dr. Eduard Wagner; in Groß-Herrlitz Dr. Edmund Beck; in Engelsberg Dr. Hugo Langer, in Würbenthal Dr. Hannes Rieber, der zugleich das Würbenthaler Krankenhaus betreute, und Dr. Judith Hanke; in Karlsbrunn Dr. Ewald Janusch.

Apotheken gab es in Freudenthal „Zum weißen Engel", Besitzer Mag. Friedrich Hübner, sowie die „Elisabeth-Apotheke", Inhaber Mag. Franz Müller; in Bennisch bestand die Apotheke „Zur heiligen Katharina" des Mag. Emil Hartmann und in Würbenthal die „Salvator-Apotheke" des Mag. Bruno Meißner.

Zahnärzte und Dentisten waren in Freudenthal vier (Dr. Erich Stritzky, Nießner, Buchmann und Leder), in Bennisch zwei (Josef Lerch und Oskar Ullmann), in Würbenthal ebenfalls zwei (Richard Stritzky und H. Lerch, Neu-Karlsthal) sowie in Spachendorf Karl Heginger und in Eckersdorf Oskar Rudolf.

Tierärzte hatten sich in Freudenthal (Bez. Veterinär Ferdinand Schuster, Paul Pfeifer und Alfred Menzel), in Bennisch (Eugen Zimmermann), in Würbenthal (Bruno Czerny), in Groß-Herrlitz (Leo Kausch) und in Eckersdorf (Leo Fröhlich) niedergelassen. Ihnen oblag die tiermedizinische Betreuung und Versorgung unseres Kreises. Sie beugten durch ihre Tätigkeit Seuchen und Epidemien vor.

Krankenhäuser und Pflegeheime dienten dem öffentlichen Wohl und der Genesung oder wenigstens der Linderung von Leiden und Gebrechen.

In Freudenthal befand sich das kreiseigene Allgemeine Öffentliche Krankenhaus mit Isolierpavillon sowie das Deutschordensspital und das Deutschordenshospital. Im Besitz der Stadtgemeinde waren dazu ein Pflegeheim, ein Waisenhaus, ein Witwenhaus, ein Siechenhaus und ein Obdachlosenasyl. Weitere Pflegeanstalten bestanden in Engelsberg, Würbenthal und Ben-

Das Deutschordensspital am Ringplatz in Würbenthal

Das städtische Pflegeheim in Bennisch, eröffnet 7. 10. 1934

Bad Karlsbrunn – Bildmitte: Kurhotel, links: Das Fürstenhaus,
rechts: Der Kursalon

nisch. Das Krankenhaus in Würbenthal zählte 34 Betten.

Hebammen. Zum Gesundheitswesen zählen auch die Ge-
burtshelferinnen und Hebammen, die es fast in jeder Gemeinde
gab.

Heilpraktiker übten in einigen Orten ebenfalls ihre helfende
Tätigkeit aus, so in Spachendorf der Heilpraktiker Franz Kauer.

Erste-Hilfe-Stationen mit ausgebildeten freiwilligen Helfern
der Sanitätskolonnen der örtlichen Freiwilligen Feuerwehren
oder des Deutschen Roten Kreuzes gab es fast in jeder Gemeinde. Die Sanitätskolonnen von Freudenthal und Bennisch besaßen eigene Krankenwagen, bei uns Rettungswagen genannt.

Das Schwimmbad in Karlsthal, erbaut 1929

Das Städtische Freibad in Freudenthal

Das Schwimmbad in Würbenthal

Städtisches Freibad in Bennisch, erbaut 1930

Die Volkszugehörigkeit der Bevölkerung des politischen Bezirkes Freudenthal

nach dem amtlichen Volkszählungsergebnis vom 1. 12. 1930

Gemeinde	Anwesende Bevölkg.	tschecho-slowak.	deutsch	andere	Ausländer
Adamsthal	265	–	260	–	5
Alt-Erbersdorf	536	3	522	1	10
Altstadt	1235	8	1209	2	16
Alt-Vogelseifen	631	1	623	–	7
Altwasser	284	–	277	–	7
Bennisch	3409	79	3282	1	46
Boidensdorf	531	1	528	–	2
Brättersdorf	303	1	301	–	1
Breitenau	1034	13	1014	–	7
Buchbergsthal	826	3	816	–	7
Dittersdorf	378	2	372	–	4
Dürrseifen einschl. Bad Karlsbrunn	539	5	518	–	16
Eckersdorf	721	29	691	–	1
Einsiedel	2214	10	2175	1	28
Engelsberg	1417	10	1374	3	20
Frei-Hermersdorf	950	14	906	2	28
Freudenthal	9676	396*	9031	26	223
Groß-Herrlitz	1079	102	941	2	34
Karlsthal	1694	12	1662	2	18
Klein-Herrlitz	328	2	321	–	5
Klein-Mohrau	1255	40	1187	1	27
Koschendorf	236	3	231	–	2
Langenberg	252	–	243	3	6
Lichten	2057	5	2028	–	24
Lichtewerden	1026	14	983	–	29
Ludwigsthal	955	26	910	–	19
Markersdorf	488	2	481	1	4
Messendorf	551	4	543	1	3
Milkendorf	532	25	494	–	13
Neudörfel	225	–	219	–	6
Neu-Erbersdorf	898	12	868	–	18
Neu-Vogelseifen	289	13	274	1	1
Nieder-Wildgrub	479	2	477	–	–
Ober-Wildgrub	566	11	544	–	1
Raase	1670	10	1639	–	21
Schlesisch-Hartau	169	2	164	1	2
Schreiberseifen	562	9	539	5	9
Seitendorf	726	6	704	3	13
Spachendorf	1368	19	1338	2	9
Spillendorf	528	6	520	–	2
Wiedergrün	297	–	292	–	5
Wockendorf	642	6	625	–	11
Würbenthal	3984	50	3842	9	83
Zattig	472	56	381	–	35
Zossen	857	31	822	1	3
	49134	1043	47182	68	841

*) einschließlich des in Freudenthal stationierten Militärs

Die Gemeinden des Reichsgaues Sudetenland

Ausführliche amtliche Ergebnisse der Volks-, Berufs- und Betriebszählung vom 17. Mai 1939 für jede einzelne Gemeinde
Nach dem Gebietsstand vom Juli 1941

Gemeinde bzw. Kreis	Wohn-bevölkg. 17. 5. 1939	Ständige Bevölk. 17. 5. 1939 insges.	davon männl.	Bevölkg. am 1. 12. 1930	Haushaltungen 17. 5. 1939
Ldkr. Freudenthal	48339	47782	22356	49011	14686
Adamsthal	262	262	124	265	84
Alt-Erbersdorf	563	563	273	536	160
Altstadt	1263	1263	616	1235	344
Alt-Vogelseifen	612	612	274	631	168
Altwasser	282	282	131	284	82
Bennisch	3414	3414	1595	3409	1090
Boidensdorf	496	496	217	531	150
Brättersdorf	309	309	140	303	97
Breitenau	1055	1055	495	1034	317
Buchbergsthal	800	800	398	826	248
Dittersdorf	382	382	170	378	112
Dürrseifen	542	542	254	539	162
Eckersdorf	724	724	323	721	227
Einsiedel	2100	2100	1013	2214	608
Engelsberg	1410	1410	634	1417	492
Frei-Hermersdorf	902	902	406	950	273
Freudenthal	10126	9569	4461	9676	2942
Karlsberg	382	382	174	358	131
Karlsthal	1698	1698	819	1694	560
Klein-Herrlitz	328	328	142	328	90
Klein-Mohrau	1202	1202	553	1255	388
Koschendorf	247	247	116	236	62
Langenberg	221	221	114	252	67
Lichten	1676	1676	759	2057	533
Lichtewerden	1028	1028	470	1026	331
Ludwigsthal	862	862	424	955	253
Markersdorf	463	463	203	488	154
Messendorf	582	582	288	551	176
Milkendorf	501	501	234	532	156
Neudörfel	201	201	99	225	54
Neu-Erbersdorf	824	824	386	898	265
Neurode	271	271	138	261	81
Neu-Vogelseifen	268	268	126	289	70
Nieder-Wildgrub	465	465	215	479	123
Ober-Wildgrub	543	543	252	566	137
Raase	1709	1709	795	1670	528
Rautenberg	791	791	387	809	238
Schlesisch-Hartau	140	140	59	169	52
Schreiberseifen	503	503	231	562	142
Seitendorf	702	702	325	726	209
Spachendorf	1348	1348	653	1368	429
Spillendorf	494	494	228	528	144
Wiedergrün	262	262	124	297	71
Wockendorf	621	621	291	642	186
Würbenthal	3994	3994	1873	3984	1285
Zossen	771	771	354	857	215
Groß-Herrlitz	988	988	444	1079	313
Zattig	482	482	225	472	115

Die ständige Wohnbevölkerung im Kreise Freudenthal, Stand 17. Mai 1939

Gemeinde bzw. Kreis	Von der ständigen Bevölkerung waren																
	unter 6 Jahre	v. H.	6–14 Jahre	v. H.	14–18 Jahre	v. H.	18–65 Jahre	v. H.	über Jahre	v. H.	röm.-kath.	v. H.	evang.	v. H.	gott-gläub.	v. H.
Landkreis Freudenthal	4553	9,5	6998	14,6	3718	7,8	28176	59,0	4337	9,1	44822	93,8	2433	5,1	122	0,3
Adamsthal	25	9,5	56	21,4	14	5,3	140	53,5	27	10,3	96	36,6	166	63,4	–	–
Alt-Erbersdorf	50	8,9	111	19,7	32	5,7	309	54,9	61	10,8	544	96,6	15	2,7	–	–
Altstadt	150	11,9	212	16,8	112	8,9	693	54,8	96	7,6	1220	96,6	34	2,7	–	–
Alt-Vogelseifen	59	9,6	83	13,6	75	12,3	343	56,0	52	8,5	597	97,6	13	2,1	–	–
Altwasser	32	11,3	44	15,6	14	5,0	164	58,2	28	9,9	263	93,3	10	3,5	–	–
Bennisch	348	10,2	406	11,9	236	6,9	2074	60,7	350	10,3	3291	96,4	92	2,7	13	0,4
Boidensdorf	37	7,5	78	15,7	38	7,7	302	60,8	41	8,3	490	98,8	6	1,2	–	–
Brättersdorf	34	11,0	31	10,0	22	7,1	188	60,9	34	11,0	307	99,4	1	0,3	1	0,3
Breitenau	118	11,2	167	15,8	82	7,8	606	57,4	82	7,8	953	90,3	100	9,5	2	0,2
Buchbergsthal	80	10,0	123	15,4	57	7,1	488	61,0	52	6,5	760	95,0	30	3,8	1	0,1
Dittersdorf	45	11,8	62	16,2	23	6,0	212	55,5	40	10,5	362	94,8	13	3,4	–	–
Dürrseifen	44	8,1	75	13,8	50	9,2	325	60,0	48	8,9	524	96,7	17	3,1	1	0,2
Eckersdorf	78	10,8	125	17,3	40	5,5	409	56,5	72	9,9	718	99,2	5	0,7	1	0,1
Einsiedel	236	11,2	367	17,5	131	6,2	1193	56,9	173	8,2	1921	91,5	165	7,9	3	0,1
Engelsberg	152	10,8	204	14,5	79	5,6	832	59,0	143	10,1	1357	96,2	44	3,1	1	0,1
Frei-Hermersdorf	101	11,2	153	17,0	55	6,1	502	55,6	91	10,1	895	99,2	7	0,8	–	–
Freudenthal	652	6,8	1108	11,6	957	10,0	6055	63,3	797	8,3	8876	92,8	535	5,6	33	0,3
Karlsberg	43	11,3	51	13,4	21	5,5	233	60,9	34	8,9	372	97,4	10	2,6	–	–
Karlsthal	161	9,5	281	16,5	96	5,7	978	57,6	182	10,7	1312	77,3	368	21,7	6	0,4
Klein-Herrlitz	35	10,7	53	16,2	32	9,8	177	53,8	31	9,5	328	100	–	–	–	–
Klein-Mohrau	125	10,4	187	15,6	81	6,7	684	56,9	125	10,4	1173	97,6	19	1,6	1	0,1
Koschendorf	30	12,1	42	17,0	35	14,2	120	48,6	20	8,1	246	99,6	1	0,4	–	–
Langenberg	23	10,4	35	15,8	14	6,3	124	56,2	25	11,3	216	97,7	5	2,3	–	–
Lichten	164	9,8	242	14,4	122	7,3	969	57,8	179	10,7	1635	97,5	40	2,4	–	–
Lichtewerden	107	10,4	141	13,7	89	8,7	602	58,5	89	8,7	1002	97,5	25	2,4	–	–
Ludwigsthal	92	10,7	144	16,7	55	6,4	483	56,0	88	10,2	794	92,2	65	7,5	2	0,2
Markersdorf	40	8,6	62	13,4	32	6,9	273	59,0	56	12,1	394	85,1	58	12,5	–	–
Messendorf	63	10,8	82	14,1	52	8,9	326	56,1	59	10,1	566	97,3	3	0,5	–	–
Milkendorf	73	14,6	77	15,4	29	5,8	282	56,2	40	8,0	496	99,0	5	1,0	–	–
Neudörfel	21	10,4	20	10,0	18	9,0	124	61,6	18	9,0	199	99,0	2	1,0	–	–
Neu-Erbersdorf	84	10,2	132	16,0	59	7,2	486	59,0	63	7,6	699	84,8	95	11,5	1	0,1
Neurode	27	10,0	31	11,4	23	8,5	162	59,8	28	10,3	269	99,3	2	0,7	–	–
Neu-Vogelseifen	31	11,6	44	16,4	15	5,6	150	56,0	28	10,4	266	99,2	1	0,4	–	–
Nieder-Wildgrub	54	11,6	95	20,4	32	6,9	249	53,6	35	7,5	459	98,8	3	0,6	2	0,4
Ober-Wildgrub	61	11,2	93	17,1	43	7,9	298	54,9	48	8,9	538	99,1	5	0,9	–	–
Raase	178	10,4	260	15,7	126	7,4	959	56,1	177	10,4	1674	97,9	23	1,3	6	0,4
Rautenberg	66	8,3	127	16,1	66	8,3	464	58,7	68	8,6	779	98,5	12	1,5	–	–
Schlesisch-Hartau	13	9,3	16	11,4	15	10,7	76	54,3	20	14,3	135	96,4	5	3,6	–	–
Schreiberseifen	70	13,6	97	19,3	30	6,0	272	54,0	34	6,8	418	83,1	23	4,6	5	1,0
Seitendorf	66	9,4	139	19,8	52	7,4	380	54,1	65	9,3	693	98,7	–	–	–	–
Spachendorf	143	10,6	191	14,2	94	7,0	804	59,6	116	8,6	1323	98,2	6	0,4	16	1,2
Spillendorf	47	9,5	70	14,2	43	8,7	292	59,1	42	8,5	470	95,1	17	3,4	–	–
Wiedergrün	22	8,4	48	18,3	25	9,5	140	53,5	27	10,3	261	99,6	1	0,4	–	–
Wockendorf	63	10,1	110	17,7	42	6,8	346	55,7	60	9,7	615	99,0	5	0,8	–	–
Würbenthal	342	8,6	551	13,8	301	7,5	2468	61,8	332	8,3	3552	88,9	374	9,4	27	0,7
Zossen	68	8,8	163	21,1	59	7,7	420	54,5	61	7,9	764	99,1	7	0,9	–	–
Groß-Herrlitz	89	9,0	132	13,4	81	8,2	565	57,2	121	12,2	974	98,6	13	1,3	–	–
Zattig	65	13,5	80	16,6	43	2,9	260	53,9	34	7,1	481	99,8	1	0,2	–	–

Die Altersstruktur und die Konfessionszugehörigkeit der Wohnbevölkerung des Kreises Freudenthal, Stand 17. Mai 1939

Gemeinde bzw. Kreis	Beamte Angestellte	v. H.	Arbeiter	v. H.	0,5 bis 2 ha	v. H.	2-5 ha	v.H.	5-20 ha	v. H.	20-100 ha	v. H.	über 100 ha	v. H.
Landkreis Freudenthal	5339	11,2	22522	47,1	706	22,6	691	22,1	1163	37,2	544	17,4	21	0,7
Adamsthal	2	0,8	129	49,2	6	13,3	31	68,9	8	17,8	–	–	–	–
Alt-Erbersdorf	30	5,4	169	30,0	6	9,1	11	16,7	38	57,5	10	15,2	1	1,5
Altstadt	97	7,7	633	50,1	18	17,1	11	10,4	38	35,8	38	35,8	1	0,9
Alt-Vogelseifen	11	1,8	230	37,6	10	12,3	14	17,3	23	28,4	34	42,0	–	–
Altwasser	17	6,1	91	32,3	13	27,1	10	20,8	24	50,0	1	2,1	–	–
Bennisch	458	13,4	1485	43,6	22	15,0	27	18,4	72	48,9	26	17,7	–	–
Boidensdorf	13	2,6	158	31,9	9	13,8	14	21,5	20	30,8	22	33,9	–	–
Brättersdorf	9	2,9	87	28,1	5	10,6	16	34,1	25	53,2	1	2,1	–	–
Breitenau	87	8,2	468	44,4	24	27,0	13	14,6	35	39,3	17	19,1	–	–
Buchbergsthal	63	7,9	536	66,9	21	56,8	12	32,4	2	5,4	–	–	2	5,4
Dittersdorf	13	3,4	113	29,6	9	15,8	10	17,5	22	38,6	16	28,1	–	–
Dürrseifen	58	10,7	335	61,8	13	35,2	10	27,0	10	27,0	4	10,8	–	–
Eckersdorf	31	4,3	344	47,5	27	34,6	18	23,1	15	19,2	17	21,8	1	1,3
Einsiedel	97	4,7	1416	67,4	55	42,3	50	38,5	19	14,6	5	3,8	1	0,8
Engelsberg	81	5,7	744	52,7	15	25,9	11	19,0	27	46,5	4	6,9	1	1,7
Frei-Hermersdorf	52	5,8	376	41,7	16	18,0	13	14,6	49	55,0	11	12,4	–	–
Freudenthal	2316	24,2	4079	42,6	25	25,8	10	10,3	41	42,2	18	18,6	3	3,1
Karlsberg	26	6,8	178	46,6	16	34,8	10	21,7	18	39,1	1	2,2	1	2,2
Karlsthal	126	7,4	928	54,7	53	43,1	43	35,0	25	20,3	–	–	2	1,6
Klein-Herrlitz	13	3,9	120	36,7	14	31,1	4	8,9	21	46,7	6	13,3	–	–
Klein-Mohrau	98	8,1	650	54,1	32	33,4	38	39,6	22	22,9	3	3,1	1	1,0
Koschendorf	13	5,3	94	38,1	3	8,8	11	32,4	10	29,4	10	29,4	–	–
Langenberg	25	11,3	71	32,1	–	–	5	17,3	23	79,3	1	3,4	–	–
Lichten	82	4,9	782	46,7	10	7,4	41	30,4	51	37,8	32	23,7	1	0,7
Lichtewerden	63	6,2	616	59,8	16	23,2	13	18,8	21	30,5	19	27,5	–	–
Ludwigsthal	89	10,3	554	64,3	19	42,2	21	46,7	4	8,9	–	–	1	2,2
Markersdorf	24	5,2	203	43,8	12	34,2	8	22,9	10	28,6	6	14,3	–	–
Messendorf	45	7,7	246	42,3	15	24,6	9	14,8	17	27,9	20	32,7	–	–
Milkendorf	57	11,4	249	49,6	6	15,0	10	25,0	22	55,0	2	5,0	–	–
Neudörfel	9	4,5	67	33,3	2	8,0	1	4,0	11	44,0	11	44,0	–	–
Neu-Erbersdorf	76	9,2	443	53,7	27	33,7	26	32,5	25	31,3	2	2,5	–	–
Neurode	16	5,9	155	57,2	9	34,6	7	26,9	8	30,8	2	7,7	–	–
Neu-Vogelseifen	3	1,1	71	26,5	6	12,2	7	14,3	32	65,3	4	8,2	–	–
Nieder-Wildgrub	9	1,9	198	42,6	14	21,9	7	10,9	19	29,7	24	37,5	–	–
Ober-Wildgrub	34	6,2	174	32,1	14	19,2	13	17,8	19	26,0	27	37,0	–	–
Raase	7	4,5	767	44,9	29	21,8	16	12,0	40	30,1	47	35,3	–	0,8
Rautenberg	52	6,6	290	36,7	25	22,7	17	15,5	41	37,3	27	24,5	–	–
Schlesisch-Hartau	6	4,3	53	37,9	3	18,7	4	25,0	8	50,0	1	6,3	–	–
Schreiberseifen	43	8,6	281	55,8	4	13,8	6	20,7	17	58,6	2	6,9	–	–
Seitendorf	50	7,1	259	36,9	9	12,7	15	21,1	31	43,7	15	21,1	1	1,4
Spachendorf	81	6,0	682	50,7	15	16,0	12	12,8	42	44,6	25	26,6	–	–
Spillendorf	31	6,3	221	44,8	4	7,7	10	19,2	29	55,8	9	17,3	–	–
Wiedergrün	6	2,3	114	43,5	9	25,7	5	14,3	17	48,6	4	11,4	–	–
Wockendorf	44	7,1	226	36,4	10	13,9	9	12,5	49	68,0	4	5,6	–	–
Würbenthal	670	16,8	2118	53,0	26	35,1	18	24,3	25	33,8	2	2,7	3	4,1
Zossen	36	4,7	319	41,4	10	11,5	24	27,6	38	43,7	15	17,2	–	–
Groß-Herrlitz	71	7,2	417	42,4	11	15,7	12	17,2	25	35,7	19	27,1	3	4,3
Zattig	15	3,2	185	38,3	5	9,3	6	11,1	22	40,7	20	37,0	1	1,8

Die Anzahl der Beamten, Angestellten und Arbeiter sowie die Zahl der land- und forstwirtschaftlichen Betriebe im Kreise Freudenthal, Stand 17. Mai 1939

Gemeinde	Von der ständigen Bevölkerung entfallen auf die Wirtschaftsabteilungen										Von der ständigen Bevölkerung sind			
	Land- und Forst- wirtschaft	v. H.	Indu- strie und Handwerk	v. H.	Han- del und Verkehr	v. H.	Öfftl. Dienst und priv. Dienstleist.	v. H.	Selbst. Berufsl.	v. H.	Selbst. mit ihren Angehörigen	v. H.	Mithlf. Fam.-Angh.	v. H.
Landkreis Freudenthal	12101	25,3	20886	43,7	4021	8,4	3123	6,5	6981	14,6	8370	17,5	4570	9,5
Adamsthal	167	63,7	50	19,1	8	3,1	1	0,4	36	13,7	46	17,6	49	18,7
Alt-Erbersdorf	316	56,1	112	19,9	35	6,2	18	3,2	81	14,4	171	30,3	112	19,9
Altstadt	492	39,0	465	36,8	112	8,9	62	4,9	118	9,3	259	20,5	156	12,4
Alt-Vogelseifen	321	52,4	162	26,5	39	6,4	18	2,9	68	11,1	165	27,0	138	22,5
Altwasser	123	43,6	85	30,2	17	6,0	8	2,8	48	17,0	65	23,0	61	21,6
Bennisch	515	15,1	1746	51,1	295	8,6	283	8,3	510	14,9	690	20,2	271	7,9
Boidensdorf	256	51,7	133	26,8	17	3,4	14	2,8	75	15,1	142	28,6	108	21,8
Brättersdorf	152	49,2	68	22,0	40	12,9	4	1,3	45	14,6	98	31,7	70	22,7
Breitenau	320	30,3	394	37,4	138	13,1	31	2,9	152	14,4	218	20,7	130	12,3
Buchbergsthal	217	27,1	410	51,2	45	5,6	16	2,0	106	13,3	47	5,9	48	6,0
Dittersdorf	231	60,5	70	18,3	20	5,3	7	1,8	52	13,6	120	31,4	84	22,0
Dürrseifen	179	33,0	141	26,0	97	17,9	90	16,6	35	6,5	64	11,8	50	9,2
Eckersdorf	268	37,0	244	33,7	77	10,6	25	3,5	108	14,9	146	20,2	95	13,1
Einsiedel	405	19,3	1285	61,1	79	3,8	62	3,0	252	12,0	183	8,7	152	7,2
Engelsberg	208	14,8	775	54,9	79	5,6	71	5,0	256	18,2	252	17,9	77	5,5
Frei-Hermersdorf	390	43,3	297	32,9	65	7,2	17	1,9	124	13,7	228	25,3	122	13,5
Freudenthal	542	5,7	4100	42,8	1383	14,5	1475	15,4	1779	18,6	1159	12,1	236	2,5
Karlsberg	111	29,1	158	41,4	31	8,1	15	3,9	62	16,2	74	19,4	42	11,0
Karlsthal	388	22,9	825	48,6	148	8,7	68	4,0	247	14,5	239	14,1	158	9,3
Klein-Herrlitz	171	52,2	114	34,8	8	2,4	4	1,2	30	9,1	98	29,9	67	20,4
Klein-Mohrau	375	31,2	451	37,5	99	8,2	83	6,9	176	14,7	158	13,1	120	10,0
Koschendorf	137	55,5	77	31,2	6	2,4	4	1,6	23	9,3	70	28,3	47	19,0
Langenberg	105	47,5	77	34,8	7	3,2	8	3,6	24	10,9	56	25,3	45	20,4
Lichten	530	31,6	797	47,6	85	5,1	43	2,6	212	12,6	377	22,5	223	13,3
Lichtewerden	213	20,7	594	57,8	56	5,4	25	2,4	130	12,7	151	14,7	68	6,6
Ludwigsthal	133	15,4	525	61,0	44	5,1	51	5,9	102	11,8	58	6,7	59	6,9
Markersdorf	128	27,7	208	44,9	25	5,4	15	3,2	83	17,9	91	19,7	62	13,4
Messendorf	251	43,1	200	34,3	26	4,5	26	4,5	78	13,4	124	21,3	89	15,3
Milkendorf	160	31,9	181	36,1	63	12,6	29	5,8	65	13,0	74	14,8	56	11,2
Neudörfel	110	54,7	57	28,4	7	3,5	4	2,0	23	11,4	49	24,4	53	26,4
Neu-Erbersdorf	195	23,7	404	49,0	85	10,3	24	2,9	111	13,5	110	13,4	84	10,2
Neurode	61	22,5	151	55,7	12	4,4	9	3,3	35	12,9	37	13,7	28	10,3
Neu-Vogelseifen	172	64,1	61	22,8	12	4,5	3	1,1	20	7,5	99	36,9	75	28,0
Nieder-Wildgrub	256	55,1	154	33,1	6	1,3	9	1,9	37	8,0	133	28,6	88	18,9
Ober-Wildgrub	276	50,8	149	27,5	32	5,9	16	2,9	70	12,9	169	31,1	96	17,7
Raase	597	34,9	693	40,6	56	3,3	42	2,5	315	18,4	360	21,1	190	11,1
Rautenberg	445	56,3	217	27,5	28	3,5	32	4,0	65	8,2	214	27,0	170	21,5
Schlesisch-Hartau	62	44,3	46	32,9	1	0,7	3	2,1	28	20,0	23	16,4	30	21,4
Schreiberseifen	136	27,0	224	44,6	45	8,9	15	3,0	82	16,3	59	11,7	38	7,6
Seitendorf	350	49,9	201	28,6	10	1,4	23	3,3	116	16,5	174	24,8	103	14,7
Spachendorf	343	25,4	715	53,0	72	5,3	44	3,3	165	12,2	292	21,7	128	9,4
Spillendorf	216	43,7	153	31,0	39	7,9	26	5,3	59	11,9	98	19,8	85	17,2
Wiedergrün	175	66,8	47	17,9	8	3,1	5	1,9	27	10,3	54	20,6	61	23,3
Wockendorf	280	45,0	193	31,1	44	7,1	13	2,1	85	13,7	157	25,3	109	17,5
Würbenthal	245	6,1	2429	60,8	387	9,7	248	6,2	591	14,8	503	12,6	112	2,8
Zossen	378	49,0	248	32,2	33	4,3	34	4,4	75	9,7	216	28,0	125	16,2
Groß-Herrlitz	430	43,5	225	22,8	77	7,8	52	5,3	173	17,5	200	20,2	127	12,9
Zattig	315	65,3	92	19,1	5	1,0	10	2,1	49	10,2	142	29,4	91	18,9

Die Wirtschaftszweige der Wohnbevölkerung des Kreises Freudenthal, Stand 17. Mai 1939

Die Deutschordens-Mädchenschule und Kloster in Freudenthal, Hochmeisterstraße

Das Schulwesen

Seit altersher sind in allen Pfarrorten auch Schulen vorhanden, natürlich stets in engster Verbindung mit der Kirche. Diese nahm schon immer für sich das Recht der Erziehung in Anspruch. Die Grundherren selbst hatten noch kein Interesse an der Schulbildung ihrer Untertanen. Die Kirche bildete ihren Nachwuchs an Mönchen und Priestern selbst aus und nahm an ihre Lateinschulen anfangs wohl kaum Kinder von ortsansässigen Untertanen auf. Das war ein Vorrecht der Söhne adeliger Herren, und so gestaltete sich die Zweiheit Landesherr und Kirche fast zu einer Einheit. So entwickelte sich die „Obrigkeit". Der Wald und dessen Nutzung wurde dem deutschen Kolonisten entzogen und gehörte allein dem Landesherren bzw. der örtlichen Herrschaft, desgleichen die Jagd.

In dieser Zeit des Umbruchs von der örtlichen Wirtschaft zur Wirtschaft des Landes spielten die Schreiber an den Fürstenhöfen eine wichtige Rolle. Sie waren die Schreibkundigen, die Verträge schriftlich niederlegten und die geringeren Verträge, die vielleicht anfangs nur mit Handschlag besiegelt wurden, auszulegen wußten oder sie vielleicht gar im Sinne ihrer Herren verändern konnten. Das Lesen und Schreiben wurde deshalb auch für den einfachen Mann wichtig, für die Handwerker und Bürger der Städte direkt notwendig. In den Städten war der Stadtschreiber neben dem Bürgermeister die wichtigste Person. Nicht mehr der Pfarrherr allein konnte schreiben, auch die Bürgerschaft begann diese Kunst zu erlernen.

In Troppau wird 1372 erstmals eine Schule erwähnt. 1540 wird diese Schule von der Stadt übernommen. In jener Zeit hatte sich in unserer Heimat das Luthertum ausgebreitet. Die damaligen Besitzer der Herrschaft Freudenthal, die Grafen von Würben, und die Besitzer der Herrschaft Jägerndorf, die Markgrafen von Brandenburg, waren zur neuen Lehre übergetreten und förderten den Ausbau des Schulwesens. Die lutherische Bibel sollte nicht von einigen wenigen, sondern von allen gelesen werden!

Die älteste Schule in Freudenthal hat sicherlich schon im 14. Jahrhundert oder im beginnenden 15. Jahrhundert bestanden, doch besitzen wir keine Belege dafür. Sie sind wohl in den Wirren der Kriege oder durch Brände verlorengegangen. Die Nachricht, daß 1563 der Prediger Christoph Gerstenberg nach Bergstadt bei Römerstadt berufen wurde, nachdem er durch drei Jahre Schulmeister in Freudenthal war, ist der erste zuverlässige Beleg über das Bestehen einer Schule in Freudenthal. Damals gehörte das Gebiet um Bennisch und die Gemeinden des Oppatales noch zum Fürstentum Jägerndorf.

Hynek der Ältere von Würben gab in der Zeit zwischen 1589 bis 1592 in seinen Herrschaften Freudenthal und Goldenstein eigene Kirchen-, Schul- und Eheordnungen heraus. In der Schulordnung wird u. a. den Bürgermeistern befohlen, die Kinder zum Schulbesuch anzuhalten, der Herrschaft die Schüler zu melden, die die Schule besuchen und welche schulfähigen Kinder der Schule fernbleiben. Die Schulmeister erhielten Belehrungen wie der Unterricht zu gestalten sei, wie sich die Schüler zu betragen haben u.a.m.

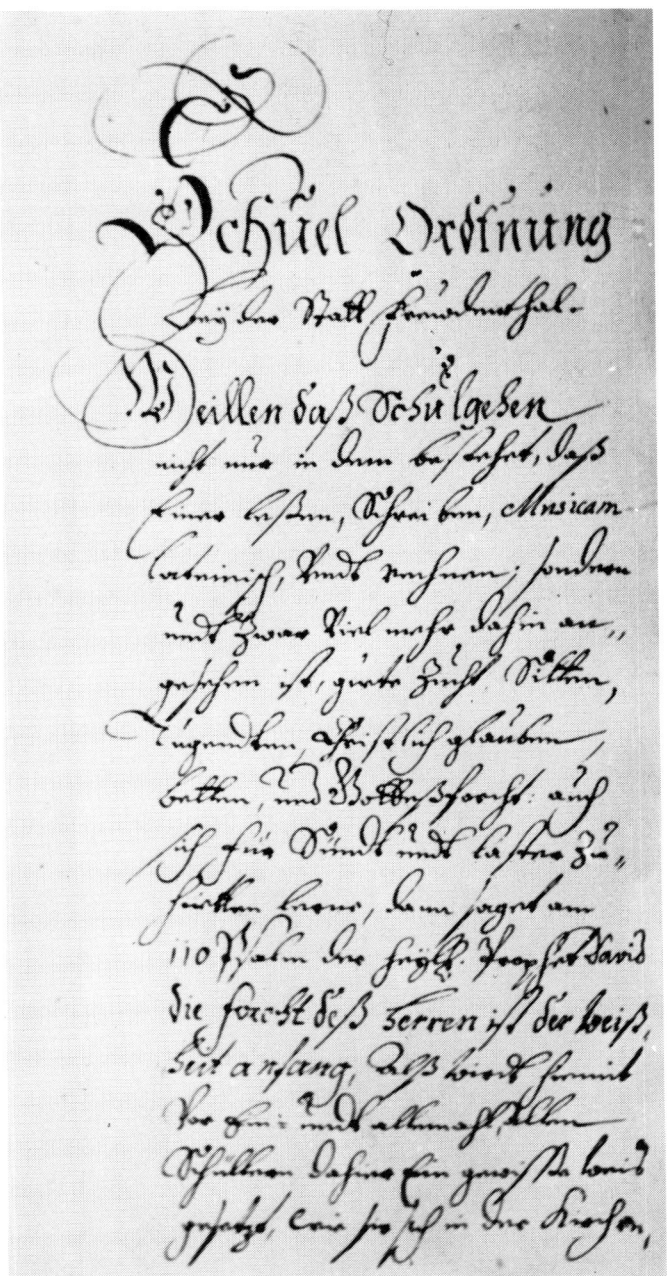

Schulordnung der Stadt Freudenthal von 1663

Die Piaristenkirche mit Knaben-Volks- und Bürgerschule in Freudenthal

tung der Gottesdienste. Dazu kam der Sonntagnachmittagunterricht, der zur besseren Einprägung der Sonntagspredigt diente. Auch eine Schulmatrik wurde bereits geführt. Austritt oder Aufnahme in die Schule durfte nur mit Wissen der verordneten „Inspektoren" erfolgen. Dieses galt jedoch nur für die Knaben, für welche demnach damals bereits Schulzwang bestand. Für den Lehrer war die Bezeichnung „Schulmeister" festgelegt. Daß die Bennischer Schulmeister erfolgreich gewirkt haben müssen, ersehen wir aus einer Beschwerdeschrift des Jahres 1641. In ihr nimmt es, der nun wieder katholische Pfarrer einem angesehenen Bürger und zugleich halsstarrigen Lutheraner sehr übel, daß dieser nicht lesen und schreiben kann.

Die evangelischen Besitzer der Herrschaften Freudenthal und Jägerndorf verloren zu Beginn des 30jährigen Krieges als Anhänger des von den protestantischen Ständen gewählten Königs, Friedrich von der Pfalz, ihre Besitzungen. Die neuen, nunmehr katholischen Besitzer der Minderstandsherrschaft Freudenthal wurden der Deutsche Ritterorden und im Jägerndorfer Bereich die Fürsten von und zu Liechtenstein. Die Bewohner wurden bis 1650 wieder der alten Glaubenslehre zurückgeführt, also rekatholisiert.

Der Hoch- und Deutschmeister Johann Caspar von Ampringen gab 1663 eine Schulordnung des Deutschen Ritterordens heraus. Damals bestand die Freudenthaler Lateinschule aus sechs Klassen und galt als Übergangsschule zum Gymnasium. Sie wurde 1675 in vier Klassen zusammengezogen. An dieser Schule durften nur namhafte Lehrkräfte unterrichten. Sie war eine ausgesprochene Knabenschule. Der Unterricht der Mädchen oblag einem Mädchenkantor. Dieser soll sittsam und fromm sein und einen erbaulichen Lebenswandel führen. Er hat darauf zu achten, daß die Kinder Rosenkränze und Gebetbücher haben und muß die Schüler zeitgerecht zur Kirche führen.

Gleich zu Beginn der Herrschaft des Deutschen Ritterordens hatte der Ordensstatthalter Georg Wilhelm von Elkershausen, genannt Klippel, eine Alumnatstiftung für vier, später für sechs Alumnen errichtet. Durch diese Stiftung wurde es begabten Knaben aus Engelsberg, Würbenthal und Klein-Mohrau ermöglicht, zu studieren. 1687 wurde das Alumnat aufgelassen. Ein neues Alumnat stiftete 1715 der Landesrentmeister Andreas Josef Urban, wiederum für sechs Alumnen. Aus den Schülern gingen hervorragende Bürger und geistliche Würdenträger hervor.

Am 30. November 1602 setzte das Jägerndorfer Oberamt die von der Bennischer Stadtkanzlei entworfene „Schulordnung der Stadt Bennisch" in Kraft. Dieser entnehmen wir, daß an allen sechs Wochentagen unterrichtet wurde, die Schule im Winter sechs, im Sommer sechseinhalb Stunden dauerte und daß sie sowohl von Knaben als auch Mädchen besucht wurde. Der Unterricht erstreckte sich nicht nur auf Schreiben (Vorschreiben und Nachschreiben), sondern auch auf Sprachlehre, Nacherzählen und Rechnen. Die größeren Schüler hatten sich in vier Wochenstunden „allgemeines Wissen" anzueignen. Besondere Aufmerksamkeit wurde dem Evangelium und dem Katechismus geschenkt. Musik wurde unterrichtsmäßig zehn Stunden wöchentlich betrieben, davon vier Stunden Kirchengesang zur Ausgestal-

Das Piaristengymnasium 1730 – 1871

Das Piaristengymnasium wurde vom Hochmeister Franz Ludwig (1694 – 1732) gestiftet. Er war ein Wittelsbacher und nannte sich „Erzbischof des hl. Stuhles zu Mainz, Erzkanzler und Kurfürst des heiligen römischen Reiches, Administrator des Hochmeistertums in Preußen, Meister des Deutschen Ordens in Deutsch- und Wälschland, Bischof zu Worms und Breslau, Propst und Herr zu Ellwangen, Pfalzgraf zu Neuburg und am Rhein, Herzog in Baiern zu Jülich, Cleve und Berg, Fürst zu Worms, Graf zu Waldens, Sponnheim, der Mark und Ravensburg, Herr zu Ravenstein, Freudenthal, Eulenberg und Busau." Die Errichtungsurkunde wurde am 23. Dezember 1730 vom Piaristenordens-Provinzial P. Basilius verfaßt und vom Hochmeister Franz Ludwig unterzeichnet sowie am 14. Juni 1731 von Kaiser Karl VI. bestätigt. Die Piaristen erhielten zum Bau des Gymnasium ein Kapital von 24.000 Gulden rheinisch zu 6% Zins. Für den Bau der Piaristenkirche sollte ein besonderer Betrag aufgebracht werden.

Ende Mai 1731 waren die ersten Piaristen nach Freudenthal gekommen, und es wurde alsbald mit dem Bau von Schule und Kirche begonnen. Auch der Schulunterricht wurde aufgenommen, er fand behelfsmäßig im Herrenhaus statt. Die Geistlichen erhielten Unterkunft im herrschaftlichen Burggrafenhaus beim Meierhof und Verpflegung beim Hauskomtur im Schloß. Der Bau war im vollen Gange, als Hochmeister Franz Ludwig am 18. April 1732 unvermutet starb. Sein Nachfolger Hochmeister Clemens August (1732 – 1761) war jedoch nicht bereit, die Stiftung seines Vorgängers weiterhin zu unterstützen. Die Fortsetzung der begonnenen Bauten geriet ins Stocken, da große finanzielle Schwierigkeiten zu überwinden waren. Dennoch konnte dank der Spendenfreundlichkeit der Stadt und einiger hochgestellter Gönner das Werk vollendet werden. Im Herbst 1735 zogen die Piaristen in den Neubau ein. Die Kirche war 1746 außen und 1752 auch innen fertiggestellt. Das vierklassige Gymnasium konnte auf sechs Klassen erweitert werden. Die Jahre von 1752 bis 1777 gelten als Blütezeit des Freudenthaler Piaristengymnasiums. Auf Grund eines kaiserlichen Dekretes wurde das Gymnasium 1777 aufgelöst und in eine vierklassige Hauptschule umgewandelt. Der Unterricht verblieb aber in den Händen des Piaristenordens. Um 1810 war das Stiftungskapital durch Teuerungen und Verfall der Währung so weit gesunken, daß der Orden in Schwierigkeiten geriet und verschuldete. 1822 übernahm P. Rektor Peregrin Kunze das Haus in einem verwahrlosten Zustand. Mit Hilfe des Hoch- und Deutschmeisters Erzherzog Anton Viktor und mit Unterstützung vieler Gönner brachte er es in zehn Jahren so weit, daß der Besitz schuldenfrei war und die Gebäude in Ordnung gebracht werden konnten.

1826 wurde der Unterricht in der ersten Klasse in eine große und eine kleine Abteilung geteilt. In den Folgejahren bemühte man sich, die Piaristenlehranstalt weiter auszubauen und eine Mittelschule ins Leben zu rufen. Dies ist 1850 gelungen. Es konnte eine unvollständige zweiklassige Unterrealschule errichtet werden, die zehn Jahre später zur dreiklassigen Haupt- und Unterrealschule erweitert wurde. 1857 machte sich ein Mangel an Ordenslehrern bemerkbar und seitdem wurden auch weltliche Lehrer herangezogen. 1871 wurde die Piaristen-Haupt- und Unterrealschule aufgelöst, denn es war der Bürgerschaft gelungen, für Freudenthal die Bewilligung eines Staats-Unterrealgymnasiums zu erreichen. An die Stelle der Piaristenhauptschule trat die

öffentliche Knaben-Volks- und Bürgerschule. Die Leitung dieser Schule übernahm der bisherige Rektor der Piaristenschule P. Mathias Hartig. Er trat 1882 nach 43jähriger Lehrtätigkeit in den Ruhestand. 1883 verließen die übrigen drei Piaristenlehrer die Schule. 1904 war der Mangel an Ordensmitgliedern soweit fortgeschritten, daß der Piaristenorden in Freudenthal gänzlich aufgelassen wurde. Die Stadt kam unentgeltlich in den Besitz des Ordensgebäudes und der Piaristenkirche. Das Schulgebäude wurde aufgestockt und neuzeitlich eingerichtet, die Kirche fand als Schulkirche weitere Verwendung.

Alle Ordenslehrer haben sich durch ihre milden duldsamen Anschauungen als Priester sowie durch ihren rastlosen Fleiß und ihre Tüchtigkeit als Lehrer um Freudenthal große Verdienste erworben.

Das Staats-Untergymnasium

Durch das Gesetz vom 14. Mai 1869 wurden die dreiklassigen Unterrealschulen aufgelassen bzw. überall dort, wo es die Verhältnisse zuließen, durch einen vierten Jahrgang erweitert. Der schlesische Landesschulrat forderte die Stadt Freudenthal auf, die Unterrealschule zu erweitern. Die Stadt verpflichtete sich, die erforderlichen Schulräume und die Direktorswohnung beizustellen sowie die Beheizung der Schulräume und die Erhaltung der Schuleinrichtung zu übernehmen. Der Südteil des Piaristengebäudes wurde mit einem Aufwand von 30.000 Gulden modernisiert. Die Eingabe der Stadtgemeinde bezüglich der Bewilligung des Untergymnasium wurde am 13. Januar 1871 vom Kaiser Franz-Josef I. bestätigt. Das erste Schuljahr wurde am 4. Oktober 1871 feierlich eröffnet. Trotz aller guten Wünsche bei der Eröffnung war dem Untergymnasium nur ein kurzer Bestand beschieden. Bereits im zweiten Schuljahr wurde ihr Leiter, Direktor Schmued, auf eigenes Ansuchen als Direktor des Staats-Realgymnasiums in Klagenfurt versetzt. An seine Stelle trat Professor Leopold Dvořák. Er blieb Direktor bis zur Auflösung des Untergymnasiums im Jahre 1889. Der Lehrkörper war vielen Änderungen ausgesetzt und die schulischen Erfolge waren rückläufig. Die Anstalt verlor an Ansehen und es wurden grundsätzliche Bedenken gegen die Form der vierklassigen Gymnasien vorgebracht. Schließlich verfügte das Unterrichtsministerium im Jahre 1878 die Schließung der Anstalt. Die Stadtgemeinde protestierte gegen diesen Erlaß beim Kaiser, beim Unterrichtsminister und beim schlesischen Landesschulrat. Sie erreichte immerhin, daß die Schule am 2. September 1879 wiedereröffnet werden konnte. An die Stelle des bisherigen Unterrealgymnasium trat nunmehr ein reines Staats-Untergymnasium. Am 23. Oktober 1880 besuchte Kaiser Franz-Josef I. in Begleitung des Hochmeisters Erzherzog Wilhelm das Untergymnasium Freudenthal und sprach sich über verschiedene Gegenstände recht anerkennend aus. Doch auch dem Untergymnasium war kein langer Bestand beschieden. Ursache der Schließung war die zu geringe Schülerzahl. Sie war zeitweise unter siebzig gesunken. Bei einer Überprüfung der Schülerzahlen österreichischer Mittelschulen verfügte daher der kaiserlich-königliche Unterrichtsminister, Freiherr von Gautsch, mit Erlaß vom 15. Juli 1889, daß alle schwach besuchten Anstalten zu schließen seien. Unter ihnen befand sich auch das Staats-Untergymnasium in Freudenthal. Sein Direktor, Professor Dvořák, ging in den Ruhestand, die anderen Lehrkräfte wurden an einschlägige Schulen versetzt.

Das Staats-Realgymnasium

Elf Jahre waren vergangen bis sich die Stadt Freudenthal im Jahre 1900 erneut an das österreichische Unterrichtsministerium wandte und um die Errichtung eines vollständigen Staatsgymnasiums ansuchte. Der wirtschaftliche Aufschwung um die Jahrhundertwende war mit einem steigenden Bedarf an Führungskräften verbunden. Dem Ansuchen vom Jahre 1900 war 1904 ein erster Erfolg beschieden. Der schlesische Landtag bewilligte einen ansehnlichen Betrag zur Errichtung eines Gymnasiums. Den unablässigen Bemühungen des verdienstvollen Bürgermeisters W. F. Olbrich ist es zu danken, daß dem Ansuchen schließlich doch entsprochen wurde. Mit kaiserlichem Erlaß vom 12. Januar 1908 wurde verfügt, daß ab Herbst dieses Jahres in Freudenthal die erste Klasse des Staatsgymnasium eröffnet und die Schule von da an bis zum vollen Ausbau jährlich um eine Klasse erweitert werde.

Zum Direktor wurde der bisherige Professor des Deutschen Staatsgymnasiums in Troppau, Josef Bräunl, berufen. Der schlesische Landtag bewilligte für das neue Gymnasium einen jährlichen Zuschuß von 8.000 Kronen. Am 7. Mai 1909 ordnete das Ministerium auf Antrag der Stadtgemeinde Freudenthal an, daß nach dem neuen Lehrplan für Realgymnasien zu unterrichten sei. Anstelle von Griechisch wurde Englisch in den Lehrplan aufgenommen, alle sonstigen Gymnasialfächer wurden beibehalten. Die Absolventen hatten Zugang zu allen Hochschulen des Staates. Die Studierenden von Theologie, Geschichte und alten Sprachen mußten allerdings Griechisch nachlernen.

Gleichzeitig mit der Eröffnung des Staatsrealgymnasium wurde mit dem Bau des Gymnasialgebäudes begonnen. Die Pläne hatten die Architekten Eugen Fulda und Max Joli in Teschen entworfen. Die Bauleitung übernahm der städtische Baumeister Karl Nebauer, die Bauausführung der Erd-, Maurer- und Zimmererarbeiten oblag dem Freudenthaler Baumeister Robert Mildner. Der Kostenaufwand betrug 450.000 Kronen.

Bis zur Fertigstellung dieses Neubaues fand der Unterricht in verschiedenen Gebäuden der Stadt statt, so im Hause Neue Welt Nr. 3, im Zeichensaal der Knabenbürgerschule und in der städtischen Turnhalle.

Am 19. Mai 1912 wurde das Gebäude feierlich seiner Verwendung übergeben. Die Festrede hielt Bürgermeister W. F. Olbrich,

Das Staatsrealgymnasium in Freudenthal

Freudenthaler Trachtengruppe zur 200 Jahrfeier des Gymnasiums 12./13. 10. 1931. Am Tisch links der spätere langjährige Heimatkreisbetreuer Dr. Hans Schober.

den Festgottesdienst zelebrierte der damalige Dechant (und später Ordens-Hochmeister) Paul Heider.

Im Ersten Weltkrieg wurde ein Teil des Gymnasiums samt dem Turnsaal für militärische Zwecke verwendet. Nach dem Kriege kam als neue obligate Fremdsprache Tschechisch hinzu. Noch 1917 wurde durch eine Verordnung der Schulverwaltung auch Griechisch als relativ-obligates Fach für diejenigen Schüler ab Klasse 5 erklärt, welche als Priesterstudenten seit dem gleichen Jahre vom Deutschen Ritterorden in einem eigenen „St.-Josefsheim" unter Aufsicht des Deutschordens-Priors untergebracht waren. Wir erkennen hierin bereits die Vorstufe des späteren Knabenseminares.

Die Schülerzahl betrug 1917/1918 145 Schüler und 14 Hospitantinnen. Bis dahin waren Mädchen nämlich nur als Hospitantinnen zugelassen, in der Folgezeit wurden sie auch am Gymnasium „öffentliche Schülerinnen". Zwei weitere Faktoren begünstigten die steigenden Schülerzahlen (1919/20: 271 Schüler). Erstens hatte der Mittelschulverein ein Schülerheim im Erdgeschoß des Gymnasiums errichtet. Dieses diente begabten Schülern minderbemittelter Eltern als Unterkunft und brachte auf diese Weise Knaben ans Gymnasium, die sonst aus wirtschaftlichen Gründen keine weiterführende Schule hätten besuchen können. Zweitens hatten im Deutschordensschloß in Freudenthal die Se-

Abiturienten 1944 des Staatsrealgymnasiums Freudenthal

minarzöglinge des Kremsierer Priesterseminars, die seit dem Herbst 1918 als Deutsche dort vom Weiterstudium ausgeschlossen worden waren, eine neue Unterkunft gefunden. Für diese Schüler wurde 1919 das Fach Griechisch als verbindlich erklärt, dafür entfielen für sie die Fächer Englisch und Darstellende Geometrie. Das Seminar im Schloß leitete Monsignore P. Franz Hobich als Direktor; ihm standen ein Spiritual und zwei Präfekten zur Seite. Im Seminar waren etwa einhundert Zöglinge untergebracht.

Direktor Bräunl trat aus gesundheitlichen Gründen 1924 in den Ruhestand, nachdem er schon seit Herbst 1923 krankheitshalber pausieren mußte. In seiner Amtszeit brachte es das Gymnasium vom Neuanfang auf stattliche zehn Klassen mit 325 Schülern.

Die Tschechoslowakische Republik hatte 1918/1919 aus der österreichischen Zeit an die hundert deutsche höhere Schulen im deutschen Randgebiete übernommen. Da den tschechischen Behörden diese Zahl zu hoch schien, waren schon in verschiedenen Städten solche Schulen geschlossen worden. Ende 1924 sollte auch das Gymnasium in Freudenthal daran kommen. Doch es kam nicht zu diesem Schritt der Regierung, denn die deutschen Katholiken in Mähren und Schlesien hatten sich inzwischen unter der Leitung des rührigen Propstes von Troppau, Paul Heider, geeinigt, in Freudenthal ein deutsches Knabenseminar für 200 Zöglinge auf eigene Kosten zu errichten. Sie wollten damit die Frage des deutschen Priesternachwuchses in der Erzdiözese Olmütz endgültig lösen. Großzügige Sammlungen brachten bis zum Sommer 1925 Millionenbeträge. Der Rohbau des Seminars war bis zum Spätherbst 1925 vollendet. Vor dieser großartigen Gemeinschaftsleistung der deutschen Öffentlichkeit trat die Regierung den Rückzug an. Es erfolgte eine nochmalige Ausschreibung der vakanten Direktorenstelle des Freudenthaler Gymnasiums. Als Nachfolger von Direktor Bräunl wurde der Professor am Staatsreform-Realgymnasium in Freiwaldau, Dr. Alfred Meißner, gewählt. Er trat im April 1926 sein neues Amt an und blieb Leiter des Gymnasiums bis zum Kriegsende im Mai 1945. Wie erfolgreich sein Wirken an dieser Schule war, läßt sich am besten an den Schülerzahlen ablesen. Im Jahre 1936 umfaßte das Gymnasium 15 Klassen mit zusammen 563 Schülern! Diese Zahl von rund fünfhundert Schülern änderte sich auch in den folgenden Jahren bis 1945 nur gering. Der Schulbetrieb ging auch in den Kriegsjahren im großen Ganzen unverändert weiter. Durch die Kriegszeit und die damit verbundenen Maßnahmen (Schulungszwecke, Wehrertüchtigungslager, Flakhelfer u. a.) gab es vermehrt Fehlstunden, Lehrkräfte wurden zum Wehrdienst einge-

zogen, aber dennoch gab es nach wie vor einen regelmäßigen Schulunterricht. Letzter Schultag am Gymnasium, seit 1938 Oberschule genannt, war Samstag, der 5. Mai 1945. Zwei Tage später war Freudenthal von russischen Truppen besetzt.

Die Bürgerschulen

Von den fünf Bürgerschulen, die 1921 im Kreisgebiet bestanden, ist die Freudenthaler Knabenbürgerschule die älteste. Sie entstand 1871 als Nachfolgerin der aufgelassenen Piaristenhauptschule. Als nächste Bürgerschule ist die Knabenbürgerschule in Bennisch zu nennen, die 1900 eröffnet wurde. Der eigens hierfür errichtete stattliche Neubau beherbergte auch die Knabenvolksschule. Diese wies fünf Klassen, die Bürgerschule drei Klassen auf. 1911 wurde die Knabenbürgerschule in „gemischte" Bürgerschule umbenannt, da seither auch Mädchen aufgenommen wurden. Die Schülerzahlen dieser Schule stiegen erheblich, sodaß die beiden ersten Bürgerschulklassen verdoppelt werden mußten. Später kam als 4. Bürgerschulklasse der sogenannte „Einjährige Lehrkurs" hinzu. Er bot durch Erlernung und Weiterbildung in Maschinenschreiben und Kurzschrift sowie durch Vertiefung des Allgemeinwissens gewisse Vorteile. Begabte Absolventen konnten u. a. nach Ablegen einer Aufnahmeprüfung in eine Lehrerbildungsanstalt (Pädagogische Hochschule) aufgenommen werden. Die Bürgerschule in Würbenthal entstand 1910. In diese wurden nur Knaben aufgenommen. 1912 errichtete die Stadt hierzu ein eigenes Schulgebäude. Für Mädchen entstand nach dem Ersten Weltkrieg in Würbenthal eine eigene Bürgerschule. Sie war ebenso wie die Mädchenvolksschule eine Privatschule mit Öffentlichkeitsrecht. Der Unterricht wurde von Deutschordensschwestern durchgeführt. Dieser begann 1858 im neuerbauten Schwesternkloster. 1862 wurde die bislang zweiklassige Schule in eine dreiklassige umgewandelt. Eine weitere Klasse kam 1891 hinzu, und 1912 erhielt die DO-Mädchenvolksschule ihr eigenes Schulgebäude am Ring unmittelbar neben dem Kloster und dem Spital. Zur Schule gehörte eine eigene Turnhalle und eine modern eingerichtete Schulküche.

Schülerinnen der Deutschordens-Mädchenschule (Volks- und Bürgerschule) in Freudenthal

1927/1928 kam es zu einem gründlichen Umbau der Knabenvolks- und Bürgerschule in Freudenthal. Das alte Piaristenschulgebäude wurde aufgestockt, es erhielt wesentlich verbesserte Treppen und Flure sowie eine Zentralheizung.

1929 kam es nach langen Bemühungen auch in Raase zur Gründung einer Sprengelbürgerschule für die Orte Raase, Spachendorf, Rautenberg und Karlsberg. Es war dies die 6. Bürger-

Piaristen-Knaben-Volks- und Bürgerschule

schule im Kreis. Die räumlichen Bedingungen wurden durch das Aufstocken des bisher einstöckigen Schulgebäudes in Raase (erbaut 1904) erreicht. Direktor dieser Bürgerschule wurde Fachlehrer Alfred Beier. Als weitere Fachlehrer wirkten Rudolf Schober, Erwin Olbrich aus Freudenthal und Frau Henriette Kunz aus Spachendorf.

Die Volksschulen

Die Volksschulen unserer Heimat hießen Trivialschulen, welche in allen Pfarrdörfern, Märkten und kleineren Städten zu errichten waren. In ihnen wurde außer Religion, in den drei Gegenständen (Trivium) Lesen, Schreiben, und Rechnen Unterricht erteilt. Obwohl die Stadt- und Pfarrschulen sicherlich sehr ersprießliche Arbeit geleistet haben, kam es nicht selten vor, daß die Schulmeister durch Bestellung ihrer Äcker oder durch alle möglichen anderen Dienste so in Anspruch genommen waren, daß für den eigentlichen Schulunterricht in den oft viel zu großen Klassen zu wenig Zeit verblieb. Von einem einigermaßen geregelten Unterricht kann erst gesprochen werden seit die Kaiserin Maria Theresia am 6. Dezember 1774 die „Allgemeine Schulordnung für die Normal-, Haupt- und Trivialschulen" in sämtlichen Erbländern ihres Reiches einführte und das allgemeine Bildungswesen als eine Sache des Staates erklärte. Das Schulwesen gliederte sich in drei verschiedene Schularten, die vierklassige Normal-Schule in den bedeutenderen Städten, aus der dann der spätere Lehrernachwuchs hervorging, die dreiklassige Haupt-Schule in jedem Bezirk und in die ein- bzw. zweiklassigen Trivial-Schule in jeder Pfarrgemeinde. Um diese Schulordnung entbrannte heftige Gegensätze. Die Feudalherren und der hohe Klerus klagten über die hohen Lasten, die ihnen die neuerrichteten Schulen auferlegten und vertraten die Ansicht, daß die Schulaufsicht ihnen und nicht dem Staate zustehe. Diese Gegensätze traten in der Regierungszeit Kaiser Josefs II. offen zutage, zumal er mit großer Energie das Schulwesen ausbaute. Nach seinem Tode gelangte Kaiser Franz II. an die Regierung. Er war sehr konservativ und befürchtete, daß ein zu schneller Fortschritt die Religion und die Monarchie untergraben könnte. Ganz allmählich entglitt die Schule der staatlichen Aufsicht und die Lehrer wurden wieder von den Patrimonialämtern und der Geistlichkeit abhängig. Die ersteren waren für sie die unterste Schulbehörde, die letztere ihre Inspektoren. Die Schulmeister und noch mehr die Schulgehilfen befanden sich gegenüber der Geistlichkeit in ei-

Entlassungszeugnis unseres Kreisbetreuers Lm. Adolf Irmler aus der Volksschule Dürrseifen, Sommer 1927

ner geradezu unwürdigen Stellung. Sie hatten dem Geistlichen die Hand zu küssen, man verbot ihnen das Tragen von Schnurr- und Backenbärten, sah es nicht gern, wenn sie öffentliche Musikveranstaltungen besuchten und verlangte von ihnen, daß sie den Schülern die Lehren des Katechismus einzulernen hätten, obwohl dies eigentlich die Aufgabe des Katecheten oder des Pfarrers war.

Das Einkommen des Schulmeisters bestand zumeist aus dem Ertrag der Schuläcker, aus dem Schulgeld der Schüler und aus Naturalleistungen. Dazu kamen die Einnahmen aus kirchlichen Hilfsdiensten.

Nach dem „Inventarium der Kirchensachen in Bennisch" vom Jahre 1681 setzte sich die Besoldung des Schulmeisters aus sechs Teilen zusammen:
1. erhielt er von der Stadt für den Unterricht der Knaben zu Georgi und Michaeli je 45 schlesische Taler sowie sechs Scheffel Korn und sechs Scheffel Hafer,
2. erbrachte ihm die Schulmeisterwiese 5 – 6 Fuder Heu, dazu hatte er „über Sommer und Winter" acht Scheffel Acker,

3. hatte zum Heizen der Schülerstube jeder Knabe von Allerheiligen bis Georgi (November bis April) täglich ein Scheitel Holz mitzubringen.

4. Von allen kirchlichen Einkünften, soweit sie nicht mit dem regelmäßigen Gottesdienst zusammenhängen, gebührt dem Schulmeister der dritte Teil. Vom Einsegnen der Sechswöchnerin bleibt ihm ein schlesischer Groschen, für das Einschreiben eines Täuflings erhält er einen Kreuzer über sein Drittel, für jeden Gesang vor dem Leichenhaus erhält er einen Groschen. Trauungen und Begräbnisse bringen ihm außer seinem Drittel nichts.

5. Für das Aufstellen, Instandhalten und Aufbewahren des heiligen Grabes, für die Legung der Kirchenrechnung sowie zu Ostern, Pfingsten und Weihnachten erhält er „aus dem Säckel für einen Trunck" je zwölf Groschen. Zu Maria Reinigung bekommt er eine Kerze und drei Groschen.

6. Für das Hostienbacken von den Kirchen zu Bennisch, Spachendorf und Raase erhält er drei Taler.

Mit diesen Gebühren konnte der Bennischer Schulmeister noch zufrieden sein, denn er erhielt zum Beispiel bei einem Begräbnis, das in der Regel einen Taler kostete, ein Drittel, d. s. zwölf Groschen. Nach dem „Verzeichnuß waß in der herrschaft Freudenthall undt Eulenberg dem pfarrer, Kirchen- undt Schuldiener in einem undt anderen vor accidentien (Gebühren) gebühret" vom Jahre 1624 ist zu entnehmen, daß damals der Schulmeister von einem Begräbnis nur vier Groschen und sechs Heller, das ist der achte Teil eines Talers, bekam.

Da in den meisten Pfarrorten der Schulmeister auch das Glöckneramt versah, sind die Einnahmen daraus laut Bennischer Kirchenrechnung von 1681 angeführt. Sie setzen sich aus drei Teilen zusammen:

1. erhält der Glöckner für das Läuten der Betglocke und zum Gottesdienst zu den Terminen Georgi und Michaeli je sechs Taler, für das Stellen der Kirchenuhr bekommt er zu den gleichen Terminen jeweils weitere sechs Taler,

2. gebührt ihm die Nutzung von zwei Scheffel Acker; das Düngen hat er jedoch selbst zu besorgen,

3. für das Wetterläuten erhält er von der Gemeinde zwei Viertel Korn, zwei Viertel Hafer und zwei Viertel Gerste. Für das Läuten bei Begräbnissen gilt als Taxe: einmal läuten – sechs Groschen, zweimal läuten – zwölf Groschen, dreimal läuten – achtzehn Groschen.

Ergänzend hierzu die Besoldung der Lehrkräfte der Bennischer dreiklassigen Pfarrhauptschule im Jahre 1858: der Schullehrer (= Oberlehrer) erhielt ein Jahresgehalt von 300 Gulden; der 1. Unterlehrer ein solches von 140 Gulden und der 2. Unterlehrer ein Gehalt von 120 Gulden. Dazu kamen noch kleinere Zuschüsse wie Tintengeld, Colledagebühr, Quartierzins u. ä.

Durch das Reichsvolksschulgesetz vom 14. Mai 1869 wurden die Pfarrschulen in allgemeine öffentliche Volksschulen umgewandelt. Der Schulleiter (Oberlehrer) erhielt ein Jahresgehalt von 600 Gulden. Das neue Schulgesetz sicherte die allgemeine achtjährige Schulpflicht endgültig. Sie unterstellte die Schule der alleinigen Aufsicht des Staates, führte strenge Schulbesuchsüberwachungen ein und übernahm die Lehrerschaft in den Staatsdienst. Es galten nunmehr einheitliche Ausbildungsvorschriften für den Lehrernachwuchs und Unterrichtsziele für die Schüler. Wegen seiner Mustergültigkeit wurde das Reichsvolksschulgesetz das fortschrittlichste Gesetz des 19. Jahrhunderts genannt. Es hat sich in der Praxis bestens bewährt und nach dem Zusammenbruch der alten Donaumonarchie Ende des Jahres 1918 haben alle Nachfolgestaaten das Gesetz in seinen Grundzügen übernommen.

Unsere Heimatgemeinden erkannten sehr schnell die Vorteile, die eine gute Schulausbildung allen brachte und nahmen große finanzielle Opfer auf sich, um ihren Kindern zweckentsprechende, moderne Schulgebäude zu errichten. Sie waren hierbei bestrebt, den Weg zur Schule möglichst zu verkürzen und erreichten, daß es in jedem Ort eine eigene Schule gab.

Im Jahre 1921 bestanden im Kreis Freudenthal (außer den bereits genannten weiterführenden Schulen) 47 öffentliche und 4 private Volksschulen, letztere waren die Mädchenschulen des Deutschen Ordens.

Die Knabenvolksschule in Würbenthal

Von den öffentlichen Schulen unterrichteten 25 ganztägig, 19 halbtägig und 3 teils ganz-, teils halbtägig. Nach der Klassenanzahl waren 12 Schulen einklassig, 14 zweiklassig, 9 dreiklassig, 2 vierklassig, 8 fünfklassig und 2 sechsklassig. Außerdem bestanden noch 15 Parallelklassen und 3 Klassen an Expositurschulen, zusammen 145 Volksschulklassen. In den drei später zum Kreis Freudenthal gekommenen Gemeinden Karlsberg, Neurode und Rautenberg bestanden zusammen weitere 21 Schulklassen.

Am 31. Oktober 1936 bestanden, einem amtlichen Bericht zufolge, im politischen Bezirk Freudenthal an Schulen:

51 Volksschulen mit	172 Klassen und	5.979 Schülern,
6 Bürgerschulen mit	29 Klassen und	1.158 Schülern,
1 Realgymnasium mit	15 Klassen und	563 Schülern,
1 Fachschule für Weberei mit	5 Klassen und	71 Schülern und
1 landwirtschaftliche Haushaltungsschule mit	2 Klassen und	34 deutschen u. 6 tschechischen Schülern.

Zur schulischen Fortbildung der kaufmännischen, gewerblichen und landwirtschaftlichen Lehrlinge waren

9 den öffentlichen Schulen angegliederte gewerbliche Fortbildungsschulen mit 21 Klassen und 450 Schülern sowie

5 den öffentlichen Schulen angegliederte landwirtschaftliche Volksbildungsschulen

vorhanden. Letztere unterrichteten im Gegensatz zu den anderen Schulen nur einen halben Tag in der Woche (gewöhnlich Mittwoch nachmittags).

Karlsthal – Die Volksschule erbaut 1913/1914

Die Knaben-Volks- u. gemischte Bürgerschule in Bennisch, erbaut 1898/1899

Altstadt, Alte Schule 1935

Ort	Anzahl der Klassen	letzter Schulleiter
Adamsthal	1 klassig	Lehrer Josef Jedelsky
Alt-Erbersdorf	2 klassig	Oberlehrer Rudolf Klos
Altstadt	4 klassig	Oberlehrer Emil Mader
Alt-Vogelseifen	2 klassig	Oberlehrer Josef Dudycha
Altwasser	1 klassig	Lehrer Franz Müller
Bennisch (Mädchen)	5 klassig	Oberlehrer Alfred Bartsch
Bennisch (Jungen)	5 klassig	Rektor Dr. Bittner
Boidensdorf	2 klassig	Oberl. Hermann Lindner
Brättersdorf	2 klassig	Oberlehrer Rudolf Klein
Breitenau/Markersdorf	7 klassig	Oberlehrer Josef Losert
Pochmühl	1 klassig	Lehrer Rudolf Rohrsetzer
Buchbergsthal	2 klassig	Oberlehrer Johann Mildner
Gabel	1 klassig	Lehrer
Dittersdorf	2 klassig	Oberl. Anneliese Czech
Dürrseifen	2 klassig	Oberlehrer Isidor Berger
Karlsbrunn	1 klassig	Lehrer Adolf Klein
Eckersdorf	3 klassig	Oberlehrer Josef König
Einsiedel	8 klassig	Oberlehrer Josef Schmack
Frei-Hermersdorf	4 klassig	Oberlehrer Ernst Ruprecht
Freudenthal (Mädchen)	5 klassig	Rektor Franz Schober
Freudenthal (Knaben)	5 klassig	Oberlehrer Franz Hofmann
Freudenthal (Knaben)	4 klassig	Direktor Kajetan Ludwig/ Johann Koss
Groß-Herrlitz	3 klassig	Oberlehrer Paul Endlicher
Karlsberg	2 klassig	Oberlehrer Ludwig Baier
Karlsthal	7 klassig	Oberlehrer Anton Krill
Klein-Herrlitz	1 klassig	Oberlehrer Josef Schwarz
Klein-Mohrau	6 klassig	Oberlehrer Julius Beege
Koschendorf	1 klassig	Oberlehrer Erwin Link
Langenberg	1 klassig	Lehrerin Olga Berziakywic
Lichten	7 klassig	Oberlehrer Alois Matzner
Lichtewerden	4 klassig	Oberlehrer Anton Illek
Ludwigsthal	4 klassig	Oberl. Fritz Zimmermann
Markersdorf		siehe Breitenau/Markersdorf
Messendorf	2 klassig	Oberlehrer Alfred Zesch
Milkendorf	2 klassig	Oberlehrer Ernst Coulon
Neudörfel	1 klassig	Oberlehrer Franz Onderka
Neu-Erbersdorf	2 klassig	Oberlehrer Alois Hansel
Neurode	1 klassig	Oberlehrer Otto Franzel
Neu-Vogelseifen	1 klassig	Oberlehrer Emil Hirmke
Nieder-Wildgrub	2 klassig	Oberl. Hans Zimmermann
Ober-Wildgrub	2 klassig	Oberlehrer Richard Hosa
Raase	5 klassig	Oberlehrer Maximilian Veith
Raase (Bürgerschule)	3 klassig	Direktor Alfred Beier
Rautenberg	3 klassig	Oberlehrer Otto Neumann
Schlesisch-Hartau	1 klassig	Oberlehrer Johann Marx
Schreiberseifen	1 klassig	Oberlehrerin Olga Scharbert
Kunau	1 klassig	
Seitendorf	3 klassig	Oberlehrer Alois Drößler
Spachendorf	6 klassig	Oberlehrer Johann Christian
Spillendorf	2 klassig	Oberlehrer Eduard Gams
Wiedergrün	2 klassig	Oberlehrer Josef Hubalek
Wockendorf	2 klassig	Oberlehrer Gustav König
Würbenthal (Mädchen)	5 klassig	Direktor Franz Schenk
Würbenthal (Jungen)	5 klassig	Rektor Leo Matzunsky/ Otto Kaller
Zattig	2 klassig	Oberlehrer Erwin Kunze
Zossen	3 klassig	Oberlehrer Otto Anlauf
Engelsberg (Jungen)	3 klassig	Oberlehrer Hermann Just
Engelsberg (Mädchen)	4 klassig	Oberlehrer

Abschließend soll eine im Jahre 1966 vom Heimatkreisrat durchgeführte Erhebung den Stand der Schulen im Jahre 1939 aufzeigen. Die Liste wurde nach den Angaben der seinerzeitigen Heimatortsbetreuer erstellt. Geringfügige Abweichungen, insbesondere bei der Zahl der Klassen einer Schule, bzw. beim Namen des letzten Schulleiters, sind möglich, da es sich hier um Gedächtnisangaben handelt.

Die Staatsfachschule für Weberei in Freudenthal

Freudenthal – Die Schillerstraße, rechts die Webschule

Die Staatsfachschule für Weberei

Diese Schule entstand im Jahre 1877 und sollte der Freudenthaler Textilindustrie einen gut ausgebildeten technischen und kaufmännischen Nachwuchs sichern. Sie war anfangs in einem Gebäude der Neißer Straße (Theuer'sches Haus) untergebracht und bestand aus einem Lehr- und einem Websaal. Es zeigte sich jedoch bald, daß dieses Haus den Anforderungen nicht gewachsen war, und so wurde 1884 ein Neubau erstellt und eine mechanische Weberei eingerichtet. Der einjährige Unterricht wurde gleichzeitig auf zweijährigen Tagesunterricht erweitert. Auch dieses Gebäude war zehn Jahre später zu klein geworden, und so beschloß die Stadtgemeinde, ein neues zweckentsprechendes Gebäude zu erbauen. Es wurde im September 1897 seiner Bestimmung übergeben. Das Gebäude ist ein stumpfwinkliger Eckbau mit einem Mittel- und zwei Seitentrakten. Im Erdgeschoß befanden sich der mechanische Websaal mit etwa 25 Webstühlen, 2 Lehrsäle und das Amtszimmer des Direktors sowie daran anschließend ein großer Zeichensaal und die Schülergarderobe. Im Obergeschoß war der Handwebsaal mit etwa 20 Handwebstühlen und den Vorbereitungsmaschinen untergebracht. Im Gebäude befanden sich noch die Dienstwohnungen des Direktors und des Hausmeisters. Neben der 2jährigen allgemeinen Fachschule bestand noch ein einjähriger Facharbeiterkurs.

Die Schule war eine Spezialschule für Leinen-, Damast- und Frottierweberei. Sie gab im Laufe ihres Bestehens einer großen Zahl von Fachschülern das notwendige fachtechnische und kaufmännische Rüstzeug, um den immer härter werdenden Konkurrenzkampf ehrenvoll zu bestehen. Zahlreiche Absolventen erreichten in der heimischen Textilindustrie hervorragende Führungspositionen. Sie haben durch ihre Leistungen maßgeblich zum guten Ruf der sudetenschlesischen Leinenwaren beigetragen. Die Schüler kamen aus dem gesamten Kreisgebiet, insbesondere aus den bekannten Webereimetropolen Freudenthal, Bennisch und Engelsberg. Die Anstalt wurde von einem Fachschuldirektor geleitet, daneben waren als Lehrkräfte ein weiterer Professor, zwei technische Fachlehrer und ein Werkmeister tätig.

Um den Erhalt und den weiteren Ausbau der Freudenthaler Staatsfachschule für Weberei machten sich die Fachschulprofessoren Julius Ochetz, Direktor Schmid, Karl Antel und Josef Gramß verdient. Letzterer starb als Heimatvertriebener am 29. März 1952 im Alter von 74 Jahren in Offingen/Donau.

Die Landwirtschaftliche Haushaltungsschule

Die Notwendigkeit, dem landwirtschaftlichen weiblichen Nachwuchs eine fundierte theoretische und praktische Ausbildung zu vermitteln, war Anlaß zur Errichtung dieser Lehranstalt. Mit dem Bau der Schule wurde im Sommer 1907 begonnen. Er war im Dezember 1908 fertiggestellt. Der Lehrkörper bestand aus einem Direktor, einem Landwirtschaftslehrer (Assistent) und einer Hausmutter. Die praktischen Unterweisungen im Molkereiwesen, die Führung des milchwirtschaftlichen Betriebes samt Buchführung, die Stallwirtschaft, die praktischen Unterweisungen im Melken und in der Fütterung und Wartung des Viehbestandes besorgte die Lehrmeierin der angeschlossenen Schullandwirtschaft. Die sonstigen landwirtschaftlichen Arbeiten, speziell die praktische Arbeit in Feld und Garten, vermittelte der Wirtschaftsführer der Schulwirtschaft.

Die Landwirtschaftliche Haushaltungsschule in Freudenthal wurde 1939 als Mädchenabteilung der Landwirtschaftsschule Römerstadt angeschlossen. Leiter dieser Fachschule war Direktor Alois Klee, ihm stand Frau Emma Kahlich zur Seite.

Die landwirtschaftliche Haushaltungsschule in Freudenthal

Das Minderheitsschulwesen

Unter Minderheitsschulwesen wurde in der Ersten Tschechoslowakischen Republik nicht, wie die Bezeichnung vermuten läßt, das Schulwesen der nationalen Minderheiten im Staate verstanden, sondern das Schulwesen von nationalen Minderheiten im anderssprachigen Gebiet. In der Praxis profitierten die Angehörigen des tschechischen Staatsvolkes fast ausschließlich von dieser Einrichtung. Die tschechischen Minderheitsschulen übernahmen die Rolle der Entnationalisierung und allmählichen Tschechisierung der sudetendeutschen Heimatgebiete. Der Vorgang lief nach einem allgemein bekannten Muster ab: ein tschechischer Schutzverein – zumeist der Ústřední matice školská – begründete in einem deutschen Ort, etwa in der Nähe der Sprachgrenze, eine tschechische Privatschule. Hierzu genügte das Vorhandensein einiger weniger tschechischer Kinder. Wo diese fehlten, wurden kinderreiche tschechische Staatsbedienstete (Eisenbahner, Postbeamte, Gendarmerie- und Behördenangehörige) in eine deutsche Gemeinde versetzt. Dann wurde auf deutsche Eltern, die in starker Abhängigkeit von tschechischen Dienstgebern standen, wirtschaftlicher Druck ausgeübt, damit diese ihre Kinder in tschechische Schulen schickten und ihnen als Belohnung dafür gewisse Vorteile (Lernmittelfreiheit, Bekleidungs- und Fahrtzuschüsse u. dgl.) gewährt. Die so geschaffenen Minderheitsschulen wurden wenige Jahre später auf Betreiben des tschechischen Schulvereines vom Staat übernommen und als staatliche Minderheitsschulen fortgeführt oder in normale tschechische Schulen umgewandelt.

Nach einer vom Heimatkreisrat Freudenthal im Jahre 1966 veranlaßten Umfrage bei den Ortsbetreuern unseres Landkreises bestanden im Jahre 1938 im Kreis Freudenthal in nachstehenden Gemeinden tschechische Minderheitsschulen: Bennisch, Freudenthal, Groß-Herrlitz, Klein-Mohrau, Neu-Erbersdorf, Würbenthal, Zattig und Zossen.

Wie rasch sich die Schülerzahlen einmal errichteter tschechischer Minderheitsschulen vergrößerten, ersehen wir am Beispiel der Gemeinde Groß-Herrlitz.

Nach einem vorliegenden Auszug aus dem Gemeindegedenkbuch wurde die dortige tschechische Minderheitsschule am 13. 11. 1926 im Hause Nr. 91 errichtet. Besitzer dieses Hauses waren die Erben nach dem verstorbenen Arzt Dr. Jarosch. Diese Schule wies im Jahre 1926 10 Schüler auf. Davon stammten aus Groß-Herrlitz 4 sowie aus den Nachbargemeinden Klein-Herrlitz und Zattig je 3 Schüler.

Seit dem Schuljahr 1928/1929 gab es in Groß-Herrlitz auch eine tschechische Minderheitsbürgerschule, die im gleichen Gebäude wie die tschechische Minderheitsvolksschule untergebracht war. Beide Schulen wurden von einem Schuldirektor und sechs Lehrkräften betreut.

Im Schuljahr 1931/1932 wies die Volksschule 16 Schüler, die Bürgerschule jedoch bereits 57 Schüler auf. Beide Schularten zusammen demnach 73 Schüler. Diese 73 Schüler kamen aus folgenden Gemeinden: Birkowitz 6, Groß-Herrlitz 21, Jamnitz 8, Kamenz 6, Koschendorf 1, Lerchenfeld 3, Neplachowitz 5, Lodnitz 8, Tabor 8, Troppau 1, Zattig 3 und Zossen 3.

Seit dem Herbst 1930 bestand sodann im Hause Groß-Herrlitz Nr. 6 ein tschechischer Kindergarten. Die Besitzerin (J. Peiker) verkaufte im Juli 1935 ihr bislang nur vermietet gewesenes Haus an den bereits genannten tschechischen Schulverein Ústřední matice školská in Prag. Seit 1. 11. 1935 waren in diesem Hause dann neben dem tschechischen Kindergarten noch zwei Volksschulklassen untergebracht. Das Gemeindegedenkbuch gibt auch die Schülerzahlen der nächsten Schuljahre an:
1933/1934: Volksschule 21, Bürgerschule 60, Kindergarten 10
1934/1935: Volksschule 37, Bürgerschule 75, Kindergarten 12
1935/1936: Volksschule 34, Bürgerschule 90, Kindergarten 11
1936/1937: Volksschule 37, Bürgerschule 99, Kindergarten 14

Volks- und Bürgerschule sowie Kindergarten zusammen hatten demnach 1933/34: 91, 1934/35: 124, 1935/36: 135 und 1936/37: 150 Kinder aufzuweisen.

Wenn man dieser Zahl 150 die 10 Kinder des Jahres 1926 gegenüberstellt, so hat sich die Zahl der Kinder der tschechischen Schulen in Groß-Herrlitz innerhalb eines Jahrzehnts verfünfzehnfacht!

Zum Vergleich sei noch angeführt, daß die deutsche Volksschule in Groß-Herrlitz im Schuljahr 1931/1932 insgesamt 105 Schüler aufwies, für die natürlich keine deutsche Bürgerschule vorhanden war! Dennoch wies die Gemeinde Groß-Herrlitz im Jahre 1930 unter ihren 1079 Einwohnern nur 102 Tschechen, also knapp 10 %, auf.

Der Bahnhof Freudenthal um die Jahrhundertwende

Das Verkehrswesen in Schlesien und Nordmähren

Von wesentlicher Bedeutung für die Entwicklung von Handel und Verkehr ist die topographische Lage. Unsere Heimat liegt im Kerngebiet des Altvatergebirgsstockes und gehörte zum historischen Grenzwald zwischen Böhmen und Polen. Dieses einst urwaldähnliche Gebiet diente in erster Linie zum Schutz gegen feindliche Einfälle und seine wenigen Wege waren durch Burgen und Tore geschützt. Man vergleiche: Grätz = Hradec = Burg; Branka = brána = Tor. Die älteste Straße in Nord-Süd-Richtung ist wohl jene, die durch die „Mährische Pforte" führte. Sie wird urkundlich erstmalig im Jahre 1078 erwähnt. Von Odrau führte sie über Briesau, Grätz nach Troppau und zog sich über Odersch, Kosel an die Ostsee. Nach Süden führte sie über Mährisch-Weißkirchen nach Wien und weiter bis Venedig. Da auf dieser uralten Straße der damals vielbegehrte Bernstein von der Ostseeküste nach dem Süden gebracht wurde, findet man sie öfter unter dem Namen „Bernsteinstraße" angeführt. Einmal in Troppau, und einmal in Kosel, kreuzte die Bernsteinstraße die beiden aus Böhmen kommenden Salzstraßen auf denen schon in alter Zeit das Salz aus den Bergwerken von Wieliczka und Bochnia (Galizien) in die westlichen Länder transportiert wurde. Die Mährische Pforte hatte den Nachteil, daß das dortige Odergebiet stark sumpfig war. Als im Zuge der deutschen Ostkolonisation der Grenzwald der Sudeten immer stärker besiedelt wurde, verlor die Mährische Pforte verkehrsmäßig stark an Bedeutung. Die Fuhrleute nahmen die Überquerung des Gebirgsvorlandes und seiner teilweise beträchtlichen Steigungen in Kauf, zumal sich die Wegestrecken verkürzten. So blieb es jahrhundertelang bis zum Auftreten der ersten Eisenbahnlinien, denn seither führt der Hauptverkehr wieder durch die Mährische Pforte.

Um 1198 kam als nächster bedeutenderer Verkehrsweg die Heeresstraße Olmütz-Troppau hinzu. Sie führte über Bärn, Hof, Schlesisch-Hartau, Mladetzko nach Troppau. Im Siebenjährigen Krieg benutzte sie König Friedrich II. von Preußen als Nachschubstraße für sein vor Olmütz liegendes Heer.

Auf der Hochebene bei Freudenthal überschritten zwei weitere Verkehrswege das Gesenke. Im Anfange des 12. Jahrhundert führte ein Saumpfad oder Karrenweg (nach Dr. Meißner) über unser Waldplateau in Südwest-Nordost-Richtung. Er zog sich aus der Gegend von Mährisch-Neustadt über die Gesenkeplatte und führte unter Vermeidung tieferer Täler in Richtung Römerstadt, Freudenthal, Bennisch nach Troppau. Ausgangspunkt dieser in späterer Zeit den Namen „Hohe Landstraße" tragenden Wegeführung war im Westen Prag, Zielpunkt im Osten Krakau. Beim Verlauf dieser Route lag es nahe, daß der Rastplatz für die aus Römerstadt oder Bennisch kommenden Fuhrleute an der Stelle gewählt wurde, wo sich der weitere Saumweg Freudenthal-Breslau anschloß. Er führte in Richtung Engelsberg, Würbenthal, Zuckmantel, Neiße nach Breslau. Um 1247 wurde der Süd-Nord-Verkehrsweg Olmütz-Leobschütz angelegt, der über Sternberg, Freudenthal, Jägerndorf führte. Im 13. Jahrhundert kreuzten sich also in Freudenthal bereits drei Wege: erstens der aus Böhmen kommende, über Mährisch-Neustadt und Freudenthal nach Troppau führende; dann die Straßenführung Olmütz-Freudenthal-Leobschütz und drittens der wichtige Weg Olmütz-Breslau, der in Freudenthal über Würbenthal (Gesenk), Zuckmantel (Edelstadt) nach Neiße und Breslau abzweigte. Letzterer diente wohl überwiegend der Abfuhr des im Gesenkewald gefundenen Goldes und der verschiedenen anderen Erze. 1611 zog Kaiser Matthias von Breslau über Würbenthal auf dieser Straße nach Freudenthal und auch der Winterkönig Friedrich von der Pfalz reiste nach seiner Krönung in Prag mit großem Gepränge über Freudenthal nach Breslau. Auf ihr wickelte sich, wie auch auf der Straße von Olmütz über Hof nach Troppau der Durchzugshandel ab. Sie war „via postarum", auf welcher wöchentlich zwei Postwagen, zwei reitende Boten und seit 1750 eine „Diligence" (Postkutsche) den Weg von Wien nach Breslau in 12 Tagen zurücklegte. Auf der Straße Olmütz-Troppau verkehrte um 1800 zweimal wöchentlich der Postwagen von Brünn nach

Troppau, außerdem einmal in der Woche ein Eil- und ein Pack-
wagen.

Von den erwähnten Salzstraßen ging die nördlichere von
Krakau über Kosel und Neustadt nach Schlesien und Sachsen;
die südlichere führte von Krakau-Schwarzwasser (Ostschlesien)
zur „Landecke" (bei Oderberg), dann über Hultschin nach
Troppau und von hier über Bennisch, Freudenthal, Mährisch-
Neustadt nach Böhmen.

Diese Straße wurde in den Jahren 1838 – 1842 neuzeitlich ausgebaut, desgleichen sodann 1844 die Staatsstraße Freudenthal-
Zuckmantel.

Als um die Jahrhundertwende das Auto mehr und mehr den
Straßenverkehr eroberte, fand es in unserem Ländchen schon ein
dichtes Straßennetz vor. Je mehr der Motor an die Stelle des Pfer-
des trat, desto mehr Verkehrswege wurden dazu- oder ausgebaut. So entstand unser dichtes Netz von Straßen, das den Anforderungen eines modernen Autoverkehrs durchaus entsprach.
Je nach dem Bauträger bzw. -erhalter (Land, Bezirk, Gemeinde)
teilte man die Straßen in Staats-(Reichs-)straßen, Bezirks- und
Ortsstraßen ein.

Freudenthal – Marburg-Fabrik und Eisenbahnviadukt an der Bahnstrecke
nach Olmütz

Das Straßennetz des Kreises

Als wichtigste Fernstraße ist wohl die Reichsstraße Troppau
– Freudenthal – Römerstadt – Mährisch-Schönberg – Königgrätz – Prag zu bezeichnen. Sie wird auch Reichsstraße Nr. 351
genannt. An ihr liegen von Osten nach Westen die Kreisgemeinden Groß- und Klein-Herrlitz, Bennisch, Wockendorf, Freudenthal, Nieder- und Ober-Wildgrub. Sie führt nach Verlassen
des Kreises über Klein-Stohl, Irmsdorf nach Römerstadt weiter.

Fast ebenso wichtig ist die Süd-Nord-Verbindung Olmütz –
Sternberg – Freudenthal – Neiße. Sie wird auch Reichsstraße Nr.
148 genannt. Von Süden kommend, verläuft sie auf Römerstädter Gebiet durch die Orte Lobnig, Tillendorf, Kriegsdorf und
Mährisch-Kotzendorf, erreicht kurz darauf Freudenthal und
führt über Altstadt, Lichtewerden, Engelsberg, Karlsthal, Würbenthal, Einsiedel nach Norden. Hier erreicht sie das Freiwaldauer Gebiet bei Hermannstadt und führt über Ober- und Nie-
dergrund nach Zuckmantel und schließlich nach Neiße.

Die Reichsstraße nach Jägerndorf verläuft in nordöstlicher
Richtung und berührt die Kreisgemeinden Spillendorf und Neu-
Erbersdorf. Von hier führt sie über Seifersdorf, Wiese, Brans-
dorf, Weißkirch nach Jägerndorf.

Von Engelsberg führt eine wichtige Straßenverbindung nach
Freiwaldau. Sie durchquert in unserem Kreis die Orte Dürrsei-
fen, Karlsbrunn und Gabel und erreicht über die Freiwaldauer
Gemeinden Waldenburg, Ober- und Nieder-Thomasdorf,
Adelsdorf, Buchelsdorf schließlich Freiwaldau-Gräfenberg.

Engelsberg ist außerdem durch Bezirksstraßen mit Dittersdorf und Schreiberseifen sowie mit Altwasser und Wiedergrün
verbunden. Von Würbenthal führt eine Bezirksstraße über Ludwigsthal nach Karlsbrunn, das auch durch eine gute Straße mit
Klein-Mohrau verbunden ist. Klein-Mohrau läßt sich von Freudenthal über Altstadt – Alt- und Neu-Vogelseifen bequem erreichen.

Von Freudenthal führt eine gut ausgebaute Bezirksstraße
durch das Waldgebiet Thiergarten nach Schreiberseifen, Markersdorf und Breitenau im Oppatal; südlich der Stadt führt eine
weitere Straße nach Messendorf, Langenberg, Karlsberg und
Rautenberg ins Mohratal, an welche Neurode durch eine Verbin-

dungsstraße nach Karlsberg angeschlossen ist. Eine zweite Abzweigung führt im gleichen Gebiet von Messendorf aus über
Langenberg nach Raase. Milkendorf wiederum hat Straßenan-
schlüsse nach Wockendorf und Neu-Erbersdorf.

Die Oppatalstraße Würbenthal – Neu-Erbersdorf schließt
sich dem Lauf der Schwarzen Oppa an und führt flußabwärts
von Würbenthal nach Karlsthal, Pochmühl, Breitenau-Markersdorf, Schreiberseifen-Kunau und erreicht in Neu-Erbersdorf die
Reichsstraße nach Jägerndorf. Von Würbenthal erreicht man
über Buchbergsthal den höchstgelegenen Ort unseres Kreises,
das kleine Dörflein Gabel. Seine malerische Holzkirche ist weit-
bekannt.

Von Karlsthal führt eine Verbindungsstraße nach Adamsthal
und eine Bezirksstraße nach Stadt Olbersdorf im Kreise Jägerndorf. Bekannte Gemeinden an dieser Straße sind Hirschberg,
Nieder-Hillersdorf, Heindorf und Heinzendorf.

Im Bennischer Bezirk ist neben der bereits genannten Fernstraße Troppau – Freudenthal die Reichsstraße Jägerndorf – Hof
von besonderer Bedeutung. Sie führt in Nord-Südrichtung von
Jägerndorf über Krotendorf, Larischau an Taubnitz vorbei und
erreicht in Lichten unser Kreisgebiet. Von da an verläuft diese
Reichsstraße über Bennisch nach Spachendorf, überschreitet an
der Mohra die Kreisgrenze und erreicht über die Orte Heidenpiltsch und Maiwald das Städtchen Hof im Kreise Bärn und findet hier Anschluß an die Fernstraße Olmütz – Troppau.

Von Bennisch führen weitere Bezirksstraßen nach Raase;
weiters in nordöstlicher Richtung nach Zossen und Braunsdorf;
dann südöstlich nach Eckersdorf und Dorfteschen. An dieser liegen die Gemeinden Alt-Erbersdorf und Boidensdorf, an jener liegen Seitendorf und Frei-Hermersdorf. Von Lichten führt eine
Bezirksstraße nach Zossen und Klein-Herrlitz und findet hier
Anschluß an die Reichsstraße nach Troppau. Eine weitere Bezirksstraße führt von Lichten über Aubeln nach Braunsdorf.

Von Groß-Herrlitz führen Straßen nach dem südwestlich gelegenen Koschendorf und Frei-Hermersdorf, sowie über Eckersdorf nach Dorfteschen, dann im Norden über Tabor nach Skrochowitz an der Oppa; schließlich südöstlich nach Zattig. Brättersdorf hat Straßenanschluß beim Gasthof „Arme(e) Ruh'" an
die Straße Groß-Herrlitz – Eckersdorf und an das nahe Frei-
Hermersdorf. Eckersdorf wiederum besaß Straßenverbindun-
gen nach Glomnitz im Nordwesten, Mladetzko im Südosten
und Dorfteschen im Süden. Alle drei Gemeinden gehören bereits
dem Nachbarkreise Troppau an. Eckersdorf ist außerdem über
die Straßen nach Boidensdorf, Alt-Erbersdorf und Frei-Hermersdorf gut erreichbar.

Das Eisenbahnnetz des Kreises

Das Kreisgebiet wird von vier Eisenbahnlinien erschlossen. Es sind dies die Strecken Troppau – Jägerndorf – Freudenthal – Olmütz als wichtigste und die Flügelbahnen Milkendorf – Würbenthal, Freudenthal – Klein-Mohrau sowie Troppau – Bennisch.

Bahnstrecke Troppau – Jägerndorf – Freudenthal – Olmütz

Diese Bahnstrecke sowie die zusätzliche Streckenführung von Jägerndorf nach Ziegenhals wurde als „Mährisch-Schlesische Zentralbahn" erbaut. Diese Bahnlinie führt vom Westbahnhof in Troppau über Wawrowitz, Kreuzendorf, Braunsdorf, Skrochowitz, Lobenstein nach Jägerndorf und von dort über Bransdorf, Seifersdorf und erreicht mit der Station Erbersdorf/Milkendorf das Freudenthaler Kreisgebiet. Von hier führt die Strecke nach Spillendorf und Freudenthal. Nun verläßt die Bahnlinie das schlesische Gebiet und führt über Kriegsdorf, Lobnig nach Dittersdorf a. d. Feistritz, der höchstgelegenen Station der ganzen Strecke. Zwischen Lobnig und Dittersdorf wird die Europäische Wasserscheide Donau – Oder (629 m) überquert. Die Strecke verläuft weiter über Andersdorf, Domstadtl, Giebau, Schmeil, Großwasser, Hombok, Marienthal, Groß-Wisternitz nach Olmütz.

Diese Bahnstrecke ist seit 1872 in Betrieb. Sie war anfangs Eigentum einer Aktiengesellschaft, wurde jedoch 1895 in den Staatsbesitz übernommen. Auf ihr wurden später Schnellzüge eingesetzt, welche die Fahrzeiten von Freudenthal nach Troppau oder nach Olmütz und Wien zum Teil beträchtlich verminderten.

Bahnstrecke Freudenthal – Klein-Mohrau

Der Bau der Lokalbahn Freudenthal – Klein-Mohrau wurde von der schlesischen Landesregierung in der Absicht gefördert, den sich anzeichnenden wirtschaftlichen Niedergang von Engelsberg einzudämmen. Leider wurde dieses Ziel nicht erreicht. Es existiert zwar eine Bahnstation mit dem Namen Engelsberg-Lichtewerden, doch liegt diese auf Lichtewerdener Markung. Die Bahnlinie wurde am 31. Mai 1901 dem öffentlichen Verkehr übergeben, sie ist 17 km lang. Haltestellen (Stationen) sind Altstadt, Lichtewerden, Neu-Vogelseifen und Klein-Mohrau. Die Bahnlinie verläuft sehr viel im freien Felde. Zwischen Vogelseifen und Klein-Mohrau sind so große Höhenunterschiede bis zu 44 pro Mille vorhanden, daß diese Streckenführung nur wenig unter der Zulässigkeitsgrenze für Bahnen ohne Zahnradeinrichtung liegt. Dreimal täglich verkehrte der „Mohrauer" in beiden Richtungen, Güter, Ausflügler und Touristen an ihr Ziel bringend.

Bahnstrecke Milkendorf – Würbenthal

Am 8. Dezember 1880 fuhr der erste Zug durch das stille Tal der Schwarzen Oppa. Mit diesem Tag begann für viele Menschen des Oppatales ein neues Zeitalter. Da die Holz-, Eisen-, Glas-, Textil- und Kalkindustrie immer mehr aufblühte, strebten die Unternehmer Mitte der 70er Jahre des 19. Jahrhunderts den Bahnbau nach Würbenthal an. Die Bahnstrecke hat eine Länge

Alt-Freudenthal – Bau des Bahnviaduktes hinter der Marburg-Fabrik

Das Bahnhofsgebäude in Freudenthal

Bahnhof Klein-Mohrau – Eröffnung der Lokalbahn Freudenthal – Klein-Mohrau am 31. 5. 1901

von 19 km. Nach mehreren Plänen wurde letztlich die Trasse Neu-Erbersdorf (später Erbersdorf/Milkendorf) mit den Stationen Kunau (Haltestelle mit Industriegeleisen), Schreiberseifen (Haltestelle), Breitenau, Pochmühl (Haltestelle), Karlsthal, Würbenthal (Groko-Haltestelle seit 1936) und Endstation Würbenthal gebaut. Beim Bahnbau waren vorwiegend italienische Arbeitskräfte eingesetzt. Die Bahn wirkte sich auf Handel und Industrie sehr fruchtbar aus. In beiden Richtungen verkehrten täglich drei Züge. Der Personen- und Güterverkehr nahm nach dem Ersten Weltkrieg erheblich zu, sodaß schließlich zur Personenbeförderung Motortriebwagen eingesetzt wurden.

Bahnstrecke Troppau – Bennisch

Als 1872 der Bau der Mährisch-schlesischen Zentralbahn Troppau – Olmütz beendet war, zeigte es sich, daß der bislang so rege Güter- und Personenverkehr der „Hohen Landstraße" Troppau – Bennisch – Freudenthal von Bennisch abgeleitet wurde. Wollte Bennisch sich weiterhin zu den aufstrebenden schlesischen Städten zählen, mußte es sich um einen eigenen Bahnanschluß bemühen. Am 22. Oktober 1888 erwirkte das Eisenbahnkomitee eine Audienz beim Kaiser Franz-Josef I. während dessen Aufenthalt in Troppau. Der Kaiser versprach Erhebungen zu pflegen und diese wohlwollend zu beurteilen. Nach langen Verhandlungen wurde am 25. April 1890 mit dem Bahnbau begonnen. Die Strecke konnte am 29. Juni 1892 dem Verkehr übergeben werden. An ihre Ausführung waren die heimischen Ingenieure Josef Saliger (geboren 1862 in Alt-Erbersdorf) und Alois Pfeiler (geboren 1860 in Bennisch, gestorben 1935 in Innsbruck als Bundesbahndirektionspräsident von Tirol) maßgeblich beteiligt. Die geplante Weiterführung der Bahn nach Freudenthal oder Kriegsdorf zerschlug sich, sodaß sie ein Torso blieb. Dennoch ist heute festzustellen, daß es der Bennischer Industrie wohl kaum gelungen wäre, sich im Konkurrenzkampf der Nachkriegsjahre ohne Bahnanschluß so erfolgreich zu behaupten, wie es der Fall war.

Auf der 29 km langen Strecke Troppau – Bennisch verkehrten ebenfalls je drei Züge täglich in beide Richtungen. An ihr lagen die Stationen Bennisch, Frei-Hermersdorf, Eckersdorf des Freudenthaler Bezirkes und dann weiter die Stationen Mladetzko, Leitersdorf, Ölhütten, Schönstein, Stablowitz, Gilschwitz, Ottendorf und Troppau. So manchem Bahnreisenden wurde es auf der Fahrt von Bennisch nach Troppau so recht bewußt, wie nahe doch die Sprachgrenze lag, wenn etwa ab Leitersdorf-Ölhütten immer mehr tschechisch sprechende Fahrgäste den Zug zur Fahrt nach Troppau benutzten.

Trotz mancher Unzulänglichkeiten des Eisenbahnnetzes war es dennoch überaus wichtig, daß immerhin zwölf Kreisorte unmittelbaren Bahnanschluß besaßen.

Autobuslinien

Im Zuge der Motorisierung des Verkehrs wurden schon frühzeitig Autobuslinien eröffnet. Die Betreiber dieser regelmäßigen Personenbeförderung bedurften zur Ausübung ihres Gewerbes einer besonderen staatlichen Erlaubnis (Konzession). Bis 1938 befanden sich fast alle Autobusunternehmen des Kreises in Privatbesitz. Nach dem Anschluß des Sudetenlandes an das Reich im Herbst 1938 befuhren vielfach die Autobusse der Reichsbahn (rote Busse) bzw. der Reichspost (gelbe Busse) die verschiedenen Routen.

Von Freudenthal bestanden fahrplanmäßige Buslinien nach Karlsbrunn, Würbenthal, Römerstadt und Troppau. Dabei befuhr eine Linie die Strecke nach Troppau über Bennisch, die andere über Raase, Spachendorf.

Von Würbenthal führten ähnliche Linien nach Karlsbrunn und Zuckmantel. Bennisch wiederum lag im Schnittpunkt der Autobuslinien Freudenthal – Troppau bzw. Jägerndorf – Hof.

Bald nach Ausbruch des Zweiten Weltkrieges wurden aus kriegsbedingten Gründen einzelne Linien in ihrer Verkehrsdichte gemindert, teilweise sogar eingestellt. Andererseits waren gerade die Autobuslinien für den erheblich angestiegenen Berufs-

Der Bahnhof Neu-Erbersdorf/Milkendorf

Der Bahnhof in Würbenthal

verkehr durch die vielen Dienstverpflichtungen zur Arbeitsleistung in andere Orten geradezu unentbehrlich geworden.

Mittels Bahn und Lastkraftwagen wurden Güter in erheblichem Umfang transportiert. Auch die Zahl der Pkw-Besitzer stieg immer rascher an, und insbesondere der Touristenverkehr ins Altvatergebirge erhielt sowohl durch Gäste, die mit eigenem Fahrzeug anreisten als auch durch Erholungssuchende, die mittels Bahn oder Autobus kamen, einen außerordentlich hohen Aufschwung.

Der erste Klein-Bus Freudenthal-Karlsbrunn im Jahre 1912

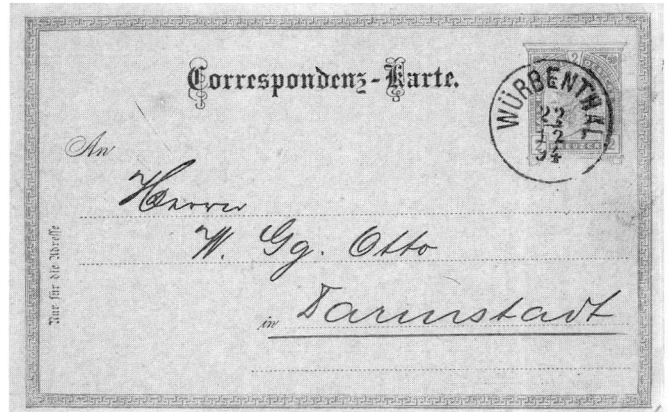

Postkarte Würbenthal – Darmstadt vom 22. 12. 1894

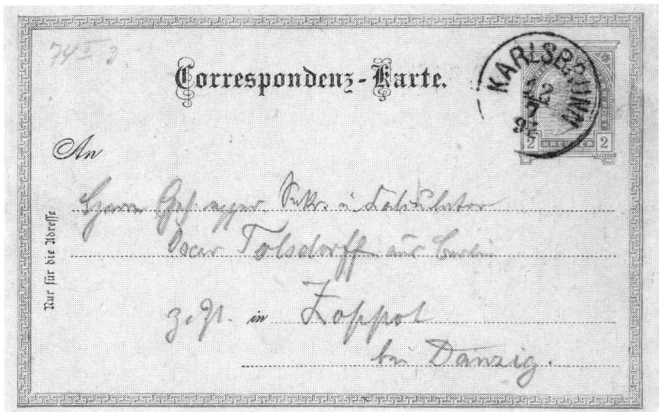

Postkarte von Karlsbronn nach Zoppot bei Danzig vom 12. 7. 1894

Das Postwesen

Die Postzustellung war vor dem modernen Ausbau der Straßen überaus beschwerlich. Man kannte als Beförderungsmittel für Postgüter und Personen nur reitende Kuriere und die pferdebespannten Postkutschen. Diese benutzten für ihre Fahrten ausschließlich die dafür vorgesehenen Poststraßen. Nach den ältesten Nachrichten gab es in Troppau bereits 1639 einen Postmeister. Er hatte die Aufgabe, vier Pferde zu halten und die Briefe der Stände zweimal wöchentlich nach Olmütz und zurück zu befördern. Er erhielt für seine Tätigkeit 200 Gulden jährlich.

Die Poststraße von Olmütz nach Breslau führte im engeren Heimatgebiet anfangs über Braunseifen – Engelsberg nach Würbenthal, wurde 1748 dann wegen der großen Steigungen zwischen Engelsberg und Würbenthal verändert. Die Straße führte dann von Sternberg über Lobnig nach Freudenthal und die bisherigen Poststationen in Braunseifen und Engelsberg wurden aufgelassen. Die Postfahrten Olmütz – Neiße erfolgten einmal wöchentlich. Die Verwaltung der jeweiligen Poststationen war den privilegierten Erbpostmeistern anvertraut. Diese waren verpflichtet, Reiter-Eilposten ungesäumt weiter zu befördern und den sogenannten Malepostverkehr zu unterhalten. Der Posthalter war Eigentümer der Postgespanne (Pferde wie Wagen) und erzielte aus der Beförderung der Reisenden sowie für die geleisteten Eil-, Kurier-, Paket- und Malefahrten sehr beachtliche Einnahmen. 1804 traf die von Wien kommende Post nur zweimal wöchentlich in Troppau ein. Die Fahrtzeit betrug fünf bis sechs Tage. Für die Beförderung von Poststücken mußte eine relativ hohe Taxe entrichtet werden. Ein einfacher Brief von Freudenthal nach Wien kostete 25 Kreuzer. Die ersten Briefmarken gab Österreich im Jahre 1850 heraus und seit 1861 gibt es Briefumschläge mit eingedruckten Postwertzeichen zu 3, 4, 5, 10, 15, 20, 30 und 35 Kreuzer.

Die Post für unsere Heimatorte kam damals nur bis zu den jeweiligen Poststationen und mußte von dort abgeholt werden. Solche Poststationen waren in unserem Kreisgebiet nur Freudenthal und Würbenthal. Die Bennischer holten ihre Post erst von Dorfteschen dann von Troppau ab. Hierzu war 1832 eine eigene k. k. Briefsammelstelle errichtet worden.

Erst mit dem Ausbau der Straßen um 1830 – 1840 nahm das Straßenpostwesen einen raschen Aufschwung. Die Post verkehrte fortan öfters in der Woche und die Poststallämter wurden durch die immer größere Zahl der Reisenden genötigt, ihren Bestand an Wagen und Pferden aufzustocken. Es gab jedoch noch keine Landbriefträger, sodaß die Gemeinden und Dominien ihre Postsachen durch Boten gegen Entrichtung einer geringen Gebühr abholen ließen.

Die erste Poststation oder Posthalterei wurde 1748 in Freudenthal errichtet, auch Würbenthal besitzt seit diesem Jahr eine Postzwischenstation. Am 20. Juli 1862 wurde das erste Telegramm von Freudenthal aus aufgegeben. Am 1. Juli 1852 erhielt Bennisch ein eigenes Postamt.

Der k. k. Landbriefträger Adolf Kunert aus Engelsberg

Letzte Fahrt der Postkutsche Würbenthal-Zuckmantel 1927

Postkarte Würbenthal/Erbersdorf nach Berlin vom 15. 1. 1911

Im gleichen Jahre wurde eine Fahrpost nach Freudenthal und eine zweite nach Troppau eingerichtet. Der Postwagen von Freudenthal kam um 11 Uhr vormittags an und fuhr nachmittags um 16 Uhr wieder zurück, der nächste Wagen kam um 1/2 11 Uhr nachts an und fuhr am nächsten Morgen um 4 Uhr nach Freudenthal. Der Wagen von Troppau kam mittags um 13 Uhr hier an und fuhr um 14 Uhr wieder zurück. Eine Fahrt nach Freudenthal oder nach Groß-Herrlitz kostete 50 Kreuzer, doch fuhren viele Passagiere „blind", d. h. ohne Fahrkarte mit. Diese blinden Passagiere gaben dem Postillion zwanzig Kreuzer. Sie mußten aber beim Schwarzwald vor Freudenthal aussteigen und zu Fuß weitergehen, weil ab hier die Postkutsche des öfteren kontrolliert wurde. Diese Postverbindung blieb bis 1911 bestehen und wurde dann durch eine Postautomobilverbindung Freudenthal – Troppau abgelöst. Die Postkutsche Bennisch – Troppau war schon 1892 bei der Eröffnung der Bahnlinie eingestellt worden. Der Postautoverkehr nach Freudenthal kam 1914 zum Erliegen, weil der Bus für Kriegszwecke requiriert wurde. Nach dem Ersten Weltkrieg kam dann eine private Omnibuslinie an die Stelle des Postautoverkehrs.

1868 hatte die zuständige Postdirektion in Brünn den Bezirkshauptmannschaften in Mähren und Schlesien mitgeteilt, daß sie eine Vermehrung der Postämter plane und ersuchte um Namhaftmachung der Orte, in welchen sich die Errichtung eines

Postamtes empfehlen würde. Zu den 43 Postämtern, die daraufhin in Schlesien genehmigt wurden, gehören in unserem Kreise die Postämter von Karlsthal und Spachendorf. In rascher Folge kam es dann zur Errichtung weiterer Postämter, so 1872 in Groß-Herrlitz, 1880 in Breitenau, um 1885 in Wildgrub, 1892 in Frei-Hermersdorf, 1893 in Eckersdorf, 1906 in Rautenberg und etwa um die gleiche Zeit in Zossen. Hier bestand 1912 eine Fahrpost nach Troppau und eine weitere zu den Bahnstationen Braunsdorf und Skrochowitz. Von Rautenberg gab es seit 1919 eine Fahrpost nach Freudenthal, die 1930 durch eine Autobuslinie ersetzt wurde. Würbenthal war mit den Fernverkehrsstationen Freudenthal und Zuckmantel durch Eilfahrten und mit Freiwaldau durch Botenfahrten verbunden. Die Postfahrten nach Zuckmantel wurden am 15. Mai 1927 eingestellt.

Der Telegrafendienst begann 1862 im Freudenthaler Postamt, 1867 folgte Bennisch und sicher um die gleiche Zeit auch Würbenthal, desgleichen 1875 Groß-Herrlitz und 1912 Karlsthal.

Der Telefonverkehr wurde 1894 beim Postamt Freudenthal eingeführt, wenig später auch in Würbenthal, dann 1905 in Bennisch, 1908 in Groß-Herrlitz und 1912 in Karlsthal. Telegrafen- und Telefondienst erweiterten sich in schneller Folge auf immer mehr Gemeinden.

1945 gab es Postämter bzw. Postamtsnebenstellen in den Orten: Altstadt (mit Neudörfel), Bennisch (mit Alt-Erbersdorf und Seitendorf), Boidensdorf, Breitenau (mit Markersdorf), Buch-

Brief von Wien nach Seitendorf in k. k. Schlesien vom Jahr 1840

Postkarte Lobnig – Klein-Herrlitz mit Poststempel Olmütz 4. 12. 1929

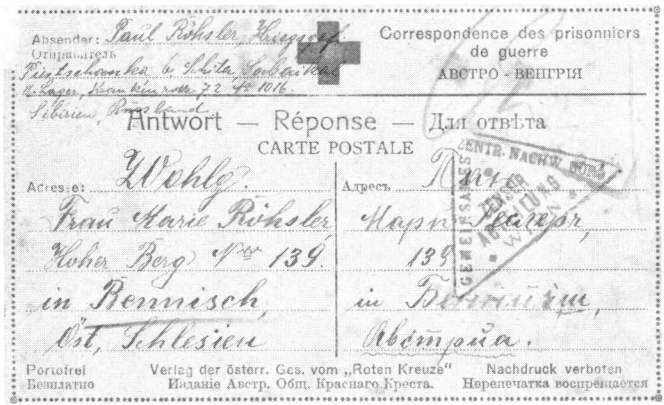

Rotekreuz-Karte von Pjestschanka (Ostsibirien) nach Bennisch, Sommer 1917

Breitenau

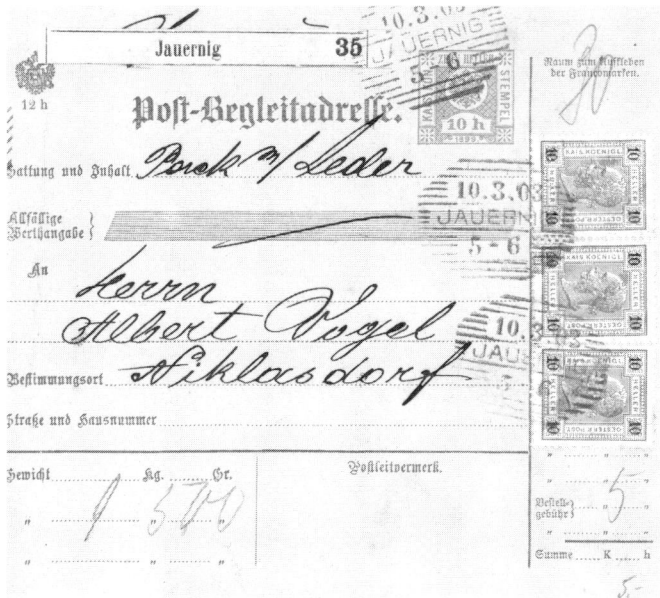

Postbegleitadresse Jauernig – Niklasdorf vom 10. 3. 1903

Frei-Hermersdorf

Wildgrub

Klein-Mohrau

Würbenthal

Schild des einstigen k. k. Post-amtes Klein-Herrlitz

Bennisch

Spachendorf

bergsthal, Dittersdorf, Dürrseifen = Karlsbrunn 2, Eckersdorf, Einsiedel, Engelsberg (mit Altwasser und Dürrseifen), Frei-Hermersdorf (mit Brättersdorf), Freudenthal (mit Spillendorf), Groß-Herrlitz (mit Koschendorf), Karlsberg, Karlsthal (mit Adamsthal), Klein-Herrlitz, Klein-Mohrau, Lichten, Lichtewerden (mit Wiedergrün), Ludwigsthal, Messendorf, Neu-Erbersdorf, Neurode, Ober-Wildgrub (mit Nieder-Wildgrub), Raase, Rautenberg, Schreiberseifen, Spachendorf, Würbenthal, Wokkendorf (mit Milkendorf), Zattig und Zossen. Neu-Vogelseifen wird postalisch von Alt-Vogelseifen und Schlesisch-Hartau von Hof betreut.

Anfangs beförderte die Post allgemein nur Briefe, erst nach und nach wurde die Beförderung auf andere Gegenstände, wie: Postanweisungen, Geldbriefe, Kartenbriefe und Postkarten ausgedehnt. 1869 wurde der Brief „ohne Umschlag" in den Verkehr gesetzt und erhielt die Bezeichnung „Correspondenzkarte". Sie unterscheidet sich von der heutigen Postkarte durch das etwas kleinere Format und den, anfangs halbkreisförmigen, später geradlinigen Aufdruck „Correspondenzkarte". Außerdem war die alte Karte noch mit einer aufgedruckten Zweikreuzermarke in ovaler, später viereckiger Form versehen. Diese von dem Österreicher Dr. Emanuel Hermann erfundene Karte hat sich derart bewährt, daß sie nach und nach von allen Staaten der Welt übernommen wurde.

Neben dem Brief- und Kartendienst wurde später der Paketdienst, die „Drucksache", der Postzeitungsdienst und der Postsparkassendienst aufgenommen.

Freudenthal

Österreichische, tschechische und deutsche Briefmarken (1 – 9) mit Poststempeln Breitenau, Frei-Hermersdorf, Ober-Wildgrub, Klein-Mohrau, Würbenthal, Bennisch, Spachendorf und Freudenthal

Norbert Johann Klein, 10. Bischof von Brünn (1917 – 1926),
Hochmeister des Deutschen Ordens (1923 – 1933)

Hochmeister Propst Paul Heider aus Adamsthal

Kirchen und Klöster

Wie wir dem geschichtlichen Teil entnehmen konnten, ist das Gebiet unseres Heimatkreises, so wie wir es kannten und erlebten, eine Neuschöpfung des 19. Jahrhunderts. Die alte Minderstandsherrschaft Freudenthal des Deutschen Ritterordens war wesentlich kleiner. Die Gemeinden des Oppatales sowie das Gebiet um Bennisch waren bis zum Jahre 1848 Bestandteile der Liechtensteinischen Herrschaft Jägerndorf oder gehörten der gräflich Bellegardischen Herrschaft Herrlitz an. Anläßlich der Kreisneuordnung vom Jahre 1939 kamen weitere drei Gemeinden aus dem Gebiet der Liechtensteinischen Herrschaft Karlsberg hinzu. Unabhängig von diesen Veränderungen hielten die Kirchen ihre eigene Verwaltungsgliederung bei, sodaß sich aus ihr noch heute alte Zugehörigkeiten erkennen lassen. Wir sehen dies auch aus der Dekanatseinteilung der katholischen Kirche, selbst die Diözesanzugehörigkeit ist nicht immer einheitlich.

Es ist eine kirchengeschichtliche Tatsache, daß unsere engere Heimat von der Besiedlung an bis zur Reformationszeit katholisch war. Um 1523 erhielt es neue lutherische Herren, denn sowohl die Markgrafen von Ansbach-Brandenburg auf Jägerndorf als auch die Grafen von Würben auf Freudenthal und Herrlitz waren eifrige Anhänger der neuen Lehre. Nach dem beim Augs-

burger Religionsfrieden vom Jahre 1555 beschlossenen Grundsatz „cuius regio, eius religio", das ist „wessen das Land, dessen die Religion" hatten die Untertanen die jeweilige Religion ihres Landesherren anzunehmen, folglich wurden unsere Vorfahren evangelische Christen. Als dann Kaiser Ferdinand II. in der Schlacht am Weißen Berge bei Prag (1620) die aufständischen Protestanten entscheidend besiegt hatte, wurden deren Anhänger ihrer Güter verlustig. Nachfolger der Würben und Brandenburger wurden in unserer Heimat der Deutsche Ritterorden bzw. die Fürsten von Liechtenstein. Beide waren als Anhänger des Kaisers katholisch. Sie ließen alsbald ihre neue Herrschaften durch Jesuiten- und Weltpriester im Zuge der Gegenreformation wieder zur katholischen Kirche zurückführen. Die angewandten Methoden waren nicht zimperlich. Wie bei der Reformation, so auch bei der Gegenreformation, die Untertanen hatten nur die Wahl, die Religion ihrer Herren anzunehmen oder auszuwandern. Der deutsche Orden ging dabei etwas behutsamer vor.

Die Gegenreformation war bis etwa 1659 abgeschlossen. Alsbald nach der Herrschaftsübernahme erfolgte auch die Übernahme der vorhandenen Kirchen durch katholische Geistliche, wobei alle an das Luthertum erinnernde Kirchengeräte entfernt wurden. Spätere Generationen wollten vielfach überhaupt kein ehemals akatholisch gewesenes Gotteshaus mehr haben und da sowieso Erweiterungen und Modernisierungen erforderlich wurden, kam es insbesondere in der Zeit von 1720 – 1780 zu zahlreichen Kirchenneubauten. Hierbei spielte sicherlich auch der Gesichtspunkt eine Rolle, daß viele der alten Kirchen nicht aus Stein, sondern noch aus Holz erbaut waren.

Römisch-Katholische Pfarreien
Alt-Vogelseifen (Dekanat Freudenthal)

Zum Kirchensprengel gehören die Gemeinden Alt-Vogelseifen, Neu-Vogelseifen und Wiedergrün.

Alt-Vogelseifen, Pfarrkirche und Pfarrei

Die Alt-Vogelseifener Pfarrkirche in ihrer heutigen Form wurde im Jahre 1812 neu erbaut. Sie ist, wie ihre Vorgängerkirche, dem hl. Johannes dem Täufer geweiht. Über dem Hauptaltar befindet sich ein vom Wiener Maler L. Kupelwieser geschaffenes Bild des Kirchenpatrones. Seit der Renovierung im Jahre 1894 schmücken den Hochaltar und die Kanzel neue Statuen. Der Epistelaltar erhielt ein neues Bild, das die „Heimsuchung Mariens" darstellt. Die Kirche wurde anläßlich dieser Restaurierung vom Troppauer Maler Paul Assmann neu ausgemalt. Die Vorgängerkirche ist anscheinend im Jahre 1581 als „akatholisches" Gotteshaus erbaut worden, wie einem im Jahre 1806 vom damaligen Pfarrer Ignaz Josef Mayer aufgestellten „Inventar" entnommen werden konnte. Im Urbar von 1618 wird angeführt, daß eine Kirche vorhanden war. Es heißt „Kirche, Pfarrhaus, Schulhaus samt deren Dienern (sind) der Jurisdiction und Freyheitt unterworfen, wie die Kirchenordnung zu Freudenthal vermag und ausweiset". Da die Bewohnerschaft erst ab 1621 zum katholischen Glauben zurückkehrte, war die Kirche demnach vorher lutherisch. Die älteste Kirche in Alt-Vogelseifen war sicherlich eine Holzkirche und dürfte bereits von den Siedlern des 13. Jahrhunderts erbaut worden sein. Dies ist sowohl aus dem Wortlaut der Lokationsurkunde von Lichtewerden vom Jahre 1267 als auch aus der Privilegienerneuerung vom Jahre 1412 für das Erbgericht in Ober-Wildgrub zu schließen. Darin heißt es, daß dem jeweiligen Gründer (Lokator) auch die Kirche des Ortes unterstand. Was für Lichtewerden und Ober-Wildgrub bezeugt ist, dürfte in Alt-Vogelseifen nicht anders gewesen sein.

Neu-Vogelseifen hatte 1806 eine gemauerte Feldkapelle. Wiedergrün besaß eine Filialkirche samt Friedhof und eine offene Kapelle aus dem Jahre 1748.

Letzter deutscher Seelsorger in Alt-Vogelseifen war Pfarrer Konrad Seliger O.T., er stammte aus Braunseifen und verstarb 1967 in Friesach in Kärnten.

Bennisch (Dekanat Freudenthal)

Die Bennischer Stadtpfarrkirche zur hl. Katharina steht bereits seit der Stadtgründung des Jahres 1253 auf ihrem heutigen Platz. Pfarrpatron ist seit 1627 der jeweilige regierende Fürst von Liechtenstein. Er hatte ein Mitspracherecht bei der Ernennung des Pfarrers und trug jeweils ein Drittel zur Erhaltung von Kirche und Pfarrhaus bei. Zum Zeichen der Patronatshoheit befand sich

Bennisch – die Pfarrkirche zur Hl. Katharina – erstmals erwähnt 1288

sein Hauswappen über dem Hochaltar. Die Bennischer Pfarrkirche wird im Jahre 1288 erstmals urkundlich erwähnt, „Benesch III., Herr auf Branitz und Bennisch übergibt dem Abt des Klosters Hradisch bei Olmütz – auf ewige Zeiten – die Einkünfte der Bennischer Pfarrkirche mit der Filiale in Seitendorf". Die Pfarrkirche hat im Laufe der Jahrhunderte mehrmals ihr Aussehen geändert. Bis zum Stadtbrand vom Jahre 1474 war sie wohl aus Holz erbaut. In der ersten Hälfte des 16. Jahrhunderts wurde sie, als nun lutherische Kirche, aus Stein erbaut. Sie trug ein Schindeldach und einen Glockenturm. Um 1566 besaß sie bereits eine Uhr mit einem Schlagwerk und 1590 auch eine Orgel. 1681 trug der Turm drei Glocken. In der Kirche fanden einige Pfarrer und andere angesehene Bürger ihre Begräbnisstätte. In ihr wurde 1573 die adelige Witwe Margarethe von Drahotusch und 1592 der später als Hexenmeister verrufene Bürgermeister Hans Kuntz begraben. Von dieser alten Kirche steht heute nichts mehr.

Im Jahre 1719 wurde die Kirche von der Gemeinde von Grund auf neu erbaut. Diese neue Kirche ist in ihren Grundmauern noch die heutige. Sie brannte allerdings sowohl 1746 als auch 1820 ab. Beim letzten Wiederaufbau wurde das Gewölbe und Teile des Mauerwerkes erneuert. Die Sakristei und das Kirchenschiff erhielten Rohrdecken. 1885 mußte ein Teil des Kirchenturmes abgetragen werden, er ist seitdem nur noch 32 m hoch und wird durch zwei mächtige Pfeiler gestützt. Die Kirche besitzt drei Altäre. Der Hochaltar ist der Kirchenpatronin hl. Katharina, die Seitenaltäre sind der hl. Maria und dem hl. Herzen Jesu geweiht. Das Geläute besteht aus vier Glocken, die zuletzt 1920 neu angeschafft wurden. Die 800 kg schwere große Glocke ist der hl. Katharina, die mittlere (400 kg) der hl. Barbara, das 90 kg schwere Meßglöckchen der Mater dolor und das Sterbeglöckchen ebenfalls der hl. Barbara geweiht. Die Kirche war bis zum Jahre 1849 vom Friedhof umgeben. Aus Platzgründen wurde er dann auf den Ortsausgang in der Nähe des Bahnhofes verlegt. Auf diesem wurde im Jahre 1893 die schöne neugotische Friedhofskirche errichtet.

Bis 1784 gehörten die Gemeinden Spachendorf und Raase zur Pfarrei Bennisch, dann erhielten sie Lokalkapläne und wurden schließlich selbständige Pfarreien.

Die Pfarrei Bennisch war ständig mit drei Priestern besetzt. Letzter deutscher Pfarrer war Dr. Alfons Jedelsky, O.T., er stammte aus Deutsch-Liebau und starb 1972 im Pfarrhaus zu Westerholzhausen und fand in Unterelchingen bei Neu-Ulm seine letzte Ruhestätte. Als Katechet war Geistl. Rat Karl Hofmann, ein gebürtiger Bennischer, bis zur Ausweisung verdienstvoll tätig und als Kooperator wirkte der Deutschordenspriester P. Walther Horny. Sie teilten 1946 das Schicksal ihrer Gemeinde und waren mit ihr bis zu ihrem Ableben treu verbunden.

Breitenau (Dekanat Jägerndorf)

Zum Pfarrsprengel gehören die Gemeinden Breitenau, Markersdorf und Schreiberseifen. Die Pfarrkirche ist dem hl. Martin geweiht. Sie ist eine sogenannte Mutterkirche und stand unter Denkmalschutz. Die Kirche wurde im Jahre 1721 vom damaligen regierenden Fürsten Anton Florian von Liechtenstein erbaut und im gleichen Jahre konsekriert. Früher gehörte auch Karlsthal zum Pfarrsprengel Breitenau, es wurde 1843 selbständige Pfarrei. Der Weg zur Kirche führte durch ein Eisentor unter einem Rundbogen in der hohen Friedhofsmauer zum Hauptportal an der Westseite. Über diesen drei Portalen erhob sich ein 32 m hoher Turm, der zwei Glocken trug. In ihm war auch eine Turmuhr mit drei Zifferblättern eingebaut. Auf dem Dach des Kirchenschiffs stand ein schmuckes Holztürmchen, in welchem die Sterbeglocke aufgehängt war. Das Innere der geräumigen und hochgewölbten Kirche ist im klassischen Renaissancestil gehalten. Das Hauptaltarbild zeigt den zum Himmel aufsteigenden hl. Martin. Es stammt vom Hofmaler Johann Franz Greipel (1720–1798) aus Bennisch. Er schuf auch die meisterlichen Bilder des Kreuzweges. Das Bild des linken Seitenaltares stellt die Himmelfahrt der Jungfrau Maria, das des rechten Altares den hl. Johannes von Nepomuk dar. Die obere Empore birgt eine mächtige Orgel, ein Werk der Orgelbauanstalt Gebrüder Rieger in Jägerndorf.

Breitenau – Innenansicht der Pfarrkirche

Von den drei Glocken der Kirche mußten im Ersten Weltkrieg zwei abgeliefert werden. Sie wurden 1921 durch freiwillige Spenden der Bevölkerung neu angeschafft. Das Sterbeglöckchen stiftete die Markersdorfer Erbrichterin Aloisia Hampel allein. Die Glockenweihe führte der Olmützer Weihbischof Dr. Josef Schinzel, ein Sohn aus der Nachbargemeinde Kronsdorf, durch.

In Markersdorf bestand keine eigene Kirche, jedoch eine Gedächtniskapelle. Diese erinnert an den frühen Tod des einzigen Sohnes des seinerzeitigen Erbrichters Christoph Zimmermann. Er wurde im Jahre 1630 durch ein scheuendes Pferd getötet. An der Unfallstelle ließ der Vater eine Kapelle errichten. Die Tragödie hat ein Maler im Bild festgehalten, das in der Kapelle hing. Es stellt in seiner oberen Hälfte die hl. Dreifaltigkeit dar. Die einstige Holzkapelle wurde später durch eine aus Steinen erbaute ersetzt.

In Schreiberseifen war im Jahre 1743 die hölzerne Kapelle zum hl. Anton von Padua erbaut worden. Bei dieser Kapelle wurde 1772 ein Friedhof angelegt, vorher mußten die Verstorbenen in Altstadt bestattet werden. Das Kirchlein in Schreiberseifen ist 1898 gründlich renoviert, mit Schiefer gedeckt und mit einem Harmonium ausgestattet worden. In Erinnerung an ein großes Unwetter wurde in Schreiberseifen der 13. 6. als Gelöbnistag gehalten und hierzu im Kirchlein ein Gottesdienst gefeiert. Das Kirchweihfest fiel in Schreiberseifen auf den Sonntag nach Maria Geburt (8. September), das ebenfalls mit einem Gottesdienst verbunden war. 1936 wurde letztmals das Kirchlein innen und außen neu gerichtet und zugleich neue Bänke angeschafft. Es wurde dadurch zu einem wahren Schmuckstück der Gemeinde.

In der Fabrikkolonie Pochmühl befand sich ebenfalls eine Kapelle, in welcher fallweise eine Messe gelesen wurde. Die Glocke dieser Kapelle stiftete gleichfalls Frau Aloisia Hampel aus Markersdorf, da Pochmühl ihr Geburtsort war.

Letzter deutscher Pfarrer in Breitenau war Konsistorialrat Josef Tögel. Er starb 1954 als Expositus in der Pfarrei Weizen, nahe der Schweizer Grenze.

Dittersdorf (Dekanat Jägerndorf)

Die Pfarrkirche in Dittersdorf ist dem hl. Michael geweiht. Über ihre Erbauung konnte nichts Näheres in Erfahrung gebracht werden. Die große Glocke der Kirche trägt ein Relief des Reformators Martin Luther und soll bei der Gegenreformation von Hillersdorf nach Dittersdorf gekommen sein.

Als letzter deutscher Pfarrer amtierte P. Johann Hofmann. Er wurde gleich seinen Pfarrkindern im Jahre 1946 der Heimat verwiesen und starb in Haar bei München.

Die Pfarrkirche St. Michael in Dittersdorf

Eckersdorf (Dekanat Eckersdorf)

Die heutige Pfarrkirche in Eckersdorf wurde im Jahre 1725 erbaut. Sie steht in der Dorfmitte und gehört zum Patronat der Gutsherrschaft Herrlitz. Das Erbauungsjahr der Pfarrkirche Maria Geburt geht aus einem Chronogramm an der Rückseite des Hochaltares und einem weiteren an den drei Seiten des Sockels der Statue des hl. Johannes hervor. In den Inschriften in lateinischer Sprache sind einzelne Buchstaben vergrößert eingemeißelt. Diese größeren Buchstaben ergeben als römische Zahlen zusammengezählt, sowohl am Altar als auch am Denkmal des hl. Johannes die Zahl 1725. Der Turm der Kirche ist 30 m hoch. Im Turmknopf befindet sich eine Schrift, die über das Verhältnis der Gemeinde zur Patronatsherrschaft Aufschluß gibt. Der Kirchturm hat eine Zwiebelform, die auch als Form einer brennenden Kerze ausgelegt werden kann. Die schöne Orgel wies 2 Manuale und 10 Register auf und stammt von der Orgelfabrik Rieger in Jägerndorf.

Vorgängerin der heutigen Pfarrkirche war das Magdalenenkirchlein am Ortsausgang am Kapellenberg. Dies geht aus Aufzeichnungen in der Eckersdorfer Kirchenmatrik hervor. Dort

Eckersdorf – Kircheninneres, rechter Seitenaltar

heißt es, daß... am Kapellenberg der Erbrichterssohn König aus Boidensdorf neben der Magdalenenkirche begraben worden ist. Das kleine Altarbild der hl. Maria Magdalena befand sich zuletzt in der Pfarrkirche.

Der Friedhof befand sich seit 1725 bei der neuen Kirche. Als er sich als zu klein erwies, schuf die Gemeinde im Jahre 1908 den neuen Friedhof am Kasperberg an der Straße nach Dorfteschen.

Am Sonntag nach Maria Magdalena (22. 7.) feierten die Eckersdorfer ihr Kirchweihfest, das mit einem Jahrmarkt verbunden war. Zu diesem kamen auch viele Besucher aus den Nachbardörfern, um dort ihren Bedarf an den verschiedensten Gegenständen zu decken und gleichzeitig Verwandte und Bekannte zu besuchen.

Zum Kirchenspiel des Dekanates Eckersdorf gehörten die Gemeinden Alt-Erbersdorf, Boidensdorf, Dorfteschen, Eckersdorf und Mladetzko. Dem Dekanat stand der Pfarrer von Ratkau, Dechant Gustav Czech, vor.

In Eckersdorf wirkten Pfarrer Johannes Hausner und Kaplan Karl Schwab. Beide haben sich während der russischen Besatzung tatkräftig für die Bevölkerung eingesetzt. Pfarrer Hausner verließ mit dem letzten Aussiedlungstransport die Gemeinde, kam in die damalige französische Zone und starb im Jahre 1950 in Renchen bei Kehl.

Alt-Erbersdorf besaß eine Filialkirche zum hl. Wenzeslaus. Die Kirche wurde 1874 anstelle einer alten Holzkirche aus Stein erbaut. Sie besaß eine ältere Orgel, zwei Glocken und eine Turmuhr von F. X. Schneider aus Freudenthal. Die Kirche stand etwas abseits der Dorfstraße auf einer Anhöhe und war vom Friedhof umgeben. Als Ersatz für die im 1. Weltkriege abgelieferten beiden Kirchenglocken wurden drei neue angeschafft und am 26. 7. 1925 feierlich eingeweiht.

Boidensdorf besaß eine Filialkirche hl. Erzengel Michael. Sie wurde in den Jahren 1851/1852 neu erbaut, nachdem die alte Kirche am 22. 7. 1851 abgebrannt war. Das Feuer entstand durch brennenden Speck im Kamin einer Bauernwirtschaft. Diesem fiel außer der Kirche fast das halbe Dorf zum Opfer. Seither wurde der 22. 7. als Gelöbnis- und Gedenktag bis zur Vertreibung aus der Heimat begangen.

Einsiedel (Dekanat Zuckmantel)

Zum Pfarrsprengel gehören die Gemeinden Einsiedel und Buchbergsthal. Diese Pfarrgemeinde zählt als einzige im Kreis Freudenthal nicht zur Erzdiözese Olmütz, sondern zum Bistum Breslau.

Mächtig und weithin sichtbar stand die Einsiedeler Pfarrkirche in der Mitte der Gemeinde. Die heutige Kirche wurde in den Jahren 1875/1876 neu erbaut. Sie ist im neugotischen Stil gehalten und der Schutzpatronin Schlesiens, der hl. Hedwig, geweiht. In einem alten Bericht des Olmützer Konsistorialarchives wird erwähnt, daß im Jahre 1560 in Einsiedel ein evangelischer Pfarrer amtierte. Die einstige alte Holzkirche soll 1570 erbaut worden

Das Mitteldorf von Einsiedel mit der neugotischen Pfarrkirche

sein. Sie wurde 1716 abgerissen und an ihrer Stelle eine Steinkirche errichtet, die wiederum 1875 der heutigen Kirche weichen mußte. Auf gutsamtlichen Befehl wurde im Jahre 1661 in Einsiedel das Wetterläuten eingeführt. Beim Heraufziehen eines Gewitters war der Glöckner angewiesen, die Wetterglocke fleißig zu läuten, damit durch Gottes Allmacht und frommer Christen Gebet das Unwetter abzöge, ohne in der Gemeinde Schaden anzurichten. Für diese Arbeit erhielt der Glöckner von der Gemeinde als „Wetterläut-Solarium" einen Gulden und fünfzig Kreuzer. Im Oberdorf, an der Straße nach Reihwiesen, steht eine alte Holzkapelle, die in unserer Heimat schon sehr selten geworden sind. Der Besitzer der Kober-Säge namens Johannes Siegel verfiel einst einer unheimlichen Krankheit, wobei er kein Glied mehr rühren konnte. Dem Tode nahe, machte er das Versprechen, zur Genesung eine Kapelle zu erbauen. Und tatsächlich, als

die Kapelle vollendet war, wurde auch er wieder gesund. Um der Kapelle einen belebteren Platz zu geben, schenkte er sie nach seinem Tode einem frommen Mann aus Einsiedel, „Jeschkepater" genannt, der den Besitzer von Nr. 49 bewog, die Kapelle auf seinem Grund aufzustellen. So kam die Kapelle um 1840 in das Oberdorf und ist seither ein kleines Heiligtum geworden. Ihr Glöcklein hat manchem Einsiedeler zur letzten Ruhe geläutet.

Der Hochaltar der Engelsberger Pfarrkirche

In Einsiedel bestanden drei weitere Kapellen, die nach ihren Besitzern Urban-, Grohmann- bzw. Schnaubelt/Groß-Kapelle genannt wurden. Als letzter deutscher Priester wirkte Pfarrer Vinzenz Knoblich aus dem Nachbarorte Hermannstadt in Einsiedel.

Buchbergsthal besaß keine eigene Filialkirche, doch im Ortsteil Gabel stand ein sehr schönes und gern besuchtes Holzkirchlein.

Engelsberg (Dekanat Freudenthal)

Die heutige Pfarrkirche Maria Geburt in Engelsberg ist im Jahre 1734 erbaut worden. Zum Pfarrsprengel gehören die Gemeinden Altwasser, Lichtewerden, Dürrseifen und Engelsberg, früher gehörten auch Ludwigsthal und Würbenthal dazu.

Blick von der Pfarrei auf Engelsberg

Nach einem Bericht vom Olmützer Konsistorialarchiv stand auf dem Ring in Engelsberg bereits eine um 1550 erbaute Holzkirche. Im Urbar von 1629 heißt es: „In Engelsberg ist eine Kirche, welche die Stadt auf eigene Kosten erbaut hat, samt einen Pfarrhof und Schulhaus, dazu etliche Ackerstücke nebst zwei Wiesenflecklein, so der Pfarrer zu genießen hat". Diese Kirche wurde 1637 erneuert und an ihrer Ostwand mit den Wappen dreier Wohltäter geschmückt. Sie erinnern an den Ordensstatthalter Georg Wilhelm von Elkershausen, genannt Klippel, (1625–1641), an den Hauskomtur Johann Egolf von Westernach (1637–1649) und an den Statthalter Johann Caspar von Ampringen (1653–1664). Die Engelsberger Pfarrkirche wurde 1672 und 1717 renoviert, sie fiel schließlich dem Stadtbrand vom 6. 4. 1732 zum Opfer. Die neue Kirche weist eine Länge von 29 m und eine Breite von 13,5 m auf. Bei ihrer Einweihung im Jahre 1734 wurde das Gelübde gemacht, künftig von Ostern bis Fronleichnam keine Tanzunterhaltung zu veranstalten. Die Wappen der erwähnten Wohltäter wurden in die neue Kirche übertragen. Die Kirche besitzt einen stattlichen 54 m hohen Turm, der mit einem prächtigen barocken Helm und zwei Zwiebeln gekrönt ist. Im Turm befand sich ein dreistimmiges Geläute. Die Glocken fielen der Metallsammlung des 1. Weltkrieges zum Opfer, ihr Ersatz mußte im 2. Weltkrieg ebenfalls abgeliefert werden. Über die bei Engelsberg stehende St.-Annakirche kann im Abschnitt „Wallfahrtskirchen" nachgelesen werden. Im Ortsteil Lauterseifen stand eine um 1720 erbaute Antonius-Kapelle. Auch im 1843 erbauten Kloster befand sich eine Andachtskapelle.

Letzter Pfarrer von Engelsberg war P. Josef Hubalek O.T., ihm stand P. Anton Schälzky O.T. zur Seite. Pfarrer Hubalek war nach der Vertreibung in österreichischen Ordenspfarreien tätig.

In Altwasser befand sich die Filialkirche zum hl. Josef. Sie wurde 1856 erbaut, außerdem befand sich auf dem Friedhof noch eine kleine Kapelle sowie an der Straße nach Lichtewerden ein Bildstock.

Die Filialkirche zur hl. Katharina und hl. Barbara in Lichtewerden gehörte zum Pfarrsprengel Alt-Vogelseifen, kam jedoch im Jahre 1624 zur neu errichteten Pfarrei Engelsberg. In einer Chronik wird im Jahre 1580 in Lichtewerden eine Holzkirche erwähnt. Das Urbar des Jahres 1629 bestätigt, daß sich die Lichtewerdener eine eigene Kirche erbaut hatten. Diese alte Kirche

stammte sicherlich aus der lutherischen Zeit. So war im Jahre 1586 der aus Senftenberg stammende Freudenthaler Lehrer Melchior Ludwig auf Veranlassung seines Herren Hynek von Würben nach Wittenberg gesandt und dort zum Pfarrer von Alt-Vogelseifen ordiniert worden. Als solcher war er zugleich Seelsorger für die Orte Alt- und Neu-Vogelseifen, Engelsberg und Lichtewerden und ab 1608 auch für Würbenthal. 1625 gelang es nach der Übernahme der Herrschaft durch den Deutschen Ritterorden dem Dechant von Freudenthal, Simon Lachnit, „ohne besondere Schwierigkeiten" die Bewohner wieder zum katholischen Glauben zurückzuführen. 1665 erhält Lichtewerden für dringend erforderliche Reparaturen der Kirche aus einer Stiftung des Hochmeisters Erzherzog Leopold Wilhelm 250 Gulden. 1677 werden Friedhof und Kirche neu eingeweiht. Der Kirchturm erreicht eine Höhe von 37 m. In der Lichtewerdener Filialkirche versahen der Engelsberger Pfarrer und sein Kaplan abwechselnd den Gottesdienst an den Sonn- und Feiertagen. Die Kirche wurde vom Friedhof umschlossen und durch eine hohe Friedhofmauer begrenzt.

Die Gemeinde Dürrseifen besaß ebenfalls eine Filialkirche zur Hl. Dreifaltigkeit, in der zu hohen Festtagen Gottesdienste abgehalten wurden. Ansonsten besuchten die Bewohner die Pfarrkirche in Engelsberg.

Frei-Hermersdorf (Dekanat Eckersdorf)

Zum Pfarrsprengel gehören die Gemeinden Brättersdorf, Frei-Hermersdorf und Seitendorf. Über die erste Kirche in Frei-Hermersdorf konnte nichts mehr in Erfahrung gebracht werden. Die heutige Pfarrkirche zur Hl. Dreifaltigkeit wurde im Jahre 1786 erbaut. Das Altarbild stellt die Dreieinigkeit Gottes dar. Die Gemeinde feierte jeweils am Dreifaltigkeitssonntag (Trinitatis) das Kirchweihfest. Außer der sehr gepflegten Pfarrkirche befanden sich im Orte vier Kapellen, bei welchen zu Fronleichnam die Altäre errichtet wurden.

Pfarrkirche Frei-Hermersdorf – Innenansicht

Pfarrer Josef Lindner war auch Konsistorialrat und erfreute sich in allen drei Orten seines Pfarrsprengels großer Beliebtheit. Auch er mußte 1946, wie seine Pfarrkinder, die Heimat verlassen.

In der Gemeinde Brättersdorf stand die Filialkirche Maria Heimsuchung. Die Brättersdorfer feiern jedes Jahr am 8. 7., am Fest Maria Heimsuchung ihren Gelöbnistag. Diese Tradition wird auch nach der Vertreibung fortgesetzt und jährte sich 1964 zum hundertsten Male. Im Freudenthaler Ländchen berichtete der langjährige Ortsbetreuer Otto Kreisel, daß zum Brättersdor-

Pfarrkirche Frei-Hermersdorf – der Hauptaltar

Freudenthal – Die frühgotische Pfarrkirche mit Barockturm

fer Kirchlein, besonders in den Monaten Mai und September, Wallfahrtsprozessionen unternommen worden sind.

In Seitendorf stand die Filialkirche zum hl. Nikolaus. Diese wurde vom Friedhof umschlossen. Im Dorf befanden sich weitere drei Kapellen: die Kapelle „Zur schwarzen Muttergottes" am Steinhübel, die Kapelle im Ortsteil Franzberg und eine Kapelle im Garten der Familie Jäckel. Schon 1288 muß sich in Seitendorf ein Kirchlein befunden haben, denn „die Tochterkirche in Seitendorf" wird in einer Urkunde dieses Jahres erwähnt. Zumeist wurde jeden zweiten Sonntag in Seitendorf eine Messe gelesen, ansonsten besuchten die Pfarrkinder den Gottesdienst in Frei-Hermersdorf.

Freudenthal (Dekanat Freudenthal)

Die frühgotische Stadtpfarrkirche Maria Himmelfahrt in Freudenthal stammt in ihren ältesten Teilen aus der Frühzeit der Besiedlung. Sie dürfte bereits zu Beginn des 13. Jahrhunderts entstanden sein. Die Pfarrkirche besitzt einen prächtigen Barockturm. Neben dem gotischen Haupteingang stehen die Statuen der Apostel Petrus und Paulus. Das Hauptaltarbild stellt die Abnahme Christi vom Kreuze dar. Es wurde in Venedig gemalt und kam, kurz nach dem Stadtbrand von 1764, als Geschenk des damaligen Hoch- und Deutschmeisters Karl Alexander in die Freu-

denthaler Pfarrkirche. Neben dem Hauptaltar erinnert eine Marmortafel an den in der Pfarrkirche beerdigten Statthalter des Deutschen Ordens Johann Caspar von Ampringen. Dieser entstammte einem Adelsgeschlecht aus dem Breisgau, ist 1619 geboren, trat 1646 in den Deutschen Orden ein, war Hauskomtur in Mergentheim, dann Statthalter in Freudenthal, wurde 1661 Landkomtur und 1664 Hochmeister. Er war dann von 1673–1679 Zivil- und Militärgouverneur von Ungarn und wurde 1682 Oberlandeshauptmann von Schlesien. Als solcher starb er 1684 in Breslau und wurde in Freudenthal beigesetzt.

Der Letzte der Herren von Würben ließ 1585 an die Kirche eine Totenkapelle anbauen. An der Südseite der Kirche befinden sich die Reliefs dreier adeliger Herren und einer adeligen Frau. Der Freudenthaler Gymnasialprofessor Josef Thannabaur veröffentlichte 1923 seine Untersuchungsergebnisse und stellte fest, daß die im Renaissancestil geschaffenen Steinbilder den Grafen Bernhard von Würben († 1582), dessen Bruder Graf Hynek d. Ä. von Würben († 1596) und seine Gemahlin Rebekka, geb. Würben-Glemkau sowie beider Sohn Johann von Würben († 1607) darstellen.

Die älteste Glocke der Pfarrkirche wurde 1648 von Hans Knauf in Troppau gegossen. Sie war mit einem Gewicht von 36 Zentnern die größte des klangvollen Geläutes.

Die Friedhofskirche St. Michael mit ihrer runden Kuppel trägt über dem Eingang das Wappen des Ordensstatthalters Jo-

Freudenthal – Hochaltarbild der Stadtpfarrkirche,
es stellt die Abnahme Christi vom Kreuze dar

Freudenthal – Die Piaristenkirche, davor das Staatsrealgymnasium

hann Caspar von Ampringen. Sie bestand bereits vor dem Jahre 1685, wie aus den Akten über den seinerzeitigen recht streitbaren Dechant von Freudenthal Franz Xaver Kusche (1677–1686) entnommen werden konnte.

Die Piaristenkirche war die Schulkirche der Stadt. In ihrer unmittelbaren Nähe befanden sich sowohl die Knabenbürgerschule als auch das Staatsrealgymnasium. Sie wurde in den Jahren 1739–1752 im Jesuitenstil erbaut. Das Hauptaltarbild ist eine Schöpfung des Zuckmanteler Malers Rudolf Templer (1837–1905). Es zeigt die in den Wolken thronende bildschöne Madonna mit dem Kinde und zu ihr flehend aufblickende verzweifelte Menschen, um Hilfe bittend vor der Pestseuche um 1714.

Im unteren Teil des Bildes ist die Stadt Freudenthal mit dem Stammlokal Templers, der gutsherrlichen Bierhalle, vom seinerzeitigen Pestkreuz aus, zu sehen. Die Gesichtszüge der Engelsgestalten um die Madonna mit dem Sternendiadem waren mit denen einiger hübscher Freudenthaler Mädchen identisch. Von Templer stammen auch die Kreuzwegbilder der Köhlerbergkir-

che. Sein Vater Josef Templer war ebenfalls Kirchenmaler und schuf neben vielen anderen Bildern das Gnadenbild der bekannten Wallfahrtskirche Mariahilf bei Zuckmantel. Er stammte aus unserer Kreisgemeinde Einsiedel.

Zum Pfarrsprengel gehörten neben der Stadt Freudenthal selbst, die Gemeinden Altstadt, Neudörfel und Spillendorf. Diese wurden von den verschiedenen Priestern der Pfarrkirche betreut.

Ihre Namen entnehmen wir dem 1940 erschienenen „Handbuch des sudetendeutschen und preußischen Anteils der Erzdiözese Olmütz". Es sind dies P. Ubald Jäckel O.T., Pfarradministrator und Dechant; dann die Kooperatoren P. Ansgar Schröder O.T., P. Leopold Westerweller O. T. und P. Benno Šetřil O. T., dann Dr. Alfred Lehmann, Pfarrer von Mähr.-Kotzendorf, P. Alfons Schneider, Seminardirektor P. Karl Schrammel, Präfekt Dr. Wilhelm Schramm, P. Hubert Hanke O. T., dann ein emerierter Pfarrer Josef Habel und Religionslehrer P. Heribert Kluger O.T.

Von ihnen fand Direktor Schrammel 1944 und Pater Kluger 1945 den Tod in deutschen Konzentrationslagern.

Die Filialkirche zu „unserer lieben Frau" in Altstadt ist uralt. Die Kirche ist als Wehrkirche erbaut worden, wie aus der Form des Turmes und dem heute noch bestehenden Wehrgraben hervorgeht. Dieser konnte im Notfall mit Wasser aus dem Seifen angefüllt werden. Nach Professor Thannabaur fällt die Erbauung in die Zeit zwischen 1201 und 1220. Die Kirche steht auf einem erhöhten Platz, abseits des Dorfes und ähnelt einer Landkirche der spätromanischen oder frühgotischen Zeit. Den Wallgraben hat man bei der großen Renovierung des Jahres 1787 zugeschüttet und damals auch die einst frühgotische Kirche barockisiert. Lediglich Teile des Presbyteriums und wahrscheinlich auch die Unterpartie des Kirchturmes sind in der ursprünglichen Form erhalten geblieben.

Die Kirche ist 39 m lang und 16 m breit. Der Turm hat eine Mauerstärke von 1 ½ m und ist fast sieben Meter breit. Die Kirche besitzt einen Haupt- und einen Seitenaltar. Letzerer ist dem hl. Kreuz geweiht. Das Geläute bestand aus drei Glocken, die im Ersten Weltkrieg für Kriegszwecke abgeliefert werden mußten. Sie wurden 1920 durch zwei gußeiserne Glocken ersetzt.

Groß-Herrlitz – Innenansicht der Barockkirche zur
„Unbefleckten Empfängnis"

Neudörfel gehörte zur Filialkirche in Altstadt. 1405 wurde
das Fürstentum Jägerndorf geteilt und das „neue Dörfel" wurde
mit Altstadt und Vordörfel ein Kirchenspiel. Das einstige Holzkirchlein in Neudörfel ist Mitte des 19. Jahrhunderts abgebrannt
und wurde nicht mehr aufgebaut. Im Jahre 1852 kam ein schweres Unwetter über die Gemeinde und vernichtete den Wohlstand
mehrerer Jahre. Aus dieser Zeit stammt auch der Gelöbnistag,
der alle Jahre mit einer Wallfahrt auf den Köhlerberg begangen
wurde.

Die Filialkirche zur Hl. Dreifaltigkeit in Spillendorf wurde in
den Jahren 1837/1838 anstelle der baufällig gewordenen alten
Holzkapelle errichtet. Hierzu bewilligte Hochmeister Erzher-
zog Maximilian, als Patronatsherr der Gemeinde, einen Baukre-
dit von 2000 Gulden und gab das Bauholz unentgeltlich her. Das
Altarbild und die Kreuzwegstationen malte Johann Fritsch aus
Freudenthal. Die Glocken stammen aus der Glockengießerei
Stanke in Olmütz. In der Spillendorfer Kirche fand jeden Sonn-
tag ein Gottesdienst statt. Für die im 1. Weltkrieg abgelieferten
Glocken wurden 1923 zwei neue bei der Firma Hiller in Brünn
angeschafft. 1925 wurde in der Kirche eine neue Orgel von der
Firma Rieger in Jägerndorf installiert. In Erinnerung an ein Un-
wetter im Sommer 1884 stiftete der Landwirt Florian Steiner ein
Legat aus dessen Ertrag die Gemeinde die Kosten der jährlichen
Köhlerbergprozession finanzieren konnte. Aus dem Steiner'-
schen Legat wurde auch ein neues Altarbild sowie neue Kreuzwegbilder angekauft. Die Bilder sind Werke des Troppauer
Kunstmalers Rudolf Templer.

Der Gelöbnistag mit der Prozession zur Köhlerbergkirche
fand stets am Samstag vor dem Dreifaltigkeitssonntag statt.

Groß-Herrlitz (Dekanat Eckersdorf)

Der Barockbau der Pfarrkirche Unbefleckte Empfängnis
wurde in den Jahren 1749–1751 errichtet. Die alte Kirche war am
19. 7. 1749 abgebrannt, als gerade der Abt des Stiftes Welehrad
zur Visitation in Groß-Herrlitz weilte. Sie muß schon vor 1626
bestanden haben und stammte wohl aus der lutherischen Zeit.
An der Außenwand der Groß-Herrlitzer Kirche befanden sich
die Grabsteine zweier Würben. Der eine stellt den 1562 verstorbenen Johann Graf Würben dar. Dieser gehörte dem polnischen
Zweige der Wrbna an, der das Schloß Reyssen, polnisch Ryzyn,
bei Lissa in Polen besaß. Der zweite stellt den 1592 gestorbenen
Wilhelm von Würben oder Wrbna dar.

Zum Pfarrsprengel gehören die Gemeinden Groß- und
Klein-Herrlitz, Koschendorf und Zattig. Der letzte deutsche
Pfarrer Walter Friedel ist 1946 mit seiner Gemeinde der Heimat
verwiesen worden und war zuletzt in Langensteinbach bei Karls-
ruhe wohnhaft.

In der Groß-Herrlitzer Kirche liegen bestattet: Herr Pau-
loffsky von Hermsdorff, † 23. 2. 1646 und sicherlich auch Wenzel Ignaz Graf von Oppersdorf, Freiherr in Aich und Fridstein,
Herr auf Groß-Herrlitz, Frei-Hermersdorf und Jeschkowitz,
Landeshauptmann des Fürstentums Troppau.

Die Filialkirche in Klein-Herrlitz ist dem hl. Bartholomäus
geweiht. Das Jahr der Erbauung ist nicht mehr bekannt. Die Kirche stand in der Mitte des Dorfes und besaß eine schöne Orgel.
Neben der Kirche war der Ortsfriedhof angelegt. Auf dem Platz
vor dem Friedhof errichtete die Gemeinde nach dem 1. Weltkrieg
zur Erinnerung ihrer gefallenen oder vermißten Heimatsöhne
ein Ehrenmal.

Die Filialkirche Maria Heimsuchung in Koschendorf stand
auf einer Anhöhe am Ortsanfang an der Bezirksstraße nach
Groß-Herrlitz. Sie ist vom Friedhof und von alten, knorrigen
Linden umgeben. Die Kirche wurde im Jahre 1704 erbaut.

Im nahen Zattig stand ebenfalls eine Filialkirche Maria Heimsuchung. Sie wurde im Jahre 1865 anstelle der bisherigen Holzkirche errichtet. Von dieser befindet sich noch heute eine Ansicht
im Vorraum der neuen Kirche. Das alte Holzkirchlein wird mit
einem Marienbild in Zusammenhang gebracht, das schon lange
von vielen Pilgern in nah und fern verehrt wird. Am Tage Maria
Himmelfahrt fand jeweils eine Wallfahrt zu diesem Bilde statt,
und mit den Pilgern kamen Händler in den Ort, daraus entstand
der vielbesuchte Zattiger Jahrmarkt. In der Filialkirche wurden
jährlich neun Gottesdienste abgehalten. An den übrigen Sonn-
und Feiertagen besuchte die Bevölkerung die 3 km entfernte
Pfarrkirche in Groß-Herrlitz. Am Ortsausgang nach Birkowitz
stand ein Bildstock zum hl. Florian, zu welchem jeweils am Namenstag des Heiligen eine Prozession führte. Am Ortsausgang
gegen Groß-Herrlitz stand eine von zwei Akazien umsäumte
Kapelle, eine weitere stand am Friedhof, nahe der Kirche.

Zur Betreuung des großen Pfarrsprengels war dem Groß-
Herrlitzer Pfarrer Ludwig Jillek ein Hilfsgeistlicher zugeteilt. Als
solcher war im Jahre 1940 Pater Alois Staus tätig.

Karlsberg (Dekanat Hof)

Patronatsherr der Pfarrkirche hl. Johannes von Nepomuk
war der Fürst von Liechtenstein als Besitzer der Herrschaft
Karlsberg. Als erstes Gotteshaus wird eine hölzerne Kapelle erwähnt, die im Zusammenhang mit dem 1640 erfolgten Umbau
des Karlsberger Schlosses erbaut worden ist. Um diese Kapelle
befand sich ein Friedhof, den man nur über eine hohe hölzerne

Pfarrkirche Hl. Johannes von Nepomuk und Friedhof in Karlsberg

Die Karlsthaler Pfarrkirche Hl. Johannes von Nepomuk im Winter

Stiege erreichen konnte. Damals war die Gemeinde noch nach Hof eingepfarrt. In einem Bericht des Hofer Pfarrers Andreas Schneider vom Jahre 1656 ist angeführt, daß die Zahl der Katholiken noch klein sei. Rautenberg und Karlsberg zusammen wiesen nur 44 Katholiken auf, die übrigen Bewohner waren demnach noch lutherisch. Da sie über keine eigene Kirche verfügten, sollen sie zu Trauungen und Taufen bis nach Oels in Schlesien gereist sein. 1699 wurde die Herrschaft Karlsberg vom Fürsten Liechtenstein erworben. Auf Bitten der Einwohner stiftete am 30. 10. 1726 Fürst Josef Johann Adam von Liechtenstein die Seelsorgestelle in Karlsberg. 1784 wurde dann die Lokalie Karlsberg selbständig und erhielt die Rechte einer Pfarrei. 1801 bekam die Kirche eine Orgel, 1807 wurde die hölzerne Stiege zum Friedhof abgebrochen und durch eine Steintreppe ersetzt. Als in den Jahren nach 1830 die Cholera ausgebrochen war, wurde der Friedhof zu klein. Auf Ansuchen überließ der Fürst der Gemeinde 400 Quadratklafter Grund zur Erweiterung der Friedhofsanlage. Um diese wurde dann 1843 eine Steinmauer errichtet. Das sehr wertvolle Altarbild des hl. Johannes von Nepomuk ist ein Geschenk des Fürsten Adam von Liechtenstein.

Zu Karlsberg ist die Nachbargemeinde Neurode eingepfarrt. Letzter Pfarrer war seit 1940 P. Heinrich Peichel.

In Neurode gab es keine eigene Kirche. Es bestand jedoch seit 1733 ein Glockenturm mit einer Glocke. Dieser wurde im Jahre 1905 abgebrochen, dafür bekam das Gemeindehaus neben den Amtsräumen eine Kapelle mit Turm und zwei Glocken sowie eine Turmuhr. In Erinnerung an einen schweren Wolkenbruch mit Hochwasser am 23. 6. 1861 gelobten die Neuroder eine jährliche Wallfahrt nach Karlsberg. Dieser Gelöbnistag wurde bis zur Vertreibung treu eingehalten.

Karlsthal (Dekanat Jägerndorf)

Das erste Gotteshaus in Karlsthal war eine geräumige Steinkapelle auf dem im Jahre 1700 angelegten Friedhof. Diese war wohl schadhaft geworden, jedenfalls wurde an ihrer Stelle eine neue Kapelle errichtet und am 16. 5. 1726 geweiht. Damals gehörte Karlsthal noch zur Pfarrei Breitenau. Die Gemeinde wurde 1765 Kuratie und 1823 selbständige Pfarrei. Die heutige Pfarrkirche zum hl. Johannes von Nepomuk wurde in den Jahren 1777 – 1779 erbaut, wobei die Kapelle von 1726 abgetragen wurde. Die

Kirche ist ein Langbau im Stil der italienischen Renaissance mit Barock. Der mächtige Turm mit einer schönen geschwungenen Kuppel bildet mit dem Kirchenschiff eine Einheit. Der Kirchturm ist 44 m hoch und das kleine Türmchen auf dem Dachfirst überragt diesen um 6 Meter. Die Kirche selbst ist 33 m lang, 15 m breit und 14 m hoch. Patronatsherr ist der Fürst von Liechtenstein. Das Hochaltarbild zeigt den hl. Johannes, wie er das Kruzifix emporhaltend, auf Wolken zum Himmel getragen wird. Das Seitenaltarbild stellt die Hl. Dreieinigkeit dar. Beide Bilder wurden vom Wiener Hofmaler Johann Franz Greipel geschaffen. Dieser war aus Bennisch gebürtig und ein Bruder des damaligen Lokalkaplanes von Karlsthal, Anton Greipel. Vom gleichen Künstler stammen auch die Bilder der Kreuzwegstationen sowie zwei bemalte Kirchenfahnen. Alle Gemälde wurden im Jahr 1779 geschaffen. Die Kirche besitzt zwei Seitenaltäre. Einer wird von den Statuen des Evangelisten Johannes und Johannes des Täufers flankiert, der andere Altar wird von einem farbenreichen St.-Antoniusbild eines unbekannten Meisters geschmückt. Die heutige Orgel wurde im Jahre 1894 angeschafft.

In Adamsthal, das zum Pfarrsprengel Karlsthal gehörte, befand sich keine eigene Kirche. Die Gläubigen besuchten, je nach ihrer Konfession, entweder die katholische Pfarrkirche oder das evangelische Bethaus in Karlsthal.

Der letzte deutsche Pfarrer, P. Gerhard Schilder O. T., mußte 1946, wie seine Gemeinde, die Heimat verlassen und ist 1965 in Friesach in Kärnten verstorben.

Klein-Mohrau (Dekanat Freudenthal)

Die erste Kirche in Klein-Mohrau wurde 1614, demnach noch in der lutherischen Zeit, erbaut. Sie war, wie fast alle Dorfkirchen jener Zeit, aus Holz. Die Bewohner wurden während des 30jährigen Krieges wieder katholisch, und die rasch wachsende Gemeinde erhielt 1769 einen Lokalkaplan. In den Jahren 1790 – 1793 ist die heutige Kirche zur Heiligen Dreifaltigkeit erbaut worden. Der Seelsorger der Lokalie Klein-Mohrau betreute auch die Ortsteile Morgenland, Hinnewieder (das heutige Karlsbrunn) und die Nachbargemeinde Karlsdorf. Im Jahre 1847 wurde Klein-Mohrau selbständige Pfarrei.

Das Bild des Hochaltares stellt die Hl. Dreifaltigkeit dar und stammt ebenfalls von Johann Franz Greipel. Es ist eines seiner letzten Werke, da Greipel im Alter erblindete und 1798 in Wien starb.

In der Dorfmitte „in luftiger Höhe" hatte 1690 die Familie Schilder eine kleine Holzkapelle errichtet, daneben stand ein befestigter Turm. Diese Holzkapelle ersetzten die Brüder Johann Caspar, Carl und Augustin Weiß durch eine gemauerte Kapelle, welche 1765 eingeweiht wurde.

Professor Faustin Enns schrieb 1836 in seinem Buch „Das Oppaland und seine Bewohner": „Die Zierde des Dorfes ist eine wohlgebaute Kirche mit einer guten Orgel und einem zierlich staffierten Empore, von wo nicht selten eine gute Kirchen-Musik zu hören ist." Der langjährige Pfarrer von Klein Mohrau, P. Franz Simek, war über fünfzig Jahre ein guter Seelsorger und liegt in der alten Heimat begraben.

Kirche und Pfarrhaus in Lichten

Innenansicht der Pfarrkirche in Klein-Mohrau

Lichten (Dekanat Jägerndorf)

Schon vor der Reformation befand sich in Lichten eine Pfarrei. Zu dieser gehörten damals die Gemeinden Milkendorf und Taubnitz. Als nach der Gegenreformation die Gemeinde wieder katholisch geworden war, konnte aus Mangel an Priestern in Lichten kein eigener Pfarrer eingesetzt werden. In jener Zeit kam jeden Sonntag ein Priester von Braunsdorf, um in Lichten eine heilige Messe zu lesen. Die heutige Pfarrkirche entstand 1730 und wurde anstelle einer alten Holzkirche erbaut. Kirchenpatron ist der hl. Nikolaus. Sein lebensgroßes Bild ziert den Hochaltar. Oberhalb des Tabernakels befindet sich ein Bild der Gottesmutter mit dem Jesuskinde. Schräg neben dem Hochaltar standen die Statuen der Apostel hl. Petrus und hl. Paulus. Das Altarbild des linken Seitenaltares stellt die Madonna mit dem Kinde dar und

stammt vom bereits mehrfach genannten Zuckmanteler Kirchenmaler Rudolf Templer. Am rechten Seitenaltar befand sich eine stilvolle Herz-Jesu-Statue. Die Kirche war mit Schiefer gedeckt und besaß einen hohen Turm mit zwei Glocken. Auf dem Mitteldach der Kirche befand sich ein kleinerer Turm, der das Sterbeglöckchen trug. Über eine gewundene Steintreppe gelangte man zu den Emporen. Der Musikchor war 1927 mit einer klangvollen Orgel mit elektrischer Spieltraktur sowie zwei Manualen und Pedal von der Orgelbauanstalt Rieger in Jägerndorf ausgestattet worden. Die alte Orgel wurde verkauft. In der Mitte des Hauptganges war ein großer Luster mit vielen hunderten von kleinen Kristallgläsern aufgehängt, der bei Beleuchtung in allen Farben schimmerte und Seltenheitswert besaß. Patronatsherr von Lichten ist der Religionsfond. Letzter Seelsorger war Pfarrer Josef Römer.

Messendorf (Dekanat Freudenthal)

Die Pfarrkirche in Messendorf ist wohl, wie viele andere Kirchen im Kreisgebiet, zu Beginn oder Mitte des 18. Jahrhunderts errichtet worden. Genauere Daten konnten darüber nicht ermit-

Messendorf mit Kirche

telt werden. Die Pfarrstelle wurde 1940 von einem Administrator P. Georg Heinisch O.T. verwaltet. Aus einem vorliegenden Erhebungsbogen des Heimatkreisrates vom Jahre 1966 konnte lediglich entnommen werden, daß an seiner Stelle zur Zeit der Ausweisung ein Pfarrer Kausch Seelsorger in Messendorf gewesen ist. Es handelt sich wohl um den Prior des Deutschen Ordens, P. Friedrich Kausch.

In Langenberg bestand eine Filialkirche, die zur Pfarrkirche Messendorf gehörte. Die Gläubigen besuchten die Gottesdienste in Messendorf. Nur zu besonderen Anlässen wurde auch in Langenberg die heilige Messe gefeiert.

Der letzte deutsche Pfarrer, P. Josef Theindel, wirkte nach der Vertreibung in Reichlkofen/Bayern.

Ober-Wildgrub hatte keine eigene Kirche. Die Bewohner besuchten die Gottesdienste im nahen Nieder-Wildgrub und waren in der Pfarrgemeinde voll integriert.

Raase (Dekanat Freudenthal)

Die Pfarrkirche zum hl. Erzengel Michael steht in der Mitte des großen Dorfes, ebenfalls auf einer kleinen Anhöhe. Kirchen- und Pfarrpatron ist der Fürst Liechtenstein als Besitzer der Fidei-

Innenansicht der Pfarrkirche zu Nieder-Wildgrub

Raase – Die Pfarrkirche zum Hl. Erzengel Michael mit Friedhof

Nieder-Wildgrub (Dekanat Freudenthal)

Die Pfarrkirche zur „Unbefleckten Empfängnis" steht auf einer Anhöhe im unteren Dorfteil. Von der Dorfstraße führen 15 Steinstufen zu ihr. Zum Pfarrsprengel gehören die beiden Schwestergemeinden Nieder- und Ober-Wildgrub. Früher gehörte auch noch die Gemeinde Kotzendorf dazu, diese wurde jedoch später eigene Pfarrei. Die heutige Pfarrkirche wurde in den Jahren 1754/1755 vom Jägerndorfer Baumeister Nikolaus Gams erbaut. Wildgrub ist seit 1627 eigene Pfarrei, vorher gehörte es zum Pfarrsprengel Nieder-Mohrau. Das Kirchenschiff ist gewölbt und mit einem doppelten Schindeldach versehen. Der barocke Hochaltar stammt aus dem Jahre 1757. Aus dem gleichen Jahre stammen auch die Engelsfiguren des Tabernakels. Neben dem Hochaltar ist die Kirche noch mit zwei Seitenaltären ausgestattet. Sie erhielt 1926 wiederum zwei neue Glocken, nachdem ihre Vorgänger Kriegszwecken zum Opfer fielen. 1930 bekam die Kirche eine neue Orgel.

Das Pfarrhaus aus den Jahren 1772/1773 hatte sich später als zu klein erwiesen und diente als Wohnung für den jeweiligen Kooperator oder Kaplan. Der Pfarrer bewohnte das „neue" im Jahre 1803 errichtete Pfarrgebäude. Nach der Wildgruber Pfarrchronik aus dem Jahre 1905 soll bereits im 16. Jahrhundert in Wildgrub eine Kirche bestanden haben, die jedoch keinen eigenen Pfarrer hatte. Diese Kirche war wohl ebenfalls in der Zeit von 1550 – 1621 lutherisch.

Die Pfarrgemeinde Wildgrub feierte jeweils am 2. 7. ihren Gelöbnistag mit einer Prozession von der Kirche in Nieder-Wildgrub zur alten Holzkapelle in Ober-Wildgrub. Als letztere im Jahre 1920 abbrannte, führte die Prozession zum neu erbauten Glockenturm in Ober-Wildgrub.

kommißherrschaft Troppau-Jägerndorf. Die Entstehung der Kirche fällt in die zweite Hälfte des 16. Jahrhunderts. Da Raase 1548 durch Siedler aus Niederschlesien und Brandenburg neu besiedelt wurde, war die Gemeinde von Anfang an evangelisch. Im Jahre 1580 war der jetzige Kirchturm zum hölzernen Bethaus errichtet worden. Der Bau der heutigen Kirche aus Stein erfolgte erst zehn Jahre später. Am 21. 10. 1591 wurde die erste Trauung in der neuen Kirche vollzogen. 1624 erhielt der Turm die mittlere Glocke. Die Namen der vier Raaser Pastoren blieben erhalten: als erster wirkte Johann Springer, ihm folgt 1571 Magnus Jahn, dieser war 44 Jahre Pfarrer. 1616 wird Adam Grun und 1727 Tobias Tiller genannt. Im gleichen Jahr begann in Raase die Gegenreformation, und in der Raaser Kirche fand die erste katholische Taufe statt. Seit 1627 ist Raase nach Bennisch eingepfarrt, es erhielt 1781 dann einen Lokalkaplan und wurde 1843 wieder eigene Pfarrei. 1650 erhielt die Raaser Kirche eine große Glocke und 1659 war das Bekehrungswerk der Troppauer Jesuiten endgültig vollzogen. 1666 wurden zwei Kirchenfahnen neu angeschafft, dann 1674 die Kirchhofsmauer erstellt und 1673 war das Dach der Kirche neu gedeckt worden. 1681 wurde die Kirche innen, ein Jahr später auch außen renoviert und 1699 stiftete der Erbrichter Georg Hampel der Kirche eine neue Kanzel. 1714 wurde das Gebälk des Kirchturmes erneuert und 1781 konnte nach langen Bemühungen als erster Lokalkaplan das Raaser Ortskind, Anton Jüttner, in das neuerbaute Pfarrgebäude einziehen. Jüttner war vordem durch 22 Jahre als Kooperator in Bennisch tätig gewesen. Die Raaser Kirche erhielt bereits 1862 eine Rieger-Orgel und 1883 wurden sowohl Turm als auch Kirche wiederum gründlich renoviert. 1892 konnte der neue Friedhof eingeweiht werden und der Kirchturm wurde mit einer neuen Turmuhr von Franz Xaver Schneider aus Freudenthal ausgestattet. Seit 1939 wirkte als letzter Pfarrer von Raase P. Leonhard Matejczek, der aus Niederschlesien stammte.

Am 3. 8. 1852 war über das Oberdorf von Raase ein schweres Unwetter niedergegangen. In Erinnerung daran erbaute man 1853 im Oberdorf ein Gedenkkirchlein. Seither wird der 3. 8. als Gelöbnistag der Raaser Pfarrkinder begangen.

Die Pfarrkirche zum Hl. Erzengel Michael in Rautenberg

Rautenberg (Dekanat Hof)

Wie aus dem Privilegium des Erbrichters zu entnehmen ist und auch von der mündlichen Überlieferung bestätigt wird, stand die erste Kirche in der Nähe der Anwesen Nr. 20 und Nr. 21, woselbst sich auch der Friedhof befand. Die jetzige Pfarrkirche zum hl. Erzengel Michael wurde kurz nach dem 30jährigen Kriege erbaut und war 1656 fertiggestellt. Das Dach der Kirche war mit Schindeln gedeckt und der hölzerne Turm trug drei Glocken. Die Gemeinde gehörte damals zur Pfarrei Hof und der Hofer Pfarrer hielt alle 14 Tage in Rautenberg einen Gottesdienst ab, an dem auch die Pfarrangehörigen von Karlsberg teilnahmen. Die Kirchenbücher in Hof beginnen 1658. 1767 erfolgen die ersten Taufeintragungen in der Rautenberger Taufmatrik, ab 1782 dann auch in der Trau- und Sterbematrik. Seit 1767 ist Rautenberg selbständige Pfarrei. Im Jahre 1838 erhielt die Pfarrkirche eine neue Orgel von der Firma Franz Harbig in Brünn. 1883 wurde der aus Holz erbaute Kirchturm abgebrochen und durch einen aus Ziegel gemauerten ersetzt. Im gleichen Jahr erhielten Sakristei und Chor direkte Zugänge von außen. Durch ein vergessenes Kerzenlicht brannte 1892 der Hochaltar ab. Der neue Hochaltar stammte aus Wien. Die Gemeinde stiftete ein neues Hochaltarbild des hl. Michael, das von Rudolf Templer in Troppau geschaffen wurde. Die Bilder der Apostel Petrus und Paulus sowie der Heiligen Familie sind Spenden frommer Ortsbürger. Dies gilt auch für das gestiftete Bild der Hl. Dreifaltigkeit und für die große Lourdesstatue am Seitenaltar. Der Friedhof befindet sich bei der Kirche, er ist von einer Steinmauer umgeben. 1878 wurden in der Nähe des Friedhofes zwei Linden gepflanzt, die heute noch stehen. In beiden Kriegen wurden die Glocken zu Kriegszwecken requiriert.

Als letzter deutscher Pfarrer wirkte P. Alois Ludwig, der 1942 nach Rautenberg kam.

Im Jahre 1933 wurde auf dem Hohen Rautenberg eine schmucke Bergkapelle errichtet, die den Namen „Fürst-Liechtenstein-Gedächtniskapelle" führte. Neben dieser Kapelle, die

sich schnell zu einem sehr beliebten Ausflugsziel entwickelte, entstand 1934 eine bewirtschaftete Schutzhütte. Diese Kapelle wurde bei den Kämpfen in den letzten Kriegstagen des Jahres 1945 beschädigt und ist seither nicht wieder instandgesetzt worden.

Innenansicht der Pfarrkirche in Spachendorf

Spachendorf (Dekanat Freudenthal)

Die Kirche zum hl. Laurentius wurde 1688 anstelle des vormaligen Bethauses errichtet. Patronatsherr ist der Fürst von Liechtenstein. Über das Aussehen der lutherischen Kirche und die Namen der Pastoren wissen wir nur wenig. Nach dem ältesten Kirchenbuch war im Jahre 1599 ein Josef Klausewitz Pastor in Spachendorf. Er vermerkte, daß viele Bewohner an der Pest gestorben seien. 1608 wird ihm eine Tochter geboren, doch 1610 scheint er nicht mehr in Spachendorf gewesen zu sein. Sein Nachfolger, Josef Mohrhammer, verstarb hier nach acht Amtsjahren am 4. 1. 1618. Ihm folgten Gregor Richter und zuletzt Paul Fiedler, der 1627 zusammen mit den evangelischen Pfarrern der Umgebung vertrieben wird. Spachendorf kam gleich Raase zum nunmehr katholischen Kirchensprengel Bennisch. Nach dem

Neubau der Kirche im Jahre 1688 erhielt sie dann 1703 eine Turmuhr. 1717 erbaute die Gemeinde die Pest- oder Rochuskapelle und 1742 stiftete Erbrichter Kaspar Zips den Ölberg an der Kirche. 1752 wurde die St. Antoniuskapelle erbaut und 1758 das Pfarrhaus (Lokalie) errichtet. 1768 setzt der Bennischer Pfarrer Franz Josef Oppitz einen Lokalkaplan nach Spachendorf und schließt mit der Gemeinde einen Vertrag über die Errichtung einer Widmut. Um 1841 wird Spachendorf dann eigene Pfarrei. 1777 war Fürst Liechtenstein als Offizier in der Kaplanei einquartiert und schenkte der Kirche die Kreuzpartikel. 1793 war der Spachendorfer Johann Zips Kooperator seiner Heimatgemeinde. Er wohnte nicht in der Kaplanei sondern bei seinem Vater auf Nr. 133. Am Laurentiustag des Jahres 1803 schlug der Blitz während des Hochamtes in die Kirche ein, alle erhielten einen elektrischen Schlag. Ein 17jähriges Mädchen war sofort tot, weitere 16 Personen erlitten Verbrennungen und hatten jahrelang an diesen zu leiden. 1856 wurde die Pestkapelle neu erbaut. 1886 wurde die Kirche renoviert. Der Turm erhielt Stützpfeiler, die Kirche eine neue Rohrdecke sowie ein neues Dach, einen vergoldeten Knopf und ein vier Meter hohes Kreuz. Bereits 1882 war eine Lourdesstatue angeschafft worden und 1889 stiftete die Familie Blaschke das versilberte ewige Licht. 1908 wurden dann ein neuer Altar sowie eine Hedwigstatue aufgestellt. Im Jahre 1914 folgte die Innenrenovierung, das Chor wurde erneuert und neue Kirchenbänke beschafft. Als die Einweihung gefeiert werden sollte, brach der Erste Weltkrieg aus. Diesem fielen 1916 zwei Glocken zum Opfer.

Der sehr beliebte Spachendorfer Pfarrer Alois Schaffer wirkte seit 1925 in der Gemeinde und wurde 1946 mit ihr vertrieben. Er starb 1960 in Markdorf in Baden.

Wockendorf (Dekanat Freudenthal)

Die Wockendorfer Pfarrkirche steht im oberen Teil des Dorfes und ist vom Friedhof umschlossen. Zur Pfarrei gehören die beiden Gemeinden Wockendorf und Milkendorf. Die Erbauung der heutigen Pfarrkirche fällt in die Jahre 1675/1676. Sie ersetzte das alte protestantische Bethaus, das ohnehin zu klein geworden war. In der Mitte der Kirche erhebt sich ein hölzerner, mit Blech gedeckter Turm, welcher zwei Glocken trägt. Die große drei Zentner schwere Glocke stammt vom Jahre 1586 und war von Georg Hechperger in Olmütz für das protestantische Bethaus gegossen worden. Die andere zwei Zentner schwere Glocke stammte aus dem Jahre 1683 und hängt noch heute im Turm. Nach dem Ersten Weltkrieg wurde unter Pfarrer Franz Schneider eine neue Glocke angeschafft.

Die Pfarrkirche in Wockendorf, Aufnahme 1965

Wockendorf war seit der Gegenreformation nach Freudenthal eingepfarrt und erhielt unter Kaiser Josef II. im Jahre 1783 eine Lokalkaplanei (Lokalie). Im Errichtungsakt sind genaue Abmachungen wegen der Umpfarrung der bisher zur Pfarrei Seifersdorf gehörenden Gemeinde Milkendorf geregelt. Seither ist Milkendorf ein Bestandteil der Pfarrgemeinde Wockendorf.

Eine besondere Verehrung genoß der hl. Johannes von Nepomuk. Eine Statue dieses Heiligen stand seit 1780 auf dem Gartengrundstück des Hauses Nr. 77 an der Kaiserstraße. Sie zeigt den überlebensgroßen Beter und Märtyrer unter dem Blätterdach zweier mächtiger Linden. Zu seinem Standbild führte eine jeweils am Sonntag nach dem 16. Mai stattfindende Prozession, an der stets eine große Zahl von Gläubigen teilnahm.

Milkendorf gehörte seit 1783 zur Pfarrei Wockendorf, vorher war es nach Seifersdorf und noch früher nach Lichten eingepfarrt gewesen. Auf dem Friedhof in Milkendorf steht eine größere Kapelle, die 1888 erbaut wurde. Neben dem Friedhof befindet sich das Kriegerdenkmal für die Opfer des 1. Weltkrieges. Die Gemeinde Milkendorf feiert alljährlich einen Gedenkgottesdienst aus Anlaß einer Naturkatastrophe im Jahre 1853. Dieser Gottesdienst wird als Gelöbnistag auch nach der Vertreibung bei den jährlichen Heimattreffen in Neu-Ulm durchgeführt. Letzter Ortspfarrer der Kirchengemeinde Wockendorf-Milkendorf war Pfarrer Richard Lux. Sein Amtsvorgänger war Pfarradministrator P. Klement Neuwirth O.T.

Würbenthal (Dekanat Freudenthal)

Zum Pfarrsprengel Würbenthal gehört auch das nahe gelegene Ludwigsthal. Beide Gemeinden waren früher nach Engelsberg eingepfarrt. Nach langen Bemühungen erreichte die Stadt im Jahre 1722 die Errichtung einer Lokalkaplanei. Diese wurde

Die Stadtpfarrkirche St. Michael in Würbenthal

Innenansicht der Stadtpfarrkirche in Würbenthal mit der 4 m hohen geschnitzten Holzfigur des Erzengels St. Miachel über dem Hauptaltar

dann 1784 zur Lokalkuratie erweitert. Seither konnten dem jeweiligen Kuraten als Amtshelfer Kooperatoren zugeteilt werden. Am 7. 4. 1843 erreichte Würbenthal schließlich die Errichtung einer selbständigen Pfarrei.

Im Jahre 1635 wurde auf Veranlassung des Ordensstatthalters Klippel mit dem Bau einer Kirche in Würbenthal begonnen. Diese erhielt ihren Standort am Ring, also im Zentrum der jungen Stadt. 1637 war die Kirche fertiggestellt, jedoch noch nicht eingeweiht, weshalb sich die Abhaltung von Gottesdiensten verzögert hatte. Durch das schnelle Anwachsen der Bevölkerung war diese Kirche bald zu klein geworden, und man mußte an einen Neubau denken. Hierzu bedurfte es der Mithilfe der Gläubigen, und in einem Protokoll des Jahres 1837 werden der Bleicher Ferdinand Rösler und dessen Teilhaber Adolf Weiß lobend erwähnt, weil beide zum Neubau der Kirche je 10 000 Gulden gespendet hatten. Im gleichen Jahre fand auch bereits die Grundsteinlegung statt, an welcher der damalige Hochmeister des Deutschen Ordens, Erzherzog Maximilian Joseph von Österreich-Este, teilnahm. Diese heute noch stehende Stadtpfarrkirche St. Michael wurde im Jahre 1844 feierlich eingeweiht. Sie ist 55 m lang, 19 m breit und 30 m hoch. Der Kirchturm ist 44 m hoch und trägt eine mit Kupfer verkleidete Kuppel. Das Hauptportal führt durch den Turm in die Kirche. Über dem Hochaltar schwebt die mehr als 4 Meter hohe Holzfigur des Kirchenpatrones St. Michael. Der Hauptaltar wird von zwei überlebensgroßen Apostelfiguren flankiert. Die genannten drei Heiligenfiguren sind Meisterwerke des berühmten Holzbildhauers Bernhard Kutzer (1793–1846) aus Obergrund bei Zuckmantel. Die beiden Seitenaltäre wurden zu Ehren der hl. Maria bzw. des hl. Josef errichtet. Die stilvolle Ausmalung der Kirche führte der Troppauer Kunstmaler Assmann aus.

Die Kirche steht unter dem Patronat des Deutschen Ordens. In Würbenthal befand sich außerdem eine zwischen dem Kloster und dem Krankenhaus errichtete Klosterkapelle aus dem Jahre 1897 sowie eine aus dem Jahre 1767 stammende Kapelle, die an das städtische Armenhaus angrenzte. In Ludwigsthal befand sich die Filialkirche Maria Geburt. Sie wurde von den Priestern der Würbenthaler Pfarrgemeinde betreut. Die Errichtung der Kirche in Ludwigsthal fällt in die Zeit um 1720.

Letzter deutscher Pfarrer in Würbenthal war P. Heinrich Benscher O.T., dem 1940 P. Emmerich Helfert O.T. als Kooperator zur Seite stand. Als weiterer Priester in Würbenthal wird 1940 P. Amand Hornich O.T. genannt.

Zossen (Dekanat Jägerndorf)

Die Pfarrkirche in Zossen ließ zwischen 1727 und 1729 Freiherr Julius Johann Ritter von Frobel als Besitzer des landtäflichen Gutes Zossen erbauen. Dieser entstammte einem sächsischen Adelsgeschlecht, das auch in Neu-Waltersdorf bei Glatz begütert war. Sie erwarben das Gut Zossen im Jahre 1688. Später kam Zossen in den Besitz der Grafen von Bellegarde auf Herrlitz und diese waren auch Patronatsherren der Kirche. Anstelle der heutigen schönen Steinkirche im Barockstil befand sich einst eine hölzerne Kapelle. Die Kirche trägt über dem Haupteingang das Wappen derer von Frobel. Im Pfarrhaus befand sich ein Ölbild des Erbauers. Die Kirche ist der hl. Katharina geweiht. Der Kirchturm ist 25 m hoch. 1893 wurde die Kirche renoviert und 1900 hat der Schieferdecker Anton Seipel das Blechdach des Turmes und das Dach des Türmchens der kleinen Glocke mit Ölfarbe gestrichen, ohne für diese Arbeiten ein Gerüst zu errichten. 1937 wurde nochmals eine gründliche Erneuerung von Kirche und Pfarrhaus durchgeführt und eine neue Turmuhr vom Meister Kilian in Groß-Herrlitz angeschafft.

Das Bild des hl. Johannes von Nepomuk stammt vom Jesuitenpater und Kirchenmaler Ignaz Josef Raab. Nahe der Kirche steht eine aus Sandstein gehauene Statue des hl. Nepomuk. Sie ist eine Arbeit des Regensburger Bildhauers Johann Georg Lehnert, der 1729 nach Troppau einwanderte und hier 42 Jahre lebte. Dieses Standbild steht unter Denkmalschutz. In den Wänden zu beiden Seiten des Haupteinganges waren zwei Relief-Grabplatten eingelassen, die aus dem 16. Jahrhundert stammen und altslawische Inschriften trugen. Nach den Untersuchungsergebnissen

Die Pfarrkirche St. Katharina in Zossen

des Direktors des Landesmuseums in Troppau, Dr. Edmund Braun, handelt es sich hierbei um die Abbildungen eines Ritters von Stablowsky und seiner Ehefrau. Sie hält ein kleines Kind in den Armen. Er ist mit langem Vollbart, gepanzerter Rüstung und einem zweischneidigen Schwert abgebildet. Aus einer Urkunde im Breslauer Staatsarchiv geht hervor, daß 1519 ein polnischer Edelmann von Stablowsky das Gut Zossen erworben hatte. Seine Gruft befindet sich in der Mitte des Kirchenschiffs. Eine zweite Gruft, direkt unter dem Hochaltar, ist die Ruhestätte der Freiherren von Frobel.

Nahe bei Zossen an der Straße nach Bennisch befindet sich das Annabrünnel mit einer Annakapelle. Dieses Kirchlein entstand im Jahre 1778 als Holzbau. In ihr befand sich ein Votivbild, das einen Jüngling mit seiner Mutter zeigt, welcher auf dem Heimweg nach Bennisch, mitten im Wald sehend wurde. Dem Wasser des Annabrünnels schrieb man heilende Wirkung bei Augenleiden zu. Diese Mutter war, wie schon öfters, mit ihrem erblindeten Kinde zur kleinen Kapelle beten gegangen, um die Augen zu waschen. Auf dem Heimweg wurden ihre Bitten erhört, ihr Sohn konnte wieder sehen. Seitdem kamen viele Wallfahrer, besonders aus Bennisch und der nächsten Umgebung zur Annakapelle und besuchten im Anschluß daran den Zossener Jahrmarkt, der immer zu „Jakob und Anna" stattfand. Nach dem Ersten Weltkrieg wurde die alte schadhaft gewordene Kapelle abgebrochen und durch einen schmucken Steinbau ersetzt. Diese neue Kapelle wurde am 25. 6. 1925 eingeweiht. Die Glocke der Annakapelle stiftete Frau Amalia Rieger aus Zossen. Das still vertraute Kirchlein war eine Zierde der Gemeinde.

Letzter deutscher Seelsorger in Zossen war Pfarrer Alfons Thürmer aus Hermannstadt, zuletzt als Priester bei Trier an der Mosel tätig.

Neu-Erbersdorf

Die Gemeinde Neu-Erbersdorf gehörte zum Pfarrsprengel Seifersdorf, Dekanat Jägerndorf. Zu diesem gehörten außer den bereits genannten Gemeinden noch Friedersdorf und Wiese.

In Neu-Erbersdorf bestand keine Filialkirche. Das Dorf hatte jedoch mehrere Kapellen. Eine stets reich geschmückte Kapelle stand im Oberdorf und war um 1900 erbaut worden. Eine weitere Kapelle wurde im Niederdorf nach dem Ersten Weltkrieg erbaut. Im Niederdorf befand sich auch neben dem Anwesen Beck ein Glockengebälk.

Die Gläubigen besuchten an den Sonn- und Feiertagen die Gottesdienste im Nachbarort Seifersdorf.

Letzter deutscher Pfarrer war Dechant Johann Reimer. Er war 1940 bereits 76 Jahre alt und wirkte seit 1917 verdienstvoll im Kirchspiel Seifersdorf. Ihm zur Seite stand Kooperator Gerhard Brix.

Schlesisch-Hartau

In der Gemeinde Schlesisch-Hartau befand sich ein Filialkirchlein, das im Jahre 1848 erbaut wurde. Sie gehörte zum Kirchspiel Kunzendorf, Dekanat Hof. Zu diesem zählten die Gemeinden Gersdorf, Mödlitz, Hartau und Kunzendorf. Auf dem Friedhof in Hartau befanden sich drei Grüfte und ein Mausoleum mit einer Kapellenüberdachung.

Die Pfarrstelle Kunzendorf war eine der einträglichsten der ganzen Umgebung und war abwechselnd mit Hof der Sitz des Dechanten. Seit 1909 wirkte Pfarrer Vinzenz Gajdušek in der

Schlesisch-Hartau – Blick auf die Kirche vom Bockisch-Feld

Gemeinde. Er war ein Slowake aus der Gegend von Ungarisch-Hradisch, sprach tadellos deutsch und war bei seiner Gemeinde sehr beliebt. Beim Einmarsch der Russen im Jahre 1945 suchten viele Frauen und Mädchen bei ihm Schutz. Am meisten kränkte es ihn, daß ausgerechnet aus seiner Heimatgemeinde die ersten tschechischen Siedler kamen. Erst nach starkem Drängen der neuen Siedler entschloß er sich, beim Gottesdienst tschechische Lieder singen zu lassen. Bis zur Wandlung wurden zunächst deutsche Lieder und erst nachher tschechische gesungen. Er starb wenige Jahre nach der Vertreibung seiner Pfarrkinder und liegt in Kunzendorf begraben.

Wallfahrtsstätten

Die Köhlerbergkirche

Die Wallfahrtskirche Mariahilf auf dem Köhlerberg südwestlich der Stadt ist ein weithin sichtbares Wahrzeichen von Freudenthal. Ihre Errichtung fällt in die Zeit kurz nach dem 30jährigen Kriege. Nach kirchlichen Urkunden wurde das Gotteshaus 1654 erbaut. Es hatte damals jedoch noch nicht die heute gewohnte Form, sondern war eine Kapelle mit einem Glockenstuhl. Zu dieser Kapelle wurden schon damals Wallfahrten unternommen. Als ihr Erbauer gilt der Ordensstatthalter in Freudenthal, August Oswald von Liechtenstein (1641–1653). Er kam 1656 als Statthalter nach Mergentheim und starb dort am 9. 6. 1663. Die Köhlerbergkirche besitzt ein Gnadenbild, das eine auf Holz gemalte Nachbildung des Passauer Marienbildes darstellt. Das Urbild, ein von Lucas Cranach d. Ä. (1472–1553) gemaltes Marienbild mit dem Jesuskinde, war ursprünglich im Besitze des Kurfürsten Johann Georg I. von Sachsen, welcher es dem Fürstbischof Leopold V. von Passau zum Geschenk machte. Von diesem Urbild war der Passauer Domdekan und Bistumsverweser Marquart Freiherr von Schwendi so entzückt, daß er es für sich haben wollte. Da er dies nicht erreichen konnte, ließ er durch den Hofmaler Pius für sich ein getreues Abbild herstellen. Dieses verehrte er lange Zeit in seinem Zimmer. Durch eine sich öfters wiederholende Erscheinung in seinem Garten veranlaßt, ließ Schwendi auf dem Mariahilfberge bei Passau 1622 eine Kapelle erbauen und das Bildnis zur allgemeinen Verehrung ausstellen. Das Köhlerberg-Gnadenbild ist wiederum ein vollkommen getreues Abbild des Passauer Marienbildes. Das Urbild von Lucas Cranach befindet sich heute in Innsbruck.

Die Wallfahrtskirche Mariahilf am Köhlerberg

Innenansicht der Köhlerbergkirche in Freudenthal

Freudenthal – Die Köhlerbergkreuz-Allee im winterlichen Rauhreifzauber

Blick vom Köhlerbergkreuz zur Wallfahrtskirche

Freudenthal – Das Gnadenbild „Maria mit dem Jesukinde" der Köhlerbergkirche ist eine Nachbildung des Passauer Marienbildes. Das Urbild stammt von Lucas Cranach d. Ä. (1472 – 1553).

Die Lindenallee auf dem Köhlerberg wurde um 1760 angelegt. Die älteste Glocke der Köhlerbergkapelle wurde 1655 vom Glockengießer Hans Knauf in Troppau gegossen und zeigte das Bild Mariens sowie ein Wappen mit den Buchstaben „A.O.V.L.- T.R.S.Z.F.", diese stellen offensichtlich die Anfangsbuchstaben des Statthalters dar: „August Oswald von Lichtenstein, Teutsch-Ordens Ritter, Statthalter zu Freudenthal". Dieses Glöckchen wurde 1758 in dem Turm der im Barockstil neu erbauten Köhlerbergkirche übertragen. 1775 bat der Freudenthaler Dechant Franz Calusche in einem Ansuchen den Hoch- und Deutschmeister Karl Alexander, Herzog von Lothringen und

Freudenthal – Die Wallfahrtskirche am Köhlerberg,
Vorderfront mit Stufenaufgang

Feste Eulenberg verfertigt. Während des 1. Weltkrieges mußten die zwei größeren Glocken für Kriegszwecke abgeliefert werden, sodaß nur mehr die kleine vorhanden war.

Während der Sommermonate wohnte ein Deutschordenspriester in der Nähe der Köhlerbergkirche und brachte in ihr täglich ein heiliges Meßopfer dar. Die Gesamtzahl der Wallfahrer wird mit etwa 15 000 Personen pro Jahr angegeben. Regelmäßige Prozessionen veranstalteten 14 Gemeinden unter Führung der Ortsgeistlichkeit. Diese Prozessionen wurden auf Grund eines Gelöbnisses veranstaltet und hießen daher auch Gelöbnisprozession. Ein solches Gelöbnis, die Wallfahrt zu Peter und Paul (29. 6.), erinnert an die schweren Wolkenbrüche mit furchtbaren Hagelschlägen im Jahre 1709. Weitere Hauptfeste des Gnadenortes waren Maria Himmelfahrt und Maria Namen. Die vielen Votivgeschenke waren Zeugnisse von Gebetserhörungen.

Bar um die Genehmigung „von den alten unbrauchbaren Kanonen des Schlosses Eulenberg so viel zu schenken, als zur Verfertigung einer oder zweier Glocken erforderlich ist. Die Kirche ist auch durch den frommen Beytrag einiger Gutthäter bereits sowohl mit ein und andere kostbare Kirchen Gevääse, alß auch einen schönen Tabernakel und verschiedenen Seiten Altären gezieret und manglet derselben, was das äußerliche betrifft, dermahlen nichts, alß daß der schöne Glockenturm nur mit einem eintzigen Meß-Glöcklein (dem Liechtenstein'schen) versehen ist." Dieser Bitte wurde entsprochen, und es wurden 1776 zwei größere Glocken gegossen. Somit waren drei Glocken, und zwar eine große (7 Zentner), eine mittlere (5 Zentner) und eine kleine (1 Zentner) vorhanden. Die große Glocke ward zu Ehren der heiligen Maria und der Apostel Peter und Paul, die mittlere zu Ehren des heiligen Franz Xaver und des Bischofs St. Donatus gegossen. Die Randschrift beider Glocken lautete „Mit der Gnade Gottes bin ich durch das Feuer geflossen, Franz Xaver Stanke hat mich in Troppau gegossen". Beim Brand der Kirche 1820 gingen zwei Glocken zugrunde, eine wurde beschädigt. Sie wurden durch neue Glocken ersetzt und zwar wiederum durch eine große, mittlere und kleine und waren gleichfalls aus Kanonenmetall der

Die Kirche am Annaberg bei Engelsberg

Wallfahrtskirche St. Anna – Kircheninneres

Die Annabergkirche

Nach einer im Engelsberger Pfarrarchiv befindlichen Chronik stand lange vor der Gründung der Stadt auf der Höhe des Annaberges eine von einem Klausner betreute Kapelle. Sie soll 1640 von den Schweden ausgeraubt worden sein. Das Altarbild und andere wertvolle Gegenstände hätten jedoch vom Klausner gerettet werden können. Von 1694 bis 1696 wurde ein neues Kirchlein erbaut, das jedoch in späterer Zeit durch ein Schadensfeuer zerstört worden ist. Ab 1767 wird der Bau einer dritten Kirche, der jetzt noch bestehenden, durchgeführt. Diese wurde am 26. 7. 1770 feierlich eingeweiht. Das Gotteshaus ist im einfachen Stil des späten Barocks erbaut. Den Innenraum überspannt eine mächtige gewölbte Decke. Die Altarbilder (Maria Heimsuchung, die Familie Joachim, Anna und Maria) stammen von dem in Bennisch geborenen Wiener Hofmaler Johann Franz Greipel (1720–1798). Weitere mächtige Ölgemälde füllen die ansonst glatten Wände zwischen den flächenteilenden durch Heiligenbilder betonten Pilastern. Der Turm der Annabergkirche an der Südseite enthält im Erdgeschoß die Eingangshalle, im Obergeschoß eine Empore. Er stellt die verkleinerte Nachbildung des Turmes der Engelsberger Pfarrkirche dar.

Im Rahmen der Säkularisierungsmaßnahmen in der Regierungszeit des Kaisers Josef II. wurde auch die Annabergkirche geschlossen und sollte abgebrochen werden. Am 25. 4. 1795 gestattete sein Nachfolger Kaiser Leopold II. jedoch die Wiedereröffnung der Kirche. Es wurde aber ausdrücklich bestimmt, daß die Annabergkirche zu keinem Wallfahrtsort gemacht werden dürfe. In der Kirche selbst dürfe nur unregelmäßig Gottesdienst gehalten werden. Dennoch wurde die Kirche St. Anna bei Engelsberg, gerade in den Sommermonaten und besonders zum Annenfest am 26. 7. ein viel besuchtes Ziel frommer Christen. Um die Erbauung dieser Kirche mit seinem schlanken Turm hat sich der Engelsberger Pfarrer Martin Nießner große Verdienste erworben.

Die Kirche wurde 1928 gründlich renoviert. Das neben der Kirche befindliche Stiftungshaus hatte eine Schankkonzession und war durch einen geräumigen Verandaanbau erweitert worden. Es bot den Besuchern der Bergkirche nach oft langen anstrengenden Wanderzeiten Labe und Erfrischung.

Der Troppauer Maler Adolf Zdrazila schuf von St. Anna bei Engelsberg einen bewundernswerten Holzschnitt.

139

Schwesternhäuser des Deutschen Ordens

Im Bezirk Freudenthal waren als Schul- und Krankenschwestern Nonnen verschiedener Ordenskongregationen tätig. Sie entfalteten eine segensreiche Tätigkeit und widmeten ihre ganze Kraft dem Dienst am Nächsten. In Freudenthal, Engelsberg und Würbenthal wirkten Deutschordensschwestern, in Groß-Herrlitz die Armen Schulschwestern von Notre Dame und in Einsiedel die Barmherzigen Schwestern des Borromäerordens.

Im Jahre 1838 hatte der damalige Ordenshochmeister, Erzherzog Maximilian Josef, dem Ordenskapitel die Wiedereinführung eines Schwesterninstitutes vorgeschlagen, jedoch anfangs nur mäßige Unterstützung gefunden. Erst als er sich bereiterklärt hatte, die Kosten während einer drei- bis sechsjährigen Versuchsphase selbst zu tragen, fand sein Plan die Zustimmung des Ordenskapitels und die Genehmigung des österreichischen Kaisers. Man beschloß, zwei Mutterhäuser zu errichten, eines in Lana (Südtirol), das andere in Troppau (Schlesien). Die Schwestern fanden im Schuldienst und in der Krankenpflege ihre Aufgabe. Voraussetzung für die Einrichtung von Schwesternhäusern war das Patronat des Deutschen Ordens über die zuständige Pfarrei. Damit sollte sichergestellt werden, daß die geistliche Aufsicht über die Schwestern von einem Ordenspriester wahrgenommen werden konnte.

Schwesternhaus Freudenthal

Die ersten Ordensschwestern kamen im Sommer 1841 von Lana in Südtirol nach Schlesien. Da das neue Mutterhaus in Troppau noch im Bau war, wurden die Schwestern im Deutschordensschloß in Freudenthal untergebracht. Sie begannen bald darauf mit dem Schulunterricht für Mädchen. Von den achtzehn Angehörigen der Schwesternfamilie gingen am 14. 10. 1842 elf, unter ihnen die Oberin Agnes Weber, nach Troppau. Sieben Schwestern blieben unter der Leitung von Schwester Maximiliane Scherl in Freudenthal. Sie führten den bereits begonnenen Mädchenunterricht weiter und begannen mit dem Krankenpflegedienst für Frauen. 1865 wurde dieser Dienst wesentlich erweitert. Der Orden begann, Zivilspitäler zu errichten und mittellose Kranke kostenlos zu versorgen. Zu dem bereits bestehenden Krankenhaus für Frauen kam in Freudenthal ein Männerspital mit zwölf Betten hinzu. Es nahm 1873 die ersten Patienten auf. Als im Jahre 1898 dann der Neubau des Allgemeinen Krankenhauses mit dreißig Betten eröffnet wurde, übernahmen auch hier die Deutschordensschwestern den Krankenpflegedienst. Der Ausbau des Schulwesens brachte auch den im Schuldienst tätigen Ordensschwestern vermehrte Aufgaben, so daß die Gesamtzahl der in Freudenthal tätigen Ordensschwestern im Laufe der Jahre erheblich anstieg.

Schwesternhaus Engelsberg

In Engelsberg hatte Hochmeister Maximilian Josef drei alte Bürgerhäuser ankaufen und abtragen lassen. An ihrer Stelle wurde ein Deutschordenskloster erbaut und zwei Mädchenschulklassen eingerichtet. Die Baulichkeiten waren 1844 fertiggestellt. Vom Mutterhaus in Troppau kamen sieben Ordensschwestern nach Engelsberg und übernahmen den Mädchenunterricht. Noch im gleichen Jahr gelangte ein weiteres Haus in den Besitz des Ordens. Um die Jahrhundertwende gab es in Engelsberg eine vierklassige Mädchenvolksschule, jede Klasse mit einer Unter-

Frauenspital Freudenthal

und einer Oberabteilung. 1904 erbaute der Orden ein neues Schulgebäude. Er stattete die Schule u. a. auch mit einer Schulküche und einem Speiseraum aus. Im Kloster wurde zusätzlich ein Turn- und Theatersaal eingerichtet. Dieser diente nach dem Ausbau eines eigenen Turn- und Spielplatzes für Mädchen als Näh- und Bügelstube. Im Jahre 1917 errichtete der Orden in Engelsberg einen Kindergarten. Er war zunächst provisorisch untergebracht und erhielt schließlich 1922 ein eigenes Gebäude, das auch als Ferienheim diente. Die DO-Schwestern betreuten sowohl die Mädchenschule als auch den Kindergarten.

Männerspital Freudenthal

Schwesternhaus Engelsberg

Kindergarten Würbenthal

Schule Würbenthal

Schwesternhaus Würbenthal

Im Jahre 1852 hatte die Stadtverwaltung von Würbenthal beim Hochmeister um die Errichtung eines Schwesternhauses und Übernahme des Mädchenunterrichts durch Ordensschwestern angesucht. Der Erfüllung stand weniger das Finanzierungsproblem, sondern vor allem die Tatsache entgegen, daß Würbenthal keine Deutschordenspfarrei war. Nach mehrjährigen Verhandlungen erhielt im Jahre 1857 der Orden das Patronat über die Würbenthaler Pfarrkirche übertragen. Noch im gleichen Jahr wurde mit dem Bau eines Klosters begonnen. Im Mai 1858 bezogen acht Ordensschwestern aus dem Mutterhaus in Troppau diesen Neubau. Anfangs mußte der Unterricht für Mädchen noch im Kloster selbst abgehalten werden, aber bald darauf kaufte der Orden ein zwischen dem Kloster und der Pfarrei stehendes Gebäude und baute es zweckentsprechend aus. Dadurch konnte die zweiklassige Schule in eine dreiklassige umgewandelt werden. Nach dem Neubau der Würbenthaler Knabenvolksschule konnte der freigewordene Bau ebenfalls für den Mädchenunterricht verwendet werden. Im Jahre 1912 wurde schließlich ein neues Mädchenschulgebäude errichtet und mitten im 1. Weltkrieg (1917) erreichte die Stadt die Genehmigung, eine neue dreiklassige Mädchenbürgerschule einzurichten. Auch an dieser waren Ordensschwestern als Lehrkräfte tätig. In Würbenthal ließ der Deutsche Orden ein eigenes Krankenhaus mit zwanzig Betten erbauen. Je zehn Betten waren für männliche, bzw. für weibliche Patienten vorgesehen. Der Bau wurde im Jahre 1897 eingeweiht, und den Krankenpflegedienst übernahmen ebenfalls Ordensschwestern. Wie rasch die Zahl der Ordensschwestern anstieg, ersehen wir aus der Gegenüberstellung zweier Jahre. Das Schwesterninstitut des Mutterhauses in Troppau zählte im Jahr 1844 bereits 55 Schwestern, die entweder in Troppau selbst oder in den Filialen Freudenthal bzw. Engelsberg tätig waren. Das

„Handbuch des sudetendeutschen und preußischen Anteiles der Erzdiözese Olmütz" vom Jahre 1940 beziffert als Angehörige der Kongregation der Deutschordensschwestern 291 Schwestern, 11 Novizinnen und 7 Kandidatinnen, die dem Troppauer Mutterhaus unterstellt sind. Sie betreuten die DO-Schwesternhäuser in Troppau, Freudenthal, Braunseifen, Engelsberg, Hof, Mährisch-Neustadt, Neutitschein, Unterlangendorf, Würbenthal und Zwittau.

1945/1946 teilten die Ordensschwestern das bittere Los der Vertreibung aus der Heimat mit den Ordenspriestern und allen Angehörigen der deutschen Volksgruppe in der Tschechoslowakei.

Einsiedel – Die Kaltwasserheilanstalt (Kloster) der Borromäerinnen

Die Armen Schulschwestern von Notre Dame in Groß-Herrlitz

Im Jahre 1895 kaufte der Groß-Herrlitzer Pfarrer Johann Roßmanith das Anwesen Nr. 41 um 2.000 Gulden, ließ die Gebäude abtragen und schenkte das Grundstück als Bau- und Gartenfläche zur Errichtung einer Mädchenschule und eines Kindergartens. Mit dem Bau des Schul- und Wohnhauses wurde noch 1896 begonnen. Es war 1898 fertiggestellt und wurde anläßlich des 50jährigen Regierungsjubiläums Kaiser Franz Josefs I. als „Jubiläumsstiftung" eingeweiht. Anfangs erteilten drei, später dann sieben Schwestern aus dem Mutterhaus der Armen Schulschwestern de Notre Dame zu Breslau den obligatorischen Unterricht in der neuen Mädchenschule. 1908 wurde das Gebäude anläßlich des 60jährigen Regierungsjubiläums des Kaisers vergrößert und zweckentsprechender eingerichtet. Hierzu streckte das Mutterhaus in Breslau ein ansehnliches Darlehen zinsfrei und unkündbar vor. Der Besitzer des Gutes Groß-Herrlitz, Franz Graf von Bellegarde, spendete damals allein 11.000 Gulden und 175 Fuhren Baumaterialien. Das Gedenkbuch der Anstalt weist viele weitere Namen von Stiftern und Gönnern aus. Oberin und Schulleiterin war von 1908 – 1920 Schwester Maria Euphrosine Schwarzer. Ihr folgte von 1920 bis 1926 Schwester Maria Amandäa Krohmer, dann von 1926 – 1928 Schwester Maria Innina Mirus sowie von 1928 – 1932 erneut Schwester Krohmer.

Das Kloster der Armen Schulschwestern von Notre Dame in Groß-Herrlitz

durch ihre Heilerfolge großes Ansehen. Sie betreute die von ihr geschaffene Anstalt bis zu ihrem Tode im Jahre 1908. Schwester Hortulane gehörte dem Orden der Vinzentinerinnen an, der jedoch im Jahre 1878 die Wasserheilanstalt an die Borromäerinnen verkaufte. 1910 wurde ein stockhoher Neubau nach modernen medizinischen Gesichtspunkten errichtet. Er umfaßte zwölf Zimmer und wurde im Mai 1911 feierlich eröffnet. Die Kaltwasserkuren unterstanden der ärztlichen Aufsicht und wurden nach der Pfarrer-Kneipp'schen-Methode betrieben. Weiters wurden Kohlensäure-, Stahl-, Moor-, Schwefel-, Sol- und Kiefernadelbäder mit Erfolg verabreicht. Wer Ruhe suchte und Erholung brauchte, der konnte sie hier in den weit ausgedehnten Waldungen und in der an Naturschönheiten so reichen Gegend finden. Die Heilanstalt wurde vor dem 1. Weltkrieg von jährlich etwa 600 Kurgästen aufgesucht. Seit dem Jahre 1922 betreuten die Schwestern des Borromäerordens auch den Kindergarten in Einsiedel.

Innenansicht der Pfarrkirche Einsiedel. Die Altäre sind Werke der Holzschnitzersippe Kutzer aus Obergrund

Sie wurde 1932 nach Zuckmantel versetzt. Ihre Nachfolgerin als Oberin wurde Schwester Maria Mathilde Hanke aus Oderberg. Im Jahre 1932 waren zehn Ordensschwestern in der Anstalt tätig und betreuten die Mädchenschule und den Kindergarten.

Die Barmherzigen Schwestern des Borromäerordens in Einsiedel

Der Borromäerorden war Eigentümer der Kaltwasserheilanstalt in Einsiedel. Diese wurde im Jahr 1870 durch die Schwester Hortulane Weber ins Leben gerufen, sie wurde 1829 in Grosse im Bezirk Jägerndorf geboren und kam im Jahr 1857 als Pflegerin für Typhuskranke nach Einsiedel. Hortulane Weber besaß eine seltene natürliche Begabung für die Behandlung von Krankheiten. Sie machte sich die Heilkräfte der Natur, insbesondere die Kaltwasserbehandlung und die Homöopathie nutzbar und erwarb

Einsiedel – Innenansicht der Klosterkapelle

142

Seminar-Weihefest
Freudenthal, 14. und 15. August 1926

Festfolge:

Samstag, den 14. August:

9 Uhr vorm.: **Weihe** der Seminarkapelle.
6 Uhr abends: **Festsitzung** des Hilfsvereines im Mannthiel-Saale.
8 Uhr abends: **Festabend** im kath. Vereinshause.

Sonntag, den 15. August:

½9 Uhr vorm: **Aufstellung** des Festzuges beim kath. Vereinshause.
½10 Uhr vorm.: **Festpredigt** (Dr. Fr. Linke, Olmütz) und **Festmesse** am Seminarplatze. **Weihe** des Seminars und Ansprache des H. H. Propsten Heider. Besichtigung des Seminars.
½2 Uhr nachm.: **Festversammlung** im Hofe des Hochm. Schlosses.
Redner: Dr. Otto Wenzelides, Troppau,
Herr Rat Robert Schälzky, Freudenthal.
½4 Uhr nachm.: **Großes Volksfest** im Antonspark.

Am Festtage:

Zu Gunsten der Seminaraktion in allen deutschen und gemischt-sprachigen Gemeinden Mährens und Schlesiens

BLUMENTAG

Deutsche Katholiken! Sorget für ein gutes Gelingen!

Teilnehmerkarten zu K 3·— und künstlerisch ausgeführte Medaillen zu K 8·
sind bei allen kath. Pfarrämtern und in der Festkanzlei in Freudenthal erhältlich.

Deutsche Katholiken! Mit dankenswertem Opfersinn habet Ihr das Seminarwerk gefördert! Ihr alle wisset seine Bedeutung zu würdigen! Der Tag der feierlichen Weihe ist ein Freudentag für das deutsche katholische Volk in Mähren und Schlesien!

Zu recht zahlreicher Teilnahme am Weihefest ladet höflichst ein

Der Seminarverein.

Druck- und Verlagsanstalt „Das Volk", Jägerndorf.

Das Erzbischöfliche Knabenseminar in Freudenthal, Vorderfront

Das Deutsche Knabenseminar in Freudenthal

In der Erzdiözese Olmütz wurde sowohl der deutsche als auch der tschechische Priesternachwuchs im Erzbischöflichen Knabenseminar und Privatgymnasium mit Öffentlichkeitsrecht in Kremsier ausgebildet. Dies blieb von 1854 bis 1918 so. Mit der Gründung der Tschechoslowakischen Republik hatte der doppelsprachige Unterricht in Kremsier aufgehört, und die deutschen Seminaristen waren heimatlos geworden. Sie fanden schließlich 1919 im Deutschordensschloß zu Freudenthal eine provisorische Unterkunft. Im gleichen Jahr unterfertigte der Olmützer Oberhirte, Kardinal Skrbensky, einen Erlaß zur Errichtung eines deutschen Knabenseminars in Freudenthal. Die deutschen Präfekten des Kremsierer Seminars wurden an die neue Anstalt versetzt und Konsistorialrat Franz Hobich zu ihrem Direktor ernannt. Die Seminarangehörigen bewohnten die Räume im 3. Stockwerk des Schlosses. Im Untergeschoß befanden sich u. a. die Küche und der Speisesaal. Die Zöglinge setzten ihr Studium am Realgymnasium fort. Da sich die Zahl der Seminaristen mit jedem Schuljahr erhöhte, wurde ein Neubau immer dringender. Als der neue Erzbischof, Dr. Anton C. Stojan, im Mai 1921 Freudenthal besuchte, unterbreitete ihm Direktor Hobich eine Bittschrift zur Erbauung eines neuen Seminares. Im Januar 1922 erließ der Erzbischof einen Hirtenbrief, in dem er die deutschen Diözesanen um Mithilfe beim Seminarbau unter dem Leitspruch „Dem deutschen Volke deutsche Priester" aufrief. Der eifrigste Förderer des Seminarneubaues war der Obmann des Deutschen Priestervereines und spätere Hochmeister des Deutschen Or-

dens, Propst Paul Heider in Troppau. Er gründete den Verein zum Bau eines deutschen Knabenseminars und sammelte für diesen Zweck Millionen Kronen. Dazu half auch eine Seminarlotterie, die der schlesische Heimatdichter Viktor Heeger als Bühnenstück schrieb. Sie erbrachte 1,5 Millionen Kronen. Die 700.000 deutschen Katholiken der Diözese sollten 7 Millionen Kronen aufbringen. Der nimmermüde Propst Heider brachte in der Tat das Kunststück fertig, bis zum Tag der Einweihung, am 14./15. 8. 1926, diesen Betrag zusammenzubringen.

Mit den Bauarbeiten war im Mai 1924 begonnen worden und der Rohbau kam noch im gleichen Jahr unter Dach. Baumeister Ing. Gustav Beywl, Olmütz, und die Freudenthaler Firmen Gruner und Mildner hatten zusammen mit 74 weiteren Unternehmungen den Bau erstellt. Am 14. 8. 1926 erhielt die Hauskapelle durch Weihbischof Dr. Josef Schinzel die kirchliche Weihe. Am Tag darauf weihte Bischof-Hochmeister Dr. Norbert Klein die Anstalt und übergab sie ihrer Bestimmung. Zehntausende besichtigten das gelungene Werk. Das Gebäude umfaßt 130 Räume, 563 Fenster und 277 Türen. Im 1. Stock liegt über dem Speisesaal die Hauskapelle mit Orgelchor. Die Baupläne für das Gebäude erstellte Landesbaudirektor, Ing. Adolf Müller in Troppau, ein gebürtiger Freudenthaler. Das Altarbild, den heiligen Aloisius, schuf der akademische Maler Adolf Zdrazila aus Troppau. Die Inneneinrichtung kostete allein sechs Millionen Kronen. Der Seminarbau ist im modern gehaltenen Renaissance- und Barockstil gehalten. Der 55 m breite, viergeschossige Quadratbau mit den an der Vorderfront hervorspringenden Kranken-und Kapellenteilen wird von einem 40 m hohen Türmchen überragt.

Am 2. 9. 1926 bezogen 200 Seminaristen den Neubau. Ihre Zahl stieg bis zum Schuljahr 1935/36 auf 243 an. Insgesamt beherbergte das Seminar von 1919 – 1939 an 900 Zöglinge. 177 unterzogen sich der Reifeprüfung. Von diesen wählten etwa 80 % die Theologie als Berufsstudium. Von ehemaligen Seminaristen, die nicht bis zur Matura im Seminar blieben, sind 38 Theologen geworden, 118 erhielten die Priesterweihe. Der innere Betrieb konnte sich im zweckmäßig angelegten Neubau voll entfalten. Lichtbildervorführungen, Vorträge, musikalische Veranstaltungen, Theateraufführungen und Buchausstellungen brachten reiche Abwechslung in die Arbeitstage.

Im Seminar wirkten die Direktoren Franz Hobich 1919 – 1939, Karl Schrammel 1939 – 1941 und Dr. Wilhelm Schramm 1941 – 1946. Ihnen standen Spirituale, Präfekten, Musiklehrer und sonstige Bedienstete zur Seite.

Das letzte Schuljahr 1938/39 begann im Zeichen der Sudetenkrise. Auf ihrem Höhepunkt, Ende September 1938, wurde die Anstalt in drei Nächten von tschechischen Soldaten beschossen. Glücklicherweise befanden sich die Zöglinge in jener Zeit bei ihren Eltern. Die Reparatur der entstandenen Schäden erforderte 40.000 Reichsmark. Beim Einmarsch der deutschen Truppen am 7. 10. 1938 beherbergte das Seminar 14 Tage lang 200 Soldaten. Durch den Dienst bei der staatlichen Jugendorganisation und bei den verschiedenen Gliederungen der Partei litt das Tagewerk der Zöglinge und die Ordnung des Hauses. Der Generalvikar für den sudetendeutschen Anteil der Erzdiözese Olmütz, Prälat Josef Nathan in Branitz, sah sich im Sommer 1939 genötigt, den Seminarbetrieb in Freudenthal vorläufig einzustellen und einen Teil des Gebäudes an die Wehrmacht zu vermieten. Ein Teil des Seminars war schon vorher für die HJ-Führung beschlagnahmt worden. Bis zum Kriegsende 1945 befanden sich im Seminargebäude neben dem Wehrmeldeamt, das Arbeitsdienst-Meldeamt, das erzbischöfliche Seelsorgeamt, sodann ein Wehrmachtslazarett und zuletzt ein „fliegendes" Standgericht. Heute beherbergt das Seminargebäude eine tschechische Militärschule. Das Eingangsportal ist mit einem mächtigen Sowjetstern geziert.

Die Erbauung des Knabenseminars war ohne Zweifel das größte religiöse und nationale Werk, das vom Sudetendeutschtum in den 20 Jahren der Zugehörigkeit zur Tschechoslowakischen Republik geschaffen wurde.

Evangelische Pfarreien

Die neue Lehre Martin Luthers fand seit etwa 1520 in ganz Schlesien viele Anhänger. Wie die Reformation im einzelnen in der engeren Heimat vor sich ging, läßt sich nur noch bruchstückhaft festellen. Von den zur Herrschaft Jägerndorf gehörenden Orten wird berichtet, daß sowohl das Gebiet um Bennisch als auch das Oppatal durch den Feldzug des Ungarnkönigs Mathias Corvinus vom Jahre 1474 schwer getroffen wurde. Zahlreiche Orte lagen danach veröedt oder gänzlich wüst darnieder. Der Wiederaufbau wurde durch die Markgrafen von Brandenburg 1523 begonnen. Es ist also sicher, daß nur wenige Familien aus dem vorherigen Zeitabschnitt die Katastrophe von 1474 überlebt haben. Die neuen Ansiedler kamen schon als lutherische Menschen ins Land, und der Landesherr selbst war einer der eifrigsten Förderer der Reformation. Von Jägerndorf lesen wir, daß Markgraf Georg 1524 das Minoritenkloster aufhob und die Jägerndorfer Kirche nach Entfernung einiger Altäre für den lutherischen Gottesdienst einrichtete. Er ließ eine umfassende Kirchenordnung verkünden, führte Synoden zur Beratung kirchlicher Angelegenheiten ein und versah die Kirchen und Schulen mit Geistlichen und Schullehrern. Er ernannte Senioren und ließ die geist-

Freudenthal – Die evangelische Kirche spiegelt sich im Wasser des Stutenteiches

liche Aufsicht vom Superintendenten in Jägerndorf überwachen. Über dem Superintendenten stand das Konsistorium in Brieg, das 1542 nach dem Muster der Wittenbergischen Presbyterialverfassung errichtet worden war. Die Prüfungen der Geistlichen vor diesem Konsistorium in Brieg galten so hoch, „als geschehen sie selbst zu Wittenberg bei Lutheri Kanzel". Hierher schickten auch die Herren von Freudenthal die zu Seelsorgern bestimmten jungen Männer. So sendet Heinrich (Hynek) von Würben einen Georg Schreiner, den er zum Kaplan in Königsberg bei Wagstadt zu bestellen gedachte 1571 nach Brieg mit der Bitte, daß er vom Superintendenten geprüft und, falls er tauglich befunden wird, ordiniert werde. Seit 1560 schickt aber die Herrschaft Freudenthal in zunehmenden Maße ihre Kandidaten direkt nach Wittenberg. Demzufolge wurden in Wittenberg ordiniert: 1563 Christopherus Gerstenbergius, gebürtig aus Luben in Schlesien, der drei Jahre Schuldirektor in Freudenthal war und Seelsorger in Hangenstein werden soll; 1565: Martin Hüpke von Freudenthal, der drei Jahre Auditor in Jägerndorf, dann fünf Jahre Schreiber zu Römerstadt war und zum Predigtamt nach Neukirch berufen werden soll; 1569: Georg Gudenius, Brunswicensis, acht Jahre Schuldienst in Bregenz und Frankenstein in Schlesien, für den Seelsorgedienst nach Freudenthal berufen; ebenfalls 1569: Johann Polytzer von Freudenthal, zum Pfarrer nach Schwadensdorf berufen; erneut 1569: Balthasar Praetorius aus Münsterberg, im Schuldienst in Freudenthal, für den pfarramtlichen Dienst

Freudenthal – Evangelische Kirche, daneben Spinnerei Olbrich

Freudenthal – Die evangelische Kirche mit Stutenteich

nach Hof bei Sternberg berufen; 1572: Stephanus Henel, ein Troppauer, zum Predigerdienst nach Freudenthal berufen; 1586: Melchior Ludwig von Freudenthal, gebürtig aus Senftenberg in Schlesien, zum evangelischen Geistlichen von Vogelseifen ordiniert, und 1590: Daniel Krannich, Lütthoviensis Moravus (aus Littau in Mähren ?), er studierte in Prag und Wittenberg, kam von dort nach Freudenthal zu Pfarrer Adam Schultetus und wurde am 13. 5. 1590 zum Pfarrer von Wildenstein berufen.

Von Bennisch kennen wir die Namen der evangelischen Pfarrer: Ulrich Oeler (1555 – 1578), Johannes Vogt (1585) und Andreas Montanus (1609). In Raase war Johannes Springer erster evangelischer Seelsorger, ihm folgten die Pastoren Magnus Jahn (1571 – 1615), sodann Adam Grun oder Grimm und 1627 schließlich Tobias Tiller. In Spachendorf wirkte um 1600 Pfarrer Josef Klausewitz, dem ab 1610 Josef Mohrhammer († 4. 1. 1618) folgte. Am 13. 5. 1618 wird Pastor Gregor Richter Pfarrer von Spachendorf und als letzter evangelischer Seelsorger wirkte Paul Fiedler bis zum 19. 4. 1627 in dieser Gemeinde. Von Engelsberg kennen wir einen Prädikanten Valentin Henke und von Würbenthal den Pfarrer Balthasar Klösel, der aus Hirschberg stammte und bis 1623 amtierte.

Im Westfälischen Frieden von 1648 erhielten die Protestanten in Deutschland volle Religionsfreiheit und Gleichberechtigung. Für seine habsburgischen Erblande (Österreich-Ungarn) ließ dies jedoch Kaiser Ferdinand II. nicht gelten. Damit war das Schicksal der evangelischen Gemeinden in unserem Heimatgebiet besiegelt. Erst Kaiser Josef II. erließ 1781 ein Duldungsgesetz. Die volle Gleichberechtigung der Evangelischen in Österreich-Ungarn brachte allerdings erst das Protestantenpatent vom Jahre 1861.

Besonders in der Herrschaft Gotschdorf bei Jägerndorf gab es um 1780 etwa 3 000 evangelische Christen. Für sie wurde 1782 in Hillersdorf eine eigene evangelische Kirche errichtet. Hillersdorf wurde in der Folgezeit zur Muttergemeinde zahlreicher Tochtergemeinden, die sich nach und nach zu eigenen Pfarreien entwickelten, wie Kleinbressel, Jägerndorf, Freiwaldau, Freudenthal, Kuttelberg und 1939 als jüngste Würbenthal.

Der Volkszählung von 1939 entnehmen wir, daß 5,1% der Bevölkerung des Kreises Freudenthal evangelischer Konfession waren, das sind absolut 2 433 Personen. Von diesen wohnten in der Kreisstadt selbst 535, in Bennisch 92, in Engelsberg 44 und in

Würbenthal 374 Personen. Adamsthal hatte 166, Buchbergsthal 30, Einsiedel 165, Karlsthal 368 und Ludwigsthal 65 evangelische Einwohner. Zu nennen sind noch Breitenau mit 100, Markersdorf mit 58 und Neu-Erbersdorf mit 95 Personen.

Die evangelische Pfarrei Freudenthal

Als erstes evangelisches Gotteshaus in unserem Kreisgebiet wurde in den Jahren 1883 – 1887 die evangelische Kirche in Freudenthal errichtet. Sie schloß sich unmittelbar an den Industriekomplex der Flachsgarnspinnerei an. Dies hatte seinen besonderen Grund, denn der Besitzer der Spinnerei, Carl Benjamin Schneider, erwies sich als besonders warmherziger Förderer der evangelischen Belange. Schneider hatte 1877 das Unternehmen von der Firma Heinz erworben. Er stammte aus Bielitz, wo sich eine evangelische Mutterkirche befand und war hier zu tätigem Christentum erzogen worden. Er ließ auch um 1903 das schöne, geräumige Pfarrhaus errichten. Bei seinem Weggang von Freudenthal (um 1905) hinterließ er der Pfarrgemeinde darüber hinaus einen ansehnlichen Fond, dessen Erträge zur Deckung der anfallenden kirchlichen Aufgaben beitrugen. Soweit erinnerlich, wirkten als Pfarrer bzw. Vikare in Freudenthal die Herren Hampel, Pomikatsch, Täuber und Harlfinger, dann bis Ende der zwanziger Jahre Pfarrer Alexander Sohn. Im Herbst 1930 kam der damals 25 Jahre alte Pfarrer Emil Hönsch nach Freudenthal und wirkte hier bis zur Vertreibung. Während seiner Amtszeit wurde u. a. der Gemeindesaal unter der Kirche eingerichtet. Pfarrer Hönsch stammte aus der Zips und war bei seinen Pfarrkindern und in der Stadt selbst sehr beliebt. Nach der Vertreibung fand er in Bönnigheim im Kreise Ludwigsburg eine neue Wirkungsstätte und verbringt auch dort seinen verdienten Ruhestand.

Die evangelische Pfarrei Würbenthal-Karlsthal

Um 1880 wurde nach einer Zeitspanne von etwa 260 Jahren in Würbenthal erstmals wieder ein evangelischer Gottesdienst abgehalten. Der Hillersdorfer Pfarrer Kolatschek hielt ihn in Ermangelung einer Kirche in einem Gasthaus ab. Kurz vor dem 1. Weltkrieg kam es dann zur Errichtung einer evangelischen Predigtstelle, die vom Hillersdorfer Pfarrer Nowak betreut wurde. 1922 wurde unter Pfarrer Bernhard Haase der Hillersdorfer Mut-

Der Betsaal der evangelischen Kirchengemeinde Würbenthal-Karlsthal

Der evangelische Friedhof in Karlsthal, im Hintergrund der Hohe Berg bei Würbenthal

tergemeinde sodann in Würbenthal eine Zweiggemeinde errichtet, deren Leitung anfangs von Fabrikdirektor Landwehr, dann vom Emil Mücke und anschließend von Albert Groß übernommen wurde. 1932 erwarb die Filialgemeinde Würbenthal die zum Verkauf stehende Direktorvilla der liquidierten „Würbenthaler Jute-Spinnerei und Weberei" einschließlich eines angrenzenden Grundstückes als zukünftigen Kirchbauplatz. In diesem Gebäude wurde ein Betsaal zweckentsprechend eingerichtet. 1939 wurde von der evangelischen Kirchenleitung in Gablonz der Errichtung einer eigenen Pfarrei mit dem Amtssitz in Würbenthal genehmigt. Hierzu legte man die bisherigen Zweiggemeinden Würbenthal und Karlsthal zusammen. Als Pfarrer wählte die neue Gemeinde den evangelischen Seelsorger von Grulich Karl Kautz. Dieser stammte aus der Slowakei und war durch sein tatkräftiges Wirken in der Grulicher Diasporagemeinde hervorgetreten. Er leitete die Pfarrgemeinde Würbenthal bis zur Vertreibung, wurde sodann Pfarrer von Unter-Jettingen im Kreis Böblingen und lebt derzeit in Oberboihingen, Kreis Esslingen im Ruhestand.

Die evangelische Zweiggemeinde Karlsthal

Zahlenmäßig waren die Gemeindeglieder in Karlsthal am stärksten vertreten, sie stellten etwa ein Viertel der Einwohnerschaft. Hier hatte sich 1876 eine Schulgemeinde mit einer eigenen evangelischen Privatschule in einem Bauernhaus gebildet, das zugleich als Wohnhaus des Lehrers diente. Als solcher amtierte Lehrer Paul Piesch, der sich um die evangelische Kirchenarbeit überaus verdient machte. 1906 errichtete die Zweiggemeinde Karlsthal eine neue Schule, die aber 1920 aufgelassen wurde. Seitdem besuchten die evangelischen Schulkinder gemeinsam mit den katholischen Schülern die neuerbaute Ortsschule. Die neue Schule wurde in ein Bethaus umgebaut und diente bis zur Vertreibung als solches. Im Jahre 1858 war in Karlsthal ein evangelischer Friedhof angelegt worden auf welchem jahrzehntelang auch die Evangelischen der näheren und weiteren Umgebung bestattet wurden.

Während des Krieges wurde Pfarrer Kautz (1942 – 1945) von der Kirchenleitung nach Mährisch-Schönberg dienstverpflichtet, weil der dortige Pfarrer zum Kriegsdienst eingezogen worden war. Die Vertretung in Würbenthal und Karlsthal übernahm Pfarrer Herkommer aus Jägerndorf.

Der evangelische Betsaal in Breitenau

In der Predigtstelle Breitenau stand 1940 das damals unbenützte frühere katholische Jugendheim – ein kleines freundliches Blockhaus – zum Verkauf. Es sollte von der evangelischen Kirchengemeinde Würbenthal erworben werden. Die Kaufverhandlungen stießen jedoch bei den Behörden auf Widerstand, und so wurde das Gebäude schließlich auf 20 Jahre gepachtet. Nach Beschaffung des nötigen Inventars konnte schließlich zu Pfingsten 1941 der erste Gottesdienst im neuen Bethaus zu Breitenau abgehalten werden. Die vorgesehenen Einweihungsfeierlichkeiten unterblieben, da hierzu keine behördliche Erlaubnis erteilt wurde. Gegen Ende des Krieges mußte das Bethaus geräumt werden, da es für andere Zwecke beschlagnahmt wurde. Die Einrichtung wurde in die evangelische Kirche in Jägerndorf gebracht.

Israelitische Kultusgemeinde

In den Sudetenländern Böhmen, Mähren und Schlesien wohnen Juden, seitdem hier städtische Gemeinwesen und Handelsplätze bestehen. Sie lebten Jahrhunderte lang in ihrer großen Mehrheit, wie anderswo in Europa auch, in Ghettos. Diese waren eigene, zumeist streng gegen die Außenwelt abgeschlossene Stadt- bzw. Wohnviertel, wie etwa die Josefsstadt in Prag. Hier sollen Juden schon um das Jahr 900 ansässig gewesen sein. Die älteste Prager Synagoge wurde um 1260 errichtet. In Prag entstand 1512 die erste hebräische Druckerei Mitteleuropas. Berühmt ist der Alte Judenfriedhof in Prag, der seit 1439 besteht und an die 20.000 Grabsteine aufweist. Es war der älteste jüdische Friedhof in Altösterreich. Ein weiteres Zentrum jüdischen Lebens stellte die Stadt Proßnitz in Mähren dar. Weitaus kleiner als Prag und Proßnitz, doch ebenfalls sehr alt, war die jüdische Gemeinde von Hotzenplotz in unserem Nachbarkreis Jägerndorf. Der Gerichtsbezirk war eine mährische Enklave, die ganz von schlesischen Gemeinden umgeben war. Sein Steueraufkommen wurde zwar an die schlesische Steuerkasse entrichtet, jedoch für die Rechnung Mährens gesondert geführt. Um 1926 wurde bei Eugen Franke in Würbenthal eine, vom damaligen Bezirksschulinspektor Adolf Christ herausgegebene „Geschichte des Bezirkes Hotzenplotz" gedruckt. Aus ihr sind einige Nachrichten und Daten entnommen. Danach sei im Jahre 1334 vor den Toren von Hotzenplotz eine Anzahl flüchtiger Juden erschienen und habe um Aufnahme gebeten, die ihnen zunächst vorläufig gestattet wurde. Aus dem vorübergehenden Aufenthalt scheint nach und nach ein dauerndes Verbleiben geworden zu sein. Die Stadt Hotzenplotz gehörte bereits damals zum Besitz des Bistums Olmütz. 1408 wurde sie durch einen großen Brand verheert. Schließlich sei 1415 der Olmützer Bischof Kralik persönlich nach Hotzenplotz gekommen, um sich von der großen Not, die seit dem Brand hier herrschte, zu überzeugen. Er verfügte in einer eigenen Urkunde, ausgestellt 1415 in Hotzenplotz, u. a. „wenn Juden in unsere Stadt ziehen wollten, von wannen sie auch wären, man sie aufnehmen und geruhiglich ohne alle Hinderuß behalten solle." Die Bewohner der jüdischen Gemeinde in Hotzenplotz kamen vornehmlich aus den Nachbarstädten Leobschütz und Neustadt, später auch aus Mitteldeutschland (Franken und Hessen) sowie aus Polen (Krakau), wie dies auch ihre Familiennamen andeuten. Daß flüchtige Juden in Hotzenplotz stets verhältnismäßig gute Aufnahme und Schutz fanden, erklärt sich daraus, daß die Olmützer Bischöfe bestrebt waren, die Bevölkerungszahl und den Wohlstand ihrer oft bedrohten Grenzfeste zu heben oder doch zu halten. Bischof Wilhelm Prussinowsky (1565 – 1572) gab 1570 der jüdischen Gemeinde in Hotzenplotz einen Schutzbrief. Er gestattete ihnen, eine Schule zu errichten, einen Rabbiner und Lehrer zu halten sowie eine eigene Synagoge zu erbauen. Die Gemeinde zählte damals 132 Familien. Ihre Kaufleute trieben einen schwunghaften Handel mit Garn, Pelzwerk, Leinwand, Leder und Metallwaren. Nach dem Siebenjährigen Krieg (1756 – 1763) waren die Bewohner von Hotzenplotz tief in Schulden geraten und viele christliche Gewerbsleute und Juden wanderten aus. Dennoch erreichte die Judengemeinde von Hotzenplotz im Jahre 1802 mit 153 Familien und 845 Personen ihren höchsten Stand. 1808 errichtete die jüdische Gemeinde eine neue Synagoge für 2.000 Personen um 10.000 Gulden. Nach Prag war der jüdische Friedhof in Hotzenplotz der zweitälteste von Altösterreich.

Im Zeitalter der Aufklärung wurden im ehemaligen Österreichisch-Schlesien 1752, gemäß dem damals erlassenen Toleranzpatent, 119 jüdische Familien, davon zwei in Troppau, zugelassen. 1848 wohnten in Troppau 24 jüdische Familien. Nach dem Inkrafttreten der österreichischen Verfassung vom Dezember 1867, die den Juden die volle bürgerliche Gleichberechtigung (Emanzipation) brachte, stieg die Zahl der Troppauer jüdischen Familien auf rund 100 an. Während man bei den Volkszählungen im alten Österreich die Nationalität der Bevölkerung nach der Umgangssprache ermittelte, war es in der Ersten Tschechoslowakischen Republik den Juden freigestellt, sich entweder zur jüdischen Nationalität oder nur zur israelitischen Konfession zu bekennen. Es wurde also zwischen National- und Glaubensjuden unterschieden. So zählte man 1930 in Troppau beispielsweise 973 jüdische Einwohner. Von ihnen bekannten sich 493 als Nationaljuden, der Rest fast zur Gänze zum Deutschtum.

Die erste verläßliche Nachricht über Juden im politischen Bezirk Freudenthal stammt aus dem Jahre 1795. Sie ist als „Zusammenfassende Häuser- und Familientabelle" im Freudenthaler Ländchen, Jahrgang 1930, Seite 34, abgedruckt. Aus ihr ist zu ersehen, daß damals in Freudenthal 16 Juden wohnten, die jedoch keinen eigenen Grundbesitz aufzuweisen hatten. Im Verlauf des 19. und zu Beginn des 20. Jahrhunderts erhöhte sich die Zahl der jüdischen Einwohner und betrug nach der Volks- und Konfessionszählung vom 1. 12. 1930 für den gesamten politischen Bezirk 106 Personen. Nach Wohnorten aufgeschlüsselt wiesen Freudenthal 73, Bennisch 15, Schreiberseifen-Kunau 5, Klein-Mohrau 3, Lichten 3, Spachendorf 3, Einsiedel 2 und Raase 2 jüdische Einwohner auf. Fast alle hatten sich im Laufe der Zeit aus kleinen Anfängen hochgearbeitet und es zu Wohlstand und Ansehen gebracht. Aus ihren Familien entstammen selbständige Handels- und Gewerbetreibende, Industrielle, Techniker, Ingenieure, Ärzte und Juristen. So unterhielt die Familie Berl unter der Firmenbezeichnung Max Berl & Söhne Sägewerksbetriebe in Freudenthal, Altstadt, Dürrseifen, Karlsthal und anderswo. Die Firma Siegmund Kohn & Sohn betrieb vor und nach dem Ersten Weltkrieg in Freudenthal einen sehr bedeutenden Getreide-, Kohlen- und Baumaterialienhandel sowie eine Kaffeerösterei. Die Familie Nathan Hamburger war seit 1864 in Freudenthal ansässig und hatte das einstige bürgerliche Brauhaus übernommen. Dieses veräußerte sie 1911 an den Deutschen Ritterorden und errichtete dafür eine Spiritus-, Preßhefe- und Malzfabrik. Einen besonderen Anteil an der positiven wirtschaftlichen Entwicklung von Freudenthal hat sich die Familie Marburg erworben. Ihre 1878 errichtete Firma Gustav Marburg & Söhne wurde zur Ersten mechanischen Jacquard-Weberei, Leinwand- und Tischzeugfabrik ausgebaut. Diese beschäftigte im Jahre 1913 rund 1.400 Mitarbeiter. Sie war damit der größte Arbeitgeber der Stadt. Bekannt waren auch die Bennischer jüdischen Familien Beck und Oppenheim. Als Erster war Jakob Oppenheim um 1795 nach Bennisch gekommen. Sein Sohn Josef errichtete hier eine Fruchtsaft- und Likörerzeugung, deren Sternmarke „Berggeist" einen großen Abnehmerkreis aufzuweisen hatte. Die Familie Julius Beck führte in Bennisch das angesehene „Gasthaus zum blauen Löwen" am Ringplatz, der Sohn Dr. Artur Beck war im gleichen Haus als Arzt tätig. Die Familie Josef Beck begann um 1870 eine eigene Webwarenerzeugung und baute sie nach dem Ersten Weltkrieg zu einer stattlichen mechanischen Weberei aus. In Bennisch waren außerdem die jüdischen Familien Textilkaufmann Ernst Reich, Arzt Dr. Gustav Dreikurs und Rechtsanwalt Dr. Siegfried Tauber ansässig. Soweit erinnerlich wirkten

Israelitische Marmortafel mit siebenarmigem Leuchter, Palmzweig, Trompete und Zitrone (Barnea, 3. Jahrhundert n. Chr.)

in Freudenthal außer den bereits genannten Familien Berl, Hamburger, Kohn und Marburg noch der Zahnarzt Ferber, der Gymnasialprofessor Dr. Arnold Hermann, der Rechtsanwalt Dr. Spitzer und die Garnhändlerfamilie Goldberger. In der Firma Hamburger in Freudenthal war auch einige Jahre ein Dr. Walter Pollak als Chemiker tätig. Er gelangte 1939 über Frankreich nach Israel und wurde dort nach der Staatsgründung 1. Staatssekretär unter Ben Gurion.

Die israelitische Kultusgemeinde Freudenthal besaß zwar keine eigene Synagoge, jedoch einen ständigen Betsaal im Obergeschoß des Gasthauses Weynar in der Herrengasse. Den jüdischen Friedhof an der Landstraße nach Schreiberseifen, nahe des Spillendorfer Berges, ließ 1870 Nathan Hamburger anlegen. Die religiöse Betreuung der Kultusgemeinde oblag dem Rabbiner Glück. Dieser unterwies auch in Freudenthal und Bennisch die Schüler der jüdischen Familien in ihrer Religion.

Die Freudenthaler Männergesellschaft „Schlaraffia" hatte im Hause des jüdischen Fabrikanten Benno Marburg am Kirchplatz ihren Versammlungsort, die sogenannte „Burg". Von hier gab es einen direkten Zugang zum Gasthof Staral-Weynar in der Herrengasse. Der Gesellschaft Schlaraffia gehörten sowohl Christen als auch Juden als Mitglieder an. Im Absatz eins ihrer Satzung war bestimmt, daß Mitglied nur werden konnte, „wer von Geburt an deutsch" war. Weiters durfte bei den Zusammenkünften nicht politisiert werden, um so den unpolitischen Charakter der Vereinigung zu wahren. Der Leitung dieser Gesellschaft gehörten die „3 Herrlichkeiten" Benno Marburg, Otto Hamburger und Professor Karl Weiß an. Die Schlaraffia wurde nach dem Anschluß im Oktober 1938 aufgelöst.

In der sogenannten „Kristallnacht" vom 9. zum 10. November 1938 wurden, angeblich als Vergeltung für die Ermordung eines deutschen Botschaftsangehörigen in Paris durch den Juden Herschel Grünspan, im Deutschen Reich zahlreiche Synagogen in Brand gesteckt. Unter ihnen befand sich auch die 1895/96 im

maurischen Stil erbaute Synagoge in der Teichgasse in Troppau. Die für Freudenthal zuständige Synagoge in Jägerndorf wurde damals jedoch nicht beschädigt und blieb bis heute erhalten. Bedauerlicherweise wurden 1938 auch in Freudenthal von aufgeputschten jungen Leuten Bücher und Dokumente aus dem jüdischen Betsaal auf die Straße geworfen und anschließend auf dem Sportplatz verbrannt.

Die meisten Judenfamilien verließen 1938, gewarnt durch die seit 1933 begonnenen Verfolgungen, ihre Heimat. Sie wanderten vielfach nach England, den USA und in die südamerikanischen Staaten aus. Kaum eine der wenigen zurückgebliebenen Familien überstand die Zeit des Dritten Reiches, ohne den Verlust von nahen Angehörigen beklagen zu müssen. Was übersteigerter Nationalismus und Rassenwahn letztlich anrichtete, ist allgemein bekannt und sicherlich kein Ruhmesblatt der deutschen Geschichte.

Rückblickend auf die israelitische Gemeinde Freudenthal kann festgestellt werden, daß unsere jüdischen Mitbürger vor dem Ersten Weltkrieg und in den ersten Jahren danach in Freudenthal eine bedeutende wirtschaftliche Rolle gespielt haben. Dies änderte sich zu Anfang der Dreißiger Jahre. Damals überflügelte die Firma Machold die Leinenfabrik Marburg, die landwirtschaftlichen Genossenschaften schränkten den Umsatz der Firma Kohn ein und die Firma Hamburger hatte bereits 1926 durch den vom tschechoslowakischen Staat verfügten Entzug der Zucker-, Malz-, Bier- und Spirituskontingente an Bedeutung verloren. Andere jüdische Firmen und Geschäfte spürten mehr und mehr die Folgen der um 1930 begonnenen Weltwirtschaftskrise.

Die Geschichte der israelitischen Kultusgemeinde lehrt uns, daß Intoleranz ein ständiges gesellschaftliches Problem darstellt, weil Mehrheiten immer wieder zur Selbstbestätigung neigen und an den Minderheiten nur die Mängel sehen.

Der große Oppafall der Weißen Oppa

Meierhof Freudenthal des Deutschen Ritterordens

Die Landwirtschaft im Kreis Freudenthal

Unsere Heimat zählt zu den Gebieten, die im Zuge der deutschen Ostkolonisation des 12. und 13. Jahrhunderts besiedelt und erschlossen wurden. Hierbei soll auf die alte Streitfrage der Bodenständigkeit der Deutschen, nämlich ob sie schon immer im Lande waren und sich von der Germanenzeit her bis in unsere Zeit ununterbrochen behauptet haben, oder ob sie erst durch die deutsche Ostsiedlung hierhergekommen sind, nicht eingegangen werden. Fest steht, daß das Altvaterland und mit ihm auch unser Heimatkreis Freudenthal seit mindestens siebenhundert Jahren deutsch besiedelt ist.

Die wirtschaftliche Nutzung des Bodens und die Erschließung der Erzschätze des Landes waren ja die Ursache, daß Siedler ins Land gerufen wurden, die neue Städte und Dörfer gründeten. Ohne Menschen wäre alles Land nutzlos und ohne Ertrag geblieben. Von der Urbarmachung der Böden hatten alle Beteiligten ihren Vorteil. Die Siedler schufen sich durch ihrer Hände Arbeit eine neue Heimat, die Grundherren und auch die Kirche erschlossen sich mit den Zinsleistungen und Abgaben der Siedler neue Einnahmequellen.

Maßgeblich für die Ertragskraft der Äcker, Wiesen und Wälder ist neben der Intensität der Bewirtschaftung die Beschaffenheit des Bodens, die Höhenlage und das Klima der jeweiligen Landschaft.

Im Raum der Sudetenländer Böhmen, Mähren und Schlesien lassen sich vier voneinander abhebende Anbaubereiche unterscheiden:
die Zuckerrüben-, Gersten- und Weizengebiete,
die Roggen-, Weizen-, Gersten- und Hafergebiete,
die Kartoffel-, Roggen-, Hafer- und Gerstengebiete und
die Gebiete des Futtermittelanbaues sowie der Weide- und der Waldwirtschaft.

Das Gelände unseres Kreises steigt von Osten nach Westen stetig an, von einer Meereshöhe um 350 m bei Groß-Herrlitz und Zattig in der Troppauer Bucht bis zum 1490 m hohen Altvater. Das Klima wird als gemäßigt bis rauh bezeichnet. Die Bodenbeschaffenheit wechselt von Lehm- und fruchtbaren Tonschieferböden am Ostrand des Kreises über sandige Lehmböden zu lehmigen Sand- und Verwitterungsböden in höheren Lagen. Sie sind teilweise auch mit Schotterschichten vermengt.

Eine gute Übersicht über die Anbauverhältnisse gibt eine von der „Landwirtschaftlichen Kreiskommission" im Rahmen des Lastenausgleiches 1955 erstellte Arbeit über die Hektarsätze der Gemeinden unseres Kreisgebietes.

Nach dieser Aufstellung rechnen 10 Gemeinden zum Getreideanbaugebiet I (Zuckerrüben-, Gersten- und Weizenanbau). Es sind dies Brättersdorf, Eckersdorf, Frei-Hermersdorf, Groß-Herrlitz, Klein-Herrlitz, Koschendorf, Lichten, Seitendorf, Zattig und Zossen.

Heuernte in Karlsthal – 2. von links der langjährige Ortsbetreuer Fritz Escher

Alt-Vogelseifen – Kornernte

Weitere 17 Gemeinden zählen zum Getreideanbaugebiet II (Roggen-, Weizen-, Gersten- und Haferanbau). Zu ihnen gehören Alt-Erbersdorf, Altstadt, Bennisch, Boidensdorf, Breitenau, Freudenthal, Karlsthal, Markersdorf, Messendorf, Milkendorf, Neudörfel, Neu-Erbersdorf, Raase, Schlesisch-Hartau, Spachendorf, Spillendorf und Wockendorf.

Teils Getreide, teils Futtermittel bauen die sechs Gemeinden Adamsthal, Dittersdorf, Lichtewerden, Nieder-Wildgrub, Rautenberg und Wiedergrün an.

Zum Getreideanbaugebiet III (Kartoffel-, Roggen-, Hafer- und Gerstenanbau) gehören Alt-Vogelseifen, Dürrseifen, Einsiedel, Engelsberg, Karlsberg, Klein-Mohrau, Langenberg, Ober-Wildgrub und Würbenthal. Von diesen neun Gemeinden baute nur Karlsberg ausschließlich Hackfrucht und Getreide an. Alle anderen bauten neben Getreide noch Futtermittel an und bildeten damit eine Mischform.

Reine Futtermittelanbaugebiete sind schließlich die sechs bislang noch nicht genannten Gemeinden Altwasser, Buchbergsthal, Ludwigsthal, Neurode, Neu-Vogelseifen und Schreiberseifen.

Der Anteil der land- und forstwirtschaftlichen Bevölkerung beträgt nach der Volkszählung vom 17. Mai 1939 25,3% der Gesamtbevölkerung oder 12.101 Personen. Aufgeschlüsselt auf die Kreisgemeinden ergeben sich an Prozentanteilen:
Über 60% Adamsthal, Dittersdorf, Neu-Vogelseifen, Wiedergrün und Zattig;
50 – 60% Alt-Erbersdorf, Alt-Vogelseifen, Boidensdorf, Klein-Herrlitz, Koschendorf, Neudörfel, Nieder-Wildgrub, Ober-Wildgrub und Rautenberg;
40 – 50% Altwasser, Brättersdorf, Frei-Hermersdorf, Groß-Herrlitz, Langenberg, Messendorf, Schlesisch-Hartau, Seitendorf, Spillendorf, Wockendorf und Zossen;
30 – 40% Altstadt, Breitenau, Dürrseifen, Eckersdorf, Klein-Mohrau, Lichten, Milkendorf und Raase;
20 – 30% Buchbergsthal, Karlsberg, Karlsthal, Lichtewerden, Markersdorf, Neu-Erbersdorf, Neurode, Schreiberseifen und Spachendorf sowie unter 20% Bennisch, Einsiedel, Engelsberg, Freudenthal, Ludwigsthal und Würbenthal.

Anzahl der landwirtschaftlichen Betriebe

Die Volkszählung von 1939 ergab für unseren Kreis, einschließlich Groß-Herrlitz und Zattig, 3.249 land- und forstwirtschaftliche Betriebe. Hiervon entfielen auf Betriebsgrößen:

von 0,5 – 2 ha	722 Betriebe	
von 2,0 – 5 ha	709 Betriebe	
von 5,0 – 20 ha	1210 Betriebe	
von 20,0 – 100 ha	583 Betriebe	
über 100 ha	25 Betriebe	
zusammen	3249 Betriebe.	

Da man Landwirtschaften unter fünf Hektar Fläche als Nebenerwerbsbetriebe ansehen kann, sodann die Zahl der nur forstwirtschaftlich tätigen Betriebe sicherlich sehr klein war, kann man die Anzahl der selbständigen Bauern im Kreisgebiet mit rund 1800 beziffern.

Als Vollbauern galten nur Bauernwirtschaften mit zwanzig und mehr Hektar Besitz. Die anderen waren im Sprachgebrauch Dreiviertel-, Halb- oder Viertelbauern.

Die Durchschnittshofgrößen der Landwirtschaften lagen bei zehn bis fünfzehn Hektar, im Gebirgsteil bei drei bis fünf Hektar.

Fast 50% der landwirtschaftlichen Anbaufläche entfielen auf den Gerichtsbezirk Bennisch, wo noch überwiegend Weizen angebaut wurde.

Altstadt, Feldarbeit mit Kuhgespann

Pferdegespann eines Seitendorfer Landwirtes

Bennisch, Blick in die Bahnhofstraße (Obergasse)
mit ihren vielen Landwirtschaften

Die Ackerbaufläche des waldreichen Gerichtsbezirkes Würbenthal erreichte dagegen nur vier Prozent der Gesamtanbaufläche des Kreises.

Der Bestand an Großvieh richtete sich nach der Größe des Bauernhofes und den jeweiligen Futtervorräten. Im Schnitt rechnete man für ein Stück Großvieh 1 ½ Hektar Fläche. Demnach besaß ein 15 Hektar großer Bauernhof etwa zehn Stück Großvieh. An Rindern hielten die Landwirte neben Kuhländer Höhenfleckvieh und Schönhengster Rotvieh noch Simmentaler Vieh. Die Milchleistung lag bei 3000 – 3200 kg. Die Pferde waren meist großen schweren Schlages, sogenannte Noriker (nach der altösterreichischen Provinz Norikum). Die Landwirte bearbeiteten ihre Böden sehr intensiv und düngten ihre Felder mit Stallmist und handelsüblichem Kunstdünger. Da die Felder fast durchwegs nur zu Zweidrittel mit Hackfrucht und Getreide bebaut wurden und das restliche Drittel zum Grünfutteranbau verwendet wurde, waren die erzielten Ernteerträge im allgemeinen recht gut.

Erschwert war die Bodenbearbeitung durch die vielen Steine im sonst lehmigen oder sandigen Boden. Die zahlreichen Steinrücken an den Rändern der Felder entstanden durch das jahrzehntelange Zusammentragen von Klaubsteinen und geben Zeugnis von der sorgfältigen Pflege der Böden.

Die Bauernhöfe waren größtenteils in U-Form gebaut. An das Wohnhaus schloß sich der Stall an, im rechten Winkel dazu lag die Scheuer und gegenüber dem Wohnhaus der Geräteschuppen. Vielfach befand sich unmittelbar neben der Landwirtschaft das sogenannte Ausgedinghaus für die Altenteiler.

Die Ausstattung der Betriebe mit landwirtschaftlichen Maschinen und Geräten war recht gut. Die größeren Bauernhöfe besaßen eigene Dreschmaschinen. Einzelne Landwirte verwendeten auch Traktoren, doch überwiegend waren für die Feldarbeiten Zugpferde eingesetzt.

Feldbestellung in Karlsthal im Jahre 1912

Lagerhaus und Getreidesilo Eckersdorf

In den Gebirgsgemeinden waren viele Bauern gezwungen einem Nebenberuf nachzugehen, dies gilt auch für die Kleinbauern und Gärtler der anderen Gemeinden; dennoch waren sie mit Leib und Seele Bauern und liebten ihren Boden über alles.

Eckersdorf, Helfer beim Getreidedreschen

Eckersdorf, Arbeitspause beim Dampfdreschen

Das landwirtschaftliche Genossenschaftswesen

Von ausschlaggebender Bedeutung für den hohen Stand unserer Landwirtschaft erwies sich das Vorhandensein eines gut ausgebauten Genossenschaftswesens. Die Genossenschaften entstanden aus der Überlegung, daß es zweckmäßiger ist, wenn sich der Bauer auf die Erzeugung seiner Produkte konzentriert und den Absatz der Waren sowie den Bezug von Betriebsmitteln gemeinschaftlich durchführt. Dabei braucht der einzelne seine Selbständigkeit nicht verlieren, aber um die vielfachen Probleme des Marktes zu meistern, muß er sich mit anderen zusammentun. Durch Verkauf in größeren Mengen können marktgerechtere Preise erzielt werden, das gleiche gilt für den Warenbezug, der gemeinschaftlich kostengünstiger ist. Erst die Genossenschaften konnten für kleine und mittlere Betriebe die gleichen betrieblichen, technischen und kaufmännischen Bedingungen schaffen, die den Großbetrieben von Handel und Industrie bereits verfügbar waren.

Die Kreditgenossenschaften

Das Fundament aller genossenschaftlichen Vereinigungen bilden die Kreditgenossenschaften. Sie beschafften die Geldmittel, ohne die die sonstigen Aufgaben nicht hätten verwirklicht werden können.

Im Kreis Freudenthal gab es fast in jedem Ort eine Raiffeisenkasse, einen Spar- und Vorschußverein, eine Spar- und Darlehenskasse oder eine Volksbank, wie die meisten dieser Kassen zuletzt hießen. Soweit sie den landwirtschaftlichen Sektor betreffen, fällt die Hauptgründungszeit in die Jahre 1895 – 1905. Die örtlichen Kreditgenossenschaften waren wiederum im „Zentralverband der deutschen landwirtschaftlichen Genossenschaften Schlesiens" mit dem Sitz in Troppau zusammengefaßt. Verbandsdirektor war Dr. Ernst Matula (1920 – 1945).

Für die Landbevölkerung war es eine Selbstverständlichkeit, daß jeder Bauer im Dorf Mitglied der örtlichen Raiffeisenkasse und der sonstigen Genossenschaften war. Die Erfassung der Spargelder und der Absatz der Erzeugnisse durch die Genossenschaften betrug nicht selten 80 und mehr Prozent.

Das dichte Netz der Kreditgenossenschaften des Kreises bestätigt die folgende Aufstellung.

Name und Verbreitungsgebiet	Leitung der Kasse
Raiffeisenkasse Alt-Erbersdorf	Adolf Benke
Raiffeisenkasse Altstadt-Neudörfel	Eugenie Hadwiger
Volksbank Alt-Vogelseifen eGmbH (auch für Neu-Vogelseifen)	Reinhold Weis sen.
Spar- & Vorschußverein GmbH Bennisch (ab 1939 Volksbank Bennisch)	Artur Gebauer
Spar- & Darlehenskasse Boidensdorf	Reinhold Gebauer
Spar- & Darlehenskasse Brättersdorf	Oberl. Rudolf Meixner
Raiffeisenkasse Breitenau	Bruno Czeschner
Raiffeisenkasse Dittersdorf-Schreiberseifen	Josef Fritsch
Spar- & Darlehenskasse Dürrseifen-Altwasser	Hubert Seifert
Spar- & Vorschußverein Engelsberg	–
Raiffeisenkasse Eckersdorf	Dipl.-Ing. Fritz Wohofsky
Spar- & Darlehenskasse für Einsiedel, Buchbergsthal und Umgebung	Moritz Franz
Spar- & Darlehensk. Frei-Hermersdorf	Wilhelm Link
Gewerbekasse Freudenthal (ab 1939 Volksbank Freudenthal)	Hans Krones
Raiffeisenkasse für Groß-Herrlitz und Umgebung (Zattig, Klein-Herrlitz, Koschendorf)	Lehrer Otto Eschig
Spar- & Darlehenskasse Karlsthal (auch für Adamsthal)	Adolf Reichel/ Josef Thomasberger
Raiffeisenkasse Klein-Mohrau	Karl Hauke
Volksbank Lichten eGmbH (vormals Spar- & Vorschußverein)	Hans Rotter
Spar- & Darlehenskasse Lichtewerden eGmbH gegründet 1894	Franz Ludwig
Raiffeisenkasse Messendorf	Alois Hadwiger
Raiffeisenkasse Neu-Erbersdorf	August Nitsch
Spar- & Darlehenskasse Ober-Wildgrub (auch für Nieder-Wildgrub)	Alois Beutel
Raiffeisenkasse eGmbH Rautenberg	Berthold Gabriel
Raiffeisenkasse eGmbH Seitendorf	Rudolf Spandel
Raiffeisenkasse eGmbH Spachendorf	Oberl. Hermann Kunz
Spar- & Darlehenskasse Spillendorf eGmbH	Josef Benischke
Raiffeisenkasse Wockendorf-Milkendorf	Oberl. Hubert Onderka
Gewerbekasse Würbenthal (ab 1939 Volksbank Würbenthal)	Albert Groß
Spar- & Darlehenskasse eGmbH Zossen	Oberl. Josef Au.

Lagerhaus des Landwirtschaftlichen Speichers Freudenthal

Die landwirtschaftlichen Speichergenossenschaften

Sie gehören zur Sparte „Bezugs- und Absatzgenossenschaften" und erhielten eine sichtliche Bedeutung für die Versorgung der Bevölkerung im Verlaufe des Ersten Weltkrieges. Im Kreis Freudenthal wurde als erste die landwirtschaftliche Speichergenossenschaft Lichtewerden am 15. Juli 1917 gegründet. Dem Gründungsausschuß gehörten Erbrichter Rudolf Nitsche, sodann Rudolf Wilhelm (beide aus Lichtewerden) sowie Rudolf Schober aus Spillendorf und Wilhelm Nitsche aus Freudenthal an. Als nächste entstanden 1919 die Speichergenossenschaft Freudenthal sowie um 1920 die Speichergenossenschaften von Bennisch und Frei-Hermersdorf.

Die Entwicklung dieser Genossenschaften verlief uneinheitlich. Nach Ablauf einiger Jahre erwies es sich, daß auf die Dauer nur zwei Genossenschaften wirtschaftlich vertretbar waren. Im Bennischer Gebiet setzte sich die Speichergenossenschaft Frei-Hermersdorf, im übrigen Kreisgebiet die Speichergenossenschaft Freudenthal durch.

Speichergenossenschaft Freudenthal

Sie errichtete neben dem Bahnhof ein größeres Lagerhaus nebst Büroräumen. Hauptaufgabe der Lagerhäuser bestand in der Verwertung der landwirtschaftlichen Produkte und der Versorgung der Mitglieder mit Kunstdünger, Futtermitteln, Saatgut und Brennstoffen. Weitere Aufgaben waren die Wirtschaftsberatung und die Förderung beim Kauf von landwirtschaftlichen Maschinen. Die Freudenthaler Genossenschaft erwarb durch Zusammenschluß das Lagerhaus der Lichtewerdener Genossenschaft und führte es als Filiale weiter. Außerdem bestanden weitere Lagerhausfilialen in Markersdorf und Würbenthal. Alle Lagerhäuser besaßen Bahnanschluß bzw. lagen an Bahnstationen.

Besondere Verdienste um den Ausbau der Speichergenossenschaft erwarb sich Direktor Oskar Exner aus Wockendorf, der auch Hauptgeschäftsführer der Landwirtevereinigung Schlesiens (1919 – 1938) war.

Speichergenossenschaft Frei-Hermersdorf und Umgebung

Sie wurde am 22. Mai 1921 gegründet und entwickelte sich unter der bewährten Leitung ihres langjährigen Obmannes Ferdinand Simon, Bauer in Frei-Hermersdorf, außerordentlich günstig. Sein Stellvertreter war der Eckersdorfer Erbrichter Dipl.-Ing. Fritz Wohofsky. Die Genossenschaft übernahm um 1932 vom Bennischer Speicher dessen Filiale in Eckersdorf und einige Jahre später auch das Bennischer Lagerhaus, letzteres in Pacht von der Mühle Prassek in Rautenberg. Das Betreuungsgebiet umfaßte den gesamten Gerichtsbezirk Bennisch, außerdem die Gemeinden Dorfteschen, Glomnitz, Mladetzko und Leitersdorf vom Kreis Troppau und Kunzendorf vom Kreis Bärn. Die 1939 in Eckersdorf errichtete Großspeicheranlage faßte 60 Waggons Getreide. Zur Genossenschaft gehörte sei 1928 auch die Mühle in Koschendorf mit einer Tagesleistung von 15 Tonnen sowie eigene Petgus-Saatreinigungsanlagen in Frei-Hermersdorf und Eckersdorf. 1940 wurde schließlich die mechanische Werkstätte Adam & Kawan in Eckersdorf käuflich erworben und zur zentralen Maschinenreparaturwerkstätte ausgebaut.

Molkereigenossenschaften

In einer Reihe von Gemeinden wurden um die Jahrhundertwende Molkereigenossenschaften errichtet. Zunächst arbeiteten alle Genossenschaftsmolkereien nur auf örtlicher Ebene, später schlossen sie sich mehr und mehr zusammen. Zu den wichtigsten Molkereigenossenschaften zählen die Zentralmolkerei in Freudenthal, die für das Gebiet von Freudenthal-Engelsberg zuständig war und die Molkereigenossenschaft Frei-Hermersdorf. Diese entstand 1899. Nach dem Ersten Weltkrieg schlossen sich ihr Brättersdorf und um 1939 die Gemeinden Alt-Erbersdorf, Klein-Herrlitz, Koschendorf und Seitendorf an. Die Frei-Hermersdorfer Molkerei hatte ihre Produkte der Zentralmolkerei Troppau abzuliefern. Die tägliche Ablieferungsmenge an Milch betrug etwa 11.000 Liter. Die Frei-Hermersdorfer Butter hatte einen guten Namen. Während des Zweiten Weltkrieges wurde die abgelieferte Butter in Troppau mit dänischer Butter gemischt und dann zum Verkauf freigegeben. In Zattig wurde im Jahre 1902 eine Molkereigenossenschaft gegründet. Die tägliche Milchanlieferung betrug zwischen 2500 – 3000 Liter. Sie wurde zu Butter, Vollmilch-, Speise- und Industriequark verarbeitet und überwiegend nach Troppau verkauft. Im Zuge der kriegswirtschaftlichen Maßnahmen wurden 1943 viele kleinere Molkereien geschlossen, hierzu gehörte auch die Zattiger Molkereigenossenschaft. Seitdem bestand nur mehr eine Milchsammelstelle, welche die Milch an die Zentralmolkerei Troppau ablieferte.

1902 schlossen sich die Bauern der Gemeinden Lichten und Zossen zu einer Molkereigenossenschaft mit dem Sitz in Zossen zusammen. Die Molkerei florierte gut, weil ihre Erzeugnisse von erstklassiger Qualität waren. Die Bauern suchten durch Leistungskontrolle, Zuchtwahl und rationale Fütterung den Milchertrag zu steigern. Es wurden Spitzenleistungen bis zu 4000 Liter Milch jährlich mit einem Fettgehalt von 4% erreicht. Die Lichtener Bauern lieferten ihre Milch mittels Fuhrgespann nach Zossen, später mit Lastwagen. Erster Obmann der Molkereigenossenschaft war der Bauer Adolf Engel, Zossen Nr. 4, ihr letzter Obmann der Bauer Richard Springer, Zossen Nr. 26.

Die Genossenschafts-Spiritusbrennerei an der Markungsgrenze
Alt-Erbersdorf – Bennisch

Die Spiritusbrennereien

Die landwirtschaftlichen Spiritusbrennereien auf Genossenschaftsbasis entstanden aus der Notwendigkeit, die erzeugten Überschüsse an Kartoffeln besser zu verwerten. Bekannt sind die Genossenschaftsbrennereien von Frei-Hermersdorf, gegründet 1873 mit Mitgliedern aus Alt-Erbersdorf, Brättersdorf, Frei-Hermersdorf und Koschendorf, weiters die Spiritusbrennerei Zossen, gegründet 1893 mit Mitgliedern aus Aubeln, Klein-Herrlitz, Lichten und Zossen, dann die Spiritusbrennerei in Bennisch, gegründet 1903 mit Mitgliedern aus Alt-Erbersdorf, Bennisch, Boidensdorf und Spachendorf, außerdem die Spiritusbrennerei in Eckersdorf, gegründet 1909 mit Mitgliedern aus Boidensdorf, Brättersdorf, Dorfteschen und Eckersdorf und die Spiritusbrennerei von Groß-Herrlitz. Diese Brennerei ist eine der ältesten im Lande überhaupt. Sie entstand um 1590 und war Eigentum der Herrschaft Herrlitz. Durch Kauf gelangte sie 1928 in Genossenschaftsbesitz, ihre Mitglieder stammen aus den Gemeinden Braunsdorf, Groß-Herrlitz, Kamenz, Klein-Herrlitz, Kreuzendorf, Lodnitz, Skrochowitz, Tabor und Zattig. Die Spiritusbrennerei Seitendorf entstand 1927 und zählte 38 Mitglieder.

In den Spiritusbrennereien wurden vielfach auch Kartoffeln zur Schweinemast eingedämpft. Die Anrechnung der angelieferten Kartoffelmengen erfolgte nach Anteilen und Stärkegehalt. Die Ausbeute betrug von 100 kg Kartoffeln bei 20% Stärkegehalt 11 – 12 Liter Spiritus. Da die Geldabrechnungen jeweils erst im Juli bewerkstelligt waren, kamen die Auszahlungen den Bauern,

Die Genossenschafts-Spiritusbrennerei in Groß-Herrlitz

kurz vor der Ernte, sehr gelegen. Von einigen Spiritusbrennereien sind die bewilligten jährlichen Brennkontingente bekannt. Sie betrugen für Groß-Herrlitz 1067 Hektoliter, für Zossen 1400 hl und für Frei-Hermersdorf 1665 hl.

Sonstige landwirtschaftliche Genossenschaften

Neben den bereits erwähnten landwirtschaftlichen Zusammenschlüssen bestanden, zumeist auf örtlicher Ebene, eine Fülle von weiteren Genossenschaften, die nur andeutungsweise erwähnt werden können.

Drainagegenossenschaften hatten den Zweck nasse oder sumpfige Felder und Wiesen gemeinschaftlich zu entwässern. Hierzu waren entsprechende Ton-Rohrleitungen zu verlegen. U. a. sind Drainagegenossenschaften in Bennisch, Frei-Hermersdorf, Eckersdorf (gegr. 1893) und Lichtewerden (gegr. 1925) bekannt.

Dreschgenossenschaften, vielfach Dreschkonsortien oder Dreschgemeinschaften genannt, bestanden fast überall, teilweise sogar mehrere in einem Ort. Sie ermöglichten es den kleineren Betrieben durch die gemeinschaftliche Anschaffung einer Dreschmaschine (im Volksmund „Dampfer" genannt) die langwierige Drescharbeit rationeller zu bestreiten.

Pferdeversicherungsvereine gab es für den Gerichtsbezirk Bennisch;

Notschlachtungsvereine bestanden in Frei-Hermersdorf und Spachendorf,

Brandschadenversicherungsvereine in Frei-Hermersdorf und Lichten,

Kartoffeldämpfgemeinschaften errichtete man in Altstadt, Dürrseifen, Breitenau, Wildgrub und anderen Orten und ein Stierhaltungsverein bestand in Spillendorf.

Kühe des sudetendeutschen Höhenfleckviehs auf der Weide

Weidegenossenschaften

Die Weidegenossenschaft für die Gerichtsbezirke Freudenthal und Würbenthal in Lichtewerden wurde im Jahre 1909 gegründet. Zum Gründungsausschuß zählten Eduard Opitz aus Freudenthal, Johann Lechner aus Engelsberg, Rudolf Nitsche, Alois Schroth, Franz Herfert und Franz Schaffer aus Lichtewerden, Josef Fitz aus Alt-Vogelseifen, Guido Hillebrandt aus Altstadt, Rudolf Weiser aus Dittersdorf, Alois Schreiber aus Dürrseifen und Josef Pausch aus Neudörfel. Als Weide wurde eine Bauernwirtschaft angekauft. Vom Grundbesitz von etwa 48 Hektar dienten rund 42 Hektar als Jungviehweide, der Rest als Ackerland für die Familie des Weidewärters. Die Mitgliederzahl stieg auf 110 an. Auf diese Weide trieb man in den Monaten Mai bis September die Jungkalbinnen, und es zeigte sich bald, daß dies dem Knochenbau der Jungrinder sehr zustatten kam.

Die Weide- und Aufzuchtgenossenschaft für Bennisch und Umgebung entstand 1923 und hatte ihren Sitz in Alt-Erbersdorf. Sie war ein Werk des Lichtener Bauernführers und ersten Landesobmannes der „Deutschen Landwirtevereinigung Schlesiens", Tierarzt Julius Januschke. Der Genossenschaft gehörten Mitglieder der Gemeinden Alt-Erbersdorf, Eckersdorf, Frei-Hermersdorf, Klein-Herrlitz und Lichten an.

Als im Rahmen der tschechoslowakischen Bodenreform vom Besitz des Grafen August von Bellegarde in Groß-Herrlitz dessen Gutshöfe in Kamenz, Zattig, Zossen, Dürstenhof und ein Teil des Gutshofes Tabor, insgesamt 800 ha, enteignet wurden, sollte auch der 158 ha große Dürstenhof in fremde Hände gelangen. Nach langen Verhandlungen mit den tschechoslowakischen Behörden erreichte Januschke, daß der Dürstenhof der neuen Weidegenossenschaft überlassen wurde. Der letzte Verwalter war Alois Beck, zuletzt in Sünching bei Regensburg wohnhaft.

Die Mohrataler Mühlen- und Kartoffeltrocknungsanlage für Raase und Umgebung

Diese Genossenschaft war eine Gemeinschaftsleistung besonderer Art. Sie entstand 1929 nach den Plänen und Erkenntnissen des Hauptmann a. D. Alfred Roßmanith in Raase. Die an der Mohra gelegene und zur Gemeinde Rautenberg gehörende Genossenschaftsmühle wurde durch eine Kartoffeltrocknungsanlage mit Kartoffelwalzmehlerzeugung erweitert. Sie ermöglichte Futterreserven in Form von Kartoffelflocken zu schaffen und aus Kartoffelflocken Kartoffelwalzmehl zu erzeugen. Der Absatz steigerte sich beträchtlich und es wurden jährlich hunderte von Waggons Kartoffeln verarbeitet. Die Kartoffeltrocknerei hatte eine Tagesleistung von 320 Doppelzentner Rohkartoffeln.

Mohrataler Mühlen- und Kartoffeltrocknungsanlage Raase

Hauptmann Roßmanith hat sich auch um die Elektrifizierung seiner Heimatgemeinde Raase verdient gemacht. Zur Verbilligung der Kosten brachte er den Vorschlag ein, daß jeder Haushalt ein Loch für die Lichtmasten zu graben habe. Die vom Pfarrer und von den Lehrern gegrabenen Löcher wurden daraufhin scherzweise „Intelligenzlöcher" genannt.

Altstadt, Erbgericht

Die Erbgerichte unserer Dörfer

Als Abschluß des Beitrages über die Landwirtschaft im Kreise Freudenthal sollen die bis 1945 vorhandenen Erbgerichte und ihre Besitzer genannt werden.

Gemeinde	Betriebsgröße in Hektar	letzte Besitzer
Alt-Erbersdorf	78,00	Franz und Hermine Kristinus
Altstadt	94,00	Karl und Ida Hillebrand
Alt-Vogelseifen	11,00	Josef Fitz
Boidensdorf	96.25	Dipl.-Landw. Anton Wischek
Eckersdorf	138,32	Dipl.-Ing. Fritz Wohofsky
Frei-Hermersdorf	37,00	Adolf Schilder
Groß-Herrlitz	57,00	Anton Eschigs Erben
Klein-Herrlitz	30,00	August Brand
Karlsthal	27,50	Josef Gödel
Koschendorf	33,00	Leopold Drößler
Langenberg	80,00	Guido Pratzer
Lichten	16,22	Friedrich Langer
Lichtewerden	92,00	Adolf Nitsche
Markersdorf	95,11	Leonie Hampel
Messendorf	42,00	Franz Beier
Milkendorf	24,38	Franz Thiel
Neudörfel	1,40	Josef Pausch (nur Gasthaus)
Ober-Wildgrub	54,00	Alfred Bartsch
Rautenberg	39,00	Mathias und Franz Pelikan
Schlesisch-Hartau	62,00	Johann Heinz
Seitendorf	31.75	August Hansel
Spachendorf	88,00	Erhard und Stefanie Salzborn
Spillendorf	49,75	Hans Schindler
Wiedergrün	30,00	Wilhelm Fitz
Wockendorf	43,00	Franz Exner
Zattig	45,00	Leonhard und Malwine Just
Zossen	12,45	Hubert Grasser.

157

Landbote.

Zeitung der Landwirtevereinigung der deutschen Landgemeinden Schlesiens.

Beilagen: Mitteilungen der Deutschen Land- und Forstwirtschafts-Gesellschaft in Troppau; Nachrichten des Verbandes landwirtschaftlicher Genossenschaften in Schlesien in Troppau; Unsere Jugend, und die reichbebilderte Beilage Landwirtschaft und Gartenbau

Die Zeitungsmarkenbewilligung bewilligt mit Bescheid Nr. 1181 — 19

Nr. 31.   Donnerstag, 1. August 1929.   12. Jahrgang.

Die Deutsche Landwirtevereinigung Schlesiens

Sie war die Standesorganisation der deutschen Landwirte und befaßte sich vorwiegend mit wirtschaftspolitischen und berufsständischen Fragen, insbesondere mit der Besteuerung der landwirtschaftlichen Betriebe, mit Fragen der Sozialversicherung, der Feuerversicherung und der fachlichen Weiterbildung der Mitglieder. Der Sitz der Landwirtevereinigung befand sich in unserer Kreisstadt Freudenthal. Sie unterhielt eigene Bürogebäude in Freudenthal (Landwirtehaus), Jägerndorf und Freiwaldau. In Freudenthal wurde auch die Wochenzeitung „Der Landbote" gedruckt. Es war bis 1938 das meistgelesene Wochenblatt des deutschen Landvolkes und es bildete zugleich die Verbindung zu allen landwirtschaftlichen Verbänden, Einrichtungen und Schulen. Die Schriftleitung lag in den Händen von Direktor Oskar Exner, der zugleich Hauptgeschäftsführer der Landwirtevereinigung war.

Bewährte Bauernführer waren neben dem bereits erwähnten ersten Landesobmann der Landwirtevereinigung Tierarzt Julius Januschke 1919 – 1924, dessen Nachfolger Adolf Groß, Landwirt in Hennersdorf (1924 – 1936) und der letzte Landesobmann Rudolf Alscher, Landwirt in Komeise bei Jägerndorf.

Auf Kreis- und Bezirksebene wirkten verdienstvoll Eduard Oppitz, Landwirt in Freudenthal; Hubert Glatzel, Freihofbesitzer in Raase (er war Leiter der Landständischen Jungmannschaft Schlesiens, Hauptleitungsmitglied der Landwirtevereinigung, 1937 ihr Kreisobmann für Freudenthal, 1938 Präsident der Deutschen Land- und Forstwirtschaftsgesellschaft in Troppau und nach Gründung des Reichsnährstandes Kreisbauernführer für die Landkreise Freudenthal und Römerstadt); Fritz Grohmann, Landwirt und Fabrikbesitzer in Würbenthal; Ferdinand König, Landwirt und Fabrikbesitzer in Würbenthal; Wilhelm Nitsche, Landwirt in Freudenthal; Adolf Nitsche, Landwirt in Lichtewerden; Rudolf Schober, Landwirt in Spillendorf; Rudolf Zohner, Landwirt in Ober-Wildgrub; Ferdinand Simon, Landwirt in Frei-Hermersdorf und Franz Bernert, Gutsverwalter der Firma Grohmann in Würbenthal.

Bäuerliche Vertreter in den politischen Parteien waren die Abgeordneten Franz Matzner, Bauer in Friedersdorf (Deutsche Nationalpartei); Otto Halke, Landwirt in Weißkirch (Bund der Landwirte); Friedrich Graf Stolberg-Stolberg, Gutsbesitzer in Kiowitz bei Wagstadt (Christlichsoziale Volkspartei) und Rudolf Alscher, Landwirt in Komeise (Sudetendeutsche Partei).

Erbeingesessene Bauerngeschlechter

Die bäuerliche Ahnenforschung in Sudetenschlesien führt auf einen Sohn unseres Heimatkreises, den Bürgermeister und Erbrichter von Aubeln, Julius Weyrich (geboren 1874 in Zossen, gestorben am 28. März 1954 als Heimatvertriebener in Au i. d. Hallertau), zurück. Als Vorstandsmitglied der Deutschen Landwirtschaftlichen Genossenschaften Schlesiens kam er in fast alle Gemeinden des Verbandsgebietes. Aufbauend auf seine eigenen Forschungen erkannte er bald den Wert dieser Arbeiten für Familie und Volk. Er forschte in vielen Gemeinden nach alten Bauerngeschlechtern, die durch Jahrhunderte Vorbilder für Heimat- und Standestreue geblieben waren. Er regte an, die drei landwirtschaftlichen Hauptkörperschaften (Zentralverband, Landwirtevereinigung und Deutsche Land- und Forstwirtschaftsgesellschaft) sollten ihre Mitglieder für ernsthafte Ahnenforschung interessieren, wobei auf die Seßhaftigkeit besonderer Wert zu legen sei. Hierzu waren nicht nur die Kirchenbücher sondern vor allem auch die Grundbücher heranzuziehen, denn die Rechtsnachfolge auf einem bäuerlichen Anwesen mußte auf Besitzurkunden nachgewiesen werden. Durch intensive Umfragen wurden 391 erbeingesessene Bauernfamilien in 86 Gemeinden mit einer über 200jährigen Geschlechterfolge ermittelt und die ununterbrochene Rechtsnachfolge urkundlich überprüft.

Im Freiwaldauer Bezirk führte die Heimatforscherin, Frau Angela Drechsler, Saubsdorf (geboren am 9. November 1883 in Lichtewerden, gestorben am 21. Mai 1961 in Bischofsmais Kreis Regen) ebenfalls Familien- und Hofforschungen durch und erreichte bedeutsame Ergebnisse. Sie ermittelte 465 erbgesessene Bauern. Von diesen waren 166 Höfe mehr als 200 Jahre und 299 länger als 100 Jahre im Familienbesitz.

Die Erbfolge nach der Geburt oder Blutsverwandtschaft läßt es zu, daß ein Hof auch auf eine Tochter übergehen kann, wenn ein männlicher Nachfolger nicht vorhanden ist. Daraus erklärt

Bauernehrung 1935 in Troppau

sich die zuweilen vorkommende Änderung des Familiennamens ohne Unterbrechung der Blutlinie.

Ähnliche Forschungen wurden auch im Kuhländchen durchgeführt. Man ermittelte in 38 Gemeinden insgesamt 403 Bauernhöfe, die länger als 100 Jahre im Familienbesitz standen.

In keinem der drei genannten Gebiete waren die Forschungen abgeschlossen. Auch in unserem Kreise konnte nur ein kleiner Teil der erbgesessenen Bauern erfaßt werden, dennoch war es richtig, die ermittelten Geschlechter zu ehren. Man wollte damit vor der Öffentlichkeit kundtun, daß diese zu den ältesten Trägern der deutschen bäuerlichen Kultur gehören.

Für die schlesischen Bauern fand die Ehrung am 13. Oktober 1935 im Dreihahnensaal in Troppau statt. Die Feier war von einem Festgottesdienst, einem Festzug durch die Stadt mit anschließendem Erntedankfest im Hedwigsgarten umrahmt. Der Präsident der landwirtschaftlichen Hauptkörperschaften, Bauer Adolf Groß (Hennersdorf) überreichte 391 Vertretern der über 200 Jahre alten Geschlechter (1301 – 1735), unter ihnen 86 Bauernfamilien aus dem Kreis Freudenthal, den Ehrenschild sowie die vom akademischen Maler und Bauern Paul Gebauer, Zossen, künstlerisch gestaltete Ehrenurkunde. Sie war von den führenden Vertretern der deutschen landwirtschaftlichen Verbände unterzeichnet.

Johann Beutel	Ober-Wildgrub Nr. 144	seit 1573
Hubert Glatzel (Freihof)	Raase Nr. 269	seit 1607
Alfred Losert	Alt-Erbersdorf Nr. 12	seit 1611
Rudolf Losert	Alt-Erbersdorf Nr. 25	seit 1611
Alfred Nowak	Alt-Ebersdorf Nr. 15	seit 1611
Alois Beutel	Wockendorf Nr. 22	seit 1623
Ida Tatzel	Frei-Hermersdorf Nr. 7	seit 1623
Emil Tatzel	Frei-Hermersdorf Nr. 16	seit 1629
Fridolin Höllebrand	Frei-Hermersdorf Nr. 14	seit 1632
Wilhelm Kimmel	Ober-Wildgrub Nr. 42	seit 1632
Johann Schilder	Spachendorf Nr. 17	seit 1635
Emil Bayer	Groß-Herrlitz Nr. 87	seit 1640
Willi Hammer	Groß-Herrlitz Nr. 27	seit 1640
Gustav Weyrich	Zossen Nr. 28	seit 1640
Anna Schindler	Zossen Nr. 89	seit 1640
Ludwig Schnürch	Groß-Herrlitz Nr. 28	seit 1640
Edmund Ludwig	Dittersdorf Nr. 8	seit 1643
Franz Riedel	Ober-Wildgrub Nr. 46	seit 1652
Rudolf Mitschke	Frei-Hermersdorf Nr. 31	seit 1653
Oskar Sahliger	Zattig Nr. 2	seit 1653
Josef Januschke	Zossen Nr. 30	seit 1656
Karl Kraus	Wockendorf Nr. 13	seit 1656
Erhard Salzborn	Spachendorf Nr. 98	seit 1665
Anton Eschig	Groß-Herrlitz Nr. 93	seit 1669
Hugo Eschig	Zattig Nr. 20	seit 1670

Franz Rotter	Neu-Vogelseifen Nr. 44	seit 1670
Willibald Sahliger	Alt-Erbersdorf Nr. 4	seit 1670
Josef Waschin	Klein-Herrlitz Nr. 24	seit 1672
Adolf Gebauer	Groß-Herrlitz Nr. 68	seit 1675
Josef Schwarz	Frei-Hermersdorf Nr. 76	seit 1675
Friedrich Wohofsky	Eckersdorf Nr. 1	seit 1677
Bruno Engel	Zossen Nr. 19	seit 1680
Alois Koschatzky	Zattig Nr. 4	seit 1680
Robert Schnürch	Zattig Nr. 43	seit 1680
Eduard Hadwiger	Ober-Wildgrub Nr. 14	seit 1681
Rudolf Nießner	Klein-Herrlitz Nr. 34	seit 1682
Rudolf Langer	Groß-Herrlitz Nr. 62	seit 1683
Julie Bartsch	Spachendorf Nr. 130	seit 1684
Emil Kral	Zattig Nr. 1	seit 1685
Franz Hoffmann	Frei-Hermersdorf Nr. 17	seit 1685
Hubert Fritsch	Groß-Herrlitz Nr. 24	seit 1687
Egon Losert	Koschendorf Nr. 17	seit 1687
Bruno Maier	Zossen Nr. 31	seit 1688
Ludwig Peiker	Groß-Herrlitz Nr. 81	seit 1688
Konrad Zips	Zattig Nr. 28	seit 1690
Rudolf Just	Zossen Nr. 1	seit 1691
Gustav Schmidt	Lichten Nr. 215	seit 1691
Josef Januschke	Zossen Nr. 22	seit 1693
Fritz Lindner	Schreiberseifen Nr. 5	seit 1693
Alois Zahel	Zossen Nr. 5	seit 1693
Rudolf Blaschke	Zattig Nr. 15	seit 1694
Eduard Sahliger	Groß-Herrlitz Nr. 40	seit 1694
Johann Kienel	Zossen Nr. 18	seit 1697
Eduard Kunz	Spachendorf Nr. 93	seit 1697
Karl Hillebrand	Altstadt Nr. 1	seit 1698
Hubert Bock	Spachendorf Nr. 136	seit 1699
Wilhelm Weyrich	Groß-Herrlitz Nr. 63	seit 1703
Robert Hampel	Klein-Herrlitz Nr. 39	seit 1704
Paul Gebauer	Zossen Nr. 21	seit 1708
Josef Sahliger	Spachendorf Nr. 16	seit 1711
Johann Matzner	Frei-Hermersdorf Nr. 37	seit 1712
Julius Riedel	Groß-Herrlitz Nr. 72	seit 1712
Adolf Bayerle	Zossen Nr. 25	seit 1720
Otto Hoffmann	Koschendorf Nr. 11	seit 1720
Hildegard Januschke	Lichten Nr. 251	seit 1720
Anton Schnürch	Klein-Herrlitz Nr. 11	seit 1720
Josef Thrul	Lichten Nr. 33	seit 1720
Josef Kube	Spachendorf Nr. 226	seit 1721
August Sahliger	Alt-Erbersdorf Nr. 27	seit 1721
Rudolf Schnürch	Zattig Nr. 8	seit 1721
Rudolf Bartel	Koschendorf Nr. 2	seit 1723
Johann Tomanek	Zossen Nr. 91	seit 1723
Eduard Maschke	Alt-Erbersdorf Nr. 2	seit 1726
Rudolf Gill	Alt-Erbersdorf Nr. 1	seit 1730
Johann Hartel	Lichten Nr. 263	seit 1730
Emil Rotter	Lichten Nr. 228	seit 1730
Marie Link	Spachendorf Nr. 24	seit 1732
Franz Greipel	Spachendorf Nr. 128	seit 1734
Rudolf Weinmann	Alt-Erbersdorf Nr. 6	seit 1735
Richard Bock	Spachendorf Nr. 19	seit 1735
Rudolf Czech	Spachendorf Nr. 101	seit 1735
Adolf Weimann	Spachendorf Nr. 55	seit 1735
Georg Weyrich	Zossen Nr. 29	seit 1735
Johann Januschke	Zossen Nr. 92	seit 1735
Johann Bogut	Zossen Nr. 9	seit 1735

Die Schlesische Hans-Kudlich-Volkshochschule Bennisch

Aufgrund der Gesetze über die staatsbürgerliche Erziehung vom 7. 2. und über die Gemeindebüchereien vom 22. 7. 1919 wurden in allen Gemeinden der Tschechoslowakischen Republik Volksbildungsausschüsse und Volksbüchereien errichtet. Diese örtlichen Bildungsausschüsse wurden zu Bezirksbildungsausschüssen zusammengeschlossen, die im Land Schlesien als Dachorganisation den „Verband der deutschen Bezirksbildungsausschüsse und Büchereiräte" hatten. Dieser nahm alle Belange, die sich aus den gesetzlichen Möglichkeiten ergaben, bei den staatlichen Stellen wahr.

Genossenschaftslehrgang der Landständischen Jungmannschaft in der Hans-Kudlich-Volkshochschule Bennisch 1935 mit den leitenden Männern: untere Reihe von links Dr. Geldner, Dr. Wenzelides, Troppau; Franz Jaschek, Meltsch; Franz Künzel, Groß-Ullersdorf; Kurt Janik, Poschaha. Oben 3. von links: Dr. Preibsch

13. (letzter) Lehrgang der Hans-Kudlich-Volkshochschule Bennisch 1937. 1. Reihe Mitte: Lehrer August Amsler, Lippin; Hausmutter Frau Bayer, Franz Jaschek, Meltsch.

Im Jahre 1923 regte der Leiter der Stadt- und Landjugend des Bezirkes Bennisch, Fabrikant Walter Ludwig, die Gründung einer ständigen Bildungseinrichtung mit der Bezeichnung „Hans-Kudlich-Volkshochschule" an, die im Gebäude der stillgelegten Bennischer Webschule eingerichtet werden könne. Dieser Plan fand alsbald die Förderung des Troppauer Dachverbandes und wurde im Jahre 1924 vom Troppauer Gymnasialprofessor Dr. Richard Patscheider verwirklicht. Das Bennischer Webschulgebäude bot den Vorteil, daß in ihm nicht nur Vorträge abgehalten, sondern auch die Hörer heimmäßig untergebracht und verpflegt werden konnten. Der Versuch gelang und fand im ganzen Land Schlesien ein positives Echo. Bereits beim ersten Heimkurs vom 12. 10. – 31. 10. 1924 standen als Referenten hervorragende Sachkenner zur Verfügung. Die Liste weist als Referenten die Universitätsprofessoren Dr. Gierach, Dr. Pfitzner, Dr. Polland und Dr. Materna auf. Sie enthält außerdem die Namen weiterer Persönlichkeiten, u. a. Min. Rat Dr. Streinz, Landesmuseumsdirektor Prof. Dr. Braun, Oberbaurat Dipl. Ing. Kühnel, Dr. Peschel, Dr. Winter, Dr. Kappel, Dr. Kristen und Dr. Rysy sowie die Lehrer Amsler, Marx und Kiesewetter.

Nach diesem ersten mehr städtisch bestimmten Lehrgang erhielten die folgenden einen mehr ländlichen und bäuerlichen Grundgehalt. Ab 1926 holte man bildungsbeflissene junge Burschen und Mädchen aus den Reihen des schlesischen Landvolkes jeweils für vier Wochen aus ihrer dörflichen Umwelt heraus und vermittelte ihnen durch das Erlebnis einer Heimschulgemeinschaft neue Bildungswerte.

Ab 1927 wurde die ständige Leitung der Hans-Kudlich-Volkshochschule dem bewährten „Bauernvater" Franz Jaschek aus Meltsch übertragen. In jeder Lehrgangswoche wurde ein anderes Grundthema behandelt. Diese Grundthemen bezogen sich in der Regel auf Lebenskunde, Geschichte, Staatliche Ordnung, Arbeit und Eigentum sowie auf musische Bereiche und Dorfkultur einschließlich Sitte und Brauchtum.

Die Werbung der Hörer erfolgte im Organ der Deutschen Landwirtevereinigung, dem „Landboten" in Freudenthal. Sie wurde vom Landesobmann Adolf Groß, Hennersdorf, und seinen Bezirks- und Ortsobleuten tatkräftig unterstützt. Die beste Werbung war jedoch die Althörerschaft. Sie trug den guten Ruf der Bennischer Bauern-Volkshochschule in alle Teile des schlesischen Landes.

Zu den ständigen Mitarbeitern der Landjugendwochen der Hans-Kudlich-Volkshochschule zählten neben dem Bauernvater Jaschek die führenden Troppauer Volksbildungskräfte Prof. Dr. Patscheider, Dr. Emil Schembera, Erwin Wittek und Schulleiter Amsler aus Lippin. Die Volksbildungsarbeit weitete sich nach 1930 beträchtlich aus. Der „Landesverband deutscher Jugendvereinigungen Schlesiens" gesellte sich hinzu, und das deutsche Volkslied sowie die Volksmusik erfuhren in eigenen Sing- und Spielwochen ihre besondere Pflege. Die Nähwochen der weiblichen Jugend in der Bennischer Volkshochschule wurden zu Wegbereitern der wiedererneuerten schlesischen Volkstracht. In der Bennischer Webschule wurde auch die Idee der gesamtschlesischen Kulturwochen geboren, die sowohl im reichsdeutschen als auch im polnischen bzw. tschechoslowakischen Anteil Schlesiens lebhaften Widerhall fanden. Sie waren von den tschechischen Behörden nicht gern gesehen und führten schließlich zum allseits bekannten „Patscheider-Prozeß", in welchem Dr. Richard Patscheider 1934 wegen Hochverrat verurteilt wurde. In den Sommermonaten Juli/August fanden in der Bennischer Webschule auch Ferienwochen im Zuge der Kinderlandverschickung des Verbandes deutscher Jugendvereinigungen statt.

Im Rahmen der Landjugendlehrgänge gestaltete die Meltscher Laienspielschar alljährlich die Aufführung eines Volksstückes im katholischen Vereinshaus. Ebenso gehörte der Besuch des Bennischer Bauernballes zu den traditionellen Einrichtungen der Volkshochschule. Jeweils am 6. 1. zog die deutsche Landjugend in die Bennischer Webschule ein und erhielt hier das geistige Rüstzeug, das sie zur erfolgreichen Aufbauarbeit bzw. zu Führungsaufgaben innerhalb der Landjugendgruppen ihrer Heimatgemeinden befähigte. Die Althörerschaft traf sich zu einem gemeinsamen Wandertag mit den jeweiligen Lehrgangsteilnehmern, und diese Einrichtung erfreute sich großer Beliebtheit. Sie festigte den Zusammenhalt der Bennischer Volkshochschüler.

1937 beschlagnahmten tschechische Behörden das Bennischer Webschulgebäude für militärische Zwecke und setzten damit der Arbeit der Hans-Kudlich-Volkshochschule ein unfreiwilliges Ende. Dennoch fand in diesem Jahre ein letzter Lehrgang im Anwesen der Mittelmühle in Bennisch statt, dessen Besitzer der Landwirt Otto Krommer, Senator der Sudetendeutschen Partei, war.

Der Stadtgemeinde und der Webergenossenschaft Bennisch, die die Arbeit der Hans-Kudlich-Volkshochschule in vielfältiger Weise gefördert haben, gebührt dafür Dank und Anerkennung.

Bannwaldfichten in etwa 1200 m Höhe unterhalb der baumlosen Zone des Altvatergipfels

Jagdpause bei der Johanneshütte im Hegerwald bei Breitenau, 1931

Überreste des Altvaterturms nach der Sprengung

Altvatergebirge – Blick auf Franzens Jagdhaus

Die Forstwirtschaft im Kreis Freudenthal

Unser Heimatkreis zählte zu den waldreichsten Gegenden des Ostsudetenlandes. Der Waldanteil überstieg mit 42% der Gesamtfläche die verfügbare Ackerbaufläche um 3%. Die größten zusammenhängenden Waldflächen befanden sich im Raum Klein-Mohrau – Würbenthal – Einsiedel. Die Waldungen bestanden aus Nadelhölzern, vorwiegend aus Fichten und Tannen, jedoch auch aus Lärchen und Kiefern. Etwa 10 – 15% der Waldflächen setzte sich aus Laubhölzern, zumeist aus Buchen, gelegentlich auch aus Ahorn, Ulmen, Eschen und Eichen zusammen. Es gab aber kaum reine Laubwälder, sondern fast überall Nadelwälder, die mit Laubhölzern untermischt waren. Die Wälder befanden sich zu 85% in den Händen von Großgrundbesitzern. Der Rest war Gemeinde- und Bauernwald. Der größte Waldbesitzer im Kreisgebiet war der Deutsche Orden. Ihm folgte das Fürstbistum Breslau, dann der Fürst von Liechtenstein und in geringerem Ausmaß der Graf von Bellegarde auf Gut Groß-Herrlitz.

Die Wälder wurden von den Forstverwaltungen der Grundeigentümer nach den bewährten betriebs- und forstwirtschaftlichen Grundsätzen betreut. Ihnen standen sachkundige Forstwirte, erfahrene Förster und Heger sowie bodenständige Waldarbeiter zur Verfügung. Der jährliche Holzzuwachs betrug rund 3 ½

Festmeter pro Hektar. Der Waldbestand wies fast 900 Festmeter Holz je Hektar auf. Die Bäume erreichten Höhen bis zu 35 m. Im Interesse einer wirtschaftlichen Nutzung war man auf die Anlage guter Waldstraßen bedacht. Die Holzeinschläge richteten sich nach den jährlichen Zuwachsmengen. Kahlschläge wurden alsbald wieder neu aufgeforstet. Hierzu bediente man sich eigener Baumschulen, die fast in jedem Forstrevier vorhanden waren.

Der Waldanteil des Deutschen Ordens

Den Besitz des Deutschen Ordens beschreibt DO-Forstmeister i. R. Dipl.-Ing. Franz Wagner: „Der Forstbesitz der Domäne Freudenthal breitete sich über das südöstliche Gesenke des Altvatergebirges aus und reichte vom baumlosen Altvater und der Hohen Heide an zwischen den Flüssen Mohra und Mitteloppa bis an die Grenze des Gerichtsbezirkes Bennisch. Er grenzte im Norden an das Fürstbistum Breslau, im Westen an die Herrschaft Wiesenberg, gegen Süden an das Gut Janowitz und gegen Osten an die Fürst Liechtensteinischen Güter Karlsberg und Jägerndorf." Die Fläche der Herrschaft Freudenthal wird mit 12.236,75 Hektar angegeben. Davon waren 732,13 Hektar in Benützung anderer Verwaltungszweige. Aus der gleichen Quelle stammen die Aufzeichnungen über die Flächen und Holznutzungen der einzelnen Deutschordens-Forstreviere.

Forstamtsbezirk Freudenthal	Gesamtfläche	Holzboden
Revier Thiergarten	1254,60 ha	1224,32 ha
Revier Wockendorf	544,80 ha	528,43 ha
Revier Messendorf	344,10 ha	333,94 ha
Revier Kotzendorf	553,38 ha	537,42 ha
Revier Wildgrub	476,37 ha	460,92 ha
	3173,26 ha	3085,03 ha

Forstamtsbezirk Hubertskirch	Gesamtfläche	Holzboden
Revier Großmohrau	375,91 ha	369,01 ha
Revier Kleinmohrau	1494,90 ha	1378,72 ha
Revier Wiedergrün	1423,39 ha	1378,72 ha
Revier Hubertskirch	1750,35 ha	1488,80 ha
Revier Ludwigsthal	1457,47 ha	1421,67 ha
Revier Würbenthal	942,75 ha	915,56 ha
Revier Engelsberg	741,98 ha	722,21 ha
Revier Karlsthal	1192,10 ha	1154,51 ha
	9379,88 ha	8818,55 ha

Hubertkirch, unweit von Karlsbrunn, ältestes forstliches Verwaltungsgebäude des Deutschen Ordens

Die Besitzungen des Deutschen Ordens wurden im Frühjahr 1939 von den reichsdeutschen Behörden enteignet und verstaatlicht. In einer um 1940 erschienenen Aufstellung des Reichsgaues Sudetenland ist der ehemalige Deutschordensbesitz unter „Staatliche Forstämter" angeführt.

Staatliches Forstamt	Gesamtausmaß in ha	Holzboden in ha	Nichtholzbod. in ha
Freudenthal	2867,82	2775,73	92,09
Hubertskirch i. Karlsd.			
Revier Klein-Mohrau	7841,88	7348,57	493,31
Karlsthal			
Revier Karlsthal	2444,67	2387,14	57,53
Würbenthal	3319,23	3257,19	62,04
	16473,60	15768,63	704,97

Ob es sich bei den Flächenangaben der staatlichen Forstämter ausschließlich um früheren Ordensbesitz handelt, oder ob Zusammenlegungen mit anderen Grundeigentümern stattgefunden haben, ist nicht erkennbar.

Waldarbeiter im Fürst Liechtensteinischen Forstrevier Breitenau

Der Waldanteil des Fürstbistums Breslau

Die Gesamtfläche der Bistumsherrschaft im einstigen österreichisch-schlesischen Anteil der Erzdiözese Breslau betrug 1945 etwa 33.500 Hektar. Davon entfielen auf den Waldbesitz 32.950 Hektar. Die Leitung der Bistumsherrschaften oblag der fürsterzbischöflichen (feb.) Kameraldirektion in Jauernig. Ihr unterstanden fünfzehn feb. Forstverwaltungen, die bis auf die Forstämter Gabel und Buchbergsthal alle zum Nachbarkreis Freiwaldau gehörten. Das Waldgebiet der zum Kreis Freudenthal zählenden Forstämter Gabel und Buchbergsthal gab Dipl.-Forst-Ing. Clement mit 4167,81 Hektar an. Beim Vergleich mit der bereits erwähnten Aufstellung des Reichsgaues Sudetenland ergibt sich eine Differenz von 86,99 Hektar, die jedoch im Rahmen dieser Abhandlung von geringerer Bedeutung ist. In ihr heißt es unter „Kirchen- und Stiftungswälder"

Fürsterzbistum Breslau (Forstverwalt.)	Gesamtausmaß in ha	Holzboden in ha	Nichtholzbod. in ha
Buchbergsthal			
Revier Buchbergsthal	2814,80	2748,42	43,08
Gabel			
Revier Gabel	1440,00	1347,13	92,87
	4254,80	4095,55	135,95

Der Waldanteil des Fürsten von Liechtenstein

Von den riesigen Ländereien, die einst im alten Österreich dem Fürsten von Liechtenstein in Böhmen, Mähren und Schlesien gehörten, lag nur ein bescheidener Anteil im Bezirk Freudenthal. Bis 1918 befanden sich in Böhmen rund 33.000 ha, in Mähren etwa 118.000 ha und in Schlesien etwa 9.500 ha in seinem Eigentum. Von diesen 160.500 Hektar wurden ihm durch die tschechoslowakische Bodenreform rund 100.000 Hektar enteignet. Es verblieben ihm trotzdem noch stattliche 68.937 Hektar, wovon sich 30.254 Hektar zuletzt im Bereich des Reichsgaues Sudetenland befanden. Von seinen nordmährisch-schlesischen Besitzungen sind hier nur die Güter Jägerndorf und Karlsberg von Interesse.

Schleifholzfuhrwerk im Altvaterland

Das Gut Jägerndorf umfaßte 8087,44 ha, darunter 7993,49 ha Waldfläche. Zu ihm gehörten die Forstreviere Raase, Bennisch, Neu-Erbersdorf, Breitenau und Karlsthal unseres Kreises, sodann die im Kreis Jägerndorf gelegenen Reviere Pickau, Wiese, Kronsdorf, Neuraden und Burgberg und schließlich das zum Kreis Troppau zählende Revier Neu-Lublitz.

Vom Gut Karlsberg mit einer Fläche von 4632,98 ha, davon 4530,06 ha Wald gehörte nur das Forstamt Karlsberg mit dem Forstrevier Rautenberg und der Karlsberger Meierhof mit einer Landwirtschaft von ca. 103 ha zum Kreis Freudenthal. Das Revier Rautenberg wies eine Fläche von über 900 ha auf. Die Reviere Dittersdorf/Feistritz, Neu-Waltersdorf, Heidenpiltsch und Brockersdorf gehörten zum Landkreis Bärn.

Der Waldanteil des Grafen von Bellegarde

Durch die Bodenreform verlor Graf August von Bellegarde auf Schloß Groß-Herrlitz etwa 800 Hektar Grundbesitz. Es verblieben ihm noch 1694 ha, davon 1265 ha Wald sowie 400 ha Landwirtschaft und 6 ha Teichwirtschaft.

Gemeindewälder

Sie umfaßten insgesamt 2310,86 ha und verteilten sich auf die Gemeinden Altwasser 58,92 ha, Bennisch 102,19 ha, Engelsberg 85,97 ha, Freudenthal 395,39 ha, Stadtforst Jägerndorf in Karlsthal 1471 ha, Lichtewerden 96,05 ha und Würbenthal 101,34 ha. Vom Stadtforst Jägerndorf zählte jedoch nur ein Teil zum Kreis Freudenthal. Der Stadtforst gliederte sich in die Reviere Bürgerwald 804,27 ha, Stadtwald 406,75 ha und Langendorf 189,73 ha. Der sechs Kilometer lange und zwei Kilometer breite Bürgerwald lag zwischen den Gemeinden Karlsthal und Alt-Bürgersdorf.

Privatwälder

Hier sind die Emil Grohmann'sche Forstverwaltung Einsiedel mit 173 ha und die Gutsverwaltung Grohmann & Co. in Würbenthal (Fritz Grohmann) mit dem Forstrevier Würbenthal im Ausmaß von 202 ha zu nennen.

Fuhrwerk Irblich in Altwasser

Gemeinschafts- und Körperschaftswälder

bestanden in Groß-Herrlitz, Frei-Hermersdorf, Eckersdorf und Zattig. Es besaßen: Ältere Ansässigkeit Groß-Herrlitz 58,97 ha; Ältere Ansässigkeit Frei-Hermersdorf (seit 1611) 69,82 ha; Waldgemeinschaft (früher Alte Ansässigkeit) Eckersdorf 57,16 ha und Waldgemeinschaft Zattig 62 ha.

Die Holzeinschläge der Wälder wurden in zahlreichen Sägewerken verarbeitet. Ein sehr beachtlicher Teil davon wurde exportiert und erbrachte wertvolle Deviseneinkünfte. Die besten Mischbestände aus Tannen, Fichten und Lärchen befanden sich im Gebiet von Karlsthal. Das weitaus stärkste Holz war im „Hirschwald" bei Würbenthal, dessen Fichten eine durchschnittliche Masse von 5 – 6 Festmetern aufwiesen. Dieses engringige Holz fand als Resonanzholz für Musikinstrumente Verwendung.

Breitenau, ein Holzmacher nach der Arbeit am Biertisch

Die Leinen-, Baumwoll-, Damasttischzeug- und Frottierwarenfabrik Emmerich Machold in Freudenthal. Sie diente 1946 als Aussiedlungslager für alle Deutschen.

Handwerk, Gewerbe und Industrie

Die natürlichen Schätze eines Gebietes sind für dessen wirtschaftliche Entwicklung von großer Bedeutung. Solche Schätze waren zur Zeit der Besiedlung der Reichtum an Erzen und Holz sowie die Möglichkeit, einen Teil der Wälder roden zu dürfen und auf diesem Rodland neue Siedlungen zu errichten. Bauern und Bergleute waren es auch, die unsere Heimat urbar gemacht und erschlossen haben. Der Bergbau auf Gold-, Silber-, Blei- und Eisenerze war oftmals der Anlaß zum Entstehen neuer Orte. Die neugegründeten Städte wurden naturgemäß zu Wirtschaftsmittelpunkten für die umliegenden Dörfer. Hier konnte die Landbevölkerung ihren Bedarf an Waren decken und die eigenen Erzeugnisse anbieten. So entstand eine Arbeitsteilung zwischen Landwirtschaft und Handwerk. Zum Austausch und zum Handel der erzeugten Waren bedurfte es der Kaufleute, die Produkte aus fernen Gegenden beschafften und dafür heimische Erzeugnisse lieferten.

Land- und Forstwirtschaft allein konnten bald die Gesamtbevölkerung nicht mehr ausreichend ernähren. Ursachen waren die zu geringen Ackerflächen der Kleinbauern und Gärtler sowie die geringere Ertragskraft der Gebirgsböden. Sie zwang beachtliche Teile der Bewohnerschaft, einem Nebenerwerb nachzugehen. Dieser Zwang verstärkte sich, als der einst so reiche Bergsegen immer mehr zurückging. Der Bergbau benötigte weniger Arbeitskräfte, sodaß der betroffenen Bevölkerung nur die Wahl blieb, entweder auszuwandern oder sich eine neue Erwerbsquelle zu suchen. Als solche bot sich insbesondere die Handweberei an. Sie gestattete es den Kleinbauern, in den Sommermonaten ihre Äcker zu bearbeiten und in den Wintermonaten den Webstuhl zu betreiben.

Als dann Mitte des 19. Jahrhunderts das Eisenbahnzeitalter begann und unser Kreisgebiet neben dem bisherigen, teilweise recht lebhaften Fuhrwerksverkehr auf Orts- und Durchzugsstraßen durch die Errichtung von vier Bahnstrecken zeitgerecht Anschluß an das moderne Eisenbahnnetz fand, waren die Voraussetzungen für das Entstehen bzw. für den Ausbau von Industriebetrieben günstig. Aus Handwebereien entstanden mecha-

nische Webereien, diese benötigten Spinnereien, Bleichereien und Färbereien. Der Waldreichtum ließ Sägewerke und holzverarbeitende Industriezweige wie Hobelwerke, Pappe- und Papiererzeugung, Leiternfabriken u. a. m. entstehen. Die Kleineisenindustrie ist von altersher in den waldreichen Gebieten um Würbenthal, Buchbergsthal, Klein-Mohrau und Neurode ansässig. Dazu kam die verstärkte Nutzung der Dachschiefervorkommen bei Frei-Hermersdorf, Eckersdorf, Boidensdorf und der Kalkwerke von Einsiedel. In Würbenthal bestand darüber hinaus die bekannte Glasfabrik und Raffinerie „Altvaterhütte", und in Lichten war eine aufstrebende Strumpfwarenindustrie entstanden. So wandelte sich die Struktur unseres Kreises im Laufe der Zeit von der einst überwiegenden Landwirtschaft zum mehrheitlichen Anteil von Industrie und Handwerk. Nach der Volkszählung vom Jahre 1939 betrug der Anteil der Land- und Forstwirtschaft nur noch 25,3% der ständigen Wohnbevölkerung, der Anteil von Industrie und Handwerk dagegen 43,7%.

Der Bergbau

Die Tatsache, daß sowohl Freudenthal als auch Engelsberg und Würbenthal in ihren Stadtwappen den Bergmann tragen und daß Bennisch eine alte Tradition als Silberbergstadt aufweist, zeigt die große Bedeutung, die dem Bergbau einst zukam.

Die älteste Form der Gewinnung von Edelmetallen ist die Goldwäscherei, die im 12., 13. und 14. Jahrhundert im Raum um Engelsberg betrieben wurde. Nach Kühnel[1] verläuft von Oskau und Pürkau in Nordmähren eine erzführende Zone, die an der Linie Berggeist – Brandseifen – Altendorf – Janowitz eine Breite von zehn Kilometer erreicht und dann im Gebiet um Dürrseifen, dem Ölberg und der Weißen Oppa bei Ludwigsthal auf drei Kilometer zusammenschrumpft. In dieser Zone sind im Muttergestein des Urtonschiefers Schichten von Grünschiefer eingesprengt, und nur in diesen befinden sich abbauwürdige Gold-,

1   Adolf Kühnel: Meine Vaterstadt Engelsberg, 731. Bergherren und Bergmänner

Erzbergbau bei Klein-Mohrau

Schieferbruch der Dachschiefer-Gewerkschaft Frei-Hermersdorf

Dachschieferabbau bei Frei-Hermersdorf

Silber- und andere Erze. Dort, wo Bäche und Rinnsale solche Grünschieferschichten im Laufe von Jahrhunderten zerschnitten und zerrieben haben, brachten die Wasser das Zerreibsel mehr oder weniger weit zu Tale. Das Schwersten von ihm, Körner und Körnchen aus reinem Gold, lagerte sich zuerst in den obersten Bereichen der Wasserläufe ab. Andere Lagerstätten waren die „Seifen". Sie entstanden in der Abschmelzzeit der Eiszeit und sind mächtige Bänke von Schottern, Geschieben und Sanden als Hauptgoldträger. Auf ihnen lagerte sich nach und nach sandiger Lehm. In diesen Seifen wurde durch Waschen, d. h. durch das Wegspülen des leichteren Beisandes das begehrte Gold gewonnen. Solche Seifen finden sich im Altvatergebiet in allen Tälern der aus den Gebirgsabhängen kommenden Wasserläufe. Allein im Freudenthaler Gebiet kennt man rund siebzig Seifennamen. Nach der Erschöpfung der Seifen mußte man zu regelrechtem Bergbau übergehen, um die tieferliegenden Erzschätze ausbeuten zu können. Seit 1473 waren die Herren von Würben auf der Herrschaft Freudenthal tätig. Sie widmeten sich mit großem Eifer ihrem Waldbesitz und dem Bergbau. Johann d. Ä. von Würben hat in der Nähe seiner Gruben am Gebirgsrand 1556 die Bergstadt Engelsberg gegründet. Hynek von Würben wiederum gründete im Jahre 1608 an der Stelle, auf der einst das untergegangene Städtlein Gesenk stand, die neue Bergstadt Würbenthal.

Auf Rot- und Magneteisenstein schürfte man im Gebiet von Neu-Vogelseifen – Wiedergrün – Morgenland – Klein-Mohrau – Hubertskirch – Urlichzug sowie am Draht- und Kapellenberg.

Malachit und Kupferkies förderte man vom Ludwigsthaler Hang des Ölberges, Bleierze dagegen von dessen Dürrseifener Hang.

Gold und Silber wurden in der Dürrseifener Mulde im Westen vom Annaberg abgebaut und silberhaltiges Gestein sowie Eisenerze zwischen Vogelseifen und Wiedergrün.

Silber-, Blei-, Rot- und Magneteisenerze wurden in Bennisch am Fuße des Ziegenberges und im Stollenried geschürft. Die erste urkundliche Erwähnung des Bennischer Bergwerkes stammt aus dem Jahre 1271. König Ottokar II. schenkt den Bürgern von Troppau neben vier Hufen Waldes bei Grätz, die Wiesen bei den Silberbergwerken um Bennisch, die „Seyfenlehen" genannt werden. Auch hier zeigt sich der Bergbau mit wechselndem Geschick betreibbar. Die erste Blütezeit ist im 13. und 14. Jahrhundert, die zweite Mitte des 16. Jahrhunderts. Dann folgt bis in die Zeit um 1918 nur noch Kleinbetrieb.

Eisenerze wurden auch an der Oppa bei Breitenau, Markersdorf und Neu-Erbersdorf sowie in Seitendorf und Spachendorf abgebaut.

Zur Verhüttung der geförderten Erze errichtete man Pochwerke und Eisenhämmer. An die Pochwerke, die die erzhaltigen Gesteine zerkleinerten, erinnern die Orte Pochmühl bei Breitenau und Pochmühl bei Aubeln. Die Eisenhämmer in Friedland an der Mohra, Neudörfel, Karlsthal, Ludwigsthal, Karlsbrunn und Gabel verarbeiteten Erze aus den Zechen von Breitenau, Markersdorf, Spachendorf, Wiese, Seifersdorf und Erbersdorf. Im Jahre 1771 hatte nach Schneider[2] die damalige Kaiserin Maria Theresia zur Anlegung des Eisenwerkes in Einsiedel, Herrschaft Zuckmantel, die Aufnahme eines Darlehens von 21.000 fl. bewilligt.

Die Kolonie Buchbergsthal, mit Einsiedel nachbarlich verbunden und mit einem fürstbischöflichen Hochofen, wurde 1793 errichtet.

Der tschechische Geologe Josef Janecka fand im Jahre 1949 in Bennisch an der Stelle, wo schon früher in 30 m Tiefe Erze abgebaut worden waren, neue abbauwürdige Blei-, Zink- und Barytlager. Die staatlichen Behörden ließen daraufhin einen neuen

2 Karl Schneider: Der Bergbau im Bezirk Freudenthal, in: „Freudenthaler Ländchen", Folge 5/1927.

166

Bergbaubetrieb errichten und benannten die Grubenanlage nach dem Vornamen von Janecka, Josefschacht. Diese Zeche ist die gegenwärtig einzige im Kreise Freudenthal. Sie besitzt moderne Anlagen und betreibt die Erzförderung sehr intensiv. Entlang der Straße von Bennisch nach Spachendorf im Gebiet des Ortsriedes Hennen und beim Glammersberg befinden sich riesige Abraumhalden. Die Verwaltung des Bennischer Schachtes wird gemeinsam mit dem bei Zuckmantel-Hermannstadt wiedererrichteten Bergwerk durchgeführt und hat auch dort ihren Sitz.

Die Sensenhütte in Karlsthal, erbaut zwischen 1690–1725. Ältestes Gebäude der Gemeinde, es steht unter Denkmalschutz

Die Handwerkerzünfte

Die Zünfte waren Vereinigungen von Handwerkern gleicher oder artverwandter Berufe. Sie nennen sich zuweilen auch Handwerkerzechen. Die von ihnen erstellten berufständischen Richtlinien, meist Ordnungen genannt, mußten, zumindest seit der Mitte des 16. Jahrhunderts, von der jeweiligen Grundherrschaft genehmigt und bestätigt werden. In diesen Zunftordnungen werden alle Standesangelegenheiten genau geregelt, angefangen von der Aufnahme der Lehrlinge, die Dauer ihrer Lehrzeit, die Höhe der Aufnahmegebühren, die Art des Gesellenstückes bis zur Anzahl der Gesellenjahre und der erforderlichen Wanderzeit. Die Zunftartikel bestimmen auch die Aufnahmevoraussetzungen für neue Meister und begünstigen vielfach hierbei die Söhne der bereits der Zunft angehörenden Meister. Es gibt auch Strafbestimmungen für Fernbleiben bei Zusammenkünften, desgleichen auch für schlechte Arbeiten und fehlerhafte Ware. Schließlich gibt es Regelungen für Streitfälle, für Sterbefälle von Zunftmitgliedern und die strenge Vorschrift, daß nur „ehrlich" geborene Kinder als Lehrlinge aufgenommen werden dürfen. Uneheliche Kinder konnten nur in besonderen Ausnahmefällen Lehrling werden. Mit diesen Zunftordnungen wollten sich die Mitglieder vor auswärtiger Konkurrenz und einer zu großen Anzahl von Meistern im Orte schützen. Man glaubte, auf diese Weise jedem Zunftmitglied eine gesicherte Existenz bieten zu können.

Die wohl älteste Zunftordnung ist die der Freudenthaler Leinenweber. Sie stammt vom 31. 3. 1522. Damals übermittelten die Jägerndorfer Leinenweber den Freudenthalern eine Abschrift ihrer Zunftbestimmungen. Seit jener Zeit gibt es also mit Sicherheit die Leinenweberzunft in Freudenthal. Am 10. 6. 1597 erteilt Stefan von Würben den Engelsberger Webern eine Zunftordnung. Sie wird am 13. 7. 1680 vom Statthalter Johann Wilhelm von Zo-

cha bestätigt und erneuert. Auch Würbenthal besaß eine eigene Züchner- und Weberzunft. Sie erhielt 1689 vom Freudenthaler Hauskomtur Johann Marquardt Roman Renner von Allmandingen die Genehmigung, wegen Überbesetzung mit Meistern schärfere Zunftbestimmungen einzuführen. 1686 verfaßten die Bennischer Züchner ihre Zunftartikel. Die Zunft muß aber schon früher bestanden haben, denn als 1697 ihr Zechmeister Christoph Macholt stirbt, hatte er dieses Amt bereits 24 Jahre lang inne. Am 20. 10. 1756 erhielten die Bennischer Weber ihre Privilegien in einer eigenen auf Pergament geschriebenen Urkunde, mit dem großen kaiserlichen Siegel versehen und von der Kaiserin Maria-Theresia eigenhändig unterschrieben, bestätigt.

Stefan d. J. von Würben erteilte am 23. 4. 1601 den Engelsberger Schneidern und am gleichen Tage auch den Engelsberger Schuhmachern eine Zunftordnung. Die Engelsberger Bäcker wiederum besaßen einen Zechbrief vom 2. 7. 1601. Da am selben Tag Stefan d. J. von Würben die Herrschaft Freudenthal seinem Bruder Johann (dieser starb 1608) verkaufte, muß einer von ihnen die Zunftordnung unterzeichnet haben.

Die Bennischer Schuhmacherzunft bestand bereits 1604. Johann von Würben erließ am 20. 3. 1602 für die Freudenthaler Tischler, Büttner und Wagner eine Zunftordnung. Eine Binder- und Tischlerzunft scheint um 1683 in Engelsberg bestanden zu haben. Am 14. 8. 1688 erhielten die Bennischer Tischler, Wagner und Binder ihre eigenen Zunftartikel. Sie übernahmen hierzu die

Alt-Freudenthal – Die Olmützer Straße, später W. F.-Olbrich-Straße genannt, rechts: Abzweigung zur Schwarzbachgasse, 1912

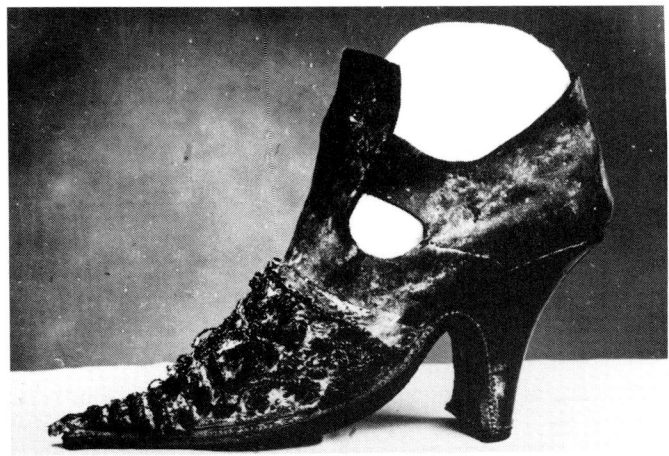

Zunftschuh der Bennischer Schuhmacherzunft, gegründet 1604

Zinnkanne der Freudenthaler Leinenweber von 1663

wortgetreue Fassung der Jägerndorfer Zunft vom Jahre 1554. Die Würbenthaler Schneider erhielten im Januar 1691 von den Freudenthalern eine Abschrift der Zunftartikel des Jahres 1650, weil die Würbenthaler Urkunde beim Zechmeister Matheus Hoffmann verbrannt war. Die Huf- und Sichelschmiede in Würbenthal haben ihre Privilegien teilweise von Zuckmantel. Den Huf- und Wagenschmieden in Engelsberg erteilt der Ordensstatthalter Franz Sigmund Friedrich von Satzenhofen am 22. 9. 1729 ein Zunftprivilegium.

Um 1800 hatte Engelsberg 65 Leinenweber mit 158 Webstühlen, die Zahl der Meister in Freudenthal wird mit 40, die 51 Webstühle betreiben, die der Meister in Bennisch mit 112, die 127 Webstühle aufweisen, angegeben. 1804 bestanden in Freudenthal 14 Lokalzünfte. Es waren dies 56 Tuchmacher, 51 Leinenweber, 24 Schneider, 22 Wagner, Binder und Tischler, 16 Kürschner, 8 Schmiede, 7 Töpfer (Hafner), 6 Weißgerber, 3 Zimmermeister und 13 Maurer. Von den Maurern gehörte jedoch nur einer zur Stadt, die anderen wohnten auf den umliegenden Dörfern. Zu den geschlossenen Zünften gehörten je 12 Bäcker, Fleischhacker und Schuhmacher. In Bennisch bestanden 1834 acht Zünfte: 160 Weber, 7 Schuhmacher, 10 Schneider, 7 Huf- und Kurschmiede,

6 Fleischhacker, 16 Hafner, Töpfer und Geschirrhändler, 6 Kürschner und Hutmacher und 13 Wagner, Tischler und Binder. Andere Berufe wie Bäcker, Glaser, Seifensieder, Schlosser, Gerber, Büchsenmacher, Drechsler, Strumpfwirker und Seiler gehörten den Zünften in Jägerndorf oder Troppau an.

Die allzu engen Zunftbestimmungen hinderten bereits Mitte des 18. Jahrhunderts die Entfaltung der Gewerbe mehr, als sie diese förderten. Die Zünfte setzten den Neuerungsbestrebungen erhebliche Widerstände entgegen. Sie verschlossen sich vor allem zu stark dem Zuzug neuer Meister. Erst hundert Jahre später brachte die Einführung der Gewerbefreiheit neue Entfaltungsmöglichkeiten. Die Tradition der Zünfte fand in den verschiedenen genossenschaftlichen Zusammenschlüssen der Handwerker bzw. in den Innungen ihre Fortsetzung.

Der Übergang vom Zunftmeister, der seine Ware fertigte und auf eigene Rechnung verkaufte, zum Warenhandel und schließlich zur industriellen Fertigung ging nicht reibungslos vor sich. Es entstanden viele soziale Spannungen, die erst im Laufe von vielen Jahrzehnten einigermaßen ausgeglichen werden konnten. Am besten sehen wir das bei den Webern. Einige Webermeister begannen den Warenhandel im größeren Stil. Sie nah-

MEISTER-BRIEF.

Wir unterzeichneten Vorsteher

der ehrsamen ~~gemischten~~ *Weber* Genossenschaft

in ~~dem~~ *der* ~~Dorfe~~ *Stadt Bennisch* im Herzogthume Schlesien beurkunden Kraft gegenwärtigen

MEISTERBRIEFES

dass Herr *Eduard Losert* aus *Bennisch* gebürtig, nach vorausgegangener obrigkeitlicher Bewilligung ddo. *30. September 1867* als Meister bei unserer Innung in dem Orte *Bennisch* im Lande *Schlesien* aufgenommen und in das Meisterbuch gegen die Bedingung eingetragen wurde, dass er sich genau nach den für diese Innung bestehenden höchsten Gesetzen und Polizei-Vorschriften halte, und die jährlichen, dieses Gewerbe betreffenden Steuern und Laden-Beiträge zu rechter Zeit und genau entrichte.

Urkund dessen ist dieser Meisterbrief von dem Herrn Innungs-Commissär und den beiden Vorstehern eigenhändig unterschrieben und mit dem gewöhnlichen Siegel ausgefertigt worden.

So geschehen zu *Bennisch* im Lande *Schlesien* am *27. Dezember 1867*

Ein Tausend acht Hundert *sechzig sieben*

Hermann Schmidt

Emanuel Fliegler

Aut. Brinzl Comisär.

Vorsteher der Webergenossenschaft

Druck und Verlag von Alt. Traxler in Troppau.

Meisterbrief von 1867 der Weberzunft Bennisch

men beispielsweise Aufträge für Militärlieferungen an, teilten diese einer Reihe von anderen Meistern im Lohnwege zu, setzten die Preise fest und vereinbarten genau einzuhaltende Liefertermine. Man nannte diese Warenhändler Weberfaktoren. Die sogenannten Lohnwebermeister waren nicht mehr selbständig, sondern von ihrem Faktor abhängig und damit eigentlich nur noch Facharbeiter. Die Weberfaktoren lieferten den Lohnwebern das nötige Garn. Alle anderen Arbeiten, also das Spulen der Garne, das Schären und Schlichten der Webkette, das Weben und Putzen der Ware, war Sache des Lohnwebers. Die Löhne waren oft ungewöhnlich niedrig. Den Schlußpunkt dieser Entwicklung brachte die Einführung der mechanischen Weberei. Aus dem Gewerbezweig der Handweberei mit eigener Werkstatt im Hause des Lohnwebers wurde der Industriebetrieb in Fabriken und auf fremden Maschinen.

Die Webereien

Die Freudenthaler Leinenweber begannen, sich seit etwa 1820 emporzuarbeiten. Waren sie vordem noch oft als Lohnweber für Engelsberger Meister tätig, so beschickten sie nun selbst die wichtigen Märkte in Wien, Pest und Brünn. Sie stellten sich auch bald von der bislang überwiegend erzeugten ungemusterten

oder glatten Ware auf gemusterte Artikel um. Der aus Glogau stammende Meister Karl Harbander hatte in Chemnitz die Fertigung von dreifarbigen Tisch- und Bettdecken kennengelernt und führte diese in Freudenthal ein. Nach der Erfindung der

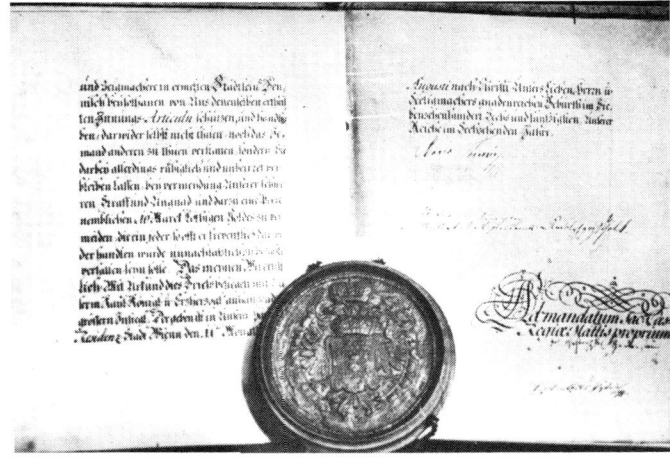

Die Privilegien der Bennischer Weberzunft vom 11. 8. 1756 mit der eigenhändigen Unterschrift der Kaiserin Maria Theresia

169

Belegschaft der Mechanischen Weberei Josef Kohlmeyer in Bennisch, 1912

Jacquardmaschine durch den Lyoner Seidenweber Josef Marie Jacquard im Jahre 1805 wurde es möglich, großflächige Muster ohne das mühsame Hochziehen von Fäden durch eine Hilfskraft zu weben. Schon 1826 führte der Freudenthaler Webermeister Florian Schneider den ersten Jacquardwebstuhl hier ein. Der Tischlermeister Johann Raab stellte in den Folgejahren viele dieser Stühle her, und in rascher Folge übernahmen sie auch andere Webmeister.

Die Zeichnung des Musters wird auf entsprechend zu lochende Karten aus Pappe übertragen und ist das Herzstück des neuen Systems. Für das Stanzen der Karten spezialisierten sich in Freudenthal die Musterschlägereien Josef Max Thiel, Karl Schindler und Peter Taut. Letztere Firma betrieb die Musterschlägerei bis zur Vertreibung.

Ständige Besucher der Brünner Märkte waren die Freudenthaler Meister Franz Heinz, Johann Nepomuk Wurst, Johann Plischke, Franz Schneider, Anton Kubig, Johann Helfert, Heinrich Schmidt, Karl Tögel, Franz Zimmer, Moritz Schilder, Franz Huffer, Anton Reichel, Ferdinand Schreier und Johann Ludwig, dieser blieb lange als „Dukaten-Ludwig" bekannt.

1855 erwarb der aus Liebenthal 1822 eingewanderte Webermeister Johann Nepomuk Wurst die Landesbefugnis. Diese erhielten dann noch die Firmen Franz & Anton Heinz und Johann Plischke und Söhne. Um 1880 gab es außer den drei genannten Firmen in Freudenthal noch 64 Webwarenerzeuger, die in der Stadt rund 400 Stühle beschäftigten. Insgesamt arbeiteten damals

für die Freudenthaler Meister gegen 2500 Webstühle und erzeugten für rund 3 Millionen Kronen Waren. Der Anteil des Arbeitslohnes betrug etwa 1 Million pro Jahr, das ergibt einen Wochendurchschnittslohn von 7,50 Kronen je Webstuhl.

Die mechanischen Webereien Gustav Marburg & Söhne, gegründet 1878, Johann Plischke & Söhne, gegründet 1834, Carl Helfert, gegründet 1868, Anton Kubig's Sohn, gegründet 1851 und Wurst & Machold, gegründet 1908 beschäftigten im Jahre 1913 einschließlich der Handweber und der Heimarbeiter rund

Garten und Weberei der Firma Josef Kohlmeyer in Bennisch, im Hintergrund die Oberaue mit der Zwirnerei Adolf Glammer

Freudenthal – Mechanische Weberei der Firma Johann Plischke & Söhne

Freudenthal – Mechanische Weberei der Firma Gustav Marburg & Söhne

Mechanische Weberei der Firma Carl Helfert, Freudenthal

lich, Julius Schittenhelm, Johann Schörnich, Johann Scholz, Johann Schwab, Reinhard Sieber, Johann Nep. Wurst & Söhne und Johann Zwiener. Sie betrieben zusammen 260 Handwebstühle und beschäftigten insgesamt etwa 400 Arbeitskräfte. Von ihnen bestand bis in die Zeit des Zweiten Weltkrieges eigentlich nur noch die Frottier-, Chenille- und Deckenweberei Josef Gödel.

In Bennisch beschäftigten 1889 zwanzig Weberfaktoren 844 Weber, davon Franz Ludwig 130, Johann Krommer 105, Anton Schmeidel 96, Johann Drexler 86, Heinrich Philipp 68, Viktor Grohmann 56, Josef Kohlmeyer 40, Franz Melzer 39, Adolf Krommer 36, Johann Hofmann 34, Anton Reichel 31, Johann Pfeiler 28, Anton Ludwig 23, Johann Köhler 19, Julius Koschatzky 14, Karl Tiller 11, Johann Heinzel und Franz Rummich je 9 sowie Edmund Philipp und Franz Drößler je 5 Weber.

Die Firma Franz Ludwigs Söhne hatte bereits 1884 eine neue Weberei mit 100 mechanischen Webstühlen in Betrieb genommen und sie 1913 um nochmals 50 erweitert. 1907 erbaute die Firma Josef Kohlmeyer und 1908 die Firma Johann Krommer & Co.

2800 Personen. Damals beschäftigte allein die Firma Marburg schon 1400 Personen. Sie führte auch 1892, als erste in Freudenthal, die mechanische Weberei ein und betrieb 1913 bereits 450 mechanische Stühle. Ihr folgte 1893 die Firma Johann Plischke mit 226 mechanischen Webstühlen. Die anderen drei Firmen stellten zwischen 1903–1905 auf mechanischen Betrieb um und besaßen zusammen 203 Stühle.

Nach dem Ersten Weltkrieg verringerten sich die Zahlen der Handweber und Heimarbeiter beträchtlich. Die Firma Anton Kubig's Sohn war bereits 1903 in den Besitz von Wilhelm Baumert übergegangen und firmierte nun W. A. Baumert & Sohn, Leinen- und Damastwarenfabrik. Die Firma Gustav Marburg beschäftigte um 1930 nur noch etwa 400 Personen, und die Zahl der Beschäftigten der Firma Plischke dürfte bei 300 gelegen sein. Andererseits hatte die bereits genannte Firma Wurst & Machold sich in Emmerich Machold, Leinen- und Baumwoll-, Damasttischzeug und Frottierwarenfabrik umbenannt und war mit rund 800 Beschäftigten zur größten Firma der Stadt geworden. Emmerich Machold, 1867 in Bennisch geboren, war bis 1908 Besitzer der Firma Wilhelm Machold (gegründet 1860) in Bennisch. Nach seinem Wegzug nach Freudenthal wurde er Teilhaber der vormaligen Firma Johann Friedrich Wurst (gegründet 1870) und übernahm schließlich die Firma „Vereinigte Textilfabriken Wurst & Machold" 1911 in den alleinigen Besitz.

In Freudenthal arbeiteten 1913 außer den genannten mechanischen Webereien noch die Handwebereien Josef Beege, Emil Dittrich, Stefan Furtenbacher, Franz Gerle, Josef Gödel, Franz Goldmann, Alois Haubelt, F. & A. Heinz, Karl Jüttner, Gustav Kratky, Viktor Kratky, Alois Langer, Karl Pannek, Robert Röh-

Freudenthal – Arbeiterinnen der Firma Gustav Marburg & Söhne im Jahre 1932

Freudenthal – Kotzenfabrik des Karl Riedel im Ortsteil „Mexiko"

Textilwerke Franz Ludwigs Söhne in Bennisch (rechts), die älteste Mechanische Weberei im Kreis Freudenthal; links die Aktienmangel und Mechanische Weberei Ferdinand Philipps Söhne. Aufnahme von 1893.

Der Bleichteich der Firma Johann Krommer & Co im Bennischer Stollenried

eine Fabrik, beide mit eigener Dampfkraft und etwa je 50 Webstühlen. 1912 stellten sich andere Firmen auf mit elektrischer Energie betriebene mechanische Webstühle um, so die Firma Thomas Wanke & Co, die nach dem Tode von Wanke von dessen Geschäftsleiter Franz Zimmermann übernommen wurde, dann die Firmen Franz Habel, Franz Herber, Karl Tiller, Josef Beck und Anton Heinzel. Die Firma Ferdinand Philipps Söhne betrieb eine eigene Weberei mit Dampfkraft. In ihren Räumen befanden sich auch die Webstühle der Firmen Johann Hofmann und Adolf Philipp sowie die Aktienmangel. Letztere befand sich im Besitz der „Werkgenossenschaft vereinigter Webwarenerzeuger". Eine Reihe von kleineren Firmen arbeitete mit je 4–6 mechanischen Stühlen in ihren eigenen Häusern. 1913 beschäftigten die Bennischer Weber gemeinsam im Sommer rund 1500, im Winter 1800 Personen. Während des 1. Weltkrieges lagen fast alle Betriebe bis auf einen wegen Garnmangel still. Die Zahl der Handwebstühle war von 1150 im Jahre 1890 auf 60 im Jahre 1932 zurückgegangen, die Zahl der mechanischen Stühle bis 1938 auf rund 600 gestiegen. Die Weltwirtschaftskrise um 1930 hat auch die Bennischer Webereien nicht ungeschoren gelassen; die zwei größten Betriebe Franz Ludwigs Söhne und Johann Krommer & Co. mußten stillgelegt werden, andere gingen zur Kurzarbeit über. Dennoch haben sich gerade die kleineren Betriebe mit ihren bekannten Baumwollbuntwaren als recht widerstandsfähig er-

wiesen. 1938 wurde die Firma Ludwig wieder in Betrieb genommen. 1945/1946 wurden in Bennisch die wertvollsten Webereimaschinen demontiert und zu anderen Betrieben verlagert. Heute arbeitet als einzige Weberei noch die ehemalige Firma Ludwig als Werk 5 des Kombinates Moravolen mit Sitz in Mährisch-Schönberg. In den Räumen der Firma Kohlmeyer befindet sich eine Filiale des Eisenwerkes Branka, bei der Firma Beck und in Teilen der Firma Ludwig befindet sich eine Kinderwagenfabrik und bei Ferdinand Philipps Söhnen eine Landmaschinenreparatur.

In Engelsberg erzeugte die Firma Julius Kraus, Damast- und Leinenweberei, als eine der letzten Webereien des Städtchens Damastdecken, Bett- und Leibwäsche sowie Barchent und Köper.

Die Spinnereien

Die Würbenthaler Flachsgarnspinnerei Eduard Grohmann wurde im Jahre 1860 gegründet. Sie erzeugte Leinengarne für die Zwirnereien und Webereien. 1865 wurde die Spinnerei um eine Stiften- und Kettenfabrik vergrößert. Als 1885 die bis dahin übliche Nachtschicht für Frauen verboten wurde, erfolgte ein weiterer Ausbau des Unternehmens. 1911 übergab der Firmengründer Eduard Grohmann den Betrieb seinem Sohn Hugo Grohmann, der u.a. eine Reihe von Werkwohnungen durch Ankauf und Neubau von Häusern errichtete. Von ihm übernahm 1929 der Sohn Edgar das Unternehmen. Dieser modernisierte den Maschinenpark und erhöhte die Zahl der Arbeiterwohnungen. Die Flachsspinnerei Grohmann in Würbenthal genoß internationalen Ruf und beschäftigte an die 400 Mitarbeiter. Ihr letzter Besitzer Edgar Grohmann starb 1962 als Heimatvertriebener in Wien.

Die Flachsspinnerei in Lichtewerden wurde am 26.8.1864 als „obere Fabrik" von der Firma Johann Schleser & Co. errichtet.

Ein Jacquard-Webstuhl zur Erzeugung von Bildgeweben

1866 gelangte das Unternehmen an die Olmützer Aktiengesellschaft Brandhuber & Primavesi. Ihr neuer Name lautete „Vereinigte Flachsspinnereien Lichtewerden, Messendorf und Würbenthal in Lichtewerden". Der Tochterbetrieb in Messendorf wurde um 1900 stillgelegt und das Anwesen verkauft. Der andere Tochterbetrieb, die Jutespinnerei in Würbenthal, die 1867 als Flachsspinnerei von Karl Brandhuber und M. u. R. Primavesi gegründet und 1883 in eine Jutespinnerei und -Weberei umgewandelt worden war, gelangte 1924 durch den Fall des Olmützer Bankhauses Primavesi in den Besitz der Jutespinnerei und Weberei AG in Prag. Als 1931 die Weltwirtschaftskrise einsetzte, legte

Würbenthaler Jutespinnerei und -weberei, 1883

Flachsspinnerei Eduard Grohmann in Würbenthal

Flachsspinnerei der Firma W. F. Olbrich in Freudenthal

das Prager Hauptwerk, das sich überwiegend im Besitz tschechischer Aktionäre befand, die Würbenthaler Jutefabrik still. Hierdurch verloren etwa 550 Arbeitskräfte ihren Arbeitsplatz. Ein Großteil der Würbenthaler Fabrikgebäude wurde abgebrochen, der Rest an andere Firmen als Lagerräume vermietet. Brandhuber und Primavesi mußten 1924 auch das Werk Lichtewerden veräußern. Neuer Besitzer wurde die Firma Pinkus & Fränkel in Neustadt/OS. Diese verkauften die Lichtewerdener Spinnerei um 1930 an die Firma Norbert Langer & Sohn in Deutsch-Liebau, die bald an die Brüder Buhl in Mährisch-Altstadt weiterverkauften. Nun erhielt die Spinnerei den Namen „G. A. Buhls Sohn, Mährisch Altstadt, Spinnerei Lichtewerden". In deren Besitz verblieb sie bis zur Vertreibung. Die Lichtewerdener Spinnerei beschäftigte vor dem Ersten Weltkrieg 450 – 500 Personen, erreichte diese Zahl in der Folgezeit jedoch nicht wieder. 1920 mußte sie für einige Monate ganz geschlossen werden, nahm nachher den Betrieb wieder auf und wies nach 1938 wiederum eine Belegschaft von rund 350 Mitarbeitern auf.

Die „untere Flachsspinnerei" in Lichtewerden wurde 1861 als Flachsgarnspinnerei und -Zwirnerei von dem Alt-Vogelseifener Freihofbesitzer Josef Kühnel gegründet. Sie entwickelte sich unter seiner Leitung zu ansehnlicher Bedeutung. Als er jedoch 1878 starb und seine zahlreichen Erben sich über die Weiterführung des Betriebes nicht einigen konnten, gelangte die Flachsspinnerei an einen seiner Schwiegersöhne, den Bauer Kneifel, in Alt-Vogelseifen. Dieser legte den Betrieb 1896 still und ließ in den folgenden Jahren die Gebäude abtragen.

Die Flachsspinnerei in Freudenthal wurde im Jahre 1866 als Aktiengesellschaft gegründet, ging einige Jahre später in den

Lichtewerden – Feinspinnereisaal im Jahr 1934

Besitz der Firma Franz und Anton Heinz über und wurde 1877 an den Bielitzer Unternehmer C. B. Schneider verkauft. Dieser ließ in den Jahren 1883 – 1887 die evangelische Pfarrkirche in Freudenthal erbauen. 1906 wurde die Flachsspinnerei von dem Freudenthaler Bürgermeister und Garnhändler W. F. Olbrich aus Goldenfluß bei Mährisch-Rothwasser erworben. Dieser baute die Spinnerei weiter aus und war auch Mitbesitzer der Neu-Erbersdorfer Bleiche. Nach seinem Tode im Jahre 1930 gelangte die Spinnerei in den Besitz des Sohnes Walter Olbrich und dessen Neffen Alfred Olbrich d. J., diese führten die Spinnerei bis zur Vertreibung aus der Heimat weiter. Dasselbe gilt auch für die Bleiche Olbrich, Plischke & Co. in Neu-Erbersdorf.

Die Hanfspinnerei GmbH Kunau war früher eine Garnblei-

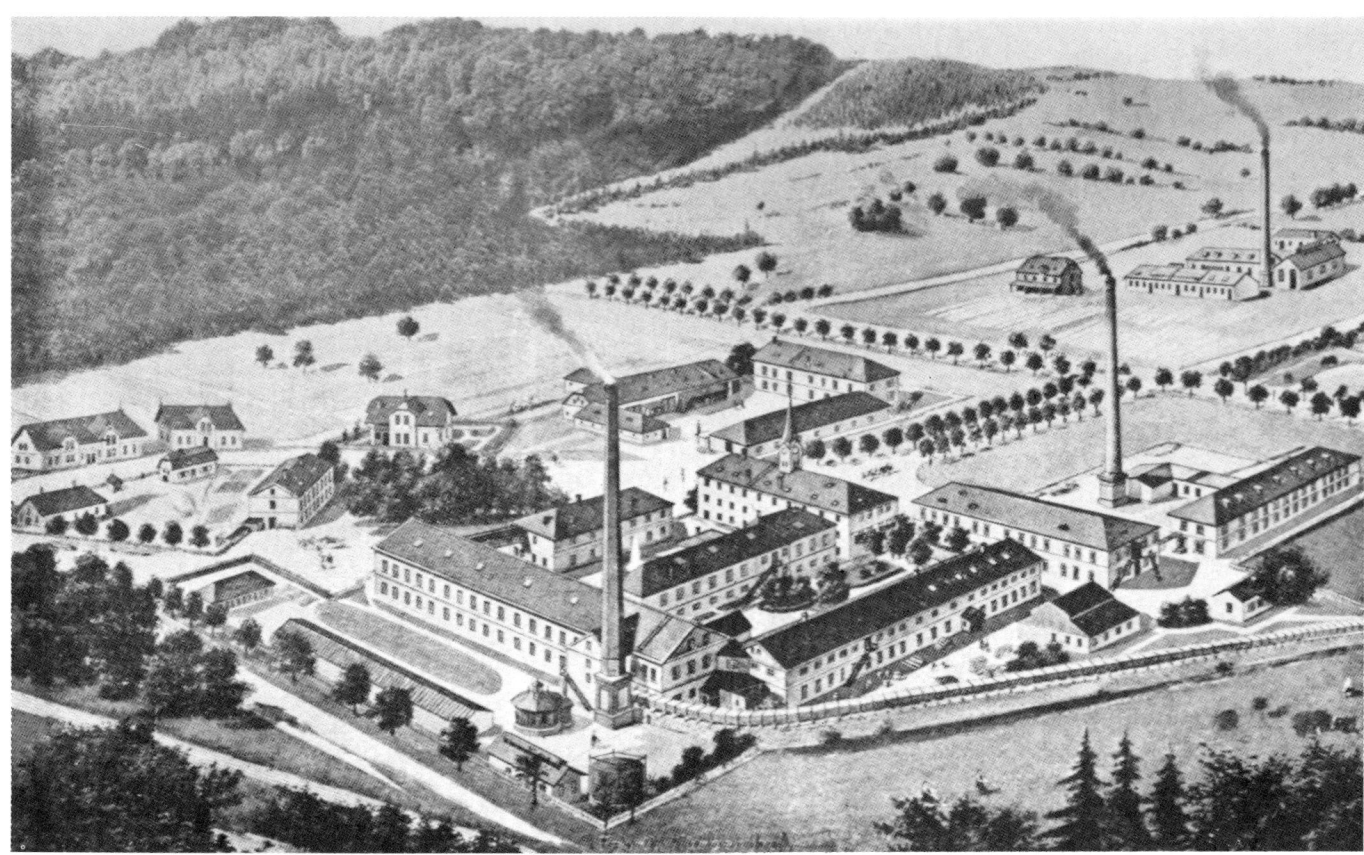

K. K. Privilegierte Leinenzwirn-, Baumwollzwirn- und Flechtwarenfabrik Grohmann & Co in Würbenthal, gegründet 1800

che, die im Besitz des damaligen Bürgermeisters von Freudenthal, Cyrill Riedel, war. Nach ihm (um 1870) kam die Bleiche in den Besitz eines Koszikiewicz, der eine Jutespinnerei daraus machte. 1890 erwarben die Brüder F. & A. Heinz in Freudenthal den gesamten Besitz in Kunau und verpachteten die Jutespinnerei an die Firma Siegfried Perutz in Prag, die daraus eine Hanfspinnerei machte und diese 1906 käuflich erwarb. 1938 übersiedelte die Firma Perutz von Prag nach Belgrad und ihr Direktor Dobesberger leitete den Kunauer Betrieb kommissarisch. Bald darauf wurde die Kunauer Hanfspinnerei von der Firma Pecklenburg in Bremen erworben und war bis 1945 in ihrem Besitz.

Zwirnereien, Bleichereien, Färbereien

Zu den führenden Textilunternehmen des Kreises zählte die Zwirn-, Litzen- und Cordelfabrik Grohmann & Co in Würbenthal. Sie wurde im Jahre 1800 als Leinenzwirnerei von dem aus Schönlinde, Bezirk Rumburg in Böhmen stammenden Handelsmann Ferdinand Rössler gegründet. Er kaufte Leinengarne auf, ließ diese in Heimarbeit zwirnen, dann bleichen und verpacken und mit Pferdefuhrwerken nach Wien transportieren, wo sie von seinem Teilhaber Johann Adolf Weiß als Nähgarne verkauft wurden. Im Jahre 1812 kam, ebenfalls aus Schönlinde, Joseph Grohmann nach Würbenthal. Er heiratete 1818 eine Nichte des kinderlosen Ferdinand Rössler und trat gleichzeitig als Teilhaber in die Firma ein. Schon 1821 schied Ferdinand Rössler ganz aus der Firma aus, um sich nach Graz ins Privatleben zurückzuziehen. Nach dem Tode des Johann Adolf Weiß wurde dessen Sohn Carl Weiß neuer Teilhaber, sodaß die Firma sich seit 1830 Weiß

& Grohmann nannte, 1847 wurde die entscheidende Umstellung vom Hausbetrieb zur maschinellen Erzeugung durchgeführt, zugleich auch die Firma in Grohmann & Co. umbenannt. Seit 1870 werden auch Baumwollzwirne erzeugt, dann 1893 auch eine Flechterei in Betrieb genommen und schließlich 1906 mit der Erzeugung von Zwirnknöpfen begonnen. Die fertigen Zwirne verkaufte man auch nicht mehr in der Form von Strähnen, sondern stellte auf einheitliche Holzspulen mit bestimmten Meteranzahlen, bzw. auf mengenmäßig genormte Garnknäuel um. Nach dem Ersten Weltkrieg errichtete Grohmann & Co neue Zweigwerke in Wien, Budapest und Temeschwar. 1907 war bereits die Filiale in Markersdorf auf dem Gelände des 1898 stillgelegten Eisenwalzwerkes errichtet worden, wo u. a. Häkelgarne, Stopfwolle und Schuhbänder gefertigt wurden. Der Filialbetrieb in Pochmühl entstand 1909 durch die Übernahme des bisherigen Konkurrenzunternehmens Leyrer & König. Diese Firma hatte unter Ausnützung der Wasserkraft 1870 eine Garn- und Baumwollflechterei in Pochmühl erbaut und sich im Laufe der Jahre ständig vergrößert. Nach dem Tode des Inhabers wurde sie von Grohmann & Co. übernommen. In Markersdorf betrieb Grohmann & Co ein firmeneigenes Elektrizitätswerk, welches auch Neu-Karlsthal und den Würbenthaler Betrieb mit Strom versorgte. 1945 wurde das Unternehmen dem letzten Firmeninhaber, Fritz Grohmann, vom tschechischen Staat enteignet. Er selbst wurde in das tschechische Internierungslager Hodolein bei Olmütz verschleppt und am 25. 7. 1945 von entmenschten Wärtern erschlagen. Die Firma GROKO wird heute als Staatsbetrieb weitergeführt.

In Freudenthal stellte die mechanische Zwirnerei Zöllner &

Lazar Bindfaden- und Seilerwaren her, und in Bennisch befaßte sich die Firma Adolf Glammer ebenfalls mit der Erzeugung von Leinen- und Baumwollzwirnen, die sie in eigener Bleicherei, Färberei, Schlichterei und Mercerisation veredelte. Daneben arbeitete die Firma Glammer für die ortsansässigen mechanischen Webereien auch als Lohnfärberei. Hier bestanden des weiteren die Dämpffärbereien und Appreturen Hugo Schmidt und Konrad Beyer sowie im benachbarten Zossen die Handdruckerei und Färberei Hugo Rieger.

In der Kolonie Heidenpiltsch bei Spachendorf beschäftigte die Band- und Litzenfabrik A. Rudolph rund 300 Mitarbeiter. Sie war 1852 von Fridolin Krumpholz als Flachsspinnerei an der Mohra erbaut worden. Diese wurde zuerst mit Wasserkraft, später auch mit Dampfkraft betrieben. 1882 blieb die Flachsspinnerei

Die alte Bleiche (Garnbleiche) in Dürrseifen nach einem Wasserfarbenbild von Prof. Thom

stehen. Später (1895) wurde der Betrieb wieder aufgenommen und auf Band- und Litzenfabrikation umgestellt.

Für die heimischen Webereien und Spinnereien arbeiteten einst zahlreiche Garnbleichereien. Sie hatten sich in Orten mit ausreichendem Wasservorkommen, also besonders im Oppa- und Mohratal angesiedelt. Die Karlsthaler Garnbleichereien hatten einen besonders guten Ruf. Sie arbeiteten auch für Garn-, Web- und Wirkwarenerzeuger in Nordmähren und Ostböhmen. Aus alten Akten des Jägerndorfer Burggrafenamtes ist ersichtlich, daß z. B. die Karlsthaler Bleicherin Martin Pompin bereits im Jahre 1704 für das Fürst Liechtensteinische Gut Eisenberg Garne bleichte. Mitte des 18. Jahrhunderts gab es in Karlsthal 19 Garnbleichereien, 1836 waren es noch zehn, wovon die Garn- und Zwirnbleichen des Johann Schönwälder und des Erbrichters Leopold Czech die bedeutendsten waren. Eine große Bleiche besaß auch Josef Obst in Karlsthal, die um 1880 an Johann Irmler aus Hermannstadt verpachtet war. Er war der letzte Garnbleicher in Karlsthal, gab 1891 das Handwerk auf und zog nach Dürrseifen bei Engelsberg. Weitere Garnbleicher waren Franz Kariger und Josef Fritsch in Breitenau, Josef Sauer in Pochmühl, Ignaz Ermer und Josef Zimmermann in Markersdorf sowie Johann Appel und Anton Schittenhelm in Rautenberg.

Auch der Freudenthaler Kotzenerzeuger und Bürgermeister Cyrill Riedel betrieb in Kunau eine Tuchwalke, die später als Bleiche ausgebaut wurde. Sein Bruder Karl Riedel war Besitzer der Kotzenfabrik und Tuchwalke im Freudenthaler Ortsteil „Mexiko".

Das Bleichverfahren der Rasenbleichen bestand im wesentlichen darin, daß man die zu bleichenden Erzeugnisse (Garne, Leinwand) im Wasser reinigte, daraufhin in alkalischen Laugen behandelte und schließlich im Freien auf Bleichplänen auflegte bzw. aufhängte und sie der Einwirkung von Sonne und Luft aussetzte. Als Bleichmittel wurde Pottasche verwendet. Das Aufkommen der Kunstbleichen, die das Garn, bzw. die Leinwand mittels mechanischer Einrichtung und durch Zusatz von Chemikalien bleichen, haben die Rasenbleichen vollständig verdrängt. Moderne Bleichbetriebe hatten die Bennischer Firmen Franz Ludwigs Söhne, Johann Krommer & Co. und Adolf Glammer, die leistungsstärkste Firma war aber die Neu-Erbersdorfer Bleiche Olbrich, Plischke & Co., welche für den Großteil der umliegenden Webereien Garne bleichte.

Neu-Erbersdorf – Die Bleiche mit der Olbrich-Villa

Kordel- und Litzenfabrik A. Rudolph, Spachendorf-Heidenpiltsch

Die Strumpfwarenerzeugung

Die größten Strick- und Wirkwarenfabriken im alten Österreich befanden sich in Nordböhmen, aber auch bei uns war dieser Industriezweig ansässig. Als erster begann Johann Hein im Jahre 1878 in Lichten mit der Erzeugung von Strumpfwaren. Nach dem 1. Weltkrieg entwickelte sich die Firma unter der Leitung des Schwiegersohnes Gustav Küffe außerordentlich günstig. Sie wurde in Johann Hein, Inh. Gustav Küffe, Strick- und Wirkwarenfabrik umfirmiert und beschäftigte über 200 Personen. Das Kriegsende 1945 und seine Folgen waren für Gustav Küffe furchtbar. Der Betrieb wurde, wie alle anderen enteignet, Küffe selbst von tschechischen „Partisanen" fortgesetzt so furchtbar mißhandelt, daß der Tod für ihn eine Erlösung war. Sein Sohn

Walter Küffe errichtete um 1950 in Lichtenau bei Ansbach eine neue Strumpffabrik Gustav Küffe & Sohn, die 1955 etwa 100 Beschäftigte zählte.

Weitere Firmen dieser Branche waren die Strumpfwarenfabrik Wilfried Hein und die Strumpfwarenerzeugung Hubert Krohe, beide ebenfalls in Lichten.

Die Eisen- und Metallindustrie

Schon vor dem 30jährigen Kriege wurden in den Tälern des Altvatergebirges Eisenerze in Hochöfen verhüttet. Hierzu bedurfte es der Holzkohle, die angesichts der riesigen Wälder in fast unbegrenztem Maße vorhanden war. Das Roheisen wurde nach nochmaliger Wärmebehandlung ausgeschmiedet und in einfachen Walz- und Streckwerken verformt.

Die Würbenthaler Metallwarenfabrik Adolf Grohmann & Sohn wurde 1867 von Adolf Grohmann, einem Sohn des bereits genannten Joseph Grohmann, gegründet. Er richtete eine Drahtzieherei, Drahtstiften- und Kettenfabrikation ein, die 1884 zusätzlich die Fertigung von Drahtzügen, Dampfkessel-Speiseapparaten und Dauerbrandöfen aufnahm. Das Unternehmen florierte so gut, daß Räume in den nahen Ludwigsthaler Hüttenwerken angemietet werden mußten. Bis 1889 wurden die Hochöfen noch mit Holzkohle beschickt, diese mußte aber mehr und mehr der billigeren und besseren Koksbeschickung weichen. Durch die hohen Frachtkosten für den Koks entstanden Standortnachteile. Robert Grohmann, der älteste Sohn des Adolf Grohmann, setzte sich maßgeblich dafür ein, daß die sieben nordmährisch-schlesischen Drahtziehereien, Ketten- und Drahtstiftenfabriken sich zusammenschlossen und die Mährisch-Schlesische Drahtindustrie AG gründeten. Dieses gemeinschaftliche Unternehmen wurde in Oderberg, nahe den Kohlegruben von Mährisch-Ostrau-Witkowitz, erbaut. Es wurde zu einem der führenden Drahtwerke der Donaumonarchie und nannte sich später Kabel- und Drahtindustrie AG in Oderberg. 1896 wurde daher ein Teil des Würbenthaler Metallwarenwerkes nach Oderberg verlagert. Zusammen mit den verlagerten Maschinen verzogen viele Arbeiter dorthin und schufen sich hier eine neue Heimat. Andere arbeiteten jahrzehntelang in Oderberg, kamen jedoch wenigstens an den Wochenenden heim zu ihren Familien. Der Firmengründer Adolf Grohmann war bereits im Jahre 1895 verstorben und neben Robert Grohmann traten die

weiteren Brüder Adolf d. J., Carl und Otto als Kommanditisten in die Firma ein. 1897 hatte man ein Zweigwerk in Wien errichtet, dessen Leitung Adolf Grohmann d. J. übernahm. Nach dem im Jahre 1907 verstorbenen Robert Grohmann übernahm nun Adolf Grohmann d. J. die Leitung der Gesamtfirma, doch blieb ihm hierzu nur ein Jahr, denn auch ihn raffte bereits 1908 der Tod hinweg. Nun führte Hugo Grohmann, der Besitzer der Flachsspinnerei die Firma Adolf Grohmann & Sohn weiter und behielt die Leitung bis zum Ende des 1. Weltkrieges, da seine Neffen Lothar und Kurt Grohmann anfangs noch minderjährig, dann aber zum Kriegsdienst eingezogen waren. Die Zerschlagung der alten Donaumonarchie hatte eine völlig veränderte Marktlage geschaffen und die Erzeugung mußte dementsprechend den neuen Verhältnissen angepaßt werden. 1926 wurde eine Niederlage in Prag gegründet, kurz vor dem 2. Weltkrieg konnte noch die Eisengießerei in Buchbergsthal erworben werden. Die Erzeugung neuer Artikel wurde aufgenommen und der Export kräftig gefördert. Die Zahl der Beschäftigten stieg fast um das Doppelte und erreichte 550 – 600 Mitarbeiter. 1945 wurden auch die Firmeninhaber Lothar und Kurt Grohmann vom tschechoslowakischen Staat entschädigungslos enteignet. Lothar Grohmann begann in

Das Drahtwerk in Karlsdorf, das auch viele Klein-Mohrauer beschäftigte

Bielstein im Rheinland wiederum mit der Erzeugung von Kleineisenwaren, dort starb er 1965 im 77. Lebensjahr. Sein Bruder Kurt Grohmann lebte nach der Vertreibung in München.

Die Sudetenländische Eisen- und Stahlwerke AG mit dem Sitz in Böhmischdorf bei Freiwaldau hatte 1939 neben den Eisenwerken in Janowitz bei Römerstadt auch das Eisenwerk in Klein-Mohrau übernommen. Dieses bestand damals aus einer Kettenfabrik und einem Preßwerk, die der Berg- und Hüttenwerksge-

Innenansicht des Hammerwerkes in Neudörfel. Es war über 300 Jahre im Besitz des Geschlechtes Weiß.

Hammerschmiede Weiß in Neudörfel

Eisenwerke Buchbergsthal – Verwaltung und Gießerei

Eisenwerke Buchbergsthal – Werkshof

sellschaft in Oderberg gehörten. Aus der Geschichte der Kettenfabrik entnehmen wir, daß diese das einst älteste Unternehmen dieser Art im Gebiete der Tschechoslowakei gewesen war. Im 16. Jahrhundert soll sich das Eisenwerk im Besitz des Glogauer Bischofs Kaspar befunden haben. Während des 30jährigen Krieges kam es in den Besitz des Deutschen Ordens, welcher in Klein-Mohrau Kanonen erzeugen ließ. Anfang des 19. Jahrhunderts gehörte das Eisenwerk der Familie Weiß, die es später einem Johann Raab verkaufte. 1826 kaufte dann Franz Olbrich das Eisenwerk, errichtete neue Frischöfen und modernisierte den Betrieb.

Eisenwerke Buchbergsthal – Walzwerk

Eisenwerke Buchbergsthal – Frischerei

1896 brachte die Firma Franz Olbrich ihren Maschinenpark in die Mährisch-Schlesische Drahtindustrie AG ein, und ähnlich wie in Würbenthal, zogen viele Klein-Mohrauer Werksangehörige nach Oderberg. Die Kettenerzeugung wurde jedoch nach

177

kurzer Zeit wieder dem Klein-Mohrauer Werk übertragen. Im Jahre 1906 verschmolz die damalige Inhaberin das Klein-Mohrauer Werk mit der Wiener Kabelfabrik, es wurden neue Investitionen durchgeführt und auch die ersten elektrischen Schweiß-apparate und -automaten aufgestellt. Nach dem Ersten Weltkrieg hatte das Unternehmen an Bedeutung verloren. Erst die Übernahme durch die Berg- und Hüttenwerksgesellschaft im Jahre 1923 brachte eine Wende zum Besseren. Die Erzeugnisse der Kettenfabrik erfreuten sich im In- und Ausland eines guten Rufes. Die Zahl der Beschäftigten wird mit 250–300 Personen angegeben.

Neurode – Kupferwalz- und Hammerwerke mit altem Ententeich

Das Kupferwalz- und Hammerwerk Neurode gehörte seinerzeit der Herrschaft Karlsberg und ist ein sehr alter Betrieb. Als Besitzer werden 1642 Hans Leberwurst und 1656 Thomas Zeller erwähnt. Auf diesen folgten 1710 Johann und Anton Ferdinand Vetter. 1730 finden wir als Hammerwerksbesitzer die Eheleute Heinrich und Rosalia Schaureck, die jedoch bereits 1738 genötigt waren, den Betrieb zu versteigern. Er wurde vom Bürgermeister von Neiße, Leopold Wilhelm Eisenkolb, erworben. Dieser veräußerte ihn 1765 an den Kupferhammermeister Mathias Büchler. Dieser starb im Jahre 1802. Seinen Besitz hatte er bereits zwei Jahre vorher an Josef Büchler und Josef Mück als gemeinschaftliche Eigentümer übertragen. Von diesen ging er 1807 auf Libor Raimund Mück und dann 1824 auf Karl Mück über. Dieser errichtete 1829/1830 an der neuen Straße auf Messendorfer Grund eine Dampfkessel- und Kupferschmiedewarenfabrik. Im Ortsteil Niederhütte der Gemeinde Rautenberg errichtete er eine amerikanische Kunstmahlmühle, die 1945 im Besitz der Familie Prassek war. 1859 erbaute er außerdem neben seiner Maschinenfabrik eine Flachsspinnerei. Die Firma Mück hatte sich wohl finanziell übernommen, jedenfalls mußte sie 1868 Konkurs anmelden. Aus der Konkursmasse erwarb die Firma Brandhuber & Primavesi in Lichtewerden die Flachsspinnerei und führte sie als Filiale Messendorf bis zum Jahre 1900 weiter. Wegen schlechtem Geschäftsgang wurde die Messendorfer Spinnerei gänzlich stillgelegt. Die Maschinenfabrik Karl Mück wurde von der Firma Tatzel & Schenk aufgekauft und ab 1877 vom Teilhaber Schenk aus Karlsberg allein weitergeführt. Der Kupferhammer in Neurode gelangte 1868 in den Besitz der Firma Vinzenz Tlach & Vinzenz Keil. Die neuen Inhaber ließen die Betriebsanlagen wesentlich erweitern, die Um- und Neubauten waren 1892 vollendet. 1897 wurde eine elektrische Lichtanlage eingebaut. Die Firma erzeugte Kupferkessel und -bleche, in späterer Zeit auch Aluminium-

gußteile. 1911 wurde der Firmenname in Kupferwerke GmbH abgeändert. 1919 erwarben die österreichischen Kupferhammerwerke Georg Zugmajer & Ronghoffer das Werk in Neurode. Von diesen gelangte es schließlich an die Metallwarenfabrik Grohmann. Diese besaß in Neurode die Häuser Nr. 1, 3, 6, 22–24 und 39. Der Betrieb beschäftigte rund 50 Personen.

Den „Weißhammer" in Neudörfel dürfte es schon um 1600 als Eisenhammer mit einer Drahtzieherei und einem Gütlein (Bauernhof) gegeben haben, denn die beiden letzteren wurden von den Würben, Herren der Herrschaft Freudenthal, 1609 an einen Hans Unfug aus Nürnberg verkauft. Später befanden sie sich im Besitz des Martin Langer, der beide 1628 laut einer Verkaufsurkunde des Deutschorden-Zentralarchivs in Wien an einen Merten Wayhs abgegeben hat. 1638 verkaufte dieser die Drahtzieherei an Melchior Schilder und behielt nur den Hammer. Sein Nachfolger Elias Wayhs kaufte 1660 die Drahtzieherei wieder zurück und seither blieb der Besitz geeint und war bis 1945 Eigentum der Familie Weiß. Ein zweiter Sohn des Elias Wayhs ging nach Klein-Mohrau und war der Begründer der dortigen Weiß-Linie.

In Karlsberg beschäftigte die Spezialfirma Tiefbohr AG, Inhaber Fauk & Schenk, Messendorf rund 200 Mitarbeiter. Sie lieferte ihre Tiefbohrwerkzeuge in alle Welt, speziell nach Übersee.

Ein weiteres Spezialunternehmen der Metallbranche war die Drahtbürstenerzeugung der Firma Tannert & Lessmann, deren Alleininhaber seit 1936 Johann Lessmann war. Sie entstand aus kleinsten Anfängen im Jahre 1926 und entwickelte sich rasch. Mitte der dreißiger Jahre wurden neue Produktionsräume bezogen sowie die Erzeugung weitgehend mechanisiert. Die Firma lieferte ihre Erzeugnisse vor allem in die baltischen Länder sowie nach Polen, Rumänien, Jugoslawien und Bulgarien. Auf dem Überseemarkt war Indien der Hauptabnehmer der Würbenthaler Drahtbürstenindustrie.

Zum Bereich der Eisen- und Metallindustrie zählt abschließend auch die Fahrraderzeugung. Als solche hatte sich die Firma Efbe-Werke, Fahrrad- und Fahrradteilefabrik, Inhaber Franz Brauner in Freudenthal niedergelassen. Sie versorgte neben der Fahrradfabrik Fuchs in Zuckmantel (FKZ), zu einer Zeit, da der Autoverkehr noch längst nicht die heutige Bedeutung besaß, die sportlich veranlagte Jugend und besonders die auf kostengünstige Anfahrten zu den Industriestandorten angewiesenen Pendler mit strapazierfähigen Fahrrädern.

Glasfabrik und Raffinerie Adolf Richter & Co in Würbenthal, gegründet 1860

Freudenthal

Bennisch

Die Glasindustrie

Ausschlaggebend für die im Jahre 1863 erfolgte Gründung der Firma „Altvaterhütte" Adolf Richter & Co., Glasfabrik und Raffinerie in Würbenthal war der Holzreichtum des Altvatergebirges. Der Firmengründer, Adolf Richter d. Ä., errichtete seine Glashütte an der Oppa, um auch die Wasserkraft nutzen zu können. Er beheizte die Glasöfen zunächst direkt mit Holz, später indirekt mit Holzgas und zuletzt aus Kostengründen mit Steinkohle. Die Erbauung der Bahnstrecke Erbersdorf–Würbenthal im Jahre 1880 erwies sich für die Glashütte Richter als von entscheidender Bedeutung, da der Bahntransport die Frachtkosten erheblich verbilligte. Nahe der alten Glashütte hatte Moritz Richter eine chemische Fabrik errichtet, die ihre Materialien, z. B. Schwefelkies aus den Bergwerken bei Zuckmantel bezog. Die geringe Erzförderung beeinträchtigte die Entwicklung der chemischen Fabrik und so übernahm Adolf Richter d. Ä. auch diese Werkräume für seine Glasfabrik. Zwischen den beiden Betrieben wurden um 1900, schon von seinem Sohne Adolf Richter d. J., die „neue Hütte" und die „neue Schleiferei" ausgebaut, sodaß beide Betriebe zusammenwuchsen und einen großräumigen Fabrikkomplex ergaben. 1903 brachte ein Hochwasser für die Firma große Schäden. 1911 wurde die Dampfkraftanlage durch eine

Wasserkraftanlage mit Elektrizitätswerk verstärkt. Die Weltwirtschaftskrise brachte das Unternehmen in eine schwierige Phase, doch konnte diese durch verstärkte Exportanstrengungen überwunden werden. Die Altvaterhütte Richter & Co. erzeugte alle Glaswaren außer Tafelglas, insbesondere Trinkgläser und Flaschen in den verschiedensten Formen und exportierte ihre Erzeugnisse in fast alle Länder der Erde. Sie beschäftigte rund 300 Mitarbeiter. Ihr letzter Inhaber, Felix Richter, wurde 1945 wie alle anderen Deutschen enteignet. Er starb 1965 in Waldkraiburg in Bayern.

Odrau

Alte Gläser aus Sudetenschlesien

Karlsbrunn

Karlsthal

Zossen

179

Zimmerei, Säge- und Hobelwerk Josef Nitsch in Würbenthal

Die Holzindustrie

Zu den namhaftesten Firmen dieses Industriezweiges gehörte die Firma Josef Nitsch, Baugeschäft, Säge- und Hobelwerk, Holzwarenerzeugung und Elektrizitätswerk in Würbenthal. Sie wurde im Jahre 1878 gegründet und hatte sich im Laufe der Jahre aus kleinsten Anfängen emporgearbeitet. Bereits 1898 war das zunächst eingattrige Sägewerk auf 3 Gatter erweitert worden. Diesem wurde alsbald eine Hoblerei sowie die Holzwaren- und Kistenerzeugung angegliedert. 1909 kam es zur Errichtung einer eigenen Dampfkesselanlage und 1911 schließlich zum Betrieb eines eigenen Elektrizitätswerkes, das auch die Stadt Würbenthal mit Strom versorgte. Als 1921 Baumeister Josef Nitsch d. J. in das Unternehmen eintrat, wurde es um ein Baugeschäft vergrößert. Die Firma exportierte als Spezialerzeugnisse Dachstühle, Lamellendächer, Stiegen, Grünfuttersilos, Holzbaracken, Hobel- und Profilbretter, Kleiderbügel und Parkettböden. Letzter Inhaber war Erich Nitsch, er verstarb 1959 in Augsburg. Größte Abnehmer waren die nordischen Staaten. Die Firma beschäftigte etwa 260 Personen.

Die Würbenthaler Firma Ferdinand König & Sohn, Holzspundfabrik, Korkenfabrikation, Sägewerk und Holzhandlung wurde 1889 durch Ferdinand König aus Jägerndorf gegründet. Der Betrieb übersiedelte 1891 nach Würbenthal. 1910 wurde der Holzhandel aufgenommen und ein Zweigwerk in Wien erwor-

Das Sägewerk Frank in Karlsthal

ben. Die Firma wurde zur größten europäischen Holzspunderzeugerin. Der Wiener Betrieb mußte 1914 kriegsbedingt aufgegeben werden und die veränderte Marktlage nach dem 1. Weltkrieg führte zur Aufnahme der Korkfabrikation sowie zur Errichtung eines Sägewerkes. Der umfangreiche Holzhandel mit Schleifholz für die Zellstoff- und Papierindustrie sowie ein 30 ha großer landwirtschaftlicher Betrieb sicherten den Firmeninhabern Ferdinand, Rudolf und Otto König ein reiches Betätigungsfeld bis zum Zusammenbruch des Deutschen Reiches im Jahre 1945 und

Freudenthal – Die Berl'sche Brettsäge beim Bahnhof

Spundfabrik Ferdinand König & Sohn in Würbenthal

Die Faßbinder der Firma Ludwigsthaler Holzindustrie, um 1937

Kohlenmeiler in Neurode

der anschließenden Vertreibung aus der Heimat. Otto König baute in Burk bei Forchheim/Ofr. unter schwierigsten Umständen einen neuen Betrieb auf, der sich eines guten Rufes erfreut.

Weitere wichtige holzverarbeitende Betriebe im Kreise waren die Leiter- und Gerüsterzeugung A. Theimer & Co. in Klein-Mohrau, die Möbelfabrik Johann Schmidt & Co. in Karlsthal, die Jacquard-Pappenfabrik Johann Herdin, Inhaber R. Engl in Karlsthal und die Pappenfabrik Alfons Bartsch in Pochmühl. Papier erzeugte die Firma Otto Bartsch & Sohn in Karlsthal und zur papierverarbeitenden Industrie zählte die Kartonagen- und Papierwarenerzeugung von Erich Poppe in Würbenthal.

Über die Kapazität der Sägewerke im Landkreis Freudenthal liegt eine Aufstellung vor. Nach dieser verfügten die nachstehend angeführten Sägewerke über folgende Kapazitäten in Festmetern, die jeweils in Klammer angeführt sind: Otto Brachtl, Altstadt (1500 fm), Adolf Bock, Bennisch (800 fm), Adolf Rieger, Bennisch (4000 fm), Karl Kittel's Söhne, Breitenau (2000 fm), Julius Matzner, Dürrseifen (1800 fm), Rudolf Schreyer, Eckersdorf (3000 fm), Albert Titze, Einsiedel (2500 fm), Rudolf Titze, Einsiedel (6000 fm), Franz Bauer, Freudenthal (2000 fm), Langer & Weinelt sowie Johann Pohl & Co., beide in Freudenthal (zus. 20 000 fm), Hugo Böhm, Karlsthal (10 000 fm), Hermann Böhm & Co., Karlsthal (13 000 fm), Wilhelm Frank, Karlsthal (500 fm), Rudolf Muhr, Karlsthal (2000 fm), Johann Schmidt, Karlsthal (6500 fm), Sägewerk Karlsdorf GmbH in Klein-Mohrau (9000 fm), Neu-Erbersdorfer Bleiche Olbrich, Plischke & Co, Kunau (700 fm), Josef Klos, Lichten (1800 fm), Eduard Gruner, Lichtewerden (600 fm), Ludwigsthaler Holzindustrie Drechsler & Ges. KG (10 000 fm), sie erzeugte darüber hinaus Holzfässer und lieferte Schnittholz für das Ruhrgebiet und die Kohlengruben von Mähr.-Ostrau-Witkowitz und beschäftigte rund 250 Mitarbeiter; Max Köhler mit Sägewerken in Markersdorf und Klein-Mohrau (zus. 3500 fm), Karl Kittel's Söhne, Neu-Erbersdorf (5000 fm), Reinhold und Oswald Zoth, Neurode (4000 fm), Franz Bauer, Ober-Wildgrub (4000 fm), Mohrataler Mühle, Raase (800 fm), Josef Prassek, Rautenberg (200 fm), Gustav Bartel, Schlesisch-Hartau (2000 fm), Ferdinand König & Sohn, Würbenthal (5000 fm) und Josef Nitsch, Würbenthal (7000 fm).

Die Spiritusindustrie

Neben den Spiritusbrennereien, die vorwiegend Kartoffeln zu Industriespiritus verarbeiteten, bestanden die Likörfabriken Fridolin Springer in Lichtewerden, die den bekannten Kräuterlikör „Altvater Urquell" erzeugte, dann die Firma Rudolf Wilhelm, Inhaber Ernst Wilhelm, ebenfalls in Lichtewerden mit dem Kräuterlikör „Altvater Sternmarke", jetzt „Freudenthaler Sternmarke" und Josef Oppenheim, zuletzt Franz Moser in Bennisch mit dem Kräuterlikör „Berggeist". Einen ausgezeichneten Ruf

Freudenthal – Spiritus- und Preßhefefabrik der Firma Hamburger & Co., zuletzt Malz- und Trocknungsindustrie Hartig & Co.

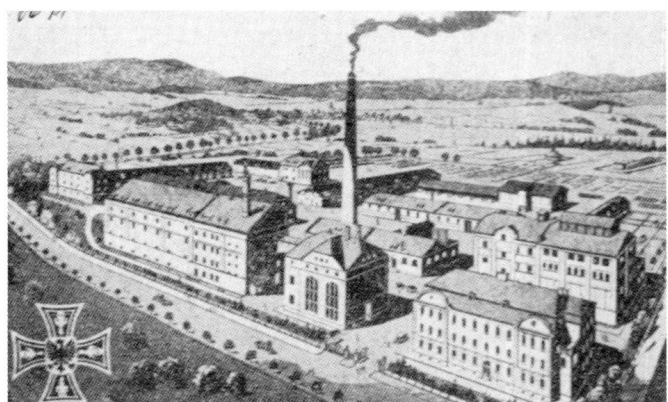

300 Jahre Spiritus- und Likörfabrik des Deutschen Ritterordens in Freudenthal

Grohmannsches Kalkwerk in Einsiedel

Freudenthal – Die Deutschordensbrauerei in der Neißer Straße

hatten auch die Erzeugnisse der ehemaligen „Hochmeisterischen Brau- und Spiritusindustrie", zuletzt Getränke GmbH in Freudenthal.

Zur Lebensmittelindustrie, Sparte „Brauerei und Mälzerei" ist die Malz- und Trocknungsindustrie Hartig & Co. (vormals Hamburger) einschließlich der betriebenen Kaffeerösterei und die Fruchtsafterzeugung der bereits genannten Getränke GmbH zu rechnen. Zu diesen Bereich gehören auch die Mühlen, die uns mit den verschiedenen Mehlsorten versorgten. Die größte der Mühlen im Kreisgebiet war wohl die Kunstmühle Josef Prassek in Rautenberg. Weitere bekannte Mühlen waren die Kunstmühle Karl Schöbel in Einsiedel, dann die Mühlen des Wilhelm Frank in Karlsthal sowie des Guido Schmidt in Markersdorf, die Mohrataler Mühle in Raase und die Mühle des Heinrich Langer in Tillendorf.

Die Industrie der Steine und Erden

Auf dem Gebiete der Bauindustrie waren die Dampfziegelei Ernst Mildner in Freudenthal und die Ziegeleien Adolf Rieger in Bennisch und Franz Gritzner in Freudenthal tätig. Mit der Erzeugung von Kalk beschäftigten sich die Firmen Ferdinand Neumann, Kalkwerke in Einsiedel und E. Grohmann'sches Kalk- und Steinwerk, Inhaber Julius Kletschka, ebenfalls in Einsiedel.

Die Dachschiefervorkommen von Frei-Hermersdorf/Ekkersdorf werden seit der Mitte des 18. Jahrhunderts ausgebeutet. Die ersten Dachschiefersteine wurden um 1760 auf den Rücken

herausgetragen. Als die Schieferbrüche tiefer wurden, konstruierte man ein Drehwerk mit einer Trommel, auf welcher ein Seil gespannt war. Aus diesem Drehwerk entwickelte sich später der Göpel, der mit Pferden bespannt wurde. Die Frei-Hermersdorfer Schieferbruchbesitzer schlossen sich vor 1880 zu einer Dachschiefer-Gewerkschaft Gebauer, Hanel & Comp. zusammen und verbanden sich mit der Dachschiefer-Gewerkschaft Alscher & Czernoch in Eckersdorf, um 1900 trennten sich die Betriebe jedoch wieder. Zuletzt arbeiteten noch die Firmen Josef Saulich & Co. in Eckersdorf und Emil Tatzel & Co., Dachschieferwerke sowie Ing. Rudolf Koschatzky, Naturschieferwerke, beide in Frei-Hermersdorf. Der Abbau erfolgte in offenen Gruben, die 80–100 m tief waren. Zugehackt wurden die Schiefersteine in Quadratform 8–18 Zoll groß. Seit 1921 wurde in den Schieferbrüchen elektrisch gefördert. Den Höchststand erreichten die Schieferbrüche kurz vor der Jahrhundertwende. Damals fanden allein in Frei-Hermersdorf an die einhundert Familien durch Arbeit in den Schieferbrüchen ihren Lebensunterhalt. Zahlreiche Fuhrleute fuhren mit Dachschiefer weit nach Preußen hinein und brachten auf dem Heimwege Kalk aus Gogolin und Gips aus Katscher mit. Auch die bekannte Wallfahrtskirche am Annaberg in Oberschlesien ist mit Frei-Hermersdorfer Schiefer gedeckt.

Als letzter unserer Industriebetriebe ist die Lackfabrik Ludwig Marx AG in Milkendorf zu nennen. Die Lackfabrik war ursprünglich eine Schnaps- und Spiritusbrennerei und gehörte der Firma Kurzweil in Freudenthal. Von ihr erwarb die Familie Mückstein den Besitz des zugehörigen Bauernhofes. Die Fabrik ging nach Kurzweil in den Besitz der Familie Bock über, die eine Garnfärberei betrieben. Dann kam das Fabrikgebäude in den Besitz der Familie Hübner, die eine Lackfabrik einrichtete und sie später an die Firma Marx verkaufte. Letztere war eine österreichische Firma mit Weltruf. Sie erweiterte den Betrieb durch Ausbau und vergrößerte ihn durch einen beachtlichen Anbau sowie durch Zukauf des Nachbargrundstückes der ehemaligen Färberei und Weberei des Adolf Mückstein.

Druckereien

Im Kreise bestanden vier Druckereien: Ignaz Hartwig, Buch- und Steindruckerei sowie Rastrieranstalt in Freudenthal, Wilhelm Krommer, Buch- und Zeitungsdruckerei in Freudenthal, die Würbenthaler Buchdruckerei Franz Aulich und die Buchdruckerei Paul Kosubek in Bennisch.

Verzeichnis von Gewerbe, Handel und Industrie in Freudenthal, Bennisch, Engelsberg und Würbenthal

Im Verlag R. Petrasch, Sternberg, erschien mit Stand von August 1934 ein „Almanach 1934/1935 für Gewerbe, Handel und Industrie betreffend Nordmähren und Schlesien", dem wir für die vier Städte des Kreises die nachstehende Auflistung entnehmen.

Freudenthal

Gewerbliche Korporationen: Genossenschaft der Bäcker, – der Fleischer, – der Friseure, – der Gastwirte, – der gemischten Gewerbe, – der Handelstreibenden, – der holzverarbeitenden und Baugewerbe, – der Huf- und Wagenschmiede, – der Kleidermacher, – der Maler und Lackierer, – der Schuhmacher, – der Wagner, – der Weber und Tuchmacher, – der Autotransportgewerbe

Ärzte: Dr. Karl Gregor, Dozent Dr. Heinrich Ludwig, Dr. Viktor Ludwig, Dr. Josef Mihatsch, Dr. Emil Opitz, Dr. Franz Seidler, Dr. Georg Wanke

Zahnärzte: Dr. Josef Klement, Dr. Erich Stritzky

Tierärzte: Alfred Menzel, Paul Pfeifer, Ferdinand Schuster

Advokaten: Dr. Rudolf Bayer, Dr. Othmar Meese, Dr. Karl Scholz, Dr. Georg Spirmann

Notar: Karl Niemeczek

Altmaterialien: Alfred Brauner, Johann Griest

Apotheken: Apotheke zur hl. Elisabeth Mr. Franz Müller, Apotheke zum weißen Engel Mr. Friedrich Hübner

Architekt: Wilhelm Schön

Autofuhrwesen: Karl Berger, Viktor Feik, Josef Held, Moritz Herfert, Oskar Löhnert, Alois Meier, Adolf Oppenheim, Otto Proksch, Josef Riffler, Alfred Schedo, Alois Schinzel, Karl Schmidt

Autowerkstätten: Viktor Köhler, Rudolf Seichter

Bäcker: Josef Glaser, Alois Hampel, Rudolf Hasner, Richard Jauernig, Franz Kausch, N. Mestenhauser, N. Malcher, Julius Schindler, Josef Schmidt, Eduard Springer, Rudolf Weeder, Josef Wolf, Ferdinand Zips

Badeanstalten: Städtisches Dampf- und Wannenbad, Städtisches Schwimmbad im Antonspark

Banken: Böhmische Eskomptebank und Creditanstalt, Böhmische Industrialbank, Deutsche Agrar- und Industriebank, Deutsche Bank für Industrie, Handel, Gewerbe und Landwirtschaft

Baumeister: Franz Blaschke, R. Gritzner & M. Hrdlička, Paul Gruner, Otto Heintel, Walter Kindermann, Oskar Mildner

Bauunternehmung: Alfred Zwiener

Bierniederlagen: Hannsdorfer Bierniederlage, Sternberger Bierniederlage

Bierbrauerei: Hochmeisterische Brau- und Spiritusindustrie des Deutschordens

Bildhauer (Stein): Josef Palous, Franz Schwate

Binder: Alois Sandler

Bleiche und Appretur: Neu-Erbersdorfer Bleiche Olbrich, Plischke & Comp.

Buchbinder: Rudolf Frank, Karl Lux, Hans Pomp, Josef Ratzke

Buchdrucker: Ignaz Hartwig, W(ilhelm) Krommer

Buchhandlungen: Hermann Hobinka, W(ilhelm) Krommer, Wilfried Loserth

Bügelei: Emilie Rohner

Bürsten- und Pinselmacher: Karl Schlusche

Cafés: Café Gazdik, Franz Spegele, Johann Wolf

Chemische Fabriken: Hamburger & Co., Karl Malcher

Dachdecker: Josef Blum, Aloisia Exner, Johann Lulei, Rudolf Seichter

Delikatessenhandlungen: Erwin Fritsch, Edmund Zezulka

Freudenthaler Zeitung

Nr. 20   Sonnabend, den 10. März 1945   42. Jahrgang.

Drechsler: Eduard Böhm, Josef Christ, Josef Meier

Drogerien: „Altvater-Drogerie" Viktor Feik, „Drogerie zum schwarzen Hund" Gustav Geißler

Eisenhandlungen: Hermann Endlicher, Josef Roßmanith, Wenzel & Woseipka

Elektrotechnische Geschäfte: Johann Bayer, Friedrich Fochler

Essigfabrik: Karl Zwiener

Fahrräderfabrik: EFBE-Werke Franz Brauner

Farbenfabrik: Friedrich Kurzweil & Söhne

Färbereien: Karl Jane, Johann Rauer, Karl Rohner

Fleischer: Rudolf Aust, Josef Kling, Johann Knauer, Walter Knauer, Josef Machil, Otto Meier, Franz Müller, Stephan Müller, Ernst Peschel, Karl Riedel, Josef Roßmanith, Adolf Thiel

Friseure: Viktor Arbter, Erdmann Beier, Theresia Habermann, Franz Knapp, Bruno Ludwig, Max Peschel, Franz Philipp, Fritz Riedel, Ernst Scheithauer, Heinrich Schienle, Karl Schubert, Wilhelm Schütt, Ferdinand Tschöpe, Josef Wiesner, Alfred Zimmermann, Franz Zwiener

Damenfriseure: Hermine Krause, Anna Peschel, Franz Poppe, Leopoldine Röhrich, Auguste Schubert

Garngroßhandlungen: D. Goldberger, W. F. Olbrich

Gärtnereien: Johann Bischof, Gustav Breier, Otto Brenner, Hochmeisterische Gärtnerei, Adolf Kutschkers Witwe, Karl Weirich

Gasthäuser: Karl Abt, Marie Benek, Peter Buchgraber, Aloisia Exner, Marie Hecht, Alois Hadwiger, Auguste Jilg, Katholisches Vereinshaus, Adolf Keller, Richard Korber, Hermann Ludwig, Alois Mihatsch, Rudolf Mücke, Josef Nießner, Alfred Raab, Karl Reinisch, Karl Riedel, Johann Schmiedt, Rudolf Scholz, Aurelia Schienle, Franz Schwate, Franz Spegele, Eduard Staral, Rudolf Thiel, Karl Uwira, Verein Arbeiterheim, Adolf Weber, Wilhelm Wurst, Josef Wagner jun., Josef Wagner sen.

Gas- und Wasserleitungsinstallateure: A. Königer, Rudolf Lerch, Hermann Schramm, Alfred Schubert, Adolf Tögel

Gemischtwarenhandlungen: Rudolf Brodkorb, Wilhelm Dreiseitel, Anna Grohal, Franz Hanel, Karl Harbich, Robert Hofmann, Fr. Kausch, Aloisia Kloske, Karl Koppensteiner, Friedrich Kurzweil & Söhne, Friedrich Kreiner, Marie Matzner, Anna Merfort, J. Paduch, Adolf Pilz, Ludwig Polzer, Gustav Schindler, Rudolf Proksch, Julius Schindler, Julius Schlusche, Alfred Seidel, Bruno Weichwald, August Zimmermann

Geometer: Hermann Gruner

Glaser: Franz Held, Franz Meier

Glashandlung: J. Weiß

Großgrundbesitz: Deutschordensche Ökonomieverwaltung

Gürtler: Johann Bayer

Holzschnitzer: Alois Böhm

Hotels: Hotel „Goldene Birne" Rudolf Klein, Hotel „Mann Thiel" Karl Sedlmayer, Hotel „Goldener Stern" Adalbert Fritsch, Hotel „Zur Spitz" Hugo Muhr

Hutmacher: Josef Krug, Franz Pelz

Juweliere: Eduard Güttler, Vinzenz Heider & Sohn

Kaffeemittelerzeugung: Alois Nather

Kino: Städtische Lichtspiele

Kohlenhandlungen: Auguste Hildebrand, Karl Klein, Sigmund Kohn, Wilhelm Englisch, Adolf Mohr, Franz Nießner, Bernhard Winkler
Kupferschmiede: Alfred Königer, Rudolf Schramm
Kunststeinerzeugung: K. Pluschke, Franz Proni
Kürschner: Viktor Fritsch

Deutschorden Freudenthal

empfiehlt seine erstklassigen Erzeugnisse:

Brauerei:

Reine Malzbiere wie:
10° Schankbier licht und dunkel.
12° Lagerbier licht „Ordensbräu".

Likörfabrik:

Alle Arten Liköre von der einfachsten bis zur feinsten Ausführung, ebenso Rums.

Fruchtsaftpresserei:

Reine naturbelassene Fruchtsäfte:
Ia naturechten Gebirgs-Himbeersyrup — Orangeade — Limona —

Gegründet 1653.

Lackierer: Alois Henke, Leo Lachmann, Karl Münster, Rudolf Unger, Eduard Weintritt
Landwirtschaftliche Maschinenfabrik: Adolf Rieger
Landwirtschaftl. Maschinen- und Autohandel: H. Wenzelides
Lederhandlungen: Karl Aust, Viktor Reinisch, Josef Wagner
Leichenbestattungsanstalt: Rudolf Domnisch, „Pietät" Julie und Hans Schwarz
Likörfabriken: Einkaufs- und Produktionsgenossenschaft der Gastwirte r. G. m. b. H., Hochmeisterische Brau- und Spiritusindustrie des Deutschordens, Rudolf Wilhelm Sternmarke Altvater
Maler (Porzellan): Karl Heider
Maler (Zimmer): Adolf Drechsler, Friedrich Ganz, Alois Hein, Eduard Klinke, Rudolf Kloske, Ferdinand Uttner, Franz Wlardas
Malzfabrik: Hochmeisterische Brau- und Spiritusindustrie des Deutschordens
Malzkaffeerösterei: Sigmund Kohn
Mechaniker: Robert Berdziakiewicz, Alois Gottwald, Adolf Ludwig, Heinrich Willert, W. Schneider, Karl Worblowsky
Messerschmied: Franz Wolf
Modewarenhandlungen: Karl Czernek, Josef Krause, Adolf Oppenheim, R. Röhlich, F. W. Seidler, Paul Stephan

Feinkosthandlung und Weinhaus
Erwin Fritsch
Freudenthal,
Masarykplatz 17.
Proviantstation!

STÄDTISCHES
FREIBAD
im Antonspark.
Ganztägig geöffnet!
Vollkommen staub- und windfrei; daher auch für Luft- und Sonnen-Bäder ganz besonders geeignet.

Modistinnen: Marie Hoffmann, Marie Jahn, Ida John, Anna Knob, Lilli Roßmanith, Marie Schindler
Ofensetzer: Ferdinand Koppitz, Eduard Korzer, Franz Meier, Vinzenz Pietsch, Karl Raab
Pferdedecken-Erzeugung: Karl Riedel
Pferdefleischhauer: Rudolf Aue
Photoateliers: Christian Brücklen, Max Englisch, Stephan Walsa
Plakatierungsanstalt: Kamilla Weese
Radiobedarfsartikel: Friedrich Fochler, Alois Thiel
Rauchfangkehrer: Adolf Hopfeld, Viktor Hopfeld, Anton Rotter
Realitätenbüro: Gustav Bayer
Restaurants: „Antonspark", Bahnhofsrestaurant
Sägewerke: Max Berl & Söhne, Moritz Heinrich, Moritz Mildner, Holzindustrie des Deutschordens
Sanatorium: Sanatorium Kunau, Heilanstalt für innere und nervöse Krankheiten

Deutsche
Agrar- und Industriebank
Zweiganstalt Freudenthal
Masarykplatz (Hauptplatz) 7.
Telephon 68 und 118.

Umwechslung fremder Geldsorten

Zuteilung von Valuten und Devisen für Auslandsreisen

Verwahrung - Verwaltung von Wertpapieren

Schrankfach-Vermietung

Entgegennahme von Geldeinlagen
lauf. Rechnung *Kassenscheine*
Sparbüchel

Sattler und Tapezierer: Robert Gebauer, Karl Gödel, Viktor Köhler, Max Seichter, Rudolf Seichter, Wilhelm Wurst

Schlosser: Rudolf Partsch, Friedrich Saulich, Robert Schittenhelm, Friedrich Weese

Schmiede: Moritz Jauernig, Ernst Kretschmer, Johann Rohrbach

Schneider: Friedrich Affner, Rudolf Breier, Emil Czerwenka, Wilhelm Diwisch, Johann Englisch, Franz Gröger, Rudolf Hadwiger, Hermann Heider, Johann Hofmann, Hermann Klos, Theobald Kretschmer, Albert Leder, Alois Ott, Richard Peschke, Otto Philipp, Produktionsgenossenschaft der Kleidermachergewerbe r. G. m. b. H., Franz Riedel, Fridolin Riedel, Karl Riedel, Rudolf Salzbrunn, Karl Saulich, Johann Scheibel, Josef Schmidt, Karl Schmidt, Robert Schreier, Johann Stehlik, Ernst Thanhäuser, Adolf Trampisch

Schneiderinnen: Olga Beyer, Anna Dittrich, Auguste Eisner, Josefine Jüttner, Auguste Kammler, Anna Knoll, Berta König, Adolfine Ludwig, Angela Moser, Marie Olbrich, Anna Pnatovka, Isolde Pratzer, Anna Schiller, Marie Schmidt, Auguste Weber, Irmgard Weiser, Antonia Willert

Schnittwarenhandlungen: Anton Beyer, Julius Böse, Auguste Kindermann, Albertine Klement, Josef Langer, Theresia Ludwig, Frieda Poppe, Edith Seipt, Hermann Schefter

Schotterwerk: Robert Mildner

Schuhmacher: Josef Blümel, Karl Eisner, Franz Freitag, Franz Hadwiger, Otto Heinz, Alois Jahn, Heinrich Knapp, Gustav Meier, Oskar Mücke, Franz Orsowie, Rudolf Rehbock, Josef Riedel, Aloisia Rupprecht, Franz Rupprecht, Adolf Streit, Adolf Thiel, Eduard Thiel, Rudolf Wagner, Rudolf Weintritt

Schuhoberteilerzeugung: Franz Seidelmann, Josef Wagner

Seifensieder: Hamburger & Co., Fritz Kreiner

Seiler: Johann Beier

Seilerwarenfabriken: Zöllner & Lazar

Spar- und Darlehenskassen: Allgemeine Volkskreditanstalt in Prag, Zweiganstalt in Freudenthal; Deutsche Gewerbekasse für Freudenthal und Umgebung; Freudenthaler Sparkassa; Vorschußverein für Freudenthal

Spedition: Hermann Müller, Franz Schenk

Spengler: Alois Schindler, Alfred Schubert, Franz Toth

Spinnereien (Flachs): W. F. Olbrich

Sportartikelhandlung: Fritz Ludwig

Tabakpfeifenerzeugung: Alois Bittmann, N. Heidenreich

Teppichhandweberei: Johann Scharnowell

Textilwarengroßhandlungen: Anton Beier, Konrad Heinz, Langer & Kammel, J. H. Nather, Elli Secka

Tischler: Rudolf Domnisch, Heinrich Kibast, Johann Liemann, Josef Ludwig, Franz Peikert, Wilhelm Pompe, Wilhelm Raab, Fr. Tammel, Benedikt Waschke, Richard Weimann, Johann Weintritt, Julius Weiser, Robert Weiser, Leonhard Wolff

Töpfer: Ferdinand Koppitz, Eduard Korzer, Vinzenz Pietsch, Karl Raab

Uhrmacher: Josef Fitz, Johann Heinrich, Erwin Kotscher, Franz Seidel, Otto Thiel

Vulkanisieranstalt: Karl Demel

Wagner: Rudolf Bober, Alois Frömel, Karl Klos

Wäscheerzeugung: Gärtner & Gläßner, Max Konstandt, Adolf Mayer, Hans Nistler

Webereibedarfsartikelerzeugung: Karl Scheithauer

Webereien (mechanisch): Josef Gödel, F. & A. Heinz, Karl Helfert, Anton Kubigs Sohn, Emmerich Machold, G. Marburg & Söhne, Johann Plischke & Söhne, Emil Schittenhelm, R. Sieber

Wein- und Frühstücksstuben: Marie Ehler, Erwin Fritsch, Edmund Zezulka

Zahnateliers: Karl Ferber, Dr. Erich Stritzky

Zeitungen: „Freudenthaler Zeitung", „Der Landbote"

Zementwarenerzeugung: N. Pluschke, Franz Proni

Ziegeleien: Franz Blaschke, Franz Gritzner, Hermann Gruner, Robert Mildner

Zuckerbäcker: Josef Harichs Witwe, Rudolf Herfert, Adolf Kuhn, Friedrich Schäfer, Johann Wolf, Viktor Wolff

Bennisch

Gewerbliche Korporationen: Genossenschaft der Bäcker, – der Fleischer, – der Gastwirte, – der gemischten Gewerbe, – der Handels- und Gewerbetreibenden, – der Schneider, – der Schuhmacher, – der Tischler, – der Weber

Ärzte: Dr. Artur Beck, Dr. Gustav Dreikurs, Dr. Friedrich Machold

Tierarzt: Eugen Zimmermann

Advokaten: Dr. Gustav Schmidt, Dr. Otto Treutler

Notar: Dr. Georg Oertel

Apotheke: „Zur heiligen Katharina" Mr. Ph. Emil Hartmann

Autofuhrwesen: Emil Breier, Oskar Gams, Franz Jüttner, Rudolf Losert, Karl Mildner, Viktor Schreiber

Bäcker: Anton Böhm, Josef Granzer, Alfred Köhler, Johann Köhler, Alois Kreisel, Anton Mann, Paul Rudolf

Bank: Deutsche Bank für Industrie, Handel, Gewerbe und Landwirtschaft

Baumeister: Adolf Rieger

Bauunternehmungen: Adolf Losert

Binder: Josef Rohrsetzer

Buchdruckerei: Paul Kosubek

Bücher und Musikalien: Karoline Bernhardt

Bürsten- und Pinselmacher: Ernst Bittmann

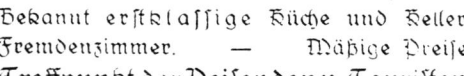

Dachdecker: Vinzenz Blum, Josef Kinzel, Alfred Tauber, Alois Weintritt

Drogerie: „Schwanendrogerie" Josef Thomas

Elektrotechnische Geschäfte: Josef Nakel, Adolf Preuß, Hermann Steiner

Färbereien: Konrad Beyer, Adolf Glammer, Hugo Schmidt

Fleischer: Alois Böhm, Walter Franz, Franz Lhotzky, Karl Meißner, Emil Mück, Antonie Rzehak, Karl Gams, Josef Strack

Friseure: Alfred Bittmann, Emil Loserts Witwe, Hubert Philipp, Robert Wiesner

Fuhrwesen: Leo Hoppert, Friedrich Pietsch

Gärtnereien: Hermann Gebauer, Bruno Langer

Gasthäuser: „Arbeiterheim", Walter Franz, Adolf Gebauer „Schwarzer Adler", Katholischer Volksverein, Karl Meißner „Goldener Ochsen", Emil Mück „Städtische", Kurt Oppenheim, Hermann Philipp „Quelle", Albertine Schreier, Julius Vogel „Grüner Baum", Julius Wigstein

Gemischtwarenhandlungen: Adolf Bayer, Alexander Horny, Josef Losert, Cäsar Michler, Franz Prachner, Julius Reichel, Johann Seifert, Josef Thomas, Josef Titze, Julius Vogel, Josef Wisur

Glaser: Edmund Losert, Josef Olbrich, Rudolf Schwarz

Holzhandlung: Adolf Bock

Hotels: Hotel Janke, Hotel Klos

Kino: Stadtkino

Kohlenhandlungen: Emil Breier, Olga Granzer

Lackierer: Paul Hanel, Paul Hartel

Lederhandlung: Rudolf Nafe

Leichenbestattungsanstalt: „Friede" des Alfred Franz & Co.

Likörfabriken: Johann Bauer & Comp., Josef Oppenheim „Berggeist"

Maler (Porzellan): Rudolf Klos

Maler (Zimmer): Josef Bretschneider, Marie Felkel, Paul Hartel, Alfred Olbrich

Mechaniker: Josef Schilder (Horny)

Modewarenhandlungen: Bruno Bayer, Ernst Reich

Modistinnen: Martha Schwarz, Wilhelmine Ullmann, Hedwig Wisur

Mühlen: Josef Krommer, Otto Krommer

Ofensetzer: Ignaz Böhnel, Alfred Philipp

Pferdefleischer: Friedrich Pietsch

Photoateliers: Rudolf Klos, Karl Mader, Adolf Peiker, Josef Rech

Rauchfangkehrer: Gottfried Berger

Sägewerke: Anna Bock, Adolf Rieger

Sattler: Hubert Hoppe, Johann Jilg, Johann Riedel, Franz Tögel

Schlosser: Rudolf Franz, Josef Hanel, Alois Kudla, Rudolf Schindler

Schmiede: Johann Dittrich, Franz Gotschke, Karl Heller, Johann Linke jun., Johann Linke sen., Franz Riedel

Schneider: Adolf Brems, Josef Hoffmann, Josef Kolb, Adolf Losert, Franz Orlich, Josef Plitzner, Ernst Richter, Adolf Riedel

Schneiderinnen: Anna Barisch, Anna Brech, Martha Gröger, Marie Hanel, Anna Pretsch, Marie Rohrsetzer, Auguste Ruf, Marie Schmidt, Berta Spielvogel, Wilhelmine Steiner

Schnittwarenhandlungen: Josef Preuß, Bruno Bayer

Schuhmacher: Heinrich Böhnel, Rudolf Gebauer, Richard Gerlich, Rudolf Hammer, Karl Klein, Adolf König, Johann Nitsch, Max Peiker

Seilerwarenfabrik: Johann Gams

Sodawassererzeugung: Johann Gebauer

Spar- und Darlehenskassen: Gemeindesparkassa in Bennisch, Spar- und Vorschußverein Bennisch

Spengler: Karl Hanel, Georg Philipp, Johann Urban

Spiritusbrennerei: Landwirtschaftliche Spiritusbrennerei r. G. m. b. H.

Strickerei: Franz Berger

Tischler: Anton Franz, Hermann Hulwa, Edmund Losert, Alois Philipp, Johann Pretsch, Maximilian Raab, Johann Schwarz

Uhrmacher: Julius Bittmann, Paul Rössler, Oskar Schreiber

Wagner: Karl Losert

Webereien (Baumwoll- und Leinen): Gisela Beck, Josef Beck,

Adolf Drexler, Josef Gröger, Franz Habel, Ludwig Habel, Anton Heinzel, Franz Herber, Johann Hofmann, Josef Kohlmeyer, Johann Krommer & Co., Franz Ludwigs Söhne, Wilhelm Ludwig, Raimund Pawlowsky, Alois Pfeiler, Adolf Philipp, Ferdinand Philipps Söhne, Roman Scholz, Gustav Schwan, Emmerich Thiel, Hugo Theiner, Karl Tiller, Thomas Wanke & Co.
Zahntechnisches Atelier: Josef Lerch
Ziegelei: Adolf Rieger
Zuckerbäcker: Max Brix, Berthold Mosch
Zwirnereien: Adolf Glammer, Dampfbleiche, Färberei

Engelsberg

Arzt: Dr. Hugo Langer
Autofuhrwesen: Johann Gesierich, Franz Groß
Bäcker: Karl Hillebrand, Franz Jauernig, Johann Klanert, Rudolf Kraus, Ernestine Schebeske
Baumeister: Robert Grimme
Binder: Paul Lindner
Dachdecker: Johann Raimann
Drechsler: Karl Fuhrmann, Pinselkluppenerzeugung
Drogerie: Stefan Behr
Fleischer: Wilhelm Grohmann, Josef Hanke, Rudolf Hillebrand, Franz Kunert, Eduard Plischkes Witwe, Ferdinand Riedel
Friseure: Adolf Günther, Alfred Klammert, Johann Klammert
Gärtnereien: Josef Kling, Johann Kriegisch
Gasthäuser: Karl Blasiczek, M. Fuhrmann, Auguste Metzner, Theodor Philipp, Klothilde Riedel, Hedwig Schmidt, Karl Schuster, Hubert Weichwald
Gemischtwarenhandlungen: Friedrich Gans, Alfred Lehr, Friedrich Nakel, Leo Petrasch, Alfred Wollmann
Gold- und Silberwaren: Alfred Hettwer
Hotel: Hotel Klein
Kino: Lichtspiele (Bund der Kriegsverletzten)
Lederhandlung: Johann Riedel
Maler (Zimmer): Ewald de Felice, Alfred Pausewang
Modistinnen: Augusta Petrasch
Molkereiprodukte: Anna Harfich
Musterkartenerzeugung: Karl Stein
Papierhandlung: Johann Pitsch
Pferdefleischer: Rudolf Aue
Rauchfangkehrer: Alois Riedels Witwe
Sattler: Alois Riedel
Schlosser: Johann Köhler, Paula Proksch, Hubert Schindler
Schmiede: Rudolf Olbrich
Schneider: August Fischer, Josef Greipel, Hubert Heider, Wilhelm Hornig, Otto Köhler

Schneiderinnen: Anna Baum, Anna Gabriel, Amalia Riedel
Schuhmacher: Adolf Fitz, Adolf Gödel, Otto Mohr, Johann Roedel, Franz Schindler, Robert Schäfer, Rudolf Wolf
Seiler: Franz Hauke
Spar- und Darlehenskassa: Jägerndorfer Sparkassa Zweiganstalt Engelsberg
Spengler: Paul Czech, Robert Czech jun.
Textilwarenversand: Matěj Krynes
Tischler: Alois Schober, Franz Wolf, Johann Zauzich, Wilhelm Baum
Uhrmacher: Johann Schober
Wagner: Josef Leiter
Webereien: Julius Kraus, Karl Stein
Zahnatelier: Gustav Lerch
Zuckerbäcker: Adolf Bayer, Karl Hepner

Würbenthal

Ärzte: Dr. Hannes Rieber, Dr. Karl Straube, Dr. Alois Sturm, Dr. Karl Sturm

Tierarzt: Bruno Czerny

Notar: Karl Heyl

Apotheke: R. Markovac

Autofuhrwesen: Rudolf Jüttner, Johann Kausch, Karl Titze

Autowerkstätten: Otto Jorde & Edmund Kaller, August Jüttner

Bäcker: Adolf Kreuzer, Hieronymus Nather, Rudolf Scharbert, Moritz Schmidt, Johann Wagner

Baumeister: Josef Nitsch, Alfons Peter, Ferdinand Ulrich

Bildhauer (akad.): Max Ludwig

Binder: Johann Hilscher

Buchbinder: Gustav Coulon, Erich Poppe

Buchhandlung: Robert Wiche

Buchdruckerei: Eugen Frankes Nachfolger Franz Aulich

Bürsten- und Pinselmacher: Eduard Deseive, Johann Wagner

Cafés: Café Hladik

Dachdecker: Otto Rotter

Drahtbürstenfabrik: Würbenthaler Drahtbürstenindustrie Eduard Tannert & Johann Lessmann

Drogerie: Josef Thomas

Elektrizitätswerk: Josef Nitsch

Feilenhauer: Alois Matzunsky

Fleischer: Rudolf Aue, Guido Gerstberger, Oskar Gröger, Johann Krammer, Anton Meißner, Otto Poppe, Alois Sandler, Hugo Schmidt, Ottmar Schmidt, Josef Schramm

Friseure: Anna Breyer, Emil Fritsch, Josef Geyer, Alfred Klaner, Alfred Peschke, Ernst Reichert, Raimund Schneider, Ferdinand Elsner, Karl Seifert

Fuhrwesen: Josef Badstieber

Gärtnerei: Rudolf Ulrich

Gasthäuser: Karl Bartsch, Ottilie Beier, Marie Groß, Adolf Hladik, Adolf Karger, Katholisches Vereinshaus, Julie Ludwig, Anton Meißner, Josef Reichel, Josef Schwarz, Max Wallentin

Gemischtwarenhandlungen: Fridolin Beier, Anna Feibner, Hermann Felkel, Albert Franke, Johann Gesierich, Rudolf Jüttner, Roman Klein, Adolf Kommer, Emmerich Luksch, Alois Matschek, Richard Nitsch, Wilhelm Nitsch, Adolf Scholz, Aloisia Scholz, Johann Thienel, Josef Rasch

Glaser: Ignaz Bartel, Emma Gödel, Wilhelm Hübner

Glasfabrik: „Altvaterhütte" Adolf Richter & Co.

Gold- und Silberwaren: Erwin Bartel

Großgrundbesitz: Grohmann & Co.

Handarbeitenerzeugung: Ottilie Barth & Frieda Urban, Irma Tannert

Holzhandlung: Emil Reichert

Holzspunde-Erzeugung: Ferdinand König & Sohn

Hotels: Hotel Adolf Riedel, Hotel Schubert

Hutmacher: Stefan Peter, Alois Rother

Informationsbüro: Josef Hanke

Jutehandlung: Eugen Raimann

Kalkbrennerei: Rolf Hüsken & Co.

Kino: Städtisches Kino

Klaviererzeugung: Heinrich Tannhäuser

Kohlenhandlung: Johann Grimm

Konfektion: Fritz Frobel

Korkstöpselfabrik: Ferdinand König & Sohn

Kürschner: Alois Rother

Lebkuchenerzeugung: Johann Melischek

Lederhandlungen: Karl Schober, Karl Titze

Leichenbestattungsanstalt: Josef Meier

Maler (Zimmer): Franz Baumgarten, Josef Gottwald, Heribert Kunisch, Emil Mücke, J. Stanovsky, Emil Rotter, Josef Willmann

Maler (Porzellan): Ignaz Bartel

Metallwarenfabrik: Adolf Grohmann & Sohn

Modistinnen: Berta Hauptfleisch, Paula Rother

Mühlen: Alois Titze

Ofensetzer: Josef Frömel

Photoateliers: Alfred Neumann, Johann Olbrich

Radiobedarfsartikel: August Jüttner

Giltig ab 15. Mai 1926.   Giltig ab 15. Mai 1926.

Fahrplan.

Abfahrt der Züge von Würbenthal nach Erbersdorf-Milkendorf:
4·56,[1] 6·20, 10·30, 13·46, 18·43.
[1] Ersten Arbeitstag in der Woche.

Abfahrt der Züge von Freudenthal nach:
Olmütz:	5·04,	8·38,	12·43,	15·33,	20·39.
Jägerndorf:	5·44,	7·05,	11·15,	15·37,	20·35, 22·08.
Kl.-Mohrau-Karlsdorf:	7·10,	8·44,	12·44,	15·47,	17·58, 20·44.

Abfahrt der Züge mit direkten Verbindungen von Freudenthal nach:
Würbenthal über Erbersdf.-Milkendf.: 7·05, 11·15, 15·37, 20·35.
Römerstadt über Kriegsdorf: 5·04, 15·33, 20·39.
Hof in Mähren über Andersdorf: 5·04, 12·43, 20·39.

Abfahrt der Züge von Jägerndorf nach der Richtung:
Troppau: 2·34, 6·24, 7·51, 12·02, 15·53, 16·29, 18·02, 21·21, 22·56, 23·42.
Ziegenhals: 6·25, 7·19, 7·56, 12·08, 13·25, 16·34, 19·40.

Die unterstrichenen Ziffern bedeuten Schnellzüge.

Ankunftszeiten umseitig.

Giltig ab 15. Mai 1926.   Giltig ab 15. Mai 1926.

Fahrplan.

Ankunft der Züge in Würbenthal:
9·25, 13·24, 17·09,[1] 18·33,[2] 21·43.
[1] Täglich. außer Sonnabend, wenn dieser Werktag.
[2] Sonnabend, wenn dieser Werktag.

Ankunft der Züge in Freudenthal von:
Olmütz:	7·00,	11·12,	15·32,	20·25,	22·07.
Jägerndorf:	5·01,	8·34,	12·40,	15·25,	17·56, 18·23, 20·34.
Kl.-Mohrau-Karlsdorf:	4·56,	6·48,	11·07,	15·02,	20·17.

Ankunft der Züge mit direkter Verbindung in Freudenthal von:
Würbenthal über Erbersdf.-Milkendf.: 8·34, 12·40, 15·25, 20·34.
Römerstadt über Kriegsdorf: 5·40, 11·12, 15·32, 20·25.
Hof in Mähren über Andersdorf: 7·00, 15·32, 20·25.

Ankunft der Züge in Jägerndorf aus der Richtung:
Troppau: 4·13, 6·20, 7·01, 7·34, 11·34, 13·15, 14·29, 16·26, 17·10, 19·28, 23·38.
Ziegenhals: 6·14, 7·17, 11·42, 15·43, 17·44, 20·49, 22·37, 23·32.

Die unterstrichenen Ziffern bedeuten Schnellzüge.

Abfahrtszeiten umseitig.

Rauchfangkehrer: Josef Hanke
Sägewerke: Max Berl & Söhne, Hugo Böhm, Ferdinand König & Sohn, Josef Nitsch, Johann Schmidt
Sattler: Eduard Bock, Viktor Knoblich, Karl Polzer
Schlosser: Karl Grimm
Schmiede: Alois Matzunsky, Rudolf Urban jun., Rudolf Urban sen.
Schneider: Karl Bannert, Viktor Burgert, Albert Groß, Paul Heider, Johann Thomas, Otto Kieslich, Leo Langer, Leo Müller
Schneiderinnen: Hedi Bardutzki, Hilda Beier, Mitzi Gans, Antonia Latzel, Emma Ludwig, Ludmilla Matzner
Schuhmacher: Josef Gröger, Heinrich Günzel, Johann Hanel, Alois Kreuzer, Josef Schmidt, Hieronymus Seidel, Eduard Wimmer, Robert Zoth
Schuhwarenfabrik: Josef Hellmann
Spar- und Darlehenskassen: Gewerbliche Spar- und Vorschußkassa in Würbenthal rGmbH, Würbenthaler Sparkassa
Spengler: Josef Badstieber, Ernst Jauernig, Alois Törmer
Spinnerei (Flachs): Würbenthaler Flachsspinnerei Eduard Grohmann
Steinbrüche: Ernst Kroker, Ferdinand Ulrich

Tischler: Hubert Hackenberg & Adolf Meixner, Josef Hackenberg, Adolf Jorde, Moritz Matzunski, Josef Meier, Karl Proske, Johann Schmidt, Josef Schönwälder
Uhrmacher: Franz Stiller
Wagner: Karl Adam, Ernst Gerstberger, W. Seidel
Wäsche-Erzeugung: Marie Wolf
Zahntechn. Atelier: Richard Stritzky
Weberei (Baumwoll- und Leinen): Wilhelm Jauernig
Zuckerbäcker: Adolf Hladik, Josef Mihatsch, Johann Nitsch
Zwirnfabrik: „GROKO" Grohmann & Co.

Die Bürgergarde in Würbenthal anläßlich der 300-Jahrfeier der Stadt 1911

Vereinswesen

Die Bürgergarden und Schützengesellschaften

Zu den ältesten bürgerlichen Zusammenschlüssen in unserer Heimat zählen mit Sicherheit die Bürgergarden und Schützengesellschaften. Der Schießsport entstand aus der Pflicht des Bürgers zur Wehrhaftigkeit. In Troppau gab es bereits 1430 eine Armbrustschützen-Bruderschaft. In einem Protokoll des Troppauer Landtages von 1578 liest man „Um in dieser gefährlichen Zeit die nützlichen Übungen des Schießens in steten Gebrauch zu halten, wird der Beste im Schießen dasselbige Jahr steuerfrei sein". Eine andere Urkunde vom Jahre 1568 bestätigt das Bestehen einer Armbrust-Bruderschaft in Jägerndorf. Wie sehr der Schießsport sich zu einer geselligen Veranstaltung entwickelte, ersehen wir aus einer Einladung der Neißer Schützenbruderschaft vom Jahre 1612. Sie erging an den hohen und niederen Adel, an die Städte Wien, Graz, Prag und München, aber auch an viele kleinere Städte, darunter Jägerndorf, Troppau, Weidenau, Zuckmantel und Jauernig. Am Schießen mit der Büchse „nach dem Manne" beteiligten sich 211 Personen. Der „Ritterschuß" gelang einem Ziegelstreicher aus Breslau. Er erhielt dafür einen vergoldeten Silberbecher. Am Armbrustschießen „zur Stange nach den drei Vögeln" nahmen 150 Schützen teil. Den Meisterschuß erzielte der Weidenauer Bäcker Balzer Müller, der u. a. eine „silbern verguldte Cre-

denz" im Werte von 70 Talern erhielt. Weitere 24 Personen nahmen am Zirkelschießen „aus dem Stahl zur Wandt nach dem Blatt" teil. Dieses Neißer Freischießen ist unserem heimischen Königsschießen so ähnlich, daß wir zunächst darüber berichten, bevor wir uns den einzelnen Vereinen zuwenden. Über das Königsschießen ist zu lesen, daß es den Mittelpunkt des geselligen Vereinslebens darstellt. Wer beim Königsschießen den besten freihändigen Tiefschuß erzielte, wurde Schützenkönig. Die zwei besten Schützen nach ihm wurden rechter und linker Marschall. Wer die meisten Zirkel innerhalb einer Lage erreichte, wurde Zirkelkönig. Der Schützenkönig übernahm die gesellige Verpflichtung, dem Vereine eine Schützenscheibe zu spenden und den teilnehmenden Schützen eine Schützentafel zu verabreichen. Es gab also für die Teilnehmer freies Essen und Trinken. Beim Schützenessen hatte der neue Schützenkönig eine Ansprache zu halten. Für das Kranzelschießen spendeten die Würdenträger Sachpreise. Vor Beginn des Königsschießens fand der feierliche Königsauszug statt. Kinder mit bunten Fähnchen eröffneten den Schützenauszug. Dann folgten die Schützenzieler in abenteuerlicher Tracht, die eine Hälfte rot, die andere weiß gekleidet. Anschließend marschierte die Musikkapelle, welcher der bisherige Schützenkönig mit seinen Kleinodien, die beiden Marschälle und der Zirkelkönig folgten. Den Abschluß bildeten die uniformierten Schützen. Ähnlich gestaltete sich der spätere Schützeneinzug

Die Engelsberger Bürgergarde, gegründet 1619

Die Musikkapelle der Engelsberger Bürgergarde bei einem Umzug

des neuen Schützenkönigs und seiner Würdenträger. Die Würdenbänder wurden auf dem Rathaus aufbewahrt und vom Bürgermeister oder seinem Vertreter beim Schützenauszug ausgefolgt. Nach 1933 konnte diese historische Veranstaltung nur noch in stark eingeschränkter Weise weitergeführt werden.

Als älteste Bürgergarde unseres Kreises gilt die der Stadt Engelsberg. Sie nannte sich „K. k. privilegiertes Bürgergardenkorps" und trug nach 1918 den Namen „Historischer Schützenverein von Engelsberg". Die Garde dürfte um das Jahr 1600 entstanden sein, teilweise wird auch das Jahr 1619 genannt. Sie war wohl anfangs ein lockerer Zusammenschluß der wehrhaften Bürger zum Schutze der unbefestigten Stadt. Da aber das Freudenthaler Gebiet erst 1621 an den Deutschen Ritterorden kam, kann ihr das Vorrecht bei Anwesenheit des Hochmeisters oder eines Mitgliedes des kaiserlichen Hauses in Freudenthal die Schloßwache zu stellen, erst nach 1621 verliehen worden sein. Das Engelsberger Gardekorps feierte gleich zweimal sein 300jähriges Bestehen und zwar einmal im Jahre 1900, das andere Mal im Jahre 1932, was wohl ausreichend beweist, daß ein genaues Gründungsjahr nicht mehr zu ermitteln war. Die Garde war jedoch in ihrer langen Geschichte immer zur Stelle, wenn es galt, einer festlichen Veranstaltung einen farbenfrohen und doch straffen Rahmen zu geben. Zur Garde gehörte eine 16 Mann starke Musikkapelle. Sie war mit hellblauen Hosen, weißgesäumtem Frack und Bergmannsschako mit Kugelfederbusch gekleidet. Das Gardekorps, 40–60 Mann stark, trug hellblaue Hosen mit roten Lampas, hellblauen Frack mit gelben Knöpfen, roten Aufschlägen und Woll-Epauletten. Als Kopfbedeckung wurde ein Zweispitz mit schwarzgrünem Hahnenfederbusch getragen. Die Offiziere, der Fahnenträger, der Feldwebel und der Kapellmeister trugen gleiche Uniformen wie die Gardisten, jedoch die Kleidung in hellerem Blau mit silbernen Epauletten und doppelten Lampas an den Hosen. Die Chargen trugen zusätzlich weiß seidene Feldbinden und an der rechten Seite einen Schleppsäbel mit silbernem Portepee. Die Bewaffnung des Korps bestand aus Wenzel- (Vorderlader-), später aus Werndl- (Hinterlader-) Gewehren und Bajonetts. Die aus dem Jahre 1835 stammende Fahne aus gelber Seide zeigte auf beiden Seiten einen Engelskopf über einem Kranze, in dem auf der einen Seite ein Bergwerk in Betrieb, auf der anderen Seite das alte Bergsiegel mit der Umschrift „Sigillum libra civitatis Montis Angela" zu sehen war. Außerdem trug die Fahne die Jahreszahl 1656. Sie erinnerte an die alte Bergbautradition von Engelsberg. Besonders feierlich wirkte die Garde an den Kirchenfesten Ostern und Fronleichnam mit. Als Kommandanten fungierten u. a. Johann Schaffer, Fridolin Göbel, Karl Stein und zuletzt Josef Fitz.

Auch die Würbenthaler Bürgergarde wird auf eine vorher bestandene Bergknappengarde zurückgeführt, die schon im Jahre 1611 bei der Stadtgründung in Erscheinung getreten sein soll. An die Knappengarde erinnern jedenfalls die mit „Hammer und Schlägel" gezierten Uniformknöpfe und die Kappenrosen. Aus alten Aufzeichnungen läßt sich entnehmen, daß Anfang des 19. Jahrhunderts diese Knappengarde in Bürgerschützen umbenannt wurde, die dann 1818 den Namen Bürgergardekorps annahmen. Ihre Uniform bestand damals aus einem blauen Waffenrock mit hellroten Aufschlägen, weißer Stiefelhose mit roten Streifen sowie hohen, schwarzen Stiefeln. Als Kopfbedeckung trugen die Gardisten einen Stulpenhut mit aufrechtstehendem rotgrünen Federstrauß. 1825 stiftete der Würbenthaler Färbermeister Franz Schubert der Garde eine Fahne. Im Revolutionsjahr 1848 entstanden in vielen Städten „Nationalgarden", so auch in Würbenthal. Sie geriet bald mit der alten Bürgergarde in Konflikte, die schließlich zur Auflösung beider Garden führte. Erst 1856 trat die Bürgergarde wieder in Erscheinung. Ihre neue Uniform bestand aus einem dunkelblauen Waffenrock mit hellroten Aufschlägen, grauer Hose mit roter Paspelierung und einem Tschako mit Bergmannswappen, weißer Kokarde und aufrechtstehendem grünen Federbusch. Die Garde war mit Vorderladergewehren und Stichbajonetten ausgerüstet und besaß auch eine eigene Musikkapelle und einen Gardetrommler. 1864 erhielt die Garde eine neue Fahne, die auf der Vorderseite das Bild der Jungfrau Maria und die Jahreszahl 1864, auf der Rückseite das Stadt-

Das Offiziers-Korps der Engelsberger Bürgergarde

wappen und die Jahreszahl 1825 zeigte. Im Kriege von 1866 wurden die Waffen der Garde beschlagnahmt. Nach Kriegsende erhielt sie 54 Gewehre und Bajonette, 18 Säbel und 5 „deutsche Schwerter" zurück. Als Ersatz für einige abhanden gekommene Gewehre wurden ihr veraltete deutsche Vorderladergewehre abgegeben. Nach 1880 verärgerten Hänseleien und Spöttereien einzelner Kreise die Garde so stark, daß sie sich selbst auflöste. Als dann im Jahre 1911 das 300jährige Bestehen der Stadt gefeiert werden sollte, bedauerten Festausschuß und Gemeindevertretung sehr, daß die alte Bürgergarde nicht mehr aktiv war. Ihrem vereinten Bemühen gelang es, sie wieder zu neuem Leben zu erwecken und als dann im Festzug des Stadtfestes vom 31. 7. 1911 wieder Gardisten unter dem Kommando eines Leutnants mitmarschierten, wurden sie von der Bevölkerung freudig begrüßt. Sie war in der Folgezeit für das kulturelle und kirchliche Leben der Stadt eine wesentliche Bereicherung. Um die Erhaltung der Garde haben sich die Hauptleute Rudolf Ulrich und Josef Leder sehr verdient gemacht. Auch nach dem Ersten Weltkriege gelang es dem vereinten Bemühen der Städte Zuckmantel, Würbenthal und Engelsberg, ihre traditionsreichen Bürgergarden nach Erfüllung einiger behördlicher Auflagen zu erhalten.

menau verlegt. An Kosten für die neue hölzerne Schießbaude entstanden 400 Gulden.

Am 4. Februar 1857 wurde vom österreichischen Innenministerium in Wien der „Fortbestand der Freudenthaler Schützengesellschaft zum gemeinschaftlichen Vergnügen und überhaupt zur Abhaltung von Schießübungen" genehmigt und die vorgelegten Satzungen bestätigt. 1859 war Ferdinand Gruner Schützenvorsteher. Im gleichen Jahr wurde an das Schießhaus ein Raum zum Laden und Putzen der Gewehre angebaut. 1865 wurden die Auszeichnungen für den jeweiligen Schützenkönig und die beiden Marschälle aus Vereinsmitteln angeschafft. Sie wurden bei feierlichen Anlässen an einem weißgrünen Band am Hals getragen. Vom Kriegsjahr 1866 wissen wir, daß damals das Königsschießen ausfiel und überhaupt nur ein einziges Sonntagsschießen auf Scheiben abgehalten wurde. Die damalige „Schießbaude" diente den preußischen Soldaten als Unterkunft. Ihr Kommandant verlangte die Ablieferung der Waffen des Schützenvereines. Es wurden jedoch nur einige alte, fast unbrauchbare Standrohre bzw. Büchsen abgeliefert, die von den Preußen nach Jägerndorf und Troppau überführt wurden. Die besseren Scheibenstutzen konnten durch Vermittlung des Bürgermeisters in

Die Würbenthaler Bürgergarde um 1865

Aufmarsch der Bürgergarde anläßlich des 300jährigen Stadtjubiläums von Würbenthal 1911

Die bürgerliche Schützengesellschaft Freudenthal ist nach den Feststellungen des Museumskustos Erwin Weiser der älteste Verein der Stadt. Danach wurde 1701 zur „Wiederbelebung des altbürgerlichen Gebrauchs in den Waffenübungen (Scheibenschießen)" vom damaligen Hauskomtur des Deutschen Ordens, Freiherr von Hornstein, unterhalb des Meierhofes nahe des Schwarzbaches eine Schießstätte eingerichtet. Außerdem wurde eine Schützenordnung erlassen, und die Gesellschaft erhielt aus der Steuerkasse eine Zuwendung von 20 Gulden. Die Schießstätte lag auf freiem Feld, etwa dort, wo später das Gasthaus „Antonspark" stand. Als Gründungsjahr der Freudenthaler Schützengesellschaft gilt das Jahr 1739. Aus einer Urkunde des DO-Statthalters von Satzenhofen vom 29. April 1739 geht hervor, daß damals das Königsschießen in strenger Ordnung und mit großen Feierlichkeiten durchgeführt wurde. Die Gesellschaft besaß von „altersher" ein großes und fünfzehn kleinere silberne Brustschilder zur Ehrung der besten Schützen. Diese Schilder wurden 1786 verkauft und der Erlös von 106 Gulden und 28 Kreuzer als Schießhauskapital angelegt. 1803 erhielten die Freudenthaler Schützen vom Hoch- und Deutschmeister Erzherzog Karl zur Herstellung des verfallenen herrschaftlichen Schießhauses 400 Gulden bewilligt. 1826 wird die Schießstätte in die Blu-

der Stadt verbleiben. Er wurde jedoch vom preußischen Stadtkommandanten persönlich für ihre Nichtbenutzung haftbar gemacht. Die beschlagnahmten Waffen erhielten die Eigentümer nach Kriegsende wieder zurück. Zur Erinnerung an die Besetzung Freudenthals durch die Preußen ließ der Schützenkönig vom Jahr 1865, Eduard Bittner, sodann 1867 eine Schützen-

Jungschützen des Freudenthaler Schützenvereines

Die Schießstätte des Bennischer Schützenvereines am Kugelsberg, errichtet 1882

Rettungsabteilung der Freiwilligen Feuerwehr Freudenthal mit Dr. Georg Wanke, vierter von links

scheibe anfertigen, welche den Einmarsch eines preußischen Bataillons darstellt. Diese Scheibe befand sich bis 1945 im Stadtmuseum.

Die Freudenthaler Schützen nahmen mit Erfolg am Dritten Deutschen Bundesschießen 1869 in Wien teil. Im selben Jahr fand in Freudenthal ein Industrieschießen mit vielen Gewinnen statt. Am 5. Juni 1888 stiftete Erzherzog Eugen dem Verein eine neue Fahne. In den Tagen vom 29. Juni bis 3. Juli 1889 feierten die Freudenthaler Schützen ihr 150jähriges Bestandesfest, die Weihe der neuen Vereinsfahne und die feierliche Einweihung des neu erbauten Schützenhauses. Es war nach den Plänen des Baumeisters Franz Meißner im Schweizer Stil erbaut worden und enthielt neben der Schießhalle einen Schützensaal mit Gastwirtschaft, ein Kassezimmer, die Gerätekammer und den Schießstand mit sechs Bahnen. Die Verständigung zwischen Schützen und Zieler erfolgte durch elektrische Klingelleitungen. Damals traten die Schützen erstmals in einheitlicher Kleidung auf.

Vom 15. bis 25. August 1907 fand das Dritte Österreich-Schlesische Landesschießen in Freudenthal statt, wozu Kaiser Franz Josef I. eine Ehrengabe von fünfzig Dukaten und Erzherzog Eugen eine Bronzestatue sowie einen Scheibenstutzen stiftete. Auch das Vierte Österreich-Schlesische Landesschießen wurde vom 7. bis 14. Juni 1914 in Freudenthal abgehalten.

Nach dem Ersten Weltkrieg begann der Verein im September 1919 wieder mit seinen traditionellen Schießübungen. 1928 zählte er 119 Mitglieder. Weitere Höhepunkte waren das Sechste Schlesische Landesverbandsschießen vom 29. Juni bis 7. Juli 1929 in Freudenthal und das anschließende Königs-Jubilar- und Wanderbecherschießen. Bei diesen Veranstaltungen wurde jedoch von den früheren Volksfestfeierlichkeiten abgesehen. Im Frühjahr 1938 wurde das Schützenhaus vom tschechischen Militär beschlagnahmt. Diese Maßnahme brachte zugleich das Ende der Freudenthaler Schützengesellschaft mit sich. An sie erinnern einige erhalten gebliebene Gegenstände im Freudenthaler Heimatmuseum in Memmingen.

Die bürgerliche Schützengesellschaft Bennisch entstand im Jahre 1819. Einem Bericht vom Jahre 1853 an die Bezirkshauptmannschaft in Freudenthal entnehmen wir die nachfolgenden Zeilen: „Schon seit den ältesten Zeiten haben sich die hierortigen Bürger an den Sonntagen mit Scheibenschießen unterhalten, ohne eine eigene Schießstätte zu haben. Im Jahre 1816 wurden die Bürger von den Offizieren der hierorts stationierten Husaren aufgefordert, zu diesen Schießunterhaltungen eine Schießstätte zu erbauen, welche auch, da der Bürger Johann Tiller einen geeig-

neten Platz in seinem Walde hergab, von den hiesigen Schießfreunden und dem Grundbesitzer gemeinschaftlich im Jahre 1819 gebaut wurde. Eine Bewilligung zur Abhaltung dieser Schießen wurde noch nicht eingeholt, weil bisher noch nie ein Verbot hiergegen herabgelangt ist, sondern es wurde nur immer jedes Schießen beim hiesigen Stadtvorstand gemeldet." 1843 gaben sich die Bennischer Schützen neue Statuten. Am 9. 8. 1854 wurde zum ersten Male in Bennisch das Königsschießen behördlich zugelassen, nachdem es vorher ohne eine solche Bewilligung abgehalten worden war. Dies belegen zahlreiche Schützenscheiben. Die älteste Scheibe stammte aus der Zeit Maria-Theresias (1740–1780) und befand sich im Stadtmuseum. Die anderen wurden in der neuen im Jahre 1882 erbauten Schießstätte am Kugelsberge, nahe des Lichtner Tales, aufbewahrt. Der Verein besaß drei Fahnen. Die älteste stammte vom Jahre 1848 und war unansehnlich geworden, so daß man 1872 eine neue Fahne anschaffte. Die letzte Vereinsfahne wurde 1889 geweiht. Sie bewahrte man üblicherweise in der Kirche auf. Die Mitglieder der Bennischer Schützengesellschaft trugen eine einheitliche Kleidung aus grauem Jägertuch mit Hirschhornknöpfen. Der Aufschlag des Rockes und die Weste waren aus grünem Tuch gearbeitet. Den grauen Schützenhut mit grünem Bande zierte ein goldenes Eichenblatt. Der Verein hatte nicht nur in Bennisch sondern auch in der näheren Umgebung zahlreiche Mitglieder.

Das Löschwesen und die Feuerwehren

Wie feuergefährlich die Bauweise der Städte im Mittelalter mit ihren engen Gassen, den zu nahe gebauten Scheuern und den mit Schaubstroh oder Holzschindeln gedeckten Dächern gewesen sein muß, ersehen wir aus einer Reihe von Großbränden in unserer Heimat.

Am Palmsonntag 1732 äscherte ein Brand in Engelsberg nebst Kirche, Pfarrei, Rat- und Schulhaus weitere 82 Wohnhäuser ein. Am 11. 8. 1746 fielen dem Bennischer Stadtbrand die Kirche und 116 Bürgerhäuser zum Opfer. 1764 stand die Stadt Freudenthal in Flammen. Der Großbrand vernichtete fast die ganze Stadt, nur wenige Häuser blieben unversehrt. Ein zweiter Stadtbrand äscherte am 16. 5. 1820 in Bennisch 192 Häuser, darunter Kirche, Pfarrei, Rat- und Bräuhaus ein. In Freudenthal brannten am 2. 6. 1852 12 Häuser in der Langen Gasse (der späteren W. F. Olbrich-Straße) und am Carionplatz vollständig ab. Bei zwei weiteren Häusern wurde der Dachstuhl vernichtet. Ein Jahr später, am 20. 7. 1853, stürmte wiederum die Feuerglocke in

Freudenthal. Diesmal wurden zwei Seiten des Hauptplatzes und die Hintergasse – insgesamt 17 Häuser – ein Raub der Flammen. In der Woche vom 4. – 11. 10. 1854 entstanden in Engelsberg immer neue Brände, durch die 11 Wohnhäuser zerstört wurden. Es soll sich um Brandstiftung gehandelt haben. Am 3. 8. 1859 suchte schon wieder ein Großfeuer die Engelsberger heim und zerstörte außer dem Pfarrhof weitere 28 Wohnhäuser. Diesem Brande folgte am 7. 9. 1863 das Freudenthaler Großfeuer, das man als Ringstraßenbrand bezeichnete. Auch bei diesem wurden zahlreiche Bauten zerstört. Er wird mit dem am gleichen Tage von den Freudenthaler Webern abgehaltenen Lichtschnurfest in Zusammenhang gebracht. Als nächstes Großfeuer ist der Brand vom Jahre 1865 in Engelsberg zu nennen, bei welchem die Häuser Nr. 181 bis 200 niederbrannten. Schließlich vernichtete der Brand vom 1. 9. 1867 in Bennisch ein ganzes Stadtviertel. Ihm fielen 36 Häuser und 14 prallgefüllte Scheunen mit der eben erst eingebrachten Ernte zum Opfer. 10 Großfeuer in einem Zeitraum von

sungen festzulegen, die auf die örtlichen Verhältnisse abgestimmt, ansonsten jedoch für alle Orte gleich bzw. sehr ähnlich waren. Danach hatten z. B. in Bennisch die Maurer und Zimmerleute als erste am Brandplatz mit ihren Schrotäxten, Spitzkrampen und Handhacken zu erscheinen, um beim Niederreißen der Dächer und beim Ausräumen zu helfen. Die Tischler, Wagner und Schuhmacher hatten Feuerleitern und Feuerhaken herbeizuschaffen und löschen zu helfen. Die Schneider und Leinenweber hatten sich beim großen Wasserbehälter vor dem Rathause einzufinden, die Wasserkörbe zu füllen und Wasser herbeizuschaffen. Fleischhacker, Bräuer und Bäcker hatten die Wasserspritzen abzuholen und die Pumpen zu bedienen. Seifensieder und Tuchmacher waren verpflichtet, dem Polizeivorsteher an die Hand zu gehen, beim Löschen zu helfen und auf das gerettete Gut aufzupassen. Schlosser fanden sich mit ihren Dietrichen ein, um im Bedarfsfall Türen, Truhen und Kästen öffnen zu können. Der Wundarzt hatte mit Aderlaß- und Bindzeug an der Brandstelle

Gerätehaus der Freiwilligen Feuerwehr Freudenthal, Vorderansicht

Die Freiwillige Feuerwehr Würbenthal um 1930

135 Jahren zeigen überdeutlich auf, daß der Brandschutz noch in den Kinderschuhen steckte. Wie das Löschwesen vor der Errichtung der Feuerwehren gehandhabt wurde, ersehen wir aus der von Kaiser Josef II. im Jahre 1787 erlassenen allgemeinen Feuerlöschordnung. Bezüglich der Brandverhütung wurde den Gemeinden zur Pflicht gemacht, daß Neubauten nur dann genehmigt werden dürfen, wenn gleichzeitig auch Brunnen angelegt werden. Die hölzernen Kamine waren durch gemauerte zu ersetzen. Scheuern und Dörrhäuser durften nur noch außerhalb des Wohngebietes erbaut werden. Es war verboten, außerhalb der öffentlichen Schießstätten bei Hochzeiten zu schießen, Feuerwerk abzubrennen, offenes Licht an Marktbuden und Kellertüren anzuschlagen oder brennende Kerzen in Ställen und anderen gefährlichen Orten zu gebrauchen. Feuerwachen, Nacht- und Turmwächter waren aufzustellen, um ein ausbrechendes Feuer schnellstens zu erkennen. Auf jedem Hausboden mußte ein mit Wasser gefüllter Bottich vorhanden sein und jedes Bürgerhaus hatte Dachleitern, einen Feuerhaken und eine große Laterne zu besitzen. Bei Bränden zur Nachtzeit hatte jeder Hausvater auf der Straße, die zu den Wasserstellen führte, eine Laterne brennen zu lassen. Vom Magistrat wird die Beschaffung von trag- und fahrbaren Feuerspritzen verlangt. Er hatte auch für die geeignete Unterbringung der Löschgeräte zu sorgen. Zünfte und Handwerker waren zu genau bestimmten Löscharbeiten einzuteilen.

Die Gemeinden hatten nach der Grundlage der Josefinischen Feuerlöschordnung vom 24. 1. 1787 eigene schriftliche Anwei-

zu erscheinen, um in Notfällen Hilfe leisten zu können. Töpfer, Kürschner, Binder, Weiß- und Rotgerber hatten je nach Bedarf Handspritzen zu bedienen, Wasser zu tragen und hierzu auch eigenes Geschirr (Butten, Kannen u. dgl.) mitzubringen. Pferdebesitzer waren schuldig, die Wasserfässer auf ihren Wagen zur Brandstelle zu führen und für schnelles Befüllen der leeren Fässer zu sorgen. Der ganze Löschvorgang stand unter der Aufsicht des Bürgermeisters und seiner Polizeivorsteher.

Wer sich beim Löschen besonders hervorgetan hat, soll öffentlich belobigt werden. Wer als erster den Ausbruch eines

Neu-Erbersdorf – 50-Jahrfeier der Freiwilligen Feuerwehr 1927

Brandes der Obrigkeit meldete, bekam 1 Gulden. Wer die erste Fuhre Wasser zur Brandstelle brachte, erhielt 1 Gulden und 30 Kreuzer. Die Bezahlung erfolgte aus der Gemeindekasse. Sie sollte von dem Hauseigentümer hereingeholt werden, dem die Schuld am Ausbruch des Brandes angelastet wurde. Die Zünfte hatten unter Aufsicht ihrer Zunftmeister regelmäßige Übungen zur Brandbekämpfung durchzuführen. Als aber 1859 die Zünfte abgeschafft wurden und an ihrer Stelle Innungen oder Berufsgenossenschaften entstanden, herrschte eine gewisse Unsicherheit, wer künftig Löscharbeiten zu übernehmen habe. In dieser Übergangzeit erwies es sich als Glücksfall, daß in jenen Jahren die ersten Turnvereine gegründet wurden. Zum erfolgreichen Löschen brauchte man gesunde, einsatzfreudige Menschen. Es war naheliegend, den jungen Turnern diese Aufgabe zu übertragen. So entstanden mit den Turnvereinen in zahlreichen Gemeinden Turner–Feuerwehren. Die Brandbekämpfung wurde ein freiwillig übernommenes Ehrenamt und die hierzu entstandenen Vereine nannten sich „Freiwillige Feuerwehren".

Die Freiwilligen Feuerwehren

Die erste Freiwillige Feuerwehr in Bayern wurde 1847 durch den Turnverein Nürnberg errichtet. Die erste Wehr in den Sudetenländern wurde 1851 von Ferdinand Leitenberger in Reichsstadt in Böhmen gegründet. 1862 entstand aus dem Turnverein heraus die Freiwillige Feuerwehr Troppau. Sie ist die älteste in Österreich– Schlesien. 1863 entstand in Eger die Turnerfeuerwehr, das Jahr darauf die Egerer Feuerwehr. Älter als die Wehr in Eger ist die Freiwillige Feuerwehr Freudenthal. Sie wurde am 5. 6. 1863 als eigener Verein gegründet, nachdem bereits ein Jahr zuvor aus Mitgliedern des Turnvereines eine Turner–Feuerwehr entstanden war. Die Freudenthaler Wehr ist demnach eine der ältesten des Sudetenlandes. Anlaß zu ihrer Gründung waren wohl

Die Jugendwehr der Freiwilligen Feuerwehr Würbenthal

Freiwillige Feuerwehr Altwasser um 1910

Messendorf – Einweihung der Motorspritze 1934

die Brandkatastrophen der vergangenen Jahre. Den Antrag stellte der Kaufmann Franz Rudolf Wohlfahrt, selbst Mitglied des Turnvereins und bis 1859 Bürgermeister von Freudenthal. Erster Kommandant wurde Friedrich Kurzweil. Er erwarb sich um seine Wehr große Verdienste, baute sie zielstrebig aus und führte sie fast fünfzig Jahre lang bis zu seinem Tode im Jahre 1912. Anfangs stand nur eine von 4 Mann gezogene Handdruckspritze zur Verfügung. Das Löschwasser wurde aus den Röhrkästen der alten Holzröhrenwasserleitung entnommen. Wesentlich bessere Bedingungen entstanden nach dem Ausbau des städtischen Wasserwerkes und des Wasserleitungsnetzes einschließlich der Wasserbehälter im Heinrichspark und im Köhlerbergwald (Vinzenzquelle). Das Aufstellen von Überflur- und Unterflurhydranten ermöglichte den jederzeitigen Anschluß von Feuerwehrschläuchen an die Wasserstellen. 1910 wurde der Neubau des Freudenthaler Feuerwehrgerätehauses bezogen. Es gehörte zu den schönsten in Nordmähren–Schlesien. Die Feuerwehr gliederte sich in eine Steiger–, eine Spritzen– und eine Rettungsabteilung. Letztere wurde 1913 ins Leben gerufen. Sie stand anfangs im Zeichen des Blauen Kreuzes, nach 1938 des Roten Kreuzes. Die Samaritertätigkeit der Rettungsabteilung wurde von vielen Bürgern in Anspruch genommen. Wenn Erkrankte zur stationären Behandlung ins Krankenhaus mußten, wurden sie vom „Rettungswagen" abgeholt. Die Rettungsabteilung war mit modernen Fahrzeugen und Geräten ausgerüstet. Die Erkrankten oder

Verletzten wurden von fachlich gut ausgebildeten Sanitätern betreut. Die Leitung der Abteilung hatte durch viele Jahre Dr. Georg Wanke.

Die Freudenthaler Wehr erhielt 1925 ein Feuerwehrauto, 1926 die erste und 1935 die zweite Motorspritze sowie 1937 Schaumlöschgeräte. Dem Beispiel der Bezirksstadt folgten bald die Gemeinden des Bezirkes. So entstanden in den Städten Bennisch (1868), Engelsberg und Würbenthal (1873) die nächsten Feuerwehren. Dann wurde der Feuerwehrbezirksverband gegründet. Immer neue Wehren entstanden, so Raase (1874) und Karlsthal (1878). Ihnen folgten Rautenberg (1881), Frei-Hermersdorf (1882), Brättersdorf und Lichtewerden (1883), Dittersdorf, Eckersdorf, Lichten, Spachendorf und Spillendorf

Die Freiwillige Feuerwehr in Bad Karlsbrunn

Die Feuerwehrgerätehalle in Zossen

25jähriges Gründungsfest der Freiwilligen Feuerwehr Wiedergrün
am 21. 7. 1935

(1884), Alt–Erbersdorf, Alt–Vogelseifen, Karlsberg und Zossen (1885), Altstadt und Nieder–Wildgrub (1886), Ober–Wildgrub (1887), Einsiedel (1890), Boidensdorf (1891, Groß–Herrlitz und Neu–Vogelseifen (1892), Zattig (1893) und Breitenau (1895). Nach der Jahrhundertwende entstanden die Feuerwehren von Schlesisch–Hartau (1902), Schreiberseifen (1904), Buchbergsthal und Markersdorf (1908) und Wiedergrün (1910). Die Gründungsjahre der nicht genannten Wehren sind nicht mehr in Erinnerung. Auch die Feuerwehren der Gemeinden wurden planmäßig ausgebaut. Fast überall entstanden Gerätehallen mit Schlauchtürmen, zumeist Spritzenhäuser genannt. Dann mußten Kraftspritzen, Schiebeleitern, Schlauchmaterial und vielerlei an Ausrüstung beschafft werden, wozu die Gemeinden erhebliche Geldmittel aufzubringen hatten. In vielen Orten traten an die Stelle der Kraftdruckspritzen und –pumpen moderne Motorspritzen, hinzu kamen moderne mechanische Schiebeleitern und verbesserte Ausrüstungen. Die Beschaffung der Mittel erfolgte auf vielerlei Art. Neben den Einnahmen aus Mitgliedsbeiträgen waren die Reinerträge der Feuerwehrfeste und der Ballveranstaltungen die wichtigsten Geldquellen. Hierzu wurden Lotterien und Glückshafen veranstaltet, deren Gewinne zuvor aus Spenden der Bürgerschaft zusammengetragen werden mußten. Es gibt genügend Beispiele altverdienter Feuerwehrleute, die ihrer Wehr bis zum Tode die Treue hielten. Der Wahlspruch „Einer für alle, alle für Einen" hatte seine volle Berechtigung. Die Zahlen der ausübenden Mitglieder schwanken je nach der Größe der Gemeinden zwischen 30 – 50 Mann und darüber. Die vier Städte des Bezirkes und einige größere Landgemeinden erreichten Mannschaftsstärken von 120 und mehr Personen. Ungezählte Feuerwehrkameraden haben sich um den Ausbau und die Schlagkraft ihrer Wehren verdient gemacht. Leider ist es nicht möglich, sie alle namentlich anzuführen! Feuerwehrübungen und Veranstaltungen auf Orts– und Bezirksebene waren von jeher eines guten Besuches sicher. Wohl die größte Veranstaltung war der 3. Reichsverbandstag sudetendeutscher Feuerwehren, der anläßlich des 75. Jubiläums der Freiwilligen Feuerwehr vom 3. – 6. 7. 1937 in Troppau stattfand. An ihm nahmen über zehntausend uniformierte Wehrmänner teil.

Nach der Eingliederung des Sudetenlandes in das Reich wurden die Feuerwehren aus dem Vereinswesen herausgelöst und als Feuerschutzpolizei der Ordnungspolizei zugerechnet. Die Altersgrenze mußte streng eingehalten werden, und mancher alterprobte Wehrmann ging seines bisherigen Amtes verlustig. Die Ausrüstung der Wehren wurde vereinheitlicht, neue Dienstgradbezeichnungen kamen zur Einführung und die Wehren des Kreises wurden theoretisch und praktisch auf die veränderten Verhältnisse umgestellt. Durch die vielen Einberufungen zum Kriegsdienst verringerte sich der Mannschaftsstand vieler Wehren erheblich. Dennoch gelang es dem Kreiswehrführer Robert Hofmann und seinem Stellvertreter Karl Münster, im Verein mit den Wehrführern der Kreisgemeinden allen gestellten Aufgaben gerecht zu werden.

Motorspritzenweihe der Freiwilligen Feuerwehr Breitenau 1935

Der Männergesangverein Freudenthal

Die Gesang- und Musikvereine

Das kulturelle Leben unserer Gemeinden wurde im hohen Maße von den Gesang- und Musikvereinen beeinflußt. Die große Zahl der Vereine zeugt nicht nur von der Liebe unserer Landsleute für Musik und Gesang, sondern auch von ihrer Begabung dafür. Wo musiziert und gesungen wird, darf auch die Geselligkeit nicht fehlen! Vornehmste Aufgabe der Gesangvereine bildete die Pflege des deutschen Liedgutes, insbesondere des Volksliedes und des Chorgesanges. In gleicher Weise schulten die Musikvereine ihre aktiven Mitglieder in Blas- und Streichmusik und bewiesen im edlen Wettstreit mit den Kapellen der Nachbarorte ihren hohen Ausbildungsstand. Die Streichmusik wurde in einigen größeren Gemeinden in eigens dafür geschaffenen Salonorchestern gepflegt. Um das musikalische Leben in den Gemeinden hat sich die Lehrerschaft vielfältige Verdienste erworben. Einen wesentlichen Beitrag dazu lieferten die deutschen Staatslehrerbildungsanstalten, die ihre Lehramtskandidaten gründlich im Violin- und auch im Orgelspiel schulten. Viele junge Lehrer stellten ihr musikalisches Können an ihren Wirkungsorten unter Beweis und waren maßgeblich an der Gründung und Leitung von Musik- und Gesangvereinen beteiligt. Sie bereicherten in vielen Orten mit ihrem Orgelspiel die Kirchenmusik oder leiteten die Kirchenchöre. In einer Zeit, da der Rundfunk gerade in den Kinderschuhen steckte und von Fernsehen noch keine Rede war, verschönten viele Familien die langen Herbst- und Winterabende mit Hausmusik. Hierzu bot sich begabten Jugendlichen die Möglichkeit, private Gesang- oder Musikschulen zu besuchen. Eine Gesangschule leitete einst in Freudenthal der Dirigent des Männergesangvereines, Lehrer Johann Tschauder. Privatmusikschulen zur Erlernung des Klavier- und Violinspieles bestanden in Bennisch, Freudenthal und Engelsberg. Die Privatmusikschule des Rudolf Rohrsetzer in Bennisch wurde 1893 gegründet. Er war ein Schüler des Regimentskapellmeisters Franz Lehar d. Ä.; die Musikschulen in Engelsberg, Freudenthal und auch Römerstadt wurden von Raimund Machold d.Ä. bzw. seinen Söhnen Adolf und Raimund d. J. gegründet und erfreuten sich eines ausgezeichneten Rufes. Alle Genannten waren außerordentlich begabte Musiker.

Die ältesten Gesangvereine der Sudetenländer entstanden in Böhmen. Für das Egerland seien Neumarkt bei Tepl (1809), Mies (1809) und Marienbad (1830) und Roßbach bei Asch (1832) genannt. Der Männergesangverein Troppau wurde am 23.10.1846 gegründet. Nach 1848 kam es zu einer stärkeren Entfaltung des Vereinswesens. Die neu gegründeten Vereine schlossen sich zum Deutschen Sängerbund für Böhmen (1864), Mähren (1868) und

Platzsingen des Gesangvereines Würbenthal 1933 vor der Pfarrkirche

60jähriges Bestandesfest des Würbenthaler Gesangvereines 1921

Schlesien (1864) zusammen. Aus diesen drei Landesbünden entstand 1919 der Sudetendeutsche Sängerbund mit dem Sitz in Aussig. Er arbeitete eng mit der Gesellschaft für deutsche Volksbildung zusammen und veranstaltete großartige Sängerbundesfeste. Zum dritten Bundesfest der Sudetenländer im Jahre 1937 kamen allein an die 50.000 Sänger nach Reichenberg.

Als erster Gesangverein unseres Bezirkes wurde 1861 der Männergesangverein Freudenthal ins Leben gerufen. Der Nachbarverein im mährischen Römerstadt wurde 1860 gegründet. Im Kreis Freudenthal folgten kurz aufeinander die Gesangvereine von Würbenthal (gegr.27.3.1862), Engelsberg (gegr.19.11.1862) und Bennisch (gegr.1863). Weitere Gesangvereine, teilweise auch in der Form von gemeinsamen Gesang- und Musikvereinen, bestanden in Alt–Erbersdorf, Breitenau (mit Markersdorf, Schreiberseifen, Pochmühl und Dittersdorf), Eckersdorf, Frei-Hermersdorf, Groß–Herrlitz, Karlsthal, Klein–Mohrau, Lichten, Lichtewerden, Raase, Rautenberg, Spachendorf und Zattig. Stellvertretend für alle Gesangvereine bringen wir einige Ausschnitte aus dem Leben des Männergesangvereines Freudenthal. Sein eigentlicher Gründer ist der aus Engelsberg stammende und

mit dem Liederfürsten E.S.–Engelsberg befreundete Josef Max Thiel. Er wurde erster Dirigent (Liedermeister) des Vereines und übte dieses Amt fast zwanzig Jahre lang aus. Der Sängerwahlspruch der Freudenthaler hieß „Deutsch die Lieder – treu wie Brüder!" Der Verein besaß zwei Fahnen. Die ältere stammt aus dem Jahre 1862 und die jüngere, überaus prachtvolle Fahne wurde der Sängerschaft 1913 anläßlich der 700–Jahrfeier der Stadterhebung gewidmet. Herausragende Ereignisse im Vereinsleben bildeten das große Festkonzert anläßlich des Besuches von Kaiser Franz Josef I. im Jahre 1880 in Freudenthal, weiters die Besuche des Männergesangvereines Wien in Freudenthal (1887), des „Neubauer Männerchores" aus Wien (1895) und des Wiener „Schubertbundes" (1902). Einen besonderen Höhepunkt bildete das Bundessingen des Schlesischen Sängerbundes von 1905 in Freudenthal. Im Rahmen dieses Festes dirigierte der Bundeschormeister Rudel einen Chor von mehr als vierhundert Sängern und führte ihn zu höchsten künstlerischen Leistungen. 1907 weilte die „Währinger Liedertafel", 1923 die „Meistersingerinnung Brünn" und 1930 die „Liedertafel" aus Beuthen in Freudenthal. Umgekehrt flatterte die Fahne des MGV Freudenthal

Männergesangverein Freudenthal, 1936

Stadtkapelle Freudenthal unter Kapellmeister Adolf Machold

Freudenthal – Musikpavillon im Antonspark

Milkendorf – Musikkapelle 1935

bei zahlreichen auswärtigen Sängerfesten der näheren und weiteren Umgebung. Er war mit starken Abordnungen an den großen Sängerbundesfesten in Wien, Breslau und Reichenberg vertreten. 1922 wurde Freudenthal zum Vorort der schlesischen Sängerschaft gewählt. Der Sängerkreis Freudenthal mit seinen zahlreichen Ortsvereinen wirkte bei unzähligen ernsten und geselligen Veranstaltungen mit und erfreute sich eines hohen Ansehens. Aus der Fülle der verdienten Mitglieder der Freudenthaler Sängerschaft nennen wir die Namen Alois Plischke, Max Lemmert, Karl Rohner, Oskar Olbrich und Anton Hosa.

So innig wie Gesang und Musik miteinander verbunden sind, so eng sind auch die vielfältigen Verbindungen zwischen den verschiedenen gesang- und musikausübenden Vereinen. Je nach den örtlichen Gegebenheiten entstanden daher nebeneinander eigenständige Musikvereine, gemeinschaftliche Gesang- und

kapellen schier undenkbar wären. Wie schlugen die Herzen der Mädchen und Burschen doch freudig bei den Tanzveranstaltungen, bei den Saatreiter-, Oster-, Kirmes- und Sylvesterkränzchen, und wie nachhaltig wirkten die vielen Veteranen-, Feuerwehr-, Bauern- und Turnerbälle auch auf die reifere Jugend!

Musikkapelle Wiedergrün um 1920

Musikkapelle Alt-Erbersdorf um 1930

Musikvereine, Feuerwehrmusikkapellen, eigenständige Musik- und Stadtkapellen, Gesellschaften der Musikfreunde, Streich- und Salonorchester innerhalb von Gesangvereinen, Musikunterstützungsvereine u. a. mehr. Ihnen allen ist das verdienstvolle Mitwirken bei weltlichen und kirchlichen Feiern gemeinsam. Totenehrungen und Begräbnisse erhielten durch entsprechende ernste Gesang-und Musikvorträge ihren würdigen Rahmen. Liedertafeln, Streich- und Klavierkonzerte riefen zahlreiche Zuhörer in die Vortragssäle, und Platzkonzerte erfreuten die Bürgerschaft bei entsprechenden Anlässen. Erinnern wir uns an die zahlreichen Vereinsfeste, die ohne Mitwirkung von Blasmusik-

Der Männergesangverein Engelsberg vor dem Denkmal des schlesischen Liederfürsten Dr. Eduard Schön, genannt E. S. – Engelsberg

Musikkapelle Weber, Freudenthal/Kotzendorf um 1937

Wildgruber Musikkapelle

Hauskapelle im Gasthof Lindenhof in Altwasser,
verstärkt durch einige Musiker zur Faschingszeit

50jähriges Gründungsfest des Männergesangvereines Bennisch 1913

Beim Blättern in alten Aufzeichnungen konnten noch die Namen von 18 Musikkapellen ermittelt werden, die abschließend ohne Anspruch auf Vollzähligkeit genannt sein sollen. Die älteste von ihnen ist wieder die 1863 gegründete Stadtkapelle Freudenthal, die immer hervorragende Kapellmeister aufzuweisen hatte. Es waren dies Josef Cal. Jäckel, Josef Hirsch, Guido Raab und Adolf Machold. Ihnen folgen die Stadtkapelle Würbenthal und die Stadtkapelle des Rudolf Rohrsetzer in Bennisch sowie die Musikkapellen Josef Granzer, Alt-Erbersdorf; Adolf Langer, Alt-Vogelseifen; Erwin Gebauer, Eckersdorf; Erwin Matzner, Frei-Hermersdorf; Klemenz, Karlsthal; Rudolf Weiß, Klein-Mohrau; Rudolf Schreier, Nieder-Wildgrub und Josef Pohl, Lichten. Weitere Musikkapellen gab es in Boidensdorf, Brättersdorf, Messendorf, Rautenberg, Spachendorf und Zattig, zu denen noch die Kapelle „Lyra" in Einsiedel und die Schrammelmusikkapelle Karl Fitz in Klein-Mohrau kommen.

Sportfest des Staatsrealgymnasiums auf dem Platz des Turnvereins Freudenthal am 12. 10. 1931

Unsere Turnvereine

Hauptaufgabe der Turnvereine war die körperliche Ertüchtigung der Jugend im Sinne der vom Turnvater Friedrich Ludwig Jahn (1778–1852) entwickelten Grundzüge. Die zu pflegenden Leibesübungen umfaßten Freiübungen, Bodenturnen, Geräteturnen, Gymnastik, Leichtathletik, Turnspiele und Schwimmen. Später kamen einige Disziplinen der Schwerathletik, Eislauf, Skilauf, Fechten, Wandern und Segelfliegen hinzu. Die deutschen Turnvereine hatten in den Zeiten des beginnenden Nationalitätenkampfes noch eine zweite, nicht minder wichtige Aufgabe, nämlich den deutschen Selbstbehauptungswillen im Ringen mit den anderen Völkerschaften zu stärken.

Schon 1849 war in Asch der erste deutsche Turnverein in Böhmen entstanden. Auf ihn folgten die Turnvereine von Graslitz (1855), Fulnek (1857), Rumburg (1859) Karlsbad und Mährisch-Weißkirchen (1860) sowie Reichenberg, Schönlinde, Troppau und Warnsdorf (1861). 1862 wurden weitere 27 Turnvereine ins Leben gerufen, darunter die mährisch–schlesischen Vereine in Freudenthal, Friedek, Iglau, Neutitschein, Nikolsburg, Olmütz, Sternberg und Znaim. Wie wir sehen, befindet sich der Freudenthaler Turnverein in guter Gesellschaft, zumal der Wiener Turnverein ebenfalls eine Gründung des Jahres 1862 ist.

Vor dem Ersten Weltkrieg waren die Turngaue Böhmens, Mährens und Schlesiens dem Turnkreis Deutsch-Österreich angeschlossen. Da während des Bestehens der ersten Tschechoslowakei kein Verband seinen Sitz im Ausland haben durfte, erfolg-

te am 23.11.1919 in Aussig die Gründung des Deutschen Turnverbandes mit Sitz in Teplitz–Schönau. Erster Verbandsobmann wurde Josef Trunschka, Bürgermeister von Brüx. Der Zweck des überparteilichen Verbandes war Erhaltung, Ausbreitung und Förderung des deutschen Volkstums im Sinne F.L.Jahns. Es war untersagt, um Preise zu turnen. 1926 wurde der Ascher Turnlehrer Konrad Henlein Turnwart des Egerland-Turngaues. Durch seine Initiative wurde 1930 die Turnschule in Asch geschaffen, die der Heranbildung von Vereinsturnlehrern diente. 1934 gab es 16 Turngaue, darunter in Mähren-Schlesien die Turngaue Oder, Altvater, Schönhengst und Südmähren. Im gleichen Jahr zählte

50jähriges Gründungsfest des Turnvereines Freudenthal im Juli 1912

1862 **Festschrift** 1922

des

Turnvereines Freudenthal

Damenabteilung des Turnvereines Freudenthal 1922

der Deutsche Turnverband 1.097 Vereine mit 112.639 Mitgliedern, 14.884 Zöglinge (davon 7148 weibliche) und 56.459 Schüler (davon 27.262 Mädchen). Die Vereine besaßen 168 Turnhallen und 352 Sommerturnplätze. Herausragende Ereignisse waren die Turnverbandsfeste in Komotau (1922), Aussig (1927) und Saaz (1933), das Kaadener Männerturnfest (1931) und die Erziehertagung von 1937 in Aussig. In der Mitte der 90er Jahre gerieten die deutsch-völkischen Turnvereine, in der Zeit der Regierung des polnischen Ministerpräsidenten Badeni, mit seinen Sprachenverordnungen in eine Krise. Die Alldeutschen unter Führung der Abgeordneten Georg Ritter von Schönerer und Karl Hermann Wolf bekämpften Badeni aufs schärfste und ließen Losungsworte erschallen „Ohne Juda, ohne Rom wird erbaut Germanias Dom!" Dieser Antisemitismus einiger Politiker hatte zur Folge, daß Juden ihre Mitgliedschaft bei den deutschen Turnvereinen beendeten und die entfachte Los-von-Rom-Bewegung begünstigte das Entstehen eigener christlichsozialer Turnvereine. Dazu kam, daß die sozialdemokratisch eingestellten Arbeiterturnvereine an Bedeutung gewannen. Dennoch blieben die deutsch-völkischen Turnvereine die führende Turnbewegung. 1938 umfaßte der Deutsche Turnverband 1234 Vereine mit 213.000 Mitgliedern. Das Verbandsabzeichen stellte eine spiegelbildliche Anordnung der vier „F" des alten Turnerwahlspruches „Frisch, fromm, fröhlich, frei" dar.

Der stärkste Turnverein im Bezirke war natürlich der Freudenthaler Turnverein mit seinen 800 Mitgliedern. Danach folgten die Turnvereine der beiden Gerichtsbezirksstädte Bennisch und Würbenthal mit je 300 Mitgliedern. In der Reihenfolge der Gründungsjahre sind zu nennen: Bennisch (1882), Würbenthal (1887), Groß-Herrlitz (1891), Frei-Hermersdorf (1902), Karlsthal (1905), Raase (1910), Lichtewerden, Breitenau-Markersdorf (1913), Lichten (1920), Eckersdorf (1923), Klein-Mohrau (1925), Rautenberg, Zattig (1930) und Brättersdorf (1933).

Weitere deutsche Turnvereine bestanden in Altstadt (mit Neudörfel), Engelsberg, Einsiedel, Ludwigsthal, Messendorf, Spachendorf und möglicherweise auch anderen Gemeinden, doch fehlen darüber nähere Unterlagen.

Stellvertretend für alle Turnvereine des Bezirkes Freudenthal folgen in Kurzform einige Auszüge aus dem Vereinsleben verschiedener Gemeinden. Die Gründung des Freudenthaler Turnvereines erfolgte 1862 mit 59 Mitgliedern. Geturnt wurde zunächst im Gasthof „Zum Goldenen Löwen" in der Neißer Stra-

ße. 1894 erhielt der Verein an der Nordseite des Deutschordensschlosses seinen ersten Turnplatz. 1867 wurde der Fabrikbesitzer Friedrich Kurzweil zum Obmann gewählt. Er stiftete dem Turnverein sodann 1871 eine schwarz-rot-gelbe Fahne. 1875 wurde der Eislaufplatz auf dem Stutenteich errichtet. 1884 wird dann als gesellige Einrichtung die „Turnkneipe" geschaffen, die in der „Sternberger Bierstube" ihre Zusammenkünfte abhielt. Im gleichen Jahre wurde auch das Damen- und Mädchenturnen eingeführt. 1890 wird bei der Stadt die Erbauung der Turnhalle beantragt. 1897 gründen Mitglieder des Turnvereines den Freudenthaler Eislaufverein sowie eine Zöglingsriege mit über 40 Zöglingen. Der Eislaufverein erbaute an der Südseite der Stadt den Eislaufplatz und einen Eislaufpavillon, der so ziemlich allen Bedürfnissen und Wünschen gerecht wurde. 1899 wurde Wilhelm Hamann zum Turnvereinsobmann gewählt. Als er aus Berufsgründen 1902 die Stadt verließ, wurde Viktor Köhler sein Nachfolger. Das 50jährige Bestehen des Vereines wurde 1912 mit einem eindrucksvollen Bezirksturnfest gefeiert. Die Lehrer Max Endlicher und Fritz Brand führten im selben Jahr das Schülerturnen ein. 1911 war der alte Turnplatz aufgelassen und dafür der neue Spielplatz in der Hospitalgasse errichtet worden. 1912 gründete Dr. Franz Seidler und sein Bruder Hans eine Skilaufabteilung. 1921 erhält der Verein den neuen Spiel- und Sportplatz hinter dem Mauthause zur Verfügung. 1922 wird die 60-Jahrfeier und 1942 das 80jährige Bestandesfest gefeiert. Die Kriegs-

Theateraufführung des Deutschen Turnvereines Freudenthal 1931

Herrenabteilung des Turnvereines Freudenthal 1922

verhältnisse gestatten jedoch nur noch ein begrenztes Turngeschehen. Viele Mitglieder haben sich um den Freudenthaler Turnverein verdient gemacht. Aus Raumgründen wollen wir uns mit der Nennung von drei Namen begnügen. Es sind dies der langjährige Obmann und stellvertretende Gauobmann „Turnkaiser" Konrad Heinz, der letzte Obmann Adolf Pilz und der unermüdliche Turnwart Alois Pietsch.

Auch der 1882 in Bennisch gegründete deutsche Turnverein zählte zu den bedeutenden Ortsvereinen. Als erster Turnraum diente die alte, leerstehende Fleischbank in der Nähe des Rathauses. Sie wurde bis 1891 zu Turnzwecken benützt. Dann erwarb man den Tillerschen Garten und stellte dort eine Holzhalle auf. 1910 kaufte man die Heinz'sche Scheuer in der heutigen Turnergasse und baute sie zu einer Turnhalle aus. Im gleichen Jahr wurde der angrenzende große Turnplatz seiner Bestimmung übergeben. Die Turnhalle erhielt 1923 einen Anbau und in späterer Zeit Wasch– und Duschräume. 1892 fand in Bennisch ein Bezirksschauturnen statt. Seither wird auch das Frauen– und Mädchenturnen gepflegt. Seit 1896 wurden vom Turnverein, meist gemeinsam mit dem Gesangverein, Sonnwendfeiern abgehalten, anfangs auf dem Hutberge, später zumeist auf dem Ziegenberge. Die erste Eisbahn befand sich auf dem Klosteich, 1902 wurde eine eigene Eisbahn auf dem alten Turnplatz errichtet, jedoch dann in die Vorstadt Aue verlegt. Bis 1930 unterhielt der Turnverein

auch eine vereinseigene Badeanstalt am Bleichteich der Firma Ludwig, dann wurde sie durch die Eröffnung des neuerbauten städtischen Freibades überflüssig. Im August 1912 feierte man das 30. Bestandesfest mit der Enthüllung des schönen Jahndenkmales auf dem Turnplatz. Um 1935 wurde eine Segelfluggruppe ins Leben gerufen, die in Eigenarbeit einen Schulgleiter erbaute. 1937 wurde das Vereinsleben durch den Entzug der Turnhalle entscheidend geschwächt. Die Turnhalle wurde von tschechischen Soldaten als Unterkunft verwendet. 1938 fuhren trotz des lahmgelegten Turnbetriebes rund hundert Vereinsangehörige zum großen Turnfest nach Breslau.

In Breitenau entstand im Jahre 1913 der Turnverein „Eiche". Gründer waren Schuhmacher Wilhelm Klaner und Werkmeister Karl Wolf aus Pochmühl. Der Verein gliederte sich in Turnriegen für Altherren, Frauen, aktive Turnerschaft sowie Jugend -und Schülerabteilungen. Erste Turnunterkunft war ein Saal der Erbrichterei Riedel, dann das Gasthaus Schaffer. Später wurde das Stallgebäude der Erbrichterei zu einer Turnhalle umgebaut. 1928 erwarb man zwischen der Oppa und der Bahnhofstraße einen eigenen Turn- und Spielplatz und errichtete u.a. aus heimischen Findlingen ein Jahndenkmal. Nach dem Verkauf der Erbrichterei benützte der Verein den neuerbauten Saal der Gastwirtschaft Schmidt als Turnhalle.

Der 1905 gegründete Turnverein Karlsthal veranstaltete be-

Turner des TV Rautenberg 1932

Rautenberg – Die Turnerinnen beim Turnfest 1932

Messendorf – Fahnenaufmarsch beim Bezirksturnfest 1933

reits vor 1911 ein großes Turnfest auf der Goldwiese. Während des Ersten Weltkrieges ruhte die Vereinstätigkeit. Im Februar 1919 wurde er dann von heimgekehrten Soldaten wieder zu neuem Leben erweckt. Mangels geeigneter Räume turnte man zuerst in einem Schupfen bei der Lohstampfe, später in den Veranden der Gasthöfe Hein bzw. Bartsch. Nach dem Wiederaufbau des 1923 abgebrannten Gasthauses Fischer wurde dann dessen Saal als Turnhalle benützt. Gemeinsam mit dem Deutschen Kulturverband und dem Bund der Deutschen veranstaltete man verschiedene Theateraufführungen, die regen Anklang fanden. In der Blütezeit des Karlsthaler Turnvereines wurden Schauturnen in den großen Sälen der Gemeinde durchgeführt und ein großes Turnfest auf dem Polakenplan abgehalten. Der Verein beteiligte sich, zum Teil mit beachtlichen Erfolgen, an den zahlreichen Gau- und Bezirksturnfesten u.a. in Freudenthal, Freiwaldau, Jauernig, Würbenthal, Olbersdorf, Breitenau und Messendorf. Auch am Deutschen Turnfest 1938 in Breslau waren Turnerinnen und Turner aus Karlsthal dabei.

Der Turnverein Lichten entstand 1920. Als Turnraum wurde der Saal im Gasthaus Müller benützt. Gepflegt wurden Geräteturnen, Gymnastik und Freiübungen. Gründer und erster Ob-

mann war der Lehrer Anlauf. Der Verein erreichte unter dessen Nachfolger, Wagnermeister Hans Krätschmer seine höchste Blüte. Krätschmer war ein hervorragender Turner und ausgezeichneter Organisator. Er übte auch die Stelle des Turnwartes aus. Während seiner Tätigkeit wurde das Mädchenturnen eingeführt, dazu das Volkslied und die heimischen Tänze mit Begeisterung gepflegt. 1930 baute der Verein unter seiner Leitung den Mühlteich des Josef Meißner zu einem Freischwimmbad aus. Es war mit einem Sprungbrett sowie Dusch- und Umkleideräumen ausgestattet. Jährlich veranstalteten die Lichtener Turner im Festgarten Müller ein Fest mit Schauturnen, das von weither besucht wurde. Als Turnwart Krätschmer und viele aktive Turner zur Wehrmacht eingezogen wurden, ging auch die Tätigkeit des Turnvereins zu Ende.

Abschließend die Beschreibung der Einheitskleidung der deutschen Turnerschaft, die sogenannte Turnerkluft. Die Turner trugen hochgeschlossene Blusen und lange Hosen aus

Turnerinnen TV „Eiche" Breitenau

Jahnmal-Enthüllung des Turnvereins „Eiche" Breitenau 1928

Turnverein „Eiche" Breitenau

grauem Loden sowie einen breitkrempigen grauen Hut, dessen rechte Seite hochgebogen war. Zur Kluft wurde ein weißes Hemd mit langer schwarzer Krawatte, die über dem Rock (außen) blieb, getragen. Die Turnerinnen trugen graue Lodenröcke und –jacken, weiße Blusen mit schwarzem Schlips sowie schwarze Strümpfe und Halbschuhe. Die Jungturner waren mit kurzer, grauer Lodenhose, grauem Hemd, schwarzem Dreiecktuch sowie weißen Kniestrümpfen und schwarzen Halbschuhen gekleidet. Die Jungturnerinnen trugen bunte Dirndlröcke, schwarze Miederleibchen und dazu weiße Kniestrümpfe und schwarze Halbschuhe.

Spendenmarken des Bundes der Deutschen für Müglitz, Olmütz-Neugasse und Zwittau

Eckersdorf, Volkstanzgruppe des Turnvereins auf der Bühne

Eckersdorf, Volkstanzgruppe auf dem Turnplatz

50jähriges Gründungsfest des Turnvereines Bennisch, 1932

Unsere Schutzverbände

Das schon im alten Österreich von den Tschechen begonnene Bestreben, ihre eigenen Volksgrenzen immer in die von den Sudetendeutschen bewohnten Gebiete hineinzuverschieben, rief bei diesen die deutschen Schutzverbände ins Leben. Im Zuge dieses Selbstschutzes war im Jahre 1880 der „Deutsche Schulverein" (der spätere Deutsche Kulturverband) und wenige Jahre später der „Bund der Deutschen" entstanden. Nach 1918 schufen beide Verbände eine gemeinsame „Hauptstelle für deutsche Schutzarbeit in den Sudetenländern", blieben jedoch organisatorisch selbständig. Ihr gehörte auch der „Metznerbund", Verein deutscher Kunstschaffender in Böhmen, Mähren und Schlesien an.

Der Bund der Deutschen

Der im Jahre 1894 in Prag gegründete „Bund der Deutschen in Böhmen", Sitz Teplitz-Schönau, hatte sich die wirtschaftliche und geistige Förderung und die Kräftigung des Deutschtums in Böhmen als Aufgabe gestellt. Mit gleicher Zielsetzung waren in einzelnen Regionen Böhmens und Mährens, teilweise bereits früher, ähnliche Bünde entstanden. (Deutscher Böhmerwaldbund 1884, Nordmähren 1886, Südmähren 1899). In Schlesien nannte sich dieser Schutzverband „Nordmark", in Anlehnung zu der für die Alpenländer (Steiermark, Kärnten u.a.) geschaffenen „Südmark". Die Nordmark wurde am 20.5.1894 als Verband für das österreichische Schlesien mit dem Sitz in Troppau gegründet. Sie hatte ihre Verbandszentrale in Troppau, Republikplatz 1. Nach dem Ersten Weltkrieg (1921) verfügten die tschechoslowakischen Behörden die Auflösung der Nordmark. Als Nachfolgeorganisation entstand der „Bund der Deutschen Schlesiens". Er zählte 1938 180 Ortsgruppen mit 23.357 Mitgliedern, davon allein in Troppau 2807. 1937 betrug sein Jahresaufkommen 523.000 Kronen. Der Wahlspruch des Bundes lautete „In Schlesien deutsch erhalten, was deutsch ist". 1934 schlossen sich die verschiedenen Regionalbünde zu einem Einheitsschutzverband zusammen. Bundesobmann wurde der um die deutsche Schutzarbeit sehr verdiente evangelische Pfarrer von Turn bei Teplitz, D. Gottfried Wehrenpfennig.

Der Bund der Deutschen förderte insbesondere die Sudetendeutsche Volkshilfe, den Freiwilligen Arbeitsdienst und das Büchereiwesen. Der langjährige Obmann für Schlesien war der Troppauer Rechtsanwalt Dr. Otto Wenzelides, der sich um die Erhaltung des Deutschtums große Verdienste erworben hat. Einer seiner schlesischen Wanderlehrer war der Volksschriftsteller Viktor Heeger.

Der Bund der Deutschen hatte in fast allen Gemeinden unseres Kreises Ortsgruppen bzw. Stützpunkte.

BdD-Spendenmarken Hohenstadt   Mähr.-Altstadt   Mähr.-Neustadt   Schildberg

Der Bund der Deutschen betreute Bundesbühnen, Laien-spielscharen, Schüler- und Waisenheime und war Besitzer der Deutschen Volksbuchhandlung in Komotau, ferner des Wia-Verlages und der Druckerei Wächter in Teplitz-Schönau. Im Jahre 1911 gründete der Bund der Deutschen eine eigene „Bundesbank", aus der sich die „Kreditanstalt der Deutschen", das größte Geldinstitut der Sudetendeutschen, entwickelte. Sie hatte die Aufgabe, den volkswirtschaftlichen Besitz des Sudeten-deutschtums zu bewahren, zählte 37.000 Genossenschaftler mit 40 Millionen Kronen Anteilskapital, 900 Millionen Einlagenkapital und eine Bilanzsumme von fast 1 Milliarde Kronen. Gleich nach der Besetzung des Sudetenlandes eröffnete die Deutsche Reichsbank am 17.10.1938 im Sudetenland 13 Reichsbankan-stalten.

Als in den Jahren der großen Arbeitslosigkeit viele junge Menschen ohne Arbeitsplatz und Einkommen waren, entstand auch im Bezirk Freudenthal eine Gruppe des sudetendeutschen Freiwilligen Arbeitsdienstes unter Führung des begabten Turners Gerhard Scholz (1915–1944). Er verstand es, seine Mann-schaft zum Bau des geplanten Oppafall-Touristenweges zu be-geistern. Mit ihm sollte ein Gebirgswanderweg zwischen Bad Karlsbrunn, der Schäferei und dem Altvaterturm geschaffen werden, um den Wanderer von der staubigen Autostraße auf ei-nen ruhigeren und gesünderen Weg abzulenken. Das Vorhaben wurde vom Deutschen Orden, vom Bund der Deutschen und vom Mährisch-schlesischen Sudetengebirgsverein unterstützt. Die Badeverwaltung Karlsbrunn stellte die erforderlichen Unter-künfte und der Bund der Deutschen die Geldmittel zur Verfü-gung. In zweijähriger, angestrengter Arbeit entstand ein muster-gültiger Touristenweg und erschloß damit erst vielen Wanderern einen gefahrlosen Zugang zum romantischen Oppafall und zur Schönheit unserer Altvatergebirgswelt. Sein Erbauer, Gerhard

Scholz, fiel als Oberleutnant im Januar 1944 im Raum von Le-ningrad. Noch nach seinem Tode wurde er für seinen Helden-mut – noch nicht 29 Jahre alt – zum Hauptmann befördert.

Der Deutsche Kulturverband

Vorläufer des Deutschen Kulturverbandes waren die „Deut-schen Schulvereine". Wie ihr Name besagt, förderten sie die Auf-gaben des Schulwesens und unterstützten arme und bedürftige Schüler. Zu den ältesten Ortsgruppen im Kreisgebiet zählten der „Schulpfennigverein" in Würbenthal, gegründet am 29.5.1885 und der 1886 gegründete „Schulkreuzerverein" in Einsiedel. Nach dem Ende des Ersten Weltkrieges wurde im Jahre 1919 der „Deutsche Kulturverband" mit dem Sitz in Prag errichtet. Er hatte sich die Aufgabe gestellt, die volkserhaltenden und volks-bildenden Bestrebungen der deutschen Bevölkerung in der Tschechoslowakischen Republik zu fördern und zu unterstüt-zen. Seine Tätigkeit war für unsere Volksgruppe von wesentli-

Helft dem Deutschen Kulturverband!

212

cher Bedeutung. Schon im alten Österreich wurde in den Sprachgrenzgebieten ein zäher Kampf um die Erhaltung des Deutschtums geführt, der sich nach der Gründung der Tschechoslowakei erheblich verstärkte. Die Schule wurde zum Politikum, denn in ihr bildet sich der heranwachsende Mensch seine Lebensan-

BdD-Spendenmarken Brüsau, Mähr.-Trübau, Mähr.-Schönberg

Die Bezirksjugendfürsorge

war eine öffentliche, überparteiliche Einrichtung zum Schutze von Kindern und Jugendlichen. Zur Vereinheitlichung dieser Fürsorgearbeit für die deutsche Jugend, zur Unterstützung der Gemeindeverwaltungen und zur Vertretung der Jugendbelange in der Öffentlichkeit wurde im Jahre 1908 die Deutsche Landeskommission für Kinderschutz und Jugendfürsorge in Böhmen mit dem Sitz in Reichenberg gegründet. Vorsitzender wurde der Gablonzer Bürgermeister Fischer. Leiter der Landesgeschäftsstelle wurde Dr. Hugo Heller, gebürtig aus Zwettlitz bei Teplitz (1875), gestorben 1942 in Krakau. Er hat sich um die Fürsorgearbeit hohe Verdienste erworben. Gleichartige Landesverbände entstanden sodann 1912 für Mähren und 1916 für Schlesien, die ihren Sitz in Troppau hatten. Um den Aufbau der Landeskommission für Schlesien hat sich ihr Geschäftsführer Hugo Klose aus Freudenthal (1897–1933) verdient gemacht. Die Landeskommissionen unterhielten in den einzelnen Gerichtsbezirken eigene Geschäftsstellen mit hauptamtlichen Fürsorgerinnen. Die

schauung und sein Nationalbewußtsein. Besonders große Gefahren bestanden für deutsche Schulen in bereits mehrheitlich tschechisch gewordenen Gemeinden, speziell in kleineren Orten, da hier nicht selten einst deutsche Schulen aufgelassen oder in tschechische umgewandelt wurden. Der Kulturverband unterhielt 1936 insgesamt 34 Schulen, 136 Kindergärten und 61 Tagesheimstätten und unterstützte zahlreiche andere Einrichtungen durch Bereitstellung von Lehr-und Lernmitteln. Er erwarb sich darüber hinaus große Verdienste um die Volksbildungsarbeit durch Beratungsstellen, Lichtbilddienst und Büchereien. Seit 1926 erschienen die „Mitteilungen des Deutschen Kulturverbandes". Er gab Jahrbücher, Kalender, Flugschriften, Bücher und Spiele heraus und vergab auch Preise für Schrifttum, bildende Kunst, Volkskunde und Volksarbeit.

Der Verband erhielt seine Einkünfte durch Mitgliedsbeiträge, Spenden und sonstige Einnahmen. In unserer Altvaterheimat fehlten die Spendenbüchsen des Deutschen Kulturverbandes bei keiner Feier. Es war üblich bei entsprechenden Familienanlässen seine Volkstumsarbeit durch eine Geldspende zu unterstützen. Sie war zumeist mit einer Eintragung in das örtliche „Goldene Buch" verbunden. Eine Einnahmequelle stammte auch aus dem Verkauf von Streichhölzern. Sie trugen eine Vignette „Deutsche Sicherheitszünder" und ein bestimmter Anteil aus dem Erlös floß dem Kulturverband zu. Bekannt war der Werbespruch „Der Gebrauch von Bundeszündern hilft unseren deutschen Waisenkindern!" Wir wurden als Kinder jedenfalls von den Eltern stets dazu angehalten beim Einkauf von Streichhölzer „Kulturverbandszünder" zu verlangen.

In sämtlichen Orten unseres Kreises bestanden Ortsgruppen des Kulturverbandes. Er unterließ strikt jede politische Tätigkeit.

Helft mit und verwendet die Karten der Deutschen Jugendfürsorge!
1 Reihe von 12 verschiedenen Bildern kostet KČ 6.—.
Versand ohne Nachn. durch: Verlag Karl Streer, Dauba

verwaltungsmäßige und organisatorische Arbeit der Jugendfürsorgestellen oblag in zahlreichen Fällen der Lehrerschaft unserer Schulen. Bezirksjugendfürsorgestellen innerhalb unseres Heimatkreises bestanden in Freudenthal, Bennisch und Würbenthal. Sie errichteten in fast allen Gemeinden Mütterberatungsstellen und veranstalteten Kurse in Fragen des Mütterschutzes und der Säuglingspflege. Die Jugendfürsorge vermittelte Erholungsfreiplätze und Kuren für kranke oder kinderreiche Mütter, verteilte Kleidung und Schuhwerk an bedürftige Familien und linderte durch ihr Wirken manche unverschuldete Not. Die Jugendfürsorge betreute auch Säuglingsheime und Kleinkinderbewahranstalten und führte für angehende Entlaßschüler psychotechnische Eignungsprüfungen und Berufsberatungen durch. Sie erleichterte damit den Jugendlichen den Übergang von der Schule in das Berufsleben. Im Jahre 1937 wurde durch die Arbeit der deutschen Jugendfürsorgestellen Hilfe für über 280.000 sudetendeutsche Kinder und Jugendliche mit einem Aufwand von 22 Millionen Kronen geleistet.

Gasthaus zum „Goldenen Hirschen" – Arbeiterheim in Freudenthal

Die Arbeiterbewegung

Mit dem Beginn der Industrialisierung in der zweiten Hälfte des 19. Jahrhunderts erstarkte das Klassenbewußtsein der Arbeiterschaft. Sie begann eigene Vereine ins Leben zu rufen. Diese setzten sich die Verbesserung der Lebens– und Arbeitsbedingungen der unbemittelten Bevölkerungsschichten zum Ziele. Es gehörte in jenen Jahren viel persönlicher Mut dazu, sich öffentlich für den Arbeiterstand einzusetzen. Die Unternehmer sahen es natürlich nicht gerne, wenn in ihren Betrieben Arbeitervertreter agitierten. Ein weiteres wichtiges Ziel war die politische Durchsetzung des allgemeinen, gleichen, geheimen und direkten Wahlrechtes, denn nach dem damaligen Wahlrecht gab es drei verschiedene Wahlkörper. Für die Einstufung in den jeweiligen Wahlkörper war der Steuersatz maßgebend. Im 1. Wahlkörper waren die sogenannten Virilstimmen (Einzelstimmen), daher nur wenige große Steuerzahler; im 2. Wahlkörper wählten die mittleren Steuerzahler und im 3. Wahlkörper die Masse der kleinen Steuerzahler. Da jeder Wahlkörper die gleiche Anzahl von Vertretern in den Gemeinderat (Landtag, Reichsrat) entsandte, konnten die Kandidaten des 1. und 2. Wahlkörpers mit weit weniger Stimmen als die des 3. Wahlkörpers gewählt werden. Wer keine Steuern zahlte, war auch nicht wahlberechtigt.

Der „Erste österreichisch-schlesische Arbeiterverein" wurde am 5.5.1868 in Troppau gegründet. Kurz nach 1870 entstand in Freudenthal der „Fachverein der Manufaktur der Weber und Tuchmacher", allgemein „Focha" geheißen. Seine Mitglieder erkannte man an ihren schwarzen breitkrempigen Hüten. Der Verein setzte sich die Arbeiterbildung sowie die Arbeitsvermittlung und die Krankenunterstützung zum Ziele, wobei die Hälfte des Beitragsaufkommens für Bildungszwecke zu verwenden war. Das Vereinslokal befand sich im Obergeschoß eines Wohnhauses der Floriangasse. Man richtete hier eine Arbeiterbibliothek, einen Vortrags– und Sitzungsraum sowie eine „Schwemme" zum Ausschank von Getränken ein. Am 1. Mai 1890 wurde auch in Freudenthal der erste Weltfeiertag der Arbeiter begangen. Man befürchtete Unruhen und besetzte die Stadt mit Militär. Der Tag verlief jedoch friedlich. Schlimmer kam es wenige Wochen später als in Bennisch und Freudental die Handweberstreiks begannen. Während der Weberstreik vom Juni 1890 in Bennisch, Raase, Spachendorf und Umgebung erfolglos verlief und wegen des Einsatzes von Militär jahrzehntelange Verbitterung in der Arbeiterschaft zur Folge hatte, konnten für die streikenden Handweber in Freudenthal gewisse Verbesserungen erreicht werden. Die Weber erhielten nunmehr für das Herrichten

der Webketten, das vorher nicht entlohnt wurde, einen Gulden mehr bezahlt. Die „Focha" erkannten sehr bald, daß sie seinerzeit ihre Statuten zu eng gesetzt hatten, denn sie durften nur Weber und Tuchmacher als Mitglieder aufnehmen. Sie lösten deshalb den Verein auf und ersetzten ihn 1893 durch den „Allgemeinen Arbeiterbildungsverein". Auch dieser mußte später erweitert bzw. umgestaltet werden und nannte sich danach „Allgemeiner Gewerkschaftsverein für beiderlei Geschlecht", in welchem auch Frauen Mitglieder werden konnten. 1901 wurde in Freudenthal ein Zweigverein des Gewerkschaftsverbandes „Union der Textilarbeiter", Sitz Reichenberg, gegründet. Dieser wurde in der Folgezeit zur stärksten Arbeitnehmerorganisation im Kreise. Bereits 1874 war der Freudenthaler „Arbeiter-Sängerbund" errichtet worden, dessen Chormeister Johann Nießner war. 1904 folgte die Gründung des Vereines „Arbeiterheim". Seine Mitglieder zeichneten Anteile von jeweils 20 österreichischen Kronen. Der Verein erwarb im Jahre 1906 die Gastwirtschaft „Goldener

Arbeiter-Turnverein Freudenthal

Hirsch" in der Olmützer Straße und schuf damit der Arbeiterbewegung einen zentralen Mittelpunkt. 1907 wurde im Arbeiterheim die „Sozialdemokratische Partei", Ortsgruppe Freudenthal gegründet. Als ihren Vorgänger auf politischer Ebene kann man den 1893/94 gegründeten „Wahlverein Vorwärts" ansehen. Aus dem einstigen Fachverein „Focha" ging der „Allgemeine Arbeiter-Kranken- und Unterstützungsverein" hervor, dessen Mitglieder aus freiem Entschluß dem Vereine beigetreten waren. Im Gegensatz hierzu entstanden etwa um die gleiche Zeit kraft Gesetzes die „Bezirkskrankenkassen", die auf Weisung der Bezirkshauptmannschaften ins Leben gerufen wurden. Beide Gremien machten sich längere Zeit gegenseitige Konkurrenz bis im Jahre 1919 die „Allgemeine" in die Bezirkskrankenkasse überführt wurde. Im gleichen Jahr fanden die ersten Wahlen nach dem neuen Wahlrecht statt. Hierbei erreichten die Freudenthaler Arbeiter einen Anteil von 1200 Stimmen und stellten damit den 1. Bürgermeister-Stellvertreter. Als solcher wurde Alois Scharnowell gewählt, der schon den Arbeiterbildungsverein und dann die Arbeiterpartei geführt hatte. Er übte sein Amt bis 1932 aus. Im gleichen Jahre fanden neuerlich Gemeindewahlen statt. Die Arbeitervertreter stellten mit 5 Stadtratssitzen und beiden Vizebürgermeisterstellen die stärkste Wählergruppe dar. Die Legislaturperiode dauerte bis 1938. In den verschiedenen Organisationen der Arbeiter wurde intensiv gearbeitet. Zu erwähnen sind der „Geselligkeitsverein Frohsinn", die "Kinderfreundebewegung", die „Sozialistische Jugend", die „Roten Falken", der „Bund proletarischer Freidenker", der Touristenverein „Naturfreunde",

10jähriges Bestandesfest der Arbeiterkapelle Bennisch, 1935

der „Arbeiter-Turn- und Sportverein ATUS", der „Arbeiter-Radfahrerverein", der „Arbeiter-Gesangverein" und die Musikkapelle „Lyra" des Musikunterstützungsvereines. Bekannte Arbeiterführer in Freudenthal waren u.a. Konrad Krumpholz, Alois Kinzel, Alois Scharnowell und Bürgermeisterstellvertreter Rudolf Schmidt.

Freudenthal – Die Filiale der Westschlesischen Arbeiter-Konsumgenossenschaft in der Tiergartenstraße

1938 überrundete die Sudetendeutsche Partei alle Mitbewerber und stellte auch den neuen Bürgermeister. Nach dem Anschluß vom Oktober 1938 wurden alle Arbeiterorganisationen aufgelöst.

So wie die geschilderten Verhältnisse in Freudenthal, so ähnlich waren sie auch in vielen Kreisgemeinden, insbesondere jedoch in den Bezirksstädten Bennisch und Würbenthal. Der Bennischer Arbeiterverein wurde am 22. 7. 1883 gegründet. Aus ihm entwickelten sich ebenfalls zahlreiche weitere Arbeiterorganisationen. Wohl die wichtigste von allen war der Verein „Arbeiterheim", der nach dem Kriege das renommierte Gasthaus „Felsenkeller" erwarb und es zu seiner Zentrale ausweitete. Der Verein „Arbeiterheim" für Würbenthal und Einsiedel entstand am 21. 7. 1903, der Arbeiter-Radfahrerverein bereits 1896. Weitere Arbeiter-Radfahrvereine bestanden in Bennisch, Freudenthal, Karlsberg, Karlsthal, Klein-Mohrau und Spachendorf. In den meisten Orten bestanden auch Arbeiterturn- und Sportvereine sowie Gesang- und Mandolinengruppen. Zweigvereine der Union der Textilarbeiter gab es in Bennisch, Freudenthal, Lich-

ten, Spachendorf und Würbenthal. In Würbenthal gab es außerdem Ortsgruppen des Verbandes der Glasarbeiter, der Holzarbeiter und der Eisen-und Metallarbeiter.

Erwähnung verdienen außerdem noch die „Arbeiter-Konsumgenossenschaften", die in Bennisch, Freudenthal und Würbenthal Filialen unterhielten, die der „Arbeiterkonsumgenossenschaft für Westschlesien" mit dem Sitz in Jägerndorf angehörten und möglicherweise noch weitere Verkaufsstellen in unserem Kreisgebiete hatten.

Das Arbeiterheim „Gasthaus Felsenkeller" in Bennisch

Der katholische Volksverein Bennisch 1928

Die katholische Volksbewegung

Die großen Zeitströmungen des 19. Jahrhunderts (Liberalismus, Sozialismus, Nationalismus) hatten es im Laufe der Jahrzehnte vermocht, den historischen Besitzstand der katholischen Kirche in Deutschland und Altösterreich in einem gewissen Umfang zu beeinträchtigen. So hörte die Kirche im katholischen Österreich nach 1870 auf, Staatskirche zu sein. Volkskirche ist sie indes immer geblieben. Von seiten der Kirche setzte etwa ab Mitte des 19. Jahrhunderts ein verstärkter Regenerationsprozeß ein. Zu diesem gehörte u.a. auch das vom Kölner Priester Adolf Kolping (1813–1865) begonnene Werk der Gründung von Gesellenvereinen. Kolping hatte sich frühzeitig der mit der beginnenden Industrialisierung zusammenhängenden sozialen Probleme der Arbeiterschaft angenommen. Er suchte nach neuen Wegen, um ihre wirtschaftliche Lage im Schutz der Kirche zu verbessern. Diese in Westdeutschland begonnene katholische Gründungsbewegung fand rasch auch in den österreichischen Ländern Anklang. Die Mitglieder der katholischen Gesellenvereine erhielten ein Wanderbuch. Dieses berechtigte die Gesellen in Orten, wo gleichartige Verbände bestanden, die dortigen Pfarrhöfe aufzusuchen und um Unterstützung vorzusprechen. In den örtlichen Gesellenhäusern konnten sie jeweils einmal kostenlos nächtigen. Es ist sicherlich kein Zufall, daß gleichzeitig mit den Gesellenvereinen die marxistisch-sozialistisch orientierten Ar-

beiterbildungsvereine entstanden. Beide Richtungen versuchten, die wenig erfreuliche Lage der Industriearbeiterschaft zu verbessern. Eines ihrer Ziele war die Hebung des Bildungsstandes durch allgemeine und fachliche Fort- und Weiterbildungskurse. Bald erkannte man den zu engen Rahmen, den man sich bei der Gründung der Gesellenvereine gesteckt hatte und erweiterte die Statuten, so daß alle Bevölkerungsschichten Mitglieder werden konnten. So entstanden aus den einstigen Gesellenvereinen die „Katholischen Volksvereine". Bis zum Untergang der alten Do-

Katholisches Vereinshaus in Freudenthal

Freudenthaler Katholischer Gesellenverein um 1900

naumonarchie unterstanden die deutschen Verbände in den Sudetenländern deren Zentralen in Wien. Von hier aus faßten die Kolpingvereine auch in unserer Heimat Fuß. Sie besaßen später in fast allen Städten eigene Vereinsheime. Eine der ältesten Gründungen ist der katholische Gesellenverein in Troppau, der 1894 sein Vereinshaus in der Teichgasse errichtete und über 1.000 Mitglieder zählte. Ein weiterer Schwerpunkt war in Nordmähren der Raum um Zwittau, wo die Priester Josef Schinzel, der spätere Olmützer Domkapitular und Weihbischof und der volkstümliche Karl Fritscher zu Beginn der neunziger Jahre jugendliche Industriearbeiter um sich sammelten. Auch die Stadt Freudenthal und ihr Umland war ein besonderer Stützpunkt des katholischen Vereinslebens. Dies lag vor allem daran, daß hier der Verwaltungsmittelpunkt des Deutschen Ritterordens beheimatet war. Seine Ordenspriester wirkten ebenso wie die übrigen Weltgeistlichen sehr erfolgreich in Seelsorge und Schule. Das schöne Vereinshaus in der Friedrich-Kurzweil-Straße in Freudenthal war ein Zentrum katholischer Sammlungs- und Bildungsarbeit. Nach dem Ersten Weltkriege schlossen sich die Gesellen- bzw. Volksvereine zum „Volksbund deutscher Katholiken für Nordmähren und Schlesien" zusammen. Als Zentralorgan erschien ab 1920 die katholische Wochenzeitung „Das Volk" (Jägerndorf). Erster Präsident des Volksbundes wurde der Freudenthaler Dechant und spätere DO-Hochmeister Robert Schälzky. Weitere führende geistliche Persönlichkeiten waren Weihbischof Dr. Josef Schinzel, Bundespräses Dr. Josef Kraft, Olmütz, und DO-Priester Dr. Alfons Jedelsky, Freudenthal (zuletzt Pfarrer von Bennisch). Der Volksbund betreute im Kreise Freudenthal u.a. die örtlichen Volksvereine von Altstadt, Bennisch (gegr.1887), Breitenau-Markersdorf (gegr.1922), Engelsberg, Freudenthal, Karlsthal, Lichten (gegr.1920), Raase (gegr.1914) und Würbenthal (gegr.1904).

Aus den Volksvereinen heraus entstanden zahlreiche neue katholische bzw. christlichsoziale Organisationen, darunter auf politischer Ebene die „Christlichsoziale Volkspartei". Sie konstituierte sich am 2.11.1919. An ihrem Aufbau war Dechant Schälzky maßgeblich beteiligt und vertrat von 1920–1925 ihre Interessen als Abgeordneter im Prager Parlament. Sein Nachfolger als Abgeordneter wurde Anton Schlusche aus Freudenthal. Die Partei errang bei den Parlamentswahlen von 1920 zehn, 1925 und 1929 je vierzehn und 1935 sechs Mandate. Sie schloß sich im Frühsommer 1938 gleich dem Bund der Landwirte im Zuge der Einigungsbestrebungen der Sudetendeutschen Partei an.

Aus dem Katholischen Volksverein heraus ist auch die „Christlichdeutsche Turnerschaft" (CDT) mit dem Sitze in Mährisch-Schönberg entstanden. Sie gliederte sich in 7 Turngaue mit 136 Zweigvereinen. Im Jahre 1934 gehörten ihr 7.608 Mitglieder, 1.490 Zöglinge und 7.111 Schüler an. In den Reihen der christlichdeutschen Turner befanden sich hervorragende Geräteturner. Einen nachhaltigen Eindruck ihrer Leistungsstärke hinterließen die christlichdeutschen Turner im Jahre 1932 bei ihrem großen Verbandsturnfest in Troppau.

In den örtlichen Volksvereinen besaß aber auch das kulturelle und gesellige Leben einen hohen Stellenwert. So besaß z.B. der Bennischer katholische Volksverein bereits 1895 eine eigene Gesangsektion, eine Theatergruppe und eine Harmonikaspielschar, und in den anderen Städten des Kreises war dies sicher ebenso. Die Bennischer hatten im Jahre 1908 ihr eigenes Vereinshaus in der Goldseifengasse erbaut und es anläßlich des 60jährigen Regierungsjubiläums „Kaiser-Franz-Josef-Jubiläumsheim" genannt. Nach dem Umsturz von 1918 hieß es nur noch „Jubiläumsheim" und daran änderte auch die Hitlerzeit nichts. Die Schülergruppen des Volksvereines nannten sich „Frohe Kindheit". Daneben bestanden der „Reichsbund der deutschen katholischen Jugend" mit dem Sitz in Reichenberg. Er hatte sich das Ziel gesetzt, die jungen Menschen zu lebendigem, praktischem Christentum und zur Erneuerung der Volksgemeinschaft im Geiste Christi hinzuführen. Bundesobmann war Richard Hakkenberg. Aus dem Reichsbund gingen aber auch Persönlichkeiten wie der Nixdorfer Jugendführer Hans Schütz und der Freudenthaler Buchhändler Eduard Schlusche hervor. Weitere Jugendbünde, insbesondere im Bereich der Hoch- und Oberschüler, waren der Bildungs- und Wanderbund „Staffelstein", der sich auf der Grundlage der katholischen Weltanschauung die geistige und körperliche Ertüchtigung der sudetendeutschen Jugend zum Ziele gesetzt hatte, und die katholische Abstinentenvereinigung „Quickborn". Diese forderte von ihren Mitgliedern die Enthaltung von Rausch- und Rauchgiften und hatte ihren Sitz in Braunau in Böhmen. Die „Staffelsteiner" bildeten auch am Realgymnasium Freudenthal eine beachtliche Studentengruppe.

Das katholische Vereinshaus in Würbenthal

Der Veteranenverein Würbenthal–Karlsthal um 1910

Der Kameradschaftsverein gedienter Soldaten

Diese Traditionsgemeinschaft wurde üblicherweise „Veteranenverein" genannt. Sie entstand wenige Jahre nach dem tragischen Bruderkriege von 1866 zwischen Preußen und Österreich. Der Verein nahm satzungsgemäß als aktive Mitglieder nur gediente Soldaten auf. Unterstützendes Mitglied konnte jedermann werden. Das gemeinsame Erlebnis eines meist mehrjährigen anstrengenden Militärdienstes sowie das Bewußtsein, dadurch seine vaterländische Pflicht erfüllt zu haben, förderten den Beitritt der abgemusterten Reservisten zu den Veteranenvereinen. Im alten Österreich waren sie zum Dachverband „Schlesischer Landesbund der Militärveteranen" zusammengeschlossen. Zweck der Veteranenvereine war die Pflege der Geselligkeit und die Unterstützung in Not geratener Mitglieder. Dazu dienten neben den Einnahmen aus Mitgliedsbeiträgen die Reinerträge aus Vereinsfesten und sonstigen geselligen Veranstaltungen. Vor dem Ersten Weltkriege trugen die Mitglieder bei festlichen Veranstaltungen eine Uniform bestehend aus einem dunkelblauen Waffenrock nach österreichischem Militärschnitt, schwarzer Hose, weißen Handschuhen und einem schwarzen Hut mit grünem Federbusch. Die Vereinsfahne war in den österreichischen Farben schwarz–gelb gehalten. Bei kirchlichen Festen rückten die Veteranenvereine in geschlossenen Formationen unter Voran-

tragen ihrer Fahne aus. Ebenso wurde den verstorbenen Kameraden durch Ausrücken mit der Fahne die letzte Ehre erwiesen. In der ersten Tschechoslowakei wurde gleich nach 1918 das Zeigen der schwarz–gelben Vereinsfahne und das Tragen der Federhüte verboten. Die meisten Vereine schafften sich in der Folgezeit eine neue, neutrale Fahne an. Zumeist wurde die alte Fahne verhüllt und die neue Fahne offen in der Kirche aufbewahrt. Die einstigen Federhüte wurden durch hohe schwarze Kappen, die jedoch keine Kokarden aufweisen durften, ersetzt. Der Name „Militärveteranenverein" wurde abgeschafft und durch den neuen Namen „Kameradschaftlicher Unterstützungsverein gedienter Soldaten" ersetzt. Selbstverständlich konnten auch die jüngeren Jahrgänge, die in der Tschechoslowakei aktiv gedient hatten, Mitglied werden. Das Gros der Mitglieder bestand jedoch aus Weltkriegsteilnehmern. In vielen Orten hielten Mitglieder des Veteranenvereines in der Karwoche beim Heiligen Grabe in der Kirche die Ehrenwache. Einzelne Vereine besaßen eine Ausrüstung mit altertümlichen Gewehren, mitunter auch eine kleine Kanone. Damit schossen sie bei Trauungen oder bei Begräbnissen Ehrensalven.

Zu den ältesten Vereinen Schlesiens zählt der im Jahre 1869 gegründete Militärveteranenverein Troppau. Er erfreute sich höchsten Wohlwollens, denn schon 1870 übernahm der österreichische Kaiser Franz Josef I. als Inhaber des in Troppau stationierten Infanterie-Regimentes „Kaiser" Nr. 1 das Protektorat über diesen Verein. In den vier Städten unseres Kreises entstanden um 1870 oder kurz danach eigene Veteranenvereine, so 1873 in Würbenthal. Insgesamt sind noch 17 Veteranenvereine bekannt. Bei einigen werden auch Mitgliederzahlen genannt, doch ist teilweise unklar, ob es sich nur um aktive oder auch um unterstützende Mitglieder handelt. Die Mitgliederzahlen sind im Anschluß an die Ortsnamen in Klammer angeführt: Altstadt, Alt-Vogelseifen (42), Altwasser (30), Bennisch (120), Boidensdorf (40), Breitenau-Markersdorf, Engelsberg, Einsiedel und Umgebung (160), Lichten (80), Lichtewerden (40), Ober—Wildgrub (20), Raase, Rautenberg (45), Spachendorf (50), Spillendorf, Würbenthal und Zossen (100).

Nach dem Anschluß an das Dritte Reich wurden die Veteranenvereine in den „Reichskriegerbund" eingegliedert.

Zwischen den beiden Weltkriegen bestanden in einigen Orten noch Vereine „Heimatsöhne im Weltkrieg". Dieser Verein wurde nach 1918 von den Troppauern Karl Mohr und Alfred Scharbert mit Gleichgesinnten als Traditionsverband der ehemaligen Angehörigen des Infanterie–Regimentes „Kaiser" Nr.1 gegründet.

Der Veteranenverein Altstadt

Feldmesse des Kameradschaftsvereines auf dem Bennischer Ringplatz

Fahnenweihe des Kameradschaftsvereines Breitenau – Markersdorf

Bennisch, Fahnenweihe des Veteranenvereines 20. 6. 1926

Das Infanterie-Regiment „Kaiser" Nr. 1

Das Regiment, zumeist „Kaiserinfanterie" oder „Einser" genannt, wurde im Jahre 1715 als kurtrierisches „Regiment zu Fuß Alt–Lothringen" errichtet und 1716 in kaiserliche Dienste übernommen. Regimentsinhaber waren seit 1745 die jeweiligen römisch–deutschen, ab 1806 die österreichischen Kaiser. Im Heere Prinz Eugens, des „edlen Ritters" kämpfte es 1716 bei Peterwardein und 1717 bei Belgrad gegen die Türken. Im Jahre 1740 kam es zum ersten Male nach Troppau. In den Schlesischen Kriegen war es an der Schlacht bei Mallwitz (1741) und an den Kämpfen von Czaslau und Prag (1742) beteiligt. In den Napoleonischen Kriegen gehörte das Regiment zur Rheinarmee unter Erzherzog Karl. Im Jahre 1800 verteidigte es gemeinsam mit anderen Verbänden die wichtige Festung Ulm gegen die Franzosen. Nach diesem glücklosen Unternehmen gehörte es 1809 zu den siegreichen Truppen Erzherzog Karls in der Schlacht bei Aspern. In den Befreiungskriegen standen die Kaiserinfanteristen unter dem Kommando Feldmarschall Radetzkys und kämpften auch in der Völkerschlacht bei Leipzig (1813) mit. 1821 kam das Regiment nach Neapel und anschließend nach Oberitalien, wo es 1848 bei Custozza und Vigentina gegen die Freischaren Garibaldis kämpfte. Im Jahre 1853 wurde dem Regiment die schlesische Landeshauptstadt Troppau als Standort zugewiesen. Es ergänzte sich seither bis zum Ende des Ersten Weltkrieges ausschließlich aus Schlesiern. 1859 war es wieder in Oberitalien und nahm an den Kämpfen von Magenta und Solferino teil. Im Bruderkrieg gegen Preußen stürmten die Einser am 27.6.1860 den heißumkämpften Kapellenberg bei Trautenau. Seither wurde der 27.6. alljährlich als Regimentsgedenktag begangen. 1879 nahmen die Kaiserinfanteristen an der Okkupation Bosniens teil. Sie kehrten 1882 nach Troppau zurück. Dort verblieben sie in voller Regimentsstärke bis zum Jahre 1908. Von 1895–1899 stand das Infanterie-Regiment Nr.1 unter dem Kommando des Freiherren Conrad von Hötzendorf. Er wurde später österreichischer Feldmarschall und war ein bedeutender Heerführer. Im Dezember 1908 wurde das 1. Bataillon in den Verband der bosnisch-herzegowinischen Truppen abkommandiert und erhielt Mostar als Standort zugewiesen. 1912 verließ der Regimentsstab mit dem 2. und 3. Bataillon Troppau und kam in die Festung Krakau. In Troppau verblieb lediglich das 4. Bataillon. Bei Kriegsausbruch 1914 verlegte man dann das Ersatzbataillon des I.R.1 von Troppau nach Bennisch, wo es bis 1918 verblieb. Das Regiment kämpfte am russischen Kriegsschauplatz bei Krasnik, vor Lublin, an den Ufern des San, des Dunajec und der Weichsel, insbesonders in den Schlachten von Iwangorod und Krakau. Das 1. Bataillon verteidigte in Serbien die Godunhöhe und den Silkovicarücken und kam 1915 nach Ostgalizien in den Raum Stanislau-Kalucz. Dann wurde es auf den italienischen Kriegsschauplatz verlegt und hielt in vier gewaltigen Isonzoschlachten die wichtige Höhe 303 bei Plava. Das Gros des Regimentes focht 1916 bei Okna, Kuty, Kolomea, Ottynia und Stanislau und war 1917 beim Durchbruch über Czernowitz hinaus beteiligt. Im Frühjahr 1918 kam es nach Venetien und war an den letzten Kämpfen an der Piave und in den Felsen des Col di Rosso beteiligt. Den Zusammenbruch der Monarchie erlebten die Einser bei Cavalese und im Brentatale. Dem Kommandeur, Oberst Alois Jirouschek, gelang es, sein Regiment geordnet über Trient nach Innsbruck zurückzuführen. In Hall in Tirol wurde es einwaggoniert und kam über Salzburg nach Linz, sodann über Bayern und Sachsen nach Ziegenhals in Preußisch-Schlesien. Von dort kam es nach

Troppau zurück, wo es am 17.11.1918 nach über 200jährigem Bestehen aufgelöst wurde. Im Ersten Weltkrieg wurden über 5800 Tapferkeitsmedaillen, darunter 33 Goldene, an Angehörige des Regiments verliehen.

Nach der Eingliederung des Sudetenlandes in das Reich erhielt das preußisch-schlesische Infanterie-Regiment Nr. 28 Troppau zum Standort. Es übernahm am 23.5.1939 die Tradition und die Fahne des einstigen Troppauer Hausregimentes „Kaiser" Nr.1. Regimentsinhaber wurde der in Troppau im Ruhestande lebende greise k.k. Feldmarschall, Eduard von Böhm-Ermolli.

Wohltätigkeitsveranstaltung der Stadtgemeinde Bennisch für das Infanterie-Regiment „Kaiser" Nr. 1 um 1916

Einser-Infanterie bei Wolbrom und an der Nyda

Vom ehemaligen Feldwebel Richard Kremser, Zossen bei Bennisch.

Ende Oktober 1914 mußte die I. Armee unter General Dankl infolge der allgemeinen Gefechtslage den Rückzug von Iwangorod antreten.

Das I. Armeekorps unter Führung des hervorragenden Generals Kirchbach, dem auch die 5. ITD. angehörte und in dessen Verbande sich auch die „Einser" befanden, stand im November 1914 in dem Raume Krakau-Kattowitz. Der rechte Flügel war an die Festung Krakau angelehnt, der linke Flügel war in Verbindung mit einer deutschen Armeegruppe, die in heißem Ringen vor Lodz stand. Diesen beiden Heeresgruppen war die verantwortungsvolle Aufgabe zugedacht, den Durchbruch der russischen Heeressäulen in das deutsche sowie angrenzende österreichische Industriegebiet Ostrau-Witkowitz aufzuhalten.

Der Gegner warf jedoch anfangs alle verfügbaren Kräfte gegen die Festung Krakau und ließ uns sogar einige Tage unbehelligt. Es kam nun der Befehl, möglichst viele feindliche Kräfte der anmarschierenden Armee abzulenken und festzuhalten. Zu diesem Zwecke wurden stärkere Nachrichtendetachements ausgesandt mit der Aufgabe, bis an die Anmarschlinie des Feindes vorzurücken, um den Gegner zur Entwicklung zu zwingen. Am 16. November war es unserem Nachrichtendetachement, bestehend aus der 14. Kompanie des IR. 1, einer Gebirgsbatterie und einer Kompagnie polnischen Jungschützen gelungen, die Russen über Wolbrom vor unsere Stellungen zu bringen.

Kommandant der 14. Feldkompagnie war der zwei Tage nachher gefallene Hauptmann Gröger. Kommandant des Detachement war der damalige Major Alois Jiroušek, Kommandant des IV./I. Baons, unser späterer Oberst-Regimentskommandant.

Am 17. und 18. November unterstützte unser Regiment die Angriffe unserer Nachbarregimenter IR. 13 und 54. Am 19. November gegen 4 Uhr nachmittags ging das ganze Regiment zum Sturmangriff über. Unter schweren Verlusten an Mannschaft und Offizieren gelang es uns, die feindlichen Stellungen zu besetzen.

In diesem Gefecht fielen unter anderen Offizieren auch Hauptmann Gröger. Er wurde von seinen getreuen Kampfge-nossen in Bydlin auf dem Ortsfriedhof neben der Kirche begraben. Ebenso Hauptmann Jaitner, der sich in der Nacht zum 19. November mit wenigen Getreuen seiner Kompanie zu weit vorgewagt hatte, in einem einzeln stehenden Haus vom Feinde umzingelt und beim Versuch, sich durchzuschlagen, niedergemacht wurde. Man fand ihn am nächsten Tag mit gespaltenen Kopf.

Auch das zu unserer Brigade gehörige, mit uns oft Schulter an Schulter kämpfende IR. 13 verlor in diesen Tagen seinen als hervorragenden Offizier bekannten Regimentskommandanten Oberst Krasser.

Am 20. November wurde der Angriff über Gotha-Wolbromska weiter vorgetragen, um am 21. November die Ortschaft Dluczecz zu nehmen. Hier kam der Angriff zum Stillstand.

Meine damaligen Kampfgenossen werden sich bestimmt noch an jenen Augenblick erinnern können, als an diesem Tage in den Nachmittagsstunden ein kleiner Zettel in der Schwarmlinie von Mann zu Mann weitergegeben werden mußte, auf dem wörtlich zu lesen stand: „Depesche vom Armee-Oberkommando. – Die heutige untergehende Sonne wird das Schicksal Rußlands besiegeln. Hindenburg schließt den Ring bei Lodz bis auf zwei Kilometer." Leider hat sich diese frohe Hoffnung wie so viele andere nicht bewahrheitet.

Bei der Ortschaft Dluczecz, nicht weit von dem polnischen Städtchen Wolbrom, lagen nun die „Einser" etwa drei Wochen in zähem Abwehrkampfe bis Mitte Dezember. In diesen Tagen übernahm FML. v. Habermann das Kommando der 5. ITD.

Nach den erfolgreichen Kämpfen unserer deutschen Nachbararmee an der Pilica war Mitte Dezember die Situation so weit, daß auch in unserem Gefechtsabschnitt am 17. Dezember an eine Vorrückung gedacht werden konnte.

Bereits am 20. Dezember erreichte unsere Division nördlich von Pinzow die Nyda. Das IR. 93, an diesem Tage als Vorhut der Division, erkämpfte den Übergang über die Nyda bei dem Dorfe Motkowicz. Das IV./I Baon als Divisionsreserve lag tagsüber in einem Meierhof in der Nähe der Ortschaft Jascziona. Um 1/2 3 Uhr nachmittags rückte unser Baon zum Regiment ein, das eine halbe Stunde entfernt an der Ortslisiere von Jascziona lagerte.

Es war ein wunderbar schöner, ruhiger Abend. Alle Nationen hatten sich um die Lagerfeuer versammelt und sangen ihre Volks- und Heimatlieder. Wenn die einen aufhörten, fingen die andern an. Deutsche, Tschechen und Polen. Ohne sich gegenseitig anzustänkern. Selten werden wohl aus rauhen Soldatenkehlen unsere Heimatlieder so voll Andacht und Wehmut gesungen worden sein als wie an jenem Abend vor Jascziona.

Als letztes sang Korporal Speil (wenn ich nicht irre war er Lehrer in Wiese bei Jägerndorf) „Das Heidegrab". Und als der Gesang verklungen war, weilten die Gedanken jedes Einzelnen in Anbetracht des nahenden Weihnachtsfestes bei seinen Lieben zu Hause. Wohl keiner ahnte von uns, daß hunderte Kameraden den Sonnenaufgang am nächsten Morgen nicht mehr erleben werden.

Es war bereits halb 9 Uhr abends, als das III. und IV. Baon in Jascziona Alarmquartiere bezogen. Das II. Baon war Platz halber bis in die nächste Ortschaft marschiert.

Schon um halb zwölf Uhr nachts wurden wir alarmiert. Kaum hatten wir das bodenlos dreckige Dorf verlassen und waren auf die feste Straße gekommen, kam der Befehl: „Bajonett auf! Nicht rauchen! Größte Ruhe!"

Lautlos tappten wir, jeder mit seinen eigenen Gedanken, in die stockfinstere Nacht hinein. Unterwegs schloß sich uns knapp vor Motkowicz das II. Baon an. Es konnte höchstens 3 Uhr sein, als wir im letztgenannten Orte einlangten. Wir legten uns alle, wo wir gerade standen, todmüde auf die Straße hin, links von uns die 93er und warteten, bis unsere Offiziere aus dem nahen Gutshof von der Dispositionsausgabe zurückkamen. Ich hörte, wie Feldwebel Hausner (nachher Leutnant) seinen Kompaniekommandanten Oberleutnant i. d. R. Anders der 15. Kompagnie fragte, was los sei. Dieser gab ihm zur Antwort: „Nichts! – Bet' dein letztes Vaterunser!" Damit wollte er genug gesagt haben.

Um vier Uhr früh hieß es: „Auf! – Vorwärts!" Wir marschierten noch geschlossen in Marschkolonne über die hölzerne notdürftig hergestellte Nydabrücke, auf der mit hohen Linden und Pappeln besetzten Straße weiter.

Entlang der Straße zogen sich links und rechts ziemlich breite, jedoch nicht zu tiefe Wassergräben, sogenannte tote Arme der Nyda, deren Ufer stellenweise Kilometer weit versumpft sind.

Nach ungefähr einhalbstündigem Marsch wurde einzeln abgefallen und links von der Straße abgebogen. Die Ersten durften noch auf einzelnen Brettern und Balken über einen solchen Wassergraben hinüber balanzieren. Da das jedoch zu lange dauerte, mußten wir in Doppelreihen durch das eisig kalte Wasser.

Lautlos wurde in Gefechtsformation übergegangen. Damit die Verbindung nicht verloren gehen sollte, wurden die Gewehre umgehängt und einander die Hände gegeben. Unter Vermeidung jeden Geräusches ging es in Schwarmlinie vorwärts, als Direktion ein einzelner, tiefstehender Stern am östlichen Himmel. Nur hie und da fiel ein Schuß am rechten Flügel, vor uns unheimliche Ruhe. Unaufhaltsam ging es weiter über versumpfte Wiesen bis wieder zu einem künstlich angelegten Entwässerungsgraben, der aber übersprungen werden konnte. Am jenseitigen Damm lagen die feindlichen Horchposten, die aber zum Glück für uns geschlafen haben mußten, denn wir sprangen ihnen direkt auf die Gewehre.

Ein solcher Posten schlug in nächster Nähe sein Gewehr auf unseren Kompaniekommandanten Lt. i. d. R. Emil Hoffmann an. Der neben ihm befindliche Reservekorporal Schindler, der bald darauf selbst verwundet wurde, schoß den Russen im letzten Augenblick nieder und rettete dadurch unseren Kompaniekommandanten. Er erhielt für seine geistesgegenwärtige Tat nachher die Silberne zweiter Klasse.

Darauf einmal links und rechts vor uns ein mörderisches Infanterie- und Maschinengewehrfeuer. Wir liefen mit gefällten Bajonetten noch einige Schritte vor uns standen auf den starken, eingedeckten, mit zahlreichen Schießscharten versehenen feindlichen Stellungen. Die Russen schossen noch, als wir ihnen sozusagen schon auf den Köpfen standen. Die 15. Kompagnie nahm in ihrem Abschnitt 194 Russen gefangen.

Mir gelang es mit meinem Schwarm in einem Hause beim rückwärtigen Tor des Meierhofes von Kliszov 56 Russen mit einem Fähnrich als Kommandanten gefangen zu nehmen. Der ehemalige Rechnungsunteroffizier Schmidt nahm mit seinem Zug zwei russische Maschinengewehre und 26 Mann gefangen. Reservezugsführer Adolf Weintritt (aus Lichten) umging ein Haus, wodurch zwei Maschinengewehre samt Bedienungsmannschaft gefangen genommen werden konnten. Die 14. Kompagnie und der 1. Zug der 16. Kompagnie gingen noch über die Dorfstraße vor, mußten aber beim Morgengrauen infolge sehr starken, wirkungsvollen feindlichen Feuers wieder bis in den Meierhof zurück.

Da es ausgeschlossen war, diese große Anzahl von Gefangenen bei Tag durch den völlig eingesehenen, im Infanteriefeuerbe-

Die Regimentsfahne der „Einser"

reich gelegenen Raum zurück zu eskortieren, wurden Reservezugsführer Burkert (später Offiziersstellvertreter) und ich mit 25 Mann zur Bewachung dieser Gefangenen in den Hof und in die Stallungen des Meierhofes befohlen. Erst am Abend nach Einbruch der Dunkelheit wurden die Gefangenen von den Regimentspionieren abgeholt.

Die Verluste seit dem Sturm auf den Meierhof und die Ortschaft Kliszow wurden auch tagsüber von Stunde zu Stunde größer, obwohl wir nicht mehr weiter vorgingen und nur die Ortschaft besetzt hielten Die Lage wurde immer kritischer. Die Russen schossen uns die Häuser über den Köpfen in Brand, vor uns starke, mehrfach hintereinander liegende feindliche Stellungen, hinter uns versumpftes, deckungsloses Terrain.

Furchtbar war der Augenblick, als das Getreideschüttgebäude, in dem wir unsere verwundeten Kameraden geborgen hatten, um sie wenigstens vor dem verheerenden Infanterie- und Maschinengewehrfeuer zu schützen, von feindlichen 18-Zentimeter-Granaten getroffen wurde. Der ebenerdige Raum dieses langen Gebäudes war überfüllt, als die schweren Granaten das Dach samt dem massiven Gebälke mitnehmend, unter den Verwundeten krepierten und diese noch bis in den Keller hinabriß. Zum Steinerweichen war das Hilferufen, Stöhnen und Wimmern unserer armen Kameraden, und doch konnten wir ihnen nur wenig helfen, da an einen Abtransport der Verwundeten auch nicht gedacht werden konnte.

Nun will ich wenigstens die Tat eines der vielen Helden jenes Tages der Vergessenheit entreißen, und zwar die unseres Tragtierführers Pelz von der 16. Feldkompagnie. Mit zwei vollen Brotsäcken und einem halbvollen Sack auf dem Rücken kam dieser treue Gebirgsbursche von Motkovicz, vom anderen Ufer der Nyda, über die stets unter schwerstem Artilleriefeuer liegende und zerschossene Brücke, und schleppte uns den ganzen Tag Munition zu, trotzdem ihn die Russen auf seinem Weg fortwährend mit Gewehrsalven bedachten. Als er abends das letztemal herüberkam, sagte er zu mir: „Herr Zugsführer, jetzt komme ich als Abbrändler, die verdammten Russen haben mir das Häusel, wo ich mein Tragtier eingestellt hatte, in Brand geschossen. Dar Brauna ies mir a mitsamt nen Inventar verbrannt!" – Dabei zerdrückte er eine Träne im Auge. Tragtierführer Pelz (leider weiß ich nicht mehr, woher er war) erhielt später, zu unserer Freude, nicht die sogenannte Tragtierführerauszeichnung (Eisernes Verdienstkreuz ohne Krone), sondern die Silberne Tapferkeitsmedaille.

Gegen Abend kam der Befehl: „Nach Eintritt der Dunkelheit ist unser Angriff weiter fortzusetzen!" – Es war dies ein schlagender Beweis über die Unkenntnis unserer Gefechtslage an maßgebender Stelle. Unser unvergeßlicher Leutnant Korte sagte treffend: „Wir bekommen den Befehl zum Angriff und die Russen werden ihn ausführen." Wie es dieser junge, ausgezeichnete Offizier, der leider Ende Feber 1915 bei Stanislau als Bataillonsadjutant fiel, voraussagte, geschah es auch. Schon nach Einbruch der Dunkelheit wurde das feindliche Feuer immer stärker. Zwei feindliche Angriffe brachen in unserem Infanterie- und Maschinengewehrfeuer zusammen. Die eigene Artillerie konnte uns infolge mangelnder Aufklärung wenig unterstützen. Kurz vor Mitternacht erfolgte der dritte Angriff der Russen. Sie kamen jetzt in Massen, Kolonnen auf Kolonnen. Wir wehrten uns verzweifelt jeder einzelne schoß, was er imstande war. Es brach ein fürchterliches Schnellfeuer los. Unsere Maschinengewehre knatterten unaufhörlich, das Wasser in ihnen kochte. Stabsfeldwebel Onderka und Zugsführer Jadwiček bedienten ihre dampfenden Maschinengewehre, bis sie den letzten Gurt verschossen hatten.

Der Hauptstoß erfolgte auf unser II. und III. Baon, die buchstäblich überrannt wurden. Die bei Offizieren und Mannschaft gleich beliebten Hauptleute Metzner, Kristinus und Fox zeichneten sich hier besonders aus. Als sich Hauptmann Kristinus (heute als Oberst i. R. in Alt-Erbersdorf bei Bennisch) beim letzten Ansturm der Russen plötzlich allein sah, warf er, um nicht herauskannt zu werden, seine Kappe weg und stürmte mit gezogenem Säbel im Schutze der Dunkelheit mit den Russen vorwärts, bis es ihm wieder gelang, zu uns zu kommen.

Unter Zurücklassung sämtlicher gefallenen und verwundeten Kameraden konnte sich ein verhältnismäßig nur kleines Häuflein unseres Regimentes an das jenseitige Ufer der Nyda retten. In einem Walde westlich von Motkowicz sammelte sich der Rest des „Einser"-Regimentes, das in diesem unglückseligen Gefechte weit über tausend Mann verloren hatte.

Am nächsten Tag außerhalb der Gefechtslinie übersahen wir erst unsere schrecklichen Verluste. Vom 2. Baon hatte eine Kompagnie 3, eine 5 eine 7 Mann Feuergewehrstand. Von meiner, der 16. Kompagnie waren von 127 Mann 19 übrig geblieben; als einziger Offizier Fähnrich i. d. Ref. Leo Beier, später Baonsadjutant im III/I. Die äußerste rechte Flügelkompagnie (15. Kompagnie), war mit ungefähr 50 Mann davongekommen. 13 Feldküchen kochten fürs Regiment (12 Kompagnie- und eine Stabsküche). Nach dem 21. Dezember kochten eine Zeitlang nur drei Küchen. Zwei für den Rest des Regimentes und eine für den Stab. Das IV./ I. Bataillon wurde aufgelöst bzw. führte von hier ab die Nr. III./I.

Zum hl. Abend 1914 waren wir wieder in dem Drecknest Jascziona. Es waren dies wohl die traurigsten Weihnachten des ganzen Krieges. Liebesgaben erreichten uns dort noch nicht. Wir brachten den Abend ohne Nachtmahl in einer fast leeren, alten hölzernen Scheuer zu. Nur die Füße konnten wir uns ins Stroh stecken. Wer im Besitze einer Kerze war, pickte sie auf ein zwischen den Knien aufgestelltes Scheit Holz, das uns den Christbaum ersetzen mußte. Wir setzten uns schweigend im Kreise zusammen und entzündeten unsere spärlichen Lichtlein. Reservezugsführer Rosner (Onkel Rudolf aus Braunsdorf) stimmte mit kaum hörbarer Stimme „Stille Nacht, heilige Nacht . . ." an. Wir setzten, dem Weinen nahe, leise dazu ein. Und als die letzte Strophe des herrlichen Liedes gleich einem Hauch verklungen war, standen jedem von uns die Tränen in den Augen. Heiligste Ruhe herrschte, keiner sprach ein Wort um ja nicht seinen Kameraden in seinen in der Heimat weilenden Gedanken zu stören. Ein Lichtlein nach dem andern erlosch, ein müdes Haupt nach dem andern neigte sich zur Seite, mit dem letzten Gedanken bei seinen Lieben zuhause. Das war unser erster heiliger Abend im Felde. Ob die anderen Kameraden bessere Weihnachten feiern konnten als wir, ist mir nicht bekannt.

Zum Schluß will ich noch jenes Augenblickes gedenken, der uns allen, die wir ihn noch miterleben durften, unvergeßlich bleiben wird. Und das war jene Stunde, als unser Korpskommandant General Kirchbach auf Lauterbach am 12. Jänner 1915 zwischen Mierscwin und Belk mit seinem Stab zu uns geeilt kam, um uns seinen Dank und die Anerkennung persönlich auszusprechen. Das Regiment hatte in einer seichten Mulde, gegen feindliche Sicht gedeckt, in „Masse" Aufstellung genommen. Unter den Klängen der Volkshymne kam der Generalstab dahergesprengt. Der Korpskommandant machte vor der Mitte der Front Halt und begrüßte uns mit folgender Ansprache: „Einserinfanterie, ich bin heute zu euch hergeeilt, um euch meinen persönlichen Dank und die Anerkennung für euere Heldentaten auszusprechen. Ihr führt mit Recht die Nummer 1. Ihr werdet die ersten sein, deren Heldentaten dereinst mit goldenen Lettern in der österreichischen Heeresgeschichte verzeichnet stehen wird. In eueren Adern rollt noch das Blut euerer Väter von Königgratz und Trautenau . . . Ihr alle verdient ein sichtbares Zeichen der Anerkennung, leider ist es mir nur gegönnt, die Tapfersten von euch Tapferen zu dekorieren. Die größte Ehre, die ich euch als euerer dankbarer Kopskommandant zuteil werden lassen kann, will ich euch erweisen." – Darauf schwang er sich vom Pferde, entblößte sein graues Haupt, marschierte festen Schrittes auf unsere Fahne zu und küßte diese sichtlich tief bewegt. In diesem Augenblick hättet ihr unseren alten Oberst-Brigadier Adalbert von Kaltenborn sehen sollen, er wischte sich gleich uns etwas aus den Augen und fühlte sich dabei bestimmt als „alter Einser". Nach diesem ergreifenden Augenblick sprach sodann der General weiter: „Und noch eine Ehre will ich euch zuteil werden lassen, ich habe euch einen Prinzen mitgebracht und dem befehle ich, daß er der ältesten zu dekorierenden Mannschaftsperson die Tapferkeitsmedaille selbst auf die Brust heftet." Wenn ich Recht habe, war es Reservefeldwebel Hausner (später Leutnant), den nun der Bruder des Thronfolgers, Prinz Max, Fähnrich im 4. Ulanen-Regimente, dekorierte. Auch die heldenmütige Maschinengewehr-Mannschaft mit Stabsfeldwebel Onderka wurde vom Prinzen Max noch besonders ausgezeichnet. Mit einer Defilierung endete die ernste Feier, die wohl einen der ruhmreichsten, zugleich aber traurigsten und verlustreichsten Abschnitte in der Regimentsgeschichte unserer „Einser" im unglückseligen Weltkrieg bilden wird.

Das Ehrengrab der in Bennisch verstorbenen Soldaten des Ersatz-Bataillons des Infanterie-Regimentes „Kaiser" Nr. 1

Die „Einser"-Wiedersehensfeier in Freudenthal

In den Tagen vom 27.-29.6.1931 fand in Freudenthal das große Wiedersehensfest der ehemaligen Angehörigen des Infanterie-Regimentes „Kaiser" Nr.1 statt. Die ganze Stadt war festlich beflaggt, und die „Freudenthaler Zeitung" entbot allen Teilnehmern einen eindrucksvollen Willkommensgruß. Der Begrüßungsabend im Katholischen Vereinshaus bot eine reiche Vortragsfolge mit ernsten und heiteren Darbietungen. Am Vormittag des 28.6. nahmen viele Tausende ehemaliger Angehöriger an der Totenehrung vor dem Kriegerdenkmal teil. Am Nachmittag bewegte sich ein noch nie dagewesener Riesenfestzug durch die Stadt zum Festplatz im Antonspark. Alle ehemaligen Regimentsangehörigen trugen als Schmuck und Festabzeichen auf der linken Brustseite Eichenblätter. Alles verlief überaus diszipliniert und reibungslos. Eine „Einser-Erinnerungsausstellung" im Feuerwehrgerätehaus mahnte zur Nachdenklichkeit über das Schillerwort „Der Menschheit Würde ist in Eure Hand gegeben". In ihr waren weder Waffen noch Rüstzeug zu sehen, denn bewußt wurde alles vermieden, was als Verherrlichung des Krieges hätte ausgelegt werden können. Besondere Verdienste um das Gelingen dieses einmaligen Wiedersehensfestes hatte sich der „Einser"-Oberstleutnant a.D. Wilhelm Loy, Edler von Sternschwert, Gutsbesitzer in Mladetzko bei Troppau, erworben. Er verfaßte u.a. eine ausführliche Regimentsgeschichte. Nach dem Ende des Zweiten Weltkrieges hatte Loy in tschechischen Lagern Schweres zu erdulden. Er starb 1950 als Heimatvertriebener in Grimoldsried in Bayern.

Die Einser-Wiedersehensfeier in Freudenthal 27. – 29. 6. 1931

Wiedersehensfest der ehemaligen „Einser"

Volksschule

Fürst Lichtenstein'sches Forsthaus

Gruß aus Adamsthal

Warenhaus Wilhelm Koppitz

Gemeinde - Gasthaus

Adamsthal mit Forsthaus, Schule, Gaststätten und Kaufhaus

Kreisgemeinden

Adamsthal

Die Gemeinde Adamsthal soll im Jahre 1712 vom Fürsten Adam von Liechtenstein gegründet worden sein. Die Anfänge der Besiedlung gehen wahrscheinlich bis in die Zeit nach dem 30jährigen Krieg zurück. Adamsthal wurde am 23. August 1710 das erste Mal urkundlich erwähnt. Es handelt sich dabei um ein Schreiben an den Fürsten von Liechtenstein aus dem Jägerndorfer Kammerarchiv, aus dem hervorgeht, daß die Bewohner von Adamsthal ihre 48 Häuser auf eigene Kosten erbaut haben. Ferner wird darin gebeten, daß das größte Haus als „Erb-Kretschm"-Gasthaus, und als Zusammenkunftsraum für die Gemeinde verwendet werden kann. Die nächsten Schriften stammen aus dem Jahre 1773, sie befinden sich im Archiv vom Fürstentum Liechtenstein in Vaduz. Hierbei handelt es sich um Aufzeichnungen von Robotleistungen der Adamsthaler Bürger an den Fürsten von Liechtenstein. Aus den Aufzeichnungen geht noch hervor, daß zu dieser Zeit in Adamsthal schon 61 Häuser standen.

Adamsthal gehörte ursprünglich zu der Katastralgemeinde Alt-Bürgersdorf, Kreis Jägerndorf.

Laut Teilungsbeschluß vom 4. September 1868 wurde Adamsthal vom Gemeindeverband Alt-Bürgersdorf ausgegliedert und die Konstituierung als selbständige Katastralgemeinde bewilligt. Adamsthal bekam eine Gemeindefläche von 173 Hektar.

Gemäß dem Ergebnis der Volkszählung vom 15. Februar 1921 hatte Adamsthal 68 Häuser mit 70 Wohnparteien. Die Bevölkerung betrug 242, davon 108 männlich und 134 weiblich. Katholisch waren 111 Personen und 131 waren evangelisch. Im Jahre 1939 hatte Adamsthal eine Bevölkerung in Höhe von 262 Personen. Die Einwohner lebten größtenteils von der Landwirtschaft,

Adamsthal, gegr. 1712, benannt nach Fürst Adam von Liechtenstein

Adamsthal, Blick von der Anhöhe auf das Dorf

Bauernhaus in Adamsthal – Federzeichnung R. Tamm

es gab auch viele Holzfäller und Holzfuhrwerker. Die Frauen gingen als Kulturarbeiterinnen in den Wald. Einige Männer arbeiteten auf den Brettsägen in Karlsthal, als Maurer oder Tischler in Würbenthal oder als Arbeiter in Witkowitz und Ostrau. Adamsthal hatte zwei Gasthäuser, das Erbgericht und das Gemeindegasthaus. Es waren auch zwei Lebensmittelgeschäfte vorhanden.

Adamsthal hatte eine Länge von ca. 1,3 km und lag in einer Seehöhe von 500 Metern. Es gehörte zum Gerichtsbezirk Würbenthal und zur Pfarrgemeinde Karlsthal. Das Dorf war mit einer Bezirksstraße von ein km Länge mit der Hauptstraße von Karlsthal nach Hirschberg verbunden. Vom Dorf führte ein Flurweg nach Ober-Hillersdorf sowie Fußwege nach Hirschberg, Eiben, Einsiedel, Würbenthal und Karlsthal. Um die Jahrhundertwende war Heinrich Weimann Bürgermeister von Adamsthal, bis 1919 Hermann Steiner, dann Rudolf Czasch, in den Dreißigerjahren Adolf Franz und bis 1945 Bruno Koppitz.

Der berühmteste Sohn von Adamsthal war der Hochmeister des Deutschen Ordens Paul Heider. Die Vorfahren des Filmschauspielers Willi Fritsch stammten ebenfalls aus Adamsthal.

Im Jahre 1946 wurden alle Adamsthaler aus ihrer Heimat vertrieben. Der erste Transport ging im Juni 1946 nach Westdeutschland. Dann folgte ein Transport im September 1946 und zwei Transporte im Oktober 1946.

Ortsbetreuer von Adamsthal war von 1946 bis 1970 Bruno Koppitz, danach Bruno Weber.

Adamsthal besteht nicht mehr. Der Friedhof ist verschwunden, sämtliche Häuser und Nebengebäude wurden abgerissen. Heute finden wir in Adamsthal nur eine große Viehunterstellhalle und ein kleines neuerbautes Haus für Viehhirten.

Adamsthal, Holzschnitt von Rudolf Tamm

Adamsthal, Alt-Schlesisches Wohnhaus

Adamsthal, Geburtshaus von Hochmeister, Propst Paul Heider

Alt-Erbersdorf, Teilansicht Oberdorf in Richtung Bennisch

Alt-Erbersdorf

Das langgezogene Reihendorf Alt-Erbersdorf liegt vier Kilometer südöstlich von Bennisch in einem windgeschützten, sonnigen Tal zwischen sanft ansteigenden Hügeln, deren Höhen mit Nadelwald bedeckt sind. Das Tal ist nur nach Süden hin offen und dadurch klimatisch sehr begünstigt. Das Dorf wird vom Altwasserbach durchflossen, der aus dem Barbarastollen im Bennischer Stollenried entspringt und bei Eckersdorf in die Hoßnitz mündet.

In der Dorfmitte kreuzen sich bei der Sandler-Mühle zwei Bezirksstraßen. Die eine führt in südöstlicher Richtung von Bennisch nach Boidensdorf, die andere in nordöstlicher Richtung von Spachendorf nach Frei-Hermersdorf. Die am 29. Juni 1892 in Betrieb genommene Bahnstrecke von Troppau nach Bennisch liegt wegen Ablehnung unserer Gemeinde auf Frei-Hermersdorfer Grund und führt nur zwei Kilometer entfernt an Alt-Erbersdorf vorbei. Die nächsten Bahnstationen sind frei-Hermersdorf und Bennisch.

Alt-Erbersdorf weist eine durchschnittliche Seehöhe von 470 m auf. Das Katastralausmaß beträgt 1027 ha. Davon entfallen 677 ha auf Ackerbauflächen und 350 ha auf Waldgebiete. Der sogenannte Herrschaftswald umfaßte 300 ha und gehörte zum Besitz der Gutsherrschaft Groß-Herrlitz des Grafen August von Bellegarde. Die restlichen 50 ha Wald verteilten sich auf 30 Landwirte und die Gemeinde. In alten Urkunden wird der Ort Erwigsdorf, Erbsdorf oder Erbesdorf genannt. Der Name weist auf den Mitbegründer der Stadt Bennisch, Erwig, hin. Die Grün-

dung fällt in die Zeit nach 1253. Im Streit um die böhmische Königskrone zog 1474 der ungarische König Mathias Corvinus gegen den polnischen König Wladislaus als Mitbewerber um die Wenzelskrone und zerstörte mit seiner „Schwarzen Legion" im Troppauer und Jägerndorfer Gebiet Burgen und Schlösser und legte zahlreiche Dörfer in Schutt und Asche. Hierbei wurden u. a. um Bennisch die Dörfer Rudelsdorf, Hartmannsdorf, Erbersdorf, Schwarzendorf und Mladotsdorf vollkommen verwüstet.

Alt-Erbersdorf lag noch 1512 wüst da. Es wurde in der Mitte des 16. Jahrhunderts wieder aufgebaut.

Alt-Erbersdorf, Kirche und Gemeindehaus

Alt-Erbersdorf, Filialkirche zum Hl. Wenzeslaus

Alt-Erbersdorf, Kirche Innenansicht

Die Sandler-Mühle in Alt-Erbersdorf,
sie bezog ihren Antrieb vom Altwasserbach

Die gräflich Bellegardische Försterei in Alt-Erbersdorf

Zur Gemeindeflur von Alt-Erbersdorf gehört auch der Meierhof „Dürstenhof", der nahe der Ortsgrenze gegen Eckersdorf und Frei-Hermersdorf liegt. Nach alter Überlieferung soll dort das untergegangene Dorf „Dürstendorf" gelegen haben. Eine Sage über das zerstörte Dorf erzählt: „Die dortigen Bauern sind durch den Ertrag des nahen Silberbergwerkes so stolz und reich geworden, daß sie ihre Pferde mit silbernen Hufeisen beschlagen ließen. Diese hafteten aber nur lose an. Zur Strafe Gottes für diesen Hochmut ist dann dieses Dorf verschwunden. Eine Ackerfläche unterhalb des Meierhofes gegen den Sauerbrunnen zu, heiße auch heute noch „Wüste Kirche" und es werden größere und kleinere Quaderblöcke zu Tage gefördert." Der slawische Name für Dürstendorf soll Drzkowice gewesen sein, das sich 1270 im Besitz des Klosters Welehrad befunden habe.

Der Dürstenhof gehörte zur Gutsherrschaft Groß-Herrlitz und umfaßte 158 ha Acker- und Wiesenland. Verwaltungsmäßig war er dem Gutsverwalter in Seitendorf unterstellt. Auf Grund des tschechoslowakischen Bodenreformgesetzes wurde der Hof 1920 enteignet. Es bildete sich unter Führung des Lichtener Tierarztes Julius Januschke eine Weide- und Aufzuchtgenossenschaft mit Mitgliedern in Alt-Erbersdorf, Frei-Hermersdorf, Eckersdorf, Klein-Herrlitz und Lichten, die den Hof übernahm und bewirtschaftete. Zum Gutsverwalter wurde Alois Beck bestellt. Im Jahre 1927 löste sich die Genossenschaft auf, und die Erben nach Julius Januschke übernahmen den Besitz. Verwalter Beck war für sie bis zur Vertreibung erfolgreich tätig.

Das Wahrzeichen für Alt-Erbersdorf bildete die Filialkirche zum hl. Wenzeslaus. Sie gehörte ebenso wie Boidensdorf, Dorfteschen und Mladetzko zur Pfarrei Eckersdorf und zum Patronat der Gutsherrschaft Groß-Herrlitz. Die heutige Kirche wurde im Jahre 1874 an Stelle einer alten, hölzernen Kapelle errichtet. Die Kirchenbücher für Alt-Erbersdorf wurden im Pfarrhaus in Eckersdorf aufbewahrt. Die Taufbücher beginnen 1705, die Trauungsbücher 1683. Die Sterbebücher beginnen ebenfalls 1683 weisen aber für die Zeit von 1736 bis 1755 Lücken auf. Letzter Pfarrer war Johann Hausner.

Im Jahre 1925 wurden an Stelle der im Ersten Weltkrieg abgelieferten Glocken drei neue angeschafft und am 26. Juli feierlich geweiht. Sie stammen aus einer Glockengießerei in Braunau in Böhmen. Die große Glocke spendete Adolf Riedel in Wien, der aus Alt-Erbersdorf stammte, die beiden kleineren Glocken stiftete der Gutsherr, Graf August von Bellegarde.

Die zweiklassige Volksschule mit Dienstwohnung für den Oberlehrer wurde 1883/84 gegenüber der Kirche erbaut. Vorher war die Schule einklassig. Letzte Lehrpersonen bis zur Vertreibung waren Oberlehrer Rudolf Klos und Lehrerin Hilde Losert.

Links vom Zugang zur Kirche errichtete die Gemeinde im Jahre 1920 für ihre Kriegsopfer ein Kriegerdenkmal. Es war ein drei Meter hoher, pyramidenstumpfförmiger Stein in einer schmucken Gartenanlage, auf dem die 21 Namen der gefallenen und vermißten Soldaten des Ersten Weltkrieges eingemeißelt waren. Im Zweiten Weltkrieg hat die Gemeinde Alt-Erbersdorf 40 gefallene und vermißte Soldaten sowie 10 Zivilopfer zu beklagen.

Alt-Erbersdorf, Kriegerdenkmal, errichtet 1920

rinnen, ein Herrenschneider, zwei Lebensmittelgeschäfte und vier Gasthäuser vertreten. Sie hießen „Zum graden Michel" (Burgert), „Zum blauen Himmel" (Grätz), „Zum blauen Löwen" (Smetana) und „Bräuhaus" (Seifert).

Die Ortsfluren hießen Steinhübel, Obererb, Schmales Erb, Neues Erb, Kirchenberg, Huttung, Überschar und Schinderberg. Im Herrschaftswald gab es die Teilstücke Hofgrund, Lange Lärchen, Vogelgrund, Hennen und Cerbonywald. Letzterer Name stammt von den Freiherren von Cerbony ab, die um 1700 als Ortsadelige in Frei-Hermersdorf ansässig waren.

An Ortsvereien bestanden die 1885 gegründete Freiwillige Feuerwehr, der Gesangverein, die Musikkapelle Granzer und eine Jagdgesellschaft. Außerdem befand sich in der Gemeinde ein Ganztagskindergarten, eine Raiffeisenkasse und eine reichhaltige Bücherei.

Alt-Erbersdorf, Erntedankfest – Erntekönigin und Erntekrone

Alt-Erbersdorf, Erntedankfest, Pferdegespann mit Schnittern

Das größte Gebäude des Ortes war die Erbrichterei. Sie lag gegenüber der Schule und war von Gärten umgeben. Gegen Westen säumten die Stallungen, Scheunen und Schupfen sowie ein Gesindehaus den weiträumigen, quadratischen Hof ein. Die Erbrichterei umfaßte 78 ha an Äckern, Wiesen und Wald. Nach dem Tode des Erbrichters Florian Langer im Jahre 1928 erbte seine Ziehtochter Hermine den Besitz. Sie war mit dem Oberst i. R. Franz Kristinus verheiratet. Der größte Teil des Besitzes wurde verpachtet. Oberst Kristinus starb 1938, die Witwe betreute die Erbrichterei bis zur Vertreibung 1945.

Das zweitgrößte Gebäude des Ortes war die Sandler-Mühle, zu der Grundstücke von 18,32 ha gehörten. Der letzte Besitzer Alfred Sandler, modernisierte die Mühle durch Einbau von zwei Walzenstühlen und einer Wasserturbine. Das Wasser des Altwasserbaches wurde im Mühlteich gespeichert und von hier der Turbine zugeführt.

Im Jahre 1939 wurden in Alt-Erbersdorf 66 landwirtschaftliche Betriebe gezählt. Davon waren sechs unter 2 ha, elf besaßen ein Ausmaß von 2 – 5 ha, achtunddreißig erreichten eine Größe von 5 – 20 ha und zehn weitere Betriebe wiesen Grundbesitz von 20 – 100 ha auf. Im Ort gab es acht erbeingesessene Bauerngeschlechter, die mindestens seit 1735 im Familienbesitz waren, darunter der Freihof der Familie Losert, der sich seit 1611 im Besitz dieser Familie befand.

An Handel und Gewerbe waren eine Mühle, zwei Schmiede, ein Wagner, zwei Bäcker, zwei Schuhmacher, ein Fleischer, ein Spengler, ein Dachdecker, zwei Tischler, zwei Damenschneide-

Altstadt, Blick zur Filialkirche „zu unserer lieben Frau"

Altstadt

Das große Reihendorf Altstadt mit Waldhufenflur, die älteste Siedlung des Altvatervorlandes, hat eine Seehöhe von 520 Metern und liegt etwa zwei Kilometer von Freudenthal entfernt an der ehemaligen Reichsstraße Troppau-Freudenthal-Zuckmantel-Neisse, die den Ort beinahe in ost-westlicher Richtung durchquert. Etwa in der Ortsmitte biegt diese Straße in nordwestlicher Richtung ab und läuft quer durch die Dorfflur nach Lichtewerden weiter, während die Gehöfte des Dorfes weiterhin beidseitig an der geradlinig abzweigenden Straße nach Neudörfel-Vogelseifen aufgereiht sind. Betrachtet man die Dorfflurkarte, so fällt auf, daß sich die einzelnen Bauernhufen gegen die Gemarkungsgrenze zu verbreitern, ein sicheres Zeichen, daß bei der Gründung noch auf keinen Nachbarn Rücksicht genommen werden mußte. Die Größe der Hufen betrug überwiegend etwa 17 Hektar, nur zwei der Höfe, Nr. 1 (das Erbgericht) und Nr. 113 (Weichwald), hatten zwischen 80 und 90 Hektar mit größerem Wald, während die übrigen Bauern nur wenig oder gar keinen Wald mehr besaßen. Den meisten Grund wies der ehemalig herrschaftliche Deutschordens-Meierhof auf. Die in Richtung Nordosten sich erstreckende Flur der nördlichen Gehöftreihe grenzt an die Schreiberseifener Hufen, und die gegen Südosten liegende Flur reicht bis zur Gemarkungsgrenze von Schlesisch-Kotzendorf und Wildgrub. In das Dorf sind seit etwa 1700 auch Häuser und Flur des ehemaligen Dörfleins Vordörfel einbezogen, das nicht mit Neudörfel verwechselt werden darf, denn es lag östlich von Altstadt zwischen diesem Dorf und der Stadt Freudenthal, während Neudörfel westwärts an Altstadt anschloß. Zum Bauernbesitz Vordörfleins gehörten die späteren Altstädter Hausnummern 5, 7 bis 14, 16, 21 bis 23, dann 51 bis 56 und 58, sowie die Gärtnerhäuser 15, 17, 18, 24, 26, 27, 28, 31, 32, 34 bis 36, 38 und 46. Sie standen teilweise in der „Zach" (Zeche) und auf der Viehweide. Der Schwarzbach, von dem man Wasser in Mühlgräben zu den beiden Mühlen abführte, verlief südwestlich des Dorfes und schied Altstadt von der Zach. Bei der letzten amtlichen Volkszählung am 17. Mai 1939 hatte Altstadt 1263 deutsche Bewohner.

Altstadt, Erbgerichts-Gasthaus, die einstigen Einfahrtstore sind abgerissen

Altstadt, Weg zur Kirche und zum Friedhof

Altstadt, Innenansicht der Filialkirche

Das Dorf ist an die zwischen 1899 und 1901 erbaute Lokalbahn Freudenthal-Klein-Mohrau angeschlossen, aber die Haltestelle „Altstadt" lag etwa einen Kilometer nördlich, außerhalb des Ortes, nahe der alten Reichsstraße. Nach dem Ersten Weltkrieg hielten auch die Omnibusse der privaten oder staatlichen Verkehrslinien Freudenthal-Klein-Mohrau-Karlsbrunn und Freudenthal-Engelsberg in Altstadt.

Gegründet muß man Altstadt noch vor der um etwa 1220

entstandenen Stadt Freudenthal haben. Das Dorf hieß ursprünglich Freudenthal und gab diesen Namen bei der Gründung der Stadt an diese ab. In der Teilungsurkunde des Herzogtums Troppau vom 18. April 1377 nennt man das Dorf noch das Alte Freudenthal (aldin Fraidenthal). Daraus wurde später die Alte Stadt – obwohl dieses Dorf nie den Charakter einer Stadt oder eines marktfähigen Fleckens besaß – und schließlich Altstadt. Seine Gründung muß demnach bereits vor 1220 erfolgt sein. Das Gemeindewappen zeigt eine Stadtmauer mit Tor und drei Türmen, von denen der rechte unvollendete einen Vogel mit einem Zweig im Schnabel trägt. Daß dabei an eine Friedenstaube gedacht worden sei, erscheint für die damalige Zeit zweifelhaft. Die Flurnamen „Pinge" und „Zach" erinnern noch an den ursprünglichen Bergbau im Freudenthaler Kreis.

Zur Seelsorge von Altstadt gehörten auch die beiden Dörfer Schreiberseifen und Neudörfel, die beide ihre Toten auf dem Friedhof in Altstadt beerdigen mußten. Den von Schreiberseifen durch den Tiergarten zum Altstädter Friedhof benutzten Feld-

Altstadt, Kircheninneres mit Hauptaltar

Die Klippelsäule bei Altstadt

Altstadt, Wirtschaftsgebäude des Landwirtes Alois Ludwig

Altstadt, Oberdorf

weg nannte man noch zur Zeit der Vertreibung den Totenweg. Die außerhalb des Ortes gelegene wuchtige Liebfrauenkirche war anfangs eine Wehrkirche. Das verraten die Spuren eines Walles, zweier Gräben – eines äußeren und eines inneren – sowie der innerhalb des inneren Grabens in der Nähe der Kirche gelegene Brunnen. Man nimmt an, daß auch das Altarhaus aus dieser Zeit stammt. Ihre heutige barocke Form verdankt die Kirche vermutlich einem späten Neubau, dem die Wehrkirche weichen mußte.

Seit 1886 hatte Altstadt seine Freiwillige Feuerwehr. Sie erhielt am 13. 6. 1909 ein neuerbautes Spritzenhaus. Zur Zeit der Vertreibung hatte sie eine Fahrspritze, eine Abprotzspritze und eine Motorspritze. Daneben gab es in dem Dorf eine Landwirtevereinigung, zwei Drainagegenossenschaften, eine Spar- und Darlehenskasse (Raiffeisen), den Katholischen Volksverein, den Deutschen Kulturverband und je eine Musik- und eine Theaterspielschar, einen Deutschen Schulverein sowie zwei Turnvereine, den Deutschvölkischen und den Christlich-Sozialen.

Häusler in Altstadt bei Freudenthal

Während die Schulkinder der zum Kirchspiel gehörenden Dörfer Spillendorf, Messendorf und Langenberg den Unterricht in der Freudenthaler Pfarrschule besuchten, hatte das ebenfalls dem Kirchenspiel Freudenthal angehörige Altstadt seine eigene deutsche Schule. Da das dafür vorgesehene Schulgebäude schon baufällig geworden war, beschloß die Gemeinde 1912 die Erstellung des noch heute stehenden Neubaus, den der damalige Freudenthaler Dechant und spätere Deutschordens-Hochmeister Paul Heider am 27. 9. 1914 einweihen konnte. Diese neue Schule beherbergte auch die Gemeindekanzlei und eine umfangreiche Ortsbücherei. Letzte Lehrer waren Oberlehrer Emil Mader, Lehrer Edmund Gebauer, die Lehrerin Irma Fickel und die Handarbeitslehrerin Juliana Heider.

Alt–Vogelseifen, Oberdorf

Alt-Vogelseifen

Das Dorf Alt-Vogelseifen ist eines der großen Bauernreihendörfer mit Waldhufenflur, das leicht S-förmig gebogen im Osten bei der bereits zu Lichtewerden gehörenden Kneifel-Mühle in der Zach beginnt und sich – etwa 3 Kilometer lang sowie leicht ansteigend – nach Westen in Richtung des Altvatergebirges erstreckt. Es liegt, etwa 10 Kilometer von der Kreisstadt entfernt, an der Bezirksstraße Freudenthal – Klein-Mohrau, und seine Seehöhe wächst von 580 Meter bei der Breyer-Mühle, ebenfalls im Osten, bis auf 633 Meter bei der Abzweigung des Weges nach Neu-Vogelseifen an. Das Dorf hatte bis zum Jahre 1788 eine günstige Verkehrsverbindung, denn bis zu diesem Jahr berührte die alte Poststraße von Wien über Olmütz, Wildgrub, Lichtewerden, Engelsberg, Würbenthal und Neisse nach Breslau die Zach am unteren Ortsende. Sie lief westlich nahe der Breyer-Mühle vorbei und überquerte den Schwarzbach östlich der Kneifelmühle am Ende der Zach bereits auf Lichtewerdener Grund. Möglicherweise stand die ehemalige Reitschule des Dorfes in Verbindung mit dem berittenen Postdienst auf dieser Strecke. 1870/71 wurde die heutige Bezirksstraße Freudenthal-Altvogelseifen-Klein-Mohrau gebaut. 1887 folgte die Straße nach Lichtewerden, die bei der „Mautbrücke" von der eben erwähnten Bezirksstraße abzweigt und beim Gasthaus „Scharfes Eck" in Lichtewerden auf die Bezirksstraße Freudenthal – Lichtewerden – Engelsberg – Würbenthal trifft. 1897 schließlich wurde von der Straße nach Lichtewerden hinter der Flur der Bauernwirtschaft Heisig abzweigend die Verbindungsstraße nach Wiedergrün gebaut, die beim Olandberg auf die Straße Lichtewerden-Wiedergrün-Karlsbrunn stößt. Die zwischen 1899 und 1901 erbaute Lokalbahn Freudenthal-Lichtewerden/Engelsberg-Klein-Mohrau hat für das Dorf eine kaum nennenswerte Bedeutung, weil die beiden

nächsten Bahnstationen Lichtewerden und Neu-Vogelseifen jede von der Ortsmitte über zwei Kilometer entfernt liegen. Gleich nach dem Ersten Weltkrieg eröffnete der Freudenthaler Konditor Schäfer während der Sommermonate die Omnibuslinie Freudenthal-Altvogelseifen-Karlsbrunn, die später der Karlsdorfer Unternehmer Schedo – wenn es die Wetterverhältnisse zuließen – ganzjährig betrieb. Das Dorf hatte 1939 eine ausschließlich deutsche Wohnbevölkerung von 612 Einwohnern, und seine Gesamtfläche betrug 1635 Hektar, davon waren 1142 Hektar (etwa 70%) Acker. Angebaut wurde außer Roggen, Hafer und Braugerste nur wenig Weizen. An den früher mehr verbreiteten Flachsanbau erinnert heute noch das stillgelegte Brechhaus an der

Alt-Vogelseifen – Erbgericht und Feuerwehrgerätehaus – Mittelpunkt des Ortes

Alt-Vogelseifen, Kneifel-Mühle

Standbild des Hl. Johannes von Nepomuk in Alt-Vogelseifen

Straße nach Freudenthal, das zur Bauernwirtschaft Teich-Weiß gehörte. Der letzte Bürgermeister des Dorfes war Lm. Franz Mildner, der aus dem Gasthaus „Zur Post" in Hermannstadt stammte, und am 5. März 1954 im Krankenhaus von Vilsbiburg gestorben ist.

Wie sich aus der Gründungsurkunde des Nachbardorfes Lichtewerden vom 8. März 1267 schließen läßt, dürfte auch Alt-Vogelseifen im dritten Viertel des 13. Jahrhunderts, also zwischen 1250 und 1275 gegründet worden sein. Das Wort „Seifen" ist ein Bergbaubegriff und bedeutet das Herauswaschen der Metalle (Goldwäsche), meistens an einem Bach, an dem in unserem Falle wahrscheinlich viele Vögel ihre Nistplätze hatten. Der sogenannte Übername „Vogel" ist nachweislich erst im 14. Jahrhundert zum Familiennamen geworden. 1545 war Alt-Vogelseifen durch die Beulenpest verwüstet. Es wurde nach damaliger Gepflogenheit niedergebrannt und nach fünf Jahren wieder aufgebaut sowie besiedelt. Ende Juli 1633 – fast 90 Jahre später – brach in der Herrschaft Freudenthal erneut eine Pestepidemie aus, die durch käuflich von Marketendern erworbene Kleider eingeschleppt worden war. In Alt-Vogelseifen sind drei Häuser von der Seuche befallen gewesen.

In der Ortsmitte steht auf der Nordseite der Dorfstraße die Pfarrkirche, von der es in einem Inventar aus dem Jahre 1806 heißt, daß sie „muthmaßlich" 1581 als protestantisches Gotteshaus erbaut worden war. Es muß aber, wie wir von den Nachbardörfern wissen, schon bei der Gründung eine vielleicht vorerst nur hölzerne Kirche vorhanden gewesen sein, die zum Erbgericht gehörte, neben dem sie erbaut wurde. Auf dieses folgte das Spritzendepot und diesem gegenüber auf der anderen Straßenseite zierte eine in der Mitte des kreisrunden Dorfteiches befindliche, aus Steinen erbaute Insel das überlebensgroße Standbild des heiligen Johannes von Nepomuk (Johannesfest am 16. Mai). In ihrer heutigen Form wurde die Kirche 1812 erbaut und wie ihre Vorgängerin dem heiligen Johannes geweiht. Bei der großen Feuersbrunst am 30. 12. 1822 (Gelöbnistag), die fast das gesamte Niederdorf einäscherte, brannten auch Dachstuhl und Turm der Kirche aus. 1896 kam der spätere Hochmeister Paul Heider als Kooperator hierher und ließ die Kirche renovieren sowie eine neue Orgel einbauen. Spätestens seit 1543 war das Dorf protestantisch und wurde erst 1621 bei der Übergabe der Herrschaft an den Deutschen Orden wieder katholisch. Zur Pfarrei gehörten die Nachbargemeinden Neu-Vogelseifen und Wiedergrün.

Während des Streits zwischen dem Orden und dem Olmützer Konsistorium um das Patronatsrecht an den Herrschaftskirchen war der Pfarrer zwischen dem 7. 8. 1687 und seinem Tod am 11. 5. 1690 sogar Dechant und damit die Kirche Dekanatskirche der Herrschaft. Letzter Pfarrer war Pater Konrad Seliger.

1774 wurde die bisher allgemein übliche Pfarrschule des Dorfes in eine Trivialschule umgewandelt, die man in einen inzwischen fertiggestellten Neubau verlegte, der jedoch am 15. 6. 1881 abbrannte. Nach einer Interimszeit im Erbgerichtssaal konnte der Unterricht in dem zur Schule umgebauten Wohngebäude Nr. 89 fortgesetzt werden, ehe man 1906 die heute noch vorhandene zweiklassige Volksschule bezog. Die beiden letzten Lehrer waren Oberlehrer Josef Dudycha und Oberlehrer Friedrich Pohl (Polednitschek).

Obwohl man die Unzulänglichkeit der damaligen Löschmethode bereits beim großen Brand 1822 zu spüren bekommen hatte, gründeten die Altvogelseifener erst 1885 eine freiwillige Feuerwehr. 1886 wurde eine Landfahrspritze erworben, zu der die Handwerker des Dorfes später zwei zweiräderige Schlauchwagen anfertigten. 1904 errichtete man anstelle des ursprünglich erstellten Leiter-Schuppens ein neues geräumiges Feuerwehr-Gerätehaus. Den vorgesehenen Kauf eines motorisierten Mannschaftswagens verhinderte der Ausbruch des letzten Krieges. Ende 1938 hatte die Feuerwehr einen Mannschaftsstand von 72 Mitgliedern. An der 1909 für die Gerichtsbezirke Freudenthal und Würbenthal gegründeten Weidegenossenschaft war auch Alt-Vogelseifen beteiligt. Darüber hinaus hatte das Dorf schon seit 1889 einen landwirtschaftlichen Verein. Im Frühjahr 1894 eröffnete man einen Spar- und Darlehenskassenverein, der 1932 wegen Differenzen mit dem Raiffeisen-Verband aus diesem austrat und als landwirtschaftlicher Spar- und Vorschußverein Mitglied des allgemeinen Genossenschaftsverbandes Prag wurde. Seit dem Ende des Ersten Weltkrieges besaß auch Alt-Vogelseifen einen Kameradschaftsverein gedienter Soldaten, der stets bei feierlichen, kirchlichen Anlässen mitwirkte. Zur Zeit der Vertreibung hatte das Dorf zwei Schmiede, einen Wagner, drei Tischler, einen Sattler, drei Schneider, zwei Schuster, zwei Lebensmittelgeschäfte mit gleichzeitiger Bäckerei, einen Lebensmittelladen, der auch Eisenwaren führte, und fünf Gasthäuser.

Das Johannisfest am 24. Juni war für Alt-Vogelseifen das größte Fest des Jahres. Zu ihm kamen die jungen Leute aus der ganzen Umgebung. Es wurde im Volksmund „Fellemarkt" genannt und war eine Art Heiratsmarkt.

Altwasser – Fernblick vom Annaberg

Altwasser

Altwasser ist ein etwa drei Kilometer langes Reihendorf, das nur eine Häuserzeile an der Südwestseite der Dorfstraße aufweist. An der gegenüberliegenden Straßenseite blieb nur ein schmaler Flurstreifen bis zur Gemarkungsgrenze mit Lichtewerden und Engelsberg. Das Dorf liegt an der Bezirksstraße Lichtewerden-Dürrseifen und erstreckt sich am Fuß des 743 m hohen Baderberges von Südosten nach Nordwesten. Es wird vom Heinebach durchflossen, einem kleinen Gebirgsbach, der früher Goldbach hieß, von Dürrseifen kommt und bei Lichtewerden in den Schwarzbach mündet.

Die Gemeinde ist im Norden durch den Annaberg sowie dem Baderberg und im Westen vom Josefsberg vor den rauhen Winden geschützt, sodaß trotz der Höhenlage Obstbäume noch gut gedeihen. Die Seehöhe beträgt 621 Meter. Die Felder steigen leicht an und erreichen teilweise Höhenlagen bis zu 720 Metern. Die Gemeindeflur ist 360 Hektar groß. Davon sind 58,92 Hektar Gemeindewald.

Altwasser grenzt im Norden an Dürrseifen, im Osten an Engelsberg, im Südosten an Lichtewerden, im Süden an Alt-Vogelseifen und im Südwesten an Wiedergrün. Auf dem flachgründigen Verwitterungsboden mit vielen Steinen baute man Roggen, Hafer, Braugerste, Kartoffeln sowie Klee und Timothegras an. Die Bauernstellen waren 10 – 11 Hektar groß, nur die Niedermühle hatte 16 Hektar Grundbesitz.

Das Gründungsdatum von Altwasser ist ungewiß. Das Dorf war, wie auch die Nachbargemeinde Dürrseifen, am Anfang eine Bergbausiedlung mit der einst sehr ergiebigen St.-Josef-Zeche. Es soll von einem Lehensherr Hadamarus de Lichtwerth um 1400 angelegt worden sein, der es einem Lokator zur Besiedlung übergab. Der Name Altwasser wird in der Teilungsurkunde von 1405

erwähnt. Die Eintragung lautet „Bei sulchen Graniczen, die sich anheben sullen in dem Aldinwasser, als der walt antritt cwischen dem Fogilseifen und Lichtenwerde, dem Aldenwasser noch bis Dornseifen und dem hohen Stollen." Hier kann nur der Stollen am „Goldenen Hirsch" gemeint sein. Später wurde auch Altwasser als „an dem alten Wassergraben" bezeichnet, weil sich im Oberdorf ein tiefer Graben zum Abfluß des Stollenwassers der Bergwerke aus dem oberen Dürrseifen befand. Dieser Abwasserstollen war im Dreißigjährigen Krieg zusammengebrochen und damit auch der Graben überflüssig geworden.

Altwasser war 1552 durch die asiatische Beulenpest vollkommen ausgestorben und wurde nach damaligen Brauch niedergebrannt. Es lag fünf Jahre in Schutt und Asche. Auf Befehl des Grundherrn, Johann d. Ä. von Würben, wurde es kurz nach

Blick auf Altwasser mit Filialkirche Hl. Josef

1556 wiederaufgebaut. Die neuen Ansiedler kamen aus der Umgebung von Schweidnitz, Waldenburg, Glatz, Gottesberg und Mittenwalde. Als Lokator wird im Kaufbuch I Adam Englisch aus Waldenburg genannt. Er zog neue Ansiedler herbei, um den wüsten Boden wieder kulturfähig zu machen und erhielt 1558 die Erbrichterprivilegien für ein Gasthaus, eine Fleischbank, eine Mühle und eine Schmiede ausgestellt. Den neuen Ansiedlern wurden die Besitze in den alten Grenzen zugesichert. Ein neues Grundbuch wurde angelegt. Die Einwohner waren zur Robotleistung auf dem Meierhof in Wiedergrün verpflichtet. Die Gutsherrschaft errichtete in Altwasser eine Mehlmühle mit zwei Gängen, die Niedermühle genannt wurde. Der Erbrichter erbaute die „Obermühle" mit einem Gang. Die Niedermühle (Nr. 34) blieb bis 1742 im Besitz der Gutsherrschaft. Dann wurde sie um 600 Thaler an den Müllermeister Johann Nießner verkauft. Das Erbgericht kam von der Familie Englisch 1672 an Hans Ludwig aus Lichtewerden und gelangte 1745 an Franz Anton Schindler. 1862 kaufte die Gemeinde Altwasser das Erbgericht von Josef Schindler im Wege der Zwangsversteigerung zum Gebotspreis von 14.172 Gulden. Zusammen mit dem Gemeindewald gehörte ihr nun ein ca. 100 Hektar großer Besitz. Sie war damit so wohlhabend geworden, daß die Einwohner keine Gemeindeumlagen zu zahlen brauchten.

Saatreiten in Altwasser – mit Priester zu Pferde

Altwasser hatte seit 1856 eine schöne, dem heiligen Josef geweihte Steinkirche. Rings um diese lag der kleine Friedhof. Die Filialkirche in Altwasser gehörte zur Pfarrgemeinde Engelsberg. In der Kirche wurde nur zu besonderen Anlässen Gottesdienst

Schmiede des Josef Bernart in Altwasser

Altwasser im Winter 1928/1929

abgehalten. Am Josefstag (19. März) war in Altwasser die kleine Kirmes, die sehr festlich gefeiert wurde.

Im Dorf befand sich auch eine einklassige Volksschule. Der hiesige Lehrer mußte bis 1849 auch in Dürrseifen die Schulkinder unterrichten. Letzter Leiter der Volksschule Altwasser war Lehrer Franz Müller.

Die Freiwillige Feuerwehr wurde im Jahre 1899 gegründet. Sie erhielt ein geräumiges Spritzenhaus, in dem auch die Gemeindekanzlei untergebracht war. Letzter Bürgermeister von Altwasser war der Tischlermeister Franz Dresler. Die Raiffeisenkasse amtierte für Altwasser und Dürrseifen gemeinsam. Das zuständige Post- und Telefonamt befand sich in Engelsberg. Die Stadt erreichte man am kürzesten über den zwei Kilometer langen, steil den Berg hinaufführenden Fußweg. Die Fahrstraße war länger und führte entweder über Lichtewerden oder über Dürrseifen nach Engelsberg.

In Altwasser arbeiteten zwei Mühlen, die ehemalige Erbgerichts- und die einstige Herrschaftsmühle. Außerdem gab es einen Wagner, einen Schuhmacher, eine Drechslerei, eine Bäckerei und ein Kaufgeschäft im Orte. Der Geselligkeit dienten zwei Gasthäuser, das Erbgerichtsgasthaus und die Gastwirtschaft „Lindenhof". Diese war ein weit bekanntes Tanzlokal mit einer ausgezeichneten Hausmusik.

Haupterwerbszweig der Einwohner von Altwasser war die Landwirtschaft. Einige Bauern schufen sich darüber hinaus mit Holzfuhrarbeiten eine zusätzliche Einnahmequelle. Nur wenige Ortsbürger mußten sich außerhalb des Dorfes eine Beschäftigung suchen. Die höchste Einwohnerzahl erreichte Altwasser im Jahr 1869 mit 416 Personen. Dies waren 134 mehr als bei der letzten Volkszählung von 1939. Im Laufe der Jahrzehnte sind viele junge Menschen aus Altwasser weggezogen, besonders nach Wien. Sie alle hingen aber weiter an ihrem Heimatdörfchen, in dem man so gemütlich und ruhig leben konnte.

Beim Einmarsch der Russen und bei der Übernahme durch die Tschechen 1945/46 teilte Altwasser das Schicksal der Nachbargemeinden. Bis zum Herbst 1946 wurden sämtliche Ortsbewohner nach Deutschland ausgesiedelt. Heute sind in Altwasser fast alle Bauernhöfe verfallen, die ausgeplünderte Kirche wird als Holzlager benutzt, und der Friedhof liegt verwahrlost da.

Bennisch, Blick vom Hutberg zur Vorstadt Aue und zum Hohen Berg

Bennisch

Die alte Bergbau- und Weberstadt Bennisch ist Sitz eines der drei Gerichtsbezirke des Kreises und von altersher wirtschaftlicher Mittelpunkt der sie umgebenden 15 Landgemeinden.

Sie liegt 25 km westlich von Troppau und 13 km östlich von Freudenthal an der verkehrsreichen Reichsstraße 351 Troppau – Mährisch Schönberg. Durch ihre Lage auf der Kuppe eines Hochplateaus genießt man von der Stadthöhe, besonders aber vom nahen Hutberge, einen weiten Rundblick in die umliegenden Täler. Im Norden dehnt sich die parkartige Landschaft des Lichtner Tales bis zu den Höhen bei Jägerndorf und Lobenstein. Bennisch ist ringsum von Nadelwäldern umgeben, die im Norden, Westen und Süden überwiegend fürstlich Liechtensteinischer Besitz sind, im Nordosten und Osten jedoch den Grafen von Bellegarde auf Schloß Groß-Herrlitz gehören. Im Westen werden die Waldungen von den herrlichen Bergketten des Altvater- und Urlichgebirgsstockes überragt. Vom Süden bis zum Osten öffnet sich die Sicht auf das vielgestaltige Bild des Odergebirges mit seinen Schieferbrüchen. Als Eckpfeiler erblickt man die markanten Konturen des längst erloschenen Vulkans Rautenberg.

Während die Stadt auf einer Anhöhe erbaut ist, liegt die Vorstadt Aue im Tale, zu beiden Seiten des Cziczinabaches, der richtigerweise Sydina genannt werden sollte. Der Häuserzug der überwiegend noch landwirtschaftlich geprägten Vorstadt Aue erstreckt sich mit einigen Unterbrechungen bis zur Ortsgrenze der Nachbargemeinde Lichten.

Die Aue erhielt erst um das Jahr 1700 ihren heutigen Namen, ist jedoch genauso alt wie die Stadt selbst. Ihre Flur setzt sich aus den Rieden Hofwald und Hoffeld des alten Vogteigutes und späteren städtischen Meierhofes sowie aus den Rieden Scherigwald und Mühlberg vom einstigen Rudelsdorf und dem Ried Huben des ebenfalls untergegangenen Dorfes Hartmannsdorf zusam-

men. Die Ortsriede Grund, Laufberg, Pfarrerb, Hegerwald, Galgen, Ziegenberg, Stollen, Triebbirken, Viertel und Stadtfeld waren schon immer städtisch. Hinzu kam durch Kauf das Ried Hennen vom einstigen Dorf Jamnik.

In Bennisch treffen acht gut ausgebaute Straßen zusammen. Ständige Autobuslinien zu den Städten Troppau, Jägerndorf, Freudenthal und Hof sowie die 1892 erbaute Bahnstrecke Troppau – Bennisch schließen die Stadt eng an das Hauptverkehrsnetz an.

Die Anfänge von Bennisch liegen klar vor uns. Die Stadtgründungsurkunde vom 11. 4. 1253 blieb erhalten. Es ist zwar nicht mehr das Original, aber eine beglaubigte Abschrift des 16. Jahrhunderts.

Laut dieser Urkunde ließ Benesch von Branitz aus dem Herrengeschlecht der Krawarner die Stadt durch seine Getreuen Er-

Bennisch, Blick auf Kirche und Goldseifengasse, in Bildmitte: Das Katholische Vereinshaus

237

Bennisch – Blick auf die Nieder-Aue, das Schulviertel und den Hutberg

Die Heinisch-Brücke in der Bennischer Vorstadt Aue

wig und Guido aus wilder Wurzel erbauen. Er belehnte sie mit deutschem Recht, verlieh ihr mehrere Privilegien und setzte eine Erbvogtei als Sitz des Halsgerichtes ein. Bennisch war 1302 noch im Besitz der Herren von Krawarn, scheint jedoch wenig später an den Herzog von Troppau gelangt zu sein. 1377 gehörte die Stadt zur Herrschaft des Stefan von Wartenau, dessen gesamter Besitz kurz nach dem Jahre 1400 an das Herzogtum Jägerndorf gelangte. Um 1430 wurde der ehemalige Wartenauer Besitz an den Troppauer Landeshauptmann Bernhard Bierka von Nassiedl verpfändet, kam jedoch um 1470 wieder zum Herzogtum Jägerndorf zurück. Seither verblieb Bennisch ununterbrochen bis zum Jahre 1848 bei Jägerndorf. Seine Grundherren waren damit jahrhundertelang die Markgrafen von Ansbach-Branden-

burg bzw. deren Nachfolger die Fürsten von Liechtenstein. Im Zuge der Verwaltungsneugliederung kam Bennisch und sein Gerichtsbezirk im Jahre 1850 zum politischen Bezirk (Landkreis) Freudenthal, wohin es heute noch gehört.

Bennisch, Blick von der Goldseifengasse zum Hutberg,
rechts: Das Katholische Vereinshaus

Kriegerdenkmaleinweihung 1924 in Bennisch

Der Bergbau auf Silber und Blei ist sehr alt und war lange Zeit hindurch außerordentlich ergiebig. Bennisch ist eines der ersten Bergbauorte mit Iglauer Bergrecht. Es erhielt dieses Recht bereits im Jahre 1271 durch den Böhmenkönig Přemysl Ottokar II. verliehen. Den Status einer „freien Bergstadt" erhielt unsere Stadt im Jahre 1590. Bennisch ist dennoch keine Bergbaugründung sondern entstand, wie die Gründungsurkunde ausweist, als Ackerbürgerstädtchen. Das städtische Museum zeigte viel Interessantes aus der Bergbautradition. Der einst blühende Bergbau auf Silber und Blei war Anlaß zum Bau von 22 stattlichen Schmelzhütten im Gebiet der heutigen Vorstadt Aue. Er hat sich seit den Wirren des 30jährigen Krieges nie mehr recht erholt. In der Folgezeit wurde außerdem nach Eisen, Schwerspat und Mangan geschürft, doch blieb es bis in die Zeit des 1. Weltkrieges beim Kleinbetrieb, bis auch dieser eingestellt wurde.

Seit 1948 besitzt Bennisch wiederum ein Bergwerk in welchem mit modernsten Methoden nach Blei, Zink und Baryt geschürft wird.

Uralt ist auch die Bennischer Pfarrkirche zur heiligen Katharina. Sie und die Tochterkirche in Seitendorf werden schon 1288 urkundlich genannt. Die Kirche steht bereits seit der Stadtgründung auf dem heutigen Platz. Es ist anzunehmen, daß die erste

Bennisch, Bahnhofstraße, Blick zur Bismarckstraße,
in Bildmitte: Das Wanke-Haus, zuletzt Sitz des Postamtes

Blick auf Bennisch. Im Vordergrund die Kaiserstraße

Kirche aus Holz errichtet war. Sie fiel wohl spätestens dem Janit-
scharensturm des Jahres 1474 zum Opfer. Zwischen 1520–1530
wurde sie neu und wohl bereits aus Stein erbaut. Sie barg zwei Altäre und trug ein hohes Schindeldach und hatte einen Turm mit
drei Glocken. Im Jahre 1590 besaß sie auch eine Orgel sowie eine
Uhr mit einem Schlagwerk. Die heutige Kirche wurde 1719 von
Grund auf neu erbaut. Den Turm erhielt sie jedoch erst 1782. In
der Folgezeit waren mehrfache Umbauten und Renovierungen
erforderlich, insbesondere nach den Stadtbränden von 1746 und
1820. Als weiteres Gotteshaus ist die neugotische Friedhofskirche zu nennen. Sie wurde 1893 geweiht. Das Patronat über die
Pfarrkirche übte der jeweilige regierende Fürst von Liechtenstein
aus. Die Bennischer Kirchenbücher beginnen 1660. Die Grundbücher fielen dem Brand von 1820 zum Opfer und mußten völlig
neu angelegt werden.

Die Bennischer Markung weist eine Gesamtfläche von 2028
Hektar aus. Davon wurden im Jahre 1920 rund 1227 Hektar
landwirtschaftlich genutzt. Auf der Ortsmarkung liegen drei
Teiche, der Klosteich an der Grenze bei Seitendorf und die zwei
Bleichteiche bei der Ludwig-Fabrik sowie bei der Weberei
Krommer im Stollenried. Die höchste Erhebung im Stadtgebiet
ist der 608 m hohe Hutberg. Die gepflegten Parkanlagen des
Hutberges waren ein Wahrzeichen der Stadt. Ein weiteres gern
besuchtes Erholungsgebiet war der Wilhelmshain im Ortsried
Königsberg. Der Anteil der Landwirtschaft an der Gesamtein-
wohnerschaft lag bei 15 Prozent.

Haupterwerbszweig der Bennischer war die Leinen- und
Baumwollweberei. Sie entstand nach dem 30jährigen Kriege. Die
Weberzunft wird 1686 erstmals genannt, muß jedoch schon früher bestanden haben, denn ihr 1. Zunftmeister Christoph Macholt hatte bei seinem Ableben im Jahre 1697 das Vorsteheramt
bereits 24 Jahre ausgeübt, wie aus einer Eintragung in der Benni-

„Zessel-Reichel's Windmühle" in Bennisch, abgebrochen um 1930,
hier stand einst der Galgen als Zeichen der hohen Blutsgerichtsbarkeit,
im Bilde links: die Friedhofkirche

scher Sterbematrik hervorgeht. Rasch wachsen die Zahlen der Zunftmeister. Waren es 1734 noch 24 Meister, so sind 1756 bereits 49 Meister und 1792 schließlich 104 Meister im Orte tätig. 1833 erzeugte man bereits mehr Baumwollwaren als Leinengewebe und Bennischer Leinwand war ein weithin bekannter Qualitätsbegriff. Stolz waren die Bennischer Weber auf ihre Zunftprivilegien vom Jahre 1756, die von der Kaiserin Maria Theresia eigenhändig unterschrieben waren. Seit Anfang des 18. Jahrhun-

derts beschicken die Bennischer Weber die wichtigsten Märkte in Mähren und Schlesien. Von besonderer Wichtigkeit war für sie der Markt in Brünn, da sich dort die Aufkäufer für die ungarischen Erblande der Donaumonarchie einfanden. Nach dem Aufbau von mechanischen Webereien neigte sich die Handweberei dem Ende zu. Als erste im Kreisgebiet brachte bereits im Jahre 1884 die Firma Franz Ludwigs Söhne einhundert mechanische Webstühle in Betrieb. Zu Beginn des 2. Weltkrieges klap-

Bennisch – Innenansicht der Pfarrkirche mit Haupt-, Marien- und Herz Jesu-Altar

Die Gesangs- und Theatersektion des Katholischen Volksvereines in Bennisch, 1932

Pfarrkirche Bennisch – Hauptaltar heute – die Wandgemälde fehlen.

Das Geschäftshaus der Bennischer Weberei Thomas Wanke & Co., Inhaber Franz Zimmermann in der Bismarckstraße

Winter in Bennisch – Blick vom Hutberg zur Stadt

Bennisch, Wohnhäuser in der Troppauer Straße, Winter 1941/1942

perten in Bennisch rund 650 mechanische Webstühle aller Bauarten. Die Webereien erzeugten vorwiegend Hemden- und Kleiderstoffe, Bettzeug, Inlett und gemusterte Baumwollbuntwaren, die in alle Teile der einstigen Donaumonarchie, nach Galizien, Ungarn, der Slowakei, dem Balkan und Kleinasien geliefert wurden.

Ein reiches Vereinsleben wirkte segensreich im Orte. Von ihnen sollen stellvertretend für alle genannt werden: Männergesangverein, Damengesangverein, Deutscher Turnverein, Arbeiterturnverein, Katholischer Volksverein, Veteranenverein, Verschönerungsverein, Gesellschaft der Musikfreunde, Bund der Deutschen, Deutscher Kulturverband, Gabelsbergers-Stenogra-

Bennisch, das Wohnhaus des Baumeisters Adolf Rieger im Winterkleide

Bennisch, Transformatorenstation des städtischen Elektrizitätswerkes beim Bahnhof

Die Stadt besaß eine 5klassige Mädchenvolksschule, eine 5klassige Knabenvolksschule und eine 4klassige gemischte Bürgerschule. In den Räumen dieser Schulen wurden auch die Unterrichtsstunden der landwirtschaftlichen Volksbildungsschule und der gewerblichen Fortbildungsschule abgehalten. Die einstige Staatsfachschule für Weberei wurde 1923 aufgelassen. Ihr Inventar kam an die Fachschulen in Freudenthal und Jägerndorf. Um 1930 wurde sodann in Bennisch eine tschechische Minderheitsschule errichtet, die im Erdgeschoß der Webschule untergebracht war. Im Orte war seit 1893 eine Privatmusikschule vorhanden, die sich eines hohen Rufes erfreute. An städtischen Einrichtungen bestanden ein Kindergarten, errichtet 1914, ein Stadtmuseum, errichtet 1921, eine Stadtbücherei mit 4000 Bänden, ein Elektrizitätswerk, errichtet 1912, eine Hochquellen-Wasserleitung, erbaut 1908, ein städtisches Freibad, erbaut 1930 und ein Pflegeheim, erbaut 1934. Die 1884 gegründete Stadtsparkasse ging 1939 in den Besitz der Kreissparkasse Freudenthal über, die hier eine Hauptzweigstelle unterhielt. An Geldanstalten waren außerdem die Volksbank Bennisch und die Filiale der Deutschen Bank vorhanden.

phenverein, Bund der Kriegsverletzten, Verein für Vogelkunde, Studentenbund Silesia, Verband deutscher Jäger, Sudetengebirgsverein, Allgemeiner Angestelltenverband, Spar- und Vorschußverein, Bau- und Wohnungsgenossenschaft, Konsumgenossenschaft, Arbeiterkonsumgenossenschaft und Bezirksjugendfürsorge.

Abschließend die Auflistung der ortsansässigen Ämter: Bezirksgericht, Grundbuchamt, Notariat, Steueramt, Gefällskontrollamt, Gemeindeamt, Postamt, Bahnamt, Gendarmerieposten, tschechoslowakische Staatspolizei, Arbeitsamtnebenstelle, Nebenstelle der Bezirkskrankenkasse, Forstamt und römisch-katholisches Pfarramt.

Boidensdorf – Gesamtansicht

Boidensdorf

Boidensdorf liegt etwa neun Kilometer südlich der Bezirksstadt Bennisch im Schieferbruchgebiet um Eckersdorf und zwei Kilometer nördlich der an der alten Kaiserstraße Olmütz-Troppau gelegenen Gemeinde Kunzendorf. Boidensdorf ist ein mittelgroßes Bauerndorf mit Waldhufenflur und Dachschieferwerk, in einem Seitental der Hoßnitz gelegen, stellenweise dreireihig und erstreckt sich von der Gemarkungsgrenze im Osten bei Eckersdorf in einer Länge von eineinhalb Kilometern, leicht ansteigend nach Westen in Richtung der Hart und des Rautenberges. Die durchschnittliche Seehöhe beträgt 450 Meter. Der tiefste Punkt liegt mit 428 Meter an der Hoßnitzbrücke, die höchsten Erhebungen sind der 499 Meter hohe Wachberg und der 528 Meter hohe Birkhübel.

Das Dorf hatte 1939 eine Bevölkerung von 496 Einwohnern und zählte 134 Häuser. Das Gesamtausmaß beträgt 936 Hektar, davon 540 Hektar Ackerland, 168 Hektar Wiesen und 187 Hektar Wald. Es gab 56 landwirtschaftliche Anwesen im Ausmaß von 1,5 bis 96 Hektar. Der größte Betrieb war das Erbgericht mit 96 Hektar. Die Erbrichterstochter Emma Wischek, geborene Englisch, war von 1896 bis 1940 Alleinbesitzerin; ihr Gatte Anton Wischek war von 1900 bis 1930 Direktor des Schlachthofes in Troppau. Letzte Besitzer der Erbrichterei waren der Sohn, Diplomlandwirt Anton Wischek und Frau Helga, geborene Kragora. Ferner bestanden 25 Anwesen im Ausmaß von 20 bis 40 Hektar. Die Felder und Wiesen wurden in den Jahren 1897/98 drainiert. Angebaut wurden vorzugsweise Winterroggen, Braugerste, Kartoffeln und Hafer; daneben Sommerweizen, Rotklee, Mischgetreide, Futterrüben, Mohn und Erbsen. An den früher verbreiteten Flachsanbau erinnerte noch das zu Wohnungen umgebaute Brechhaus an der Straße nach Eckersdorf. Der letzte Bürgermeister der Gemeinde war Bauer Adolf Bartel, Nr. 55, der aus dem Freihof, Nr. 22 stammte.

Bewässert wird das Gemeindegebiet von der Hoßnitz, in die im Niederdorf der Dorfbach einmündet. Zwischen 1899 und 1910 wurde die Gemeinde durch Bezirksstraßen mit den Nachbargemeinden Eckersdorf, Alt-Erbersdorf, Kunzendorf und Spachendorf verbunden.

Die nächstgelegene Bahnstation war im 4,5 km entfernten Eckersdorf, von der Bennisch sowie Troppau gut zu erreichen waren. Die Kreisstadt Freudenthal war von Spachendorf und Bennisch durch private Omnibuslinien zu erreichen. In den Jahren 1927 bis 1931 war Boidensdorf noch durch eine private Autobuslinie, die von Spachendorf über Eckersdorf, Zattig nach Troppau führte, mit der Landeshauptstadt verbunden. Ab 1939 führte eine Bahnbuslinie von Kunzendorf nach Hof und Troppau. Die Gründung des Ortes fällt in die Mitte des 13. Jahrhunderts.

Boidensdorf wird in den Schloßarchiven von Freudenthal und Groß-Herrlitz 1258 erwähnt und ist eine Gründung des Zisterzienserstiftes Welehrad bei Ungarisch-Hradisch. Es wird in einer Urkunde des Klosters 1265 genannt. Die nächste Nachricht

Boidensdorf – Filialkirche Hl. Erzengel Michael

Boidensdorf – Innenansicht der Kirche

In der Ortsmitte, auf dem Kirchberg, steht gegenüber der Erbrichterei die Filialkirche zum heiligen Erzengel Michael. Sie wurde 1770 an Stelle einer hölzernen Kirche erbaut und mußte 1806 bedeutend renoviert werden. Beim Großbrand am 22. Juli 1851 (Gelöbnistag), der das ganze Mitteldorf einäscherte, brannte auch die Kirche nieder. In ihrem jetzigen Stil wurde die Kirche 1854 von der Gemeinde erbaut. Sie gehört zur Pfarrei Eckersdorf. Jede vierte Woche fand sonntags ein Gottesdienst in der Gemeinde statt. An den übrigen Sonn- und Feiertagen besuchten seit altersher die Gläubigen den Gottesdienst in der benachbarten Pfarrgemeinde Kunzendorf.

Bis zum Jahr 1774 wurde die Schuljugend in Privathäusern unterrichtet, dann errichtete die Gemeinde ein eigenes Schulhaus, das bei der Feuerbrunst von 1851 bis auf die Grundmauern niederbrannte. Das Schullokal wurde nun in ein Ausgedinghaus verlegt, bis der Wiederaufbau des Schulhauses vollendet war. Die heute noch vorhandene zweiklassige Schule in Boidensdorf wurde 1900 ihrer Bestimmung übergeben. Letzter Schulleiter war Oberlehrer Hermann Lindner aus Neu-Vogelseifen, der seit 1919 in der Gemeinde wirkte und 1935 die Leitung übernahm. Von 1914 bis 1943 gingen aus der Gemeinde neun Lehrer her-

Boidensdorf – unteres Dorfende

über das Dorf stammt aus dem Jahr 1270. In diesem Jahr hat König Přemysl Ottokar II. dem Kloster Welehrad durch einen Majestätsbrief, gegeben in Brünn am 16. Februar 1270, den Besitz des Dorfes Bohdanovic, d. i. Boidensdorf bestätigt. Im Jahr 1601 ist jedenfalls Stephan der Ältere von Würben Besitzer von Boidensdorf. Aus dem Urbarium jenes Jahres kennen wir die Namen der 41 Ansassen. Von ihnen waren 27 Bauern und 14 Gärtler. Zum Erbgericht, Nr. 1 gehörten neun Anwesen, die zur Robot in der Erbrichterei verpflichtet waren. Im Dreißigjährigen Krieg war es der Besonnenheit des damaligen Erbrichters Palisa zu verdanken, daß das Dorf von den Schweden nicht niedergebrannt wurde. Bis 1850 war Schlesisch-Hartau ein Ortsteil von Boidensdorf. Auch die Beerdigung der in Schlesisch-Hartau Verstorbenen erfolgte bis 1756 auf dem Boidensdorfer Friedhof.

vor: Alois Hansel, Edmund Gebauer, Franz Bartel, Alfred Späth, Alfred Zesch, Otto Olbrich, Alfred Kuhn, Otto Bartel und Leo Gebauer.

Neben der Landwirtschaft war seit etwa 1830 die Gewinnung von Dachschiefer von besonderer Bedeutung. Sie brachte durch Jahrzehnte vielen Familien Arbeit und Verdienst. Der blaue Tonschiefer hatte nicht nur im Inland einen guten Absatz, sondern wurde vielfach im Lohnfuhrwerk nach Preußisch-Schlesien ausgeführt. Der letzte im vorigen Jahrhundert eröffnete Untertagsbetrieb beschäftigte 30 Personen. Nach dem Ersten Weltkrieg wurde er mit neuzeitlichen Förder- und Pumpanlagen ausgestattet. Betriebsleiter Robert Saliger führte über 35 Jahre lang bis 1944 das Unternehmen.

Zur erfolgreichen Brandbekämpfung wurde 1891 die Freiwillige Feuerwehr gegründet und mit einer Gespann-Handdruckspritze ausgerüstet. Im gleichen Jahr erbaute die Gemeinde das Feuerwehrgerätehaus mit Schlauchturm. 1938 besaß die Wehr drei fahrbare Spritzen und eine Mannschaftsstärke von 50 aktiven Mitgliedern. 1941 wurde außerdem eine Motorspritze angeschafft. Letzter Kommandant war Alois Baier. Eine Musikkapelle, die bereits 1888 gegründet worden war, schloß sich später der Feuerwehr an. Ihr Kapellmeister war bis 1941 Heinrich Bartel.

Boidensdorf – die Volksschule

Boidensdorf – Das Brechhaus, hier wurde einst Flachs gebrochen

1939 hatte Boidensdorf zwei Schmiede, einen Wagner, zwei Sattler, zwei Tischler, drei Schuhmacher, zwei Damenschneiderinnen, einen Fleischhauer, ein Lebensmittelgeschäft mit Bäckerei, zwei Kaufläden, eine Schrotmühle mit Brettsäge und drei Gasthäuser.

Von direkter Kriegseinwirkung blieb die Gemeinde verschont.

Boidensdorf – Blick auf die Schule und auf den Gasthof Gebauer, 1937

Seit der Jahrhundertwende bestanden ein Männergesangverein sowie ein Kirchenchor. Etwa um die gleiche Zeit wurde die Raiffeisenkasse gegründet. Aus dem 1903 gegründeten Landwirtschaftlichen Kasino ging 1921 die Landwirtevereinigung hervor. 1929/30 erfolgte die Elektrifizierung durch Anschluß an die Mährisch-Schlesischen Elektrizitätswerke (MSE) in Mährisch-Ostrau.

Im Orte bestanden auch zwei Druschkonsortien. Zahlreiche Bauern besaßen Anteile beim Landwirtschaftlichen Speicher Frei-Hermersdorf und dessen Filiale in Eckersdorf, bei der Spiritusbrennerei von Bennisch, der Kartoffelflockenerzeugung in Raase und bei der Zentralmolkerei in Troppau. Jüngster Ortsverein war der erst 1937 gegründete Kameradschaftsverein gedienter Soldaten.

Dorfstraße in Boidensdorf

Alte Schule in Bodensdorf

Brättersdorf – Gesamtansicht

Brättersdorf

ist eine Bauerngemeinde nahe der Bahnstrecke Troppau-Bennisch und liegt auf einer Anhöhe im östlichen Teil unseres Kreises. Die höchste Erhebung ist der Oberberg mit einer Seehöhe von 420 m, der tiefste Punkt liegt am Bach an der Eckersdorfer Grenze bei 320 m. Die Entfernung nach Troppau beträgt 16 km, nach Jägerndorf 18 km und zur Kreisstadt Freudenthal ebenfalls 18 km. Die Markung grenzt im Süden an Eckersdorf, im Westen und Norden an Frei-Hermersdorf und im Osten an Zattig sowie an die bereits mehrheitlich tschechische Gemeinde Glomnitz (Kreis Troppau).

Um die Mitte des 19. Jahrhunderts erreichte Brättersdorf mit 501 Einwohnern seinen höchsten Bevölkerungsstand. Damals zählte man 74 Wohnhäuser im Orte. Von den Bewohnern waren 17 Bauern, 16 Gärtler und 30 Häusler. Sie bewirtschafteten 558 Joch Acker, 34 Joch Wiese, 21 Joch Weide und 5 Joch Wald.

Im Jahre 1930 zählte man 89 Wohnhäuser und 303 ausschließlich katholische Einwohner. Die Gemeinde war trotz ihrer Lage an der Sprachgrenze rein deutsch. Von den 303 Einwohnern bekannten sich 301 zur deutschen und nur einer zur tschechischen Nationalität.

Im Jahre 1939 hatte sich die Einwohnerzahl auf 309 erhöht. Von ihnen waren 307 katholisch, einer evangelisch und einer gottgläubig. Eindeutiger Haupterwerbszweig der Bevölkerung war die Landwirtschaft mit 49,2% gefolgt vom Handwerk mit 22%. Der Rest verteilt sich auf Handel, Dienstleistungen und Sonstige. Die Betriebsstättenzählung des gleichen Jahres nennt 47 landwirtschaftliche Betriebe. Von diesen wiesen jedoch fünf

weniger als zwei Hektar Fläche und weitere 16 eine Betriebsgröße von 2 – 5 ha auf, waren also Nebenerwerbsbetriebe. Von den verbleibenden 26 Landwirtschaften besaßen vier als sogenannte „Halbhufner" eine Wirtschaftsfläche von etwa 7,5 ha und 15 Bauern bewirtschafteten etwa 14 – 15 ha Grund und Boden. Die bäuerliche Besitzstruktur war erstaunlich einheitlich. Die Regelgröße der Vollbauernstellen wich nur geringfügig voneinander ab. Alle Bauern besaßen Anteile an den landwirtschaftlichen Genossenschaften in Frei-Hermersdorf und Eckersdorf. Das traf auch bei vielen Kleinbauernstellen zu, die noch auf Nebenerwerb angewiesen waren. Allein 12 der 16 örtlichen Handwerker saßen

Brättersdorf Nr. 21 und 22 – zwei typische Bauernhäuser

245

Brättersdorf vom Kirchturm aus gesehen

Brättersdorf – links Bauernhaus Josef Hanel, Nr. 34;
rechts die Dorfkapelle mit einer sehenswerten Madonna

auf Kleinbauernstellen, nur vier waren auch auf auswärtige Kundschaft angewiesen.

Die Gemarkungsgröße betrug 374 ha, davon waren 303 ha Ackerfläche, etwa 30 ha Wiesen und etwa 15 ha Wald.

Kirchlich gehörte Brättersdorf und seine im Jahre 1870 erbaute Filialkirche zur Pfarrgemeinde Frei-Hermersdorf. Vor 1784 war es nach Groß-Herrlitz eingepfarrt. Hier sind auch die Taufen, Trauungen und Sterbefälle aus der Zeit von 1646 – 1783 beurkundet. Nach einer Urkunde aus dem Jahre 1770 hatten die Brättersdorfer als Zehent für geleistete Seelsorgedienste jährlich je 7 Scheffel 2 Viertel an Korn und Hafer an den Groß-Herrlitzer Pfarrer zu entrichten.

Im Bennischer Grundbuchsamte lagerten bis 1945 an Brättersdorfer Grund- und Urkundenbüchern: Urbarium 1770, Urkundenbuch 1714 – 1756, Rusticale I 1756 – 1770, Rusticale II 1770 – 1877, Dominium 1712 – 1877 und Urkundenbuch 1845 – 1851.

Am 18. 2. 1250 wird „Bratrigsdorf" mit den benachbarten Dörfern als Besitz des Stiftes Welehrad erstmals urkundlich erwähnt. Das enggebaute Angerdorf weist jedoch auf ein um Jahrzehnte älteres Gründungsdatum hin. Dem entspricht auch die Gewannflur, die im Gegensatz zu den späteren Gelänge- und Waldhufenfluren (nach 1250) steht. Brättersdorf ist demnach eine Ausbausiedlung. Sicherlich bestand schon vor der Gründung des deutschen Angerdorfes „im Hofe" eine kleine slawische Siedlung, aus der später das Dominium Brättersdorf (Meierhof) hervorging. Um 1506 waren die Herren Georg und Heinrich Bierka von Nassiedl Besitzer von Brättersdorf und Frei-Hermersdorf. Um 1520 war der Besitz an Johann von Boblusk verpfändet. Er wurde einige Zeit später von Johann Wok (von Krawarn) eingelöst, der ihn dann samt dem Dorfe Jäschkowitz dem Georg Stosch von Kaunitz überläßt. Die Besitzer wechseln sehr oft. 1561 sollten Stefan von Würben und sein Onkel Bernhard, den Bürgen 470 ungarische Goldgulden auszahlen. 1594 verkaufte Albrecht der Jüngere von Würben auf Herrlitz jedoch Brättersdorf wie auch Jäschkowitz und Mladetzko dem Karl Bitowsky auf Leitersdorf und Petrikowa. 1620 soll Bernhard von Würben auf Herrlitz, 1621 sodann Wenzel Graf Oppersdorf (nicht Geppersdorf wie im Brättersdorfer Heimatbuch zu lesen ist) auf Herrlitz und 1657 Ferdinand Graf Würben Besitzer gewesen sein. 1720 ging Brättersdorf an die Baronin Hedwig von Kühbach. Ihr folgte 1732 Barbara von Bock, 1750 Karl Philipp von Schlangenfeld, 1756 Anna Gräfin von Hoditz, 1758 ein Freiherr

von Tetzler und 1782 Andreas Graf Renard, von dem es seine Schwester Baronin von Budey erbte. Bei diesem Erbe kann es sich jedoch nur noch um „Privilegien" gehandelt haben, denn 1791 war der Meierhof restlos an Kleinbauern aufgeteilt.

Sehr aufschlußreiche Nachrichten auch für die umliegenden Gemeinden, vor allem aus der Reformationszeit und aus dem Dreißigjährigen Kriege, bringt eine handschriftliche überlieferte Chronik, die im Heimatbuch „Brättersdorf" erstmalig veröffentlicht ist. Danach hat sich der Protestantismus in unserem Gebiet ein volles Jahrhundert erhalten. Erst 1627 waren wieder alle Kirchen der Herrschaft katholisch geweiht. Von Brättersdorf wird berichtet, daß es erst 1669 wieder katholisch geworden ist.

Etwa ein km östlich des Dorfes befand sich ein bekanntes Gasthaus, „Arme Ruh" genannt. Früher war es wohl eine sehr alte Herberge an einer Wegkreuzung. Darauf weist jedenfalls die tschechische Bezeichnung „Marianská dolina", also Mariental hin. Der Name „Arme(e) Ruh" wird mit den großen Truppenlagern in diesem Gebiete im Siebenjährigen Kriege (1756 – 1763) und dem „Kartoffelkrieg" (24. 6. 1778 – 13. 5. 1779) in Zusammenhang gebracht. Feststeht, daß das Gasthaus ein strategischer Punkt war, der auf allen Militärkarten eingetragen ist.

Ein schweres Unglück traf Brättersdorf am 30. 6. 1864. Ein im Anwesen Nr. 21 entstandenes Schadenfeuer konnte nicht mehr gelöscht werden und griff auf die benachbarten Wohngebäude und Scheunen über. Es weitete sich zum Großbrand aus, dem drei Viertel des Ortes zum Opfer fielen. Für die Bevölkerung bedeutete diese Katastrophe nicht nur Angst und Schrecken sondern auch jahrelanges Hausen in behelfsmäßigen Unterkünften verbunden mit vielfältigen Entbehrungen. Rückschauend erwies sich das Unglück durch die unumgänglich erforderlichen Neubauten auch vorteilbringend. Die Wirtschaftsgebäude konnten zweckmäßiger eingerichtet und in solider Bauausführung erstellt werden. Der einheitliche Wiederaufbau führte zu einer baulichen Geschlossenheit, die Brättersdorf gegenüber den Dörfern der Umgebung auszeichnete.

Das in der Zeit der Not gegebene Versprechen, im Orte eine eigene Kirche zu erbauen, wurde erstaunlich schnell eingelöst. Der Kirchenbau konnte im Sommer 1871 feierlich eingeweiht werden. Zur Erinnerung an die Weihe der Filialkirche „Maria Heimsuchung" und an das Brandunglück von 1864 begeht die Gemeinde alljährlich am 2. Juli ihren Gelöbnistag. Er findet seit der Vertreibung im Jahre 1946 stets Anfang Juli entweder in Donauwörth oder in Memmingen statt.

Brättersdorf – die Volksschule

Neben der Filialkirche besaß Brättersdorf noch eine wesentlich ältere Kapelle mit einer legendenumwobenen Muttergottesstatue, zu der in den Monaten Mai und September Wallfahrtsprozessionen aus einigen Dörfern kamen.

Das Kriegerdenkmal in Brättersdorf

Filialkirche „Maria Heimsuchung" in Brättersdorf

Der Gemeinde gehörten neben dem Gemeindehaus die 1887 errichtete Schule, der Kindergarten, das Spritzenhaus und das Gemeindegasthaus. Eine besonders segensreiche Einrichtung stellte die um 1880 von Alois Grohmann gegründete Spar- und Darlehenskasse dar. Alois Grohmann hat sich um das Genossenschaftswesen und die Landeskultur verdient gemacht. Die durch die Zwangskriegsanleihe schwer angeschlagene Kasse wurde im Jahre 1924 unter der Leitung von Rudolf Grohmann saniert. Dieser leitete 32 Jahre lang als Bürgermeister die Geschicke des Dorfes. Letzter Leiter der Sparkasse war Johann Hanel, letzter Bürgermeister (1939 – 1945) Rudolf Nitsch. Besondere Verdienste um die 1926 geschaffene Gemeindebücherei hat sich Otto Kreisel erworben, der auch erster Ortsbetreuer nach der Aussiedlung wurde und es bis zu seinem Tode (1981) blieb. Erster Kommandant der 1883 gegründeten Feuerwehr war Anton Sedlaczek. Ihm folgten Alois Grohmann (1890 – 1924), Rudolf Grohmann (1924 – 1936) und schließlich Wilhelm Kreisel jun. Ein anerkannter Pferdezüchter und selbstloser Genossenschaftler war Rudolf Juranek, Nr. 31. Große Verdienste um die Gemeinde haben sich die Schulleiter Wilhelm Sedlaczek (1849 – 1899) und Rudolf Meixner (1899 – 1935) erworben.

Für die 22 Opfer des Ersten Weltkrieges hatte die Gemeinde Brättersdorf ein würdiges Kriegerdenkmal errichtet. Weitere 24 Opfer beklagt die Gemeinde im Zweiten Weltkrieg. Ihrer soll hiermit ehrend gedacht werden.

Gruss aus Breitenau, Österr. Schlesien

Breitenau – Gesamtansicht

Breitenau mit Pochmühl

Breitenau ist ein Reihendorf mit Waldhufenflur. Es liegt an der linken Uferseite der Oppa, wo es an Markersdorf unmittelbar anschließt und sich bergwärts nach Nordosten erstreckt. Die Gemeinde zieht sich entlang der Straße Lichtewerden-Jägerndorf hin, die gleichzeitig die Dorfstraße ist. Sie wird beim Gasthaus „Maut" am unteren Dorfende von der Straße Würbenthal-Neu-Erbersdorf gekreuzt. Darüber hinaus gab es auch noch eine Seitenstraße zum Bahnhof und zwei Dorfwege zu den beiden Seitentrieben links und rechts des Oberdorfes. Der Bahnhof lag am unteren Ende in der Talsohle an der Flügelbahn Milkendorf-Würbenthal. In Milkendorf hatte man Anschluß an die Zentralbahnlinie Olmütz-Freudenthal-Jägerndorf-Troppau. Der Ortsteil vom unteren Ende bis zur Kirche war das „Niederdorf" und von der Kirche bis zum oberen Ende war das „Oberdorf". Einige Häuser des Niederdorfes rechnete man teils zum „Hinterdorf" und teils zur „Zach" (Zeche). Die Seehöhe beträgt beim Bahnhof auf der Talsohle 432 Meter, bei der Kirche 483 Meter und steigt bis zum Oberdorf auf 520 Meter an. Die Ortsflur grenzte im Norden an die von Kronsdorf (Kreis Jägerndorf), im Osten an die von Friedersdorf (ebenfalls Kreis Jägerndorf), im Südosten an die von Neu-Erbersdorf, im Südwesten an die von Markersdorf und im Nordwesten an die von Karlsthal. Die Flurgröße betrug 1996 Hektar, davon waren 900 Hektar Fürstlich Lichtenstein'scher Besitz und 21 Hektar gehörten der Gemeinde. Auf dem sandigen Lehmboden wurden vorwiegend Roggen, Gerste oder Hafer und nur wenig Weizen angebaut. 1939 hatte das Dorf 1055 Einwohner, davon waren 320 in der Land- und Forstwirtschaft,

394 in Industrie und Handwerk, 138 in Handel und Verkehr sowie 31 im Öffentlichen Dienst beschäftigt. 152 waren selbständige Berufe, 218 Selbständige, 87 Beamte und Angestellte, 468 Arbeiter sowie 130 ohne Hauptberuf.

Breitenau muß als Waldhufendorf relativ spät gegründet worden sein. Die beiden Teilungsurkunden das Herzogtums Troppau von 1377 und 1405 nennen zwar Dietrichsdorf (Dittersdorf), Marquardisdorf (Markersdorf) und Heynzendorf (heute verschwunden), aber Breitenau fehlt in beiden Urkunden. Erst 1420 wird es zum ersten Mal urkundlich erwähnt. Wegen finanziellen Schwierigkeiten wurde die spätere Herrschaft Freu-

Breitenau im Oppatal, Dorfblick mit Pfarrkirche

Breitenau, Bahnhofsgastwirtschaft Peschke

Breitenau: Am Grenzbach im Hinterdorf

denthal 1524 von Jägerndorf getrennt und den Würben in die Troppauer Landtafel eingetragen. Bei dieser Trennung blieben die noch rechts der Oppa liegenden Dörfer Dittersdorf, Markersdorf, das später eingegangene Heinzendorf und Karlsthal bei Jägerndorf, alle anderen kamen zu Freudenthal. Als die Jägerndorfer Kammerdörfer Breitenau, Markersdorf und Dittersdorf im Tiefen Grund an der Oppa gegen Karlsthal mit dem Bergbau begannen, drängten in diesem Bereich auch die Würben an die Oppa und versuchten, den Jägerndorfern die Erzförderung dort zu verleiden. Es kam zu Grenzstreitigkeiten mit tätlichen Über-

Tögel. Die etwa 80 Seelen zählende evangelisch-lutherische Glaubensgemeinde von Breitenau mit Pochmühl und Markersdorf gehörte zu Nieder-Hillersdorf. Das erste Breitenauer Schulhaus war ein Holzbau, der im 19. Jahrhundert abgerissen wurde. Das neue Schulgebäude lag 40 Meter in Richtung Osten von der Kirche entfernt und war zuerst ebenerdig und einklassig. Da auch Markersdorf und Pochmühl eingeschult waren und die Schulkinderzahl zunahm, stockte man die Schule auf und erweiterte sie auf drei Klassen. Der letzte Schulleiter war Oberlehrer Josef Losert.

Breitenau-Markersdorf: An der Hegerbrücke

Bahnhof Breitenau-Markersdorf

griffen seitens der Würben (siehe Grenzstreitigkeiten im geschichtlichen Teil). Noch 1679, als sowohl die Herrschaft Freudenthal als auch das Fürstentum Jägerndorf neue Besitzer hatten – in Jägerndorf Fürst Liechtenstein und in Freudenthal der Deutsche Orden – blieb dieses Gebiet umstritten, und der Deutsche Orden ließ „zur behaubtung des possesses" (Besitzes) 1679 am gleichnamigen Bach das Dorf Schreiberseifen erbauen.

Breitenaus erste Kirche stand am Westhang des jetzigen „Kirchenbusches" ehe 1721 ungefähr in der Dorfmitte eine neue, mächtige, im Renaissancestil gehaltene Pfarrkirche erbaut und dem heiligen Martin geweiht werden konnte. Zur Pfarrei Breitenau gehörte ursprünglich neben Markersdorf auch Karlsthal, das seine Toten auf dem Breitenauer Friedhof beerdigen lassen mußte. Aus dieser Zeit stammt noch die Bezeichnung „Totenweg" für einen Steig, der von Karlsthal über die „Hubertushütte" nach Breitenau führte. Der letzte Pfarrer war Konsistorialrat P. Josef

Breitenau: Oberdorf, Winter 1929

Breitenau, Dorfausgang zum Hegerwald

Der Ort hatte seit 1895 seine Freiwillige Feuerwehr mit einem Mitgliederstand zwischen 80 und 90 Mann und seit 1898 den Militär-Veteranenverein, der nach dem Ersten Weltkrieg Kameradschaftsverein gedienter Soldaten hieß. Kurz vor der Jahrhundertwende gründete man den Gesangverein, der wegen Mitgliederschwund seine Tätigkeit einstellen mußte und 1922 durch einen Männergesangverein ersetzt wurde. Seit 1905 hatte Breitenau die Genossenschaft der gemischten Gewerbe, dem 1913 der Turnverein „Eiche", einige Jahre nach Kriegsende eine Invalidengruppe und 1922 der Katholische Volksbund folgten. Der 1906 gegründete völkische Schutzverein „Nordmark" wurde ebenso

Turnverein Breitenau, 10jähriges Bestandesfest 1923

wie der sich 1908 etablierte Deutsche Schulverein, von den Tschechen verboten und aufgelöst. Den ersteren ersetzte man durch den Bund der Deutschen Schlesiens und den letzteren durch den Deutschen Kulturverband. Neben der Landwirtevereinigung und dem landwirtschaftlichen Casino hatte Breitenau auch eine Musikkapelle. Eine nicht nur von den eigenen Einwohnern gern wahrgenommene Gelegenheit war der Breitenauer Jahrmarkt.

In der Gemeinde Breitenau bestanden zwei Garnbleichen, ein Sägewerk, zwei Bau- und Möbeltischlereien und eine Ölmühle. Daneben gab es vier Steinbrüche sowie eine Försterei und zwei Hegerhäuser. Die Ortsbewohner wurden 1946 von den tschechischen Behörden aus ihrer angestammten Heimat vertrieben.

Pochmühl

Etwa zwei Kilometer von Breitenau entfernt, liegt in nordwestlicher Richtung oppa-aufwärts die zu Breitenau gehörige Fabrikkolonie Pochmühl. Sie war ursprünglich der Nachbargemeinde Dittersdorf angegliedert und auch dorthin eingepfarrt. Daran erinnert die noch heute gebräuchliche Bezeichnung „Kirchensteig" für den Weg, der von Pochmühl zur Dittersdorfer Kirche führte. Der Ort war auf der Straße Neuerbersdorf-Würbenthal zu erreichen und besaß an der Flügelbahn Milkendorf/Erbersdorf-Würbenthal eine Personenhaltestelle. Am 1. Januar 1945 hatte die Gemeinde 164 Einwohner, 30 Wohnhäuser, zwei Fabrikbetriebe, eine Kapelle und ein Schulhaus.

Pochmühl dürfte um 1527 als Pochwerk für die Eisenhüttenkolonie „Hütten", wie Karlsthal damals hieß, entstanden sein. In Hütten verarbeitete man die bei Breitenau und Markersdorf so-

Die Grohmann-Fabrik in Pochmühl

bei Seifersdorf und Spachendorf geförderten Eisenerze, wozu man ein Pochwerk benötigte. Als dieses Pochwerk dann stillgelegt wurde, ließ sich die Wasserkraft zum Betrieb einer Mehlmühle verwenden. Die Arbeiter fanden in den angesiedelten Industriebetrieben Verdienst.

In Pochmühl stand eine kleine Kapelle, in der der Breitenauer Pfarrer nur bei besonderen Anlässen die Messe las. Eingeschult war der Ort in Breitenau, ehe man 1907 eine eigene Expositur-Volksschule errichtete, die man vorerst im Wohnhaus Basler untergebracht hatte. Erst 1930 ließ die Gemeinde ein eigenes Schulhaus mit einer Klasse und der Lehrerwohnung bauen.

Unterhalb der Mühle war eine große Garnbleiche entstanden, die das Wasser des ehemaligen Mühlgrabens ausnutzte. Um 1870 hatte die Firma Leyrer & König im oberen Ortsteil eine Garn- und Baumwollflechterei erbaut, die nach dem Ableben des Besitzers von der Würbenthaler Firma Grohmann & Co. übernommen und ausgebaut wurde. Das Werk wechselte einigemale die Produktion und war an das Markersdorfer Elektrizitätswerk der gleichen Firma angeschlossen, das auch Neu-Karlsthal mit Strom versorgte. Außerdem war 1898 knapp vor der alten Mühle eine Pappenfabrik entstanden, die Holzfaserpappe sowie Asbest- und Kieselgurplatten herstellte. Schließlich stand in Pochmühl auch eines der drei Försterhäuser, das der Forstrevierleitung Breitenau unterstellt war.

Gesamtansicht von Buchbergsthal

Buchbergsthal

Das Dorf Buchbergsthal liegt an der Mittleren Oppa auf einer Seehöhe von 560 Meter und bildet den Eingang zum Gabeltal. Es wurde 1770 vom Fürstbistum Breslau unter Bischof Graf Schafgotsch als Eisenhüttensiedlung angelegt und „Hammerdörfel" genannt. Diese Siedlung gehörte zur Gemeinde Einsiedel. Sie erhielt 1795 den Status einer selbständigen Gemeinde und wurde nach dem damaligen Kreishauptmann, Ernst Ritter von Mikusch-Buchberg, Buchbergsthal genannt. Zu ihr gehörten die an einer Berglehne gelegene Kolonie Wolfseifen mit 19 Häusern und 107 Bewohnern und die Holzarbeitersiedlung Gabel. Die Markungsfläche beträgt 1005 Hektar, davon sind 933 Hektar Wälder und nur 60 Hektar Äcker, Wiesen und Gärten.

Buchbergsthal zählte 1840 63 Häuser und besaß neben einem Hochofen, der wöchentlich 150 Zentner Roheisen lieferte, noch eine Drahthütte. 1910 lebten 761 Einwohner in 102 Häusern und 1939 zählte man 800 Bewohner in 125 Häusern.

Die fürstbischöflichen Hüttenwerke in Buchbergsthal unterstanden der Kameraldirektion in Jauernig und wurden von dieser von 1850 – 1875 an die Barone Klein und Wiesenberg verpachtet. Diese besaßen auch die Eisenwerke in Zöptau, Reutenhau und Stefanau. Die Industriellenfamilie Klein gehörte im 19. Jahrhundert zu den bedeutendsten Unternehmern in Österreich und erbaute zahlreiche Straßen und Eisenbahnlinien.

Zu den Buchbergsthaler Eisenwerken gehörten drei Eisenhämmer, genannt Heinrichs-, Elisabeth- und Nepomukhammer, die Gießerei „Emanuelhütte", das Walzwerk „Melchiorhütte" sowie eine Zeughütte. Die Eisenwerke verbrauchten jährlich Tausende von Klaftern an Holz, das sowohl aus den Wäldern des Bistums Breslau stammte, als auch in erheblichem Umfang vom Deutschen Ritterorden zugekauft wurde. Die Abfuhr der geschlagenen Holzstämme gestaltete sich im gebirgigen Gelände schwierig, da sie vielfach nur über Schwemmteiche und Floßgräben möglich war. Als immer wieder auftretende Hochwasser die Bauten beschädigten, entschloß man sich um 1870, die Flößerei einzustellen. Im Heinrichs- und im Elisabethhammer erzeugte man Pflug- und Hakenbleche, Pflugschneiden, Schienennägel

Blick auf Buchbergsthal

und Laschen für den Eisenbahnbau. Als die Baukonjunktur nachließ, lösten die Barone Klein ihr Pachtverhältnis auf. Der Hochofenbetrieb wurde stillgelegt. Hierauf übernahm der Pole Johann Stranetzky die Buchbergsthaler Hüttenwerke, vermochte sie jedoch nicht wieder auf ihre einstige Höhe zurückzuführen. Damals herrschte unter den arbeitslos gewordenen Hüttenarbeitern große Not. 1880 übernahm die Kameraldirektion in Jauernig das Eisenwerk in eigenem Betrieb und brachte es zu neuem Aufschwung, dennoch mußten um 1900 sowohl der Heinrichs- als auch der Elisabethhammer stillgelegt werden. Während des Ersten Weltkrieges wurde das Buchbergsthaler Eisenwerk an die Eisenindustrie-Aktiengesellschaft „Ferrum" in Prag verpachtet, die nach dem Preisverfall für Walzeisen 1921 die Melchiorhütte in Buchbergsthal schloß. Ihr Inventar wurde demontiert und nach Witkowitz verlegt. Die Gießerei und die Zeughütte blieben bestehen. Als 1935 die „Ferrum-AG" ausschied, führte der Verwalter des Buchbergsthaler Werkes, Ing. Ferdinand Groß, den Betrieb bis zu seinem Tode in eigener Regie weiter. 1939 erwarb die Würbenthaler Firma Adolf Grohmann & Sohn das Buchbergsthaler Eisenwerk und baute die Gießerei erheblich aus, doch 1945 setzte der verlorene Krieg diesem Bemühen ein Ende. Kurze Zeit arbeitete das Werk noch unter tschechischer Verwaltung weiter, wurde jedoch 1948 aufgelassen.

Kirchlich gehörte Buchbergsthal zur Pfarrgemeinde Einsiedel, deren letzter deutscher Pfarrer Vinzenz Knoblich auch die Pfarrkinder in Buchbergsthal betreute.

Buchbergsthal mit Wolfseifen und der Rauberlehne im Hintergrund

Buchbergsthal besaß eine zweiklassige Volksschule, die 1870 neu erbaut worden war. Letzter Schulleiter war Oberlehrer Johann Mildner. 1908 gründete der damalige Bürgermeister, Forstmeister Franz Peschke, die Freiwillige Feuerwehr, deren letzter Kommandant Julius Frank war. In Buchbergsthal befand sich auch ein Postamt.

Schlesierin in Tracht vor der Gabelkirche

Die Kolonie Gabel liegt fast acht Kilometer von Buchbergsthal entfernt, unterm Altvater an der Straße von Würbenthal nach Freiwaldau. Das schöne Holzkirchlein von Gabel steht unter Denkmalschutz, und man kann es heute noch unversehrt bewundern. Von der Straße Würbenthal-Freiwaldau zweigt im Ort die ständig im Wald verlaufende „Gabelstraße" nach Karlsbrunn ab. Sie führte über eine Seehöhe von 1300 Meter. Am höchsten Punkt des Gabelpasses befand sich ein Granitstein, in welchem der Hinweis „1300 m Seehöhe" eingemeißelt war. Die Straße nach Freiwaldau führt steil bergan bis zum Gabelkreuz und dann wieder steil abwärts über Waldenburg nach Thomasdorf. Dort zweigt eine Straße nach Mährisch-Schönberg ab, die über den Roten-Berg-Sattel (1011 m) führt. Vom Gabelkreuz aus führt ein markierter Wanderweg über den Kleinen Vater (1367 m), an der Schweizerei vorbei zum Altvater (1492 m). Die

Die alte Steinseifenmühle im Gabeltal

Das idyllische Holzkirchlein in Gabel

Das Gabeltal an der Mittleren Oppa, im Talgrund:
Die Weißenseifen-Försterei, rechts: Der Salzbergfelsen

Schulkinder von Gabel mußten vor dem Ersten Weltkrieg in Waldenburg zur Schule gehen, was im Winter oft unmöglich war. Unter Bürgermeister Rudolf Dokoupil wurde dann in Gabel eine kleine Schule errichtet.

Früher standen in der Nähe von Gabel bei Hinnewieder der Ludwigsthaler Hochofen und weitere Eisenhütten. Nicht weit von Gabel in Richtung Würbenthal sah man vor der Vertreibung noch Bergwerksstollen und Schlackenreste einer ehemaligen Eisenschmelze. Auf den Halden finden Mineralogen interessante Erze, darunter gold- und silberführende Schwefel- und Kupferkiese, Malachit, Buntkupfererz, Molibdänglanz und sonstige Mineralien.

Die Gabelförsterei betreute das höchste Forstrevier des Altvatergebirges. Sie hatte einen großen Bestand an Rotwild, auch Gamswild hatte man hier eingebürgert.

Josef Lowag aus Einsiedel läßt seine 1907 erschienenen „Geschichten vom Förster Benedix" in der Weißenseifen-Försterei bei Gabel spielen, und sein Sohn Alois F. Lowag schildert in seinen humorvollen „Gobler Geschichtla" Ereignisse aus dem Leben zweier urwüchsiger Holzmacher (Josef Stein und Anton Fichte), genannt „Stän Seff und Fichtn Tones", und überlieferte sie damit der Nachwelt.

Das Leben in dieser abgeschiedenen Gebirgsgegend war hart, die Winter lang und schneereich, aber niemand hätte diese schöne Heimat mit einer anderen tauschen wollen. Trotzdem mußten auch sie 1946 ihr geliebtes Gabeltal verlassen.

Heute sind sowohl Einsiedel als auch Buchbergsthal und Ludwigsthal nach Würbenthal eingemeindet.

Das Gabeltal bei Buchbergsthal

Das Gabelkreuz, Sommer 1963

Dittersdorf bei Engelsberg – Gesamtansicht

Dittersdorf

Dittersdorf am Kirchberg – die Bezeichnung „am Kirchberg"
erhielt das Dorf erst 1938 als eine postalisch zweifelsfreie Ortsbe-
stimmung unter mehreren Gemeinden mit dem Namen Dittersdorf – ist ein typisches Reihendorf mit Waldhufenflur der Besiedlungszeit. Es liegt in einer Talsenke zwischen dem Kirchberg und
dem Freihofberg und steigt von Schreiberseifen an seinem südöstlichen Ende gegen Lichtewerden im Nordwesten stetig an.
Hier am oberen Ende liegt ein schon abseits des Dorfes liegendes
Haus mit dem für seine Einsamkeit bezeichnenden Namen
„Sichdichfier" (Sieh' Dich vor!). Während das untere Ende eine
Seehöhe von 435 Metern hat, ist der Sichdichfier mit 530 Metern
ü. d. M. fast 100 Meter höher. Die geographischen Koordinaten
der Gemeinde sind 50 Grad nördlicher Breite und 17 Grad östlicher Länge von Greenwich. Die Dorfflur grenzt im Südosten an
die Flur von Schreiberseifen, im Süden an Altstadt, im Westen an
Lichtewerden, im Nordwesten an Engelsberg, im Norden an
Breitenau und im Osten an Markersdorf. Für Bahnfahrten kann
entweder die Station Breitenau an der Nebenstrecke Würben-
thal-Milkendorf mit Anschluß an die Hauptstrecke Olmütz-
Freudenthal-Jägerndorf-Troppau, oder die Station Lichtewerden an der Nebenstrecke Freudenthal-Klein-Mohrau benutzt
werden. Sie hat in Freudenthal ebenfalls Anschluß an die Hauptstrecke Olmütz-Jägerndorf-Troppau. Beide Stationen sind von
der Ortsmitte zwischen 4 und 5 Kilometer entfernt. Die Gemeindefläche beträgt 896,66 Hektar. Einwohner hatte Dittersdorf 1930: 283 und 1939: 295. In diesem Jahr besaß das Dorf insgesamt 93 Häuser, davon ein Armenhaus. Die Anzahl der selbständigen Bauern betrug 28 und die mittlere Hofgröße 30 Hektar. Der größte Einzelbesitz (John Till) hatte 120 Hektar, angebaut wurden Getreide und Futtermittel.

Gegründet worden ist Dittersdorf im Zusammenhang mit

der Besiedlung des Freudenthaler Gebietes um 1250. Wir kennen
nur das Gründungsdatum des Nachbardorfes Lichtewerden (8.
März 1267). Um diese Zeit dürfte auch Dittersdorf entstanden
sein. In der Teilungsurkunde des Herzogtums Troppau aus dem
Jahre 1377 wird der Ort noch Dietrichsdorf genannt. Daraus
kann geschlossen werden, daß der Lokator (Ortsgründer) Dietrich hieß. Die zur Unterscheidung gleicher Vornamen herange-
zogenen Familiennamen sind erst später entstanden. 1377 war
ein (ritterbürtiger) Herr Bobke Dorfherr von Dietrichsdorf.
Nachdem die Herrschaft Freudenthal mindestens seit 1459 als
Pfandbesitz verschiedener Adeliger vom Herzogtum Jägerndorf
gelöst und seit 1523 den Herren von Würben als erbliches Lehen
in die Troppauer Landtafel eingetragen wurde, blieben die sogenannten Oppadörfer Breitenau, Markersdorf (Marquardisdorf)
und Dittersdorf beim Fürstentum Jägerndorf. Um 1510 muß
Dittersdorf unbewohnt und wüst gewesen sein, denn man hat es
40 Jahre später, um 1550 wieder aufgebaut. Nach der Wiederbesiedlung kam es an der Lichtewerden-Dittersdorfer Flurgrenze,

Dittersdorf – Pfarrkirche

Dittersdorf – Weihe der Kreuzkapelle beim Erbgericht, 1932

Dittersdorf – Die Auferstehungsgrotte

die ja gleichzeitig Landesgrenze zwischen der Herrschaft Freudenthal und dem Fürstentum Jägerndorf war, zu Grenzstreitigkeiten, weil die Lichtewerdener Bauern, deren Felder an die der Dittersdorfer grenzten, diese – solange Dittersdorf wüst war – in Pacht hatten und bei dieser Gelegenheit jedes Jahr beim Umakkern den Grenzrain in Richtung Dittersdorf verschoben hatten, so daß die Dittersdorfer Felder kürzer und die Lichtewerdenen dafür länger wurden. Als man Dittersdorf wieder aufbaute, ließ sich der alte Grenzverlauf nicht mehr feststellen, weil die Lichtewerdener Bauern verständlicherweise schwiegen.

In der Mitte des Dorfes steht rechts neben der Straße nach Lichtewerden-Engelsberg auf einem Hügel die Pfarrkirche. Sie ist dem Erzengel Michael geweiht und vermutlich um 1550, als das Dorf wiedererstand, erbaut worden. Dittersdorf gehörte zum katholischen Dekanat Jägerndorf. Die runden Feldkapellen bei Trampisch, Herber und Schittenhelm, die von den Besitzern selbst erbaut worden waren, benutzte man ebenso wie Feldkreuze bzw. Bildstöcke bei Klement (Isidor), Schittenhelm, am Weg bei Kotsch sowie bei der Erbrichterei, Trampisch und Peiker für die Fronleichnamsprozessionen. Beim Kreuz an der Gemeindegrenze gegen Lichtewerden, das an einen Erfrorenen erinnern soll, erteilte der Pfarrer beim österlichen Saatreiten den Segen.

Die zweiklassige Volksschule des Dorfes wurde im Jahr 1904 erbaut, und man beherbergte darinnen außer den beiden Lehrerwohnungen auch die Gemeindekanzlei, ein Sitzungszimmer und die Raiffeisenbank. Außerdem gehörte ein 1500 qm großer Schulgarten mit Obstbäumen dazu. Die letzten Lehrkräfte waren Frau Anneliese Czech und einige junge, namentlich nicht mehr bekannte Aushilfslehrer. Dittersdorf war eine Zweigstelle des Postamtes Lichtewerden und wurde auch vom Lichtewerdener Arzt Dr. Buchmann medizinisch betreut. Es hatte eine eigene Wasserversorgung und zusammen mit Schreiberseifen die Raiffeisenkasse, deren Obmann Josef Fritsch war, sowie eine Freiwillige Feuerwehr mit 45 Mitgliedern. Der letzte Bürgermeister war Edmund Ludwig.

Dittersdorf – Gasthaus „Sichdichfier"

Saatreiten in Dittersdorf

Gesamtansicht von Dürrseifen

Dürrseifen

Die Gemeinde Dürrseifen ist eine alte Bergbausiedlung. Sie liegt in 650 bis 700 m Seehöhe an der Straße Lichtewerden-Altwasser-Dürrseifen, die in die Straße Freudenthal-Karlsbrunn-Freiwaldau einmündet. Der Ortsteil Niederseifen mit neun Häusern grenzt an Altwasser an, dann beginnt die Talmulde in der Dürrseifen liegt. Den Hauptteil des Dorfes bildet der Ortsteil Oberseifen, der etwa 1 1/2 Kilometer bergwärts bis zur Höhe von 700 m ansteigt. Dürrseifen war rings von Bergen und Wäldern umschlossen. Die Gemarkung zählte 1100 Hektar, wovon 400 Hektar bebautes Ackerland und Wiesen sowie 700 Hektar Wald waren. Dieser gehörte dem Deutschen Ritterorden, nur 14 Hektar waren Bauernwald.

Zur Gemeinde Dürrseifen gehörte auch der am rechten Ufer der Weißen Oppa gelegene Teil des Kurortes Bad Karlsbrunn. Die linke Uferseite war dagegen Ludwigsthaler Gemeindegebiet und die Siedlung Hubertskirch gehörte zu Klein-Mohrau. Karlsbrunn liegt drei Kilometer von Dürrseifen entfernt an der nach Freiwaldau führenden Straße. Von dieser zweigen im Wald beim „Stern" die Straßen nach Klein-Mohrau und Wiedergrün sowie die zum Schutzhaus „Schäferei" führende Fahrstraße ab. Der Altvatergipfel ist von Dürrseifen in 2 1/2 Stunden Fußweg zu erreichen.

Dürrseifen mit seinen 420 Einwohnern wurde im Volksmund stets kurz der „Seifen" genannt.

Auf allen Bergen in der Umgebung von Dürrseifen finden sich noch heute Spuren des längst erloschenen Bergbaues, hauptsächlich nach Gold und Silber, aber auch nach Kupfer und Eisen. Südlich des Ortes erhebt sich der Josefberg (720 m) mit dem Stollen der Zeche „St.-Josef". Der heilige Josef war auch der Schutzpatron von Dürrseifen. Im Osten liegt der Baderberg (758 m), über den früher der beschwerliche „Lange Weg" nach Engelsberg führte. Zwischen den beiden Bergen bleibt nur ein schmaler Durchgang für die Straße und den talwärts nach Altwasser fließenden Heinebach frei. 1904 wurde entlang des Baderberges die Straße nach Engelsberg gebaut und 1910 die Ortsdurchfahrt durch Altwasser für schweres Fuhrwerk befahrbar gemacht. Im Norden erhebt sich der Annaberg (838 m), an dessen Südabhang

Ober-Dürrseifen „Eber-Seif'n" – in der Bildmitte die Holzkirche

befinden sich die beiden Zechen zum „Heiligen Lazarus" und zum „Goldenen Hirsch". Westlich davon verläuft die Waldstraße zwischen dem Schindelberg (861 m) und dem Hohenberg (1027 m) nach Würbenthal. Der Übergang die „Eule" (Eil) galt als verrufener Ort, den niemand zur Nachtzeit begehen wollte. Westlich zwischen dem Ölberg (943 m) und dem Holzberg (958 m) führt die Waldstraße nach Ludwigsthal. An den Abhängen der vorgelegenen kleinen Berge gab es hinter dem „Sauerbrunn" den „Elisabethstollen", den Erbstollen „St. Augustin" und die Zeche zur „Heiligen Barbara". Der Augustinstollen war der längste Stollen Dürrseifens, und St. Barbara ist die Schutzheilige der Bergleute. Gegen Wiedergrün lag die „Wilhelmszeche". Zwischen dieser und St. Barbara lagen noch der „Maria-Hilf-Stollen" und der „Pottermellichstollen". Dessen Name hat nichts mit Buttermilch zu tun, sondern deutet auf sumpfiges Gelände hin. Da Sumpf in der alten Sprache mit „pot" bezeichnet wurde (Potterblum = Sumpfdotterblume), hat der Volksmund an „Potter" einfach das Wort „Mellich" angehängt, wohl weil das besser paßte. Die beiden zuletzt genannten Stollen galten als die goldreichsten im Gebirge. An der Waldstraße nach Ludwigsthal lagen das Sägewerk Julius Matzner, zwei Förstereien und das Jagdhaus des Freudenthaler Fabrikanten Plischke. Entlang dieser Straße floß der Bettelbach. Er entsprang in den Wäldern oberhalb des Dorfes und führte klares, eiskaltes Wasser. Der Bach trieb die Wasserräder der Matznersäge, der Lohe- und Spunderzeugung Hubert Seifert und der Säge des Josef Weber an. Er mündet bei der Pochbrücke in den Heine- und Goldbach. Das in den Zechen gewonnene gold- und silberhaltige Gestein wurde im Pochwerk an der Mündung des Bettelbaches in den Goldbach zu Sand zerkleinert.

Dürrseifen, Fernsicht vom Annaberg

Dürrseifen wird in der Teilungsurkunde von 1405 als „Dornseyfen mit dem Smydwerk" urkundlich genannt. Damals war man von der Goldwäscherei schon lange zum Bergbau übergegangen. Um das Land zu nutzen, wurden Dörfer mit Bauernsiedlungen angelegt. Dürrseifen ist aber eine Bergbausiedlung, deren Bergleute nur der Grundherrschaft unterstanden. Der Ortsname Dornseifen hat sich im Laufe der Zeit in Dürrseifen geändert. Früher hieß Dorn oder dornig soviel wie „beschwerlich", man denke an „dorniger Weg". Nach der Lage des Ortes ist diese Deutung einleuchtend, denn Dürrseifen war früher nur über den beschwerlichen Badersberg mit Fuhrwerken erreichbar. Unverständlich wäre jedoch „dürr" mit „trocken" gleichzusetzen, denn fast aus jedem Berghang sprudelte eine Quelle und durch jede Wiese floß ein Wässerchen. Der ganze Talboden war

Dürrseifen, Hotel-Pension „Herminenhof"

sumpfig, und die Häuser in Niederseifen standen auf einer zwei Meter dicken Schicht von aufgeschütteten Boden auf schlammigen Untergrund. Die 1910 durch Altwasser gebaute Straße mußte hoch aufgeschüttet werden, um sie zu befestigen. Das Wasser aus den verschiedenen Stollen mußte durch einen langen Abwasserstollen, der am Berghang in festen Grund geschlagen war, bis zum tiefen Graben in Altwasser abgeleitet werden.

Mit der Gründung von Engelsberg (1556) änderte sich die Lage der Dürrseifener Bergleute grundlegend. Sie waren zwar Stadtbürger von Engelsberg mit allen Rechten und Privilegien geworden, hatten aber ihre Selbständigkeit verloren. Das wirkte sich nachteilig für sie aus. Die Bergwerke kamen an die Herren Max von Weisinggau und Jakob Mann aus Puchholz, die 1558 das Freigut Dürrseifen gründeten. Es wurde in späterer Zeit verkauft und aufgeteilt. Die Zeit um 1590 gilt als die Blütezeit des Bergbaues, und die Bergwerke von Zuckmantel und Dürrseifen waren die reichsten Gold- und Silbervorkommen im Altvatergebirge. Der Bergbau kam im Dreißigjährigen Krieg fast ganz zum Erliegen. 1670 betrieben die Städte Engelsberg, Freudenthal und Würbenthal den Bergbau gemeinsam, und in einer „Instruktion über den Stollenbau beim Goldbergwerk in Dürrseifen" von 1674 ist vermerkt, daß der gewonnene Dukaten auf 5 1/6 Gulden zu stehen komme. Um 1890 errichtete der Engländer von Saltery oberhalb der Matznerei von Dürrseifen ein Dampfpochwerk und ließ gleichzeitig beim Siebenbrüderloch am „Goldenen Hirsch", beim Barbarastollen und bei verschiedenen Aufschlüssen am Hohen Berg nach Gold schürfen. Saltery kam aus Kap-

Das alte Holzkirchlein in Dürrseifen

Altschlesisches Bauernhaus in Dürrseifen, gehörte zum Anwesen Irmler

„Rockengang"-Aufführung in Dürrseifen 1923

Musikkapelle Dürrseifen im Jahre 1896

de. Neben den drei bereits genannten Betrieben besaß Dürrseifen zwei Förstereien und eine Pflanzschule. Außerdem gab es vier Gasthäuser und ein Lebensmittelgeschäft im Orte. In Dürrseifen befand sich eine zweiklassige Volksschule. Es bestanden 14 bäuerliche Betriebe. Mehrere Bauern besaßen auch auf den Gemeindefluren von Altwasser und Engelsberg zusätzliche Felder. Angebaut wurden Futter, Hafer, Kartoffeln sowie Gerste und Roggen. Die einstige Hausweberei war rückläufig. Einige ältere Weber arbeitete für Faktoren in Freudenthal. Der Wald brachte den Holzfällern und sonstigen Waldarbeitern Arbeit und Verdienst. Wer noch ein Haus und etwas Acker hatte, stand sich nicht schlecht. Maurer und Bauarbeiter fuhren über die Woche nach auswärts zur Arbeit und kamen über das Wochenende nach Hause. Es war kein leichtes Leben, doch alle liebten die Heimat, und keiner wollte den Ort verlassen, wo er zwar bescheiden lebte, aber dennoch glücklich war.

Dürrseifen – Dorfblick

Dürrseifen – die Volksschule

stadt und galt als reicher Mann. Er soll der Sohn eines 1794 in Jungferndorf bei Freiwaldau geborenen Bauern, namens Anton Sauer gewesen sein. Salterys Werk verfiel so rasch wie es aufgebaut worden war. Der Bergbau hatte 1910 vollkommen aufgehört. Auf Grund der gemeindepolitischen Veränderung nach 1848 strebte Dürrseifen eine eigene Gemeindeverwaltung an und erreichte diese im Dezember 1858, die 1864 durchgeführt wur-

Eckersdorf – Gesamtansicht

Eckersdorf

Eckersdorf liegt an der Hoßnitz und ist ein langes, fast geradlinig in Ostwestrichtung ausgedehntes Reihendorf mit Waldhufenflur aus dem Beginn der Besiedlungszeit. Die durchschnittliche Seehöhe beträgt 400 Meter, wobei der tiefste Punkt mit 349 Meter unweit des Bahnhofes und der höchste mit 460 Meter der Eichberg ist. Gut ausgebaute Straßen verbinden Eckersdorf mit fast allen Nachbargemeinden. Im Nachbarort Dorfteschen zweigt von der ehemaligen Kaiserstraße Olmütz-Troppau eine Verbindung nach Jägerndorf ab, die durch Eckersdorf führt. Diese Straße wird bei der „Armen Ruh" von der Straße Brättersdorf-Glomnitz-Troppau gekreuzt. Der relativ gute Zustand dieser Straßen muß der Verwendung von Basaltschotter zugeschrieben werden, den man in den Steinbrüchen des Rautenberges gewann. An der 1892 eröffneten Bahnlinie Troppau-Bennisch hat Eckersdorf mit einem Bahnhof Anschluß. In den Jahren 1928/29 verband eine private Autobuslinie das Dorf mit Troppau.

Die Eckersdorfer Flur grenzt im Osten an Glomnitz, im Südosten an Mladetzko und im Süden an Dorfteschen. Sie bildet im Bereich dieser drei Gemeinden die Kreisgrenze zum Nachbarkreis Troppau. Im Südwesten und Westen grenzt die Eckersdorfer Flur an Boidensdorf, im Nordwesten an Alt-Erbersdorf, im Norden an Frei-Hermersdorf und im Nordosten an Brättersdorf. 1930 zählte die Gemeinde 721 Einwohner sowie 162 Gebäude und wies eine Flurfläche von 1058 Hektar auf. Sie teilte sich in 600 Hektar Ackerland, 60 – 80 Hektar Wiesen und 260 Hektar Wald auf. Der Rest bestand aus Rainen, Bauflächen und Ödland. Der Ort hatte genau 100 Landwirtschaften, von denen der größte Hof das Erbgericht mit 138 Hektar war. Angebaut wurde Roggen, Weizen, Gerste, Hafer und Futtermittel sowie Kartoffeln und Zuckerrüben.

Ursprünglich gehörte Eckersdorf zum Stifte Welehrad. In einer Besitzbestätigungsurkunde des Papstes Innozenz IV. vom 18. Juli 1250 wird der Ort als Eckardisdorf erwähnt. 1270 schreibt eine Urkunde Eckardsdorf. Daraus muß geschlossen werden, daß der Gründer (Lokator) des Dorfes nach damaligen Brauch Eckehard hieß, der gleichzeitig der erste Erbrichter des Dorfes wurde. 1530 kam Eckersdorf an die Herren von Würben auf Groß-Herrlitz. Es blieb stets bei dieser Gutsherrschaft, auch als die Würben das Gut 1694 erneut an das Stift Welehrad verkauften und gelangte 1767 schließlich wieder an die Würben zurück. Von Fürst Kinsky, der die Herrschaft Herrlitz 1853 gekauft hatte, kam sie mit Eckersdorf 1859 an dessen Schwester Rudolfine, der Gattin des Grafen Franz von Bellegarde.

Die Pfarrkirche Maria Geburt mit ihrem 30 Meter hohen Turm wurde, wie Chronogramme am Hochaltar und am Sockel der Statue des heiligen Johannes ausweisen, 1725 vom Stift Welehrad erbaut und gehörte zum Patronat Herrlitz. Eckersdorf war Sitz eines Dekanatsamtes mit den Pfarreien Alt-Lublitz, Frei-Hermersdorf, Groß-Herrlitz, Meltsch, Morawitz, Neu-Lublitz, Neu-Zechsdorf und Ratkau. 1940 war der Pfarrer von Ratkau, Gustav Czech, Dechant des Dekanates Eckersdorf. Die letzten Seelsorger der Gemeinde waren Pfarrer Johannes Hausner und Kaplan Karl Schwab.

Die Pfarrkirche Maria Geburt in Eckersdorf, erbaut 1725

Das Kriegerdenkmal in Eckersdorf

In der Mitte des Ortes liegt die 1878 erbaute zweiklassige Volksschule, in derem Erdgeschoß sich die Oberlehrerwohnung und ein Unterlehrerzimmer befinden. Der letzte Schulleiter, Oberlehrer Josef König, war ein gebürtiger Frei-Hermersdorfer.

Schon seit Menschengedenken fand am Sonntag nach Maria Magdalena (22. Juli) in Eckersdorf ein gut besuchter Jahrmarkt statt, der stets ein Höhepunkt im Leben der Gemeinde war.

1884 rief man die Freiwillige Feuerwehr ins Leben, die 1933 mit einer Motorspritze ausgerüstet wurde. Bereits 1893 wurde in Eckersdorf eine Drainage-Genossenschaft gegründet, der 1909 eine landwirtschaftliche Spiritusbrennerei und beinahe gleichzeitig auch eine Raiffeisenkasse folgten. Daneben gab es im Ort ei-

Eckersdorf – Das Mitteldorf

Chronogramm der Nepomuk-Statue in Eckersdorf, die erhöhten Buchstaben ergeben stets die Jahreszahl 1725

nen Turnverein, einen Gesangsverein mit Streichorchester und eine Theatergruppe sowie die Nordmark, die später in Bund der Deutschen umbenannt wurde und den Deutschen Schulverein, der sich nach dem Ersten Weltkrieg Deutscher Kulturverband nannte.

Schon seit der ersten Hälfte des vorigen Jahrhunderts wird der zum Dachdecken verwendete, tiefblaue Eckersdorfer Tonschiefer gebrochen, der die einstigen Stroh- und Schindeldächer ersetzte, und die in den Steinbrüchen des Dorfes gewonnene Grauwacke eignete sich als Mauerstein und als Packlage beim Straßenbau.

Außerdem gab es in Eckersdorf ein dampfbetriebenes Sägewerk mit zwei Gattern und an Handwerks- und Gewerbebetrieben neben vier Gasthäusern, davon eines die Erbrichterei, einen schlosser, zwei Schmiede, einen Wagner, zwei Tischler, zwei Schneider, zwei Schuster, vier Schneiderinnen, drei Gemischtwarenhändler, zwei Bäcker und zwei Fleischer.

Der „Hohe Stein" am Ortsende von Eckersdorf

Einsiedel – Gesamtansicht

Einsiedel

Einsiedel ist ein fast sechs Kilometer langes Reihendorf mit Waldstreifenflur, einer Spätform der mittelalterlichen Waldhufendörfer, das man entlang der Schwarzen Oppa angelegt hat. Diese entspringt im Sumpfgebiet bei Reihwiesen, Sühnteich" oder Moosebruch genannt, und mündet bei Würbenthal in die Mittlere Oppa. Das Dorf liegt 545 Meter über dem Meer, umgeben von mäßig hohen Bergen, an der alten Heerstraße Wien—Olmütz—Sternberg—Zuckmantel—Breslau, die später Poststraße war und in Würbenthal über die Oppabrücke nach Einsiedel führt. Die Einsiedler Flur beträgt 4 093 Hektar, davon sind 3 000 Hektar Wald, der ursprünglich fürsterzbischöflicher Besitz des Bistums Breslau war und nach 1918 durch Enteignung in den tschechoslowakischen Staatsbesitz überging. 1930 hatte Einsiedel 2 214 Einwohner und bei der Volkszählung am 17. Mai 1939 noch 2 100 und 603 Haushaltungen. Es war damit nach Freudenthal, Würbenthal und Bennisch die viertgrößte Gemeinde des Kreises.

An landwirtschaftlichen Betrieben gab es 55 Anwesen mit 0,5 bis 2 Hektar; 50 Betriebe mit 2 bis 5 Hektar; 19 mit 5 bis 20 Hektar; 5 mit 20 bis 100 Hektar und die Scholtisei mit über 100 Hektar. Eine Scholtisei im ehemaligen Breslauer Bistumsland entspricht einer Erbrichterei im Freudenthaler Gebiet. Angebaut wurden vorwiegend Winterroggen, Gerste, Hafer, Kartoffeln und Rüben. Letzter Bürgermeister war der Kleinlandwirt Adolf Quecke, dem Johann Mader der Ältere als Gemeindesekretär zur Seite stand.

Einsiedel ist vom Breslauer Bistum in Neiße aus gegründet worden. Im ausgehenden Mittelalter verlief die Landesgrenze zwischen Schlesien (Bistum Breslau) und Mähren nördlich der späteren Stadt Würbenthal. Freudenthal und sein Herrschaftsbereich gehörten zum Lande Mähren und kamen erst später zu Schlesien. Die Burgruinen Wüstes Schloß und Rabenstein bei Einsiedel und Fürstenwalde sowie Freudenstein bei Würbenthal zeugen von der damaligen beidseitigen Grenzsicherung. Als Waldstreifendorf ist Einsiedel eine jüngere Gründung. Es verdankt seine Entstehung der zweiten Landbesiedlungswelle in den höher gelegenen Gebieten. Über den Beginn des Dorfes ist nur bekannt, daß die Breslauer Bischöfe, Kaspar von Logau, (1562 – 1574) und Martin von Gerstmann, (1574 – 1585) an der Errichtung maßgeblichen Anteil hatten, ehe der letztere dem Dorf im Jahre 1576 die Selbständigkeit verlieh. Einsiedel gehörte zur Herrschaft Zuckmantel und damit zur Bezirkshauptmannschaft Freiwaldau und gelangte erst bei der großen Gebietsreform um

Einsiedel – Mittel- und Ober dorf mit Straße nach Hermannstadt

1850 zur Bezirkshauptmannschaft Freudenthal und dessen Gerichtsbezirk Würbenthal.

Das lange Reihendorf gliederte sich in mehrere Ortsteile. Man sprach von einem Ober-, Mittel- und Niederdorf.

Das Ortszentrum mit der schönen gotischen Kirche, dem Pfarramt, der Volksschule, der Gemeindeverwaltung, der Scholtisei, der Heilanstalt des Klosters der Borromäerinnen und der Kunstmühle Adolf Schöbel bildete das Mitteldorf. Hier befanden sich auch zwei Kaufgeschäfte, eine Fleischerei und zwei Gasthäuser. Auf einer Anhöhe lag das Einsiedler Kalkwerk des Ferdinand Neumann mit einer zugehörigen 30 Hektar großen Landwirtschaft. Auf einem gut erschlossenen Feldweg gelangte man zur Siedlung „Kriegsdörfel" und über die „Hammerfelder" zur Nachbargemeinde Buchbergsthal.

Das Restaurant „Birkhahn" in Einsiedel

Die Brettmühle Galle in Einsiedel

Zum Niederdorf gehörte der „Stillstand", eine weit nach Süden vorgeschobene Häusergruppe am linken Ufer der Oppa, schon fast an der Grenze von Würbenthal vorbei und bereits in Reichweite von Karlsthal. Das Bistum Breslau und das Fürstentum Jägerndorf haben sich lange Zeit um diesen Besitz gestritten. Es wurde daher zum Niemandsland, dem Stillstand, erklärt und ist erst viele Jahrzehnte später geteilt worden. Das Oberdorf begann an der Abzweigung der Dorfstraße von der Kaiserstraße.

Sie führte durch das ganze Oberdorf bis nach Reihwiesen, das mit einer Seehöhe von 780 Meter das höchstgelegene Dorf Sudetenschlesiens war. Letztes Anwesen im Oberdorf war die Brettsäge Albert Titze. Einst befand sich hier eine Eisenhütte, der „Josefshammer". In dessen Nähe sind heute noch verfallene Stollen vom einstigen Schürfen nach erzhaltigem Gestein sichtbar. Eine Abzweigung von dieser oberen Dorfstraße führte in den Ortsteil „Halden", einer Häusergruppe am Beginn der Räuberlehne und des Dürren Berges. Die Kaiserstraße führte auf dem „Langen Berg" zum Gasthaus „Birkhahn" an der Ortsgrenze mit Hermannstadt. Zu nennen ist noch der „Scheithau", eine Häusergruppe, deren Namensgebung vermutlich auf die Inbetriebnahme einer Glashütte im Jahre 1636 durch den Neißer Glasmeister Elias Wilhelm zurückzuführen ist.

Kirchlich war Einsiedel anfänglich nach Zuckmantel eingepfarrt, es kam später zu Hermannstadt, das 1672 eine selbständige Pfarrei geworden war. Da Einsiedel damals nur eine Leichenkapelle besaß, mußten die Pfarrkinder die Messe in Hermannstadt besuchen. Der Feldweg dorthin hieß bis zur Vertreibung noch der „Kirchsteig". 1718 erhielt Einsiedel eine eigene aus Stein erbaute Kirche, die 1878 der heutigen Kirche weichen mußte. Etwas erhöht stehend, bot sie ein weithin sichtbares Bild. Am 14. Juli 1787 wurde Einsiedel zur selbständigen Lokalie und am 13. September 1843 zur eigenen Pfarrei erhoben. Zur Pfarrgemeinde

Die Schnaubelt-Groß-Kapelle im Oberdorf von Einsiedel

262

Einsiedel gehörte auch Buchbergsthal mit Gabel und Wolfseifen. Einsiedel gehörte zum Dekanat Zuckmantel und damit zur Diözese Breslau. Letzter Pfarrer war Vinzenz Knoblich.

1870 hatte man eine spitalähnliche Einrichtung, das von der Bevölkerung „Kloster" genannte Sanatorium, errichtet, in dem nach der Pfarrer Kneipp'schen Methode durch Wasserbehandlung (Wasserheilanstalt) bis zum Zweiten Weltkrieg jährlich etwa 600 Kurgäste Erholung und Linderung ihrer Beschwerden fanden. Erbaut wurde das Sanatorium von Schwestern des Vinzentinerordens, die auch die Betreuung der Patienten übernahmen. Sie wurden später von Nonnen des Borromäerordens abgelöst.

Christlich-deutscher Turnverein Einsiedel-Buchbergsthal um 1933

Die neugotische Pfarrkirche in Einsiedel

Die 1866 erbaute Volksschule von Einsiedel war bis 1914 vier- und zuletzt achtklassig. Die Gemeinde gehörte zum Bürgerschulsprengel (Mittelschule) Würbenthal. Vor der Schule befand sich ein Turn- und Sportplatz, zu dem später ein größerer, an der Oppa gelegener, hinzukam. Der letzte Schulleiter war seit 1935 Rektor Josef Schmack.

In Einsiedel bestanden eine Spar- und Darlehenskasse, eine Arbeiterkonsumgenossenschaft, eine Genossenschaftssäge sowie zwei weitere Brettsägen, eine Mühle sowie mehrere Kalksteinbrüche mit zwei Kalkwerken. Die Wasserversorgung erfolgte durch Brunnen und private Versorgungsanlagen. Rudolf Titze betrieb ein Gleichstrom-Elektrizitätswerk, das Einsiedel

mit Strom versorgte. An Handwerksbetrieben und Kaufläden hatte die Gemeinde drei Wagner, vier Schuhmacher, vier Tischler, zwei Schmieden, eine Schlosserei mit Autoreparaturwerkstätte, einen Spengler, zwei Schneider, einen Gärtner, drei Fleischer, drei Bäcker, neun Kaufgeschäfte, neun Gasthäuser und vier Tabaktrafiken.

Der größte Teil der Bewohnerschaft war in Würbenthaler Gewerbe- und Industriebetrieben beschäftigt.

Gesamtansicht von Engelsberg

Engelsberg

Das kleine, freundliche am Fuße des Annaberges gelegene Städtchen Engelsberg wurde 1556 vom damaligen Besitzer der Herrschaft Freudenthal, Johann d. Ä. von Würben († 1559), als „freie Bergstadt Engelsstadt" gegründet. Er hatte bereits 1548 gemeinsam mit seinem Bruder den Marktplatz ausgesteckt und 1552 war mit dem Bau der neuen Stadt begonnen worden. Wie aus der am 8. März 1556 ausgestellten und von Johann d. Ä. sowie von seinen Brüdern und Vettern unterschriebenen Gründungsurkunde hervorgeht, war damals die Stadt fast erbaut. Im Oktober 1556 übergab der Grundherr die Gründungsurkunde der ersten Stadtvertretung. Die neue Stadt erhielt bald darauf ihren heutigen Namen Engelsberg.

Schon viele Jahrzehnte vorher standen auf Engelsberger Gebiet Häuser, und in einem Bericht des Konsistorialarchivs in Olmütz wird schon um 1500 eine Holzkirche erwähnt.

Nach alter Überlieferung waren die ersten Bewohner Engelsbergs Bergleute, die in Dürrseifen und dem „Goldenen Hirsch" Erze abbauten. Da aber in Dürrseifen die Siedlungsfläche mit den Pochwerken und den mehr als 20 Erzschmelzen zu klein war, siedelten sie im angrenzenden Engelsberg. Der Bergbau soll sehr lohnend gewesen sein, denn eine Schaufel gewonnenen Erzes reichte aus, den Lebensunterhalt einer Familie für eine Woche zu decken. Das Wasser mußte eigens aus der Weißen Oppa, nächst des Hohen Falles, durch einen Spintengraben hergeleitet werden.

Um fremde Bergleute heranzuziehen, verlieh Johann d. Ä. von Würben seiner Bergstadt Engelsberg die volle Bergfreiheit. Sie war von allen Steuern und Zinsen, Fronen und Roboten befreit, durfte Fleischbänke und Badstuben erbauen und erhielt neben der niederen Gerichtsbarkeit drei Jahrmärkte bewilligt. Die Bergbauprivilegien sind erhalten geblieben. In alter Zeit hießen die Ortsvorsteher Stadtrichter, und Dürrseifen, das eine Kolonie von Engelsberg geworden war, bekam einen Viertelrichter.

Ebenso genossen die Bewohner von Dürrseifen die gleichen Rechte und Privilegien wie die Bürger von Engelsberg.

Die Stadt lag an der alten Heeres- und Handelsstraße Wien-Olmütz-Breslau, die 1626 als Poststraße eingerichtet wurde. In der Poststation Engelsberg mußten ständig 16 Pferde für Vorspannzwecke bereitgehalten werden. 1750 wurde die Poststation von Engelsberg nach Lichtewerden verlegt und von dort zwischen 1763 und 1787 nach Freudenthal verlagert. Engelsberg behielt jedoch bis zum Jahr 1844 die Vorspannstation für die Steilstrecke zum Annaberg. Die Lage an der Poststraße brachte für Engelsberg große Vorteile, und die Stadt überflügelte Freudenthal in der Erzeugung von Zwirn-, Web- und Wirkwaren. Später wurde aus der Poststraße eine Reichsstraße, die über Freudenthal, Lichtewerden, Engelsberg nach Würbenthal führte. Sie mußte den steilen Weg über den Annaberg überwinden. Um 1860 wurde die Straße von Engelsberg über Lauterseifen nach Würbenthal gebaut, sodaß die Steilstrecke über den Annaberg

Bürgerhäuser in Engelsberg

Die Pfarrkirche Maria Geburt in Engelsberg

Die Hauptwache des Bürgergarde-Korps Engelsberg Ostern 1934

Die Fronleichnamsprozession in Engelsberg

entfiel. 1903 wurde die zehn Kilometer lange Straße Engelsberg-Dürrseifen-Karlsbrunn ausgebaut.

Die wirtschaftliche Lage Engelsbergs änderte sich grundlegend, als 1872 die Mährisch-Schlesische Zentralbahn in Betrieb genommen wurde. Der anwachsende Verkehr wirkte sich sofort belebend auf alle Zweige der Wirtschaft in Freudenthal aus. Der spätere Bau der Eisenbahnlinie von Freudenthal nach Klein-Mohrau kam eher Lichtewerden als Engelsberg zugute.

Engelsberg liegt 674 m hoch. Der tiefste Punkt befindet sich am Bach bei der Gemeindegrenze zu Altwasser und Dürrseifen (660 m), der höchste Punkt ist der Hohe Berg (1023 m). Die Gemeindeflur beträgt 1601 Hektar, wovon 296 Hektar Ackerland sind. Der Boden wurde bis zu einer Höhe von 800 m bebaut. Was fleißige Bauern aus diesem stark ansteigenden, kargen Boden erwirtschafteten war beachtlich. 1890 hatte Engelsberg noch 2400 Einwohner. 1939 war ihr Zahl auf 1410 ausschließlich deutsche Bewohner herabgesunken.

Die Pfarrkirche Maria Geburt steht im oberen Teil des Marktplatzes. An ihrer Westseite ragt der 54 m hohe Glockenturm weit sichtbar empor. Der Bestand einer Kirche ist bereits um 1500 erwähnt. Es ist anzunehmen, daß schon vor dieser Zeit mindestens zwei Holzkirchen bestanden haben. Engelsberg besaß auch für seine evangelischen Einwohner ein Bethaus. Es wurde nach dem Ersten Weltkrieg von einem Wohnhaus (Nr. 14) zu einer Kirche ausgebaut.

Zur Gemeinde Engelsberg gehörte auch die Kolonie Lauterseifen mit 14 Wohnhäusern und zwei öffentlichen Gebäuden. Dürrseifen, das seit der Stadtgründung von 1556 zu Engelsberg gehört hatte, strebte nach einer eigenen Gemeindeverwaltung. Laut Bescheid des Bezirksamtes Freudenthal vom 21. Dezember 1858 wurde die Trennung ausgesprochen und 1864 durchgeführt. Damit verlor Engelsberg 900 Hektar Fläche und 400 Einwohner. Bei der Teilung kam es zu großen Auseinandersetzungen, denn der gemeinschaftliche Gemeindewald lag gänzlich auf Engelsberger Grund. Andererseits verlor Engelsberg den Kurort Karlsbrunn, der zum größten Teil auf Dürrseifener Markung lag.

Den Mittelpunkt der Stadt bildete das einstöckige Rathaus, das 1629 erbaut wurde. Das Jahr 1589 brachte über Engelsberg das erste große Brandunglück. Es brannten 28 Häuser und der Pfarrhof nieder. Im Jahre 1633 wütete in Engelsberg, wie in anderen Orten die Pest, an der ein großer Teil der Bevölkerung starb. Durch einen Brand, der 1641 wahrscheinlich von den Schweden verursacht wurde, brannte ein Drittel der Stadt samt der Holzkirche nieder und am Palmsonntag, den 6. April 1732 wurde Engelsberg fast zur Gänze durch Feuer eingeäschert. Außer der Kirche, dem Rathaus und dem Pfarrhof fielen noch 82 Wohnhäuser dem Brand zum Opfer. Dadurch wurden sämtliche Dokumente der Stadt ein Raub der Flammen.

Bürgergarde Engelsberg

Die Engelsberger Bürgergarde bei einem Umzug um 1935

Am 20. April 1873 wurde die Freiwillige Feuerwehr gegründet. Sie bestand aus einer Steiger-, einer Spritzen- und einer Hilfsabteilung. Später kam noch eine Sanitätsabteilung dazu. Letzter Kommandant war Rudolf Olbrich. Der Männergesangverein, ca. 40 Mann stark, bewies des öfteren sein Können beim Sender Mährisch-Ostrau. Er wurde am 19. November 1862 gegründet und widmete sich besonders der Werke des Heimatsohnes und Tondichters Dr. Eduard Schön, bekannt unter seinem Pseudonym E. S. Engelsberg. Das ihm zu Ehren im alten Park errichtete Denkmal wurde 1946 von den Tschechen ebenso zerstört, wie die Gedenktafel „Die Waldesweise" auf dem Annaberg.

Engelsberg, Obere Ringseite mit Rathaus

In Engelsberg bestand ein Turnverein, der Katholische Volksverein und die privilegierte Bürgergarde. Diese hatte das Recht, bei Anwesenheit eines Mitgliedes des Kaiserhauses in Freudenthal die Schloßwache zu stellen (1621 – 1841). Zur Garde gehörte auch eine Musikkapelle. Die Bürgergarde gab später bei besonderen Anlässen, wie die Auferstehungsfeier zu Ostern oder beim Fronleichnamsfest, den kirchlichen Feierlichkeiten einen ungewöhnlich würdigen Rahmen.

Engelsberg besaß eine Knabenvolksschule und eine Volksschule für Mädchen, die von Ordensschwestern betreut wurde. Im Ort befand sich auch ein Deutschordensschwesternhaus.

Von allen Seiten sichtbar stand die Annakirche auf dem 860 m hohen Annaberg. Sie wurde schon lange vor der Gründung der Stadt erbaut und im Dreißigjährigen Krieg zum zweiten Mal zerstört. 1767 wurde sie ein drittes Mal errichtet und ist in der

Form erhalten geblieben. Das Annafest wurde jeweils am Sonntag nach dem 26. Juli, dem Namenstag der heiligen Anna, gefeiert. Das Hochamt wurde von zahlreichen Pilgern besucht. Anschließend fand auf dem schönen Platz rings um die Kirche ein Fest statt, und man feierte mit Freunden aus der ganzen Umgebung das Wiedersehen. Vom Annaberg hatte man einen herrlichen Rundblick auf den größten Teil des Freudenthaler Ländchens. Am Fuße des Berges lag Engelsberg, das auch eine gern besuchte Sommerfrische darstellte. Das beliebteste Tanzvergnügen des Jahres war am Abend des Annafestes das „Annakränzchen" in den Gasthäusern von Engelsberg, Dürrseifen und Altwasser.

In Engelsberg befanden sich ein Arzt, zwei Hebammen, eine Sparkasse, die Post, sechs Gasthäuser, ein Kaffeehaus, fünf Metzger, drei Bäcker, eine Konditorei, ein Konsum, ein Lebensmittelgeschäft, ein Textilwarengeschäft, ein Sattler, drei Schuster, zwei Spengler, zwei Schneider, drei Tischler, drei Schlosser, ein Schmied, ein Uhrmacher, ein Goldschmied, zwei Maler, ein Glaser, ein Dachdecker, drei Friseure, ein Buchbinder mit Papiergeschäft, eine Drogerie, zwei Gemüseläden, zwei Tabaktrafiken, eine Gärtnerei, ein Milch- und Käseladen und viele Hausweber. Letzter Bürgermeister der Stadt war Johann Lechner. Der letzte und beliebteste Pfarrer von Engelsberg war P. Josef Hubalek. Bei ihm fanden, besonders in der bedrängten Zeit der Vertreibung, seine Pfarrkinder viel Trost und Hilfe. Von Gumpoldskirchen bei Wien kam er, so lange er lebte, immer am Annafesttag zum Engelsberger Treffen nach Augsburg, um die heilige Messe zu lesen.

Der Ringplatz in Engelsberg – im Hintergrund der Annaberg

Gesamtansicht von Frei-Hermersdorf, rechts die Pfarrkirche

Frei-Hermersdorf

Frei-Hermersdorf, ein Bauerndorf mit Dachschieferindustrie, liegt an der Bahnstrecke Troppau-Bennisch in einem schmalen Tal, das von Westen gegen Osten verläuft. Es ist ein Reihendorf, zwei Kilometer lang und stellenweise vierreihig. Zwischen der Bezirks- und der Dorfstraße hat der Dorfbach, die Hoßnitz, ihren Lauf.

Die Gemeinde grenzt im Westen an Seitendorf, im Norden an Koschendorf, im Osten an Zattig, Brättersdorf und Eckersdorf sowie im Süden an Alt-Erbersdorf. Die Seehöhe beträgt 400 – 450 m. Das Gesamtausmaß der Markung erreicht 1150 ha, wovon 771 ha als Ackerland genutzt wurden. Die Gemarkung hatte die Form eines Rechteckes von etwa 3 km Länge und 4 km Breite. Das Gelände war hügelig. Die Wiesen lagen überwiegend in Niederungen an kleinen Wasserläufen und lieferten gutes Heu. Der Boden der Felder war meist sandiger Lehm, in den tieferen Lagen halbschwerer Lehmboden, in den höheren Lagen sandiger Lehm mit verwittertem Tonschiefer.Die Gemeinde gehörte zum Getreideanbaugebiet I. Der größte Teil der Bauernhöfe war geschlossener Besitz und betrieb 6-Felder-Wirtschaft mit gleichbleibender Fruchtfolge: Roggen, Klee, Weizen, Hafer, Kartoffeln, Gerste. Die Wälder lagen in zusammenhängenden geschlossenen Flächen an den Grenzen der Gemarkung. Es waren Nadelwälder mit nur wenig Laubholzgemisch.

Frei Hermersdorf ist eine alte Siedlung. Im Jahre 1250 bestätigte Papst Innozenz IV. dem Kloster Welehrad den Besitz dieses Ortes. Hermersdorf bzw. Hermannsdorf, wie es ursprünglich hieß, ist sicherlich eine Gründung des Klosters und entstand zwischen 1228 und 1250. Vorort von Welehrad in unserer Gegend war Stiebrowitz bei Troppau. In der Urkunde des Bischofs

Bruno von Schaumburg heißt 1265 das Dorf Hermani villa. Die Geschichte von Frei-Hermersdorf ist eng mit Stiebrowitz verbunden, wo der Zisterzienserorden einen eigenen Verwalter für seine Klosterdörfer angesiedelt hatte. 1562/63 besaßen Frei-Hermersdorf und Brättersdorf die Herren von Würben auf Herrlitz, dann bald nachher Karl Würben auf Schillersdorf, nachdem 1603 (am Mittwoch nach Medardus) dessen Sohn Wenzel auf Schillersdorf, Hermersdorf dem Sigmund Sedlnitzky auf Choltitz, Herrn auf Herrlitz verkaufte. Unter „Hermersdorf" ist hier wahrscheinlich nur ein Teil der heutigen Gemeinde zu verstehen, weil der andere Teil in Ober-Seitendorf einen freien Bodenbesitz gebildet hat, welcher aus den heutigen Hausnummern Nr. 67, 68 und 69 bestand und im Besitz des „freien" Adels war. Wann dieses Adelsgut entstand ist unbekannt. Im Jahre 1669 war es im Besitze von Georg Stephan von Würben. 1691 besaß es sodann Jo-

Frei-Hermersdorf – Oberdorf, im Hintergrund liegt Seitendorf

Frei-Hermersdorf mit seinen stattlichen Bauernhöfen

hann Wenzel Sedmoradsky von Sedmorad, der es wiederum im Jahre 1696 dem Franz Maria Freiherrn von Cerbony, Herrn auf Městec, verkaufte. Sein Erbe war 1700 Karl Johann Freiherr von Cerbony. Nach diesem Geschlecht wird noch heute ein bei Boidensdorf liegendes Waldstück „Cerbonywald" genannt.

Im Jahre 1930 bestanden in Frei-Hermersdorf 200 Häuser, ihre Zahl erhöhte sich bis 1945 auf 207. Nach der Volkszählung von 1930 wies die Gemeinde damals 950 Einwohner auf, wovon 906 Deutsche, 14 Tschechen, 28 Ausländer und 2 Andere waren. Nach dem Religionsbekenntnis gab es 947 Katholiken, 1 Evangelischen und 2 Konfessionslose im Orte.

Die Volkszählung vom 17. 5. 1939 ergab 902 Einwohner. Von ihnen gehörten 895 der katholischen und 7 der evangelischen Kirche an. Nach der Betriebszählung gliederte sich der bäuerliche Besitz in 16 Betriebe von 0,5 – 2 ha, 13 Betriebe von 2 – 5 ha, 49 Betriebe von 5 – 20 ha und 11 Betriebe mit mehr al 20 ha Grundbesitz auf. Die größten Höfe in der Gemeinde waren Nr. 27 des Ing. Fridolin Höllebrandt mit 98 ha und Nr. 7 des Emil Tatzel mit 84 ha.

Die Pfarrkirche zur Hl. Dreifaltigkeit in Frei-Hermersdorf

Die Pfarrkirche zur Hl. Dreifaltigkeit wurde 1786 von Eugen Graf Würben im Barockstil erbaut. Der Turm birgt vier Glocken und die Turmuhr mit drei Zifferblättern. Er weist die von vielen katholischen Kirchen bekannte Zwiebelform auf.

In Frei-Hermersdorf bestand eine „Waldgemeinschaft der älteren Ansässigkeit". Sie verwaltete den 93 ha großen Gemeinschaftsbesitz, bestehend aus 70 ha Wald und 23 ha Ackerland.

Die Schieferbrüche im Süden der Gemeinde werden 1760 erstmals erwähnt und bildeten durch viele Jahrzehnte eine außer-

ordentliche Einnahmequelle. Sudetenschlesischer Dachschiefer wurde bis weit nach Preußen hinein ausgeführt. Die Schieferbrüche erbrachten auch für viele Fuhrleute ansehnliche Einkünfte.

Sonstige wirtschaftliche Vereinigungen im Orte waren die 1873 gegründete Spiritusbrennerei, die 1899 gegründete Molkereigenossenschaft, der Brandschadenversicherungsverein und die Spar- und Darlehenskasse. Die 1920 errichtete Landwirtschaftliche Speichergenossenschaft erreichte überörtliche Bedeutung und hatte fast im gesamten Gerichtsbezirk Bennisch Mitglieder. Die Freiwillige Feuerwehr besaß eine Mannschaftsstärke von 75 Personen. Sie wurde 1882 gegründet und besaß u. a. auch eine Motorspritze. Der Gesangverein „Frohsinn" wurde 1908 gegründet. Er besaß 62 Mitglieder und verfügte über einen Männer-, einen Frauen- und einen gemischten Chor. Aus der katholischen Arbeiterbewegung heraus entstand der etwa 40 Mitglieder zählende Arbeiterverein unter Obmann Rudolf Losert. Der Turnverein Frei-Hermersdorf reicht bis 1902 zurück und nannte sich Turnverein „Jahn". Neben Geräteturnen und Leichtathletik pflegte man auch Mädchenturnen sowie Faust-, Hand- und Schlagballspiel. Die Gemeindebücherei umfaßte etwa 600 Bände. In Frei-Hermersdorf bestanden auch rege Ortsgruppen des Deutschen Kulturverbandes und des Bundes der Deutschen in Schlesien.

In der Gemeinde waren: zwei Bäcker, zwei Fleischer, sieben Kaufläden, sechs Gasthäuser, zwei Schlosser, zwei Schmiede, drei Wagner, eine Maschinenbau-Werkstatt, zwei Tischler, ein Binder, drei Schuster, ein Zimmer- und Brunnenmeister, drei Schneider, ein Sattler, ein Maler und eine Gärtnerei.

1920 wurde das Dorf an das Stromnetz angeschlossen. Seither wird auch in den Schieferbrüchen elektrisch gefördert. Anstelle der zu klein gewordenen alten Schule errichtete die Gemeinde 1930 ein neues vierklassiges Schulhaus mit Lehrerwohnungen. Letzter Schulleiter war Oberlehrer Ernst Ruprecht. Im Ersten Weltkrieg fielen 28 Männer, im Zweiten mit 55 Männern fast doppelt soviele. Die schwersten Verluste hatten die Familien Nedella und Werner aufzuweisen. Erstere verlor vier, die andere drei Söhne. 1945/46 schickte man viele Männer nach Freudenthal und Prag ins Lager oder nach Mährisch-Ostrau zur Zwangsarbeit in die Kohlengruben. Viele Familien kamen samt den Kindern ins Gemeindegasthaus ins Lager. Der letzte Bürgermeister, Eduard Gans, kam vom Lager in Freudenthal vor das Volksgericht in Troppau. Dieses sprach ihn frei, da selbst tschechische Zeugen nichts Belastendes gegen ihn aussagen konnten. Die Aussiedlung erfolgte in sechs Transporten in die Gebiete Allgäu, Oberbayern, Hessen, Schwaben, Mittel- und Unterfranken. Sie begann am 15. März und endete am 20 September 1946.

Freudenthal – Wochenmarkt am Hauptplatz

Freudenthal

Freudenthal ist die älteste unter den Städten des Altvatergebirges und wurde, wie sich aus der Mährisch-Neustadter Gründungsurkunde von 1223 entnehmen läßt, zehn Jahre früher, demnach 1213, vom Markgrafen Wladislaw Heinrich von Mähren gegründet und mit Magdeburger Recht begabt. Sie ist damit die älteste mit deutschem Recht bewidmete Stadt im gesamten Sudetenraum. Freudenthal liegt in einem weiten, vom Schwarzbach gebildeten Bogen, teils im Tal, teils auf der Hochfläche und weist eine Seehöhe von 547 Metern auf. Es zählte 1945 rund 11000 Einwohner und besaß 1200 Häuser. Das Flächenausmaß umfaßte 2325 Hektar. Die geographische Lage beträgt 17 Grad 28 Minuten östlicher Länge und 49 Grad 59 Minuten nördlicher Breite. Freudenthal liegt also fast genau am 50. Breitengrad.

Die Stadt ist seit ihrer Gründung der natürliche Mittelpunkt der sie umgebenden Landschaft. Sie war durch Jahrhunderte Sitz der Herrschaft Freudenthal und ist seit der Verwaltungsneugliederung von 1850 Sitz einer Bezirkshauptmannschaft, welche später auch die Namen „politischer Bezirk" bzw. „Landkreis" führte.

Das Wahrzeichen von Freudenthal ist der Köhlerberg mit seiner Wallfahrtskirche. Sie wurde kurz nach dem Ende des Dreißigjährigen Krieges vom damaligen Ordensstatthalter August Oswald von Liechtenstein erbaut. Zur Wallfahrtskirche führt eine prächtige, vierreihige Lindenallee. Vom Köhlerberg bietet sich eine vielgepriesene Aussicht. In der Talmulde liegt die Stadt mit ihren Kirchen, Türmen und Schloten und dicht daneben, hart an der mährischen Grenze, erblickt man Schlesisch-

und Mährisch-Kotzendorf. Im langgezogenen, welligen Gelände sieht man ostwärts den Haselberg und den Ziegenrücken. Gleichlaufend zu ihnen zieht sich der Schwarzwald dahin. Im Westen dehnen sich breite Ackerfluren aus, dazwischen ziehen sich wie lichte Bänder die Straßen nach Wildgrub bzw. Altstadt bis Lichtewerden/Engelsberg hin, von wo die Annabergkirche herübergrüßt. Seitwärts liegen Neu-Vogelseifen, Wiedergrün und Morgenland, wo bei Klein-Mohrau der geschlossene Altvaterbergwald beginnt. Er wird von der Hohen Heide und dem Peterstein überragt. Unweit davon krönt die Kuppe des Altvaters mit ihrem Turm den Ausblick. Vom Köhlerberg bietet sich aber auch eine gute Sicht zum Oppatal, besonders über Spillendorf hinweg zum Oppaknie bei Neu-Erbersdorf. An klaren Tagen kann man die Burgbergkirche bei Jägerndorf sehen und weit im Osten die schemenhaften Umrisse der Beskidenberge erkennen. Zum Greifen nahe stehen wie Wächter der Große und der Kleine Rautenberg sowie gegen Messendorf hin der Venusberg vor uns. Alle sind, wie der Köhlerberg, die Überreste einstiger feuerspeiender Vulkane.

Schon im Mittelalter kreuzte in Freudenthal die aus Böhmen kommende Salzstraße Prag-Krakau-Wieliczka die wichtige Gesenkestraße Wien-Olmütz-Neiße-Breslau. Sie erhielt bald mit der Straßenführung Freudenthal-Jägerndorf-Leobschütz eine bedeutsame Ergänzung.

Freudenthal ist seit 1872 an das Eisenbahnnetz angeschlossen und liegt an der Mährisch-Schlesischen Zentralbahnlinie Brünn-Olmütz-Jägerndorf-Troppau. Die Lage an dieser Bahnstrecke erwies sich für die rasche industrielle Entwicklung der Stadt zu einem Zentrum der Textilindustrie von wesentlicher Bedeutung.

Seit der Jahrhundertwende verkürzen Schnellzüge die Fahrzeiten auf dieser Strecke sehr beachtlich. Von Freudenthal aus konnte man in fünf Stunden nach Wien, in dreieinhalb Stunden nach Brünn und in einer Stunde nach Troppau gelangen. Die 1901 eröffnete Lokalbahnstrecke nach Lichtewerden/Engelsberg und Klein-Mohrau/Karlsdorf, seinerzeit zur Abfuhr von Nutzhölzern und Kleineisenwaren bestimmt, wies einen steigenden Touristenverkehr auf. Freudenthal erwarb sich durch sein günstiges Höhenklima, seine zahlreichen Gaststätten und die Vielzahl der erschlossenen Spazier- und Wanderwege auch als Sommerfrische einen guten Ruf. Es wurde insbesondere in den Ferienmonaten von Urlaubsgästen aus Wien gern besucht. Zum nahen Herzheilbad Karlsbrunn, das nach Bad Pyrmont den

Freudenthal – Hauptplatz, Abzweigung Cyrillgasse.
In der Bildmitte Konditorei Wolf

Freudenthal – Hauptplatz – in der Bildmitte: das Gabriel-Haus

Freudenthal – Hauptplatz um 1913, hinter dem Springbrunnen das Rathaus

stärksten Eisensäuerling Mitteleuropas aufweist, führte bereits 1913 eine regelmäßig befahrene Autobuslinie. Nach dem Ersten Weltkrieg gesellten sich weitere Linien hinzu, und 1938 bestanden planmäßige Busverbindungen zu den benachbarten Städten Römerstadt, Würbenthal, Engelsberg, Bennisch und Troppau. Ein gut ausgebautes Netz an Straßen führte sternförmig von der Kreisstadt nach allen Richtungen und bewältigte reibungslos den rasch anwachsenden Autoverkehr.

Als vor nunmehr 775 Jahren die Stadt Freudenthal errichtet wurde, scheinen zwei Faktoren hierfür maßgebend gewesen zu sein: die beginnende Rodung des Grenzwaldes und die Entdeckung von Erzschätzen. Da das Altvater- und Gesenkegebiet bis zum Beginn des 13. Jahrhunderts von einem dichten, urwaldähnlichen Grenzwald bedeckt war, hatte man den genauen Grenzverlauf zwischen dem Bistum Breslau und der zum Lande Mähren gehörenden Provinz Troppau (Provincia Holasicensis) noch nicht festgelegt. Dieses System des Landesschutzes durch Grenzwälder wurde jedoch dann hinfällig, wenn einer der Nachbarn es nicht mehr respektierte und mit seiner Rodung begann. Damals bemühte sich Bischof Lorenz von Breslau (1207 – 1232) intensiv um den Ausbau seiner Kastellanei Ottmachau und erreichte spätestens 1221 die Gegend von Zuckmantel. Als Gegenmaßnahme entschloß sich Markgraf Wladislaw Heinrich seinerseits im damals weitgehend menschenleeren Altvatervorland durch die Gründung von Freudenthal einen eigenen kolonisatorischen Brückenkopf anzulegen. Hierzu rief er, ebenso wie Bischof Lorenz, deutsche Bauern und Bergleute ins Land. Auffällig ist jedenfalls, daß das unmittelbar an das Breslauer Bistumsland angrenzende Freudenthaler Gebiet früher besiedelt wurde, als der südlich davon gelegene und leichter zugänglichere Teil, etwa um Römerstadt. Zu Wladislaw Heinrichs Entschluß haben sicher die Edelmetallfunde im Gebiet zwischen Oppa und Mohra mit beigetragen.

Freudenthal führt noch heute den Bergmann mit den zwei gekreuzten Hämmern in seinem Stadtwappen. Auch die zahlreichen „Seifen"-Namen der Gegend weisen auf die einstige Goldwäscherei und die alte Bergbautradition hin.

Fast alle Bergbaugründungen erleben nur eine befristete Blütezeit. Auch am Schwarzbach und seinen Zuflüssen waren die zur Goldwäscherei geeigneten Sande nach einem Zeitraum von rund hundert Jahren erschöpft. Damit trat die weitere Waldrodung und die Anlage neuer Dörfer in den Vordergrund. Sie erbrachte dem Grundherrn neue Erträge an Bodenzins und verbesserte die wirtschaftliche Versorgung der anwachsenden Stadtbevölkerung.

Freudenthal – Schwarzbachbrücke in der Blumenaustraße, links die Färbergasse

Im Jahre 1269 hatte König Przemysl Ottokar II. von Böhmen seinen unehelichen Sohn Nikolaus I. mit der Provinz Troppau belehnt. Als landesfürstliche Stadt genoß Freudenthal ähnliche Vorrechte wie ihre größeren Schwestern Troppau, Jägerndorf und Leobschütz. Nikolaus I. bestätigte 1305 die bisherigen Privilegien aller vier Städte. Nach seinem Tode belehnte 1318 König Johann von Böhmen (aus dem Hause Luxemburg) dessen Sohn Nikolaus II. mit der Troppauer Provinz. Er erhob sie gleichzeitig zu einem eigenständigen, von Mähren unabhängigen Fürstentum. Herzog Nikolaus II. bestätigte 1325 den vier landesfürstlichen Städten die bisherigen Privilegien, darunter der Stadt Freudenthal den Blutbann. Nikolaus II. war mit Anna, der Schwester Herzog Leskos von Ratibor verheiratet. Als dieser 1336 kinderlos starb, erhielt Herzog Nikolaus II. auch das Herzogtum Ratibor als Erbe. Der Przemyslide trat in die Reihe der schlesischen Fürsten ein. Damit begann die allmähliche Zuwendung des Troppauer Landes zu Schlesien. Nach dem Ableben Herzog Nikolaus II. im Jahre 1365 gelangten seine vier damals noch minderjährigen Söhne in den Besitz seines Erbes. Als dann 1377 alle volljährig geworden waren, wurde das Herzogtum Troppau un-

Freudenthal – Zwischenmärkten, Hotel „Birne"

ter sie aufgeteilt. Hierbei ging Jägerndorf als zweite Residenz hervor und Freudenthal fiel an dieses neue Fürstentum. Die Przemysliden behandelten ihre Gebiete wie ihr Privateigentum. Der

Feudenthal – Bahnhofstraße mit Johannesbrücke

Freudenthal – Franz-Schubert-Straße

271

Freudenthal – Neißer Straße

Hauptzweig dieses großen Geschlechtes war bereits 1306 erloschen. Bei den Nebenlinien reichten die Einkünfte für die aufwendige fürstliche Hofhaltung nicht aus. Sie suchten daher die Einheirat in den wohlhabenden Landadel, doch ihr Kinderreichtum zwang sie zu immer neuen Besitzteilungen. So kam es, daß

Freudenthal – Neißer Straße, ganz rechts Zahnarzt Stritzky-Haus

Freudenthal – Neißer Straße 1928/1929 im schneereichen Winter

Freudenthal – Das Sparkassengebäude

1405 Stadt und Herrschaft Freudenthal vorübergehend in zwei Hälften geteilt wurden. Damals bestand also neben der Stadt bereits ein selbständiger Gutskörper. Dessen adelige Besitzer engten die ursprüngliche städtische Selbstverwaltung immer mehr ein und drückten Freudenthal schließlich auf die Stufe einer grundherrlichen Landstadt herab. 1434 zerfiel durch eine weitere Erbteilung schließlich das Fürstentum in eine Jägerndorfer und eine Ratiborer Linie. Mit Herzog Johann IV. starb 1483 der Jägerndorfer Zweig der Przemysliden aus, der Troppauer Zweig war schon früher erloschen. Barbara, die Schwester Herzog Johann IV., konnte sich als Herrin von Jägerndorf weiter behaupten. Durch die Heirat ihrer Tochter mit Georg von Schellenberg gelangte das Fürstentum in dessen Besitz. Aus unbekannten Gründen verkauften 1523 die Herren von Schellenberg ihr Fürstentum um 58.900 Gulden an den protestantischen Markgrafen Georg von Ansbach-Brandenburg.

Wann die Landschaft Freudenthal zu einer Herrschaft in der Hand einer Adelsfamilie wurde, ist nicht genau festzustellen. 1459 nannte sich der Troppauer Landeshauptmann Bernhard Bierka von Nassiedel auch Herr auf Freudenthal. Er war bereits 1447 in den Besitz der bei Jägerndorf gelegenen Burg Wartenau mit der Herrschaft Bennisch gelangt und besaß sowohl diese als auch Freudenthal pfandweise. Um 1473 gelangte Johann von Würben in den Pfandbesitz von Freudenthal. Er starb jedoch bald und wurde 1477 in Freudenthal begraben. Seine Söhne Bernhard, Hynek und Nikolaus erhielten 1496 den Pfandbesitz von Freudenthal von der Herzogin Barbara für weitere zehn Jah-

Freudenthal – Gastwirtschaft „Antonspark"

Freudenthal – Gasthaus Museum-Thiel gegenüber dem Stadtmuseum

re bestätigt. 1506 überließ sie und ihr Schwiegersohn Georg von Schellenberg den genannten drei Brüdern von Würben die Herrschaft Freudenthal mit allen Zugehörungen in den freien und erblichen Besitz und veranlaßte die Einlage dieser Herrschaft in die Jägerndorfer Landtafel. 1524 wird die Herrschaft Freudenthal endgültig von Jägerndorf losgelöst und auf Betreiben der Würben in die Troppauer Landtafel eingelegt, wo sie sich mehr Selbständigkeit versprachen. Die Herrschaft Freudenthal wurde damals zumeist durch Bernhardt von Würben repräsentiert, der 1529 starb. Sein Sohn Johann der Ältere (I) regierte sie zunächst bis 1543 gemeinsam mit seinem kinderlosen Onkel Hynek und nach Abfindung anderer Miterben ab 1553 allein. Er war ein eifriger Anhänger der protestantischen Lehre Martin Luthers und zugleich reger Förderer des heimischen Bergbaus. 1556 gründete er die Bergstadt Engelsberg, in deren Umgebung mehrere Erzzechen betrieben wurden. Wegen seiner großen Strenge und seiner

väterliche Erbe. Georg wurde alsbald mit Helfenstein abgefunden und Stefan verkaufte seinen Anteil 1601 seinem Bruder Johann dem Älteren (II), der dadurch in den Alleinbesitz der Herrschaft kam. Dessen Sohn Hynek der Jüngere (1589 - 1614) ist der Gründer der Bergstadt Würbenthal. Bei seinem frühen Tode war jedoch sein Besitz so stark verschuldet, daß ihn 1617 die Gläubiger schließlich um 150.600 Taler an Johann (Hans) dem Jüngeren aus dem Groß-Herrlitzer Zweig der Würben verkauften. Dieser war der calvinischen Lehre zugetan und zählte zu den führenden

Freudenthal – Hotel und Einkehrhaus „Zur Spitz" gegenüber dem Bahnhof

Alt-Freudenthal – Ecke Neißer Straße/Piaristengasse um 1910. Das Haus im Vordergrund war ein kleines Gasthaus „Zum böhmischen Hannes", zuletzt Mannthiel-Saal und Garten. Das höhere Haus gehörte den Webwarenfaktoren Sieber

Habsucht war er jedoch bei der Bevölkerung wenig beliebt. Nach seinem Tode im Jahre 1559 teilten sich seine drei Söhne Bernhard der Ältere, Hynek der Ältere und Stefan den gemeinschaftlichen Besitz. Stefan starb 1567 und Bernhard der Ältere 1582, danach war Hynek der Ältere Alleinbesitzer von Freudenthal. Er gründete das Hospital vor dem Neißer Tor und gab 1584 eine eigene evangelische Kirchen-, Schul- und Eheordnung heraus. Ihm gehörten außerdem noch die Gutsherrschaften Goldenstein, Groß-Wisternitz und Helfenstein. Nach seinem Ableben übernahmen die Söhne Stefan, Johann der Ältere (II) und Georg das

Vertretern der protestantischen Stände, die 1619 den Kurfürsten Friedrich V. von der Pfalz zum neuen König von Böhmen gewählt hatten und damit in Gegnerschaft zu Kaiser Ferdinand II. getreten waren. In der Schlacht auf dem Weißen Berge bei Prag wurden 1620 die Aufständischen vom kaiserlichen Heer vernichtend geschlagen. Beim folgenden Strafgericht in Prag verlor auch Johann von Würben seine Herrschaft Freudenthal.

Die „Alte Post" in Freudenthal Ecke Neißer Straße/Piaristengasse,
kurz nach der Jahrhundertwende – heute steht hier das Gymnasium

Alt-Freudenthal – Die alte Pfarrei im Jahre 1900,
im Hintergrund das Herrenhaus

Alt-Freudenthal – Der Torberg im Jahre 1900

denthal zur Minderstandsherrschaft erklärt. Der Ordenshochmeister entsandte 1625 als Statthalter Georg Wilhelm von Elkershausen, genannt Klippel, nach Freudenthal, um den neuerworbenen Besitz wirtschaftlich voranzubringen und politisch zu sichern. Als 1626 dänische Truppen die Stadt einnahmen, flüchtete Klippel. Er wurde jedoch gefangengenommen und in Troppau inhaftiert. Erst 1627 gelang es dem Orden, Klippel durch Fürsprache des Herzogs von Friedland, Wallenstein, freizubekommen. An diese Begebenheit erinnerte bis in unsere Zeit die auf den Feldern zwischen Freudenthal und Altstadt gelegene „Klippelsäule". 1640 wurde die Herrschaft Freudenthal von schwedischen Truppen unter General Torstenson besetzt. Sie hatte durch Drangsalierungen, Einquartierungen und vielfältige Dienstleistungen schwer zu leiden und kam erst nach dem Friedensschluß von 1648 wieder zur Ruhe.

Der Hoch- und Deutschmeister Johann Caspar von Ampringen gewann nach anfänglichen Schwierigkeiten die protestantische Bevölkerung seiner· Ordensherrschaft zum katholischen Glauben wieder zurück. Er gewährte der Stadt verschiedene Privilegien und ließ auch die Kirche St. Michael erbauen. Am-

Freudenthal – Die Schwarzbachgasse

Freudenthal mit Köhlerberg

Sie wurde 1621 als erledigtes Lehen eingezogen und zur Tilgung einer kaiserlichen Schuld von 200.000 Gulden an den Deutschen Ritterorden übertragen, dessen damaliger Hochmeister, Erzherzog Karl von Österreich, ein Bruder des Kaisers war.

Durch den Einfluß des Deutschen Ritterordens wurde Freu-

Alt-Freudenthal – Häuser am Troppauer Berg mit Schindeldächern

Freudenthal – Köhlerbergsiedlung, Hans-Knirsch-Gasse

verschont. Im Bayerischen Erbfolgekrieg befand sich 1778 das Hauptquartier des schlesischen Armeekorps in Freudenthal, wo es von Kaiser Josef II. inspiziert wurde. Im Bruderkrieg zwischen Preußen und Österreich von 1866 besetzten preußische Truppen einige Zeit auch Freudenthal. Sie gaben wenig Anlaß zur Klage, doch wurde von den Soldaten die Cholera eingeschleppt, der über 200 Personen zum Opfer fielen. 1880 besuchte Kaiser Franz Josef I. die Stadt, und als im Jahre 1913 Freudenthal mit einer großangelegten Gewerbeausstellung die 700-Jahrfeier der Verleihung des deutschen Stadtrechtes feierte, hatte die Stadt wohl den Höhepunkt ihrer Geschichte erreicht. Aus der einstigen überwiegend landwirtschaftlich orientierten Stadt war ein hochindu-

Landwirtschaft Eduard Englisch in Schlesisch-Kotzendorf an der Landesgrenze zu Mähren, rechts: die Köhlerbergkirche

Alt-Freudenthal – Die Mildnersiedlung am Blumenauberg 1913

pringen war Inhaber höchster kaiserlicher Ämter und starb 1684 in Breslau. Er wurde auf eigenen Wunsch nach Freudenthal überführt und liegt in der dortigen Pfarrkirche begraben.

Als 1715 die Pest erloschen war, stiftete der Landesbuchhalter Andreas Urban seiner Vaterstadt Freudenthal die schöne Dreifaltigkeitssäule auf dem Hauptplatz. 1731 gründete der Hoch- und Deutschmeister Franz Ludwig von Pfalz-Neuburg das Piaristengymnasium in Freudenthal. 1764 verheerte ein Großbrand fast die ganze Stadt, lediglich das Schloß, die Piaristenkirche, das Gymnasium und einige Bürgerhäuser blieben

Freudenthal – Teilansicht mit Pfarr- und Piaristenkirche, im Hintergrund der Köhlerberg

Freudenthal – Blumenau, Eislaufplatz mit Pavillon

Alt-Freudenthal – Gasthaus „Amerika" an der Straße nach
Messendorf um 1910

Freudenthal – Wohnkolonie Köhlerberg, im Vordergrund der Stutenteich

Alt-Freudenthal – Ausflugsort „Mexiko" um 1910

Freudenthal – Johannesbrücke, Blick zur Winterbrunnbrücke

Freudenthal – Das Schwarzbachwehr bei „Mexiko", 1929

Freudenthal – Blumenaubrücke über den Schwarzbach zum Wurst-Wäldchen

strialisiertes Textilzentrum geworden. Der Ruf der Freudenthaler Leinen- und Baumwollwaren reichte nicht nur in alle Teile der
alten Donaumonarchie, sondern weit darüber hinaus bis in die
USA, wo ihre Qualitätserzeugnisse schon lange ein vielverspre-
chendes Absatzgebiet gefunden hatten.

Längst auch hatten es die tüchtigen Bürgermeister Freudenthals verstanden, ihre Stadt den neuzeitlichen Erfordernissen an-
zupassen. Sie schufen für die Bürgerschaft neue Krankenanstalten, weiterführende Schulen, moderne öffentliche Gebäude und
Parkanlagen ebenso wie Sport- und Spielplätze. Das städtische
Elektrizitätswerk versorgte Gewerbe und Industrie sowie die

Haushalte mit Kraft und Strom, und die Wasserversorgung war
stets durch den zeitgerechten Bau von Hoch- und Tiefquellenlei-
tungen gesichert. Die Stadt wurde voll kanalisiert, und der größte
Teil der Straßen und Plätze hatte ein Steinpflaster erhalten. Sie
bot alle Voraussetzungen für eine weitere gesunde Entwicklung.
Der Ausbruch des Ersten Weltkrieges im Sommer 1914 verhinderte die Verwirklichung weiterer Ausbaupläne.

Nach dem Zusammenbruch der Donaumonarchie Österreich-Ungarn bekannte sich Freudenthal zur neugeschaffenen
Provinz Sudetenland, doch am ersten Weihnachtstag des Jahres
1918 besetzte tschechisches Militär die wehrlose Stadt.

Alt-Freudenthal – Friedhof mit Kapelle, Aufnahme um 1900

Die Hochmeistergruft auf dem Friedhof in Freudenthal

Der Gutsherr von Freudenthal, Hoch- und Deutschmeister Feldmarschall Erzherzog Eugen, dem die Stadt viel zu verdanken hatte, mußte seinen Amtssitz in Wien verlassen und ging nach Basel ins Exil. Der Sitz des Deutschen Ordens wurde nach Freudenthal verlegt. 1923 fand im Freudenthaler Schloß die feierliche Inthronisierung des Bischofs Dr. Norbert Klein zum Hochmeister des Deutschen Ordens statt. Nach seinem Tode im Jahre 1933 wurde der Propst von Troppau, Prälat Paul Heider, vom Ordenskapitel zum neuen Hochmeister gewählt. Dem

unermüdlichen Wirken von Propst Heider ist der Bau des Erzbischöflichen deutschen Knabenseminars in Freudenthal zu verdanken. Nach seinem Heimgang 1936 wurde Abt Robert Schälzky sein Nachfolger. Dieser leitete den Orden nach dessen Enteignung im Februar 1939 von Troppau aus, wurde dort nach Kriegsende verhaftet und dann ausgewiesen. Er starb am 27. 1. 1948 in Lana in Südtirol.

Mit aller Kraft mühte sich die Stadt Freudenthal auch in den Jahren zwischen den beiden Weltkriegen, die wirtschaftlichen

Der Friedhofseingang in Freudenthal

Freudenthal – Hochmeisterbegräbnis

Der Altar der Seminarkapelle in Freudenthal

Reste der Stadtmauer von Freudenthal in der Floriangasse

Freudenthal – Turm der Pfarrkirche, links die Piaristenkirche

Schwierigkeiten zu meistern. Die im alten Österreich blühende Tuch- und Leinenindustrie verlor ebenso wie viele andere Industriezweige durch die Schaffung der verschiedenen Nachfolgestaaten große Teile ihrer bisherigen Absatzmärkte. Dadurch kamen viele Beschäftigte um ihre Arbeitsplätze. Der Nationalitä-

tenstaat Tschechoslowakische Republik fand leider nicht die Kraft, seinen eigenen nationalen Minderheiten die Autonomie zu geben, die die tschechischen Politiker im Wiener Parlament so oft für ihr eigenes Volk gefordert hatten. Im Gegenteil, statt Autonomie für die Minderheiten, versuchten die tschechoslowakischen Behörden die Tschechisierung der Sudetengebiete durchzusetzen. Mit dieser falschen Politik trieben sie zwangsläufig große Teile der Bevölkerung in Opposition zum Staat und in die Unzufriedenheit, so daß diese 1938 den Einmarsch der deutschen Truppen aufgrund der Münchner Verträge als Befreiung aus tschechischer Unterdrückung empfanden. Dem Anschluß an das Deutsche Reich folgte eine kurze Periode der Vollbeschäftigung. Die deutsche Außenpolitik machte 1939 mit dem Einmarsch deutscher Soldaten in Böhmen und Mähren und der Schaffung des Protektorates einen folgenschweren Fehler. Der Ausbruch des Krieges mit Polen, England und Frankreich und die weitere Ausweitung mit Rußland und den USA führte im fünften Kriegsjahr zur Niederlage des Deutschen Reiches. Damit war das Schicksal der sudetendeutschen Bevölkerung, nicht nur des Heimatkreises Freudenthal, besiegelt.

Es folgte die Vertreibung in den Jahren 1945/1946 und damit das Ende einer mehr als siebenhundertjährigen deutschen Besiedlung der Stadt Freudenthal.

Groß-Herrlitz – Gesamtansicht

Groß-Herrlitz

Groß-Herrlitz ist ein altes Straßenangerdorf mit Gewannflur mit einem Schloß, das Jahrhunderte lang Sitz der gleichnamigen Herrschaft Herrlitz war. Die Gemeinde liegt, 12 Kilometer von Troppau entfernt, an der Reichsstraße Troppau-Bennisch-Freudenthal, die sich im Orte mit der Bezirksstraße Hof-Spachendorf-Lobenstein kreuzt. In dieses Straßennetz mündet die Querverbindung Eckersdorf-Skrochowitz ein. Dieses an der Zentralbahnlinie Troppau-Jägerndorf-Freudenthal-Olmütz gelegene Dorf ist für Groß-Herrlitz die nächste Bahnstation.

Groß-Herrlitz hat eine Seehöhe von 357 Meter. Seine Flurgröße beträgt 1665 Hektar, wovon 875 Hektar als Ackerland genutzt werden.

Die Gemeinde zählte im Jahre 1930 insgesamt 1079 Einwohner in 214 Wohnhäusern. Der Nationalität nach waren 941 Deutsche, 102 Tschechen, 34 Ausländer und 2 Sonstige. 1067 Bewohner gehörten der katholischen und acht der evangelischen Kirche an. Weitere vier Personen waren konfessionslos. Im Jahre 1939 zählte man sodann 988 Einwohner, von denen 974 katholisch und 13 evangelisch waren.

Groß-Herrlitz, eines der ältesten Dörfer Schlesiens, ist bereits 1265 als Heroltsdorf urkundlich belegt. Dieser deutsche Name ist für ein frühes Straßenangerdorf mit Gewannflur beachtlich, weil solche Dörfer schon vor der deutschen Besiedlung angelegt worden sind. Das Dorf muß nach seinem Lokator (Gründer) Herold benannt worden sein. Aus Heroltsdorf entstand durch die adeligen slawischen Besitzer Heroltitz und daraus im Laufe der Jahrhunderte schließlich Herrlitz. Das Schloß, das einst eine Burg war, liegt in einem herrlichen Park an der Straße Troppau-Freudenthal. Die Burg erhielt von dem bereits bestehenden Dorf Herrlitz ihren Namen, nicht umgekehrt. Aus einer undatierten Urkunde geht hervor, daß Herzog Nikolaus von Troppau Dorf und Burg Herrlitz zwischen Mai 1295 und August 1296 seinem leiblichen Bruder Johann, dem Propst von Wyschehrad überlassen hat. Nach dem Tode Johanns gelangte der Besitz an das Zisterzienserstift Welehrad, deren Äbte dem Prä-

latenstande des Fürstentumes Troppau angehörten. In den Hussitenkriegen verarmte das Kloster, das 1421 in Brand gesteckt worden war und mußte Teile seiner ausgedehnten Besitzungen verpfänden und schließlich verkaufen. Das Kloster Welehrad verwaltete seine Besitzungen im Troppauer Land vom Vororte Stiebrowitz aus. Dieser Stiebrowitzer Gutskörper wurde um 1440 vom Troppauer Herzog eingezogen und an seinen Landeshauptmann Bernhard Bierka von Nassiedl pfandweise überlassen. Auf Bernhard folgte Georg Bierka von Nassiedl, von welchem die Herrschaft Herrlitz 1524, wiederum pfandweise, an die Herren von Würben überging. Erst 1589 überließ das Kloster Welehrad die Herrschaft an die Herren Hynek d. Ä. von Würben auf Freudenthal, Karl von Würben auf Schillersdorf und an die Brüder Albrecht, Wilhelm und Hynek von Würben auf Groß-Herrlitz ins volle Eigentum. Auf diesen folgte Freiherr Wenzel Sedlnitzky von Choltitz, dem die Herrschaft im Jahre 1620 konfisziert wurde. Seit 1623 ist Wenzel Graf Oppersdorf Eigentümer von Groß-Herrlitz. Sein Sohn verkauft 1669 Schloß und Gut um 80.000 Taler an den Reichsgrafen Georg Stefan von Würben. Dessen Sohn Ferdinand Oktavian Graf Würben verkauft die Herrschaft im Jahre 1695 gegen Rückkaufrecht dem Stifte Welehrad. Vom Rückkaufrecht machte im Jahre 1767 Eugen Graf Würben Gebrauch, und die Herrschaft Herrlitz blieb bis 1844 im Besitz der gräflichen Familie von Würben. Sie kam dann über den Grafen Mittrowsky an den Fürsten Kinsky und gelangte 1859 an den Grafen Bellegarde.

In der Zeit von 1695–1720 bauten die Patres des Stiftes Wehlehrad die einstige Burg in ein wohnliches und schönes Schloß mit seinem heutigen Aussehen um. Dabei wurde der rechteckige Turm der Burg bis zum Dachgeschoß des Schlosses abgetragen.

Die Pfarrkirche wird erstmals 1465 erwähnt, als Zbyslaw von Tworkau und Herrlitz, seiner Ehegattin „die ganze Hälfte von Herrlitz, wo die Kirche steht", übergibt. Die Pfarrkirche „Zur unbefleckten Empfängnis" ist 29 m hoch, der Turm weist eine Höhe von 40 m auf. Die alte Pfarrkirche brannte 1749 ab. Sie wurde neue erbaut und 1751 eingeweiht. Die Kreuzspitze des Schloßturmes überragt die Kirchturmspitze um 2 Meter. Die

Das Schloß des Grafen Bellegarde in Groß-Herrlitz

Groß-Herrlitz – Blick auf das Niederdorf

Kirchenbücher von Groß-Herrlitz beginnen 1646, die Grundbücher sodann 1700. Für die Herrschaft Herrlitz bestehen außerdem Ehevertrags- und Contraktbücher ab 1754 und Hypothekenbücher ab 1791.

Die landwirtschaftlichen Betriebe gliederten sich 1939 in 11 Betriebe unter 2 ha, 12 Betriebe von 2 – 5 ha, 25 Betriebe von 5 – 20 ha, 19 Betriebe von 20 – 100 ha und 3 Betriebe mit Grundbesitz von über 100 ha auf. In Groß-Herrlitz fanden jährlich zwei Jahrmärkte, einer am Pfingstmontag, der andere jeweils am 15. Oktober statt.

Im Orte besteht seit 1872 ein Postamt und seit 1879 ein Gendarmerieposten. Die Gemeindebücherei umfaßte 1935 rund 1100 Bände aller Wissensgebiete. Seit dem Jahre 1913 besteht in Groß-Herrlitz ein eigenes Elektrizitätswerk. Das Schloß wurde durch eine moderne Wasserleitung mit Trink- und Brauchwasser versorgt. Die Bauernhöfe besaßen teils eigene Brunnen, teils waren sie an eine Ringwasserleitung angeschlossen. Im Orte bestanden zwei Brennereien: die „Landwirtschaftliche Branntweinbrennerei-Genossenschaft" auf Haus Nr. 174, gegründet 1903 und die „Landwirtschaftliche Spiritusbrennerei-Genossenschaft" auf Haus Nr. 12. Innerhalb des Dorfbannes befinden sich zwei Kapellen, eine sehr schöne zum Stutenteich führende Allee und ein Wirtshaus, die „Niederlag" genannt.

Groß-Herrlitz – Bellegardisches Schloß und Elektrizitätswerk

An örtlichen Vereinen sind zu nennen: Die Freiwillige Feuerwehr, gegründet 1892 von Maximilian Czech, der auch erster Kommandant war. Sie besaß eine eigene Rettungsabteilung, ein Gerätehaus und eine um 1930 angeschaffte Motorspritze. Die Wehr hatte eine Mannschaftsstärke von 60 – 65 Mann. Der Landwirtschaftliche Verein für Groß-Herrlitz und Umgebung wurde ebenfalls im Jahre 1892 gegründet. Erster Obmann war Güterdirektor Gustav Micklitz. Der Verein führte u. a. die Drainage von 74 ha Acker- und Wiesenland durch. Aus ihm entstand auch die 1894 gegründete Spar- und Darlehenskasse, die Mitglieder in Groß- und Klein-Herrlitz, Koschendorf und Zattig hatte. Ihr erster Leiter war Pfarrer Johann Roßmanit. Der Turnverein

in Groß-Herrlitz entstand 1891. Zu seinen Vereinszielen gehörten: die Geselligkeit zu pflegen, den Gemeinsinn zu wecken, die Körperstählung im Sinne von Turnvater Jahn zu üben sowie Selbstzucht und Manneswürde zu erfüllen.

Der Musik- und Gesangverein Groß-Herrlitz wurde 1895 gegründet und belebte wesentlich das kulturelle Leben im Orte. Seine gesanglichen und musikalischen Leistungen erreichten eine beachtliche Höhe. Der Verein pflegte Volkslieder und Kirchenmusik und gestaltete Vereinsfeste, Dilletantentheater, Christbaumfeiern, Konzerte und örtliche Feierstunden. Bereits 1892 war unter der Leitung von Kapellmeister Josef Hampel eine Feuerwehr-Musikkapelle entstanden. Sie wurde 1927 neu aufgestellt und eine Sammlung ermöglichte zugleich die Anschaffung neuer Instrumente. Der Zweigverein Groß-Herrlitz des schlesischen Landesvereins der Bienenzüchter entstand 1906 unter der Leitung des Erbrichtereibesitzers Anton Eschig. Er betreute seine Mitglieder in acht verschiedenen Nachbargemeinden, die 1936 zusammen fast 500 Bienenvölker versorgten. Als Jahresertrag wurden etwa 1500 kg Honig erbracht. Eine besondere Leistung der Groß-Herrlitzer Bürgerschaft war die Erbauung einer eigenen Vereinshalle im Jahre 1928. Die Halle diente in der Folgezeit als Turnhalle, als Kinosaal und als geselliger Mittelpunkt für Veranstaltungen aller Art.

Im Ersten Weltkriege waren 203 Männer zum Militärdienst eingezogen. Von ihnen sind 42 Männer gefallen. Im Zweiten Weltkrieg erbrachte Groß-Herrlitz 59 Kriegs- und 4 Zivilopfer.

Groß-Herrlitz, Gasthaus Richter und Kriegerdenkmal

Die Sommerfrische Karlsberg im Mohratal

Karlsberg

Das früher zum Bezirk Bärn gehörige Dorf Karlsberg liegt am rechten Mohraufer auf den Abhängen der zur Mohra abfallenden Berge. Wegen der Überschwemmungsgefahr und des sumpfigen Bodens hat man die Wiesen am Fluß nicht besiedelt. Die Seehöhe der Gemeinde beträgt bei der Kirche 501 Meter und an der Mohrabrücke 476 Meter. Besondere Bodenerhebungen in der Umgebung sind der „Spitzige Berg" mit 666 Meter und der „Hohe Stein" mit 656 Meter Seehöhe. Die Ortsgrenze bildet die Mohra, und in sie mündet bei der ehemaligen Flachsspinnerei der von Freudenthal kommende Schwarzbach sowie der durch den „Trieb" fließende Richterbach und der den „Freihof" passierende Ochsenbach. Gegenüber dem von Karlsberg über drei Kilometer entfernt liegenden „Freihof" befindet sich an der Mohra eine beliebte Sauerbrunnquelle. Die zur Nachbargemeinde Messendorf gehörige Fabrikkolonie, die sich aus einer Maschinenfabrik sowie der ehemaligen Flachsspinnerei, einem heute leerstehenden Gebäude, zusammensetzt und die zu Raase gehörige Buschmühle, die aus der ehemaligen Buschmühle sowie einigen Wohnhäusern besteht, haben für Karlsberg insofern Bedeutung, weil beide hier eingeschult sind und auch wirtschaftlich hierher gehören.

Obwohl das Dorf früher eine Gemeinde des Kreises Bärn war, ist die 1829 erbaute Verbindungsstraße Freudenthal-Messendorf-Karlsberg nur 8 Kilometer lang, gegenüber dem weiterführenden Straßenstück von Karlsberg zur ehemaligen Kreisstadt Bärn mit 19,8 Kilometer. Vom Dorf aus gibt es eine Straße über Neurode und Friedland an der Mohra nach Römerstadt und eine weitere, 1833 gebaute, über den „Freihof" sowie Rau-

tenberg nach Heidenpiltsch, wo sie auf die Bezirksstraße Hof-Troppau trifft. Nach Neurode führt auch der sogenannte, 1880 ausgebaute „Kirchweg" für die Neuroder Besucher der Karlsberger Kirche. Außerdem gibt es mehrere Feldwege nach Raase. Die nächsten Bahnstationen sind im 6 Kilometer entfernten Freudenthal der an der Zentralbahn Olmütz-Freudenthal-Jägerndorf/Troppau liegende Bahnhof Freudenthal (10 km) und der Bahnhof Bennisch (auch 10 km) an der Strecke Troppau-Bennisch. Seit 1928 verkehrte dreimal täglich ein Omnibus auf der Strecke Freudenthal-Karlsberg-Raase-Rautenberg-Spachendorf. Das Dorf hatte 1939 328 Einwohner und seine Gesamtfläche betrug 407,03 Hektar, davon 96 Hektar Wald. Der Großteil der Liechtenstein'schen Hofäcker diente bis 1928 als Viehweide. Angebaut wurden außer Roggen (hauptsächlich Winterroggen), vereinzelt Weizen, sowie Gerste, Hafer, Kartoffeln und Futtermittel.

Karlsberg im Sommer 1956, im Hintergrund der Rautenberg

Das Mohratal bei Karlsberg

Gegründet wurde Karlsberg kurz vor 1600 zur Zeit des Karl von Münsterberg – von dem das Dorf auch seinen Namen hat –, denn im Urbar des Jahres 1600 wird es bereits Dorf und Festung Karlsberg genannt. Als Festung gab es im Dorf auch ein Schloß, von dem wir erfahren, daß es 1640 umgebaut wurde. Mit diesem Umbau soll die Errichtung einer hölzernen Kapelle und eines Friedhofs verbunden gewesen sein. Durch Unvorsichtigkeit brannten das Schloß, das Bräuhaus, der Weinkeller, der Maierhof und der Schüttkasten am 22. Mai 1708 ab. Aber am 18. Juli waren der Meierhof, der Weinkeller und die Scheunen wieder aufgebaut. Die übrigen Gebäude hat man nicht wieder errichtet.

Eingepfarrt war Karlsberg mit Rautenberg und dem später gegründeten Neurode nach dem 15 Kilometer entfernten Hof. Als es 1656 in dem nur 5 Kilometer entfernten Rautenberg zum Bau einer Kirche kam, brachte diese auch für die Karlsberger Gläubigen eine spürbare Erleichterung. Auf Bitten der Karlsberger Einwohner stiftete Josef Adam von Liechtenstein am 30. Oktober 1726 eine Kirche, in der im folgenden Jahr der Gottesdienst gefeiert werden konnte. Am 18. August war der Aufbau der alten Schule beendet, und der Unterricht konnte am 1. Oktober aufgenommen werden. Neurode war eingeschult. Bei der Einrichtung der Fahrpost Freudenthal-Karlsberg-Spachendorf 1868 erhielt die Gemeinde ein eigenes Postamt, dem Neurode zugeteilt wurde.

In Karlsberg gab es folgende Vereine: die 1885 gegründete Freiwillige Feuerwehr, den Bund der Deutschen, einen Schulhellerverein, den Unterstützungsverein gedienter Soldaten, den Deutschen Kulturverband, den Arbeiter-Radfahrerverein und die Raiffeisenkasse. Größere Unternehmungen waren eine Brettsäge und die 1908 abgebrannte, aber nicht wieder aufgebaute Mehlmühle. Darüber hinaus wohnten im Ort zwei Kaufleute, dreizehn Gewerbetreibende, sechzehn Bauern und achtzehn Häusler.

Blick auf Karlsberg

Bad Karlsbrunn inmitten der Altvater-Wälder

Bad Karlsbrunn

Der Kurort Bad Karlsbrunn befindet sich, idyllisch gelegen, am Fuße des Altvaters, wird von der Weißen Oppa durchflossen und ist ringsum von Nadelwäldern umgeben. Seine malerische Lage rechtfertigt die Bezeichnung „Perle der schlesischen Badeorte". Erreichbar ist die kleine Gemeinde auf Straßen von Würbenthal über Gabel oder Ludwigsthal sowie von Engelsberg über Dürrseifen und von Klein-Mohrau aus. Die fast ständig durch den Wald führende Straße von Würbenthal verbindet Karlsbrunn mit dem zur Gemeinde Buchbergsthal gehörenden Ortsteil Gabel, der ein sehenswertes Holzkirchlein besitzt. Seit

1914 kann man auf einer Autostraße bis zur Schäferei, einer ganzjährig bewirtschafteten Touristenherberge, auf dem Ostabhang der Hohen Heide (1464 m) gelangen. Im selben Jahr wurde eine Straße von Bad Karlsbrunn über Gabel nach Freiwaldau ausgebaut. Autobuslinien verbinden den Kurort sowohl mit Würbenthal, als auch mit Klein-Mohrau und Freudenthal.

Die Seehöhe von Bad Karlsbrunn beträgt 783 Meter. Verwaltungsmäßig gehörte der rechts der Oppa liegende Ortsteil zur Gemeinde Dürrseifen und der links der Oppa liegende zur Gemeinde Ludwigsthal. Der Ortsteil Hubertskirch lag links der Straße Karlsbrunn-Gabel-Freiwaldau und gehörte zur Gemeinde Klein-Mohrau. Das 1926 erbaute große Kurhotel stand am linken Ufer der Oppa und gehörte somit zu Ludwigsthal.

Blick von der Wilhelmshöhe auf Bad Karlsbrunn

Bad Karlsbrunn – Wilhelmsquelle mit Lothringerhaus

283

Bad Karlsbrunn – Kurort am Fuße des Altvaters

Bad Karlsbrunn verdankt seine Entstehung dem Vorkommen von heilkräftigen Quellen, die den Bewohnern der Umgebung schon seit langem bekannt waren. 1770 machte ein Bergmann den Deutschordensstatthalter in Freudenthal, Maximilian Freiherr von Riedheim, auf eine dieser Quellen aufmerksam. Dieser hatte sich schon 1757 in Hubertskirch das heute noch bestehende Jagdschlößchen gebaut. Auf Riedheims Anraten hätten auch viele andere von diesem Quellwasser getrunken und dadurch ihre Leiden gemildert. Er ließ die Quelle mit Steinen einfassen und sorgte dafür, daß sie bekannt wurde. 1781 ordnete auch der Ordenshochmeister, Erzherzog Maximilian Franz, (1780 – 1801) anläßlich eines Besuches die Neufassung der Quelle und ihre chemische Untersuchung an. Sie erhielt nach ihm den Namen Maximiliansquelle. Er veranlaßte auch den Bau des „Badehauses" und anderer Gebäude. Diesen entstehenden Ort nannte man Hinnewieder, in Anlehnung an einen in der Nähe befindlichen, zerklüfteten Felsblock, den Hinnewiederstein. Nach landläufiger Meinung soll dieser Name auf den täglich wiederholten Weg von der Wohnung zur Quelle hindeuten.

Im Jahre 1802 besuchte Erzherzog Karl Ludwig, (Deutschordenshochmeister von 1801 – 1804) die Siedlung Hinnewieder, ließ eine weitere Quelle, die „Karls-Quelle" einfassen und neue Gebäude errichten. Nach ihm wurde der Ort in Karlsbrunn umbenannt.

Es folgten 1822 die Einrichtung der „Antons-Quelle", welche nach dem Hochmeister, Erzherzog Anton Viktor, (1804 – 1835) benannt ist und 1862 die Fassung der „Wilhelms-Quelle", die nach dem Hochmeister, Erzherzog Wilhelm, (1863 – 1894) ihren Namen erhielt. Die letztere Quelle übertrifft mit ihrem Reichtum an doppeltkohlensaurem Eisen die berühmten Stahlquellen von Bartfeld, Königstein, Liebenstein, Franzensbad,

Bad Karlsbrunn, Villa Eugen

Bad Karlsbrunn das Herrenhaus, rechts: Kurverwaltung

Bad Karlsbrunn – Kurhotel, Seitenansicht

Homburg, Rippoldsau, Pyrmont und Spaa. Sie wurde insbesondere bei Blutarmut, Bleichsucht und Herzkrankheiten verordnet. Die Trinkkuren konnten durch Eisen-, Moor-, Kohlensäure-, Fichtennadel- und Schwefelbäder ergänzt werden. Bad Karlsbrunn gehörte zur Gänze dem Deutschen Orden und besaß alle erforderlichen bzw. den Kurgästen dienlichen Einrichtungen, darunter ein gedecktes Schwimmbad und eine Wandelhalle.

Das Heilbad hatte seit 1905 elektrische Beleuchtung, deren Strom in einem eigenen Kraftwerk erzeugt wurde. Hierzu war ein Stauwehr errichtet worden, aus welchem das Wasser der Oppa durch einen 800 Meter langen Kanal dem Kraftwerk zugeleitet wurde.

Im Jahre 1912 ließ Hochmeister Erzherzog Eugen, (1894 – 1923) das prächtige Lothringerhaus erbauen, dem 1926 der Bau des großen Kurhotels unter Hochmeister Bischof Norbert Klein, folgte. Bereits 1838 war in Karlsbrunn an Stelle der bisherigen Holzkapelle die heute noch stehende schöne Steinkirche errichtet worden. Sie ist der Mutter Gottes mit dem Jesukinde geweiht und gehört zur Pfarrei Klein-Mohrau. Während in ihr anfangs nur an Sonntagen Messe gehalten wurde, fanden nach dem Ersten Weltkrieg täglich mehrere Gottesdienste statt. Hierbei besorgten die in Karlsbrunn anwesenden Deutschordensschwestern das Orgelspiel und den Kirchengesang.

Die kleine, schmucke Holzkirche von Karlsbrunn wurde in Dürrseifen wieder aufgebaut. Vor dem Bau der Schäfereistraße konnte man den Altvater und die Schäferei nur auf dem beschwerlichen Mooslahnsteig erreichen. Dieser führte über die gefährliche Teufelsbrücke in der Nähe des Oppafalles. Mitte der dreißiger Jahre baute der Sudetendeutsche freiwillige Arbeitsdienst diesen Steig zu einem romantischen Wanderweg aus. Die Badeverwaltung betreute die Kurgäste und ein eigenes Komitee sorgte für die Unterhaltung. Die Kurmusik spielte dreimal am Tage und unterhielt mit ihren prächtigen Weisen die Gäste. Ge-

Bad Karlsbrunn – Hotel Hubertus

Bad Karlsbrunn, Fürstenhaus und Kursalon

Alt-Karlsbrunn – Das Säulenhaus um 1900

Bad Karlsbrunn – Das Hubertuskirchlein im Winter

pflegte Promenadenwege luden zu erholsamen Spaziergängen ein. Touristen fanden in den Hotels Riedel bzw. Hubertus stets gastliche Aufnahme.

Bad Karlsbrunn entwickelte sich aber mehr und mehr auch zu einem beliebten Wintersportplatz mit Rodelbahnen und Skiwanderwegen. Den Höhepunkt für jeden Wintersportler bildete jedoch eine Gruppenwanderung zum Altvater. Sie war nicht ganz ungefährlich, denn Nebel und Sturm konnten die hohen Stangenmarkierungen verdecken, weshalb man eine Winterwanderung zum Altvater nur in Begleitung von erfahrenen Bergwanderern durchführte.

Seit 1850 befand sich in Karlsbrunn auch eine Postexpedition, die ab 1888 von einem eigenen Postmeister betreut wurde. Für die Kinder der ständigen Einwohner von Karlsbrunn wurde nach dem Ersten Weltkrieg eine einklassige Expositurschule errichtet, die zur Volksschule Ludwigsthal gehörte. Letzter Lehrer dieser Schule war Adolf Klein aus Bennisch.

Heute dient Karlsbrunn vorwiegend der Erholung tschechischer Bergarbeiter.

Der Sudetendeutsche Freiwillige Arbeitsdienst unter Führung des Freudenthaler Turners Gerhard Scholz erbaute den Oppafall-Wanderweg

Bad Karlsbrunn, Kirche Innenansicht

Brücke am neuen Oppa-Wanderweg

Karlsthal im oberen Oppatal, ein beliebter Erholungsort

Karlsthal

Die von ausgedehnten Wäldern umgebene Gemeinde Karlsthal liegt am Oberlauf der Oppa, eine Wegstunde östlich von Würbenthal, auf einer Seehöhe von 505 Metern. Vorgelagerte Höhenzüge schützten sie vor den rauhen Nordwinden und begünstigten damit die rasche Entwicklung des Dorfes zu einer vielbesuchten Sommerfrische.

Zum Gemeindegebiet gehören die Ortsteile Hinterdorf, Neu-Bürgersdorf, Hegerhäuser und seit 1939 auch Neu-Karlsthal.

Der Ortsteil Hinterdorf liegt am linken Ufer der Oppa im Westen von Karlsthal. Seine Bewohner waren zumeist Landwirte. Der Ortsteil Neu-Bürgersdorf wurde um 1680 „Kobelsdorf" genannt, weil es an der Kobel, einem Zufluß der Oppa liegt. Es war ursprünglich eine Kolonie von Alt-Bürgersdorf, wurde um 1700 eine selbständige Gemeinde und bildet seit 1849 einen Ortsteil von Karlsthal. Die Siedlung Hegerhäuser wurde früher auch „Jägerhäuser" geheißen. Sie stellt den äußersten Ausläufer von Karlsthal im Kobelbachtal dar. Neu-Karlsthal entstand um die Mitte des 18. Jahrhunderts auf Freudenthaler Herrschaftsgebiet. Es gehörte deshalb auch zur etwa fünf Kilometer entfernten Stadt Würbenthal, obwohl es mit Karlsthal zusammengewachsen war. Es wurde, wie bereits erwähnt, erst kurz vor Ausbruch des Zweiten Weltkrieges nach Karlsthal eingemeindet.

Karlsthal selbst gehörte von Anfang an zur Herrschaft Jägerndorf und kam 1850 an die neugebildete Bezirkshauptmannschaft Jägerndorf sowie 1870 an den Bezirk Freudenthal.

Bei Karlsthal befand sich einst die Burg Freudenstein, die gleich der Burg Fürstenwalde bei Würbenthal als Grenzfeste diente. Nach den auf ihr gemachten Eisen- und Keramikfunden ist sie etwa Mitte des 13. Jahrhunderts entstanden. Sie wird 1348 als landesfürstliche Feste erwähnt und war im 15. Jahrhundert noch bewohnt. Beide Grenzburgen scheinen 1474 zerstört worden zu sein. Ihre Überreste sowie die Waschhügel der einstigen Goldwäscherei sind jedoch die ältesten Zeichen dafür, daß bereits im 13. Jahrhundert Menschen hier gelebt und gesiedelt haben. Aus dem 16. Jahrhundert stammen schon Urkunden, die über ihre Tätigkeiten berichten. Eine Urkunde sagt aus, daß 1538 im

Karlsthal, links der Kirche die alte Schule, hinter der Kirche das große Gebäude (mit Turm) das Landesheim

„Tiefen Grund" zwischen den heutigen Orten Karlsthal und Pochmühl, ein Stollen und ein Pochwerk entstanden ist. In einer anderen Urkunde von 1559 wird erwähnt, daß unter den Seifenwerken (= Goldwäscherei), auch das bei Karlsthal befindliche, steuerrechtlich der Gemeinde Breitenau unterstehe. 1573 wird ein markgräflicher Kalkofen auf dem Grunde des heutigen Neu-Karlsthal genannt. Der zum Brennen erforderliche Kalkstein wurde von Einsiedel aus zugeführt. 1598 entstand im „Tiefen Grund" ein neuer Stollen, der zwischen den Herren von Würben auf Freudenthal und den Markgrafen von Brandenburg in Jägerndorf zu langen Grenzstreitigkeiten führte, die erst im 17. Jahrhundert unter deren Nachfolgern, dem Deutschen Ritterorden bzw. den Fürsten von Liechtenstein, endgültig beigelegt werden konnten.

Neu-Karlsthal – Gasthof Bartsch

1645 ließ Karl Eusebius von Liechtenstein auf Anregung seines Jägerndorfer Kammerburggrafen Karl Wittwer „im Stillstand mit den Neißischen gegen Hermannstadt" zwei Eisenhämmer erbauen. Zugleich überließ er den Hüttenleuten Grundstücke zur Errichtung von Wohnhäusern. Diese Siedlung besaß zunächst noch keinen eigenen Namen. 1679 zählte sie 32 Hausnummern und wurde im Volksmund „die Hütten" genannt. Um 1700 bestanden drei Hammerhütten sowie eine Stahl- und Sensenhütte. Die Überlieferung, daß das heutige Karlsthal früher Hütten geheißen habe, fand durch eine Eintragung in der Breitenauer Geburtsmatrik von 1725 ihre Bestätigung. Es heißt „Den 19. September ist Christian Grobner und seinem Weib aus den Hütten oder Carlsthall ein Kind namens Eva Catharina getauft worden". Eine weitere Aufzeichnung über die Entstehung des Kammerdorfes Karlsthal aus der einstigen Siedlung Hütten findet sich im Fürst Liechtensteinischen Grundbuch Mitte des 18. Jahrhunderts „Dieses Dorf (Karlsthal) ist anno 1644 nach abgeholzten Wäldern, so zu denen Eisenhämmern unumgänglich consumiert successive erbaut worden, so anjetzo in folgenden beschriebenen Häusern und Zinsäckern bestehet und befindet sich in dieser Gemeinde eine Todten Capell nebst einem Gottesacker und gehört unter die Pfarrkirche Breithenau, des gleichen mit denen Schulmeister Accidentien". Demnach bekam Karlsthal nicht vom Fürsten Karl von Liechtenstein, sondern von dessen Sohn und Nachfolger Karl Eusebius seinen Namen. Bis etwa 1670 scheint die Hauptmasse der Eisenerze für die Hammerwerke in Karlsthal von den Eisenzechen bei Bennisch angeliefert worden zu sein. Als deren Ergiebigkeit nachließ, führte man Spa-

chendorfer Eisenerze zu. Doch deren Erze waren zu mager, so daß man Sternberger Erze zuführen wollte. Der Mangel an hochwertigen Erzen und die weite Zufuhr erwies sich für die Verhüttung in Karlsthal als nicht mehr genügend rentabel, so daß das Interesse des Fürsten zurückging und es 1725 zur Auflösung der Eisenwerke kam. Die Bewohner mußten sich auf andere Erwerbszweige umstellen. An Stelle eines Hammerwerkes wurde eine Papiermühle errichtet, die bis zur Vertreibung 1945/46 in Betrieb war. Ende des 18. bis Mitte des 19. Jahrhunderts wurden große Mengen Holz auf der aufgestauten Oppa und Kobel bis in die Gegend von Jägerndorf geflößt. Zu Beginn des 18. Jahrhunderts kam die Garnbleicherei auf, die bald eine hohe Stufe erreichte. Ihr guter Ruf veranlaßte Garn- und Leinenwarenerzeuger aus Nordmähren und Ostböhmen, hier ihre Erzeugnisse bleichen zu lassen. Das Karlsthaler Steuerbuch jener Jahre weist 19 selbständige Garnbleicher auf. Die Garnbleicherei konnte sich über hundert Jahre erfolgreich behaupten, dann setzte das Aufkommen chemischer Bleichmethoden der alten Rasenbleiche ein Ende. 1787 wohnten 111 Kleinhäusler, 37 Großhäusler, zwei Müller und ein Erbrichter im Orte. 1798 besaß das Dorf 168 Häuser mit 1094 Einwohnern. 1838 gab es neben 40 Webern und 30 Schieferbrucharbeitern noch Papiermacher, Kürschner, Handschuhmacher, Strumpfwirker, Gerber, Siebmacher, Seiler, Kammacher, Schindelerzeuger und Schachtelmacher in Karls-

Holzsammlerin, Frau Jauernig Nr. 109, am Heimweg in Karlsthal

Sommerfrische Karlsthal

Karlsthal – Kuranstalt Dr. Julius Lehrer

Hauptaltar der Pfarrkirche – Das Altarbild zeigt den Hl. Johannes,
wie er mit erhobenem Kruzifix auf Wolken zum Himmel emporsteigt

thal. 1939 lebten hier 1698 Einwohner. Das Gemeindegebiet umfaßte 1942 Hektar (ohne Neu-Karlsthal). Nach dem Ergebnis der Volkszählung vom 17. Mai 1939 gliederte sich die Land- und Forstwirtschaft in Karlsthal in 53 Betriebe mit 0,5 bis 2 Hektar, 43 Betriebe mit 2 bis 5 Hektar, 25 Betriebe mit 5 bis 20 Hektar und 2 Betriebe mit über 100 Hektar Besitz. Der Anteil der Land- und Forstwirtschaft an der Gesamtbevölkerung betrug 22,9 %, der Anteil von Industrie und Handwerk jedoch 48,6 %. Der größte Teil der Wälder um Karlsthal befand sich bereits auf den Markungen der Nachbarorte, dennoch bestanden hier drei Forstämter: das Fürst Liechtensteinische Forstamt, die Forstverwaltung des Stadtwaldes von Jägerndorf und das Forstamt des Deutschen Ordens. Vom Jägerndorfer Stadtwald lagen 410 Hektar auf Alt-Bürgersdorfer und 384 Hektar auf Neu-Bürgersdorfer Grund.

Kirchlich gehörte Karlsthal lange Zeit zur Pfarrei Breitenau. Es wurde 1765 eine eigene Kuratie und 1843 zur eigenständigen Pfarrei erhoben. Die römisch-katholische Pfarrkirche zum hl. Johannes von Nepomuk wurde 1777/78 erbaut und am 17. Oktober 1779 feierlich geweiht. 23 % der Karlsthaler waren evangelischer Konfession. Für sie wurde im Jahre 1858 ein eigener Friedhof errichtet, auf den man bis 1896 auch die Glaubensbrüder der Gemeinden Engelsberg, Dürrseifen, Lichtewerden und Karlsbrunn beerdigte. Auch die evangelischen Bewohner von Adamsthal fanden in Karlsthal ihre letzte Ruhestätte, denn dort entstand erst im Jahre 1927 ein eigener Friedhof. Von 1871 bis 1920 gab es in Karlsthal eine evangelische Schule. Nach ihrer Auflassung be-

suchten beide Konfessionen die allgemeine Volksschule. Das einstige evangelische Schulhaus fand dann als Betsaal Verwendung. Karlsthal war eine Zweiggemeinde der evangelischen Pfarrei Hillersdorf. 1940 wurde die neue Pfarrgemeinde Würbenthal-Karlsthal geschaffen, die bis zur Vertreibung, 1946, von Pfarrer Karl Kautz geleitet wurde. Um die evangelische Bevölkerung im oberen Oppatal hat sich der Karlsthaler Lehrer Paul Piesch besonders verdient gemacht. Auch er mußte 1946 die Heimat verlassen und starb 1947, hochbetagt, in Haidmühle im Bayerischen Wald.

Nachdem die alte Karlsthaler Volksschule nach der Jahrhundertwende den gestellten Anforderungen nicht mehr voll entsprach, erbaute die Gemeinde in den Jahren 1913/14 eine neue, moderne Schule, die zu den schönsten im Kreisgebiet gehörte. In ihr unterrichteten fünf Lehrer und zwei Lehrerinnen durchschnittlich 200 Schüler.

Karlsthal – Gesamtansicht

Karlsthal – Die Pfarrkirche im Winterkleid

Karlsthal – Hotel Hornig

Neben zahlreichen Handels- und Gewerbebetrieben bestanden in Karlsthal 5 Sägewerke.

Die landschaftlich schöne Lage in einer windgeschützten, kesselförmigen Ausweitung sowie das gesunde Klima und die waldreiche Umgebung machten Karlsthal schon um 1880 zu einem beliebten Erholungsort. 1907 wurden 500 Sommergäste gezählt, 1914 waren es bereits über 900 Gäste, die über die gesamte Saison in Karlsthal Aufenthalt genommen hatten. Die Kuranstalt des Dr. Julius Lehrer erzielte bei der Behandlung von Frauenleiden sowie bei Erkrankungen des Herzens, der Blutgefäße und des Nervensystems gute Heilerfolge. Den Gästen boten sich Möglichkeiten zur Ausübung des Angel-, Tennis- und Kegelsportes und zur Erholung auf gepflegten Spazier- und Wanderwegen oder im schönen Freibad. Für das leibliche Wohl sorgten Restaurants, Gasthöfe, Jausenstationen und ein Kaffeehaus. Ausflüge ins Altvatergebirge konnten zu Fuß, per Bahn oder mit Autobussen unternommen werden. In den Jahren von 1931 – 1937 hatte Karlsthal trotz der damaligen Wirtschaftskrise oft täglich 1 000 Übernachtungen aufzuweisen. So besaß die Gemeinde alle Voraussetzungen für eine gedeihliche Fortentwicklung. Der Ausbruch des Zweiten Weltkrieges – und damit verbunden die Vertreibung aus der angestammten Heimat 1945/46 – machte alles zunichte, was fleißige Hände und reger Geist in Generationen geschaffen hatten.

Karlsthal-Landesheim

Saatreiten in Karlsthal, 1935

Das Karlsthaler Postamt wurde bereits 1869 errichtet. Die Raiffeisenkasse entstand 1892. Die Freiwillige Feuerwehr besteht seit 1878. An weiteren Ortsvereinen sind der Deutsche Turnverband, der Veteranenverein, der Sudetengebirgsverein, der Verschönerungsverein, der Verein der Musikfreunde und Salonorchester, der Bund der Deutschen, der Deutsche Kulturverband, die Pfadfindergruppe und die Musikkapelle Klemenz zu nennen.

Klein-Herrlitz – Gesamtansicht

Klein-Herrlitz

Das Bauerndorf Klein-Herrlitz liegt an der Reichsstraße von Troppau nach Freudenthal etwa 3 km westlich von Groß-Herrlitz und 8 km östlich von Bennisch. Zwischen Klein- und Groß-Herrlitz befindet sich ein größeres Waldgebiet, die Hurken, das sich nach Norden bis gegen Braunsdorf und Jagdhase ausdehnt.- Die Seehöhe beträgt etwa 430 m. Klein-Herrlitz grenzt im Westen an Seitendorf, im Nordwesten an Zossen, im Norden an Braunsdorf, im Osten an Groß-Herrlitz und im Süden an Koschendorf.

Das Katastralausmaß beträgt 490 ha, wovon 344 ha auf Akkerbauflächen entfallen. Die Markung gliedert sich in die sieben Ortsriede: Ortsplatz, Niederfeld, Mittelfeld, Oberfeld, Straßenfeld, Kühberg und Aue. Nahe bei Klein-Herrlitz liegt der 507 m hohe Berg Gudrich. Die Gemeinde wies nach der Volkszählung vom Jahre 1930 77 Wohnhäuser und 328 Einwohner auf, die alle der römisch-katholischen Kirche angehörten. Der Nationalität nach waren 321 Deutsche, 2 Tschechen und 5 Ausländer im Orte. Die Einwohnerzahl blieb konstant und betrug auch 1939 wiederum genau 328 Personen.

Nach dem Urbarium vom 1. 1. 1601 gab es in der Gemeinde 12 Bauern und 16 Gärtler. Von ihren Familiennamen blieben nur Eschig, Gebauer und Hampel bis in die heutige Zeit erhalten.Zu den ältesten Familien, deren Name 1672 erstmalig urkundlich genannt wurde und die bis zur Vertreibung 1945 den zum Haus Nr. 24 gehörenden Grundbesitz in ununterbrochener Folge als Gärtler innehatte, gehört der wohl aus dem Schwedischen stammende Name Waschin (ursprünglich Wassin, auch Waschinck oder Waschineck genannt).

Der damalige Erbrichter Hans Jäckel und der Freihöfer Paul Klein besaßen je sechs Viertel Acker, die anderen neun Bauern je drei Viertel. Da ein Viertel Acker 15 Joch sind, hatten also der Erbrichter und der Freihöfer 90 Joch Besitz, d.s. 52 bzw. 26 ha.

Im Jahre 1939 zählte man in Klein-Herrlitz neben 14 Kleinbetrieben mit 0,5 – 2 ha noch 4 Höfe im Ausmaß von 2 – 5 ha, die als Nebenerwerbsbetriebe anzusehen sind. Hofgrößen von 5 – 20 ha besaßen 21 Bauern und über 20 ha weitere 6 Besitzer. Unter letzteren befindet sich auch der Klein-Herrlitzer Freihof der Familie Hampel im Ausmaß von 63 ha. Die Gemeinde hat 1377 be-

reits bestanden. Sie kam 1379 an Johann Kosir (aus dem Hause von Sedlnitzky), dem auch Koschendorf und Ober-Seitendorf gehörten.

Der Freihof in Klein-Herrlitz Nr. 39 und Nr. 40 wird im Jahre 1603 von Paul Klein vom Vorbesitzer Sigmund Sedlnitzky von Choltitz, Herr auf Groß-Herrlitz und Neukirch erworben. Im Jahre 1648 überließ genannter Paul Klein den Freihof seinem obrigkeitlichen Herrn Wenzel Graf Oppersdorf, Freiherr zu Aich und Friedstein, Herr auf Groß-Herrlitz, Frei-Hermersdorf und Jäschkowitz, der ihn am 21. 5. 1648 seiner Gemahlin Helene Magdalena Gräfin Mitrowsky von Nemischl verkaufte. Diese verkaufte ihrerseits den Freihof am 11. 11. 1649 an Johann Christoph Winter von Enterndorf. Am 5. 5. 1687 veräußerte er den Besitz an seine Tochter Anna Maria Schroff, geborene Winter um 450 Taler. Doch bereits am 29. 4. 1688 verkauft ihn im Namen der unmündigen Kinder, Herr Oktavian Reichsgraf von Würben und Freudenthal um 700 fl. rheinischer Währung an Josef Podwinsky, Hauptmann des Stiftskonventes des Klosters St. Klara in Troppau. Von diesem erwirbt am 6. 8. 1698 Georg Ritter von Eichendorff den Freihof, der ihn dann am 24. 6. 1704 an Friedrich Johann Hampel verkaufte. Fortan blieb der Freihof im Besitz der Familie Hampel bis zur Vertreibung in den Jahren 1945/1946.

Klein-Herrlitz – Die Volksschule

Die Filialkirche Hl. Bartholomäus in Klein-Herrlitz

Klein-Herrlitz – Der Freihof Hampel Nr. 39 seit 1704 im Familienbesitz

Klein-Herrlitz – Die Familie des Freihöfers Johann Friedrich Hampel im Jahre 1917. 5. von rechts: Der letzte Freihöfer Robert Hampel

Das dem hl. Bartholomäus geweihte Kirchlein in Klein-Herrlitz wurde im Jahre 1769 von Graf Würben erbaut. Diese Filialkirche gehört zum Pfarrprengel Groß-Herrlitz. Die Kirchenbücher beginnen 1646, die Grundbücher 1668. Die Reihe der Erbrichter in Klein-Herrlitz beginnt 1601 mit Hans Jäckel. Sie führt über Merten Jäckel (1662), Michel Schnürch (1664) Christoph Clement (1680), Christoph Sahliger (1683), Georg Sahliger (1698), Kaspar Sahliger (1744), Anton Sahliger (1771), Josef Sahliger (1795), Anton Sahliger (1831), Johann Eschig (1833), Johann Eschig d. J. (1851), Johann Karl Eschig (1887) zu Johann Proksch (1907), der den Besitz an die Mährische Agrar- und Industriebank veräußerte. Vom bislang ca. 55 ha großen Erbgericht wurde ein Teil der Felder verkauft, den Restbesitz von 30 ha übernahm August Brand und blieb Besitzer bis zur Vertreibung.

Der größte Teil der Dorfbewohner war in der Landwirtschaft beschäftigt. Ein Teil der männlichen Einwohner arbeitete in den Sommermonaten im Baugewerbe und fand in den Wintermonaten als Heimweber für Bennischer Textilbetriebe einen Nebenerwerb. Seit dem Beginn der Weltwirtschaftskrise um 1930 war jedoch die stark rückläufige Handweberei fast ganz zum Erliegen gekommen.

Oberhalb von Klein-Herrlitz, in Richtung gegen Seitendorf, entsprang ein kleiner Bach, die Herrlitzka. Sie schlängelte sich durch das ganze Dorf, füllte unterwegs den Schulteich und vereinigte sich bei Groß-Herrlitz mit anderen kleinen Wasserläufen um der Oppa zuzustreben. Der Schulteich diente der Dorfjugend im Sommer zum Baden und im Winter zum Schlittschuhlaufen. Der Teich war in den Sommermonaten ein ständiger Tummelplatz für die zahlreichen Gänse- und Entenscharen und im Hochsommer wurden auch Kühe und Pferde im Schulteich getränkt und gebadet.

Die an der rechten Seite des Baches gelegenen Bauernwirtschaften nannte man die „Siebenhöfe". Da Klein-Herrlitz an der sogenannten „Kaiserstraße" lag, befand sich einst in der Erbrichterei eine Poststation, wo die Pferde für die Postkutschen gewechselt wurden. Zuletzt befand sich das Postamt im Haus Nr.

19. Letzter Postmeister war Josef Nießner. Ein Zeugnis der Postkutschenzeit war ein ovales Steckschild, das sich heute im Wiener Postmuseum befindet. Der Verkehrsanbindung nach Bennisch und Troppau erfolgte nach dem Ersten Weltkrieg durch eine private Omnibuslinie, die 1939 von der Deutschen Reichspost übernommen wurde.

Klein-Herrlitz besaß eine einklassige Volksschule, deren letzter Leiter von 1920 bis zur Gefangennahme durch russische Truppen am 6. Mai 1945, Oberlehrer Josef Schwarz war.

Als letzter Bürgermeister war von 1938 – 1945 Baumeister Josef Barisch tätig. In seiner Amtszeit wurde die Gemeinde an das elektrische Stromnetz angeschlossen.

An Handels- und Gewerbebetrieben befanden sich zwei Kaufgeschäfte, ein Wagner, ein Schmied, ein Bäcker, zwei Schuhmacher und zwei Gasthäuser im Orte. An Vereinen bestanden die Freiwillige Feuerwehr, die Jagdvereinigung, der Kirchenchor, eine Laienspielschar und eine Musikkapelle. Klein-Herrlitz beklagt im Zweiten Weltkrieg 17 Kriegs- und 4 Zivilopfer.

Sommerfrische Klein-Mohrau, rechts die Pfarrkirche Hl. Dreifaltigkeit, erbaut 1790 – 1793

Klein-Mohrau

ist ein langgestrecktes Reihendorf (5 km) mit Waldstreifen-flur. Es liegt am Oberlauf der Mohra, südlich von Karlsbrunn und weist eine Seehöhe von 659 m auf. Das Tal ist auf beiden Sei-ten von einem schützenden Bergwald umgeben, der an der Ost-seite jedoch erheblich gelichtet ist. Von der Mohra, die im Gro-ßen Kessel entspringt, erhielt Klein-Mohrau, zu dem auch die Kolonie Morgenland gehört, seinen Namen.

In unmittelbarer Nähe liegt der durch seine reichen Erzschät-ze bekannte Urlichberg (1020 m). Er gehörte zur Abbauzone Neu-Vogelseifen-Wiedergrün-Klein-Mohrau, in welcher vor-wiegend Rot- und Magneteisenstein gefördert wurde. Die zweite Erzader liegt bei Engelsberg in der Mulde westlich des Annaber-ges. Sie erreicht zwischen Dürrseifen und Ludwigsthal ihre größ-te Breite. Die Erzschätze beider Adern wurden bei Klein-Moh-rau verhüttet. Hierzu wurde viel Holz benötigt, das nur der Wald östlich der Mohra liefern konnte, denn er allein war im Be-sitz der Herrschaft Freudenthal.

Es wird weder in den beiden Teilungsurkunden von 1377 und 1405, noch in der bergmännischen Übersichtskarte von 1579 erwähnt. Dies ist verständlich, denn bei der Besiedlung im 13. und 14. Jahrhundert wurden zuerst die vorwiegend landwirt-schaftlich ausgerichteten Orte gegründet, darunter die benach-barten Gemeinden „Fogilseifen, Aldinstat, das neue Dörfel, Me-stendorf, Spillenberg, Wiltgrube u. a." Klein-Mohrau verdankte seine Entstehung jedoch dem Bergbau und der damit verbunde-nen Verhüttung der geförderten Erze. Voraussetzung für die Er-richtung von Schmelz- und Gießhütten war jedoch das Vorkom-men von ausreichender Wasserkraft und das Vorhandensein aus-gedehnter Wälder zur Gewinnung der benötigten Holzkohle.

1548 wird von zwei Eisenhämmern und einem Blasehaus bei Messendorf berichtet und 1567 wurde ein weiterer Hammer da-zugebaut. Diese herrschaftlichen Hämmer verlegte Johann d. Ä. von Würben 1572 in das erzreiche Gebirge am Zusammenfluß von Mohra und Weißsteinbach, also in den Raum des späteren Klein-Mohrau, wo sie günstiger zu den Eisenzechen lagen. Der Weißsteinbach entspringt im Schallnerhau.

Die erste Ansiedlung im Gebiet der heutigen Gemeinde Klein-Mohrau scheint die Kolonie Morgenland gewesen zu sein. Ihre Erstnennung fällt in die Zeit Mitte des 15. Jahrhunderts. Die

Klein-Mohrau, ein beliebter Ausgangspunkt für Wanderungen im Altvatergebirge

293

eigentliche Gründung von Klein-Mohrau ist in die Zeitspanne zwischen 1579 und 1604 zu verlegen. Im Urbar (Zinsbuch) von 1604 wird Klein-Mohrau mit 17 Gärtnern genannt, deren Zahl aber bereits 1618 auf 42 angestiegen war. 1629 wurden 49 Gärtner und 6 Hüttenhäuser gezählt.

Bereits 1609 bestanden vier Eisenhämmer, eine Eisenschmelze und eine Zainhütte. Über die Einrichtung der Klein-Mohrauer Hämmer gibt das Urbar von 1618 Auskunft. Mit drei Schmiedefeuern, sieben hohen Blasöfen sowie Blasebälgen und Pochwerken zählten sie sicher zu den bedeutendsten im südschlesisch-nordmährischen Raum. Zu den Hämmern gehörten ferner drei Eisenzechen bei Klein-Mohrau sowie zwei weitere Zechen in Seitendorf und Eisenberg, die zwar nicht im Gebiet der Herrschaft Freudenthal lagen, jedoch vertraglich den Herren von Würben zur Ausbeutung überlassen waren.

Klein-Mohrau, Teilansicht

Klein-Mohrau – Villa Olbrich

Bei der Übernahme der Herrschaft Freudenthal durch den Deutschen Orden am 17. Juli 1621 lagen die Klein-Mohrauer Eisenhämmer schon fast ein Jahr still. Die neuen Besitzer erkannten schnell die große Bedeutung der Hammerwerke als Einnahmequelle und setzten sie rasch in Betrieb. Die Wirren des Dreißigjährigen Krieges brachten zwar ein ständiges Auf und Ab, doch insgesamt wurde in den Hammerwerken sehr erfolgreich gearbeitet. Schon im Sommer 1628 erwirtschafteten die Hämmer von Klein-Mohrau und Friedland zusammen einen Überschuß von mehr als 9.000 Talern. Die Arbeitseinteilung und die Aufsicht über alle Hämmer der Herrschaft Freudenthal lag in den Händen des jeweiligen Hammerverwalters von Klein-Mohrau, der hierbei von einem Hammerschreiber unterstützt wurde. Im

Klein-Mohrau – Der Gasthof Erbgericht, 1906

Jahre 1622 ließ der damalige Ordenshochmeister, Erzherzog Karl, in Klein-Mohrau eine Geschütz- und Kugelgießerei errichten. Sie war eine der wichtigsten Produktionsstätten für Waffen und Munition der kaiserlich österreichischen Armeen im Dreißigjährigen Kriege. Auch nach dem Friedensschluß von 1648 wurden hier noch Kanonen gegossen. Für das Jahr 1656 ist das Gießen von zehn Dreipfündern mit einem Gewicht von je 800 – 950 Pfund sowie von 5.000 Kugeln im Auftrag des Ordenshochmeisters Johann Caspar von Ampringen belegt.

Das Klein-Mohrauer Gemeindesiegel, das eine Kanone mit einer daneben befindlichen Kugelpyramide darstellt, dürfte in jener Zeit entstanden sein. 1682 hatte sich die Einwohnerzahl der Gemeinde mit über fünfhundert gegenüber 1642 fast verdoppelt. 1666 arbeiteten die Hammerwerke gedrosselt und die Produktion an Stabeisen sank auf 2337 Zentner ab. Zumeist wurde jedoch eine Jahresleistung von rund 3.500 Zentnern erreicht. 1686/87 betrug sie sogar über 4.000 Zentner. Eine weitere Steigerung war jedoch bereits damals nicht mehr möglich, weil der jahrzehntelange Raubbau am Holzsegen sich nachteilig auszuwirken begann und zu immer längeren Transportwegen zwang. Der von der Herrschaft angestrebte Kauf angrenzender Waldungen zerschlug sich. Um 1700 sah sich der damalige Ordenshochmeister Franz Ludwig von Pfalz-Neuburg genötigt, die unwirtschaftlich gewordene Verhüttung der Eisenerze von Klein-Mohrau in das dafür neu gegründete und nach ihm benannte Dorf Ludwigsthal zu verlegen. Die in den Klein-Mohrauer Eisenbergwerken geförderten Erze wurden in den Wintermonaten auf Schlitten zu den beiden neuen Hochöfen nach Hubertskirch (Hinnewieder) und Ludwigsthal gebracht und dort verhüttet. 1795 erzeugten beide Hochöfen binnen 22 Wochen 5.500 Zentner Rauheisen.

Nach der Verlegung der Hammerwerke entwickelte sich in Klein-Mohrau die Drahterzeugung zu ansehnlicher Bedeutung. Die erste Drahthütte hatte bereits 1640 Caspar Schilder von der Herrschaft erworben. Sie ging später in den Besitz der Familie Weiß über und wurde 1832 zu einer Papiermühle umgebaut. Eine weitere Drahthütte erwarb Balthasar Schilder im Jahre 1651. Für das Jahr 1806 erwähnt Reginald Kneifel in seiner „Topographie von Schlesien" in Klein-Mohrau den Bestand eines Zeughammers und von sechs Drahthütten. Eine davon war mit einer Eisenschneidmaschine ausgestattet, mit welcher 300 – 400 Zentner Eisen zum Schmieden von Nägeln zugeschnitten wurden. Der in Klein-Mohrau erzeugte Draht wurde vorwiegend nach

Polen und Ungarn ausgeführt. Der letzte Eisenhammer älterer Zeit, der sogenannte Karlshammer, befand sich um 1780 im Besitz der Familie Weiß. Er ging später auf Johann Raab über, der eine Zeug- und Sägenschmiede daraus machte. Diese war 1866 im Besitz des Franz Olbrich. An der Stelle des Karlshammers steht heute die Kettenfabrik.

Zur Zeit seiner größten Entfaltung (1880) zählte Klein-Mohrau fast 1700 Einwohner. Die Gemeinde grenzt im Norden an Karlsbrunn, im Süden an Nieder-Mohrau und Ober-Wildgrub, im Osten an Neu-Vogelseifen und Wiedergrün und im Westen an Karlsdorf. Bis zur Mitte der Zwanziger Jahre gehörten Hubertskirch, Gabel, der Altvater und die Schäferei zum Gemeindegebiet von Klein-Mohrau. Heute ist Hubertskirch zu Karlsbrunn und Gabel zu Buchbergsthal zugehörig.

Kurz vor der Jahrhundertwende wurden die meisten Eisenverarbeitungsbetriebe nach Oderberg verlegt und viele Familien

Sommerfrische Klein-Mohrau

Klein-Mohrau, Touristenheim Fritsch in Morgenland

Klein-Mohrau, Kolonie Morgenland

übersiedelten dorthin. 1921 zählte Klein-Mohrau 1338 Einwohner. Von ihnen bekannten sich 1286 zur deutschen und 8 zur tschechischen bzw. slowakischen Nationalität. Weitere 44 Einwohner waren Ausländer. 1930 wies die Gemeinde 1255 Einwohner auf. Von ihnen waren 1187 deutscher, 40 tschechoslowakischer und 2 sonstiger Volkszugehörigkeit. Hinzu kamen 27 Ausländer.

1690 hatte die Familie Schilder auf einer Anhöhe, „dem Kapellenberg", eine hölzerne Kapelle errichtet, welche 1765 von der Familie Weiß durch eine gemauerte Kapelle ersetzt wurde. Die einstige Glocke trug die Jahreszahl 1728. Die erste Kirche von Klein-Mohrau wurde 1614 errichtet. Sie war ein Holzbau mit Kirchenschiff und Sakristei sowie einem Glockenturm, der abseits der Kirche stand. Die neue gemauerte Kirche wurde am 20. Oktober 1793 eingeweiht.

Erster Schulmeister von Klein-Mohrau dürfte der Kirchvater Andreas Auer gewesen sein, wie auf der Kirchenglocke verewigt ist. Bei der Vertreibung hatte Klein-Mohrau eine 6klassige Volksschule.

Um 1860 existierte eine Berg-Musikkapelle. Von 1855 – 1860 leitete sie der Schachtmeister Pottgatschnig, später Podhajeczky. Diese Musikkapelle erfreute sich großer Beliebtheit und spielte einige Sommer hindurch als Kurkapelle in Karlsbrunn. Der erste Gesangverein entstand 1861 unter der Leitung der Klein-Mohrauer Bürger Mayer und Raab, löste sich jedoch einige Jahre später wieder auf, sodaß es im Jahre 1881 zur Gründung des Männergesangvereines „Altvater" kam, der bis 1945 bestand. Die Gründung des Kameradschaftsvereines gedienter Soldaten dürfte alsbald nach 1870 erfolgt sein. Die Freiwillige Feuerwehr entstand 1898, doch schon 1870 hatte die Firma Franz Olbrich eine eigene Betriebsfeuerwehr geschaffen. Am 1. März 1925 wurde vom altösterreichischen Hauptmann i. R. Oskar Drnetz der Klein-Mohrauer Deutsche Turnverein gegründet.

Die Wasserkraft der Mohra und des Weißsteinbaches diente zum Betrieb von zwei Mühlen, zwei Brettsägen, einer Leiter- und einer Papierfabrik sowie zur Stromerzeugung.

Von Klein-Mohrau führen gut erschlossene Straßen über Bad Karlsbrunn nach Würbenthal bzw. über Gabel nach Freiwaldau; im Süden über Nieder-Mohrau nach Römerstadt bzw. Friedland a. d. Mohra und im Osten über Vogelseifen-Altstadt nach Freudenthal. Dem Personen- und Güterverkehr diente die Bahnlinie Freudenthal-Klein-Mohrau. Sie wurde am 31. Mai 1901 in Betrieb genommen und wies zwischen den Stationen Lichtewerden/Engelsberg (603 m) und Neu-Vogelseifen (728 m) den steilsten Streckenabschnitt der einstigen Österreichisch-Ungarischen Monarchie auf.

Nach dem Ersten Weltkrieg begann eine zunehmende Umgestaltung des alten Industrieortes zu einer aufstrebenden Sommerfrische. Er wurde ein beliebter Ausgangspunkt für Bergwanderungen ins Altvatergebirge. Beliebt waren der Aufstieg von Klein-Mohrau über das nahe Karlsdorf zum Großen Kessel und zur Hohen Heide (1464 m) sowie zum Peterstein (1460 m). Zur Zeit der Vertreibung war Klein-Mohrau eine hervorragende Sommerfrische und ein bekannter Wintersportplatz mit guten Skisportmöglichkeiten, 3 Sprungschanzen und einer Rodelbahn. Es gehörte 1939 mit fast 1500 Einwohnern zu den großen Gemeinden des Kreises und lag nach der Einwohnerzahl an 7. Stelle.

Heute ist die Gemeinde ein bevorzugtes Erholungsgebiet der Berg- und Stahlarbeiter des Industrierevieres von Mährisch-Ostrau/Witkowitz sowie der Stadtbevölkerung aus Freudenthal, Jägerndorf, Troppau, Olmütz, Brünn und Prag.

Koschendorf – Weg zur Kirche

Koschendorf

Koschendorf ist ein Straßenangerdorf mit Gelängeflur im östlichen Gebiet des Kreises. Es liegt an der von Frei-Hermersdorf nach Groß-Herrlitz führenden Bezirksstraße in einem von bewaldeten Hügeln umgebenen Tal und ist von beiden Gemeinden drei Kilometer entfernt. Die Städte Freudenthal und Bennisch sind zwanzig bzw. acht Kilometer westlich gelegen.

Koschendorf grenzt im Westen an Seitendorf und Klein-Herrlitz, im Norden an Groß-Herrlitz, im Osten an Zattig und im Süden an Frei-Hermersdorf. In einer Beschreibung aus der Zeit um 1880 heißt es, das Dorf hat eine Kirche, eine Schule, eine Mühle und 36 Häuser und ist von 15 Bauern, fünf Gärtlern und neun Häuslern bewohnt.

Die Seehöhe beträgt je nach dem Standort 370 bis 410 Meter. Im Jahre 1930 zählte die Gemeinde 56 Häuser und 236 Einwohner, von denen alle, bis auf einen, der katholischen Konfession angehörten. Der Nationalität nach zählte Koschendorf 231 deutsche und drei tschechische Einwohner sowie zwei Ausländer. Nach der Volkszählung vom 17. Mai 1939 wurde Koschendorf von 247 Personen bewohnt. Nach der Religionszugehörigkeit gehörte wiederum eine Person zur evangelischen Kirche, alle anderen waren katholisch. Im gleichen Jahre ergab die Betriebsstättenzählung, daß drei landwirtschaftliche Betriebe eine Größe von 0,5 – 2 Hektar, elf Betriebe Hofgrößen von 2 – 5 Hektar, zehn

Betriebe Größen von 5 – 20 Hektar und weite zehn Betriebe mehr als 20 Hektar groß waren.

Die Gemeinde besaß eine einklassige Volksschule, die seit 1885 in einem ehemaligen Wirtschaftsgebäude einschließlich einer Lehrerwohnung untergebracht war. Letzter Schulleiter von Koschendorf war Oberlehrer Erwin Link.

Die Filialkirche Maria Heimsuchung ist vom Friedhof umgeben. Die Kirche gehört zum Pfarrsprengel Groß-Herrlitz. Sie wurde im Jahre 1704 errichtet, sodann 1770 auf Veranlassung des damaligen Gutsherren, Eugen Graf Würben, neu und solide umgebaut und 1785 nochmals ausstattungsmäßig verbessert.

Geschichtlich wird Koschendorf 1410 als Kossetendorf erwähnt. Es ist aber sicherlich älter. Die Siedlung im Raum zwischen Troppau und Bennisch war bis etwa 1300 abgeschlossen. In dieser Zeit dürfte auch Koschendorf entstanden sein. Koschendorf wurde weder von Bennisch aus, noch vom Kloster Welehrad mit seinem Vorort Stiebrowitz errichtet. Es ist vielmehr anzunehmen, daß Koschendorf, wie auch Klein- und Groß-Herrlitz, von Troppau aus besiedelt worden ist.

Während die Dörfer mit Waldhufenfluren unbestritten als rein deutsche Gründungen anzusehen sind, besitzen Dörfer mit Gewann- oder Gelängefluren nur dann rein deutsche Züge, wenn es sich um Neugründungen handelt. Sprachlich gemischte Züge treten dann auf, wenn es sich um sogenannte Ausbaugrün-

Die Filialkirche Maria Heimsuchung in Koschendorf

Innenansicht der Kirche in Koschendorf

Das Katastralausmaß der Gemeinde beträgt 389 Hektar, wovon 271 Hektar Ackerland sind. In Koschendorf bestand eine Waldgemeinschaft „der älteren Ansässigkeit", die gemeinschaftliche Besitzer eines etwa 60 Hektar großen Waldes waren. Hierzu bestanden 17 Anteile. Jeder Anteil war 2 1/2 Hektar groß.

An Handels- und Gewerbebetrieben sind zwei Schmiede, zwei Schneider, ein Wagner, ein Tischler, ein Fleischer, ein Kaufladen und zwei Gasthäuser zu nennen. Für die Gefallenen des Ersten Weltkrieges war ein Ehrenmal errichtet worden. Im Zweiten Weltkrieg beklagt Koschendorf 20 Kriegs- und drei Zivilopfer.

In Koschendorf gab es neben einer gemeindeeigenen Bücherei, eine Druschgenossenschaft, ein landwirtschaftliches Kasino und die Freiwillige Feuerwehr, deren Ausrüstung in einem Gerätehaus verwahrt wurde.

Die Genossenschaftsmühle in Koschendorf

Die mit Dampfkraft, später mit Turbinen, betriebene Getreidemühle war Eigentum der Landwirtschaftlichen Speichergenossenschaft Frei-Hermersdorf und Umgebung, der fast alle Bauern des Ortes als Mitglieder angehörten.

Letzter Bürgermeister von Koschendorf war Bauer Rudolf Bartel.

dungen handelt, zumeist besaßen jedoch auch die Ausbaugründungen deutsche Mehrheiten.

Als 1506 die Stadt Bennisch von der Jägerndorfer Herzogin Barbara ihre Privilegien bestätigt erhält, werden auch die Dörfer genannt, die der Bennischer hohen Gerichtsbarkeit unterlagen. Es sind dies die Orte Lichten, Zossen, Braunsdorf, Koschendorf, Seitendorf, Spachendorf und Wockendorf. Doch schon in der ersten Hälfte des 15. Jahrhunderts scheint sich zwischen Bennisch und Koschendorf ein Landadeliger geschoben zu haben, denn 1431 verschrieb ein Johann Kosir von Seitendorf (er wird auch Hanus genannt), hundert Talente Erbgut von Koschendorf seiner Gattin Agnes. Als diese 1448 gestorben war, erbte die zweite Gattin namens Anna, eine Schwester des Zibrid von Bobolusk, das Gut Koschendorf. 1464 verschrieb Zibrid der Jüngere von Bobolusk seiner Gattin, Dorothea von Zierotin, neunzig Talente Erbgut. 1511 ließ Nikolaus von Bobolusk Koschendorf als landtäfliges Gut eintragen. Dieses verkaufte sodann Erasin von Bobolusk 1539 dem Adeligen Wolf von Drahotusch. 1588 ist Koschendorf im Besitz des Bohuslav Stosch von Kaunitz, der es im gleichen Jahr an Albrecht von Würben auf Herrlitz verkauft. Von da an teilte Koschendorf das Schicksal der Herrschaft Herrlitz bis in die jüngste Zeit.

Gruß aus Langenberg, Aufnahme um 1910

Langenberg

Die Gemeinde Langenberg war ein einreihiges Reihendorf mit Waldhufenflur. Eine für die fehlende Gehöftreihe auf der gegenüberliegenden Straßenseite erforderliche Flur gab es nicht. Der hier angrenzende Wald war bereits Eigentum der Kreisstadt Freudenthal als Nachbargemeinde. Das dürfte vermutlich eine Folge der relativ späten Ortsgründung gegen Ende des 16. Jahrhunderts auf der ehemaligen Flur zweier wüst gewordener und nicht wieder aufgebauter Dörfer sein. Der Ortsried von Langenberg liegt wahrscheinlich auf dem des wüsten Ortes Tillendorf und die Langenberger Flur knüpft an die der beiden Wüstungen Tillendorf und Schwarzendorf an. Das heutige Dorf Langenberg erstreckt sich von Messendorf im Südwesten gegen Wockendorf im Nordosten. Seine Flur grenzt im Südosten gegen die von Raase, im Südwesten an die von Messendorf, im Nordwesten an den Stadtwald von Freudenthal und im Nordosten an die Flur von Wockendorf. Die Dorfstraße kommt von Freudenthal über Messendorf und führt durch Langenberg weiter nach Wockendorf. Vor dem südöstlichen gegen Messendorf gelegenen Ortsanfang zweigt eine Straße nach Raase ab. Für Bahnfahrten konnte nur der Bahnhof in Freudenthal benutzt werden. Um ihn zu erreichen, war für die Dorfbewohner ein Fußmarsch von einer Stunde und 15 Minuten notwendig. In Freudenthal hatte man Anschluß an die Hauptstrecke Olmütz-Freudenthal-Jägerndorf-Troppau sowie die Nebenstrecken Freudenthal-Klein-Mohrau oder von Milkendorf aus nach Würbenthal. Die Gesamtfläche der Gemeinde betrug 222 Hektar, davon waren 203 Hektar Akkerland. 1930 hatte das Dorf 252 und 1939 nur mehr 221 Einwohner ausnahmslos deutscher Nationalität in 62 Haushalten, die in 57 Gebäuden untergebracht waren. Fast alle Bewohner waren römisch-katholisch, nur 5 evangelisch.

Langenberg war früher nach der 6 Kilometer entfernten Kreisstadt Freudenthal eingepfarrt, und die Pfarrkinder mußten auch dort die Kirche besuchen. Da der Weg dorthin weit und besonders für die Älteren sehr beschwerlich war, ließ der aus Langenberg gebürtige Pfarrer von Bennisch, Christoph Nießner, auf seine Kosten in seinem Geburtsort eine Kirche erbauen, die am 26. Juli 1778 der Heiligen Mutter Anna geweiht wurde. Dieser Tag war deshalb für die Dorfbewohner nicht nur der Tag des Kirchenweihfestes, sondern aus Dankbarkeit für die eigene Kirche gleichzeitig auch ein Gelöbnistag. Später hat man Langenberg der näher gelegenen Pfarrei Messendorf zugeteilt, und der dortige Pfarrer hielt an jedem dritten Sonntag des Monats den Gottesdienst in der Filialkirche zu Langenberg. Neben der Kirche stand die einklassige Volksschule des Dorfes. Die letzte Schulleiterin war Olga Berziakywic.

Langenberg – Oberdorf

Langenberg im Winter

Im Jahr 1890 gründete Langenberg seine Freiwillige Feuerwehr. Für sie wurde 1892 eine Landfahrspritze gekauft, die 1908 durch eine größere Spritze ersetzt worden ist. Diesen Bestand hat man 1937 durch den Zukauf einer Motorspritze erweitert. Schon 1896 war für die Feuerwehr ein Gerätehaus errichtet worden. Der letzte Kommandant war Josef Granz aus dem Haus Nr. 4. Wie nahezu alle Dörfer des Kreises hatte auch Langenberg eine Erbrichterei, zu der 80 Hektar Grund gehörten. Ihr letzter Besitzer war Guido Pratzer. Seit 1923 ist die Gemeinde an das elektrische Stromnetz angeschlossen.

Langenberg – Gasthaus Erbgericht mit Schmiede. Die Straße führt entlang des Schwarzbaches nach Freudenthal. Im Hintergrund links der Venusberg

Kartenausschnitt Freudenthal – Langenberg – Karlsberg

Lichten – ein langgestrecktes Reihendorf mit Waldhufenflur

Lichten

Das Dorf Lichten liegt im Vorlande des Altvatergebirges in einem sehr reizvollen Flußtal eingebettet und ist von schönen Nadelwäldern umgeben. Es erstreckt sich in einer Länge von 7 km in nordöstlicher Richtung von Bennisch. Die Seehöhe beträgt 320 m. Lichten liegt an der Reichsstraße Jägerndorf-Bennisch-Hof und besitzt gut ausgebaute Bezirksstraßen zu seinen Nachbardörfern Aubeln, Seifersdorf und Zossen. Die Entfernung nach Jägerndorf beträgt 10 km.

Die Burg Lichten, einst mit Wall und Graben umgeben, beherrschte den wichtigen Zugang zum befestigten Jägerndorf und zu den Burgen Wartenau und Schellenburg. Sie ist vermutlich 1474 durch König Mathias zerstört worden. Die Gründung des Dorfes Lichten scheint zu Anfang des 14. Jahrhunderts erfolgt zu sein. Es gehörte 1506 zu den Bennischer Stadtdörfern. Gegen Ende des 15. Jahrhunderts war Johann von Woschütz Ortsherr von Lichten. Er hatte die Veste Zator mit den Dörfern Seifersdorf, Wiese, Friedersdorf und Breitenau von Johann von Kralitz gekauft. Die vier Söhne des Johann verkauften die Herrschaft Zator und behielten gemeinschaftlich Lichten und Taubnitz. Peters Sohn Nikolaus übernahm Lichten, sein zweiter Sohn Johann Neplachowitz. Im Jahre 1612 kam Lichten wieder vollständig in den Besitz der Herrschaft Jägerndorf.

Vor der Reformation bestand in Lichten eine Pfarrei, zu welcher auch die Dörfer Milkendorf und Taubnitz gehörten. Von 1523 an wurden auch die Bewohner von Lichten protestantisch und blieben es über den 30jährigen Krieg hinaus. Erst zu Beginn des 18. Jahrhunderts wurden die Dorfbewohner durch den Jesuitenpater Korsitzka wieder zur katholischen Kirche zurückgeführt. Die Kirche zum hl. Nikolaus wurde 1730 in Stein erbaut. Sie steht mit dem Eingangstor gegen Osten und wird von einer Gruppe buschiger Linden beschattet. Vor der Kirche fließt der Dorfbach, der durch einen Steg überbrückt ist und den Kirchenplatz mit der Dorfstraße verbindet. Nach der Gegenreformation gehörte Lichten zur Pfarrei Braunsdorf und wurde 1755 sodann wieder selbständige Pfarrei. Sie gehört zum Dekanat Jägerndorf. Die Kirchenbücher beginnen 1674, die ältesten Grundbücher reichen bis 1622 zurück.

In Lichten bestanden einst zwei Meierhöfe, der Ober- und der Niederhof. Letzterer entstand im Jahre 1608. Beim Oberhof

sollen die Lichnowsky ihr Herrenhaus, die Burg genannt, gehabt haben. Die Besitzer dieses Anwesens wurden nach der Aufteilung des Oberhofes noch immer die „Burgherren" genannt. Im Jahre 1914 ließ der damalige Besitzer Josef Bittmann (Nr. 86), die alten, baufälligen Gebäude abtragen und baute sein Wirtschaftshaus neu auf. Auf dem zugehörigen Gartengelände entstand das Haus Nr. 364.

Als Erbrichter fungierte im Orte lange Zeit das Geschlecht Thrul. Der letzte bis 1848 amtierende Erbrichter hieß Franz Langer. Er stammte aus Karlsthal und hatte die Erbrichterei durch Heirat mit der Erbrichterswitwe Thrul erworben.

Die Bevölkerungsentwicklung des Ortes war großen Schwankungen unterworfen. 1890 besaß die Gemeinde 2103 Einwohner, sie verringerte sich bis zum Jahre 1900 auf 2003. Die Einwohnerzahl blieb dann bis 1910 konstant mit 2015 Personen, sank 1921 auf 1743 ab, stieg dann bis 1930 auf 2057 an und erreichte 1939 mit 1676 Einwohnern den niedrigsten Stand.

Das Gesamtausmaß der Gemeinde betrug 2280,99 Hektar, davon waren 1004 ha Ackerfläche, 547,19 ha Wiesen, 300 ha Bauernwald und 429,80 ha Fürst Liechtenstein'scher Waldbesitz. Nach der Volkszählung vom Jahre 1939 gab es 135 landwirtschaftliche Betriebe, darunter 51 Betriebe mit 5 – 20 ha und 32 Betriebe mit mehr als 20 ha Grundfläche sowie einen Betrieb mit 123,80 ha. Die Betriebe bis zu 5 Hektar Größe hatten zumeist noch Einkünfte aus einem Nebenberuf wie Maurer, Zimmerleu-

Lichten – Pfarrkirche Hl. Nikolaus und Schule

Lichten – Mittel- und Niederdorf

Lichten – Die Volksschule, aufgenommen 1965

Lichten – Blick zum Niederdorf

Lichten – Die 1918 erbaute Kriegerkapelle

te, Schieferdecker, Tischler, Strumpfwirker. Die Felder wurden in der Reihe der 6-Felder-Wirtschaft bestellt und zwar: Weizen oder Roggen – Gerste – Kartoffel – Roggen – Hafer – Klee oder Brache. Diese Art der Bodennutzung erwies sich als sehr ertragreich. Nachdem die Landwirtschaft nicht mehr die wachsende Bevölkerung beschäftigen konnte, fanden Handwerk und Industrie gute Voraussetzungen für eine gesunde Entwicklung. Insbesondere die Strumpfindustrie erlebte einen raschen Aufschwung. Es gab zunächst viele kleine Strumpfwirkbetriebe, die mit ihren kleinen Handstrickmaschinen arbeiteten. Aus diesen Anfängen entwickelte sich die Strumpfindustrie mit den Firmen Johann Hein, Inhaber Gustav Küffe, Hubert Krohe (vormals Josef Meier) und Wilfried Hein. In der Gemeinde bestanden insgesamt 57 Handwerks- und 14 Handelsbetriebe, dazu 9 Gaststätten und ein Kaffeehaus.

Als Spezialität bekannt war auch der Lichtner Sauerbrunnen. Die stark eisen- und kohlensäurehaltige Quelle war in Zementrohren gefaßt und mit einer eisernen Pumpe versehen. Der Sauerbrunnen war besonders in der heißen Jahreszeit ein erfrischendes Getränk. Die Hausfrauen verwendeten ihn auch gern zum Knödel machen, da diese durch Beigabe des Brunnenwassers viel lockerer als sonst wurden.

Ausgeprägt war das örtliche Vereinsleben. Die Freiwillige Feuerwehr entstand 1894 und zählte 120 Mitglieder. Sie war gut ausgerüstet und besaß neben einer Motorspritze, vier Handdruckspritzen sowie fahrbare Schubleitern. Ihre Geräte waren in 4 Spritzenhäusern untergebracht. Der Militär-Veteranenverein wurde 1898 gegründet und besaß 80 Mitglieder. Der Verein nahm nur gediente Soldaten als Mitglieder auf. Die Musikkapelle gehörte zur Feuerwehr. Sie war eine echte Dorfmusikkapelle, die langjährig vom Kapellmeister Josef Pohl geleitet wurde. Der Gesang- und Musikverein pflegte Volkslieder und Chorgesang und entstand 1893. Chorleiter waren die Oberlehrer Eduard Teichmann und Adolf Kral. 1920 wurde dann ein gemischter Chor aufgestellt und im gleichen Jahr ein Salonorchester gegründet. Der Verein führte neben Musikdarbietungen auch Theaterstücke auf. Der Deutsche Turnverein besteht seit dem Jahre 1920. Er diente der körperlichen Ertüchtigung, der Pflege des Gemeinsinnes und der Erhaltung von Sitte und Brauchtum. Für ihn wurde 1930 der Mühlteich zu einem Schwimmbad ausgebaut. Auch das Damenturnen wurde eingeführt. Weitere wichtige Vereine in Lichten waren der Katholische Volksverein, der Deutsche Kulturverband, der Bund der Kriegsverletzten sowie die Ortsgruppen der verschiedenen politischen Parteien.

Lichtewerden mit Kirche und Flachsspinnerei, im Hintergrund Engelsberg und der Annaberg

Lichtewerden

Lichtewerden ist eines der wenigen Dörfer Schlesiens, deren Gründungsurkunde erhalten geblieben ist. Es ist zwar nicht mehr das Original selbst, aber eine am 8. August 1735 beglaubigte Abschrift, die sich heute im Deutschordens-Zentralarchiv in Wien befindet. Aus der Urkunde ist ersichtlich, daß sie am 8. März 1267 in Freudenthal ausgestellt wurde. Berthold, der Stadtvogt von Freudenthal, gestattete dem Heinrich von Waldau ein 52 Hufen großes Waldstück, das damals schon Lichtenwerde genannt wurde (quae dicitur Lichtenwerde), zu roden und darauf ein Dorf zu erbauen. Dieses Waldstück muß eine Waldlichtung gewesen sein, denn der Ortsname setzt sich aus „licht" und „werde" zusammen. Das mittelhochdeutsche Wort „werde" bezeichnet damit eine Insel oder eine Stelle. Lichtenwerde ist also eine lichte Insel oder eine lichte Stelle im Wald. Der heutige Name Lichtewerden anstelle des historisch belegten Lichtenwerde, dürfte auf die im Volksmund geläufige, geschichtlich aber unhaltbare Erklärung „es wird bald lichte werden" zurückzuführen sein.

Die Gemeinde liegt recht verkehrsgünstig an der ehemaligen Kaiser- und Handelsstraße Wien-Olmütz-Breslau, die bereits 1579 in einer alten Karte eingezeichnet ist. Sie führte im Freudenthaler Gebiet über Altstadt-Lichtewerden-Engelsberg und von hier über den beschwerlichen Annaberg nach Würbenthal weiter. Als man diese Straße in den Jahren 1842 – 1844 ausbaute, umging man den Annaberg und verlegte den Straßenzug von Engelsberg über Lauterseifen und Karlsthal nach Würbenthal. Ebenso begradigte man den Abschnitt Lichtewerden-Freuden-

thal. Die Straße führt seither nicht mehr über Neudörfel, sondern über freie Felder direkt von Lichtewerden nach Altstadt und verkürzte damit die Entfernung nach Freudenthal auf 10 Kilometer. Andererseits hatte man im Winter öfters starke Schneeverwehungen in Kauf zu nehmen, welche dann doch zum Umweg über Neudörfel zwangen.

Flachsgarnspinnerei und Erbgericht Lichtewerden

Lichtewerden besitzt eine Seehöhe von 603 m und zählt damit noch zum Vorland des Altvatergebirges. Die höchste Erhebung ist die 699 m hohe Ferdinandshöhe im Gemeindewald. Nur wenig niedriger ist der Huhnberg mit 695 m. Im Ortsgebiet ist die Steigung gering und die Ortsteile Zach und Kleinasien liegen unter 600 m hoch.

Die Gemeinde grenzt im Süden an Neudörfel, im Südwesten an Alt-Vogelseifen, im Nordwesten an Altwasser, im Norden an Engelsberg, im Nordosten an Lauterseifen, im Osten an Dittersdorf und im Südosten nur ein kurzes Stück an Altstadt.

Die Gesamtfläche der Markung betrug 1140 Hektar. Davon waren 121 Hektar im Gemeindebesitz. Er gliederte sich in 69 Hektar Wald und 52 Hektar Äcker und Wiesen, die man an Kleinbauern und Häusler verpachtet hatte. Der Privatbesitz gehörte 37 selbständigen Bauern mit einer durchschnittlichen Hoffläche von 23 Hektar sowie 52 Häuslern mit einem mittleren Besitzanteil von 2,6 Hektar und dem Erbgericht im Ausmaß von 92 Hektar. Der letzte Besitzer des Erbgerichtes war Adolf Nitsche. Angebaut wurden vorwiegend Roggen sowie Hafer, Gerste, Kartoffeln und Futtermittel.

Im Jahre 1939 waren von den 1107 Bewohnern des Dorfes 594 in der Industrie oder im Handwerk, 213 in der Land- und Forstwirtschaft, 56 im Handel und 25 im öffentlichen Dienst beschäftigt. 151 Einwohner waren selbständig und 68 mithelfende Familienangehörige.

Häuslerstelle in Lichtewerden, Haus-Nr. 25 R. Meier

Lichtewerden ist ein Reihendorf mit Waldhufenflur, doch spielte der Bergbau, vor allem auf Gold und Silber, schon immer eine bedeutende Rolle. An den einstigen Bergbau erinnert auch der Flurname Zach (Zeche). Zur Zeit der Besiedlung hatte grundsätzlich jeder das Recht, nach Erzen zu schürfen. Er mußte jedoch dem Grundherrn die vorgeschriebenen Abgaben leisten. Da es für den einzelnen oft schwer war, die erforderlichen Mittel zum Betrieb eines Bergwerkes aufzubringen, schlossen sich die Bergleute zu Gewerken zusammen, wobei in der Regel jedes Bergwerk 128 Kuxe aufwies. Die Gewerke waren entsprechend ihrer Anteile am Ertrag beteiligt, hatten jedoch im gleichen Umfang „Zubußen" zu entrichten, wenn der erhoffte Bergsegen ausblieb. 1538 erhielt Wolff Schaller in Lichtewerden die Bergfreiheit. Er betrieb 1543 gemeinsam mit Jobst Ludwig das Lichtewerdener Bergwerk. 1554 kam es zwischen den Herren von Würben und dem benachbarten Grundherrn, den Markgrafen von Jägerndorf, wegen der Ableitung des Wassers der Weißen Oppa auf Freudenthaler Gebiet zu einem langdauernden Rechtsstreit, der sich bis 1632 hinzog. Die strittige Wasserzufuhr war für die Bergwerke in Dürrseifen, Lichtewerden und später auch in Engelsberg bestimmt.

Schmiede und Kirche in Lichtewerden

Lichtewerden besaß bereits 1267 eine Kirche, wie aus der Gründungsurkunde zu entnehmen ist. In ihr heißt es, daß ihm (dem Erbrichter) auch die Kirche unterstand (habebit ecclesiam). Später gehörten sowohl Lichtewerden als auch Würbenthal zur Pfarrei Alt-Vogelseifen. Erst als Engelsberg 1624 eine eigene Pfarrei bekam, wurde die Lichtewerdener Kirche eine Filialkirche von Engelsberg. Die Filialkirche ist der heiligen Hedwig, der Schutzpatronin Schlesiens, geweiht und wurde, wie aus dem Urbarium der Herrschaft Freudenthal von 1629 hervorgeht, von den Lichtewerdenern selbst erbaut. Sie gehört deshalb dem Dorf erblich. Der letzte Pfarrer war der Deutschordenspriester Josef Hubalek in Engelsberg. Die Gemeinde feierte in Erinnerung an ein großes Hochwasser jeweils zum 29. Juli den Gelöbnistag. Nach dem Ersten Weltkrieg verlegte man den Termin des Gelöbnistages auf das Annafest und verband ihn mit einer Wallfahrt zum Annabergkirchlein in Engelsberg.

In der Ortsmitte von Lichtewerden, nahe der Kirche, steht die 1873 bis 1875 erbaute Volksschule. Sie war bis 1907 zweiklassig, danach dreiklassig und zuletzt vierklassig. 1940 unterrichteten an ihr neben dem Schulleiter, Oberlehrer Anton Illek, die Lehrerinnen Margarete Ludwig und Helene Bayer. Die vierte Lehrerstelle war unbesetzt.

An Genossenschaften und Vereinen bestanden die 1909 gegründete Weidegenossenschaft für Jungrinder auf dem Gelände der früheren „Luftei", die 1917 gegründete Landwirtschaftliche Speichergenossenschaft, die Landwirtevereinigung und seit 1925 eine Drainagegenossenschaft. Seit 1894 befand sich sodann eine

Altarbild mit Statue der Hl. Barbara in der Filialkirche Lichtewerden

Filiale der Spar- und Darlehenskasse in Lichtewerden. Schon 1883 hatte man die Freiwillige Feuerwehr gegründet, der 50 aktive Wehrleute angehörten. Außerdem besaß das Dorf einen Kameradschaftsverein gedienter Soldaten, einen völkisch deutschen Turnverein, einen Radfahrerverein und einen Gesangsklub mit 20 – 30 Mitgliedern.

Die 1864 gegründete Flachsspinnerei in Lichtewerden, allgemein unter der Bezeichnung obere Fabrik bekannt, hatte eine Vorgängerin, die untere Fabrik. Diese war 1861 von Josef Kühnel aus dem Alt-Vogelseifener Freihof gegründet, jedoch bereits 1896 wieder stillgelegt worden. Außerdem arbeiteten ein Sägewerk sowie zwei Mühlen im Orte. Die bekannten Lichtewerdener Kräuterliköre der Firmen Fridolin Springer „Altvater-Urquell" und Rudolf Wilhelm „Original Altvater-Sternmarke" erfreuten sich großer Beliebtheit. An Handwerks- und Gewerbebetrieben besaß Lichtewerden zwei Tischler, zwei Zimmerer, einen Landmaschinenschlosser, einen Fahrradhändler mit Näh- und landwirtschaftlicher Maschinenvertretung, zwei Schuster zwei Schmiede, zwei Fleischer, drei Bäcker, einen Sattler, vier Lebensmittelgeschäfte, zwei Schneider, einen Friseur, zwei Gemüseläden, den Konsum in der Flachsspinnerei, zwei Tabaktrafiken, einen Arzt und drei Gasthäuser, darunter das Erbgericht mit einem Tanzsaal.

Lichtewerden – Gesamtansicht

Lichtewerden war ein wohlhabendes Dorf mit einem stattlichen Gemeindebesitz. In der Flachsspinnerei, die vor dem Ersten Weltkrieg bis zu 500 Personen beschäftigte, fanden viele Arbeiter, auch aus den Nachbargemeinden, ihren Lebensunterhalt.

Blick auf Lichtewerden, Aufnahme 1939

Durch diesen Betrieb wurde die Wirtschaftskraft der Gemeinde fühlbar gestärkt. Das Genossenschaftswesen in Lichtewerden war richtungsweisend für die Gemeinden der Umgebung, und als 1917 der landwirtschaftliche Speicher eröffnet wurde, war Lichtewerden zum Umschlagplatz für alle landwirtschaftlichen Produkte der Nachbarorte geworden. Günstig wirkte sich auch die Lage des Dorfes an der Bahnlinie Freudenthal-Klein-Mohrau aus. Vom Bahnhof Engelsberg-Lichtewerden führten zwei Anschlußgleise in die Flachsspinnerei G. A. Buhl. Auf dem Bahnhof wurde sehr viel Holz aus den Forstrevieren Dürrseifen und Wiedergrün verladen. Die Züge von und nach Freudenthal waren insbesondere an den Wochenenden stets voll besetzt, denn neben dem Touristenverkehr kamen samstags viele Pendler aus den Eisenwerken in Mährisch-Ostrau/Witkowitz nach Hause und fuhren am Sonntag wieder zu ihren Arbeitsstätten.

Lichtewerden – Belegschaft der Spinnerei im Jahre 1907

In Lichtewerden befand sich ein Denkmal Kaiser Josephs II., das 1894 eingeweiht worden war. Es mußte 1921 wieder entfernt werden und wurde danach durch ein Relief zu Ehren des Bauernbefreiers Hans Kudlich ersetzt. Ein weiteres Denkmal erinnerte an die 26 Gefallenen und Vermißten des Ersten Weltkrieges. Es wurde 1945 von den Tschechen zerstört. Im Zweiten Weltkrieg sind 67 Söhne gefallen oder kriegsvermißt. Als letzter Bürgermeister leitete seit Herbst 1938 Ing. Franz von Primavesi die Geschicke der Gemeinde.

Teilansicht der Sommerfrische Ludwigsthal

Ludwigsthal

Das etwa fünf Kilometer lange Reihendorf Ludwigsthal verdankt seine Entstehung der Eisenverhüttung in der Deutschordensherrschaft Freudenthal. Es liegt im engen Tal der Weißen Oppa, eine halbe Stunde Fußweg südwestlich von Würbenthal. Durch das Dorf führt die Straße Würbenthal-Karlsbrunn, die von der Straße Würbenthal-Gabel-Freiwaldau abzweigt. Ludwigsthal wird im Osten vom Hohen Berg, im Westen vom Schloß-, Brand- und Leierberg sowie im Süden von der Wilhelmshöhe, alles Erhebungen von über 1000 Meter Seehöhe, begrenzt. Seine Nordseite ist dagegen fast schutzlos den kalten Winterwinden ausgesetzt. Die Gemeindeflur umfaßt ein Gebiet von 2222 Hektar, wovon rund 70 Prozent Wald war. Die Höhenlage des Ortes wechselt von 549 bis 660 Meter. Ludwigsthal grenzt im Norden an Würbenthal, im Osten an Engelsberg, im Südosten an Dürrseifen, im Süden an Karlsbrunn und vom Südwesten bis zum Norden an die herrschaftlichen Wälder von Klein-Mohrau, Einsiedel und Buchbergsthal.

1939 wohnten in Ludwigsthal 862 Personen in 138 Häusern. Die Bewohner arbeiteten in der Forstwirtschaft, in der Holzindustrie und in den Industriebetrieben von Würbenthal. Die Landwirtschaft wurde fast ausschließlich als Nebenerwerb betrieben. Die kleinen Felder waren oft sehr steil und ihre Bestellung schwierig. An manchen Stellen mußte der Stallmist mit Butten hinaufgetragen werden, trotzdem war jeder Besitzer stolz auf seinen Berg. Angebaut wurden hauptsächlich Kartoffeln, etwas Roggen und Hafer und vereinzelt Gerste.

Ludwigsthal wurde im Jahre 1701 vom Deutschordens-Hochmeister Franz Ludwig von Pfalz-Neuburg gegründet, der auch dem Dorf seinen Namen gab. Die Anregung zur Gründung erhielt er von seinem Statthalter in Freudenthal, Philipp Benedikt Forstmeister von Gelnhausen, der die in Klein-Mohrau betriebenen Eisenwerke wegen Holzkohlenmangel in eine noch unberührte Waldgegend verlegen wollte. Ludwigsthal erhielt dadurch einen der ersten modernen Hochöfen Schlesiens. Spätestens im Sommer 1718 waren die Gießhütten, die Hammerwerke und das Dorf errichtet. Am 7. August 1718 verteilte der Vizestatthalter, Friedrich Wilhelm von Harstall die Äcker an 29 Ansassen. Auch die Instruktion des Wirtschaftsinspektors Johann Anton Entzensberger vom 20. März 1719 erwähnt bereits die Gieß- und Hammerhütten bei Ludwigsthal.

Ludwigsthal mit Filialkirche Maria Geburt, erbaut um 1720

305

Ludwigsthal – Teilansicht

Sommerfrische Ludwigsthal, Altvatergebirge

Einer der beiden Hochöfen stand in Ludwigsthal, der andere in Hinnewieder (Karlsbrunn). Zu ihnen wurden die bei Klein-Mohrau und Neu-Vogelseifen geförderten Eisenerze gebracht.

1780 bestanden in Ludwigsthal 62 Häuser und 1804 zählte man 485 Einwohner und 82 Häuser. Während der Amtszeit des Hochmeisters Anton Viktor (1805 – 1833), der die Viktor-Hütte erbauen ließ, stieg die Ergiebigkeit der Eisenwerke erheblich an. 1850 bestanden die Eisenwerke in Ludwigsthal aus zwei Hochöfen, davon einer mit vier Frischfeuern und vier Schlägen, der andere mit einem Frischfeuer und einem Schlag. Zusammen mit den in Klein-Mohrau verbliebenen Frisch- und Streckfeuern samt Walzwerk und Glühofen beschäftigte man damals 378 Berg- und Hüttenarbeiter. Erzeugt wurden Kanonen, Bleche und feineres Eisen, das sich besonders für Schlosserarbeiten eignete.

Ende der sechziger Jahre des 19. Jahrhunderts wurde die alte Eisenschmelzhütte abgetragen und an ihre Stelle die Erzherzog-Wilhelm-Hütte erbaut. Aber in den folgenden Jahren geriet der Hüttenbetrieb, wohl wegen der Erschöpfung der Erzminen, immer mehr ins Stocken, so daß er schließlich seitens der Deutschordens-Herrschaft gänzlich aufgelassen wurde. Die Baulichkeiten verwendete man für die Zwecke der Holzindustrie, die einen wichtigen Aufschwung nahm.

Ludwigsthal, Aufnahme von 1965

Als die Eisenverhüttung eingerichtet wurde, hoffte man, daß viele Arbeiter von Klein-Mohrau dorthin übersiedeln würden. Damals muß das enge Tal noch ziemlich unwirtlich gewesen sein, denn die Hammerverwaltung beklagt in einem Brief an die Herrschaft, daß nur wenige junge Leute nach Ludwigsthal gehen wollten, mit denen man nicht viel anfangen könne, weil es auf die Erfahrung der Alten ankäme. Man müsse deshalb kundige Arbeiter von weither holen, denn wer wolle schon in dieser Wildnis hausen. Man hatte zwar jedem Ansassen ein Stück Land versprochen, aber viel landwirtschaftlicher Boden war nicht vorhanden und der mußte erst noch gerodet werden. So konnte nur jeder ein kleines Stück Land bekommen. Am Anfang durfte jeder Häusler nur eine Kuh und ein Kalb halten, jedoch keine Ziegen. Oft mußten Fuhrleute das Futter für die Pferde zukaufen.

Jährlich wurden damals einige Tausend Klafter Kohlholz für die Eisenhütten benötigt. Dieses war zwar reichlich vorhanden, mußte jedoch erst in der beschwerlichen Gebirgsgegend geschlagen und zu Tale gebracht werden. So wurden in der noch schwachen Weißen Oppa hölzerne, mit Eisen verklammerte und mit Toren versehene Klausen eingebaut. Unterhalb derselben wurde das Holz, das anders nicht wegzubringen war, eingeworfen. Die Tore wurden verschlossen und das Wasser angestaut. Hatte es die gewünschte Höhe erreicht, wurden die Tore geöffnet und das Holz zu den Kohlstätten geschwemmt.

Ludwigsthal gehörte ursprünglich zur Seelsorge von Engelsberg, kam aber 1723 als Filiale zu Würbenthal, das kurz vorher, am 3. Dezember 1722, eine eigene Pfarrei geworden war. Anstelle der ursprünglich hölzernen Kapelle errichtete man 1793 ein steinernes Kirchlein, das zusammen mit dem am Waldrand des Grögerberges angelegten Friedhof am 24. November dieses Jahres geweiht wurde. Als Kirchenpatronin feierte man in Ludwigsthal „Maria Geburt". 1860 wurde die Kirche neu eingedeckt sowie innen und außen vollständig renoviert. Eine zweite durchgreifende Restaurierung und Verschönerung wurde 1909 durchgeführt.

Die Schule war vor 1900 in einem Gemeindehaus untergebracht. Seit 1900 besaß Ludwigsthal ein zweiklassiges Schulhaus, das später in ein dreiklassiges umgewandelt wurde.

306

Ludwigsthal – Die von Wäldern und Bergen umgebene Sommerfrische

Im Dorf arbeitete die Ludwigsthaler Holzindustrie, die zuerst als reines Sägewerk arbeitete, sich im Laufe der Zeit jedoch zur größten Faßfabrik im nordmährisch-schlesischen Raum entwickelte. Das Werk ging aus einer kleinen Faßbinderei hervor, die sich in einem Nebengebäude der Viktorshütte befand. Die Binderei wurde später in die Wilhelmshütte verlegt. Daneben bestand noch die Maxhütte und ein Sägewerk. Außerdem waren im Laufe der Jahre Handwerker ansässig geworden; darunter Bäkker, Fleischer, Schneider, Schuster, Tischler, eine Lohstampferei, die Kupferschmiede, einige Fuhrleute und Frächter, die hauptsächlich für die Langholzabfuhr aus den umliegenden Wäldern sorgten. Außerdem hatte die Gemeinde eine Forstmeisterei, drei Kaufgeschäfte und drei Gasthäuser.

Ludwigsthal war, insbesondere in den Jahren nach dem Ersten Weltkrieg, zu einem Feriendorf geworden, das von vielen Sommergästen gern aufgesucht wurde.

Die Ludwigsthaler wurden nach dem Zweiten Weltkrieg durch die Vertreibung in alle Himmelsrichtungen zerstreut, dennoch dokumentieren sie bei ihren Treffen ihre Heimatverbundenheit und Zusammengehörigkeit.

Markersdorf – Gesamtansicht

Markersdorf

Markersdorf ist eines der mittelalterlichen Bauernreihendör-fer mit Waldhufenflur, das sich in einem breiten Tal von Norden nach Südosten erstreckt und von der Oppa durchflossen wird. Das Hinterdorf liegt rechts des Oppaufers, das Mitteldorf und die „Zach" (Zeche) beiderseits der Oppa. Vom Mitteldorf ausge-hend, erstreckt sich das Oberdorf am Hang entlang in nordwest-licher Richtung. Verkehrsmäßig war das Dorf von allen Seiten erreichbar. Eine Bezirksstraße kam von Würbenthal, ging über Breitenau, Neu-Erbersdorf nach Jägerndorf und hatte in Neu-Erbersdorf eine Abzweigung über Spillendorf nach Freudenthal. Die zweite Bezirksstraße kam von Jägerndorf und führte über Kronsdorf, Breitenau, Markersdorf, Schreiberseifen sowie den Tiergarten nach Freudenthal, mit einer Abzweigung in Schrei-berseifen nach Dittersdorf, Lichtewerden und Engelsberg. Au-ßerdem lag der Ort an der in den Jahren 1879/1880 erbauten Bahnstrecke von Erbersdorf/Milkendorf nach Würbenthal. Die Seehöhe beträgt im Tal 430 und im Oberdorf 460 Meter. Die Flu-ren der Gemeinde grenzten an die Fluren von Breitenau, Kunau, Schreiberseifen, Dittersdorf und an den Fürst-Lichtenstein'-schen Forst. Mit Breitenau war der Ort bereits so verwachsen, daß nur Ortskundige die genaue Grenze zwischen beiden Ge-meinden kannten. Die Gesamtfläche der Flur betrug 380 Hektar, davon wurden 260 Hektar bebaut und 120 Hektar waren Wald.

Auf dem sandigen Lehmboden wurden an Getreidesorten hauptsächlich Roggen, Braugerste sowie Hafer, und an Hack-früchten Kartoffeln sowie Futterrüben, nur selten etwas Weizen und in den Kriegsjahren auch Flachs angebaut. Die bodenständi-ge Bevölkerung war deutsch, und sie zählte 1939 in 155 Haushal-ten insgesamt 465 Einwohner. Davon waren 208 in der Industrie und im Handwerk, 128 in der Land- und Forstwirtschaft, 91 wa-ren Selbständige, 83 in selbständigen Berufen, 25 im Handel und Verkehr sowie 15 im öffentlichen Dienst oder in privater Dienst-leistung beschäftigt. Letzter Bürgermeister war der Bauer Otto Reichert Nr. 62.

Markersdorf ist eines jener Bauernreihendörfer mit Waldhu-fenflur, die der ersten Siedlungswelle um Freudenthal ihre Ent-stehung verdankten. Zusammen mit Dittersdorf, Heinzendorf und Joksdorf – diese beiden hat man nach dem Wüstwerden nicht wieder aufgebaut – bildeten diese Dörfer, eingeschlossen vom Freudenthaler Gebiet, am südwestlichen Ufer der Oppa ei-ne umstrittene Jägerndorfer Enklave. Die Streitigkeiten in die-sem Bereich dauerten bis in das 17. Jahrhundert. Urkundlich wird der Ort in der Teilungsurkunde vom 18. April 1377 als „Markwardisdorf" (Rosat mit Markwardisdorf) zum ersten Mal erwähnt. Auch eine weitere Teilungsurkunde vom 1. Oktober 1405 nennt „Marquardesdorf". Den Namen erhielt das Dorf vom Gründer und ersten Erbrichter, der Marquard hieß. Mar-quard war damals ein allgemein gebräuchlicher Vorname und nicht nur auf den Ritter- oder Adelsstand beschränkt. Noch im 17. Jahrhundert (1687 – 1695) trägt der Deutschordens-Haus-komtur in Freudenthal Johann „Marquard" Roman Renner von Allmendingen diesen Vornamen. Familiennamen waren um 1250 noch nicht erforderlich und daher auch nicht üblich. 1500 sind alle vier Oppadörfer wüst. Es wird angenommen, daß sie

Blick von der Oppa auf Markersdorf

Markersdorf – Schmidt-Mühle, Erbrichterei Hampel, Gasthaus

der gefürchteten Schwarzen Legion des Ungarnkönigs Matthias Corvinus auf dessen Zug nach Schlesien zum Opfer fielen. Erst 1542 wurde Markersdorf wieder aufgebaut. Im Jahr 1599 eröffneten die drei Jägerndorfer Kammerdörfer Breitenau, Markersdorf und Dittersdorf gemeinsam einen Erzstollen im Tiefen Grund, den die Würben zu verhindern suchten. Auf deren Geheiß überfielen die Freudenthaler den Stollen zweimal, zerstörten ihn und brachten die Bergleute nach Freudenthal ins Gefängnis, wo der Bergherr starb. Wegen des Todes des Jägerndorfer Markgrafen konnte jedoch nichts dagegen unternommen werden.

Markersdorf im Oppatal

Kirche und Schule standen in Breitenau, und sie wurden gemeinsam verwaltet. Die Verstorbenen von Markersdorf fanden auf dem Friedhof um die Breitenauer Kirche ihre letzte Ruhestätte. Die erst vierklassige Volksschule in Breitenau wurde ab 1920 sechsklassig geführt. Hierher mußten die Markersdorfer Schulkinder zum Unterricht kommen. Auch der 1935 errichtete Kindergarten war für beide Gemeinden gemeinsam. Die Leiterin war Marianne Reichert, geb. Gilek. Seit 1921 gab es im Schulgebäude einen zweiklassigen Berufsschul-Fortbildungsunterricht.

Das starke Gefälle der Oppa wird durch vier Wehre gestaut und von folgenden Markersdorfern Betrieben ausgenutzt: einem Sägewerk, einer Mühle und der Zwirnerei der Würbenthaler Firma Grohmann & Co., die dafür auch ein eigenes Elektrizitätswerk errichtete, das nicht nur diese und das Pochmühler Werk, sondern auch Neu-Karlsthal und Markersdorf mit Strom versorgte. Erst in den Jahren 1919 wurde die Gemeinde an das

Stromnetz des Kreises angeschlossen. Im Dorf waren alle Berufe vertreten. Es gab ein Kolonialwarengeschäft, einen Fleischer, zwei Gärtner, zwei Bäckereien mit Lebensmittelhandlung, zwei Schuster, zwei Tischler, zwei Spengler, einen Wagen und Karosseriebauer, einen Schlosser und Automechaniker, einen Bauschlosser, einen Faßbinder, einen Herren- und zwei Damenschneider, einen Schmied und zwei Gasthäuser.

Obwohl die beiden Orte Markersdorf und Breitenau miteinander verwachsen waren, hatte jeder eine selbständige Gemeindeverwaltung und eine eigene Feuerwehr. Die Markersdorfer Wehr wurde 1908 gegründet und besaß ein Spritzenhaus in der Ortsmitte, eine Landfahrspritze und einen Schlauchwagen. 1944 kam noch eine leistungsstarke Motorspritze hinzu. Außerdem gab es im Ort eine Spar- und Darlehenskasse, je eine Landwirte-, Molkerei- und Jagdgenossenschaft sowie mehrere Druschgemeinschaften.

Im Besitz der Markersdorfer Erbrichterei befand sich eine Privilegiumerklärung vom 30. Mai 1608, welche vom Jägerndorfer Markgrafen Johann Georg von Ansbach-Brandenburg stammte. Sie erlaubte dem Erbgericht einen Bierschank zu betreiben sowie eine Schmiede, eine Mühle und ein Sägewerk zu errichten. Die zugehörige Schmiede bestand bis 1906. Die einstige Hofmühle wurde Mitte des 19. Jahrhunderts zu einer Drahtzieherei umgebaut, welche 1898 nach Oderberg verlagert wurde. Die Gebäude wurden 1907 zu einer Zwirnerei umgebaut, die bis 1945 in Betrieb war. Die Säge wurde 1860 von Ferdinand Müller erworben und 1870/71 davor eine Kunstmühle erbaut. Letzter Mühlenbesitzer war Guido Schmidt.

Die Erbrichterei des August Hampel wurde nach dessen Tod auf die Tochter Leonie Hampel übertragen (1943). Beim Einmarsch der Russen am 7. Mai 1945 gingen alle Gebäude in Flammen auf. Die Witwe Leonie Hampel kam in den Flammen um. Ihre beiden Töchter Aloisia und Leonie entkamen mit knapper Not dem Tod. Die Erbrichterei Hampel in Markersdorf Nr. 24 besaß eine Betriebsgröße von 95 1/2 Hektar.

Messendorf im Frühling

Messendorf

Der Ort ist ein Bauernreihendorf mittlerer Größe. Die Höfe sind nahe der Dorfstraße erbaut, sodaß eine kurze Gasse von der Straße zu jedem Hof führt. Je breiter das Hoferbe ist (der Äcker- und Wiesenstreifen am Feldweg), desto weiter liegen die Höfe seitlich voneinander und desto mehr Hektar hat der Besitz. Die Messendorfer Flur grenzt im Osten an Freudenthaler und Langenberger Gebiet, im Süden an Karlsberger und Neuroder, im Westen an Kriegsdorfer und Kotzendorfer und im Norden an die Freudenthaler Flur. Von der Kreisstraße Freudenthal-Karlsberg, die am Ende des Niederdorfes in Nord-Südrichtung in nahem Abstand zum Schwarzbach verläuft, geht die Dorfstraße im rechten Winkel ab und etwa nach 1700 Metern, bei der Kirche biegt sie von der Ost-West-Richtung auf Nord-Süd-Richtung, dabei überquert sie den Dorfbach, der bis zur Kirche rechts und dann links neben der Straße fließt. Die Steigung der Dorfstraße ist teils beträchtlich, weil Messendorf eine Seehöhe von 562 – 600 m hat. Vom Platz bei der Kirche führt ein Weg bis zum Gemeindegasthaus in Richtung Osten, also gleichlaufend zur Dorfstraße, überbrückt den Dorfbach und mündet in die Dorfstraße ein. Ebenfalls vom Kirchplatz führt ein Weg in Richtung Westen, an dessen rechter Seite die zweiklassige Volksschule und ihr gegenüber die Pfarrei steht. Neben der Schule, auf Schobers Hof, begann in Richtung Norden der Fußweg nach Freudenthal. Er wurde von den in Freudenthal Beschäftigten und den Bürgerschülern des Ober- und Mitteldorfes am meisten benützt. Nach dem nächsten Hof beginnt der Weg zum Köhlerberg über Schles.-Kotzendorf. Bei diesem Hof biegt der Weg nach Süden und mündet etwa 200 m vor dem Ende der Dorfstraße in diese ein. Vorher geht noch vom erwähnten Dorfweg in Richtung Westen ein Weg nach Mähr.-Kotzendorf und Kriegsdorf ab. Am oberen Ende des Dorfes steht links neben der Straße die alte und rechts die neue Försterei. An die Dorfstraße schließen Deutsch-Orden-Waldstraßen an, die nach Kriegsdorf, Neurode und Karlsberg führen. Der Dorfbach mündet in den von Freudenthal kommenden Schwarzbach und dieser neben der weißen Fabrik in die Mohra. Bevor die Kreisstraße die Mohra nach Karlsberg überbrückt, ist links an der Straße die weiße und rechts die schwarze Fabrik, die ehemalige Flachsspinnerei und die Maschinenfabrik. An der Kreisstraße von Freudenthal kommend liegt links am Schwarzbach die Frank-Mühle und das Gasthaus Heinz, dessen Besitzer von den Russen erschlagen wurde.

Messendorf – Das Oberdorf

Weiter war noch eine Schmiede, ein Bauernhof und das Gasthaus „Zur Freiheit" an dieser Straßenseite. Danach zweigt links die Straße nach Langenberg und nach Raase ab. An der rechten Seite der Kreisstraße, Richtung Karlsberg sind zwei Basaltbrüche. In einem war 1935 anläßlich des in unserem Dorfe abgehaltenen Bezirksturnfestes ein großes Zeltlager der Jugendturnerschaft. Der Turnverein hatte einen Sportplatz zur Verfügung, und das Geräteturnen fand im Gasthaus Heinz statt. Die Freiwillige Feuerwehr, 1894 gegründet, besaß an der Dorfstraße nahe der Kirche ein Gerätehaus. Darin befand sich auch eine Wohnung für den Kirchendiener und ein Raum für die Gemeindebücherei. Ein großes Fest der Feuerwehr war die Einweihung der Motorspritze. Bei allen Festlichkeiten verschönerte die Musikkapelle mit Blech- oder Streichmusik die Veranstaltungen. Die Raiffeisenkasse war zuletzt in einem Nebenraum der Schule. Durch eine Urkunde vom 22. August 1334 ist die Existenz von „Mestendorf" bekannt. Die Gesamtfläche beträgt 1126 Hektar. Davon sind 574 Hektar Äcker, also 51%. Außer Lavaboden auf dem Venusberg, er ist mit 656 m der höchste Punkt der bebauten Ackerfläche, ist sandiger Lehm- bis lehmiger Sandboden (Getreidebaugebiet II). 1939 hatte das Dorf 582 Einwohner in 176 Haushaltungen, alle deutsch und fast alle römisch katholisch. Bevor die Dorfkirche gebaut wurde, war nur eine kleine Glocke zwischen zwei Linden beim Erbgericht Nr. 1, etwa in der Mitte des Dorfes gegenüber dem Gemeindegasthaus aufgehängt. 1777 – 1786 wurde die Kirche und die Pfarrei errichtet. Die erste Taufmatrikeneintragung wurde am 20. 1. 1785 getätigt. Damals hatte das Dorf 473 Einwohner in 72 Haushaltungen. Um die Kirche liegt der Friedhof mit einer Mauer umgeben. Das Kriegerdenkmal, nahe an der anderen Straßenseite, war sehr schön angelegt. Der rote Lavasand, aus dem Krater des Venusberges gewonnen, verschönerte nicht nur unsere Friedhofs- und Parkwege in der näheren Umgebung, sondern wurde auch für den gleichen Zweck bis nach Prag und Wien verkauft. 1920 erhielt das Dorf elektrischen Strom und 1921 – 1923 erfolgte der Ausbau der Dorfstraße auf einer Länge von 2200 m. Im Betonfundament der Kirchenbrücke steht das Datum 4. 7. 1921. 1936 – 1937 wurde der Dorfbach reguliert.

Der Venusberg

Der erloschene Vulkan Venusberg mit seinen vielfältigen Basaltergüssen stellt ein seltenes Naturdenkmal dar. An seinem Osthang baute man Basalt für den Straßenbau ab. Der Basaltstrom entquoll am Ende der Tertiärepoche oder im älteren Quartär dem Krater. Solche Lavaausbrüche haben mehrfach stattgefunden, denn der dritte Lavaerguß zeigt, daß der Venusberg ein echter Schichtvulkan war mit schlanken, senkrechten und strahlenförmig schräggestellten, fünfseitigen Basaltsäulen.

Basaltbruch in Messendorf

Messendorf – Festzugsteilnehmerinnen beim Bezirksturnfest 1933

Bezirksturnfest Messendorf 30. 6. 1935

Feuerwehrgerätehaus in Messendorf – Aufstellung der Mannschaft zur Motorspritzenweihe 1934

Ehrendes Gedenken an Schulleiter Kinzel

Johann Kinzel, geboren in Zossen Nr. 16 als Sohn des Karl Kinzel, kam 1880 nach dem Abschluß der Lehrerbildungsanstalt in Troppau an die Volksschule in Messendorf, wo er später zum definitiven Schulleiter ernannt wurde. Er war nicht nur ein überaus tüchtiger Pädagoge und Volksbildner, sondern auch ein weit und breit bekannter, vorzüglicher Kirchenmusiker, der das Orgelspiel meisterhaft beherrschte. Sein musikalisches Talent hatte er von seinem Vater geerbt.

Milkendorf – Mitteldorf

Milkendorf

Milkendorf ist ein fast zwei Kilometer langes Reihendorf mit Waldstreifenflur – das ist eine jüngere Kümmerform der großen Waldhufendörfer des Kreises – und liegt in einem langgezogenen, an seiner Nordostseite steil abfallenden Tal, das sich vom Südosten nach Nordwesten erstreckt. Im Westen sowie im Osten ist es von zusammenhängenden Wäldern umgeben und steigt von Neu-Erbersdorf mit 410 Metern mit einem Höhenunterschied von fast 200 Metern bis Wockendorf auf 605 Meter Meereshöhe an. In der Mitte dieses Tales liegt 500 Meter ü. d. M. Milkendorf, dessen Gehöftzeilen die von Wockendorf, dem Nachbarort, fortsetzen. Das Tal wird vom Aubach durchflossen, der bei Neu-Erbersdorf in die Schwarze Oppa mündet, und ist im Nordosten durch einen 33 Meter hohen Bahndamm abgeschlossen, der – in einem weiten Bogen mit der Halbkreisöffnung gegen Neu-Erbersdorf gerichtet – Milkendorf vor den kalten Nordwinden schützt. Der Damm trägt die Hauptbahnlinie Olmütz-Freudenthal-Jägerndorf/Troppau sowie die Nebenlinie Milkendorf-Würbenthal und endet kurz vor dem Bahnhof Milkendorf. Die Flur Milkendorfs ist im Nordosten gleichzeitig mit der Grenze gegen Seifersdorf auch die Kreisgrenze. Im Osten grenzt die Flur an Lichten, im Südosten an Bennisch, im Süden an Wockendorf, im Westen an Spillendorf sowie im Nordwesten und Norden an Neu-Erbersdorf. Durch das Dorf führt eine feste Basaltstraße von Wockendorf kommend, wo sie an die ehemalige Reichsstraße Freudenthal-Bennisch-Troppau anschließt und weiter nach Neu-Erbersdorf geht. Ein Parallelweg verbindet Milkendorf mit Neu-Erbersdorf über den „Grund". Die angrenzenden Gemeinden Lichten, Seifersdorf (Kreis Jägerndorf), Bennisch und Spillendorf sind über gut begehbare Flur- oder Waldwege zu erreichen. Die Fläche von Milkendorf beträgt 788 Hektar. 1930 hatte das Dorf 551 und 1939 nur noch 501 Einwohner. Die ortsansässigen Bewohner waren überwiegend Bauern und Kleinbauern.

Schon 1288 wird in Urkunden ein Milotndorf genannt, das zu Bennisch und später zur Herrschaft Lichten gehörte. Im Teilungsgremium von 1405 befand sich Niklas Milottendorfer, Stadtvogt von Freudenthal. Ab 1474, nach dem Kriegszug des

Milkendorf – Die Lackfabrik Ludwig Marx AG

Milkendorf – links Gasthaus, rechts Lackfabrik Marx, Ansichtskarte trägt Werbemarke der Nordmark „Volkszählung 1910 ich bin und bleibe deutsch"

Milkendorf – Gasthaus Olbrich

Ungarnkönigs Mathias Corvinus, den dieser mit seiner „Schwarzen Legion" gegen den unbotmäßigen schlesischen Adel führte und dabei das gesamte Oppatal bis zum Gesenk, dem Vorläufer Würbenthals, verwüstete, war auch Milotndorf verödet. An seiner Stelle ließ der Erbherr von Lichten, Hanns Lichnowsky der Ältere von Woschtitz am Tag Michaelis (29. September) 1608 den neuen Ort Milkendorf errichten. Die Flur des ehemaligen Milotndorfs lag nahe bei Wockendorf und heißt noch heute das „Alte Dorf". Ihre Form kann nicht mehr eindeutig bestimmt werden. Das heutige Milkendorf hat eine jüngere Waldstreifenflur, die jedenfalls nicht auch für Milotndorf gegolten haben kann. Als während des Dreißigjährigen Krieges 1623 Karl von Liechtenstein vom Kaiser mit dem Fürstentum Jägerndorf belehnt wurde, fiel ihm auch Milkendorf zu.

Im Ort gab es drei Gasthäuser, von denen eines das Erbgericht war, und ein zweites, das gleichzeitig das größte Lebensmittelgeschäft des Dorfes betrieb. Außer dem Konsum besaß Milkendorf noch ein weiteres Lebensmittelgeschäft und eine Bäckerei. An Gewerbebetrieben hatte das Dorf einen Huf- und Wagenschmied, einen Tischler und einen Stellmacher.

Die Freiwillige Feuerwehr des Ortes war gut ausgerüstet, sie hatte eine Motorspritze und ein Gerätehaus mit einem Steigerturm zum Trocknen der Schläuche. Weitere selbständige Vereine gab es nicht, sie waren alle gemeinschaftlich mit Wockendorf gegründet worden und weiterhin zusammen geblieben.

Beim Bahnhof treffen die Ortsgrenzen von Neu-Erbersdorf, Milkendorf und Seifersdorf zusammen. Er gehörte jedoch zur Gemeinde Milkendorf.

Die Volksschule in Milkendorf

Die Gemeinde Milkendorf gehörte zur Pfarrei Wockendorf, mit dem der Ort zusammenhängt, und seine Pfarrkinder mußten auch die dortige Pfarrkirche besuchen, da Milkendorf keine solche besaß. Erst 1888 wurde beim Friedhof von Milkendorf eine größere Kapelle errichtet. Daneben hatte das Dorf auch eine zweiklassige Volksschule, die in den zwanziger Jahren unter großem Kostenaufwand erbaut worden war, und in der auch zwei Lehrerwohnungen untergebracht waren.

Der Bahnhof Milkendorf/Neu-Erbersdorf

Die Bewohner arbeiteten entweder in der Landwirtschaft oder fuhren mit der Bahn oder dem Fahrrad nach Freudenthal und Jägerndorf zur Arbeit. Nur ein kleiner Teil war im Ort selbst in der Lackfabrik Marx beschäftigt.

Neudörfel – Teilansicht, rechts oben Vogelseifen

Neudörfel

Die kleine Gemeinde Neudörfel ist ein etwa 1 1/2 Kilometer langes Reihendorf mit Waldhufenflur, dessen beide Gehöftreihen die des Nachbarortes Altstadt in Richtung Altvatergebirge fortsetzen. Die Gebäude des Ortes sind entlang des Schwarzbaches sowie links und rechts der Verbindungsstraße Freudenthal-Altstadt-Neudörfel-Vogelseifen-Klein-Mohrau, die gleichzeitig die Dorfstraße ist, aufgereiht. Die Gemeinde liegt 580 Meter ü. d. M. Die Dorfstraße verbindet Neudörfel mit Altstadt im Südosten und Alt-Vogelseifen im Nordwesten. Sie ist der einzige ausgebaute Verkehrsweg, mit dem das Dorf an seine Umgebung Anschluß hat. Für eine Bahnfahrt mußten die Bewohner einen längeren und teilweise beschwerlichen Zugangsweg zur nächsten Haltestelle der Bahn auf sich nehmen. Ihnen standen zwar eine Bahnstation in Altstadt und eine in Lichtewerden zur Verfügung, aber beide sind von der Ortsmitte etwa drei Kilometer entfernt. Als kurz nach dem Ersten Weltkrieg der Freudenthaler Konditor Schäfer während der Sommermonate und später der Karlsdorfer Unternehmer Schedo, wenn es die Wetterverhältnisse zuließen, ganzjährig die Omnibuslinie Freudenthal-Klein-Mohrau/Karlsbrunn betrieb, konnte man mit dem Bus zum Bahnhof Freudenthal gelangen und hatte dort die Möglichkeit, mit der Hauptbahnlinie Olmütz-Freudenthal-Jägerndorf/Troppau oder mit den beiden Nebenbahnen Freudenthal-Klein-Mohrau oder ab der Station Erbersdorf der Hauptlinie Olmütz-Jägerndorf nach Würbenthal und ins Gebirge zu gelangen. Die Flur von Neudörfel grenzte von Norden über Osten bis Südwest an die von Alt-

stadt, ebenfalls noch im Südwesten etwa einen Kilometer lang an die von Nieder-Wildgrub, vom Südwesten über West bis Nordwest an die von Alt-Vogelseifen und von Nordwesten bis Norden an die von Lichtewerden. Ein Teil der Flurgrenze mit Alt-Vogelseifen ist Wald, der im Volksmund „Hettnstraich" (Hüttensträuche) genannt und von der weiterführenden Dorfstraße in zwei Stücke geteilt wird. Die Flurfläche von Neudörfel beträgt 519 Hektar. 1930 lebten hier 225 Einwohner in 47 Häusern. Bis

Neudörfel – Ortsanfang

Neudörfel – Planwagen (Fosichwäen), mit welchen vor dem Ersten Weltkrieg Güter nach Troppau und Mährisch-Ostrau transportiert wurden

Der Gasthof Nießner in Neudörfel

zum Jahr 1939 sank die Einwohnerzahl auf 201 während die Häuserzahl auf 48 stieg. Die Bevölkerung bestand überwiegend aus Bauern.

Wie aus dem Ortsnamen Neu-dörfel geschlossen werden kann, muß dieser Ort jünger sein als die großen Waldhufendörfer des Kreises zum Beginn der Besiedlungszeit. Aus der Teilungsurkunde der Troppauer Herzöge vom 1. Oktober 1405 wird als zu einem Teil gehörig das „newe dörfel vnd (und) dy Höfe, dy gelegen sein vor dem dorf Aldinstat" genannt. Die Höfe vor Altstadt wurden später das Vordörflein genannt, das oft fälschlicherweise mit Neudörfel verwechselt wird, und das dann in Altstadt aufgegangen ist. Unter den Altstädter Hausnummern ließen sich diese Höfe noch ermitteln. Bis 1568 war von allen Dörfern des Kreises nur Neudörfel im Besitz der Stadt geblieben. In diesem Jahr mußte Freudenthal auch dieses an Bernhard von Würben herausgeben, um wenigstens die Brau- und Schenkberechtigung zu retten. Im Dreißigjährigen Krieg erlitt Neudörfel während der Belagerung der Eulenburg durch die Schweden 1643 die schwersten Schäden des ganzen Kreises: als die Schweden abgezogen waren, hatte Neudörfel von den insgesamt 21 Gehöften 14 abgebrannte (zwei Drittel).

Neudörfel gehörte zur Pfarrei Freudenthal, und die Bewohner mußten daher die Heilige Messe in der Filialkirche „Zur Lieben Frau" in Altstadt besuchen.

Blick auf Neudörfel

Die einklassige Volksschule hatte auf der Dachfirstmitte ein Glockentürmchen für das Morgen- und Abendläuten. Neben der Freiwilligen Feuerwehr und zwei Gasthäusern, von denen eins das Erbgericht war, gab es in der Gemeinde eine Bäckerei mit Lebensmittelgeschäft, zwei Tischlereien und eine Schmiede. Am Nordwestausgang des Dorfes, bei den Hüttensträuchen, arbeitete seit dem 17. Jahrhundert auch ein Hammerwerk. Bestehend aus einem Eisenhammer mit Drahtzieherei und einem Gütlein (Bauernwirtschaft) muß es schon Anfang des 17. Jahrhunderts bestanden haben, denn 1609 verkauften die Würben als Herrschaftsinhaber das Hammerwerk und die Drahtzieherei einem Hans Unfug aus Nürnberg. Später befanden sich beide im Besitz eines Martin Langer, der sie 1628 an einen Merten Wayhs (Weiß) abgab. Dieser verkaufte die Drahtzieherei 1638 an Melchior Schilder, aber schon der Nachfolger Elias Waysh kaufte sie 1660 wieder zurück, und seither blieb der gesamte Besitz vereint als Eigentum der Familie Weiß bis der letzte Besitzer Franz Weiß 1945 vertrieben wurde. Ein zweiter Sohn des Elias Wayhs ging 1660 nach Klein-Mohrau und wurde Begründer der dortigen Hammerwerks-Weiß-Linie.

Der Gasthof Pausch in Neudörfel, Aufnahme 1964

Sommerfrische Neu-Erbersdorf – Die neue Oppabrücke

Neu-Erbersdorf

Die Gemeinde Neu-Erbersdorf ist eine fast sieben Kilometer lange Streusiedlung mit Block- und Streifenflur und beinahe vollständig von Wäldern umgeben. Sie liegt im Tal der Oppa, die von Nordwesten kommend, bei Neu-Erbersdorf eine Knie bildet und in Richtung Nordosten weiterfließt. Von der 1066 Hektar großen Ortsflur sind nur 136 Hektar landwirtschaftlich nutzbar. Die Meereshöhe beträgt 404 Meter. Der Ort liegt an der wichtigen Bezirksstraße Freudenthal-Jägerndorf an der Einmündung der nach Würbenthal führenden Oppatalstraße. Er liegt zugleich im Schnittpunkt zweier Eisenbahnlinien, der Hauptstrecke Olmütz-Freudenthal-Jägerndorf-Troppau und der Nebenlinie Milkendorf-Würbenthal. Diese wurde sehr häufig von Wanderern zu Touren ins Altvatergebirge benutzt.

Die Gemeinde Neu-Erbersdorf grenzt vom Nordwesten bis zum Osten an den Nachbarkreis Jägerndorf an. Weitere Flurnachbarn sind im Südosten Milkendorf, im Südwesten Spillendorf und im Nordwesten Schreiberseifen. Angebaut wurden Roggen, Hafer, Gerste, Kartoffeln und Futtermittel. Der steinige und karge Boden warf nur mäßige Ernteerträge ab, sodaß die meisten Bauern nebenher noch einen zweiten Beruf ausübten. Die Gemeinde zählte 1930 898 Einwohner, 1939 jedoch nur noch 824. Letzter Bürgermeister von Neu-Erbersdorf war Franz Köhler.

Wie aus dem „Neu" des Namens geschlossen werden kann, ist das Dorf jünger als die großen Waldhufendörfer des Kreises. Aus der Jägerndorfer Landtafel erfahren wir, daß 1406 ein Sig-

mund Znata von Hyncic auf Erbersdorf saß. Dieser muß ein Sohn eines Nicka von Erbersdorf gewesen sein, denn seine beiden Schwestern Margarethe und Agathe erhalten 1409 von ihm ihr väterliches Erbteil vom Gut Erbersdorf ausbezahlt. Anläßlich des Kriegszuges, den der ungarische König Matthias Corvinus 1474 mit seiner gefürchteten „Schwarzen Legion" gegen die unbotmäßigen schlesischen Adeligen führte und dabei u. a. das gesamte Oppatal verwüstete, wurde auch Erbersdorf zerstört. Beim Kauf der Herrschaft Jägerndorf durch den Markgrafen Georg von Ansbach-Brandenburg (1523) lag Erbersdorf wüst.

Neu-Erbersdorf – Teilansicht

Neu-Erbersdorf – Bade-Restaurant Egon Kurschat um 1912

Kriegerdenkmalweihe Neu–Erbersdorf 1920

Wie wir aus der Bergbaugeschichte von Bennisch wissen, hatte Markgraf Georg 1530 in Seitendorf ein Eisenbergwerk errichtet. Zur Aufbereitung der Seitendorfer Erze erbaute man an der ansehnlichen Wasserkraft der Oppa im heutigen Neu-Erbersdorf (heute noch „am Hof" geheißen) am Oppaknie auf den Rat des Jägerndorfer Bürgers Ulrich Uelsperger für „etliche Tausend Gulden" einen stattlichen Eisenhammer. Bei diesem lag 1538 genug fertiges Eisen, das man „mit frumen nit loswerden" konnte. Bald brachte nicht der Absatz des Eisens, sondern die Aufbringung der Eisenerze Schwierigkeiten, weil es wegen des Seitendorfer Bergwerkes mit den Herren von Würben zu Streitigkeiten gekommen war. Im Brandenburger Urbarium befindet sich eine bezüglich Erbersdorf undatierte Eintragung, die wahrscheinlich aus der Zeit vor 1570 stammt. Es heißt „Mein gnädiger Herr Margraf Jörg... hat einen stattlichen Eisenhammer dahin gebaut, der aus Mangel der Erze einging. Stehen allda 2 alte Hammerhäuser. Diese hat... ihrer fürstlichen Gnaden alter Hammerverweser Leonhard Marschalk." Erst gegen Ende des 16. Jahrhunderts ließ Markgraf Georg Friedrich das Dorf Neu-Erbersdorf wieder aufbauen. 1612 bestand am Hammerteich die steinerne oder Taubenmühle. Noch 1645 hatten die Jägerndorfer sowohl im heutigen Karlsthal als auch in Neu-Erbersdorf umfangreiche Schmelzhütten für Eisenerze aufgebaut, denn das Eisen war bereits notwendiger als Edelmetall, und Holz gab es damals im oberen Oppatal noch genug.

Die Gemeinde besaß im Oberdorf eine Kapelle. Im Niederdorf befand sich neben dem Anwesen Beck ein Glockengebälk. Nach dem Ersten Weltkrieg wurde dort ebenfalls eine Kapelle errichtet. Neu-Erbersdorf gehörte zum Kirchensprengel Seifersdorf.

Die Volksschule wurde 1922 zu einer vierklassigen Schule erweitert. An ihr unterrichteten drei Lehrer. In Neu-Erbersdorf befand sich auch eine private Badeanstalt. Die ärztliche Betreuung der Bewohner des Niederdorfes oblag dem Arzt in Wiese, und für das Oberdorf war der Arzt in Breitenau zuständig.

Die Freiwillige Feuerwehr wurde am 10. Mai 1877 gegründet und alsbald ein Gerätehaus erbaut, das 1908 einen Steigerturm erhielt. 1930 erhielt die Neu-Erbersdorfer Wehr eine Motorspritze. Weitere Ortsvereine waren der Gesang- und Musikverein, ein Turn- und Sportverein und eine Laienspielschar. Der überwiegende Teil der Ortsbewohner fand in der Neu-Erbersdorfer Bleiche Olbrich, Plischke & Co. bzw. im Sägewerk Kittel Beschäftigung. Im Ort bestanden eine Raiffeisenkasse, eine Filiale der Konsumgenossenschaft, zwei Mühlen, eine Kuranstalt, sechs Gasthäuser, ein Schmied, ein Schlosser, drei Tischlereien, zwei Bäckereien, zwei Fleischereien, eine Gärtnerei, zwei Kaufläden, zwei Friseure, zwei Schuhmacher und zwei Tabakhandlungen.

Die Sommerfrische Neurode a. d. Mohra – Dorfkapelle mit Gemeindehaus, in der Mitte die Volksschule

Neurode

Neurode ist ein kleines, früher zum Bezirk Bärn gehöriges Dorf, das sich im Tal des Seifenbaches in nordsüdlicher Richtung erstreckt. Der Seifenbach mündet nicht weit vom Ort entfernt in die Mohra. Gegen Norden wird die Gemeinde durch bewaldete Berge abgeriegelt und bleibt gegen Osten offen. Von drei Seiten durch Fichten- und Tannenwälder eingeschlossen, ist sie gegen die meisten rauhen Winde geschützt. Das Dorf liegt, 2,5 Kilometer von Karlsberg entfernt, nahe der Kreuzung der Bezirksstraße Freudenthal-Karlsberg-Bärn mit der Straße Karlsberg-Friedland an der Mohra (Römerstadt), die wiederum die Straße Kriegsdorf-Lobnig kreuzt. Über Karlsberg ist Neurode durch die Straße Freudenthal-Karlsberg-Rautenberg mit dem 7 Kilometer entfernten Dorf Rautenberg und mit der 10 Kilometer entlegenen Kreisstadt Freudenthal verbunden. Die nächste Bahnstation ist das 4 Kilometer entfernte Kriegsdorf an der Zentralbahnstrecke Olmütz-Freudenthal-Jägerndorf/Troppau.

Die Gesamtfläche der Gemeinde umfaßt 171,09 Hektar, von denen 95,75 Hektar Wald, 37,62 Hektar Acker und 18,91 Hektar Wiese und Hutweide sind. Angebaut wurden Roggen, Gerste, Hafer, Flachs, Kartoffel und Futtermittel. 1939 hatte der Ort 271 Einwohner, die sich hauptsächlich von der Arbeit im Kupferhammer und der Landwirtschaft ernährten.

Die Gründung des Neuroder Kupferhammers, der bei der Errichtung des Ortes schon stand, ist urkundlich im Jahr 1640 belegt. Da es damals nur noch in Neutitschein, Olmütz und Jägerndorf solche Kupferwerkstätten gab, kann angenommen werden, daß das zur Verarbeitung herangebrachte Kupfer in Neurode selbst gefördert worden sein muß. Dies bezeugt auch der Flurname Kupferberg. Aber schon seit 1660 wurde das Kupfer aus Teschen herangeführt. Am 2. Mai 1662 erlaubte der dama-

Gesamtansicht von Neurode

Neurode im Jahre 1964, rechts das Kupferwalz- und Hammerwerk

Teilansicht von Neurode

lige Gutsherr Sylvius Nimrod von Württemberg/Teck zehn Bittstellern beim Kupferhammer oberhalb Karlsberg Häuser zu erbauen (Ortsgründung). Das Dorf ist also, wie auch der Name sagt, eine jüngere Rodung.

Ursprünglich gehörte Neurode zusammen mit Karlsberg und Rautenberg zur Pfarrei Hof. Da schon 1656, noch vor der Gründung Neurodes, das 7 Kilometer entfernte Rautenberg eine eigene Kirche erbaut hatte, konnten die Neuroder Gläubigen die-

auf der sogenannten Brunnenwiese zwischen dem Kupferhammer und der Mohra sprudelte, dort aber versiegte. Später fand sie sich im Werkgraben unterhalb des Hammers wieder. Bei einer zum Bau der Mohra-Staumauer erforderlichen Vertiefung des Werkgrabens wurde die Quelle verschüttet, zeigte sich aber später an der gleichen Stelle. Das Schöpfen war jetzt nur mit Hilfe eines Brunnenhakens möglich. Diese Quelle war der Grund, daß viele „Sommerfrischler" (Urlauber) Neurode aufsuchten.

Neurode – Badefreuden am Mohrawehr

Das Herrmann-Haus in Neurode. Lm. Gerhard Herrmann war langjähriger Ortsbetreuer seiner Gemeinde

se Kirche besuchen. Ehe der Ort Anfang des 20. Jahrhunderts eine eigene Kirche erhielt, gingen seine Bewohner seit 1726 auf dem vorhandenen, 1881 eigens dafür besonders ausgebauten „Kirchweg" zur Messe in die eben erbaute Kirche des 2,5 Kilometer entfernten Nachbarortes Karlsberg. 1881 kam es auch in Neurode, das vorher in Karlsberg eingeschult war, zum Bau einer eigenen Schule.

Das Dorf hatte eine heilkräftige Sauerbrunnquelle, die früher

Außer dem bereits erwähnten Kupferhammer arbeitete in Neurode noch ein Sägewerk und eine Lohgerberei mit Lohstampfe. An Vereinen gab es die, erst 1935 nach einem großen Brand, dem die Brettsäge zum Opfer fiel, gegründete Freiwillige Feuerwehr, den 1899 gegründeten Bund der Deutschen und den seit 1927 bestehenden Deutschen Kulturverband. Schon 1868 war Neurode dem eben errichteten Postamt Karlsberg zugeteilt worden.

Neu-Vogelseifen – Gesamtansicht

Neu-Vogelseifen

Neu-Vogelseifen ist ein einreihiges, fast zwei Kilometer langes und wie Alt-Vogelseifen leicht S-förmig gebogenes Waldhufendorf, das sich nahtlos an das obere Ende der Nachbargemeinde Alt-Vogelseifen anschließt. Die Seehöhe schwankt zwischen 680–728 m, und die Gesamtfläche beträgt 580 ha. Das Dorf hat nur an der linken Straßenseite hofanschließende Waldhufenstreifen, weil auf der rechten Seite die nahe Alt-Vogelseifener Gemarkungsgrenze und die Wiedergrüner Flur keine solche Hufen erlaubte. Obwohl das Dorf erst Anfang der sechziger Jahre des 16. Jahrhunderts (nach 1560) durch Bernhard von Würben gegründet worden ist, erhielt der Erbrichter dieselben beiden Hufen Akker und die gleichen Privilegien zugesichert, wie sie die Lokatoren der großen mittelalterlichen Waldhufendörfer rund 300 Jahre vorher besaßen. Bernhard ließ nach der Ortsgründung das Erbgericht erbauen und verkaufte es am 10. März 1566 an Michael Springer. Bis 1831 wechselten die Besitzer öfters – unter ihnen auch Käufer aus Alt-Vogelseifen und Lichtewerden. Am 19. Dezember 1831 verkaufte die Herrschaft das Erbgericht exekutiv an den Deutschordenskanzler Josef Schön, der es jedoch 1835 wieder an die Herrschaft abtrat und dafür anderweitig entschädigt wurde. Wahrscheinlich, um das Erbgericht für das Dorf zu erhalten, und weil keiner der Dorfinsassen in der Lage war, die Kaufsumme dafür allein aufzubringen, kauften es vierzehn Neu-Vogelseifener Bürger am 24. Mai 1858 von der Herrschaft zurück. Diese Käufer sind später unter der Bezeichnung die „14 Richterbauern" in die Geschichte eingegangen. Der Kauf war zwar gut gemeint, aber er führte bald zum Ende des Erbgerichts, denn die vierzehn Besitzer teilten die Gründe unter sich auf, und nur das Erbgerichtsgebäude, das Johann Gröger erhielt, erinnert heute noch an das ehemalige Erbgerichtsgut. Außerdem hatte sich auch die Herrschaft Grund des Erbrichtereibesitzes für den Bergbau

in der „Aloisius-", „Anna-", „Augustin-" und „Maximilian-Zeche", im „Franziski-Schacht" sowie für den Haldensturz vorbehalten. Da Neu-Vogelseifen auf Eisenerzbänken (Rot- und Magneteisenstein) liegt, die an Grünschieferschichten gebunden sind und eine Mächtigkeit von zwei bis sechs Meter haben, wurde einst in den sogenannten Pingen im „Alexander-" und „Franzis-

Neu-Vogelseifen, Freiwillige Feuerwehr, 1912

Neu-Vogelseifen, Feuerwehr 1937

Schule und Feuerwehrgerätehaus in Neu-Vogelseifen

Kameradschaftsverein für Alt- und Neu-Vogelseifen sowie Wiedergrün 1937

Neu-Vogelseifen gehörte zur Pfarrei Alt-Vogelseifen und wurde seelsorglich von dort versorgt: schon 1806 wird berichtet, daß das Dorf eine gemauerte Feldkapelle hatte, die nicht für Messen mit vielen Gläubigen geeignet war. Die Ortsbewohner mußten daher zu den Gottesdiensten in die Kirche nach Alt-Vogelseifen gehen, was für den Hin- und Rückweg eine Wegstrecke von vier bis fünf Kilometer ergab. Im Jahre 1788 wurden in Neu-Vogelseifen, dessen schulfähige Kinder vorher die Schule in Alt-Vogelseifen besuchten, wahrscheinlich im Haus Nr. 5 (Schul-Nießner) Unterrichtsräume eingerichtet. Später übersiedelte die Schule in das gemeindeeigene Haus Nr. 62 (alte Schule), ehe im Jahre 1933 die fertiggestellte „neue" Schule bezogen werden konnte. Der letzte Lehrer war Oberlehrer Emil Hirmke.

Neu-Vogelseifen, Feuerwehr 1895

Im Jahre 1892 – sieben Jahre nach Alt-Vogelseifen – gründete auch Neu-Vogelseifen eine Freiwillige Feuerwehr, für die 1912 ein Löschdepot mit einem Schlauchtrockenturm erbaut wurde. Der letzte Kommandant war Rudolf Nather aus dem Haus Nr. 3. Vor der Vertreibung hatte das Dorf einen Wagner, einen Schmied, einen Schuster, einen Bäcker, einen Gemischtwarenhändler und zwei Gasthäuser.

ki-Schacht" auf silberhaltiges Blei, Magneteisenstein und Eisenglanz Bergbau betrieben. An die Goldförderung erinnert heute noch ein südlich der alten Schule gelegener, verstürzter Goldschacht. 1671 hatte Neu-Vogelseifen bei der Erbhuldigung 36 Bauern und 7 Gärtner mit ihren Angehörigen sowie 14 Hausgesinde-Familien. 1939 besaß das Dorf eine rein deutsche Bevölkerung von 268 Einwohnern auf einer Dorffläche von 582 Hektar.

Nieder-Wildgrub mit Pfarrkirche zur „Unbefleckten Empfängnis"

Nieder-Wildgrub

Nieder-Wildgrub ist ein Bauernreihendorf mit Waldhufenflur, das sich in einem Tal dahinzieht, durch das sich der Zechenbach schlängelt. Hinter jedem Hof schließen sich in einem mehr oder weniger breitem Band die Felder an, die bis an die Flurgrenzen der Nachbardörfer Klein- und Groß-Stohl in Südwesten, Ober-Wildgrub im Nordwesten, Alt-Vogelseifen im Norden sowie Neudörfel und Altstadt im Nordosten reichen. Die Gemarkungsgrenze gegen Klein- und Groß-Stohl war gleichzeitig Kreisgrenze mit dem Bezirk Römerstadt und Landesgrenze zwischen Schlesien und Mähren. Die Gemeinde ist etwa zwei Kilometer lang, beginnt im Niederdorf bei der neuen Försterei bzw. der Gastwirtschaft Schreier und erstreckt sich bis zur alten Kaiserstraße, die das Dorf quer durchschneidet und es gegen Ober-Wildgrub abgrenzt. Die Entfernung bis zur Kreisstadt Freudenthal beträgt sieben Kilometer und die durchschnittliche Seehöhe liegt bei 589 Metern. Bis zur Vertreibung hatte Nieder-Wildgrub ausschließlich deutsche Bewohner, die sich 1945 auf 495 Seelen beliefen. Die land- und forstwirtschaftliche Fläche betrug 1632 Hektar, davon befanden sich die 476 Hektar Wald im Besitz des Deutschen Ordens. Angebaut wurde Roggen, Gerste, Hafer sowie Flachs und nur wenig Weizen. Zu Futterzwecken diente Rotklee, dem man Lieschgras beimengte.

Von den beiden zusammenhängenden Dörfern Nieder- und Ober-Wildgrub ist Nieder-Wildgrub die ältere Gemeinde. In der Erbgerichts-Verkaufsurkunde von 1385 nennt sich ein Nikolaus von Weißbach Erbherr zu der „alten Wiltgrub". Demnach muß Ober-Wildgrub später gegründet, aber 1385 schon vorhanden gewesen sein, denn sonst wäre die Unterschiedsbezeichnung „alt" überflüssig gewesen. Außerdem erfahren wir, daß Nieder-Wildgrub ursprünglich Wenzelsdorf geheißen haben soll. Dies stimmt mit der üblichen Namensgebung der großen Waldhufendörfer überein, die wie Heinzendorf, Dietrichsdorf (Dittersdorf)

oder Marquardsdorf (Markersdorf) nach den damals noch allein gebräuchlichen Vornamen ihrer Gründer benannt wurden. Kneifel irrt, wenn er aus Wenzelsdorf eine getrennte Bergbausiedlung macht. Die Bergbau-Flurnamen auf der Wildgruber Gemarkung stammen entweder von den Freudenthaler Bergleuten, die das Kreisgebiet auf der Suche nach Erzen durchstreiften oder vom Abbau der Erze für das Klein-Mohrauer Hüttenwesen. Die angebliche Umbenennung in Wildgrub durch den deutschen Kaiser ist in dieser Zeit unwahrscheinlich. Vermutlich wurde hier Wild vorwiegend durch Fallen (Gruben) erlegt. Auffallend ist, daß in der Teilungsurkunde vom 1. Oktober 1405 Ober-Wildgrub zwar erwähnt wird, Nieder-Wildgrub jedoch fehlt. Da aber 1424 ein Wildgrub in der Troppauer Landtafel erscheint, und 1439 Herzog Wilhelm von Troppau seinem Landschreiber Nikolaus das Gut Wildgrub, das dieser bereits zu Lehen besitzt, als rechtes Eigentum überträgt, dürfte es sich bei der Troppauer Eintragung um Nieder-Wildgrub handeln, das demnach 1405 kei-

Gesamtansicht von Nieder-Wildgrub

nem der teilenden Herzoge des Freudenthaler Gebietes gehörte. 1459 ist der Ort nach einer Erbgerichtsbestätigung Eigentum eines Berka (Bierkhe) von Nassiedel, der sich gleichzeitig Erbherr des „Gütels" Freudenthal nennt. Nieder-Wildgrub gehörte danach wieder zu Freudenthal und blieb es auch weiterhin.

Nieder-Wildgrub – die scharfe Kurve bei Schreier

Innenansicht der Pfarrkirche zu Nieder-Wildgrub

Das Gasthaus Rudolf Schreier in Nieder-Wildgrub

Die erste Kirche der Gemeinde soll im 16. Jahrhundert von den protestantischen Einwohnern errichtet worden sein. Möglicherweise erhielt der Ort schon bei der Gründung eine vorerst nur hölzerne Kirche. An ihrer Stelle entstand in den Jahren 1754/55 unter Pfarrer Reichert die heutige Pfarrkirche. Die Kirche steht fast am unteren Ende der Gemeinde Nieder-Wildgrub, weil damals die Gemeinde Kotzendorf noch zur Pfarrei Wildgrub gehörte und man damit den Kotzendorfern den Kirchweg abkürzen wollte. Letzter Pfarrer war Josef Theindel, der auch heute noch die Gottesdienste bei unseren Heimattreffen zelebriert. Die einklassige Volksschule war bis 1902 im Haus Nr. 35, (später Steiner Anwesen) untergebracht. 1902 wurde die neue zweiklassige Volksschule in der Ortsmitte erbaut. Letzter Schulleiter war Oberlehrer Zimmermann, der beim Einmarsch der Russen von diesen erschossen wurde. Letzter demokratisch gewählter Bürgermeister von Nieder-Wildgrub war der Landwirt Franz Wilsch. Die Freiwillige Feuerwehr wurde bereits 1886 gegründet. Letzter Kommandant war Alois Beutel von Nr. 38. Das 1908 erbaute Spritzenhaus beherbergte zwei Handspritzen und eine Motorspritze. Die Feuerwehr zählte 35 Mitglieder. Die Musikkapelle, gemeinsam von Ober- und Nieder-Wildgrub getragen, hatte ca. 22 Mitglieder. Es wurde Blas- und Streichmusik gespielt. Die Kapellmeister waren Johann Englisch bis 1919 und von 1919 bis 1945 Rudolf Schreier, beide aus Nieder-Wildgrub. Letzterer war auch der erste Organist der gemeinsamen Pfarrkirche und Chorleiter des Kirchenchors. Die Post mit der im gleichen Gebäude untergebrachten Gendarmeriestation befand sich in Ober-Wildgrub.

Zur Zeit der Vertreibung hatte das Dorf zwei Schmiede, drei Gemischtwarenhändler, eine Bäckerei, zwei Tischlereien, eine Wagnerei, eine Fleischerei, drei Schuhmacher, eine Schneiderei, eine Gärtnerei und zwei Gasthöfe.

Volksschule Nieder-Wildgrub, erbaut 1902

Ober-Wildgrub 1967 – Das Mitteldorf

Ober-Wildgrub

Ober-Wildgrub ist ein drei Kilometer langes bäuerliches Reihendorf mit Waldhufenflur, das sich in einem Tal von Südosten an der Ortsgrenze von Nieder-Wildgrub in leichten Windungen nach Nordwesten hinzieht. Die Kreisstadt Freudenthal liegt acht Kilometer nordöstlich entfernt. Quer durch den Ort verlief die alte Kaiser- und spätere Reichsstraße von Troppau kommend über Freudenthal und Römerstadt nach Mährisch-Schönberg. Bis zur verkehrsmäßigen Neuordnung des Gebietes im 18. Jahrhundert hatte er durch die ehemalige Poststraße, die von Olmütz über Braunseifen, Wildgrub, Alt-Vogelseifen und Neisse nach Breslau führte, eine günstigere Verkehrsverbindung. Die mittlere Seehöhe betrug 620 Meter. Die höchste Erhebung war der Teufelsberg mit 823 Meter. Die Dorfflur grenzte im Südosten an die Flur von Nieder-Wildgrub, im Norden an die von Alt- und Neu-Vogelseifen sowie im Nordwesten an die von Klein-Mohrau und Klein-Stohl. Die Gemarkungsgrenze gegen Klein-Mohrau und Klein-Stohl bildete der Mohrafluß, der an der Grenze gegen Klein-Stohl gleichzeitig die Kreisgrenze zwischen Freudenthal und Römerstadt sowie die Landesgrenze zwischen Schlesien und Mähren war. Längs des Ortstales fließt der Dorfbach, der auf der Anhöhe von Klos Wilhelm entspringt und kurz vor der Gemarkungsgrenze zu Nieder-Wildgrub in den Zechenbach mündet, der am Teufelsberg an der Alt-Vogelseifener Grenze entspringt. Neben dem Dorfbach führt die Dorfstraße an den beidseitig gelegenen Höfen und Häusern entlang. Die Gemeindefläche hatte ein Ausmaß von 1251 Hektar – 127 Hektar waren davon Wald – mit einer durchschnittlichen Länge von 3,4 Kilome-

ter und einer Breite von 3,7 Kilometer. Die schweren tonig-lehmigen Verwitterungsböden sind durch die Bewirtschaftung einigermaßen fruchtbar geworden. An Feldfrüchten wurden Roggen, Gerste, Hafer mit Erbsen- sowie Wickengemischen, Flachs, Kartoffeln und Futterrüben angebaut. Die durchschnittliche landwirtschaftliche Betriebsgröße lag bei 25 Hektar, der größte Hof war mit 56 Hektar das Erbgericht von Alfred Bartsch, Nr. 1. 1945 hatte Ober-Wildgrub 613 nur deutsche Bewohner, die sich ihren Lebensunterhalt überwiegend in der Landwirtschaft verdienten.

Ober-Wildgrub ist das jüngere der beiden zusammenhängenden Dörfer Ober- und Nieder-Wildgrub. Das geht aus der

Gasthaus Max Richter in Ober-Wildgrub

Verkaufsurkunde des Nieder-Wildgruber Erbgerichts von 1385 hervor, in der dieser Ort als das „alde Wiltgrub" bezeichnet wird. Allerdings muß Ober-Wildgrub 1385 bereits bestanden haben, da sonst die Unterschiedsbenennung „alt" nicht erforderlich gewesen wäre. Die Gründung dürfte Mitte des 14. Jahrhunderts erfolgt sein. In der Teilungsurkunde vom 1. Oktober 1405 wird auch Ober-Wildgrub unter den bestehenden Ortschaften erwähnt, aber Nieder-Wildgrub fehlt hier. Es erscheint dagegen um diese Zeit in der Troppauer Landtafel und gehörte deshalb nicht den teilenden Herzogen. 1412 ist Bohusch von Dobersdorf, ein niedriger Adeliger, im Besitz von Ober-Wildgrub. Das geht aus einer Verkaufsurkunde des Erbgerichts hervor, für das ähnliche Bestimmungen gegolten haben, wie wir sie aus der erhalten gebliebenen Gründungsurkunde von Lichtewerden (8. März 1267) kennen.

Ober-Wildgrub gehörte zur Pfarrei Nieder-Wildgrub, wo auch die Kirche stand. Der Schulunterricht wurde in Ober-Wildgrub bereits 1617 erteilt. 1789 erbaute man die erste einklassige Schule, das spätere Gemeindehaus Nr. 80. Im Jahre 1872 erbaute man die jetzige Schule, die 1908 aufgestockt werden mußte, damit in zwei Klassen Unterricht erteilt werden konnte. Der letzte Schulleiter war Friedrich Pohl aus Alt-Vogelseifen.

Ober-Wildgrub – Bauer Rudolf Zohner auf einem Norikerhengst 1936

Ober-Wildgrub – Bauernhof Rudolf Zohner, Nr. 40

Das größte gewerbliche Unternehmen auf Ober-Wildgruber Markung war das Elektrizitätswerk. Es befand sich im Besitz der Gemeinden Engelsberg, Klein-Mohrau, Ober- und Nieder-Wildgrub und belieferte sowohl diese Orte als auch Ober- und

Niedermohrau, Altwasser, Dürrseifen, Dittersdorf und Schreiberseifen mit Strom. Die Elektrifizierung begann 1920 und war Anfang der 30er Jahre beendet. Im Ober-Wildgruber Ortsteil Buschmühle befanden sich ein Sägewerk und eine Mühle, die beide mittels Wasserkraft betrieben wurden. Außerdem gab es in der Gemeinde zwei Kaufläden, einen Bäcker, einen Tischler, einen Wagner, einen Faßbinder, einen Sattler, einen Schmied, ei-

Die Volksschule in Ober-Wildgrub, erbaut 1872, aufgestockt 1902

nen Schneider, eine Fleischwarenfiliale, vier Schuhmacher, zwei Friseure, eine Gärtnerei und drei Gasthäuser. Im Ober-Wildgruber Postamt befand sich auch die Gendarmeriestation.

Die Freiwillige Feuerwehr wurde 1887 gegründet und zählte 33 Mitglieder. Letzter Kommandant war Adolf Jahn von Nr. 45. Im 1902 geschaffenen Spritzendepot waren zwei Handdruck- und eine Motorspritze untergebracht. Gemeinsame Vereine für Ober- und Nieder-Wildgrub waren der Veteranenverein mit 20, die Musikkapelle mit 22 und die Kartoffeldämpfgenossenschaft mit 24 Mitgliedern. Auch die Landwirtevereinigung war für beide Gemeinden gemeinsam. Schon 1910 hatte sich in Ober-Wildgrub ein Dreschkonsortium gebildet und eine Dreschgarnitur angeschafft. Sowohl die Rinderzucht mit dem rotbunten Hohenfleckvieh, als auch die Pferdezucht mit dem schlesischen Noriker (Kaltblut) und die Schweinezucht mit dem deutschen Edelschwein zeigten gute Erfolge. Die ruhigen Norikerpferde waren für das Gebirge und für das schwere Holzfuhrwerk am besten geeignet. Für das Gebiet Freudenthal und Römerstadt befand sich beim Landwirt Rudolf Zohner, Ober-Wildgrub Nr. 40 die Deckhengststation sowie die Eber- und Bullenhaltung für Herdbuchtiere. Rudolf Zohner war auch Obmann des Pferdezuchtvereines Freudenthal und des Rinderzuchtverbandes.

Durch Beschluß des Gemeinderates übernahm im Jahr 1982 die Gemeinde Dittenheim im Landkreis Weißenburg-Gunzenhausen die Patenschaft für Ober- und Nieder-Wildgrub und stellte hierüber eine eigene Patenschaftsurkunde aus.

Raase – Sicht auf Mittel- und Oberdorf

Raase

Raase ist ein ausgeprägtes, überlanges Waldhufendorf und liegt 5 km südwestlich von Bennisch in einer langgestreckten Talmulde, die sich von Nordosten nach Süden neigt. Sie erreicht eine Länge von sieben Kilometern. Von der Hochfläche beim Bennischer Wald an, zieht sich das Tal mit mäßigem Gefälle bis an das linke Ufer der Mohra. Der Fluß bildet die Landesgrenze zwischen Mähren und Schlesien. Die Kreisstadt Freudenthal war 10 km, die Nachbarorte Spachendorf und Rautenberg waren 4,5 km entfernt. Die Seehöhe betrug im Oberdorf 650 m, in der Dorfmitte bei der Kirche 562 m und im Niederdorf 450 m. Die höchste Erhebung der Gemeinde war der 701 m hohe Heinzerlberg. Die Mohra umschloß einen Teil des Niederdorfes, während der mittlere und obere Teil des Dorfes von ausgedehnten Waldungen umgeben war. Raase hatte ein Katastralausmaß von 3.204 ha. Davon waren 1417 ha Acker, 378 ha Wiesen und Weiden und 1282 ha Wald. Der weitaus größte Teil des Waldes (1185 ha) gehörte zum Herrschaftsbesitz des ehemaligen Grundherren, dem Fürsten von Liechtenstein. Etwa 100 ha waren Bauernwald.

In der Dorfmitte kreuzen sich die Bezirksstraßen Bennisch-Rautenberg und Spachendorf-Freudenthal. Im Jahre 1939 hatte die Gemeinde 1709 Einwohner, davon waren 1674 katholisch, 23 evangelisch und 6 gottgläubig. Dem Chronisten Josef Rotter zufolge wies die Gemeinde über 100 landwirtschaftliche Betriebe auf. Von ihnen waren 16 Betriebe kleiner als 5 ha und sind als Nebenbetriebe anzusehen. 55 Höfe wiesen zwischen 5-20 ha, 36 Höfe 20-40 ha und 3 Höfe 40-50 ha auf. Der Freihof Glatzel, Nr. 269, war mit 102 ha der größte bäuerliche Betrieb von Raase.

Die Gemeinde ist eine der ältesten Siedlungen des Gesenkes und soll angeblich bereits um das Jahr 1000 bewohnt gewesen sein. Bekannt ist die Verwendung von Raaser Sandstein. Er wurde aus einem zwischen der Mohra und dem Gemeindegebiet liegenden Riegel aus Basalttuff abgebaut. Dieser Stein ist porös, dennoch sehr fest und besteht aus vulkanischer Asche. Seit der Beton als Baumaterial Einführung fand, verlor der Raaser Sandstein mehr und mehr an Bedeutung. In jüngerer Zeit wurde er nur noch zur Bausandgewinnung gemahlen. Urkundlich wird Raase erstmals im Jahre 1288 genannt. Die Schenkungsurkunde Benesch d. J. von Branitz an das Kloster Hradisch vom 12. 5. 1288 nennt uns die Dörfer, die rings um Bennisch entstanden sind: Raase, Schwarzendorf, Seitendorf, Wockendorf, Milkendorf und Rabendorf. Beim Einfall der ungarischen Janitscharen unter König Matthias in das Jägerndorfer Land wird Raase 1474 gleich den umliegenden Orten verwüstet. Wie die alter Raaser Ortschronik berichtet, wurde unser Dorf erst nach 74 Jahren, im Jahre 1548 auf den Wüstungen neu aufgebaut. Es soll mit Niederschlesiern und Brandenburgern besiedelt worden sein. Der Wiederaufbau erfolgte unter dem Grundherren Georg Friedrich von Ansbach-Brandenburg, dem Besitzer des Fürstentums Jägerndorf. Beim Wiederaufbau von Raase wurde die Markung mit dem ebenfalls 1474 untergegangenen Dorf Schwarzendorf zusammengelegt. Die Neusiedler von Raase kamen 1548 bereits als evangelische Christen in das Land.

Raase – Teilansicht

Raase, Freihof Hubert Glatzel

Die Gegenreformation war im Jahre 1659 auch in Raase abgeschlossen. Raase kam als Filiale zur Pfarrei Bennisch. Nach langen Bemühungen erhielt es im Jahre 1781 mit Anton Jüttner, einem gebürtigen Raaser, wieder einen eigenen Lokalkaplan. Seit 1843 ist es wieder eigene Pfarrei. 1852 wurde im Oberdorf ein eigenes Gedenkkirchlein errichtet. Anlaß hierzu war ein vorangegangenes Hagelwetter.

Die Volksschule wurde 1863 erbaut. Sie wurde 1904 durch ein neues einstöckiges Schulgebäude ersetzt. 1927 erhielt die Schule ein weiteres Geschoß aufgesetzt, sodaß hier auch die Räume für die Bürgerschule eingerichtet werden konnten.

Zur Schule gehörte auch ein 1500 qm großer Turn- und Sportplatz. Für die Opfer des 1. Weltkrieges wurde im Jahre 1925 ein schönes Kriegerdenkmal errichtet. Der allgemeinen Volksbildung diente die Gemeindebücherei mit etwa 1400 Bänden. Für kleinere und größere gesellige Veranstaltungen bestanden im Orte 7 Gasthäuser. Seit 1927 gab es auch ein eigenes Lichtspielhaus mit 350 Plätzen.

Eine reiche Tätigkeit zum Wohle der Bürgerschaft entwickelten die verschiedenen Ortsvereine. Sie können aus Raumgründen nur stichwortartig genannt werden. Älteste Standesorganisation in Raase war die Landwirtevereinigung mit etwa 70 Mitgliedern. Sie entstand im Jahre 1873. Die Freiwillige Feuerwehr mit 130 ausübenden und rund 250 unterstützenden Mitgliedern war gut geschult und modern ausgerüstet. Sie wurde 1874 gegründet. Wenige Jahre später (1878) kam es sodann zur Gründung des Militärveteranenvereines, der sich insbesondere die Pflege der Kameradschaft und die Unterstützung von in Not geratenen Mitgliedern zum Ziele setzte. Der Förderung des Sparsinnes und der Gewährung zinsgünstiger Kredite diente der 1886 ins Leben gerufene Spar- und Vorschußverein. In letzter Zeit hieß dieser auf genossenschaftlicher Basis gegründete Verein Volksbank Raase. Der Musikverein entstand im Jahre 1890. Er zählte 25-30 aktive Musiker. Seine Kapelle spielte bei unzähligen Anlässen und war sehr beliebt. Seit 1895 gab es sodann in Raase auch einen Deutschen Schulverein, der sich nach dem 1. Weltkriege Deutscher Kulturverband nannte. Weitere wichtige Ortsvereine waren der Deutsche Turnverein, gegründet 1909 und seit 1912 auch der Katholische Volksverein. Beide Vereine haben durch ihre Tätigkeit das kulturelle Leben im Orte bereichert.

An Industrie-, Handwerks- und Gewerbebetrieben bestanden die Mohrataler Mühlen- und Kartoffeltrocknungsanlage GmbH, eine Malzfabrik, eine Bierniederlage, sechs Kaufgeschäfte, sieben Gasthäuser, vier Bäcker, zwei Fleischer, ein Baumeister, vier Dachdecker, ein Drechsler, ein Elektriker, ein Faßbinder, zwei Friseure, ein Sattler, ein Schlosser, vier Schmiede, sechs Schneider, fünf Damenschneiderinnen, vier Schuhmacher und zwei Spengler.

Die Volks- und Bürgerschule in Raase

Die beiden Weltkriege brachten der Gemeinde überaus schmerzliche Verluste. Nach der von Erwin Roßmanith, Raase/Stockheim erstellten Liste der Kriegs- und Zivilopfer verlor Raase im Ersten Weltkrieg 61, im Zweiten Weltkrieg jedoch 144 Personen. Für die Gefallenen des Ersten Weltkrieges wurde 1925 bei der Kirche ein würdiges Kriegerdenkmal errichtet.

Nach Beendigung des Zweiten Weltkrieges und kurzer Besetzung des Ortes durch russische Truppen, wanderten zunehmend Tschechen ein und übernahmen den gesamten Besitz. Die deutschen Bewohner mußten ihre Heimat mit nur fünfzig Kilogramm Gepäck pro Person verlassen. Am 1. März 1946 verließ der erste Transport die Gemeinde und im September war die Vertreibung abgeschlossen. Die früheren Bewohner von Rasse fanden in den Ländern Bayern, Baden-Württemberg und Hessen eine neue Heimat und haben es wieder zu Ansehen und Wohlstand gebracht. Die Dorfgemeinschaft wird weitergepflegt und hierzu alljährlich ein Ortstreffen abgehalten.

Teilansicht von Rautenberg – im Hintergrund der Hohe Rautenberg 780 m

Rautenberg

Die Gemeinde Rautenberg mit ihren fünf Kolonien Niederhütte, Hofmannsdörfel, Lerchenfeld, Ochsenstall und Katzengalgen liegt in Mähren und gehörte bis 1938 zum Bezirk Bärn. Danach wurde sie wegen der besseren Verkehrsbedingungen dem Landkreis Freudenthal angegliedert. Ihre Gründung fällt in die Zeit um 1250, und sie kann im Zusammenhang mit der Rodung und Besiedlung des Freudenthaler Gebietes gesehen werden. Geschichtlich teilt Rautenberg das Schicksal der umliegenden Orte.

Die Gehöfte tragen in ihrer Anlage vorwiegend die Merkmale der fränkischen Bauart. Das Hauptmerkmal solcher Bauernhöfe ist, daß sich das Wohnhaus und die Stallungen unter einem Dach befinden und von Scheune und Schopfen getrennt sind. Diese beiden Gebäude schließen mit dem Ausgedinge einen geräumigen Hofraum ein. Wohngebäude und Ausgedinge stehen immer mit der Giebelseite zur Straße. Bei der Gründung des Dorfes wurden 37 Hofstellen angelegt, die durchwegs ein vom Hof ausgehendes zusammenhängendes Feldererbe aufweisen. Rautenberg erlitt im Dreißigjährigen Krieg durch Brände und Plünderungen schwere Schäden. Im 18. Jahrhundert parzellierte man die Dorfaue, sodaß zu den bestehenden Höfen 40 kleinere Anwesen hinzukamen. Die Namen der Hof- und Hausbesitzer sind im Liechtensteinischen Herrschaftsarchiv Sternberg erhalten geblieben und lassen sich bis 1945 nachweisen. Die Besitzerfolge beginnt teilweise bereits ab 1529.

Die geographische Lage des zwei Kilometer langen Dorfes entspricht 45 Grad 52 Minuten nördlicher Breite und 17 Grad 40 Minuten östlicher Länge. Die Seehöhe beträgt bei der Kirche 588 Meter. Das Dorf ist nördlich abgedacht. In südöstlicher Richtung erhebt sich der 781 m hohe Große Rautenberg und südwestlich davon liegt der Kleine Rautenberg (775 m). Der Große Rautenberg mit seiner typischen Vulkankegelform ist weithin sichtbar und ein Wahrzeichen der Gegend. Der Gipfel besteht aus festem Basalt, doch an seinen Abhängen liegen in großen Steinrücken die ausgeglühten Lavamassen zwischen den einzelnen Hoferben.

Die Markung von Rautenberg ist 2216 Hektar groß. Sie gliedert sich in 860 ha Ackerland, 895 ha Wald, 360 ha Wiesen, 95 ha Hutweide, 15 ha Gartenland und 41 ha unproduktiver Fläche

Die Fürst-Liechtenstein-Gedächtniskapelle auf dem Hohen Rautenberg. Sie wurde 1934 feierlich eingeweiht.

Rautenberg – Sicht auf Mitteldorf mit Kirche

Die Pfarrkirche zum Hl. Erzengel Michael in Rautenberg

Rautenberg – Kunstmühle Josef Prassek und Ausflugsort Niederhütte

auf. Die Gemeinde grenzt östlich an Heidenpiltsch, südöstlich an Maiwald, südwestlich an Christdorf und Neu-Waltersdorf, westlich an Lobnig, nördlich an Karlsberg und nordöstlich an Raase. Die Mohra bildet die Landesgrenze zwischen Mähren und Schlesien. Sie fließt in vielen Windungen, umsäumt von Wäldern und Wiesen ins Tal, und gibt der Landschaft ein reizvolles Gepräge. Die Stauwehre mit ihren Ablaufgräben betrieben Mühlen und Brettsägen und boten an zahlreichen Stellen gute Bademöglichkeiten. Zur Zeit der Schneeschmelze konnten die Wasser der Mohra bedrohlich ansteigen und oft großen Schaden anrichten.

Rautenberg ist ein ausgesprochenes Bauerndorf mit stattlichen Höfen. Daneben waren aber auch Kleinbauern und Häusler ansässig. An Gewerbebetrieben bestanden zwei Huf- und Wagenschmiede, ein Wagner, ein Faßbinder, drei Tischler, vier Schuhmacher, zwei Schneider, ein Bäcker, zwei Friseure, ein Heilpraktiker, drei Kaufläden und fünf Gasthäuser, darunter zwei mit eigener Fleischerei. In zwei Gaststätten waren größere Säle vorhanden, in welchen sich das kulturelle und gesellige Leben der Gemeinde abspielte.

Die stattliche Kunstmühle des Josef Prassek befand sich in der Kolonie Niederhütte. Sie belieferte zahlreiche Bäckereien und Lebensmittelgeschäfte der näheren und weiteren Umgebung mit Mehl. Die Prassekmühle war ein für ihre Zeit sehr moderner Betrieb, der von der Wasserkraft der Mohra und einem zusätzlichen Dampflokomobil gespeist wurde. Auch die zugehörige Brettsäge wurde mit Wasserkraft betrieben. Eine zweite Mühle lag an der Mohrabrücke bei Raase und gehörte einer Genossenschaft. Ihre Kapazität war etwas kleiner als die Prassekmühle.

Hinzu kam die genossenschaftliche Kartoffeltrocknungsanlage, die durch das große Kartoffelanbaugebiet der Umgebung einen raschen Aufschwung aufzuweisen hatte. Die Bauern profitierten von dieser Anlage, weil sie ihre Kartoffeln nicht mehr in den Kellern, sondern auf dem Speicher lagern konnten. Sie stellten insbesondere die Schweinemast auf Trockenfutterautomaten mit Selbsttränke um und ersparten sich dadurch viel Arbeit.

Die Wasserversorgung von Rautenberg erfolgte lange Zeit durch hauseigene Brunnen. Um 1930 kam es zum Ausbau der Wasserversorgung durch eine gemeindeeigene Wasserleitung. Seit 1929 ist außerdem das gesamte Gemeindegebiet an das Stromnetz angeschlossen.

Mittelpunkt des Ortes ist die Kirche zum hl. Michael. Um sie herum lag der von einer hohen Mauer umschlossene Friedhof. Auf dem Dorfplatz vor der Kirche wurden die Jahrmärkte abgehalten. Einer fand jeweils am 29. Juni (Peter und Paul), der andere Anfang Oktober statt. Gleich neben der Kirche stand die dreiklassige Volksschule. Neben dem Unterricht für die Schüler betätigten sich die Lehrer verdienstvoll in den örtlichen Vereinen und Körperschaften. Ältester Ortsverein ist die 1881 gegründete Freiwillige Feuerwehr. Ihr folgte 1890 der land- und forstwirtschaftliche Verein und 1892 die Gründung der Spar- und Darlehenskasse. 1897 wurde in Rautenberg eine Ortsgruppe des Bundes der Deutschen Nordmährens gegründet. 1922 entstand eine Gesangsriege, 1930 der Deutsche Turnverein und 1935 der Kameradschaftsverein gedienter Soldaten. Die Musikkapelle, von denen einige Mitglieder als Soldaten in Militärkapellen gespielt hatten, veranstaltete gemeinsam mit den Sängern Konzerte und musizierte bei den geselligen Veranstaltungen.

Nach dem Ersten Weltkriege belebten einige Rautenberger Mädchen nach alten Vorlagen die einstige Volkstracht. Sie entwarfen und schneiderten neue Kleidungsstücke. Die Röcke waren braun, grün oder blau. Dazu wurden weiße Blusen und gestickte Mieder getragen. Auf dem Kopf trug man eine kleine aus Goldfäden gewirkte Radhaube. Die Tracht wurde zu besonderen Anlässen getragen. Die Führung des kulturellen Lebens lag beim Turnverein.

1945 lebten in Rautenberg 906 Einwohner. Davon leisteten 135 Männer als Soldaten Wehrdienst. 1946 wurden 729 Personen aus Rautenberg vom Lager Bärn aus in sechs Transporten aus ihrer Heimat vertrieben. Sie fanden in den Kreisen Starnberg, Augsburg, Frankenberg, Waldeck, Hanau, Nürtingen und Gelnhausen Aufnahme. Weitere 42 Personen sind nach Österreich ausgesiedelt und haben dort ein neues Zuhause gefunden.

Gesamtansicht der Schulgemeinde Hartau, im Vordergrund rechts die Mohra, dann Kreibischwald, Höfer Mühle und Basaltschotterwerk, im Hintergrund Nieder-Hartau mit Hartenberg, Kesselgrund und Sterneck

Schlesisch-Hartau

Das Dorf Schlesisch-Hartau ist die kleinste Gemeinde des Landkreises Freudenthal. Es liegt auf einer Seehöhe von 440 m am Mittellauf der Mohra, fast genau in der Längsmitte des Mohratales an der alten Heeres- und Handelsstraße von Olmütz nach Troppau. Das Dorf ist jüngeren Ursprungs. Es entstand um das Jahr 1600 und hieß früher Ober-Hartau. Vor 1600 bestanden auf dem schlesischen Teil Nieder-Hartaus nur der Freihof mit einem Gärtnerhaus und in Ober-Hartau nur die Hartenmühle. Beide gehörten zur Grundherrschaft Groß-Herrlitz. Auf der mährischen Seite sind die Stein- und die Höfermühle bereits vor 1500 urkundlich genannt. Sie gehörten zur Vogtei Hof und führten damals die Namen Nieder- und Obermühle.

Im Jahre 1601 erhielt der damalige Freihöfer in Nieder-Hartau von der Grundherrschaft in Groß-Herrlitz die Erlaubnis, zu dem einen bereits bestehenden Gärtnerhaus, drei weitere erbauen zu dürfen. Nach einem Kaufvertrag von 1750 gehörten damals schon zehn Gärtnerhäuser, also fast der gesamte schlesische Anteil von Nieder-Hartau zum Freihof und waren ihm zins- und robotpflichtig.

Für Ober-Hartau liegen von den größeren Besitzungen Bestätigungsbriefe aus den Jahren 1611, 1622 und 1652 vor.

Schlesisch-Hartau gehörte anfangs zur Gemeinde Boidensdorf. Es kam 1850 zu Spachendorf und ist seit 1880 eine selbständige Gemeinde. Mährisch-Hartau hing räumlich mit Schlesisch-Hartau zusammen und bestand aus zehn Anwesen. Diese gehörten mit Ausnahme der Steinmühle zum ehemaligen Kunzendorfer Erbgericht und gingen durch Kauf an selbständige Besitzer über. Bei der Neuanlage des Grundbuches nach 1850 wurde Mährisch-Hartau nach Mödlitz eingemeindet, wohin es nie gehörte. Die naturgemäße Vereinigung mit Schlesisch-Hartau, war wohl nur eine Frage der Zeit.

Kirchlich gehörte Schlesisch-Hartau als einstiger Teil der Gemeinde Boidensdorf ursprünglich zur Pfarrei Eckersdorf. Es wurde 1756 dem räumlich näheren Kunzendorf zugeteilt, wohin Mährisch-Hartau von jeher gehörte. Im Jahre 1830 wurde in Schlesisch-Hartau ein eigener Friedhof angelegt. Die heute noch bestehende Begräbniskapelle wurde von Wohltätern 1848 errichtet.

Die Schule in Schlesisch-Hartau wird bereits in einem Verzeichnis von 1785 erwähnt. Sie war wegen der relativ großen

Schlesisch-Hartau, Teilansicht mit Filialkirchlein. Es gehörte zum Kirchspiel Kunzendorf, Dekanat Hof

Entfernung von der Pfarrschule in Kunzendorf errichtet worden und anfänglich in gemieteten Räumen untergebracht. Im Jahre 1837 übergab der damalige Freihöfer, Johann Ritter von Grohmann, sein Ausgedinge der Gemeinde als Schulhaus. Dieses alte Schulhaus wurde 1888 abgebrochen und durch einen Neubau ersetzt. Letzter Leiter der einklassigen Schule in Schlesisch-Hartau war Oberlehrer Johann Marx.

Nach dem Ergebnis der Volks- und Wohnungszählung von 1930 gab es in Schlesisch-Hartau 36 Häuser mit 41 Wohnparteien sowie weitere 10 Häuser in Mährisch-Hartau. Die Einwohnerzahl betrug im gleichen Jahr in Schlesisch-Hartau 169, in Mährisch-Hartau 44 Personen. Der Konfession nach waren alle, bis auf drei Personen, römisch-katholisch.

Von den umliegenden Gemeinden waren Mödlitz 2 km, Spachendorf 4 km, Heidenpiltsch 2 km, Kunzendorf 3 km, Boidensdorf 4,5 km und Bennisch 13 km entfernt. Seit dem 15. Juli 1911 befuhren Autobusse zweimal täglich die Strecke Hof-Maiwald-Heidenpiltsch-Hartau-Kunzendorf-Mladetzko-Troppau. Nächste Eisenbahnstationen waren Hof (7,5 km) an der Bahnstrecke Hof-Bärn-Andersdorf bzw. Mladetzko (8 km) an der Strecke Troppau-Bennisch.

In der Gemeinde wohnten drei Kaufleute, drei Gewerbetreibende sowie 15 Landwirte und 13 Häusler. Von den landwirtschaftlichen Betrieben waren sieben unter 5 Hektar groß, acht erreichten das Ausmaß von 5 – 20 Hektar und zum Erbgericht gehörten 62 Hektar.

Hartau a. d. Mohra – Teilansicht

Kircheninnenansicht des Hartauer Gotteshauses

Mohrabrücke bei Hartau

Schlesisch-Hartau – Das aus Basaltsteinen errichtete Kriegerdenkmal

Der Gemeindebesitz umfaßte 216 Hektar. Davon waren 100 ha Wald, 92 ha Äcker und 20 ha Wiesen. Der Rest sind Gärten, Weiden und unproduktive Fläche. Als bedeutendste Bodenerhebung ist die Hart (580 m) zu nennen. Die Ortsfluren trugen die Namen Kohlstätt, Hirtentrieb, Steckenfeld, Stieg, Birkenfeld, im wüsten Schloß, Schanz und Schmierofen. Der Boden des Gemeindegebietes besteht aus Kulm-Grauwacke und deren lehmigen Verwitterungsprodukten. Er zählt überwiegend zur Güteklasse vier. Zum Anbau gelangten Roggen, Gerste, Hafer, teilweise Winterweizen und Lein sowie Rotklee, Kartoffeln, Runkelrüben und Mengfrucht.

Die Bewohner ernährten sich vom Ertrage der Landwirtschaft und der Waldarbeit sowie von der Beschäftigung im 1924 im Kreibischwald errichteten Basaltschotterwerkes oder in der Litzen-, Spitzen- und Kordelfabrik Spachendorf-Heidenpiltsch. Beide Betriebe befanden sich auf Heidenpiltscher Gemarkung.

Für die Opfer des Ersten Weltkrieges bestand ein Kriegerdenkmal. Im Zweiten Weltkrieg fanden elf Ortsbürger den Soldatentod.

Nach Hartau und in das landschaftlich so reizvolle Mohratal entwickelte sich seit der Jahrhundertwende ein reger Wochenendausflugsverkehr. Besonders die Bevölkerung der nahen Landeshauptstadt Troppau nutzte die günstige Autobusverbindung zu Sonntagsausflügen. An den Mühlenwehren der Mohra konnte man baden und in den umliegenden Wäldern wandern sowie Beeren und Pilze sammeln. Für Gastlichkeit und Unterhaltung sorgten zwei Gasthäuser, je eines in Ober- und Nieder-Hartau. Zu letzterem gehörte neben einer Kegelbahn auch ein großer, mit einem Musikautomaten ausgestatteter Saal. Er bildete an vielen Sonntagnachmittagen einen beliebten Treffpunkt der Tanzlustigen und wurde insbesondere von der Jugend gerne aufgesucht.

Schreiberseifen – Teilansicht

Schreiberseifen

Das Dorf Schreiberseifen ist zum größten Teil am gleichnamigen Oppazufluß gelegen. Es ist eine verhältnismäßig junge Siedlung und wurde als einreihiges Reihendorf mit Waldstreifenflur errichtet. Die Waldstreifenflur ist eine in der zweiten Hälfte des 16. Jahrhunderts entstandene Kümmerform des in dieser Gegend verbreiteten Waldhufendorfes. Auf einer Karte der Herrschaft Freudenthal von 1579 liest man für den Bach, an dessen Ufer das Dorf später erbaut wurde, den Namen „Schreuberseiffen". Die Form „Seifen" für den Bach sagt aus, daß auch hier einst Edelmetalle gewaschen worden sind. Davon zeugen auch die „Hübeln", von denen noch eine ganze Reihe, rechts der Oppa von Schreiberseifen bis Kunau, zu erkennen sind. Nach den Berichten alter Leute sollen auch unterirdische Stollengänge vorhanden sein, aus denen das Material zum Goldwaschen entnommen worden ist. In einer Urkunde, die der seinerzeitige Deutschordensstatthalter in Freudenthal, Philipp Adolph von Hoheneck, am 28. September 1682 ausstellen ließ, wird gesagt, daß dessen Vorgänger, Johann Wilhelm von Zocha, „bereits Anno 1679" das Dorf in den sogenannten „Schreiberseiffen oder Cunau" habe erbauen lassen. Aus dieser Urkunde geht weiter hervor, daß die Herrschaft das Dorf Schreiberseifen mit 19 Bauernfamilien besiedeln ließ. Sie stammten alle aus der Umgebung. Je zwei Familien kamen aus Alt- und Neu-Vogelseifen und Spillendorf, je vier aus Altstadt und Lichtewerden, drei aus Kotzendorf und je eine aus Ober-Wildgrub und Kriegsdorf. Die angesiedelten Bauern mußten zuerst den Wald roden und haben sich vorwiegend mit der Landwirtschaft beschäftigt. In den Wintermonaten fanden sie außerdem in den Wäldern mit Holzschlagen und Holzfuhren genügend Nebenbeschäftigung. Die Gemeinde Schreiberseifen war kirchlich nach Altstadt eingepfarrt und besaß zunächst keine eigene Kirche und auch keinen Friedhof. Die To-ten wurden auf dem Friedhof von Altstadt bestattet. Der Weg, der von Schreiberseifen nach Altstadt führte, hieß bis in die jüngste Zeit der „Totenweg". Im Jahr 1743 erbaute dann die Gemeinde die hölzerne Kapelle zum hl. Anton von Padua und 1772 wurde bei dieser Kapelle der Friedhof angelegt. Bei der Neuordnung der kirchlichen Seelsorge im Jahr 1784 kam Schreiberseifen zur Pfarrei Breitenau, wohin es noch heute gehört. Zur Erinnerung an ein großes Unwetter an einem 13. Juni wurde dieser Tag jährlich als Gelöbnistag abgehalten und in einem Gottesdienst im Schreiberseifener Kirchlein daran erinnert. Das Kirchweihfest wurde immer am Sonntag nach Maria Geburt (8. September) gefeiert. Die schöne Kapelle in Schreiberseifen steht heute nicht mehr. Der hölzerne Altar wurde 1952 nach Breitenau gebracht. Der Friedhof wird nicht mehr benutzt. Von Freudenthal aus erreichte man das acht Kilometer entfernte Schreiberseifen über den Thiergartenwald. Die Straße führte mit ziemlich starkem Gefälle und in mehreren scharfen Kehren ins Tal und gelangte

Schreiberseifen mit Bezirksstraße nach Freudenthal

Blick auf Schreiberseifen

In Schreiberseifen-Kunau gab es zwei Gaststätten, zwei Lebensmittelgeschäfte zwei Tischlereien, eine Mühle und eine Brettsäge sowie die Hanfspinnerei in Kunau, die den meisten Bewohnern von Kunau Arbeit und Brot gab. Schreiberseifen war auch Sitz einer Deutschordensförsterei.

„Kurort" Kunau im Oppatal

unweit vom Spritzenhaus auf die Dorfstraße. Von hier führte sie nach Markersdorf und Breitenau weiter. Eine weitere Straße führte von Freudenthal nach Jägerndorf. Über den Spillendorfer Berg und Spillendorf erreichte man Neu-Erbersdorf, wo die Oppatalstraße nach·Würbenthal abzweigte. Über Kunau und Breitenau gelangte man wiederum nach Schreiberseifen.

Das Dorf liegt auf einer Seehöhe von etwa 420 m und ist von ausgedehnten Wäldern umsäumt. Die Gemeinde hatte eine Länge von drei Kilometern und eine Gesamtfläche von 1439 Hektar. Davon waren 1148 Hektar Waldungen, die sich im Besitz des Deutschen Ritterordens befanden. Weitere 262 Hektar waren in Privatbesitz und wurden landwirtschaftlich genutzt. 1939 zählte man in Schreiberseifen 142 Haushaltungen mit 503 Einwohnern. Die bodenständige Bevölkerung war ausschließlich deutscher Nationalität. Der letzte Bürgermeister von Schreiberseifen-Kunau war Franz Krzepelka.

Angebaut wurden Roggen, Gerste, Hafer, Kartoffeln und Rüben. In früherer Zeit wurde auch Flachs angebaut. In den Bach- und Flußniederungen lagen vorwiegend die Wiesen. Die Fluren der Gemeinde grenzten an die Gemarkungen von Dittersdorf, Markersdorf, Breitenau, Friedersdorf, Neu-Erbersdorf, Spillendorf, Freudenthal und Altstadt. Schreiberseifen liegt an der Bahnstrecke Milkendorf-Würbenthal, die in den Jahren 1879 – 1881 gebaut wurde. Obwohl die Bahnlinie unmittelbar die Ortschaft berührt, hatte sie zunächst keine eigene Haltestelle. Diese wurde erst 1932 errichtet. Die Postzustellung erfolgte vor 1938 vom Postamt Breitenau aus, nachher brachte ein Postauto von Freudenthal die Sendungen direkt nach Schreiberseifen.

Schreiberseifen erhielt erst Mitte der 30er Jahre Anschluß an das Stromnetz. Die Versorgung erfolgte vom Elektrizitätswerk in Ober-Wildgrub über Engelsberg und Dittersdorf.

Die Schule wurde im Jahr 1891 erbaut. Die letzte Leiterin war Frau Olga Scharbert. Die Freiwillige Feuerwehr wurde im Jahr 1904 gegründet, 1905 wurde eine fahrbare Abprotzspritze angeschafft und das Spritzenhaus erbaut. 1944 erwarb die Freiwillige Feuerwehr auch eine Motorspritze. Letzter Kommandant der Wehr war Alois Hecht der Jüngere. Schon mehrere Jahre vor der Gründung der Freiwilligen Feuerwehr in Schreiberseifen bestand in der im Ortsteil Kunau liegenden Hanfspinnerei bereits eine eigene Fabrikfeuerwehr.

An örtlichen Zusammenschlüssen bestanden in Schreiberseifen nur die Landwirtevereinigung und eine Druschgenossenschaft. Die Bürger waren Mitglieder der Spar- und Darlehenskassen in Dittersdorf oder Breitenau. Ebenso waren sie Mitglieder der verschiedenen in Breitenau tätigen Vereine.

Ortsteil Kunau

Kunau liegt zwei Kilometer flußabwärts von Schreiberseifen am rechten Ufer der Oppa in einer Talenge. Die Siedlung gehört zur Gemeinde Schreiberseifen und besitzt eine eigene Eisenbahnhaltestelle mit Verladegleisen. Kunau dürfte bereits in der Goldwäscherzeit entstanden sein. Um das Jahr 1700 ließ der Hochmeister des Deutschen Ritterordens an einer ergiebigen Quelle ein Schloß mit Burgfried und Wirtschaftsgebäuden erbauen. Die Quelle befand sich im Keller des Schlosses, das später Herrenhaus genannt wurde. An einer Auffahrtsrampe zum Herrenhaus befand sich eine Quarzplatte mit dem eingemeißelten Wappen eines Ordensritters und der Jahreszahl 1711. Diese Platte wurde 1912 zur ebenfalls dem Deutschen Orden gehörenden Burg Busau gebracht. Etwa 500 Meter vom Schloß entfernt erbaute man um 1750 ein Strafkloster für männliche Ordensangehörige und beschäftigte die Insassen in der Landwirtschaft. An der Außenwand des Klosters, der späteren Mahlmühle, befand sich eine holzgeschnitzte Marienfigur sowie eine Tafel mit den

Blick von der Anhöhe links der Oppa auf das Sanatorium Kunau

Schreiberseifen – Sanatorium im Ortsteil Kunau

Sanatorium Kunau

te- und Hanfspinnerei. Der Betrieb florierte und wurde weiter ausgebaut. Für die zusätzlich benötigten Arbeitskräfte wurden Werkswohnhäuser sowie ein Kindergarten und eine Volksschule errichtet, sodaß eine eigene Fabrikkolonie entstand.

Die Kessellage inmitten eines ausgedehnten Waldgebietes gab Kunau sehr gute Klimaverhältnisse, sodaß es gern von Ausflüglern und Erholungsuchenden aufgesucht wurde. 1929 errichtete Dr. Gustav Heinz Primararzt der schlesischen Landesnervenheilanstalt in Troppau, für Kranke, deren Zustand noch keine Unterbringung in einer geschlossenen Anstalt nötig machte, das Volkssanatorium Kunau. Es erfreute sich eines guten Rufes, besaß zahlreichen Zuspruch und wies bedeutende Kurerfolge auf. Nach seinem Tode führte sein Nachfolger, Adolf Heinz, das Sanatorium zusammen mit der Hotelpension als diätisches Kurhaus weiter. Das Sanatorium ging 1940 in den Besitz der Vereinigten Krankenkassen Reichenberg über. Es wurde beim Einmarsch der Russen 1945 niedergebrannt.

Die Hanfspinnerei Kunau, zuletzt im Besitz der Firma Pecklenburg in Bremen

Die Volksschule in Kunau

Marieninsignien und der Jahreszahl 1750. Die Liegenschaften gelangten später in bürgerlichen Besitz. Aus dem ehemaligen Strafkloster wurde eine Mühle, außerdem wurde ein Sägewerk gebaut und eine Tuchwalke errichtet. Hierzu nutzte man die Wasserkraft der Oppa. Neben der Mühle befand sich ein Gasthaus. aus der Tuchwalke bzw. der späteren Garnbleiche entstand eine Ju-

Seitendorf – Sicht auf Kirche und Dorfmitte. Oben links: Die Franzberger Windmühle

Seitendorf

Das Dorf wird 1288 erstmals urkundlich erwähnt und ist sicherlich kurz nach 1253 besiedelt worden. Es liegt etwa 2,5 km östlich von Bennisch in einem Tale, das sich nach Süden hin ausweitet, dagegen nach Nordwesten in Richtung zur Siedlung Franzberg steil ansteigt. Die Seehöhe beträgt 450 – 550 m. Die Gemeindeflur wird in ihrem oberen Teile von der Reichsstraße Troppau-Freudenthal durchschnitten. Nach einem Bericht aus der zweiten Hälfte des 19. Jahrhunderts zählte die Gemeinde damals 741 Einwohner und 150 meist steinerne Häuser. Von den Bewohnern waren 23 Bauern, 40 Gärtler und 33 Häusler. Die Grundfläche wird mit 882 Joch Acker, 174 Joch Wiese, 107 Joch Weide und 81 Joch Waldungen angegeben, zu der noch 196 Joch Acker, 41 Joch Wiese, 23 Joch Weide und 290 Joch Waldungen an herrschaftlichem Besitz dazukommen. Außerdem werden die Kirche, die Schule, eine Windmühle (auf dem Franzberg), zwei Teiche, eine Schafschwemme und eine Eisengrube genannt.

Nach der Volkszählung vom Jahre 1930 hatte die Gemeinde Seitendorf 153 Häuser und 726 Einwohner. Von ihnen waren 704 Deutsche, 6 Tschechen, 13 Ausländer und 3 Sonstige. Nach der Konfession waren 717 Einwohner katholisch, zwei evangelisch und sieben konfessionslos. Am 17. 5 1939 zählte Seitendorf 702 Einwohner, darunter 693 Katholiken.

Das Katasterausmaß betrug 1143 ha, die Ackerbaufläche 673 ha. Davon gehörten der am Ortsende in Richtung Frei-Hermersdorf gelegene Meierhof und der größte Teil der Waldungen zum Besitz der gräflichen Familie von Bellegarde auf Schloß Groß-Herrlitz.

Seitendorf, in früheren Zeiten auch Sybottendorf und Seywetendorf genannt, gehörte zu den rings um Bennisch planmä-

Seitendorf – Oberdorf

Seitendorf – Filialkirche Hl. Nikolaus mit Friedhof

Altar der Dorfkirche zu Seitendorf 1965

ßig angelegten Stadtdörfern. Im Jahre 1288 übertrug Benesch von Branitz die Einkünfte aus seiner Kirche zu Bennisch samt der Tochterkirche zum hl. Nikolaus in Seitendorf „auf ewige Zeiten" dem Prämonstratenserkloster Hradisch bei Olmütz. Nach dem Geschichtsschreiber Vinzenz Prásek ist 1379 ein Zibrid von Bobolusk Herr auf Seitendorf und Klein-Herrlitz. Im Jahre 1451 kaufte Peter Slevic aus dem Herrengeschlecht der Krawarner von seinem Bruder Hanus in Zossen die Dörfer Pickau, Zossen und die Hälfte von Ober-Seitendorf, doch bereits 1463 veräußert er seinen Besitz an die Brüder Zbyslaw und Absolon von Tworkau weiter. Seit 1492 ist dann Heinrich Bierka von Nassiedl Eigentümer. Er verkauft seinen Seitendorfer Besitz 1525 an Bernhard von Würben, der hier ein Eisenbergwerk eröffnet. Dies geschah sehr zum Ärger des neuen Besitzers der Herrschaft Jägerndorf, Markgraf Georg von Ansbach-Brandenburg, der seinerseits gerne selbst die Seitendorfer Zeche nutzen wollte. Es kam zu langjährigen Streitigkeiten, deren Vorgeschichte hier nur kurz gestreift werden kann. Auf Seitendorfer Grunde hatte sich bereits vor 1519 ein Jan Babolawsky zu Bobelau, auch Johann von Bobolusk genannt, ein Gut errichtet. Als Markgraf Georg 1523 die Herrschaft Jägerndorf erwarb, schloß er mit dem Babolawsky einen Vertrag, der ihm die Schürfrechte auf dessen Seitendorfer Besitz sicherte. Dafür erhielt jener ein Grundstück beim herzoglichen Vorwerk zu Bobelau im Fürstentum Jägerndorf. Der Ver-

trag blieb letztlich für den Markgrafen nutzlos, da ihn die Würben nicht anerkannten. 1530 werden die Brüder Johann, Albrecht und Stephan von Würben als Eigentümer genannt. Nach dem Dreißigjährigen Kriege war einige Jahre ein Michael Aluecnia Saluzzo, Markgraf zu Claucsana Ortsherr auf Seitendorf. Er ließ 1662 ein neues Grundbuch anlegen, da während des Krieges viele Besitzer gewechselt hätten und das alte Grundbuch zahlreiche Unrichtigkeiten enthalte. Nach dessen Sohn Franz erhielt die Kolonie Franzberg ihren Namen.

Ein Inventar vom 20. 4. 1668 besagt, daß sich in Seitendorf auch der Hof eines Edelmannes, namens Adam Sedmoradsky von Sedmorad befindet. Georg Stephan Graf Würben kauft dessen Gut im Januar 1670 um 400 Taler und verkauft es noch im gleichen Jahr an Ernst Khüner von Scharfenstein. Dafür verkauft dieser seinen bisherigen Frei-Hermersdorfer Besitz an den Grafen. Ferdinand Oktavian Graf Würben verkauft 1694 die gesamte Herrschaft Herrlitz und damit auch Seitendorf an das Kloster Welehrad, ließ sich jedoch ein Vorkaufsrecht einräumen. Von diesem machte Eugen Graf Würben am 18. 7. 1767 Gebrauch. Die Herrschaft Herrlitz blieb danach bis zum Jahre 1844 im Besitz des Hauses von Würben. Sie gelangte 1859 an die Grafen von Bellegarde.

Die Seitendorfer Eisengruben gehörten um 1850 den Freiherren von Rothschild. Diese ließen die geförderten Erze per Achse nach Witkowitz zur Verhüttung transportieren. Allein im Jahre 1851 wurden 183.523 Zentner zu jeweils 56 kg mit Fuhrwerken verfrachtet. Das Fuhrwesen scheint damals eine recht einträgliche Einnahmequelle gewesen zu sein. Die Wiener Rothschild verkauften die Seitendorfer Eisengruben an den Troppauer Unternehmer Weißhuhn, der auch das Schürfrecht innehatte. Dieser verpachtete das Bergwerk an die Laurahütte in Oberschlesien. Da die Anlagen bereits veraltet waren, erbaute die Laurahütte daneben einen neuen Förderschacht mit modernen Dampfkesseln und Fördermaschinen. Um 1899/1900 wollte die

Maskenball in Seitendorf

Laurahütte von Weißhuhn das Schürfrecht erwerben, wofür dieser 90.000 Gulden verlangte, die Laurahütte jedoch nur 70.000 zahlen wollte. Die Verhandlungen zerschlugen sich. Daraufhin begann die Laurahütte die neue Anlage abzubrechen. Weißhuhn wäre nun bereit gewesen, für 70.000 Gulden zu verkaufen, doch die Laurahütte verzichtete. Sie hatte in der Slowakei neue Schürfrechte erworben und verlagerte ihre Maschinen dorthin. Die 30 m hohe eiserne Esse kam nach Mährisch-Ostrau/Witkowitz und das Eisenbergwerk in Seitendorf schloß seine Pforten.

Bauernhof Egon Müller in Seitendorf

Die alte Windmühle Hermann auf dem Franzberg bei Seitendorf 1962,
sie steht unter Denkmalschutz

Unabhängig vom Streit um die Eisengrube ging das bäuerliche Leben im Orte weiter. Seit 1850 leiteten frei gewählte Bürgermeister die Geschicke der Gemeinde. Letzter Bürgermeister war Rudolf Heinisch.

In einem Gemeindeerhebungsbogen vom Jahre 1966 nannte der seinerzeitige Seitendorfer Ortsbetreuer Karl Kantor ehrend eine Reihe von Ortskindern. Genannt sind Dr. August Riedel, Hofprediger zu Wien, Hofrat Dr. Rudolf Latzke, Mittelschuldirektor in Wien, Karl Kantor, Mittelschulprofessor in Troppau und Mittelschulprofessor Anton Müller. Ihnen folgen die Ärzte Dr. Alfred Kantor, Dr. Siegfried Glaser, Dr. Edmund Schleser und Dr. Ernst Gebauer sowie der Bankbeamte Edmund Gebauer, der Träger der Goldenen Tapferkeitsmedaille gewesen war.

Die Seitendorfer Filialkirche gehörte zur Pfarrgemeinde Frei-Hermersdorf und war vor 1784 nach Groß-Herrlitz eingepfarrt. Die Gemeinde entrichtete im Jahre 1770 an Zehent je 12 Scheffel 3 Viertel und 3 Matz Korn und Hafer an den Groß-Herrlitzer Pfarrer.

An örtlichen Zusammenschlüssen bestanden zwei Dreschgenossenschaften, die Raiffeisenkasse, die Molkereigenossenschaft mit 34 und die Brennereigenossenschaft mit 38 Mitgliedern. Die meisten Bauern besaßen Anteile an der landwirtschaftlichen Speichergenossenschaft in Frei-Hermersdorf. Die Freiwillige Feuerwehr hatte einen Mannschaftsstand von 60 Personen. Die Gemeinde betreute neben der Volksschule einen Kindergarten und besaß eine öffentliche Bücherei mit 800 Bänden.

Im Jahre 1939 arbeiteten zwei Schneider, zwei Schmiede, ein Wagner, zwei Friseure, ein Maler, zwei Tischler, ein Sattler, vier Schuhmacher und eine Schneiderin im Orte. An Handelsbetrieben bestanden zwei Kaufgeschäfte, ein Bäcker und Kaufmann, ein weiterer Bäcker und eine Fleischerei.

Die Gemeinde beklagt im Zweiten Weltkrieg 49 Kriegs- und drei Zivilopfer. Für die Toten des Ersten Weltkrieges besteht ein Kriegerdenkmal auf dessen beiden Namenstafeln die Namen der 35 Gefallenen verzeichnet sind. Das Kriegerdenkmal ist noch heute erhalten.

Mitte der dreißiger Jahre entstand durch die Initiative des Josef Greipel auf dem Steinhübel in Seitendorf eine schöne Kapelle mit Kreuzweg, Ölberggrotte und weiteren Bauten, woraus sich schnell eine beliebte Wallfahrts- und Ausflugsstätte entwickelte.

Der Geselligkeit dienten vier Gasthöfe. Davon lagen drei im Ortskern, der vierte „Kuckuck" genannt, befand sich nahe der Siedlung Franzberg mit seiner weithin sichtbaren Windmühle an der Ortsgrenze bei Bennisch. Der „Kuckuck" war ein gern besuchtes Ausflugsziel beider Gemeinden.

Das Kriegerdenkmal in Seitendorf

Blick auf Spachendorf und das Mohratal

Spachendorf

Spachendorf liegt am linken Ufer der Mohra, die im Ortsbereich von Nordwesten nach Südosten fließt. Der Hauptteil des Dorfes befindet sich östlich davon auf einer kreisrunden Plateaufläche, die von 446 m Seehöhe bei der Mohrabrücke bis 506 m bei der Kirche ansteigt. Der Fluß schlängelt sich in vielen kleinen und großen Windungen am Fuße des Rautenberges vorbei und verleiht damit dem Tal das so malerische Aussehen. Wer einmal der Mohra entlang gewandert ist, weiß von der Schönheit dieser Landschaft.

Betrachtet man das Dorf von den Hängen am rechten Ufer der Mohra, so bilden die weißgetünchten Häuser mit ihren blauen Schieferdächern das mosaikartige Bild eines Baumes. Das Niederdorf und die Au stellen die Wurzeln, das Mitteldorf in der schluchtartigen Vertiefung am Dorfbach den Stamm und das sich an beiden Seiten der Hauptstraße ausdehnende Oberdorf mit der Hohen Seite und den Straßen zu den Nachbargemeinden die Krone des Baumes dar. So mancher Betrachter mag angenommen haben, daß das Ortssiegel, ein Lindenbaum, seinen Ursprung dieser äußeren Grundrißform des Dorfes verdankt.

Geologisch bietet die Erdrinde dem Fachmann interessante Besonderheiten, wie sie in dieser Vielfalt selten zu finden sind. Das vorhandene Erzgestein, Eisen und Silber, wurde wegen mangelnder Rentabilität nur kurze Zeit abgebaut, der Kalkstein aus dem „Kalkgrund" dagegen lange Zeit zu Löschkalk verarbeitet. Der Tuffstein bei Raase war ein beliebtes Baumaterial und besonders wertvoll erwies sich der in der Nähe von Spachendorf gewonnene Basalt. Er verlieh allen Straßen ringsum eine überdurchschnittliche Festigkeit und verhinderte eine allzu große Staubentwicklung. Als man 1920 die Straße nach Rautenberg festgestellt hatte, war Spachendorf mit allen sieben Nachbarorten (Raase, Bennisch, Alt-Erbersdorf, Boidensdorf, Hartau, Heidenpiltsch und Rautenberg) durch gute Straßen verbunden.

Die nächsten Bahnstationen Bennisch und Freudenthal waren zwar sieben bzw. fünfzehn Kilometer entfernt, doch wurde dies nach dem Ersten Weltkrieg durch den einsetzenden Omnibusverkehr ausgeglichen.

Spachendorf – Im Vordergrund das Doktorhaus, in dem 1945 die Tschechen die Vernehmungen der Deutschen durchführten

Die St. Laurentiuskirche in Spachendorf im Jahre 1912 mit Friedhof

Nach Dr. Karl Berger steht in einer Schrift aus dem Jahr 1224 der Name Lechsdorf. Das ist das Dorf, das nach einer Urkunde vom 8. März 1302 von Milota von Beneschow als „Spachendorf, Spatendorf vel Lescowecz" bezeichnet wird. Es kann daher als sicher gelten, daß Spachendorf von 1302 an ein deutsches Dorf ist. Da als erster Name ein solcher mit dem Gattungsbegriff „dorf" auftritt, „Lech" etymologisch aus dem Keltischen abgeleitet werden kann und nirgendwo, auch nicht im Niederdorf, die geringste Spur eines slawischen Runddorfes nachweisbar ist, spricht die Wahrscheinlichkeit dafür, daß die Gründer Deutsche gewesen sein müssen. Daß die slawischen Grundherren, die damals noch wenig bekannten Ortschaften mit slawischen Namen wie Lescowecz und Spachowitz bezeichneten, bedarf keiner besonderen Erklärung.

Die Lage auf dem Verkehrsweg Troppau-Olmütz trug dazu bei, daß das Dorf von vielen Kriegen heimgesucht wurde. Wahrscheinlich litten die Bewohner bereits 1241 unter den Tataren. Das untergegangene Dorf Hosnitz mit dem Judenwinkel wurde bekanntlich im Hussitenkrieg 1432 zerstört. Nach dem verheerenden Feldzug der Magyaren unter dem Ungarnkönig Matthias Corvinus von 1474 war Spachendorf ebenso entvölkert wie viele angrenzende deutsche Siedlungen. Damals sind sowohl Jokersdorf als auch das Hennendörfel (auch Hennewinkel genannt) untergegangen. Nach dem Erwerb der Herrschaft Jägerndorf durch Markgraf Georg von Ansbach-Brandenburg im Jahr 1523 werden fast alle wichtigen Dörfer wiederaufgebaut, darunter auch Spachendorf und das benachbarte Raase. Erste Aufzeichnungen der Kirchenbücher beginnen in Spachendorf 1559 zur protestantischen Zeit. 1620 kehrte ein Teil der polnischen Truppen, die der Kaiser gegen die protestantischen Aufständischen in Mähren zu Hilfe gerufen hatte, über das Gesenke nach Polen zurück. Auf ihrem Rückmarsch sengten, plünderten und mordeten sie überall. Als 1683 die Türken Wien belagerten, eilte der Polenkönig Sobieski durch die Mährische Pforte den Österreichern zu Hilfe. Dabei kamen wiederum polnische Truppen durch Spachendorf.

Über den Siebenjährigen Krieg und den Durchzug der Russen in den Kriegen Napoleons berichten fast alle Orts-Chroniken. Der Bayerische Erbfolgekrieg machte sich dadurch bemerkbar, daß zwei Jahre lang ein Feldlager in der Nähe von Spachendorf war.

Die Kirche zum hl. Laurentius wurde 1688 aus Stein erbaut. Die alte 1475 erbaute Holzkirche befand sich näher dem Friedhofseingang. 1886 wurden an der Kirche verschiedene Umbauten durchgeführt. Sie erhielt auch ein neues Dach mit einem vergoldeten Knopf und einem vier Meter hohen Kreuz. In der Reformationszeit war Spachendorf protestantisch. Später wurde es eine Filiale der 1627 wiedererrichteten katholischen Pfarrei Bennisch. 1768 erhielt die Spachendorfer Kirche wieder einen Lokalkaplan und seit 1841 ist sie eine eigene Pfarrei. Als 1914 erneut die Kirche renoviert wurde, brach während der letzten Aufräumungsarbeiten der Erste Weltkrieg aus. Letzter Pfarrer von Spachendorf war Alois Schaffer.

Spachendorf – Das Schulgebäude, zugleich Geburtshaus des berühmten Eisenbetonbauers Prof. Dr.-Ing. Rudolf Saliger, Wien

1780 wurde eine Trivialschule errichtet. 1782 entstand in Gemeinschaftsarbeit die alte Schule und 1863 wurde das neue Schulgebäude erstellt. Seit 1898 ist die Schule dreiklassig und seit 1920 fünfklassig.

Die Spachendorfer Grundbücher beginnen 1682. Der Müller Dismas Keller begann 1773 im Orte die ersten Kartoffeln anzupflanzen, Klee wird seit 1778 angebaut. Sonst wurde hauptsächlich Roggen, Hafer und Gerste, dagegen weniger Weizen angebaut. Früher wurde auch Flachsbau betrieben. Im Zweiten Weltkrieg säten die Bauern auch Ölfrüchte wie Raps und Rübsen aus. Die Gesamtfläche der Markung beträgt 1290 ha, von denen etwa zwei Drittel Ackerland waren.

Die Spachendorfer Chronik berichtet, daß 1793 ein sehr milder Winter war und die Leute barfuß zur Christmette gehen konnten. Dagegen herrschte 1797 strenge Kälte in einem schneelosen Winter, die bis zu –37 Grad Reaumur anstieg. 1857 und 1858 werden als Hungerjahre bezeichnet. Von Epidemien wird berichtet, daß 1714 die Pest, 1851 die Cholera und 1888 die Schwarzen Blattern wüteten. 1865 zerstörte ein großer Brand einen beträchtlichen Teil des Dorfes.

Der erste Bürgermeister wurde 1850 gewählt. Seit 1868 besteht in Spachendorf ein Postamt.

Die Gemeindefluren tragen die Namen Huben, Gassenerb, Kieferberg, Neuplattig, Zinsstück, Kalkgrund, Hauserb und Niedererb. Spachendorf hatte 1939 eine Bevölkerung von 1348

Das Gasthaus Keller und das Feuerwehrgerätehaus in Spachendorf

Einwohnern und besaß 253 Wohnhäuser. Die Landwirtschaft gliederte sich in 12 Betriebe mit 2 – 5 ha, 42 Betriebe mit 5 – 20 ha und 25 Betriebe mit über 20 ha. Außerdem waren sieben Kaufläden, zehn Gasthäuser, zwei Gemüsehändler, drei Fleischer, vier Bäcker, drei Schuster, zwei Friseure, zwei Schneider, vier Tischler, drei Schmiede, zwei Schlosser, ein Wagner und ein Maler im Dorf ansässig.

An örtlichen Vereinen bestanden die Freiwillige Feuerwehr seit 1884, der Männergesangverein „Frohsinnn" seit 1886, der Bienenzuchtverein seit 1912 sowie der deutschvölkische Turnverein, der Veteranenverein, die Musikkapelle, der Arbeiterverein, der Radfahrerverein, der Bund der Deutschen und der Deutsche Kulturverband.

Ländliche Idylle – Gänse auf der Dorfstraße 1936 in Spachendorf, Spritzenhaus, Kapelle und Landwirtschaft Schilder

Der Bienenzüchterverein Spachendorf mit Imkervater Onderka, Oberlehrer Kunz und Pfarrer Schaffer

Spachendorf – Blick auf das Mitteldorf

Im Ersten Weltkrieg sind 52 Soldaten nicht mehr heimgekehrt. Im Zweiten Weltkrieg wurden 102 Soldaten als gefallen oder vermißt gemeldet. Dazu kommen 18 Zivilopfer, von denen 1945 fünfzehn den Freitod wählten. Einer wurde von den Russen erschossen, ein anderer von tschechischen Partisanen erschlagen und einer starb auf der Flucht. Das Kriegerdenkmal für die gefallenen Soldaten des Ersten Weltkrieges befindet sich in der Mitte des Friedhofes. Auch für die Gefallenen des Zweiten Weltkrieges war bereits eine Gedenkstätte errichtet worden.

Historisch muß festgehalten werden: Spachendorf war mindestens von 1302 bis 1945 ein deutsches Dorf. Sein letzter Bürgermeister war Bauer Josef Schilder, Nr. 97. 1946 wurde die Bevölkerung aus ihrer angestammten Heimat vertrieben.

Spillendorf – Gesamtansicht

Spillendorf

Die Gemeinde Spillendorf ist ein altes Reihendorf mit Waldhufenflur. Sie erstreckt sich, von Hügeln eingebettet, entlang der Straße Freudenthal-Jägerndorf und weist eine Seehöhe von 500 Metern auf.

Im Süden beherrscht der Ziegenrücken mit 637 m und im Nordwesten die Baudenkoppe mit 635 m die Gemeindeflur. Die Dorfstraße ist seit 1840 ein Teilstück der Reichsstraße Freudenthal-Jägerndorf. Der Dorfbach entspringt an den Abhängen des Ziegenrückens und wird im Gemeindebereich viermal von der Straße überquert. Dieser Spillendorfer Bach vereinigt sich unterhalb des Dorfes mit dem vom Oberen Grünberg kommenden Erlengrundbach und dem in den Teichwiesen entspringenden Hintergrundbach und fließt über Neu-Erbersdorf der Schwarzen Oppa zu.

Die Spillendorfer Markung besitzt ein Ausmaß von 558 Hektar, wovon die Ackerbaufläche etwa 496 Hektar darstellt. Die Gemeinde grenzt im Süden, Westen und Nordwesten an Freudenthal, im Norden an Neu-Erbersdorf, im Osten an Milkendorf und im Südosten an Wockendorf.

Trotz seiner Lage an der Reichsstraße liegt Spillendorf nicht allzu verkehrsgünstig, denn es fehlen ausgebaute Straßen zu den Nachbargemeinden Schreiberseifen, Milkendorf und Wockendorf. Da es zudem sowohl an Naturschätzen als auch an einer ergiebigen Wasserkraft mangelt, konnten sich in Spillendorf keine Gewerbe- oder Industriebetriebe ansiedeln. Seit altersher sind jedoch im Orte die Handwerksberufe vertreten, die mit der Landwirtschaft zusammenhängen oder von ihr benötigt wurden, wie

Schmiede, Wagner, Sattler, Schneider, Schuhmacher und Tischler. Von jedem dieser Handwerke war immer eines davon im Dorfe ansässig. Später kamen auch Bäcker, Maler, Schlosser und Krämer dazu. Diese konnten sich aber von der Dorfbevölkerung allein nicht erhalten und mußten ihre Tätigkeit auf Nachbargemeinden ausdehnen.

Beim Bau der Zentralbahnlinie Olmütz-Freudenthal-Jägerndorf wurde im Bereich von Spillendorf die Strecke quer durch die Hufenstreifen der Feldflur gelegt, was seither die Feldbestellung erschwerte. Neben Roggen, Gerste und Hafer wurde um die Jahrhundertwende viel Flachs angebaut, den man anfangs noch im Dorfe verarbeitete. Im Erlengrund stand das Brechhaus.

1939 hatte Spillendorf 494 Einwohner, davon waren 216 in

Spillendorf – Blick auf Schule (links) und Kirche (rechts)

Spillendorf – Teilansicht

Die Volksschule in Spillendorf

Die Filialkirche zur Hl. Dreifaltigkeit in Spillendorf

Freudenthal befanden, ehe Bernhard von Würben als Besitzer der Herrschaft Freudenthal ihre Abtretung erzwang und sie seiner Verfügungsgewalt unterwarf. Nach der Ortsgeschichte von Spillendorf beauftragte der Gutsherr, Bernhard von Würben, 1557 Caspar Herold als Lokator. Dieser zog neue Siedler aus der Gegend von Ottmachau und Frankenstein heran und erhielt selbst drei Huben Acker. Herold erbaute darauf als Erster das Erbgericht. Die übrigen Siedler bekamen jeder eine Hube Acker. Daraus erklärt sich die fast gleich große Fläche der einzelnen Hoferbe. Das Erbgericht gelangte 1589 an Martin Beier, der es aber bereits 1590 an Georg Beutel weiterverkaufte. Der Erbrichter Michael Beutel verkaufte 1656 seinen Besitz an Michael Hein, der es 1690 an Michael Seichter aus Altstadt veräußerte, der noch im gleichen Jahr starb. Seine Witwe heiratete Martin Schindler aus Lichtewerden. In der Folgezeit verblieb das Erbgericht bis auf eine Zwischenperiode von 1847 – 1858 im Besitz des Geschlechtes Schindler. Letzter Besitzer des Spillendorfer Erbgerichtes (Nr. 67) war 1945 Hans Schindler.

Spillendorf hatte ursprünglich nur eine Holzkapelle. 1682 mußte man den neben der Kapelle angelegten Friedhof erweitern und verlegte ihn 1854 außerhalb des Ortes auf den Besitz Nr. 43. 1837 war die Kapelle baufällig und zu klein geworden, sodaß die Gemeinde eine Kirche erbauen ließ und sie 1838 zu Ehren der Allerheiligsten Dreifaltigkeit einweihen konnte. Die Filialkirche in Spillendorf gehört zum Pfarrsprengel Freudenthal.

1904 war auch das alte Schulgebäude unterhalb der Kirche zu klein geworden, sodaß man ein neues Schulgebäude neben dem Gasthaus Schinzel erbaute. Diese Schule wurde 1905 ihrer Bestimmung übergeben. Sie besaß zwei Klassenzimmer und zwei Lehrerwohnungen. Die bislang einklassige Volksschule wurde 1906 zu einer zweiklassigen Schule erweitert. Das alte Schulhaus verkaufte man und verwendete den Erlös zur Deckung der Baukosten der neuen Schule. Vor dem Ersten Weltkrieg leitete Oberlehrer Johann Juranek die Schule. Er ging 1919 in den Ruhestand. Auf ihn folgte Oberlehrer Eduard Gams aus Bennisch, der bis zur Vertreibung Schulleiter in Spillendorf war.

Durch ein schweres Unwetter im Sommer 1884 erinnerte man sich wieder an ein vorangegangenes ähnliches Unwetter mit Hochwasser und hielt seitdem alljährlich am Samstag vor dem Dreifaltigkeitssonntag (Sonntag nach Pfingsten) den Gelöbnistag ab, der mit einer Wallfahrt zur Köhlerbergkirche verbunden war.

Im Juli 1850 wurden in Spillendorf erstmalig ein Gemeindevorsteher, zwei Beiräte und sechs Ausschußmitglieder gewählt. Die Wahl wurde durch sogenannte Wahlkörper durchgeführt, d. h. die wahlberechtigten Personen wurden nach ihrer Steuerleistung in drei Gruppen eingeteilt. Erster gewählter Bürgermeister wurde Franz Fritsch, Nr. 13. Ihm folgten bis 1945 Johann Gröger, Nr. 35; Johann Schindler, Nr. 23; Josef Ascher, Nr. 3; Johann Fritsch, Nr. 13; Alois Herfert, Nr. 44; Franz Schindler, Nr. 48, Moritz Benischke Nr. 42; Rudolf Schober, Nr. 39; Josef Herfert, Nr. 14 und Josef Benischke, Nr. 42.

Die 1885 gegründete Freiwillige Feuerwehr, die 1926 ein neues Gerätehaus und 1934 eine Motorspritze erhielt wurde zuletzt von Josef Benischke geleitet. Außerdem bestand in Spillendorf, die 1897 gegründete Spar- und Darlehenskasse, eine Ortsgruppe der „Nordmark", dem späteren Bund der Deutschen Schlesiens, und der Kameradschaftsverein gedienter Soldaten.

Außer den bereits genannten Gewerbebetrieben gab es in Spillendorf zwei Gaststätten, davon war eine das Erbgerichtsgasthaus. Zur zweiten Gaststätte gehörte eine Bäckerei mit Gemischtwarenhandlung.

der Landwirtschaft, 153 in der Industrie oder im Gewerbe, 39 im Handel und Verkehr sowie 26 im privaten oder öffentlichen Dienstleistungsbereich beschäftigt.

Die Gründung von Spillendorf fällt in die Zeit um 1250. Damals sind alle großen Waldhufendörfer unseres Kreises entstanden. Urkundlich wird der Ort jedoch erstmals in der am 1. Oktober 1405 ausgefertigten Teilungsurkunde des Herzogtums Troppau als „Spillenberg" erwähnt. Den heutigen Ortsnamen Spillendorf weist uns eine im Kammerarchiv Jägerndorf aufgefundene Landkarte vom Jahre 1579 auf.

1545 starb der Ort an der Beulenpest aus. Nach damaligen Brauch brannte man die Gebäude nieder und ließ sie einige Jahre unbewohnt. Spillendorf wurde 1557 wiederbesiedelt und gehörte bis 1568 zusammen mit Messendorf, Neudörfel und Vordörfel zu den vier Kammerdörfern, die sich noch im Besitz der Stadt

Wiedergrün – an der Dorfstraße

Wiedergrün

Wiedergrün ist ein von Wiesen und Wald ringsum eingeschlossenes Gebirgsdorf, das eine halbe Wegstunde nördlich von Neu-Vogelseifen an der Straße Lichtewerden-Karlsbrunn in einem idyllischen Talkessel liegt. Auf die durch Wiedergrün führende Straße Lichtewerden-Karlsbrunn trifft beim Olandberg der Zugang von Alt-Vogelseifen auf, der dort von der Straße Alt-Vogelseifen-Lichtewerden abzweigt. Zwischen Wiedergrün und Neu-Vogelseifen gab es keine direkte Straße. Neben den Feldwegen gab es eine Verbindung durch den alten Silberbergweg, welcher ebenfalls beim Oland auf die Straße Lichtewerden-Karlsbrunn auftraf.

Die Gemeinde grenzte im Westen an Klein-Mohrau, im Norden an Dürrseifen, im Nordosten an Altwasser, im Südosten an Alt-Vogelseifen und im Süden an Neu-Vogelseifen. 1939 wies Wiedergrün 262 Bewohner auf, deren berufstätige Angehörige hauptsächlich in der Land- und Forstwirtschaft tätig waren. 1869 hatte Wiedergrün noch 403 und 1921 noch 307 Einwohner. Die Gemeinde führt in ihrem Wappen einen silbernen Schild, der einen immergrünen Nadelbaum trägt und damit auf den Waldreichtum hinweist. Die Seehöhe beträgt 680 Meter und die Gesamtfläche 782 Hektar. Davon sind 242 Hektar Ackerland.

Wiedergrün wurde 1634 auf Veranlassung des ersten Deutschordens-Statthalters in Freudenthal, Georg Wilhelm von Elkershausen, genannt „Klüppel", gegründet. Von den damals 15 Ansassen hatte der Erbrichter Christian Graupner ein Stück Acker von zwei Schnur Breite. Neben ihm gehörte dem einzigen weiteren Bauern Thomas Patzoldt mehr Acker als dem Richter

selbst. Wahrscheinlich bildete dieses Bauerngut die Grundlage für den späteren Meierhof und dürfte als solcher bereits bei der Gründung des Dorfes vorgesehen gewesen sein. Alle anderen Ansassen waren Gärtner, die beim Meierhof ihre Robot ableisten mußten und denen man nur den Besitz von maximal drei Rindern gestattete. Es ist dies eine Verfügung, die wir in der Gründungsurkunde von Schreiberseifen wiederfinden. Zu den Fronen gehörte neben der Arbeit auf dem Wiedergrüner Meierhof auch das Malderholzmachen gegen eine geringe Entlohnung. Malderholz ist Meilerholz, das als Kohlholz für die Eisenverhüttung in Klein-Mohrau benötigt wurde. 1757 mußten u. a. die Alt-Vogelseifner 6 Klafter Ziegelholz von Wiedergrün abfahren, andere beim Wiedergrüner Meierhof Gras mähen und einige Wo-

Wiedergrün – Volksschule

chen später Hafer rechen und mit 10 Wagen zum Wiedergrüner Hof einfahren. Zum Wiedergrüner Erbgericht wird im Urbar von 1635 ausdrücklich gesagt, daß dieses nur solange von der Robot befreit ist, als der erste Richter Christian Graupner sein Besitzer ist.

Wiedergrün – Filialkirche, sie gehörte zum Kirchsprengel Alt-Vogelseifen

Wiedergrün – Gemeindegasthaus mit Löschdepot

Wiedergrün gehörte zur Pfarrei Alt-Vogelseifen und besaß als Filialkirche ein schmuckes altschlesisches Holzkirchlein mit einem Friedhof und einer offenen Kapelle aus dem Jahre 1748. An den jeweiligen Pfarrer in Alt-Vogelseifen war der Pfarrzehent zu entrichten. 1806 leistete der Wiedergrüner Erbrichter Josef Jahn und der „Freigütler" Karl Riedel zwei Viertel und zwei Metzen an Korn und das gleiche an Hafer an Zehent. Die Wiedergrüner Gärtner, Häusler, Ausgedinger und Inleute hatten pro Familie und Jahr sechs Kreuzer Zehent zu bezahlen.

Ausgangs des 17. Jahrhunderts unterrichtete der Alt-Vogelseifner Schulmeister auch die Kinder von Neu-Vogelseifen und Wiedergrün. Dafür bekam er von den 44 Bauern in Alt-Vogelseifen, den 36 Bauern in Neu-Vogelseifen und den 12 Gärtnern in Wiedergrün insgesamt 3 Taler, 3 Groschen und 6 Heller an Geld

sowie 160 Brote, 76 Wettergarben Korn und 80 Wettergarben Hafer im Jahr als Entgelt.

Wiedergrün – Die Postablage um 1914

1765 hatte die Deutschordensherrschaft Freudenthal die Zerstückelung der herrschaftlichen Meierhöfe durchgeführt. Auch der Meierhof in Wiedergrün wurde aufgelassen. Der Grundbesitz wurde stückweise gegen einen relativ günstigen Kaufpreis abgegeben. Der dabei abzugebende jährliche Zins blieb der gleiche. Bezüglich der fünf Viehtriebe im Raum Vogelseifen-Wiedergrün verglich sich die Herrschaft mit den Dörfern. Sie wurden der Gemeinde zum freien Genuß überlassen und die Pachteinnahmen konnte sie nach eigenem Ermessen verwenden. Von jedem Scheffel dieser Viehtriebe waren jährlich 18 Gulden Zins zu zahlen. Einer dieser Viehtriebe befand sich zwischen Wiedergrün und Neu-Vogelseifen. 1830 wurde auch Wiedergrün von Geometern vermessen und eine eigene Gemeindemappe und ein Parzellenbuch angelegt. 1835 gab es in Wiedergrün einen Müller, einen Schneider, einen Bäcker, einen Zimmermeister, einen Gemischtwarenhändler und zwei Gasthäuser.

Zum Dorf gehörte auch eine eigene Volksschule. Der um 1905 gegründete Schulhellerverein hatte es sich zur Aufgabe gemacht, durch Mitgliedsbeiträge und Spenden jedes Jahr eine Weihnachtsfeier mit kleinen Geschenken für die Wiedergrüner Schulkinder durchzuführen. Der letzte Schulleiter war Oberlehrer Josef Hubalek.

Wiedergrün – Forstverwaltung

Die Försterei in Wiedergrün im Jahre 1966

Wiedergrün – Gasthaus Schober um 1914

Im Jahre 1910 gründeten neun Bürger der Gemeinde, darunter auch der damalige Bürgermeister Moritz Schittenhelm in Wiedergrün eine Freiwillige Feuerwehr. 1913 konnte für sie ein neuerbautes Gerätehaus eingeweiht werden. Letzter Wehrführer wurde 1940 Bauer Josef Rotter vom Haus Nr. 13. Seit 1921 gab es im Ort eine Landwirtevereinigung.

1930 erfolgte der Anschluß an das elektrische Stromnetz. Einige Bauern besaßen eine eigene Wasserleitung, andere Brunnen mit Pumpen.

Letzter Bürgermeister von Wiedergrün war Emil Hadwiger von Nr. 43.

Wiedergrün besaß insgesamt 60 Hausnummern. Im Ersten Weltkrieg sind 10 Söhne gefallen oder vermißt, im Zweiten Weltkrieg hat die kleine Gemeinde Wiedergün 40 Kriegsopfer zu beklagen. Hinzu kommen noch zwei weitere Personen, die im Ortsbereich von Wiedergrün von einer Mine getötet wurden, sodaß 16% der Wohnbevölkerung von 1939 im Kriege ums Leben kamen.

Wiedergrün – Fleischerei Schmidt und Gasthof zum Touristen

Wiedergrün – Dorfstraße um 1914

Wiedergrün – Feuerwehrfest

Wiedergrün – Totalansicht

Wockendorf, südlicher Teil mit Erbgericht. Im Hintergrund der Köhlerberg

Wockendorf

Im Zusammenhang mit der Gründung der Stadtdörfer von Bennisch scheint auch Wockendorf im ausgehenden 13. Jahrhundert entstanden zu sein. Der Name wird von Wok von Krawarn, dem Schwiegersohn des Böhmenkönigs Ottokar II. (1253 – 1278), abgeleitet. Wockendorf wird in der Schenkungsurkunde Benesch d. J. von Branitz (einem Abkömmling des vorgenannten Wok von Krawarn) an das Kloster Hradisch vom 12. Mai 1288 erstmals genannt.

Die wirtschaftlichen Grundlagen ergaben sich aus dem Vorkommen von Silber, Blei und Eisen. Die zum Abbau der Erze und zur Gewinnung der Metalle erforderlichen großen Holzmengen lieferten die Wälder zwischen Bennisch und Freudenthal. Diese kamen nach 1470 in den Besitz der wohlhabenden Herren von Würben auf Freudenthal. 1474 verwüstete der Ungarnkönig Matthias Corvinus auch Wockendorf und viele Nachbarorte. Etwa 50 Jahre später erfolgte die Neubesiedlung. Seit 1621 gehörte die Gemeinde dem Deutschen Orden. Der Ortsname Wockendorf blieb bis 1945 bestehen; seitdem ist es mit Milkendorf zusammengeschlossen und heißt Milotice.

Die Gemeindeflur erstreckt sich über das Hochplateau zwischen Freudenthal im Westen, Bennisch im Osten und Langenberg im Süden. Im Norden senkt sich der Ort mit Milkendorf talabwärts zur Oppa. Das Oberdorf mit der Kirche weist eine Meereshöhe von 600 m auf, das Niederdorf von 500 m. Der Hohe Stein im bewaldeten südöstlichen Höhenzug ist mit 699 m die höchste Erhebung des Ortes.

Die Verkehrslage ist günstig. Schon vor dem Ersten Weltkrieg erreichte man mit Postwagen die Bahnstationen Freudenthal (5 km) und Bennisch (6 km). Seit 1928 befuhren Linienbusse die Strecke Freudenthal-Bennisch und hatten einen fahrplanmäßigen Zwischenaufenthalt beim Wockendorfer Erbgerichtsgasthaus. Zur Bahnstation Milkendorf waren es vom Oberdorf aus 4, vom Niederdorf 3 km. Das Post- und Telefonamt befand

sich seit 1929 im Niederdorf. Der nächste Gendarmerieposten war seit 1919 im nahen Neu-Erbersdorf stationiert.

Wockendorf zählte 156 Häuser und erstreckte sich vom Neufeld im Süden bis zur Milkendorfer Grenze im Norden über eine Länge von mehr als 2 Kilometern. 1921 zählte Wockendorf 705 Einwohner. Die Bevölkerung war bis 1930 auf 642 und bis 1939 auf 621 Einwohner zurückgegangen. Im Ersten Weltkrieg fielen 24 Wockendorfer, der Zweite Weltkrieg forderte 48 Kriegsopfer.

Nach der Volkszählung vom 17. Mai 1939 gehörten (einschließlich der Familienangehörigen) 280 Personen zum Bereich Land- und Forstwirtschaft, 193 zu Industrie und Handwerk, 44 zu Handel und Verkehr, 13 zum Dienstleistungsbereich und 85 zum selbständigen Berufsleben.

Von der landwirtschaftlichen Betrieben wiesen 19 eine Fläche von weniger als 5 Hektar auf und waren damit Nebenbetriebe. Von den 53 Bauern besaßen 49 Hofgrößen im Ausmaß von 6 – 20 Hektar und weitere 4 mit mehr als 20 Hektar Grundfläche. Zur letzteren Gruppe gehörten die Bauernhöfe Nr. 1 Franz Exner mit 43 ha, Nr. 91 Fritz Zöllner mit 33 ha, Nr. 32 Johann Kün-

Wockendorf – Gesamtansicht von der Anhöhe auf der Straße nach Bennisch

Wockendorf, eine Gründung des 13. Jahrhunderts

zel mit 25 ha und Nr. 68 Rudolf Ihm mit 21 ha. Die Landwirtschaft des Franz Exner erreichte mehrfach gute Erfolge in der Pferde- und Rinderzucht.

An Handwerks- und Gewerbebetrieben bestanden: drei Kaufleute, zwei Gastwirte, zwei Fleischer, zwei Bäcker, zwei Schmiede, ein Schlosser, ein Wagner, ein Spengler, zwei Tischler, drei Schneider, eine mechanische Leinen- und Baumwollweberei und eine Bauunternehmung mit Ziegelofen.

Als Besonderheit ist die vom Oberlehrer i. R. Hubert Onderka, bekannt als „Bienenvater", in Wockendorf Nr. 34 gegründete „Erste Schlesische Imkerschule" zu nennen.

Die Katastralgemeinde Wockendorf umfaßte 1256 ha land- und forstwirtschaftliche Fläche. Hiervon befanden sich 465 ha Waldungen im Besitz des Deutschen Ordens. Das Gemeindeareal zählte 51 ha und 718 ha Äcker, Wiesen und Gärten waren in Privathand.

Wockendorf – Teilansicht, Aufnahme 1964

Der Feldbau umfaßte Roggen, Weizen, Gerste und Hafer, sodann Gemenge für Futterzwecke sowie Kartoffeln, Heu, Runkelrüben und Klee. Im kleineren Umfang wurden Erbsen, Mohn und Gemüse angebaut. Der Obstbau war zwar im gesamten Gemeindebereich möglich, doch nicht allzu ertragreich. An den Flachsbau erinnerten noch die Häuser Nr. 108 (Adolf Kühnel) und Nr. 109 (Alosia Steffke) an der Freudenthaler Straße. Sie waren einst Brechhäuser.

Zum jagdbaren Niederwild zählten Hasen, Rebhühner und Fasane. Zeitweilig kam auch Birkwild vor, das geschont wurde. Das Rehwild gedieh zufriedenstellend. Wildschweine, Füchse, Dachse und Marder waren nur vereinzelt anzutreffen.

Seit 1670 werden Kirchenbücher geführt. Die Dorfkirche „Maria Himmelfahrt" wurde 1675/76 erbaut. 1783 erhielt das Dorf eine Lokalie. 1802 wurde die letzte Orgel angeschafft. Im Turm der Kirche hingen zwei Glocken. Der 1/2 ha große Friedhof war um die Kirche angelegt und von einer Mauer umgeben. Der letzte Ortsgeistliche vor der Vertreibung war der Deutschordenspriester Petrus Pollak.

Das erste Schulhaus wurde 1769 samt Stall und Scheune aus Holz erbaut. Es wurde 1811 durch ein neues Schulhaus (Nr. 6) aus Stein ersetzt. Dieses diente nach 1911 als Gemeindegasthaus mit Lehrerzimmer, zeitweilig auch als Postamt. Das letzte Schulhaus entstand 1911 (Nr. 140) mit Schullehrerwohnung. Seit 1921 ist die Schule zweiklassig. Der damalige Schulleiter, Oberlehrer Stanke, war gleichzeitig auch Organist und Chorleiter.

Seit 1888 hatte Wockendorf eine gut ausgerüstete Freiwillige Feuerwehr. 1922 erfolgte der Anschluß der Gemeinde an das elektrische Stromnetz und seit 1932 besitzt Wockendorf eine Wasserleitung. Gemeinsame Einrichtungen mit Milkendorf waren die Kirche (seit 1783), die Raiffeisenkasse (1892), der christlichdeutsche Turnverein (1923), zwei Musikkapellen, eine Jagdgesellschaft und eine Molkereigenossenschaft (1897 – 1910).

Der Lehrer Karl Schneider schrieb die Geschichte von Wockendorf und Milkendorf. Die Familien Beutel (Nr. 22) und Kraus (Nr. 13) sind schon in den Pfarrmatriken des 17. Jahrhun-

Die Volksschule in Wockendorf, erbaut 1911

derts verzeichnet. Der letzte Bürgermeister war Ludwig Kutschker (Nr. 46); Josef Ihm (Nr. 90) war jahrzehntelang Gemeindesekretär, und Gustav König aus Bennisch war der letzte Oberlehrer. Am Gelöbnistag gedenken die Wockendorfer und Milkendorfer einer Unwetterkatastrophe am 19. Juli 1853. Eine weitere Unwetterkatastrophe im Sommer 1922 führte zu großen Überschwemmungen. Ab Februar 1946 begann der Abtransport der Wockendorfer Bevölkerung von Freudenthal aus im Viehwaggon in die amerikanische Zone Restdeutschlands. Die Landsleute fanden besonders in den Landkreisen Memmingen, Neu-Ulm, Donauwörth und Nördlingen Aufnahme. Diese Vertreibungsaktion war im Oktober 1946 beendet. Ab diesem Zeitpunkt hatte Wockendorf keine deutsche Bevölkerung mehr.

Und so redeten die Wockendorfer: „S es köet, gie ein Wööd und hüe Hööz!"

Würbenthal – Gesamtansicht

Würbenthal

Die Stadt Würbenthal hat eine Seehöhe von 559 Metern und liegt am 50. Grad nördlicher Breite in einem fast ringsum von bewaldeten Bergen umgebenen Talkessel des waldreichen Mittelgebirges. Von diesen Bergen ist der Hohe Berg mit 1023 Metern die höchste Erhebung und ein beliebtes Ausflugsziel. Auch die spärlichen Überreste der einstigen Burg Fürstenwalde auf dem Schloßberg im Westen der Stadt lockten Interesssenten an. Landschaftlich ist dieser Talkessel außerordentlich reizvoll, und Würbenthal hatte deshalb in Konkurrenz mit dem als Kurort ausgewiesenen Karlsthal die meisten Feriengäste im Kreis Freudenthal.

Während sich im unteren Stadtteil an der Oppa, wo die Staatsstraßen von Freudenthal, Freiwaldau und Zuckmantel sowie die Bezirksstraße von Römerstadt/Karlsbrunn einmündeten, der Hauptverkehr abspielt, liegt der Mittelpunkt und zugleich älteste Stadtteil um den Ringplatz auf einer Anhöhe. Hier haben wir auch den Vorgänger Würbenthals, das Städtlein Gesenk – ebenfalls eine Bergstadt – zu suchen, von der wir in einer Urkunde vom 24. August 1348 erfahren, daß es unterhalb der Burg Fürstenwalde lag und in diesem Jahr erneut aufgebaut wurde. Aber schon 1506 muß es ebenso wie die Burg Fürstenwalde wieder eingegangen sein, denn wir hören von beiden nichts mehr. Erst im Jahre 1608 ließ der damalige Herr der Herrschaft Freudenthal, Hynek von Würben, an der Stelle dieses Städtleins

mit dem Bau der neuen Bergstadt Würbenthal beginnen und gab ihr vorbehaltlich der nachträglichen kaiserlichen Genehmigung 1611 ihre Bergwerksprivilegien. Den ersten ansässig gewordenen Bewohnern gewährte man eine zinsfreie Anfangszeit von sechs Jahren. Kurz vor Ablauf dieser Frist, noch ehe Hynek beim Kaiser um die erforderliche Bestätigung der erteilten Privilegien einkommen konnte, starb er, und seine Gläubiger behielten die inzwischen stark verschuldete Herrschaft als Pfand zurück. Daher

Würbenthal – Bahnhofstraße

blieben auch die Untertanen Würbenthals weiterhin ohne Zinsbelastung. Erst als am 27. Mai 1617 Johann der Jüngere von Würben der Herrlitzer Linie die Herrschaft, nach der sich die Würben Bruntalsky nannten, eben wegen dieses Namenszusatzes zurückkaufte, mußte auch Würbenthal die gebührlichen Zinsen an das herrschaftliche Rentamt nach Freudenthal abliefern.

Bildstock bei Würbenthal

Blick auf Würbenthal

Johann der Jüngere war, wie seine Vorfahren sowie spätestens seit 1543 auch die Herrschaft Freudenthal und mit ihr die Stadt Würbenthal, protestantisch. Dessen erste Untertanen hatten mit Erlaubnis der Obrigkeit ein Haus erbaut, in dem sie predigen ließen. Nach der vernichtenden Niederlage der protestantischen Union 1620 am Weißen Berge bei Prag mußte Johann der Jüngere fliehen, der Kaiser zog die Herrschaft Freudenthal als erledigtes Lehen ein und übergab sie 1621 dem Deutschen Orden. Die für diesen notwendigen Rekatholisierungsbestrebungen fielen daher bereits in den katholisch-protestantischen Dreißigjährigen Krieg. Im Herbst 1626 eroberten die eingefallenen Dänen Freudenthal. Mit der Stadt gehörte ihnen auch die gesamte Herrschaft, aber schon im Juli 1627 vertrieb sie Wallenstein wieder.

Am schlimmsten erging es Würbenthal in diesem Krieg am 31. Oktober 1645, als der schwedische General Königsmarck die Stadt im Sturm nehmen, von seiner verrohten Soldateska plündern und anschließend in Brand stecken ließ. Außerdem wurden Untertanen als Geiseln zur Erpressung von Lösegeld mitgenommen. Noch zwei Jahre später überstieg die Zahl der wüsten mit 62 die 49 bewohnbaren Gebäude. Aber schon 1651, ein Jahr nach dem Abzug der Schweden aus unserer Heimat, waren nur mehr sechs Häuser wüst.

Im Österreichisch-Preußischen Krieg 1866 besetzten preußische Truppen für kurze Zeit Würbenthal, verhielten sich jedoch gegenüber der Bevölkerung korrekt.

Da die freien Bergstädte in keinem direkten Untertänigkeitsverhältnis zur Herrschaft standen und auch das Recht des unbeschwerten Zu- und Abzugs hatten, konnten sie der Rekatholisierung durch den Orden den größten Widerstand entgegensetzen. Aus Würbenthal sind uns nach dem Abzug der Dänen (1627) 104 Einwohner namentlich bekannt, die während der Besetzung durch die Dänen zum protestantischen Glauben zurückgekehrt waren.

Erst nach etwa 1880 gab es in Würbenthal wieder evangelische Gottesdienste, die der Hillersdorfer Pfarrer Kolatschek in Ermangelung der Kirche in einem Gasthaus hielt. Kurz vor 1914 bekam Würbenthal eine Predigtstelle, und 1922 wurde die Stadt eine Zweiggemeinde der Mutterkirche Hillersdorf. 1932 konnte in der käuflich erworbenen Direktorvilla der liquidierten Jutespinnerei ein Betsaal eingerichtet werden. Bei der Volkszählung am 17. Mai 1939 waren 374 Personen der 3994 deutschen Bewohner evangelische Christen. Letzter evangelischer Seelsorger von Würbenthal war der aus der Slowakei stammende Pfarrer Karl Kautz.

Noch vor Ende des Dreißigjährigen Krieges war auch Würbenthal katholisch. Es ist wohl kaum daran zu zweifeln, daß die Stadt kurze Zeit nach der Herrschaftsübernahme durch den Orden 1621 eine – vorerst noch hölzerne – Kirche besaß. An ihrer Stelle ließ der damalige Ordensstatthalter „Klüppel" 1634 mit dem Bau einer steinernen Kirche beginnen, in der schon 1637, noch vor der Weihe, Messen gelesen werden durften. Weil diese Kirche wegen der inzwischen schnell gewachsenen Anzahl der Gläubigen zu klein geworden war, begann man 1837 mit der Planung und dem Bau der heutigen Stadtpfarrkirche St. Michael, in der bereits 1839 Gottesdienste stattfinden konnten, aber der Bau mußte bis 1843 ruhen, da sich Risse im Mauerwerk zeigten und der Turm sich vom Kirchenschiff löste. Erst am 29. September 1844 wurde die Kirche geweiht. Würbenthal gehörte zur Pfarrei Engelsberg und erhielt erst am 3. Dezember 1722 nach einigen ergebnislosen und teilweise strittigen Versuchen einen eigenen Kaplan als Seelsorger, der erst am 7. März 1843 durch einen Pfarrer

Würbenthal – Hotel Riedel, daneben das Kino

ersetzt wurde. Als die Pfarrei 1857 unter Ordenspatronat gestellt worden war, kamen Deutschordens-Schwestern für die Krankenpflege und den Mädchenunterricht nach Würbenthal. Letzter Pfarrer war P. Heinrich Benscher.

Da mit der Einäscherung des Gemeindehauses 1849 auch die darin untergebrachte Schule obdachlos geworden war, konnte erst 1858, nach einer Zeit des Unterrichts in Privathäusern, der Schulbetrieb in der eben fertiggestellten Knaben-Volksschule aufgenommen werden. Die Mädchen wurden von Deutschordens-Schwestern im Kloster unterrichtet. Als die Knabenvolksschule 1890 in einen Neubau in der Berggasse verlegt worden war, wurde aus der alten Knabenvolksschule und hinzugekauften Gebäuden eine Mädchenvolksschule errichtet. Am 16. September 1910 begann der Unterricht an der neuerbauten Bürgerschule. Die 1878 eröffnete Fachschule der Holzindustrie mußte 1902 wieder aufgelassen werden.

Würbenthal – Ringplatz mit altem Bezirksgericht und Gemeindeamt

Noch während des Dreißigjährigen Krieges arbeiteten 1641 in den Eisenzechen von Seitendorf, Klein-Mohrau und Würbenthal 9 Steiger, 16 Hauer und 10 Knechte, aber nach Kriegsende wurde der Bergbau in Würbenthal eingestellt. 1671 schlossen sich die Ordensherrschaft Freudenthal und die beiden Bergstädte Engelsberg sowie Würbenthal zusammen, um in der Maria-Hilfs-Zeche in Dürrseifen den Goldbergbau wieder zu beginnen, aber 1742 mußte er, weil er unrentabel war, eingestellt werden. Wie die Erbhuldigung von 1684 ergeben hatte, besaß die Stadt außer den im Bergbau Beschäftigten sowie den Handwerkern auch 16 Bürger mit Ackerbesitz, 28 Tagelöhner mit kleinen Gärten, 20 kleinen Häuslern, 25 zum Hausgesinde zählend sowie 31 Knechte und Mägde, also noch ein stark ausgeprägtes kleinbäuerliches Element, das sich aber durch die im 19. Jahrhundert einsetzende Industrialisierung rasch verkleinerte. Im Jahre 1800 gründete Ferdinand Rösler eine Bleicherei mit Zwirnerei, die – vom Handbetrieb zu einer maschinellen Zwirnfabrik modernisiert – ab 1847 den Namen Grohmann & Co. führte. 1840 errichtete Caspar Eisenbach eine Eisen-, Stahl- und Waffenfabrik, welche 1858 in die Flachsspinnerei Eduard Grohmann umgewandelt wurde. In der 1740 von Anton Heider erbauten Glasfabrik richtete Adolf Grohmann eine Drahtzieh-, Drahtstifte- und Kettenfabrikation ein, die man später nach Oderberg verlegte, während die Würbenthaler Fertigungsräume zur Herstellung von Drahtzäunen, Kleinmetall- und Stahlwaren dienten. Die 1855 von Moritz Richter in Betrieb genommene Fabrik chemischer Produkte vereinigte sich 1894 mit der von Adolf Richter erbauten Glasfabrik, deren

Winterfreuden in Würbenthal 1911

Räume später von der Drahtbürstenfabrik E. Tannert & J. Lessmann gekauft wurden. Die 1884 errichtete und anfänglich nicht recht gedeihende Flachsspinnerei änderte man daraufhin in eine Jutespinnerei und -weberei. Deren Aktienkapital übernahm beim Fall des Olmützer Bankhauses Primavesi 1924 eine tschechische Gesellschaft, welche die 1931 einsetzende Wirtschaftskri-

Die Stadtpfarrkirche St. Michael in Würbenthal

Würbenthal am Abhang des Hohenberges (1023 m)

se dazu benutzte, das Würbenthaler Werk stillzulegen und dessen gesamte Belegschaft zu entlassen. Etwa 550 Arbeitskräfte verloren dadurch ihren Arbeitsplatz. Die dazugehörige und 1932 zum Verkauf anstehende Direktorvilla wurde von der evangelischen Filialkirche Würbenthal erworben und darin der Betsaal eingerichtet. 1879 übernahm der Zimmermeister Josef Nitsch das Brettsägewerk Feik & Grohmann, und 1891 verlegte der Jägerndorfer Ferdinand König die Holzspund- und Korkenfabrik in die von ihm erworbene Würbenthaler Bannert-Mühle.

Gemüsemarktstand in Würbenthal

Der untere, im Talkessel an der Oppa gelegene Stadtteil mit den heutigen Industriebetrieben nimmt alle durch Würbenthal laufenden Verkehrsverbindungen auf. Die Oppatalstraße Würbenthal-Neu-Erbersdorf schließt sich dem Lauf der Schwarzen

Oppa an und führt flußabwärts von Würbenthal nach Karlsthal, Pochmühl, Breitenau/Markersdorf, Schreiberseifen/Kunau und erreicht in Neu-Erbersdorf die Reichsstraße Freudenthal-Jägerndorf. Denselben Verlauf nimmt die seit dem 19. November 1880 eröffnete, 19 km lange Bahnlinie Würbenthal (Endstation) über Grokohaltestelle, noch in Würbenthal (seit 1936), Karlsthal, Pochmühl (Haltestelle), Breitenau, Schreiberseifen (Haltestelle), Kunau (Haltestelle mit Industriegleisen) nach Neu-Erbersdorf (später Erbersdorf/Milkendorf), wo sie Anschluß an die auch von Schnellzügen befahrene Bahnstrecke Olmütz-Freudenthal-Jägerndorf-Troppau hat. Von Würbenthal erreicht man über Buchbergsthal den höchstgelegenen Ort des Kreises, das kleine Dörflein Gabel mit seiner malerischen Holzkirche. Eine weitere Bezirksstraße geht über Ludwigsthal nach Karlsbrunn, das auch

Das Kriegerdenkmal in Würbenthal

durch eine gute Straße mit Klein-Mohrau verbunden ist. Die wichtigste Verbindung ist aber die Reichsstraße Nr. 148, die von Wien über Olmütz, Freudenthal, Engelsberg nach Würbenthal und von dort über Einsiedel nach Norden (Neisse, Breslau) führt. Dies war auch die ehemalige Poststraße von Wien nach Breslau, die jedoch ursprünglich Freudenthal ausschloß, und ihr Weg ging von Olmütz über Braunseifen, Wildgrub, Alt-Vogelseifen, Lichtewerden nach Engelsberg und von dort über den Annaberg nach Würbenthal. Für den Postverkehr auf dieser Straße wurde Würbenthal 1748 Postzwischenstation.

Einmarsch der Deutschen Wehrmacht am 7. 10. 1938 in Würbenthal

1920 verkehrten die ersten Omnibusse von Freudenthal nach Würbenthal. 1910 führte man die elektrische Straßenbeleuchtung ein, und bei dieser Gelegenheit ließ sich auch der größte Teil der Haushalte an das Stromnetz anschließen. Bei der Volkszählung am 17. Mai 1939 hatte Würbenthal eine fast ausschließlich deutsche Bevölkerung von 3994 Personen in 1285 Haushaltungen.

Außer den 36 verschiedenen Vereinen und Verbänden Würbenthals, zu denen neben der Freiwilligen Feuerwehr, dem Kameradschaftsbund gedienter Soldaten, einem Männergesangverein, die Mittelschulverbindung, Studentenschaft Teutonia, ein Eislaufverein sowie auch Turn- und Sportverbände – darunter bereits ein Mädchen-Handball-Club Groko – gehörten, hatte die Stadt, wie nur noch Engelsberg und Zuckmantel (beide wie Würbenthal Bergstädte) eine Bürgergarde. Diese hatte wahrscheinlich ihren Ursprung in einer Bergknappengarde der Gründungszeit, deren Aufgabe im letzten Jahrhundert die Teilnahme bei vereinskommunalen oder kirchlichen Festen und Feierlichkeiten war.

Innenansicht der Stadtpfarrkirche in Würbenthal mit der 4 m hohen geschnitzten Holzfigur des Erzengel Michael über dem Hauptaltar

Würbenthaler Rauchfangkehrer mit Motorrad

Zattig – Gesamtansicht, links im Hintergrund der Meierhof

Zattig

Die Gemeinde Zattig liegt drei Kilometer südöstlich von Groß-Herrlitz, unweit der von Freudenthal nach Troppau führenden Reichsstraße. Mit einer Seehöhe von 270 m ist sie die am niedrigsten gelegene Gemeinde des Kreises. Geographisch gehört Zattig bereits zum Vorland der Troppauer Bucht. Die Entfernung zur Kreisstadt Freudenthal betrug 28 km, nach Bennisch 15 km und nach Troppau nur 12 km. Deshalb erledigten die Zattiger Bürger ihre geschäftlichen und wirtschaftlichen Angelegenheiten zumeist in Troppau. Die nächsten Bahnstationen waren Skrochowitz an der Bahnstrecke Troppau-Jägerndorf oder Eckersdorf an der Strecke Troppau-Bennisch. Eine von Groß-Herrlitz und eine von Eckersdorf kommende Bezirksstraße führte durch Zattig weiter nach Troppau.

Die Gemeinde liegt an einem Osthang und ist nach ihrer Anlage ein Waldhufendorf. Die Höfe reihen sich nebeneinander entlang der Straße. Außer der Hauptstraße hatte Zattig noch die Freiseite, im Volksmund die schmale Seite genannt. Der Name Freiseite stammt der Überlieferung nach vom einstigen Freigut „Fritzenhof" ab. Dieser Freihof besaß ein Ausmaß von 150 Hektar. Mitte des 17. Jahrhunderts wurde der Besitz zu je 20 Hektar an leibeigene Bauern aufgeteilt, die dadurch Freibauern wurden.

An Gewässern war Zattig verhältnismäßig arm. Im Süden flossen zwei kleinere Bäche, die Radisch und der Welkabach. Letzterer bildete die Markungsgrenze zur Nachbargemeinde Glomnitz. Im Osten befanden sich der Kamenzer-, der Jamnitzer- und der Smirsla-Bach und im Norden der Lenikenbach. Nicht zu übersehen war der in der Ortsmitte liegende Dorfteich, wo sich täglich hunderte von Gänsen und Enten erfrischten. Weiter sind noch der Fischteich des Emil Kral und zwei aufgelassene Schieferbrüche von Rudolf Just und Rudolf Palzer zu nennen.

Zur Gemarkung Zattig gehörte auch noch das 300 Hektar große Gut, der sogenannte Meierhof. Er war Eigentum der Grafen von Bellegarde und wurde bei der Bodenreform im Jahre 1924 enteignet und unter vier tschechische Bauern aufgeteilt. Es entstanden drei Höfe zu je 20 Hektar und ein Gut mit 160 Hektar. Die restlichen 80 Hektar des Meierhofes wurden an tschechische Bauern von Glomnitz verteilt.

Zattig hatte ein Katastralausmaß von 1140 Hektar. Davon entfielen 897 ha auf reine Ackerbaufläche. Auch ansehnliche Waldflächen waren vorhanden, darunter der 61 ha große Gemeindewald.

Zattig war eine reine Bauerngemeinde. Es bestanden 47 landwirtschaftliche Betriebe. Von ihnen wiesen sieben einen Grundbesitz unter 5 ha auf. Zwölf Bauern besaßen 5 – 10 ha Land, weitere elf 10 – 20 ha und acht Bauern 20 – 30 ha Grund und Boden.

Zattig – Blick auf Gemeindegasthaus, Erbrichterei und Dorfkirche

Zattig – Dorfstraße mit Kirche und Friedhof

Zattig – Die Erbrichterei Nr. 23 des Leo Just,
sie war seit 1683 im Familienbesitz

Neun Betriebe waren über 30 ha groß. Als Form der Hofvererbung war nur das sogenannte Anerbenrecht bekannt, wonach der Hof immer geschlossen auf den Nachfolger überging. Die übrigen Erben erhielten eine Abfindung in Geld, auch war es üblich ein Stück Rindvieh mitzugeben. Es ist daher nicht vorgekommen, daß Höfe durch Aufteilung unter mehreren Geschwistern zerschlagen wurden.

1930 zählte die Gemeinde 109 Häuser mit 472 Einwohnern. Von ihnen bekannten sich 468 zur katholischen Konfession. Vor dem Ersten Weltkrieg war die Bevölkerung rein deutsch. 1930 lebten in Zattig 382 deutsche, 56 tschechische oder slowakische und 35 sonstige Einwohner. Unter den letzteren befanden sich auch deutsche bzw. österreichische Staatsbürger. Die Gemeinde Zattig grenzte an drei Seiten an die tschechischen Gemeinden Kamenz, Jamnitz, Birkowitz, Neuhof und Glomnitz sowie an die deutschen Dörfer Eckersdorf, Brättersdorf, Koschendorf und Groß-Herrlitz. Die Gemarkung teilte sich in die Riede Oberfeld, Unterfeld und Hoferbe auf. Im Ried Oberfeld lagen die Flurstücke Vorderes und Hinteres Viertel, Grenzberg, Lenikenbach und Bei Simons Mühle. Das Ried Unterfeld wies die Fluren Pariselberg, Fritzenwald, Halbe Hube, Jamnitzer Berg, Smirsla, das Zugeteilte, Niederwelka und Hradisch auf, und das Ried Hoferbe gliederte sich in die Fluren Hoftrieb und Welka.

Zattig gehörte zur Pfarrgemeinde Groß-Herrlitz. Die schöne Filialkirche „Maria Heimsuchung" wurde 1865 anstelle eines al-

Das Gemeindegasthaus Nr. 17 in Zattig

ten Holzkirchleins errichtet. In ihr wurden jährlich neun Gottesdienste abgehalten. Sehr bekannt war der Zattiger Jahrmarkt an Maria Himmelfahrt, am 15. August. Er wurde scherzhaft auch Zattiger „Gurkenmarkt" genannt. Im Jahre 1683 widmete der Zeugmeister Leonhard Gentner der Kirche in Zattig ein Meßbuch, das er als Beutestück aus dem Türkenlager bei der Belagerung Wiens gefunden hatte.

Die Zattiger Grundbücher beginnen bereits 1621, die Kirchenbücher 1646. Dem Zattiger Bauern Rudolf Tschirmer verdankt die Gemeinde mustergültige Aufzeichnungen über den bäuerlichen Besitz, die bis zur Vertreibung fortgeschrieben werden konnten. Die Arbeit beginnt mit dem Urbarium von 1601. Aus diesem ist zu ersehen, daß die Ansiedler jenes Jahres fast ausschließlich slawische Namen aufweisen. Diese slawischen Namen kommen jedoch bereits 1620 nur noch vereinzelt vor und sind etwa ab 1646 fast völlig verschwunden. Im Dreißigjährigen Krieg wurden Zattig demnach eine rein deutsche Gemeinde. Ob Zattig bereits früher einmal deutsch besiedelt gewesen ist, läßt sich nicht mit Sicherheit feststellen. Seine Anlage als Waldhufendorf spricht aber dafür. Fest steht, daß Zattig urkundlich bereits 1228 auftritt und in Zusammenhang mit Klöstern und Adelsgeschlechtern gebracht wird, in deren Besitz es sich befunden haben soll.

Der Boden war durchschnittlich gut und eignete sich besonders für den Anbau von Industriekartoffeln. An Getreide wurden alle Arten angebaut, an Hackfrucht neben Kartoffeln auch Zuckerrüben.

Die Zattiger Brennereigenossenschaft verarbeitete Kartoffeln zu Spiritus. Eine Molkereigenossenschaft sorgte für die Verwertung der Milch. Die bäuerliche Bevölkerung fand in den landwirtschaftlichen Vereinen, in der Landständischen Jungmannschaft, in der Jagdgesellschaft und im Imkerverein ein reiches Betätigungsfeld. An geselligen Veranstaltungen waren das Saatreiter- und das Rekrutenkränzchen sehr beliebt. Zum geselligen und kulturellen Leben trugen weitere Vereine bei. Die Freiwillige Feuerwehr wurde 1893 gegründet. Sie erhielt 1931 eine Motorspritze. Langjähriger Kommandant war Otto Koschatzky. Aus der Feuerwehr ging 1922 eine Musikkapelle hervor. Kapellmeister war Hugo Alscher, zuletzt Richard Bransch. Die Leitung des 1930 gegründeten Deutschen Turnvereines oblag den Brüdern Alois und Otto Koschatzky. Die Jugendgruppe des Bundes der Deutschen veranstaltete zusammen mit dem Turnverein Theaterabende, Schauturnen und gesellige Veranstaltungen.

Die Windmühle Simon in Zattig

Zattig – Trachtengruppe

Zattig – Bürgermeister Walter König mit Rekruten des Jahrgangs 1933

An Handel- und Gewerbebetrieben waren zwei Wagner, zwei Schmiede, ein Bäcker, ein Metzger, ein Tischler, zwei Schuster, ein Schneider, zwei Kaufläden und zwei Gasthäuser vorhanden.

Am 6. Mai 1945 wurde Zattig von russischen Truppen besetzt. Es entstand ein unbeschreibliches Chaos. Viele Männer und Frauen flüchteten in den Wald. Wurden sie entdeckt, waren sie ungezählten Brutalitäten ausgesetzt. Besonders Frauen wurden immer wieder vergewaltigt. Die Häuser wurden geplündert und das Vieh aus den Ställen geholt. So wurden an einem Tag hundert Pferde den Bauern abgenommen, um Beutegüter abzufahren.

Am 27. April 1946 wurde der erste Transport mit 120 Personen ins Aussiedlungslager nach Freudenthal gebracht. Bis zum Herbst 1946 war die gesamte deutsche Bevölkerung von Zattig mit drei Transporten aus ihrer angestammte Heimat vertrieben.

Die Volksschule in Zattig

Zattig – Aufstellung der Saatreiter zum Osterumritt

Zossen – Gesamtansicht

Zossen

Das Waldhufen-Reihendorf Zossen liegt 18 km östlich von Freudenthal und 6 km nordöstlich von Bennisch genau am 50. Breitengrad. Es liegt in einem schönen Tal in den Ausläufern des Niederen Gesenkes, das sich hinter Braunsdorf in Richtung Troppau über die Oppa und die Staatsgrenze hinweg zur fruchtbaren Ebene ausweitet. Die Gemeinde verläuft in Ost-West-Richtung und weist eine Länge von 2 km auf. Sie grenzt im Nordwesten an Lichten (4 km), im Norden an Aubeln (4 1/2 km) mit der Kolonie Jagdhase (3 km), im Osten an Braunsdorf (7 km) und Groß-Herrlitz (7 km), im Süden an Klein-Herrlitz (3 km) und Seitendorf (4 km) sowie im Südwesten an Bennisch. Die Meereshöhe beträgt 401 m. Die höchste Erhebung befindet sich im Großwald in Richtung Bennisch. Sie erreicht eine Höhe von 583 m und liegt unweit der Kolonie Frobelhof, die unter dem Namen „Waldhäuser" besser bekannt war. Weitere Berge im Ortsbereich sind der Annaberg (460 m), der Eich- oder Freiberg (469 m), der Haiken-Geiersberg (459 m) und die Mühlberge.

Zossen liegt abseits des Durchgangsverkehres, denn die Reichsstraße Freudenthal-Troppau führt durch Klein-Herrlitz an Zossen vorbei. Auf ihr konnte man mit Omnibussen die Städte Troppau, Bennisch oder Freudenthal erreichen. Sehr erfreuliche Abhilfe schufen in den dreißiger Jahren die Busunternehmer Franz Jüttner aus Bennisch und Josef Peiker aus Groß-Herrlitz, die Zossen verkehrsmäßig mit Freudenthal und Troppau verbanden. In den Wintermonaten mußte der Linienverkehr nach Zossen teilweise eingestellt werden, weil die hohen Schneeverwehungen nicht zeitgerecht geräumt werden konnten. Nach dem Anschluß des Sudetenlandes an das Deutsche Reich befuhren auch Reichspostomnibusse einige Zeit die Abzweigung nach

Zossen. Die Gemeinde hatte ein durchaus gutes, wenn auch nicht staubfreies Straßennetz aufzuweisen. Noch vor der Jahrhundertwende waren die Straßen nach Seitendorf und Braunsdorf ausgebaut worden. Die Straße nach Lichten wurde 1925, die Straße nach Bennisch 1928 und die Straße nach Klein-Herrlitz 1930 gebaut. Nächste Eisenbahnstationen waren Bennisch (7 km), Seifersdorf (8 km) und Braunsdorf-Skrochowitz (10 km).

Bei der Volkszählung von 1930 wurden 157 Häuser und 857 Einwohner gezählt. Von ihnen waren 822 Deutsche, 31 Tschechen, 3 Ausländer und ein Staatenloser. 1939 wies die Gemeinde 164 Häuser und 771 Einwohner auf. Von ihnen bekannten sich 764 zur katholischen und 7 zur evangelischen Kirche.

Das Katastralmaß der Gemeinde beträgt 1304 Hektar, wovon 719 Hektar als Ackerfläche genutzt wurden. Angebaut wurden Roggen, Hafer, Gerste, Weizen, Rüben, Kartoffeln und Mohn sowie zu Futterzwecken Mais (Pferdezahn). Früher wurde auch Flachs angebaut. An diese Zeit erinnert das Brechhaus am oberen Dorfende. Es diente zuletzt Wohnzwecken und war Gemeindebesitz.

Die Kirchenbücher von Zossen beginnen 1679, die Grundbücher 1729. Als letzter deutscher Bürgermeister amtierte Bauer Johann Kienel von 1919 bis 1945.

Weiter talaufwärts steht das Annabrünnel, dessen alte Holzkapelle 1925 durch einen Steinbau ersetzt wurde. Es war ein beliebter Wallfahrtsort, vor allem für die Bennischer Bevölkerung. Die Kapelle steht über einer Quelle, deren Wasser heilkräftige Wirkung bei Augenleiden haben soll. Sie bildet den Ursprung des Dorfbaches, der Horschina. Nach Speisung von Färbertümpeln, Löschwassersammelbecken und Mühlteichen mündet sie nach 12 km bei Skrochowitz in die Oppa.

Der tschechische Geschichtsforscher Vinzenz Prásek (1843 – 1912) aus Milostowitz bei Troppau verfaßte Ende des 19. Jahr-

Blick auf Zossen mit Pfarrkirche

hunderts eine historische Topographie des Oppalandes. Er erwähnt 1273 Sosnová, die heute noch gültige tschechische Bezeichnung für Zossen. Ansonsten wird Zossen erstmals in der Teilungsurkunde von 1377 erwähnt. Über die Herkunft des Ortsnamens bestehen nur Vermutungen, da ein Lokator nicht bekannt ist. Sosnová heißt kiefern/e und könnte mit den umliegenden Kiefernwäldern zusammenhängen. Es könnte vielleicht durch Siedler aus Zossen bei Berlin seinen Namen erhalten haben oder durch das Wortspiel „Sosn . . = Zossen". Das Dorf gehörte verschiedenen slawischen Besitzern, darunter den Herren von Stablowsky. 1608 wurde es in drei Teile aufgeteilt: den Schäferhof, den Freihof und den eigentlichen Meierhof. Während Schäferhof und Freihof allmählich in bürgerliche Händen übergingen, kaufte 1689 der aus Neu-Waltersdorf bei Glatz stammende Johann Julius Ritter von Frobel den Meierhof. Er und seine Nachkommen waren Wohltäter für Zossen. Die Nichte Antonia des letzten Frobel, Freiin von Eichstedt, verkaufte 1862 das Gut Zossen an den Fürsten Kinsky, der es noch im selben Jahr seiner Tochter Rudolfine als Morgengabe (Hochzeitsgeschenk) übereignete. Sie hatte kurz vorher den Grafen Franz von Bellegarde auf Schloß Groß-Herrlitz geheiratet.

Zossen war im 16. Jahrhundert protestantisch und gehörte nach der Gegenreformation als Filiale zur katholischen Pfarrei Braunsdorf (1622 – 1762). Die Kirche steht in der Ortsmitte und wurde 1727 mit Hilfe der Robot von Johann Julius Freiherr von Frobel, dessen Hauswappen über dem Haupteingang angebracht ist, in reinem Barockstil erbaut. Sie ersetzte die alte Holzkirche. Die Pfarrkirche in Zossen ist der hl. Katharina geweiht. Das Kirchweihfest mit anschließendem Jahrmarkt wird jedoch am Sonntag vor Anna (26. 7.) gefeiert. Mit dem Verkauf des Gutes Zossen ging auch das Patronatsrecht auf die Herrschaft Herrlitz der Grafen Bellegarde über. In die innere Kirchenrückseite sind zwei Relief-Grabplatten eingelassen. Die eine zeigt in Lebensgröße den 1556 verstorbenen Johann Ritter von Stablowsky, die andere seine Frau mit einem Kleinkind. Die Umschrift ist altslawisch. Die Gruft befindet sich in der Kirchenmitte; die der Ritter von Frobel unter dem Hauptaltar. Der jetzt zugemauerte Eingang zur Frobel'schen Gruft befand sich an der Südostseite der Kirche, wo auch heute noch die Grabtafeln aus Marmor in die Wand eingesetzt sind. Das Bild des hl. Johannes von Nepomuk stammt vom Kirschenmaler Ignaz Josef Raab (um 1750), die Orgel von 1893 von einer Firma aus Neutitschein. 1937 erfolgte die letzte Renovierung der Kirche.

Auf dem 1894 aufgelassenen Gottesacker rund um die Kirche steht das Kriegerdenkmal. Unweit der Kirche befinden sich zwei Standbilder aus Sandstein: das unter Denkmalschutz stehende, im Auftrag der Frobels im 18. Jahrhundert vom Troppauer Bildhauer Johann Georg Lehnert geschaffene des hl. Johannes von Nepomuk und das des hl. Florian von einem unbekannten Künstler.

Der höchste Feiertag für die Gemeinde war der Gelöbnistag, am nächsten Dienstag zum 27. Februar. Nach einem früheren Großbrand war 1851 am Faschingsdienstag um Mitternacht durch brennenden Speck im Hause Nr. 56 eine Feuerbrunst aus-

Das St. Annabrünnl in Zossen neu renoviert 1925

Die Pfarrkirche St. Katharina in Zossen

Die Volksschule in Zossen

gebrochen, die über 20 Gebäude, von der Erbrichterei in der Ortsmitte bis zur Schmiedgasse im Niederdorf, vernichtete. Am längsten war Pfarrer Amandus Schöner in Zossen (1900 – 1937). Letzter Pfarrer war von 1937 bis 1945 Alfons Thürmer aus Hermannstadt bei Zuckmantel.

Die erste Schule war im Haus des Bäckermeisters Josef Bittmann, Nr. 58. Um 1860 baute die Gemeinde das Haus Nr. 77 zur Schule aus. In diesem Haus befand sich bis 1945 das Postamt. 1905 entstand die heutige dreiklassige Volksschule mit großen und hohen Sälen, die kaum beheizt werden konnten. Zur Schule gehörte der neben der „Burg", Haus-Nummer 137, befindliche Schulgarten. Langjähriger Oberlehrer war Josef Au. Auf ihn folgte von 1942 – 1945 Oberlehrer Otto Anlauf.

Im Zuge der tschechoslowakischen Bodenreform wurden in Zossen 150 ha Felder und Wiesen sowie 300 ha Wald vom Besitz des Grafen Bellegarde enteignet und an tschechische Siedler übertragen. Nach der Bodenreform wurde mit der Tschechisierung des Dorfes begonnen. Im alten Schloß im Meierhof wurde eine tschechische Schule samt Kindergarten eingerichtet, die durch deutsche Kinder aufgefüllt werden sollte.

Die Bevölkerung erbaute im Gegenzuge um 1930 das „Goethe-Tageheim". In ihm wurde der deutsche Kindergarten, eine Lehrerwohnung und die Turnhalle untergebracht. Der zugehörige Spielplatz diente außerdem als Sport- und Festplatz.

In Zossen bestanden das Landwirtschaftliche Kasino sowie die Spar- und Darlehenskasse, beide seit etwa 1880. Die Landwirtschaftliche Spiritusbrennerei wurde 1893 gegründet und ging aus dem 1764 erbauten Bräuhaus hervor. Außerdem bestanden die 1902 gegründete Molkereigenossenschaft, die 1920

gegründete Elektrizitätsgenossenschaft sowie zwei Druschgenossenschaften. An Vereinen sind die 1885 gegründete Freiwillige Feuerwehr, der Verein „Heimatsöhne im Weltkrieg", der Musik- und Gesangsklub sowie der Deutsche Turnverein zu nennen.

An Handwerks- und Gewerbebetrieben bestanden zwei Handdruckfärber, sechs Gemischtwarenhändler, zwei Bäcker, zwei Fleischer, vier Gastwirte, zwei Gemüsehändler, ein Frächter, drei Schmiede, zwei Tischler, drei Schneider, drei Schuhmacher, ein Schlosser, ein Wagner, ein Friseur und drei Viehhändler.

Statue des hl. Johannes von Nepomuk in Zossen, von Joh. Georg Lehnert in Troppau 1749

Musikkapelle Zossen bei einem Schulfest am Spielplatz

Lebensbilder

Aus dem Gebiet unseres Heimatkreises ist eine beachtliche Anzahl von Personen hervorgegangen, die sich durch besondere Leistung verdient gemacht haben. Sie sind entweder im Kreisgebiet geboren und haben in der Heimat Wesentliches erbracht oder sie kamen von auswärts nach Freudenthal und seine Gemeinden und wirkten in ihnen verdienstvoll. Andere wiederum stammen aus dem Kreisgebiet, fanden in der Fremde ihren Lebensunterhalt und sind dort durch ihre Leistungen hervorgetreten. Wenn wir in diesem Buch rund 150 Namen nennen, so ist uns bewußt, daß wir längst nicht alle erfaßt haben, die eigentlich mit gleicher Berechtigung hätten angeführt werden können. Wir bitten daher unsere Leser um Verständnis, wenn möglicherweise Namen fehlen, die es „verdient" hätten genannt zu werden.

In unserer alphabetischen Namensliste sind Personen der verschiedensten Bevölkerungsschichten zu finden, unter ihnen Künstler, Geisteswissenschaftler, Wirtschaftler, Sozialarbeiter, Politiker, Kunsthandwerker, Kirchenfürsten und Heimatkundler. Nicht immer konnte ihnen die Heimat das geistige, wirtschaftliche und soziale Umfeld bieten, das nötig ist, um ein Talent zur Entfaltung zu bringen.

Ob sie nun zu Hause oder in der Fremde wirkten, eines ist allen gemeinsam: sie haben der Heimat Ehre eingelegt.

Es war nicht immer leicht, die Unterlagen hierfür zusammenzutragen und oft hat die Quellenlage bei der Aufnahme einzelner Personen den Ausschlag gegeben. Wertvolle Hilfe waren insbesondere die biographischen Abhandlungen von Paul Brückner, Paul Buhl, Adolf Gottwald, Josef Walter König, Hubert Partisch, Erwin Weiser und Otto Wenzelides.

Verwendete Abkürzungen für häufig wiederkehrende Quellen:
FHCH = Freudenthaler Heimatchronik
FL = Freudenthaler Ländchen
HJO = Heimatjahrbuch Ostsudetenland
ÖsdSt = Österreicher aus sudetendeutschem Stamme
SchO = Schrifttum des Ostsudetenlandes

Engelbert Adam

Der beliebte Volksschauspieler und Volksschriftsteller wurde am 1. 6. 1850 in Neu-Erbersdorf als Sohn des Wirtschafters Josef Adam und dessen Gattin Marie, geborene Weinmann, geboren. Nach dem Besuch der Volksschule in Neu-Erbersdorf absolvierte er fünf Klassen am Staatsgymnasium in Troppau. Aus wirtschaftlichen Gründen mußte er das Studium abbrechen. Sein schauspielerisches Talent entfaltete sich am Stadttheater in Troppau, wo er als Statist begann, bald aber größere Rollen erhielt. Sein Weg führte ihn 1868 an das Theater in Temeschburg. Von da an begann ein langjähriges Schauspieler-Wanderleben. Er kam an viele Theater europäischer Staaten und trat auch in Rußland auf. Er errang als Schauspieler erster Fächer einen guten Ruf und spielte Väter-, komische Charakterrollen und sang hervorragend als Opern-Baß-Buffo. Zu seinen bedeutendsten Rollen zählen: der Waffenschmied Hans Stadinger im „Waffenschmied", der Bürgermeister van Bett in „Zar und Zimmermann" und der starrköpfige Republikaner Verrinna in „Fiesko". In den Jahren 1904 – 1907 war er Gastwirt in Olmütz, ab 1910 Kinobesitzer in Freudenthal. Zwischendurch begann er mit dem Schreiben von Gedichten und Schauspielen. Sein Gedichtband „Jes und Das – Vo ons derhäm" erreichte vier Auflagen. Die Volksschauspiele „s'Ehrenamt" und „Vater Haymann" zählen zu seinen besten Arbeiten. Die Hauptrolle des „Vater Haymann" spielte Adam stets selbst. Das Schauspiel wurde in über sechzig Städten mehr als dreihundertmal aufgeführt. Engelbert Adam ist am 21. 12. 1919 in Freudenthal gestorben. Seine Mundartgedichte werden noch heute gern gelesen.

Lit.: Paul Buhl „Engelbert Adam", In: Troppau von A bis Z, S. 7. Jos. W. König „Adam, Engelbert". In: SchO, 1964, S. 11, Erwin Weiser: „Engelbert Adam". In: Vo ons derhäm. Jäs und das, 4. Auflage des Gedichtbandes (1956) von E. Adam, Helmut Rössler: „Engelbert Adam zum 120. Geburtstag". In: FL 1/1971, S. 8 ff.

Franz Karl Alter,

Dr. phil., geboren in Engelsberg am 27. 1. 1749, gestorben am 29. 5. 1804 in Wien, studierte an der Universität in Olmütz, trat 1766 in den Orden der Gesellschaft Jesu und hörte später Vorlesungen über Kirchengeschichte, die griechische und die hebräische Sprache an der Universität Prag, am Theresianum in Wien und am Gymnasium St. Anna und wurde Kustos an der Wiener Universitätsbibliothek. Er war ein bedeutender Philologe, der eine byzantinische Geschichte und viele Werke philosophischen und bibliographischen Inhaltes schrieb. Besonders erwähnt seien „Über gregorianische Literatur", „Beiträge zur praktischen Diplomatik", „Über Sanskridanische Sprache, vulgo Sanskrit" und „Über die tagalische Sprache".

Lit.: Hubert Partisch: ÖsdSt 3. Band, S. 170 und ÖsdSt 7. Band, S. 7.

Johann Caspar von Ampringen

Er wurde am 19. 1. 1619 als Sohn des Johann Christoph von Ampringen aus altem breisgauischen Adelsgeschlecht geboren. Nach dem Besuch einer Jesuitenschule und Pagendiensten am Kaiserhofe wurde er am 18. 7. 1646 in den Deutschen Ritterorden aufgeschworen und noch im gleichen Jahre Hauskomtur und Trappier in Mergentheim. Von hier kam er 1653 als Vizestatthalter nach Freudenthal, wurde 1655 Statthalter und bekleidete dieses Amt bis zu seiner Wahl zum Hochmeister des Ordens am 20. 3. 1664. Im Jahre 1673 ernannte ihn der Kaiser zum Zivil- und Militärgouverneur von Ungarn, von welchem Amt er 1679 resignierte. 1682 erhob ihn Kaiser Leopold I. zum Oberlandeshauptmann von Schlesien und verlieh ihm gleichzeitig die persönliche Würde eines Fürsten. So kam die Minderstandsherrschaft Freudenthal für kurze Zeit (1682 – 1684) in den Rang eines Fürstentums. Ampringen starb am 9. 9. 1684 im Alter von 65 Jahren in Breslau. Auf seinen ausdrücklichen Wunsch wurde sein Leichnam nach Freudenthal überführt und in der Kreuzkapelle der Pfarrkirche feierlich beigesetzt.

Ampringen hat sich in seiner Eigenschaft als Statthalter oft und lange in Freudenthal aufgehalten und war mit den Orts- und Wirtschaftsverhältnissen gründlich vertraut. Er bemühte sich, die wirtschaftlichen Schäden des 30jährigen Krieges in unserer Gegend wieder gutzumachen. Er ließ das stark verfallene Schloß in Freudenthal umfangreich instandsetzen und bestiftete es mit einer Lokalkaplanei. Auch die Verlegung des Friedhofes und der

Bau der Friedhofskirche sind sein Werk. Er erließ 1663 eine neue Schulordnung, 1667 eine neue Polizeiordnung und erfüllte 1672 die Bitten der Freudenthaler Bevölkerung durch ein umfangreiches Privilegium. In ihm gewährte er Vorrechte und Freiheiten, wie Markt-, Schank- und Gerichtsprivilegium, gewährte die bedingte Freizügigkeit, befreite sie von Zinsen, Roß- und Fußroboten, festigte die Zunftrechte und überließ der Stadt Bau- und Brennholz. So hob Ampringen auf der Gutsherrschaft Freudenthal bereits hundert Jahre vor Kaiser Josef II. die Leibeigenschaft teilweise auf.

Lit.: Erwin Weiser: „Zum 250. Todestage Ampringens, 9. 9. 1934". In: FL 1934, S. 64; derselbe: „Zum 275. Todestage Ampringens". In: FL 1959, S. 392 und 1960, S. 6.; Winfried Irgang: „Ampringen, Johann Caspar von". In: Freudenthal als Herrschaft des Deutschen Ordens 1621 – 1725.

Karl Auer,

geboren 1878 in Würbenthal, legte an der Wiener Universität die Prüfung für die Lehrbefähigung an Mittelschulen in Naturgeschichte als Hauptfach und Mathematik sowie Physik als Nebenfächer ab und war bis zu seiner Pensionierung Professor am Realgymnasium Wien VII. Er war ein ausgezeichneter Lehrer, der besonders für den Aufbau und die Ausgestaltung naturgeschichtlicher Lehrmittelsammlungen wegweisende Arbeit leistete. Er war Mitbegründer und Direktor der Gärtnerschule der Wiener Gartenbaugesellschaft, der viele Gärtner des Bundes und der Gemeinde Wien ihre fachliche theoretische Ausbildung verdanken. Auer war auch ein genauer Kenner des Schönbrunner Parkes und hat sich um die Anlage des darin befindlichen Botanischen Gartens verdient gemacht.

Lit.: Hubert Partisch: ÖsdSt 4. Band, S. 8.

Ernst Berl

In dem von der Bayerischen Akademie der Wissenschaften erarbeiteten großen Nachschlagewerk „Neue Deutsche Biographie" und im „Biographisch-literarischen Handwörterbuch der exakten Wissenschaften", nach seinem Begründer und ersten Herausgeber in Fachkreisen „Poggendorf" genannt, stoßen wir auf den Chemiker Ernst Berl aus Freudenthal, der als akademischer Lehrer und als Experimentator in Fachkreisen in Europa und in den Vereinigten Staaten Wesentliches geleistet hat.

Der am 7. Juli 1877 Geborene begann seine Studien in Wien und setzte sie in Zürich fort. An der Eidgenössischen Technischen Hochschule begann er seine Lehrtätigkeit, kehrte dann aber nach Wien zurück, wo er während des Ersten Weltkrieges die Explosivstoff-Abteilung im Kriegsministerium in Wien leitete. Im Jahre 1916 konnte er sich an der Wiener Technischen Hochschule habilitieren. An der Technischen Hochschule in Darmstadt hielt er von 1919 bis 1933 als ordentlicher Professor Vorlesungen über technische Chemie und Elektrochemie. 1933 ging er in die Vereinigten Staaten und lehrte am Carnegie-Institut (College of Engineering) of Technology in Pittsburgh (Pennsylvania), bis er 1944 in den Ruhestand trat.

Ernst Berl arbeitete über chemische Technologie, besonders trat er hervor mit Forschungen zum Bleikammerprozeß und zur Stickoxyd-Oxydation. Viele Auflagen erreichten seine Werke „Taschenbuch für die anorganisch-chemische Großindustrie" und „Chemisch-technische Untersuchungsmethoden" in vier Bänden. Am 16. Februar 1946 starb Ernst Berl als Emigrant in Pittsburgh.

Lit.: Poggendorf: Biographisch-literarisches Handwörterbuch der exakten Wissenschaften, Bayer. Akademie der Wissenschaften: „Neue Deutsche Biographie", „Prof. Dr. Ernst Berl". In: FL 8/1962, S. 293.

Josef Böhnel,

1879 in Bennisch geboren, war Mittelschulprofessor für Mathematik und Darstellende Geometrie und Direktor der Bundesrealschule Wien XIX. Nach 1938 war er in der Schulverwaltung des Reichsgaues Wien tätig und hat mit schlesischer Zähigkeit erfolgreich mitgeholfen, die in der ganzen Welt anerkannte Güte der österreichischen Schule vor den immer wieder versuchten Gleichschaltungsbestrebungen zu bewahren. Er erreichte, daß manche wertvolle Einrichtungen des österreichischen Schullebens auch in den übrigen Reichsgebieten eingeführt wurden.

Lit.: Hubert Partisch: ÖsdSt 5. Band, S. 12.

Paul Brückner,

geboren am 30. 9. 1900 in Lichtewerden, gestorben am 14. 3. 1972 in Wien, machte sich als Heimatschriftsteller einen Namen. Er war der Sohn eines Forstbeamten, der es ausgezeichnet verstand, die Liebe zur Altvaterheimat in dem Knaben zu wecken. Brückner war Buchhalter in Röwersdorf bei Jägerndorf, dann arbeitete er als Journalist in Lindewiese und Prag und wurde 1930 von der seinerzeit weitverbreiteten Tageszeitung „Morgenpost" als Berichterstatter nach Wien entsandt. Er hat sich vor allem als Biograph hervorragender Persönlichkeiten, deren Abstammung und Lebenslauf in der breiten Öffentlichkeit wenig bekannt waren, verdient gemacht. Im „Humanitären Verein der Österreicher aus Schlesien" in Wien war er langjährig an führender Stelle tätig. Sein Buch „Im Altvaterland" erschien 1964, der zweite Band „Altvaterheimat" 1966. Sein letztes Werk „Allerhand aus dem Sudetenland" lag 1970 druckreif vor. Er verfaßte für verschiedene Heimatblätter heimatkundliche Aufsätze, die sich mit Geschichte, Sitte und Brauchtum im Altvaterland beschäftigten. Auch unserer Heimatzeitung „Freudenthaler Ländchen" war er ein treuer selbstloser Mitarbeiter.

Lit.: Hubert Partisch: ÖsdSt 1. Band, S. 99, Jos. W. König: „Brückner, Paul". In: SchO, 1964, S. 18, Franz Tögel: „Paul Brückner". In: FL 9/1955, S. 287 f., „Paul Brückner 65 Jahre". In: FL 8/1965, S. 364, Hans Schober: „Paul Brückner – ein Siebziger". In: FL 9/1970, S. 410 f.

Angela Drechsler,

geboren am 9. 11. 1883 in Lichtewerden, wo ihr Vater Betriebsleiter der Flachsspinnerei war. Von 1905 – 1940 lebte sie als Musiklehrerin in Olmütz. Sie begann frühzeitig mit der Erforschung ihrer Familiengeschichte und befaßte sich anschließend eingehend mit der Heimatkunde des Kreises Freiwaldau aus dem ihr Vater stammte (Saubsdorf). Sie beschäftigte sich besonders mit der Siedlungsgeschichte und der bis heute unentschiedenen Frage, ob im Altvaterland eine ständige Kontinuität der Besiedlung vorliegt oder ob dessen Städte und Dörfer erst im Zuge der deutschen Ostkolonisation des 13. Jahrhunderts entstanden sind. Neben dem Studium der Archive in Breslau und Troppau versuchte sie anhand der einzelnen Flurformen die Ursachen der unterschiedlichen Dorfanlagen zu ermitteln. Die Ergebnisse ihrer Arbeiten veröffentlichte sie 1928 in den beiden Bänden „Altvaterland I und II, Urkundenregesten und zusammenfassende Gedanken über die Dorfverhältnisse im Neißer Fürstentum, österreichischer Anteil, heute Bezirk Freiwaldau, Schlesien." Sie schrieb auch viele tiefschürfende Aufsätze in den geschichtlichen Jahrbüchern von Breslau und Wien. Ihre weiterführenden Arbeiten über die Siedlungsgeschichte, in welchen sie ihre Ergebnisse von 1928 nach den neuesten Erkenntnissen überarbeitet und ergänzt hatte, erschienen 1962 als „Altvaterland III" – ein Jahr nach ihrem Tode. Nach der Vertreibung im Jahre 1946 lebte Angela Drechsler in Bischofsmais, Kreis Regen. Auch hier war sie heimatgeschichtlich tätig, bis ihr am 21. 5. 1961 der Tod die Feder aus den Händen nahm.

Lit.: Erwin Weiser: „Zu Angela Drechslers siebzigsten Geburtstage". In: FL 12/1953, S. 72 f., Albert Sauer: „Angela Drechsler †". In: Der Altvaterbote 4/1961, S. 193 f, Jos. W. König: „Drechsler, Angela". In: SchO., 1964, S. 23, Adolf Gottwald: „Zum 100. Geburtstag der Lichtewerdener Heimatforscherin Angela Drechsler". In: FL 11/1983, S. 486.

Josef Englisch,

Dr. med., wurde am 11. 1. 1835 in Freudenthal geboren und starb am 5. 5. 1915 in Wien. Er war ein bedeutender Urologe und Chirurg, Primararzt am Rudolfspital und seit 1892 a. o. Professor der Chirurgie an der Wiener Universität. Er schrieb zahlreiche Abhandlungen, so über Ovarialhernien, über primäre Hydronephrose und über Albuminurie bei eingeklemmten Eingeweidebrüchen. Seine Leistungen wurden durch die Ernennung zum Ehrenmitglied der Deutschen Gesellschaft für Urologie gewürdigt.

Lit.: Hubert Partisch: ÖsdSt 3. Band, S. 120, Helmut Rössler: „Zum Gedenken an Univ. Prof. Dr. med. Josef Englisch". In: FL 11/1975, S. 490.

Gustav Escher,

geboren am 31. 8. 1902 in Karlsthal, gestorben am 1. 10. 1983 in Wien, hat sich um den landsmannschaftlichen Zusammenhalt seiner schlesischen Landsleute in Wien reiche Verdienste erworben. Er kam 1916 in die alte Kaiserstadt, um hier das Schneiderhandwerk zu erlernen. Frühzeitig fand er zum bereits 1899 gegründeten „Humanitären Verein der Österreicher aus Schlesien" und zu dessen Wander-, Trachten- und Theatergruppe. Escher war mit Leib und Seele Schlesier. Er war zudem ein ausgezeichneter Mundartsprecher und sehr talentierter Darsteller von Charakterrollen in schlesischen Volksstücken, wobei die des „Pfeifla-Schuster" zu seinen besten zählte. Der Schlesierverein in Wien wurde ihm zur Lebensaufgabe. Er gehörte ihm volle 62 Jahre lang an, davon dreißig Jahre als Obmann und vier Jahre als Ehrenobmann. Er war auch Mitgründer und Ehrenmitglied des „Mährisch-schlesischen Heimatmuseums" in Wien, jetzt Klosterneuburg. Er betätigte sich bei vielen landsmannschaftlichen Veranstaltungen als gern gesehener und vielgefragter Vortragender von Gedichten und Kurzgeschichten in schlesischer Mundart und trug viel dazu bei, daß der schlesische Dialekt nicht in Vergessen-

heit geriet. Im Verband österreichischer Landsmannschaften war sein Urteil gefragt und die sudetendeutschen Landsleute verliehen ihm das Goldene Ehrenzeichen der SLÖ und 1981 als höchste Auszeichnung die „Rudolf-Lodgman-Plakette". Seine Landsleute aus Karlsthal ernannten ihn zum Ehrenbürger.

Lit.: Erwin Weiser: „Ehrenleitungsmitglied Obmann Gustav Escher – ein Sechziger". In: FL 8/1962, S. 299 f., Hubert Partisch: ÖsdSt 3. Band, S. 101, Paul Brückner: „Gustav Escher zum 65. Geburtstage". In: FL 9/1967, S. 407 f., Hans Schober: „Lm. Gustav Escher, Wien/Karlsthal, Ehrenbürger der Heimatgemeinschaft Karlsthal". In: FL 8/1973, S. 380 f.

Oskar Exner,

hat sich um das schlesische Landvolk verdient gemacht. Er wurde 1896 im Erbgerichte von Wockendorf geboren, absolvierte die Höhere Landwirtschaftliche Fachschule in Ober-Hermsdorf bei Freiwaldau und diente als Reserveoffizier im Ersten Weltkriege. Nach seiner Heimkehr im Jahre 1919 stellte er sich dem Wiederaufbau der landwirtschaftlichen Verbände und des Genossenschaftswesens zur Verfügung. Er war maßgeblich an der Gründung und dem Ausbau der „Deutschen Landwirtevereinigung Schlesiens" beteiligt und wurde ihr Hauptgeschäftsführer. Als solcher war er auch Schriftleiter der Wochenzeitung „Der Landbote", die sich vorwiegend mit wirtschaftlichen und berufsständischen Fragen befaßte. Als Fachberater in Steuerfragen erstritt er durch ungezählte fundierte Einsprüche gegen überhöhte Steuerbescheide „seinen Bauern" über eine Million Tchechenkronen. Exner war auch Direktor des Landwirtschaftlichen Speichers in Freudenthal, der sich unter seiner Leitung zur wichtigsten Absatz- und Versorgungseinrichtung der bäuerlichen Betriebe im „Freudenthaler Ländchen" entwickelte. Er starb, erst 57 Jahre alt, als Heimatvertriebener in Dittelspoint bei Donauwörth.

Lit.: Oskar Exner zum Gedenken. In: FHCH 3/1953, S. 588

Hubert Felzmann,

Dipl.-Ing. und Forstmeister, war Leiter des Forstbesitzes des Deutschen Ordens in Freudenthal. Er wurde am 9. 9. 1894 in Klein-Mohrau geboren, besuchte die Oberrealschule in Olmütz und studierte an der Hochschule für Bodenkultur in Wien Forstwirtschaft. Von 1915 – 1919 leistete er Kriegsdienst, sodann beendete er 1920 in Wien sein Studium und trat im selben Jahr in den Dienst des „Deutschen Ritterordens" (ab 1923 „Deutscher Orden"). Von 1925 – 1939 leitete er die hochmeisterischen Forsteinrichtungen des Ordens in Freudenthal und wurde nach der Enteignung des Ordens Forstmeister an der Forsteinrichtungsanstalt Sudetenland in Tetschen-Bodenbach. Ab 1942 war er dem Forst- und Holzwirtschaftsamt zugeordnet. Von Mai 1946 an leistete er an der Hessischen Forsteinrichtungs- und Versuchsanstalt Dillenburg Dienst als Forsteinrichter und forstlicher Standortschätzer, trat 1969 in den Ruhestand und starb am 2. 7. 1988, 93 Jahre alt, in Dillenburg.

Lit.: Erwin A. Wittek: „Hubert Felzmann". In: Landschaft, Land- und Forstwirtschaft Sudetenschlesiens, S. 392, Landsberg/Lech, 1971.

Alois Fischer,

Fachlehrer, dann Bürgerschuldirektor in Sternberg machte sich als Landschaftsmaler einen Namen. Er wurde am 28. 6. 1880 in Messendorf geboren, besuchte die Bürgerschule in Freudenthal und die Lehrerbildungsanstalt in Troppau. Als Lehrer wirkte er in Liebenthal, Raase, Freudenthal und Sternberg. Er ist den langen steinigen Weg zum anerkannten Künstlertum durch das Selbststudium gegangen. Als Landschaftsmaler schöpfte er ununterbrochen aus der Natur. Alles, das er darstellte, war seelenvoll und künstlerisch vollendet, gleich ob mit Öl- oder Wasserfarben, mit Blei- oder Buntstift oder der Radiernadel. Fischers Bilder zeigten leidenschaftlich errungene Schöpferkraft. In den Ausstellungen seiner Bilder in Freudenthal, Sternberg, Brünn u. a. Orten wirkten seine Darstellungen magnetisch auf die Beschauer. Sein Name hatte besten Klang. Leider ist dieser schaffensreiche Künstler in den Wirren der Nachkriegszeit am 12. 5. 1945 in Sternberg gestorben.

Lit.: Erwin Weiser: „Der schlesische Künstler Alois Fischer". In: FL 6/1955, S. 170.

Adolf Fitz,

geboren am 28. 4. 1895 in Würbenthal, gestorben im Januar 1943 in Troppau, war Schauspieler, Regisseur und Schriftsteller. Er war der Sohn eines Kaufmannes, besuchte die Volksschule in Karlsthal und das Gymnasium in Troppau. In Breslau studierte er Literatur, Dramaturgie und Regieführung. Von 1920 – 1926 wirkte er als Charakterdarsteller am Troppauer Stadttheater. Als Schriftsteller verfaßte er Volksstücke in Mundart und Lustspiele u. a. „Hons eim Gleck", „Das deutsche Haus", „Johannes in der Wüste", „Sonnenuntergang", „Die Geldkatze", „Die goldene Mappe", „Sein bestes Mittel", „Die geheimnisvolle Brautnacht" und „Die süßen Bestien". An Erzählungen schrieb er die gesammelten Geschichten und Anekdoten „Derhäm".

Lit.: Erwin Weiser: „Adolf Fitz". In: Grapp und Arbesn, S. 204, Freudenthal, 1931, Jos. W. König: „Fitz, Adolf". In: SchO., 1964, S. 28 f., Hubert Partisch: ÖsdSt 1. Band, S. 107, Paul Buhl: „Adolf Fitz". In: Troppau von A bis Z, S. 31, Eckart Kreuzer: „Ehrendes Gedenken für den Heimatschriftsteller Adolf Fitz". In: FL 11/1973, S. 519 f.

Vinzenz Ritter von Fitz,

aus Freudenthal, brachte es in der ersten Hälfte des 19. Jahrhunderts durch seine ausgezeichneten Leistungen vom einfachen Tuchmachergesellen zum k. k. Feldmarschalleutnant.

Er diente über fünfzig Jahre lang aktiv in der österreichischen Armee und war Träger hoher Auszeichnungen. Genannt werden: Ritter des k. k Leopoldordens, Besitzer des Militärverdienstkreuzes mit der Kriegsdekoration, Ritter des kaiserlich russischen St. Annenordens zweiter Klasse mit Schwertern, des kaiserlich russischen Wladimirordens und Inhaber des k. k. Artillerieregiments Nr. 11.

Die Vaterstadt Freudenthal ernannte ihn unter Bürgermeister Florian Hadwiger am 2. 10. 1862 zu ihrem ersten Ehrenbürger.

Lit.: Festschrift 700-Jahrfeier Freudenthal 1913, S. 64.

Alois Fuchs,

geboren am 23. 6. 1799 in Raase, gestorben am 20. 3. 1853 in Wien, war k.k. Hofkriegsratsbeamter. Er gehörte der kaiserlichen Hofkapelle in Wien an, war ein beim Publikum sehr beliebter Hofkapellsänger (Bassist) und hochbegabter Violoncellist. Der Musikgelehrte Alois Fuchs war eine Autorität im Musiker-Autographenfach und einer der größten und bekanntesten Sammler musikalischer Handschriften seiner Zeit und besaß u. a. wertvolle Originale von Gluck, Haydn, Beethoven und Mozart.

Lit.: Hubert Partisch: ÖsdSt 2. Band, S. 27 und S. 105.

Anton Karl Gebauer,

geboren am 16. 7. 1872 in Bennisch als ältestes der zwölf Kinder des dortigen Gemeindesekretärs, hat durch seine wissenschaftlichen Forschungsreisen Aufsehen erregt. Er studierte in Olmütz und Troppau und kam als junger Lehrer in das Waldviertel in Niederösterreich. Dann wurde er nach Wien versetzt und war Lehrer an der Jubiläumsschule in Jedlersee-Floridsdorf und Turnlehrer am Floridsdorfer Gymnasium. Sein Forschungsdrang führte ihn in vier großen Reisen in wenig bzw. noch überhaupt nicht erforschte Gebiete. Hierzu hatte er sich durch eingehendes Studium von Sprachen, Geographie und Naturwissenschaften gründlich gerüstet. Auf seiner ersten Reise durchwanderte er 1901 als Alleingänger Ägypten von der Nilmündung bis zu den Katarakten. 1906 durchkreuzt er Indien und schilderte seine Erlebnisse in dem Buch „Um den Mount Everest". 1910 führt ihn die dritte Reise nach Hinterindien, Burma und die Schaanstaaten. 1913 durchquert er mit seiner Karawane noch unerforschte Gebiete östlich des Himalaya, um den Durchbruch der Flüsse Tsangpo und Brahmaputra durch die Berge des höchsten Gebirges der Welt kennenzulernen. Der Ausbruch des 1. Weltkrieges setzt seinem Vorhaben ein Ende. Er wird von englischen Behörden interniert und fast fünf Jahre im Himalayagebiet festgehalten. Nach seiner Heimkehr schenkte er den größten Teil seiner umfangreichen Sammlungen dem Naturhistorischen Museum in Wien. Seine Vorträge an der Wiener Urania über Brahmaismus und Buddhismus fanden so großen Beifall, daß sie zwölfmal wiederholt werden mußten. Besonders wertvoll waren seine völkerkundlichen Berichte über die bislang noch unerforschten Schaanstaaten. Er erhält eine Ehrengabe des Staates und wird für seine fruchtbare wissenschaftliche Tätigkeit zum korrespondierendem Mitglied der Geographischen Gesellschaft ernannt. Seine Vaterstadt Bennisch verlieh ihm die Ehrenbürgerwürde. Anton Gebauer schildert seine Erlebnisse als Ostasienforscher in seinem Buch „Burma, Tempel und Pagoden". Er starb am 30. 5. 1942 in Velden am Wörthersee.

Lit.: Alfons Gebauer: „Anton K. Gebauer". In: Bennischer Ländchen, Folge Juli/August 1952, S. 30 f., Alfons Gebauer: „Ostasienforscher Anton K. Gebauer, Bennisch". In: HJO 4. Band, S. 30, Inning, 1957 und HJO 10. Band, S. 42, Helmut Rössler: „Anton K. Gebauer". In: Die freie Bergstadt Bennisch", S. 173, Würzburg, 1962, Hubert Partisch: ÖsdSt 7. Band, S. 17, Wien 1970.

Herbert Gebauer,

geboren am 7. 3. 1925 in Zossen wirkt als akademischer Bildhauer in Stuttgart. Der Künstler ist der Sohn des akademischen Malers Paul Gebauer. Er studierte am Gymnasium in Troppau und legte 1943 die Reifeprüfung ab. In Rußland wurde er schwer verwundet. Als Heimatvertriebener und Schwerkriegsbeschädigter kam er nach dem Zusammenbruch nach Stuttgart und absolvierte hier die Akademie der Bildenden Künste. In und um Stuttgart gaben ihm öffentliche Aufträge Gelegenheit, Werke für die lebendige Umwelt zu schaffen und sich als Bildhauer an den Forderungen der gegenwärtigen Architektur zu bewähren. Ausstellungen zeigten seine Werke in Deutschland, Italien und Frankreich. In Sindelfingen befindet sich ein von ihm geschaffener Monumentalbrunnen, in Bad Cannstatt eine Gedenktafel am Mahnmal der 1938 zerstörten Synagoge und auf dem Sterbehaus Mörikes ebenfalls eine seiner Arbeiten. Neben der Bronzeplastik „Auffliegender Schwan" in Sindelfingen ist das 4 m hohe „Aufstrebende Formenspiel" vor einer Stuttgarter Schule eine seiner reifsten Leistungen. 1966 erhielt er auf dem „7. Salon international", auf dem 35 Nationen teilnahmen, die Bronzemedaille für Bildhauerei. 1970 zeichnete ihn die Sudetendeutsche Landsmannschaft mit dem Förderpreis für Bildhauerei aus.

Lit.: Hubert Partisch: ÖsdSt 1. Band, S. 23, Wien, 1961, Hans Schober: „Das Werk des Bildhauers Herbert Gebauer aus Zossen". In: FL 7/1970, S. 295.

Paul Gebauer,

geboren am 21. 4. 1888 in Zossen Nr. 21, war Kunstmaler und Erbhofbauer. Sein Hof befand sich seit 1708 im Familienbesitz. Nach dem Besuch der Oberrealschule in Troppau studierte er an den Kunstakademien in Wien und Dresden. Er erfüllte seine Aufgabe als Bauer ohne Einschränkung seines künstlerischen Schaffens. Er hat sich auch im österreichischen Kulturkreis hohes Ansehen erworben. Seine Bilder, wie „Die um mich", „Bauern", „Die Wahrheitssucher", „Hans Kudlich" zeigen, daß er seine schlesischen Bauern aus den Grundzügen ihres Wesens heraus kannte. Als Porträtist wollte er nicht „gemaltes Fleisch" bieten, sein Werk soll Ausdruck der Stimmung sein, in welcher sich das Modell und der Künstler zur Zeit des Malens befanden. Seiner Freude am Beobachten und Fabulieren verdanken wir eines seiner schönsten Gemälde „Die Versuchung"; das uralte Motiv der Verführung wird darin im ländlichen Milieu in kraftvoller Weise lebendig. In einem anderen Bild „Mein Fenster" überschneiden sich zwei Grundelemente seines Schaffens, nämlich monumentale Ruhe und fließende Bewegung, daß das künstlerische Erlebnis mit packender Unmittelbarkeit vor uns tritt. Gebauer schuf u. a. die Fresken in der Troppauer Stadtbücherei und in der Hedwigskirche in Troppau. Er starb als Heimatvertriebener am 18. 9. 1951 in Harburg bei Donauwörth.

Lit.: „Paul Gebauer, der schlesische Bauernmaler". In: FHCH 11/1951, S. 320 f., Franz Peschel: „Der Bauernmaler Paul Gebauer †". In: HJO 6. Band, S. 90 f., Inning, 1959, Hubert Partisch: ÖsdSt 1. Band, S. 22. f., Wien, 1961, Paul Buhl: „Paul Gebauer". In: Troppau von A bis Z, München 1973, „Paul Gebauer – Maler und Erbhofbauer – zum 90. Geburtstage". In: FL 4/1978, S. 148 f.

Rudolf Gebauer,

Dr. rer. nat., geboren am 15. Mai 1904 in Koschendorf, war Dozent und apl. Professor in Darmstadt, wurde 1955 als o. Professor und Vorstand des physikalischen Institutes an die Technische Hochschule in Graz berufen und war 1957/58 und 1958/59 Dekan der Fakultät für Naturwissenschaften und Ergänzungsfächer. Er entfaltete eine rege wissenschaftliche Tätigkeit, die in vielen Zeitschriftenaufsätzen ihren Niederschlag findet.

Lit.: Hubert Partisch: ÖsdSt 4. Band, S. 86, Wien 1967, „Professor Dr. Rudolf Gebauer". In: FL 5/1969, S. 225.

Wilhelm Gebauer,

geboren am 6. 1. 1882 in Groß-Herrlitz Nr. 37, gestorben am 23. 8. 1972 in Wien, brachte es zum Feldmarschall-Leutnant des österreichischen Bundesheeres (2-Sterne-General). Er besuchte das Gymnasium in Troppau und anschließend die Militär-Kadettenschule in Brünn-Königsfeld. Zu Beginn des 1. Weltkrieges war er Oberleutnant. Er kam an die Kriegsschule in Wiener-Neustadt und wurde in den österreichischen Generalstab berufen. Zu Ende des 1. Weltkrieges war er Major. Als befähigter Offizier wurde er in das österreichische Bundesheer übernommen, war vorübergehend Bataillons- und Regimentskommandeur, wurde Oberst, anschließend Adjutant des Heeresministers, dann Stabschef einer Brigade und schließlich Generalmajor. Als solcher befehligte er die niederösterreichische Brigade in St.-Pölten. 1938 trat er als Feldmarschalleutnant und dem Titel „Exzellenz" in den Ruhestand. Bis 1944 besuchte er jedes Jahr für einige Wochen seinen Heimatort Groß-Herrlitz und wohnte in seinem Vaterhaus. Neben seinem Wohnsitz Wien verbrachte er in den letzten Lebensjahren einige Monate im Sommer in seinem Eigenheim in Gloggnitz am Semmering. Er war Inhaber hoher Auszeichnungen, so des Ordens der Eisernen Krone, des Militärverdienstkreuzes III. Kl., des silbernen Militärverdienstordens (zweimal), des bronzenen Militärverdienstordens mit Kriegsdekoration und Schwertern, des deutschen Eisernen Kreuzes, des montenegrischen Daniloordens u. a.

Lit.: Gedenkbuch Groß-Herrlitz (Manuskript), S. 131, Willi Langer: Feldmarschall-Leutnant Wilhelm Gebauer ein Dreiundachtziger". In: FL 1/1965, S. 32, O.G.: „General Wilhelm Gebauer". In: FL 1/1972, S. 30.

Hubert Glatzel,

Freihofbesitzer, geboren am 13. 1. 1907 in Raase, zählt zu den führenden Vertretern der Landwirtschaft des Ostsudetenlandes. Nach dem Besuch der Realschule in Olmütz absolvierte er die Höhere Landwirtschaftsschule in Ober-Hermsdorf (1921 – 1925). Anschließend übernahm er den elterlichen Betrieb im Ausmaß von 102 Hektar, der seit 1607 im Familienbesitz war. In der Landjugendbewegung seit Ober-Hermsdorf aktiv, ebenso in den Schutzvereinen und in den landwirtschaftlich-genossenschaftlichen Verbänden. Seit 1935 Führung der „Landständischen Jungmannschaft Schlesiens", zugleich Hauptleitungsmitglied der „Deutschen Landwirtevereinigung". Seit 1937 ihr Kreisobmann für den Kreis Freudenthal. 1938 zum Präsidenten der „Deutschen Land- und Forstwirtschaftsgesellschaft" in Troppau gewählt. Nach Gründung des Reichsnährstandes Kreisbauernführer für Freudenthal und Römerstadt und Mitglied des Landesbauernrates. 1943 – 1945 Wehrdienst und Fronteinsatz, von 1945 – 1955 in tschechischer Gefangenschaft. Seit 1956 landwirtschaftlicher Sachbearbeiter in der Hessischen Landgesellschaft. Er lebte im Ruhestand in Dortelweil bei Bad Vilbel (Hessen), kam im April 1989 in das Krankenhaus Friedberg und starb dort am 25. 4. 1989 im Alter von 82 Jahren. Am 2. 5. 1989 wurde er auf dem Friedhof in Dortelweil beigesetzt.

Lit.: „Landsmann Hubert Glatzel heimgekehrt". In: FL 8/1955, S. 257, „Wiedersehen mit dem Spätestheimkehrer Lm. Hubert Glatzel". In: FL 12/1955, S. 381, Erwin A. Wittek: „Hubert Glatzel". In: Landschaft, Land- und Forstwirtschaft Sudetenschlesiens, S. 389, Landsberg/Lech, 1971, Hans Schober: „Hubert Glatzel zum 65. Geburtstage". In: FL 1/1972, S. 34 f.

Moritz Glöser,

geboren 1847 in Bennisch, geprüft für das Lehramt an Mittelschulen in Mathematik und Physik, zuletzt Direktor der Realschule in Wien III, war als Mitarbeiter der Zeitschrift für das Realschulwesen an dem Aufbau der österreichischen Realschule verdienstvoll beteiligt. Er starb im Jahre 1935.

Lit.: Hubert Partisch: ÖsdSt 5. Band, Wien 1968, S. 12.

Walter Gotschke,

geboren am 14. 10. 1912 in Bennisch, hat sich als Graphiker und Illustrator internationalen Ruf erworben. Seine Liebe gilt dem Automobil, speziell dem Autorennsport. Schon als Kind zeichnete er wie besessen, zunächst Tiere, ab dem 13. Lebensjahr dann Autos. Nach dem Besuch der Volks- und Bürgerschule in Bennisch und einem einjährigen Baupraktikum studierte er vier Jahre Hochbau in Brünn. Mit 19 Jahren zeichnete er heimlich ein Plakat für das „Masaryk-Ringrennen", das akzeptiert und dem offiziellen Wettbewerb vorgezogen wird. 1932 nach Abschluß des Hochbaustudiums beginnt er als Werbegraphiker. Im April 1938 erhält er ein Engagement bei Daimler-Benz in Stuttgart, wo sich ihm ein unbegrenztes Arbeitsfeld öffnet: von der Kleingraphik bis zum Rennplakat, vom 170 V bis zu den Flugmotoren der Me 109 und He 111. Seine erste Illustration ist der Mercedes-Kalender von 1941. Im gleichen Jahr wird er als Pressezeichner zur Wehrmacht einberufen, aus dieser Zeit stammen die Publikationen im „Signal", „Die Wehrmacht", „Leipziger Illustrierte", „Motorschau" u. a. 1943 wird Gotschke vom Generaloberst Guderian empfangen und erhält Sonderaufgaben als Zeichner bei der Panzertruppe. 1945 kommt er mit der Südarmee in amerikanische Gefangenschaft in Bayern. Anschließend ist er Kuhhirt in Tirol. Die Innsbrucker Presse veröffentlicht regelmäßig seine Kuh- und Naturstudien. 1949 übersiedelt Gotschke nach Stuttgart. Er arbeitet zunächst bei Daimler-Benz, dann 13 Jahre für Ford in Köln als Werbegraphiker. Als Hobby zeichnete er Impressionen von Autorennen, die in der „Motor-Revue" sowie in „Sport Illustrated", „Quattroruote", „Road & Track" und „Autombile Quarterly" publiziert wurden. Er arbeitet mit unzähligen Autofirmen zusammen: Maybach, NSU, Kässbohrer, Vauxhall, Fiat, Austin, Nissan, Marwitz, außerdem sind seine Rennimpressionen in „Auto, Motor und Sport", „Das Beste", „Motor", „Tuulilasi", „Car Graphic" und „Clymer Publications" erschienen. Seit 1965 wird sein Auto-Hobby zum Beruf.

Gotschke stellt seit 1968 seine Werke einem internationalen Publikum vor. Ausstellung in Detroit 1968, weiter in der „Riverside Art Galery" und bei „Road & Track", 1977 Ausstellung auf Schloß Langenburg, 1979 im „Art Center, College of Design", Pasadena (Los Angeles), 1980 und 1981 im „Auto Art" Connecticut/USA. Die amerikanische Presse bezeichnet Gotschke als den größten lebenden Auto- und Rennsportillustrator der Welt. Sein Atelier in Stuttgart birgt unzählige Kostbarkeiten aus fünfzig Jahren Rennsportgeschichte. Leider zwingt seit Ende 1985 ein schweres Augenleiden den begnadeten Künstler zur Aufgabe seiner Tätigkeit.

Lit.: Kurzbiographie in: „Rennimpressionen", Stuttgart, 1986.

Johann Franz Greipel,

geboren am 2. 6. 1720 in Bennisch, gestorben am 4. 4. 1798 in Wien, war ein bekannter Barockmaler und Mitglied der Akademie der bildenden Künste in Wien, später auch Hofmaler des österreichischen Kaisers Franz II. In der alten Kaiserstadt erinnern die Altarbilder der Augustiner-, Waisenhaus- (im 3. Bezirk) und Mariahilfer Kirche an sein Wirken. Bilder von Johann Franz Greipel sind noch heute in den Räumen der Akademie der Bildenden Künste zu sehen. Für seine schlesische Heimat schuf Greipel auf Veranlassung seines Bruders Anton, der Priester in Breitenau, Karlsthal und Kunzendorf war, zahlreiche Kirchenbilder. Allein für die Kirche in Karlsthal malte er 19 Bilder, darunter die Bilder des Hochaltars, der Seitenaltäre und der Kreuzwegstationen. Für den Hochaltar der Pfarrkirche in Jägerndorf schuf er das Bildnis des hl. Martin, kurz danach denselben Heiligen für den Breitenauer Hochaltar. Zwischen 1777 und 1779 malte er die Heimsuchung Mariens für die Annabergkirche in Engelsberg, etwas später das Dreifaltigkeitsbild am Hochaltar in Klein-Mohrau. Greipel zog sich als Folge seiner anstrengenden Arbeiten ein Augenleiden zu, erblindete, und wurde bis zu seinem Tode von Kaiser Franz II. finanziell unterstützt.

Lit.: Helmut Rössler: „Johann Franz Greippel". In: Die freie Bergstadt Bennisch, Würzburg 1962, S. 169, Hubert Partisch: ÖsdSt 1. Band, S. 24, Wien 1961, Helmut Rössler: „Der schlesische Barockmaler Johann Franz Greippel". In: FL 10/1970, S. 437 f.

Florian Gröger,

geboren 1871 in Ober-Wildgrub, gestorben am 20. 5. 1927 in Klagenfurt, war Führer der Kärntner Sozialdemokraten. Der schlesische Textilarbeiter, der nur fünf Jahre die einklassige Volksschule in Ober-Wildgrub besucht hatte, brachte es zum Redakteur, Parteisekretär, Abgeordneten und Landeshauptmann von Kärnten. Seine Wanderjahre führten ihn fast durch das ganze alte Österreich. In der Zeit des schweren Abwehrkampfes gegen die Südslawen, in der Zeit des Friedensvertrages und der Volksabstimmung war es Gröger, der Kärnten führte. Es war nicht zuletzt sein Verdienst, daß die Republik Österreich bei der Kärntner Volksabstimmung im Jahre 1920 einen großen politischen und moralischen Erfolg erreichte. So wurde Gröger auch der erste gewählte Landeshauptmann von Kärnten. Sein Name ist mit dem Gesetz zum Schutze der kleinen Pächter auf dem Lande untrennbar verknüpft. Er war einer der fleißigsten Parlamentarier im österreichischen Abgeordnetenhaus. Erst 56 Jahre alt, erlag er 1927 einem Krebsleiden. Gröger hat seiner Heimat Ehre gemacht.

Lit.: „Ehrendes Gedenken". In: FL 7/1957, S. 211.

Johann Gröger,

geboren am 7. April 1896 zu Wockendorf, maturierte am Gymnasium in Weidenau in Schlesien, studierte an der theologischen Fakultät der Wiener Universität und wurde am 20. Juli 1919 zum Priester geweiht. Nach mehrjähriger Tätigkeit in der Seelsorge in Niederösterreich wurde er Studienpräfekt am Knabenseminar in Hollabrunn, wirkte später durch viele Jahre als Religionsprofessor an Wiener Mittelschulen und als Fachinspektor für den Religionsunterricht an Pflichtschulen. 1962 wurde er zum Leiter des erzbischöflichen Amtes für Unterricht und Erziehung bestellt. Seine außerordentlich verdienstvolle Tätigkeit fand ihre Anerkennung durch kirchliche und weltliche Auszeichnungen, so wurde er 1945 erzbischöflicher Geistlicher Rat, 1949 päpstlicher Ehrenkämmerer, 1965 päpstlicher Hausprälat und erhielt 1959 den Hofratstitel.

Er verstarb am 28. 7. 1978 im 83. Lebensjahr und fand auf dem Friedhof in Lichtenau/NÖ seine letzte Ruhestätte.

Lit.: Hubert Partisch: ÖsdSt 5. Band, S. 69, Wien 1968, „Hofrat Gröger – Päpstlicher Hausprälat". In: FL 5/1965, S. 215.

Rosalia Grohal,

geboren 1830 als Tochter des Wirtschafters J. Ludwig in Altwasser bei Engelsberg, gestorben am 13. 9. 1909 auf der Schutzhütte „Schäferei" und begraben in Klein-Mohrau, war die Verkörperung der Güte, Rechtschaffenheit und Tüchtigkeit einer einfachen deutschen Frau. Darum sind ihr diese Zeilen gewidmet!

Sie bewirtschaftete zu einer Zeit, als noch keine Fahrstraße sondern nur Jagdsteige zur Schäferei führten, diesen dem Deutschen Ritterorden gehörenden Berggasthof und führte ihn volle 59 Jahre lang! Sie war die zweite Frau des aus Preußen stammenden Schäfers Karl Grohal, den sie 1850 geheiratet hatte. Dieser starb 1888. Damals betrieb die Gutsherrschaft Freudenthal an den Hängen des Altvaters noch eine umfangreiche Schafzucht, die um 1900 aufgelassen wurde. Anfangs führten die Eheleute Grohal die „alte" Schäferei, die damals auf dem Sattel zwischen Karlsbrunn und Gabel lag. Dort sind auch die vier Kinder geboren worden. Als 1864 die „neue" Schäferei fertiggestellt war, bezog die Familie Grohal diese stattliche Schutzhütte unterhalb des Petersteines. In ihr entfaltete die Grohal-Mutter, wie sie von allen Wanderern liebevoll genannt wurde, ihr volles Können. Für jeden hatte sie ein freundliches Wort, fragte nach dem üblichen Woher? und Wohin? und betreute ihre Gäste mit Umsicht und mütterlicher Fürsorge. Sie war aber nicht nur zu ihren Gästen, sondern auch zu ihren Dienstleuten hilfsbereit und verständnisvoll. Zahlreiche hochgestellte Persönlichkeiten haben „ihre" Schäferei besucht und sich in deren einfachen Räumen wohlgefühlt. Die Grohal-Mutter diente vier Hoch- und Deutschmeistern, den Erzherzögen Viktor, Maximilian, Wilhelm und Eugen und bewältigte so manchen sonntäglichen Wandereransturm voller Schaffenseifer und dabei doch mit großer Geduld und unerschütterlicher Ruhe. Jahrzehntelang hat sie für die Kurgäste in Bad Karlsbrunn die tägliche Molke geliefert, wozu sie morgens um drei Uhr aufstehen und das Abkochen besorgen mußte. So hat die Grohal-Mutter durch ihre liebenswerte Gastfreundschaft in der Schäferei viel zur Erschließung des Altvatergebirges beigetragen. In Anerkennung ihrer Verdienste ernannte sie der Zweigverein Freudenthal des Mährisch-schlesischen Sudetengebirgsvereines im Jahre 1899 zum Ehrenmitglied und Kaiser Franz Josef I. zeichnete sie mit dem Silbernen Verdienstkreuz mit der Krone aus, das ihr am 22. 3. 1900 feierlich überreicht wurde.

Lit.: Erwin Weiser: Aus der Heimat Ehrenhalle – Die Grohal-Mutter. In: FL 1934, S. 69. Viktor Heeger: Die Grohal-Mutter. In: HJO Band 2, S. 26 – 29.

Josef Grohmann.

geboren am 25. 8. 1792 als Sohn eines Siebböden- und Leinenzwirnhändlers in Schönbüchel Bezirk Rumburg, gestorben am 27. 3.1873 in Würbenthal, war Handelsmann und Zwirnfabrikant und ist der Stammvater der Würbenthaler Industriellenfamilie Grohmann.

Er trat 1812 als Mitarbeiter in die Handelsfirma des kinderlosen Ferdinand Rössler in Würbenthal ein, heiratete 1818 dessen Nichte Amalia Rössler und übernahm 1821 den Betrieb, da sich sein bisheriger Inhaber ins Privatleben nach Graz zurückzog. Dessen Wiener Teilhaber, Karl Weiß, verblieb jedoch in der Firma, sodaß diese in „Grohmann & Co." umbenannt wurde. Obwohl der Teilhaber Weiß bald aus der Firma ausschied, wurde der Traditionsname „Groko" beibehalten und ein Markenartikel. Die Zwirnerei samt Nebenbetrieben wurde seit 1847 mit neuzeitlichen Maschinen ausgestattet und in einem neuerbauten Fabrikgebäude an der Oppa betrieben. Der Antrieb der Maschinen erfolgte sowohl durch Dampfkraft als auch durch Wasserturbinen. Aus der einstigen Handzwirnerei war eine mechanisierte Leinenzwirnfabrik geworden, die sehr gut florierte und deren maschinelle Ausstattung ständig verbessert wurde.

Im Jahre 1867 übergab Josef Grohmann die Firma seinem ältesten Sohn Guido Grohmann (1819 – 1874) zur alleinigen Führung und zog sich ins Ausgedinge zurück. Für zwei weitere Söhne richtete er in Würbenthal Fabriken ein und stattete sie mit den nötigen Betriebsmitteln aus. Eduard Grohmann (1830 – 1915) hatte schon 1860 die Würbenthaler Flachsspinnerei, die seinen Namen trug, ins Leben gerufen. Sie entwickelte sich zu einem sehr bedeutenden Unternehmen. Adolf Grohmann (1825 – 1895) errichtete, ebenfalls in Würbenthal, im Jahre 1867 eine Metallwarenfabrik, die „Galanteriewaren" erzeugte und zuletzt den Namen „Adolf Grohmann & Sohn" führte.

Den Söhnen und Enkeln der Firmengründer gelang es, alle drei Unternehmen auch über die Zeit der Weltwirtschaftskrise hinwegzuführen, und ihr Bestand trug entscheidend zum Aufstieg und zum Wohlstand der Stadt Würbenthal und ihrer Bewohner bei.

Lit.: Dr. Ernst Stade: „Josef Grohmann in Würbenthal". In: HJO 7. Band (1960), S. 39 – 43; derselbe: „Josef Grohmanns Nachkommen in Würbenthal". In: HJO 8. Band (1961) S. 12 – 15; Dr. Otto Grohmann/Franz Schleser: „95 Jahre Metallwarenfabrik Adolf Grohmann & Sohn, Würbenthal". In: HJO 10. Band (1963), S. 64 – 67.

Ferdinand Gruner,

geboren am 24. 9. 1872 in Freudenthal, gestorben am 27. 5. 1920 in Trautenau, war Redakteur des „Trautenauer Wochenblattes". Er machte sich als Bühnen- und Unterhaltungsschriftsteller einen Namen. Er verfaßte die Romane: „Schwester Renate" (1895), „Im Kampf ums Glück" (1898), „Der Limmauer Kollege" (1902), „Siegende Kunst" (1904), „Hanna" (1908) und „Die Mannesprobe" (1909). An heiteren Werken schrieb er: „Vignetten" (Schwank, 1897), „Die Perücke" (Lustspiel, 1901), „Die Besseren" (Komödie, 1901), „Der Löwenbändiger" (Schwank, 1902), „Die Wahl in Kux" (Komödie, 1903), „Der Dritte" (Komödie, 1906), „Der Rosenhof" (Lustspiel, 1908), „Johannas Halsband" (Komödie, 1908) und „Berties Geburtstag" (heiteres Spiel, 1908), An Dramen sind zu nennen: „Liebesopfer" (1898), „Das Ende" (1899) und „Die Siegreichen" (1903). Gruner schrieb auch den Roman „Die süße Mädelfrau" (1905) und zusammen mit Udo Radenius die Operette: „Die Diplomatin".

Lit.: Jos. W. König: „Gruner, Ferdinand". In: SchO., S. 35, Wolfratshausen 1964.

Alfred Hampel,

geboren am 20. 7. 1899 in Zattig, gestorben am 29. 9. 1965 in Memmingen, entstammt dem Bauernhof Zattig Nr. 19, der seit 1775 im Besitz der Familie Hampel war. Nach dem Besuch des Staatsgymnasiums in Troppau studierte er in Wien Rechtswissenschaft und promovierte zum Doktor juris. Mitte der dreißiger Jahre ließ er sich als Rechtsanwalt und Notar in Troppau nieder. Wegen seiner deutschvölkischen Gesinnung wurde er 1938 als Geisel in das Lager Stefanau bei Olmütz gebracht und von den Tschechen schwer mißhandelt. Das gleiche Schicksal ereilte ihn 1945 wieder, als er aus der Kriegsgefangenschaft heimkehrte und nach Brünn auf den berüchtigten Spielberg gebracht wurde. Hier erlebte er die Hölle auf Erden. Dank seiner zähen körperlichen Verfassung und seines eisernen Willens überstand er auch diese harte Zeit. Nach der Vertreibung gründete er in Memmingen eine Anwaltspraxis und stellte sich der Sudetendeutschen Landsmannschaft zur Verfügung. Gemeinsam mit Oberbaurat Kühnel aus Engelsberg baute er die Bezirksgruppe Schwaben der SL auf und war führend an der Durchführung des ersten Sudetendeutschen Tages in Memmingen beteiligt. Er war Mitbegründer des SL-Bundesverbandes und Mitglied der Bundesversammlung bis zu seinem Tode.

Lit.: „Dr. jur. Alfred Hampel †". In: FL 11/1965, Paul Buhl: „Alfred Hampel". In: Troppau von A bis Z, München 1973, S. 43.

Bruno Heinrich Hampel,

geboren am 4. 6. 1888 in Klein-Herrlitz, gestorben am 26. 8. 1953 in Wien, war eines von neun Kindern des Freihofbesitzers und langjährigen Bürgermeisters Johann Friedrich Hampel. Er besuchte das Staatsgymnasium in Troppau, trat in den Postdienst ein und war am Postscheckamt Wien tätig. Den 1. Weltkrieg machte er als Oberleutnant mit und diente in Serbien und an der italienischen Front. Schon früh kam er mit der Familienforschung in Kontakt und besuchte die Pfarrämter der Umgebung, um seine Vorfahren zu ermitteln. Dazu studierte er die einschlägigen Grundbücher und Chroniken und besonders gründlich alle erreichbaren Urkunden aus der Herrschaft Herrlitz. Er war einer der besten Kenner der schlesischen Familiengeschichte. Außer den in Druck erschienenen Ahnentafeln der Geschlechter Hampel und Kudlich veröffentlichte er zahlreiche Beiträge in den einschlägigen Fachblättern. Zu seinen Verdiensten zählen die Forschungen über Nestroy, Bauernfeld, Ebner-Eschenbach und Hans Kudlich, dessen Großneffe er war. Sein reicher familiengeschichtlicher Nachlaß mit vielen Hunderten von Datenblättern aus allen Orten der gräflich Bellegardischen Herrschaft Herrlitz lagert in der familienkundlichen Abteilung des Archivs der Stadt Wien. Bruno Hampel war langjähriger Vizepräsident und Schatzmeister der Heraldisch-Genealogischen Gesellschaft „Adler" in Wien.

Lit.: Erwin Weiser: „In memoriam Bruno Hampel". In: FL 11/1953, S. 41, Hubert Partisch: ÖsdSt 7. Band, S. 20, Wien, 1970, Paul Buhl: „Bruno Heinrich Hampel". In: Troppau von A bis Z, München 1973, S. 43.

Johann Christoph Handke,

geboren am 18. 2. 1694 in Johnsdorf, Kreis Römerstadt, begraben am 31. 12. 1774 in Olmütz, war der bedeutendste heimische Maler des Barocks. Er erhielt von 1708 – 1712 seine Ausbildung in Freudenthal, worüber er schrieb: „Anno 1708 bin ich mit meinen Vatter in Schlesien auff Freüdenthal gereiset, undt mit dem alldortigen Mahler bekandt worden, Johann Daniel Langer. Bey diesen habe ich 4 Jahr gelernet Öhl undt Wasserfarben. Meine Arbeit bestundt in Copiren, Historien undt Contrafee". Langer muß seinem begabten Lehrling ein tüchtiger Meister gewesen sein, der es zu noch größerer Meisterschaft brachte. 1712 ging Handke auf Wanderschaft, die ihn schließlich nach Olmütz führte. Er wird 1723 als Meister in die Olmützer Zunft aufgenommen und heiratete am 7. 2. 1724 die Witwe seines verstorbenen Meisters Ferdinand Naboth. Ab 1725 arbeitet Handke mit seinem Freudenthaler Gesellen Libolt, den er immer wieder lobend erwähnt. Aus der Fülle seiner Arbeiten sind zu nennen: Die Bildnisse der Kaiser, Päpste und Bischöfe im Olmützer Universitätsauditorium (1717), die Fresken für die Sarkanderkapelle und für den offenen Saal im Rathaus zu Olmütz (1722). Sodann die St. Paulinenkapelle in der Kirche Maria Schnee, in der Wallfahrtskirche am Heiligen Berg zwei Oratorien sowie Decke (1725/26) und Fresken der Stanislauskapelle in Olmütz und der Stephaniekapelle im Kloster Hradisch (1736). Für die Piaristenkirche in Freudenthal schuf er drei Altarbilder „Der Piaristenordensstifter Josef von Calasanza" (1747), die „Heilige Thekla" (1755) und „Papst Pius V. mit dem Rosenkranz" (1764). Für Sternberg malte er 14 Ovalbilder der heiligen Nothelfer für die Spitalskirche (1719), eine Opfertafel nebst zwei Seitenaltarbildern (1724) sowie die Fresken für das Lusthaus des Prälaten Meixner (1736). Für Troppau schuf Handke wiederum die Fresken in der Minoritenkirche und das Bildnis des hl. Franziskus von Assisi (1724) sowie für das Refektorium der Jesuiten das Bild „Die Hochzeit zu Canaa in Galiläa" (1728). Zu den schönsten Werken des deutschen Barock zählen Handkes Wand- und Deckenbilder in der Aula Leopoldina und im Musiksaal der Universität zu Breslau (1732/33). Auch für das Jesuitenrefektorium in Glogau, das Prämonstratenserstift Hradisch bei Olmütz, das Minoritenkloster Mährisch-Neustadt, für Markt-Krönau, Königgrätz, Hrochow-Teinitz, Paulowitz, Weyschowitz, Giebau, Holleschau, Ullersdorf, Klantendorf, Kremsier, Gröbnig bei Loebschütz und andere Orte hat Handke herrliche Barockwerke geschaffen. Eine seiner schönsten Arbeiten sind die herrlichen Fresken im malerischen Lindenkirchl zu Römerstadt.

Lit.: Erwin Weiser: Der bedeutendste heimische Meister des Barock – Johann Christoph Handke. In: FL 1934, S. 1 f.

Fridolin Hartig,

geboren am 1. 9. 1897 in Kratzau, Kreis Reichenberg, kam 1916 zur Preßhefe- und Malzfabrik Hamburger GmbH in Freudenthal. Bald darauf mußte er zum Kriegsdienst einrücken. Ab 1919 arbeitete er zunächst als Chemiker, ab 1921 als Betriebsleiter dieser Firma. Zahlreiche Auslandsreisen führten ihn nach Frankreich, Schweden, Dänemark, Ungarn und Österreich, um dort eigene Verfahren einzuführen. 1926 geriet die Firma Hamburger in Zahlungsschwierigkeiten und wurde von einem Bankenkonsortium übernommen. Die technische Leitung des Betriebes verblieb weiterhin bei Hartig. Er wurde 1935 zum Direktor ernannt und konnte mit seinen patentierten Verfahren und geschützten Rezepturen, trotz des mangelnden Betriebskapitales, neue Produkte auf den Markt bringen. 1938 konnte Ingenieur Hartig die Hamburger GmbH zunächst pachten und 1940 käuflich erwerben. Sie wurde in Malz- und Trocknungsindustrie Hartig & Co. umbenannt. In den wenigen Jahren von 1938 – 1945 gelang es ihm, seine Firma nach modernsten Gesichtspunkten auszubauen. Hierzu gehört auch die Gründung einer eigenen Großhandelsgesellschaft (1943) und der Eintritt sowie die Übernahme der Geschäftsführung der Firma W. F. Dreiseitel in Freudenthal.

Ing. Hartig war schon 1938 zusammen mit anderen angesehenen Landsleuten als Geisel verhaftet und in das tschechische Sammellager Stefanau bei Olmütz verbracht worden. Bei Kriegsende 1945 von den Russen verhaftet, kam er in das KZ Auschwitz und später als Zwangsarbeiter in die Kohlengrube „Gabriele" in Karwin. Tschechische Staatspolizisten holten ihn im April 1946 von dort, weil er die stilliegenden Betriebe in Freudenthal und Fulnek wieder in Gang setzen sollte. Im September 1946 besichtigte eine Fachkommission aus Prag seinen Freudenthaler Betrieb. Sie war von der geleisteten Aufbauarbeit so beeindruckt, daß ihr Vorsitzender erklärte: „Wir sind eigentlich hierhergekommen, um die Fabrik stillzulegen, denn uns waren noch die Verhältnisse vom Jahre 1937 in Erinnerung. Die heutige Besichtigung veranlaßt uns zum Gegenteil. Der Betrieb bleibt erhalten und bekommt hohe Kontingente." Er ist heute noch eine gute Einnahmequelle, weil das Freudenthaler Malz an viele ausländische Bierbrauereien geliefert wird und wertvolle Devisen erbringt.

Fridolin Hartig mußte am 28. 10. 1946 zwangsweise seine Heimat verlassen. Er arbeitete noch viele Jahre in Hessen, verzog 1976 nach Memmingen und ist dort am 1. 5. 1989 verstorben.

Lit.: „Ing. Fridolin Hartig – ein Sechziger". In: FL 9/1957, S. 265 f.

Mathias Hartig,

geboren am 4. 12. 1816 als Sohn eines Lehrers in Redenitz, Kreis Kaaden, gestorben am 7. 2. 1890 in Freudenthal, war Piaristenordens-Rektor und Schuldirektor in Freudenthal. Er war nicht nur ein begnadeter Priester, sondern auch sehr musikbegabt und verfaßte sowie vertonte mehrere Lieder.

Nach dem Besuche der heimischen Volksschule kam Hartig an das Gymnasium in Kaaden und trat nach dessen Abschluß in den Piaristenorden ein. Hier wurde er zum Lehrer ausgebildet. Er unterrichtete an verschiedenen Schulen des Piaristenordens, so auch zwei Jahre in Freudenthal. 1843 wurde er zum Priester geweiht und kam kurz darauf als Studienpräfekt an die k. u. k. Theresianische Ritterakademie in Wien. 1855 wurde er wiederum nach Freudenthal versetzt und unterrichtete an der Piaristenschule Geographie und Geschichte. 1860 wurde er zum Rektor des Freudenthaler Piaristenkollegiums und zum Direktor der k. u. k. Haupt- und Unterrealschule ernannt. Als Direktor erteilte er Unterricht in Religion und Gesang und leitete an der Schule einen fünfstimmigen Knabenchor. Nach Auflösung der Piaristenschule (1871) wurde er Direktor der öffentlichen Knabenvolks- und Bürgerschule sowie Gesangslehrer am Staatsunterrealgymnasium. Er trat 1881 in den Ruhestand. Er war auch Mitglied der Freudenthaler Stadtvertretung und erhielt für sein verdienstvolles Wirken das Goldene Verdienstkreuz mit der Krone verliehen. Für „Paterrector" Mathias Hartig schuf der Bildhauer Leo Thom eine Gedenktafel. Sie befand sich neben dem Haupteingange zu Knabenvolksschule und wurde am 1. 11. 1907 feierlich enthüllt. Die Tafel trug die Inschrift „P. Mathias Hartig, Piaristenordens-Rektor und Schuldirektor 1868 – 1890".

Lit.: Alfred Kubin: Mathias Hartig. In: FL 1925, S. 60 und 65.

Johann Hauptfleisch,

Dipl.-Ing., geboren am 31. März 1846 in Rautenberg, gestorben am 10. März 1923 in Hausleiten, Niederösterreich, o. Professor für Mechanische Technologie, war vor seiner Berufung an die Wiener Technik Direktor der von ihm mitgegründeten Gewerbeschule in Wien X. Er erwarb sich um die Entwicklung des gewerblichen Unterrichtes große Verdienste, die durch die Ernennung zum Inspektor für gewerbliche Unterrichtsanstalten Anerkennung fanden. Hauptfleisch ist der Verfasser des Werkes „Meßwerkzeuge und Instrumente für gewerbliche und wissenschaftliche Zwecke".

Lit.: Hubert Partisch: ÖsdSt 3. Band, S. 184, Wien 1966.

Hermann Heeger,

geboren am 3. 9. 1888 in Freudenthal, gestorben am 31. 5. 1958 in Knittelfeld (Steiermark), war der Sohn des schlesischen Heimatdichters Viktor Heeger. Er war Forstbeamter, später Holzkaufmann und lebte in Knittelfeld. Er schrieb die Erzählung „Lustige Geschichten aus dem Holzmesserleben" (1937) und gab die Bücher „Viktor Heeger, ein treuer Schlesier" (1936) und „Weihestunden aus Wald und Waidwerk" (aus hinterlassenen Schriften Viktor Heegers, 1956) heraus.

Lit.: Jos. W. König: „Heeger, Hermann". In: SchO., S. 39, Wolfratshausen 1964.

Viktor Heeger,

geboren am 28. 4. 1858 in Zuckmantel, gestorben am 5. 8. 1935 in Troppau, war als Schriftsteller, Mundart- und Heimatdichter weit über die Grenzen Nordmährens und Schlesiens hinaus bekannt. Er war der Sohn des Forstgeometers Moritz Heeger und dessen Gattin Anna geborene Reinelt. Mit sechs Jahren verlor er den Vater, drei Jahre später auch die Mutter. Durch Hilfe befreundeter Menschen konnte er die Realschule in Troppau besuchen und Lehrer werden. Er war Unterlehrer in Groß-Herrlitz, kam dann nach Freudenthal (1879) und stieg zum Bürgerschullehrer auf. 1893 schied er infolge eines Kehlkopfleidens aus dem Schuldienst. Er gründete in Brünn das „Mährisch-schlesische Jagdblatt", das später in „Österreichisches Jagdblatt" umfirmierte. Von 1897 – 1900 war er Reichsratsabgeordneter der Deutschen Volkspartei in Wien. Dann wurde er Wanderlehrer des Bundes der Deutschen Nordmährens in Olmütz, danach bei der Südmark in Graz und zuletzt bei der Nordmark in Troppau. 1912 gründete er die erste schlesische Volksbühne, „Die Reihwiesener". Von 1921 – 1934 war er als freier Schriftsteller tätig und wohnte auf dem „Koppenhaus" in Gräfenberg. Er schrieb die Schauspiele „Die Wunderkur" (1913), „Hans Kudlich" (1914), „Der Pfeifla-Schuster" (1914), „Schlesische Treue" (1916), „Das Kind" (1921) sämtliche in schlesischer Mundart; die Erzählungen „Geschichten vom alten Haymann" (1888, letzte Auflage 1952), „Köpernikel und Arnika" (1909, letzte Auflage 1953), die Heimatsage „Der Kobersteiner" (1908) und die Dorfgeschichte „Der Schubertschmied" (1928) und war auch der Verfasser des Beitrages „Jagd und Fischerei" im Band Mähren und Schlesien des Werkes „Die österreichisch-ungarische Monarchie in Wort und Bild", Wien 1897, sowie der Festschrift anläßlich der 700-Jahrfeier der Verleihung des deutschen Stadtrechtes an Freudenthal, 1913. Anläßlich der Sammlung für den Bau eines deutschen Knabenseminars in Freudenthal schrieb er das Lustspiel „Die Seminarlotterie", 1924. In seinen „Koppenbriefen" schrieb er sich manche Bedrängnis von der Seele. Viktor Heeger war mit Freudenthal durch seine Lehrtätigkeit, durch verwandtschaftliche Bande (beide Ehefrauen stammen aus Freudenthal) und durch den Verlag W. Krommer, der die meisten seiner Werke verlegte, innig verbunden. Seine Freudenthaler Landsleute setzten ihm anläßlich seines 100. Geburtstages in der Patenstadt Memmingen ein Denkmal. Bücher über Heeger schrieben sein Sohn Hermann Heeger und Josef Walter König.

Lit.: Erwin Weiser: „Viktor Heeger, A Blumepuschn zun Siebzichsten". In: FL 4/1928, S. 25 ff., Erwin Weiser: „Viktor Heeger". In: Grapp und Arbesn, Freudenthal 1931, S. 208 ff., Emil Popp: „Viktor Heeger". In: Sudetendeutsche Zeitschrift für Volkskunde, Heft 5 – 6/1933, S. 165 ff., Erwin Weiser: „Viktor Heeger". In: HJO 2. Band, S. 22 f., Inning (Ammersee) 1954, Erwin Weiser: „Viktor Heeger". In: Freudenthaler Zeitung Nr. 62/1935, Erwin Weiser: „Viktor Heeger unser bedeutendster Heimatschriftsteller und -dichter". In: FL 8/1955, S. 242, Erwin Weiser: „Gedanken zu Viktor Heegers 100. Geburtstage". In: FL 4/1958, S. 98 f., Erwin Weiser: „Viktor Heeger". In: HJO 5. Band, S. 35 ff., Inning 1958, Franz Peschel: „Festansprache bei der Enthüllung des Viktor-Heeger-Gedenksteines". In: FL 9/1958, S. 271 ff., Josef Walter König: „Viktor Heeger im Spiegel der Literaturgeschichte". In: Mährisch-schlesische Heimat, Heft 2/1960, S. 120 ff., Josef Walter König: „Grundlegung einer Viktor-Heeger-Bibliographie", Inning (Ammersee) 1960, Josef Walter König: „Untersuchungen zur Familiengeschichte Viktor Heegers". In: FL 11/1961, S. 415 f., Josef Walter König: „Viktor Heegers Leben und Wirken", Inning 1963, Josef Walter König: „Heeger, Viktor". In: SchO., S. 39, Wolfratshausen 1964, Paul Buhl: „Heeger, Viktor". In: Troppau von A bis Z, S. 45, München 1973, Brunhilde Klewar: „Zum Gedenken an den 125. Geburtstag von Viktor Heeger". In: FL 5/1983, S. 208.

Paul Heider,

Abt-Hochmeister, wurde am 21. 6. 1868 in Adamsthal geboren und starb am 25. 1. 1936 in Troppau. Er zählt zu den großen Seelsorgern der sudetendeutschen Volksgruppe. Er besuchte die Volksschule in Engelsberg und das Gymnasium in Freudenthal. Die beiden letzten Klassen absolvierte er in Kremsier. Er trat in den Deutschen Orden ein, studierte in Innsbruck Theologie und wurde 1893 zum Priester geweiht. Dann kam er als Kooperator nach Freudenthal, wurde anschließend (1906 – 1909) Pfarrer von Würbenthal und sodann Dechant von Freudenthal. 1916 wurde er als Propst nach Troppau berufen, wo er von 1920 – 1931 auch Stadtrat war. Nach dem 1. Weltkrieg war das Knabenseminar der Erzdiözese Olmütz in Kremsier, das bisher tschechischen und deutschen Priesterstudenten zur Verfügung stand, zu einer rein tschechischen Anstalt erklärt worden. Propst Heider faßte den Entschluß, ein deutsches Knabenseminar zu errichten. Hierfür sammelte er bei den deutschen Katholiken acht Millionen Kronen. 1924 war der Rohbau des Seminars in Freudenthal fertig, 1926 wurde es eingeweiht. Es beherbergte in seinen modern eingerichteten Räumen an die 300 Schüler. Propst Heider wurde 1933 Prälat und als Nachfolger von Bischof-Hochmeister Norbert Klein am 31. 5. 1933 zum Hochmeister des Deutschen Ordens gewählt. Am 17. 10. 1933 wurde er in der Propsteikirche Troppau zum Abt geweiht. Er legte auch den Grundstein zum Bau der St. Hedwigskirche in Troppau; die Kirche verdankt ihre Entstehung einer Stiftung von Professor Eichler und der eifrigen Sammeltätigkeit von Propst Heider. Sie blieb jedoch unvollendet, war später Magazin und Stätte der Kontrolle des Gepäcks der Ausgesiedelten. Als Abt-Hochmeister residierte Paul Heider weiterhin in Troppau. Er mußte sich einer Nierenoperation unterziehn und erlag knapp drei Jahre nach seiner Wahl zum Ordenshochmeister seinem Leiden. Er wurde, betrauert vom ganzen Volk, an der Seite seines Vorgängers in der Hochmeistergruft auf dem Freudenthaler Friedhof zur letzten Ruhe gebettet.

Lit.: Paul Brückner: „Abt-Hochmeister Paul Heider". In: FL 1/1956, S. 5 f., „Der Deutschordenshochmeister Lm. Paul Heider". In: FL 1/1961, S. 10, „Hochmeister Paul Heider zum Gedenken". In: FL 2/1966, S. 56, Hubert Partisch: ÖsdSt 5. Band, S. 72, Wien 1968, Paul Buhl: „Heider, Paul". In: Troppau von A bis Z, S. 45, München 1973.

Franz Heinz,

geboren am 4. 12. 1812 als Sohn des Webermeisters Josef Heinz und dessen Gattin Anna Katharina Thiel, gilt als der eigentliche Begründer der Freudenthaler Textilindustrie. Sein Großvater Kaspar Johann kam um 1780 von Altwasser bei Engelsberg nach Freudenthal. Franz Heinz machte sich 1832 als Webermeister in Freudenthal selbständig und wurde ein überaus erfolgreicher Textilunternehmer. Er vertrieb die Erzeugnisse seiner zahlreichen Lohnwebermeister sowohl über den wichtigen Markt in Brünn nach Wien und in alle Teile der Donaumonarchie als auch nach Übersee, besonders in die Vereinigten Staaten von Nordamerika. 1852, nachdem sein Bruder Anton als Teilhaber in die Firma eingetreten war, wurde das Unternehmen von der Regierung als „K. u. k. privilegierte, landesbefugte Leinen-, Zwillich- und Damastwarenfabrik Franz und Anton Heinz" ausgezeichnet. Um 1870 kam die 1866 als Aktiengesellschaft gegründete Flachsspinnerei Freudenthal in den Besitz von F. & A. Heinz, wurde jedoch 1877 wieder verkauft.

Franz Heinz gehörte mehr als dreißig Jahre dem Gemeinderat von Freudenthal an und errichtete, als er zu Wohlstand gekommen war, zahlreiche Stiftungen zu Gunsten des Schulwesens und humanitärer Anstalten. Er war Abgeordneter der Stadt Freudenthal im schlesischen Landtag (1861 – 1867), war Abgeordneter der schlesischen Handelskammer in Troppau, Ritter des Franz-Josef-Ordens und Inhaber des Goldenen Verdienstkreuzes mit der Krone. Die Stadt Freudenthal verlieh ihm am 11. 7. 1878 den Ehrenbürgerbrief. Franz Heinz starb am 1. 3. 1886 im 74. Lebensjahr.

Seine Heimatstadt Freudenthal errichtete ihm ein vom Bildhauer Josef Obeth (Groß-Krosse) geschaffenes Denkmal aus Lindewiesener Marmor, das am 7. 9. 1930 in Anwesenheit der Spitzen der Behörden und unter Teilnahme der gesamten Bevölkerung feierlich enthüllt wurde.

Lit.: Festschrift 700-Jahrfeier Freudenthal 1913, S. 65; Ahnenliste Anton Heinz (Manuskript); Anton Ohnheiser: Das Franz-Heinz-Denkmal in Freudenthal. In: FHCH 2/1953, S. 566/567. Maximilian Kubin: Aus der Heimat Ehrenhalle – Franz Heinz. In: FL 1926, S. 26; Erwin Weiser: Dem Ehrenbürger Franz Heinz zum 150. Geburtstag. In: FL 11/1962, S. 409 f.

Johann Helfert,

Chorkomponist und Professor, wurde am 27. 3. 1869 in Freudenthal als Sohn des Webwarenerzeugers Johann Helfert und dessen Gattin Rosalia, geborene Fontana, geboren. Er war Lehrer und Erzieher und genießt gleichzeitig einen guten Ruf als Tondichter. Er besuchte die Volksschule und das Untergymnasium in Freudenthal sowie die Lehrerbildungsanstalt in Troppau. Am 1. 10. 1888 trat er in den Schuldienst ein und wirkte an der Mädchenbürgerschule in Troppau. 1903 rückte er zum Professor vor und war an der Lehrerbildungsanstalt in Troppau als Lehrer in Zeichnen, Mathematik, Physik und Musik tätig. Durch zehn Jahre wirkte er auch als Zeichenlehrer an der Gewerblichen Fortbildungsschule in Troppau. Das von ihm geschaffene Werk „Das Zeichnen auf der Mittelstufe der Volksschule" wurde preisgekrönt. Im Jahre 1888 trat Helfert in den Troppauer Männergesangverein ein. Der Schlesische Sängerbund wählte ihn zum Obmannstellvertreter und der Kirchenmusikverein zum Obmann.

Er war Chormeister, dann Ehrenchormeister des Troppauer Männergesangvereines. Die Zahl seiner Tondichtungen wird mit „über achtzig" angegeben. Er war bestrebt, die Lieder und Chöre seiner schlesischen Heimat zum allgemeinen Singgut zu machen.

Lit.: Erwin Weiser: „Dem Chorkomponisten Professor Johann Helfert ein ehrendes Gedenken zum 90. Geburtstage". In: FL 4/1959, S. 109.

Hermann Heß,

geboren am 15. 2. 1897 in Würbenthal, gestorben am 8. 10. 1948 in der Strafanstalt Valdice bei Jičin in Böhmen, war viele Jahre Chefredakteur der „Deutschen Beskidenzeitung" in Friedek und von 1939 – 1945 der „Mährisch-schlesischen Landeszeitung", vormals „Morgenzeitung" in Mährisch-Ostrau. Er besuchte das Gymnasium in Freudenthal, war Kriegsfreiwilliger im 1. Weltkrieg und Leutnant im Schlesischen Freikorps. 1914 schrieb er den Roman „Um die Krone der Zukunft" in welchem die Verschwörungen des Serbentums gegen Österreich behandelt wurden. Weitere Werke sind die Romane „Das Sudetenschloß" und „Des Schicksals Fluch". Er trat auch als Lyriker hervor und schrieb die Gedichtbände „Frührotdämmern" (1915), „Feuertraum", „Also spricht Gott" (Deutsche Predigt in Liedern und Visionen, 1922), sowie „Von Heimat, Leid und Liebe". Heß wurde nach 1945 als deutscher Journalist zu schwerem Kerker verurteilt und ist in der Strafanstalt Valdice gestorben.

Lit.: Erwin Weiser: „Hermann Heß". In: Grapp und Arbesn, S. 213 ff., Freudenthal 1931, Erwin Weiser: „Hermann Heß ein ehrendes Gedenken zu seinem 60. Geburtstage". In: FL 1/1957, S. 54, Eckart Kreuzer: „Ein ehrendes Gedenken an Hermann Heß". In: FL 10/1973, S. 469 f., Paul Buhl: „Heß, Hermann". In: Troppau von A bis Z, S. 47, München 1973.

Erich Hlavacek-Hürden,

geboren am 22. 8. 1884 in Wien, gestorben am 27. 4. 1969 in Salzburg, begraben in Obertrum, wurde der Ehrentitel „Maler des Altvatergebirges" zuteil. Er war der Sohn des aus Neutitschein stammenden bekannten Wiener Landschaftsmalers Professor Anton Hlavacek. Nach dem erfolgreichen Besuch der Graphischen Lehr- und Versuchsanstalt in Wien war er jahrelang Schüler und Mitarbeiter seines Vaters. Er wollte durch eigene Leistung und nicht durch den berühmten Namen seines Vaters künstlerisch aufsteigen und bildete sich auf vielen Kunstreisen autodidaktisch weiter. Außerdem nahm er den Künstlernamen Erich Hürden an. Im Ersten Weltkrieg führte ihn ein Auftrag in die Wälder des Altvatergebirges, wo er die Aufmerksamkeit des kunstsinnigen Erzherzogs Eugen erregte, der ihn förderte und im waldumrauschten Bad Karlsbrunn eine dauernde Bleibe anbot. Mit seiner ganzen künstlerischen Begeisterung hat er die mannigfaltige Schönheit des Altvaterlandes in seinen Werken festgehalten. Die meisten seiner Bilder gingen leider durch die Vertreibung verloren. Er fand in Moosheim bei Gröbming im steirischen Ennstal einen neuen Wirkungsort und lebte zuletzt in Obertrum bei Salzburg. Auch hier hat er diese so andersartige Gebirgswelt in prächtigen Bildern festgehalten.

Lit.: Erwin Weiser: „Erich Hürden, der Verherrlicher der Sudetenlandschaft, siebzig Jahre". In: HJO 1. Band, S. 57, Inning 1953, Egon Kornauth: „Ein Maler unseres Altvatergebirges Erich Hlavacek-Hürden wird 75 Jahre alt". In: HJO 6. Band, S. 33, Inning 1958, Paul Brückner: „Erich Hlavacek-Hürden zum 75, Geburtstag". In: FL 7/1959, S. 211 f., Erwin Weiser: „Erich Hürden der Verherrlicher der Sudetenlandschaft 80 Jahre". In: FL 8/1964, S. 357 f., Hans Schober: „Zum Gedenken an den Maler des Altvatergebirges Erich Hlawacek-Hürden". In: FL 6/1969, S. 245 f., Hubert Partisch: ÖsdSt 1. Band, S. 27, Wien 1961.

Johann Hönig,

Dr. techn., geboren am 9. Mai 1810 in Karlsbrunn, gestorben am 26. Oktober 1886 in Wien, Professor der Darstellenden Geometrie, bekleidete im Studienjahr 1868/1869 die Würde des Rektors der Wiener Technischen Hochschule. Er setzte sich für die Ausgestaltung der Hochschulinstitute ein und sprach in seiner Antrittsrede über den wirtschaftlichen und kulturellen Einfluß der Industrie und des Handels.

Lit.: Hubert Partisch: ÖsdSt 3. Band, S. 186, Wien 1966.

Jörg K. Hoensch,

der Historiker, geboren am 8. September 1935 in Freudenthal als Sohn eines evangelischen Pfarrers, studierte nach dem Abitur in Ludwigsburg an den Universitäten Marburg/Lahn, Wien, Bristol/England und Tübingen die Fächer Geschichte, Germanistik, Anglistik und Slawistik. Als Stipendiat an der Universität in Berkeley erlangte er hier den Master of Arts.

Bis zur Promotion (1963) in Tübingen, das Dissertationsthema lautete „Die Slowakei und Hitlers Ostpolitik", hielt sich Hoensch in den Ländern Osteuropas auf, auch als Stipendiat der polnischen und der tschechoslowakischen Regierungen, der UNESCO und der Deutschen Forschungsgemeinschaft. Auch 1967/68 gewährte ihm die UNESCO einen Studienaufenthalt in Polen. Während seiner Tätigkeit als wissenschaftlicher Assistent am Institut für osteuropäische Geschichte und Landeskunde an den Universität Tübingen, konnte er sich mit einer Arbeit über „Sozialverfassung und politische Reform. Polen im vorrevolutionären Zeitalter" 1971 habilitieren.

Im März 1972 erhielt er einen Ruf auf den Lehrstuhl, wo er bis heute als ordentlicher Professor und geschäftsführender Direktor des Historischen Instituts Tübingen tätig ist. Über seinen Lehrauftrag hinaus arbeitet er in allen Selbstverwaltungsgremien der Universität mit, u. a. im Fachbereichsrat, im Kleinen und Großen Fakultätsrat, im Senat und im Zentralen Forschungsrat. Hoensch ist Mitglied des Präsidiums der deutschpolnischen Schulbuchkommission, des Collegium Carolinum und der Historischen Kommission der Sudetenländer. Im Studienjahr 1976/77 lehrte er als Gastprofessor auf dem von der Stiftung Volkswagenwerk eingerichteten Lehrstuhl am Institute of East Central Europe der Columbia University in New York.

Professor Hoensch veröffentlichte bisher acht Bücher. Die „Geschichte der Tschechoslowakischen Republik. 1918 – 1965" (1966), erschien 1978 in einer Neuauflage, in die auch die Zeit bis 1978 einbezogen ist. 1967 veröffentlichte er „Der ungarische Revisionismus und die Zerschlagung der Tschechoslowakei". In anderen Büchern behandelte er die „Sowjetische Osteuropapolitik 1945 – 1975" und geschichtliche Darstellungen Polens und

Ungarns. Außerdem schrieb er rund 40 Beiträge für Zeitschriften und Sammelwerke; für einige Werke, darunter das „Osteuropa Handbuch Sowjetunion" (1967) zeichnete er als Herausgeber. Prof. Hoensch ist Ordinarius für osteuropäische Geschichte an der Universität Saarbrücken. Sein neuestes Werk „Przemysl Otokar II. von Böhmen" ist 1989 im Styria-Verlag erschienen.

Lit.: Aus „Sudetendeutscher Zeitung"

Engelbert Hoffmann

wurde am 16. Jänner 1708 in Seitendorf geboren und starb am 11. Juli 1766. Er studierte vorerst Philosophie und Rechtswissenschaften, trat 1737 in das Stift St. Florian ein, dessen Propst er 1755 wurde. Die ersten Jahre seiner Amtstätigkeit waren durch die Drangsale des Siebenjährigen Krieges und die maßlosen Forderungen, die der Staat an die Kirche stellte, getrübt. Er errichtete im Stift für die Stiftskleriker eine theologische Lehranstalt und entfaltete eine reiche religös-wissenschaftliche Arbeit auf den Gebieten der Predigt, Askese und Geschichte.

Lit.: Hubert Partisch: ÖsdSt 5. Band, S. 74, Wien 1968.

Josef Hubalek,

geboren am 21. März 1910 in Jägerndorf, besuchte dortselbst die Realschule und legte in Troppau die Ergänzungsmatura ab. Er wurde Novize im Deutschen Orden in Troppau, studierte dann Theologie an der Universität in Innsbruck und in Olmütz und wurde am 5. Juli 1935 zum Priester geweiht. Er war Pfarrer in Freudenthal und Engelsberg und nach seiner im September 1945 erfolgten Aussiedlung in Österreich an verschiedenen Dienststellen in der Seelsorge tätig. Am 25. März 1959 wurde Josef Hubalek zum Provinzial des Deutschen Ordens in Österreich mit dem Sitz im Deutschen Haus in Wien gewählt, gleichzeitig mit der Führung der Pfarre Gumpoldskirchen betraut. Für die sudetendeutschen Heimatvertriebenen in Wien war P. Hubalek ein stets hilfsbereiter Helfer und Berater. Er starb am 19. März 1983 und liegt im Priestergrab des Deutschen Ordens im Gumpoldskirchen, seiner letzten Wirkungstätte, begraben.

Lit.: „25jähriges Priesterjubiläum des Priors Josef Hubalek". In: FL 7/1960, S. 242, Hubert Partisch: ÖsdSt 5. Band, S. 75, Wien 1968, Adolf Gottwald: P. Josef Heribert Hubalek O. T. ist tot". In: FL 5/1983, S. 203.

Johann Januschke,

geboren am 21. September 1853 in Lichten, gestorben in Wien am 29. Februar 1924, war ein hochgeschätzter Schulmann und ein bedeutender Physiker. Er erwarb die Lehrbefähigung für Physik und Mathematik an Mittelschulen, war Lehrer und Direktor an mehreren Anstalten in Schlesien und Wien, zuletzt Landesschulinspektor des Landesschulrates für Wien und Niederösterreich, dem Amtsbereich Wien zugeteilt. Januschke zählte um die Wende des Jahrhunderts zu den führenden Schulreformern in Wien. Er trat besonders für die Ausgestaltung der österreichischen Realschule und ihre Gleichberechtigung mit den anderen Mittelschultypen ein und wurde zu einem der wirkungsvollsten Propagandisten der österreichischen Realschule, deren Aufschwung mit der Entwicklung der österreichischen Industrie und Wirtschaft untrennbar verbunden war. Als Mitbegründer des Verbandes Deutschösterreichischer Mittelschullehrer hat Januschke wertvolle standespolitische Arbeit geleistet, auf seinem engeren Fachgebiete, der Physik, viele wissenschaftliche Arbeiten veröffentlicht.

Lit.: Hubert Partisch: ÖsdSt 5. Band, S. 27, Wien 1968.

Julius Januschke,

Tierarzt und Grundbesitzer in Lichten, erwarb sich als Bauernführer bleibende Verdienste. Er wurde am 13. 1. 1880 in Lichten geboren und ist auch hier am 16. 6. 1924 verstorben.

Januschke besuchte nach Abschluß der heimischen Volksschule das Staatsobergymnasium in Troppau und die Tierärztliche Hochschule in Wien, wo er 1905 sein veterinärmedizinisches Diplom erwarb. 1906 verehelichte er sich mit Hilde Herzmansky, einer Tochter des damaligen Reichsratsabgeordneten Richard Herzmansky aus Taschendorf bei Neutitschein im Kuhländchen und übernahm den stattlichen Bauernhof seines Großonkels in Lichten.

Als sich nach dem Ende des Ersten Weltkrieges auch das landwirtschaftliche Genossenschaftswesen in Schlesien neu organisierte, übernahm Tierarzt Januschke ab 1919 die Leitung der drei wichtigsten Verbände. Er war Begründer und Obmann der „Landwirtevereinigung der deutschen Landgemeinden Schlesiens", Präsident der Deutschen Land- und Forstwirtschaftsgesellschaft" in Troppau und Obmann des „Verbandes landwirtschaftlicher Genossenschaften in Schlesien" bis zu seinem Tode.

Zur Sanierung des Verbandes der deutschen landwirtschaftlichen Genossenschaften Schlesiens, der bei einem Einlagenstand von 20 Millionen Kronen allein 12 Millionen Kronen durch Kriegsanleihen verloren hatte, wurde der „Januschkefond" errichtet. Dieser Selbsthilfefond der deutschen Bauern Schlesiens brachte durch Spenden und zinslose Darlehen 6 Millionen Kronen auf, damit waren 50% der Verluste abgedeckt und die Voraussetzungen geschaffen, daß staatliche Stellen zur Deckung des restlichen Verlustes beitrugen.

Lit.: „Aus der Heimat Ehrenhalle – Tierarzt Julius Januschke". In: FL 7/1924, S. 89 – 91; Dr. Viktor Geldner: Das landwirtschaftliche Genossenschaftswesen im Sudetenland. In: Landschaft, Land- und Forstwirtschaft Sudetenschlesiens, Altvater-Beskidenland-Kuhländchen, Landsberg/Lech 1971, S. 211 ff.

Karl Jüttner,

Dr. phil., geboren am 16. 2. 1883 in Esseg (Slawonien), wo sein Vater als Regimentsarzt im k. k. Heere diente. Dieser ließ sich 1889 in den Ruhestand versetzen, kehrte in seinen Heimatort Raase zurück und wirkte dort bis zu seinem Tode (1920) als Gemeindearzt. Für seinen Sohn Karl folgte bis 1894 der Schulbesuch in Raase, anschließend das Gymnasium in Troppau und das Studium von Erdkunde und Geschichte an der Universität Wien, wo er 1907 promovierte. In seiner Doktorarbeit befaßte er sich mit den Basaltergüssen der Gegend von Freudenthal in Schlesien. Im Schuldienst wirkte er zunächst an Wiener Gymnasien, dann von 1909 bis 1945 als Professor am Realgymnasium in Nikolsburg. In den Jahren 1907 – 1915 befaßte er sich mit der Erdgeschichte seiner schlesischen Heimat, danach mit der Erdgeschichte von Nikolsburg und Umgebung, besonders mit der Erforschung der Pollauer Berge und mit der Auswertung der reichen vorgeschichtlichen Funde dieser Gegend. So entdeckte er gemeinsam mit Prof. Matzura die altsteinzeitliche Mammutjägerstation in Unterwisternitz und das dortige slawische Gräberfeld. Als erster berichtete er über die Römerstation bei Muschau aus der er reiche Funde aus der Bronze-, Römer-und Völkerwanderungszeit bergen konnte. In Anerkennung seiner geologischen Arbeiten wurde er zum Mitglied der geologischen Staatsanstalt in Prag und zum Mitglied des Prager archäologischen Institutes ernannt. In Nikolsburg betreute er vom Anfang an (1921) bis zu seinem Tode das Stadtmuseum. Es umfaßte 26 Ausstellungs- und 10 Lagerräume. Von Belegen zur Erdgeschichte bis zu Urkunden der allerersten Zeit reichten die wertvollen Ausstellungsstücke. Seine zweite Heimat Südmähren liebte er mit allen Fasern seines Herzens, sodaß er auch nach 1945 an ihr festgehalten hat. Am 2. 12. 1959 verstarb er nach kurzem Leiden in einem Krankenhaus in Preßburg, wo er auch seine letzte Ruhestätte gefunden hat.

Lit.: Adolf Kühnel: „Dr. Karl Jüttner gestorben, ein Erinnerungsblatt" In: FL 7/1961, S. 268 f.

Karl Josef Jurende,

geboren am 23. 4. 1780 in Spachendorf, gestorben am 24. 1. 1842 in Brünn, wurde als Kalendermann bekannt. Er war der Sohn eines Kleinbauern, besuchte erst mit 18 Jahren die Jägerndorfer Hauptschule, war dann Notariatsschreiber in Proßnitz und Brünn und schließlich Lehrer und Leiter der Stiftschule der Gräfin Truchseß-Waldburg-Zeil in Kunewald bei Neutitschein. Er gab 1809 in Brünn den ersten Jahrgang des „Mährischen Wanderers" heraus, der später unter dem Titel „Vaterländischer Pilger im Kaiserstaat Österreich" eine große Auflage erreichte und Abnehmer bis in die Türkei und nach Amerika fand. Er gab als freier Schriftsteller die Heimatzeitschrift „Moravia" heraus und verfaßte die Aufsatzreihe „Land und Leute" der Zeitschriften „Der redliche Verkünder", „Zeichen der Zeit" und „Archiv des Mannigfaltigen und Schönen". Er schrieb auch über Mundarten mit dem Titel „Beiträge zum Idiotikon des Gesenkes". Auf seinem Grabstein in Brünn standen die Worte: Heil uns! Uns winkt die Heimat in der Ferne, nur Staub empfängt den Staub, den Geist erwarten Sterne.

Lit.: Richard Saliger: „Der Volksschriftsteller Karl Josef Jurende". In: HJO 1. Band, S. 19 ff., Inning 1953, Fritz Eichler: „Karl Josef Jurende". In: HJO 2. Band, S. 327, Inning 1955, Josef Walter König: „Jurende, Karl Josef". In: SchO., S. 50, Inning 1964, Hubert Partisch: ÖsdSt 1. Band, S. 126, Wien 1961, „Karl Josef Jurende". In: FL 6/1970, S. 250.

Moritz Jursitzky,

geboren am 27. 1. 1861 in Engelsberg, gestorben am 28. 8. 1936 in Wien, war ein Sohn armer Webersleute und lebte begeistert für alles Edle und Schöne in Wien. Zuerst war er in der Leinenweberei tätig, dann arbeitete er als Kontorist in Wien, besuchte zwischendurch die zweijährige Webschule in Mährisch-Schönberg und eine landwirtschaftliche Lehranstalt in Stettin, war mehrere Jahre auf herrschaftlichen Gütern tätig und wurde schließlich freier Schriftsteller. Er schrieb über dreißig Bühnenstücke sowie die Romane „Die Förster-Zilli", „Um Recht und Ehre", „Auf steiler Dornenbahn", „Serenissimus als Bürger" und das Zeitbild „Das hungernde Wien". Die „Schlesische Volksbühne" in Wien führte mit Vorliebe Bühnenstücke von Jursitzky auf. Das Schauspiel „Hoch naus" wurde bei W. Krommer in Freudenthal verlegt. Jursitzky lebte zeitlebens in bescheidenen Verhältnissen. Unter welch schwierigen Umständen er arbeiten mußte, zeigt die Tatsache, daß er im Ersten Weltkrieg infolge Armut und Kälte gezwungen war einen Teil seiner Möbel und seiner Bücher zu verheizen. Sein Name wird rühmend im Sammelwerk „Der Parnass" und im „Deutschen Dichter- und Künstlerbuch" von Martinelli genannt.

Lit.: Erwin Weiser: „Moritz Jursitzky". In: Grapp und Arbesn, S. 216 ff., Freudenthal 1931, „Moritz Jursitzky". In: FHCH Jan./Febr. 1951, S. 178, Erwin Weiser: „Moritz Jursitzky". In: FL 8/1956, S. 253, Josef Walter König: Jursitzky, Moritz". In: SchO., S. 51, Inning 1964, Hubert Partisch: ÖsdSt 1. Band, S. 126, Wien 1961, Rudolf Jursitzky: „Moritz Jursitzky zu seinem 105. Geburts- und 30. Todestage". In: FL 2/1966, S. 79 f.

Ernst Just,

Dr. jur., geboren am 25. 10. 1893 in Bennisch, gestorben am 25. 10. 1945 in einem Gefangenenlager in Kursk (Rußland). Nach Abschluß seiner Studien promovierte er an der Universität Wien zum Doktor juris, ließ sich anschließend als Rechtsanwalt in Troppau nieder und gehörte bald zu den profiliertesten Vertretern des öffentlichen Lebens. Als im Herbst 1933 infolge der behördlich verfügten Auflösung der zwei stärksten Troppauer Parteien, der seit 1920 als Bürgermeister amtierende Bürgerschuldirektor Ernst Franz (Deutsche Nationalpartei) sein Mandat niederlegte, übernahm Dr. Just dessen Nachfolge. Von Frühjahr 1934 bis Juni 1938 leitete er als Vertreter der Deutschen Christlichsozialen Volkspartei die Geschicke der einstigen Landeshauptstadt. In einer Zeit großer Verbitterung, wachsender Arbeitslosigkeit und zunehmender nationaler Spannungen bedurfte es in dem gemischtnational gewordenen Troppau (1930: 21.997 Deutsche, 11.621 Tschechen und Slowaken, 299 Polen, 493 Nationaljuden, 66 Magyaren, 90 Russen und 1436 Ausländer) großen Geschickes, die gegenseitigen Interessen auszugleichen. Das Amt des Vizebürgermeisters übte im gleichen Zeitraum Frau Marie Jokl, die Witwe nach dem sozialdemokratischen Senator Hans Jokl, aus.

Dr. Just verteidigte mit großem Mut die Interessen der Stadt Troppau und ihrer deutschen Mehrheit und hat sich durch seine Sachlichkeit bei der gesamten Bürgerschaft hohes Ansehen erworben. Gleich ihm wird sein im Sommer 1938 gewählter Nachfolger Dr. Reinhart Kudlich (Sudetendeutsche Partei) als Mann von Tatkraft und ausgeprägtem Gerechtigkeitssinn geschildert.

Lit.: Helmut Rössler: „Dr. Ernst Just". In: Die freie Bergstadt Bennisch, S. 174, Würzburg 1962, Paul Buhl: „Just, Ernst". In: Troppau von A bis Z, S. 54, München 1973, Helmut Rössler: „Rechtsanwalt Dr. Ernst Just zum 30. Todestage". In: FL 12/1975, S. 553.

Margarete Just-Baudisch,

wurde am 30. 11. 1914 als Tochter des Deutschordens-Forstmeisters Alfred Baudisch in Freudenthal geboren. Hier legte sie 1933 am Staatsrealgymnasium die Reifeprüfung ab, anschließend absolvierte sie einen Abiturientenkurs an der Deutschen Lehrerbildungsanstalt in Troppau. Sie unterrichtete dann als Volksschullehrerin in Freudenthal, Karlsthal, Wockendorf und Dittersdorf. 1938 schied sie aus dem Schuldienst aus und lebte mit ihrem Ehemann, dem Dipl.-Ing. Kurt Just, in Klagenfurt und Krainburg (jetzt Kranj) in Jugoslawien. Von hier mußte sie 1944 vor den Partisanen flüchten und kam nach Freudenthal zurück. 1945 flüchtete sie erneut, diesmal zurück nach Österreich. Seit 1948 wohnt die Familie in Waiblingen-Korb bei Stuttgart, und von 1958 bis 1972 übte Frau Just wieder ihren Lehrerberuf aus. Als Mitarbeiterin verschiedener Jahrbücher und Zeitschriften schrieb sie vorwiegend Erzählungen. Unter ihrem Mädchennamen Grete Baudisch erschienen die beiden Sammelbändchen „Kinderjahre im Forsthaus Tiergarten" (1969) und „Im Herrenhaus". Diesen folgten 1970 im Bruno-Langer-Verlag, Esslingen „Unsere kleine Stadt", „Ferien in Karlsbrunn", 1984 „Erinnerungen" und 1987 „Geschichten aus Freudenthal". Im Forsthaus Tiergarten verbrachte auch unser unvergessener Heimatkreisbetreuer Dr. Hans Schober seine Jugendzeit.

Margarete Just ist mit Freudenthal und dem Altvaterland aufs innigste verbunden. Von hier schöpft sie den Stoff für ihre so anschaulichen Erzählungen und läßt die Leser teilhaben an ihrer echten Heimatverbundenheit.

Lit.: Hans Schober: „Frau Grete Just-Baudisch 60 Jahre". In: FL 2/1975, S. 57, Hans Schober: „Zum 65. Geburtstage von Grete Just-Baudisch". In: FL 11/1979, S. 488 f.

Walter Kindermann,

geboren am 31. 12. 1894 in Raase, gestorben am 25. 9. 1959 in Kaarsterbrücke bei Neuß a. Rh., war Baumeister und letzter deutscher Bürgermeister von Freudenthal.

Nach dem Besuch der Volksschule in Raase absolvierte er die vierklassige Bürgerschule in Freudenthal und die Höhere Gewerbeschule in Brünn. Im Ersten Weltkrieg geriet Kindermann in russische Gefangenschaft und kam nach Sibirien. Von dort kehrte er 1919 über Japan und Indien in die Heimat zurück. Er wurde Mitarbeiter im Unternehmen des Bauarchitekten Koch in Jägerndorf und war u. a. maßgeblich an der Planung und Erschließung des Griestfeldes in Freudenthal beteiligt. Nach seiner Heirat im Jahre 1928 machte er sich als Baumeister in Freudenthal selbständig. Nach 1933 stellte er sich im Zuge der sudetendeutschen Einigungsbewegung in die vorderste Reihe der Kämpfer für die Lebensrechte der deutschen Bevölkerung in der Tschechoslowakischen Republik. Er warb in unzähligen Versammlungen und Wahlkundgebungen als Hauptredner für die Ziele der Sudetendeutschen Partei. 1938 wurde er zum Bürgermeister berufen und entwickelte während seiner Amtszeit von 1938 – 1945 zahlreiche Pläne für den weiteren Ausbau der Stadt, die jedoch infolge der Kriegsereignisse nicht mehr zur Durchführung kamen. 1945 kam Kindermann zunächst in das tschechische Konzentrationslager in Freudenthal und wurde mit einem der ersten Transporte, getrennt von seiner Familie, in die damalige Ostzone vertrieben. Dort lag er einige Monate in einem Krankenhaus in Torgau, kam dann nach Kalzendorf bei Querfurt und 1947 schließlich nach Kaarsterbrücke bei Neuß, wo er beim Stadtbauamt Beschäftigung fand. Kindermann stellte sich beim Aufbau der Heimatgliederung als Ortsbetreuer für Freudenthal zur Verfügung und bekleidete dieses Amt bis zu seinem Tode. Über seine Erlebnisse und die Geschehnisse in Freudenthal im Jahre 1945 stellte er einen handschriftlichen Bericht der Heimatstube in Memmingen zu.

Lit.: Erwin Weiser: „Baumeister Walter Kindermann ein Sechziger". In: FL 1955, S. 3; „Bürgermeister a. D. Kindermann gestorben". In: FL 1959, S. 354.

Alois Kinzel,

geboren am 24. 5. 1869 in Lichtewerden, gestorben am 24. 1. 1968, fast 99 Jahre alt, in Marktheidenfeld, war ein verdienter Veteran der Freudenthaler Arbeiterbewegung. Sein Leben und seine ganze Kraft galt dem sozialen Aufstieg der Arbeiterschaft. Mit 13 Jahren kam er zur Handweberlehre nach Freudenthal. Mit 17 Jahren (1886) trat er in den „Fachverein der Manufaktur, der Weber und Tuchmacher", kurz „FOCHA" genannt, ein, dessen Wahlspruch „Bildung macht frei" hieß. In diesem Verein und in seiner Bibliothek erwarben sich alle örtlichen Arbeiterfunktionäre ihr geistiges Rüstzeug. 1893 wurde der Fachverein aufgelöst und es kommt zur Gründung des „Arbeiter-Bildungsvereines", des „Allgemeinen Gewerkschaftsvereines beiderlei Geschlechts" und des politischen „Wahlvereines Vorwärts". In all diesen Vereinen ist Kinzel als Gründungsmitglied behördlich gemeldet. Er war seit 1890 auch Mitglied im „Arbeiter-Sängerbund" und Schriftführer des neugegründeten „Allgemeinen Kranken-Unterstützungsvereines" in welchem er 1904 zum hauptamtlichen 1. Sekretär bestellt wird. 1900 wurde die Gewerkschaft „Union der Textilarbeiter" gegründet, die er von 1905 – 1912 als Obmann leitete. Bei den Gemeindewahlen des Jahres 1919 wird er auf der Liste der „Deutschen Sozialdemokratischen Arbeiterpartei" in die Gemeindevertretung gewählt. Im gleichen Jahr wird Kinzel hauptamtlicher Kassier der Bezirkskrankenkasse. Er blieb Stadtrat bis 1938. Im 1920 gegründeten „Verband der öffentlichen Angestellten" wurde er Obmann und blieb es ebenfalls bis 1938. Von 1924 – 1936 führte er als Obmann die „Deutsche Sozialdemokratische Arbeiterpartei" und gehörte auch, bis 1938 zur behördlich verfügten Auflösung, dem Parteibezirksausschuß an. Im Stadtrat verwaltete er die wichtigen Sektionen: Wald, Ökonomie, Kontrolle, Disziplinar- und Bauamt. Er war auch Verwalter des Witwenhauses und von 1932 – 1938 zweiter Vorsitzender im Ausschuß der Freudenthaler Sparkasse. Er war auch Mitbegründer und Mitglied des Vereines „Arbeiterheim", des „Arbeiter-Radfahrvereines", der „Kinderfreunde" und der „Naturfreunde". Mit 77 Jahren wurde er 1946 ausgesiedelt und lebte still und zurückgezogen in Marktheidenfeld.

Lit.: Hans und Grete Nitsch: „Streiflichter aus der Entstehung der Freudenthaler Arbeiterbewegung". In: FL Folgen 6 bis 10/1961, Hans Nitsch: „In memoriam Alois Kinzel". In: FL 3/1968, S. 114 f., „Alois Kinzels 90. Geburtstag". In: FL 5/1959, S. 139.

Norbert Klein,

Dr. theol. h. c., Bischof und Hochmeister des Deutschen Ordens, wurde am 25. 10. 1866 in Braunseifen als Johann Klein geboren und ist am 9. 3. 1933 in Freudenthal gestorben. Er war der Sohn des Webermeisters Josef Klein und dessen Gattin Magdalena geborene Scholz. Er kam an das Knabenseminar nach Kremsier, studierte dann zwei Jahre Theologie in Olmütz, trat dort in den Deutschen Orden ein und erhielt den Ordensnamen Norbert. Er vollendete an der Universität Innsbruck seine Studien und wurde am 27. 7. 1890 in Innsbruck zum Priester geweiht. Der junge glaubenseifrige Priester kam als Kooperator nach Troppau und als Stadtkaplan in die Propsteipfarrkirche. Hier erfreute er sich großer Beliebtheit. 1902 wird er als Pfarrer nach Engelsberg versetzt, doch schon 1903 kehrte er als Propst nach Troppau zurück. 1916 wird er zum Bischof von Brünn ernannt und am 28. 1. 1917 in der Propsteipfarrkirche Troppau von Kardinal Skrbensky unter Assistenz des Fürstbischofs von Breslau, Kardinal Bertram, zum Bischof geweiht. Als die politischen Nachkriegsverhältnisse den bisherigen Hoch- und Deutschmeister Erzherzog Eugen als Angehörigen des Kaiserhauses zwangen, außer Landes zu weilen, wurde Bischof Klein 1921 zu dessen Stellvertreter und nach dem Rücktritt des Erzherzogs 1923 zum Hochmeister gewählt. Hochmeister Klein resignierte hierauf als Bischof von Brünn, was der Heilige Stuhl 1925 mit gleichzeitiger Ernennung zum Titularbischof von Syena (Assuan) genehmigte. Vom Sommer 1926 an leitete er vom Hochmeistersitz in Freudenthal aus die Geschicke des Deutschen Ordens. Er war ein gottbegnadeter Redner, der mutig und unerschrocken unter schwierigen nationalen Verhältnissen als deutschbewußter Kirchenfürst treu zu seinem Volke stand. Zu seinen großen Leistungen zählen der Neubau des Deutschordensspitales in Troppau und des großen Kurhotels in Bad Karlsbrunn. Hochmeister Dr. Norbert Klein wurde vom Volke hochverehrt. Seinem eisernen Willen zur Wahrung des Ordensbesitzes waren freilich durch die tschechischen Enteignungsgesetze Grenzen gesetzt, doch gelang es ihm, dem Deutschorden seine erzieherischen, humanitären und karitativen Einrichtungen und Anstalten, seine Krankenanstalten, Schulen und Kirchen sowie den Großteil seines umfangreichen Waldbesitzes zu erhalten.

Lit.: Erwin Weiser: „Hochmeister Bischof Dr. Norbert Klein". In: FHCH 1/1952, S. 346, Anton Ohnheiser: „Bischof Dr. Norbert Klein". In: FHCH 9/1953, S. 690, Paul Brückner: Hochmeister Bischof Dr. Norbert Klein". In: FL 10/1956, S. 319 f., Hubert Partisch: ÖsdSt 5. Band, S. 79, Wien 1968, Paul Buhl: „Klein, Norbert". In: Troppau von A bis Z, S. 52.

Hugo Klose,

geboren am 9. 2. 1897 in Freudenthal, gestorben am 13. 4. 1933 in Troppau, war ein bedeutender Sozialarbeiter. Seit 1920 war er Geschäftsführer des 1916 gegründeten Vereines „Deutsche Landesstelle für Kinderschutz und Jugendfürsorge in Schlesien, Sitz Troppau". Durch seine Initiative und Tatkraft wurde der Verein zum Hauptträger der Jugendfürsorge des Landes. Er umfaßte 24 Geschäftsstellen, 75 Mütterberatungsstellen sowie Heime für Säuglinge, Kleinkinder und schwer erziehbare Kinder. Der Verein Kinderschutz und Jugendfürsorge führte in den jeweiligen Schulabschlußklassen regelmäßige Berufsberatungen auf der Grundlage psychotechnischer Eignungsprüfungen durch.

Lit.: Paul Buhl: „Klose, Hubert". In: Troppau von A bis Z, S. 59, München 1973.

Heribert Kluger

war Deutschordenspriester und Gymnasialprofessor für katholische Religion am Staatsrealgymnasium in Freudenthal. Er wurde am 25. Juli 1881 in Neu-Zechsdorf im Kreis Troppau geboren und trat im Jahre 1902 in den Deutschen Orden ein. Im Mai 1905 legte er die feierliche Ordenprofeß ab und wurde am 29. Juni 1905 im Dom zu Brixen (Südtirol) zum Priester geweiht. Danach kam P. Kluger als Kaplan in die DO-Pfarrgemeinde Unter-Langendorf bei Sternberg in Nordmähren. Im Jahre 1911 wurde er als Religionsprofessor (Katechet) an das Staatsrealgymnasium in Freudenthal berufen. Hier wirkte er als Priester und Lehrer gleichermaßen beispielgebend und förderte insbesondere den katholischen Jugendbund „Staffelstein", der sich unter den Freudenthaler Gymnasiasten gleich dem mehr national ausgerichteten „Wandervogel" großer Beliebtheit erfreute. Nach dem Anschluß des Sudetenlandes an das Deutsche Reich im Herbst 1938 wurde P. Kluger als Ordenspriester nach 27jähriger verdienstvoller Tätigkeit aus dem öffentlichen Schuldienst entlassen. Er diente seinem Orden als Generalrat und als Seelsorger der Freudenthaler DO-Schwesterngemeinde weiter. Mitte 1944 wurde er von der Geheimen Staatspolizei wegen Kontaktes mit Juden verhaftet und in das Konzentrationslager Dachau eingeliefert. Hier starb er nach halbjährigem Lageraufenthalt als Schutzhäftling infolge eines Nierenleidens und Herzversagens am 18. Januar 1945 im Alter von 63 Jahren als Opfer menschlicher Unduldsamkeit.

Ein ehemaliger Schüler sagte über ihn: „Er ist mir in Erinnerung als kerzengerader, kompromißloser Mensch, dessen Güte zu seiner Erscheinung in eigenartigem Gegensatz stand". (Professor Johannes Hampel, 16. August 1984).

Lit.: Festschrift Deutsches Staatsrealgymnasium Freudenthal, Memmingen 1961, S. 39; Kurt A. Huber: „Eduard Schlusche" (1894 – 1945), München 1985, Kultur- und Bildungswerk der Ackermann-Gemeinde; hier: Anmerkung 12, S. 61. Trauerparte für DO-Priester P. Heribert Kluger, Wien, 1945.

Anna Köhler,

geborene Orleth, geboren am 8. 4. 1890 in Lichten, gestorben am 22. 4. 1957 in Ludwigsburg, war Lehrerin, Schriftstellerin und Mundartdichterin. Sie besuchte die Volksschule in Lichten sowie die Bürgerschule und die Lehrerinnenbildungsanstalt in Troppau. Als Lehrerin war sie in Seitendorf, Engelsberg und Klein-Mohrau tätig, hier ehelichte sie den Sägewerksbesitzer Max Köhler, später übersiedelt nach Markersdorf, nach 1945 in Asperg bei Ludwigsburg wohnhaft. Sie schrieb Schauspiele „Bei der Renkermahm", „Der Erbe des Hofes", „Der Tausendkünstler", „Rund um den Altvater", „Ofm Enschechthof", „Der Muttergottespfänder", „Der Sylvesterzauber", „Das Ausgedinge", „Die Schäferin" u. a., auch Hörbilder und Freilichtspiele „Deutscher Acker", „Johanniszauber". Bekannt wurde auch der Roman „Saat und Ernte". Viele volkskundliche Aufsätze aus der Feder von Anna Köhler fanden in Heimatzeitschriften verdiente Aufnahme.

Lit.: Erwin Weiser: „Anna Köhler eine Fünfundsechzigerin". In: FL 4/1955, S. 102, Erwin Weiser: „Anna Köhler". In: HJO 2. Band, S. 30 f., Inning 1955, Erwin Weiser: „Anna Köhler †". In: FL 6/1957, S. 170 f., Josef Walter König: „Köhler, Anna". In: SchO., S. 54 f., Wolfratshausen 1964, „Frau Anna Köhler anläßlich ihres 80. Geburtstages". In: FL 6/1970, S. 251, Paul Buhl: „Köhler, Anna". In: Troppau von A bis Z, S. 60, München 1973.

Johann Paul König,

geboren am 11. 11. 1790 in Bennisch, gestorben am 2. 5. 1840 in Linz a. d. Donau, war Professor der Landwirtschaftslehre und Naturgeschichte, Landwirt und Fachschriftsteller. Nach dem

Abschluß seiner philosophischen und juridisch-politischen Studien an der Universität Olmütz, wurde er 1815 Akzessist beim Magistrat in Olmütz. Gleichzeitig bereitete er sich unter Leitung des damals bekannten Professors Wobraska auf eine Lehrkanzel für Landwirtschaftslehre vor. 1816 erhielt er die Stelle eines Professors der Landwirtschaft an der theologischen Lehranstalt in St. Pölten und 1823 eine Stelle als ordentl. Professor der Landwirtschaftslehre und Naturgeschichte am k. k. Lyzeum in Linz und bekleidete diese bis zu seinem Tode. Er war auch ein erfolgreicher Fachschriftsteller und schrieb Abhandlungen in den Fachblättern „Hesperus", „Ökonomische Nachrichten" u. a. Seine Abhandlung „Über die Rindviehzucht" wurde von der Mährisch-schlesischen Gesellschaft zur Förderung der Landwirtschaft, Natur- und Landeskunde 1831 mit der silbernen Gesellschaftsmedaille ausgezeichnet. 1833 wurde er in die auf kaiserlichen Befehl geschaffene „Provincial Commission zur Beförderung des Handels und der Landwirtschaft" für Österreich ob der Enns und Salzburg berufen. Ab 1835 war er auch Ausschußmitglied des Vereins „Museum Francisco-Carolinum" in Linz.

Lit.: Wurzbach: Biographisches Lexikon des Kaiserreiches Österreich", Kerschbaumer: Geschichte des Bistums St.-Pölten 2. Band, S. 301, Wien 1876.

Josef Walter König,

geboren am 16. 2. 1923 in Hotzenplotz, Kreis Jägerndorf als Sohn eines Gendarmeriebeamten, verbrachte seine Kindheit jedoch in Troppau bzw. ab 1928 in Brünn und kam 1938 in die schlesische Heimat seiner Eltern zurück. Beide Elternteile stammen aus unserem Kreisgebiet, der Vater, Josef König, aus Koschendorf, die Mutter, Anna geborene Nießner, aus Nieder-Wildgrub. In Freudenthal legte J. W. König auch das Abitur am Staatsrealgymnasium ab. Später studierte er, mit kriegsbedingten Unterbrechungen, an den Universitäten Prag und München Philosophie, Germanistik, Slawistik und Zeitungswissenschaften, promovierte zum Dr. phil. und ist gegenwärtig in Donauwörth im Schuldienst tätig. Als Literaturhistoriker ist er Experte für das Gebiet des Ostsudetenlandes. Aus seiner Feder stammen: „Aus sonnigen Tagen", Anekdoten (1962), die Bibliographien „Viktor Heegers Leben und Wirken", „Im Dienste der Heimat" (Festgabe für Erwin Weiser, 1964), das Lexikon „Schrifttum des Ostsudetenlandes", „Ihr Wort wirkt weiter", „Heimat im Widerschein" u. a. Er ist auch Redakteur des „Altvater-Jahrbuches" und des „Jahrbuches der Heimat" und gab Viktor Heegers „Koppenbriefe", Josef Lowags „Geschichten vom Förster Benedix" und die Anthologie „Die Heimat erzählt" heraus. Als Reverenz an seine neue Heimat publizierte er „Donauwörth im Spiegel der Literatur", den Stadtführer „Donauwörth" und die „Donauwörther Miniaturen". Von ihm stammen auch die Werke „Schwarzes Kreuz auf weißem Grund" und „Vorderösterreich". Als Fachpublizist ist er Autor der Veröffentlichungen „Eckrandstück mit Sonderstempel" und „Philatelie und Schule". Für seine Arbeiten erhielt er 1969 den „Christopheruspreis für Autoren" und 1977 den „Christopherus-Autoren-Anerkennungspreis". Er wurde bereits 1971 als einer der ersten mit dem „Ehrenbrief der Stadt Donauwörth" ausgezeichnet.

Lit.: Josef Walter König: SchO., S. 56 f., Wolfratshausen 1964.

Rudolf Koppitz,

der Lichtbildner, geboren am 3. 1. 1884 in Schreiberseifen bei Freudenthal, gestorben am 8. 7. 1936 in Perchtoldsdorf bei Wien, war ein Meister der Photographie. Er wirkte als Professor an der graphischen Lehr- und Versuchsanstalt in Wien und hat die Photographie, die trotz ausgesprochener Selbständigkeit doch immer ein Grenzgebiet zwischen Technik und Kunst bleibt, ungezählten Schülern vermittelt und sich und seinem Heimatlande Österreich auf vielen internationalen Ausstellungen große Ehrungen und Anerkennungen erworben. Seine meisterliche Beherrschung der Technik läßt das Handwerkliche in seinen Bildern nicht verspüren und erweckt immer wieder ungetrübte Freude am Sichtbaren und Inhaltlichen. Die in seinen Bildern sich zeigende Harmonie von Land und Leuten erfaßt glücklich die Vielfalt der äußeren Lebensformen der Alpenländer. Koppitz war der Sohn kinderreicher Webersleute und erlernte beim Freudenthaler Photographen Robert Rotter von 1897 – 1901 sein Handwerk, ging dann in Photo-Ateliers in Troppau, Brünn und Meran, war im Kriege Photograph bei der österreichischen Fliegergruppe und vervollkommnete sein großes Talent in der höchsten Schule für Photographie, der Graphischen Lehr- und Versuchsanstalt, in Wien. Schließlich wurde er an dieser Schule selbst Lehrer und im Jahre 1930 ihr Fachvorstand für Photographie. Er war im besten Sinne des Wortes Herr der Kamera und zeigte noch 1936, kurz vor seinem frühen Tode, auf einer Ausstellung im Österreichischen Museum für Kunst und Industrie, mit dem Thema „Land und Leute in Österreich", gegen fünfhundert große Lichtbilder, die uneingeschränkte Anerkennung fanden. Die Photographische Gesellschaft in Wien ernannte ihn auf Grund seiner hohen Leistungen zum Ehrenmitglied.

Lit.: Erwin Weiser: „Regierungsrat Professor Rudolf Koppitz, ein Treuegedenken zum 70. Geburtstage". In: HJO 1. Band, S. 61, Inning 1953, Hubert Partisch: ÖsdSt 1. Band, S. 35, Wien 1961.

Wilhelm Maria Kowarz,

geboren am 29. 7. 1873 in Freudenthal war Doktor juris und Hofrat. Er lebte in Linz und schrieb unter dem Pseudonym: Dr. W. M. Helm. Er verfaßte 1897 das Märchen „Blütentraum" und 1908 die Novelle „Das Eheglück". Weitere Werke sind „Aus Odins Zeit" (1899) sowie die Fachbücher „Das Recht" (1903) und „Rechtskunde für jedermann" (1904), das 1910 bereits in dritter Auflage erschien.

Lit.: Josef Walter König: „Kowarz, Wilhelm Maria". In: SchO., S. 57, Wolfratshausen 1964.

Hermann Krommer,

geboren am 18. 5. 1855 in Bennisch, gestorben am 16. 1. 1933 in Troppau, war Sparkassendirektor und Vize-Bürgermeister von Troppau. Er besaß einen ausgezeichneten Ruf als Volkstumspolitiker und war ein tatkräftiger Förderer der Troppauer Belange. Nach dem Studium der Jurisprudenz in Wien ließ sich Dr. jur. Krommer als Rechtsanwalt in Troppau nieder. Er war ein Neffe des Bauernbefreiers Hans Kudlich. Diese verwandtschaftlichen Beziehungen wurden für sein ganzes Leben bedeutungsvoll. Als Vertreter der nationalen Bewegung wurde er frühzeitig in den Troppauer Gemeinderat gewählt und war durch 27 Jahre (1892 – 1919) Bürgermeisterstellvertreter. Noch länger war er Direktor der Troppauer Sparkasse, die unter seiner Leitung zur größten Geldanstalt des Landes aufblühte. Der deutschen

Schutzarbeit, dem Schulverein (später in „Deutscher Kulturverband" umbenannt) und der Nordmark (später „Bund der Deutschen in Schlesien" genannt) war er ein namhafter Freund und warmherziger Förderer.

Lit.: Helmut Rössler: „100. Geburtstag Dr. Hermann Krommers". In: FL 3/1956, S. 77, Helmut Rössler: „Dr. Hermann Krommer". In: Die freie Bergstadt Bennisch, Würzburg, 1962, S. 171 f., Paul Buhl: „Krommer, Hermann". In: Troppau von A bis Z, S. 63.

Anton Krones,

geboren am 16. 12. 1848 in Bennisch, gestorben am 25. 1. 1912 in Wien, war ein vielbeschäftigter Baumeister und Architekt, der eine große Anzahl von Wohnhäusern, die Bauten im Türkenschanzpark, den Zubau zum Technologischen Museum und die Zentrale der Wiener Elektrizitätswerke baute. In den Jahren der sogenannten Gründerzeit gelangte er durch seine zahlreichen Bauten früh zu Wohlstand und hohem Ansehen. Er erwarb im Gebiet westlich von Preßbaum umfangreichen Grundbesitz und wurde schließlich Ehrenbürger seiner Vaterstadt Bennisch und der Gemeinden Anzbach und Johannesberg. Mit Entschließung von 21. 12. 1911 wurde Anton Krones vom Kaiser Franz Josef I. nobilitiert, zugleich wurde ihm die Führung des Ehrenwortes „Edler" sowie des Prädikates „Lichtenhausen" bewilligt. Anton von Krones, Edler von Lichtenhausen wurde in der eigenen Gruftkapelle in Preßbaum beigesetzt.

Lit.: Helmut Rössler: „Anton von Krones". In: Die freie Bergstadt Bennisch", S. 171 f., Würzburg 1962, Helmut Rössler: „Anton Krones, Edler von Lichtenhausen". In: FL 9/1977, S. 411 f., Hubert Partisch: ÖsdSt 1. Band, S. 85, Wien 1961.

Therese Krones,

kam als Tochter des Schauspielers Josef Krones am 7. September 1801 in Freudenthal zur Welt und starb in Wien am 28. Dezember 1830. Über Brünn, Laibach, Agram und Graz kam sie nach Wien, wo sie sich zur gefeierten Soubrette entwickelte und ab 1821 am Leopoldstädter Theater das ganze theaterfreudige Wien in ihren Bann zog. Sie glänzte vor allem als berühmte Darstellerin Ferdinand Raimundscher Gestalten. Als Jugend im „Mädchen aus der Feenwelt" erklomm sie den Gipfel der Volkstümlichkeit. In Koschs Theaterlexikon wird berichtet, daß ihr Bild im Kostüm der Jugend durch Kriehubers Stich nach Schwinds Zeichnung weit verbreitet war, auf Glas geschliffen, auf Tassen gemalt, auf Seide gewebt, auf Handtäschchen, Kissen gestickt, auf Gratulationskarten angebracht und selbst zu Malvorlagen und Ausschneidebogen für Kinder verwendet wurde. Mit Raimund kam sie später an das Theater an der Wien. Bauernfeld schrieb: „Hofmanns Gestalten von phantastischen Prinzessinnen, einer Brambilla und dergleichen schwebten mir beständig vor, wenn ich die schlanke Frau über die Bretter gehen und sich selbst parodieren sah, wenn ich die tollen Possen ihrer wilden Gesänge vernahm, die man keinem weiblichen Munde verzeihen konnte als dem ihrigen – denn wie Ophelia Schwermut und Leid, so war Krones imstande, Zweideutigkeiten, ja offenbare Zötlein in Anmut und Zierlichkeit umzuwandeln." Einen Schatten auf ihr Leben warf ihre Beziehung zu dem Adeligen Jaroszynski, der als Raubmörder hingerichtet wurde, ohne daß sie von den verbrecherischen Anlagen dieses Mannes wußte. Sie wurde am St.-Marxer Friedhof beerdigt, anläßlich ihres 100. Todestages exhumiert und in einem Ehrengrab im Wiener Zentralfriedhof endgültig beigesetzt.

Lit.: Erwin Weiser: „Therese Krones". In: Die Heimat, Blätter zur Vertiefung des Heimatgefühls, Nr. 4, S. 37 ff., Troppau 1923, Erwin Weiser: „Aus Therese Krones' Lebensgeschichte". In: FL (Sonderausgabe), Freudenthal 1930, Erwin Weiser: „Der Heimgang der Theaterkönigin Alt-Wiens Therese Krones". In: HJO 2. Band, S. 31 ff., Inning 1954, Gustav Fochler: „An stillen Gräbern auf Wiener Friedhöfen – Therese Krones". In: HJO 6. Band, S. 44, Innning 1959, Paul Brückner: „Unsterbliche Therese Krones". In: FL 10/1971, S. 439 f., Erwin Weiser: „Therese Krones 150. Geburtstag". In: FHCH 10/1951, S. 297 ff.

Robert Kube,

geboren am 11. 11. 1900 in Spachendorf als Sproß eines alten Bauerngeschlechtes, ist der Nestor unseres Heimatkreises. Der zweifache Diplomingenieur wurde im Jahre 1984 in Würdigung seiner zahlreichen Verdienste zum Ehrenmitglied des Heimatkreisrates Freudenthal ernannt. Als solcher besaß er auf Lebenszeit Sitz und Stimme in diesem Gremium.

Nach dem Besuch der heimischen Volksschule und des Staatsrealgymnasiums in Freudenthal legte er 1921 die Reifeprüfung ab. Dazwischen lag bereits seine in den Jahren 1917/18 abgeleistete aktive Dienstzeit als Soldat der altösterreichischen Armee. Dann studierte er an der Hochschule für Bodenkultur in Wien Forstwirtschaft und erwarb hier den Titel eines Diplom-Forstingenieures. In den Jahren 1925/26 leistete er beim tschechoslowakischen Heer seine Präsenzdienstzeit ab und errang als geübter Sportler auf Anhieb die Divisionsmeisterschaft. Da er in seinem Forstberuf keine geeignete Anstellung finden konnte, entschloß er sich zu einem Zweitstudium. Er besuchte von 1927 – 1929 die Deutsche Technische Hochschule in Brünn und legte hier die Staatsprüfung zum Diplom-Vermessungsingenieur ab. Von 1928 – 1938 war er dann in der Slowakei als Vermessungskommissär tätig. Von dort kam er 1939 an das Vermessungsamt in Freudenthal und erwarb sich hier ein Eigenheim. Im Zweiten Weltkriege diente er als Frontingenieur bei der deutschen Wehrmacht. 1946 kam er als Heimatvertriebener mit seiner Familie nach Memmingen und war bis zu seiner Pensionierung im Jahre 1965 als Obervermessungsrat tätig. Im nahen Memmingerberg erbaute er sich wiederum ein Eigenheim. Ing. Kube gehört dem Kreisrat Freudenthal seit dem Jahre 1953 ununterbrochen an. Er leitete rund dreißig Jahre die Heimatgruppe der Freudenthaler in Memmingen und war ständiger Verbindungsmann des Kreisrates zur Patenstadt Memmingen. Seit seiner Pensionierung betreute er als Nachfolger des unvergessenen Erwin Weiser mustergültig die Freudenthaler Heimatstube als Kustos und vermehrte die Zahl der Exponate fast um das Doppelte! 1984 gab er sein Amt als Kustos in jüngere Hände. Ein Meisterwerk besonderer Art verdankte der Heimatkreis Freudenthal „seinem" Robert Kube. Er schuf in den Jahren 1969/1970 in mühseliger Kleinarbeit, jedoch mit höchster Präzision ein Relief des Kreises Freudenthal. Es besitzt eine Größe von 100 x 200 cm, ist im Maßstab 1:25.000 ausgeführt und ist heute das Herzstück unseres Heimatmuseums. Dipl.-Ing. Robert Kube setzte sich mit dieser Leistung selbst ein bleibendes Denkmal.

Ing. Kube wurde 89 Jahre alt. Er starb am 2. 2. 1990 in Memmingerberg bei Memmingen.

Lit.: Ahnenliste Robert Kube (Manuskript), hinterlegt im Sudetendeutschen Genealogischen Archiv in Regensburg (AL 616); Robert Kube: Vortrag „Zur Übergabe des Reliefs an die Heimatstube." In: FL 9/1970, S. 397 f; Hans Schober: „Dipl.-Ing. Robert Kube – 70 Jahre". In: FL 11/1970, S. 493.

Eduard Kubelka,

Dipl.-Ing., geboren am 30. Mai 1869 in Freudenthal, gestorben 1956 in Jettingen in Bayern, maturierte 1888 in Troppau und war nach Vollendung seiner technischen Studien bei Siemens & Halske und später 24 Jahre lang als Bau- und Betriebsleiter der elektrischen Straßenbahnen in Bozen und Gries, der Zahnradbahn auf den Ritten und der elektrischen Straßenbahn in Meran tätig. Er war ein hervorragender Fachmann auf dem Gebiete der Elektrotechnik, der elektrischen Bahnen und nach seiner Vertreibung durch die Italiener 1918 Betriebsleiter der Weißhuhnschen Holzstoffabrik Annathal und des E-Werkes Bad Johannisbrunn in Österreichisch-Schlesien. 1946 aus der Heimat vertrieben, kam er nach Jettingen in Bayern, wo er als Befürsorger ein kümmerliches Dasein führte und dortselbst nach schwerer Krankheit starb. Kubelka, der 1897 den Verein „Nordmark" in Wien gründete und ihn durch 10 Jahre als Obmann leitete, war auch ein bekannter Bergsteiger und Skifahrer.

Lit.: Hubert Partisch: ÖsdSt 7. Band, S. 142, Wien 1970

Hans Kudlich,

der „Bauernbefreier Österreichs", wurde am 25. 10. 1823 in Lobenstein geboren und starb im hohen Alter von 94 Jahren in Hoboken bei New York am 10. 11. 1917. Kudlich besuchte von 1835 – 1840 das Gymnasium in Troppau und studierte anschließend Jura an der Universität in Wien. Im Revolutionsjahr 1848 war er Angehöriger der Studentenlegion und beteiligte sich am 13. 3. 1848 am Aufstand. Hierbei wurde er durch einen Bajonettstich an der rechten Hand verwundet. Zur Ausheilung der Wunde in die Heimat zurückgekehrt, bewarb er sich im heimischen Wahlkreis Bennisch um einen Sitz im österreichischen Reichsrat und wurde am 24. 6. 1848 zum Reichsratsabgeordneten gewählt. Als solcher forderte er am 25. 7. und 8. 8. 1848 das Untertänigkeitsverhältnis, die Robot und die Zehentleistungen, als nicht mehr zeitgemäß abzuschaffen. Seine Anträge wurden mit einigen Änderungen am 7. 9. 1848 zum Gesetz erhoben. Die noch offene Entschädigungsfrage wurde später mit dem neu gebildeten Grundentlastungsfond und zugehörigen Obligationen gelöst. Gegen den Versuch das Gesetz wieder abzuschaffen, versuchte Kudlich in den Oktoberwirren die ober- und niederösterreichischen Bauern zu einem Landsturm zu organisieren, um die erreichten Fortschritte zu sichern. Dieses Vorhaben schlug fehl. Gegen die Führer der Revolution, dabei auch gegen Kudlich, wird Haftbefehl erlassen. Trotzdem nahm er an den Sitzungen des nach Kremsier verlegten Reichstages teil. Dieser wurde am 7. 3. 1849 aufgelöst. Nur mit Mühe konnte sich Kudlich der Verhaftung entziehen. Er floh über Skrochowitz nach Preußisch-Schlesien und von hier weiter in die Schweiz. Dort heiratete er, studierte Medizin und promovierte im März 1853. Kurz darauf wanderte er nach Hoboken/USA aus. 1854 wurde er in Abwesenheit zum Tode verurteilt, jedoch 1867 von Kaiser Franz Josef I. begnadigt. Er besuchte danach öfter die Heimat und wurde von der Bevölkerung begeistert gefeiert. 1872 schrieb er in Troppau sein dreibändiges Werk „Rückblicke und Erinnerungen". Anläßlich seines 90. Geburtstages errichteten die Bauern seiner Heimat auf dem Wachberg bei Lobenstein die Hans-Kudlich-Warte (1913). 1925 wurden die sterblichen Überreste Kudlichs und seiner Frau Luise im Mausoleum der Kudlich-Warte feierlich beigesetzt. Hans Kudlich, ein Mann der Freiheit, brachte durch seinen Antrag von 1848 mindestens 14 Millionen Bauern die Freiheit.

Lit.: Erwin Weiser: „Dem Bennischer Reichstagsabgeordneten Hans Kudlich anläßlich seines 130. Geburtstages zum Gedächtnis". In: FL 10/1953, S. 10 ff., Helmut Rössler: „Bennischer Erinnerungen an den Bauernbefreier Hans Kudlich". In: FL Nov. 1953, S. 41 f., Otto Wenzelides: „Dr. Hans Kudlich zum 40. Todestag". In: HJO 4. Band, S. 33 f., Inning 1957, Robert Hampel: „Hans Kudlich – 100 Jahre danach". In: HJO 9. Band, S. 274 ff., Inning 1962, Helmut Rössler: „Hans Kudlich". In: Die freie Bergstadt Bennisch, S. 170 f., Würzburg 1962, Paul Brückner: „Hans Kudlich". In: FL 1/1964, S. 9, Franz Jaschek: „Zum Gedenken an Hans Kudlich". In: FL 8/1964, S. 387 ff., Helmut Rössler: „Dem Bauernbefreier Hans Kudlich". In: FL 9/1973, S. 386 ff., Paul Buhl: „Kudlich, Hans". In: Troppau von A bis Z, S. 63, München 1973.

Adolf Kühnel,

geboren am 13. 10. 1882 in Engelsberg, gestorben am 6. 7. 1966 in Memmingen, war Architekt, Heimatforscher und Volkstumspolitiker. Nach dem Studium an der Technischen Hochschule in Wien trat Dipl.-Ing. Kühnel in den Dienst der schlesischen Landesverwaltung in Troppau. 1928 kam er im Zuge der Zusammenlegung der Länder Mähren und Schlesien zur Landesbehörde nach Brünn, kehrte 1938 jedoch zum Regierungspräsidium Troppau zurück. Er war am Bau vieler öffentlicher Gebäude und Bauwerke maßgeblich beteiligt, u. a. am Albrecht-Gymnasium in Teschen und an der Staatsgewerbeschule in Bielitz, ferner baute er Brücken und Straßen. Daneben befaßte sich Oberbaurat Kühnel ehrenamtlich mit wissenschaftlichen und sozialen Problemen. In Troppau leitete er die Wohnungsfürsorge, gründete ein Heimatarchiv und eine Heimatschutzstelle des Ingenieurvereines. Im Rahmen des Volksbildungswesens wirkte er von 1924 – 1931 als Gastlehrer an der Hans-Kudlich-Volkshochschule in Bennisch und behandelte die Themen „Ländliches Bauwesen" und „Siedlungs- und Bodenkunde". Erdgeschichtliche Themen fanden Aufnahme in der Zeitung „Heimat" des Landeslehrervereines Troppau, so sein wertvoller Aufsatz „Die Eiszeit im Landschaftsbild unserer Heimat". 1946 heimatvertrieben, kam er nach Memmingen und übernahm bis zur Pensionierung 1948 die Leitung des dortigen Landbauamtes. Kühnel gehört zu den Mitgründern der Sudetendeutschen Landsmannschaft und erwarb sich um deren Aufbau in Bayern große Verdienste. 1949 oblag ihm die Organisation des ersten Sudetendeutschen Tages in Memmingen. Die Landsmannschaft dankte ihm durch die Verleihung ihres Ehrenbriefes. Im Jahre 1962 veröffentlichte er das Werk „Meine Vaterstadt Engelsberg". Außerdem erschienen „Volkswirtschaftslehre für das Volk", „Neues völkerverbinden-

des Bauen" (gemeinsam mit G. Fritsch) und die nationalökonomische Schrift „Was sagt uns Friedrich List noch heute?" Adolf Kühnel fand auch Aufnahme in Paul Buhls Stadtlexikon „Troppau von A bis Z".

Lit.: Richard Patscheider: „Oberregierungsbaurat Dipl.-Ing. Adolf Kühnel". In: FL 10/1957, S. 309 f., „Oberregierungsbaurat Dipl.-Ing. Adolf Kühnel 80 Jahre". In: FL 10/1962, S. 393, „Oberregierungsbaurat Dipl.-Ing. Adolf Kühnel zum Gedenken". In: FL 8/1966, S. 344, Paul Buhl: „Kühnel, Adolf". In: Troppau von A bis Z, S. 64, München 1973, Sudetendeutsche Zeitung „Adolf Kühnel", Ausgabe vom 31. 12. 1982.

Friedrich Kurzweil,

geboren am 7. 11. 1840 in Freudenthal und daselbst am 4. 3. 1912 verstorben, war seit dem Tode seines gleichnamigen Vaters im Jahre 1883 Besitzer einer Fabrik „zur Erzeugung chemischer Produkte". Diese hatte bereits 1840 die Landesbefugnis erhalten. Sie erzeugte namentlich Waschblau, ein Mittel das seinerzeit zum Spülen der Wäsche allgemein verwendet wurde. Die Firma war daher unter der volkstümlichen Bezeichnung „Blausteinelfabrik" weit und breit bekannt. Schon der Großvater Karl Kurzweil hatte 1829 die Landesbefugnis für seine Rosaglio- und Likörfabrik erhalten. Die Firma Karl Kurzweil wurde später unter dem Namen „Friedrich Kurzweil & Söhne" weitergeführt und unterhielt neben der Blausteinel-Erzeugung ein Handelshaus. Sie erzielte vor der Jahrhundertwende sehr beachtliche Umsätze in den Balkanländern und im Orient. Friedrich Kurzweil d. J. führte das Unternehmen seiner Voreltern erfolgreich bis zu seinem Tode weiter. Als Kaufmann und Fabrikant wurden ihm frühzeitig öffentliche Führungspositionen übertragen. Er gehörte bereits 1862 zu den Gründern des Freudenthaler Turnvereines und war von 1867 – 1899 dessen Obmann und wurde 1901 zum Ehrenmitglied ernannt. Ab 1867 – 1912 war er Kommandant der „Freiwilligen Feuerwehrabteilung des Turnvereines", ab 1874 der „Freiwilligen Turnerfeuerwehr" und ab 1890 der „Freiwilligen Feuerwehr Freudenthal", demnach volle 45 Jahre. Außerdem leitete er von 1907 – 1912 als Obmann den Schlesischen Feuerwehrverband Nr. 6. Ihm ist im besonderen die Errichtung des großzügigen Freudenthaler Feuerwehrgerätehauses zu verdanken, dessen Einweihung im Jahre 1910 er noch erleben durfte. Der Freudenthaler Stadtvertretung gehörte er seit 1873 an, davon 1887/1888 als Bürgermeister. Er war auch Gründer des Gewerbevereines und von 1897 – 1901 dessen Obmann. Von 1887 – 1902 war er Landtagsabgeordneter der Städte Freudenthal, Bennisch, Engelsberg und Würbenthal. Er war auch Mitglied des Freudenthaler Sparkassenausschusses, Handelskammerrat und 1898 Obmann des Museumsausschusses. Für seine öffentliche Tätigkeit wurden ihm viele Ehrungen zuteil. Er erhielt 1887 die Ehrenmedaille für 25jährige Dienste im Feuerwehrwesen, Turnverein und Feuerwehr ehrten ihn 1887, 1890 und 1895 durch Fackelzüge und die Stadt ernannte ihn am 12. 9. 1902 zum Ehrenbürger. Nicht zuletzt wurde ihm vom Kaiser das Ritterkreuz des Franz-Josef-Ordens verliehen.

Lit.: Festschrift zur 700-Jahrfeier 1913, S. 21 und S. 66; Maximilian Kubin: „Friedrich Kurzweil". In: FL 1923, S. 65.

Rudolf Latzke,

Dr. phil., wurde als Sohn eines Volksschullehrers am 15. 2. 1874 in Neudörfel geboren und starb am 17. 1. 1953 in Wien. Nach Abschluß des Troppauer Gymnasiums studierte er an der Wiener Universität Germanistik und klassische Philologie, legte die Lehramtsprüfung für Mittelschulen ab und erwarb das Doktorat für Germanistik. Er trat in den Schuldienst ein, war Professor am Gymnasium Wien XIII., Direktor der Lehrerbildungsanstalt Wien III., Mitglied der Prüfungskommission für Volks- und Hauptschulen und langjähriger Dozent am Pädagogischen Institut der Gemeinde Wien. Er war nicht nur ein hervorragender Schulmann, sondern auch ein bedeutender Germanist. Seine Lieblingsgebiete waren die Prosadichtung des 19. Jahrhunderts, die mundartliche Dichtung und die mittelhochdeutschen Klassiker. Von seinen zahlreichen wissenschaftlichen Abhandlungen, die Zeugnis tiefer Sachkenntnis geben, seien genannt: „Über die volkstümliche Literatur Oberösterreichs in der ersten Hälfte des 19. Jahrhunderts", „Die österreichischen Landschaften in der österreichischen Dichtung um die Wende des 18. zum 19. Jahrhundert", „Die Geschichte der deutschen Literatur in Niederösterreich" und die „Österreichische Dialektliteratur". Sein bedeutendstes, an Gründlichkeit kaum zu übertreffendes Werk ist „Peter Rosegger, sein Leben und Schaffen". Mit diesem Werk hat Latzke nicht nur dem steirischen Volksdichter, sondern auch sich selbst ein bleibendes Denkmal gesetzt. Seine große Literaturkenntnis befähigte ihn zur Abfassung vielbenutzer Mittelschulesebücher und vorzüglicher Schulausgaben von Dichtern, wie Grillparzer, Uhland, Gotthelf, Stifter, Anzengruber und Rosegger. Darüber hinaus gab er auch Dichtungen von Karoline Pichler, Adolf Pichler und Bauernfeld neu heraus.

Hofrat Latzke verbrachte mit seiner Familie alljährlich seine Ferien im schönen Eigenheim in Seitendorf.

Lit.: Johann Gabriel Anderle: „Dr. Rudolf Latzke zum Gedenken". In: HJO 1. Band, S. 66, Inning 1953, Hubert Partisch: ÖsdSt 5. Band, S. 35, Wien 1968 und ÖsdSt 7. Band, S. 32, Wien 1970, Paul Buhl: „Latzke, Rudolf". In: Troppau von A bis Z, S. 69, München 1973.

Egon Lehnert,

geboren am 13. 6. 1891 in Freudenthal, gestorben am 28. 3. 1968 in Kiemertshofen bei Aichach/Oberbayern, hat sich als Fachschriftsteller und Landschaftsmaler einen guten Namen gemacht. Er lehrte als Studienrat an der Oberschule für Mädchen und an der Lehrerbildungsanstalt in Troppau. Von ihm stammen Wasserfarbenbilder von den Schauplätzen des 1. Weltkrieges und aus der schlesischen Heimat. Er hat Unterrichts- und Lernbehelfe herausgegeben: eine „Physikalische Skizzenmappe", „Methodik des Zeichnens" für Volks- und Bürgerschulen und Lehrerbildungsanstalten, einen fünfbändigen „Erprobter Zeichenlehrgang für Volksschulen"; ferner „Das neue Ornament", „Angewandte Ornamentik", „Neue Weißstickerei", „Stoffmalerei als Kunstübung an allgemein bildenden Schulen", „Entwürfe für kunstgewerbliche Frauenarbeiten", „Modezeichnen" und „Vom Lendenschurz zum Kleid". Er war Mitglied der Prüfungskommission für Volks- und Bürgerschulen sowie wissenschaftlicher Beirat der Deutschen Pestalozzigesellschaft in Prag. Leider blieben fast alle Bilder von ihm bei der Vertreibung 1946 in der alten Heimat zurück.

Lit.: Erwin Weiser: „Egon Lehnert ein Fünfundsechziger". In: FL 8/1956, S. 236, „Egon Lehnert siebzig Jahre". In: FL 6/1961, S. 218, Paul Buhl: „Lehnert, Egon". In: Troppau von A bis Z, S. 70, München 1973.

Max Lemmert,

Lehrer an der Knabenbürgerschule in Freudenthal, war ein begnadeter Geigenvirtuose. Er wurde am 12. 10. 1866 als Sohn eines Arztes in Braunseifen geboren und starb in seinem Geburtsort Braunseifen am 30. 7. 1904, liegt jedoch in Freudenthal begraben. Von 1884 – 1904 wirkte er in Freudenthal und erwarb sich um das Musikleben dieser Stadt hohe Verdienste. Von 1896 – 1904 war er Liedermeister des Männergesangvereines, den er zu bedeutsamer künstlerischer Höhe führte. Unter seiner Chorleitung wurde der Verein beim Wettstreit der schlesischen Gesangvereine 1902 in Jägerndorf Bundessieger. Lemmert brillierte als Geigensolist bei ungezählten Veranstaltungen und erntete für seine außergewöhnlichen musikalischen Leistungen überall stürmischen Beifall. Sein überragendes Können gab er als Geigenlehrer vielen seiner Schüler weiter. Er wird als strenger Lehrer geschildert, der als geübter Methodiker auf fleißiges Üben drängte und seine Schüler durch eigenes Vorbild ansporte und begeisterte.

Lit.: Adolf Weinhold: „Max Lemmert ein Treuegedenken zum 50. Todestage". In: FL 7/1954, S. 286 f.

Alois F. Lowag,

geboren am 4. 4. 1879 in Würbenthal, war der Sohn des Montangeologen Josef Lowag und lebte nach der Vertreibung aus der Heimat in Besigheim, Kreis Ludwigsburg. Vom Vater hatte er das schriftstellerische Talent geerbt. Er schrieb seine Erzählungen in südschlesischer Mundart, die sowohl im schlesischen als auch im nordmährischen Teil des Altvatergebirges gesprochen wurde. Neben dem 1910 erschienenen „Blätter und Blüten aus dem Altvatergebirge" fand sein bereits 1903 in 1. Auflage herausgegebenes Buch „Gobler Geschichtla" einen großen Leserkreis. Es erschien 1959 in fünfter Auflage. Es schildert in humorvoller Art Ereignisse aus dem Leben zweier urwüchsiger Holzmacher „Stan Seff und Fichten Tones" aus dem kleinen Gebirgsort Gabel bei Würbenthal.

Lit.: Josef Walter König: „Lowag, Alois F.". In: SchO., S. 63, Wolfratshausen 1964.

Josef Lowag,

geboren am 18. 9. 1849 in Einsiedel bei Würbenthal, gestorben am 14. 3. 1911 in Würbenthal, war Sohn eines Zeugschmiedes. Er besuchte die Volksschule in Buchbergsthal, war dann Hüttenjunge im dortigen Eisenwerk, besuchte eine Bergbau-und Hüttenschule und war dann beruflich als Betriebsleiter im Bergwesen tätig. Schon in jungen Jahren begann Lowag zu schreiben. Nach einem „Führer für Würbenthal und Umgebung" und einem „Illustrierten Führer durch das Sudetengebirge" erschien

1889 die Erzählung „Der Klausner von Engelsberg", die altdeutschen Erzählungen aus der Quadenzeit „Eichenlaub und Tannenreis" erschienen 1908 und posthum (1920) wurde sein Roman „Schuld und Sühne" veröffentlicht. Seine meistgelesensten Werke sind jedoch die bekannten Mundarterzählungen „Waldstimmen", „Aus der Heimat" und seine „Geschichten vom Förster Benedix", die zuerst 1907 erschienen und 1962 von Josef Walter König neu bearbeitet in 4. Auflage herausgegeben wurden. Sie stellen Lowag ehrenvoll in die Reihe jener epischen Mundartdichter, die in südschlesischer, das heißt sudetenschlesischer Mundart schrieben wie Viktor Heeger, Josef Schmidt-Braunfels, Ferdinand Hanusch und Richard Sokl. Josef Lowag veröffentlichte auch Volks- und Bergmannssagen aus dem Altvatergebiet.

Lit.: Erwin Weiser: „Josef Lowag zum 40. Todestag". In: FHCH 3/1951, S. 196, Paul Brückner: „Josef Lowag zum 105. Geburtstag". In: FL 13/1954, S. 397 f., Erwin Weiser: „Josef Lowag zu seinem 50. Todestage". In: HJO 8. Band, S. 16, Inning 1961, Hubert Partisch: ÖsdSt 1. Band, S. 136, Wien 1961, Josef Walter König: „Lowag, Josef" In: SchO., S. 63, Wolfratshausen 1964, Josef Walter König: „Josef Lowag zum Gedenken". In: J. L. Geschichten vom Förster Benedix" (4. Auflage), Erwin Gröger: „Josef Lowag zum 120. Geburtstage". In: FL 4/1970, S. 154 f., Adolf Gottwald: „Josef Lowag zum 60. Todestage". In: FL 10/1971, S. 441, Elisabeth Lichtenecker: „Vor 125 Jahren wurde Josef Lowag in Einsiedel geboren". In: FL 3/1975, S. 103.

Ernst Ludwig,

Dr. phil., geboren am 19. Januar 1842 in Freudenthal, wurde 1872 a. o. Professor für Chemie an der Philosophischen Fakultät in Wien, 1874 Ordinarius für Medizinische Chemie an der Wiener Medizinischen Fakultät; zum erstenmal geschah es damit, daß ein Nichtmediziner an die Medizinische Fakultät berufen wurde. 1882 wurde er zum Ehrendoktor der gesamten Heilkunde promoviert und 1892/93 zum Rektor gewählt. Er war Mitglied der Akademie der Wissenschaften, Präsident des obersten Sanitätsrates, Mitglied des Patentgerichtshofes und lebenslängliches Mitglied des Herrenhauses. Von fundamentaler Bedeutung ist sein Lehrbuch „Medizinische Chemie in Anwendung auf gerichtliche, sanitätspolizeiliche und hygienische Untersuchungen sowie auf Prüfung der Arzneipräparate". Er war der Schöpfer des Lebensmittelgesetzes und des Apothekergesetzes. Er leistete auch Hervorragendes in der Chemie der Gesteine und in der Analyse der Mineralquellen. Er starb am 14. Oktober 1915 in Wien. In den Arkaden der Universität erinnert ein Denkmal an das Wirken dieses großen Gelehrten und im 10. Wiener Gemeindebezirk wurde eine Straße nach ihm benannt. Am 17. 1. 1902 wurde er Ehrenbürger seiner Vaterstadt Freudenthal.

Lit.: Erwin Weiser: „Hofrat Dr. Ernst Ludwig". In: FL 12/1955, S. 368, Hubert Partisch: ÖsdSt 3. Band, S. 140 f., Wien 1966, Helmut Rössler: „Zum 60. Todestag von Univ. Prof. Dr. Ernst Ludwig". In: FL 11/1975, S. 489 f.

Max Ludwig,

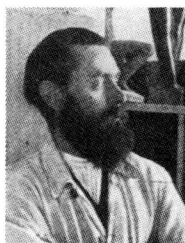

Akademischer Bildhauer in Würbenthal, war ein Sohn des Gastwirtes Gustav Ludwig. Er wirkte in seiner Vaterstadt, wo er am 28. 7. 1893 geboren wurde und am 22. 10. 1940 im Alter von 47 Jahren verstarb. Im Alter von drei Jahren nahm ihm eine Scharlacherkrankung das Gehör und das Sprechvermögen. Sein Vater schickte ihn acht Jahre lang in das Taubstummeninstitut nach Wien, wo er seinen regen Sinn mit Allgemeinwissen und Kunsterleben stärkte. Dann besuchte er die Fachschule für Steinindustrie in Saubsdorf, sodann die Kunstgewerbeschule in Bozen und anschließend die Wiener Kunstakademie. Neben der Steinbearbeitung erlernte er noch die Holzbildhauerei und besuchte hierzu die Fachschule für Holzschnitzerei in Warmbrunn im Riesengebirge. Von seinen Arbeiten befanden sich in Würbenthal das Denkmal „Mutter und Kind" sowie der Springbrunnen am Ringplatz und das meisterhaft geschnitzte Holzkreuz mit der leidverklärten Christusfigur an der Engelsberger Straße. Für die Eingangspforte des Städtischen Krankenhauses in Freudenthal meißelte er künstlerisch das Stadtwappen. Für Friedhöfe fertigte er stilvolle Bildhauerarbeiten, Grabsteine, Figuren und Kreuze, daneben befanden sich zahlreiche Kunstgegenstände aus seinen begnadeten Händen in Privatbesitz.

Lit.: Erwin Weiser: „Akademischer Bildhauer Max Ludwig". In: HJO 5. Band, S. 42 f., Inning 1958.

Wilhelm Ludwig,

geboren am 5. 3. 1843 in Bennisch als Sohn des Webermeisters Franz Ludwig und dessen Ehegattin Karolina, geb. Kühnel, ist der Begründer der industriellen Webwarenerzeugung im Kreise Freudenthal.

Er ließ im Jahre 1884 als erster Unternehmer im Kreisgebiet einhundert mechanische Webstühle einführen und in einer eigens dazu errichteten Fabrik aufstellen. Zum Antrieb der Maschinen wurde die Dampfkraft verwendet. Zur Montage der Webstühle und zur Einarbeitung der Belegschaft ließ er Fachkräfte aus England kommen, die über ein Jahr lang in Bennisch arbeiteten. Nachdem sein Vater beim Stadtbrand vom 1. 9. 1867 tödlich verunglückt war, übernahm Wilhelm Ludwig die Geschäftsführung des 1837 gegründeten Unternehmens und brachte es mit Unterstützung seiner überaus geschäftstüchtigen Mutter zu hoher Blüte. Nach dem Eintritt seiner Brüder Reinhold (1851 – 1901) und Hermann (1856 – 1905) in die Firma wurde diese in „Franz Ludwigs Söhne, Mechanische Leinen- und Baumwollwebereien, Bleiche, Färberei, Rauherei, Schlichterei und Appretur" umbenannt. Reinhold Ludwig übernahm die Filiale in Wien. Die Firma vertrieb ihre Erzeugnisse in alle Teile der Monarchie. Fabrikant Wilhelm Ludwig wurde nur 45 Jahre alt und starb am 11. 10. 1888 in Bennisch. Die Geschäftsführung ging an seinen Bruder Hermann d. Ä. über, der sie bis zu seinem Tode im Jahre 1905 behielt. Dessen Sohn Hermann d. J. (1887 – 1930) vergrößerte 1908 mit seinem Schwager Oskar Furrer den Betrieb um weitere 50 Webstühle, wozu wiederum ein neues Fabrikgebäude erstellt wurde. Letzter Firmeninhaber war Fabrikant Arnold Ludwig aus Römerstadt.

Lit.: „Industrieller Arnold Ludwig ein Siebziger". In: FL 5/1957, S. 1366; Nachkommentafel Franz Ludwig (Manuskript) hinterlegt im Sudetendeutschen Genealogischen Archiv Regensburg (NT 123).

Anton Luft

wanderte als Kupferschmied von Deutschböhmen nach Freudenthal ein und errichtete im Jahre 1848 an der Mohra bei Messendorf-Karlsberg eine Maschinenfabrik. In ihr wurden Installationsapparate, vorwiegend für Zuckerfabriken und Spiritusbrennereien, erzeugt. Er erhielt für sein Unternehmen im Jahre 1851 das Fabrikprivillegium. Der gute Geschäftsgang seines Betriebes machte ihn in wenigen Jahren zum wohlhabenden Fabrikanten. Die Fabrik ging später an die Firma Johann Schenk in Messendorf über.

Anton Luft gehörte der Gemeindevertretung von Freudenthal an und war von 1864 – 1876 Bürgermeister. Er war auch Mitglied des schlesischen Landtages und erhielt für sein erfolgreiches Wirken das Goldene Verdienstkreuz mit der Krone. Als Unternehmer hat er wesentlich zur Hebung der Gewerbetätigkeit beigetragen. Als Bürgermeister machte er sich durch sein besonnenes Verhalten während des Preußeneinmarsches im Kriegsjahr 1866 um Freudenthal verdient.

Die Stadt verlieh ihm am 21. 4. 1870 die Ehrenbürgerwürde.

Lit.: Festschrift 700-Jahrfeier Freudenthal 1913, S. 22 und 64.

Emmerich Machold d. Ä.

brachte es aus kleinen Anfängen zum erfolgreichen Webindustriellen und größten Arbeitgeber von Freudenthal. Er wurde 1867 als Sohn des Webwarenerzeugers und späteren Bürgermeisters Wilhelm Machold in Bennisch geboren. Die Familie Machold zählte zu den ältesten Webergeschlechtern der Stadt. Schon 1746 war der Urahn Georg Heinrich, ein Sohn des früh verstorbenen Webermeisters Johannes Machold, von den „Eltesten und Geschworenen Zechmeistern Sambt Einem Löblichen Handtwerck der Leinweber und Zichner in der Hochfürstlich Liechtensteinischen Berckstadt Bennisch, in Oberschlessigen gelegen, ordentlich freygesprochen worden."

Emmerich Machold machte sich 1893 in Bennisch als Webwarenerzeuger selbständig. Er übernahm hierbei den ansehnlichen Kundenstamm seines Vaters und führte im Firmentitel den Zusatz „vormals Wilhelm Machold, gegr. 1860." In den fünfzehn Jahren seiner Bennischer Unternehmertätigkeit entwickelte sich die Firma zu beachtlicher Größe. Noch im Alter bezeichnete er das Bennischer Haus, in welchem sein Aufstieg begonnen hatte, als das „Glückshaus". Als sich immer mehr Handweberfirmen zur Mechanisierung entschlossen, wagte er 1908 ebenfalls diesen Schritt. Er übersiedelte nach Freudenthal und wurde dort Gesellschafter der mechanischen Weberei Johann Friedrich Wurst, die fortan „Vereinigte Textilfabriken Wurst & Machold" hieß. Sie ging im Jahre 1911 in den Alleinbesitz von Emmerich Machold über. Der Ausbruch des Ersten Weltkrieges brachte größte Schwierigkeiten, doch gelang es ihm, den Betrieb aufrechtzuerhalten. In jener Zeit wurden alle möglichen Fasern, von der Jute bis zur Seide, zu Geweben verarbeitet. Emmerich Machold war als Mitglied der österreichischen Tarifkommission maßgeblich an der Ausarbeitung des Zolltarifes beteiligt, er war u.a. auch Handelskammer- und Eisenbahnrat.

Nach dem Ersten Weltkriege traten die Söhne Emmerich und Wilhelm als Gesellschafter in die Firma Leinen- und Damastwarenweberei Emmerich Machold ein. Gemeinsam mit dem Vater gelang es ihnen, durch viele Auslandsreisen der Firma, dauernde Absatzgebiete zu sichern. Ihre Erzeugnisse wurden in viele Staaten der Erde, insbesondere nach England, Amerika und den Balkanstaaten exportiert. Sie beschäftigte rund achthundert Mitarbeiter und lief bis zum Ende des Zweiten Weltkrieges auf Hochtouren.

Lit.: Emmerich Machold d. Ä.: Aus meinem Werdegange. In: FL 5/1928, Seite 33 – 43,; Helmut Rössler: Emmerich Machold, In: Die freie Bergstadt Bennisch, Seite 172/173.

Emmerich Machold d. J.,

geboren am 27. 5. 1894 in Bennisch, gestorben am 10. 10. 1966 in Schaan (Liechtenstein), war, gleich seinem 1935 verstorbenen Vater, ein rastloser tätiger Textilunternehmer.

Seine Ausbildung erhielt er am Staatsgymnasium in Troppau und an der Höheren Staatsfachschule für Textilindustrie in Asch. Nach dem Ersten Weltkriege leitete er zunächst im väterlichen Betriebe die Appretur und übernahm bald die technische Leitung des Betriebes. Die Firma Emmerich Machold in Freudenthal wurde zu einem Großunternehmen für Damast- und Frottierwaren ausgebaut. Neben Emmerich Machold d. J. wurden auch seine jüngeren Brüder Wilhelm und Erich Teilhaber. Die Gebrüder Machold wetteiferten sehr erfolgreich mit den älteren Traditionsfirmen der Zentren der Leinenerzeugung in Böhmen und Mähren, speziell mit Braunau in Böhmen und Mährisch-Schönberg. In vielen Auslandsreisen wurden neue Kundenkreise erschlossen und alte Beziehungen ausgebaut. Durch ihre ausgezeichnete Qualität wurde die „Macholdware" vor allem in den USA und in England zum Markenartikel. Das Kriegsende von 1945 und die entschädigungslose Enteignung setzte einer dreihundertjährigen Tradition der Familie Machold zunächst ein Ende.

Mit dem eisernen Willen zum Wiederaufstieg gründete Emmerich Machold d. J. Ende 1945 in einem beschädigten Hause in der Kärtnerstraße in Wien eine neue Firma und betrieb einige selbstgefertigte Handwebstühle. Dann verlegte er seine Tätigkeit nach Vorarlberg, wo er zusammen mit seinem Bruder Wilhelm die „Schlesische Leinen- und Damastweberei Götzis" errichtete, die bald 150 Beschäftigte zählte. 1959 leitete er dann den Betrieb Datex A. G. in Schaan im Fürstentum Liechtenstein, wo er bis zu seinem Tode tätig war.

Sein jüngster Bruder, Ing. Erich Machold, fiel am 24. 1. 1945 als Angehöriger der Luftwaffe in Luxemburg. Der zweite Bruder, Ing. Wilhelm Machold, geboren am 18. 9. 1898 in Bennisch, verunglückte am 29. 6. 1952 bei einer Bergtour am Hochgehrach in Vorarlberg tödlich.

Die Macholdfabrik in Freudenthal diente in den Jahren 1945/46 den tschechischen Behörden als Sammellager für den Abtransport der deutschen Bevölkerung in Viehwaggons in die Fremde.

Lit.: „Fabrikbesitzer Emmerich Machold 65 Jahre" in: FL 1959, S. 138 und „Emmerich Machold verstorben" in: FL 1966, S. 546 sowie „Ing. Wilhelm Machold, tödlich verunglückt" in: FL 1952, S. 138.

Josef Machold,

geboren am 24. 12. 1824 in Bennisch, gestorben am 1. 7. 1889 in Wien, war ein bekannter Maler und Illustrator und ordentliches Mitglied des berühmten „Wiener Künstlerhauses". Er war auch Karthograph, Hauptmann d. Res., kaiserlicher Rat, Ritter des Franz-Josefs-Ordens und Inhaber der goldenen Medaille für Kunst und Wissenschaft. Von 1851–1857 wirkte er als Lehrer an der Kadettenschule in Hainburg und von 1857–1870 als Professor an der Militär-Akademie und am Militär-Lehrerinstitut in Wiener-Neustadt. Seit 1871 im zivilen Schuldienst tätig, lehrte er bis zu seinem Tode als Zeichenprofessor am Staatsgymnasium Wien IX. Er war auch Lehrer und Leiter der „Allgemeinen Zeichenschule" in Wien (1877–1889) und lehrte am Konservatorium für Musik und Darstellende Kunst das Fach „Historische Kostümkunde". Seine Bleistiftzeichnungen und Aquarelle entstammen vielfach der Antike. In Druck erschienen sind 1862 der Zyklus „Klein-Roland", 1863 das „Machold-Album", 1865 der Zyklus „Singen und Gesang" u. a. m. Er schuf auch Ölgemälde mit Begebenheiten aus der österreichischen Regentengeschichte, so für den Prüfungssaal der Kadettenschule in Hainburg. Die Aquarellblätter „Bezauberte Rose" wurden von der Kaiserin Elisabeth (Sissy) erworben.

Lit.: Helmut Rössler: „Josef von Macholt". In: Die freie Bergstadt Bennisch, S. 170, Würzburg 1962, Helmut Rössler: „Dem Kunstmaler Prof. Josef Macholt ein ehrendes Gedenken zum 150. Geburtstage". In: FL 3/1975, S. 104 f., Helmut Rössler: „Der Maler und Illustrator Josef Macholt aus Bennisch". In: FL 12/1977, S. 556 f.

Hans Maschke,

geboren am 13. 2. 1853 in Freudenthal als Sohn des Bäckermeisters Josef Maschke und dessen Gattin Walburga, geborene Schindler, gestorben am 13. 7. 1900 in Marienberg bei Linz, war ein gefühlvoller Lyriker, der stets mit seiner Heimat eng verbunden blieb. Er studierte am Gymnasium in Troppau und kam dann als Erzieher zu Aristokratenfamilien. Seine Erfolge als Erzieher werden gerühmt. Stationen seines Lebens waren seine Tätigkeiten in der Familie des Grafen Hoyo, seinerzeit österreichischer Botschafter in Paris, dann sein Wirken bei der Familie des österreichischen Gesandten in Rom und zuletzt bei der Familie des Barons Steiger in Marienberg bei Linz. Maschkes Gedichte sind erfüllt mit Liebe und Wärme und voller Ehrfurcht vor allem Edlen und Schönen. Seinen Gedichtband „Die Heiderose" nennt er einen Sang aus den Sudeten und seine Gedichte in schlesischer Mundart „Aus Österreichisch-Schlesien" erlebten drei Auflagen.

Lit.: Erwin Weiser: „Hans Maschke". In: Grapp und Arbesn, S. 220, Freudenthal 1931, Josef Walter König: „Maschke, Hans". In: SchO., S. 67, Wolfratshausen 1964.

Alfred Meißner,

geboren am 31. 8. 1882 in Freudenthal als Sohn des Baumeisters Franz Meißner, gestorben im Sommer 1973 in Bad Elster/ DDR, kurz vor dem Erreichen seines 91. Lebensjahres, war langjähriger Direktor, zuletzt Oberstudiendirektor am Staatsrealgymnasium in Freudenthal. Er besuchte das Gymnasium in Landskron und promovierte 1906 an der Universität Wien zum Dr. der Philosophie. Nach abgelegter Lehramtsprüfung für Geschichte und Geographie supplierte er von 1909–1912 an der Staatsrealschule in Wien II., war dann von 1913–1921 definitiver Professor am Staatsgymnasium in Teschen und von 1921–1926 lehrte er Geschichte, Geographie und Deutsch am Staatsreform-Realgymnasium in Freiwaldau. 1926 übernahm er die Leitung des Gymnasiums in Freudenthal und blieb auch Leiter der späteren Oberschule für Jungen. Dr. Meißner fand immer noch Zeit, sich mit wissenschaftlichen Arbeiten zu Fragen der Geologie und Geschichte seiner Heimat zu beschäftigen. Die Wetterkatastrophe am Heidebrünnl vom 1. und 2. 6. 1921 veranlaßte ihn zu umfangreichen erdgeschichtlichen Studien des Freiwaldauer Gebietes, die fundierten Beiträge „Heimatlandschaft am Schwarzbach" und seine 1958 erschienene Arbeit „Werden und Wachsen meiner Vaterstadt Freudenthal" sichern ihm einen bleibenden Platz in der Geschichte unseres Kreises. 1946 kam er nach Herzberg a. d. Elster in die Ostzone. Die Russen fragten ihn, was er könne. Er sei Leiter einer Oberschule gewesen. Dann soll er wieder eine haben, ein Jahr auf Probe. Er erfüllte seine Aufgabe so gut, daß er die größte Prämie bekam, welche die DDR zu vergeben hat: den Titel „Verdienter Lehrer des Volkes", der mit einer Ehrengabe von 25 000 Ostmark verbunden ist. Er befaßte sich noch im hohen Alter mit Fragen der Siedlungsgeschichte der Lausitz und veröffentlichte in der Zeitschrift „Forschungen und Fortschritte" seine Ergebnisse über Lübben im Spreewald. Er untersuchte weiters die „Ländlichen Siedlungsformen im Landkreis Herzberg" u. a. m. und ermunterte noch 1970 jüngere Heimatforscher, seine Arbeit über Freudenthal auszubauen und zu vollenden.

Lit.: Erwin Weiser: „Oberstudiendirektor Dr. Alfred Meißner". In: FL 9/1956, S. 286, Franz Peschel: „Dr. Alfred Meißner ein bedeutender Geologe und Erdkundler aus Schlesien". In: HJO 6. Band, S. 82, Inning 1959, „Oberstudiendirektor i. R. Dr. Alfred Meißner ein Achtziger". In: FL 8/1962, S. 288, „Dr. Alfred Meißner †". In: FL 8/1973, S. 351.

Eduard Mestenhauser,

geboren am 17. 10. 1838 in Raase, gestorben am 6. 11. 1912 in Troppau, wurde wie sein Vater Sebastian Josef Arzt und wirkte ab 1866 als Stadtphysikus in Troppau. 1879 wurde er Landes-Sanitäts-Rat für Schlesien. Dr. Eduard Mestenhauser war ein bekannter Musikschriftsteller und Tonschöpfer. Er war auch Mitgründer der Troppauer Singakademie. Neben manchem gemütvollen Lied vertonte er auch die Oper „Bei Murten". Er schrieb Messen, komponierte Kammermusik und vertonte einen Bardenchor aus Kleists „Hermannschlacht". Durch seine Freundschaft mit dem damaligen Direktor des Salzburger Mozarteums Josef Ferdinand Hummel kam er in nähere Beziehung zum Musikleben Österreichs. Er war auch Mitarbeiter am Kronprinzenwerk „Die österreichisch-ungarische Monarchie in Wort und Bild" und bearbeitete den Abschnitt „Musik im Lande Schlesien".

Lit.: Paul Buhl: „Mestenhauser, Eduard". In: Troppau von A bis Z, S. 76, München 1973.

Sebastian Josef Mestenhauser,

geboren am 23. 5. 1793 in Gotschdorf bei Jägerndorf praktizierte als Landarzt in Raase Bezirk Freudenthal. Er führte eine bahnbrechende neue Operationsmethode ein und hat etwa 200 Steinleidende zu einer Zeit, als es noch keine wirksame Narkose gab, durch Eingriffe ohne Betäubung geheilt. Auch durch Operationen an fast erblindeten Starkranken hat er diesen das Augenlicht wiedergegeben, ebenso hat er an Gebärenden den Kaiserschnitt erfolgreich ausgeführt. Für seine außergewöhnliche Heilkunst wurde er mit dem Preußischen Roten Adlerorden und mit der Österreichischen Goldenen Verdienstmünze ausgezeichnet. Er starb im Jahre 1860 in Troppau.

Lit.: Paul Buhl: „Mestenhauser, Sebastian Josef". In: Troppau von A bis Z, S. 76, München 1973, Hubert Partisch: ÖsdSt 2. Band, S. 53, Wien 1964 und ÖsdSt 7. Band, S. 115, Wien 1970.

Gustav Micklitz,

geboren am 29. 4. 1830 in Deutsch-Paulowitz bei Jägerndorf, gestorben am 27. 2. 1918 in Groß-Herrlitz, war ein vorzüglicher Pflanzenzüchter und als solcher eine weit hinaus über die Landesgrenzen anerkannte Autorität. Er studierte am Gymnasium in Troppau und anschließend an der landwirtschaftlichen Schule in Proskau. 1851/1852 war er Amtsschreiber in Odersch, worauf sich das Studium an der landwirtschaftlichen Akademie in Ungarisch-Altenburg anschloß. Von 1855 – 1861 war er Gutsverwalter in Buchlau bei Graf Berchthold, dann in Blatna in Böhmen und in Quassitz bei Emanuel Ritter von Proskowetz. 1861 berief ihn Graf Bellegarde zum Ökonomiedirektor der Herrschaft Groß-Herrlitz in dessen Diensten er bis zu seiner Pensionierung im Jahre 1908 stand. Für seine hervorragenden Verdienste um die Land- und Forstwirtschaft wurde Gustav Micklitz mit dem Ritterkreuz des Franz-Josefs-Ordens ausgezeichnet.

Lit.: Gedenkbuch der Gemeinde Groß-Herrlitz (Manuskript), S. 26.

Hugo Neußer,

geboren am 3. 8. 1866 in Würbenthal, gestorben in Melkendorf bei Kulmbach am 18. 2. 1953, war ein bekannter völkischer Vorkämpfer in Schlesien. Seine Mutter entstammte der Würbenthaler Industriellenfamilie Grohmann. Nach dem Besuch des humanistischen Gymnasiums in Troppau, studierte er an den Hochschulen in Wien, Graz und Innsbruck Jura. Nach der Promotion zum Dr. jur. konzipierte er in Tetschen und Karlsbad und ließ sich in Troppau (wie sein Vater Dr. Eduard Neußer) als Rechtsanwalt nieder. Er trat bald im politischen Leben von Troppau hervor, war u. a. Vorsitzender des Deutschpolitischen Volksvereines in Schlesien und wurde 1910 in den schlesischen Landtag gewählt. Nach dem Zusammenbruch der Donaumonarchie im Jahre 1918 stand er an der Spitze des alle deutschen Parteien umfassenden Volksrates in Troppau. Im tschechoslowakischen Staate war seine Rechtsanwaltskanzlei führend im Kampf um die Sprachen- und Volkstumsrechte. Dr. Hugo Neußer verfaßte auch die Monographie über den Liederfürsten unserer Heimat E. S.-Engelsberg. (E. S. ist die Abkürzung für Eduard Schön, seinem offiziellen Namen.)

Lit.: „Dr. Hugo Neußer, ein ehrendes Totengedenken". In: HJO 1. Band, S. 71 f., Inning 1953, Paul Buhl: „Neußer, Hugo". In: Troppau von A bis Z, S. 81, München 1973.

Adolf Nitsch,

geboren am 3. 2. 1866 in Freudenthal, gestorben am 10. 7. 1937 in Wien, war Komponist, Cellovirtuose und Kammermusiker. Er studierte am Wiener Konservatorium das Hauptfach Cello, war dann von 1889 – 1893 Professor für Cello, Klavier und

Chorgesang am Konservatorium in Arad und gehörte von 1893 – 1897 als Cellist dem Streichquartett Duesberg in Wien an. Danach wirkte er als Chorrektor in Freudenthal. Von 1904 – 1928 war Musikprofessor Nitsch in Troppau tätig und führte im Musikleben der schlesischen Landeshauptstadt eine bedeutende Rolle. Von 1929 – 1937 lebte er in Wien. Als eigene Kompositionen schrieb er Klavierstücke, Stücke für Cello und Klavier, Kammermusik, Lieder, Männerchöre und auf dem Gebiet der Kirchenmusik mehrere Messen, zwei Graduale und zwei Offertorien.

Lit.: Hubert Partisch: ÖsdSt 2. Band, S. 57, Wien 1964, Paul Buhl: „Nitsch, Adolf". In: Troppau von A bis Z, S. 81, München 1973.

Julius Ochetz,

geboren am 10. 7. 1859 in Wien-Hernals, gestorben am 14. 1. 1927 in Freudenthal, war der Gründer des Stadtmuseums Freudenthal. Er besuchte zwei Jahre die Akademie der Bildenden Künste in Wien und den pädagogisch-didaktischen Kurs an der Kunstgewerbeschule in Wien. 1883 kam er als provisorischer Lehrer an die neugegründete k. k. Webschule in Freudenthal. 1888 kam er als definitiver Lehrer an die Fachschule für Weberei in Mährisch-Schönberg und 1890 in gleicher Eigenschaft nach Schluckenau. 1902 kam er wieder nach Freudenthal an die Webereifachschule, 1911 erhielt er den Professorentitel und 1913 trat er in den Ruhestand. Im gleichen Jahr richtete er anläßlich der Gewerbe- und Industrieausstellung die ersten zwei Räume des städtischen Museums ein und hat damit den Grund zu den schönen Sammlungen gelegt, die später von Erwin Weiser so hervorragend vergrößert und ausgebaut wurden. Im Ersten Weltkrieg betreute er im Rahmen des Roten Kreuzes die verwundeten und kranken Soldaten im Reservespital. Von Professor Ochetz, der eigentlich Ochs hieß, den Namen jedoch ändern ließ, stammen auch einige Wehrschilder. Er war zu seiner Zeit das künstlerische Gewissen in Freudenthal.

Lit.: Erwin Weiser: „Professor Julius Ochetz †". In: FL 2/1927, S. 9 ff., Erwin Weiser: „Ein ehrendes Gedenken". In: FHCH 1/1952, S. 348.

Eugen, Erzherzog von Österreich

Der österreichische Feldmarschall und Kommandeur einer Heeresgruppe im Ersten Weltkriege, Erzherzog Eugen, war als 58. Hochmeister des Deutschen Ritterordens von 1894 – 1923 Schloßherr von Freudenthal. Er war ein Enkel des Erzherzogs Karl, des Siegers von Aspern (1809) und ein Vetter zweiten Grades von Kaiser Franz Josef I. Erzherzog Eugen wurde am 21. 5. 1863 in Groß-Seelowitz in Mähren geboren. Als Mitglied des Kaiserhauses begann er nicht nur eine glänzende militärische Laufbahn, sondern wurde auch frühzeitig auf die Übernahme des Hochmeisteramtes des Deutschen Ritterordens vorbereitet. Am 11. 1. 1887 legte der damalige Hauptmann eines Husarenregiments die Deutschordensritterprofeß ab. Zwei Tage später wurde er zum Koadjutor und Nachfolger des damaligen Hoch- und Deutschmeisters, Erzherzog Wilhelms, ernannt. Beide Erzherzöge besuchten vom 4. – 7. 6. 1888 ihre Ordensherrschaft

Freudenthal und wurden von der Bevölkerung begeistert gefeiert. Nach dem Ableben Erzherzog Wilhelms übernahm Erzherzog Eugen am 19. 11. 1894 die Nachfolge als Hochmeister. Als solcher weilte er am 6. 8. 1897 wiederum in Freudenthal und nahm in den Jahren danach fast jeden Sommer für längere Zeit Aufenthalt in Freudenthal oder Bad Karlsbrunn.

Mit großem Eifer betrieb er den Ausbau der Deutschordensbesitzungen. Die Stadt Freudenthal verdankt ihm u. a. den Neubau des Deutschordenshospitales (1895 – 1898), die Erweiterung des alten Zivilspitales (1898), den Neubau der Deutschordens-Mädchenschule (1899), die Renovierung der Kreuz- und Marienkapelle (1902) und die Gedenktafel für Hochmeister von Ampringen in der Pfarrkirche (1904). Auch an der Renovierung der Köhlerbergkirche beteiligte er sich mit einem namhaften Zuschuß. In den Jahren 1912/13 entstand der Neubau einer modernen Bierbrauerei samt Malzfabrik, Spiritusfabrik mit Raffinerie und eine Likörfabrik. Das Schloß und der Großgasthof Mann-Thiel wurden renoviert und der Schloßgarten vergrößert. Zugleich ließ Erzherzog Eugen in Bad Karlsbrunn das prächtige „Lothringerhaus" erbauen. 1913 übernahm er die Schirmherrschaft anläßlich der 700-Jahrfeier von Freudenthal und im September 1918 weilte er anläßlich der „Einser-Ausstellung" letztmals in Freudenthal.

Am 29. 4. 1919 verließ Erzherzog Eugen Österreich und übersiedelte nach Basel! Hier verzichtete er am 22. 4. 1923 mit Genehmigung des Papstes auf die Hoch- und Deutschmeisterwürde. 1934 übersiedelte er nach Gumpoldskirchen bei Wien und 1938 nach Igls bei Innsbruck. Er starb anläßlich einer Kur am 30. 12. 1954, 91 Jahre alt, in Meran. Am 6. 1. 1955 wurde er als letzter Feldmarschall der k. u. k. Armee in der Pfarrkirche St. Jakob in Innsbruck zur letzten Ruhe gebettet.

Lit.: Erwin Weiser: „Dem vormaligen Freudenthaler Schloßherrn Erzherzog Eugen zum 70. Geburtstag". In: Sonderausgabe des FL Mai 1933, S. 45 f.; derselbe: „Feldmarschall Erzherzog Eugen". In: Schlesisch-mährischer Volkskalender Jahrgang 1953, S. 50 – 53; derselbe: „Feldmarschall Erzherzog Eugen". In: FL 2/1955, S. 33.

Oskar Olbrich,

brachte es als Lehrer, Musiker und Sänger zu ansehnlichen Erfolgen. Er wurde am 2. 4. 1873 in Milkendorf als Sohn eines Gastwirtes geboren. Er besuchte anfangs das Untergymnasium in Freudenthal, dann studierte er am Gymnasium in Troppau weiter und trat 1888 in die Lehrerbildungsanstalt über, wo er mit Auszeichnung maturierte. Von 1892 – 1897 war er Lehrer in Seifersdorf, dann Lehrer in Lobenstein. Er veranstaltete als Liedermeister des Gesangvereines Lobenstein viele erfolgreiche Aufführungen. 1905 wurde Olbrich an die Knaben-Volks- und Bürgerschule Freudenthal berufen. Im gleichen Jahr trat er in den Männergesangverein Freudenthal ein. 1897 war hier der Meister im Geigenspiel, Lehrer Max Lemmert, gestorben. Mit Oskar Olbrich folgte ein weiteres Talent der Geigenkunst und bereicherte das Freudenthaler Musikleben beachtlich. Seit 1907 war Olbrich als Liedermeister des Gesangvereines erfolgreich tätig, 1929 wurde er zum Ehrenmitglied ernannt. Von 1922 – 1926 war er auch Chormeister des Sängerkreises Freudenthal. Er leitete Kirchenkonzerte, bedeutende Chorwerke mit Orchesterbegleitung und die Gedenkfeiern für Beethoven, Schubert, Mozart, Haydn, Wagner, Brahms, E. S.-Engelsberg usw. Für seine Verdienste erhielt er namhafte Ehrungen. Der Gau Schlesien des Deutschen Sängerbundes verlieh ihm sein Ehrenzeichen. Zur Verherrlichung Gottes spielte Olbrich viele Jahre die Orgel in der Piaristenkirche. Handschriften seiner Vertonungen waren im Stadtmuseum Freudenthal aufbewahrt.

Lit.: Erwin Weiser: „Oskar Olbrich ein Treuegedenken zum 80. Geburtstage". In: FHCH 3/1953, S. 590 f.

Viktor Olbrich,

Professor für den Kunstunterricht an der Bundeserziehungsanstalt für Mädchen, Wien III., wurde am 17. Juni 1887 in Würbenthal als Sohn eines Kammerphotographen des Erzherzogs Eugen geboren. Der Troppauer Architekt Josef Maria Olbrich war sein Onkel. Er ging also aus einer künstlerisch interessierten Familie hervor und wurde selber ein vielseitiger Künstler, der auf den Ausstellungen des Hagenbundes, dessen Mitglied er war, stets sehr gute Erfolge erzielte. Er trat als Landschafter und Porträtist hervor, hat aber auch für Schriften- und Plakatmalerei wiederholt erste Preise bekommen. Manche zu bestimmten Anlässen geschaffene Gedenkblätter sind Kabinettstücke zeichnerischer Kleinkunst.

Er fand am 1. 3. 1960 auf dem Zentralfriedhof in Wien seine letzte Ruhestätte.

Lit.: „Viktor Olbrich †". In: FL 5/1960, S. 165, Hubert Partisch: ÖsdSt 1. Band, Seite 46, Wien 1961.

Wenzel Franz Olbrich

war Kaufmann und Fabrikant sowie langjähriger Bürgermeister von Freudenthal. Er wurde am 14. 6. 1846 in Goldenfluß bei Mährisch-Rotwasser geboren, kam 1867 nach Freudenthal und entfaltete hier eine rastlose Tätigkeit. Im Jahre 1877 eröffnete er einen umfangreichen Garnhandel, der ihm ansehnlichen Wohlstand einbrachte. Später wurde er Besitzer bzw. Gesellschafter der Leinengarnbleiche in Neu-Erbersdorf und der Flachsspinnerei in Freudenthal. Früh nahm er Anteil am öffentlichen Leben. Schon 1879 war er Mitglied der Gemeindevertretung und des Sparkassenausschusses und schließlich bekleidete er von 1901 – 1919 das Amt des Freudenthaler Bürgermeisters. In seiner über vierzigjährigen öffentlichen Tätigkeit war er wesentlich am wirtschaftlichen und kulturellen Aufschwung der Stadt beteiligt. Daneben diente er der Gemeinde und ihrer Bürgerschaft als Abgeordneter des schlesischen Landtages und als Handelskammerrat. Für seine Verdienste erhielt er das Ritterkreuz des Franz-Josef-Ordens und im Jahre 1906, anläßlich seines 60. Geburtstages, den Ehrenbürgerbrief von Freudenthal. Auch die Gemeinde Neu-Erbersdorf hat ihm die Ehrenbürgerwürde verliehen.

An W. F. Olbrich erinnern viele öffentliche Gebäude und Einrichtungen (Allgemeines Krankenhaus, Kindergarten, Volks-und Bürgerschule, Staatsrealgymnasium, Frauen-Haushaltungsschule, Fachschule für Weberei, Pflegeheim, Schlachthaus, Turnhalle, Feuerwehrgerätehalle, Elektrizitätswerk, Straßenbauten, Kanalisierung usw.). An ihn erinnert weiters die nach ihm benannte W. F.-Olbrich-Straße und der von ihm gestiftete Hochstrahl-Monumentalbrunnen am Ringplatze.

Er wurde, fast 84 Jahre alt, am 12. Mai 1930 in Freudenthal zu Grabe getragen.

Lit.: Festschrift 700-Jahrfeier Freudenthal, 1913, S. 66/67; Erwin Weiser: W. F. Olbrich – ehrendes Gedenken zum 25. Todestage, In: FL 5/1955, S. 134 und FL 10/1965.

Josef Partsch,

geboren am 19. 12. 1813 in Engelsberg, gestorben am 26. 9. 1886 in Engelsberg, war ein begabter Holzschnitzer, der besonders durch seine Weihnachtskrippenfiguren bekannt wurde. Sein Vater besaß eine kleine Landwirtschaft. Da sein Sohn von schwächlicher Gesundheit war, konnte er keine schweren Feldarbeiten verrichten und mußte Kühe hüten. Der Knabe begann mit dem Taschenmesser erste Figuren zu schnitzen, die natürlich noch unvollkommen waren. Sein natürliches Talent, sein Fleiß und sein gesunder Gesichtssinn ließen ihn an der Natur lernen und zu immer höherer Vollendung reifen. Er schnitzte Kühe, Ziegen, Schafe und schließlich auch Bauern und Hirtengestalten und fertigte Krippenfiguren, die damals sehr begehrt waren. 1856 schnitzte er bei einem Orgelbauer in Teschen. Für die Olmützer Mauritzkirche fertigte er lebensgroße Heiligenfiguren, Petrus und Paulus darstellend. Er lieferte auch Krippenfiguren für Kirchen in Breslau, Neiße und Linz. Ihm verdanken wir auch das Engelsberger Krippelspiel, das er in den Jahren 1837/1838 verfaßte. Es ist ein volkstümliches Weihnachtsspiel mit mundartlichen Gesprächen urwüchsig gestaltet, das unzählige Male aufgeführt wurde. Schon vorher (1827) schrieb er ein Liederbuch mit 76 Weihnachtsliedern und Gedichten auf, die er gesammelt hatte. Zwei seiner schönen Krippen und viele Krippenfiguren fanden Ehrenplätze im schlesischen Landesmuseum Troppau und im Städtischen Museum zu Freudenthal. Die einheitlichste und stilvollste Partschkrippe war im Besitz des Freudenthaler Altbürgermeisters Alois Plischke.

Lit.: Erwin Weiser: „Unser schlesischer Krippelschnitzer Josef Partsch". In: FHCH 12/1951, S. 330 f., „Krippelschnitzer Josef Partsch ein Gedenken zum 70. Todestage". In: FL 11/1956, S. 365 f., Erwin Weiser: „Unser schlesischer Krippelschnitzer Josef Partsch". In: FL 12/1965, S. 530 f.

Adolf Peschke,

geboren am 16. 4. 1892 als Sohn eines Waldaufsehers in Neu-Erbersdorf, gestorben am 13. 9. 1951 in Abtsdorf bei Wittenberg/DDR, hat sich als Geschichts- und Heimatforscher und als Mundartschriftsteller um unsere Heimat verdient gemacht. Er besuchte von 1905 – 1911 die Bürgerschule bzw. die Lehrerbildungsanstalt in Troppau. Als junger Lehrer begann er in Böhmisch-Kromau. 1913 wurde er an die Volksschule in Karlsthal versetzt und verblieb hier bis 1925. Nach Ablegung der Lehramtsprüfung als Fachlehrer für Deutsch, Geschichte, Erdkunde und Gesang kam er an die Bürgerschule nach Bennisch. Im Ersten Weltkrieg kämpfte er als Offizier an der russischen Front. Im letzten Kriegsjahr heiratete er und begründete sein Heim in Karlsthal, wo er sich der Musikpflege annahm. Hier begann er auch seine volkstümlichen und heimatgeschichtlichen Arbeiten. In der Handschriftensammlung „Flemischdorfer Noarrnsteckla" faßte er seine Erzählungen und Gedichte zusammen; einige davon wurden in der „Freudenthaler Zeitung" und im „Trostbärnla" abgedruckt. In der Mundartsammlung „Grapp und Arbesen" von Erwin Weiser finden wir die Erzählung „De Krainer Bienen" und das Gedicht „Mei Peppesla". Aus seiner Karlsthaler Zeit stammen seine heimatgeschichtlichen Abhandlungen über Neu-Erbersdorf, Karlsthal und das Oppatal. In Bennisch entfaltete er eine weitere überaus fruchtbare Tätigkeit. Er baute das Stadtmuseum aus, ordnete und erweiterte das umfangreiche Archiv, führte das Gemeindegedenkbuch und gab das „Bennischer Ländchen", Blätter zur Pflege der Heimatliebe und der Heimat-

geschichte heraus. Diese bergen einen reichen Schatz des Wissens um die Vergangenheit. Er wertete dazu neben den städtischen Akten insbesondere die Urkunden des Jägerndorfer Kammerarchivs aus und wurde durch seine fundierten Beiträge in den Fachzeitschriften eine anerkannte Autorität. Neben der Tätigkeit als Stadt- und Heimatpfleger arbeitete er verdienstvoll in der Jugendfürsorge, im Deutschen Kulturverband, im Verschönerungsverein und in der Gewerblichen Fortbildungsschule mit. 1939 wurde er als Direktor an die neu gegründete Kreisberufsschule in Freudenthal berufen. Nach dem Zweiten Weltkrieg verschlug ihn das Schicksal in die damalige russische Besatzungszone, wo er noch einige Jahre als Lehrer tätig war.

Lit.: Erwin Weiser: „Adolf Peschke". In: Grapp und Arbesn, S. 223 f., Freudenthal 1931, Helmut Rössler: „Adolf Peschke zum Gedenken". In: FL 4/1964, S. 173 f., Josef Walter König: „Peschke, Adolf". In: SchO., S. 80, Wolfratshausen 1964.

Julius Peschke,

geboren am 13. 8. 1865 in Buchbergsthal, lebte in Hohenau (Niederösterreich) und verfaßte seine vorwiegend heiteren Werke unter dem Pseudonym: Janus Sylvestris, Julianus. Er schrieb Possen, Schwänke und Komödien.

Werke: „Der Vicepapa" (Schwank, 1905), „Auerhahnjagd" (Schwank, 1906), „Unter Verbrechern" (Posse, zusammen mit F. Lunzer, 1906), „Bruder Leichtsinn" (Posse, mit F. Lunzer, 1906), „Jungfernrede" (Operette, mit F. Lunzer, 1907), „Ein genialer Kopf" (Komödie 1907), „Ein guter Kerl" (Posse, 1908), „Die Mörder" (Posse, 1908), „Der Grenzstreit" (Posse, 1909), „Der Fall Mariette (Schwank, mit Albin Cronau, 1909), „Die zerschossene Birkhahnfeder" (Kriminalnovelle, 1909), „Drei Mörder" (Posse, 1910), „Die weißen Mäuse" (Komödie, 1911), „Er hat zu wenig Feuer" (Komödie), „Der Weiberfeind" (Novelle, 1915).

Lit.: Josef Walter König: „Peschke, Julius". In: SchO., S. 80, Wolfratshausen 1964.

Franz Ludwig von Pfalz-Neuburg

wurde als Hochmeister des Deutschen Ritterordens (1694 – 1732) Nachfolger seines verstorbenen Bruders, Hochmeister Ludwig Anton, Pfalzgraf bei Rhein (1685 – 1694). Die Schwester Eleonore Magdalena war die Gemahlin Kaiser Leopolds I. Hochmeister Franz Ludwig bekleidete zahlreiche höchste Ämter, so auch das eines Oberhauptmannes von Schlesien. Er nannte sich u. a. „Erzbischof des Hl. Stuhles zu Mainz, Erzkanzler und Kurfürst des Hl. Römischen Reiches, … Herzog in Bayern, Bischof zu Worms und Breslau … sowie Herr von … Freudenthal, Eulenberg und Busau." Er hielt sich häufiger als alle seine Vorgänger im Meisteramte in den schlesisch-mährischen Ordensbesitzungen auf. Hierzu hatte er die Aufsicht und die oberste Verwaltung an seinen Hof in Breslau bzw. zum Bischofssitz in Neiße verlegt und kam von hier oft in die wildreiche Herrschaft Freudenthal, die seiner Jagdleidenschaft sehr entgegenkam. Er gründete im Jahre 1701 die nach ihm benannte Hammerwerksiedlung Ludwigsthal, die einen Teil der bisherigen Aufgaben von Klein-Mohrau übernahm. Der Stadt Freudenthal stiftete er das Piaristengymnasium und die Piaristenkirche. Franz Ludwig stellte auf Kosten des Deutschen Ritterordens eine „Teutschmeistertruppe" auf, die 1695 gegründet und 1696 in Donauwörth auf den Kaiser vereidigt wurde. Hierzu hatte sich Franz Ludwig mit seinem zweiten Bruder, Johann Wilhelm, Herzog von Pfalz-Neuburg, verbündet, der sich als deutscher Kurfürst zur Errichtung eines Regimentes verpflichtet hatte. Das aus vier Kompanien bestehende Leibbataillon des verstorbenen Hochmeisters Ludwig Anton bildete den Stamm. Zwei weitere Bataillone wurden durch Werbung aufgebracht. Das Fußregiment deutscher Nation „Teutschmeister" erhielt sodann im Jahre 1788 den Namen „Hoch- und Deutschmeister" Nr. 4 und zählte zu den traditionsreichsten Einheiten des Kaiserstaates Österreich.

Hochmeister Franz Ludwig verstarb am 18. 4. 1732 und fand im Dom zu Breslau seine letzte Ruhestätte.

Die Inhaberschaft des Regimentes „Hoch- und Deutschmeister" war immer an die Person des jeweiligen Hochmeisters des Deutschen Ritterordens gebunden. Es wurde kurz nach dem Ende des Ersten Weltkrieges nach 222jährigem Bestande aufgelöst. Letzter Regimentsinhaber war der Hoch- und Deutschmeister Erzherzog Eugen.

Lit.: Erwin Weiser: „Franz Ludwig ... Herr von Freudenthal, errichtete das Regiment – Pfalz-Neuburg-Teutschmeister". In: FL 3/1943, S. 9 f. Winfried Irgang: „Freudenthal als Herrschaft des Deutschen Ordens 1621 – 1725", S. 183 a. a. O.

Johann Pfeifer,

Ritter von Forstheim, geboren 1808 in Römerstadt, gestorben am 15. 5. 1891 in Freudenthal, war Bahnbrecher einer zeitgemäßen Forstwirtschaft. Er hat sich um die Entwicklung des Forstwesens und um die Hebung des Bildungsstandes der Forstleute so große Verdienste erworben, daß er geadelt wurde. Er trat 1825 in die Dienste des Deutschen Ritterordens und war u. a. an der Vermessung und Mappierung der Hochgebirgsforste bei Karlsbrunn beteiligt. In den Jahren 1829/1830 besuchte er die Forstlehranstalt in Mariabrunn. 1831 kam er als Waldamtskontrollor auf die Herrschaft Eulenberg und 1837 als Waldbereiter auf die vom Orden neu erworbenen Güter Stettin, Hrabin und Smolkau bei Troppau. Er wurde 1851 Forstmeister und 1864 als Forstinspektor mit der Oberaufsicht und Leitung des gesamten deutschmeisterischen Forstwesens betraut. Am 15. 12. 1869 verlieh ihm der Hochmeister Erzherzog Wilhelm den Titel eines Hoch- und Deutschmeisterischen Forstrates. 1882 wurde Forstrat Pfeifer in den Adelsstand erhoben. Er war Ehrenmitglied des Österreichischen Reichsforstvereins in Wien und des königlich Preußisch-Schlesischen Forstvereines in Breslau. Er wurde 1868 mit dem Goldenen Verdienstkreuz mit der Krone ausgezeichnet und war auch Inhaber des Ritterkreuzes des Ordens der Eisernen Krone, 3. Klasse. Seine Vaterstadt Römerstadt ernannte ihn zum Ehrenbürger.

Lit.: Franz Tutsch: „Johann Pfeifer, Ritter von Forstheim". In: HJO 9. Band, S. 42 ff., Inning 1962.

Alois Pilz,

geboren am 8. 2. 1891 in Freudenthal, gestorben am 19. 1. 1948 in Halle/Saale, schrieb zahlreiche Gedichte und Aufsätze heiterer und ernster Natur in heimatlichen Zeitschriften und Kalendern. Er verfaßte auch kleinere Bühnenstücke, und seine Freudenthaler Dichtervorlesungen fanden ungeteilten Beifall. Die Heimat war es, in der er Anregung und Schaffensfreude fand. In seinen Arbeiten bekennt er sich zur Natur und zu Gott, zur Heimat und zu seinem Volk. Er war Dietwart beim Freudenthaler Turnverein und ein bekannter völkischer Vorkämpfer, der sich gegen alles mit spitzer Feder wandte, was ihm verderblich schien. Schlechte Sitten und Bräuche, insbesondere wenn sie von fremdher eingeführt wurden, geißelte er zornerfüllt öffentlich. Sein bescheidenes, rechtschaffenes Wesen, das sich mit ganzer Seele für seine Heimat einsetzte, schuf ihm viele Freunde. Beruflich war er als Prokurist einer Textilfirma tätig. Als er in den Umsturztagen von 1945 verhaftet wurde, verbrannten seine Verwandten all seine Dichtungen, weil sie fürchteten, daß sie ihm schaden könnten. Nach Erwin Weiser waren seine Werke von lyrischer Schöngeistigkeit, die Seele des Volkes widerspiegelnd, erfüllt. Mit seinem Tod verlor die Heimatgemeinschaft einen glühenden Verfechter deutscher Art und Sitte.

Lit.: Anton Ohnheiser: „Die letzten Tage in der Heimat mit unserem Lm. Alois Pilz". In: FL 5/1955, S. 132, Erwin Weiser: „Alois Pilz". In: HJO 3. Band, S. 38 f., Inning 1956, Erwin Weiser: „Alois Pilz zum 65. Geburtstag". In: FL 2/1956, S. 38, Erwin Weiser: „Alois Pilz wäre ein Siebziger". In: FL 2/1961, S. 54, Josef Walter König: „Pilz, Alois". In: SchO., S. 82, Wolfratshausen 1964, Maria Schober: „Dem Heimatdichter Alois Pilz anläßlich seines 80. Geburtstages zum ehrenden Andenken". In: FL 2/1971, S. 54 f.

Alois Plischke d. Ä.,

geboren am 3. 6. 1838 in Freudenthal und hier am 2. 6. 1911 verstorben, war k. k. Kommerzialrat und ein bedeutender Textilfabrikant. Er trat, gleich seinem Bruder Heinrich, um 1860 in das väterliche Unternehmen ein und begann es mit unternehmerischen Wagemut zielstrebig auszubauen. Durch seine Heirat mit Julie Heinz war er zum Schwiegersohn des gleichfalls um Freudenthal verdienten Fabrikanten Franz Heinz geworden, dem er in vieler Hinsicht nacheiferte.

Die im Jahre 1834 von seinem Vater, dem Engelsberger Webermeister Johann Plischke gegründete Firma war durch ihre erstklassigen Leinenwaren bekanntgeworden. Sie lieferte ihre Erzeugnisse in alle Teile der Monarchie u. a. auch an das Kaiserhaus. Sie nannte sich „K.k. privilegierte Leinen- und Tischzeugfabrik Johann Plischke & Söhne" und besaß das Recht, im Untertitel als „k.u.k. Hof- und Kammerlieferant" zu firmieren. Seit 1893 wurde die Produktion von der Handweberei mehr und mehr auf mechanische Weberei umgestellt und das Warenangebot beträchtlich erweitert. Zum Firmenumfang gehörten Weberei, Bleicherei, Färberei, Appretur, Konfektion und Stickerei. Aus der einstigen Leinen- und Tischzeugerzeugung war eine moderne Leinen-, Baumwoll- und Kunstseidenfabrik geworden. Sie beschäftigte 1913 rund 900 Mitarbeiter, wovon noch 118 Handweber waren.

Alois Plischke d. Ä., Ritter des Franz-Josef-Ordens, gehörte fast 30 Jahre lang der Freudenthaler Gemeindevertretung an. Er war Ausschußmitglied der städtischen Sparkasse, Verwalter des städtischen Waisenhauses und des Franz-Heinz'schen Witwenhauses sowie langjähriger Obmann des Schulpfennigvereines.

Für seine vielfältigen Verdienste um seine Heimatstadt wurde er am 1. 6. 1908, anläßlich seines siebzigsten Geburtstages, zum Ehrenbürger ernannt.

Auch seine Söhne, kaiserlicher Rat Alois Plischke d. J. und Kommerzialrat Adolf Plischke waren um Freudenthal sehr verdiente Unternehmerpersönlichkeiten.

Lit.: Festschrift 700-Jahrfeier Freudenthal 1913, S. 67; Hartwig: Kommerzialrat Adolf Plischke zum Gedenken. In: FHCH 2/1953, S. 567 ff.

Alois Plischke d. J.,

Sohn des Vorgenannten, geboren am 16. 7. 1868 in Freudenthal, kam nach dem Besuch der Volksschule in Freudenthal an die Staatsoberrealschule in Troppau und studierte ab 1886 an der Handelsakademie in Wien. Von 1888 an diente er als Einjährig-Freiwilliger in einem Artillerie-Regiment. Nach Abschluß des Wehrdienstes absolvierte er die Höhere Fachschule für Weberei in Chemnitz, dem sich ein einjähriges Praktikum bei der renommierten Webstuhlfabrik Louis Schönherr in Chemnitz anschloß. Seine kaufmännischen und webereitechnischen Kenntnisse vervollkommnete er durch 1 1/2 Jahre in einer Spinnerei- und Webereimaschinenfabrik in Belfast (Irland) sowie Studienaufenthalte in Frankreich und den USA. 1893 nach Freudenthal zurückgekehrt, wurde er Teilhaber der Firma Johann Plischke & Söhne und errichtete die erste modernst ausgebaute mechanische Weberei in Freudenthal. 1905 verehelichte er sich mit Julie Pupp, einer Tochter des Mitinhabers des weltbekannten Grandhotels Julius Pupp in Karlsbad. Er baute zusammen mit seinem Bruder Adolf die väterliche Firma zu einem Großbetrieb der Textilbranche aus. Der Freudenthaler Gemeindevertretung gehörte er ununterbrochen von 1897 – 1922 an und wirkte von Juli 1919 bis Oktober 1922 als Bürgermeister seiner Vaterstadt. Neben den wirtschaftlichen Erfolgen fand seine unternehmerische Tätigkeit zahlreiche Ehrungen. Er wurde 1907 zum kaiserlichen Rat ernannt, war Ritter des Franz-Josef-Ordens sowie k. u. k. Hof-und Kammerlieferant. Am 28. 10. 1922 wurde er zum Ehrenbürger der Stadt Freudenthal ernannt. Auch eine Brücke in Freudenthal trägt seinen Namen.

Lit.: Erwin Weiser: Aus der Heimat Ehrenhalle – Alois Plischke zum 60. Geburtstag. In: FL 1928, S. 97.

Fritz Quidenus,

geboren am 10. 2. 1867 in Freudenthal, gestorben am 28. 2. 1928 in Schleißheim bei München, war akademischer Maler und ein seinerzeit sehr geschätzter Buchillustrator. Seine Eltern übersiedelten 1873 von Freudenthal nach Wien. Zum Zeichnen begabt kam Quidenus 1882 an die Kunstgewerbeschule in Wien, die er mit sehr gutem Erfolg abschloß. Von 1891 – 1894 arbeitete er an der Akademie der bildenden Künste in München, anschließend war er wieder in Wien tätig. 1913 berief ihn das bayerische Kultusministerium als Lehrer an die Münchener Kunstakademie. Nach dem Ersten Weltkrieg wurde er freischaffender Künstler. Er bebilderte viele Bücher: „Geschichte der Stadt München", „Von deutscher Art und Sitte", „Mein Kamerad", „Vom Peterli zum Peter" seien davon genannt. Von ihm wurde auch die Abhandlung „Das Bayerische Armeemuseum" bebildert. Für Schloß Mainburg bei Schweinfurt malte er fünf große Deckengemälde, für den bayerischen Staat schuf er mindestens sechzehn Landschaftsbilder zur Ausschmückung von Sitzungssälen, weiters sechzehn Porträts für den Sitzungssaal der Münchener Handelskammer, Stilleben, Blumenbilder u a. Quidenus, der jedes Jahr Werke im Münchener Glaspalast ausstellte, war auch Mitglied des Süddeutschen Illustratorenbundes. Während seiner Militärdienstzeit in Troppau fertigte Quidenus zwei Offiziersporträts und das große Ölgemälde „Die Fahne des Regiments", die sich im schlesischen Landesmuseum befanden.

Lit.: Erwin Weiser: „Fritz Quidenus †". In: FL 4/1928, S. 30 ff., Erwin Weiser: „Der akademische Maler Fritz Quidenus". In: FHCH 3/1953, S. 584, Erwin Weiser: „Akademischer Maler Fritz Quidenus". In: HJO 5. Band, S. 46 ff., Inning 1958, Erwin Weiser: „Ein liebes Gedenken zum 100. Geburtstag an den akademischen Maler Fritz Quidenus". In: FL 2/1967, S. 58.

Guido Raab,

war ein sehr talentierter Musiker und Chorleiter. Er wurde am 4. 11. 1890 als Sohn des Stadtkapellmeisters Alois Raab in Freudenthal geboren und ist 1942 in Würbenthal gestorben. Frühzeitig lernte er das Geigen- und Klavierspielen und spielte als Jugendlicher in der Freudenthaler Stadtkapelle und im Streichorchester des Männergesangvereines mit. Von 1905 – 1909 besuchte er die Lehrerbildungsanstalt in Troppau und kam dann als provisorischer Lehrer an die Knabenschule nach Würbenthal. Im Ersten Weltkrieg geriet er in russische Gefangenschaft. Er vertonte viele Lieder und pflegte besonders den Chorgesang. Er war Ehrenmitglied der Männergesangvereine von Würbenthal und von Breitenau und Kreis-Chormeister des ehemaligen Sängerkreises Freudenthal und auch Mitglied der Reichsmusikkammer, Fachschaft der Komponisten. Der ungemein fleißige und fruchtbare Künstler ist mitten im Kriege (1942) im Alter von erst 51 Jahren gestorben.

Lit.: „Guido Raab – Unvergessen". In: FL 11/1960, S. 381.

Julius Raab,

geboren am 29. 11. 1891 in St.-Pölten, gestorben 1964 in Wien, war österreichischer Bundeskanzler von 1953 – 1961.

Er war Ingenieur und Baumeister in St.-Pölten, wurde 1938 Handels- und Verkehrsminister und gehörte 1945 zu den Gründern der Österreichischen Volkspartei (ÖVP) und vertrat diese im Wiener Nationalrat. Von 1951 – 1960 war er auch ihr Bundesobmann. Den diplomatischen Bemühungen von Bundeskanzler Raab war es zu danken, daß Österreich mit dem Staatsvertrag von 1956 seine volle Unabhängigkeit wieder erlangen konnte.

Sein Vater Julius Raab, Baumeister in St.-Pölten, Kremsergasse 19, ehelichte am 18. 11. 1890 in Wien, Pfarrei Mariahilf, eine Tochter des Maurermeisters Josef Wohlmayer. Er selbst ist am 14. 3. 1854 in Niedermohrau Bezirk Römerstadt als Sohn des Josef Raab, Zeug- und Drahthüttenbesitzer in Niedermohrau und der Maria geb. Röhsner geboren. Aus der Traueintragung geht hervor, daß Julius Raab, d. Ä. nach Klein-Mohrau heimatzuständig war. Trauzeuge war Josef Raab, Buchhalter in Sokolnitz in Mähren, der in Freudenthal die Realschule besucht hat. Bundeskanzler Raab erklärte einmal in einer Rundfunkansprache „Österreich hat an die Welt keinen anderen Wunsch, als daß sein Volk weiter in Ruhe und Frieden leben könne. Wenn wir deshalb mit heißem Herzen von den Großen dieser Welt für andere das gleiche fordern, was sie uns gewährt haben, so bewegt uns einzig und allein das Verständnis für jene Völker, die solcher Freiheit noch nicht teilhaftig sind. Das neutrale Österreich erhebt deshalb in dieser Stunde die ernste Forderung, daß sich alle, die es angeht, bewußt sein mögen, daß die Herrschaft über fremde Völker und die Unterdrückung der freien Meinungsäußerung ihnen niemals Segen bringen kann. Das Selbstbestimmungsrecht der Völker und die Sehnsucht jedes Menschen nach Freiheit sind so elementare Gewalten, daß man sie nur zeitweise brutal niederhalten, sie aber niemals aus dem Bewußtsein der Völker wird ausschalten können".

Bundeskanzler Raab war u. a. auch Ehrenritter des Deutschen Ordens und Ehrenmitglied der Sudetendeutschen Landsmannschaft Österreichs.

Lit.: Paul Brückner: „Dr.-Ing. h. c. Julius Raab, österreichischer Bundeskanzler, Ehrenritter des Deutschen Ordens." In: HJO 6. Band, S. 36 f., Inning 1959, „Julius Raab, der größte Staatsmann Österreichs". In: FL 2/1964, S. 51 f.

Carl Riedel,

geboren am 14. 11. 1830 in Freudenthal, gestorben am 27. 4. 1906 in Krems a. d. Donau, war als Poträtist und Maler von Genrebildern bekannt. Er war der Sohn des Freudenthaler Tuchmachermeisters Anton Riedel. Sein Onkel Florian Riedel, Brunnenverwalter in Karlsbrunn, setzte sich beim Erzherzog Maximilian für seinen Neffen ein, daß ihm der Besuch der Akademie der Bildenden Künste in Wien ermöglicht wurde. Hier errang Carl Riedel zwei Preise. 1853 erschienen nach seinen Zeichnungen lithographische Ansichten von Karlsbrunn, die diesen Kurort weithin bekannt machten. 1854 begann Riedel in Graz seine erfolgreiche Tätigkeit als Porträt- und Genremaler. Sein Streben nach weiterer Vervollkommnung führte ihn nach Antwerpen, Holland und Paris. Aus dieser Zeit stammen zahlreiche schöne Kopien alter Meister. Unter seinen Werken befinden sich ein Genrebild des Dichters Karl von Holtei, ein Ölgemälde Vinzenz Prießnitz u. a. Sein Bild „Vorleserin" ist im Besitz der Akademie der Bildenden Künste. Für sein Genrebild „Mittagsschläfchen" erhielt er 1873 auf der Weltausstellung in Wien die Medaille für Kunst, 1876 für sein Genrebild „Der kleine Rekonvaleszent" die Medaille der Weltausstellung in Philadelphia. Eines seiner reifsten Werke trägt den Titel „Der Besuch". Seine vielen Porträtbilder zeichnen sich durch große Ähnlichkeit und Charakteristik aus, seine Genrebilder strahlen Ruhe und Stimmung aus. Seine Bildnisse befanden sich u. a. im Besitz so bekannter Familien, wie Ernst Regenhardt in Freiwaldau, Oberleithner in Mährisch-Schönberg, Plischke, Schneider und Heinz in Freudenthal sowie Ringhoffer in Prag.

Lit.: Ludwig Kotsch: „Carl Riedel". In: HJO 3. Band, S. 36, Inning 1955.

Cyrill Riedel,

Tuchmachermeister in Freudenthal, geboren 1766, entdeckte eine Marktlücke jener Zeit und spezialisierte sich auf die Erzeugung von rauhen Wolldecken „Kotzen" genannt. Sie fanden sowohl im zivilen als auch im militärischen Bereich ausgezeichneten Absatz. Er erwarb von der Gutsherrschaft Freudenthal zu günstigen Bedingungen einige Grundstücke an der Oppa bei Kunau, die mit ihrem starken Gefälle und dem Wasserreichtum eine erstklassige Wasserkraft darstellten. Dort erbaute er um das Jahr 1800 die „erste schlesische Kotzenfabrik". Er erhielt im Jahre 1807 die Landesbefugnis und war in der Zeit der Napoleonischen Kriege mit Aufträgen überhäuft. Er lieferte seine Erzeugnisse u. a. den Armeen von Österreich, Preußen und Frankreich und erwarb ein namhaftes Vermögen.

Von 1817 – 1833 bekleidete er das Amt des Bürgermeisters von Freudenthal, setzte sich sehr intensiv für die Modernisierung des Stadtbildes ein und förderte den Ausbau von Handwerk und Industrie. In seine Amtszeit fällt u. a. die Abtragung der alten Stadttore (Jägerndorfer Tor 1823), Neisser Tor (1824) und Olmützer Tor (1826).

Cyrill Riedel verstarb am 15. 6. 1839 im 74. Lebensjahre in Freudenthal.

Lit.: Festschrift 700-Jahrfeier Freudenthal 1913, Seite 18 – 20.

Franz Rieger,

geboren am 13. 12. 1812 in Zossen, gestorben am 29. 1. 1885 in Jägerndorf, ging als junger Tischlergeselle nach Wien, wo er in eine Orgelfabrik eintrat. In den vierziger Jahren des vorigen Jahrhunderts kehrte er nach Schlesien zurück, ließ sich in Jägerndorf nieder und begann selbst Orgeln zu bauen. Im Laufe der Jahre erwarben seine Orgeln einen guten Ruf, der Betrieb wurde vergrößert und schließlich eine eigene Fabrik erbaut. Die Weltausstellung 1873 in Wien brachte der Firma hohe Anerkennung und zahlreiche Aufträge. Sie firmierte fortan als Orgelfabrik Gebrüder Rieger, denn seine überaus tüchtigen Söhne Otto und Gustav bauten das Unternehmen bedeutend aus. Rieger-Orgeln wurden zum Inbegriff höchster Präzision, Qualität und Klangfülle. Sie wurden in alle Kulturstaaten exportiert. Otto Rieger erhielt den Titel eines k. k. Hoflieferanten, er war Besitzer des Franz Josef-Ordens und des Ordens vom heiligen Grabe. Von 1900 – 1903 war er auch Bürgermeister von Jägerndorf. Sein Sohn gleichen Namens war Ritter des St.-Georgsordens und auch Vizebürgermeister von Jägerndorf. Eine sehr schöne Rieger-Orgel befindet sich in der Burgbergkirche in Jägerndorf. Weitere bedeutende Orgeln wurden u. a. für den Dom in Olmütz, für die Stephanskirche in Wien und für die heilige Grabeskirche in Jerusalem erbaut.

Lit.: Paul Buhl: „Rieger, Franz". In: Troppau von A bis Z., S. 85, München 1973, „Ahnenliste Gustav Rieger, geb. Jägerndorf 1. 8. 1848" (Manuskript).

Ferdinand Rössler,

geboren am 8. 1. 1774 als Sohn eines Seifensieders in Schönlinde Bezirk Rumburg in Böhmen, gestorben am 3. 1. 1838 in Graz, errichtete im Jahre 1800 in Würbenthal einen überaus florierenden Handelsbetrieb mit Leinengarnen und -zwirnen.

Er kaufte den Bauern der näheren und weiteren Umgebung den Flachs ab, gab ihn auf eigene Rechnung an Heimarbeiter und ließ ihn dort spinnen bzw. zwirnen. Die so erzeugten Garne und Zwirne setzte er entweder auf Märkten um oder lieferte sie an seinen, ebenfalls aus der Gegend von Schönlinde stammenden, Teilhaber Karl Weiß in Wien, der sie sehr gewinnbringend veräußerte. In diesen Handelsbetrieb trat 1812 Josef Grohmann aus Schönbüchel Bezirk Rumburg als Mitarbeiter ein. Grohmann heiratete im Jahre 1818 die Nichte Amalia des kinderlosen Ferdinand Rössler, der ihm im Jahre 1821 seinen Anteil an dem Würbenthaler Handelsbetrieb überließ und sich nach Graz ins Privatleben zurückzog. Dort wurde er Mitgründer der Steirischen Landessparkasse und deren Vorstandsmitglied. Rössler vermehrte in Graz sein bislang schon beträchtliches Vermögen durch den Bau von Mietshäusern. Bei seinem Tode hinterließ er bedeutende Summen für wohltätige Zwecke. Die Städte Schönlinde und Würbenthal erhielten aus seinem Nachlaß 67.000 Gulden Conventionalmünze, aus denen in Schönlinde die Bürger- und Fachschule erbaut und in Würbenthal Studienstipendien errichtet worden sind.

Lit.: Dr. Ernst Stade: „Josef Grohmann in Würbenthal". In: HJO 7. Band (1960), S. 39 – 43, Verlag Adolf Gödel, Inning am Ammersee.

Karl Erdmann Rüger,

geboren 1783 in Zossen, war für den Beruf eines Geistlichen bestimmt, wählte aber Pharmazie und schließlich entschloß er sich, Schauspieler zu werden. Er trat unter dem Decknamen Beckmann als Liebhaber und Jugendlicher Held in Prag, Brünn, Preßburg und Klagenfurt auf. Er kam 1822 an das Hoftheater in Wien, wo er auch in Charakterrollen eingesetzt wurde, war dann Regisseur am Theater an der Wien und kehrte 1822 an das Hofinstitut zurück. Er trachtete, seinem Vorbild Iffland nachzugeraten, indem er Naturwahrheit als Devise auf seine Fahne schrieb. Rüger war nicht nur als darstellender Künstler tätig, er leistete auch als Maler Vorzügliches und ist ebenso als Bühnendichter bekannt geworden. Er starb am 28. Februar 1827 in Wien.

Lit.: Hubert Partisch: ÖsdSt 3. Band, S. 142, Wien 1966.

Sophie Ryba-Aue (Mildner),

wurde am 28. 8. 1890 in Weißkirch bei Jägerndorf als Tochter des Bauunternehmers Wilhelm Aue geboren. Sie verehelichte sich 1912 mit dem Forstdirektor Ernst Ryba in Karlsthal. Nach dessen Tode (1934) kehrte sie nach Weißkirch zurück. Von dort wurde sie 1945 ausgewiesen und kam nach Wittenberg; um 1950 übersiedelte sie dann zu Freunden nach Bayern. 1951 heiratete sie in Füssen den Landsmann Dr. Hermann Mildner. Nach nur 6jähriger zweiter Ehe starb sie am 3. 12. 1956 in Pfronten an den Folgen eines Schlaganfalles. Sie liegt am Waldfriedhof in Pfronten begraben. Sophie Mildner (Ryba-Aue) war Schriftstellerin aus Liebhaberei und Mitbegründerin des Sudetendeutschen Schriftstellerbundes. Sie verfaßte zahlreiche heitere und auch ernstere Gedichte und wurde durch ihre volkstümlichen Schauspiele und Komödien „Die Speckseite", „Die Wiener Reise", „Das Rattengift" und durch das ernste Stück „Der Helferthof" bekannt. Sie schrieb auch gern gelesene Erzählungen und Kindermärchen. Ihr geistiges Gut, das sie bei der Vertreibung in einem Köfferchen mitnehmen wollte, haben ihr rohe Menschen geraubt und wahrscheinlich sinnlos vernichtet.

Lit.: Erwin Weiser: „Sophie Mildner (Ryba-Aue) †". In: FL 2/1957, S. 53 f., Otto Wenzelides: „Sophie Mildner (Ryba-Aue)". In: HJO 5. Band, S. 43 ff., Inning 1958.

Josef Saliger,

Dipl.-Ing., geboren 1862 in Alt-Erbersdorf, war ein erfolgreicher Bahnbauingenieur. Er baute Teile der Südbahnstrecke, die ehemalige Zahnradbahn auf den Salzburger Gaisberg, die Bahn auf die Festung Hohensalzburg und die Bahnstrecke Troppau-

Bennisch. Er starb am 14. September 1917 in Wien.

Lit.: Hubert Partisch: ÖsdSt 7. Band, S. 149, Wien 1970.

Rudolf Saliger,

Hofrat Dipl.-Ing., Dr. techn., geboren am 1. Februar 1873 zu Spachendorf, gestorben am 31. Januar 1958 in Wien, war Professor für Eisenbetonbau und 1924/1925 und 1938 Rektor der Technischen Hochschule in Wien. Er gehörte zu den gottbegnadeten, schöpferisch veranlagten Menschen, deren Leistungen bahnbrechend sind. Der neue Baustein, der Eisenbeton, dessen Studium sein Lebenswerk war, wirkte geradezu revolutionierend im Baufach. In einer Lebensbeschreibung Saligers heißt es: „Das Bild der Städte, das Antlitz der Landschaft änderte sich, neue Wirtschaftszweige erstanden, Künstler und Architekten wurden vor neue Aufgaben gestellt, das so geborene Ingenieurwerk steigt zum Kunstwerk auf." In Anerkennung seiner Leistungen wurde er Mitglied der Akademie der Wissenschaften, erhielt die Goethe-Medaille, die Exner-Medaille und viele andere in- und ausländische Auszeichnungen. Seine Werke über den „Eisenbetonbau in Theorie und Konstruktion" und über „Praktische Statik" zählen zu den bedeutendsten Schriften der Fachliteratur. Unübersehbar ist die Zahl seiner Veröffentlichungen. Er war Mitarbeiter im Eisenbetonausschuß, Mitglied des österreichischen Patentamtes, des Vorstandes der österreichischen Ingenieurkammer und ständiger Berater des Wiener Stadtbauamtes. Bei zahlreichen Bauwerken, wie der Reichs-, der Rotunden- und der Friedensbrücke, der Feuerhalle am Wiener Zentralfriedhof, des Lainzer Wasserbehälters und des Stadions im Prater war er Mitplaner und Berater. Daneben fand er Zeit zu weitausgedehnten Gutachten und Studienreisen, die ihn in viele europäische und außereuropäische Staaten führten.

Er war einer der erfolgreichsten Vorkämpfer für die akademische Wertung des technischen Studiums. Anläßlich der 150-Jahrfeier der Wiener Technik wurde eine Wiener Straße nach ihm benannt und in der Ehrenhalle ein Relief für Saliger enthüllt.

Lit.: Richard Saliger: „Hofrat Prof. Dr. Rudolf Saliger". In: FHCH 3/1952, S. 378 f., „Die Spachendorfer ehren ihren großen Heimatsohn Hofrat Dr.-Ing. Rudolf Saliger". In: FL Okt. 1953, S. 13, Richard Saliger: „Hofrat Saligers Festjahr". In: FL Jan. 1954, S. 101 f., „Hofrat Prof. Dr. Dipl.-Ing. Rudolf Saliger – 85 Jahre alt". In: FL 2/1958, S. 37, „Hofrat Dipl.-Ing. Dr. Rudolf Saliger gestorben". In: FL 3/1958, S. 81, „Hofrat Prof. Dr. Dipl.-Ing. Rudolf Saliger". In: HJO 6. Band, S. 46, Inning 1959, Hubert Partisch: ÖsdSt 3. Band, S. 195, Wien 1966, Paul Buhl: „Saliger, Rudolf". In: Troppau von A bis Z, S. 96, München 1973.

Robert Schälzky,

Abt-Hochmeister, wurde am 13. 8. 1882 in Braunseifen geboren. Er war ein Neffe des letzten deutschen Bischofs von Brünn und späteren Hochmeisters des Deutschen Ordens Dr. Norbert (Johann) Klein. Robert Schälzky studierte am Gymnasium in Troppau, trat 1902 in den Deutschen Orden ein, studierte sodann am Priesterseminar in Brixen und wurde 1907 zum Priester geweiht. Dann wurde er Kooperator in Freudenthal, war hier

Bürgerschulkatechet und schließlich Dechant. Er war ein glänzender Redner, überaus beliebter Priester und hervorragender Organisator. Von 1919 – 1921 war er Vizebürgermeister von Freudenthal und von 1920 – 1925 vertrat er die Interessen der Deutschen Christlichsozialen Volkspartei im Prager Parlament, wo er sich besonders am Gesetz über die Alters- und Invaliditätsversicherung große Verdienste erwarb. Infolge eines Verbotes der Kandidatur von Ordensgeistlichen war seine Wiederwahl in das Parlament nicht mehr möglich. Dafür widmete er seine ganze Kraft der Erhaltung christlicher Sitte und Art seines Volkes. Er wurde Präsident des „Volksbundes Deutscher Katholiken für Nordmähren und Schlesien" und Generalökonom des Deutschen Ordens. Er versah seine Ämter so erfolgreich, daß ihn seine Ordensbrüder nach dem Ableben des allgemein hochverehrten Hochmeisters Abt Paul Heider zu dessen Nachfolger wählten. Vom 24. 3. 1936 bis zu seinem Tode am 27. 1. 1948 in Lana leitete er den Deutschen Orden mit großer Umsicht. Während seiner Amtszeit hatte der Orden schwere Prüfungen zu bestehen. Schwer traf ihn 1938/1939 die Enteignung großer Teile des Ordensbesitzes durch die Nationalsozialisten. Noch härter war 1945 dann die totale Enteignung des Deutschen Ordens und die Vertreibung der deutschsprachigen Ordensbrüder und -schwestern. Sie gingen wie die übrige Bevölkerung nach Deutschland und Österreich. Hochmeister Schälzky hatte es sich zur Lebensaufgabe gemacht, seinem Heimatland und -volk Stütze und Schutz gegen alles Unrecht und unverbrüchlich treu zu sein. In den schweren Tagen des Zusammenbruches 1945/1946 wurde der hohe kirchliche Würdenträger im Troppauer Landgericht acht Tage eingekerkert und bis zu seiner Aussiedlung nach Wien unter Polizeiaufsicht gehalten. Von Wien aus leitete Schälzky dann die Geschicke des Ordens und starb 1948 während einer Visitation in der südtiroler Ordensballei. In Lana bei Meran fand Abt Schälzky seine letzte Ruhestätte.

Lit.: Felix von Luschka: „Abt Hochmeister Robert Schälzky". In: FHCH 3/1949, S. 41, „Deutschordens-Hochmeister Abt Robert Schälzky". In: HJO 4. Band, S. 41 f., Inning 1957, Paul Brückner: „Dem Gedächtnisse Hochmeister Schälzkys – zum 10. Todestage". In: FL 2/1958, S. 38, Hubert Partisch: ÖsdSt 5. Band, S. 98, Wien 1968, „Abt-Hochmeister Robert Schälzky zum Gedächtnis". In: FL 1/1968, S. 6 f., Paul Buhl: „Schälzky, Robert". In: Troppau von A bis Z, S. 96, München 1973, Richard Hackenberg: „Statt hilfreicher Vermittlung Schikanen und Verfolgungen. Die Biographie seines 61. Hochmeisters Robert Schälzky sollte noch geschrieben werden". In: Sudetendeutsche Zeitung (Jg.?), Hans Nitsch: „Zum Gedenken an DO-Hochmeister Abt Robert Schälzky". In: FL 8/1972, S. 362 f.

Alois Scharnowell,

geboren am 2. 9. 1855 in Römerstadt, war Ehrenbürger von Freudenthal und Direktor des Arbeiter-Konsumvereines. Er entstammte einfachsten Verhältnissen, mußte seinen Schulbesuch abbrechen und kam bereits mit 12 Jahren in die Lehre. Er wurde Weber und mußte, wie damals üblich, 14 Stunden täglich arbeiten. Frühzeitig schloß er sich der Arbeiterbewegung an und wurde in Freudenthal ihr eifrigster Verfechter. Damals nannte man die Anhänger und Mitglieder der Arbeiterschaft und ihrer Organisationen „Facher", das ist Facharbeiter. Scharnowell stand jahrzehntelang an ihrer Spitze. Im Jahre 1900 wurde er zum

erstenmal als Arbeitervertreter in die Freudenthaler Gemeindeverwaltung gewählt, war bis 1906 Ersatzmitglied, dann bis 1911 Ausschußmitglied. Während des 1. Weltkrieges gehörte er zwar nicht der Gemeindevertretung an, war aber in verschiedenen Ausschüssen zur Versorgung der Bevölkerung maßgebend tätig. Nach dem Kriegsende 1918 wurde er wiederum in die Gemeindevertretung berufen und ward bei den Gemeindewahlen des Jahres 1919 als Vertreter der Deutschen Sozialdemokraten Vizebürgermeister. Im Arbeiter-Kosumverein leistete er Vorbildliches und wurde dessen Direktor. In der Gemeindevertretung widmete er sich besonders den sozialen Fragen und bewirkte die Schaffung bzw. den Ausbau von Fürsorgeeinrichtungen, so dem Armen- und Siechenhaus, der Schaffung der Arbeiterwohnungen auf dem Blumenaugelände und in der Köhlerbergsiedlung. In dieser wurde ein Straßenzug „Alois-Scharnowell-Straße" benannt. Für seine vielfältigen Verdienste um die Bevölkerung von Freudenthal verlieh ihm die Stadt im Jahre 1930, anläßlich seines 75. Geburtstages die Ehrenbürgerwürde. In den letzten Lebensjahren schwächte der graue Star sein Augenlicht. Er ist im Alter von 87 Jahren in Freudenthal verstorben.

Lit.: Erwin Weiser: „Alois Scharnowell – ein Ehrenkranz aus Immergrün zum 100. Geburtstage". In: FL 9/1955, S. 269.

Albert Schindler,

der berühmte Maler der Biedermeierzeit, wurde am 19. August 1805 in Engelsberg geboren. Er besuchte in Wien die Kunst-Akademie und wurde auf Anregung des gefeierten Genremalers Fendi Zeichner und Kupferstecher im Münz- und Antikenkabinett. Für dieses Institut hat er wertvolle Stiche zu mehreren großen Werken, wie zu Bergmanns „Medaillen auf berühmte ausgezeichnete Männer des österreichischen Kaiserstaates vom 16. bis zum 19. Jahrhundert" und zu Mettys „Vaterländische Siegelkunde" ausgeführt. Von seinen malerischen Arbeiten sind besonders die Genrebilder bekannt, die auf vielen Ausstellungen zu sehen waren, wie „Die letzte Pilgerreise", „Die Almosen", „Ein Mädchen bei dem Stickrahmen", „Ein verwundeter Offizier empfängt in einer Mönchszelle die letzte Ölung", „Ein Schlossermeister übernimmt einen Knaben in die Lehre", „Die Zurückgabe des gefundenen Geldbeutels", „Die Werbung" und andere. Außerdem sind von ihm Radierungen, Federzeichnungen auf Stein und Zeichnungen für Almanache bekannt. Albert Schindler starb am 3. Mai 1861 in Wien im Alter von 55 Jahren.

Lit.: Erwin Weiser: „Albert Schindler". In: HJO 2. Band, S. 37 f., Inning 1954, Erwin Weiser: „Albert Schindlers 100. Todestag". In: FL 5/1961, S. 197, „Albert Schindlers 100. Todestag". In: HJO 8. Band, S. 18, Inning 1961, Paul Brückner: „Albert Schindler". In: FL 9/1955, S. 287, Hubert Partisch: ÖsdSt 1. Band, S. 53, Wien 1961 (hier wird Albert Schindler irrtümlich „Adolf" genannt).

Emil Schindler,

Dr. jur., geboren am 9. August 1874 in Würbenthal, gestorben am 3. Mai 1959 in Wien, war Präsident des Kreisgerichtes Wiener Neustadt und dann Präsident des Handelsgerichtes in Wien. Seine hohe Menschlichkeit und seine reichen Fachkenntnisse machten ihn zu einem würdigen Repräsentanten der dem österreichischen Richterstand angehörenden Sudetendeutschen.

Lit.: Hubert Partisch: ÖsdSt 7. Band, S. 96, Wien 1970.

Otto Schindler,

Dr. med., geboren am 23. März 1876 in Würbenthal, gestorben am 14. Februar 1960 in Wien, war Hofrat und hat viele Jahre als Direktor des Wiedener Krankenhauses in Wien diese große Krankenanstalt in sehr schweren Zeiten vorbildlich geleitet.

Lit.: „80. Geburtstag Otto Schindlers". In: FL 4/1956, S. 120, „Otto Schindler †". In: FL 5/1960, S. 164, Hubert Partisch: ÖsdSt 7. Band, S. 96, Wien 1970.

Eduard Schlusche

wurde am 12. 10. 1894 in Bennisch als Sohn des Bürsten- und Pinselerzeugers Karl Schlusche geboren. Die Familie übersiedelte im Jahre 1901 nach Freudenthal. Hier wurde er zum Holzkaufmann ausgebildet und war frühzeitig in der katholischen Jugendbewegung führend tätig. Er begeisterte sich für die Sozialideen des Wieners Anton Orel. Von 1920 – 1929 war er Reichsbundobmann der deutschen katholischen Jugend in der Tschechoslowakischen Republik. Er war auch als Verlagsbuchhändler in Freudenthal und Troppau tätig, förderte das katholische Schrifttum und verkaufte über 150.000 Exemplare des „Neuen Testaments". Er druckte aber auch den kritischen Hirtenbrief der deutschen Bischöfe von 1934 „Leget die Waffen nieder" und die päpstliche Enzyklika von 1937 „Mit brennender Sorge" nach und ließ sie illegal nach Deutschland bringen. Diese Mission wurde ihm später zum Verhängnis. Im Frühjahr 1941 wird er in Troppau verhaftet und kommt in das Konzentrationslager Auschwitz. Von dort wird er Ende 1943 nach Neuengamme bei Hamburg verlegt. Zwischen dem 22. 4. und dem 1. 5. 1945 wurden die Häftlinge von Neuengamme auf drei Schiffe gebracht, wovon zwei am 3. 5. 1945 von der englischen Luftwaffe versenkt wurden. Schlusche kehrte nicht zurück. Er muß unter den Opfern gewesen sein!

Lit.: Helmut Rössler: „Eduard und Anton Schlusche". In: Die freie Bergstadt Bennisch, Würzburg 1962, S. 176/177. Paul Buhl: „Schlusche, Eduard". In: Troppau von A bis Z, Aufstieg-Verlag 1973, S. 100/101. Kurt A. Huber: Eduard Schlusche (1894 – 1945) ein christlicher Streiter in neuerer Zeit, Institutum Bohemicum, Kultur- und Bildungswerk der Ackermann-Gemeinde, München 1985.

Karl Schneider,

geboren am 27. 7. 1858 in Schärfenberg bei Füllstein (Bezirk Jägerndorf), war ein versierter Heimatforscher. Nach dem Besuch von Gymnasium und Lehrerbildungsanstalt in Troppau, erhielt er 1882 seine erste Lehrerstelle an der Volksschule in Wockendorf. Um 1891 kam er als Fachlehrer an die Bürgerschule in Freudenthal. Von 1908 – 1910 erteilte Bürgerschullehrer Schneider auch am neuerrichteten Staatsrealgymnasium Unterricht in Freihandzeichnen. Um 1912 kam er dann als Bürgerschuldirektor nach Würbenthal, wo er um 1920 von den tschechischen Behörden zwangsweise in den Ruhestand versetzt wurde. 1928 übersiedelte er mit seiner Familie nach Freudenthal. Er war auch ein großer Musikfreund und tüchtiger Musiklehrer, der in den Orchestern von Freudenthal und Würbenthal verdienstvoll mit-

gewirkt hat. Der Freudenthaler Männergesangverein ernannte ihn 1926 zum Ehrenmitglied. Er war auch Gründer des Gabelsberger Stenographenvereines in Freudenthal und dessen Ehrenmitglied. Als Heimatforscher veröffentlichte er im „Freudenthaler Ländchen" eine Reihe von fundierten Beiträgen. Wir nennen „Die Geschichte von Wockendorf", „Der Meierhof in Wockendorf", „Ein Wasserrechtsstreit im Jahre 1554", „Zwei alte Urbarien der Herrschaft Freudenthal", „Der Bergbau im Bezirk Freudenthal", „Zur Geschichte von Milkendorf" und „Vordörflein". Die Ermittlung dessen genauer Lage gelang ihm ohne Kenntnis von Karten.

Lit.: Erwin Weiser: „Bürgerschuldirektor Karl Schneider". In: FL 10/1958, S. 324 f.

Karl Schnith

Der Historiograph des Mittelalters, gegenwärtig Prodekan der Philosophischen Fakultät für Geschichts- und Kunstwissenschaften der Universität München, wurde am 29. August 1934 in Freudenthal geboren. Nach Studienjahren an der Universität München wurde er 1958 zum Doktor promoviert. 1966 konnte er sich habilitieren. Seit 1972 lehrt er als Professor für mittelalterliche Geschichte an der bayerischen Ludwig-Maximilian-Universität.

In seinen Vorlesungen über die mittelalterliche Geschichte behandelt er auch die dazu gehörenden Bereiche des deutschen Ostens. Spezialgebiete des Wissenschaftlers sind auch die mittelalterliche Historiographie und Ideengeschichte, außerdem das englische Mittelalter, ein Gebiet, das die deutsche Forschung bisher nicht seiner Bedeutung gemäß genügend berücksichtigte. In diesen Zusammenhang gehört, daß Professor Schnith vom Wolfson College an der Universität Cambridge zum Fellow gewählt wurde.

Im Schriftenverzeichnis Professor Schniths finden wir Werke wie „Die Augsburger Chronik des Burkard Zink" (1958) und „England in einer sich wandelnden Welt (1189 – 1259), „Studien zu Roger Wendover und Matthäus Paris" (1974). Im zweiten Band des von Professor Ferdinand Seibt herausgegebenen „Handbuch der europäischen Geschichte" erscheint Karl Schniths Beitrag „England von der normannischen Eroberung bis zum Ende des Hundertjährigen Krieges, 1066 – 1453". Zu erwähnen sind auch die Biographien von Alfred dem Großen und Wilhelm dem Eroberer, die er für das Werk „Die Großen der Weltgeschichte" (3. Band, 1973) schrieb, ferner Abhandlungen, die er für das „Historische Jahrbuch" und andere Zeitschriften verfaßte, außerdem Beiträge für Nachschlagewerke wie „Lexikon für Theologie und Kirche" und „Lexikon des Mittelalters". Ebenso erscheint er als Autor von Untersuchungen in diversen Festschriften und in dem Sammelwerk „Kaiser Karl IV.". Im Jahre 1966 gab Professor Schnith die Professor Johannes Spörl gewidmete Festschrift heraus; sie trägt den Titel „Festiva Lanx. Studien zum mittelalterlichen Geistesleben".

Lit.: Sudetendeutsche Zeitung vom 3. 8. 1984.

Hans Schober,

geboren am 27. 8. 1913 in Gabel bei Buchbergsthal, gestorben am 28. 10. 1980 in Gräfelfing bei München, entstammt einer alten Försterfamilie. Er hat sich als Heimatkreisbetreuer für den Landkreis Freudenthal und als Schriftleiter des „Freudenthaler Ländchens" um die Menschen seiner Altvaterheimat in besonderer Weise verdient gemacht. Er legte am Staatsrealgymnasium in Freudenthal das Abitur ab, diente als Soldat der tschechischen Armee bei den Dragonern in Olmütz und studierte anschließend an der juridischen Fakultät der deutschen Karls-Universität in Prag. Dort promovierte er 1939 zum Doktor der Rechte. 1941 wurde er zur deutschen Wehrmacht einberufen, war in Rußland und Italien im Fronteinsatz und gehörte als Oberleutnant und Kompanieführer u. a. zu den Verteidigern von Monte Cassino. Siebenmal wurde er verwundet und erhielt eine Reihe hoher Auszeichnungen, so war er Träger des Goldenen Verwundetenabzeichens und des Deutschen Kreuzes in Gold. Nach der Vertreibung lebte er einige Jahre mit seiner Familie in Egloffstein in Oberfranken, übersiedelte dann aber aus beruflichen Gründen nach München. Hier trat er in den Dienst des Bayerischen Staatsministerium für Arbeit und Sozialordnung und leitete beim Landesausgleichsamt München die Heimatauskunftstellen für Böhmen und Mähren und (ab 1973) auch für den Regierungsbezirk Aussig. In München entfaltete sich aber auch sein organisatorisches Talent. Im Rahmen der Sudetendeutschen Landsmannschaft übernahm er hohe Führungspositionen. Er war Orts- und Kreisobmann der SL in München, machte sich ab 1952 um den Ausbau der Heimatgliederung vielfältig verdient und arbeitete auf allen Ebenen mit. Er gehörte der Bundesversammlung der SL an, war viele Jahre Betreuer der Landschaft Altvater und 28 Jahre (1952 – 1980) Heimatbetreuer seines angestammten Landkreises Freudenthal. Marksteine seiner Aufbauarbeit sind die Übernahme der Patenschaften Memmingen (für Stadt und Kreis Freudenthal) und Sindelfingen (für Würbenthal), die Schaffung des Ferienheimes in Kirchbichl (Tirol) sowie der Ausbau der Heimatstuben in den beiden Patenstädten. Dazu kommt seine Schriftleitertätigkeit für das „Freudenthaler Ländchen" und die Leitung zahlreicher Heimattreffen. Seine Verdienste wurden mit der Verleihung des Bundesverdienstkreuzes am Bande und der „Dr.-von-Lodgman-Plakette" gewürdigt.

Lit.: Erwin Weiser: „Dr. jur. Hans Schober ein Fünfziger". In: FL 8/1963, S. 357, Reinhard Pozorny: „Dr. Hans Schober 60 Jahre". In: FL 8/1973, S. 338 f., Grete Just-Baudisch: „Dem Schulfreund Hans Schober". In: FL 12/1980, S. 542 f.

Eduard Schön (E. S.-Engelsberg),

war der Sohn des Webermeisters Anton Schön und dessen Gattin Theresia, geborene Schleser und wurde am 23. 1. 1825 in Engelsberg geboren. Die Gymnasialstudien absolvierte er in Olmütz, wo seine ersten musikalischen Schöpfungen entstanden. 1846 bezog er die Hochschule in Wien und wurde 1850 zum Doktor der Rechte promoviert. 1848 stand er in den Reihen der Akademischen Legion. Sein „Deutsches Freiheitslied" (Hinaus, mein Herz, in freie Luft, die Waffe klirrt, die Trommel ruft) wurde zum Farbenlied des Akademischen Gesangvereins. Schön wurde Generalsekretär der Börsenkammer und hat sich, schließlich zum Sektionschef im Finanzministerium vorgerückt, als Fachschriftsteller auf finanztechnischem Gebiet einen Namen gemacht. Immer aber blieb er der Musik treu und empfand den Chorgesang als seine eigentliche Liebe und Berufung. 169 Männerchöre, 31 Einzellieder, 10 Liedersammlungen, 12 Kirchenmusikwerke, 8 Instrumentalkompositionen sowie 42 weitere Chorwerke wurden in seinem Nachlaß erfaßt. Als Vertoner der herrlichen Gedichte von Eichendorff und Scheffel ist er allbekannt. Scheffel hat ihm geschrieben: „Ich habe die Worte nur gefunden, Du den Gesang und das Getön; doch daß wir uns auch selbst gefunden, das, Freund Engelsberg, ist schön." Seine „Poeten auf der Alm" werden immer wieder gern gesungen. Die Scheffellieder „Der Heini von Steier", „Am Grenzwall", „Der Hut im Meer" sind erst durch seine klangvollen Weisen rechtes Volksgut geworden. Einige andere Schöpfungen des Meisters sind „Die heitere Narrenquadrille", „Das italienische Liederspiel", „Wandernde Dichter", „Soviel Stern am Himmel stehen", „Waldesweise", „Im Dunkeln", „Abendlied", „Entsteig o Morgenrot der Nacht", „O grüß dich Gott, du holder Schatz" und noch viele andere, so die wundervolle „Muttersprache" („O Muttersprache, schön und weich, wie herrlich klingst du mir"). All diese Werke sind wertvoller Besitz unserer Chormusik geworden. Gerne wurde auch stets seine „Weihnachtskantate" gehört. Eine seiner schönsten Vertonungen, das „Pagenlied" wurde bei der Shakespearefeier in Wien zum erstenmal vorgetragen. Eduard Schön nannte sich nach seiner Vaterstadt „E. S.-Engelsberg". Er starb plötzlich bei einem Besuch seines Vetters am 27. 5. 1879 in Deutsch-Jaßnik bei Neutitschein im Alter von 54 Jahren.

Lit.: Erwin Weiser: „Der Sänger der Heimat – zum fünfzigsten Todestage E. S. Engelsbergs". In: FL 6/1929, S. 42ff., Hugo Neußer/Alexander Hausleithner: „E. S. Engelsberg – Leben und Werk", Troppau 1925, Erwin Weiser: E. S. Engelsberg In: FL 8/1954, S. 237, H. Heidrich: „Ein Nachwort zum 75. Todestage unseres großen heimischen Dichters und Sängers E. S. Engelsberg". In: FL 9/1954, S. 270, Erwin Weiser: „E. S.-Engelsberg". In: HJO 1. Band, S. 53 f., Inning 1953, Erwin Weiser: E. S. Engelsberg und Joseph Freiherr von Eichendorff" In: HJO 5. Band, Inning, 1958, Paul Buhl: „Engelsberg, E. S. = (Dr. Eduard Schön)". In: Troppau von A bis Z, S. 28, München 1973, Hubert Partisch: ÖsdSt 2. Band, S. 70, Wien 1964, Gustav Fochler: „An stillen Gräbern auf Wiener Friedhöfen – E. S. Engelsberg". In: HJO 6. Band, S. 42, Inning 1959, Johann Folger: „Zum 150. Geburtstag unseres schlesischen Tondichters E. S. Engelsberg". In: FL 1/1975, S. 9 f.

Karl Schrammel,

geboren am 22. 9. 1907 in Friedek, gestorben Anfang Februar 1945 im KZ Buchenwald, war letzter Direktor des Erzbischöflichen Knabenseminares in Freudenthal. Er legte am Deutschen Staatsrealgymnasium in Mährisch-Ostrau die Reifeprüfung ab, studierte Theologie in Olmütz und wurde im Dom zu Olmütz am 13. 3. 1932 zum Priester geweiht. Seine Primiz feierte er Ostern 1932 in der Pfarrkirche zu Neutitschein. Er kam im Herbst 1932 an das Knabenseminar in Freudenthal und betreute als Studienpräfekt die Seminaristen. Zugleich war er Katechet an der Deutschordens-Mädchenschule. Er besaß ausgeprägte musikalische Fähigkeiten und leitete sowohl den Chor als auch das Orchester des Seminares und gab auch Unterricht im Klavier- und Orgelspiel. Am 1. 9. 1938 verließ Schrammel vorüberge-

hend Freudenthal und übernahm leitende Aufgaben am Priesterseminar in Olmütz bzw. an der Theologischen Lehranstalt in Weidenau. Am 15. 5. 1939 wurde Schrammel als Nachfolger des verstorbenen Seminardirektors Franz Hobich neuer Direktor des Knabenseminares Freudenthal. Im Nebenamt wurde er Wehrmachtspfarrer der Garnison Freudenthal. Am 15. 7. 1939 schloß er mit der Wehrmacht einen rechtsverbindlichen Mietvertrag über zwei Drittel des Seminargebäudes. Er betreute bis zu seiner Verhaftung durch die Gestapo am 7. 7. 1941 auch das Militärlager in Lobnig und das Lager für kriegsgefangene Offiziere in Unterlangendorf bei Sternberg. Mit großem Mute verteidigte er die Rechte des Seminares und machte sich dadurch mißliebig. Von Troppau kam er in das Konzentrationslager Dachau in „Schutzhaft". In Dachau gab er vielen geistlichen Mitbrüdern neuen Halt und suchte sie nach Kräften zu erfreuen. Auf seine Initiative kam eine Muttergottesstatue, gestiftet vom Olmützer Generalvikar für die sudetendeutschen Gebiete, Weihbischof Josef Nathan, ins Lager. Diese wird heute in der Gedächtniskapelle als „Unsere liebe Frau von Dachau" verehrt. Schrammel war auch Dirigent des Priestergesangchores im Lager Dachau. Er leitete unter Umgehung der Lagerzensur mehrere Briefe an Bekannte und schilderte in diesen die furchtbaren Zustände in Dachau. Dies wurde ihm zum Verhängnis. Am 14. 12. 1944 wurde er in Ketten, Leinenhosen, Leinenrock und Holzpantoffeln nach Buchenwald abtransportiert. Nach Aussagen von dort inhaftierten Priestern, wurde er Anfang Februar 1945 hingerichtet.
Lit.: G. J. Schmid: In memoriam Karl Schrammel. In: Altvaterbote 1/1951.

Franz Josef Schwoy,

geboren am 11. 12. 1742 in Groß-Herrlitz, gestorben am 10. 10. 1806 in Nikolsburg, war ein hervorragender Geschichtsforscher. In Nikolsburg war er fürstlich Dietrichsteinischer Schloßhauptmann und Archivar. 1786 schrieb er eine topographische Schilderung Mährens und 1788 eine kurzgefaßte Geschichte Mährens. Er hat auch eine gute Landkarte von Mähren in vier Blättern herausgegeben. Sein Hauptwerk ist die „Topographie vom Markgrafenthum Mähren", erschienen in drei Bänden (Wien 1793–1794). Schwoy verfaßte dieses bahnbrechende Werk in fast 40jähriger Arbeit und gab es auf eigene Kosten heraus.
Lit.: Paul Buhl: „Schwoy, Franz Josef". In: Troppau von A bis Z, S. 105, München 1973.

Josef Seger,

der Maler und Graphiker, Professor, aus Karlsthal (1908) gebürtig, wirkte an der Graphischen Lehr- und Versuchsanstalt in Wien. Er ist vornehmlich durch seine wunderbaren Briefmarkenentwürfe für das In- und Ausland bekannt geworden.
Lit.: Hubert Partisch: ÖsdSt 1. Band, S. 55, Wien 1961.

Ferdinand Simon,

Bauer in Frei-Hermersdorf, geboren am 5. 1. 1868 in Gurschdorf bei Freiwaldau, gestorben am 25. 9. 1953 in Emertham, Kreis Traunstein, hat sich um den Aufbau des landwirtschaftlichen Genossenschaftswesens in unserem schlesischen Heimatgebiet bleibende Verdienste erworben. Unermüdlich warb er für die berufsständischen Ziele der Landwirtschaft. Er war Mitbegründer der Deutschen Landwirtevereinigung und Bezirksobmann für den Gerichtsbezirk Bennisch und Gründungsobmann

der landwirtschaftlichen Speichergenossenschaft Frei-Hermersdorf. Mehrere Perioden lang war Ferdinand Simon auch Bürgermeister seiner Heimatgemeinde Frei-Hermersdorf. In seiner Amtszeit wurden die Straßen der Gemeinde verkehrsgerecht ausgebaut und das Gesamtbild des Ortes durch Neu-und Ausbauten wesentlich verschönert. Simon galt bei seinen Bauern als Autorität, der man mit ruhigem Gewissen vertrauen konnte.
Lit.: Otto Kreisel „Ferdinand Simon" (Manuskript).

Eduard Staral,

geboren 1872, gestorben am 4. 9. 1954 in Leutschach, Bezirk Leibnitz (Steiermark), kam als Nachfolger des nach Troppau berufenen Professors Adolf Nitsch als Regens chori der Stadtpfarrkirche nach Freudenthal. Der Konservatorist Musikprofessor Staral setzte sich das Ziel, den hohen Stand des Freudenthaler Kirchenchores weiter so auszubilden, daß dieser den höchsten Anforderungen gerecht wurde. Dies gelang ihm mit beispielloser Hingabe und Ausdauer. Von 1908–1945 bereicherte er das örtliche Musik- und Kulturleben wesentlich. Er war ein virtuoser Künstler auf der Orgel, auf Harmonium und Klavier und allen Streichinstrumenten, insbesondere auf seinem Lieblingsinstrument, dem Cello. Er dirigierte auch das Orchester des Männergesangvereines und hat sich um ihn verdient gemacht. Staral war aber auch ein hervorragender Tonschöpfer von geistlicher und weltlicher Musik. Seine fugenartig aufgebaute C-Dur Messe mit großem Orchester wurde bei den Einweihungen der restaurierten Pfarrkirche und der Piaristenkirche aufgeführt und fand weithin verdiente Anerkennung. Sein arbeitsreiches, von großem Können erfülltes Leben galt der Musik.
Lit.: Alfred Kromer: „Musikprofessor Eduard Staral achtzig Jahre alt". In: FHCH Jan./Feb. 1951, S. 176 f., „Professor Eduard Staral †". In: FL 10/1954, S. 374 f.

Friedrich Stellwag-Carion,

geboren am 6. 4. 1873, war als Landesregierungsrat letzter deutscher Bezirkshauptmann von Freudenthal. Er wurde von den tschechoslowakischen Behörden, kurz nach seinem 50. Geburtstag, nach 13jähriger Amtszeit mit Wirkung vom 1. 5. 1923 vom Dienst beurlaubt und in den Ruhestand versetzt. Um einerseits die Verdienste des um das Freudenthaler Land hochverdienten Mannes in außergewöhnlicher Weise zu würdigen und andererseits ihm die herzliche Zuneigung und Dankbarkeit für seine Amtsführung öffentlich zu bezeugen, beschlossen 44 von 45 Gemeinden seines Bezirkes ihn zu ihrem Ehrenbürger zu ernennen.
Lit.: Erwin Weiser: „Landesregierungsrat Friedrich Stellwag-Carion". In: FL 1923, S. 43 f.

Rudolf Tamm

ist zwar in Radebeul in Sachsen am 4. 4. 1908 geboren, wo seine Eltern einige Jahre wohnten, kam jedoch schon als Kleinkind in die Riesengebirgsheimat des Vaters zurück. Seine Jugendjahre verbrachte er in Trautenau (Ostböhmen), wo er auch die Volks- und Bürgerschule besuchte und 1927 an der Lehrerbildungsanstalt mit Auszeichnung maturierte. Seine erste Anstellung als Lehrer führte ihn nach Karlsthal im schlesischen Altvatergebirge. Ab 1932 wirkte er als Fachlehrer für Mathematik, Kunstgeschichte, Zeichnen und Geometrie an der Bürgerschule in Würbenthal. Hier verbrachte er seine fruchtbarsten Jahre. Seine Liebe galt dem Holz- und Linolschnitt und der Malerei. Die zarten Wasserfarbenbilder sind überaus stimmungsvoll, die vielen Holz- und Linolschnitte spiegeln charakteristisch und voller Ausdruckskraft die altschlesischen Bauweisen der Altvatergebirgsdörfer wider. Viele seiner Holzschnitte fanden in Heimatschriften, speziell im „Freudenthaler Ländchen" und im „Schlesisch-mährischen Volkskalender" von Erwin Weiser Aufnahme. Der begabte Künstler ist als Frontsoldat der deutschen Wehrmacht, am 5. 7. 1943 bei Gorowitschino (Rußland), gefallen.

Lit.: G. Kippe: „Rudolf Tamm". In: HJO 1. Band, S. 76 f., Inning 1953.

Hedwig Teichmann,

geboren am 30. 7. 1875 in Buchbergsthal als Tochter des fürstbischöflichen Oberförsters Johann Nepomuk Peschke, gestorben am 4. 1. 1949 in Geldern, war eine weit über die Grenzen Nordmähren-Schlesiens hinaus bekannte Schriftstellerin. Sie besuchte die Klosterschulen in Jauernig und Weidenau, da ihr Vater nach Friedeberg versetzt worden war. Mit 19 Jahren heiratete sie und lebte mit ihrem Gatten 7 Jahre in Ungarisch-Brod, dann in Hohenstadt und zuletzt in Müglitz. Im Jahre 1911 erschien ihr erster Roman „Aus meinem Königreich", 1913 folgte der Roman einer Leidenschaft, „Die Polerhändlerin". Weitere Werke waren „Die Mädelmühle" (1916), dann 1919 „Es war einmal ein Prinz" und „Waldfrieden". 1920 erschienen „Wenn die Jugend und Liebe einsam sind", „Mona Lisa" und „Johann Bühns Himmelsleiter". Mit dem 1921 erschienenen Roman „Im Banne der Heimat" hat die Dichterin ihrer Heimat ein Denkmal gesetzt. Der Roman schildert das Umsturzjahr 1918. Das Mutterbuch „Unsterbliches Leben" erschien 1924, ihm folgte ein Jahr später „Irrgarten des Lebens", sodann 1928 „Die bösen Glocken von Würben" und „Die schwarze Katze", 1929 erschien „Die Lindenmühle" und 1930 „Entwurzelte Seelen". Die nächsten Buchtitel lauten: 1931 „Schicksalsstunde", 1932 „Die Schuld einer Nacht", 1933 „Treffpunkt Kairo" und 1934 der Roman über den großen Siedlungsgründer unserer Heimat, Bischof Bruno von Schaumburg, „Er kam zu uns". Ihr nächstes Werk war „Frauen im Kampf", dem 1937 der Dittersdorf-Roman „Ein Stern zieht seine Bahn" folgte, der 1959 im Roland-Verlag München neu aufgelegt wurde. In ihrem letzten Roman „Der ewige Mensch" schildert sie die Ereignisse des Jahres 1938. Ihre Werke waren in fast allen Ortsbüchereien unserer Heimat zu finden und wurden stets gerne gelesen.

Lit.: Erwin Weiser: „Hedwig Teichmann". In: Grapp und

Arbesn, S. 235 ff., Freudenthal 1931, Paul Brückner: „Hedwig Teichmann, ein ehrendes Gedenken zum 80. Geburtstage". In: FL 9/1955, S. 291 f., Erwin Weiser: „Hedwig Teichmann zum ehrenden Gedenken". In: FL 3/1959, S. 95 f., Josef Walter König: „Teichmann, Hedwig". In: SchO., S. 107, Wolfratshausen 1964, Hubert Partisch: ÖsdSt 1. Band, S. 166, Wien 1961, „Hedwig Teichman zum Gedenken". In: FL 2/1964, S. 94.

Rudolf Templer

war der bedeutendste Maler unserer schlesischen Heimat im zu Ende gehenden 19. Jahrhundert. Er wurde am 27. 12. 1837 in Zuckmantel, Kreis Freiwaldau geboren, stammt jedoch väterlicherseits aus Einsiedel und mütterlicherseits (Franziska Müller) aus Würbenthal. Rudolf Templer hat keine Kunstschule besucht und keine Studienreisen gemacht, sondern schlicht und einfach sein Talent vom Vater Josef Templer geerbt. Dieser hat selbst zahlreiche Altar- und Kreuzwegbilder, darunter das Gnadenbild der Wallfahrtskirche Mariahilf in Zuckmantel geschaffen. Eine Meisterarbeit Rudolf Templers ist das 1863 gefertigte Hauptaltarbild der Piaristenkirche in Freudenthal. Von ihm stammen auch vier Seitenaltarbilder der Pfarrkirche in Würbenthal sowie die 1876 geschaffenen 14 Kreuzwegbilder der Köhlerbergkirche. Weitere Altar- und Kreuzwegbilder Rudolf Templers befinden sich in Kotzendorf, Lichten, Lobnig und Alt-Erbersdorf.

1878 verzog Templer in die Landeshauptstadt Troppau und war hier als Porträtist und Dekorationsmaler geschätzt. Von seinen Arbeiten ist besonders die Reihe der Bürgermeisterbilder im Troppauer Rathaus zu nennen. Weitere Porträts des Landeshauptmanns und der Landtagsabgeordneten befanden sich in Privatbesitz und im Schlesischen Landesmuseum. Er schuf auch den Bühnenvorhang und die sechs Deckengemälde im 1882 erbauten Troppauer Stadttheater.

Der unvermählte Künstler starb am 2. 1. 1905 in seinem letzten Wirkungsort Troppau und fand dort auch seine letzte Ruhestätte.

Lit.: Paul Wann: „Aus der Heimat Ehrenhalle – Maler Rudolf Templer". In: FL 1/1935; Erwin Weiser: „Maler Rudolf Templer". In: HJO 2. Band Jahrgang 1954, S. 42.

Josef Thannabaur,

geboren am 1. 4. 1887 in Olmütz war ein namhafter Historiker. Er war Professor für Geographie und Geschichte am Staatsrealgymnasium in Freudenthal und lehrte hier vom 22. 11. 1918 bis zu seinem Tode. Seine umfassende Ausbildung hatte er an der Universität Prag vermittelt bekommen, wo Professoren wie Adolf Bachmann, Emil Werunsky und Wilhelm Wostry zu seinen Lehrern zählten. Professor Thannabaur erhielt 1910 bestätigt „daß er den Beweis erbracht hat und das Geschick besitzt, die Lehren der allgemeinen Verfassungsgeschichte auf das spezielle heimische Quellenmaterial anzuwenden und letzteres nach wissenschaftlichen Gesichtspunkten zu bearbeiten".

In Freudenthal vertiefte er sich bald in das Aktenstudium zur Stadtgeschichte, und seine historischen Arbeiten zählen zu den bedeutendsten ihrer Art. Aus der Fülle seiner heimatgeschichtlichen Beiträge seien genannt: „Die Geschichte Böhmens und seiner Nebenländer, bis zum Aussterben der Přzemysliden unter besonderer Berücksichtigung der Geschichte der Stadt Freudenthal" (1921); „Die Freudenthaler Teilungsurkunde vom 1. 10. 1405" (1922); „Die Würbendenkmäler in Freudenthal" (1923); „Zur Freudenthaler Quellenforschung, das Zierotinsche Archiv in Blauda" (1923); „Die mittelalterliche Fronleichnamskapelle in Freudenthal" (1924); „Die Liebfrauenkirche in Altstadt bei Freudenthal" und „Die ältesten Denkmäler Freudenthals und ihre Entstehung" (beide 1925); Johann Caspar von Ampringens Polizeiordnung vom 17. 10. 1667" (1926); „Freudenthaler Familiennamen im 16. Jahrhundert" und „Die Pfarrkirche St. Wenzel in Freudenthal" sowie „War Bruno von Schaumburg ein Förderer Freudenthals?" (1929). Seine letzten größeren Arbeiten waren „Die Friedhofskirche" (1930) und „Das Schloß Freudenthal" (1931). Der Historiker Thannabaur starb am 6. 4. 1933, erst 46 Jahre alt, in Freudenthal.

Lit.: Dr. Alfred Meißner: Nachruf für Professor Josef Thannabaur. In: FL 1933, S. 77.

Leo Thom,

geboren am 9. 4. 1872 in Freudenthal als Sohn des Stadtsekretärs Johann Thom, war ein sehr begabter akademischer Bildhauer, der vorwiegend in Wien wirkte, jedoch auch für seine schlesische Heimat Meisterwerke geschaffen hat. Sein Vater schickte ihn zum Troppauer Bildhauer Köllner in die Lehre. Nach deren Abschluß studierte Leo Thom an der Kunstakademie in Wien. Er besuchte zunächst die allgemeine Abteilung für Bildhauerei und wurde anschließend in die Spezialschule der berühmten Bildhauerprofessoren Helmer und Kundmann aufgenommen. Hier schuf er eine Reihe von Büsten hervorragender Wiener Persönlichkeiten. Für sein Kunstwerk „Die gefesselte Andromeda" wurde ihm der Rompreis verliehen. In Rom studierte er vor allem mittelalterliche Bildhauerkunst, besonders die in Marmor gehauenen Werke des großen italienischen Künstlers Michelangelo. Danach arbeitete er einige Zeit in verschiedenen Pariser Ateliers. Nach Wien zurückgekehrt, bekam er Aufträge für die Metallwaren- und Figurenfabrik Goldscheider. Neben der Bildhauerei wurde er Zeichenprofessor am Wien-Döblinger Gymnasium. Er schuf viele Porträtbüsten, Reliefs und Plaketten und war ein Meister des „modernen Idealismus".

An Leo Thom erinnerten in seiner Altvaterheimat das Hochbild des Tondichters Carl Ditters von Dittersdorf am Eingang des Schlosses in Freiwaldau, das wohlgelungene Relief des Piaristenordens-Rektor P. Mathias Hartig am Knabenschulgebäude in Freudenthal, das Porträt des Naturwissenschaftlers Prof. Emanuel Urban im Alpinum der Troppauer Parkanlagen und andere mehr.

Im Ersten Weltkrieg wurde Thom dem Reservespital des Roten Kreuzes in Wien zugeteilt. Dort starb er, nicht ganz 45 Jahre alt, in Ausübung seines Dienstes an einer Leichenvergiftung am 30. 3. 1917.

Lit.: Erwin Weiser: Der akademische Bildhauer Leo Thom. In: HJO 4. Band, S. 46, Inning 1957.

Josef Max Thiel,

geboren am 30. 5. 1819 in Engelsberg, gestorben am 15. 4. 1885 in Freudenthal, wurde 1857 Ehrenmitglied der Engelsberger Weberzunft. Er war ein Freund des um vier Jahre jüngeren Tonkünstlers E. S. Engelsberg (Dr. Eduard Timotheus Schön).

Max Thiel gründete 1861 den Freudenthaler Männergesangverein, als dessen Dirigent (Liedermeister) er während zweier Jahrzehnte (1861–1881) erfolgreich wirkte.

Lit.: „Chronik des Männergesangvereines Freudenthal" (Manuskript).

Rudolf Thiel,

geboren am 29. 8. 1895 in Freudenthal, gestorben am 12. 3. 1956 in Peine bei Hannover, war der Sohn eines Fleischers und war Buchhändler in Freudenthal, Leipzig und Wien. Lebte nach 1918 wieder in Freudenthal. Im 1. Weltkrieg vielfach ausgezeichnet, erhielt er die Goldene, die Silberne und mehrmals die Bronzene Tapferkeitsmedaille. Im 2. Weltkrieg wurde er in Anbetracht seiner Auszeichnungen sofort zum Leutnant befördert. Nach der Vertreibung war er Kreisobmann der Sudetendeutschen Landsmannschaft in Peine. Er schrieb die Volksstücke „Der Heiratsschwindler", „Der glechliche Franz" und „Viktor Heeger und die Beier-Mutter". In der „Freudenthaler Heimat-Chronik" schrieb er die gern gelesenen „Waßtes-Korle"-Briefe, wie seine Volksstücke in schlesischer Mundart. Er war ein treuer Sohn seiner Heimat.

Lit.: Erwin Weiser: „Rudolf Thiel". In: Grapp und Arbesn, S. 237, Freudenthal 1931, Erwin Weiser: „Rudolf Thiel †". In: FL 4/1956, S. 98, Josef Walter König: „Thiel, Rudolf". SchO., S. 108, Wolfratshausen 1964.

Ernst Trull,

geboren am 4. 3. 1861 in Jagdhase, Gemeinde Aubeln bei Jägerndorf, gestorben am 18. 11. 1918 in Milkendorf, hat sich mit seinen urwüchsigen Mundartgedichten und -erzählungen einen festen Platz in der ansehnlichen Reihe der sudetenschlesischen Heimatschriftsteller gesichert. Er besuchte die Volksschule in Alt-Lublitz bei Wigstadtl, wohin seine Eltern verzogen waren und kam mit 15 Jahren in die Vorbereitungsklasse der Troppauer Lehrerbildungsanstalt. Seine Ausbildung zum Lehrer beschloß er im Sommer 1880 mit der Reifeprüfung. Von März 1881 bis Februar 1883 war er Lehrer an der Volksschule in Burgwiese und am 1. 3. 1883 kam er als Lehrer und Schulleiter an die Volksschule in Milkendorf, wo er bis zu seinem frühen Tode unermüdlich tätig war. Er hat sich um die Hebung der Schulbildung verdient gemacht und befaßte sich in seiner Freizeit eingehend mit der schlesischen Mundart. In seinen Gedichten und Erzählungen hat er Sitte und Brauchtum sowie die Lebensart unserer Heimat festgehalten. 1910 erschien im Verlag W. Krommer, Freudenthal, sein Gedichtband „Oall'rhand Schnötzla", weitere Werke sind „Arnshoftes und Tommhäten", Erzählungen in schlesischer Mundart; „Vo drhäm römm", Erzählungen und Märchen in schlesischer Mundart, „Uns'r gude Kaisr Josef", eine Geschichte für das Volk in zwei Bänden sowie das 1913 bei Josef M. Thiel in Freudenthal verlegte Buch „Deutsche Mundarten und Dichtung". In diesem Sammelwerk sind Kostproben aus dem gesamten deutschen Sprachraum enthalten. Beiträge von Trull sind auch in dem Werk „Hämetgesang" aufgenommen. Er war auch mit dem steirischen Volksdichter Peter Rosegger befreundet und stand mit ihm in Briefwechsel.

Lit.: Josef Walter König: „Trull, Ernst". In: SchO., S. 109, Wolfratshausen 1964, Alois Willmann: „Ernst Trull". In: Mährisch-Schlesische Heimat Heft 3/1969, Steinheim (Main).

Karl Türk,

geboren am 13. 5. 1840 in Jägerndorf, gestorben am 30. 4. 1908 in Nieder-Hillersdorf, war Reichsrats-und schlesischer Landtagsabgeordneter. Nach Abschluß seines medizinischen Studiums ließ er sich in Lichten als Wundarzt nieder, verlegte dann seine Praxis nach Wiese bei Jägerndorf und schließlich (um 1870) durch Einheirat in eine Landwirtschaft nach Alt-Erbersdorf. Dort kam auch sein Sohn Wilhelm zur Welt, der als Erfinder der nach ihm benannten Lösung zur Feststellung der weißen Blutkörperchen einen weltweiten Ruf erwarb. Karl Türk war Mitglied des „Deutschen Vereins" in Schlesien und vertrat stets eine deutschvölkische Richtung. 1885 wurde er als Anhänger des Führers der Alldeutschen Bewegung, Georg Ritter von Schönerer, von den Landgemeinden des Wahlkreises Troppau in den Reichsrat gewählt. 1889 verzog er nach Hillersdorf. Auch bei der Reichsratswahl vom 9. 3. 1897 erhielt er in seinem Wahlkreis wieder die Mehrheit. Türk vertrat mit Nachdruck die deutschen Interessen im Vielvölkerstaat Österreich. Am bekanntesten ist sein Ausspruch während der Wehrgesetzdebatte von 1889: „Gott behüte Deutschland, daß es je die Hilfe Österreichs in Anspruch nehmen müßte, diese würde ihm nur lau oder gar nicht zuteil werden."

Lit.: Paul Brückner: „Karl Türk, gewesener Reichsrats- und Landtagsabgeordneter". In: HJO 10. Band, S. 55 f., Inning 1963.

Wilhelm Türk,

Dr. med., wurde am 2. April 1871 als Sohn des ehemaligen Reichsrats- und Landtagsabgeordneten Karl Türk zu Alt-Erbersdorf geboren. Er besuchte das Staatsgymnasium in Troppau und die Wiener Universität, an der er 1895 zum Doktor der Medizin promovierte. Er widmete sich dem akademischen Lehrberuf und wurde 1912 Professor der Hämatologie an der Wiener Universität. Seine erste größere Arbeit auf dem Gebiete der klinischen Hämatologie, die zeitlebens sein Lieblingsstudium bildete, war „Klinische Untersuchungen über das Verhalten des Blutes bei akuten Infektionskrankheiten". Hier besprach er zunächst die hämatologische Methodik, die er besonders, was die Leukozytenzählung anlangt, bereicherte. Seine „Vorlesungen über die klinische Hämatologie" erschienen in drei Bänden, lediglich aufgebaut auf eigene originale Forschungen, eine unerschöpfliche Fundgrube des Wissens auf dem Gebiete der Blutlehre. Türk war aber nicht nur Hämatologe von Weltruf, er war auch auf anderen Gebieten der inneren Medizin ein bedeutender Forscher. Am 20. Mai 1916 schloß er allzu früh, für immer seine Augen.

Lit.: Hubert Partisch: ÖsdSt 3. Band, S. 162, Wien 1966, Paul Buhl: „Türk, Wilhelm". In: Troppau von A bis Z, S. 125, München 1973. Anmerkung: Buhl nennt Neu-Erbersdorf als Geburtsort, Partisch dagegen Alt-Erbersdorf.

Franz Wagner,

Dipl.-Ing. und Forstmeister, war Kurdirektor und Forstverwalter des Deutschen Ordens in Karlsbrunn. Er wurde in Runarz, Kreis Mährisch-Trübau, am 24. 5. 1888 geboren, besuchte von 1902–1909 die Oberrealschule in Proßnitz und von 1909–1914 die Hochschule für Bodenkultur in Wien, wo er sein Forstwirtschaftsstudium mit 3 Staatsprüfungen abschloß. Von 1914–1920 leistete er Kriegsdienst und kam nach Ostsibirien in russische Gefangenschaft. 1920 begann er den Forstdienst beim Deutschen Ritterorden in Freudenthal, kam 1922 zur Hoch- und Deutschmeisterischen Güteradministration in Olmütz und übernahm in den Jahren 1932–1939 die Leitung der Hochmeisterischen Badeverwaltung in Bad Karlsbrunn und war zugleich Kurdirektor und Forstverwalter bis zur Enteignung des Deutschen Ordens durch das NS-Regime im Jahre 1939. Anschließend war Wagner Leiter des Fondsforstamtes in Neutitschein sowie von 1941–1945 Forstamtsleiter in Lauenau/Deister bei Hannover. Seine letzte Dienststätte war von Oktober 1945 bis März 1950 die Leitung des hessischen Forstamtes Bad Sooden-Allendorf.

Lit.: „Franz Wagner". In: Landschaft, Land- und Forstwirtschaft Sudetenschlesiens, S. 396, Landsberg (Lech) 1971.

Paul Wann,

geboren am 26. 9. 1869 in Freudenthal, gestorben am 20. 11. 1946 in Swatoborschitz bei Gaya in Südmähren, war von 1903 bis 1932 ordentlicher Professor an der Staats-Oberrealschule in Troppau und lehrte außerdem noch nebenamtlich an der Frauengewerbeschule und an der Höheren Töchterschule (Lyzeum). Außerdem wurde er Prüfungskommissar für das Lehramt an Bürgerschulen in Österreichisch-Schlesien für die Fächer Zeichnen, Darstellende Geometrie und Kunstgeschichte. Er ist zudem der Verfasser mehrerer Lehrbücher. Seine künstlerische Begabung in Malen und Zeichnen trat schon frühzeitig hervor, und er gilt als Vertreter der „älteren Schule". Er bevorzugte vor allem das ornamentale und figurale Zeichnen, daneben Stilleben und die Darstellung von Landschaften. Seine Vorliebe galt der Aquarellmalerei. Sein Sohn Dr. Wolfgang Wann (geb. 13. 3. 1903 in Brünn), wurde 1932 Leiter des Stadtarchivs und des Stadtmuseums in Troppau, gehörte ab 1942 dem Reichsarchiv Troppau an und wirkte nach 1948 als Oberarchivrat am Staatsarchiv in Würzburg.

Lit.: „Professor Paul Wann". In: HJO 8. Band, S. 19, Inning 1961, Paul Buhl: „Wann, Paul". In: Troppau von A bis Z, S. 128, München 1973.

Eugen Weese,

geboren am 25. 12. 1894 in Freudenthal, gestorben am 13. 11. 1961 in Aisingerwies bei Rosenheim, war ein bekannter Volkstumspolitiker. Bei der Druck- und Verlagsanstalt Ignaz Hartwig in Freudenthal lernte er Steindrucker, fand später rasch zum Zeitungswesen und arbeitete als Schriftleiter für viele deutschvölkische Presseorgane, so für das „Nordmährerblatt" in Olmütz. Nach dem Ersten Weltkrieg wurde er engster Mitarbeiter des nationalsozialen Abgeordneten Rudolf Jung in Troppau. Er war Schriftleiter des Parteiorganes „Neue Zeit" sowie der Monatsschriften „Jungdeutsches Volk" und „Volk und Gemeinde". Um 1934 wurde er mit dem Volkssportprozeß in Verbindung gebracht, jedoch nach mehrmonatiger Untersuchungshaft ohne Anklageerhebung freigelassen. Von 1938–1940 war er Hauptschriftleiter der bekannten Tageszeitung „Deutsche Post" und wurde von 1941–1945 leitender Beamter der Troppauer Studienbibliothek. Nach der Vertreibung half er maßgeblich an der Betreuung seiner Landsleute mit und war von 1949–1958 Schriftleiter des Heimatkreisblattes „Troppauer Heimat-Chronik" sowie von 1949–1951 auch der „Freudenthaler Heimat-Chronik".

Lit.: Erwin Weiser: „Eugen Weese vierzig Jahre Schriftleiter". In: FHCH 7/1952, S. 458 f., Wilhelm Urban: „Schriftleiter Eugen Weese ein Sechziger". In: FL Dez. 1954, S. 434 f., „Hauptschriftleiter Eugen Weese †". In: FL 12/1961, S. 456, Paul Buhl: Weese, Eugen". In: Troppau von A bis Z, S. 129, München 1973.

Josef Weese,

Dr. phil, geboren am 9. August 1888 in Freudenthal, gestorben am 11. Februar 1962 in Wien, war ordentlicher Professor für Botanik und pflanzliche Rohstofflehre der Technischen Hochschule in Wien. Er leitete das Institut für Botanik, technische Mikroskopie und organische Rohstofflehre. Seine Arbeitsgebiete waren die Mikroskopie der pflanzlichen Fasern, der Gerbematerialien, der Nahrungs- und Futtermittel, die Pflanzenpathologie und die systematische Mykologie. Er gab auch die Mitteilungen des Botanischen Institutes der Wiener Technischen Hochschule heraus. Nach dem 2. Weltkrieg machte er sich um seine heimatvertriebenen Landsleute verdient. Er gab die genealogische Schriftenreihe „Land um den Altvater" mit dem Untertitel „Notizen zur ostsudetischen Heimatkunde" heraus, wovon 23 Hefte erschienen. Sie wurden zu einer fast unerschöpflichen Fundgrube für Heimat- und Familienforschung.

Lit.: Erwin Weiser: „Hochschulprofessor Dr. phil. Josef Weese, den 9. 8. 1953 ein Fünfundsechziger". In: FHCH 7/1953, S. 651 f., „Hochschulprofessor i. R. Dr. phil. Josef Weese ein Siebziger". In: FL 8/1958, S. 257, Erwin Weiser: „Hochschul-Prof. Dr. phil. Josef Weese eine Leuchte der Wissenschaft plötzlich erloschen". In: FL 3/1962, S. 88 f., Hubert Partisch: ÖsdSt 3. Band, S. 201, Wien 1966.

Herbert Weinelt,

Dr. phil., geboren am 30. 10. 1910 in Freiwaldau, gefallen im Januar 1943 bei Charkow (Rußland), hat sich um die wissenschaftliche Mundart-, Flur- und Siedlungsforschung der engeren Heimat sehr verdient gemacht. Sein Vater stammt aus Karlsthal, die Mutter aus Mährisch-Neustadt. Herbert Weinelt besuchte das Staatsrealgymnasium in Freudenthal, maturierte dort 1929 und studierte an der Karls-Universität Prag Deutsch, Englisch und Volkskunde. Er war damals u. a. Assistent bei Prof. Ernst Schwarz, einem der führenden Namens- und Mundartforscher des gesamten deutschen Sprachraumes. Mit der Dissertation „Untersuchungen zur landwirtschaftlichen Wortgeographie in den Sudetenländern" promovierte er 1934 zum Doktor der Philosophie. In zahlreichen Aufsätzen veröffentlichte er seine For-

schungsergebnisse. Er befaßte sich mit der Burgenforschung, mit der Herkunft der verschiedenen Mundarten sowie mit den Haus-, Flur- und Dorfformen und hinterließ ein ungemein reiches Erbe. In den knapp zehn Jahren seiner Forschungtätigkeit verfaßte er acht Bücher und 128 wissenschaftliche Beiträge.

Weinelt habilitierte sich 1939 für das Hochschullehramt in älterer Germanistik und Heimatkunde mit dem Thema „Die mittelalterliche deutsche Kanzleisprache in der Slowakei". Im Februar 1940 erhielt er die Berufung als Dozent für Volkskunde und Volksforschung an die Universität Königsberg in Ostpreußen. Hier war ihm nur ein kurzes Wirken beschieden, denn bereits im Juli 1940 erhielt er seine Einberufung zum Kriegsdienst, aus welchem er nicht mehr zurückkommen sollte.

Aus der Fülle seiner Arbeiten wollen wir nur die für unsere Heimat wichtigsten nennen: „Die Flurnamen des Bezirkes Freudenthal", „Das Werden der ostmitteldeutschen Kulturlandschaft Freudenthal", „Die Grenzen der Rodungslandschaft Freudenthal in der Kulturgeographie" und „Schlesische Burgen im Wandel der Geschichte".

Lit.: Adolf Gottwald: „Dr. Herbert Weinelt und die heimatlichen Burgen". In: FL 4/1975, S. 156 f., Adolf Gottwald: „Herbert Weinelt und die Flurnamen des Kreises Freudenthal". In: FL 6/1975, S. 248 f., Adolf Gottwald: „Dr. Herbert Weinelt und die Mundart- sowie Kulturgeographie". In: FL 9/1975, S. 391 ff., Adolf Gottwald: „In Memoriam Dr. Herbert Weinelt". In: FL 10/1975, S. 439 ff.

Erwin Weiser,

geboren am 30. 4. 1879 in Wien, gestorben am 26. 4. 1968 in Diessen am Ammersee, hat sein Leben stets in den Dienst für Heimat und Volk gestellt. Seine aus Dittersdorf bei Engelsberg stammenden Eltern kehrten um 1882 wieder in die Heimat zurück und wählten Freudenthal als Wohnsitz. Hier besuchte er die Volks- und Bürgerschule und lernte Schriftsetzer. Seit 1909 war er Schriftleiter bzw. Hauptschriftleiter der „Freudenthaler Zeitung" und seit 1921 auch der heimatkundlichen Monatsbeilage „Freudenthaler Ländchen" bis zur Vertreibung im Jahre 1945. Als Direktor der Schlesischen Verlagsanstalt W. Krommer in Freudenthal trug er wesentlich zur Verbreitung des Heimat- und Mundartschrifttums des Altvaterlandes bei, als Kustos des Freudenthaler Stadtmuseums veranstaltete er zahlreiche Ausstellungen und förderte junge Talente. Mit seinem „Schlesisch-mährischen Volkskalender" und den genannten Zeitungen erreichte er fast jedes Haus im Altvaterland. Er schrieb auch zahlreiche heimatkundliche Beiträge und Lebensbilder und verlegte besonders die bekannten Werke des Heimatdichters Viktor Heeger, u.a. „Geschichten vom alten Haimann", die „Wunderkur", der „Pfeifla-Schuster", der „Schubert-Schmied" und Köpernikel und Arnika". Weiser kam als führender Deutscher zweimal in tschechische Haft; 1938 als Geisel nach Stefanau und Proßnitz und von 1945–1950 in das berüchtigte Zuchthaus Mürau. Nach seiner Haftentlassung und Vertreibung setzte er als über Siebzigjähriger seine Arbeiten als Schriftleiter des „Freudenthaler Ländchens" fort und errichtete in der Patenstadt Memmingen eine „Freudenthaler Heimatstube".

Er schrieb das Schauspiel „Bei den Einsern im Schützengraben" und die Bücher „Durch Mähren und Schlesien", „Reise- und Wanderbuch" und nach der Vertreibung „Mürauer Erinnerungen". Weiters bearbeitete er die Anthologie heimatlicher Mundartdichter und -schriftsteller „Grapp und Arbesn" (Graupen und Erbsen waren eine beliebte herzhafte Hausmannskost), den Bildband „Die schöne grüne Schles' und ihre Nachbarn" und nicht zuletzt seine Heimatkalender. Für seine unermüdlichen Arbeiten erhielt er die große bronzene Ehrenmedaille des mährisch-schlesischen Gewerbevereines in Brünn, die Goldenen Ehrennadeln der Sudetendeutschen Landsmannschaft und des „Humanitären Vereines der Österreicher aus Schlesien" in Wien, das Verdienstkreuz am Bande des Verdienstordens der Bundesrepublik (1960) und den Volkstumspreis der Sudetendeutschen Landsmannschaft (1964).

Lit.: Franz Peschel: „Ein Leben für die Heimat". In: HJO 1. Band, S. 176 f., Inning 1953, Wilhelm Urban: „Unserem Erwin Weiser zum Fünfundsiebziger". In: FL 4/1954, S. 182, Wilhelm Urban: „Erwin Weiser achtzig Jahre". In: FL 4/1959, S. 162 f., Josef Walter König: „Im Dienste der Heimat", Wolfratshausen 1964, Josef Walter König: „Weiser Erwin". In: SchO., S. 114, Wolfratshausen 1964, Hans Schober: „Erwin Weiser 85 Jahre". In: FL 5/1964, S. 166 f., „Große Ehrung für Erwin Weiser". In: FL 6/1964, S. 244 ff., „Zum Heimgange Erwin Weisers". In: FL 6/1968, S. 242 ff., Josef Walter König: „Erwin Weisers Verdienste um das Schrifttum unserer Heimat". In: FL 7/1968, S. 301 ff.

Julius Weyrich,

seinerzeit Korpskommandant von Graz, Feldmarschall-Leutnant, Sohn des aus Zossen gebürtigen mährisch-schlesischen Landesadvokaten Dr. Josef Weyrich in Jägerndorf. Dieser starb am 18. 11. 1870. Julius Weyrich wurde vom Kaiser Franz Josef I. mit dem Prädikat „von Trubenburg" in den Adelsstand erhoben. Exzellenz Julius Weyrich von Trubenburg war ein persönlicher Freund des 1914 in Sarajevo ermordeten Erzherzogs und Thronfolger Franz Ferdinand. Er machte den Feldzug gegen Preußen (1866) als Hauptmann mit, desgleichen 1878 die Okkupation Bosniens. Ihm wurde u. a. an Auszeichnungen verliehen: Ritterkreuz des Ordens der Eisernen Krone, Ritterkreuz des Franz-Josef-Ordens, Militärverdienstkreuz, Militärverdienstmedaille am weiß-roten und rotem Band, Kriegsmedaille, Offiziersdienstzeichen II. Klasse, Jubiläums-Erinnerungsmedaille, Militär-Jubiläumskreuz etc. Er starb unvermählt am 15. 2. 1917 in Salzburg, wo er in Pension lebte.

Lit.: Julius Weyrich, Aubeln: „Julius Weyrich von Trubenburg". In: Goldenes Buch der Gemeinde Zossen, 1933 (Manuskript).

Bruno Hanns Wittek,

geboren am 15. 2. 1895 in Freudenthal, gestorben am 27. 1. 1935 in Troppau, begraben am 30. 1. 1935 in seinem Wohnort Breitenau, zählt zu den bekanntesten Schriftstellern des Sudetenraumes. Nach dem Besuch der Oberrealschule in Jägerndorf studierte er zunächst Landwirtschaft an der Hochschule für Bodenkultur in Wien, dann jedoch Germanistik an der Wiener Universität. Von dort wurde er 1917 zum Militärdienst einberufen. Nach dem Ende des Ersten Weltkrieges arbeitete er als freier Schriftsteller und Kulturredakteur der Tageszeitung „Deutsche Post" in Troppau. Hier war er auch einige Zeit Schriftleiter der Kulturzeitschriften „Die Heimat" in Troppau und „Höhenfeuer" in Jägerndorf. Später übersiedelte er in sein Dichterhaus nach Breitenau. Er schrieb zwei Gedichtbände „Seele im Licht" (1922) und „Schatzhauser" (1933) sowie den Roman „Frau Minne" (1920), den Novellenband „Romantischer Garten" (1925), den Roman aus der Schwedenzeit „Peter Leutrecht" (1930) und den Kriegsgefangenenroman „Die Heimkehr des Andreas Loschner". Unvollendet blieb sein Roman „Der Narr in Rokoko" über das abenteuerliche Leben des Grafen Albert von Hoditz auf Roßwald. Von seinen Hörspielen sind „Beethoven in Grätz", „Altvaters Sendung" und der Einakter „Professor Sämlein" zu nennen. Sein größter Erfolg wurde jedoch dem Hans-Kudlich-Roman „Sturm überm Acker" zuteil (1927). Dieser Roman schildert die bedrückte Lage der Bauern und ihre Befreiung von den Fronlasten (1848) und machte Hans Kudlich erst in Deutschland bekannt. Für dieses Meisterwerk erhielt er den Eichendorffpreis und einen Teil des Adalbert-Stifter-Preises. Als 1955 die zweite Auflage erschien, schrieb Bundespräsident Professor Theodor Heuß das Vorwort. Anläßlich der Aufnahme der Ozeanüberquerungen des Luftschiffes „Graf Zeppelin" 1928 nahm dieses bei seiner ersten Amerikafahrt u.a. auch einige Exemplare des Werkes „Sturm überm Acker" als Gruß der Alten an die Neue Welt mit.

Lit.: Erwin Weiser: „Bruno Hanns Wittek". In: FL 2/1935, S. 9 ff., Leo Wazulik-Lindner: „Zum ehrenden Gedenken an unseren so früh verstorbenen Heimatdichter Bruno Hanns Wittek". In: FL März 1954, S. 150, Erwin Weiser: „Treuegedenken an Bruno Hanns Wittek". In: HJO 2. Band, S. 40 f., Inning 1954, Erwin Weiser: „Bruno Hanns Wittek". In: HJO 7. Band, S. 51 ff., Inning 1960, Josef Walter König: „Wittek, Bruno Hanns". In: SchO., S. 117, Wolfratshausen 1964, Hubert Partisch: ÖsdStÖ1. Band, S. 171, Wien 1961, „Zum 75 Geburtstag und 35. Todestag unseres Heimatdichters Bruno Hanns Wittek". In: FL 4/1970, S. 154, Paul Buhl: „Wittek, Bruno Hanns". In: Troppau von A bis Z, S. 131, München 1973, „Bruno Hanns Wittek". In: FL 1/1960, S. 7, Hans Arbter: „Treuegedenken an Bruno Hanns Wittek". In: FL 1/1975, S. 11 f.

Johann Nepomuk Wurst

wurde am 1. 5. 1808 als Sohn eines Bauern in Liebenthal, Kreis Jägerndorf geboren. Er war in der Glanzperiode der Freudenthaler Leinenweberei neben Franz Heinz der bedeutendste Leinen- und Damastwarenfabrikant. J. N. Wurst kam 1822, nach Abschluß seiner Weberlehre in Tropplowitz, nach Freudenthal und arbeitete dreieinhalb Jahre lang als Geselle eines Leinenwebermeisters, der Tischdecken erzeugte.

1826 verehlichte er sich in Freudenthal mit der Tochter eines Tuchmachers und gründete eine eigene Firma. Seinen raschen Aufstieg zum wohlhabenden Fabrikanten verdankte er der Entwicklung eines besonderen Garnfärbeverfahrens, das der Konkurrenz überlegen war. Ab 1833 lieferte er seine Webwaren fast ausschließlich nach Wien. Von seinen Reisen brachte er bald soviele Aufträge nach Hause, daß er sie nicht selbst ausführen konnte, sondern einen Werkführer einstellte und die Waren von Lohnwebern anfertigen ließ. Das Geschäft florierte. Schon 1846 konnte er seiner ältesten Tochter 4.000 Gulden als Heiratsgut überlassen. Am 10. 9. 1856 erhielt seine Firma von der Regierung die amtliche „Fabrikbefugnis" erteilt. Inzwischen waren seine Söhne Josef (geb. 1829), Johann (geb. 1832) und Theobald (geb.

Deckelpokal, wertvolle Augsburger Goldschmiedearbeit um 1680, Gastgeschenk des Freudenthaler Deutschordensstatthalter Caspar von Ampringen an den Fürsten Fugger. Der Pokal befindet sich im Schloß-Fugger-Museum in Babenhausen, Kreis Unterallgäu.

Altschlesische Trachtenschmuckkette in Silber, Arbeit um 1850, mit den Symbolen Glaube, Liebe und Hoffnung

1838) in den Betrieb eingetreten, sodaß er sich vermehrt öffentlichen Aufgaben widmen konnte. 1848 hatte er bereits als Deputierter der Stadt beim Besuch des Kaisers Franz Josef I. in Olmütz teilgenommen, 1849 war er dann einer der drei Kompanieführer der Freudenthaler Nationalgarde. Zehn Jahre lang bekleidete er das Amt eines Gemeinderates und leitete in jener Zeit als Direktor die Freudenthaler Sparkasse. Besondere Verdienste erwarb sich Wurst auch um die Errichtung der Webschule. 1874 schied er aus seiner Firma aus und überließ deren Führung seinen Söh-

nen. Johann Nepomuk Wurst war ein großer Freund von Karlsbad und weilte 1877 dort zum 25. Male zur Kur. 1876 feierte er seine Goldene Hochzeit. Im gleichen Jahre ernannte ihn die Stadt Freudenthal zum Ehrenbürger. Er starb am 26. 4. 1879 in Freudenthal, wenige Tage vor seinem 71. Geburtstage.

Lit.: Selbstbiographie (Manuskript), eine Abschrift davon befindet sich im Freudenthaler Heimatmuseum in Memmingen. Festschrift 700-Jahrfeier Freudenthal 1913, S. 65.

Zum Gedenken an die Zwangsvertreibung der Sudetendeutschen aus ihrer Heimat in den Jahren 1945 – 1946. Entwurf vom Akademischen Maler R. Assmann (1954)

Die Vertreibung

Vorgeschichte und Ereignisse

Schon immer haben Kriege der Bevölkerung der betroffenen Staaten hohe Opfer an Gut und Blut abverlangt und ihr vielfaches Leid aufgebürdet. Was aber zu Ende des Zweiten Weltkrieges mit der deutschen Bevölkerung der Ostprovinzen des Reiches, der Sudetengebiete und der Siedlungsräume in Ost- und Südosteuropa geschah, überstieg alles bis dahin Vorstellbare! In einem noch nie dagewesenen Umfang brach über sie das grausame Schicksal von Demütigung, Flucht und Vertreibung herein. Millionen von Menschen mußten zwangsweise und entschädigungslos ihre angestammte Heimat samt ihres beweglichen und unbeweglichen Besitzes verlassen und wurden in das in Trümmern liegende und selbst schwer darbende Restdeutschland hineingezwängt. Wie einschneidend die Auswirkungen jener riesigen Bevölkerungsumwälzungen für den gesamten deutschen Sprachraum waren und noch sind, läßt sich allein schon daraus ersehen, daß Heimatvertriebene und Flüchtlinge noch heute rund 25% der Gesamtbevölkerung der Bundesrepublik Deutschland ausmachen.

Daß Vertreibungen von Deutschen nicht erst 1945/1946, sondern schon lange vor Beginn des Zweiten Weltkrieges sowohl von maßgebenden polnischen als auch von tschechischen Politikern geplant waren, geht eindeutig aus Akten britischer und amerikanischer Diplomaten hervor. Danach sollten nach einem erfolgreichen Waffengang gegen das Deutsche Reich die Provinz Ostpreußen, die freie Stadt Danzig sowie große Teile von Schlesien an Polen fallen und die dort ansässige Bevölkerung anschließend „transferiert" (sprich: vertrieben) werden. Ebenso war die Vertreibung der Sudetendeutschen keine Folge des Anschlusses der Sudetengebiete an das Deutsche Reich, sondern eine schon bei der Gründung der Ersten Tschechoslowakei im Jahre 1918/1919 allen Ernstes geplante Maßnahme. Dies bekannte der tschechoslowakische Staatspräsident Dr. Eduard Benesch in seiner am 3. Juni 1945 in Tabor gehaltenen Rede freimütig. Er sagte: „Alle Deutschen müssen verschwinden. Was wir 1919 schon durchführen wollten, erledigen wir jetzt. Damals schon wollten wir alle Deutschen abschieben. Deutschland aber war nicht vernichtet und England hielt uns die Hände!"

Schon im Dezember 1938, also noch vor der Errichtung des Protektorates Böhmen und Mähren, ließ Benesch die Planung der Vertreibung einleiten. Nach den damaligen Vorstellungen sollten zunächst nur jene Deutschen abgeschoben werden, die sich politisch vergangen hatten. Am 18. November 1940 verlangte er Gebietsabrundungen gegen Schlesien und Österreich, um die Tschechoslowakei dort aus der deutschen Einschnürung zu lösen. Gleichzeitig verlangte er bereits die Ausweisung einiger hunderttausend kompromittierter „Nazideutscher". Er fügte aber beschwichtigend hinzu, daß es naiv wäre zu glauben, man

Tschechische Partisanen bildeten „Revolutionsgerichte" – wie hier in Landskron/Ostböhmen – und verurteilten Deutsche zu Prügelstrafen, zum Tode durch Erschießen und zum Tode durch Erhängen.

Die öffentliche Hinrichtung des Primators Dr. Pfitzner auf dem Pankratz in Prag, ein Willkürakt der Rachejustiz, wurde zu einem Volksfest für die Prager Tschechen.

würde drei Millionen Deutsche ausweisen. Sein Exil-Außenminister Dr. Hubert Ripka hatte bereits am 17. 5. 1940 öffentlich erklärt, daß es bei einem für die Alliierten siegreichen Kriegsausgang zu Massenvertreibungen von Deutschen kommen würde. Er sagte: „Wir hoffen, daß dieser Krieg die Möglichkeit dazu geben wird, die Frage der deutschen Minderheiten in der Tschechoslowakei ein für allemal zu lösen." Im Verlauf seiner Rede sagte er weiter: „Es wird notwendig werden, mit allen hierzu geeigneten Mitteln – einschließlich einer eventuellen organisierten Anwendung des Bevölkerungstransfers – Deutschland daran zu hindern, die nationalen Minderheiten für seine großdeutschen Ziele zu mißbrauchen." Zu diesem Zeitpunkt wollten die Kommunisten der tschechoslowakischen Emigration noch nichts von einer generellen Vertreibung wissen. Am 10. November 1941 hatte ein „Sudetendeutscher Sender" mit seinen Ausstrahlungen begonnen. Seine Bekanntmachungen wurden vom damaligen Vorsitzenden der Kommunistischen Partei der ČSR, Klement Gottwald, persönlich abgezeichnet. Der Tenor dieser Propagandasendungen lautete vor allem ab 1942: „Die Henlein kommen und gehen, die Sudetendeutschen und Tschechen werden als gute Nachbarn miteinander weiterleben. Die Sudetendeutschen sollen in Zukunft Herren im eigenen Haus sein." Nach dem Einmarsch der Roten Armee hieß es aber in einem kommunistischen Manifest vom 13. Mai 1945: „Richtet für die verhafteten Deutschen Arbeitslager ein und zwingt sie, für den Wiederaufbau dessen zu arbeiten, was sie selbst zerstört haben."

Wie die vier folgenden diplomatischen Noten beweisen, war es Benesch inzwischen gelungen, durch sein unehrliches Doppelspiel das Einverständnis zur Vertreibung der Sudetendeutschen, sowohl von den USA als auch von der UdSSR, die beide noch gezögert hatten, zu erhalten. Noch am 23. April 1943 hatte die rus-

sische Regierung erklärt, sie könne sich wegen des Transfers deutscher Faschisten aus der Tschechoslowakei derzeit nicht festlegen. Dem amerikanischen Präsidenten Roosevelt ließ Benesch jedoch am 12. Mai 1943 mitteilen, die UdSSR sei mit dem Transfer der Deutschen aus der Tschechoslowakei einverstanden. Am 29. Mai 1943 übermittelte der tschechoslowakische Exilaußenminister Ripka dem sowjetischen Botschafter in London, Bogomolow, daß sowohl die britische als auch die amerikanische Regierung dem Transfer der Sudetendeutschen zugestimmt hätten, und daß nunmehr auch die russische Zustimmung erwartet würde. Daraufhin ließ Bogomolow am 5. Juni 1943 Ripka wissen, daß auch Rußland für den Transfer der „deutschen Nazibevölkerung" aus der Tschechoslowakei sei. Er bat ihn gleichzeitig, Dr. Benesch davon in Kenntnis zu setzen. Aufschlußreich sind die differierenden Bezeichnungen: Benesch spricht stets von den Deutschen, Moskau aber von den Nazideutschen.

Daß man sich noch vor einem Abschub der Sudetendeutschen an ihnen rächen würde, erfuhr die Welt in einer Rundfunkrede an die Tschechoslowaken am 27. Oktober 1943. Dr. Benesch sagte damals von London aus: „In unserem Land wird das Ende dieses Krieges mit Blut geschrieben werden. Den Deutschen wird mitleidlos und vervielfacht all das heimgezahlt werden, was sie in unseren Ländern seit 1938 begangen haben. Die ganze Nation wird sich an diesem Kampf beteiligen. Es wird keinen Tschechoslowaken geben, der sich dieser Aufgabe entzieht und kein Patriot wird es versäumen, gerechte Rache für die Nation zu nehmen." Am 3. November 1944 forderte der tschechoslowakische General Ingr: „Die ganze Nation wird dem alten Kriegsruf der Hussiten folgen: Schlagt sie, tötet sie, laßt niemanden am Leben!" Und schließlich sei nochmals Dr. Benesch zi-

Deutsche Menschen müssen ihre Wohnorte verlassen und sammeln sich auf den Bahnhöfen, um nach Deutschland ausgesiedelt zu werden.

In Güterzüge gepfercht werden diese Menschen verladen und mit Zustimmung der Russen und Amerikaner aus ihrer angestammten Heimat vertrieben.

tiert, der am 11. Mai 1945, drei Tage nach der Kapitulation der deutschen Wehrmacht, im Brünner Rathaus sagte: „Die gesamten heutigen und zukünftigen Generationen werden die Folgen dieser Situation zu tragen und ihre verdiente Strafe zu erdulden haben."

Im sogenannten Retributionsedikt vom 19. Juni 1945 wurde festgelegt, daß diese Vergeltung durch außerordentliche Volksgerichtshöfe durchgeführt wird. Gegen deren Urteil gab es kein Rechtsmittel und jede ausgesprochene Todesstrafe war in der Regel innerhalb von zwei Stunden nach der Verkündung zu vollstrecken.

Die öffentliche Hinrichtung des Primator-Stellvertreters von Prag, Universitätsprofessor Dr. Josef Pfitzner, (er stammte aus Petersdorf im Nachbarkreis Jägerndorf), der als ein Mann des Ausgleichs geschildert wird, war ein ausgesprochener Willkürakt dieser Rachejustiz. Professor Pfitzner wurde im September 1945 vor 50.000 Zuschauern auf dem Platz vor dem Gefängnis Prag-Pankratz gehenkt! Als 1946 die Vertreibung der Sudetendeutschen bis auf geringe Reste abgeschlossen war, stritt man sich in der tschechoslowakischen Nationalversammlung, wem das größere Verdienst zukomme, den „perfiden deutschen Ballast" losgeworden zu sein.

Unmittelbar nach dem Einmarsch der Roten Armee im Mai 1945 begannen die „wilden" Austreibungen. Als solche bezeichnet man jene, die vor dem Abschluß des Potsdamer Abkommens vom 2. August 1945 stattgefunden haben. Damals wurden wahllos Deutsche ohne jeden Grund und ohne eine Erklärung aus ihren Wohnungen geholt, zusammengetrieben, zum nächsten Bahnhof gebracht und in offenen Vieh- oder Kohlewaggons zur Grenze transportiert. Dort mußten sie den Zug verlassen und zu Fuß zur nächsten reichsdeutschen Ortschaft wandern. Oft dauerte es viele Monate, bis diese Menschen eine halbwegs taugliche Unterkunft und mitunter Jahre, bis sie wieder eine ständige Arbeit finden konnten. Oder man ließ Deutsche zu Fuß bis zur Grenze gehen, wie beim berüchtigten Brünner Todesmarsch vom 31. Mai 1945. An diesem Fronleichnamstag waren Tausende von Deutschen aus Brünn und Umgebung beteiligt. Viele von ihnen wurden dabei erschlagen oder zu Tode gehetzt und die Leichen ungezählter Alter und Kranker sowie von Frauen und

Kindern ruhen in Massengräbern. Hierzu entnehmen wir einem Artikel der „Stuttgarter Zeitung" Nr. 121/1985: „Als 1968 tschechische Bewohner der südmährischen Stadt Pohrlitz bei den in der Nähe befindlichen Massengräbern eine Gedenkstätte errichten wollten, die an die dort begrabenen 450 ermordeten Deutschen erinnern sollte, ließ die tschechische Verwaltung kurzerhand über den Gräbern zwei landwirtschaftliche Gebäude zur Tierhaltung erbauen".

Schon im Mai 1945 hatte ein Dekret von Dr. Benesch alle Personen deutscher und magyarischer (ungarischer) Volkszugehörigkeit als „staatlich unzuverlässig" erklärt und ihren Besitz unter staatliche Kontrolle gestellt. Am 2. August 1945 verloren alle Staatsbürger deutscher Volkszugehörigkeit, die bei der Eingliederung der Sudetengebiete an das Deutsche Reich im Herbst 1938 oder nach der Errichtung des Protektorates Böhmen und Mähren im Frühjahr 1939 die reichsdeutsche Staatsangehörigkeit erworben hatten, die tschechoslowakische Staatsangehörigkeit. Am 25. Oktober 1945 wurde sodann ihr gesamtes Vermö-

Gefangenenlager Hodolein

Kein Gefangenenlager in Nordmähren ist so gefürchtet gewesen wie das in Hodolein. Hier wütete die tschechische Wachmannschaft eine Zeitlang mit einer Bestialität, die dem Lager den Titel „Die Hölle von Hodolein" eintrug. Erschütternd sind die Berichte Überlebender von dort. Groß ist die Zahl derer, die den Mißhandlungen erlegen und in Massengräbern verscharrt wurden; groß aber ist auch die Zahl derer, die einen dauernden Schaden davontrugen. Erst als das Ausland auf die Brutalität der tschechischen Wachmannschaft aufmerksam wurde, wurden die ärgsten Gewalttaten abgestellt.

Vertriebene Sudetendeutsche kommen am Bahnhof München-Allach an.

gen sowie sämtliche Vermögensrechte zugunsten der Tschechoslowakischen Republik entschädigungslos enteignet. Erst kurz vor der Potsdamer Konferenz am 22. Juli 1945, also lange nach dem Beginn der „wilden" Austreibungen, legte die Prager Regierung den Alliierten Pläne für eine geordnete Aussiedlung der Deutschen vor. Darauf fußend erklärten sich die drei Großmächte (Großbritannien, Vereinigte Staaten von Amerika und Sowjetunion) am 2. August 1945 im Potsdamer Abkommen mit dem Transfer der Deutschen aus Polen, der Tschechoslowakei und Ungarn einverstanden. Aus dem Wortlaut dieser Erklärung geht eindeutig hervor, daß die bisherigen wilden Vertreibungen aufhören und künftig in „ordnungsgemäßer und humaner" Weise vorgenommen werden sollen. Tatsächlich kam es daraufhin seit etwa Mitte August zu einer starken Drosselung der Austreibungsaktionen. Aber aufkommende Befürchtungen, daß die Ausweisung völlig ins Stocken geraten könne, beseitigte Stalin, als er in einem Interview mit der Zeitung „Rudé Právo" den Tschechen auftrug: „Reinigt euch von den Deutschen und schiebt sie ab!"

Schon Anfang 1946, nach dem Ende der wilden Vertreibung, befürworteten bestimmte amerikanische Kreise in Washington einen endgültigen Stop der Ausweisungen. Dem trat jedoch Rußland mit der Drohung entgegen, in diesem Fall die Deutschböhmen und die anderen Ostdeutschen in die Polargebiete der Sowjetunion zu verbringen. Dies geht aus einem vertraulichen Brief hervor, den der Stellvertretende US-Außenminister Mc Fall am 15. Januar 1952 an einen amerikanischen Senator schrieb und in dem es heißt, daß die Vereinigten Staaten von Amerika auf

der Potsdamer Konferenz einer Aussiedlung der Ost- und Sudetendeutschen nur deshalb zugestimmt haben, um „zu einem geordneteren und menschlicher Verfahren zu gelangen sowie das besetzte Deutschland auch denjenigen zu öffnen, die andernfalls mit der Deportation in die Polargebiete der Sowjetunion hätten rechnen müssen". Für die so erzwungene Ausweisung in das Restdeutschland hatte der russische Marschall Stalin den Heimatvertriebenen die Rolle eines „revolutionären Potentials" zugedacht, das die Lage in den Westzonen Deutschlands bedrohlich demoralisieren und damit eine Sowjetisierung hier sowie langfristig in Europa ermöglichen sollte. Dieser sozialpolitische Sprengsatz erwies sich aber in der Folge nicht als die erhoffte Zeitzünderbombe, weil dies die Heimatvertriebenen nicht wollten, sondern wurde zum Grundstein der späteren Wirtschaftsblüte in der Bundesrepublik Deutschland.

Im Potsdamer Abkommen war vorgesehen, daß 2,5 Millionen Sudetendeutsche aus der Tschechoslowakei abgeschoben werden dürften. Davon sollte die amerikanische Besatzungszone 1,75 Millionen und die russische Zone 750.000 Menschen aufnehmen. Eine Aufnahme von Vertriebenen aus den Sudetengebieten in die englische Zone hatte der britische Premierminister Churchill abgelehnt, weil diese durch den Zustrom Vertriebener aus Ostpreußen, Pommern und Schlesien selbst überlastet sei.

Nach verbindlichen Vereinbarungen des Alliierten Kontrollrates in Berlin vom 20. November 1945 sollte die „geregelte Ausweisung" von Deutschen Anfang 1946 beginnen. Um einen unkontrollierten Massenzustrom von Heimatvertriebenen in die amerikanische Zone Deutschlands zu unterbinden und zugleich

Místní správní komise
Andělská Hora .

PT

Andělská Hora, cp. *165*

Laut Zuschrift des Okresní správní komise v Bruntále sind Sie mit Ihrer Familie d.i. . . *Anna Schebeske Irma* . . .
. . . .
bestimmt zur Aussiedlung nach Deutschland.

Ich ordne an, dass Sie sich am *13.9.*.. 1946 um 7 Uhr morgens mit den obangeführten Familienmitgliedern bei der Kirche einzufinden haben.

Mitnehmen können Sie Gepäck an Kleidung,Wäsche,Schuhe,Lebensmittel auf 7 Tage, für jede Person Ware im Gesamtgewicht von 5 o,- kg.Desgleichen können mitgenommen werden nichtverbrauchte Lebensmittelkarten,Personalausweis,Geburtsscheine usw. .

Jede Person muss mindestens 2 Garnituren Wäsche,2 Kleider, 2 Paar Schuhe haben,anständig bekleidet und beschuht sein,eine Esschüssel mit Löffel,Handtuch mit Seife muss auch mitgenommen werden.

Jeder Haushaltungsvorstand ist verpflichtet, vor Abgang aus der Wohnung im Falle eines Feuers im Ofen dasselbe zu löschen, sämtliche Räume in der Wohnung abzusperren,nach Absperrung der Wohnung die Schlüssellöcher mit Papierstreifen zu verkleben. Sämtliche Schlüssel sind mit Name und Haus-Nummer des Besitzers zu versehen.Die Schlüssel müssen einem Beamten der Gendarmerie oder einem Mitglied von Místní správní komise abgegeben werden.

Gleichzeitig müssen von jedem Haushaltungsvorstand die grauen Haushaltungsausweise "Lístek pro domácnost" sowie polizeiliche Anmeldungen abgegeben werden.

Es wird aufmerksam gemacht, dass die Benützung von Holzkisten für Gepäck verboten ist.

Für die Durchführung dieser Anordnung ist jeder Haushaltungsvorstand verantwortlich.

Předseda MSK:

als Vorsorge gegen eine mögliche Seuchengefahr machten die US-Unterhändler die Einhaltung bestimmter Maßnahmen zur Voraussetzung der Übernahme von Transporten. Den tschechischen Behörden wurde aufgetragen, die zur Ausweisung kommenden Personen in eigenen Aussiedlungslagern in achttägiger Quarantäne ärztlich zu betreuen und sie ausreichend zu verpflegen. Außerdem sollte jedem Ausgewiesenen die Mitnahme von tausend Reichsmark sowie von 75 kg Gepäck gestattet werden. Wichtig war auch die Bestimmung, daß die ausgewiesenen Personen im Besitz von Geburtsurkunden und Arbeitspapieren sein müssen. So konnten sie bei ihrer Ankunft am Zielort wenigstens nachweisen, wer sie waren und woher sie stammten. Dies ist auch der Grund, weshalb die seinerzeitigen „Ahnenpässe" mitgenommen werden durften. Besonders wichtig war die Bestimmung, daß alle zur Ausweisung kommenden in geschlossenen Familien, also mit ihrem Ernährer, ausgesiedelt werden müssen. Durch sie kamen viele Männer, die sich in tschechischen Konzentrations- und Arbeitslagern befanden, vorzeitig frei. Wenn auch die genannten Bestimmungen nicht überall eingehalten wurden, vor allem verminderte man die mitzunehmende Geldsumme auf 500,— Reichsmark und auch das Gepäckgewicht wurde vielfach von 75 kg auf 50 kg reduziert, so war doch wenigstens die Form der Übergabe und Übernahme der Transporte geregelt.

Am 25. Januar 1946 traf der erste dieser Art „geregelte" Vertriebenentransport aus der Tschechoslowakei in Deutschland

ein. Er stammte aus Budweis in Südböhmen. Von nun an bis zum 27. November 1946 fuhren täglich durchschnittlich fünf Transportzüge mit jeweils 1200 Personen aus der ČSR nach Bayern. Der erste Vertriebenentransport aus unserem Heimatkreis Freudenthal erreichte am 14. Februar 1946 bei Furth im Walde die deutsche Grenze und kam in den Raum Augsburg. In insgesamt 31 Aussiedlertransporten gelangten 35.373 Personen aus dem Kreis Freudenthal in die US-Zone. Die Zielorte dieser Transporte sind in der folgenden Aufstellung festgehalten. Aus ihr ist ersichtlich, daß drei Viertel der Bewohner nach Bayern und je ein Achtel nach Hessen bzw. Baden-Württemberg gelangten. Durch Binnenumsiedlungen ergaben sich teilweise beträchtliche Wohnsitzveränderungen. Der derzeitige Stand kann im Abschnitt „Die heutigen Hauptwohngebiete der Landsleute aus Stadt und Kreis Freudenthal" nachgelesen werden.

Die Vertriebenentransporte aus dem Kreis Freudenthal
nach und durch Bayern
(Grenzübertrittsbahnhof: Furth im Walde)

Datum des Grenzübertrittes	Zielbahnhof	Zahl der beförd. Ausgewiesenen
14. 02. 1946	Augsburg	1196
07. 03. 1946	Lauterbach (Hessen)	1197
24. 03. 1946	Augsburg	1203
07. 04. 1946	Augsburg	1200
21. 04. 1946	Regensburg	1200
06. 05. 1946	Weilmünster (Hessen)	1148
17. 05. 1946	Weilmünster/Vilmar (Hessen)	1209
30. 05. 1946	Dachau	1208
08. 06. 1946	Marktheidenfeld	1215
15. 06. 1946	Schwabach	1211
22. 06. 1946	Augsburg	1212
29. 06. 1946	Augsburg	1211
03. 07. 1946	Regensburg	1202
10. 07. 1946	Augsburg	1209
17. 07. 1946	Böblingen (Baden-Württ.)	1203
24. 07. 1946	Augsburg	1206
31. 07. 1946	Augsburg	1218
07. 08. 1946	München-Allach	1243
12. 08. 1946	Bamberg	934
12. 08. 1946	Illertissen	265
20. 08. 1946	Regensburg	1211
28. 08. 1946	Regensburg	1251
02. 09. 1946	Augsburg	1243
04. 09. 1946	Nürtingen (Baden-Württ.)	275
07. 09. 1946	Augsburg	1264
14. 09. 1946	Schweinfurt	1225
20. 09. 1946	Böblingen (Baden-Württ.)	1206
27. 09. 1946	Bamberg	1201
08. 10. 1946	Karlsruhe (Baden-Württ.)	1208
22. 10. 1946	Augsburg	1216
30. 10. 1946	Dachau	1183
		35.373

Quelle: Gesamtübersicht über die sudetendeutschen Vertriebenentransporte nach und durch Bayern. Statistischer Informationsdienst des Staatskommissars für das Flüchtlingswesen in Bayern, bearbeitet von Dr. Martin Kornrumpf, München, 1. Folge: Oktober 1946, 2. Folge: Januar 1947.

Auf Sammelstellen warten die Vertriebenen auf den Abtransport.

Zur Frage der Zulässigkeit von Vertreibungen

Dem klassischen Völkerrecht waren Deportations- und Vertreibungsprobleme in dem Ausmaß, wie sie in der jüngsten Zeitgeschichte auftraten, unbekannt. Die Haager Landkriegsordnung vom 18. 10. 1907 bestimmt in ihrem Artikel 43 lediglich, daß der Besetzende nach Möglichkeit die öffentliche Ordnung und das öffentliche Leben unter der Beachtung der Landesgesetze wieder herzustellen und aufrechtzuerhalten habe. Die während des Ersten Weltkrieges veranlaßten Vertreibungen (Elsaß-Lothringen, im zaristischen Rußland und Deportation aus Belgien nach Deutschland) dürften wohl der Grund dafür gewesen sein, daß Roosevelt und Churchill am 12. 8. 1941 die Atlantik-Charta proklamierten, die auch von der Sowjetunion, Polen und der Tschechoslowakei unterzeichnet wurde, und in deren Ziffern 1 und 2 gefordert wird, daß keinerlei Gebiets- und sonstige Veränderungen vorzunehmen sind, die nicht mit den frei zum Ausdruck gebrachten Wünschen der betreffenden Völker übereinstimmen. Im Nürnberger Kriegsverbrecherprozeß verurteilten die Alliierten 1945 deutsche Offiziere und Soldaten oder Mitglieder der NSDAP nach der vom internationalen Militärgerichtshof aufgestellten Satzung, „weil sie systematisch und nach einem festgelegten Plan Gebiete dem deutschen Recht anzugliedern und deren früheren völkischen Charakter verschwinden zu lassen, begonnen hatten". Die nichtdeutschen Bewohner dieser Gebiete wären zwangsweise ausgesiedelt und Tausende deutscher Kolonisten hereingebracht worden. Hier hat man also den deutschen Angeklagten genau das als Verbrechen angelastet, was Sowjetrussen, Polen und Tschechen bei der Vertreibung der Deutschen aus den Ostgebieten tun durften. Wenn schließlich auf der Potsdamer Konferenz 1945 die Vertreibung der Deutschen aus Polen, der Tschechoslowakei und Ungarn von den Regierungschefs der USA, der UdSSR und Großbritanniens ausdrücklich gebilligt und anerkannt wurde, haben sie damit nicht eine völkerrechtliche Zulässigkeit dieser Aktion bescheinigt oder

neues Recht verkündet, sondern lediglich ihre Mitverantwortung an einer Völkerrechtsverletzung übernommen. Nach einer auch von der Sowjetunion, Polen und der Tschechoslowakei unterzeichneten Konvention zur Verhütung und Bestrafung des Völkermordes vom 9. 12. 1948 begeht jeder einen Völkermord, der eine nationale, ethnische, rassische oder religiöse Gruppe als solche ganz oder teilweise zerstört. Darunter fällt auch die vorsätzliche Auferlegung von Lebensbedingungen für eine Gruppe, die geeignet ist, ihre körperliche Zerstörung ganz oder teilweise herbeizuführen sowie eine gewaltsame Überführung von Kindern dieser Gruppe in eine andere Gruppe. Die allgemeine Menschenrechtserklärung vom 10. 12. 1948 spricht zwar ein Vertreibungsverbot nicht ausdrücklich an, läßt aber keinen Zweifel daran, daß sie die Vertreibung als Verstoß gegen die internationale Moral gelten läßt. Im Genfer Abkommen zum Schutze von Zivilpersonen in Kriegszeiten vom 12. 8. 1949 finden sich bereits ausführliche Vorschriften über ein Verbot von zwangsweisen Einzel- und Massenumsiedlungen.

Der Akademische Maler R. Assmann stellte die Vertreibung der Sudetendeutschen in zahlreichen Werken dar. Sie werden immer Zeugen dieses schändlichen Diktats sein.

Bewohner ganzer Ortschaften wurden zu Fuß über die Grenze getrieben.

Grausamkeiten im Kreis Freudenthal 1945

Im Kreis Freudenthal hat man, wie überall im Sudetenland, sofort nach dem Einmarsch der Roten Armee für die Deutschen Lager errichtet. In Freudenthal war dies das ehemalige Gefangenenlager am Stadtrand gegenüber der Militärkaserne. Die unmenschlichen Vorgänge, von denen hier berichtet wird, sind ausschließlich Augenzeugenberichte oder Aussagen der am Leben gebliebenen Opfer. Ein Arzt mit guten Tschechischkenntnissen (Dolmetscher) berichtete: „Ich wurde nach einem Verhör (man beschuldigte ihn unzutreffend, 150 Ausländer umgebracht zu haben) in einen Raum der Kaserne (Freudenthal) geführt, in welchem ein langer Tisch aufgestellt war. Durch Tritte in den Bauch und Schläge gegen Kopf und Schultern noch während des Verhörs war ich stark benommen. Man befahl mir, mich auf den Tisch zu legen, mit dem Rücken nach oben. Zwei Partisanen hielten mich an den Armen fest, ein dritter entsicherte die Pistole und drückte sie mir ins Genick. Man verbot mir jede Schmerzensäußerung und hieb wahllos mit Bleirohren, Säbeln, Ochsenziemern und Holzlatten auf mich ein, daß der Rücken, die Arme und Beine und besonders das Gesäß erbärmlich anschwollen. Als, anscheinend durch ein Bleirohr getroffen, die

Haut des Gesäßes platzte, was einen unsäglichen Schmerz verursachte, stöhnte ich laut auf. Die Folge davon war, daß man mir einen Knebel in den Mund steckte, der mit Menschenkot beschmutzt war. Dann schlug man weiter auf mich ein. Nach dieser Prozedur mußte ich mich mühsam ins Lager zurückschleppen". Soweit der Bericht. Beim Prügeln im Lager selbst mußte man nicht darauf bedacht sein, daß die Opfer stumm bleiben, aber das dort Geschehene war ähnlich. Eine Frau berichtete: „Wir kamen in das tschechische KZ nach Freudenthal, wo uns alles bis auf einen Kamm abgenommen wurde. Männer und Frauen sperrte man in getrennte Zellen. Wir Frauen mußten den ganzen Tag aufrecht stehen bleiben und durften uns erst am Abend legen. Von unserer Zelle hörten wir, wie in der Zelle nebenan Männer mit Knüppeln und Peitschen geschlagen wurden, bis sie schrieen. Am Abend beim Appell sahen wir dann die blauen und verschwollenen Gesichter". Wie andere Augenzeugen aussagten, gehörten die wahllos verabreichten Prügel zur Tagesordnung. Dabei wurden Lagerinsassen oft so mißhandelt, daß sie in schwerverletztem Zustand ins Pflegeheim gebracht werden mußten, wo viele starben.

Marianne Gebauer aus Bennisch mit Kennzeichen N = Nemec (Deutscher) im Herbst 1945.

Frauen, Kinder und alte Menschen müssen ihre Heimatorte verlassen.

Auch das Schicksal des stellvertretenden Troppauer Landrates Josef Czech wurde schriftlich niedergelegt. Es klingt wie etwas, was nicht einmal Völkern auf niedrigster Kulturstufe stehend, zugetraut werden kann. Es ist einfach nicht zu glauben, was Herr Josef Czech erleiden mußte, bevor ihn der Tod von dieser sadistischen Quälerei erlöste. Es muß vorausgeschickt werden, daß Josef Czech zwanzig Jahre der Ersten Tschechoslowakischen Republik als Rat der politischen Verwaltung treu gedient hat. Selbst tschechische Kollegen in seinem Amt haben seine selbstlosen Dienste neidlos zugeben müssen. Er war niemals Nationalsozialist, gehörte weder der NSDAP noch einer ihrer Gliederungen an, und stand zu jeder Zeit in Gegnerschaft zu den nationalsozialistischen Stellen. Dadurch möchte ich nur beweisen wollen, daß sich der tschechische Haß nicht an den Parteigenossen austoben wollte, sondern sich ein teuflisches Ziel gesteckt hat, nämlich: Das Sudetendeutschtum in seiner Gesamtheit tödlich zu treffen und damit zu bezwecken, daß sich dieser gesunde, fleißige und arbeitsame Volksstamm nie wieder erhole.

Josef Czech, Oberregierungsrat und stellvertretender Landrat in Troppau, Ostsudetenland, ist am 12. April 1891 in Raase, Kreis Freudenthal, geboren. Er flüchtete vor den einrückenden russischen Truppen und begab sich in seinen Heimatort Raase, wo er in seinem eigenen Hause mit seiner Mutter und Schwester wohnte. Seine Schwester, die diese Schilderung gab, war stets bei ihm gewesen und führte ihm den Haushalt. Sie ist es auch, die Einzelheiten von der grauenhaften Ermordung ihres Bruders

schriftlich niederlegte und mir übergeben ließ. Der leidensvolle Kreuzweg des Herrn Josef Czech begann am 2. Oktober 1945; zu einer Zeit also, da die Wogen aufgepeitschter nationaler Leidenschaft sich doch hätten gelegt haben müssen. Es ist ein Beweis, daß es den Tschechen um mehr ging, als nur ihren Rachegefühlen in den ersten Wochen der sogenannten „nationalen Revolution" freien Lauf zu lassen, was sie auch übers Maß hinaus getan haben.

Am genannten Tage wurde Herr Czech um 8 Uhr abends in seiner Wohnung in Raase von einem uniformierten Tschechen aus Raase bei Troppau, der sich als Mitglied des tschechischen Nationalausschusses „Narodní výbor" ausgab, verhaftet und in den Gemeindearrest abgeführt. Der verhaftende Tscheche beschuldigte Herrn Czech beim Narodní výbor in Raase, er hätte als stellvertretender Landrat in Troppau seinen Vater für die Umsiedlung vormerken lassen. Dazu sei bemerkt: Nach Aussage der Schwester hatte Herr Czech mit diesen Dingen nichts zu tun; ferner ist es zu einer Umsiedlung des genannten Vaters nie gekommen. Und drittens wurde die völlige Unschuld des Herrn Czech in genannter Angelegenheit von den tschechischen Behörden nachträglich bestätigt. Natürlich erst als Herr Czech bereits eines grauenvollen Todes gestorben war. Der Zweck war ja bereits erfüllt gewesen; man hatte einen Deutschen mehr ermordet.

Auf der Gemeinde wurde Herr Czech sofort furchtbar verprügelt, so daß er über und über blutete; gegen 3 Uhr in der Früh

Vyhláška

Nařizuji s okamžitou platností, aby všechny osoby německé národnosti ve stáří od 6 let nosily následující označení: bílý kruh v průměru 15 cm a v něm z černého plátna našité „N" v síle 2 cm, jehož okraje jsou 1 cm od obvodu kruhu. Toto označení se nosí na levé straně prsou. Němci, kteří byli organisováni ve straně NSDAP. v SA. SS. NSV. NSF. NSKK. Hitlerjugend nebo v jiných složkách NSDAP musejí nositi tentýž odznak ještě na zádech (tedy dva, jeden na prsou, druhý na zádech)

Všem Němcům se zakazuje jízda dopravními prostředky. návštěva veřejných a zábavních místností a sadů. Vycházeti z bytů po 20 hodině je všem Němcům zakázáno. Při potkání ruského nebo čsl důstojníka musejí Němci smeknout klobouk nebo čepici a v připaženém postoji přejíti. Návštěva obchodů se povoluje toliko jednu hodinu před uzavřením.

Odznaky podle nařízeného vzoru musí si každý Němec sám pořídit. Neuposlechnutí shora uvedených příkazů je trestné. Trestný je rovněž každý občan jiné národnosti, který jakymkoliv způsobem bude Němcům nadržovati nebo jim pomáhati

Rakouští příslušníci podléhají ustanovením této vyhlášky jen pokud byli organisováni ve straně NSDAP. v SA. SS. NSV. NSF. NSKK. Hitlerjugend nebo v jiných složkách NSDAP

Náčelník Národní bezpečnosti stráže v Opavě:

Dr. Fr. Grim

Deutsche Übersetzung der Kundmachung bezüglich des Tragens eines „N" = Němec (Deutscher)

Kundmachung

Mit sofortiger Gültigkeit wird angeordnet, daß alle Personen deutscher Nationalität vom 6. Lebensjahr an folgende Kennzeichnung tragen: eine weiße Scheibe im Durchmesser von 15 cm und auf ihr aus schwarzer Leinwand aufgenäht ein „N" in der Stärke von 2 cm, dessen Rand 1 cm von der Umrißlinie des Kreises entfernt ist. Diese Kennzeichnung wird auf der linken Brustseite getragen. Deutsche, die in der NSDAP, in der SA, SS, NSV, NSF, NSKK, HJ oder in anderen Gliederungen der Partei organisiert waren, müssen diese Zeichen auch auf dem Rücken tragen (also zwei – eines auf der Brust und das zweite auf dem Rücken).

Allen Deutschen wird die Fahrt mit öffentlichen Beförderungsmitteln, der Besuch öffentlicher und Unterhaltungslokale und Anlagen (Parkanlagen) verboten. Allen Deutschen ist verboten, ab 20 Uhr ihre Wohnungen zu verlassen. Bei Begegnungen eines russischen oder tschechoslowakischen Offiziers müssen die Deutschen den Hut abnehmen und in entsprechendem Abstand vorbeigehen. Der Einkauf in den Geschäften ist eine Stunde vor der Sperre erlaubt.

Die Abzeichen laut angeordnetem Muster muß jeder Deutsche sich selbst anschaffen. Die Nichtbefolgung dieses Befehls ist strafbar. Strafbar macht sich ebenfalls jeder Bürger anderer Nationalität, der auf irgendeine Weise die Deutschen begünstigt oder ihnen hilft.

Die österreichischen Staatsangehörigen unterliegen diesen Bestimmungen der Kundmachung nur dann, wenn sie bei der NSDAP, der SA, SS, NSV, NSF, NSKK, HJ oder in einer anderen Gliederung der NSDAP organisiert waren.

Der Hauptmann des nationalen
Sicherheitsdienstes in Troppau:
Dr. Fr. Grim

---

schleppte man ihn in seine Wohnung zurück, um nach Papieren zu suchen. Seine Schwester erschrak über alle Maßen, da sie ihren Bruder so furchtbar zugerichtet sah. Man führte ihn wieder auf die Gemeinde, um ihn ein zweites mal in sadistischer Weise zu schlagen.

Am nächsten Tag kehrte er um 2 Uhr nachmittags nochmals nach Hause zurück, um sich von seiner Mutter und Schwester zu verabschieden. Er war kaum noch zu erkennen. Sein Gesicht war gänzlich verschwollen, das Blut rann an ihm herab. Wer hätte je gedacht, daß die Tschechen all die Grausamkeiten, die ihr perverses Gehirn ausgedacht hatte, öffentlich ausführen würden? Von der Wohnung wurde Herr Czech zur Gendarmerie nach dem vier Kilometer benachbarten Dorf Spachendorf gebracht. Doch auf welch grauenhafte Art und Weise! Er mußte sich zuerst die Schuhe ausziehen, man band ihm einen Strick um den Hals, das andere Ende wurde um ein Fahrrad gebunden, hinter welchem er den ganzen Weg herlaufen mußte. Während des Weges wurde er dauernd mit der Peitsche geschlagen.

In Spachendorf angelangt, begann nun für ihn das größte Martyrium. Ich lasse nun seine Schwester selber sprechen und will ihren Worten nichts zufügen. Welche krankhafte Phantasie gehört doch dazu, um einen unschuldigen Menschen auf solche Weise zu morden. Seine Schwester schreibt: „Es wurden ihm die Hände verbrannt, dann wurde er an die Wand gestellt und man warf mit Dolchen nach ihm, wobei man ihm beide Ohren abtrennte. Er wurde mit schweren Fahrradketten solange auf den Kopf geschlagen, bis man ihm die Hirnschale brach. Und dies geschah alles öffentlich; seine Schreie gellten weithin und das ganze Dorf war Zeuge dieser fürchterlichen Szene. Schließlich trampelte man mit schweren Stiefeln so lange auf ihm herum, bis er vollkommen besinnungslos war.

Hierauf lud man ihn um 5 Uhr morgens auf ein Fahrrad und brachte ihn zur nächsten Bahnstation Bennisch. Dort warf man ihn über die Lenkstange auf die Erde und schlug ihn mit der Reitpeitsche so lange, bis er in Agonie fiel. In diesem Zustand brachte man ihn in das Landgericht nach Troppau, wo er den entsetzlichen Mißhandlungen, die er erduldet hat, erlag." Soweit seine Schwester wörtlich.

Die Leiche des Herrn Czech wurde zur Obduktion in das Krankenhaus des Deutschen Ritterordens nach Freudenthal gebracht, bei welchem gewaltsame Tötung und schwerste Schäden wie Knochenbrüche, Lungenrisse und sonstige schwere Verletzungen festgestellt wurden.

Natürlich wurde eine pro forma Untersuchung eingeleitet, die jedoch nur feststellte, daß Herr Czech völlig unschuldig war. Es kam aber zu keiner Bestrafung des unmenschlichen Verbrechens, das an Herrn Czech begangen worden war.
Father Emanuel Reichenberger in „Ostdeutsche Passion".

Bekanntmachung des Finanzministeriums vom 22. Juni 1945, Gesch. Z. 461/45-IV/5 über die Sicherstellung des deutschen Vermögens.

Amtsblatt Nr. 83.

Das Finanzministerium verordnet gemäß § 23 Abs. 1 der Regierungsverordnung vom 23. Juni 1939, Slg. Nr. 155, durch die eine Devisenordnung erlassen wird:

§ 1

Auszahlungen oder Überweisungen aller Art aus Einlagen oder Konten, welche bei den Geldinstituten für Deutsche, für deutsche Unternehmungen und deutsche Institutionen gleich welcher Art geführt werden, sind verboten. Ausnahmen können nur das Finanzministerium oder die von ihm ermächtigten Behörden bewilligen.

§ 2

(1) Eine solche Bewilligung ist nicht erforderlich für Auszahlungen von Konten deutscher Unternehmungen, wenn es sich um die Deckung der tatsächlichen Betriebskosten dieses Unternehmens handelt, deren Notwendigkeit dem die Auszahlung vornehmenden Geldinstitut durch Vorlage von glaubhaften Belegen nachgewiesen wird.

(2) Das die Auszahlung vornehmende Geldinstitut ist verpflichtet, die Ausführung der Auszahlung auf dem vorgelegten Beleg zu vermerken und ein Verzeichnis der Auszahlungen zu führen.

§ 3

Jegliche Übertragung inländischer Einlage- (Spar-) Bücher und Einlagescheine, welche Deutschen (deutschen Unternehmungen oder deutschen Institutionen) gehören, auf andere Personen ist verboten. Ausnahmen können nur das Finanzministerium oder die von ihm ermächtigten Behörden bewilligen.

§ 4

Entnahmen aus Schließfächern und Depositen, wie auch die Entnahme von Kautionen, welche Deutschen (deutschen Unternehmungen und deutschen Institutionen) gehören, sind verboten.

§ 5

(1) Sämtliche Zahlungen zugunsten von Deutschen (von deutschen Unternehmungen und deutschen Institutionen) dürfen nur auf ein Sperrkonto des Empfängers bei irgendeiner Geldanstalt erfolgen, welche dazu vom Finanzministerium ermächtigt wird.

§ 6

Von der Hinterlegung auf ein Sperrkonto (§ 5) sind befreit

a) Auszahlungen von Löhnen, Dienstbezügen und Pensionen, wie auch der Kranken-, Invaliden- und Sozialunterstützungen, welche den Gesamtbetrag von 200 K monatlich nicht übersteigen. Beträge, welche diese Grenzen übersteigen, müssen auf ein Sperrkonto hinterlegt werden (§ 5),

b) Zahlungen für Waren des laufenden täglichen Bedarfs und für Leistungen beim Betrieb eines Unternehmens oder eines Berufes, soweit es sich dabei um eine übliche Barzahlung handelt.

§ 7

(1) Der Zahlungspflichtige ist verpflichtet, die Zahlung auf ein Sperrkonto bei der berechtigten Geldanstalt zu überweisen, welche ihm der Empfänger bezeichnet.

(2) Wird ihm vom Empfänger keine solche Geldanstalt bezeichnet, so hinterlegt er die Zahlung bei irgendeiner Geldanstalt am Wohnsitz des Empfängers.

§ 8

(1) Die Deutschen (die deutschen Unternehmungen und deutschen Institutionen) sind verpflichtet, spätestens innerhalb von 15 Tagen nach der Veröffentlichung dieser Bekanntmachung in ein auf ihren Namen lautendes Sperrdepot bei irgendeinem hierzu vom Finanzministerium ermächtigten Geldinstitut zu hinterlegen:

a) in- und ausländische Aktien, Kuxe, festverzinsliche Werte und andere Wertpapiere

b) Edelmetalle und aus ihnen verfertigte Gegenstände,

c) Wert- und Kunstgegenstände, wie auch Sammlungen solcher Gegenstände,

e) Briefmarkensammlungen und -sätze, welche sich am Tage des Inkrafttretens dieser Bekanntmachung in ihrem Eigentum, Miteigentum oder Besitz befinden.

(2) Einer Ermächtigung zur Aufnahme dieser Gegenstände (Sammlungen) in Sperrdepots bedürfen Devisenbanken mit tschechischer Verwaltung.

(3) Für die auf diese Weise errichteten Sperrdepots gelten gleichfalls die Vorschriften des § 4 dieser Bekanntmachung.

§ 9

(1) Die durch Vorschrift des § 8 dieser Bekanntmachung angeordnete Verpflichtung bezieht sich auch auf Personen, denen durch ein Privatrechtsgeschäft, durch Gesetz oder behördliche Anordnung die Verwaltung oder Verwahrung von Vermögen anvertraut wurde, das unter § 8 fällt, insbesondere den Verwahrer, gesetzlichen Vertreter, Abwesenheitspfleger, Konkursverwalter u. ä. sowie auch die Organe, welche derartiges Vermögen sichergestellt haben.

§ 10

(1) Die zur Verwahrung verpflichteten Personen übergeben der Geldanstalt, bei der das Depot errichtet wird, ein Verzeichnis der hinterlegten Gegenstände (Sammlungen) in dreifacher Ausfertigung.

(2) Eine Ausfertigung des Verzeichnisses behält die Geldanstalt, auf der zweiten bestätigt sie den Empfang des hinterlegten Vermögens und reicht sie dem Hinterleger zurück, die dritte übersendet sie dem Finanzministerium.

§ 11

(1) Vom Tage des Inkrafttretens dieser Bekanntmachung an ist den Deutschen (den deutschen Unternehmungen und den deutschen Institutionen) der entgeltliche Erwerb des in § 8 erwähnten Vermögens im Inlande verboten. Erwerben sie derartiges Vermögen unentgeltlich, so sind sie verpflichtet, es innerhalb von drei Tagen in ein Sperrdepot zu hinterlegen.

§ 12

(1) Als Deutsche gelten Personen, die sich bei irgendeiner Volkszählung seit dem Jahre 1929 zur deutschen Nationalität bekannt haben oder Mitglieder nationaler Gruppen oder politischer Parteien geworden sind, in denen sich Personen deutscher Nationalität zusammengeschlossen haben.

(2) Was für die Deutschen gilt, gilt auch für das Reich, für die öffentlich-rechtlichen Verbände des Reiches und für andere Organisationen des Reiches.

§ 13

(1) Unter einem deutschen Unternehmen im Sinne dieser Bekanntmachung sind zu verstehen:

a) Fabrikations-, Handels- oder andere Erwerbsunternehmen, deren Eigentümer ein Deutscher ist,

b) Unternehmungen offener Handelsgesellschaften oder Kommanditgesellschaften, deren Gesellschafter ganz oder zu mehr als der Hälfte Deutsche sind,

c) Unternehmungen von Aktiengesellschaften oder anderen juristischen Personen, in denen Deutsche auf Grund einer überwiegenden Kapitalbeteiligung oder der Mehrheit im Verwaltungs- (Aufsichts-)rat entscheidenden Einfluß haben.

d) Unternehmungen irgendwelcher Art, die ganz oder zum überwiegenden Teil von Deutschen geleitet werden.

(2) In Zweifelsfällen gilt ein Unternehmen als deutsches, wenn es im Laufe des letzten Jahres vor Inkrafttreten dieser Bekanntmachung seine Geschäftsbücher und seine Korrespondenz nur deutsch geführt hat.

(3) Ein Unternehmen, bei dem durch die berechtigten Organe eine nationale Verwaltung eingesetzt worden ist, gilt nicht als deutsches Unternehmen.

(4) Die Zweigniederlassung eines Unternehmens, das seinen Sitz im Reiche hat, gilt als deutsches Unternehmen.

§ 14

Für die richtige Erfüllung der Verpflichtungen und für die Einhaltung der Verbote, welche durch diese Bekanntmachung den deutschen Unternehmungen oder den deutschen Institutionen auferlegt werden, haften

a) bei den Personalgesellschaften sämtliche Gesellschafter,

b) bei den Unternehmungen mit eigener Rechtspersönlichkeit und bei Stiftungen sämtliche Personen, die zu ihrer Vertretung berechtigt oder berufen sind.

§ 15

Sämtliche vorstehenden Bestimmungen gelten entsprechend für Madjaren, madjarische Unternehmungen und madjarische Institutionen.

§ 16

Die Geldanstalten und andere in Betracht kommende Unternehmungen sind verpflichtet, den Organen, welche zur Kontrolle und zur Sicherstellung der in dieser Bekanntmachung vorgesehenen Maßnahmen berufen sind, jegliche Hilfe zu gewähren.

§ 17

Wer diesen Anordnungen zuwiderhandelt, wird nach den Strafbestimmungen der geltenden Devisenordnung bestraft, falls es sich nicht um ein Delikt handelt, das nach strengeren Vorschriften bestraft wird.

§ 18

Diese Verordnung tritt mit dem Tage der Kundmachung in Kraft.

Der Finanzminister:

Dr. Šrobár,

Der wohl schrecklichste Vorfall war die Erschießung von zwanzig Deutschen im Freudenthaler Lager. Am 4. Juli 1945 begannen die täglichen Prügel für die Lagerinsassen schon früher als sonst. 25 Häftlinge mußten eine Grube ausheben, wobei man sie ununterbrochen weiterprügelte. Nach der Fertigstellung der Grube mußte sich die Lagerbelegschaft darum aufstellen und ein tschechisches Urteil, das die wenigsten verstanden, kam zur Verlesung. Anschließend brachte man aus einer Baracke zwanzig halbentkleidete Männer, die sich in zwei Gruppen zu je zehn Mann vor die Grube niederknien mußten und von zehn Tschechen erschossen und in die Grube gestoßen wurden. Auf die noch am Leben gebliebenen Opfer schoß man erneut oder erschlug sie mit Kolbenhieben. Die Namen der Opfer lauten: Karl Axmann, Bauer aus Alt-Vogelseifen Nr. 37; Wilhelm Baum, Tischlermeister aus Engelsberg Nr. 42; Adolf Böhnel aus Friedland a.d. Mohra; Ferdinand Drapal aus Friedland a.d. Mohra; Fridolin Englisch, Fabrikarbeiter aus Engelsberg Nr. 26; Friedrich Fochler, Radiohändler aus Freudenthal; Fritz Göbel, Brauereiarbeiter aus Altstadt Nr. 187; Franz Groß, Straßenwärter aus Engelsberg Nr. 89; Johann Hadwiger, Bauer aus Neu-Vogelseifen Nr. 47; Othmar Jirgens aus Friedland a.d. Mohra; Karl Haubelt, Revierförster aus Dürrseifen; Hermann Just, Oberlehrer aus Engelsberg; Wilhelm Kammler, Bauer und Gastwirt aus Neu-Vogelseifen Nr. 54; Franz Klink, Gärtner aus Engelsberg

Dekret des Präsidenten der Republik
vom 19. September 1945
über die Arbeitspflicht der Personen, welche die tschechoslowakische
Staatsbürgerschaft verloren haben.

Slg. Nr. 71.

Auf Vorschlag der Regierung bestimme ich:

§ 1

(1) Zur Beseitigung und Wiedergutmachung der durch den Krieg und die Luftangriffe verursachten Schäden, wie auch zur Wiederherstellung des durch den Krieg zerrütteten Wirtschaftslebens wird eine Arbeitspflicht der Personen eingeführt, die nach dem Verfassungsdekret des Präsidenten der Republik vom 2. August 1945, Slg. Nr. 33, über die Regelung der tschechoslowakischen Staatsbürgerschaft der Personen deutscher und madjarischer Nationalität, die tschechoslowakische Staatsbürgerschaft verloren haben. Die Arbeitspflicht erstreckt sich auch auf Personen tschechischer, slowakischer oder einer anderen slawischen Nationalität, die sich in der Zeit der erhöhten Bedrohung der Republik um die Erteilung der deutschen oder der madjarischen Staatsangehörigkeit beworben haben, ohne dazu durch Zwang oder besondere Umstände gezwungen zu sein (§ 5 des genannten Verfassungsdekretes).

(2) Der Arbeitspflicht nach diesem Dekret unterliegen nicht Personen, auf die sich das Verfassungsdekret Slg.Nr. 33/1945 nach seinem § 1 Abs. 3 und 4 nicht erstreckt, weiterhin nicht Personen, die bis zu einer späteren Entscheidung kraft Gesetzes als tschechoslowakische Staatsbürger zu betrachten sind (§ 2 Abs. 3 und § 4 Abs. 2 des Verfassungsdekretes) und schließlich nicht Personen, denen eine Bescheinigung gemäß § 2 Abs. 2 des Verfassungsdekretes ausgestellt worden ist.

(3) Besondere, im Einvernehmen mit dem Ministerium für auswärtige Angelegenheiten vom Ministerium des Innern erlassene Richtlinien bestimmen, ob und in welchem Umfange der Arbeitspflicht nach diesem Dekret auch Personen deutscher oder madjarischer Nationalität unterliegen, auf die sich das Verfassungsdekret Slg. Nr. 33/1945 nicht erstreckt.

§ 2

(1) Der Arbeitspflicht unterliegen Männer vom vollendeten 14. bis zum vollendeten 60. Lebensjahr und Frauen vom vollendeten 15. bis zum vollendeten 50. Lebensjahr.

(2) Von der Arbeitspflicht sind befreit:
a) körperlich oder geistig untaugliche Personen, solange dieser Zustand dauert,
b) schwangere Frauen, vom Beginn des vierten Monates der Schwangerschaft an,
c) Wöchnerinnen, für die Zeit von sechs Wochen nach der Niederkunft und
d) Frauen, die für Kinder unter sechs Jahren zu sorgen haben.

(3) Die in Absatz 2, Buchst. a) bis c) angeführten Umstände stellt der Amtsarzt fest. Den in Absatz 2, Buchst. d) angeführten Umstand bestätigt der Ortsnationalausschuß (die örtliche Verwaltungskommission).

§ 3

(1) Die der Arbeitspflicht unterliegenden und die von ihr nach § 2 Abs. 2 befreiten Personen sind verpflichtet, sich auf Grund einer öffentlichen oder einer persönlichen Aufforderung innerhalb der festgesetzten Frist persönlich bei dem nach dem Orte ihres Wohnsitzes (Aufenthaltes) zuständigen Ortsnationalausschuß (der örtlichen Verwaltungskommission) zu melden und alle erforderlichen Belege vorzulegen, wie auch die notwendigen Auskünfte zu geben. Soweit dies möglich ist, machen sie innerhalb derselben Frist gegebenenfalls auch die Befreiung von der Arbeitspflicht gemäß § 2 Abs. 2 geltend.

(2) Der Bezirksnationalausschuß (die Bezirksverwaltungskommission) teilt dann die Personen, welche der Arbeitspflicht unterliegen, zur Arbeit zu und stellt gegebenenfalls Arbeitskolonnen zusammen. Die Entscheidung über die Zuteilung zur Arbeit ist endgültig.

§ 4

(1) Eine Person, die zur Arbeit zugeteilt wurde, ist verpflichtet, der ergangenen Zuteilungsanordnung Folge zu leisten, und zwar auch dann, wenn sie der Auffassung ist, daß sie von der Arbeitspflicht gemäß § 2 Abs. 2 befreit ist, solange über ihren Antrag auf Befreiung nicht amtlich entschieden wurde.

Dokumente zur Vertreibung der Sudetendeutschen 1945/46.

Dekret des Präsidenten der Republik
vom 19. September 1945
über die Arbeitspflicht der Personen, welche die tschechoslowakische
Staatsbürgerschaft verloren haben.
(Fortsetzung)

(2) Über die Befreiung von der Arbeitspflicht entscheidet der Bezirksnationalausschuß (die Bezirksverwaltungskommission) auf Antrag des Ortsnationalausschuses (der örtlichen Verwaltungskommission), und zwar endgültig.

§ 5

Die Arbeitspflicht erstreckt sich auf die Ausführung von Arbeiten aller Art, die zu den § 1 Abs. 1 angeführten Zwecken geleistet werden und die der zuständige Bezirksnationalausschuß (die Bezirksverwaltungskommission) als im öffentlichen Interesse geleistete Arbeiten anerkennt.

§ 6

(1) Den der Arbeitspflicht unterliegenden Personen steht für die ausgeführte Arbeit ein Entgelt zu, das der Bezirksnationalausschuß (die Bezirksverwaltungskommission) nach den örtlichen Verhältnissen festsetzt.

(2) Der Bezirksnationalausschuß (die Bezirksverwaltungskommission) kann den die Arbeitspflicht leistenden Personen, welche verpflichtet sind, ihren Familienangehörigen Unterhalt zu gewähren, auf Ansuchen eine angemessene Beihilfe zum Unterhalt der Familie bewilligen, soweit das Entgelt gemäß Absatz 1 dazu nicht ausreicht. Die Höhe der Beihilfe setzt der Bezirksnationalausschuß (die Bezirksverwaltungskommission) nach den örtlichen Verhältnissen fest.

(3) Über die Zuteilung von Lebensmittelkarten für schwer und sehr schwer arbeitende Personen gelten die besonderen Richtlinien des Ernährungsministeriums.

§ 7

Die Bezirksnationalausschüsse (Bezirksverwaltungskommissionen) üben ihre Befugnisse gemäß §§ 3, 4, 5 und 6 im Einvernehmen mit den zuständigen Bezirksämtern für Arbeitsschutz aus.

§ 8

(1) Die zur Arbeit zugeteilten Personen sind verpflichtet, die ihnen auferlegte Arbeit ordentlich und gewissenhaft zu verrichten und alles zu unterlassen, was das Erreichen des Zwecks in dem betreffenden Arbeitsbereich erschweren oder gefährden könnte. Sie sind gehalten, die ihnen auferlegte Arbeit an jedem beliebigen Ort zu leisten, und sind verpflichtet, auch Arbeiten zu verrichten, die nicht zu ihrer normalen Beschäftigung gehören.

(2) Die der Arbeitspflicht unterliegenden Personen sind wegen geringfügiger Verletzungen der Bestimmungen des Absatzes 1 und der aus der Arbeitspflicht sich ergebenden Obliegenheiten der Disziplinargewalt der Bezirksnationalausschüsse (Bezirksverwaltungskommissionen) nach der Disziplinarordnung, die das Ministerium des Innern erläßt, unterworfen.

(3) Die Ausübung der Disziplinargewalt gegenüber Frauen und Personen männlichen Geschlechts unter 18 Jahren, hat unter Berücksichtigung ihres Geschlechtes und Alters zu erfolgen.

§ 9

(1) Übertretungen der Bestimmungen des § 3 Abs. 1 Satz 1 und des § 4 Abs. 1 bestrafen die Bezirksnationalausschüsse (die Bezirksverwaltungskommissionen) mit Gefängnis bis zu einem Jahr.

(2) In gleicher Weise werden Übertretungen der Bestimmungen des § 8 Abs. 1 bestraft, sofern nicht mit Rücksicht auf die geringere Bedeutung des Vergehens gegen den Schuldigen disziplinarisch vorgegangen wird (§ 8 Abs. 2).

§ 10

Die Gerichte, öffentlichen Ämter und Organe sind verpflichtet, bei der Durchführung dieses Dekretes mitzuwirken.

§ 11

Dieses Dekret tritt mit dem Tage der Kundmachung in Kraft und gilt nur in den Ländern Böhmen und Mähren-Schlesien; es wird vom Minister des Innern im Einvernehmen mit den beteiligten Ministern durchgeführt.

Dr. Beneš e. h.
Fierlinger e. h.
Nosek e. h.

Nr. 67; Alfred Lehr, Kaufmann aus Engelsberg Nr. 121; Franz Riedel, Bauer und Gastwirt aus Neu-Vogelseifen Nr. 1; Gustav Riedel, Schneidermeister aus Engelsberg Nr. 133; Josef Theiner aus Friedland a.d. Mohra; Franz Weiß, Radiohändler aus Friedland a.d. Mohra und Franz Zimmermann, Bauer aus Dürrseifen.

Über den Anlaß dieser Massenerschießung konnte folgendes in Erfahrung gebracht werden: Beim Hantieren mit einer russischen Handgranate war ein Tscheche der Stadtwache in Freudenthal getötet und ein weiterer schwer verletzt worden. Mit der Behauptung, daß in einem abgelieferten deutschen Rundfunkgerät ein Zündsatz versteckt gewesen sei, verlangten die Tschechen von der russischen Kommandantur die Bewilligung zur Erschie-

ßung von hundert und später von fünfzig Deutschen. Als man beide Ansinnen ablehnte, erschossen die Tschechen die oben genannten zwanzig Häftlinge des Freudenthaler Lagers angeblich ohne Wissen der russischen Kommandantur.

Schon am 24. Juni 1945 hatte man den 16jährigen Jungen Helmut Muhr aus Freudenthal erschossen. Er war einige Tage zuvor als Angehöriger einer Arbeitsgruppe unerlaubterweise zu seiner Mutter gegangen und nicht mehr ins Lager zurückgekehrt. Für die Flucht drohte man daraufhin, bei Ergreifung des Flüchtlings ihn zusammen mit zehn Angehörigen, bei Nichtergreifung seine Familie und zehn Lagerinsassen zu erschießen. Ebenfalls am 24. Juni war außerdem der 17jährige Leo Kübast, Sohn des Bierabfül-

**Dekret des Präsidenten der Republik
vom 27. Oktober 1945
über die Zwangsarbeits-Sonderabteilungen.**

Slg. Nr. 126.

Auf Vorschlag der Regierung bestimme ich:

§ 1

(1) Nach den Bestimmungen des § 14 Buchst. b) des Dekretes des Präsidenten der Republik vom 19. Juni 1945, Slg. Nr. 16, über die Bestrafung der nazistischen Verbrecher, der Verräter und ihrer Helfershelfer sowie über die außerordentlichen Volksgerichte werden in den Gefängnissen der Kreisgerichte und in den Strafanstalten Zwangsarbeits-Sonderabteilungen (weiterhin nur „Abteilungen" genannt) aufgestellt.

(2) Der Justizminister kann für solche Abteilungen auch besondere Lager errichten und ihre Organisation regeln.

§ 2

(1) Übersteigt der Teil der Freiheitsstrafe oder die Gesamtstrafe, die der Verurteilte in den Abteilungen zu verbüßen hat, nicht fünf Jahre, so wird sie in den Abteilungen vollstreckt, die in der Regel in dem Gefängnis des Kreisgerichtes am Sitze des Gerichtes errichtet sind, welches das Urteil in erster Instanz gefällt hat; übersteigt sie diesen Zeitraum, so wird sie in den Abteilungen vollstreckt, die in der Strafanstalt, gegebenenfalls in dem Lager errichtet wurden, das hierzu durch eine besondere Vorschrift bestimmt wurde.

(2) Die in Absatz 1 aufgestellte Grenze kann vom Justizminister aus wichtigen Gründen herauf- oder herabgesetzt werden.

(3) Hat das Gericht entschieden, daß der Verurteilte nur einen Teil der Freiheitsstrafe in den Abteilungen zu verbüßen hat, so wird zuerst dieser Teil vollstreckt.

§ 3.

Die Abteilungen werden insbesondere zur Durchführung von Arbeiten verwendet, die zur Wiederherstellung des Wirtschaftslebens notwendig sind oder zu anderen im öffentlichen Interesse geleisteten Arbeiten, z. B. zur Beseitigung von Kriegsmaterial und Trümmern, zur Reparatur und zum Bau öffentlicher Gebäude und anderer öffentlicher, vor allem Transporteinrichtungen, zu Arbeiten in der Land- und Forstwirtschaft, zur Regulierung der Flüsse u. ä.; gibt es keine derartigen Arbeiten, so können sie zu anderen geeigneten Zwecken verwendet werden. Dies darf jedoch nicht an Orten geschehen, an denen dadurch die Lohn- und Wirtschaftsverhältnisse der arbeitenden Schichten gefährdet würden.

§ 4

Die Sträflinge haben keinen Anspruch auf Entlohnung für die Arbeit in den Abteilungen. Das für ihre Arbeiten vereinbarte Entgelt fällt an den Staat. Bei der Festsetzung der Höhe dieses Entgelts ist darauf zu achten, daß die Löhne der Arbeiterschaft nicht unterboten werden.

§ 5

Dieses Dekret tritt an dem Tage der Kundmachung in Kraft und gilt in den Ländern Böhmen und Mährisch-Schlesien; es wird vom Justizminister im Einvernehmen mit den beteiligten Ministern durchgeführt.

Dr. Beneš e. h.

Fierlinger e. h.

Dr. Stránský e. h.

lers Franz Kübast aus Freudenthal aus unbekannten Gründen erschossen worden. Den am 26. Juni 1945 im Lager Freudenthal erschossenen Gastwirt Adolf Thiel vom „Felsenkeller" in Neu-Vogelseifen, mußte ein Augenzeuge mit seinen bloßen Händen verscharren, weil man ihm die Benutzung der vorhandenen Spaten verboten hatte. Zu einer ähnlichen Massenerschießung wie in Freudenthal wäre es beinahe auch in Pochmühl gekommen. Dort hatte der gefürchtete tschechische Kommissar Šik wahllos 14 Männer, Frauen und Mädchen verhaften lassen, von denen jede und jeder auf einem unbebauten Grundstück sein eigenes Grab schaufeln und sich probeweise hineinlegen mußte. Eine beherzte Deutsche hatte jedoch den tschechischen Verwalter der enteigneten Grohmann-Fabrik von diesen Mordabsichten informiert. Der Verwalter kam gerade noch rechtzeitig zum Tatort, um das Blutbad zu verhindern. Er stellte Šik zur Rede und drohte ihm mit einer Meldung. Der oft schwer angetrunkene Šik verunglückte am nächsten Tag auf dem Weg nach Freudenthal, wo er sich vermutlich verantworten sollte, mit seinem Kraftrad tödlich.

Zu den wahllosen Verschickungen wehrloser Deutscher zu Arbeitseinsätzen einige Beispiele: Im Juni 1945 wurden in Boidensdorf drei Einwohner verhaftet und nach Hartau gebracht. Von hier ging es in mehrtägigem Fußmarsch über Troppau, Mährisch-Ostrau, Teschen in das Lager Auschwitz. Nach einer ärztlichen Untersuchung erfolgte die Deportation in das Kohlenrevier von Stalinogorsk südlich von Moskau. Am 7. August 1945 brachten die Tschechen neun Einwohner von Boidensdorf in das KZ Freudenthal und 14 Tage später in das Freudenthaler sogenannte Machold-Arbeitslager, wo sie bis Januar 1946 verblieben. Ende August 45 kamen sodann sieben Bewohner von Boidensdorf in die Kohlengruben nach Mährisch-Ostrau und weitere sieben zur Zwangsarbeit auf den Flughafen Ruzyn bei Prag.

Daß auch ein scheinbar harmloser Arbeitseinsatz beim Bauern, Frauen nicht vor Prügel und Schikanen bewahren konnte, zeigt ein Beispiel aus Bennisch. Dort war ein 16jähriges Mädchen beim tschechischen Bauern Uhlíř zur Arbeit verpflichtet worden und mußte als alleinige Arbeitskraft auf einem 40 Hektar großen Hof von morgens 5 Uhr bis abends gegen 22.30 Uhr arbeiten. Als das Mädchen die Arbeit nicht mehr bewältigen konnte, kam sie zu ihrer Mutter, um beim Arbeitsamt eine andere leichtere Arbeitsstelle zu erbitten. Noch ehe die beiden das Haus verlassen hatten, kam die Bäuerin Uhlíř mit dem Leiter des Arbeitsamtes zur Tür herein, um das Mädchen zurückzuholen. Der Arbeitsamtsleiter schlug es solange, bis es „freiwillig" auf den alten Arbeitsplatz zurückkehrte. Auch hier wurde es daraufhin schwer mißhandelt. Nur dem Eingreifen eines tschechischen Gendarmen verdankte es das Mädchen, daß es mit ihrer Mutter aussiedeln durfte.

Es wären noch viele Berichte über die damaligen, unhaltbaren Verhältnisse anzuführen. Aus Platzgründen verweisen wir interessierte Leser auf die im Buch „Dokumente zur Austreibung der Sudetendeutschen" geschilderten Augenzeugenberichte. Dort schildern die Berichte Nr. 54 – 57, Nr. 82, Nr. 99, Nr. 125, Nr. 126, Nr. 178, Nr. 189, Nr. 190, Nr. 306, Nr. 358 und Nr. 365 Mißhandlungen, Zustände in Lagern, Drangsalierungen u. dgl. von den Heimatkreisgemeinden: Bennisch, Breitenau, Dittersdorf, Dürrseifen, Engelsberg, Freudenthal, Karlsthal, Klein-Mohrau, Ludwigsthal, Neu-Vogelseifen, Spillendorf, Wockendorf und Würbenthal.

Die traurige Bilanz von Krieg und Vertreibung: Über 4 Millionen Menschen sind gefallen oder vermißt, 600.000 kamen bei Luftangriffen ums Leben und weitere 14 Millionen wurden aus den deutschen Ostgebieten, aus dem Sudetenland und aus den deutschen Siedlungsgebieten in Südosteuropa vertrieben. Von ihnen gingen über 2 Millionen zugrunde.

Tagebuchblätter 1945

Tagebücher sind selten bereits bei ihrer Niederschrift zur Veröffentlichung bestimmt. Wenn ich mich entschließe, einen kleinen Teil meines seit Jahren geführten Tagebuches der Öffentlichkeit zu übergeben, so geschieht dies nicht, weil ich glaube, mein Einzelschicksal sei besonders wichtig und interessant, sondern lediglich deshalb, weil das, was mir geschah, damals in jenen bösen Tagen des Jahres 1945 vielen, ja den meisten Menschen unserer sudetendeutschen Heimat angetan wurde. Es soll damit kein Feindbild aufgebaut, noch sollen Haß- und Rachegefühle geschürt werden. Ich möchte nur – sine ira et studio – berichten, was unsere Menschen damals erdulden mußten, um der Wahrheit über das Schicksal einer ganzen Volksgruppe zum Recht zu verhelfen. Ausdrücklich warnen möchte ich hier vor einer Schuldaufrechnung und vor einseitiger pauschaler Schuldzuweisung. Es gibt keine Kollektivschuld des tschechischen Volkes, wie es auch keine Kollektivschuld des deutschen Volkes gibt. Es gibt jedoch auch keine Kollektivunschuld, und keiner drücke sich aus der Verantwortung mit der Behauptung: „Wir haben ja von nichts gewußt!" Das gilt für alle!

Als ich die nachfolgenden Zeilen im Herbst des Jahres 1945 zum ersten Mal niederschrieb, saß ich bereits wieder im Geborgenen, nicht mehr stündlich vom Tode bedroht. Aber diese Ruhe, dieses Geborgensein, erschien mir so unwirklich wie ein Traum. Ich konnte es noch gar nicht fassen, daß ich der Gefahr, ja vielleicht dem Tode entronnen und dem Leben wiedergeschenkt war. Oft schreckte ich in jenen Nächten aus dem Schlaf, weil furchtbare Träume von Blut, grausamen Martern und Toten mich gequält hatten. Alles, was in den vorhergegangenen Wochen geschehen war, erschien so frisch und unmittelbar in meinem Gedächtnis, so daß es nicht schwer war, diese Erlebnisse anhand von ein paar in Eile und Heimlichkeit hingeworfenen Notizen wahrheitsgetreu zu schildern.

Inzwischen sind über vierzig Jahre vergangen, und die Welt hat sich verändert. Den Tschechen hat die Vertreibung der Deutschen aus dem Sudetenraum kein Glück gebracht, sie haben mit dem Verlust ihrer Freiheit bezahlt. Dies mit einer gewissen Schadenfreude zu registrieren, ist jedoch nicht angebracht. Es ist an der Zeit, die mit Blut gefüllten Gräben, die nationalistischer Chauvinismus zwischen den Völkern des böhmisch-mährischen und sudetenschlesischen Raumes aufgerissen hat, wieder zuzuschütten und sich auf die jahrhundertealte gemeinsame Geschichte und Kultur zu besinnen. Dazu wird viel Geduld und guter Wille zu gegenseitigem Verstehen nötig sein. Dabei sollen geschehene Fehler und Verbrechen nicht verdrängt oder vergessen werden. Vergessen werden darf nicht Lidice, nicht Ležáky, nicht die ermordeten tschechischen Studenten vom Herbst 1939 und alle folgenden Opfer der Gewaltherrschaft in Böhmen. Vergessen werden darf aber auch nicht, was 1945 in Prag, Brünn, Aussig, Saaz, Reichenberg und unzähligen anderen Orten des Sudetenlandes geschah, nicht vergessen alle Sudetendeutschen, die Opfer der Revolutionstage und der Vertreibung wurden. Es sind über 240.000 Tote. Kein Leid auf dieser Erde, das Menschen von Menschen angetan wurde, darf jemals vergessen werden. Erst wenn die Menschen versuchen, aus der Vergangenheit zu lernen und guten Willens sind, solches in Zukunft nicht mehr zuzulassen, kann es Vergebung und eine auf gegenseitiger Achtung gegründete Aussöhnung geben.

Ich widme diese Blätter meinen sudetendeutschen Landsleuten, insbesondere den Menschen meiner Heimatstadt Freudenthal, aber auch allen meinen tschechischen Freunden, die mir nicht nur während meiner Studienzeit, sondern auch nach dem Krieg bei vielen Besuchen und längeren Aufenthalten in der geliebten Stadt Prag so viel menschliche Zuwendung und Hilfsbereitschaft erwiesen haben.

Die Wahrheit ist unteilbar, sie wird siegen!

Dr. Kurt Langer

KZ Freudenthal, 24. Juni 1945

Morgens wird ein Arbeitskommando zusammengestellt, das hinter der großen Fahrzeughalle am Zaun gegenüber dem Seminar eine tiefe Grube ausheben muß. Das sieht nach einem Grab aus, und wir befürchten Schlimmes.

Um 6 Uhr am Abend müssen wir alle am Lagerplatz antreten und dann geschlossen zu diesem Grab marschieren, wo wir Aufstellung nehmen. Nach kurzer Wartezeit – mittlerweile haben sich als Zuschauer eine Menge abenteuerlich gekleideter „Partisanen" eingefunden – bringt man zwei Jungen geführt, die sich mit dem Rücken zum Grab aufstellen müssen. Der eine ist sechzehn, der andere siebzehn Jahre alt. In dem einen erkennen wir den jungen Kameraden Muhr wieder, der vor ungefähr einer Woche aus dem Lager geflohen war. Beide sind fürchterlich zerschlagen und können sich kaum aufrecht halten. Nun kommt ein Exekutionskommando anmarschiert und nimmt seine Aufstellung. Der Stadtkommandant Imrich Gaš verliest in tschechischer Sprache das Todesurteil. Es lautet auf Tod durch Erschießen, bei Muhr wegen seiner Flucht aus dem KZ, bei dem anderen (Kübast mit Namen) wegen angeblichen Waffenbesitzes. Dabei muß man wissen, wie so etwas bewerkstelligt wurde: Bei einer Hausdurchsuchung wurde von den durchsuchenden Partisanen irgendwo eine Waffe versteckt, die dann „gefunden" und dem Bewohner der Wohnung als verbotener Besitz untergeschoben wurde. Herr Dr. G. wird von den Tschechen gezwungen, das Urteil ins Deutsche übersetzt zu verlesen. Dann legt das Exekutionskommando die Gewehre (deutsche Sturmgewehre!!) an, es ertönt das Kommando „pálit" („Feuer!") und die Körper der beiden Jungen stürzen rücklings ins offene Grab. Beide starben wie Männer, ohne mit der Wimper zu zucken oder um Gnade zu betteln.

Nach der Exekution müssen wir sofort wieder an unsere Arbeit. Gesprochen werden darf nicht, aber es ist uns auch nicht danach zumute. Ein besonders ausgewählter Beerdigungstrupp muß das Grab noch ohne Werkzeug mit bloßen Händen zuscharren. Dabei werden die Männer von den Wachmannschaften mit Flüchen und Gewehrkolbenstößen angetrieben. Dann geht das Leben im Lager wieder seinen gewohnten Gang, so als wäre nichts geschehen.

KZ Freudenthal, 26. Juni 1945

Schon wieder ein Grab. Abends das gleiche Schauspiel wie vor zwei Tagen. Um 18 Uhr Antreten der gesamten Lagermannschaft, Abmarsch zur Richtstätte. Diesmal ist es ein älterer Mann, Gastwirt Thiel vom „Felsenkeller" in Vogelseifen, der vor den Gewehrläufen des Hinrichtungskommandos steht. Grund der Hinrichtung: „Du Deutscher, das genügt!" Uns allen stehen die Tränen in den Augen, als er uns – bevor die Schüsse fallen – noch zuruft: „Grüßt mir mein Weib und meine Kinder!" – Da krachen schon die Schüsse, er fällt rücklings in die Grube. Gut, daß alles so schnell geht. – Bei jeder Hinrichtung müssen auch Frauen und Kinder anwesend sein und alles mit ansehen.

Wieder gehen wir stumm an die Arbeit. Immer mehr werden wir alle eine feste Gemeinschaft. Worte vermögen hier nichts mehr, ein Blick, ein Händedruck sind mehr, oft alles. Mit zusammengebissenen Zähnen verrichten wir schweigend unsere Arbeit.

Manchmal trifft man auch auf einen Menschen unter der Wachmannschaft. Man bekommt dann heimlich ein Stück Brot zugesteckt oder eine Zigarette. Man muß aber höllisch aufpassen, denn wehe, wenn dies ein Fanatiker merkt.

KZ Freudenthal, 4. Juli 1945

Was ist nur jetzt wieder geschehen? Vom Barackenfenster aus können wir beobachten, daß man draußen auf dem Lagerhof eine große Anzahl von Männern unserer Stadt zusammentreibt. Es sind mindestens zweihundert. Nun wird jeder einzelne von Soldaten durchsucht, dabei setzt es wieder Schläge. Wir dürfen die Unterkunft nicht verlassen. Den ganzen Vormittag dauert diese Prozedur an. Es wird von einem Attentat auf das Rathaus gesprochen. Langsam sickert die Wahrheit durch. Ein tschechischer Partisan hat mit einer Handgranate gespielt, die plötzlich explodierte. Er verstarb an den erlittenen Verletzungen. Nun behaupten die Tschechen, Deutsche hätten in ein Rundfunkgerät, welches im Wachzimmer des Rathauses stand, einen Sprengkörper eingebaut, der beim Einschalten des Gerätes explodierte und den Partisan zerriß. Wir sollen nun für diese "gemeine Tat" büßen. So müssen wir also wieder einmal mit dem Leben abschließen, denn wir wissen nicht, ob wir das Ende dieses Tages noch erleben werden. Doch es passiert heute noch nichts Besonderes. Die neu angekommenen Männer werden alle in den Fahrzeugschuppen gesperrt, man gibt ihnen nicht einmal etwas zu essen. Auch dürfen sie sich nicht auf den Boden legen, sondern müssen die ganze Nacht stehen.

Abends findet vorher noch eine Generalschinderei für die Männer statt. Man jagt sie unzählige Male über den Hof, läßt sie sich in Regenpfützen wälzen, bearbeitet sie mit Stiefeln, Gewehrkolben und Peitschen, dazwischen müssen sie das Deutschlandlied singen oder "Wir danken unserem Führer" rufen. Es ist unmöglich, alle Quälereien und Martern zu schildern, die sich diese Bestien in Menschengestalt ausgedacht haben. Blutend und verdreckt ohne die Möglichkeit zur Reinigung müssen die Geschundenen die Nacht verbringen.

Einem ungefähr sechzehnjährigen Jungen aus einem Nachbarort Freudenthals wurde an diesem Abend ein Auge ausgeschlagen. Am nächsten Morgen wurde er in der Prügelzelle ermordet. Sein Name ist mir nicht bekannt.

KZ Freudenthal, 5. Juli 1945

Nach dem "Frühsport" – unsere Peiniger lassen uns nie zur Ruhe kommen und quälen uns mit solchen Schikanen, durch die sie die "gesunden" Verhältnisse im Lager unter Beweis stellen wollen – wird wieder ein Grabkommando zusammengestellt. Wir wissen also, daß heute wieder einige aus unseren Reihen das Leben lassen müssen, ahnen aber nicht, welch furchtbares Schauspiel diesmal auf uns wartet. Wir wissen auch nicht, wer die Unglücklichen sein werden, es kann jeden von uns treffen. Aber es ist uns schon alles egal, wir haben keine Empfindung mehr und auch keine Angst vor dem Tode. Besser den Tod als dieses fürchterliche Leben.

Nach dem "Mittagessen", zu dem es natürlich wieder nur die übliche Wassersuppe gibt, von der kein Mensch satt werden kann, muß die gesamte Lagermannschaft zur "Vorstellung", so nennen unsere Aufseher die Hinrichtungen, antreten. Dann geht es wieder in Richtung "Todesecke". Das "Offizierskorps" der Garnison ist schon versammelt, ebenso eine Menge tschechischer Partisanen, die dem bevorstehenden Gemetzel als einer besonderen Art Volksbelustigung beiwohnen wollen.

Wir müssen uns alle mit dem Gesicht zum Lagerzaun aufstellen. Nun haben wir das offene Grab im Rücken. Dann werden zwanzig Männer aus unserer Mitte wahllos ausgesucht, die zur Sühne für den angeblichen Anschlag auf das Rathaus erschossen werden sollen. Es sind schreckliche Minuten, alle Nerven sind zum Zerreißen angespannt. Werde auch ich bei den Todeskandidaten sein? Der Mann neben mir wird aus unserer Reihe herausgeholt, an mir geht der Scherge vorüber. Ich bin also noch einmal davongekommen.

Jetzt müssen wir wieder eine Kehrtwendung machen und stehen mit dem Gesicht in Front zum offenen Grab. Die Auswahl der Opfer ist also beendet. Wir sehen sie schon seitab stehen, eng zusammengedrängt, als wollten sie einander schützen. Es sind viele Bekannte darunter, Menschen, mit denen man jahrelang zusammen gelebt hat und von denen man weiß, daß sie ihr Leben lang nichts Böses getan haben. Keiner hat mit Politik je etwas zu tun gehabt, sondern jeder hat nur seiner Arbeit und seiner Familie gelebt. Wofür erleiden sie also jetzt diese bittere Strafe? Ist dies, was hier geschieht, kein Verbrechen gegen die Menschlichkeit? Für solche Gedanken jedoch ist hier nicht Zeit und Ort, alles Denken ist nur auf das Entsetzliche gerichtet, das sich nun vor unseren Augen abspielt.

Die ersten zehn der insgesamt zwanzig zum Erschießen bestimmten Männer werden jetzt vor die Grube geführt, wo sie mit dem Gesicht zu uns gewendet niederknien müssen. Das Hinrichtungskommando, lauter junge Bengel im Alter von 16 bis 18 Jahren, marschiert auf. Die nun folgende Szene werde ich mein Leben lang nicht vergessen. Bleich knien die Männer vor der Grube. Die meisten beten, einige rufen uns die letzten Grüße an ihre Lieben zu. Einer weint. Er ist Vater von sechs Kindern. Tags zuvor habe ich noch mit ihm zusammen gearbeitet, und er hat mir von ihnen erzählt. Am offenen Grabe werden die Opfer noch von den verrohten Schergen verprügelt. Einigen Frauen wird schlecht, sie müssen von den ihnen Zunächststehenden gestützt werden. Kein Wunder, ist dies alles sogar für uns Männer zuviel. Man muß sich höllisch zusammenreißen, um nicht eine lebensgefährliche Unbesonnenheit zu begehen.

Nun ist es soweit! Der tschechische Stadtkommandant verliest das Urteil in tschechischer Sprache. Die wenigsten verstehen es, in der Eile wird es nicht einmal übersetzt. Es soll alles möglichst schnell gehen. Das Hinrichtungskommando bringt die Gewehre in Anschlag. Ich bemerke, daß es sich bei den Waffen um die neuen Sturmgewehre der deutschen Wehrmacht handelt. Kalt und höhnisch zerschneidet das Kommando des tschechischen Henkers die Luft. Die Schüsse krachen. Zwei Mann sinken getroffen zusammen, die anderen knien noch aufrecht. Und nun geschieht das Schrecklichste, was ich je erlebt habe. Die "Soldaten" sind nervös geworden und beginnen eine wilde Schießerei nach ihren Opfern. Langsam sinkt einer nach dem anderen in sich zusammen. Das Blut dampft auf dem feuchten Lehmboden.

Ehrendes Gedenken

den Kriegs- und Zivilopfern des Kreises Freudenthal in zwei Weltkriegen.

1914 — 1918
1.392 Gefallene und Vermißte

1939 — 1945
3.306 Gefallene und Vermißte

1945 — 1946
603 Zivilopfer infolge von Verzweiflung, Gewalt und Vertreibung

Der Anblick läßt sich einfach nicht beschreiben. Ich kann all das Fürchterliche, das ich absichtlich genau beobachtet habe, hier nicht niederschreiben, weil es zu abscheulich ist, habe mir aber alles genau gemerkt. Zuletzt kniet noch einer, blutüberströmt, mit weit aufgerissenen, entsetzten Augen. Auch er fällt unter den vereinten Schüssen.

Die nächsten zehn Mann müssen nun antreten und werden gezwungen, erst einmal ihre toten Kameraden in die Grube zu werfen. Dies geschieht unter den üblichen Spottreden und Mißhandlungen seitens der tschechischen Soldateska. Dann müssen sie noch in das Grab springen und die Leichen zusammenrücken, „damit für euch selbst noch genügend Platz bleibt", wie ihnen ein Partisan hämisch zuruft. Nachdem diese schreckliche Arbeit verrichtet ist, kommen sie nun selbst an die Reihe. Das gleiche Schauspiel wiederholt sich noch einmal. Als endlich alle ins Grab geworfen sind, taucht einer blutüberströmt aus der Grube empor und ruft entsetzt: „Erschießt mich doch endlich, ich bin doch noch gar nicht tot." Einer der Tschechen zieht seine Pistole und gibt ihm den Gnadenschuß.

Endlich ist alles vorbei, wir dürfen wieder abmarschieren. Ein besonders ausgewählter Trupp muß das Grab noch mit bloßen Händen zuscharren. Die Männer erzählen uns nachher, daß die meisten der Erschossenen noch Lebenszeichen von sich gegeben haben.

Wir haben alle Hoffnung verloren und denken, daß uns nichts mehr aus dieser Hölle erretten kann. Mit zusammengebissenen Zähnen tut jeder seine Arbeit. Wenn wir also alle zugrunde gehen sollen, dann wollen wir ebenso anständig sterben wie diese Kameraden, die am offenen Grabe vor den Gewehren ihre Haltung bewahrten.

Offene Güterwagen mit vertriebenen Sudetendeutschen im Sommer 1946

413

Der Neubeginn

Der Zustrom von Millionen heimatlos gewordener Menschen in die Westgebiete des Deutschen Reiches stellte bereits unmittelbar nach dem Endes des Zweiten Weltkrieges die Aufnahmegebiete vor riesige organisatorische Probleme. War die Situation schon 1945 schwierig genug, so verschärfte sie sich, insbesondere in den süddeutschen Ländern, 1946 erst recht, weil nun nach den bei der Potsdamer Konferenz der Siegermächte getroffenen Vereinbarungen die „humane" Aussiedlung aus der Tschechoslowakei einsetzte. Mit diesen Transporten kam die Masse der in ihrer Heimat verbliebenen Sudetendeutschen in die amerikanische Zone Deutschlands, die aus den Ländern Bayern, Hessen und dem damaligen Württemberg-Baden bestand.

Unterbringung der Neuankömmlinge

Zur Bewältigung der mit der Ankunft von so gewaltigen Menschenmassen verbundenen Aufgaben mußten neue Dienststellen und Ämter errichtet werden, die mit weitreichenden Vollmachten ausgestattet waren: Die Flüchtlingsämter, die jeweils von Flüchtlingskommissaren geleitet wurden. Ihre wichtigste Aufgabe war die Erfassung und Bereitstellung von Wohnräumen jeder Art. Überall im Lande waren Wohnraumermittler unterwegs, erfaßten Haus für Haus die Gemeinden und registrierten jeden nutzbaren Raum und die Zahl der jeweiligen Hausbewohner. Oft wurde aus der Not jener Zeit auch „Wohnraum" erfaßt, der diese Bezeichnung nicht verdiente. Als Vollraum galt ein Raum von zehn oder mehr Quadratmeter. Er sollte nach den Richtlinien der Besatzungsmacht mit zwei Personen belegt werden. Räume in der Größenordnung von 6 – 10 qm galten als 3/4-Vollraum, desgleichen Räume bis 6 qm als 1/2-Vollraum und sonstige notdürftig nutzbare Räume als 1/4-Vollraum.

Flüchtlingsämter gab es sowohl auf Landes- als auch auf Kreisebene sowie in den größeren Gemeinden. Die Registrierung der ankommenden Transporte und die erste Versorgung einschließlich ärztlicher Untersuchung erfolgte in sogenannten Durchgangslagern. Wie der Name schon sagt, war der Aufenthalt in diesen Lagern zwangsläufig nur kurz, da für die nachfolgenden Flüchtlingstransporte wieder Platz geschaffen werden mußte. Der zuständige Flüchtlingskommissar des Grenzdurchgangslagers Furth im Walde bzw. die amerikanische Besatzungsmacht sorgte für den alsbaldigen Weitertransport in die hierzu bestimmten Landkreise. Die Flüchtlingsverwaltung der Zielbahnhöfe wies die Ankömmlinge erneut in ein Durchgangslager ein, und von dort aus wurden die Menschen auf die vorgesehenen Aufnahmegemeinden verteilt.

Die Richtlinie der Besatzungsmacht von 10 qm Wohnraum für 2 Personen war längst nicht mehr einzuhalten, und die ortsansässige Bevölkerung wehrte sich verständlicherweise gegen die Aufnahme von immer mehr zuziehenden Menschen, da sie ja selbst von allem zu wenig hatte. Die Neuankömmlinge aber hatten nichts. Alle mündlichen und schriftlichen Proteste waren wertlos, denn die Lenkung der Flüchtlingstransporte lag in den Händen der Besatzungsmacht, die eben befahl und keine Widersprüche duldete. Oft erhielten die Aufnahmegemeinden die Nachricht vom Eintreffen neuer Flüchtlinge so kurzfristig, daß sie selbst nicht wußten, wie sie diese unterbringen sollten.

In diesen Fällen wurden Schulen, Gaststätten, Fabrikhallen oder sonstige geeignete Räumlichkeiten als Behelfsunterkünfte eingerichtet. Nach und nach wurden dann die Neuankömmlinge in örtliche Privatquartiere eingewiesen. Es war für beide Teile nicht leicht, denn sowohl die Quartiergeber als auch die Quartiernehmer mußten sich wesentlich einschränken und vielfache Rücksicht aufeinander nehmen. Dennoch war das bescheidenste Privatquartier einem Leben in Massenlagern vorzuziehen, denn wer privat untergebracht war, stand wieder in Eigenverantwortung!

Zehntausende von heimatvertriebenen Menschen mußten jedoch oft viele Monate, mitunter Jahre hinaus, in Massenlagern leben. Es waren zumeist Barackenlager aus der Kriegszeit, die ehemals für Arbeitsdienstangehörige, Fremdarbeiter, Militärpersonal oder Kriegsgefangene errichtet worden waren. Die Unterkunft in solchen Massenlagern setzte zwangsläufig eine weitgehende Unterordnung der Bewohner gegenüber dem Aufsichtspersonal voraus. Die Unterbringung von Männern, Frauen und Kindern in einem Raum brachte neue Probleme mit sich. Als Schlafstätte dienten meistens Strohlager, doch selbst Strohsäcke waren in jener Zeit nicht immer verfügbar. Die Behörden versuchten deshalb, den Aufenthalt in Massenquartieren möglichst abzukürzen oder ganz zu vermeiden.

Allen Vertriebenen gemeinsam war die Sorge um ihre nächsten Angehörigen, insbesondere bei Frauen und Kindern, die lange Zeit nichts über den Verbleib des einst zum Wehrdienst eingerückten Ehegatten und Vaters wußten. Gemeinsam war den Vertriebenen aber auch die Suche nach einem Arbeitsplatz und die Versorgung ihrer Familien mit den notwendigsten Dingen des täglichen Lebens. Hinzu kam das Gefühl des Isoliertseins in einer zunächst fremden Umwelt. Verständlicherweise suchte man Kontakte mit Menschen, denen das gleiche bittere Schicksal widerfahren war. So entstanden durch die Eigeninitiative weitsichtiger Menschen etwa ab Ende 1947 die ersten Zusammenschlüsse von Heimatvertriebenen. Die Vertreiber wollten jedoch jeglichen Zusammenschluß von Heimatvertriebenen, auch den zum Zwecke einer gegenseitigen wirtschaftlichen und sozialen Hilfe unter allen Umständen verhindern. Sie bewogen die Besatzungsmächte, alle Versuche, eigene Hilfsstellen der Vertriebenen ins Leben zu rufen, zu unterbinden. Erst nach vielen Vorsprachen bei den Besatzungsbehörden der englischen und amerikanischen Zone gelang es, wenigstens soziale und kirchliche Hilfsorganisationen für Vertriebene und Flüchtlinge genehmigt zu erhalten. Erste soziale Vereinigungen waren u. a. die „Hilfsverbände der Neubürger", erster sudetendeutscher kultureller Verband der „Adalbert-Stifter-Verein". Als im August 1948 die Bestimmungen des Vereinsgesetzes wieder in Kraft traten, entstanden im heimatpolitischen Bereich sodann der Gesamtverband der Vertriebenen und die verschiedenen Bundesverbände der Landsmannschaften.

Trotz aller räumlichen Enge und dem allseitigen Mangel an Wirtschaftsgütern, begannen allerorten heimatbewußte Menschen Anschriften von Schicksalsfreunden zu sammeln und erste Heimattreffen zu veranstalten.

Neben vielen anderen Persönlichkeiten aus allen Gebieten des Sudetenraumes haben sich auch Landsleute unseres Heimatkreises Freudenthal frühzeitig und an hervorragender Stelle in den Dienst ihrer Mitmenschen gestellt. Stellvertretend für viele, die sich um ihre Heimat und ihre Landsleute verdient gemacht haben, sollen einige von ihnen hervorgehoben werden.

Aufbauleistungen einzelner Freudenthaler Landsleute

Ehrend erinnern wir an Oberbaurat Dipl.-Ing. Adolf Kühnel aus Engelsberg und an Rechtsanwalt Dr. Alfred Hampel aus Zattig, die beide maßgeblich an der Gründung der Sudetendeutschen Landsmannschaft beteiligt waren. Sie waren führende Mitarbeiter des sogenannten „Memminger Arbeitskreises", der einen sehr bedeutenden Schwerpunkt der Aufbauarbeit jener Zeit darstellte. Beide riefen zur Teilnahme an den ersten Sudetendeutschen Tagen auf und waren für ihre Organisation verantwortlich. Es waren dies der Sudetendeutsche Tag in Memmingen am 16./17. Juli 1949 mit 30.000 Teilnehmern und im Jahre 1950 der Sudetendeutsche Tag in Kempten mit 50.000 Besuchern. Ihnen folgten die Sudetendeutschen Tage von Ansbach, Pfingsten 1951, mit 100.000 und von Stuttgart, Pfingsten 1952, mit bereits 300.000 Teilnehmern. Seither finden die Sudetendeutschen Tage nur noch in den Metropolen München, Stuttgart, Frankfurt, Nürnberg oder Wien statt, weil kleinere Städte die riesigen Menschenmassen solcher Großveranstaltungen nicht mehr bewältigen können.

Oberbaurat Kühnel war es auch, der am 19. Januar 1949 die Gründungsversammlung des Landesverbandes Bayern der Sudetendeutschen Landsmannschaft nach München einberief und sie leitete. Auf seinen Vorschlag wählten die Delegierten den früheren Landeshauptmann von Böhmen, Dr. Rudolf Lodgman von Auen, zum ersten Vorsitzenden. Kühnel gehörte später auch der Bundesversammlung der Sudetendeutschen Landsmannschaft an und war u. a. Mitgründer und Betreuer der Heimatlandschaft Altvater. Dr. Hampel wiederum war überaus verdienstvoll als Mitglied des ersten Bundesvorstandes der Sudetendeutschen Landsmannschaft tätig. Bei der oben genannten Gründungsversammlung vertrat er den Landkreis Dillingen und Kühnel den Landkreis Neu-Ulm. Ein weiterer Angehöriger unseres Heimatkreises Freudenthal, Landsmann Otto Kreisel aus Brättersdorf, war damals als Vertreter des Landkreises Wertingen Mitglied dieser Gründungsversammlung.

Anläßlich der Landesvorstandssitzung der Sudetendeutschen Landsmannschaft Bayern am 24. April 1949 in Ingolstadt wurden erstmals acht Vertreter von Heimatgruppen berufen, darunter für das Altvatergebiet Schriftleiter Eugen Weese aus Freudenthal. Weese hat u. a. maßgeblich am Vorgängerblatt unserer Heimatzeitung „Freudenthaler Ländchen", der „Freudenthaler Heimat-Chronik", mitgewirkt.

In Niedersachsen wiederum hatte der aus Freudenthal stammende Landsmann Alfred Weinelt seit 1948 das Hauptverdienst am Aufbau dieser Landesgruppe der Sudetendeutschen Landsmannschaft. In Berlin und später in Hessen arbeitete der Freudenthaler Erich Ludwig an führender Stelle für seine sudetendeutschen Landsleute.

Abschließend sei noch auf Dr. Hans Schober aus Freudenthal verwiesen, der von 1952 bis 1980 als Kreisbetreuer des Heimatkreises Freudenthal unermüdlich tätig war, später auch als Landschaftsbetreuer Altvater wirkte und darüber hinaus einige Jahre als Leiter der Heimatgliederung der Sudetendeutschen Landsmannschaft deren Bundesvorstand angehörte.

Das Leitmotiv der Genannten war allen gemeinsam – aus der Ferne der Heimat dienen!

Auf der Suche nach den „Seifnern"

Nachdem das Jahr 1945 mit allen Schrecken vorüber war und sich die Tschechen mit ihren Gewalttaten genug ausgetobt hatten, kam 1946 für viele schon etwas wie ein Geist der Besinnung auf. Die wilden Vertreibungen waren vorbei, und es begann die sogenannte „humane" Aussiedlung. Ob es so etwas überhaupt gegeben hat? Das war vor nunmehr 43 Jahren. Ein Teil unserer Landsleute war schon vorher in der Sowjetzone gelandet. Man hatte sie in offenen Kohlenwagen nach tagelanger Fahrt ohne Verpflegung bis über die Grenze nach Sachsen gebracht und dort auf freiem Feld einfach aus den Zügen gejagt. Sie kamen in ein ausgeplündertes Land und unzähligen Müttern starben die Kinder vor Hunger in den Armen. Zu aller Not kam noch die Ungewißheit über das Schicksal der Angehörigen. Wird sich überhaupt noch einmal wiedersehen? Viele Heimkehrer trieben sich im westlichen Teil Deutschlands auf der Suche nach den Angehörigen herum. Der Suchdienst kam nur langsam in Gang. In jedem Kreis gab es eine Suchkartei, in die man sich auch selbst eintragen konnte. Wenn man auch wieder weiter zog, dann hatte man doch eine Kontaktadresse hinterlassen. Auf diese Weise wurden viele Menschen zusammengebracht. Wenn man endlich in den Listen die Anschrift eines Heimatkameraden gefunden hatte, war die Verbindung schnell hergestellt. Leider mußte man aber feststellen, daß sie über das Schicksal der Angehörigen daheim meist auch nicht mehr wußten als man selbst. Aber das Büchlein mit den Adressen füllte sich.

Es war im Februar 1946. Ich wohnte damals in einer Baracke in München und arbeitete bei der Schutträumung. Man hatte mich im September 1945 aus dem amerikanischen Internierungslager entlassen. Ich hatte einen amerikanischen Entlassungsschein und konnte so Lebensmittelkarten beziehen. Außerdem hatte ich schon etwas Geld erspart. Da trat eines Abends unser Landsmann Plischke aus Engelsberg in meine Unterkunft und erzählte mir alles, was sich in der Zwischenzeit in der Heimat zugetragen hatte. Da erfuhr ich erst, daß meine Mutter schon ein dreiviertel Jahr tot war und mein Vater mit vielen Landsleuten aus Altwasser und Dürrseifen nach Sachsen verschleppt worden war. Kurz entschlossen fuhr ich in die Ostzone, meinen Vater und die anderen Seifener zu suchen. An Kleidung hatte ich nur die Wehrmachtsuniform. Dazu noch einen Rucksack und einen Italienerhut. Vom Westen konnte man damals ohne weiters in den Osten fahren. In Sangerhausen erfuhr ich, daß in Voigtstedt viele Freudenthaler wohnten, und ich fuhr dorthin. Sie erzählten mir, daß viele Landsleute aus unserem Kreis bei Torgau wohnten und gaben mir noch die Anschrift vom Nather Schmied aus Vogelseifen. So war ich schneller ans Ziel gekommen als ich geglaubt hatte, denn der wußte wo die Seifener sich aufhielten. Der Ort hieß Rehfeld, und ich machte mich sofort dorthin auf den Weg. Wie ich dem Dorf entgegen ging, kam ein Ochsengespann gefahren, auf dem ausgerechnet der Bürgermeister Schreiber aus'n Seif'n stand. Die Freude über das Wiedersehen war groß. In einer alten Bude wohnte Lm. Pietsch, Frau Seifert und Frau Heider. Die anderen Seifener waren in der Nähe bei Bauern untergebracht. Am Abend waren wir dann alle beisammen. Ich war der erste, der ihnen etwas von daheim erzählen konnte. Ich erfuhr so viel über ihr Schicksal und den Weg, der sie bis hierher geführt hatte und bekam viele Adressen von unseren Landsleuten. Von meinem Vater aber wußten sie nichts. Erst kurz vor seinem Tod im August 1946 erfuhr ich, daß er sich in Jena aufhielt.

In Dresden sollte eine Zentralkartei sein, und ich fuhr gleich dorthin. Mittlerweile hatte ich begriffen, wo ich hingeraten war. Den Landsleuten in der Zone ging es viel schlimmer als denen im Westen, obwohl man sagen mußte, daß hier die Einheimischen viel hilfsbereiter waren als die im Westen. Aber sie hatten ja selbst nichts. Es war ihnen verboten, ehemalige Soldaten zu beherbergen und jeder Heimkehrer mußte sich sofort auf der Gemeinde melden. Alle mußten erst einmal sechs Wochen in eine sogenannte Quarantäne. Da nutzte auch ein amerikanischer Entlassungsschein nichts. Sollte ich in der Zentralkartei in Dresden meinen Vater finden, dann wollte ich ihn aufsuchen und dann sofort wieder in den Westen zurückfahren. Es kam aber anders. In Dresden auf dem Bahnhof hatte sich eine Anzahl entlassener Landser zusammengefunden. Da kam eine freundliche Rotkreuzschwester und fragte uns, ob wir Heimkehrer wären. Als wir dies bejahten, sagte sie zu uns: „Kommt mit, ihr braucht eine Gesundheitsbescheinigung und zu Essen bekommt ihr auch". Wir tappten hinter ihr drein und waren bald in dem Lager auf der Provianthofstraße. Das Tor schnappte zu und man sagte uns: „Von nun an seid ihr wieder Kriegsgefangene". Als erstes mußte ich drei Tage für die Russen Zucker in Waggons laden, die nach Rußland gingen. Dann ging es in die Quarantäne nach Hoyerswerda. Dort hieß es: Alle, die in der Sowjetzone ihre Heimat oder ihre Angehörigen haben, werden nach sechs Wochen entlassen, die anderen werden in Arbeitslagern untergebracht. In Hoyerswerda sah es fürchterlich aus. In den Baracken standen dicht beisammen Dreistockbetten, die voller Wanzen waren. Darauf lagen die Heimkehrer, viele ganz entkräftet und mit Geschwüren behaftet. Viele hatten Durchfall und die Klosette waren ungeheuer verschmutzt. Die Wasserhähne waren abgebaut und aus den Röhren floß ein ganz dünner Wasserstrahl. Wer am kräftigsten war, mußte für sechs Kameraden Essen holen. Das war fast zum Verhungern. In der Baracke war es so dunkel, daß man nicht wußte, wer zwei Betten weiter logierte. Da stand beim Essenholen auf einmal ein junger Heimkehrer vor mir und sagte: „Du Landser, dich müßte ich kennen." Ich sah mir ihn an und sagte: „Bis du nicht ein Kausch aus'n Seif'n, ich bin Irmler." Es war Kausch Paul, und wir beschlossen beisammenzubleiben.

Nach einer Zeit wurden wir in das Arbeitslager nach Schwarzheide verfrachtet. Dort war ein großes Hydrierwerk, das abgebaut und in die Sowjetunion überführt werden sollte. Der amerikanische Entlassungsschein wurde uns abgenommen, und wir bekamen eine russische Arbeitsverpflichtung. Man sagte uns, daß das Werk bis zum Mai abgebaut sein muß. Wenn ihr gut arbeitet, werdet ihr dann entlassen. Wenn ihr schlecht arbeitet, kommt ihr nach Sibirien. Wir sahen wie Landser die großen mit Öl verschmutzten Rohre unter den „Dawai-" und „Bistra"-Rufen der Russen zu den Waggons tragen mußten und beschlossen, gleich die nächste Nacht abzuhauen. Unser Ziel war Eisenach. Dort an der Zonengrenze befand sich ein großes Überfahrtslager. Zuerst marschierten wir 15 km durch den Wald und stiegen dann auf einer kleinen Station in einen Zug. Die Leute gaben uns gern Auskunft und waren uns auch behilflich. Sie gaben uns Geld, aber Essen konnten sie uns keins geben, so daß wir sehr hungern mußten. Auf dem Weg nach Eisenach konnten wir viele Landsleute aufsuchen, mußten aber den größten Teil der Strecke zu Fuß zurücklegen. Vor den größeren Städten stiegen wir aus dem Zug und umwanderten sie, damit uns keine Kontrolle erwischen sollte. Dresden war uns eine gute Lehre. Nicht weit von der Grenze trafen wir die Altwasser Landsleute. Dort war Ludwig Hugo dabei und vom Seifn Frau Bräunlich und die Bock Lin-

da. Sie wohnten und arbeiteten auf einem Gut und hatten es ganz gut getroffen. Hier konnten wir auch eine Zeit bleiben und bekamen endlich etwas zu essen. Wenn man über die Zonengrenze kommen wollte, mußte man einen Ausweis mit Lichtbild und eine polizeiliche Abmeldung oder einen russischen Entlassungsschein haben. Frau Bräunlich war mit dem Bürgermeister des Ortes gut bekannt und ging mit mir, ihn zu überreden und Papiere zu besorgen. Er aber hatte Angst, das zu machen. Schwarz über die Grenze zu kommen war sehr gefährlich. Man erzählte uns, daß die Russen an der Grenze entsprungene Landser erschossen und einen Tag zur Abschreckung an einen Zaun gehängt hatten. So zogen wir weiter und kamen in den kleinen Ort Wahlwinkel, wo unser Landsmann Franz Seifert (Bienenkönig) wohnte. Durch seine Vermittlung zeigte sich dort der Bürgermeister bereit, uns die Papiere auszustellen. Wir mußten aber zuerst 14 Tage in dem Ort bleiben. 14 Tage sind lang, und da es nur einige Kilometer nach Eisenach waren, gingen wir dorthin, um zu sehen, wie sich so eine Überfahrt über die Zonengrenze abwickelt. Das Gepäck versteckten wir im Wald, damit wir, wenn nötig, gleich abhauen konnten.

In Eisenach sahen wir, daß in einer übersichtlichen Baracke nur Deutsche die Überfahrtpapiere ausfüllten. Da gingen wir frech hinein und zeigten die russische Arbeitsverpflichtung als Entlassungsscheine vor. Von der Entlassung bis zum letzten Stempel mußten wir dreizehn Stellen durchlaufen, und da niemand russisch konnte, bekamen wir auf diesen Schein die Überfahrtpapiere. Die Grenzüberfahrt nach Bebra geschah in Güterwagen, die immer voll besetzt waren. Wie froh waren wir, als die Russen, die nur die deutschen Papiere kontrollierten, den Wagen verließen und der Zug sich weiter gegen Westen in Bewegung setzte. Trotz allem hat mich die Reise in die Zone nicht gereut. Konnte ich doch nun vielen Landsleuten gleich bei ihrer Ankunft in der Bundesrepublik die Adressen ihrer Angehörigen geben.

Heimattreffen der Engelsberger in Augsburg

Der Heimatkreisverband Freudenthal/Altvater e.V.

Am 7. Dezember 1952 fand in München die konstituierende Sitzung des Heimatkreisverbandes Freudenthal/Altvater statt. Hierbei wählte man die Landsleute Richard Blaschke, Rudolf Drößler, Josef Held, Karl Langer, Wilfried Loserth, Adolf Pilz, Alois Roßmanith, Dr. Hans Schober, Erwin Weiser, Richard Winter und Emil Zöllner zu Mitgliedern des Kreisrates. Auf Vorschlag von Wilfried Loserth wurde Dr. Hans Schober, der damals bereits Kreisobmann der Sudetendeutschen Landsmannschaft von München Stadt und Land war, „bis zur erstmöglichen Wahl durch die Hauptversammlung" zum Heimatkreisbetreuer bestellt. Dessen Persönlichkeit prägte die Aufbauarbeit des Heimatkreisverbandes entscheidend. Er wurde in der Folgezeit bis zu seinem Tod am 28. Oktober 1980 bei allen Wahlen von der Hauptversammlung als Vorsitzender, und damit zum Heimatkreisbetreuer wiedergewählt und vom Bundesverband der Landsmannschaft bestätigt.

Die Gründung des Heimatkreisverbandes steht im engen Zusammenhang mit dem Aufbau der Heimatgliederung der Sudetendeutschen Landsmannschaft. Neben ihrer Gebietsgliederung baute sie zusätzlich eine Heimatgliederung auf, die sich entsprechend der früheren Wohnorte der Landsleute in Heimatlandschaften, Heimatkreise und Heimatgemeinden unterteilte. Heute bestehen die sudetendeutschen Heimatlandschaften Böhmerwald, Egerland, Erzgebirge-Saazerland, Mittelgebirge, Elbetal, Polzen-Neiße-Nieder-land, Riesengebirge, Adlergebirge, Altvaterland, Schönhengstgau, Kuhländchen, Beskidenland, Südmähren und Sprachinseln (Prag, Iglau, Olmütz, Wischau).

Die größte Sorge des Heimatkreisrates galt dem raschen Aufbau einer gut funktionierenden Organisation, die in erstaunlich kurzer Zeit zustande kam, und sich bis heute bestens bewährt hat.

Auch im Heimatkreis Freudenthal gab es glücklicherweise bereits eine Reihe von Vereinigungen und Gruppen unterschiedlicher Größe und an verschiedenen Orten, wie Augsburg, München, Esslingen, Hahn im Taunus, Sindelfingen, Memmingen, Wien und anderswo. Diese veranstalteten bereits in beachtlichem Umfang Heimattreffen und sonstige Zusammenkünfte. Ihre Zusammenführung war seit den Jahren 1949/1950 durch vier, von einander unabhängige Heimatbriefe vorbereitet worden. Damals erschienen die Heimatblätter „Freudenthaler Heimatchronik", „Würbenthaler Ländchen", „Bennischer Ländchen" und „Engelsberger Heimatbrief". Sie stellten ein ungemein wichtiges Bindeglied der Landsleute dar und den Herausgebern und Mitarbeitern dieser Heimatbriefe gebührt für die damals geleistete Pionierarbeit Dank und hohe Anerkennung. Nach vielfachen Vorbesprechungen und Verhandlungen schlossen sich die vier Heimatblätter mit Wirkung vom 1. Oktober 1953 zum „Freudenthaler Ländchen" zusammen, das seither das gemeinsame Sprachrohr des Heimatkreises ist.

Freudenthaler Heimat-Chronik

Beiträge zur Heimatgeschichte und zur Pflege der alten Heimatgemeinschaft des „Freudenthaler Ländchens"

Am 14. August 1952 war das Lastenausgleichs- und Schadensfeststellungsgesetz veröffentlicht worden, und am 1. Juni 1953 wurde beim Landesausgleichsamt Stuttgart die für unseren Kreis zuständige Heimatauskunftsstelle für den ehemaligen Regierungsbezirk Troppau geschaffen. Sie hatte auf Anforderung der Ausgleichsämter der Landkreise alle Anträge der Heimatvertriebenen zu begutachten, Auskünfte zu erteilen sowie Zeugen und Sachverständige zu benennen, deren Aussagen und Urteile für die Entscheidung der Schadensfälle wesentlich sein konnten. Dazu war es notwendig, von jeder Gemeinde unseres Heimatkreises einen oder mehrere maßgebliche, verantwortliche sowie mit den örtlichen und wirtschaftlichen Verhältnissen vertraute Personen zu nominieren. Der Kreis Freudenthal hatte das Glück, daß sich fast alle ehemaligen Bürgermeister, Gemeindesekretäre, Ortsbauernführer und sonstige Wissensträger für diese Aufgabe zur Verfügung stellten. Schon im Juli 1953 veröffentlichte die „Freudenthaler Heimat-Chronik" das erste Anschriftenverzeichnis der Ortsbetreuer aller Kreisgemeinden. Damit war die wichtigste organisatorische Arbeit abgeschlossen.

Heimattreffen der Freudenthaler in Stuttgart-Untertürkheim.
Im Bild H. Rössler, Dr. H. Schober, F. Werner und K. Langer

Am 20. März 1955 ließ der Kreisrat den Heimatkreisverband als eigenen Verein mit dem Namen „Heimatkreis Freudenthal/Altvater e.V." in das Vereinsregister in München eintragen und erhielt die eingereichte Satzung bestätigt. In ihr heißt der Vereinszweck „die Wahrung und Vertretung der wirtschaftlichen, sozialen, heimatpolitischen und kulturellen Belange der Landsleute des Heimatkreises". Seine Tätigkeit dient ausschließlich gemeinnützigen Zwecken und ist nicht auf Gewinn gerichtet. Der Beitritt kann durch Abgabe einer schriftlichen Erklärung zum Bezug der Vereinszeitschrift „Freudenthaler Ländchen" erfolgen, das sich seit langem zu einem beliebten, umfassenden Band der ehemaligen Kreisbewohner entwickelt hat. Jährlich findet eine Hauptversammlung statt, zu welcher alle Mitglieder eingeladen werden, mindestens aber die Ortsbetreuer und sonstigen Mitarbeiter der einzelnen Gemeinden sowie die Vorsitzenden der Heimatgruppen anwesend sein sollen. Gewählt wird im dreijährigen Wechsel. Bei der letzten Wahl 1987 wurde Adolf Irmler zum Heimatkreisbetreuer, Adolf Gottwald zum ersten und Robert Kotonski zum zweiten Stellvertreter gewählt. Die Versammlung bestätigte weiterhin Helmut Rössler als Schriftführer und Kurt Weinert als Geschäftsführer (Kassenverwalter). Dem Kreisrat gehören außerdem Rudolf Drößler, Erhard Exner, Bruno Langer, Dr. Herbert Richter, Josef Schilder, Heinz Schwarzer, Rainer Thiel und Alfred Zohner an. Ehrenmitglied des Kreisrates auf Lebenszeit ist Dipl.Ing. Robert Kube, der viele Jahre lang die Freudenthaler Heimatstube in Memmingen außerordentlich gewissenhaft betreute. Mitglied des Kreisrates kraft Amtes ist außerdem der jeweilige Schriftleiter des „Freudenthaler Ländchens". Da seit der letzten Wahl die Kreisratsmitglieder Kurt Weinert und Adolf Gottwald verstorben sind, wurde Rudolf Schindler zum neuen Kassenverwalter und Helmut Rössler zum Schriftleiter des „Freudenthaler Ländchens" bestellt und durch die Hauptversammlung bestätigt. Das Amt des Schriftführers hat Heinz Schwarzer übernommen.

Bennischer Ländchen

NEUES UND ALTES AUS UNSERER NEUEN UND ALTEN HEIMAT

HEIMATBRIEF FÜR DIE LANDSLEUTE AUS BENNISCH UND DEN 16 LANDGEMEINDEN

Nummer 1   *24. Dezember 1951*   *1. Jahrgang*

Ausschnitte aus der Arbeit des Kreisverbandes

Um den Zusammenhalt der Landsleute zu fördern, den Familien einen günstigen Ferienaufenthalt zu ermöglichen und der Jugend die Gelegenheit zu geben, in einem schön gelegenen Alpengebirgsort Ferientage mit Gefährten aus der gleichen Heimatlandschaft zu verbringen, entschloß sich 1959 der Heimatkreisrat eine Blockhütte in Kirchbichl in Tirol käuflich zu erwerben. Da diese Hütte aber nur über neun Schlafplätze verfügte und bald ein größeres Haus notwendig wurde, erwarb der Heimatkreis einige Zeit später unweit dieser Blockhütte ein Grundstück und erbaute darauf das neue Ferienheim „Schäferei", das am 15. Juli 1962 feierlich eröffnet und seiner Bestimmung übergeben werden konnte. Der Name Schäferei mußte später jedoch auf Verlangen der österreichischen Behörden gestrichen werden. Dafür zierte ein Bild des Altvaterturmes die Giebelseite des Hauses. Die Auffassung, daß dieses „Haus Kirchbichl" durch die zu erwartenden Belegungseinnahmen sowie durch die Beiträge der österreichischen Bezieher des „Freudenthaler Ländchens" sich selbst erhalten würde, mußte revidiert werden. Ursache war die schwankende Belegungszahl des Hauses. In den Sommermonaten hätte das Heim ruhig doppelt so groß sein können, doch in den Wintermonaten stand es überwiegend leer. Als später erforderliche Reparaturen vermehrt Kosten verursachten und die Zuschüsse sich von Jahr zu Jahr erhöhten, entschloß sich 1977 der Kreisrat das Haus zu verpachten. Ursprünglich hatten sich die Pächter bereit erklärt, auch für die Behebung von anfallenden Reparaturen zu sorgen, doch bald verlangten sie den Erlaß der Pacht und wollten nur noch für die Instandsetzungen aufkommen. Das Haus sollte nun verkauft werden, was sich aber als schwierig erwies, weil die Behörden die Auflage machten, dieses nur an österreichische Staatsbürger zu verkaufen. Diesen boten sich jedoch genügend andere, günstigere Kaufgelegenheiten. Schließlich konnte ein Kaufabschluß mit dem „Mährisch-Schlesischen Sudetengebirgsverein" in Kirchheim/Teck getroffen werden, der auch in Österreich Mitglieder hat und deshalb als bundesdeutsche Institution das Haus erwerben durfte. Die Verträge wurden am 12. April 1984 in Sindelfingen unterzeichnet. Der Erlös fand zur Ausgestaltung der Freudenthaler Heimatstube in Memmingen zu einem Heimatmuseum die satzungsgemäße, gemeinnützige Verwendung.

1956 übernahm die Stadt Memmingen die Patenschaft über Stadt und Kreis Freudenthal. Seither fand eine der jährlichen Hauptversammlungen in Memmingen und die andere in Sindelfingen, der Patenstadt der Würbenthaler statt. Da sich beim Zusammentreffen von Jahreshauptversammlung und Heimattreffen in den Patenstädten oft zeitliche Engpässe ergaben, findet seit 1984 die Hauptversammlung zu einem anderen Termin statt.

Ferienheim in Kirchbichl

Eine besonders wichtige Hilfestellung für die Ortsbetreuer war die Erstellung einer Kreiskartei. Jede Kreiskarte wurde zweifach erstellt. Ein Exemplar behielt der Ortsbetreuer als Unterlage für die monatlichen Ortsberichte im „Freudenthaler Ländchen", das zweite ging an den Geschäftsführer des Heimatkreises, der die Kreiskartei verwaltete. Am 30. Juni 1958 hatten alle Gemeinden mit Ausnahme von Neurode ihre Karteikarten erstellt. Damals lagerten beim Kreisgeschäftführer 25.343 Karteikarten, die über den Verbleib von 46.107 Personen Auskunft gaben.

Da eine der wichtigsten Aufgaben des Kreisverbandes die Kulturarbeit war und es auch geblieben ist, hatte man früh das Kreisratmitglied Helmut Rössler aus Bennisch zum Kreiskulturreferenten ernannt. Ihm wurde wegen der Wichtigkeit der Aufgabe ein Kulturbeirat zur Seite gestellt. Diesem gehörten Anfang 1966 Robert Kube, Betreuer der Freudenthaler Heimatstube in Memmingen, Adolf Gottwald, Betreuer der Würbenthaler Heimatstube in Sindelfingen und Karl Langer, Betreuer der Kreisbildstelle an. Der Kulturbeirat kam zu gesonderten Sitzungen zusammen, um die anstehenden Arbeiten zu beraten und der Erledigung zuzuführen. Der Kulturbeirat machte zahlreiche, den jeweiligen Zwecken angepaßte Vorschläge zur Gestaltung der Kreistreffen und zum Ausbau der Heimatstuben. Schon bei der ersten Sitzung des Beirates am 7. Mai 1966 in Sindelfingen standen u.a.

Engelsberger Heimatbrief

4. JAHRGANG NUMMER 5   MONAT AUG. 1952

Nachrichtenblatt für Engelsberg und Umgebung

als Vorhaben auf der Tagesordnung: „Vorarbeiten für eine Heimatkreis-Chronik, Herausgabe eines Kreisbildbandes und Schaffung einer Kreisbildstelle". Der Kreisbildband erschien 1969 unter dem Titel „Land zwischen Oppa und Mohra" im Bruno-Langer-Verlag in Esslingen. Die Schaffung einer Kreisbildstelle erwies sich als außerordentlich zweckmäßig, zumal sie sich als ständige Bildmaterialstelle für das „Freudenthaler Ländchen" entwickelte. Sie hatte in Karl Langer einen unermüdlichen, überaus verdienstvollen Betreuer und Sammler. Nach seinem Tod übernahm 1971 Adolf Irmler die Kreisbildstelle und verwaltet sie noch heute neben seinen vielen anderen Aufgaben. Der Kulturbeirat hat auch maßgeblichen Anteil am Ausbau der Heimatstuben in Memmingen und Sindelfingen.

Als hilfreiche Finanzquelle für kulturelle Pläne und Arbeiten erwies sich der 1970 ins Leben gerufene „Kulturfond". Nur mit Hilfe der hier zusammengetragenen Mittel war es möglich, die Heimatstuben auszubauen und die Bildstelle mit ihren relativ hohen Fotomaterialkosten einzurichten. Kulturfondmittel schufen auch die erforderliche finanzielle Grundlage, daß das bereits 1966 in seinen Grundzügen geplante Werk der Erstellung einer Kreis-Chronik nunmehr verwirklicht werden konnte. Die Chronik trägt den Titel „Freudenthal und seine Kreisgemeinden."

Festteilnehmer bei der Patenschaftsübernahme der Stadt Memmingen über die Heimatvertriebenen von Stadt- und Kreis Freudenthal am 12. August 1956. Unter den Ehrengästen DO-Priester Josef Hubalek als Vertreter des Ordens-Hochmeisters

Der Kulturbeirat des Heimatkreises Freudenthal war es auch, der dem Landschaftsrat Altvaterland die Erstellung einer Ehrenurkunde für besonders verdiente Landsleute vorschlug und sie federführend verwirklichte. Die Landschaft Altvater umfaßt die Kreise Troppau, Jägerndorf, Freiwaldau, Freudenthal, Mährisch-Schönberg, Sternberg, Römerstadt und Bärn. Auf Vorschlag des Heimatkreisbetreuers Dr. Hans Schober und seines Kulturbeirates wurden in der Zeit von 1968 bis 1975 folgende Landsleute mit der Ehrenurkunde der Landschaft Altvater ausgezeichnet: Rudolf Baierle, Adolf Bartel, Boidensdorf; Josef Beck, Schreiberseifen; Josef Benischke, Spillendorf; Otto Dittrich, Freudenthal; Rudolf Drechsler, Neu-Erbersdorf; Rudolf Drößler, Bennisch; Alois Englisch, Würbenthal; Fritz Escher, Karlsthal; Gustav Escher, Karlsthal-Wien; Richard Gebauer, Frei-Hermersdorf; Rudolf Gebauer, Bennisch; Bruno Gödel, Breitenau; Adolf Gottwald, Alt-Vogelseifen; Arthur Gruber, Oberbürgermeister der Würbenthaler Patenstadt Sindelfingen, Hans Hanel, Frei-Hermersdorf; Adolf Irmler, Dürrseifen; Karl Januschke, Alt-Erbersdorf; Rudolf Kauf, Wockendorf; Johann Kienel, Zossen; Reinhard Klein, Engelsberg; Alfred Knauer, Freudenthal; Bruno Koppitz, Adamsthal; Adolf Kramer, Freudenthal; Karl Kroupa, Buchbergsthal; Robert Kube, Spachendorf/Freudenthal; Karl Langer, Freudenthal; Oskar Langer, Freudenthal/Wien; Alois Ludwig, Altstadt; Rudolf Machnig, Jägerndorf und Oberbürgermeister der Patenstadt Memmingen; Johann Mader; Max Münster, Freudenthal; Hans Nitsch, Freudenthal/Wien; Adolf Nitsche, Lichtewerden; Adolf Pilz, Freudenthal; Helmut Rössler, Bennisch; Rudolf Roßmanith, Freudenthal/Wien; Hans Rotter, Lichten; Josef Schilder d.Ä., Spachendorf; Josef Schilder d.J., Spachendorf; Alfred Schmidt, Bennisch/Zattig; Guido A. Schmidt, Markersdorf; Josef Schmidt; Alfred V. Scholz, Alt-Erbersdorf; Reinhard Schoske, Würbenthal; Adolf Schreiber, Lichtewerden; Heinz Schwarzer, Engelsberg; Alfred Späth, Spachendorf; Alois Steiner, Markersdorf; Grete Thiel, Freudenthal; Karl Titze, Würbenthal; Josef Weinert, Freudenthal; Kurt Weinert, Ludwigsthal; Reinhold Weis, Alt-Vogelseifen; Franz Werner, Freudenthal; Alfred Wiesner, Würbenthal; Josef Wohlauf, Engelsberg; Fritz Wohofsky, Eckersdorf; Hermann Zeidler, Buchbergsthal; Alfred Zesch, Messendorf und Emil Zöllner, Würbenthal. Als bislang Letzter erhielt Rainer Thiel, Freudenthal, anläßlich der Jahreshauptversammlung 1989 in Memmingen die Ehrenurkunde der Landschaft Altvater überreicht.

Viele der hier Genannten deckt schon der grüne Rasen!

Würbenthaler Ländchen

Mitarbeiterbeiträge zu den Ortschroniken und zur Aufrechterhaltung der heimatlichen Verbundenheit der Gemeinden des Gerichtsbezirkes Würbenthal: Adamsthal, Buchbergsthal, Einsiedel, Karlsthal, Ludwigsthal und Würbenthal.

Feierstunden unserer Heimatstädte

Seit der Vertreibung haben alle vier Städte unseres Kreises Freudenthal historische Gedenkfeiern abgehalten. Den Reigen begann bereits zu Pfingsten 1952 die „freie Bergstadt" Bennisch. Sie feierte ihr siebenhundertjähriges Bestehen im Schäffbräukellersaal zu Ingolstadt. Die 700-Jahrfeier begann am Pfingstsamstag mit einem Heimatabend mit Lichtbildervortrag in der Schwabenbräukasematte. Am Sonntag zelebrierte Stadtpfarrer Dr. Alfons Jedelsky in der herrlichen Maria-de-Victoria-Kirche den Festgottesdienst. Am Nachmittag versammelten sich 1200 Bennischer zu einer eindrucksvollen Feierstunde. Die Begrüßung hielt Ortsbetreuer Rudolf Drößler, die Festansprache Dipl.Ing. Leopold Just. Die musikalische Umrahmung gestaltete das Bennischer Salonorchester unter Leitung von Stadtkapellmeister Rudolf Rohrsetzer sowie zahlreiche Mitglieder des Männer- und Damengesangvereines Bennisch.

Am Nachmittag war die Gaststätte mit mehr als fünfhundert Besuchern restlos überfüllt. Unter den Ehrengästen befanden sich neben einem Vertreter der Stadt Augsburg auch Kreisbetreuer Dr. Hans Schober und Hauptschriftleiter Erwin Weiser. Die Festansprache hielt Stadtsekretär Emil Schaffer aus Engelsberg. In Wien begingen die dort lebenden Engelsberger die 400-Jahrfeier ihrer Heimatstadt am 30. September 1956 mit Pfarrer Friedrich Kausch in der Schottenfeld-Pfarrkirche, bei welchem der E.S.-Engelsbergbund in Wien sang.

Aus Anlaß der 350-Jahrfeier der „freien Bergstadt" Würbenthal kamen am 1. und 2. Juli 1961 ebenfalls etwa 1200 Teilnehmer in Sindelfingen zusammen. Am Samstag (1.7.) wurde die Würbenthaler Heimatstube ihrer Bestimmung übergeben. Zum Heimatabend war die Festhalle bis auf den letzten Platz belegt. Den katholischen Gottesdienst hielt am

700-Jahrfeier der Freien Bergstadt Bennisch zu Pfingsten 1952 in Ingolstadt

700-Jahrfeier der Freien Bergstadt Bennisch

Auf ein vierhundertjähriges Jubiläum konnte sodann 1956 die Stadt Engelsberg zurückblicken, die 1556 zur „freien Bergstadt" erhoben worden ist. Sie beging dieses denkwürdige Ereignis mit einem Heimattreffen am 4. und 5. August 1956 in der Spinnereigaststätte in Augsburg. In der Herz-Jesu-Kirche in Augsburg-Pfersee zelebrierte Pfarrer Josef Hubalek den Festgottesdienst. Es wurde die „Deutsche Messe" von Franz Schubert gesungen. Anschließend legten die Veranstalter vor dem Kriegerdenkmal einen Kranz zum Gedenken an die Opfer des Ersten und Zweiten Weltkrieges nieder.

2.7. DO-Priester Gerhard Schilder aus Friesach in Kärnten. Den evangelischen Gottesdienst hielt der Würbenthaler Pfarrer Karl Kautz. Den feierlichen Höhepunkt bildete die Matinee mit dem Festvortrag von Adolf Gottwald in der Turnhalle, Gartenstraße in Sindelfingen. Ihm schloß sich die Festsitzung des Kreisrates Freudenthal/Altvater im Sitzungssaal des neuen Rathauses an. Anschließend gab die Stadt Sindelfingen für die anwesenden Mitglieder des Kreisrates und für eine Anzahl von Ehrengästen einen Empfang in der Stadionsgaststätte. An ihm nahmen auch Staatssekretär Sepp

Jubiläumstreffen der Würbenthaler 1961 in Sindelfingen.
350 Jahre Bergstadt Würbenthal. Festakt

Jubiläumstreffen der Würbenthaler 1961 in Sindelfingen.
350 Jahre Bergstadt Würbenthal. Kreisratsfestsitzung

Schwarz und Landtagsabgeordneter Robert Maresch teil. Zur Eröffnung der Heimatstube waren auch Bürgermeister Arthur Gruber, Landrat Hess sowie die Abgeordneten Maresch und Haug erschienen.

Die 750-Jahrfeier anläßlich der Verleihung des deutschen Stadtrechtes an die Stadt Freudenthal am 3. und 4. August 1963 war Anlaß zum achten Bundestreffen des Heimatkreises in Memmingen. Die Festfolge begann mit einer Sitzung des Heimatkreistages in den Burggaststätten, der ein festlicher Heimatabend folgte. Bei diesem begrüßten Oberbürgermeister Dr. Heinrich Berndl und Kreisbetreuer Dr. Hans Schober die zahlreichen Gäste. Anschließend gedachte Max Münster in einem Rückblick des 100jährigen Bestehens der Freudenthaler Feuerwehr. Am Sonntag fanden in der St. Josefskirche der katholische und in der Martinskirche der evangelische Gottesdienst statt. Danach begann im Stadttheater Memmingen die 750-Jahrfeier. Als Festredner war Professor Viktor A. Scholz vorgesehen. Infolge kurzfristiger Erkrankung des Redners mußte sein Vortrag von Wilfried Loserth vorgelesen werden. Anschließend gedachte man des 100. Geburtstages des ehemaligen Schloßherrn von Freudenthal, Feldmarschall Erzherzog Eugen, mit der Enthüllung eines vom akademischen Maler Richard Assmann, früher Troppau, geschaffenen Gemäldes.

Auch die Freudenthaler in Wien hielten im April 1963 anläßlich der 750-Jahrfeier Freudenthals eine würdige Feierstunde ab, an deren Gestaltung die Landsleute Walther Olbrich, Hans Nitsch und Oskar Langer maßgeblichen Anteil hatten.

Die dritte 750-Jahrfeier der Stadterhebung von Freudenthal fand am 8. September 1963 in der Sängerhalle in Stuttgart-Untertürkheim statt. Die Bühne zierte eine von Karl Langer geschaffene sechs Meter lange Silhouette von Freudenthal. Zwischen den Jahreszahlen 1213 und 1963 glänzte ein goldener Lorbeerkranz mit der Jahreszahl 750. Helmut Rössler begrüßte die zahlreichen Teilnehmer und Karl Langer trug einen 1913 von Alois Pilz verfaßten Festgruß vor. Ihm folgte ein geschichtlicher Rückblick „Deutsche Heimat im Osten, tausendjähriges deutsches Land". Drei Fanfarenbläser kündigten den Höhepunkt der Feierstunde an. Ein in mittelalterlicher Tracht gekleideter Herold verlas aus einer imitierten Urkunde den Wortlaut der Stadterhebung. Anschließend hielt Kreisbetreuer Dr. Hans Schober den Festvortrag, der in der Bitte ausklang: Ein gütiges Geschick möge die Not der Vertriebenen beenden und ihnen oder ihren Kindern die Möglichkeit geben unser Lebenswerk dort fortzusetzen, wo wir aufgehört haben, in unserer Heimat.

750-Jahrfeier der Stadterhebung von Freudenthal 1963 in Stuttgart-Untertürkheim

750-Jahrfeier der Stadterhebung von Freudenthal 1963.
Wilhelm Appel, Franz Werner, Helmut Rössler, Karl Langer

E 3050 E

| 60. Jahrgang | Ludwigsburg, März 1989 | Folge 3 |

Das „Freudenthaler Ländchen"

Nach der Vertreibung ist im dichten Gestrüpp des heutigen deutschen Blätterwaldes mit seinen zahllosen unterschiedlichen Produkten eine neue Gattung entstanden, die eine Sonderstellung einnimmt: die Heimatbriefe. Sie werden fast immer in relativ kleinen Auflagen gedruckt sowie meist von journalistischen Laien zusammengestellt und redigiert. Während die großen Zeitungen und Illustrierten oft schon nach kurzem Überfliegen beiseitegelegt werden, liest man die kleinen Heimatblätter sehr genau durch, hebt sie fast immer auf, um sie öfters wieder hervorzuholen und zu lesen.

Hier haben die Sensationen kurzlebiger Tagesberühmtheiten keinen Raum. In diesen Blättern meldet man Ereignisse und Namen, die nicht im Scheinwerferlicht der Öffentlichkeit stehen. Geburtstage, Todesfälle, Heiraten und Jubiläen bekannter und befreundeter Menschen gleicher Herkunft und gleichen Schicksals bleiben eben durch diese Heimatblätter in Erinnerung.

Da in der alten Heimat außer der Freudenthaler und der Würbenthaler Zeitung auch in Bennisch ein Bennischer Ländchen erschienen waren, fanden sich bald nach der Vertreibung Landsleute, die für die vier Städte des Kreises eigene Heimatblätter herausgaben. So erschien für Freudenthal und Umgebung die „Freudenthaler Heimatchronik", für Bennisch das „Bennischer Ländchen", für Engelsberg der „Engelsberger Heimatbrief" und für Würbenthal das „Würbenthaler Ländchen". Außerdem gab der letzte Pfarrer von Würbenthal, P. Heinrich Benscher, von 1947 bis zu seinem Tod die Vierteljahresschrift „St. Michaelsbote" heraus.

Im Jahre 1953 beschloß der damalige Kreisrat des Heimatkreisverbandes auf Veranlassung des Heimatkreisbetreuers Lm. Dr. Hans Schober und des Lm. Erwin Weiser nach der Zustimmung der Herausgeber der oben genannten vier stadtbezogenen Heimatbriefe, diese zu einem einzigen, für den gesamten Heimatkreis zuständigen Heimatbrief, dem „Freudenthaler Länd-chen" zusammenzufassen. Der neue Name des Heimatbriefes mußte nicht erst ersonnen werden, denn das neue Freudenthaler Ländchen konnte an eine, monatlich erscheinende Beilage der Freudenthaler Zeitung anknüpfen, der man diesen Namen gegeben hatte, und in der geschichtliche, heimat- und volkskundliche Beiträge sowie die Würdigung verdienstvoller Persönlichkeiten des Kreises abgedruckt wurden. Der Schriftleiter Lm. Erwin Weiser hatte diese Beilage gegründet und redigierte sie vom ersten Erscheinen Anfang Januar 1921 bis zur Einstellung 1944 als das Papier knapp wurde und die russische Front näher rückte. Diese Beilagen sind auch heute noch für jeden historisch sowie volks- und heimatkundlich Interessierten eine wertvolle Fundgrube. Ihr Herausgeber, der Schriftleiter Erwin Weiser war auch maßgeblich am Wiederbeginn des Ländchens 1953 beteiligt. Nach seinem Entwurf zeichnete der akademische Maler Richard Assmann den neuen ansprechenden und allen Lesern gut bekannten Kopf der Titelseite unseres Heimatblattes, das sehr bald zu einem wichtigen Band geworden ist, welches die bewußt in alle Winde zerstreuten Bewohner des Kreises miteinander verbindet, wie sich das beim Zusammenleben in einer örtlichen Gemeinschaft, wo man einander täglich begegnete, einfacher ergab. Die Bedeutung der einzelnen Themen des Ländchens hat sich gegenüber der Faltbeilage von 1921 naturgemäß ändern müssen, weil nach der Vertreibung andere Interessen der Leser, wie Geburtstage, Anschriften der Nachbarn, Todesfälle, Jubiläen, Heimattreffen oder das Aussehen der verlassenen Heimat in den Vordergrund getreten sind.

Das Freudenthaler Ländchen umfaßt heute fünf große Abschnitte:

Unter Verschiedenes werden tagespolitische Fragen, soweit sie für unsere Landsleute bedeutsam sind, Mitteilungen der Sudetendeutschen Landsmannschaft, Berichte von den Sudetendeutschen Tagen zu Pfingsten jedes Jahres oder von den Sitzungen des Heimatkreisverbandes, sowie unter dem Titel „In eigener Sache" wichtige Informationen, die das Ländchen und den Heimatkreis betreffen, gebracht, Darauf folgen, alphabetisch geordnet, in vier weiteren Abschnitten die einzelnen Ortsberichte der ehemaligen Gerichtsbezirke:

1. Freudenthal mit den dazugehörigen Dörfern: Altstadt, Alt-Vogelseifen, Breitenau, Dittersdorf, Karlsberg, Klein-Mohrau, Langenberg, Markersdorf, Messendorf, Milkendorf, Neudörfel, Neu-Erbersdorf, Neurode, Neu-Vogelseifen, Nieder-Wildgrub, Ober-Wildgrub, Rautenberg, Schreiberseifen/Kunau, Spillendorf und Wockendorf. Anschließend ebenfalls noch unter Freudenthal: die einzelnen Heimatgruppen Freudenthal im Untertaunuskreis, in München, Augsburg, Esslingen und Wien. Ebenfalls aus Wien Berichte des Humanitären Vereins Österreichisch-Schlesier.

2. Bennisch mit den Ortschaften: Alt-Erbersdorf, Boidensdorf, Brättersdorf, Eckersdorf, Frei-Hermersdorf, Groß-Herrlitz, Klein-Herrlitz, Koschendorf, Lichten, Raase, Schlesisch-Hartau, Seitendorf, Spachendorf, Zattig und Zossen.

3. Engelsberg mit Altwasser, Dürrseifen, Bad Karlsbrunn, Lichtewerden und Wiedergrün.

4. Würbenthal mit Adamsthal, Buchbergsthal-Gabel, Einsiedel, Karlsthal und Ludwigsthal.

Mit den Gerichtsbezirksstädten also insgesamt 49 Gemeinden. Die Ortsberichte gliedern sich in die Geburtstagswünsche, Jubiläen, Ehrungen, Anschriften, Berichtigungen und Todesfälle sowie je nach verfügbarem Platz in gelegentliche Berichte von den Ortstreffen, Besuchsreisen in die alte Heimat, der Ortsgeschichte, von Ortsbeschreibungen und interessanten Begebenheiten aus der Heimat. Der personelle Teil der Ortsberichte hat Vorrang, weil er nur für den jeweiligen Monat Gültigkeit hat. Die für die Geburtstage, Jubiläen und Todesfälle wichtigen Heimatortskarteien führen für jede Gemeinde gewählte Ortsbetreuer. Diese Kartei ist die Quelle für die Ortsberichte, welche bis zum Einsendeschluß (zur Zeit der 12. jedes Monats) der Redaktion vorliegen sollten. Welche Mühe sich die Ortsbetreuer mit ihren Karteien ehrenamtlich machen, läßt sich am besten aus der Anzahl der gemeldeten Geburtstage jeden Monat ersehen. Sie liegt zur Zeit (1985) bei über 475. Für ihre Mitarbeit erhalten die Ortsbetreuer seit dem 1. Januar 1955 und bei einer Patenschaftsübernahme auch die Patengemeinde, das Ländchen unentgeltlich.

Die Bezieherzahl gleicht mit 4279 Lesern heute noch immer fast dem Anfangsstand von 1953, weil die Abgänge jeweils noch durch Neuzugänge ersetzt werden – bei Todesfällen übernehmen meist die Nachkommen das Heimatblatt. Redigiert wurde das Freudenthaler Ländchen seit 1953 von Lm. Erwin Weiser, der bereits Schriftleiter der schon erwähnten faltbaren Beilage der Freudenthaler Zeitung war, ehe die Schriftleitung August 1965 für den hochbetagten Lm. Weiser (86 Jahre alt) der Heimatkreisbetreuer Dr. Hans Schober übernahm, der sie bis zu seinem Tod im November 1980 innehatte. Anschließend führte sie seine Witwe, Frau Maria Schober, weiter. Mitte 1981 war sie gezwungen,

die Redaktion aus gesundheitlichen Gründen niederzulegen. Daraufhin übernahm sie Lm. Adolf Gottwald, den Dr. Schober, schon vor seinem Tod, als Nachfolger ausersehen hatte. Lm. Gottwald konnte sie jedoch erst dann weiterführen, als auch der Druck und die Verwaltung nach Baden-Württemberg, näher an seinen Heimatort, übersiedelt waren (Herbst 1981). Der Druck des Ländchens ging an den Verlag des Lm. Bruno Langer in Esslingen, und die Verwaltung übernahm der gegenwärtige Heimatkreisbetreuer Lm. Adolf Irmler.

Seit 1. 2. 1989 ist Lm. Helmut Rössler Schriftleiter des „Freudenthaler Ländchens".

Bezieher des „Freudenthaler Ländchens" in der Bundesrepublik Deutschland

Stand: 31. 12. 1987

Gesamtzahl:	4.279	=	100,00%
davon in:			
Bayern	2.449	=	58,60%
Baden-Württemberg	877	=	20,99%
Hessen	498	=	11,92%
Nordrhein-Westfalen	176	=	4,21%
Niedersachsen	68	=	1,63%
Rheinland-Pfalz	57	=	1,36%
Schleswig-Holstein	27	=	0,65%
Berlin	9	=	0,21%
Hamburg	8	=	0,19%
Bremen	5	=	0,12%
Saarland	5	=	0,12%

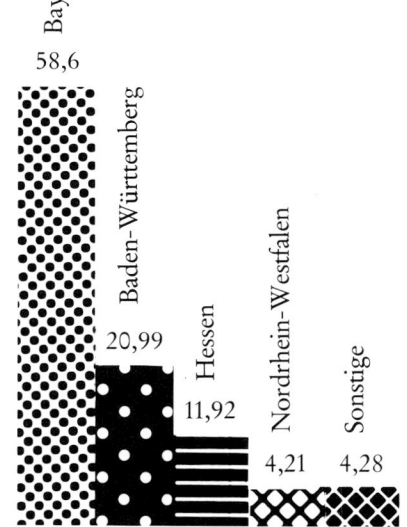

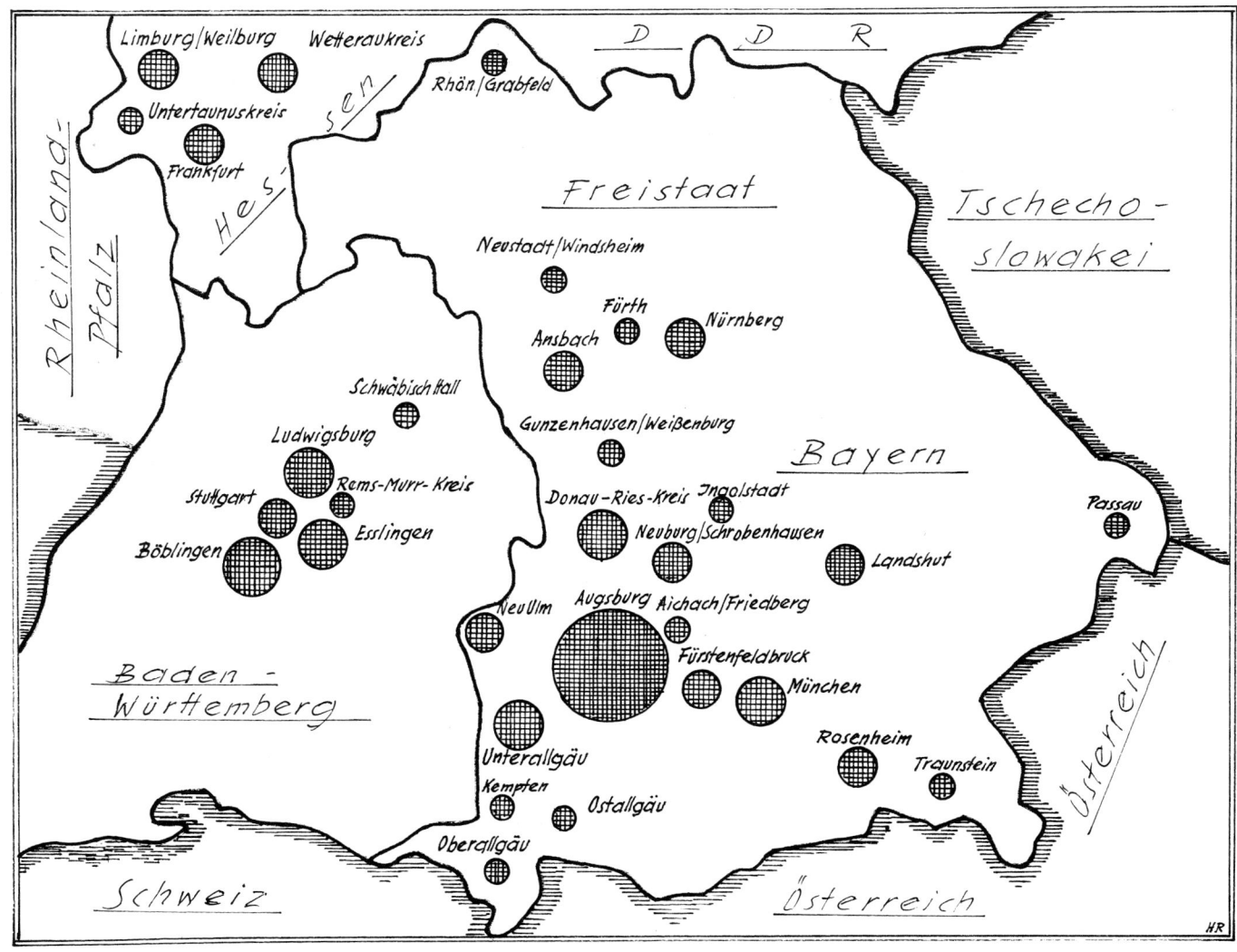

Die heutigen Hauptwohngebiete der Landsleute aus Stadt und Kreis Freudenthal

(Ermittelt nach den Bezieherzahlen des „Freudenthaler Ländchens" nach dem Stand vom 31. 12. 1987)

Kreis	Anzahl der Leserfamilien	Kreis	Anzahl der Leserfamilien
Augsburg	298	Landshut	51
Böblingen	212	Rhön-Grabfeld (Mellrichstadt)	48
Donau-Ries-Kreis (Donauwörth/Nördlingen)	197	Günzkreis (Günzburg/Krumbach)	46
München	191	Gunzenhausen/Weißenburg	45
Unterallgäu (Memmingen/Mindelheim)	144	Untertaunuskreis (Idstein/Bad Schwalbach)	45
Esslingen	138	Aichach/Friedberg	41
Ludwigsburg	111	Kempten	40
Neu-Ulm	97	Traunstein	39
Limburg/Weilburg	81	Ingolstadt	39
Neuburg/Schrobenhausen	80	Passau	38
Fürstenfeldbruck	77	Fürth	37
Nürnberg	73	Dillingen/Donau	37
Rosenheim	65	Neustadt/Windsheim	32
Ansbach	63	Oberallgäu (Sonthofen-Oberstdorf)	32
Frankfurt/Main	62	Rems-Murr-Kreis (Waiblingen/Backnang)	30
Stuttgart	62	Schwäbisch-Hall	30
Wetteraukreis (Büdingen/Bad Vilbel)	59		

Teilansicht der Patenstadt Memmingen

Die Patenschaften

Ende 1952/Anfang 1953 begann die Bundesvereinigung kommunaler Spitzenverbände der Bundesrepublik Deutschland mit den Verbänden der Landsmannschaften die Übernahme von Patenschaften zwischen westdeutschen Städten und den Bewohnern von Städten oder Kreisen der Vertreibungsgebiete zu erörtern. Am 6. Juli 1953 wurden zu solchen Patenschaften Richtlinien erlassen, welche deren Dauer sichern helfen sollten. In diesen Richtlinien wurde unter anderem festgelegt, daß es sich bei beiden Partnern nach Möglichkeit um Gemeinden oder Kreise etwa der gleichen Größe und sozialen Struktur handeln sollte. Entscheidend aber war, daß in der Stadt und der Umgebung des westdeutschen Partners viele Bewohner der Vertreibungsstadt eine neue Heimat gefunden hatten, und daß es unter den Bewohnern der Patenstadt sowie den Vertriebenen Personen gab, die eine solche Patenschaft realisieren und sich ihrer besonders annehmen konnten. Zum Sinn der Patenschaft gehören ebenfalls die Heimattreffen der Patenkinder in den Mauern der Patenstadt. Sicher wurde bei der Vertreibung nicht ohne Absicht darauf geachtet, die bisherigen Ortsgemeinschaften zu trennen und die Bewohner auf möglichst viele unterschiedliche Aufnahmeorte der Bundesrepublik zu verteilen. Für diese Vertriebenen bleiben die Heimattreffen die einzige Gelegenheit, wieder – wenn auch nur für kurze Zeit – in der zwangweise beseitigten Gemeinschaft weilen zu dürfen. Und das in einer Stadt, in der sie willkommen sind, und die ihnen nach den Worten des Sindelfinger Oberbür-germeisters zwar die alte Heimat nicht mehr herbeischaffen kann, ihnen aber ein Treffpunkt sein will, der fast so wie die alte Heimat ist.

Mit der wirtschaftlichen und sozialen Eingliederung der Vertriebenen sollte jedoch nicht auch die kulturelle verbunden sein. Dies beabsichtigte selbst der Gesetzgeber nicht, denn nach § 96 des Bundesvertriebenengesetzes gehört zu den Kompetenzen des Bundes und der Länder die Aufgabe, das Kulturgut der Vertreibungsgebiete im Bewußtsein der Vertriebenen und Flüchtlinge sowie des gesamten deutschen Volkes zu erhalten. Auch die Patenstädte sind aufgerufen, den Patenkindern ein Mittelpunkt der Pflege und Wahrung ihrer heimatlichen Überlieferung sowie Kultur zu sein, indem man Heimatstuben einrichtet, die als kleine Museen der Vertriebenen bezeichnet werden können.

Als die Stadt Memmingen am 12. August 1956 die Patenschaft über den Heimatkreis Freudenthal übernahm, war die Stadt Würbenthal des Heimatkreises bereits seit dem 2. Juli 1955 eine Patenschaft mit der damals noch kleinen schwäbischen Industriestadt Sindelfingen eingegangen. Dem hat der Heimatkreisbetreuer Dr. Hans Schober Rechnung getragen, daß er 1967 nach einem Kreisratsbeschluß aus dem bisherigen Neben- ein Miteinander treten ließ. Die Heimattreffen des Heimatkreises hielt man bis 1984 im jährlichen Wechsel einmal beim Freudenthaler Treffen in Memmingen, das nächste Jahr beim Würbenthaler Heimattreffen in Sindelfingen ab.

Patenschafts-Urkunde

Die Stadt Memmingen beschloß am 29.12.55 u. 24.6.56 die Übernahme der Patenschaft für Stadt und Kreis

Freudenthal / Altvater
Sudetenland

als Zeichen der Verbundenheit mit den von dort Vertriebenen, jetzt in der Bundesrepublik ansäßigen Volksgenossen zur Wahrung und Förderung ihres Heimaterbes in treuem Zusammenstehen mit allen Sudetendeutschen bis zur Rückkehr in die angestammte Heimat.

Memmingen, 24. Juni 1956

Der Oberbürgermeister:

(Dr. BERNDL)

Die Patenschaft Memmingen – Heimatkreis Freudenthal

Im Herbst des Jahres 1955 hatten der damalige Kreisbetreuer Dr. Hans Schober, der Schriftleiter Erwin Weiser und der Landsmann Alois Rossmanith, ein Mitglied des damaligen Heimatkreisrates, die heute alle nicht mehr unter den Lebenden weilen, wegen einer Patenschaft mit Memmingen vorgefühlt. Aufgrund dieser Anfrage beschloß der Stadtrat von Memmingen am 29. Dezember 1955 die Übernahme einer Patenschaft für die Stadt Freudenthal, die am 24. Juni 1956 auf den gesamten Heimatkreis ausgedehnt wurde. Die Patenschaftsurkunde überreichte während eines Festaktes im Memminger Stadttheater anläßlich des Freudenthaler Heimatkreistreffens am 12. August 1956 der Memminger Oberbürgermeister Dr. Heinrich Berndl dem Vertreter des Heimatkreises Dr. Hans Schober. Sie hat folgenden Wortlaut: „Patenschafts-Urkunde: Die Stadt Memmingen beschloß am 29. Dezember 1955 und 24. Juni 1956 die Übernahme der Patenschaft für Stadt und Kreis Freudenthal/Altvater, Sudetenland, als Zeichen der Verbundenheit mit den dort vertriebenen, jetzt in der Bundesrepublik ansässigen Volksgenossen zur Wahrung und Förderung ihres Heimaterbes in treuem Zusammenstehen mit allen Sudetendeutschen bis zur Rückkehr in die angestammte Heimat. Memmingen, den 24. Juni 1956, der Oberbürgermeister Dr. Berndl". Während des Festaktes sagte Dr. Berndl, man wolle dem deutschen Sinn und Streben nach einem Mittelpunkt in kultureller und geistiger Beziehung für alle Angehörigen des Kreises Freudenthal Rechnung tragen. Memmingen soll für sie alle Heimat sein, bis der Himmel über die bisherige alte, angestammte Heimat entscheidet. In seiner Dankansprache brachte Landsmann Dr. Hans Schober zum Ausdruck,

diese Patenschaft bedeute für die Landsleute des Kreises, daß sie nun nicht mehr allein und verlassen im Ringen um die Anerkennung des Rechtes auf die verlorene Heimat, und daß sie ein Teil des großen deutschen Volkes sind und daß sie alle ein gemeinsames Band umschließt. Die Heimatkreistreffen in Memmingen begannen jedesmal am Samstag kurz vor Mittag mit einer Kreisratssitzung, an die sich am Nachmittag die Vollversammlung des Heimatkreisverbandes mit allen 48 Ortsbetreuern anschloß. Offiziell wurde das Heimattreffen am Samstag mit einem Heimatabend um 20 Uhr eröffnet. Der Sonntag war außer einem Festakt im Stadttheater am Vormittag dem Wiedersehen der Landsleute gewidmet.

Ebenfalls zum Heimattreffen anläßlich der Patenschaftsübernahme wurde am Samstag, dem 11. August 1955 im Memminger Stadtmuseum – gegenüber der Martinskirche – mit einer Heimatausstellung, die provisorische Freudenthaler Heimatstube eröffnet. Diese Heimatstube ist mit dem Memminger Museum in dem 1766 errichteten Hermansbau, dem prächtigsten Patrizierhaus Memmingens, untergebracht. Die Ausgestaltung der neuen Heimatstube verdankt der Heimatkreis dem Landsmann Erwin Weiser, der schon in der alten Heimat das Freudenthaler Museum eingerichtet und betreut hatte. Da dieser aber in Diessen am Ammersee lebte, kümmerte sich Landsmann Robert Kube um die Freudenthaler Heimatstube in Memmingen. Lm. Alfred Knauer, ein echter Schätzer der Heimatkunst, war ihm behilflich. Als Landsmann Kube 1984 altershalber als Kreisratsmitglied und auch als Betreuer der Heimatstube ausschied, übernahm Lm. Rainer Thiel seine Aufgaben als Betreuer.

Memmingen im Spiegel seiner Geschichte

Wenn hier in einem Heimatbuch die Stadt Freudenthal und ihre engere Umgebung vorgestellt, historisch aufbereitet und vor allem den Jüngeren unter uns ins Gedächtnis gerufen wird, eine Aufgabe übrigens, sozusagen im Vorspann, darf eine Vorstellung der Stadt nicht fehlen, in der viele Sudetendeutsche nach 1945 eine neue Heimat gefunden haben. Memmingen war in jenen Jahren das freilich anfänglich ungewollte Ziel vieler aus den sudetendeutschen Gebieten, und diese Vielen haben sich nach und nach in jenem schwäbischen Städtchen heimisch gemacht und wirklich Heimat gefunden. Was liegt also näher, als in einem Buch über Freudenthal, auch Memmingen vorzustellen. Die alte schwäbische Reichsstadt am Nordrand des Allgäus, die im übrigen seit 1955/56 die Patenschaft über Stadt und Kreis Freudenthal übernommen hat, wohl wissend der Bedeutung, welche die Neusiedler in den Aufbruchsjahren nach dem großen Krieg für die Stadt gewonnen haben. Aus dem Wissen um die eigene Geschichte standen die Altbewohner ihnen bei der Suche nach einer zweiten Identität mit Rat und Tat zur Seite. So ist die Patenschaft mit Freudenthal durch den Aufbau einer Heimatstube im Städtischen Museum in eine Selbstverständlichkeit getreten, die Einheit spüren läßt, welche freilich auch aus der Geschichte der alten schwäbischen Reichsstadt zu erspüren ist.

Memmingen hat sich aus einer alten Siedlung zur Stadt entwickelt, die auf römischer, alemannischer und fränkischer Grundlage beruht. Die Welfen haben ab dem 11. Jahrhundert die günstige Verkehrslage jenes Fleckens erkannt, der nach dem alemannischen Sippenältesten den Namen Mammingin erhalten

hat, also bei den Höfen des Mammo. Wohl im letzten Viertel des 12. Jahrhunderts hat Herzog Welf VI. die Stadt befestigt und ihr damit endgültigen Stadt-Status gegeben, 1191 ist er in seiner Burg zu Memmingen gestorben. Die Staufer als Erben haben danach das in Ansätzen wohl schon vorhandene Stadtrecht modifiziert und damit bis 1268, dem Jahr ihres Aussterbens, die Grundlagen zum Aufstieg des Gemeinwesens gelegt. Nach 1268 beginnt dieser Aufstieg, den die Bürger aus eigener Kraft schaffen, immer jedoch mit Freiheiten und Privilegien der ihnen gewogenen Kaiser, und der die schwäbische Reichsstadt in höchste Höhen der deutschen Geschichte führt. Wichtige Voraussetzung ist hierfür die Lage am Kreuzungspunkt bedeutender Handelsstraßen sowie der Salzhandel, der in Memmingen eine Kaufmannsschaft hervorbringt, die der von Augsburg und Nürnberg nicht nachsteht. Die Familie Vöhlin steht dafür, die zu Beginn des 16. Jahrhunderts von Lissabon aus die erste deutsche Übersee-Expedition startet und mit großen Gewinnen zurückkehrt, Gewinne, deren Mäzenatentum sich bis heute im Memminger Stadtbild niederschlägt. In jener Zeit gewinnt die Stadt ihr heutiges Altstadterscheinungsbild, die stolzen Plätze und Straßenzüge, die stattlichen Häuser und gewaltigen Kirchen wie auch die starken Befestigungsanlagen, die Memmingen bis zum 30jährigen Krieg unbezwingbar gemacht haben.

Diese Stellung entspricht auch der Rolle, welche Memmingen in Bauernkrieg und Reformation einnimmt. Im März 1525 versammeln sich die aufständischen Bauern in der Stube der Kramerzunft zu Memmingen, um hier die berühmten „12 Artikel

Johann Eustach von Westernach, Hochmeister 1625 – 1627

fahre jenes Geschlechtes, das bis heute auf der Kronburg sitzt. Und die Memminger lernen im kaiserlichen Generalissimus Albrecht Wenzel Eusebius von Wallenstein einen jener deutschen Böhmen kennen, der die Welt in Atem hält, gleichwohl er in den Monaten seines Aufenthaltes in Memmingen vom Mai bis September 1630 die Reichsstädter in Frieden läßt. Das versöhnliche Ende im Schlußbericht des Stadtchronisten Dochtermann über Wallensteins Aufenthalt in der schwäbischen Reichsstadt ist gewissermaßen eine Vorwegnahme der gelungenen Integration 350 Jahre später – Dochtermann schreibt nämlich: „In der Zeit, in der der Herzog in der Stadt gelegen, ist Glück und Heil gewesen!"

Nach dem 30jährigen Krieg ist der allmähliche Niedergang, vor allem wirtschaftlicher Art, nicht mehr aufzuhalten, auch politisch ist die Rolle der Reichsstädte ausgespielt. Die Stadt sinkt auf sich selbst zurück, alles wird kleiner, bürgerlicher, idyllischer. Gleichwohl überzieht eine bezaubernde Barockkultur das in seine Mauern eingezwängte Städtlein: die Meistersinger steigen zur großen Blüte auf, das Collegium Musicum als bürgerlich-adelige Musiziergesellschaft spielt schon sehr früh die Werke großer Meister, der Weißochsenwirt Christoph Rheineck musiziert mit Schubart und Schikaneder, und in Künersberg werden Fayencen bester Provenienz hergestellt, heute gehüteter Schatz aller wichtigen Museen der Welt. In jene Spätzeit fällt auch die Aufnahme der Salzburger Exulanten, jener Flüchtlinge um des Glaubens willen, die in den evangelischen Dörfern der Umgebung zum größten Teil eine neue Heimat finden, frühe Spuren einer Assimilierungsfähigkeit der Schwaben.

Aber 1803 ist dies alles zu Ende, die Stadt wird bayerisch, diesmal endgültig; der Predigtext jener Zeit hat sich jedoch längst überholt: „Liebe Gemeinde, wir müssen nun bayerisch werden, Gott gnade uns allen! Aber wir es haben um unserer Sünden auch nicht besser verdient!" Nach einer dunklen ersten bayerischen Zeit – die Auswanderungszahlen sprechen eine deutliche Sprache – ermannt sich die Stadt nach 1848, insbesondere durch den eigenen Bahnbau 1863 selbst. Seit damals fährt die Illertalbahn von Ulm über Memmingen nach Kempten, von den Bürgern selbst gebaut und dann erst dem Staat übereignet. Damit beginnt ein Aufstieg, der eigentlich bis heute anhält. Rückschläge auf diesem langen Weg bleiben freilich nicht aus, insbesondere durch die beiden großen Kriege und ihre Folgen, aber nach 1945 packen alle gemeinsam an: die ehemaligen Reichsstädter, die ihre Heimat nicht verloren haben und sich dessen mehr und mehr bewußt wurden, und die Neubürger aus den Ostgebieten, vor allem aus dem Sudetenland und Schlesien, die mit Schmerzen die angestammte Heimat verlassen mußten. Sie alle gestalten in den folgenden Jahren das Umfeld, das bis heute gemeinsame Heimat geblieben und geworden ist.

Memmingen, im Sommer 1990

Uli Braun, Heimatpfleger

der Bauern" niederzulegen, die zum Fanal des Deutschen Bauernkrieges insgesamt geworden sind. Gleichzeitig nimmt die Reichsstadt den neuen Glauben an, der fortan bis 1803 Staatsreligion wird: sie bleibt bis zum endgültigen Übergang an Bayern evangelisch. Diese Zäsur bedeutet auch zugleich das Ende der Strigel-Werkstatt, einer Familie, welche ein Jahrhundert lang die Bildende Kunst im mittleren Schwaben nachhaltig geprägt hat. Die Zeit der Vorreformation und danach sind als die Höhepunkte der Stadtgeschichte zu betrachten: hier druckt ein Gutenbergschüler frühe Bücher, hier beginnen sich die Meistersinger zu regen, hier wird weltweiter Handel getrieben, und hier entsteht ein Kunstwerk nach dem anderen.

Die Schatten eines beginnenden Niederganges werden aber länger, insbesondere nach der Entdeckung Amerikas – diese Bezeichnung des neuen Erdteils stammt übrigens aus dem Memmingen des Jahres 1519 – und der damit verbundenen Verlagerung der Welthandelswege. Sie überdecken endgültig die Stadt, als der 30jährige Krieg beginnt und nach 30 schreckensvollen Jahren ein Gemeinwesen zurückläßt, das wirtschaftlich, moralisch und gesellschaftlich am Boden zerstört ist. In diesen Krieg fällt es aber auch, daß die Memminger und das Umland wohl erstmals mit jenen Landsleuten konfrontiert werden, die sie über 300 Jahre später als Vertriebene endgültig bei sich aufnehmen müssen: 1625 wird der Hochmeister des Deutschen Ordens in Mergentheim, Johann Eustachius von Westernach, auch Herr im Schloß Freudenthal, jener Westernach, der 1619 mit der Herrschaft Kronburg bei Memmingen belehnt wurde, und damit der Vor-

DANKURKUNDE
für vorbildliche Patenschaft

In den schweren Schicksalsjahren nach dem Zweiten Weltkrieg und der Vertreibung der Deutschen bewährte sich der Gemeinsinn jener deutschen Landkreise, Städte und Gemeinden, die den heimatvertriebenen Sudetendeutschen und ihren Nachkommen nicht nur eine neue Heimstatt gaben, sondern ihnen auch einen geistigen und kulturellen Mittelpunkt schufen. Das historische und gesamtdeutsche Verantwortungsbewußtsein unseren sudetendeutschen Mitbürgern gegenüber fand sichtbaren Ausdruck in der

PATENSCHAFT
der Stadt Memmingen
über die Angehörigen der sudetendeutschen Volksgruppe
des Heimatkreises Freudenthal/ Altvater

Wir sprechen den verantwortlichen Vertretern dieser beiden Institutionen Dank und Anerkennung aus, verbunden mit dem Wunsch, daß die lebendige Gemeinschaft erfolgreich in die Zukunft wirken möge.

München, den 20. Juli 1986.

Franz Josef Strauß

DR.H.C. FRANZ JOSEF STRAUSS
MINISTERPRÄSIDENT DES
FREISTAATES BAYERN
SCHIRMHERR DER
SUDETENDEUTSCHEN VOLKSGRUPPE

FRANZ NEUBAUER,
STAATSMINISTER,
SPRECHER DER
SUDETENDEUTSCHEN
VOLKSGRUPPE

Die Patenschaft Sindelfingen-Würbenthal

Auf Anregung des Würbenthaler Landsmanns und damaligen Mitglieds des Sindelfinger Gemeinderats Alfred Bräuer, der das Endergebnis seiner Bemühungen nicht mehr erleben konnte, beschloß der Gemeinderat der Stadt Sindelfingen am 7. Juni 1955 die Patenschaft über die vertriebenen Deutschen aus der sudetendeutschen Stadt Würbenthal mit ihrem Gerichtbezirk zu übernehmen. Die feierliche Patenschaftsurkunde-Übergabe erfolgte am 2. Juli 1955 durch den damaligen Bürgermeister und späteren Oberbürgermeister Arthur Gruber, einem eifrigen Förderer der Patenschaft, anläßlich des ersten Würbenthaler Treffens in der neuen Patenstadt an den letzten Würbenthaler Bürgermeister Emil Zöllner. Die Urkunde hat folgenden Wortlaut: „Die Stadt Sindelfingen übernimmt auf Grund des Beschlusses des Gemeinderats vom 7. Juni 1955 die Patenschaft für die vertriebenen Deutschen aus Stadt und Gerichtsbezirk Würbenthal (der Gerichtsbezirk sind die Dörfer Buchbergsthal, Einsiedel, Gabel, Karlsthal und Ludwigsthal). Im Zeichen der Schicksalsverbundenheit mit allen Heimatvertriebenen und der geschichtlichen und kulturellen Bedeutung des deutschen Ostens soll Sindelfingen den Würbenthalern eine zweite Heimat und der Mittelpunkt der Pflege und Wahrung ihrer heimatlichen Überlieferung und Kultur werden. Hierüber wird diese Urkunde ausgefertigt. Sindelfingen, den 2. Juli 1955, der Bürgermeister Gruber". Zur Vor-

bereitung dieses und aller weiteren Heimattreffen sowie als Verbindungsgremium zur Patenstadt konstituierte sich ein Würbenthaler Arbeitskreis, dem gleichbleibend zwölf bis vierzehn Landsleute angehören und dessen jetziger Vorsitzender als Nachfolger des Mitinitiators Alfred Wiesner und dessen Nachfolgers Karl Titze der Landsmann Adolf Gottwald ist.

Bedingt durch das Ableben von Adolf Gottwald Ende Oktober 1988 wurde Landsmann Helmut Bräuer neuer Leiter des Würbenthaler Arbeitskreises. Er hat auch die Betreuung der Würbenthaler Heimatstube übernommen.

Kurz nach der Patenschaftsübernahme hatten die Würbenthaler als vorläufige Regelung im Museum der Patenstadt eine Ecke für ihre Heimatstube erhalten. Aber 1961 wurde ihnen nach dem Abschluß der Restaurierungsarbeiten im alten Rathaus in der Langen Gasse ein eigener, von außen zugänglicher Raum mit altertümlichen Holzstützbalken als Heimatstube eingerichtet. Ihr Betreuer ist seit 1961 ebenfalls Landsmann Adolf Gottwald. Ihm ermöglichte die Patenstadt 1963 einen einwöchigen Besuch des Deutschordens-Zentralarchivs (DOZA) in Wien, um die dort lagernden Urkunden und Akten hinsichtlich der Geschichte Würbenthals durchzusehen. Die dabei gewonnenen Erkenntnisse vermehrten nicht nur den Bestand der Heimatstube an Urkunden- und Aktenkopien beträchtlich, sondern erlaubten dem

Die große Kreisstadt Sindelfingen – Patenstadt der Würbenthaler

Mahnmal an die unvergessene Heimat und ihre Toten in der Würbenthaler
Patenstadt Sindelfingen, geschaffen von Bildhauer Herbert Gebauer aus Zossen

Betreuer auch die Herausgabe einer Geschichte der Stadt Würbenthal. Dieses Vorhaben unterstützte die Patenstadt mit dem Kauf von 200 Exemplaren, die an einheimische Bürger der Patenstadt verteilt wurden. Die Ergebnisse eines zweiten, ebenfalls mit Hilfe der Patenstadt ermöglichten Besuchs des DOZA, erwiesen sich auch für die Abfassung des geschichtlichen Textes dieses Kreisgedenkbuches sehr nützlich. Die Patenstadt gibt in jährlich erscheinenden Jahrbüchern einen Überblick von den Tätigkeiten der Stadtämter und der Stadtverwaltung. In diesen Jahrbüchern erscheinen unter der Rubrik „Patenschaften" auch Beiträge zur Geschichte Würbenthals, vornehmlich von Adolf Gottwald verfaßt.

Die Patenschaft Dittenheim-Wildgrub

Schon seit einem Jahrzehnt waren die Landsleute der beiden Dörfer Ober- und Nieder-Wildgrub in der malerisch gelegenen Altmühltalgemeinde Dittenheim im fränkischen Landkreis Weißenburg-Gunzenhausen zu ihren Heimattreffen zusammengekommen. Dann beschloß die etwas über 850 Einwohner zählende Gemeinde Dittenheim anläßlich des 5. Wildgruber Heimattreffens – diese finden im zweijährigem Turnus statt – am 8. Juli 1984 während einer Feierstunde in der eben erst erstellten, aus diesem Anlaß festlich geschmückten, und für eine Gemeinde von der Größe Dittenheims seltenen Mehrzweckhalle die Patenschaft über die beiden Dörfer Ober- und Nieder-Wildgrub zu übernehmen. Nach einem Gottesdienst, den der Wildgruber Heimatpfarrer Josef Theindel hielt, begann die, von der Dittenheimer Blaskapelle sowie dem dortigen Männergesangvereinschor musikalisch umrahmte Feierstunde. In ihrer Begrüßungsansprache sagte der erste Bürgermeister Dittenheims, Frau Luise Tröster, daß die Gemeinde Dittenheim nach einem Beschluß vom 23. November 1983 als Zeichen der Verbundenheit mit den aus Wildgrub vertriebenen und jetzt im Westen ansässigen Mitbürgern zur Wahrung ihres Heimaterbes die Patenschaft übernehmen werde. Dittenheim könne ihnen die verlassene Heimat nicht zurückgewinnen, wolle ihnen aber eine zweite Heimat sein. Nachdem auch der Ortsbetreuer von Ober-Wildgrub Alfred Zohner die Festversammlung begrüßt hatte, unterzeichneten Frau Luise Tröster und Lm. Zohner die Patenschaftsurkunden und tauschten sie unter dem Beifall der Anwesenden aus. Die Urkunde hat folgenden Wortlaut: „Patenschafts-Urkunde. Die Gemeinde Dittenheim, Kreis Weißenburg-Gunzenhausen, beschloß am 23. 11. 1983 die Übernahme der Patenschaft für die Heimatgemeinschaft der Gemeinden Ober- und Nieder-Wildgrub, Kreis Freudenthal/Ostsudetenland, als Zeichen der Verbundenheit mit den dort vertriebenen, jetzt bei uns im Westen ansässigen Mitbürgern zur Wahrung und Förderung ihres Heimaterbes. Dittenheim, den 8. Juli 1984. 1. Bürgermeister: Luise Tröster; Heimatgemeinschaft Wildgrub: Alfred Zohner."

Patenschaftsurkunde Dittenheim, Kreis Weißenburg-Gunzenhausen über die Gemeinden Ober- und Nieder-Wildgrub, Kreis Freudenthal vom 8. 7. 1984

Dittenheim (Gesamtansicht)

Die Gemeinden Ober- und Niederwildgrub

Das Städtische Museum Freudenthal im Gabrielhaus

Das Stadtmuseum Freudenthal

Der verdiente Kustos dieses Museums, Schriftleiter Erwin Weiser, veröffentlichte seinerzeit in der Zeitschrift „Deutsch-mährisch-schlesische Heimat" darüber einen Beitrag, den wir hier ungekürzt wiedergeben. Die teilweise heute nur noch wenig gebrauchten deutschen Monatsnamen sind am Schluß in einer Anmerkung mit den heutigen allgemein üblichen lateinischen Monatsnamen ergänzt worden.

Das städtische Museum in Freudenthal bildete ein Schatz-kästlein von unschätzbarem Wert. Von dem Museum ging im Freudenthaler Ländchen die geschichtswissenschaftliche Tätig-keit aus, denn es war der natürliche Mittelpunkt sämtlicher Be-strebungen zur Heimatpflege und Volksbildung.

Von diesem Gedanken war der Landtagsabgeordnete und Gemeinderat Friedrich Kurzweil d. Ä. schon in den Neunziger Jahren des vorigen Jahrhunderts durchdrungen. Er wies bei jeder Gelegenheit auf die Notwendigkeit hin, daß nicht allein in der Stadt Freudenthal, sondern auch in der nächsten Umgebung zahlreiche Gegenstände von geschichtlichem und kunstge-werblichem Werte sein müssen, die in einer Sammlung vereint, vor unberufenen Händen bewahrt, vor dem Zugrundegehen be-hütet und der Nachwelt unserer engeren Heimat erhalten bleiben müssen. In der Stadtvertretung machte er immer diese Bestre-bungen geltend, bis im Jahre 1898 fünfzehn Bürger bei der Stadt-vertretung um die Errichtung und Verwaltung eines städtischen Museums ansuchten. Die Genossenschaften wollten ihre Zunft-schriften und Gegenstände einem Vereine nicht überantworten. Deshalb hat die Stadtvertretung den 2. Brachets 1898 einen Mu-seumsausschuß gewählt, dem Friedrich Kurzweil d. Ä. als Ob-mann, Dr. Oskar Wurst, Oskar Kaulich, Rudolf Kober und Karl Kubig angehörten. Immerhin dauerte es noch einige Jahre, bis die im Jahre 1900 vorgelegten Satzungen der Gemeindevertretung erörtert wurden, obwohl Kurzweil stets mahnend auftrat.

Als Stadtrat Alois Plischke den 15. Nebelungs 1906 vom Stadtvorstand den Auftrag erhielt, mit den Museumsfreunden die Errichtung eines Museums in die Tat umzusetzen, kam man dem hohen Ziele näher. Es wurde den 19. Hartungs 1907 der er-ste Museumsausschuß gegründet: W. F. Olbrich, Bürgermeister, als Obmann; Oskar Olbrich, Schriftführer; Karl Schneider, Ku-rator; Alois Fischer, Schriftführerstellvertreter; Oskar Kaulich, Wilhelm Polednitschek, Kuratorenstellvertreter; ferner Rudolf Kober, Julius Koszykiewicz, Karl Kubig, Friedrich Kurzweil d. Ä., Dr. Oskar Wurst, Franz Meißner, Karl Schilder und Hugo Schneider.

434

Stadtmuseum – Treppenaufgang: Ausstellung heimischer Webwaren

Stadtmuseum – Erdgeschoß: Kunstschmiedearbeiten

Für die Unterbringung der Sammelstücke ward ein kleiner Raum im Knabenschulgebäude beigestellt. Dank der Begeisterung für den Museumsgedanken gelang es namentlich dem Kurator Schneider über dreihundert wertvolle Gegenstände zu sammeln, wobei ihm Kurzweil, Kober und Oskar Olbrich behilflich waren. Das war keine leichte Arbeit, weil der Großteil der Bevölkerung die Bedeutung eines Museums noch nicht erfaßt hatte, sie sich auch von alten Kunstgegenständen nicht gerne trennte. Die Genossenschaften verhielten sich geradezu ablehnend. Erst als die Raumfrage derart gelöst wurde, daß die Museumsgegenstände in zwei Räumen des schönen Staatsrealgymnasiums öffentlich zur Schau gestellt werden konnten, wuchs die Aufmerksamkeit für das Museum in weiteren Kreisen.

Vollends drang der Museumsgedanke durch, als das Museum sich an der Gewerbe- und Industrieausstellung zur Feier des siebenhundertjährigen Bestandes der Stadt Freudenthal im Jahre 1913 beteiligte. Friedrich Kurzweil d. J., der an Stelle seines verstorbenen Vaters in den Museumsausschuß eingetreten und zu dessen Obmann gewählt worden war, bereicherte die Sammlung mit 260 ungemein wertvollen orts- und kulturgeschichtlichen Gegenständen. Die Gemeinde bewilligte für Museumszwecke 500 K. Ein Ausschuß, bestehend aus den Mitgliedern Friedrich Kurzweil d. J., Obmann; Rudolf Kober, Obmannstellvertreter; Erwin Weiser, Schriftführer; Julius Ochetz, Dr. Hans Neubauer, Oskar Olbrich, Ing. Emil Peter, Kuratoren; ferner beigezogen: Friedrich Stellwag von Carion, Alois Langer, Dr. Edmund Wilhelm Braun, Troppau, und Karl Schneider, Würbenthal, besorgte die Vorarbeiten für die Ausstellung der Museumsgegenstände und Professor Julius Ochetz war unermüdlich im Zusammentragen von Museumsgegenständen. Ein Erlaß der Bezirkshauptmannschaft an alle gewerblichen Genossenschaften, ihre Urkunden, Meisterbücher, Zunftladen, Zunftkrüge und Sonstiges im Museum aufzubewahren, brachte dem Museum bedeutenden Zuwachs. Die von Kurzweil und Kober ausgearbeiteten Satzungen wurden in der Gemeindeausschußsitzung vom 5. Brachets 1913 genehmigt. Der Museumsausschuß billigte die vom Schriftleiter Weiser vorgeschlagene Einteilung des Museums. Die Ausstellung des Museums anläßlich der Jubelfeier der Stadt fand die ungeteilte Würdigung und Anerkennung aller Besucher, unter denen sich damals auch der kunstsinnige Schutzherr der Ausstellung, Hoch- und Deutschmeister Erzherzog Eugen, befand.

Als das Gabrielhaus, Ecke Hauptplatz und Bäckergasse, zum Verkaufe kam, setzte sich die Zentralkommission für Denkmalpflege in Wien für die Erhaltung dieses Gebäudes ein, das mit seinem Renaissancegiebel eines der schönsten Baudenkmale Schlesiens darstellt. Die Stadt unter Bürgermeister W. F. Olbrich erwarb dasselbe mit staatlicher Unterstützung und richtete es für Museumszwecke ein. Professor Ochetz ordnete mit reichem Kunstsinn, mit beispielloser Lust und Liebe die Altertümer und schuf ein wahres Schmuckkästchen, mit dem er sich selbst ein Denkmal setzte. Die Eröffnung des Museums im eigenen Hause fand den 9. Heuerts 1916 statt. Der Krieg ließ nur eine schlichte Feier zu.

Stadtmuseum – Erdgeschoß: Handweberstube

Stadtmuseum – 1. Stock: Freudenthaler Stube

Im Jahre 1924 traten Obmann Kurzweil und dessen Stellvertreter Kober von ihren Ehrenstellen zurück. Stadtrat Viktor Köhler und Stadtvertretungsmitglied Johann Juranek wurden an ihre Stellen berufen. Im Hartung 1927 starb der Museumspfleger Professor Ochetz und sein Erbe im Amt übernahm Schriftführer Weiser. Der gegenwärtige Museumsausschuß setzt sich zusammen: Viktor Köhler, Obmann; Johann Juranek, Obmannstell-vertreter; Erwin Weiser, Schriftführer und Kustos; Erwin Sykora, Zahlmeister; Bürgermeister Dr. Franz Heinz, Peter Buchgraber, Wilhelm Dreiseitl, Dr. Gustav Haas, Dr. Paul Hamburger, Josef Krug, Alois Pilz, Prof. Josef Thannabaur und Johann Thiel.

Der Museumsausschuß hat wiederholt Ausstellungen veranstaltet, u. a. von Landschaftsbildern aus den Sudeten von dem Webschuldirektor Franz Schmidt (1919); von Alt-Freudentha-

Stadtmuseum – Erdgeschoß: Handweberstube

Stadtmuseum – 1. Stock: Freudenthaler Stube

Stadtmuseum – 2. Stock: kirchliche Gegenstände

Stadtmuseum – 1. Stock: Uhren, Kreuze, Gläser usw.

ler Lichtbildern (1920); von Erinnerungsstücken der Freudenthaler Zünfte, Innungen und Genossenschaften (1922); von Funden aus dem Schwedenkriege (1922); von handgemalten Stickereimustern aus Nürnberg, Wien, Berlin, Augsburg und Prag um 1780 – 1830 (1922); Bilderausstellung von Freudenthaler Malern und von Bildnissen heimischer Bildschnitzer und Plastiker (1926); Ausstellung von alten Meßgewändern, Altardekken, Kelchen, Monstranzen, Fahnen, Reliquiaren, Klosterarbeiten u. dgl. (1926). Ganz besonders gefiel die Ausstellung „Alt-Freudenthal" (1924), deren Grundstock die von dem Mitgliede Dreiseitl dem Museum gewidmete, vom Lichtbildner Stefan Walsa künstlerisch hergestellte Sammlung von Lichtbildern aus Alt-Freudenthal bildete, die seither bedeutend erweitert wurde. Zu den wertvollsten Schätzen des Museums der aus 2800 Stükken bestehenden Sammlung zählen: ein sechs- bis siebentausend Jahre alter Tonbecher aus Theben; ein mumifizierter Kinderfuß; ein Feuersteinkratzer aus Lichtewerden (um etwa 2500 v. Chr., germanischer Herkunft); koptische Gewebe (200 bis 400 n. Chr.); die Urkunden der Würben; die Zunftbücher, -laden, -krüge und -becher; die Stadtprotokolle (ab 1717) und -siegel, mittelalterliche Schandmasken; das Ölgemälde des Pfalzgrafen Franz Ludwig, Stifters des Piaristenkollegiums (1731); alte Pläne und Ansichten der Stadt (1737, 1780, 1800, 1818, um 1830 usw.); Trachtenbilder aus Stadt und Umgebung; ein von Kaiser Josef dem Zweiten unterschriebener Beförderungsbefehl (1789);

das Standbild Josefs des Zweiten, Erinnerungsbilder an die Besuche Josefs des Zweiten und Franz Josefs des Ersten in Freudenthal; schlesische Truhen und Kasten, Uhren, Schmuck, Waffen, Kleider, Kasten mit Einlegearbeit (Stroh, Zinn, Holz); Landkarten; bemalte Bettschirme mit Heiligenbildern (um 1750 und

Stadtmuseum – 2. Stock: Therese-Krones-Zimmer

437

früher); Schnitzereien, Elfenbeinarbeiten, Perlen- und Seidenstickereien; Gläser, Teller und Münzen; alte Kunstschmiedearbeiten; gußeiserne Hochbilder (Reliefs) aus den Eisengießereien in Ludwigsthal; Holzschnitzereien (Krippenfiguren von Partsch u. a.); Brustbilder in Wachs; seltene Lampen (Feuerstein, Öl); kunstvolle Erzeugnisse der einheimischen Weberei; Wasserfarbenbilder, Radierungen, Kupferstiche; fein verzierte Uhrenkloben; kirchliche Gegenstände, kunstvoll gearbeitete Spinnräder usw. Im Biedermeierzimmer erinnern viele Stücke an die berühmte Freudenthalerin Therese Krones. Man müßte alles aufzählen, denn jeder Gegenstand hat seine Geschichte und Bedeutung. Arm ist das Museum nur an altschlesischen Kleidern.

Der Museumsausschuß hat sich an der Erforschung der Köhlerberghöhle, beim Suchen des Grabes des Statthalters Johann Caspar von Ampringen und der Gruft derer von Würben beteiligt; er hat der Herrichtung des Innern der Pfarrkirche, der Piaristenkirche, der Mariensäule, der Würbendensteine und der Johannesstatue sein Augenmerk zugewendet, zur Errichtung des E.-S.-Engelsberg-Denkmals beigetragen und die Widmung der Hofrat-Ludwig-Büste am Geburtshause des weltberühmten Gelehrten, Prof. Dr. Ernst Ludwig, durchgeführt. Das Museum hat auswärtigen Ausstellungen Sammelstücke geliehen und für die Verfassung der Stadt- und Heimatgeschichte reichen Stoff geliefert. Der Staat, die Stadt, die Handels- und Gewerbekammer für Schlesien und viele Gönner fördern die städtischen Sammlungen, die der Stadt zur Ehre gereichen und sehenswert sind. Erwin Weiser.

Anmerkung Monatsnamen: Hartung – Januar, Hornung – Februar, Lenzing – März, Launing – April, Wonnemond – Mai, Brachet – Juni, Heuert – Juli, Ernting – August, Scheiding – September, Gilbhart – Oktober, Nebelung – November, Julmond – Dezember.

Vom Städtischen Museum Freudenthal zum Heimatmuseum in Memmingen

Wenn wir am 19. Juli 1986 unser Heimatmuseum in Memmingen eröffnen konnten, so verdanken wir dies in erster Linie den beiden Begründern. Herr Erwin Weiser, Schriftleiter und ehemaliger Kustos des Städtischen Museums in Freudenthal, hat gemeinsam mit unserem Spachendorfer Landsmann Robert Kube, die in die neue Heimat verbrachten Dinge von kulturhistorischem Wert von neuem gesammelt. Anfang der Sechziger Jahre wurden an die Ortsbetreuer Fragebögen über die jeweilige Ortsgeschichte übersandt und um Übergabe des aus der Heimat mitgebrachten Kulturgutes gebeten. Diese Aktion war sehr erfolgreich und führte zu dem Grundstock unseres heutigen Museums. Außerdem wurden immer wieder von Besuchsreisen in die alte Heimat wertvolle Einzelstücke dieser Sammlung übergeben. 30 Jahre hat Robert Kube die 1956 gegründete und sehr beengte „Heimatstube" betreut, alle Gegenstände registriert, katalogisiert und daneben eine wissenschaftlich fundierte Reliefkarte unseres Heimatkreises geschaffen.

In den Gängen zu den 3 Ausstellungsräumen befinden sich: Eine Wandkarte 180 x 130 cm, „Böhmen, Mähren und Sudetenschlesien – die Heimatgebiete der Sudetendeutschen", mit der ethnisch, zeitgeschichtlich und geographischen Darstellung des Sudetenlandes.

Freudenthaler Museum – Raum 1: Bilder, Dokumente, Fotos usw.

Dazu weitere historische, wirtschaftliche und politische Hinweise zum Sudetenland, speziell zu Sudetenschlesien.

Schwarz-Weiß-Aufnahmen im Großformat der einzelnen Ortschaften unseres Heimatkreises.

Freudenthaler Museum – Durchgang: Bilder und Fotos der Freudenthaler Kreisgemeinden, am Gangende: Wandkarte von Böhmen, Mähren und Schlesien

Freudenthaler Museum – Raum 1: Relief des Kreises Freudenthal sowie Bilder, Dokumente, Fotos und Zeitungen von der Gründung bis zur Vertreibung

Der Hermansbau in Memmingen – er beherbergt das Städtische Museum Memmingen und das Freudenthaler Heimatmuseum
Öffnungszeiten: Mai bis Oktober: Dienstag bis Freitag und Sonntag 10 – 12 und 14 – 16 Uhr

Graphische Darstellungen des Kreises Freudenthal nach Wirtschaftsstruktur, Kirchengliederung, Schulwesen, Land-und Forstwirtschaftlicher Struktur, Einwohnerzahlen.

Ortspläne von Klein-Mohrau und Raase

Aquarelle, Linol- und Holzschnitte mit heimischen Motiven der Künstler Felix Bibus, Egon Lehnert und Rudolf Tamm

Bauplan des Altvaterturms (100 x 90 cm) von Franz Gritzner

Im 1. Ausstellungsraum (dem historischen Zimmer)

In der Mitte das wissenschaftlich fundierte und maßstabsgerechte Modell unseres Heimatkreises (100 x 180 cm) von Dipl.-Ing. Robert Kube, Spachendorf.

a) An den Wänden: eine Abschrift der Schutzbriefe Herzog

Freudenthaler Museum – Raum 2: Trachten und Trachtenstücke

Freudenthaler Museum – Raum 2: Trachtenzimmer mit Trachten, Hauben, Kopf- und Brauttücher, Kirchenbücher und Gebrauchsgegenständen

439

Sudetenschlesisches Trachtenpaar im Heimatmuseum Memmingen

Pelzhaube mit Seidenbändern (19. Jahrhundert)

Sobieslav II von Böhmen (1173 – 1253) und König Wenzel (1230 – 1253); eine Abschrift der Stadterhebungsurkunde von Mährisch-Neustadt 1223, in welcher auf die Stadt Freudenthal hingewiesen wird. – als Großdrucke –

Darstellung und Entwicklung des Freudenthaler Schlosses ab seiner Entstehung und des Deutschen Ordens ab dem Dreißigjährigen Krieg.

Großgemälde in Öl, bedeutender Persönlichkeiten unserer Heimat: Robert Schälzky, der letzte Deutschordenshochmeister und Abt in Freudenthal (1882 – 1948) - Raida –; Erzherzog Eugen, Feldmarschall, Hoch- und Deutschmeister des D. O. (1863 – 1954) - Assmann –; Hans Kudlich, Bauernbefreier (1823 – 1917) - Raida –; Viktor Heeger, Heimatschriftsteller (1858 – 1935) - Zdrazila –; Erwin Weiser, Schriftleiter und Museumskustos (1879 – 1968) - Raida –; die Patenschaftsurkunde Freudenthal/Memmingen aus dem Jahre 1956 – diverse alte Stiche und Bilder der Stadt Freudenthal.

b) In 6 Glasvitrinen, Dokumente, Schriften, Zeitungen, Bilder u. ä. zur Heimatgeschichte des Freudenthaler Ländchens: 1. Freudenthal ab Gründung 1213 – 1621; 2. Der Deutsche Orden mit seinem Herrschaftsgebiet (1621 – 1800); 3. Freudenthal in den Jahren 1800 – 1914; 4. Das Schles. Infanterieregiment Kaiser Nr. 1 – seine Geschichte und sein Einsatz im I. Weltkrieg –; 5. Freudenthal in der Tschechoslowakei (1918 – 1937); 6. Der Anschluß an Deutschland und die Vertreibung (1938 – 1946).

c) Zeitungsständer mit 60 Seiten (a 100 x 70 cm); Lichtbilder von Stadt- und Landkreis Freudenthal (Landschafts-, Orts-, Vereinsaufnahmen u. ä.)

Schlesische Trachten-Goldhaube, 19. Jahrhundert

Schlesische Pelzhaube 19. Jahrhundert mit Seidenbändern

Im 2. Ausstellungsraum (Trachtenzimmer)

a) An den Wänden: Der „Heilige Aloisius" 100 x 60 cm (1750), Originalgemälde in Öl aus der Pfarrkirche in Karlsthal; Alte Bilder der Wallfahrtskirchen am Köhlerberg, Annaberg, Maria-Hilf und Heidebrünnel, sowie altschlesischer Trachten; Original heimische Hinterglasmalerei; Bauernhochzeit in Messendorf um 1890.

b) In den Glasvitrinen: Original-Altschlesische Trachtenhauben aus dem 19. Jahrhundert; Original-Neuschlesische Trachten um 1930; Diverse Braut- und Kopftücher (heimische Erzeugnisse) handgewebt aus reiner Wolle (1850 – 1880); Alte Kirchenbücher, Gebetsbücher, Gläser, Schmuck, Gebrauchsgegenstände u. ä. aus der Zeit 1780 – 1900).

Im 3. Ausstellungsraum (ehemalige Heimatstube)

a) An den Wänden: 2 Großgemälde in Öl, weitere Persönlichkeiten der Heimat: E. S. Engelsberg, Dr. Eduard Schön, Liederkomponist (1825 – 1879) – Prof. Brauner; Bruno Hanns Wittek, Heimatdichter (1895 – 1935) – Prof. Brauner; Das Ölgemäl-

Freudenthaler Museum – Raum 3: Landschaftsbilder, Hinweise auf heimische Künstler: Therese Krones, E. S.-Engelsberg, Viktor Heeger usw.

Gäste des Heimatmuseums. Erzherzog Otto von Habsburg, R. Thiel, Dr. H. Richter

Besichtigung des Freudenthaler Heimatmuseums in Memmingen. Von rechts: MdB Roßmanith (Raase), Oberbürgermeister Holzinger, Heimatpfleger Braun und Museumskustos Rudi Thiel

de von Assmann „Altvaterkuppe mit Altvaterturm" vom Norden; 2 Ölgemälde des ehem. ev. Pfarrers Klement „Der Köhlerberg" und „Freudenthal, mit Blick zum Altvater"; Weitere Gemälde und Bilder vom Heidebrünnel, Gabelkirchle, Karlsbrunn (Hürden), einer Freudenthaler Bürgerin (Templer 1870) und Freudenthal im Winter (Prof. Bibus); 2 Großaufnahmen: Alois Scharnowell, Ehrenbürger und Arbeiterführer (1855 – 1941); Dr. Ernst Ludwig, Rektor und bedeutender Wissenschaftler an der Mediz. Fakultät in Wien (1842 – 1915); Vinzenz Priessnitz, Naturheilkundiger (1790 – 1851); Eine Ehrentafel mit den Namen bedeutender Männer des Kreises Freudenthal. Ein maßgerechtes Modell des Altvaterturms in 1 Meter Höhe.

b) In 8 Glasvitrinen: 1. Dokumentation zur Freudenthaler Schauspielerin Therese Krones, zum Staatsrealgymnasium in Freudenthal und anderen Schulen des Heimatkreises. 2. Dokumentationen zu E. S. Engelsberg und seinen Kompositionen; Das gesellschaftliche Leben in Freudenthal und seine Vereine. 3. Eine Gesteinsammlung des Freudenthaler Ländchens; Unsere Sommerfrischen, Bad-Karlsbrunn und das Altvatergebirge in Prospekten, Wanderkarten u. ä.; 4. Die Textilindustrie Freudenthals (Plischke, Machold, Olbrich) mit seiner Webschule; Die Arbeiterschaft; Großvitrine: Hochzeitspaar (Originalgröße) in Altschlesischer Tracht um 1880; Großvitrine: Sudeten-Schlesische Webwaren, heimische Erzeugnisse – handgewebt und

handgestickt 1850 – 1900; ebenso Bettüberwürfe und Schultertücher aus reiner Wolle – handgewebt; Mittelvitrine: das sudetendeutsche Kalenderwesen; Altvatervolkskunst bis 1938; Mittelvitrine: der Schützenverein Freudenthal; Viktor Heeger und sein Werk; die Ortschroniken unseres Heimatkreises.

c) In 2 Bücherschränken befinden sich ca. 700 heimatkundliche Bände über Geschichte, Mundart u. ä. unseres Altvaterlandes.

Im Sinne der Begründer unseres Heimatmuseums Freudenthal/Altvater, Erwin Weiser und Robert Kube, hat Rainer Thiel, als dessen Leiter, den großzügigen Umbau und die Neugestaltung der Räume durchgeführt. Im oberen Stockwerk des Städtischen Museum Memmingen in der Hermansgasse, befinden sich heute zahlreiche Zeugen deutscher Kulturgeschichte unseres Altvaterlandes. Sie werden künftigen Generationen aufzeigen, daß unsere Heimat durch Jahrhunderte ein kulturelles Antlitz trug und deutsche Menschen mit viel Fleiß ihr Leben gestaltet haben.

So ist der weitere Ausbau des Heimatmuseums Aufgabe und zugleich eine Ehrenschuld, die uns die damaligen Gründer des Städtischen Museums Freudenthal und der 1956 geschaffenen Heimatstube in Memmingen als deren Nachfolger aufgetragen haben.

Die Würbenthaler Heimatstube in der Patenstadt Sindelfingen

Nach § 96 des Bundesvertriebenengesetzes gehört es zu den Aufgaben von Bund und Ländern, das Kulturgut der Vertreibungsgebiete im Bewußtsein der Vertriebenen und Flüchtlinge sowie des gesamten deutschen Volkes zu erhalten. Dies gilt insbesondere für Patenschaften, und in nahezu jeder Patenschaftsurkunde liest man, daß die Patenstadt den Heimatvertriebenen eine zweite Heimat und der Mittelpunkt zur Pflege und Wahrung ihrer heimatlichen Kultur sein will. Geeigneter Aufbewahrungsort solcher Kultursammlungen sind die in vielen Patenstädten eingerichteten Heimatstuben, die eine Art kleines Museum mit Bibliothek und Archiv sind. Bei den geretteten Ausstellungsstücken handelt es sich in erster Linie um Fotos und Bilder. Sie werden durch nachträglich angefertigte verkleinerte Nachbildungen von Gebäuden, Standbildern, Monumenten und ähnlichem ergänzt.

Bei der Patenschaftsübernahme am 7. Juni 1955 besaß das städtische Museum in Sindelfingen selbst nur einen einzigen größeren Raum und konnte daher den Würbenthaler Patenkindern nur eine schmale Nische darin als provisorische Heimatstube zur Verfügung stellen. Erst 1961 anläßlich der 350-Jahrfeier der Bergstadt Würbenthal, erhielt die Heimatstube einen eigenen Raum. Im Rahmen der Sindelfinger Altstadtsanierung wurde das altertümliche erste Rathaus in der Langen Gasse renoviert und zu einem Kulturhaus (Museum) umgebaut. Daran hatte man zur Zeit des städtischen Salzmonopols das sogenannte Salzhaus angebaut, das die Stadt nun als Heimatstube herrichtete. Sie ist unabhängig vom Eingang durch das Rathaus von außen gesondert zugänglich und besitzt einen etwa 25 Quadratmeter großen Raum mit altem Deckengebälk und Stützbalken. Einziger Nachteil ist, daß jedes Erweiterungsvorhaben der Heimatstube nur durch die Verlegung in ein anderes Gebäude möglich wäre.

Gegenüber der Eingangstür steht in einer Wandnische ein raumhoher dreiteiliger, etwa 50 Zentimeter tiefer Einbauschrank, der in der Mitte durch Glasschiebetüren verschließbare Abteilungen hat. In ihnen sind auf je zwei waagerechten Glasscheiben Stellplätze für Exponate und räumliche Nachbildungen vorhanden, die durch Milchglas verdeckt von oben beleuchtet werden können. Hier befinden sich zur Zeit maßstabsgerecht verkleinerte Nachbildungen der Würbenthaler Stadtpfarrkirche „St. Michael", des Altvaterturms und einer sehr formschönen vom Würbenthaler Bildhauer Max Ludwig geschaffenen Brunnenfigur. Außerdem sind hier ein kunstvoll geschnitztes Holzbesteck (Gabel und Löffel) der heimischen Holzindustrie, sodann alte Tabakspfeifen, eine Kaffeemühle, ein kleiner Kinderschuh mit Deckel, der als Schnupftabakbehälter verwendet wurde und ein geschnitztes Holzkästchen mit Heimaterde, das ein Landsmann der Heimatstube am Eröffnungstag 1961 geschenkt hat, zu sehen. Weitere Ausstellungsstücke sind die Patenschaftsurkunde, ein buntes Schultertuch, eine Kappe der Würbenthaler Studentenverbindung „Sudetia", eine kostbare altschlesische Trachtenhaube, drei Trachtenpuppen (zwei weibliche und eine männliche), ein Gebetbuch mit kunstvoller Einlegearbeit, Erzeugnisse der heimischen Glasindustrie, verschiedene Medaillen und einige kleinere gerahmte Bilder. Die Schrankabteilungen unter- und oberhalb der Ausstellungsplätze sind mit abschließbaren Holzschiebetüren ausgestattet und dienen zur Aufbewahrung von Büchern, Aktenkopien und sonstigen gegenwärtig nicht ausgestellten Gegenständen. An den beiden Seitenwänden

sind mehrere zwei Meter lange, achtzig Zentimeter hohe und zehn Zentimeter tiefe Schaukästen mit Glasscheibenschutz befestigt, in denen wahlweise Kartontafeln unterschiedlicher Breite ausgestellt werden können. Auf diesen Schautafeln sind zu ausgesuchten Themen entsprechende Fotos mit einem ausführlicheren Text zusammengefaßt. Die zur Zeit verfügbaren Tafeln behandeln folgende Themen: Die Grenzburgen bei Würbenthal; Der Bergbau zur Zeit der Gründung Würbenthals; Hausformen um Würbenthal; Der Städterechtszug in Sudetenschlesien; Zum Schulwesen in Würbenthal; Der Deutsche Orden als Herrschaftsinhaber; Die Würbenthaler Bürgergarde; Würbenthal und Umgebung heute (1975) im Bild; Fachlehrer Tamm und seine Linol- und Holzschnitte sowie der Würbenthaler Bildhauer Max Ludwig und sein Werk.

Würbenthaler Heimatstube Sindelfingen, Teil der Schaukästen

Auf den noch frei gebliebenen Wandflächen hängen größere gerahmte Bilder, meist Ölbilder, von Würbenthal und Umgebung sowie von bekannten Persönlichkeiten aus der Würbenthaler Geschichte.

Hier ist auch das gedruckte, von einer Würbenthalerin verfaßte Gedicht über die Heimatstube, sodann ein Holzrelief mit den beiden Stadtwappen zur Patenschaftsübernahme und eine sechzig mal achtzig Zentimeter große farbige Landkarte von

Würbenthaler Heimatstube in Sindelfingen – Landsmann Adolf Gottwald im Gespräch mit Gästen

Würbenthaler Heimatstube im Salzhaus in Sindelfingen

Schultertuch mit Fransen

Die umfangreich gewordene Bibliothek der Heimatstube besitzt neben vielen erst nach der Vertreibung erschienenen Buchexemplaren auch einige wertvolle, noch in der Heimat gedruckte Bücher. Seit einigen Jahren erhält die Würbenthaler Heimatstube aus Ankäufen des Innenministeriums Baden-Württemberg kostenlos Buchneuerscheinungen aus den sudetendeutschen Vertreibungsgebieten.

Der ursprünglich verständlicherweise nur geringe Aktenbestand des angegliederten Archivs stammt ausschließlich aus dem Privatbesitz einiger Landsleute. Hier handelt es sich vorwiegend um Kaufverträge teilweise noch aus dem vorigen Jahrhundert. Durch den von der Patenstadt geförderten Besuch des Heimatstubenbetreuers beim Deutschordens-Zentralarchiv in Wien konnte dieser Bestand mit Kopien wichtiger Urkunden und Verwaltungsakte zur Gründung bzw. zur Geschichte Würbenthals ergänzt werden. Eine zweite bedeutende Erweiterung erfuhr das Archiv durch einen über das tschechoslowakische Innenministerium in Prag veranlaßten Ankauf von wichtigen Urkundenkopien vom Staatsarchiv in Troppau. Das Archiv weist inzwischen mit über 500 Seiten zum Teil sehr wichtige Akten auf. Die Urkunden fanden in geschichtlichen Aufsätzen ihren Niederschlag, die in den Jahrbüchern der Patenstadt Sindelfingen abgedruckt worden sind. Sie führten 1975 zur Neuherausgabe der Geschichte der Bergstadt Würbenthal. Auch hier förderte die Patenstadt den Verkauf der Buchauflage.

Würbenthal und Umgebung, die ein kartographisch ausgebildeter Landsmann gezeichnet hat, zu sehen. Da bei dieser Ausstattung noch Platz für Tische mit Bestuhlung geblieben ist, kann die Heimatstube auch für Sitzungen und Zusammenkünfte mit kleiner Teilnehmerzahl benutzt werden.

Schnupftabakbehälter (Kinderschuh mit Deckel)

Eßbesteck aus Holz, geschnitzt. Würbenthaler Heimatstube, Sindelfingen

Rückseite des Golddukatens: Bildnis „Maria mit dem Kinde" sowie Jahreszahl 1642.

Golddukaten, Vorderseite: Bildnis von Kaiser Ferdinand III. (1637 – 1657). Die Münze wurde 1880 vom Bauer Weis in Alt-Vogelseifen beim „alten Mühlweg" gefunden.

Die Einsiedeler „Altvater-Heimatstube" in Gärtringen

Nach langjährigen mühevollen Vorarbeiten konnte in den Weihnachtstagen 1988 der Ortsbetreuer der Gemeinde Einsiedel, Lm. Ernst Thiel, in Zusammenarbeit mit seiner Wohnsitzgemeinde Gärtringen eine sehenswerte Heimatstube der Öffentlichkeit vorstellen. Er ist zugleich Leiter und Betreuer dieser Heimatstube, deren Trägerschaft von der Gemeinde Gärtringen übernommen wurde. Die Heimatstube ist in einem schönen Fachwerkhaus in der Ortsmitte eingerichtet worden. Die Vielzahl der Ausstellungsstücke bietet dem Besucher einen guten Einblick in die Kultur und Lebensweise der Menschen im Altvatergebiet. So enthält die Sammlung ein Modell der Pfarrkirche von Einsiedel und einen originalgetreuen Nachbau des Altvaterturmes. Daneben sind Erzeugnisse aus dem Altvatergebiet, typische Handwerkszeuge, Haus- und Küchengeräte und wertvolle Trachtenstücke zu sehen. Die Heimatstube zeigt insbesondere Glaswaren aus dem Altvatergebiet, speziell aus der seinerzeit sehr bekannten Glashütte Adolf Richter. Alte Schriften, Bilder und Ansichtskarten sowie eine reichhaltige Mineraliensammlung ergänzen das vielseitige Ausstellungsangebot. Die in zwei Räumen untergebrachte Sammlung ermöglicht dem Besucher das

Kennenlernen der Geschichte der Sudetendeutschen, die 1945/46 zwangsweise ihre Heimat verlassen mußten. Von ihnen haben zahlreiche Bewohner des Altvaterlandes im Kreis Böblingen eine neue Heimat gefunden.

Büchersammlung und Ausstellungsstücke

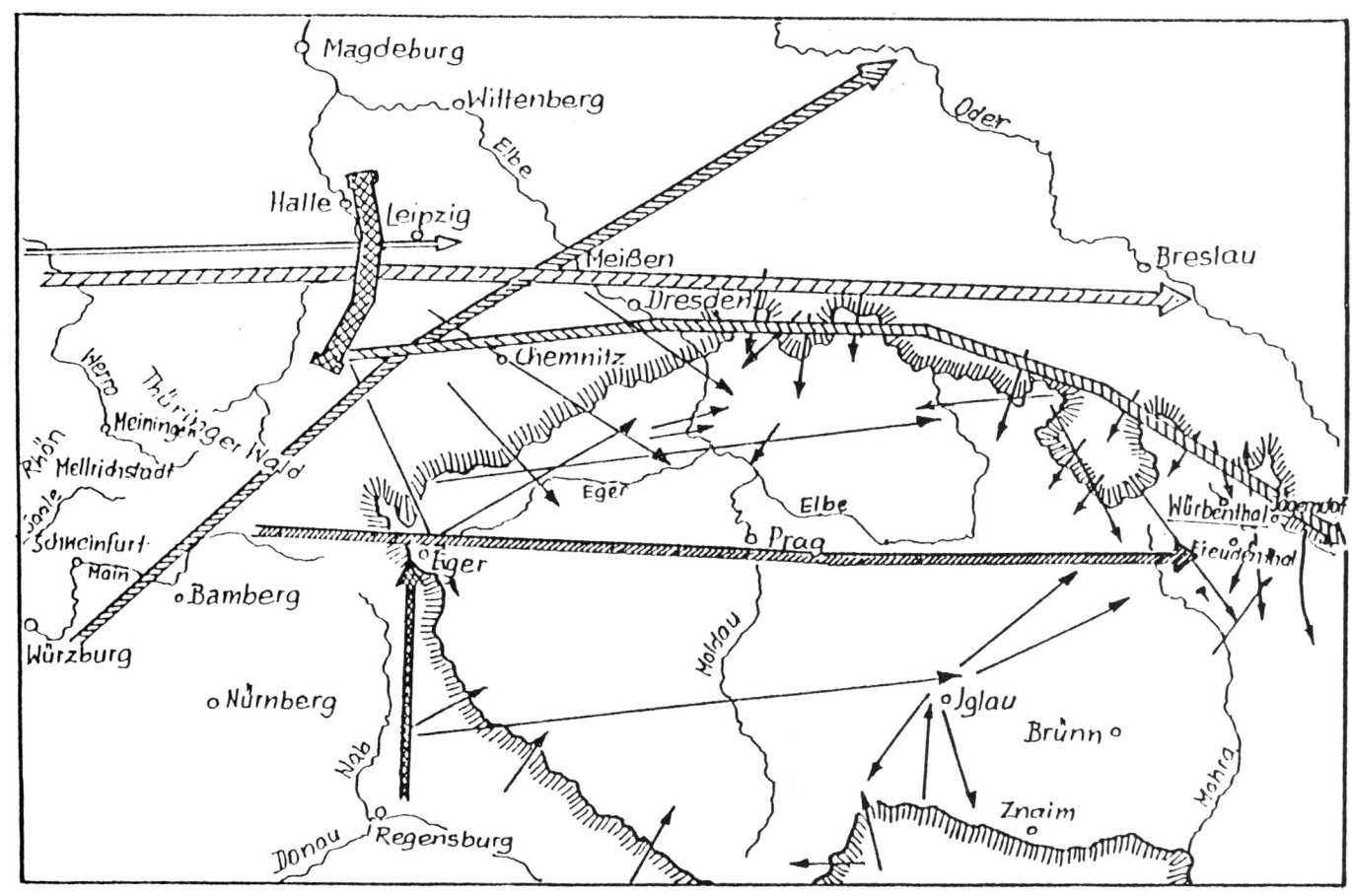

Die mundartlichen Siedlungsbahnen in den Sudetenländern. (Nach E. Schwarz: Deutsche Siedlung in den Sudetenländern im Lichte sprachlicher Volksforschung)

Unsere Mundart

(nach Dr. Kurt Langer)

Unsere Mundart ist ein altes Erbgut von unseren Vorfahren und ein Abbild unseres eigenen Wesens. Wir sollten sie daher auch in der heutigen Umgebung, wenigstens im häuslichen Kreis, weiterhin pflegen und bewahren. Auch vier Jahrzehnte nach der Vertreibung aus der Heimat fühlen sich doch ungezählte Landsleute besonders wohl, also „ganz drhäm", wenn sie z. B. bei Heimattreffen mit ihren Freunden und Bekannten wieder einmal so sprechen können, wie sie es von Jugend an gewöhnt sind. Wir hatten zuhause in allen Schichten der Bevölkerung hervorragende Mundartsprecher, nicht nur in den ländlichen Kreisen. Mit Genugtuung schätzten wir es, daß viele unserer Landsleute, die den „gehobenen Gesellschaftskreisen" zugezählt wurden, sich bei geselligen Zusammenkünften besonders gern der Mundart bedienten. In entspannter Atmosphäre gibt und zeigt man sich endlich wieder einmal so, wie man wirklich ist!

Wenn von „unserer Mundart" gesprochen wird, so meinen wir die schlesische Mundart, wie sie im Gebiet der Landkreise Freudenthal und Jägerndorf gesprochen wurde. Selbst auf diesem relativ begrenzten Gebiet gab es keine einheitliche Mundart, sondern acht verschiedene Untermundarten, die sich jedoch so sehr ähnelten, daß sie sich meist nur im Tonfall oder in der Aussprache einzelner Laute unterschieden. Solche Spracheigentüm-

lichkeiten waren jedoch seinerzeit immer wieder ein Anlaß, den Nachbarn wegen seiner Eigenheiten zu hänseln. Das Gebiet der Kreise Freudenthal und Jägerndorf wurde von den Sprachforschern der Prager deutschen Hochschule wohl deshalb gemeinschaftlich untersucht, weil die Siedlungsgeschichte beider Kreise eng miteinander verwandt ist. Für die Erklärung einer Mundart kommt der Besiedlungsgeschichte ein Vorrang zu, denn hier allein liegt der Grund für das Entstehen und die Vielgestaltigkeit unserer Mundarten. Mögen andere Einflüsse wie Herrschaftsgrenzen, Berührung mit anderen Mundarten usw. noch so stark gewesen sein, für die Entstehung der Mundart war nur die Besiedlung bzw. die Mundarten, welche die damaligen Siedler sprachen, maßgebend. Zwei Fragen sind zu beantworten: Wann wurde besiedelt und woher kamen die Siedler? Die Besiedlung der Sudeten war eine hartumstrittene Frage, an der sich die Gemüter der Deutschen und Tschechen erhitzten. Die Theorie von Prof. Bretholz, daß die deutschen Bewohner der Sudetenländer Nachkommen der hier in germanischer Vorzeit siedelnden Völker seien, ist überzeugend widerlegt worden. Mögen sich auch hier und da geringe Reste davon erhalten haben, so waren sie aber nicht ausschlaggebend für das Gesicht des sudetendeutschen Sprachraumes. Auch ein Blick auf die Vielgestaltigkeit unserer

446

Mundarten läßt diesen Schluß nicht zu. Es hat im 13./14. Jahrhundert eine Wiederbesiedlung durch Angehörige anderer deutscher Stämme eingesetzt. Es muß ausdrücklich darauf hingewiesen werden, daß diese Wiederbesiedlung kein Gewaltakt war, sondern daß die Siedler von den Grundherren gerufen wurden, damit sie die Gegend urbar machten und den Boden bebauten. Da Urkunden über diese Siedlungstätigkeit weitgehend fehlen, mußte die Sprachforschung versuchen, die Herkunft der Siedler durch ihre Methoden zu erforschen.

Zuerst interessiert uns also die Zeit der Besiedlung. Ein grundlegendes Werk über die Besiedlung Nordmährens und Sudetenschlesiens schrieb der seinerzeitige Landesschulinspektor Dr. Karl Berger aus Bärn. Sein Titel lautet: Die Besiedlung des deutschen Nordmähren im 13. und 14. Jahrhundert. Die Hauptbesiedlung unseres engeren Heimatraumes erfolgte demnach im 13. und 14. Jahrhundert. Danach war sie im wesentlichen abgeschlossen. Über die Verwüstung vieler Ortschaften im 15. Jahrhundert wird noch die Rede sein.

Um die Urbarmachung und Kolonisierung weiter Gebiete des Olmützer Bistums durch deutsche Siedler hat sich bekanntlich Bischof Bruno von Schaumburg (1245 – 1281) große Verdienste erworben. Bis hinauf in den Hotzenplotzer Bezirk schickte er seine Ansiedler. Es ist urkundlich sicher, daß er schon um das Jahr 1267 eine ganze Reihe von Dörfern um Hotzenplotz angelegt hatte, die meist ihre Namen von den Lokatoren erhielten. Ein Helembert de tutri (von Turm) war der Lokator der Dörfer Levendal (Liebenthal) und Renverdestorp (Röwersdorf) und zwar noch vor 1256. Auch das damals sehr reiche Kloster Welehrad hat an der Besiedlung einen großen Anteil. Die Klosterdörfer um Bennisch sind Gründungen dieses Klosters. Erst durch Verkauf kamen sie an die Herrschaft Groß-Herrlitz. Bis zum Jahre 1589 gehörten dem Kloster noch die Dörfer Brättersdorf, Eckersdorf, Alt-Erbersdorf und Frei-Hermersdorf. In der Mitte des 15. Jahrhunderts wurden die Dörfer bereits an Hynek und dessen Sohn Johann von Würben, Herren auf Herrlitz, verpfändet. Hynek II. brachte sie im Jahr 1589 erblich an sich. Friedersdorf soll dem Stifte im 13. Jahrhundert angeblich unter dem Namen Darkowitz gehört haben, doch ist dies ziemlich unwahrscheinlich. Damit dürfte wohl Darkendorf im Kreis Troppau gemeint sein. Gerade Welehrad war hier um Bennisch ein bedeutender Siedlungsfaktor. Der Zisterzienserorden, zu dem es gehörte, hatte auch viele Klöster im Reichsgebiet. Mit diesen unterhielt Welehrad wohl rege Beziehungen, die es in die Lage versetzten, Siedler aus dem Reiche heranzuführen. Vielleicht ist auch hier der Grund zu suchen, daß wir im Bennischer Gebiet noch vielfach nördliche (gesamtschlesische) Mundartmerkmale vorfinden. Auch die Johanniter, welche im Hotzenplotzer Ländchen Besitzungen hatten, waren sicherlich an der Besiedlung beteiligt. Schließlich ist es zweifelsfrei, daß die Adelsgeschlechter, z. B. die Kravaře (Wockendorf, Milotendorf) und die Städte dem Beispiel des Olmützer Bischofs folgten. Es sollen hier nicht für jeden Ort die urkundlichen Erstnennungsdaten (die nicht immer die Gründungsdaten zu sein brauchen) angeführt werden. Ein Blick auf diese Daten – siehe hierzu den geschichtlichen Teil dieses Buches – beweist jedoch, daß die Hauptbesiedlung unseres Gebietes mit Ende des 14. Jahrhunderts abgeschlossen war. Lediglich im Gebirge wurde erst später besiedelt, wie wir im Olbersdorfer und Freudenthaler Gebiet feststellen konnten. Doch wurden nicht etwa neue Siedler von auswärts herangezogen, sondern die schon ansässigen Siedler drangen aus Raummangel weiter ins Gebirge vor. Eine Tatsache aber ist für die Sprachforschung wichtig. Das Jahr 1474 wurde für viele Dörfer unseres Gebietes verhängnisvoll. Beim kriegerischen Durchmarsch des Ungarnkönigs Matthias Corvinus wurden sie in Schutt und Asche gelegt. Ein großes Wüstungsgebiet liegt im Raum um Bennisch. Der Historiker Dr. Heribert Weinelt nennt uns die Namen dieser Dörfer in seinem Werk „Volkstumsgeographie": Zu Beginn des 16. Jahrhunderts sind hier die Dörfer Rabendorf, Milkendorf, Wockendorf, Rudelsdorf, Hartmannsdorf, Gabel, Alt-Erbersdorf, Dürstendorf, Jamnik, Hoßnitz, Raase, Helmsdorf, Tillendorf, Schwarzendorf, Lukina und Zárnice verödet. Ein weiteres Wüstungsgebiet lag um Olbersdorf: Heindorf, Kuttelberg, Hillersdorf, Neudörfel, Kreuzberg, Matzdorf sowie im Oppatal die Orte Neu-Erbersdorf, Heinzendorf, Joksdorf, Dittersdorf, Markersdorf und das Städtchen Gesenk.

Die Zerstörung der Dörfer hat auch einen Fremdkörper im Freudenthal-Bennischer Gebiet beseitigt, nämlich eine slawische Besiedlungszunge, die über Spachendorf/Raase reichte und ihre letzten Ausläufer in den beiden heute vollkommen verschwundenen Orten Lukina und Zárnice hatte.

Um die Wiederbesiedlung haben sich die Hohenzollern der Ansbacher Linie, die das Herzogtum Jägerndorf im Jahre 1523 kauften, verdient gemacht. Es scheint, daß in den genannten Dörfern 1474 auch alle Bewohner erschlagen wurden. Wo kamen die neuen Siedler her? Es wird berichtet, daß bei dem 1547 erfolgten Wiederaufbau von Raase und Spachendorf Ansiedler aus Niederschlesien und der Mark Brandenburg herbeigeholt worden seien, Dr. Berger weist in seiner Arbeit darauf hin. Aber ein großer Teil der alten Bevölkerung muß sich doch wohl erhalten haben. Die Wiederbesiedlung muß in der Hauptsache durch Innenkolonisation erfolgt sein, da die Mundart keine Sondermerkmale aufweist, die bei einer starken Zuwanderung aus Niederschlesien vorhanden sein müßten. Die neuen Ansiedler, die aus der unmittelbaren Nachbarschaft kamen, fügten sich in den bereits festgelegten Sprachraum ein.

Kaum als eine eigene Siedlungsperiode ist die im 18. Jahrhundert einsetzende anzusprechen. Nun entstanden aus abgetrennten Meierhöfen Kolonien, die sich manchmal zu Ortschaften entwickelten. Für die Mundartkunde ist dies aber vollkommen unwichtig, da auch diese Siedler ja schon früher hier wohnten, also keine neuen Formen mitbringen konnten. In die Zeit des 17. und 18. Jahrhunderts fällt die Gründung von Hirschberg (Kreis Jägerndorf) 1666, Karlsdorf (Kolonie bei Hotzenplotz) 1785, Buchbergsthal 1795, Burgwiese 1686, Langendorf 1606, Langwasser 1619, Frobelhof (Kolonie bei Zossen) 1772.

Weitaus schwieriger als die Frage nach der Zeit der Besiedlung ist die nach der Herkunft der Siedler zu beantworten. Urkunden geben uns hierüber keine Auskunft. Wir dürfen bei dieser Frage nicht von unserem verhältnismäßig kleinen Raum ausgehen, sondern müssen zuerst einen Blick auf die Besiedlung des gesamtschlesischen Raumes werfen. Bei der mundartlichen Betrachtung unseres Gebietes fielen die großen Unterschiede zwischen Nord und Süd sofort auf. So sieht keine Sprachlandschaft aus, die ein Volksstamm mit gleicher Sprache besiedelte und seine Sprache gleichmäßig weiterentwickelt hat. Hier müssen Siedler aus verschiedenen Gauen Deutschlands zusammengekommen sein. Wenn man die Lautentwicklung unserer Mundart mit den Nachbarmundarten und dem Gesamtschlesischen verglich, ergab sich, daß der Norden mehr die gesamtschlesischen Mundartmerkmale aufwies, die gegen Süden immer mehr abnahmen. Um Freudenthal trat plötzlich eine völlig anders geartete Mundart auf. Am auffälligsten war die Verdumpfung des mhd.

(mittelhochdeutschen) a zu einem Laut, der zwischen a und o liegt, auch vor Kehllauten, vor n + Zahnverschluß, vor l + Zahnverschluß, während im Gesamtschlesischen diese Verdumpfung vor Mitlauten unterblieb. Z. B. lachen zu loachen; schlesisch heißt es dagegen lacha, das a bleibt also hell wie im Hochdeutschen. Nach Professor Ernst Schwarz, der u. a. das Buch „Sudetendeutsche Sprachräume" herausgab, haben Ostfranken und Bayern verdumpft; die Bayern schon im 13. Jahrhundert vor gewissen Konsonanten. Wenn wir also die Mundart näher betrachten, so müssen wir zu dem Schluß kommen, daß hier zwei Siedlungsströme, der eine vom Norden, der andere vom Süden kommend, zusammengestoßen sein müssen. Schwarz hat die Siedlungsbahnen der Ostkolonisation in dem genannten Buch anschaulich dargestellt. Er zeigt auf einer Karte, wie vom Norden her, also über Preußisch-Schlesien, ein Strom von Siedlern einzieht, die eine Mundart mit den hessisch-rhönischen Elementen des Glätzisch-Oberschlesischen sprechen. Von Süden kommt über den Schönhengst ein zweiter Siedlungsstrom, der aus der ostmainfränkischen Heimat stammt und die dortige Sprache mitgebracht hat. Der Zusammenprall der beiden Siedlerwellen erfolgt gerade auf unserem Gebiet und zwar nicht genau auf der Höhe von Freudenthal, wie Weinelt annimmt, sondern etwas weiter nördlich, also um Jägerndorf-Olbersdorf. Das Freudenthaler Gebiet zeigte doch schon ganz die Merkmale des Südens, während das Hotzenplotzer und Hennersdorfer Gebiet ganz zum Reichsschlesischen neigte. Die Ausgleichslandschaft lag dazwischen. Es spricht vieles dafür, daß der Ausgleich der Mundarten nach beiden Seiten, also nach Norden und Süden gleichmäßig vonstatten ging. Die südlichen Elemente ragten allerdings nur in der Freudenthal-Würbenthaler Zunge in unser Gebiet herein, während das Bennischer Gebiet schon wesentliche Merkmale des Nordens zeigte. In dieser Ausgleichslandschaft zwischen Nord und Süd, zu der hier das Bennischer-, Seifersdorfer-, Jägerndorfer und Heinzendorf-Olbersdorfer Gebiet zu rechnen ist, traten uns neben südlichen, also ostmainfränkischen Merkmalen nördliche, also hessisch-rhönische entgegen. Es wurde hier z. B. schon die Verdumpfung des a vor Kehllauten festgestellt, während das reine a bei n + Zahnverschluß und l + Zahnverschluß noch erhalten blieb. Zu erwähnen ist hier noch die pf/f Grenze (pf im Anlaut), die auch unser Gebiet in zwei Teile schied. Hier wird das Freudenthaler-, Würbenthaler-, Engelsberger-, Bennischer- und teilweise Seifersdorfer-Gebiet dem Süden zugerechnet, während das übrige Gebiet in der Hauptsache f zeigte und damit wieder dem Norden zugehört. Allerdings galt zu Kriegsende 1945 in diesem Gebiet schon nicht mehr ausnahmslos f für pf, was aber wohl vorwiegend auf den schriftsprachlichen Einfluß zurückzuführen war.

Eine Erscheinung ist noch wichtig, die sich in diesen Rahmen nicht einfügen will. Um Freudenthal hatten wir für Selbstlaut + l eine Aussprache, die das l an den Selbstlaut anglich (assimilierte). Z. B. für Wald das Wort wöit (auf dem Dorfe) bzw. wait (in der Stadt) und ähnliche Formen. Wieso trat hier plötzlich diese Aussprache auf, die sonst nirgends in den Nachbarmundarten festzustellen war? Nur das anschließende Römerstädter Gebiet (bearbeitet von Dr. Rieger) zeigte dieselbe Erscheinung. Eine Eigenheit des Ostmainfränkischen liegt nicht vor. Eine ähnliche Erscheinung finden wir im Bayrischen. Wenn auch die entsprechenden schlesischen Laute nicht immer genau den bayrischen entsprechen, so haben sie doch die Grundzüge mit der bayrischen Vokalisierung gemeinsam. Hier wie dort tritt in dieser Stellung die Neigung des Selbstlautes zur Rundung auf (außer in der

Stadtmundart von Freudenthal, doch spielt hier schon wieder der schriftsprachliche Einfluß eine große Rolle). Daß diese Erscheinung auf bayrische Bergleute zurückzuführen sei, lehnt Schwarz ab. In seinem Buch „Sprachräume" heißt es: „Die Bergleute von Freudenthal sind von Norden her aus dem Breslauer Bistumsland gekommen. Die vielen Namen auf -seifen gehören, obwohl den bayrischen Bergbauorten nicht ganz fremd, in der Hauptsache in mitteldeutsche Zusammenhänge."

Ein gewisser bayrischer Einfluß scheint aber doch vorzuliegen. Daß Bayern nach Nordmähren gekommen sind, beweist die mittelbayrische Sprachinsel Nebotein bei Olmütz. Wahrscheinlich wurden durch die Ostfranken, die nach Nordmähren kamen, auch Nordbayern mitgerissen, auf die wir dann die Erscheinung der l-Vokalisierung um Freudenthal zurückführen könnten. Dies deckt sich dann auch mit der Meinung von Schwarz, wonach unter den in Nordmähren kolonisierenden Ostfranken auch Nordbayern gewesen sein könnten, da sich beide in der nördlichen Oberpfalz und im Egerland innig vereinigten. Auch Rieger vertrat die Ansicht, daß hier ein starker bayrischer Einschlag vorhanden war. Vielleicht wäre es bei weiterer Forschung in der Heimat gelungen, Licht in dieses Dunkel zu bringen.

Hervorzuheben ist hier noch das Auftreten des velaren (gewalgerten) l verstreut im ganzen Gebiet. Auch dies ist eine nördliche Erscheinung, die Siedler aus Reichsschlesien mitbrachten. Abschließend können wir also feststellen, daß unser Gebiet eine Staffellandschaft darstellte, in welcher der Ausgleich nördlicher hessisch-rhönischer und südlicher ostmainfränkischer Mundartmerkmale stattfand. Durch Merkmale, wie die Entwicklung von mittelhochdeutschem ei z. B. in heiß zu has, häs, hais bekam das ganze Gebiet noch eine südliche Prägung (nördlich hieß es hes, also geschlossenes e), und es war darüber hinaus noch als ein Teil einer größeren Staffellandschaft zu sehen.

Zur Erläuterung folgen einige Beispiele.

Die Verdumpfung des mittelhochdeutschen a: In seiner hellen Qualität bleibt a im Bennischer-, Jägerndorfer-, Seifersdorfer-, Heinzendorf-Olbersdorfer-, Hotzenplotzer- und Hennersdorfer-Gebiet erhalten, z. B. Hacke: hak, hake oder nackt: nakich. Im Freudenthaler- und Würbenthal-Engelsberger-Gebiet wird verdumpft: hoak, noakich usw. In der Ausgleichslandschaft (Bennischer-, Seifersdorfer-, Jägerndorfer-, Heinzendorf-Olbersdorfer-Gebiet) finden wir allerdings zum Teil vor Kehllauten (ch) schon Verdumpfung, z. B. Wachs: woks, während vor n + Zahnverschlußlaut, z. B. Hand: hant, lang: lank und l + Zahnverschluß z. B. Wald: walt, kalt: kalt das a hell gesprochen wird. Verschlußlaute sind t, k, g, d, p usw., also solche, die durch den Verschluß des Mundes (der Zähne, der Lippen) gebildet werden. Zahnverschlußlaute sind solche, die durch den Verschluß der Zähne gebildet werden, wie z. B. t, d, s.

Zu der erwähnten pf/f Grenze sei folgende Erklärung angefügt. Es ist hier pf im Anlaut gemeint, also am Anfang eines Wortes. Im Süden sagte man z. B. für Pfeife: pfaif, im Norden faife. Für Pferd sagte man südlich pfar, nördlich fart usw.

Wenn nun die Herkunft der Siedler bestimmt und die Hauptmerkmale der Mundartunterschiede zwischen Nord und Süd festgestellt sind, und wenn wir die Unterschiede der einzelnen Gebiete darauf zurückführen, daß hier infolge des Zusammentreffens der beiden Siedlerwellen eine typische Staffellandschaft entstanden ist, so bleibt noch die Frage offen, wie die Grenzen zwischen den einzelnen Mundartgebieten zustande kamen? Ein Blick auf die früheren Herrschaftsgrenzen würde anschaulich machen, daß die Mundartgrenzen weitgehend mit den einstigen

Herrschaftsgrenzen übereinstimmen. Dafür muß doch ein Grund vorhanden sein. Wenn diese Herrschaftsgrenzen schon zur Zeit der Besiedlung bestanden hätten, wäre die Antwort darauf leicht. Man könnte annehmen, daß die damaligen Grundherren Siedler herbeigezogen haben, die dann innerhalb der Grundherrschaft ihre Sprache weiterentwickelten. So wäre die Trennung der einzelnen Untermundarten durchaus verständlich. Das ist aber nicht der Fall. Die Herrschaften waren nicht primär und die Besiedlung sekundär, sondern umgekehrt. Infolge des hohen Alters der Herrschaftsgrenzen haben sie sicher in einem gewissen Umfang Einfluß auf die Bildung der Untermundarten gehabt. Größere Gebietsveränderungen haben in keiner Herrschaft stattgefunden. Die einzelnen Herrschaftsgebiete unseres Sprachraumes waren die Minderstandsherrschaft Freudenthal, das Herzogtum Jägerndorf, die Minderstandsherrschaft Olbersdorf, die Herrschaft Gotschdorf, die Herrschaft Geppersdorf. Im Norden lag die große mährische Enklave Hotzenplotz. In ihr die Herrschaft Hotzenplotz mit den Domkapitulargütern Rausen und Wlastowitz, das Gut Deutsch-Paulowitz und Butschafka (Lehen des Olmützer Bistums), die Güter Grosse und Mährisch-Pilgersdorf, die Majoratsherrschaft Hennersdorf mit den Gütern Johannesthal, Batzdorf und Matzdorf und die Allodialherrschaft Maidelberg.

Die Teilung des ganzen Gebietes in so viele kleine Herrschaftsgebiete hat sicher zu der mundartlichen Zerrissenheit viel beigetragen. Dies sehen wir im Hotzenplotzer und Hennersdorfer Gebiet deutlich, wo so viele kleine Mundartgebietchen auftreten, daß die vielen an und für sich geringen Unterschiede gar nicht aufgezeigt werden können. Diese örtlichen Unterschiede wurden aber von allen Mundartsprechern deutlich empfunden. Im Süden hingegen, wo uns größere Herrschaftsgebiete entgegentreten, war auch die Mundart einheitlicher. Überall wurde allerdings die Herrschaftsgrenze nicht zur Mundartgrenze. Hier muß eben das Alter der Herrschaftsgrenze eine Rolle gespielt haben. Wir sahen doch, daß die Grenzen zwischen der Freudenthaler Herrschaft, dem ehemaligen Herzogtum Jägerndorf und der Hotzenplotzer Enklave noch in den letzten Jahren vor der Vertreibung die mundartlichen Hauptgrenzen darstellten. Für die Verwischung dieser Grenzen kann man verschiedene Gründe anführen. Da haben wir als ersten Grund die schon erwähnte Innenkolonisation, die im 16. Jahrhundert einsetzte, nachdem beim Kriegszug des Matthias Corvinus 1474 viele Dörfer zerstört worden waren. Viele andere Kräfte waren jedoch sicher am Ausgleich der Mundarten beteiligt. Zur Zeit der Leibeigenschaft können wir wohl annehmen, daß die Bewohnerschaft der einzelnen Grundherrschaften ziemlich abgeschlossen voneinander lebten. Nachher wurde die Herrschaftsverwaltung wesentlich milder und die strenge Abschließung ließ nach. Ferner fielen die Grenzen der Kirchsprengel nicht immer mit den Herrschaftsgrenzen zusammen. Der größte Ausgleich jedoch fand im letzten Jahrhundert statt. Die Untertanen kamen also auch am Sonntag zum Gottesdienst zusammen. Die besseren Verkehrsverhältnisse, das freiere Leben usw. brachten die Menschen zueinander, die Mundart entwickelte sich viel freier und schneller als früher.

Den besten Beweis für die ständige Veränderung unserer Mundart bringt doch die heutige Zeit. Will man zu einer halbwegs treffenden Erklärung einer Mundart kommen, so müssen alle Faktoren, die bei der Entwicklung irgendwie eine Rolle gespielt haben, in Betracht gezogen werden. Heute wissen wir, daß unsere Mundart nach und nach aussterben wird. Für uns alle ist dies ein Grund, sie weiter zu sprechen und zu lieben.

Wörter, Ausdrücke und Redewendungen in der Mundart des Altvatergebirges

aus der Gegend von Würbenthal
Gesammelt von Eckart Kreuzer, Würbenthal

Erläuterung zur Schreibung und Aussprache; z. B.:
a) aa ah (ee eh, oo oh ...) = a (e o u ...) lang oder gedehnt ausgesprochen;
b) ao ist ein Mittelding zwischen den Lauten a und o;
c) das e bei den Endungen: -en, -el wird fast ganz verschluckt; z. B.: flutschn = flutschen oder weinen, nutschln = nutscheln ...

Alma (Aolma) – Speiseschränkchen aus Holz, Almer – meistens im Hausflur (Vorhaus) stehend
Lure – Bezeichnung für einen schlechten, dünnen Kaffee
Traasch – Kaffee – eine größere Menge von Kaffee
graomisch – geizig, einem andern nichts gönnend (a = ao!)
ohrdreßich – verdrießlich, schlecht gelaunt
remfuzen – schimpfen, nörgeln, kritisieren
klinseln – jammern, klagen. „Wenn der Klinsler nicht hot, da Praohler hot erscht recht nischt."
Renken – Launen, unangenehme Eigenheiten
flutschen – weinen
flenne – weinen
raazen – weinen
Geknautsch – jämmerliches, verdrießliches Weinen, besonders bei kleinen Kindern
fortwurschteln – schlecht und recht weitermachen, meist ohne viel Gewinn und Erfolg

ärschlich, auch ärschlnich – verkehrt, von hinten herum
lausich – es geht schlecht, lausiche Zeiten
Haxen – Beine
schickeln – schielen
Schnauzer – Schnurrbart
Faxen – unsinniges Handeln. „Faxen machen oder Faxen treiben."
lahmisch – langsam und ungeschickt
kiefizich – naseweise, schnippisch, vorlaut, vorwitzig
fleemisch – hinterlistig, unaufrichtig
Lauser – Junge, der auf Lausbübereien (Spitzbübereien) ausgeht
popeln – in der Nase bohren
a klaner Pepl – ein kleiner Junge, Knirps
Krischpinle – schwaches, elendes, blasses Kind
knaatschen – weinen
Knaatschlich – ein Kind, das alles mit Weinen erreichen will
sturgeln – herumwühlen, herumsuchen
tratschen (a = ao) – sich lange aussprechen, aber auch über andere Ungünstiges erzählen
Troatschweib – Frauen, die tratschen (andere schlecht machen)
Traotsche – Traotschlich, die über andere Leute Abfälliges verbreiten

Leetschlich oder Leetschel – langsamer und unbeholfener Mensch
Lootschkraoppen – wie Leetschl
Schnute oder Schnut – Mund (wenn etwas verzogen)
Schnickse oder Schnicks – Mund (wenn vorlaut)
die Freß oder Fraß – Mund (derbe Bezeichnung für Mund
die Gosch – Mund (derbe Bezeichnung für Mund)
die Luffe oder Luff – Maul (auch grobe Bezeichnung für Mund)
Goschle – kleiner Mund, auch Küßchen
eichlgaonzer Klachel oder Kalle – großer, starker Bursche oder Mann
Praotzen – große, derbe Hände
Söfflich – Säufer
nippeln – alkoholische Getränke trinken
peepeln – alkoholische Getränke trinken
Disterle – kleines, sehr schwächliches Mädchen
klucksen – immer kränklich, aber nicht bettlägerig sein
nutscheln – langsam etwas im Mund zergehen lassen, aber auch auf der Geige falsch spielen. Genutschel
Quatschkerle – kleines, gutgenährtes, rundliches Kind
remschlumpern – die Kleider hängen lose (flatternd) am Körper
Geschlumper – zerrissene Kleider (Wäsche), Lumpen, Hadern
Gefetz – Fetzen
aochstad – nur langsam und leise!
ämst – eben ja
baorfüssich – Füße ohne Schuhe und Strümpfe
Wespelgeist – unruhiges, unstetes Kind
Hockepocke – kleine Kinder werden auf dem Rücken getragen, indem sie die Arme dem Träger um den Hals legen
fuschpern – mit den Händen immer unruhig um sich greifen
remwespeln – ständig unruhig sitzen
schlenkern – Beine und Arme ständig bewegen (auch beim Sitzen)
Ohrwaschle – Ohrmuschel
schwudern – viel und schnell sprechen (Schwudersaock)
lichnen – wetterleuchten
lotschen – langsam (oft schlürfend) gehen
die Puste – Atem (Lunge). „Mir geht die Puste aus."
gehörich – ordentlich
Geritschich – schwache, dürre Äste mit Zweigen
zusammengeratelt – fest zusammengebunden mit Schnur, Seil
Gesturgl – wirres Durcheinander von Ästen, oft verkrüppelte Äste
Gebreech – alte, fast unbrauchbare Möbel, Geräte ...
graglniches Zaig – wie Gesturgl, auch wackliges Gestell
straomme Kaate – großes, starkes Mädchen, aber kein Schimpfname
die Glotzn – Augen
glotzen – starr schauen
Geglotz – das Geschau
das Gefries – fratzenhaftes Gesicht
Gefrießer (auch Gefritzer) schneiden – Grimassen machen
luhren – nach etwas Ausschau halten, spähen und hören, horchen
gaatschen – laut reden mit gansähnlicher Stimme
gaatschnich – unangenehme Stimme, der Gansstimme ähnlend
murksen – lange an etwas herummachen

remdroseln – eine Schnur oder dergleichen entwirren wollen und dabei nicht recht vorwärts kommen
remmbanseln – an einer Schnur oder anderen Dingen herummachen
nie vergaokern – nie versäumen
schnurstracks – geradeaus, geradewegs
Blödjahn – dummer Mensch, Tölpel
mascheint – mir scheint es so zu sein.
sudern – nur wenig regnen
Rautzl – Flegel
Rootzlöffel – flegelhafter Bursche
zimperlich – ängstlich und ungeschickt
rülpsen – unangenehm laut aufstoßen
derrkneetschen – zerquetschen, zerdrücken
ausmieseln – Früchte entkernen
stibitzen – Kleinigkeiten stehlen
aohnevoll – sehr voll
aohnesaot – sehr satt
nurscheln – undeutlich durch die Nase reden
wollgan – beim Sprechen häufig das R und L anwenden, z. B. Kaperlle – Kapelle, Ferlsen – Felsen
käschen – rasch laufen
laotschern – Wasser mit vernehmlichem Geräusch fließend
praontschen – im Wasser, Schlamm und dgl. spielen
flätschern – Flüssigkeiten (durch Ungeschicklichkeit) verschütten
Trämpel – Tölpel, ungeschickter, dummer Mensch
Gegragl – wirres Durcheinander von Ästen und dgl.
Gekluckse – Gejammer, Geklinsel
teelischer Kleppel – hinterlistiger Mensch
Naosnpeepl – eingetrockneter Nasenschleim („Rotz")
wippern – vor Ärger und Erregung zittern
latschich – weiche, geschmacklose Speise
verdattert – überrascht und so erstaunt, daß man gar nichts zu sagen weiß
knickern – geizen, sich nichts gönnen, knickerich, Knickerer
knausern – geizen, sich nichts gönnen, knauserich, Knauserer
quietschvergnügt – sehr vergnügt
knutschen – geizen, knutschich, Knutscher (u – lang!)
daham – daheim
haolt – eben
„inne" – ist unübersetzbar; z. B. „Inne, gann se ma haolt a Kilo Äppel." Inne, geben Sie mir halt ein Kilo Äpfel.
verplämpern – sich versprechen oder etwas verderben
kotzngrob – sehr grob
leckerfetzich – sehr fein schmeckend
noatschen – an etwas Süßem lecken
a Watsch – eine Ohrfeige, Backenstreich
herlefroh – sehr froh
herich – (hör ich?) – angeblich. „Sie wiegt herich 90 Kilo".
fuchteln – willkürliche Hand- und Armbewegungen in der Luft, oft auch beim erregten Sprechen. (Das Gefuchtel)
rauswurpsen – mit Anstrengung etwas herausheben, z. B. einen Baumstumpf, Zahn u. dgl.
remmäschern – (herumäschern) bei der Arbeit unnötiges Geräusch machen
betexen – etwas in ungünstigem Sinne bereden
Gelichter – lichtscheues Gesindel
beluxen – jemanden übervorteilen (mit List)
übers Ohr hauen – betrügen

bemogeln – beschwindeln
gletschich – glatt, man kann leicht ausgleiten.
tschindern – auf glatter Ebene (z. B. Eis) mit Anlauf
dahinrutschen
's wefelt – große Menge, z. B.: „Der Baum mit viel Obst";
klängeln – langsam (oft im Bogen) nachgehen
treick – trocken
ranne – regnen, der Rahn – der Regen
die Kroh – die Krähe, die Kronne – die Krähen
vakrohman – verräumen
doas Madla – Mädchen
doas Jengle – kleiner Junge
gelloch – gelt ja, nicht wahr
tamisch – dumm
Tamjahn – dummer Mensch; auch Blödjahn
hurtig, auch hurtich – schnell, flink
der Damme – Daumen
die Plant – Jacke
kulpich – rundlich
Kölpe, auch Kölp – Nase
hooxen – beim Schreiben schmieren
flauzen – ohrfeigen
nischeln – bei den Haaren fassen und schütteln
kiefich – vorlaut, frech
kräppich – stolz, eingebildet, „aufgeblasen"
stinkfaul – sehr faul
gefiezich – pfiffig und behend
varpufft – Abschwächung für verflucht
varflischt – Abschwächung für verflucht
noch amool – noch einmal
Schlumperhexe – schlampig gekleidete, unordentliche,
weibliche Person
trähnich – ein Kalb tragendes Rind
Juchtl – trübes, schlechtschmeckendes Getränk
elendes Gesief – trübes, schlechtschmeckendes Getränk
kniewatschich – Beine mit nach innen gedrückten Knien,
Füße nach außen abstehend
fuchtich auch fuchtisch – mürrisch, schlecht aufgelegt
lunzn – halb schlafend ausruhen
Schlüffl – rüpelhafter, ungebilder Mensch
Quutsch – unappetitliche, breiige oder flüssige Masse, z. B.
zertretener Wurm, oder zerquetschte Raupe und dergleichen
hunzn – schlecht behandeln, kritisieren, drangsalieren
Geprabisch – laute Unterhaltung
die Funze – schwachleuchtendes Licht, „Petroleumfunze"
Fliegnplatsch – Stäbchen mit Lederfleck zum Erschlagen der
Fliegen
schlurfen – schleppend gehen mit Geräusch
Waompe auch Waomp – dicker Bauch
gunkln – mit einem schwachen Licht umhergehen,
„Gegunkel"
Laoppschwanz – energieloser Mensch
a guda Laopp – ein gutmüter Mensch
aolda Grasl – Greis
a Gunke – ein dummes, unbeholfenes, simples Weib
klunkarn – in großer Zahl hängen, z. B. Beeren am Strauch
die Klunkarn – alte Kleider
etz – jetzt
Kleesle – Klöße, Knödel
knattschen – mit dem Mund schmatzen; (a = recht kurz!)
a Renker – ein großes Stück Brot

a Knulle – ein großes Stück Brot
a Knicke – ein großes Stück Brot
kneeparn – an einem verknüpften Faden herummachen
verkneepart – verknotet, schwer zu entknoten
a Lable – ein Laib Brot
quaockarn – aus Herzenslust lachen
da Knups – ein kleiner Buckel, Erhebung
nurkln – das Brot unregelmäßig abschneiden
grandich – geizig
zargleifen auch zerglaafn – Beine auseinanderspreizen
schnieparn – beim Atmen mit der Nase Geräusch verursachen
schnippln – mit der Nase deutlich hörbar Luft oder Schleim
hochziehen
zarkrahln – zerkratzen
vaschluckern – durch Unvorsichtigkeit oder Ungeschicklichkeit
etwas Flüssigkeit verschütten
sich varkutzn – etwas in die Luftröhre geraten und dann
arger Hustenreiz
varhunzn – etwas verderben
geschnappich – vorlaut
begriffstitzich – langsam und schwer begreifend
aorggedenklich – mißtrauisch, Arges denken oder vermuten
Hundekält – große Kälte; auch „Viechskält"
Schweinsglück – großes Glück
haatschen – hinken
a Wutteifl – ein Wutteufel, ein leicht erregbarer Mensch
a Bosnickl – ein boshaftes Kind
a Bartale – Kleinkinderlätzchen
a Trääsch – ein jäher, starker Regenguß
stixln – meist heimlich herumsuchen
neischierich – neugierig
darrlecksn – Holzgeschirr leck werden
vartoopheisarn – verräumen, verlegen
beschmolgarn – beschmieren, beschmutzen
Raopar – Radscheibe, Schubkarren, nur mit einem Rad
losbrunkln – Gebäck (Brot) in kleinen Brocken losbrechen
Gebrunkl – kleine Bröckchen oder Stückchen vom Gebäck,
größere Bröselchen
da Zeedl – der Zettel
kalaschen – schnell laufen, rennen (er kalascht)
biesen – schnell laufen, rennen (er ist gebiest)
fortschuchtln – jemanden abweisen, wegschicken
daos Geschuchtl – unruhiges Benehmen
remschuchtarn – sich unruhig benehmen und ständig
herumkommandieren
daos Oos –
die Kruz – Schimpfnamen für schlechte Menschen; „Kruz"
kommt von Kuruzzen, rebellierenden ungarischen Bauern um
das Jahre 1514
die Kittsche – weibliche Katze
kitschgroh – grau wie eine Kitsche (Katze)
der Hosnkaffa (Hosenkaffer) – der Hosenschlitz
gaal – gelb
Gaalbrot – Weißbrot, Osterbrot, Striezl (von Weizenmehl)
quittegaal – auffallendes Gelb
quietschvargniegt – sehr vergnügt, besonders kleine Kinder
vor Lust quietschend
der Woozl auch Wuzl – ein Ding von walzenförmiger Gestalt
darwoozln oder darwuzln – langsam und schwerfällig
fortbewegen
sudern – nur wenig regnen

heenkaffarn – hinkauern oder hinhocken
heenflätschn – hinkauern, auch unschön hinlegen, hinlümmeln
ranne – regnen
träschn – stark regnen
die Pfäpe – selbstverfertigte Kinderpfeife aus Weiden- oder Ebereschenruten
pfäpn – quatschende Töne hervorbringen auf einer „Pfäpe"
remmfärzln – im Wege herumtänzeln
remmschwänzeln – im Wege herumtänzeln
der Pampst – ein dicker Brei
varkläppln – Tunke oder Brei u. dgl. vertröpfeln
zamaraln – entzweimachen, zerstören, vernichten
das Pampale – kleines, dickes, stämmiges Kind
der und die Handschkn – Handschuhe
Schtrimp – Strümpfe
varschantln – verunstalten
der Prenzl – dicker Junge oder auch dicker Erwachsener
praksen – tratschen, Begebenheiten weitschweifig erzählen, und andere bereden
mäkseln – Speisen reichlich mit Fett zubereiten
em ond em – um und um – rundherum
zent remm – ringsherum
knozen – nicht recht wachsen und gedeihen, sich nicht entwickeln
a schieche Mäd – eine häßliche Maid
daos Herzepinkale – ein liebes kleines Kind, das man besonders ins Herz geschlossen hat
die Hochzich – die Hochzeit
's Mettichassen – das Mittagessen
daos Obndassen – das Abendessen
de Adäppl – die Erdäpfel (Kartoffeln)
ällnlaong – ellenlang, gemeint: sehr lang
daos Stitzle – das Stützel, der Pulswärmer
da Potschn – der Potschen – der warme Hausschuh (meist aus Tuch, Filz)
daos Aag – das Auge, de Aagn – die Augen
klaan – klein
die Maipump – die Maiblume oder Löwenzahn
daos Gefatterle – das Wiesel
da Aoppl – der Apfel, die Äppl – die Äpfel
die Bärrn – die Birne
die Pflamm – die Pflaume, die Pflamme – die Pflaumen
die Kärsch – die Kirsche, die Kärschn – die Kirschen
die Kolinkn – die roten Früchte vom randblütigen Schneeballstrauch
die Abräschn – die Ebereschen
die Kippn – Hagebutten (Früchte des wilchen Rosenstrauchs)
remnaudln – herumnaudeln (mit kleinen Tieren: Kätzchen, Hunden u. dgl. spielen)
frättn – sich plagen, abmühen
daos Gefrätt – die Plage, Mühe
a Lasche – Hundelasche, sehr großer, starker, oft häßlicher Hund
a Luppe – Hundeluppe; großer starker, oft häßlicher Hund
a Gewudl – das Gewühl (sehr viele Tiere oder auch Menschen eng beieinander)
wudln – viele Lebewesen sehr eng beieinander, sich meistens nur recht langsam fortbewegend
a loange Haliene – eine besonders lange weibliche Person

a Gaake – eine Krähe (die Kroh – die Kronne), auch eine recht einfältige weibliche Person, der man die Dummheit schon ansieht
klaffan – klaffern – verklatschen
tschäkan – tschäkern – sich lauter unterhalten
plinzn – beim Suchenspiel muß das suchende Kind vorerst die Augen schließen
vakniefln (verkniefeln) – etwas mit Wohlbehagen verspeisen
a Graatsch – ein langer Schritt
ausgraatschn – lange Schritte machen
laompan – dummes Zeug reden
a Laompalich – ein recht dumm und albern redender Mensch
krahlen – stehlen, heimlich entwenden
nie vaknutschn – einen Verlust oder eine Niederlage nie verwinden können
die Purfesn – viel zu große Schuhe, Stiefel oder Potschen
remmpurfn – mit zu großer Fußbekleidung und dabei lautes schleifendes oder stampfendes Geräusch verursachend, umhergehend
äppisch tun – hochnäsig beleidigt tun
daos Geplärre – lautes Geschrei
plärrn – laut schreien
daos Geplääk – lautes mit Weinen verbundenes Kindergeschrei
plääkn – weinend schreien (besonders Kinder)
knutschn – geizen
Knutscher – Geizhals
remmlungarn – nutzlos und träge herumstehen
dakneetschn – erquetschen
de Klunkarn – die Kleidungsstücke
da Frieß – kurzer, warm gefütterter Winterrock
da Schmaotz (ao – lang!) – Marmelade, Obstbrei; z. B.: da Pflammeschmaotz
da Schmarunkes – ein Brei
da (der) Pechtlich – einer, der aus der Gesellschaft (Wirtshaus) nicht bald heimgeht
pechtn – lang im Wirtshaus sitzen und sumpfen
oofpärschn – auch aufpärschn – sich auflehnen
a laonges Gesäres – langes, sinnloses Gerede
a Gebramsl – Genörgel
bramsln – nörgeln
vavfetzt – ein Faden (Schnur) wirr verknüpft
aobtschauschpan – abbetteln
schnipsn – eine Kleinigkeit stehlen
ausstibitzn – auskundschaften, ausspionieren
a Grautschk oder a Grautschke – unreifes, minderwertiges Obst
daos Genurschl – undeutliches, durch die Nase gesprochenes Gerede
(der) a (ein) Tschunkes – geringe Flüssigkeitsmenge
a (eine) Taaz – das Tablett
(das – ein) a Gemärschl – dummes Gerede
wie teebich – sehr emsig, ganz toll bei der Sache oder Arbeit
a beßle pläm pläm – ein bißchen dumm
auskatzan – die Kleidertaschen (Katzer) ausleeren
aonpumpan – dick (sehr warm) anziehen
daos (das) a (ein) Urrastl – ein wirres Durcheinander
da (der Wirrwarr – ein wirres Durcheinander
aongedohnt – sehr viel gegessen, so daß der Bauch zum Platzen dick ist

de (die) a (eine) Lootsche – schmale Fährte (Fußspur) z. B.:
im Schnee (oo – recht lang!)
lootschn – langsam (oft auch schlurfend) gehen
da (der) a (ein) Laotschn – Hausschuh, Pantoffel (ao – hier
sehr kurz!)
laotschn – bedeutet auch recht langsam gehen
de varuckte Zaospl – eine närrische oder verrückte weibliche
Person
futsch – entzwei, kaputt
vakläckan – herumklecksen, vertröpfeln, kleine Mengen
verschütten
rundakläckn – herunterfallen
daos Nußmiesle – der Nußkern
vascheetn – verschütten
vaschott – ech hao vaschott – ich habe verschüttet
gurksn – hörbar aufstoßen
a (ein) Gurksa – ein hörbares Aufstoßen
da (der) Klinsla – der Klinsler, ein Mensch, der immer
unzufrieden ist und immer jammert
a Bresale – ein Bröselchen
a Grimpale – ein ganz kleines Stückchen, eine ganz kleine
Menge
eitegln – sich einschmeicheln, sich beliebt machen
dagrampln – etwas mühselig (mit Mühe) ergreifen
rempampan – mit kleinen Schritten umhergehen (besonders
kleine Kinder)
da Mamlaß – ein dummer, unbeholfener Mensch
da Lackl – ein starker, kraftvoller Mensch
klimpan – ein klingendes Geräusch verursachen, z. B. mit
Geldstücken
daos Geklimpa – ein klingendes Geräusch
da (der) Paheel – ein lautes Geschrei
daos Gewoht – eine Menge Stoffreste, Lumpen usw.
daos Gefraaß – ein minderwertiges, schlechtes Essen
(aa = recht lang!)
da Packs – zumeist ein Leinentuch mit darin verpackten
Dingen, oft recht prall gefüllt
da Pinkl – ein kleiner „Packs"
daos Naschpale – ein kleines, recht bewegliches (oft auch
schwächliches) Kind
aongewaomst – tüchtig, fast übermäßig angegessen
a Wastl – ein dicker Mensch
märschln – dumm oder albern reden
aongauzen – barsch anreden oder anfahren
klobich – unförmig
a Pizale – der Säugling, Kleinkind
a Zummale – der Zummel oder Schnuller
zummeln – am Schnuller saugen
da (der) Krämpl – fast unbrauchbare Dinge
emkrämpln – die Dinge anders ordnen
remkroman – herumkramern, im Kram
da (der) Kroom – der Kram
remschuchtan – sich zuwider benehmend und ständig
nörgelnd befehlen
waatschn – ohrfeigen, ins Gesicht schlagen
a (ein) Flitscherl – ein zierliches und eitles Dämchen
a (eine) Flocke – ein etwas verrufenes Mädchen
vahätschln – verwöhnen
da (der) Gäntschka, der Gänserich
da (der) Gäntschkarich, der Gänserich
a (ein) Nuschle, ein Schweinchen

a (ein) Nuschkale, ein Schweinchen
foxteiflsweld – fuchsteufelswild, sehr wild, sehr böse, sehr
aufgebracht
daos Krättich – das Kraut, z. B.: Kartoffelkraut
teelisch – hinterhältig, falsch
blächn – viel bezahlen müssen
bezimpln – jemanden übervorteilen, betrügen
ausplantln – ausplündern – die Plant (Jacke) von anderen
Menschen leermachen, ausraüben
mogln – schwindeln
da (der) Mogla – Mogler, Schwindler
vahunzn – verderben, verschlechtern, schlecht machen
daos Geschpusi – Liebschaft, Liebelei
daos Tächtlmächtl – Liebschaft, Liebelei
krudelisch – arg, sehr, übermäßig, z. B.: krudelisch besoffen
mookan – recht langsam arbeiten
remmookan – sich mit etwas recht langsam beschäftigen
daos Gemooka – recht langsame Arbeitsweise
motzn – trödeln und dabei Zeit vergeuden
daos Gemotz – die Trödelei
watjohallich – ein Ausdruck der Zustimmung
a Pliß – eine kleine Wunde (z. B.: auf der Stirn)
de Grapp – die Graupe
betränzt – mit irgend etwas Flüssigem besudelt
teschkariern – sich unterhalten (diskutieren?)
de (die) Plauz – die Lunge
mauschlich – sich unwohl oder kränklich fühlen
daos Geraffl – altes Zeug (Möbelstücke usw.) wirr
durcheinander
jamaritzn – sehr laut jammern und weinen
daos Schnuppatichle – Schnupftuch, Taschentuch
damurksn – umbringen
schmusn – schön tun, sich beliebt machen
daos Poocht – unordentliches Bett oder Lagerstätte; auch
Gesindel
vamoppln – energisch zurechtweisen
schmafu – gleichgültig
oofgaudan – aufgauden, sich aufputzen
ebamehnicht – überanstrengt
schtucksich – schnell und unüberlegt handeln
pischpan – flüstern, sehr leise sprechen
daos Rabastle – eigensinnige und streitsüchtige weibliche
Person
läckafätzich – sehr lecker (gut) schmeckend
a klaana Krabauta – ein neckisches, drolliges und lustiges
kleines Kind
gaach – jäh oder steil abfallend, auch schnell
gaachzornich – jähzornig, schnell in Zorn geratend
muffln – bei geschlossenem Mund während des Essens leise
Geräusche verursachen
vatschatschn – verwöhnen
ei da Raasch – in der Erregung
vagaokan – versäumen, nicht erwarten können
da Rooz – Nasenschleim
nie teegen – nicht behagen (z. B.: eine Arbeit ...)
deban – jemanden treiben, jagen
de Tilke – die Mulde, Pfütze
auszuschn – schadenfrohes Auslachen der Kinder mit
Streichen der Zeigefinger
fochan – vor Zorn beben und schimpfen
nie laong faockln – nicht lange in Güte zuwarten

ADOLF IRMLER

Unsere Heimatsproch

Es war gerade in meiner Jugendzeit, als es grob und ungebildet galt, wenn einer die Mundart gebrauchte. Nun, man kam ja nicht davon los, aber man bemühte sich doch, in seiner Aussprache nicht ganz so ächlgonz aufzutreten.

Bald aber machte man sich über die Städter und Dörfler lustig, die nach der Schrift sprechen wollten und es doch nicht konnten. Da galt der Ausspruch: „Dar ees oba heit weda gehärich eban Mest gelotscht." Wie ein Dorffräulein längere Zeit in der Stadt gewesen war, hatte es alles von zu Hause schon vergessen. Als es dann einmal zu Besuch nach Hause kam, sah es vor sich einen Rechen, der an der Wand lehnte. Damit es etwas groß tun konnte, fragte es den Vater: „Vater, was ist das für ein Grigelgegrägel" und trat dabei auf die Zinken des Heurechens. Der kippte darauf herüber und sein Stiel traf es gerade auf die Stirne. Da wußte es, was für ein Ding das war und schrie: „Inne du vafluchta Rachn." Solche Sachen erzählte man sich damals. Also redete man weiter, wie der Schnobl gewochsn wor. Die Städter unserer Heimat verstanden einen ja auch so. Als aber dann immer mehr Fremde herkamen, haperte es mit der Verständigung doch ziemlich. Bei den alten Landsleuten war das ja noch zu verstehen, aber uns hatte doch unsere gute Schule ein richtiges Deutsch beigebracht, das jeder deutsche Mensch verstehen mußte. Erst nach und nach kam man darauf, daß es weniger die Aussprache war, die unsere Mundart den Fremden so unverständlich machte, sondern der Gebrauch der vielen alten Wörter, die sonst nirgends in der deutschen Sprache mehr vorhanden waren. Die Stadtleute gebrauchten die meisten dieser Wörter ja auch, wenn man sie auch schriftspracheähnlicher aussprach.

Es ist am Anfang auch hier in Deutschland manchem noch recht schwergefallen, seinen Wortschatz so zu sortieren, daß er von den normalen Bundesbürgern gut zu verstehen ist. Dazu kommt noch, daß viele Wörter hier und in der Heimat eine verschiedene Bedeutung haben. Das traf besonders bei der Arbeit zu, und ein Vorfall war für uns besonders lustig. Ein Landsmann von uns mußte mit einem schwäbischen Vorarbeiter Betonröhren verlegen. Bei uns heißt bekanntlich „heben" soviel wie anheben oder in die Höhe heben. Schwäbisch heißt „heben" soviel wie halten oder einhalten. So kam es, daß sich der Vorarbeiter die Finger zwischen zwei Betonröhren verklemmte und unserem Landsmann zurief: „Heb!" Worauf dieser auf seiner Seite die Röhre anhob und so die Finger immer mehr einklemmte. Darauf schrie der Vorarbeiter immer lauter: „Heb!" und unser Landsmann hob immer fester an. Nachher gab es noch eine lange Debatte, wer schuld war, daß dem biederen Schwaben seine Finger fast zerquetscht wurden. Nun haben wir Alten noch recht gut Schwäbisch verstehen gelernt, obwohl wir das Schwäbischsprechen nie erlernen werden und auch nicht wollen. Unsere Jugend aber wird unsere Heimatsprache immer mehr verlernen. Mögen sie ruhig die Sprache des Landes sprechen, denn man kann die Entwicklung ja doch nicht aufhalten. Aber sie sollten doch aufgeschlossen bleiben für unsere schöne Heimatsprache und sie dort pflegen, wo es noch möglich ist.

Uns Älteren wird unsere Heimatsprache immer ein Stück Heimat und Sehnsucht bleiben. Sollte das Schicksal uns noch einmal Gerechtigkeit widerfahren lassen, dann wollen wir sie wieder in die Heimat mit zurücknehmen. Sollte aber jemand zweifeln, daß wir sie bis dahin nicht in ihrer ganzen Schönheit und Tiefe er-

halten könnten, der möge einmal zu einem echten Heimattreffen von unseren ländlichen Gemeinden gehen und er kann sie noch so ganz echt und unverfälscht hören, wie es daheim war. Der Fremde, der mit hineingerät in diesen Trubel, versteht selten ein Wort und meint, wir sprächen in einer fremden Sprache. Wir aber wundern uns, daß er uns nicht versteht, denn wir sprechen doch deutsch. Doch sind wir einmal woanders, so kann man auch aufgefordert werden, in unserer Heimatsprache zu spre-

---

ADOLF IRMLER

Dos Holzmocherhaisle

Durt wu die Barge mächtig groß
eis Landle nundasahn
durt steht beim Wold, weit vu dar Stroß
a Haisle winzich klan.

Es hot zwor blos a Schindeldoch,
die Wänd die sein aus Holz,
doch worm ei Wenters Ungemoch,
dos Haisle ees mei Stolz.

Mei änzichs Steble ees blitz blank,
doch hot ols drinne Ploatz
vun Bett oa bis zur Ofenbank,
dar Hund und a die Koatz.

Ein Baidle draußn grunzt a Schwein.
Ein Stoll do brummt a Kuh.
Die Zeglan meckern zweschen drein,
dar Gockel kräht dazu.

Fürn Fensta nest a Schwolbenpoar,
a Omsel singt ein Wold,
und offn Birnebam dar Stor
dar trillert daß es schollt.

Sträh ech a besle Futta naus
zur Wintaszeit ein Schnee,
do kumme bis zum Zamm fürs Haus
die Haslan und die Reh.

Ho mir a Weible eigeton
dos ees so nett und rund,
und ech ben ihr a guda Mon
gor kräftich und gesund.

Mei Wiegle steht noch offn Bodn,
mei Spelzeig ei dar Truh,
ech ben schunnt undarecht davon
ech hols etz bold azu.

Die Arbet mocht mir gor kä Plog.
Mir ees kä Bam zu stork.
Mir scheint die Sunn o jeden Tog.
Ech kenn kä Not, kä Sorg.

Mech lockt kä Reichtum und kä Schotz
aus meinen Bargen raus.
Durt gonz beim Wold do ees mei Plotz,
mei Hämet und mei Haus.

chen. Ich habe da immer restlos versagt. Vor Fremden kann man das einfach nicht. Als Ausweg blieb mir da immer, ein paar Gedichte in unserer Heimatsprache vorzutragen, um so die Schönheit unserer Mundart zu zeigen. Und trotzdem wird niemand ganz die Tiefe und Schönheit unserer Heimatsprache verstehen, wenn er sie nicht wenigstens als Kind in der Heimat gesprochen hat.

ADOLF IRMLER

Unser Gebatle

Dar Herrgot hot ei guda Laun
ein Gartla rimmgeschoft,
do hot ar sich zun Zeitvertreib
sei Meistersteck gemocht.

An Vota mett senn Kindalan,
a Mutta wunderscheen,
dos sollt für olle Zeiten glei
beim Himmelsfensta stehn.

Da Vota es zwor old und grau,
doch sieht gor gütich drein
und trocht, doß seine Kindalan,
recht scheen beisomme blein.

Ein Wente mett an Selbaschein,
ein Summa Gold ein Hoor,
so ees die Hohe Heid mett ehm
a recht a scheenes Poor.

A ollerliebstes Töchterla
honn die zwä olden Leit
und Heidebrünnl wurds getaft
bewunder weit und breit.

Dar Berggeist und dar Köpenik
sein die zwä stärksten Söhn.
Die Hochschor und veel klanre noch,
olle gesund und scheen.

Dar liebe Herrgot hott dos Lond
och wohl für sech gemocht,
gob ars volla Gütichkät
an Völkle ei die Pocht.

Dos Völkle wor veel hundert Johr
durch Fleiß und Trei bekonnt
und mocht aus seine Steckle Ard
dos ollerschenste Land.

Dar liebe Herrgot hot wing Zeit,
wa waß wu ar etz ees
und sieht nie durch sei Fensterla
off seine grüne Schles.

Och lieber Herrgot sich dich im.
Dei Völkle bitt' dich sehr,
denn wenn de noch a Welle wortst
do finds des nimmermehr.

Wenn ich hier zu Beispielen übergehen will, so will ich auch gleich mit dem Sprechen selbst anfangen. Dem Ausländer wird es erst einmal sehr schwerfallen, den Unterschied zwischen Reden, Sprechen und Sagen zu finden. Er ist da und wir spüren ihn, ohne denken zu müssen. Wie soll der Fremde aber erst den Unterschied ergründen, wenn wir aus dem reichhaltigen Schatz unserer Heimatsprache Worte bringen. Wir schnudeln und schwolbern und sondern und sohrn. Wir maren und sempern. Wir nurscheln und märscheln. Wir lorbern und pledern und lompern. Wir können auch teschkerien, schwudern, papern und popeln und pischpern. Und jedes Wort hat eine andere Bedeutung.

Und dann vom Weinen. Wir können raazen, pläken, flenne, leiern, notschen, knatschen, himpern, maazen und flutschen. Wer den Unterschied nicht kennt, wird die Bedeutung nicht ergründen.

Dann vom Laufen und Gehen. Wir können biesen, satzen, hatschen, lotschen, purfen, schlurfen, grageln, läffeln, klinkern, zolkern und zampern. Gratschen, plotschen und schwoppen. Zukurlafen und zuschoßrennen. Jaksen und jädern. Rimleiern, rimkalaschen, rimtrallern, rimflandiern und rimhaseliern. Und wir wissen da bei jedem Ausdruck ganz genau, wie sich da unsere Landsleute bewegen.

Da sind dann noch die vielen Ausdrücke, die nur bei uns vorkamen und nicht in die Schriftsprache zu übersetzen sind. Zuerst einmal von uns selbst vom Scheitel bis zur Sohle. Der Scheitel war der Wirbel. Der Schopf ist der Pärschl, die Haare der Schippel, die Nase ist die Kölb, die Ohren die Ohrwaschlen oder Läffl, die Augen die Glurn. Der Mund ist die Gosch oder die Schniks. Der Kehlkopf ist der Grebisch, der Hals ist die Kadautz. Der Kropf ist der Trutsch. Die Lunge die Plautz. Der Rücken der Puckl. Der Bauch die Womp, der Hintern der Podex, die Beine die Grageln und die Füße die Lootschen.

Was brauchte man erst die Leute beschreiben, wenn man für jede Gestalt und für jedes Aussehen besondere Ausdrücke hatte. Da das weibliche Geschlecht den Vorrang haben soll, kommt es zuerst dran. Da gab es a Bumm und a Schwumm, a Klipp und a Plünsch, a Pluch und a Plone, a Fletschle und a Disterle. Nach den sonstigen Qualitäten gab es a Schlumper und a Zumpel, a Zauk, a Krotz und a Krutz, a Krack und a Gag, a Pfub und a Pfeep, a Strunz und a Plotsch, a Kaloder, a Schabrak und a Drehlod. A Rapple, a Trulle, a Kareßle, a Zebale, a Mipsle und a Grole.

Bei den Männern gab es dann an Lackel, an Klachel. An Beller und Wämster und Wumsterlich. An Kläppel und Pletzer und Prenzel. An Crispienes, Bottlich, Spichtlich, Pfrumpa, Krenes, Ponegel und Pepl. Man konnte sie sonst noch kennzeichnen als Schlumpersok und Plumpsok. Als Grokerlich, Grasel und Klunkersok. Als Tolk und Tierschl. Als Luder und Os. Als Plimpel, Totsch, Rautzl, Letschel, Schleffl, Trempl und Schlankl. Als Truchterlich, Trochlich, Grotschlich und Drehnekl.

Mögen diese Ausdrücke etwas unfein klingen, weil sie oft als Schimpfworte gebraucht wurden, so ist doch das Wesentliche daran, daß sie immer eine sogar feine Abstufung der Gestalten und Charaktere treffend kennzeichnen konnten. Man war eben nicht sehr zimperlich, wenn es galt, jemanden auszutexen. Man nannte das dann praxen oder schlackern. Die Charaktereigenschaften waren eben auch so verschieden. Man konnte sein: Pustich und pölzich. Flemisch und hämteglnich. Schludernich und Schlumpernich. Unglumpern und unzeitlich. Unnetz und ungeneisisch. Kruzich, knautschich, gromisch, korich und knepernich. Kräppich, telisch, tamisch und drehnich. Tolkich und totschich. Gramerlich und dästanich. Schuchternich und furich.

Kollerisch und fochtich. Es gab aber auch schnetziche und rachtschellliche Leut. Manche nannte man auch kifitzich. Manche koplischant.

Es ist nicht möglich, alle Wörter hier wiederzugeben. Es soll nur eine Auslese sein, welche in der Schriftsprache nicht vorkommen und auch nach dieser abgewandelt von den nicht Eingeweihten nicht verstanden werden können. Ich habe gegen 900 derartige Wörter an das Sudetendeutsche Wörterbuch eingeschickt, von denen ich mich im Zweifelsfall im Duden erst überzeugte, daß sie dort nicht enthalten sind.

Also lost amol. Man kann auch sagen luren. Man konnte jemanden ausluren. Vielleicht ist er gerade fochtisch (in der Wut) und er fängt an zu watern oder zu palfern (schimpfen). Vielleicht tut er auch pecken, gurgeln oder plärrn. Manchmal auch nängeln und bremeln (nörgeln). Gehts einen selbst an, dann gibt man Wedaport und tut ihn berampftln oder bekoppen. Man teierts nen o, daß er sich das nächste mol nie so unset benahme soll, sonst wird man ihn amol bezimpeln. Man kommt ja nicht har um zu kretern.

Kommen ein paar karaschiche Kampel in Streit, so kommen sie bald in Rasche (Wut). Es braucht blos einer ozakn oder sich aufpärschen, schon fallen die Watschen. Zuerst tut man einander nescheln und natzen, dann schmautzen und flautzen, kalaschen und flacheln. Dos ees a Zocht. Mancher fliegt ärschelnich zur Tür naus und kulbert die Steg nunder, daß ar sich ein Dreck rimmselt. Die Plant ees zaressn und s gonze Gewond beschessn. Dabei kunnts nen noch ästich gehn, denn ar kunnt sich die Grageln verdrehn. Ar moch sich flechtich davo, denn ar hot Spundes, sie täten ihn noch furtpläschen, stampern oder debern.

„Dos bratste nie", sagt ein Landsmann zu einem Schwaben bei der Arbeit. „Wa", sagte der Schwab. Da besinnt sich der Landsmann und sagt: „Das breitest du nicht". „Wa hoscht geseit", sagt der Schwab darauf. Was soll man da machen, wenn man so einwandfrei nach der Schrift spricht und der Schwab versteht einen noch nicht.

So ist es bei der Arbeit. Daheim taten wir wiebern (aufknoten), räfeln (losmachen), räteln (festbinden), knepan, fischpern und fetzen, wenn was verfetzt war. Backen hieß trotschkern, schneiden neffeln, reiben reffeln, ausschütteln pledern. Im Wasser tat man pfliedeln und schwadern. Man tat es verschwudern, verfletschern und verschwuppern. Die Wäsch' tat man flän oder schwäfen. Man tat urbern, ropern, äschern und schäppern. Mokern und droseln (langsam machen), mozzen (spielen), lunzen (faulenzen), rimmharfen (herumgehen), ferzeln (ein- und ausgehen), schürgen (schieben), grampeln (greifen), tschauschpern (handeln), stixsln und stürgeln.

Wenn man krank war, tat man klucksen. Jammern hieß klinseln. Ärgern hieß kneistern. Maukern hieß drücken. Daimeln und daudeln hieß plagen. Naudeln aber tat man ein Kind, das man lieb hatte. Die andern aber konnte man pfrickeln, karantzen oder kaniffeln. Mucksen hieß trotzen, muffeln kauen, pepeln und pechten hieß trinken. Zackern und gehein, locken. Ohäsn und ofodern hieß auffordern. Klaffern hieß verraten.

Und nun die Bezeichnung von einigen Dingen. Ein Zeka war eine Tasche. A Pocht ein Bett. A Tschinkale, ein Töpfchen Milch oder Kaffee. Schlechter Kaffee war Luure oder Juchtel. A Lusch war eine Pfütze. A Plump, ein Tümpel. Ein Fläßle, ein Wässerchen. Ein Spinten war ein Wassergraben. Der Schubkarren hieß Roper. Das Waschbrett hieß Rumpel. Das Salzgefäß Solzmäst. Eine Tonflasche Plutscher. Ein Topfdeckel Stürz. Ein Wassergefäß Zober oder Butt. Schmalz hieß Maxel. Gebrech, Gekruxsl

und Gerfaffl gabs überall und das nannte man Gelump. Mancher hatte dahäm schunt a Werbung. Da mußte man aufkromern. Manches Paar tat mitsammen kromern. Aber wann zwei mitsammen rimkroschen taten, so war das nicht gerade schön. Draußen tuts lichnen (blitzen). Dann fängt es an zu träschen wos hoste wos konnste. Von der Traf lotscherts och a so. Wenn es aber nur sefern oder sudern tut, dann tut das Wasser nur aus der Dachrinne tschurdeln. Vielleicht genügt das jetzt und mancher wird jetzt unsere Heimatsprache besser beachten. Sind es die vielen eigenen Worte unserer Mundart, so kommt noch dazu, daß wir in der Heimatsprache die anderen Worte so aussprechen können, wie wir sie von der Mutter gehört haben.

Das Heimatliche, das in unserer Altvatermundart liegt, macht es aber aus, was unsere Heimatsprache für uns so unübertrefflich schön macht. Wo man in der Schriftsprache oft mehrere Wörter braucht, um etwas zu beschreiben, so genügt hier ein Wort und die feinsten Unterschiede sind ausgesprochen.

Unsere deutsche Sprache ist in den Jahrhunderten nicht die gleiche geblieben und viele wissen gar nicht, daß wir unsere Schriftsprache vielmehr gerade unserem sudetendeutschen Raum zu verdanken haben. In Prag ist unter Karl IV. die deutsche Kanzleisprache entstanden, die sich dann durch Luthers Bibel über alle deutschen Lande verbreitet hat. Sie ist die Muttersprache aller Deutschen geworden. Wie schön klingt sie doch bei Rilke, Schiller und Goethe. Die Mundarten aber sind der Urgrund dieser Sprache. Man sagt, die deutsche Sprache wäre der Natur abgelauscht wie keine andere Sprache. Man hört in ihr das Rauschen des Wassers, das Brausen des Windes und Heulen und Sausen des Sturmes.

In unserer Heimatsprache ist alles enthalten, was unsere schöne Muttersprache auszeichnet, doch unendlich bereichert durch unsere heimatlichen Ausdrücke und Wörter. Wenn man nun noch alle Sprüche und die oft sehr sinnvollen Redewendungen beachtet, dann kann man erst den Reichtum und Wert unserer Heimatsprache erfassen.

ENGELBERT ADAM

's Rutkathla

Rutkathla, Rutkathla, wie de doch best,
Daß de nie säffst und daß de nie freßt;
Siehst met dern Gucklan so bües mich a,
daß ich bald nimmermehr garn dich ha.
Host ju dei ägenes, prächtiges Haus,
Wellst aber immer bein Spreßlan raus.

Rutkathla, Rutkathla, dressen ein Wald
Is etz der Wenter – der Wenter is kalt!
's is recht a bange, a traurche Zeit,
's Bachla is zugefrorn, 's Futter verschneit;
Host ju dei warmes, dei freindlich's Quatier,
Bües ach zufrüeden und blei ach bei mir!

Rutkathla, Rutkathla, will dir was sähn;
Wenn de Vögla zun Nastla warn trä'n,
Wenn ofn Wüesen de Blümla warn blieh'n
Vögele freu dich, do loß ich dich ziehn.
Kemmst of Besuch mit den Kendern zu mir,
Sengst mer dernochtern a Liedla derfür.

Sprichwörter und Redensarten

Zu dem unverlierbaren Volksgut unserer Heimat zählen auch die vielen verschiedenartigen Sprichwörter und Redensarten, die sich auf alle Gebiete des menschlichen Lebens beziehen. Sie scheinen wert erhalten zu bleiben und seien deshalb hier aufgezeichnet.

„Doas ies Jackla wie Plentla" sagte man, wenn es gleich war, wie etwa eine Arbeit angefangen werden sollte. Dauerte sie zu lange und man fragte, wie lange die Arbeit wohl noch brauchen würde, so konnte man die ärgerliche Antwort erhalten „vu zwölfa bis zu Mettich". Geriet man jedoch durch eine schwere Arbeit in Schweiß, so hieß es „dou koann mr schwetzn wie a Noatsch". Die „Noatsch" war ein mit Brot oder Brei gefülltes kleines Leinensäckchen, das man Kleinkindern in den Mund gab, damit sie daran kauen oder saugen konnten. Wer vor lauter Arbeit nicht ein und aus wußte, sagte von sich „ech hoa Arbt wie de schiena Mäeherin", wohl weil eine schöne Jungmagd eben auch begehrt war. Ging eine Arbeit nicht nach Wunsch oder wurde sie unbrauchbar, so rief man ärgerlich aus „dou host nen Dreck vun heilichn Moan!" Dasselbe gilt auch, wenn etwa ein Topf in Scherben oder ein sonstiger Gegenstand kaputt ging. War etwa beim Kuchenbacken der Kuchen an der Unterseite angebrannt, dann hieß es „dou ies dr Pfarrer dreber geloatscht". Wollten Kinder bei einer Arbeit helfen, so ließ man sie gewähren, wohl wissend, daß nicht viel fertig werden würde und sagte „du wirscht's Kraut a nimmer fett moachn". Auch die Redensart „du werscht gutt zun Krien reibn" war in solchen Fällen geläufig. Kam einer von einem Botengang erst sehr spät wieder, obwohl man auf ihn schon wartete, dann sagte man seufzend „dan koann mr em ne Tued scheckn!" Stand einem jemand bei einer Arbeit im Licht, so hieß es „gieh ausm Waag, dei Voatr wor ka Gloaser". Wer recht langsam bei der Arbeit war, von dem hieß es „doas ies a Pater Langsam". Konnte jemand etwas nicht rasch genug erhalten, so sagte man zu ihm „du wirschts wohl nie vergoakern!" Ähnliche Bedeutung hatte die Redensart „so schnell schissn de Preißn nie". Zeigte sich jemand aufdringlich, so war er „zudrenglich wie de Kroatz" (wie die Krätze). Klagte ein Bauer, der als wenig eifrig bekannt war, daß sein Getreide nicht zum Besten stehe, so gab man ihm den guten Rat „du mußt a jatn und denga, nie och batn und senga". Wenn jemand vor Langeweile nicht wußte was er anfangen sollte, so fragte man ihn „tust'n Kalinkn schlohn?" Hatte jemand etwas verloren so hieß es „woas weg ies brummt nie, woas wiederkemmt summt nie." War eine sehr schwierige Arbeit zu verrichten, so war das „a biesa Werft!" Wo Zucht und Ordnung herrschte, da lobte man den Hausherrn und sagte „ja, a gudr Schoaffr ies mehr wart, wie zahn schlechta Arbtr!" War einer als geizig bekannt, so hieß es „goar zu korig spoart nie, goar zu spetzig bohrt nie". Die Kinder wiederum wurden mit der Redensart „war well honn, muß flässich spoarn" zum Sparen angehalten. War beim Mittagessen die Fleischportion arg klein, so hieß es „Kliesla siehste Fläesch?" Wer als Gast übermäßig viel aß, von diesem sagte man „dar freßts met Puuz und Stengel nonder." Wollte man nicht lange nach dem Essen schon wieder etwas zu sich nehmen, so hatte man „noch a Falt lahr". Wer seine Suppe sehr langsam aß, dem prophezeite man langes Leben, denn „war lang suppt, labt lang". Daß es zu Kirchweih Kuchen gab, galt als selbstverständlich, war es aber einmal doch so, daß kein Kuchen im Hause war, so hieß es sicherlich „Kirmes und ka Kuchn, ies doas nie zunn fluchn?" War das Geld ausgegangen, so hatte man „ka Laus mehr ein Katzer".

Mußte man geflickte Kleidung tragen, so tröstete man sich mit der Redensart „besser a oaldr Flaak, wie a neies Looch!" Auch „schien gefleckt ies a ganz schien" war in einem solchen Falle zu hören. War jemand verzagt, dann sagte man zu ihm tröstend „oach nie brumma, s'wird schon kumma!" Hatte man etwas verloren oder weggeborgt ohne große Hoffnung auf Rückgabe, dann „koanste doas ei de Feiereß schreibn". Gab es in einer Familie Zank und Streit, da war dort „Kruet und Täedich". Hatte man jemanden geärgert und dieser wurde daraufhin wütend, dann war „Polen offen". In einem solchen Falle konnte man auch die Tür gewiesen bekommen, dann war man schnell „beim Zendloch draußen" oder es hieß unmißverständlich „dort hoat dr Zemmermoan's Looch gelousn!" Ließ jemand beim Weggehen die Türe offen, dann wies man ihn mit den Worten „hoatt ihrn drhäm ann Strohsack fir de Tür" zurecht. War man vor lauter Arbeit und Ärger mißgelaunt, dann hatte man schon „ann Koup wie a Matz". In solchen Fällen fehlte nicht viel und man konnte grob angefahren werden, denn „dou woar Feier ein Doach". Dann brauchte der Partner bloß „wie a Forz ei dr Latern sein" oder „a Fraß wie a Dreckschleidr" haben, dann gab es den schönsten Familienkrach. Dann glaubte ein jedes, er könne dem anderen „de Woacht oam Rhein senga" oder „nen Schwar stachen".

Wer sich dann im Recht glaubte, der meinte bei dem anderen wäre nur eine „grueßa Gosch und nischt drhender" und zeigte ihm seine Abneigung mit den Worten „du koannst mech habeln (gern haben)" mit der „ganzen pucklichen Freindschaft". Da wurden längst vergessene unangenehme Dinge wieder hervorgeholt und dem anderen „onder de Noas gerippelt", also vorgehalten. Manchmal wurde dann ohne Pause „ei ann Doohn" kritisiert, aber besser war es doch, wenn man einsah, daß das Zanken nutzlos war und wieder Frieden schloß, dann hatte man sich wieder einmal „Wetz kaft", man war um eine Erfahrung reicher geworden.

RUDI THIEL

Mei Mundart, die vergaß ech nie!

Weit furt vo daham hot's mech getreb'n,
doch ben darselbe immer ech gebleb'n.
Mocht kumme ech wuhen ech wollte,
ob die Sunne schien, obs Water grollte,
nirgens liess ech mir's verwehr'n,
ech hielt mei Mundart stets ei Ehr'n.
Mochten mich die „Feine" a verlachen,
weil ech statt sprechen emst tu sprachen,
denn das es secher und gewess,
dass das nie der schlechtste Karle es,
dar trei und fest stets das behält,
was nen ausfillt seiner Kindheit Welt.
Schätz Dei Mundart eber Gut und Hab,
noch weit heneber ebers Grab.
Ech hoff', dass a beim jingsten Gerecht,
unser Herrgott, unser Mundart sprecht.

Josef Lowag

Zwanzig mundartliche Humoresken

AUS DEM JÄGERLEBEN DES ALTVATERGEBIRGES

Geschichtla vom Förster Benedix

A gesunder Tronk

Benedix hot bis Metternocht eim Hommerkratschen ei Buchbergsthol gesassen und olle Vertelstunden a holbe Moß Bier ei senner immer dorstigen Jägerkahl nunderlafen losen, bis der Kratschmer mante:

„Harr Förster, ech decht, es wär für heut genug, margen eß jo zum Biertrinken meineswegen a noch a Tog und do kumme Sie holt weder; etzt war ech dos Licht auslöschen und gehn Sie aham, de Förstermahm werd ehdam schun an longe Hols mochen und schempfen konn se a aus dam Affidanz, om End haßts weder, ech hät ehne zuröckgeholten."

„Racht hon Sie, Kratschmer!" derwederte Benedix, „mech wunderts so, wie ech bei an setten tamischen Offen wie Sie aner sein, ho die holbe Nocht kinne setzen blein; komm Waldmann, wir gehn aham."

Benedix stund vom Stuhl auf, of dam ar grod zwölf Stunden long Pach gesassen hot, hing sech dos Gewehr im und verließ met sen Hund Waldmann dan Hommerkratschen und mochte met longe Schretten of'n Weißenseifen zu.

„Etzt söllt mir grod a setts vermoledeites Os von an Rabschötz ei de Fa kumme, dann knollt ech a Kugel of'n Pelz, doß

ar wer Jes Maria meckern, grod hät euch heut a Frad dro, an setten Hoderlumpen öbern Haffen zu schießen", säht Benedix für sech salber und lochte aso teuflich derzu.

Met dan Selbstgespräch wor Benedix bis hender die Hommerhötten eim Metteloppatol nauskumme. Es wor a mondhalle Herbstnocht, ober schun hübsch kolt, wies holt schun a so eß, wenn dar Wind eber de Stoppelfalder streicht. Rachts om Wag wor de Opp, lenks dar Huchwold und do troppte Benedix derzweschen drenne racht seelenvergnügt met sen Bierschärdel wetter; weit wor jo die Weißenseifen-Försterei nie mehr. Of amol fiel Benedixen de Towakpfeif ei.

„Inne onrachern könnt ma sech jo a vor noch amol, eh ma ham kimmt", mant ar und sucht de Pfeif aus dar Jackentosch und dan Towackbeutel derzu, of eins, zwei, drei! wor dar Ulmer ongestoppt. Etzt nohm Benedix sei Stogelmasser, Schwomp und Feuerstan aus sen Hosenkatzer und fing on, Feuer zu pinken. Knatsch, knatsch, knatsch, — „Luder Schwomp, brüh on!" Knatsch, knatsch, knatsch, — „Mestschwomp na werd denn ka Feuer! Himmelssockerment!" fluchte Benedix. Knatsch, knatsch, knatsch!

„He, Benedix, Ihr brat jo ka Feuer, do warn wir Euch Feuer mochen", ließ sech a Stemm aus dam Huchwold dröben hörn und bum fiel a Schuß, doß Benedixens Towackspfeif, vo dar Kugel getroffen, aus dam Maul raus eim weiten Bogen bis ei de Opp flog.

RUDI THIEL

Heini

Heini is a klanes Jingle,
und sehr gelenkich mit sein Zingle.
3 Jahre es ar und gesund,
zwar nie zu gross, doch kugelrund.
Sei Ebermut brieht oft lichterloh,
sei Haare sein wie dirres Stroh,
die Agen wie Vergißmeinnicht,
doch frogt ach nie im sei Gesecht.
Denn dos es wie gemacht zufleiss,
nie och blos rot und a noch weiß.
Na, vo dar Stirne bes zum Kien,
lauter Sommerspresslen bliehn.
Ka Wunder dass ar immer word bewitzt,
ar sei mit Kaffeegrund bespritzt.
Amol kam ar zur Mutter gerennt,
dass nen dar Bock stiess so hot ar geflennt.
„Mutta, verschaff mir mei Ruh,
draußen name se mech schon weder zu!"
Die Mutta, nahm das blonde Kepple,
wischt aus'n Agen 's letzte Trepple
und spricht voll Herzenslieb:
„Zufrieden dech och gieb,
die Spresslen iber die ma lacht,
die hat dar Herrgott dir gemacht!"
Droff sät das Jingle munter und keck:
„Ech, ech meg nie aussahn wie a Scheck!"
und verlängt zwischen Razen und Lachen:
„Mutter, vom Herrgott laß bir nischt mehr machen."

„O, ihr Höllnhunde!" schrie Benedix und sprong öbern Uferrond nunder ei de Opp. Dort reß ar och sei Gewehr von dar Scholter, legt on und bum, schuß ar nöber eim Hochwald. Bum, bum, bum, bum, krochten dreben weder de Schüß, doß Benedixen de Kugeln öbern Kopp neber pfeffen und dos Echo eim Geberg schalln tot.

„Hört auf zu schießen, ihr Robenviecher, und ergebt euch!" schrie Benedix, dam dos kolte Oppenwosser nie gut on de Füß tot.

Drüben eim Huchwold fing sech a unbändiges Gelächter on und bum, bum, bum, bum, krochten weder de Schüß.

„Hol euch dar Teufel!" pekte Benedix und bum! schoß ar a weder nöber ein Huchwold, doß de Spletter vom Bamern flugen. So ging de Schießerei wohl a gelenke Stund fort; de Rabschötzen schußen röber und lochten derzu wie de Narrn und Benedix schuß nöber und fluchte derbei, doß hätten mögen Mond und Sternla vom Himmel folln. Endlich wor Benedixen dos eim Wosser stehn doch schunt metsomt dar tolkischen Schießerei zu tomm. Ar hing sech de Bechs em, strachelte Waldmannlan, dar naben ehm soß und friern tot, doß ar om gonzen Körper zetterte wie Espenlab, öbern Kopp, dar Hund verstunds, wos Benedix mante und olle Zweene mochten gonz lischeer ei dar Opp nauf. Benedix mußte sei Haxen wohl verpufft huch heben, domet dos Wosser nie beim Fortschreiten platschern tot und sei Röckzug dodorch entdeckt word. De

ADOLF IRMLER

Stän Seff stirbt nie!

Noch weit naus ebas Oltvoterlond
ees Seff und Tones gut bekonnt.
Ei da Gobl hottn se ihr Haus,
do führten se monches Steckle aus.

Stän Seff ees wie a Kleslestän
ausn Oppafoll gonz klor und rän,
Mettn nei a Klümple Gold geton.
Oba außn konn ma dro Feier schlon.

Fichten Tones ees ozusahn
wie a Waterficht vu da Votalahn.
A besle pärschich oba fest,
aus guden Holz bis ei die Äst.

Sie labten schunt vor hundert Johrn
und sein bis etz nie älder worn.
Und wu Landsleit beisomme sein,
ees Seff und Tones a dabein.

Wird a Stän Seff ei die Ard versenkt
ees an neien schunt weda s' Laben geschenkt.
Eh an Fichten Tones die Würma frassen,
wird an Junge schunt eban Hindern gemassen.

Ihr lieben Landsleit lott eich sän
hots uns a ei die Welt verschlän,
verliert och ja nie nen Humor
Stän Seff da labt noch tausend Johr!

Rabschötzen eim Hochwold dreben pletzten noch immer flessig und treben aus Benedixen ollerhond Spott und Schindluderei, währendam Benedix und Waldmann ziemlich weit droben ei dar Opp und schun aus dar Schußweiten worn; noch a Steckla eim Wosser fort und se worn bei dar Gerönstagbröck. Dort kruch Benedix aus'n Wosser öbern Rond nauf bis of'n Wag und Waldmannla hendern drei.

„Sucht mech eim Krautgorten und krotzt mir dan Buckel, Ihr Golgengeschter!" pekte Benedix eim Wold afür, doß och aso scholln tot und mochte flechtig met Waldmannlan of de Weißenseifen-Försterei zu.

„Gude Nocht, Benedix! Gude Nocht, Herr Förster, bleiben Sie och racht gesund! Of's Wedersahn!!" schrien de Rabschötzen und huben a racht teuflisches Gelächter on.

„Rendviecher! Rendviecher! Wort bis Ihr mir amol ei de Fa kummt, ech war Euch dos Lechtzachen stecken!" gorgelte Benedix noch amol of die Rabschötzen, dernochtern ging ar met Waldmannlan eis Haus, regelte de Haustür fest zu und mochte de Fensterloden vür de Fenster, dernochtern zond ar orscht a Licht on.

„Na, woß eß denn dos heut weder met Dir, etzt eß bold dreie früh und Du kömmst orscht weder aham getorkelt, do hoste wohl weder eim Hommerkratschen gesassen?" fing de Christine, Benedixens Weib, eim Bett on zu wattern.

„Helt de Fraß, older Hausdroch!" grunzte Benedix und schmeß s'Gewehr om Wondrachen, denn ar wor abenst ei aner gewoltig schlachten Laun. Waldmannla zog sen Schwonz ei, stockt dan Kopp nunder und kruch untern Ofenfuß, wu ar sei Loschema hot.

Benedix suchte dan Stefelknacht und fing on, die schwompnossen Stefel auszuziehn, ober och Herrjekerla, dos wor ka sette lechte Arbet, dos Lader wor eim Wosser zunondergeschnorrt und die Stefel soßen bumfest om Füßen. Benedix fluchte, doß de Belder on Wänden wockelten, ober de Stefel gingen nie runder.

„Do müßt ech doch Tent gesoffen hon, wenn ech mech met dan godsverfluchten Stefelausziehn noch länger plogen tät, ech läg mech metsomt dan Stefeln eis Bett; hols dar Teufel!" säht Benedix.

„Untersteh' Dich, gestern ho ech weiße, rane Züchen övergezogen!" schrie de Christine.

„Vermoledeit, do zieh die Züchen margen weder runder", mante Benedix, zug de Jack und de West aus, und fiel metsomt dan Stefeln eis Bett. De Christine schempfte wohl noch a Weil gor lästerbändig und Benedix word olls mögliche gehaßen och nie mei lieber Monn; dar ober fing glei drof on zu schnorchen wie a olde Dompfmaschin und do mußte de Christine a ihr Maul holden. Ober long dauerte bei Benedixen die Schloferei nie. Ar fing on, sech eim Bett rim und nim zu wälzen und zu jommern bis ar säht: „Kreuztausend! Dos möcht mir jo heut de Därmer eim Ranzen azwareißen. Verfluchtsockerment! Christine, host Du's gehort?"

„Woos?" frogte de Christine eim Holbschlof.

„De Därmer zerreßt mirs, dos kömmt von dam hundsverfluchten eim kolden Wosser stehn, do sein die Teufelshalonken Rabschötzen dro schold und vielecht a Hommerkratschmers Höllngesöff; steh auf, Christine, und moch mir a Hausmettel, an racht pettern Wermet- oder Komillntee", krächzte Benedix.

459

„Ma hot ober rechtig die gonze gelenke Nocht bei Dir ka Ruh mehr, do kömmt ar nochmetternochts ahamgestört, dernoch kriegt ar weder allerhond Onfäll vo Kolik und waß God wos olls noch", balferte die Christine.

„Au, au, o verflucht! Au, au, o verflucht!" gings bei Benedixen ei aner Tur. De Christine kroch, aso schwer wies ihr a fiel, aus dam Bett, denn on dar Kolik starben kunnt se Benedixen doch nie sahn, do hot se abenst noch zuvel Lieb zunne.

„Ja, wenn ech och geschwind de Krättichschochtel eim Finstern of'n Boden fänd", mante de Christine und schlech zu dar Tür naus und of dar Bodensteg nauf. Die längste Zeit suchte de Christine bold ei dam, bold weder ei am ondern Winkel, endlich fand se a Holzschachtel; na ja, do es jo dos Krättich drinne. De Christine mochte de Schochtel auf und greff nei, rechtig, do kriegt se jo schun wos vo dörrn Krättich ei die Hond. Sie riecht dron, dar Geruch eß zwor och schwoch aber racht gewerzhoft, Pfaffermünz werds sein, denkt die Christine und die eß sehr gut für de Kolik. Wie de Christine ei dar Stob zuröckkom, do jommerte Benedix gor godserbärmlich und mante, sei letztes Stündla wär do, wu ar dan Teufel wär müssen heut noch eim Rochen fohrn. Dar Christine word bei aner setten Red gonz schwül zu Mut, se tot och dos Krättich ei a Napla, goß Wasser drauf, stolts of'n Hard und mochte Feuer drunder, ei fünf Minuten wor dar Tronk fartig gekocht; och etz geschwind ei a Töppla gießen und Benedixen zum Trenken gahn. Dar nohm sehr an tüchtigen warme Schlux und säht:

„Kruzineser! Dos schmeckt jo wie Teufelsdreck, wos host denn Du do für an Höllntronk zunondergebräut?"

„Trönks och warm nunder, dos eß Pfaffermünztee, dos Beste wos hot für die Kolik", derklärte die Christine.

Benedix worgte dan Tronk nunder und schnett dröber a Gesecht wie dar Teufel, wenn ar Fliegen freßt, dernochtern speit ar a zahnmol hendernonder aus, säht jedesmol „Pfui Teufel!" derzu und fiel weder eim Bett im. A gelenke Weil jommerte Benedix noch, ober glei drauf word ar ruhiger.

„Christinla, etz werd mir besser, Dei Tronk wor gut, mir brecht dar Schwaß dervo aus", säht Benedix, dreht sech of die ondere Seit und schlief ei, und de Christine wor rachtschoffen froh, doß dar Tronk dan Monn geholfen hot, se kroch a weder eis Bett und schlief nochamol bis zum hallerlichten Tog. Ei dar Früh, eb sech Benedix ei sen Bett rührn tot, hot de Christine schun dos Frühstück a gelenke Weil fartig.

Unterdessen ging de Christine of'n Boden, em de Krättichschochteln nochsahn, doß nie met dan drinne rim Gerühr ei dar fenstern Nocht ans oder dos andere heilsame Krättichgebündla rausgefolln wär. Wie ober de Christine die Schochtel, aus dar se dan Koliktronk für ihrn Monn rausgenumme hot, beim Togeslicht soch, do bleb ihr stabran dar Verstond stehn und se word wachselweis rot und bloß eim Gesecht.

„Wenn dar Tronk och Benedixen henterhar nie noch schoden tät, na, na, wos ma ei dar Ongst und Eil für verdrehte Fahlgreff mochen konn, wu ma sech salber dreber wundert", mante de Christine und drockte dan Deckel weder of die offene Schochtel. Wie de Christine weder ei die Stob kom, wor Benedix derwocht. Ar streckt zuerst de Ban aus, doß de Bettbratter krochten, dernoch de Orme und blinzelte seelnvergnügt unter dar Zudeck afür of die Christine, die a leibhoftiges ormes Sendergesecht mochte. Endlich kroch Benedix außen Bett und weil ar Hosen und Stefel noch om Leib hot, do tot dos öbrige Onziehn nie long dauern. Dort, wu Benedix met sen Stefeln

gelan hot, soch dos Bett wohl grod nie zu ranlich aus, denn die Stefelform hot sech of dan weißene Bettuch racht hübsch obgedrockt, ober dos mocht nischt, de Christine met dar Dienstmäd warn die Soch schun weder ranmochen.

Beim Frühstöck schmockte heute Benedixen dar Kaffee amol ausnohmsweise sehr gut, ober dar Christine wollt dos Frühstöck heut gor nie schmecken. Benedix soch sech sei Olde a poormal vo dar Seit on, dernochtern säht ar:

„Wos mochst denn Du heut für a Jommergesecht, hoste viellecht Fliegenpelz eim Mogen? Ober wos ech Dir war sähn, dos Krättich, vo dam Du mir host heut ei dar Nacht dan Tronk gekocht, heb gut auf, dos eß nie met Gold zu bezohln, mir eß heut aso gut und wohl emme Leib und emme Mogen, wie mir long schun nie wor."

„Eß denn dos werklich wohr?" plotzte de Christine raus.

„Na, eß dos a tomme Frog, wenn echs säh, do eß wohr oder hoste vielecht a Goll dro, doß ech nie gestorben ben, weil Du dech garne ei an ondern, amend gor eim Jongjäger, vergoffen tätst? He!" waterte Benedix.

„Gor ka Red', mei lieber Monn, gor ka Red', ober Du waßt jo noch gor nie, vo wos ech Dir heute Nochts ei oller Ongst und Eil dan Tronk gekocht ho", besänftigte de Christine Benedixen.

„Nu vo wos?" frogte Benedix neugierig.

„Vo men Brautkronz, dan ech noch immer ei aner Schochtel aufgehoben hot, ech ho die Schochtel met dar Krättichschochtel verwachselt", tot de Christine berechten und word derbei zunderrot eim Gesecht. Benedix soch sei Weib a longe Weil met offenem Maul und grußen Agen on, dernochtern schlug ar met dar gebollten Faust of'n Tesch, doß de Kaffeetöppla ei de Höh hoppten und fing on zu lochen, doß de Wänd zetterten.

Ober dam Gelächter hing ar sech die Bechs im, rufte Waldmannlan unter dan Ofenfuß afür und lochte zur Tür naus, hindern Haus nimm und eim Wold nei.

RUDI THIEL

Was kann ar!

Ei das Schui do es heit Inspektion,
ka anziches Kend well sech tadeln lon.
Die Junge wie die Madlen, klan und groß,
sein sprenglebendich s'geht alls ganz famos.
Ach aner, dar setzt wie aus Erz gegoss'n,
als hätt'nen alle gudn Geister verloss'n.
„Und Du kannst wohl gar nichts mein kleiner Sohn?"
fragt nen a Herr vo dar Inspektion.
Drof Peppes a ganz rotes Köpla kriegt
und sech bedächtig ei dar Schuibank wiegt.
„Oh na", stottert ar „ech kann, ja ech kann,
an Poppmai mach'n aus dar Spetz aner Tann."

ALOIS F. LOWAG

Gobler
Geschichtla

De wosserdechte Stefelschmier

Dan Pflamme-Johrmerich ei Werbenthol, on dam die Werbentholer de ebrich geblebenen Karmeskuchen verkafen — denn die hon immer Sonntich Karmes ond Montich Johrmerich — ond weil's do gor a so vel Pflamme fal hot, do haßt man dan abenst „Pflamme-Johrmerich", dan tot'n Seff ond Tones nie verpassen ond wenn's Hockmasser gerahnt ond Kieselstan geschneit hätt', do hätten sech die Zweene nie aufholden loss'n, noch Werbenthol zu geh'n.

Bei dar Johrmerich-Gelegenhat kunnten se a so, mir nischt, dir nischt, zu dan Bekonnten neingeh'n ond a gonz unscholdige Frog stell'n ond do huß's gewöhnlich — wenn sech Seff ond Tones a so stallten, ols wenn se bold weder geh'n wöllten:

„Na, do wort a beßla, wir müssen euch doch onsern Karmeskuchen kosten loß'n."

„Na, na!" sähten gewöhnlich Seff ond Tones, „wegen dam sein wir jo nie harkomme."

„Mocht nischt, dos wessen wir jo, ober ihr ward ons doch nie onsern Karmeskuchen verochten?"

„God bewohr na", derwederten Seff ond Tones, „dar Kuchen eß a liebe Gottesgob, die ma nie verochten dorf", ond se remten die vürgesotzten Kuchentaller on, doß ka Quork- ond ka Moh-Grimperla drenna legen bleb, ond naigten immer a Glasla Schnops ems ondere derzu aus.

A so ging's vo an Bekonnten zum ondern, ond wu se noch nie racht bekonnt wor'n, do ginge se nei, sochen sech ei dar Stob em ond manten: „Do sein wir wohl on unrachten Ort — do hon wir geweß dos Haus verwachselt!"

Do frogten die Leut' ei dan Haus: „Wu kommt ihr denn har, ond wu wollt ihr denn hen?"

„Inne!" sähten de beeden, „wir kumme heut' schun aus dar Gobel; wir hon noch nie gefrühsteckt ond möchten ons a Frühsteck kafen!"

„A Trüfferla worme Kaffee ond a Schnitzla Kuchen kinnt ihr bei ons emsunst hon", wor immer die gewöhnliche Ampert ond se kriegten Kaffee ond Kuchen a o setten Örtern, wu se nie bekonnt wor'n. Dos muß ma dan Werbentholern schun loss'n, bei oll'n Untugenden, die se on sech hon, geizig sein se ausnohmsweis nie.

Of die Ort ond Weis' schlugen sech die Zweene schun vo oller Morgenfrüh on ei Werbenthol rem ond wenn dar Johrmerich onfing, do wor'n se met Karmeskuchen ongefüttert, doß ka Falt' eim Bauch mehr lar wor.

Es wor weder a mol zu Michel on an Pflamme-Johrmerich. Seff ond Tones hotten schun fost de holben Leut' ei dan Stadtla Werbenthol besucht ond se wor'n gonz zufred' met dam, wos se kriegt hotten. Se hotten dan Kuchen gor nie oll's gezwungen ond jeder trug a gehaftes Schnuppertüchla voll Kuchenschnitzla eigepockt bei sech.

Of dan Johrmerich hotten sech gor kremenalisch vel Leut' zunonder gefond'n — Kafer ond Verkafer — doß on moncher Stell' ka Oppel zur Ard hätt' foll'n kinne ond doß Seff ond Tones met ihr'n Kuchenpackslan gor verflommt vorsechtig sein mußten, doß se nie onder dar Menschenmeng' zu lauter Quantsch zerdrockt wurden.

Zuerst kaften sech olle Zweene de Toschen voll Pflamme, of die se sech schun long vorhar getröst hotten, dernochtern jeder a poor darbe Schäftstefel vo an Liebtholer Schuster ond hondelten von dan vürgeschlänenen Preis a poor schöne Sachser runder; wetters jeder a Schnuppertüchla schön rot vo dar Farb', met galen Mannlan ond Beldlan drauf, ond zu guder Letzt a Packsla Aeppel ond Bärne, Pfafferscheibla ond Zuckerharzla zur Metbräng für Oberfärschters Kender ond de Dienstmagd. „Klane Geschänker derholden de Freindschoft", mante Seff.

Do bummelte Aner onder dan Johrmerichleuten rem, drockt de Agen de Hälft zu, pfeff sech a Steckla met'n Maul, of doß de Leut' söllten besser of ehn Obocht gan ond ruft eber hondsweil'n:

„Meine Herrschaften! Ein Kalender für das nächste Jahr gefällig?" Derbei zeigt ar an gonzen Schippel ollerhond Kalender, die ar ondern Orm trug.

„Schlesisch-mährischer Volks-Kalender für Haus- und Landwirtschaft", — „Herz-Jesu-Kalender", — „Veteranen-Kalender", — „Kalender für Zeit und Ewigkeit", — Glücksrad-Kalender", — Christlicher Hausbote", — „Prager Kalender", — Universal-Kalender", — „Bauern-Kalender", — „Militär-Kalender!" schrie eber hondsweil'n dar Kalendrmon.

ADOLF IRMLER

Dar olde Pauer

Etz setzt ar do, dar olde Mon.
S hot nischt mehr, wos ar mochn kon.
Dar Kop ees vu Gedonken voll,
wäs blos nie wos ar mochen soll.

Met seinem Weible tät er redn.
Dos Labn ees etz gor nie scheen.
Doch sie, sie hot gor vel zu tun
und ar, ar soll a besle ruhn.

Die Enkel losens Radio plärrn.
Es well kä Mensch mehr offn hährn.
Ar konn sich sunst jo nie beklän.
Doch meistens ees ar holt allän.

Etz neppt ar ei, der olde Mon.
S'ees beste wos ar mochn kon.
Ein Tram do wird ar weda stork,
fühlt weda Kroft ei Bän und Mork.

Ar sitt sich eba Felder gehn
und mänt, bir wann wohl heit noch sään.
Die Sänst führt ar met festen Schrett,
die ondern kinne gor nie mett.

Dos Korn steht nen bis im die Brost,
die Garscht die wächst, dos ees a Lost,
die Ernt die ees a horte Zeit,
doch wünscht ar sich, es wär so weit.

Die Schenne sein schunt nimmer laar,
etz sponnt für sein Pflug die Pfar,
om Barg do jodelt schunt dar Hirt,
ma muß sahn, doß ma noch fertich wird.

Drauß'n ess schunt ziemlich kolt,
doch well ar heite noch ein Wold
und aus sein Posch die stärksten Bäm,
die lodt ar auf und fährt se häm.

Om Obend geht ar durch senn Stoll.
Ar hot die Agn eberoll.
War waß wos heit die Schacke mocht
ech glab, die kolbt noch eba Nocht.

Etz wocht ar auf, dar olde Mon.
Wie ma so scheenes trame kon.
Ech soch sogor mei Haisle stehn.
Ech kunnt durch olle Stobn gehn.

Doß heit so zeitich dunkeln tutt.
Es wird dan Mon otz gor nie gutt.
Wenn ma doch lieber drebn wär.
Ma hot ein Labn eh nischt mehr.

Etz legt ar do, dar olde Mon.
S'hot nischt mehr, wos nen wieh tun kon.
Etz ees ar wenstens aufgehobn.
Vielleicht ees ar sogor schunt drobn.

„Wos manste Tones", säht Seff, „wenn wr dan Mon an setten Kalender onkaften; dar Wenter eß long ond do hätt' wr immer wos drenne zu lasen!"

„Wie du wellst, mir eß racht!" mante Tones, „ober kaf holt an, wu's Mannla ond Beldla drinne hot, die man sech eber hondsweil'n zum Zeitvertreib onsahn konn; vielleicht hot ar gor an extren Kalender für de Gobel."

„Ech war ehm glei frogen", säht Seff, ond ar schrie dan Kalendrmon on, daß sech de Leut' ei dar Nehnd of'n Obsätzen rimdrehten:

„He, Vetter Kalenderverkafer! Kommt met euern Kalendern zu mir, ech war euch a sets Buch onkafen, wenn ihr's nie żu teuer lot!"

Dar Kalendermon tot, als wenn ar aus dan Schlof derwochen tät and säht zu Seffen: „Was wünschen Sie?"

„An Kalender!" amperte Seff.

„Was meinen Sie?" frogte dar Kalendermon weder.

„Inne du verflixtes Zeug! Hört ihr denn nischt? An Kolender well ech hon!" schrie Seff aus Leibeskräften, doß sech a oldes Weib, die dernaben an Rosenkronz ond a poor Gebatla kafen tot, vür Schrocken ofn Ardsboden sotzte.

Dar Kalendermon besonn sech vor a Weil, dernochtern säht ar: „Ach so, einen Kalender wollt ihr haben?"

„Na, God sei Donk, endlich kommt ihr doch drauf, wos ech von euch hon well", mante Seff. „Hot ihr denn an Gobler Kalender?"

„Gobler Kalender?" echote dar Kalendermon, „ich werde nachschauen!" Ond ar besoch sech olle Kalender, die ar hot, dar Reih' noch ganz gena, ols wenn ar se ei sen gonzen Laben noch nie gesahn hätt'. — Ei aner longe Weil säht ar: „Gobler Kalender hab ich nicht dabei, die müssen noch nicht herausgegeben worden sein, vielleicht erscheinen sie später — um die Ostern herum — aber einen Universal-Kalender kann ich Ihnen bestens anempfehlen; derselbe kostet einen Gulden zwanzig Kreuzer und sie haben an dem Kalender genug solang Sie leben; es ist ein starker Band. Derselbe ist für das Volk berechnet, da wissenschaftliche Sachen und gelehrtes, aufklärendes Zeug drinnen nicht enthalten sind und das Lesen desselben der allgemeinen Dummheit durchaus nicht schadet!"

„Dar kennt's tun", mante Tones.

„Do hot ihr an Gulden, die zwanzich Kreuzer war ech euch onreißen, de hot ihr draufgeschlähn, ond gabt an setten Unversahn-Kalender har!" peckte Seff dan Mon an.

„Nein, mein lieber, guter Herr, der Kalender kostet einen Gulden und zwanzig Kreuzer; wenn ich denselben für einen Gulden verkaufen möchte, so müßte ich die zwanzig Kreuzer daraufzahlen — im Buchhandel gibt es nur fixe Preise", säht dar Kalendermon.

„Do hot ihr dan Zwanzicher a vollt; doß ihr wegen dan Kalender zu Schoden kumme söllt, es nie mei Obsecht; — etz gabt dos Buch har!"

Dar Kalenderverkafer stackt sech's Gald ei ond ebergob Seffen an großen, storken Kalendr, ei dam se dan gonzen gelenken Wenter dorch lasen ond sech de Mannla onsahn kunnten.

Weil die Zweene ols beinonder hotten, do mochten se of hamzu, denn se hotten vo Werbenthol aus bis of de Gobel gude zwa Stunden Wags zu geh'n ond derbei words Nocht.

Derham toten die Zweene immer emzachig ei dan Kalender studiern ond sech de Beldla drinne onsahn; wenn Seffen ond Tones'n vo dan gedrockt'n Geschichtlan, Geschnerkslan ond

Gustav Willscher's „Schlesier-Marsch"

Wu nördlich sämt a grüne Welt
der Oppa Selberband,
do hot da Herrgott hengestellt
mei liebes Schlesierland.
Altvaterreich, dech grüß bir stolz,
du Landle, frei und stark,
bir sein aus deinem Ächenholz,
wie du, deutsch bis ei's Mark!

[: Frei und deutsch wolln bir sein,
gude Schlesier wolln bir blein,
Heil dir, du grüne Schles! :]

Es a dei Steble orm ung klän,
dei Kender hon dech garn,
und hot sie's ei die Welt verschlän
wird dir käns untreu warn.
A jedes, Sehnsucht tief ein Bleck
denkt o dech ei da Fern;
und kommt's amol ahäm zureck,
do konnst' se singe hörn:

[: Frei und deutsch wolln bir sein,
gude Schlesier wolln bir blein,
Heil dir, du grüne Schles! :]

Off deinem Grund, do steht dos Haus,
vo dam ech zog ei's Laben naus,
wu Votergüt mech reich bedocht
und heil'ge Mutterlieb hot
mir's renste Gleck gebrocht.
On dir, mei Schles, do hängt mei Herz,
denn jede Fräd und jeden Schmerz,
die tälst du treulich a met mir,
vom erschten Kenderschriet
bis om Wag zur Kirchhoftür.

So klingt's zu dir, aus jeder Brost,
du liebes Hämetland,
bir halden dech ei Läd und Lost,
treu schützt dech unsre Hond.
Vom Böhmerland bis hen zu Pol'n
mußt du uns ganz verblei'n,
ka Teufel därf a Steckla hol'n,
so long bir drinne sein!

[: Frei und deutsch wolln bir sein,
gude Schlesier wolln bir blein,
Heil dir, du grüne Schles! :]

sonstigen Tommhaten a nie glei ols verständlich wor ond einleichten tot, ober die Beldla drinne worn schön, dos log außer oll'n Zweifel.

Amol tot Seff ei dan Kalender laßen ond Tones hort ehm zu; do fung Seff a so on:

„Ge—mein-n-ü-tz—liches! Re—z-e-p-t zu einer wasser—dichten, aus—ge—zeich—neten S-t-ie-fel—schmiere. Man nimmt: 71 Teile Un—schlitt, — dos werd Enselt sein, — 4 Teile Harz — 38 Teile R-i-z—i-n-u—s-ö-l — Verflommt! ond ar fuhr sech met dr Hond eber de Stern! — R-i-z-i-n-us-ö-l — usöl — Rizinusöl — R-i —

„Rinozerus!" plotzte Tones 'raus, dam dar Gedoldsfodn ob setter Leserei abenst geressen wor.

„Rechtig!" stemmte Seff bei ond woscht sech dan Schwaß met'n Ärmel von dar Stern. „Rinozerus-öl, — 5 Teile Kien—ruß und s-ch-m-i-l-z-t alles gut untereinander und schmiert damit die Schuhe ein. Das Leder nimmt dann kein Wasser an und die Schuhe bleiben immer trocken."

„Dos eß woß für ons", mante Tones; „De Stefelschmier warn wir ons harstell'n. Enselt kafen wir beim Flascher, Horz suchen wir ons salber ein Wold, dan Koselrom ond dos Rinozerusöl hol'n wir ons beim Kafmon."

Seff fond Tones'ns Vorschlag gor nie a beßla tomm, velmehr hätt' ar Tones'n an setten gescheidten Gedonken gor nie amol zugetraut, ond do word beschlossen, ehedans de wosserdechte Stefelschmier zunonder zu schmelzen.

Sonntich drauf hotten die Zweene oll's, wos se zu dar Stefelschmier brauchten, beinonder ond do rechten se Sonntich emme Obend de Schmelzerei zusomme.

Eim Vorhaus bei dar Stobentür bauten die Zweene vo Lahm ond Stane an klan Ofen, wie se de Kühherten of'n Feldern mochen; oben drauf sotzten se an ziemlich großen, eisernen Top ond toten Enselt, Horz, Rinozerusöl ond Koselsrom, vo jedem a ziemliche Porzion nei — dernochtern mochten se Feuer drunder.

Es dauerte ka Vertelstond, do fing dos Ding ei dan Top on zu kraschen ond zu zeschen wie dar haße Speck, wenn man'n ei de Wossersupp schett. Seff nohm an Holzstacken ond fing dermet ei dan Top on zu rühr'n, doß sech die Schuhschmier-bestandteil' besser ondernonder meschen söllten.

Etzt fing dos Zeug on zu kochen ond zu spei'n wie a böser Koter ond gor ferchterlich zu stinken, doß Seff ond Tones ei an Don Aussperzeln mußten ond sech zuletzt gegen dan Gestonk de Towakpfeifen eim Brond setzen mußten.

Etzt konnste noch amol gut auflegen, dernochtern werd wohl de wosserdechte Stefelschmier fartig sein", mante Seff ond Tones legt noch a poor korzgesagte Steckla Holz eis Feuer ondern Top.

O verpufft, do kom de Stefelschmier ei dan Top ei de Höh' gestegen! Seff ruhrt aus Leibeskräften met sen Stacken, ober dos Zeug wor wie toll worn ond ließ sech nie mehr zurecktreiben! — —

Schwupp! luf de gonze verdechtige Schmier eber — do gob's an Krocher ond dos Zeug eim ond außern Top bronnt lichterloh eber de Bodensteg' 'nauf.

„Zum Teufel! Naja, do kinne wir a schönes Spella brat'n!" schrie Seff. „Lef och Tones, lef zum Harrn Oberfärschter neber ond hol die longe, gedrechselte Hondspritz — tu se glei onderwags eim Wossergroben met Wosser loden, doß wir dos Feuerlaben ausspritzen kinne! Inne du verdommte Stefelschmier!"

Tones ronnt, ols wenn ehm dar Kopp a noch dazu bronnt, zum Oberfärschter em de Hondspritz. Seff derwoscht ei dar Ongst a Konn voll Wosser ond guß se ei dos Feuerwerk.

Heiliger Florian! Do ward dar Teufel erscht schackig — dos Feuer mocht an Puffer ond fuhr wie a Schlong' eber de Bodensteg naf eis Stroh.

Seff wollt anoch ond a Konn' voll Wosser ofn Boden gießen, ober ar brochts nie zustond vür lauter Hetz ond Rach.

Wie Tones met Oberfärschters Hondspretz ongerockt kom, kom's Feuer grod a beim Kafferloch 'raus.

„Och heiliche Muttergods! Och ihr heiligen verzeh Nothelfer! O du verdomme! godsverdomme, wosserdechte Stefelschmier! Etzt brüht ons onsere Kalupp (Haus) neder!"

„Feuer! Feuer!" schrieen die Zweene ei völliger Ongst ond finge on ihr'n Krom aus'm Haus eis Freie zu remme.

Do worn wohl de Gobler Leut' flechtig beinonder; anige hulfen Seffen ond Tones'n ausremme, ondere lahnten Lattern on die Noppershäuser ond trugen Wosser of de Dacher.

Seffens ond Tones'ns Haus ober, wos dar Harrschoft gehorte, bronnte neder bis ofn Grund.

Bei dan Brond geschoch wos racht Markwerdiges. Ei dan Haus hot schun seit sen Bestond a older Schwobenstomm nabst Seffen ond Tones'n sei Quartier, ond do dronder hott's olde Viecher, die schun monches Johr ofn Puckel hotten. Wie dar Brond ausbroch, do ging da große Tal von dan orme schworzen ond braune Kaferlan zugrond ond verbronnten elendig, da klanere Tal ober mocht sech eim gesommelten Schworm dervo ond zugen nem zu „Engeln" eis Wertshaus zu ihr'n Stommverwondten.

Kam zwa Stunden hot dar Brond gedauert, do wor Seffen ond Tones'ns Wohnstätt' ei Rach aufgongen ond ei Osch verwondelt. Stan Seff ond Fichten Tones nohme sech ihre aus dan Feuer geretteten Sochen zunonder ond zugen dan Schwoben anoch zu „Engeln" nimm eis Wertshaus, wu se dan gonzen Wenter eber wohnten.

Wie dos Feuer auskomme wor, hot ober kaner nie eigestonden. Obwohl dar „Unversan-Kalender" nie met verbronnt wor, do eß's doch Seffen ond Tones'n nie mehr eim Sinn kumme, wosserdechte Stefelschmier zu kochen; do hotten sech etzt de Zweene Wetzichen kaft; dar Mensch werd abenst orscht dorch Schoden klug.

Dos wor wohl gor a anfältiger Wenter, dan die Zweene dorchmochen mußten. Es eß jo zeitweilich eim Wertshaus zu setzen ongenehm, ober a ganzes holbes Johr ond noch dreber eim Wertshaus zu wohne, wie's etz Seff ond Tones'n derging, dos wor euch ka Spaß.

Ei dar Früh, wenn se aufstunden, do hotten se zum Frühsteck sunst nischt wie a Quortierla kolden Bronntwein ond a Potterschnett. De Wärtsleut stunden nie a so zeitlich auf ond mochten Feuer eim Ofen, of doß sech die Zweene hätten kinne früh vor a Supp oder Kaffee kochen. Monchmol hotten se zu Mettich oder Obends a warme Kech, monchmol ober a weder nie, wie sech's trof.

Obends kome gewöhnlich a poor sette Nochtschwärmer ond Pechtliche, die sotzten sech zu an Tesch ond finge on Korten zu spel'n ond horten nie eher auf bis Nochmetternocht, ond die Zweene kunnten of ihr'n Strohsäcken ka Ag zudrecken, wenn se a noch a so müd vo dar Holzreck aham kumme worn.

Glei noch Weihnochten kriegten Seff ond Tones vo dan Oberfärschter dan Auftrog, dos Bauholz zu an neu'n Haus zu fäll'n; eim März kome schun Zimmermonne, die toten dos Holz bearbeten ond finge on a Haus dervon zunonder zu zimmern.

Bold noch Ostern fond sech dar Werbentholer Maurermaster met Toglöhnern ond Mauerleuten ei. A Steck wetter dervarne vo dar Brondstell' finge se on Grund zu groben ond zu mauern ond zwa Monat später kunnten Seff ond Tones schun ei a neues, hübsches Schweizerhäusla einzieh'n. Do hotten se a schöne Stob, a Nabenstob, an Kaller ond a Eberstöbla zur Benotzung, ond a poor Ziegen kunnten se sech a holden.

Do vergoß'n die Zweene wohl bold die schlachte Zeit, de se dan Wenter eber dorchgemocht hotten ond die se ols a Ort Strof vo onsern Harrgod betrochten toten, weil se a so unvorsechtig ond leichtsennig met dan wosserdechten Stefelschmierkochen imgonge worn; wenn se ober metsomme eim neu'n Haus ei dar schön' Stob beisomme soßen, do mante Tones: „Dos Stefelschmier-Kochen wor holt doch ka set gor grußes Ungleck; em die olde ongebronnte Kalupp wor's doch amend nie schod."

„Helt de Gosch!" amperte Seff, „ma konn sech a Soch denken, ober ausploppern dorf ma's nie!"

VIKTOR HEEGER

Mei griene Schles

Wie onser Herrgott hot amol
dan griene Wold erschoffn,
do hot a meiner Seele wohl
ei's Schworze neigetroffen;
denn ensre Arde, dos wäß Goot,
hot Schienres nie zu weisn,
ond war dan Wold zur Heimat hot,
dar kon sech glecklich preisn.

Mei Schlesierlandle hot ols Braut
da griene Wold umschlunge,
da deitsche Goot hot's Poor getraut
und Engla honns besunge.
Und leg ech mech zur letzten Ruh
amol noch dam Gefrette,
so best du deitsches Landle du
mei letztes grienes Bette.

Und wenn da Herrgoot spräch: „He du,
mägst noff ein Himmel fliegn?"
Do säh ech: „Los mech do ei Ruh
ols ormer Sender liegn.
s'konn doch ein Himmel, dort bei eich
da Wold nie schiener rauschn,
warum sollt ech fiers Himmelreich
mei griene Schles vertauschn?"

Klapperjungen in Engelsberg 1935

Spillendorfer beim Böllerschießen

Das Brauchtum

Als die deutschen Siedler in unsere damals noch bewaldete und unbewohnte Heimat kamen, um die Wälder zu roden sowie Städte und Dörfer zu erbauen, brachten sie nicht nur ihr Recht und die Mundart, sondern sicher auch das Brauchtum aus der alten Heimat mit. Manches davon ist inzwischen in Vergessenheit geraten und Einiges hat sich in Form und Bedeutung verändert, weil es dem christlichen Glauben angepaßt worden ist. Gerade dieses Brauchtum war es, das – von der Kirche gehütet – die Zeit leichter überdauert hat. Wir wollen hier einen kleinen Überblick über jenes Brauchtum geben, das unsere Eltern und Großeltern noch gekannt und vererbt haben, soweit wir uns heute noch daran zu erinnern vermögen. Es war nicht nur im Kreis Freudenthal in Gebrauch, sondern vieles davon auch jenseits der Grenzen des ehemals österreichischen Anteils von Schlesien. Zweifellos ist auch das ein Zeichen einer gemeinsamen Siedlerherkunft diesseits und jenseits dieser Grenze.

Das Brauchtum im Jahresablauf

Der Aprilscherz: Der Brauch, die Mitmenschen am 1. April „in den April zu schicken", d. h. sie zu narren, ist noch heute nach der Vertreibung üblich geblieben. Er wurde von den Kindern oder Jugendlichen, aber seltener von den jüngeren Erwachsenen gern getan. Dem Genarrten wurden Aufträge gegeben oder überbracht, die man an einem anderen Tag nie gegeben haben würde; sie wurden in Geschäfte oder Läden geschickt, um etwas zu kaufen, das kein Geschäft je führte. Hier waren der Phantasie des Narrenden keine Grenzen gesetzt, und je wahrscheinlicher ein solcher Auftrag klang, um so eher ließ sich der andere narren. War ein solcher Scherz gelungen, so erinnerte die Bezeichnung „Aprilochs" den Genarrten sofort an das besondere Datum.

Das Maisingen: Am Mittfastensonntag, drei Wochen vor Ostern, der bei uns wegen dieses Brauches auch Maisonntag genannt wurde, zogen die kleineren Kinder von Haus zu Haus, drehten zwischen ihren Handflächen einen mit bunten Bändern geschmückten Tannenzweig, dessen einzelne Zweige an der Spitze zu einer Krone zusammengebunden waren, hin und her (als Ersatz für den Tannenzweig konnte auch ein großer, hölzerner Kochlöffel verwendet werden). Dazu sangen sie eines der beiden anspruchslosen Verslein: „Popp Maile, Popp Maile, gebt mir och ein Eile. Gebt's den Kleinen und nicht den Großen, die Großen hab'n mich in'n Dreck gestoßen!" oder: „Kleine Fisch-

lein, kleine Fischlein schwimmen auf dem Teichlein, rote Röslein, rote Röslein wachsen auf dem Sträuchlein, gelbe Nelken, gelbe Nelken wachsen auf dem Stengel. Die Frau ist schön, der Herr ist schön, die Frau ist wie ein Engel!" Dafür erhielten die Kinder ein sogenanntes Mol-Ei, das waren zwei aufeinander geklebte bemalte Pfefferkuchenherzen, oder man gab den Kindern armer Familien auch Lebensmittel oder einen kleinen Geldbetrag. Ebenso wie in den April schickte man seine Mitmenschen oft auch in den Mai. „Ain Mai scheckt ma ne Esl ais Hai", sagte man dazu. Die so Genarrten wurden Maiesel genannt.

Die Osterbräuche: Die Osterzeit mit der nach dem Winter wiedererwachenden Natur hatte auch in unserer Heimat manchen alten Volksbrauch, der noch bis zur Zeit der Vertreibung gehalten wurde. Hier soll versucht werden, soweit dies möglich ist, den alten Sinn dieser Bräuche zu erklären.

Dem Wasser wurde während der Osterzeit eine heilende Kraft nachgesagt. Wer sich an den drei Sonntagen vor Ostern morgens in fließendem Wasser (Bach, Fluß) wusch, blieb frei von Sommersprossen. Vom Gründonnerstag morgens bis Karsamstag abends zur Auferstehung schwiegen die Kirchenglocken, weil – wie den Kindern erzählt wurde – die Glocken während dieser Zeit in Rom, wohin sie geflogen waren, weilten. Die Tageszeiten und der Beginn der Kirchandachten wurden von der durch den Ort ziehenden Jugend durch „Klappern" angekündigt. Im Rhöngebiet werden heute noch an Stelle der Klappern Ratschen verwendet. Am Karsamstag durfte dann für das Klappern in den Häusern gesammelt werden.

Am Gründonnerstag baute man im rückwärtigen Teil der Ortspfarrkirchen das „Heilige Grab" (Grab Christi) auf, vor dem die Gläubigen beteten und einer der Ortsvereine – im allgemeinen der Veteranenverein oder in Würbenthal und Engelsberg die Bürgergarde – Wache standen, vergleichbar den römischen Legionären im Heiligen Land.

Schon am Palmsonntag, dem Sonntag vor Ostern, waren in den Kirchen die „Palmkätzchen" (Knospen der Salweide, auch Palmweide genannt) während des Gottesdienstes geweiht worden, und am Karsamstag morgens kohlte man in einem geweihten Feuer vor der Kirche leicht spaltbares Holz in Scheiten an, aus denen dann einfache Holzkreuzchen hergestellt wurden. Am Ostersonntag sehr früh, noch vor Sonnenaufgang steckte man die Kreuzchen mit den „Palmkätzchen" in die Ecken der Wintersaatfelder, um diese bis zur Ernte vor Unwetter, Schäden oder

465

Osterreiten der Landwirtevereinigung Freudenthal

Würbenthaler Schmeckostergruppe

bösen Geistern zu schützen. Kreuzchen und Kätzchen wurden nur in drei der vier Ecken des Feldes gesteckt, damit in der vierten Ecke die bösen, Verderben bringenden Geister das Feld verlassen konnten.

Eine alte Bäuerin erklärte die nur in drei Ecken mit Kreuzlein besteckten Äcker folgendermaßen: Dadurch entstehe ein dreibeiniger Drudenfuß, der die Druden (bösen Geister) am Eindringen in das Feld hindere. Die magische Zahl „drei" kam in diesem Brauch auch noch in einer weiteren angeblichen Erscheinung zum Ausdruck. Waren die Landsleute, welche die Kreuzlein stecken sollten, mit dieser Aufgabe wie erforderlich noch vor dem Sonnenaufgang fertig, konnten sie sehen, daß die Sonne, sobald sie die Kreuze beschien, drei hoppa (Hüpfer) machte. Dieser Brauch wurde das „Kreuzlestecken" genannt.

Während der Auferstehungsfeier am Karsamstag abend wurde das Allerheiligste aus dem Heiligen Grab am Ende der Kirche geholt und unter Glockengeläute und Böllerschüssen von den nahen Bergen in feierlicher Prozession um die Kirche zum Hauptaltar der Kirche zurückgebracht.

Wohl einer der ältesten und trotzdem bis nach der Vertreibung üblichen Osterbräuche war das sogenannte „Schmeckostern". Am Ostermontag gingen die jungen Burschen schon früh zu ihren Mädchen, damit sie diese möglichst noch im Bett antrafen und gaben ihnen mit Birken- und Weidenruten leichte Schläge auf die unbedeckten Arme und Beine. Durch das Schlagen sollten nicht nur die Fruchtbarkeit (Arme und Beine als Ersatz für andere Körperteile), sondern auch die Kraft und Tüchtigkeit der zur Arbeit unentbehrlichen Glieder gefördert werden. Anschließend bewirteten die Mädchen die zum Schmeckostern gekommenen Burschen mit Osterkuchen, Osterschnaps und Likör. Am Osterdienstag durften sich die Mädchen revanchieren und zu den Burschen Schmeckostern gehen.

Dieser sicher ursprünglich heidnische Brauch muß schon sehr früh auch von der Kirche als christlicher Osterbrauch übernommen worden sein. Im Marienburger Treßlerbuch – dem Buch, in dem der Treßler (Schatzmeister) des Deutschen Ordens die Ein- und Ausgaben verzeichnete – findet man für die Ostern der Jahre 1400, 1402 und 1409 Eintragungen, daß der Treßler den Viehmägden des Ordens kleine Geldbeträge ausgegeben hatte, weil die Mägde zu den damaligen Ordenshochmeistern (Konrad von Jungingen 1393 – 1407, und Ulrich von Jungingen, 1407 – 1410) schmeckostern gekommen waren.

Ebenfalls zum Wohle der Wintersaat versammelten sich am Ostermontag berittene Bauernburschen und ritten, voran das Kreuz und die Fahnen und oft auch der Pfarrer zu Pferd um die Feldflur und anschließend zurück zur Kirche, wo der Segen erteilt wurde. Auch dieser „Saatreiten" betitelte Brauch hielt sich im Freudenthaler Bezirk bis zur Vertreibung, während er beispielsweise im ehemaligen Fürstentum Neisse-Grotkau 1786 verboten werden mußte, weil der Brauch zu einem Wettreiten um die Saaten, wobei diese rücksichtslos zertrampelt wurden, und zu anschließenden Saufgelagen ausgeartet war.

St. Martin leitete mit gebackenen Martinshörnchen und manchmal auch einer Martinsgans die gebefreudigere Weihnachtszeit ein. Wichtiger für die Jugend war der Andreasabend (30. November). Da trafen sich junge Burschen und Mädchen, um beim „Tellerheben" oder beim „Bleigießen" einen Blick in die Zukunft tun zu können. Unter umgestürzten Tellern oder Tassen wurden je eine Münze (für den Reichtum), ein Bissen Brot (für das Wohlergehen), ein Kamm (für die Krankheit) und ein Stück Leinen (für den Tod) versteckt. Wer einen Teller oder eine Tasse hob, konnte an dem darunterliegenden Gegenstand erkennen, was ihn erwartete. Oder man goß aus einem Suppenlöffel geschmolzenes Zinn in kaltes Wasser und versuchte dann aus der Form des wiedererstarrten Zinns Schlüsse auf das Kommende ziehen zu können.

Weihnachtsbräuche: Am Heiligen Abend wurde neben dem geschmückten Weihnachtsbaum in fast jeder Familie auch auf einem in Augenhöhe waagrecht an der Wand befestigten Brett eine mehr oder minder umfangreiche Krippe aufgestellt, wobei sich die einzelnen Familien weniger in der Größe als in der künstlerischen Ausgestaltung der Krippe zu übertreffen versuchten. Die Figuren fast aller Krippen waren holzgeschnitzt und stammten meist von einem der Krippenschnitzer Engelsbergs, die ihr Können weitervererbten. Das Weihnachtsbrauchtum endete am Dreikönigstag (6. Januar). An diesem Tag zogen jeweils drei Kinder, als „Heilige Drei Könige" verkleidet, singend von Haus zu Haus und sammelten Gaben. In der Weihnachtskrippe wurden die Figuren der drei Könige, die bisher noch in den Aufbewahrungsschachteln gelassen worden waren, aufgestellt und der Weihnachtsbaum geleert. Mit geweihter Kreide schrieb der Hausvater die Namen der drei Heiligen Könige mit der Jahreszahl an den oberen Querbalken (19 K + M + B 74), das schützte das Haus vor den bösen Geistern.

466

Wintersonnenwende: Im Volksglauben spielte auch die Zeit der Wintersonnenwende eine große Rolle. In den zwölf Nächten vom Heilig-Abend bis zum Dreikönigstag mußte alle schwere Arbeit ruhen, insbesondere das Waschen der Wäsche, Brotbakken und Dreschen waren verboten. In dieser Zeit zog die „Wilde Jagd" (überirdische Wesen) durch die Lüfte. Alle Türen und Fenster sollten daher fest geschlossen sein und bleiben. Wurde man im Freien von dieser Jagd überrascht, sollte man sich mit dem Gesicht zur Erde und verschlossenen Augen auf die Erde legen, bis sie vorüber war, sonst wurde man mitgerissen und war gezwungen mitzujagen. An den zwölf Tagen ließ sich das Wetter des kommenden Jahres ablesen, denn das Wetter eines Tages glich dem Wetter des betreffenden Monats.

Das Brauchtum und die Arbeitsweise der Bauern, Weber und Bergleute

Der Bauer: Im Frühjahr, kurz ehe das neue Gras zu sprießen anfing, wurden die Baumgärten gereinigt. Hatte das Gras dann eine bestimmte Höhe erreicht, fuhr der Bauer jeden Abend hinaus zum „Futtermachen" für das Vieh. Das geschah früher fast nur mit der Sense, die vorher mit dem Dengelhammer auf dem „Denkelkletzle" und dann später beim Schnitt von Zeit zu Zeit mit dem Wetzstein geschärft wurde. Der Wetzstein wurde in der „Wetzkietze" in Wasser am Gürtel des Schnitters hängend aufbewahrt. Zum Heumachen zerstreute man die geschnittenen Grasschwaden über die gesamte Schnittfläche und ließ das Gras in der nun schon heißen Sonne trocknen. Jeden Abend oder bei drohendem Regen hat man das bereits durchgetrocknete Heu, damit es nicht naß wurde, zu „Heuschobern" (kugeligen Heuhaufen) zusammengerecht und am nächsten Morgen wieder zerstreut.

Eingefahren wurde das Heu, ebenso wie später während der Ernte das Getreide, mit dem Leiterwagen. Waren die Leitern mit ihren beidseitig in der Mitte liegenden Bäuchen voll, so hat man auf den Leitern, etwas über diese hinausragend, weitergeladen, und zwar „einen Arm voll (Heu oder eine Garbe) rum (links), einen Arm voll num (rechts) und einen Arm voll in der Mitte." Das geladene „Fuder" fuhr man dann auf die Tenne der Scheune zum Entladen in die beidseitig der Tenne angeordneten Bansen. Das Einfahren der hochbeladenen Wagen war wegen der, bei dieser Höhe leichten Kippgefahr, schwierig. Gezogen wurden die Wagen beim Bauern von den Pferden, bei den Häuslern von Kühen. Bei diesen mußte das „Leitsel" (Leitseil) festgehalten, die Handkuh immer angetrieben und die Sattelkuh eingehalten werden, damit beide gleichmäßig zogen. Von den Feldgeistern im Getreide wird im nächsten Kapitel über den Aberglauben berichtet.

Das in die Scheunen eingefahrene Getreide wurde in der etwas ruhigeren Zeit des Spätherbstes gedroschen, früher fast ausschließlich durch Dreschflegel. Aber auch zur Zeit der modernen Dreschmaschinen waren diese nicht untätig, denn das zum Herstellen der Strohseile – sie wurden bei der nächsten Ernte beim Einbinden der Getreidepuppen gebraucht – benötigte Langstroh blieb nur beim Dreschen mit Flegeln erhalten. Dies konnten im allgemeinen zwei bis fünf Personen gleichzeitig tun, und es mußte im gleichen Takt geschehen, wollten sich die Drescher nicht gegenseitig behindern. Schon am hörbaren Takt, ohne die Drescher gesehen zu haben, erkannte der Kenner, wieviele Personen druschen. Dazu gab es Merksprüche, mit denen man sich den Takt einprägen konnte: Beim Zweischlag: „'s fehlt eins"; beim Dreischlag: „Koch Grauppsupp'"; beim Vierschlag: „Kuch'a back ba"; und schließlich bei Fünfschlag: „Wie wackelt der Zipf'l."

Nach der Ernte wurde vor dem Umackern der Felder Mist zur Düngung hinausgefahren. Dies geschah mit dem Bretterwagen. Der mit einer Zinkengabel geladene, über die Seitenbretter hinausragende, pyramidenartige Aufbau wurde vor der Fahrt mit der „Mistplatsche" festgeschlagen, damit beim Fahren auf den holprigen Feldwagen kein Mist herabfiel. Nach der Getreideernte wurde das „Grummet" (zweites Gras) gehauen, die „Erdäpfel" (Kartoffeln) „herausgemacht" und schließlich die Rüben eingeerntet. Im Winter brachte der Bauer sein Hofgerät in Ordnung und die Bäuerinnen besorgten in den langen Winterabenden nach Weihnachten das „Federnschleißen". Da man als Füllung für die Bettkissen nur die weichen Flaumfedern (Gänsefeder) verwenden konnte, mußte der harte Kiel vorher entfernt werden.

Nachdem die Getreidefelder abgeerntet waren, konnte das Vieh auf die Weide getrieben werden, wegen der möglichen Schädigung des Getreides nicht früher. In früheren Zeiten trieb ein einziger Hüterjunge, der Gemeindehirte, der sich vorher mit den Bauern wegen seines Lohnes verglichen hatte, das zum Weiden bestimmte Vieh auf dem Viehtrieb zur gemeindeeigenen Hütung. Jeden Morgen holte der Hirte die von den Bauern schon losgebundenen und im Hofeingang wartenden Kühe ab und trieb sie mit dem Ruf „naus-ho, naus-ho" auf die Weide. Dort angekommen, wurden sie mit dem Ruf „horreh" zum Weiden veran-

Freudenthaler Fronleichnamsumzug 1935

Festwagen beim Schulfest in Zossen um 1935

Erntedankfest mit Haberbraut in Einsiedel

Alt-Ebersdorf, Erntedankfest, Ochsenwagen mit Schnitterinnen

läßt. Waren die Kühe aneinander gewöhnt und blieben beieinander, konnte es der Hirte wagen, mit getrockneten Stauden naher Kartoffelfelder und zurückgebliebenem Stroh ein Lagerfeuer anzuzünden und in dessen glühender Asche Kartoffeln zu braten oder über dem Feuer sein Vesperbrot zu rösten. Dazu sang er Lieder, von denen das bekannteste lautete: „Brieh, Feierle, brieh, ech hitt nie garn die Kieh, ech hitt vehl lieba de faul'n Zeg'n, doß ech konn beim Feierle leg'n". Die ruhige Herde und das brennende Feuer boten oft auch die Gelegenheit mit den, in einem Stück Zeitungspapier eingerollten und trockenen Kartoffelstaudenblättern das Rauchen zu probieren. Solche Versuche wurden aber für jeden, dem der Hirte abends beim Eintreiben der Kühe begegnete, an der fahlen Blässe und dem wackeligen Gang offenkundig.

Für das Geflügel der Bauern und Gärtner hatte sich eine besondere Lock- und Scheuch-Sprache entwickelt, die sich von Generation zu Generation vererbte und die nicht nur für das Freudenthaler Gebiet, sondern darüber hinaus in ganz Schlesien – auch den preußisch gewordenen Teil – Geltung hatte. Die Gänse wurden z. B. mit „wulle-wulle-wulle" gerufen und mit „husch-naus" verscheucht. Die Enten hörten auf „watsch-watsch-watsch", die Hühner auf „putt-putt-putt" oder „tschip-tschip-tschip" und sie wurden mit „schu-naus" fortgejagt.

Der Weber: Die bei uns in erster Linie verwebte Flachsfaser wurde von den Bauern der Dörfer angepflanzt, gerauft (aus der

Lichtschnurfest in Dürrseifen 1926

Erde gezogen), getrocknet und in den sogenannten Brechhäusern gebrochen, d. h. von den Pflanzenresten befreit. Der als Werg zum Weben angelieferte Flachs mußte erst auf dem Spinnrad zu einem längern Faden gesponnen werden, ehe er im Webstuhl weiterverarbeitet werden konnte. Das Spinnen war Arbeit der Frauen und Kinder und wurde in den Robotverzeichnissen auch für die Bauern- und Häuslersfrauen in einer bestimmten Menge pro Jahr vorgeschrieben. Da das Spinnen bei einer gemeinsamen Unterhaltung leichter fiel, versammelten sich die Spinnerinnen eines Ortes vor allem an den langen, dunklen Winterabenden abwechselnd bei einer anderen Frau zur gemeinsamen Arbeit. Bei diesen „Rockengängen" – so nannte man die Zusammenkünfte – wurde auch allerlei Kurzweil getrieben. Daher sah die Obrigkeit in diesen Rockengängen ein Vergehen gegen die Zucht und Ordnung in ihren Herrschaften, und man verbot sie vielerorts. Mit dem Verbot und den dagegen verhängten Strafen dürfte man es aber nicht so genau genommen haben, weil sich die Rockengänge trotzdem bis ins 19. Jahrhundert gehalten haben und erst mit der beginnenden Industrialisierung aufhörten.

Wenn mit der frühen Dunkelheit die Weber ihre Arbeit abends nur bei künstlichem Licht tun konnten, mußte bei jedem Webstuhl eine Petroleumlampe angezündet werden. Diese hing an einer, zwischen den beiden Seitengestellen des Webstuhls gespannten Schnur, der sogenannten „Lichtschnur" und beleuchtete den Arbeitsbereich, wo das Weberschiffchen (der Schütz) hin- und herschnellte. Den Beginn der Arbeit bei Petroleumlicht feierten die Weber als das sogenannte „Lichtschnurfest", das immer an einem Sonntag gefeiert wurde. Bald nach dem Mittagessen mußten die Weber und Gesellen die Arbeitsstube verlassen und durften sie vor Einbruch der Dunkelheit nicht wieder betreten. Hier spannten indessen die Frauen, Bräute und Mädchen der Weber an jeden Webstuhl parallel zur Lichtschnur, eine zweite Schnur, die sie mit Blumen, Laub, buntem Papier und Obst schmückten, wobei jede die andere zu überbieten versuchte. Schließlich wurde noch in der Mitte der zweiten geschmückten Schnur eine verzierte Kerze befestigt. Mit dem Einsetzen der Dunkelheit wurden die heimkehrenden Männer zu ihren Webstühlen geführt. Sie nahmen dort Platz und machten bei angezündeter Kerze einige kurze Schläge, die ersten bei künstlichem Licht. Dann bedankten sie sich bei den Frauen und Mädchen und verließen den Webstuhl wieder. Abends wurde getanzt, und auch der darauffolgende Montag wurde „blau" gemacht und weitergefeiert. Erst am Dienstag wurde mit dem Weben wieder

Frauen beim Federnschleißen

begonnen, diesmal aber schon nach Einbruch der Dunkelheit beim Schein der Petroleumlampe an der Lichtschnur.

Der Bergmann: Die gefährliche Arbeit des Bergmannes unter Tage machte diesen zu einem ernsten und oft wortkargen, aber tief religiösen Menschen. Es ist kein Zufall, daß die schönsten Weihnachtskrippen weit über das Freudenthaler Gebiet hinaus aus der Bergstadt Engelsberg kommen. Dort hat sich das Schnitzen der Krippenfiguren in einigen Familien von Generation zu Generation vererbt.

Um den Zorn des Berggeistes nicht herauszufordern, durfte der Bergmann bei seiner Arbeit weder pfeifen noch fluchen. Kam er den Befehlen des Berggeistes, der ihm als Steiger oder als Zwerg erscheinen konnte, sofort nach, rettete ihn dieser aus allen Gefahren. Dunkle Schatten, die das spärlich leuchtende und flakkernde Grubenlicht über die Stollenwände huschen ließ, konnten leicht in der menschlichen Einbildung den Eindruck einer sich bewegenden, schwarzen Gestalt – eben des Berggeistes – hervorrufen.

Seiner gefahrvollen Arbeit unter Tage stellte der Bergmann über Tage die Fröhlichkeit entgegen, welche aber seiner Frömmigkeit keinen Abbruch tun konnte. Er verstand sich vortrefflich auf das Organisieren von Festlichkeiten, und in feierlichen Umzügen fehlte er nie. Ihre Fortsetzung dürften solche Knappengarden in den späteren Bürgergarden von Engelsberg, Würbenthal und Zuckmantel – alle drei sind Bergstädte – gefunden haben.

St. Barbara war die Schutzheilige des Bergmanns und daher war der St.-Barbara-Tag (4. Dezember) sein großer Festtag. Im Würbenthaler-, Engelsberger- und Dürrseifner-Bergbaugebiet erinnern die vielen St.-Barbara-Stollen an sie. Zu den Festen trug der Bergmann die dunkle Jacke mit schwarzem Samt- oder auch goldbesticktem Kragen und Samtaufschlägen, das Fahrleder, auf dem er bei geneigtem Mundloch einfuhr (rutschte), die Grubenmütze mit dem Federbusch und dem Bergstock. Ein solcher Stock ist in der Freudenthaler Heimatstube in Memmingen zu sehen.

„Hemmen" einer Hochzeitskutsche in Altstadt um 1949

Waschtag am Mühlgraben in Einsiedel

469

Der Aberglauben: Mag vor allem die Jugend über manches, was ihre Eltern oder Großeltern noch glaubten, gelächelt haben, in den Redensarten verwendete man unbewußt noch einiges aus dem Aberglauben. Wir sollten uns hüten, die alte Zeit nach ihrer Geisterfurcht zu messen.

Früher hatte das Haus oder die Wohnung eine weit größere Schutzbedeutung als heute, ihr Verlust war nicht nur ein materieller Schaden. In ihnen war der Mensch vor den bösen Geistern geschützt. Als Schutztiere des Hauses galten Ringelnattern und Kröten, die man daher auch nicht aus dem Haus vertrieb, sondern durch regelmäßige Fütterung an das Haus zu gewöhnen suchte. Nach damaliger kirchlicher Auffassung waren die Frauen nach der Niederkunft unrein und damit des Schutzes der Kirche verlustig; sie konnten daher leicht zur Beute des Teufels werden. In den Häusern waren sie vor ihm und den bösen Geistern geschützt. Sie durften es daher sechs Wochen nach der Entbindung nicht verlassen. Erst dann wurden sie als sogenannte „Sechswöchnerin" eingeläutet und damit wieder in den Schutz der Kirche aufgenommen. Beim Herannahen eines Gewitters wurden zum Schutz der Häuser und Getreidefluren die Kirchenglocken geläutet (Wetterläuten), und auch das Werfen einiger, am Palmsonntag geweihter Salweidenzweige (Palmkätzchen) in das Herdfeuer sollte Haus und Hof vor dem zündenden Blitzschlag bewahren. Während des Gewitters mußten Türen und Fenster geschlossen bleiben, und es durfte auch nicht gegessen werden.

Im reifenden Getreide des Sommers – neben Korn, Hafer und nur wenig Weizen in erster Linie Gerste – saß der sogenannte „Gerstenpopel", ein Geist, der das Getreide vor den Frevlern schützte. Für den Bauer war wichtig, daß die Fruchtbarkeit seiner Felder erhalten blieb, und diese Fruchtbarkeit lebte und starb mit den Getreidegeistern. Damit dürfte auch zusammenhängen, daß in manchen Gegenden – u. a. in Einsiedel bei Würbenthal – im Festzug des Erntedankfestes die „Haferbraut", eine Hochzeitskutsche mit Braut, Bräutigam und den Trauzeugen, mitfuhr. Sie verkörperte jene Geister, die für die Neuzeugung aller Getreidegeister nach der Ernte sorgten, die beim Schnitt des Getreides während der Ernte ihr Leben hatten lassen müssen.

Wenn im Hause ohne ersichtlichen Grund Türen schlugen, Treppen knarrten, Geschirr zu Boden fiel, kurz, wenn es „äffte", wie der Volksmund sagte, so war das ein sehr schlechtes Zeichen. Blieb eine Uhr stehen – schon dieser Glaube sorgte dafür, daß alle Uhren stets sorgsam und regelmäßig aufgezogen wurden – oder ließ der Kauz (Totenvogel) in der Nähe des Hauses seinen Ruf hören, so würde in Kürze jemand aus der Familie sterben. Bei den Wichtelmännchen, von denen die Mutter den Kindern gerne erzählte, dürfte es sich um Kobolde und Hausgeister handeln. Im brennenden Ofen saß die sogenannte „Ofengrohle", eine Hexe, die mit ihren langen, dürren Armen alle Kinder ins Feuer zu ziehen suchte, die dem Feuer zu nahe kamen. Hier war die Angst vor dieser Hexe oft der Schutzengel der noch unverständigen Kinder vor dem Feuer.

Wenn ein Gast in einem fremden Hause übernachtete, wünschte man ihm einen schönen Traum, denn der erste Traum in einem fremden Bett ging in Erfüllung. Bei Tisch durfte kein Salz verschüttet werden, dies brachte Verdruß und Streit. Die Messer sollten nicht mit ihrer Schneide nach oben auf den Tisch gelegt werden, weil dies die Qualen der armen Seelen im Fegefeuer verschlimmere. Wer am Palmsonntag nach der Weihe drei der schon genannten „Palmkätzchen" verschluckte, blieb das ganze Jahr von Fieber, Hals- und Kopfschmerzen oder Heiserkeit bewahrt.

Die Musikkapelle an der Spitze einer Prozession von Würbenthalern zum Annafest (26. Juli) auf dem Annaberg bei Engelberg

Knautschende Schuhsohlen oder vergessene Heftfäden in der Kleidung deuteten auf Schulden beim Schuster oder Schneider hin. Werden die Schuhe an den Füßen geputzt, befallen schlimme Schmerzen die Füße. Ebenso macht das Nähen angezogener Kleidung vergeßlich. Juckte jemand das rechte Auge, sah dieser bald etwas Schönes und Liebes; beim linken Auge war es etwas Betrübliches. Beginnt plötzlich der Schluckauf, so denkt in der Ferne ein Freund an den Betroffenen. Das Jucken der Fußsohlen verheißt einem Mädchen, daß es bald zum Tanz gehen wird. Beim Klingen im Ohr muß der Gesprächspartner oder jemand in der Nähe raten, in welchem Ohr es klingt. Errät er es, so hört er etwas Schönes, errät er es nicht, etwas Unangenehmes. Wer bei nüchternem Magen niest, erhält am gleichen Tag oder spätestens bis zum dritten Tage ein Geschenk. Hört man im Frühjahr zum ersten Mal den Kuckuck rufen, so überzeugt man sich, ob man Geld in der Geldbörse hat. Ist Geld drin, so wird man das ganze Jahr immer Geld haben. Ist man aber schon älter als 50 Jahre, dann zählt man, wie oft der Kuckuck hintereinander ruft, so viele Jahre wird man noch leben.

Sitzen Kinder auf zu hohen Stühlen und lassen die herabhängenden Beine baumeln, so läuten sie den Teufel aus. Eine Wiege, die gerade in Verwendung ist, darf nicht leer geschaukelt werden, denn das raubt dem Kind die Ruhe und läßt es erkranken. Auch darf nicht über das am Boden sitzende oder liegende Kind gestiegen werden, weil dadurch das Wachstum des Kindes behindert wird.

Rekruten in Groß-Herrlitz 1923

Der Andreasabend

Das Leben in der Heimat war noch sehr vom alten Brauchtum geprägt. Das gab den Menschen eine gewisse Sicherheit bei ihren Unternehmungen. Wenn auch viele nicht mehr an alles glaubten, so wurden sie doch unbewußt vom Althergebrachten in ihrer Lebensweise bestimmt. Auf diese Weise hatten die sogenannten „Lostage" noch bis in unsere Zeit eine gewisse Bedeutung behalten. Lostage waren die Tage im Jahr, die einen Blick in die Zukunft gestatten sollten. Das waren die Weihnachtstage mit ihren zwölf heiligen Nächten, der Heilige Abend, Lichtmeß, die Ostertage, der Johannistag mit der Sonnenwende und besonders der Andreasabend. Dieser war besonders beliebt, weil er einen Grund zum geselligen Zusammensein gab und konnte man denn wirklich wissen, ob nicht doch etwas besonderes an dieser Nacht war? Der Andreasabend fiel auf den 30. November. Da waren die Nächte schon lang und bei uns im Gebirge hatte der Winter meist schon viel Schnee vorausgeschickt.

Der Andreasabend war alles andere als feierlich und diente meist dazu, der Fröhlichkeit und dem Unsinn seinen Lauf zu lassen. Auf unserem Bauernhof hatten wir, solange wir Kinder noch klein waren, meist zwei Mägde und einen Knecht im Dienst und weil wir ein offenes Haus hatten, fanden sich noch einige Leute aus der Nachbarschaft an diesem Abend bei uns ein. Auch wir Kinder konnten zum Spaß etwas mitmachen, aber die größte Hetz war der Andreasabend wohl für die jungen heiratsfähigen Leute. Meine Mutter tat nie mit, denn sie meinte, in ihrem Alter sollte man das Schicksal nie mehr versuchen, aber sie freute sich an dem Treiben der jungen Leute. Unsere Nachbarin, Frau Weber, war an einem solchen Abend immer da, und sie konnte den jungen Leuten manchen Tip geben, was sie beginnen könnten. So wurde der Andreasabend daheim der lustigste Abend im ganzen Jahr. Der Mittelpunkt an diesem Abend war aber das „Lämkleslehebn", zumal von diesem Spiel eigentlich der wichtigste Blick in die Zukunft erwartet wurde. Auf den Tisch wurden drei Töpfe aufgestellt. Unter jeden Topf wurde ein Symbol getan, wobei der Teilnehmer nicht wußte, wie die Symbole unter den Töpfen verteilt waren. So gab es zwei Gänge in der Befragung des Schicksals für das nächste Jahr. Das erste war Lehm für Krankheit. Geld war für Reichtum. Brot war für die Nahrung. Die Töpfe wurden in der Reihe immer verstellt und der Teilnehmer mußte dreimal einen Topf anheben. Welches Symbol sich da am öftesten zeigte, das werde sein Schicksal im kommenden Jahr

bestimmen. Im zweiten Gang waren es wohl die heiratsfähigen jungen Leute, die am meisten an dem Blick in die Zukunft interessiert waren. So kam unter einen Topf ein Wanderpinkel, dann für eine Hochzeit ein Kranzel und für ein Kind die Puppe. Hatte man das nun alles gewußt, dann kam das „Latschenschmeißen" dran. Jeder mußte einen Latschen über den Kopf nach hinten werfen. Aus der Richtung, in welche die Spitze des Latschens zeigte, mußte der zuküünftige Schatz kommen. Das gab dann zu vielen Vermutungen und Spekulationen Anlaß. Dann ging es ans „Hühnerstochern". Man ging zum Hühnerstall und stocherte mit einem Stab in den Stall der schlafenden Hühner hinein. Nun kam es darauf an, wer von dem Hühnervolk sich zuerst meldete. Man sagte: „Gockert der Hohn, kriegste an Mon. Gockert die Henn, wäs Got wenn."

Noch ein Mittel gab es für junge Mädchen am Andreasabend, um zu erfahren, wer der Zukünftige sein wird. So mußte sie sich vorm Schlafengehen im Nachthemd auf die Bettkante stellen und sagen: „Liebes Brat ech trat dich, heiliger Andreas ech bat dich, gieb mirs ein Gedonken ein, welcher wird dar Meine sein." An welchen Burschen da das Mädchen zuerst dachte, der sollte der Zukünftige werden. Ja, wenn man da hätte zusehen können. Nun kam für die Erforschung der Zukunft noch das „Bleigießen" dran. Das andere war dann nur noch Spiel und Unfug. Dazu brauchte man immer jemanden, der noch nicht so erfahren war. So wurde ein Schüssel mit Wasser aufgestellt, in das ein Teilnehmer ein Haar legen mußte. An dem Haar sollte er allerhand über seine Zukunft erfahren. Dazu mußte er ganz genau hinsehen. In dem Moment schlug jemand so fest mit der flachen Hand in die Schüssel, daß er ganz naß wurde. Dann gab es noch das beliebte „Toppenfonge", für das man auch einen Dummen brauchte. Zum Schluß ging man in den Garten und holte sich einen Kirschenzweig. Den stellte man in ein Glas oder eine Vase. Wessen Zweig am Heiligen Abend am schönsten blühte, der hatte die besten Aussichten im nächsten Jahr.

„Rockengang"

Original Partsch-Krippe aus Engelsberg um 1850

Weihnachtsspiele, Weihnachtskrippen und Krippenschnitzer

Die schöne Sitte, die Geburt des Heilandes durch Aufstellen von Weihnachtskrippen und Aufführen von Weihnachtsspielen zu feiern, war einst bei uns weitverbreitet. Sie ist leider seit der Jahrhundertwende mehr und mehr zurückgegangen. Die älteste Nachricht über dieses volkstümliche Brauchtum im Freudenthaler Raum stammt aus den Jahresberichten der Neißer Jesuiten, die sich heute in deren Zentralarchiv in Rom befinden. Sie besagt, daß im Jahre 1624 Patres des Jesuitenordens aus Neiße anläßlich einer „Missio Freidenthalensis" eine „incunabula des menschgewordenen Wortes" errichtet und dazu ein Spiel aufgeführt hätten, also ein Spiel an der Krippe in der Freudenthaler Kirche. Das erklärt sich aus der Geschichte der Gegenreformation. 1621 war die Herrschaft Freudenthal an die Neißer Deutschmeister gekommen. Der damalige Ordenshochmeister Erzherzog Maximilian sandte den Jesuitenpater Andreas Schweiger zur Missionierung der neu erworbenen Ordensherrschaft (1623 – 1627) nach Freudenthal. Er war auch der erste Erbauer einer Weihnachtskrippe in unserer Gegend.

Ein volkskundlich sehr wertvolles Krippenspiel fand nach dem Ersten Weltkrieg der Direktor des Schlesischen Landesmuseums in Troppau, Dr. Edmund Wilhelm Braun, im Weberhaus Nr. 144 des Franz Schneider in Engelsberg. Es handelt sich um eine handschriftliche Aufzeichnung mit dem Titel „Das Krippelbuch". Sie enthält, teilweise in schlesischer Mundart, den vollständigen Text eines altüberlieferten Weihnachtsspie-

les. Diese Schrift befindet sich heute im Schlesischen Landesmuseum in Troppau. Das Engelsberger Christkindlspiel wurde bis 1914 alljährlich aufgeführt. Es war üblich, es zuerst am Stephanstag (26. Dezember), dann zu Dreikönig (6. Januar) und schließlich zu Maria Lichtmeß (2. Februar) zu spielen. Die Vorstellungen fanden in Privathäusern statt, die eigene Weihnachtskrippen besaßen. Die Darsteller spielten vor der beleuchteten Krippe und waren stets ähnlich gekleidet, wie die ihnen zugeordneten Krippenfiguren. Das Engelsberger Weihnachtsspiel stellt ein wichtiges Dokument der Volkspoesie des Altvatergebirges dar.

In der weiteren Umgebung kennt man noch die Christkindlspiele von Obergrund bei Zuckmantel, von Jauernig und von Pickau bei Jägerndorf. Im engen Zusammenhang mit diesen Weihnachtsspielen steht auch das Passionsspiel von Zuckmantel, das zur Osterzeit aufgeführt wurde.

Den Wert dieser volkstümlichen Laienspiele hat insbesondere der Professor am Staatsgymnasium in Troppau Anton Peter (1831 – 1898) erkannt und sie in seinem dreibändigen Werk „Volkstümliches aus Schlesien" (1865 – 1875) aufgenommen. Beim Vergleich der Texte zeigte es sich, daß das Jauerniger Spiel zum Teil wörtlich mit Spielen aus dem Kreis Leobschütz übereinstimmte, das Pickauer Spiel fast Vers für Vers Parallelen zu oberschlesischen Spielen aufwies und auch das Engelsberger Spiel Textanlehnungen zu anderen Spielen im gesamtschlesischen Raum zeigte. Die Melodien der hierbei gesungenen Lieder hat glücklicherweise der Obmann des damaligen Volksliederausschusses in Mähren und Schlesien, Professor Götz, aufgezeichnet. Die gemütvolle, naive Hingabe der Darsteller, die rührende Schönheit der gezeigten Empfindungen und die urwüchsigen Texte der Volksdichtung machen diese Christkindlspiele überaus liebenswert.

Die Weihnachtskrippen unterteilt man in einfache und sorgfältigere Ausführungen. Die einfachsten Krippen waren aus Pappe ausgeschnittene und bemalte Papierfiguren, wie sie von Bilderbogenerzeugern geliefert wurden. Man klebte die Figuren auf Pappendeckel, klebte an ihre Rückseite Holzstäbchen und steckte sie dann in den ebenfalls aus Pappe angefertigten Krippenboden. Solche Staffagen kamen in der ersten Hälfte des 19. Jahrhunderts auf. Aus jener Zeit befanden sich neun verschiedene Lithographien im Schlesischen Landesmuseum, darunter auch welche aus der Gegend von Freudenthal. Neben diesen Staffagen aus Flachpappe gab es bereits vollrund modellierte Figuren aus Pappmasse. Sie waren bis zu 20 cm hoch und kamen in der Zeit um 1900 in Mode. Die schönsten Krippenfiguren waren natürlich die handgeschnitzten Ausführungen. Eine der ältesten Volkskunstkrippen aus dem schlesischen Raum ist eine Kirchenkrippe, die sich noch heute in der Pfarrkirche in Schweidnitz befindet. Sie ist eine sehr schöne Schnitzarbeit des in Wildgrub bei Freudenthal geborenen Jesuiten und Holzbildhauers Johann Riedel (1654 – 1736). Daneben gab es viele von einfachen Menschen gefertigte Weihnachtskrippen, die sich in volkhafter Art ihre Figuren nach eigenem Sinn und Geschick schufen. Landauf, landab konnte man in den Dörfern und Städten des Altvatergebirges solche selbst geschnitzte Weihnachtskrippen finden. Man brauchte nur die „Zuckmantler Mannla", die Freudenthaler und Engelsberger Figuren neben jene Gestalten der Wanderburschen, Handwerksgesellen und Gabenbringerinnen aus Jägerndorf zu stellen, um die Vielfalt der Ausdrucksformen zu erkennen. Die sozialen Voraussetzungen waren durch die in den Gebirgsdörfern verbreitete holzverarbeitende Hausindustrie und durch die in den Kleinstädten vorherrschende Leinen- und Tuchweberei gegeben. Noch vor dem Ersten Weltkrieg spannte sich das Gebiet der Holzverarbeitung von Mährisch-Schönberg und Römerstadt bis Freiwaldau und Zuckmantel und steigerte sich mit der Leinenweberei um Freudenthal, Engelsberg und Bennisch, um dann auf das Gebiet der Tucherzeugung von Jägerndorf überzugreifen.

In den Museen in Troppau, Freudenthal und Mährisch-Schönberg werden heute Weihnachtskrippen und Krippenfiguren verwahrt, von denen der Herkunftsort, der Erzeuger und auch der einstige Besitzer, zumindest teilweise, nicht mehr bekannt sind. Im heutigen Freudenthaler Museum steht eine alte Kastenkrippe, von welcher man Hinweise über ihre Herkunft sucht. Sie ist 91 cm lang, 47 cm hoch und 40 cm tief und wird von einem Glaskasten geschützt. An der Hinterwand ist ein gemalter Himmel zu sehen, dessen Wolken etwas plastisch hervortreten. Auf einem reliefartig geformten Berg befindet sich die Krippenstadt in orientalischer Bauweise und sowohl auf dem Bergplateau als auch am Bergfuß ist eine Stadtmauer zu sehen. Vor ihr befindet sich ein Vorwerk mit dem Säulenrest einer Palastruine und ein notdürftiges Ställchen als Unterkunft der heiligen Familie. Davor sind Hirten und Könige, die durch ein Stadttor zur Krippe gekommen sind. Die Figuren sind handwerklich gute Holzschnitzarbeiten. Die größte ist

Schlesische Weihnachtskrippe

10 cm hoch. Die Krippe stammt schätzungsweise aus der ersten Hälfte des 19. Jahrhunderts und sieht nicht danach aus, als ob sie ein Erstlingswerk wäre. Sie ist jedenfalls älter als die „Partsch-Krippen".

Den Höhepunkt der Krippenschnitzerei unserer Heimat bilden die zahlreichen, reizvollen Weihnachtskrippen von Josef Partsch aus Engelsberg (1813 – 1886). Die größte von ihnen wurde vom Landesmuseum in Troppau angekauft, eine zweite, gemischt mit sogenannten Freudenthaler Figuren, erwarb das Schlesische Museum für Kunstgewerbe und Altertümer in Breslau und 34 sehr gute Figuren von Partsch kaufte das Museum für österreichische Volkskunde in Wien an. Gleich vollständig und reichhaltig wie die Krippe des Troppauer Museums war die „Partsch-Krippe" des Freudenthaler Fabrikanten Alois Plischke. Ohne jeden Lehrmeister schuf der Autodidakt Josef Partsch Kunstwerke von hohem poetischen Reiz, die als wertvolle Dokumente vererbter Geschicklichkeit im Holzschnitzen anzusehen sind, welche zahlreiche Menschen des Altvatergebirges von jeher auszeichnet.

Josef Partsch, der Hauptschöpfer der Engelsberger Weihnachtskrippen, war aber auch selbst ein eifriger Krippelspieler und hat öfters Gottvater oder einen der Hirten dargestellt. Das Engelsberger Weihnachtsspiel gab ihm die Anregung, die nötigen Figuren zu schnitzen und sie mit kräftigen, matten und glänzenden Leimfarben verschiedener Tönungen zu bemalen.

Weihnachtskrippe von Adolf Langer, Freudenthal-Nürtingen

Zur Veranschaulichung bringen wir aus dem Engelsberger Weihnachtsspiel einige Gespräche der Hirten Damon, Cordon und Holton, in denen sie besprechen, welche Gaben sie dem Jesukind darbringen wollen.

„Damon: Wohl meine Gob a Lomb soll sein,
   So weiß als wärs geblacht,
   On Hols trägts ein Schellelein,
   Damit wenn sichs verkracht,
   Wenn sichs will verlaufen,
   So treibt mers wieder zu dan Haufen,
   Damit der Fresser ungenonnt,
   Sich nie tut fressen gor zu schond.
Cordon: A weißes Zegla ech schenka well
   Mit drei kohlschworza Flacka,
   Es mocht mir noch Freuden Spiel
   Und Solz konns anoch lacka
   Und met Lustspringa sech ergetza,
   Vollt wenns Kotz und Hund tun hetza
   Und met Lämmern sech stolz spreitzen
   Und zunn Zweykompf ondere reizen.
Holton: Ech ho a zohmes Hoselein,
   Wenn echs aus dan Schranka los,
   So springts bald herraus, bald hinein,
   Ofn Tiesch und off de Bank
   Und wenns Ruh hot, do mers nie rumjogt,
   Off dan Fenster die Drommel schlogt.
   Ech waß dos Weid (werd) dan Kendla
     a liebes Hosla sein.
Cordon: An Hühnerhohn ich schenka well,
   Dar stolz und prächtig geht,
   Wenn ar die Stunden meldet on,
   Oll ondra eberkreht,
   Erbleckt er an off seinen Mest,
   Zum Zweykompf er a gleich gerest,
   Er trägt ollzeit den Sieg davon
   Und singt darauf den Jubelton: Gigri-hohn.
Damon: Wos werd denn dan Kind a Hohnelein
   Zu seiner Wirtschoft netzen,
   Wenn ka Hühner bei ihm sein,
   Doß ar sie konn beschetzen.
   Von meinen zwey oder drey dazu will geben,
   Die noch der Reih Eyer legen
   Und junga Keichlein hegen.
Holton: Ein zohmes Poor Haustäubelein
   Ech noch derzu noch schenka well,
   Ihr Hols geziert mit Ringelein,
   Ihr Brust gor wohl gesprengt,
   Ans ohne das Andere geht kan Tret,
   Ans ohne dos Andere wandert nie,
   Zu Nochts in an Körbelein,
   Beysomma ruhig schlofa ein.
Cordon: Mein Opfer soll ein Rößlein sein,
   A Schecken Steckenpferd,
   Mit einem hübschen Glöckelein,
   Doß mans von weiten hört,
   Damit wenns Kind wird lernen schreiten,
   Auf dem Gaul es möge reiten
   Und spielen mit dem Glöckelein,
   Wenns wird recht fresch und munter sein.

Damon: A Körbla Aepfel, Berna und Neß,
   A Tünla fresches Schmolz,
   Gedörrta Kerschen, Honig süß,
   A Hand voll weißes Solz,
   Ech noch gan a weißes Mahl
   Met Honig und von gutn Oehl,
   Doß Josef konn dan Kindla
   A Breyla konn ein rühren.
Holton: A Trommel wohl ongesponnt
   Met zwa Schlägelein,
   Die sollen an dan Rond
   Gor schön gemohlet sein.
   Dos wird dan Kind sein a Beliben,
   So oft sechs wird o dan Pauken üben.
   Die Kinder hören gor garn dan Drummelscholl
   Und des Klingens Wederholl.
„Damon: Ech schenken well a Glöckelein,
   Gemocht aus einem Glos,
   Wo moncher sech beim gutten Wein
   Den Hols mocht noß.
   Und von Zeen (Zinn!) a Klöppelein,
   Sein Scholl geht stork zum Ohr hienein,
   Und wenns geht pink, pink, pink,
   So geht a nie onders wie a Destel fink, fink, fink.
   Ihr Hirten, Was macht ihr da?
   Wißt ihr nicht die große Wundersach,
   Daß die ganze Welt vor Freude lacht,
   Ihr Hirten, daß ihr euch das recht betracht!
Cordon: Inne je je, dos große Wunder, wos do ies geschahn,
   Dos hob bir schund lang zu Bethlehem gesahn,
   Dos a wohl wor es, daß Gottessohn geboren es.
Jäger: Ist euch geboren Gottessohn,
   So singt und springt und seid froh,
   Cordon ergreif deine Hirtenpfeif
   Und spiel mir eine darauf.
(Cordon pfeift und tanzt.)“

Soweit der Auszug des Christkindlspieles.

Außer Partsch gab es in Engelsberg um die Mitte des 19. Jahrhunderts noch einen zweiten Krippenfigurenschnitzer namens Theier, der aber nach der Aussage der alten Freunde von Partsch nur recht „geringe“ Arbeiten lieferte, etwa in der Art

Krippenschnitzer Paul Wunder, Bennisch

der durch Hausierer vertriebenen sogenannten Grulicher Holzfiguren.

Eine zweite Gruppe von schlesischen Krippenfiguren, gleichfalls aus Holz geschnitzt, sind in Freudenthal entstanden. Ihr Schnitzer war ein gewisser Bittner, und seine Figuren sind jenen von Engelsberg recht nahestehend und auch recht geschickt geschnitzt. Aber sie sind größtenteils weniger natürlich und weniger bewegt und machen mehr den Eindruck von Theaterfiguren. Das liegt vielleicht an den Vorbildern des Schnitzers, sei es, daß diese Bilderbogen oder Tiroler Krippenfiguren waren.

Ein drittes Zentrum volkstümlicher Holzschnitzerei lag bei Zuckmantel. Es sind derbe Figuren und Gruppen, größer als die von Partsch, aber dafür sind wesentlich mehr weltliche Typen nachweisbar als in Engelsberg. Wir finden einen Musikanten aus einer Bergkapelle, einen Rabbiner in langem Mantel mit breitem Hut, allerlei Hirtengestalten, eine Bäuerin, die ihre Hühner füttert, Schleifsteinverkäufer, Soldaten, eine Obst- und Gemüseverkäuferin sowie den in den Sudetenländern wohlbekannten wandernden Slowaken. Im Vergleich zu Partsch sind die Zuckmantler Figuren vereinfacht, und auch die glänzenden Ölfarben wirken härter als die Bemalung der Partsch-Figuren mit den matten, ruhigeren Leimfarben.

Schlesische Trachtenhaube mit Bändern

Die Volkstracht

Die heute überwiegend nur noch bei festlichen Anlässen getragenen Volkstrachten kann man allgemein als die überlieferte Kleidung der Landbevölkerung im 18. und 19. Jahrhundert bezeichnen. Dies schließt nicht aus, daß die Trachten einzelner Gegenden mitunter erheblich älter sein können. Durch die damalige einheitliche Kleidung der Bevölkerung eines landschaftlich genau abgrenzbaren Gebietes entstand bei ihr ein starkes Zusammengehörigkeitsgefühl und damit ein selbstverständlicher Stolz auf Herkunft und Heimat.

Die Tracht an sich war niemals starr und unabänderbar, sie unterlag jedoch erst nach längeren Zeitspannen gewissen Anpassungen, die vor allem der kulturelle Fortschritt mit sich brachte. Die Mode der Vornehmen in den Städten griff nach und nach auf die Landbevölkerung über. Sie wurde jedoch nicht kritiklos übernommen, sondern den eigenen Bedürfnissen angepaßt. Bis in die Mitte des 19. Jahrhunderts lassen sich fast überall Zusammenhänge zwischen Tracht und gebietsmäßig vorherrschender Hausindustrie erkennen. So entwickelte jede Landschaft, ja fast jede größere Gemeinde ihre eigene Note. Aus einzelnen Merkmalen der Tracht war z. B. zu ersehen, ob die Trägerin ledig, verheiratet oder verwitwet war. Selbst einzelne Berufsgruppen konnte man unterscheiden, und nicht zuletzt ließ die Reichhaltigkeit der Ausstattung einer Tracht Rückschlüsse auf die wirtschaftlichen Verhältnisse zu.

Literatur: Braun, E. W.: Schlesische Weihnachtskrippen, In: „Heimat", Jahrgang 1923/24, Troppau, S. 111 – 114.
Lanz, J.: Eine Freudenthaler Volkskunstkrippe, In: Mähr.-Schlesische Heimat, Vierteljahresschrift für Kultur und Wirtschaft, Steinheim/Main, S. 242 – 245.

Zwei Trachtenpaare in Würbenthal 1911

Trachtengruppe beim Stadtjubiläum von Würbenthal 1911

modern und fortschrittlich sein. Mädchen, die zum Dienst in die Stadt zogen, wechselten bald ihre ländliche gegen städtische Kleidung ein, um in der neuen Umgebung nicht als rückständig zu gelten. So war die Tracht am Ende des 19. Jahrhunderts bei uns fast ganz außer Gebrauch gekommen. Viele, oft wertvolle

In unserer Altvaterheimat wurde bis in die Zeit um 1860 noch allgemein die schlesische Volkstracht getragen. Die danach einsetzende Epoche der Liberalisierung und Industrialisierung drängte dann die Tracht zunehmend in den Hintergrund. Die größere Freizügigkeit führte zu vermehrten Wanderungsbewegungen. Auch die Menschen jener Zeit wollten

Trachtenstücke, ruhten in Schränken und Truhen und gelangten nur noch selten, etwa bei Familien- oder bei Kirchweihfesten, zum Vorschein. Teilweise wurden Trachtenstücke von Trödlern aufgekauft, andere gelangten in den Besitz von Museen. Im Freudenthaler Stadtmuseum befand sich eine reichhaltige Sammlung von schlesischen Trachten, darunter waren Gold-,

Schlesische Volkstrachten aus Würbenthal

Schlesische Trachtenpaare aus Karlsthal

Pelz- und Spitzenhauben, Kleider, Röcke, Mieder, Schürzen und Tücher. Die Männertracht war mit Schößchenfräcken, Trachtenwesten und Zylinderhüten vertreten. Aus Fotos von der 300-Jahr-Feier der Stadt Würbenthal im Jahr 1911 und von der 700-Jahr-Feier der Verleihung des deutschen Stadtrechtes an Freudenthal (1913) ersieht man, daß sich damals größere Trachtengruppen an den Feierlichkeiten beteiligt haben. Auch nach dem Ersten Weltkrieg nahmen schlesische Trachtengruppen an unterschiedlichen Orten an Festzügen teil oder wirkten als Darsteller bei volkstümlichen Theateraufführungen mit. Bekannt waren die „Schlesische Bauernbühne" aus Reihweisen unter der Leitung von Oberlehrer Gustav Parg und die Theatergruppe des Humanitären Vereins der Österreicher aus Schlesien in Wien.

Freudenthalerinnen in der erneuerten schlesischen Volkstracht mit ihren Goldhauben

Freudenthalerinnen in schlesischer Volkstracht 1941 beim Gabelkirchlein, aufgenommen für einen Kulturfilm einer Dresdner Filmgesellschaft

Im Jahr 1935 rief der Bund der Deutschen die Bevölkerung der Sudetengebiete auf, wieder die alten Trachten bei öffentlichen Veranstaltungen zu tragen und sich dadurch zum eigenen Volkstum zu bekennen. Dieser Aufruf fand ein lebhaftes Echo. Überall begann man neue Trachtenstücke zu schneidern. Damit diese sich jedoch nicht allzu sehr von der überlieferten Tracht entfernten, wurden Arbeitskreise für die Trachtenerneuerung ins Leben gerufen. Sie standen unter der Leitung des Lehrstuhlinhabers für Volkskunde an der deutschen Universität in Prag, Professor Dr. Josef Hanika (1900 – 1963). Im Zusammenwirken mit den örtlichen Stellen des Bundes der Deutschen legten die Arbeitskreise Richtlinien fest, die streng an die historischen Trachten angelehnt waren. Der Leitgedanke war: Mit den heute zur Verfügung stehenden Mitteln und Stoffen soviel als möglich von der alten Tracht beizuhalten. So entstand die „zeitgemäße" schlesische Tracht des Altvaterlandes.

Durch den Zweiten Weltkrieg und die sich anschließende Vertreibung ist fast das gesamte Trachtengut verlorengegangen. Wir können jedoch feststellen, daß der Wunsch nach unserer schönen Tracht bis in die Gegenwart erhalten blieb. Es fehlte aber nicht nur am erforderlichen Material, sondern auch an sachkundigen Frauen, um neue schlesische Trachten zu fertigen. Während beispielsweise die Egerländer, die Böhmerwäldler oder die Südmährer heute ihre althergebrachte Tracht auch bei den Sudetendeutschen Tagen mit Stolz tragen, ist die Tracht des Altvaterlandes nur vereinzelt anzutreffen. Erst 1987 ist sie hier in der Bundesrepublik erneuert worden. Diese „erneuerte schlesische Tracht des Altvaterlandes" ist in einer Anleitung von Frau Erna Matschek aus dem Nachbarkreis Freiwaldau genau beschrieben. Wir entnehmen ihrer verdienstvollen Arbeit die folgende Trachtenbeschreibung.
Die Frauentracht:

Das Kleid der Frauentracht ist zweiteilig und besteht ebenso wie die Bluse aus changierender (schillernder) Seide. Das Leibchen ist abgefüttert und endet in einem runden Ausschnitt am Hals. Der Rock ist in Falten gelegt und an das Oberteil angenäht. Dazu trägt man wahlweise eine langärmelige Bluse mit Gummizug unter der Brust oder eine leichte weiße Bluse mit Ärmeln bis zum Ellenbogen. Die Schürze ist aus hellem schillerndem Seidenmischgewebe oder aus weißem Batist oder aus reiner Seide und paßt im Farbton zum Kleid. Um die Schultern liegt ein Brusttuch aus weißem, waschbaren

Wäschetüll und überdeckt die Zweiteilung des Kleides vollkommen. Das Glanzstück der Tracht ist die bekannte schlesische Gold-, Samt- oder Winterhaube, bei deren Ausführung auf solide und geschmackvolle Arbeit besonderer Wert zu legen ist.

In der heißen Jahreszeit legt man ein beidseitig tragbares Schultertuch aus Seide mit kostbaren bunten Webmustern um, und im Winter ist ein Lodenumhang, wie man ihn in Bayern trägt, zu empfehlen.
Die Männertracht:

Das Festgewand der Männer zeigt matte dunkle Farben, die zu den Farben der Frauentracht passen. Stoffe in den Farben tiefblau, dunkelbraun oder dunkellila stellen die persönliche Note des Trachtenträgers heraus. Der Schößchenfrack (Bratenrock) wird nicht geschlossen und reicht bis zum Knie. Unterhalb der Aufschläge befindet sich rechts und links je eine Reihe von Silberknöpfen. Weitere zwei Silberknöpfe sind rückwärts an der Taille und ebenso an beiden Ärmelunterteilen angebracht. Aus der linken äußeren Seitentasche hängt das rotgeblümte Schnupftuch. Die Kniebundhose wird seitlich mit Schleifen in der Farbe des Anzugs zusammengehalten. Diese Seidenschleifen können auch die Farbe des Halstuches haben. Das weiße Hemd mit aufgestelltem spitzen Kragen („Vatermörder") erinnert deutlich an die Biedermeierzeit. Ein einfarbiges Seidenhalstuch ist gefällig zu einer Schleife gebunden. Die kleingeblümte Seidenweste ist einreihig mit Silberknöpfen geschlossen. Auf dem Kopf trägt der Mann einen schwarzen Zylinder mit schmalem Seidenband, farblich zum Halstuch passend. Die Enden dieses Seidenbandes fallen etwa fünf Zentimeter über den Hutrand auf den Rücken. Wie zur Frauentracht gehören auch zur Männertracht helle Kniestrümpfe und schwarze Schuhe.
Die Mädchentracht:

Die Tracht der Mädchen ist das Dirndl mit einem gut auf die Figur gearbeiteten Mieder und dem Rock mit angekrausten Stehfalten oder in kleinen Fältchen gelegt. Die Schürze ist aus weißem Linon oder Batist, ebenfalls am Bund in Stehfalten angekraust, wozu zweimal die Stoffbreite zu nehmen ist. Die Schürze ist etwas kürzer als der Rock. Die Bluse wird aus weißem pflegeleichten Linon-, Leinen- oder Baumwollstoff mit weiten oder engen Ärmeln geschnitten. Das dreieckige Brusttuch ist aus Linon oder Batist gefertigt. Dazu wird ein weißes,

Trachtengruppe des Humanitären Vereins der Schlesier in Wien bei der Einweihung der St. Hedwigsstatue am Leopoldsberg den 13. 10. 1963

leicht gestärktes Häubchen in Form der Goldhaube getragen, das im Nacken in Schleifen endet.

Die Burschentracht:

Auch sie ist nicht mit der Männertracht identisch. Jacke und Kniebundhose sind aus dem gleichen schwarzen Tuch oder aus dünnem Loden gefertigt. Die Hose wird seitlich am Knie mit einer seidenen Schleife zusammengebunden. Die Schleife muß farblich mit dem Halstuch harmonieren. Die leicht taillierte Jacke reicht bis an die Hüfte, die durch eine Naht gekennzeichnet ist. An diese Naht schließen sich rückwärts als auch vorn je zweimal Schößchen an. Über den Schößchenschlitzen an der hinteren Taillennaht ist rechts und links je ein kleiner Silberknopf angenäht. Silberknöpfe befinden sich auch an den Ärmelbünden sowie an den Jackenaufschlägen. Die Jacke wird immer offen getragen. Die Weste ist aus kleingeblümter Seide, einreihig mit Silberknöpfen geschlossen und hat keinen zu tiefen Ausschnitt. Das weiße Hemd ist aus festem Leinen mit spitzen, aufstehenden Kragenecken und wird vorn durch ein einfarbiges, gefällig geknotetes Halstuch abgeschlossen. Ein rotgemustertes Schnupftuch hängt aus der linken Hosentasche. Dazu wird ein schwarzer weicher Filzhut mit breitem, tief dunkelgrünem Seidenhutband getragen.

ADOLF IRMLER

Dos Barbaschloß

Wenn metten ei dar Wintaszeit
die Wag und Stroßen sein verschneit,
wenn ei dar Stob dar Ofn krocht
wird ehnda Feierobnd gemocht.
Donn sucht ma sich an Zeitvertreib,
dar Noppa kimmt, dos Noppersweib
und ma derzählt sich Märlen und Sagen
aus olden und aus neien Tagen.

Und wos dar Großvota ols wäß,
do wird's am wechselnd kolt und häß,
vu verwunschnen Schlössern, Türmen, Wänden,
vu Gespenstern metn Kop ein Händn,
vun Pudel met dar Feierzung,
do gruselts, schauderts olt und jung.

Off ämol bleit dar Säger stehn.
Dos Ofntürle tut aufgehn.
Om Bodn do toppt wos hen und har
und Hektor bellt ols wie a Narr.
Dar Wind dar renkert rimm om Haus,
im die Zeit traut sich käner naus,
Etz gehts bold off die zwölfte Stund
do honn die Geister ihre Rund.

Heit steh ech ei dar Welt so weit
und denk noch immer o die Zeit
wu bir ne Großvota gequält
bis ar vun Barbaschloß derzählt.
Die olden Leit, die worn wos wart,
heit deckt se schunt die Heimatard.
Sie wornten zworsch nie gor gescheit,
doch glecklich, glecklich worn die Leit.

Das Barbaschloß (Barbaraschloß) war eine Felsengruppe von der man sagte, daß sich dort ein verwunschenes Schloß befindet. Wer am Ostermontag ohne ein Wort zu sagen um zwölf in der Nacht dorthin geht, wird einen großen schwarzen Pudel sehen, der einen glühenden Schlüssel im Maul hat. Wer den Mut hat, den Schlüssel aus dem Maul zu nehmen, der wird ein Tor sehen, in das er hineingehen kann und wird dort unermeßliche Schätze vorfinden, von denen er mitnehmen darf, soviel er tragen kann. Er darf aber niemandem davon etwas sagen und ein zweites mal nicht wiederkommen.

Sagen aus dem Kreis Freudenthal

Die Entstehung des Altvaters

Eines Tages weidete ein Schäfer, namens Konrad, auf einer schönen Wiese in der Nähe eines Dorfes im Gebirge seine Schafe. Konrad hörte plötzlich dicht hinter sich eine laute Stimme seinen Namen rufen. Weit und breit war jedoch kein Mensch zu sehen. Da öffnete sich vor den Augen des erschrockenen Hirten die Erde und eine übermenschlich große Gestalt mit langem, weißem Barte, doch überaus gütigem Antlitz stieg empor. Es war der Altvater. In milder Bläue erstrahlten seine Augen: „Gib mir dein bestes Schaf, du wirst es nicht bereuen, dann sollst du auch wissen, wer ich bin", sprach er zu dem Hirten. Der Hirt gab es dem obersten Berggeist: „Ja, ich bin der Altvater, der oberste Berggeist dieser Gegend. Weil du meine Bitte erfüllt hast, will ich dich belohnen. Du sollst die Schatzkammer meines Schlosses sehen und wirst dort ein Geschenk erhalten." Die Sucht nach Reichtum ließ Konrad die Furcht vergessen und willig folgte er dem Berggeist. Beim Tor des unterirdischen Schlosses angekommen, öffnete es der Altvater durch einen leichten Druck und – eine nie gesehene Herrlichkeit von goldenen Schätzen bot sich den Augen des Schäfers. Der Berggeist erlaubte Konrad, sich ein Goldstück zu nehmen, warnte ihn jedoch, mehr einzustecken, denn dies wäre sein Unglück. Als sich aber der Schäfer allein sah, nahm er außer dem Goldstück noch einen prächtigen, goldenen Leuchter mit und strebte eilends dem Ausgang zu. Doch er konnte ihn jetzt nicht mehr finden. Da erschien plötzlich der Berggeist mit zürnendem Antlitz und schwang seinen Stab über den Kopf des Hirten. Ein Blitz zuckte, ein schrecklicher Donnerschlag folgte, die Erde bebte und begrub den habsüchtigen Schäfer. Die schöne Wiese war verschwunden und an ihrer Stelle erhob sich ein hoher Berg – der Altvater.

Die Entstehung des „Gottvaterfelsens" und der „Hölle" bei Würbenthal

Gott der Herr hatte die Schöpfung beendet und sah, daß alles gut war. Da freute er sich seines Werkes und schwebte segnend über demselben. Alle Fluren grünten und blühten, die Wesen groß und klein priesen ihn, die Wälder und Wasser rauschten das Lied seiner Ehre, und die Berge und Felsen überzogen sich mit goldenem Sonnenteppich zu seinen Füßen. In der Nacht goß der Mond sein himmlisches Zauberlicht über ihre Scheitel und die flimmernden Sterne spannen Silberfäden um ihre Wälder.

Da stieg der Herr hernieder aus den Lüften, den Spiegel seiner eigenen Pracht und Herrlichkeit zu schauen. Und ein hoher Thron hob sich empor aus den Bergen, auf den er sich niederließ, um die Erde zu übersehen. Seine Augen leuchteten heller und reiner als die Sonne; doch da trübten sich plötzlich seine Blicke, denn er gewahrte schwarze Schatten. Es waren die Geister der Finsternis, die gefallenen Engel, die unstet und flüchtig durch das All zogen und die Erde, Gottes hehrstes Werk, zu ihrem Aufenthalte gesucht hatten. Aber die Nähe ihres Richters und Strafers scheuchte sie von dannen; sie wollten seine Nähe fliehen.

Da sprach der Herr, und der Donner seiner Worte wühlte wie ein furchtbares Gewitter in der bebenden Erdkrume: „Lasset uns das Werk beenden! Vollkommen soll es sein und nicht dem Spiele dunkler Geister verfallen. Seid gebannt in die Tiefen, die nicht sehen das goldene Licht meiner Sonne, nicht den silbernen Zauber der Mondnacht; seid gebannt in das Reich des glühenden Feuers, auf daß es sich nähre von eurer Schuld".

Also sprach Gott und freute sich seines Werkes, das nun im Strahle seines leuchtenden Blickes schattenlos vor ihm lag.

Und spätere Geschlechter nannten diesen Felsenthron bei dem Städtlein Würbenthal den „Gottvaterfelsen" und die tiefe Schlucht die „Hölle" und woben den Schleier der Sage darum.

Die Entstehung von Karlsbrunn

In der Nähe des heutigen Badeortes Karlsbrunn stand vor langer Zeit im Walde eine kleine Holzkapelle, dem hl. Hubertus geweiht. Sie betreute ein Einsiedler. Einst hatte er einen wunderbaren Traum. Es erschien ihm der hl. Hubertus und versprach die Erfüllung eines Wunsches. Und wirklich ließ er auf das inbrünstige Gebet des Einsiedlers eine heilkräftige Quelle hervorsprudeln. Vielen half sie, darunter auch dem Statthalter von Freudenthal, der sich auf der Jagd in dieser Wildnis verirrt hatte. In hilfloser Lage lag er mehrere Tage in der Hütte des Eremiten und wurde durch den Genuß des Quellwassers und die Pflege des Einsiedlers in kurzer Zeit geheilt. Der Ruf von der Wunderkraft des Wassers verbreitete sich bald weit in die Gegend. Der Teufel aber fürchtete, es mögen ihm Seelen verloren gehen und er versuchte die Heilquelle, die Kapelle samt den Menschen zu vernichten. Ungeheure Wassermassen sprudelten aus dem Boden und sollten das Tal überschwemmen. Doch sie flossen infolge des starken Gefälles rasch ab. Da geriet der Teufel noch mehr in Wut, denn viele Kranke wurden durch den Einsiedler geheilt und bekehrt. Der Satan nahm einen riesigen, ungeheuren Felsblock und schleuderte ihn gegen den Ort, wo gerade aus der Kapelle der Gesang der Gläubigen ertönte. Er verfehlte aber unter Donner und Blitz sein Ziel, und so liegt der Felsen heute dort noch im Walde – der Hinnewiderstein – zu dem die Leute aus der Gegend „hin und wieder" (zurück) gingen. (Nach Erzählungen alter Leute.)

Die Millner Sybille (Neu-Vogelseifen)

Vor langer Zeit lebte in Neu-Vogelseifen eine alte Frau, die Millner Sybel, die als Hexe verrufen war. Alle Bewohner hatten vor ihr Angst und Scheu. Sie kannte geheimnisvolle Kräfte, die in den Pflanzen stecken und trieb damit allerlei Schabernack, um sich an den Leuten zu rächen. Da gaben die Kühe Blut statt Milch, Krankheiten unter den Menschen und Tieren brachen aus und an allem war die Millner Sybille schuld. Schon als junges Mädchen, sie war eine schöne Müllerstochter, genoß sie diesen schlechten Ruf. Wie froh und erleichtert waren daher die Vogelseifner als es hieß, sie sei gestorben. Als das Begräbnis stattfinden sollte und der Pfarrer mit den Leichenträgern erschien, saß Sybille auf dem Dachfirst und kam erst wieder in den Sarg, als der Pfarrer das Kreuzzeichen darüber machte. Auf den Friedhof konnte sie nicht getragen werden, der Sarg war zu schwer, so daß man ihn auf einen Wagen laden mußte, um ihn dorthin zu fahren. Sogar im Grabe gab sie keine Ruhe. Sie bewarf die Fuhrleute, wenn sie nachts beim Friedhof vorbeifuhren mit Steinen und beschimpfte sie. Als einmal ein solcher Fuhrmann aus Neu-Vogelseifen um Mitternacht dort vorüberfuhr, saß Sybille auf der Friedhofsmauer und rief: „Schloh mech och! Schloh mech och!" Dieser schlug wirklich mit der Peitsche nach ihr. Da hing sich die

Sybille daran und zog sich nun auf die Straße. Der erschrockene Bauer ließ die Peitsche im Stich und fuhr schnell unter dem Hohngelächter der Sybille heim, wo er schweißbedeckt ankam und alles erzählte.

Da der Spuk nicht aufhörte, gab die Obrigkeit den Befehl, die Hexe auszugraben. Man tat dies und als man den Sarg öffnete, lag die Leiche unverwest darin, doch war ihr ganzer Körper mit Straßenkot besudelt. Nun begrub man sie an den Drei Grenzen (das ist dort, wo die Gemeinde Neu-Vogelseifen mit Klein-Mohrau und Ober-Wildgrub hinter dem Teufelsberg zusammenstößt). Ein Steinhaufen wurde über ihrem Grab zusammengetragen. Nun war wohl auf dem Friedhof Ruhe, aber nach längerer Zeit ging der Spuk auch hinter dem Teufelsberg weiter. Drei übermütige Kühhütjungen wollten sich über die Millner Sybille lustig machen. Als es abends zum Eintreiben des Viehs kam, riefen sie in den Wald: „Millner Sybell! Millner Sybell!" Da wurden auf einmal aus dem Wald viele Steine geworfen und die Rufer mußten froh sein, daß sie noch mit heiler Haut davon kamen.

Der zauberkundige Gießmeister

Bei den Hüttenwerken in Hubertskirch und Ludwigsthal war vor etwa 100 Jahren der Gießmeister Partsch aus Klein-Mohrau beschäftigt, den einmal der Deutschmeister Erzherzog Maximilian mit den Worten seinem Gefolge vorstellte: „Das ist der Mann, der aus Gold Eisen macht". (Anspielung auf die unrentablen Eisenwerke.) Partsch stand allgemein im Rufe eines Hexenmeisters. Einmal versuchte er sich auch im Fliegen, baute sich große Flügel und stieg damit auf eine hohe Tanne. Dann flog er herab. Es ging nicht gut aus. Er fügte sich einen Leibschaden (Bruch) zu.

Als er einmal dem Erzherzog einen Abstich aus seinem Hochofen vorführte, zauberte er den hohen Gästen zuerst einen Hahn herbei, der dreimal krähte und dann verschwand. Jetzt erst ging der Abstich los. – Als er einst mit Schulkameraden aus Klein-Mohrau zechte und diese dann bei Dunkelheit von Hubertskirch heimgehen wollten, suchte er sie noch zurückzuhalten. „Bleibt da, es kommt ein Unwetter!" Diese lachten: Es war doch ganz sternklarer Himmel, kein Lüftchen regte sich. Partsch grinste nur höhnisch. – Und richtig, wie die Zecher auf den Aspenhübel (Espenhübel) kamen, verfinsterte sich plötzlich der Himmel. Es donnerte und blitzte, ein heftiger Sturm warf die Bäume um, daß sie kreuz und quer über der Straße lagen und den Weg versperrten. Was blieb ihnen übrig? Sie mußten wieder nach Hubertskirch umkehren, wo sie Partsch lachend empfing. Als sie aber nach ein paar Stunden wieder denselben Weg gingen, sieht man vom Unwetter keine Spur mehr. Niemand außer ihnen hatte etwas von einem solchen gehört und gesehen.

Wiederholt ließ sich der Gießmeister von einem Gießknecht flüssiges Eisen in die rechte Hand gießen und ballte es wie Teig zusammen, ohne sich dabei im geringsten zu verletzen.

Einst war Partsch verärgert, daß er auf einer Hochzeit, obwohl mit den Brautleuten nahe verwandt, nicht eingeladen war. Wer beschreibt das Erstaunen und Entsetzen der Hochzeitsgäste, als all die feinen Speisen, das Gebäck, mit allerlei häßlichem Gewürm, ja sogar mit Fröschen, Eidechsen, Spinnen usw. bedeckt war. Man mußte alles wieder vom Tisch wegtragen. Da verfiel die Brautmutter auf eine rettende Idee. Sie sandte dem beleidigten Hexenmeister Speisen vom Hochzeitsessen, all den saftigen Braten. – Er solle auch etwas kosten und es sich gut schmecken lassen. Partsch schmunzelte nur, nahm ein altes dickes Buch,

las daraus allerlei Hokuspokus–Sprüche und legte die Hände flach über die verdorbenen Speisen. Da verschwanden auf einmal all die ekligen Beigaben. Partsch und die Hochzeitsgäste konnten nun wieder vergnügt ihre saftigen Braten, ihr Hochzeitsessen, speisen.
(Erzählt von Karolina Göbel.)

Warum man Schreiberseifen einst einmal „Rotkatladorf" hieß

Die so häufig gehörte Redensart von der „guten, alten Zeit" ist genau besehen doch sehr oft nicht zutreffend. Denken wir da an unsere schlesischen Weber, noch vor einigen Jahrzehnten, in der Mitte und Ende des vergangenen Jahrhunderts. – Bar jeden sozialen Schutzes hatten sie ein karges Los. Arbeitszeit von frühzeitig bis spät abends, dabei aber oft Arbeitslosigkeit und geringster Lohn. Trotzdem ließ sich ihr Lebensmut nicht unterkriegen. Die Weberlieder erklangen zum Klappern der Webstühle und der Humor war ungebrochen, wenn auch das Geld oft nicht zum „Salz in der Suppe" reichte. Dann mußte man eben „Hammerle (d. s. die sogenannten kleinen Vogelkirschen, wild wachsend) dörren", d. h. also ein bißchen hungern oder den Riemen enger schnallen, wollte man nicht die „Gosch für de Tscheck schlon", d. h. ganz verhungern. Ja, derb, schonungslos, aber in seinem Grunde doch gutmütig war dieser Volkshumor, in dem ein Körnchen Wahrheit immer über den harten Lebenskampf steckte. Und es mußte nicht immer der „Blaue Montag gewesen sein, – daß man im Gasthause saß oder beim beliebten Vogelstellen auf dem Engelsberger Stanhebl im Grase lag, – sich hänselte, bis es nicht selten auch zu wirklichen blauen Augen kam.

Damals dichtete man Schreiberseifner Hand-und Hauswebern folgendes Histörchen an:
Wenn der Herbst kommt, dann fangen die Schreiberseifner Hausweber die „Rotkatla (Rotkehlchen-Singvogelart)" und mästen sie bis zu ihrer Kirmes (Kirchweih), Sonntag nach Maria Geburt. Das gebratene Rotkatla wird dann an einer Schnur über den Mittagstisch gehängt und jeder Kirmesgast darf es mit einem Knödelstück „betunken (berühren)". Dabei soll er sagen: „Kliesla, siehste Flasch!".

Das wohlhabendere Lichtewerden hieß man scherzweise das „Goldene Türdrückeldorf", weil seine Bauernhäuser die Klinken und Schlösser der Türen aus Messing besaßen und das jodarme Oppawasser sowie böse Zungen gaben Ludwigsthal den Spitz- oder Uznamen „Kropdörfla".

Der Natternkönig

Die Nattern haben einen König. Dieser wurde einmal in Eckersdorf von einem Knaben gesehen, als er an einer sonnigen Stelle beim Bach badete. Der Junge merkte sich die Stelle und kam am anderen Tag wieder und breitete auf dem Platz ein weißes Tüchlein aus, denn er hatte gehört, daß der Natternkönig gern sein Krönlein auf ein solches lege. Dann versteckte sich der Junge. Als der Natternkönig kam, legte er sein Krönlein auf das Tuch und badete wieder. Der Junge nahm Tuch und Krone an sich und ging nach Hause. Nachts wachte er auf und sah im Mondschein die Schlange vor seinem Bett. Der König bat den Jungen, ihm sein Krönlein wiederzugeben, es werde sein Schaden nicht sein. Dies tat dann der Bub auch. Von nun an herrschte im Hause des Knaben Glück. Alles gedieh prächtig und jedes Vorhaben gelang. Der Vater des Buben war darüber ganz verwundert, als ihm der Bube davon erzählte. Vom Vater erfuhr es der geizige Nachbar. Dieser machte nun den Versuch mit dem Tuch und gelangte so ebenfalls in den Besitz der Krone. Der Natternkönig wollte sein Krönlein ebenfalls wieder zurück haben, doch der Bauer gab es nicht mehr her. Von da an ging es mit seiner Wirtschaft bergab. Schäden und Mißerfolge häuften sich. Schließlich fraßen Mäuse ein Loch in das Versteck, wo die Krone war, und der Natternkönig holte sich sein Eigentum wieder. Der geizige Bauer verkaufte bald darauf seinen Besitz und seitdem hörte man von ihm nichts mehr. Rudolf Nemella

Die Wette der hl. Maria mit dem Teufel

Am Südausgange von Altwasser, beim Olandt östlich von Engelsberg, lag der Teufelstein, ein Findling, in dessen Mitte sich eine 6 cm große pferdefußähnliche Vertiefung befindet. Es soll dies der Abdruck des zweiten Fußes des Teufels sein, daher der Name Teufelstein.

Einst standen auf dem Annaberg bei Engelsberg die Gottesmutter und der Teufel. In seiner Überheblichkeit wettete der Teufel mit der Gottesmutter, wer von ihnen bis auf den Köhlerberg springen könne (nach anderen handelt es sich um die Rettung einer armen Seele). Wenn sie die Mutter des Herrn ist, so muß ihr doch alles gelingen. Die hl. Maria ging darauf ein und erreichte tatsächlich den Gipfel des Köhlerberges, den heute eine Kirche ziert, geweiht zu Ehren „Unserer lieben Frau". Der Teufel hingegen brachte es bei dieser Versuchung nicht einmal zum halben Weg und traf mit dem einen Fuße auf diesen Felsblock, und der Aufprall war so heftig, daß es auf diesem Stein zum Eindruck des Teufelfußes kam. Die hl. Maria hatte die Wette gewonnen. (Nach Rudolf Breyer.)

Die Fenesweiblein hindern einen Wagen am Weiterfahren

Am Hohen Berg bei Milkendorf wohnten einst ebenfalls Fenesleute. Sie waren gutmütig und unterstützten oft die Menschen bei der Arbeit, mitunter neckten sie sie auch. Einmal fuhr ein Mann auf der Allee von Bennisch nach Milkendorf, unterwegs wurde der Wagen immer schwerer und die Pferde konnten ihn kaum mehr von der Stelle bringen. Darauf untersuchte der Mann den Wagen und fand an jeder Bremskette ein Fenesweiblein.

(aus „Freudenthaler Ländchen")

Der Schatz des hohen Steines bei Wockendorf

Der hohe Stein bei Wockendorf soll ein Überrest einer alten Burg sein. Dieser Felsen öffnet sich alljährlich am Palmsonntag, wenn in der Kirche die Leidensgeschichte des Heilandes gelesen wird und läßt den ungeheuren Schatz sehen. Niemand konnte jedoch etwas davon wegnehmen, denn schon nach kurzer Zeit schließt sich der Felsen wieder unter großem Getöse für ein ganzes Jahr. Karl Schneider

Der verschwundene Schatz

Ein Milkendorfer Bauer fand einmal beim Ackern einen schweren Gegenstand. Es war ein kupfernes Gefäß in der Größe eines Ofentopfes. Er wollte es aufmachen, doch zerbrach dabei die Hacke. Durch eine kleine Öffnung sah er in dem Topf Geld. Der Topf war so schwer, daß er ihn nicht allein aufheben konnte. Er ging nach Hause, um seinen Sohn zu holen. Als sie wieder zurückkamen, sagte der Vater: „Da ist er." Im gleichen Augenblick gab es einen starken Knall und Topf und Geld waren für immer verschwunden. Karl Schneider

Die Eckersdorfer Fenesweiblein wandern aus

In Eckersdorf liegt ein Felsen, der „der hohe Stein" genannt wurde, dort wohnten einst Fenesweiblein. Sie taten niemandem etwas, ließen sich aber nur von Sonntagskindern sehen. Als jedoch immer mehr Leute durch Beerenpflücken ihre Ruhe störten, beschlossen sie, den hohen Stein zu verlassen.

Beim Vater eines Sonntagsjungen klopfte eines nachts jemand und eine feine Stimme sagte, er möge mit einem Leiterwagen um Mitternacht beim hohen Stein sein, sonst könnte ihm ein Unglück geschehen. Der Bauer spannte an und fuhr wie geheißen zum hohen Stein. Er sah dort jedoch niemanden. Er wollte schon nach Hause fahren, als wiederum eine feine Stimme sagte: „Fahre nach Frei-Hermersdorf". Er fuhr los, doch obwohl ihm der Wagen leer vorkam, mußten die Pferde schwer ziehen, so beladen war er. Als sie beim Hause des Bauern vorbeifuhren, sah gerade der Sonntagsjunge zum Fenster heraus und erzählte später dem Vater, daß der Wagen mit Fenesweiblein und vielen Kisten schwer beladen gewesen sei. Zwischen Brättersdorf und Hermersdorf wurde der Wagen auf einmal leicht. Die Stimme sagte: „Habe Dank!" und der Bauer fuhr heim. Die seltsame Fahrt hat ihm Glück gebracht, denn alles, was er nachher unternahm, gelang ihm auf das Beste. Rudolf Nemella

Warum de Hollekroh emmr nach Wossr schreit

Ols dar liebe Harrgott ofn Kreize heng ond sette gruße Quolen lett, do wolltn ne olle Vögel wos Liebes tun. Dar Krenes (Kreuzschnabel) versuchte gor, de Nägel ausn Holz vom Kreiz zu ziehn, on danen dar Heiland hing ond dabei verbog ar sech de Schnobelspetzn. Aus besunderer Ehr hot ar se heit noch kromm ond eberanander. Ond ols dar Harr Jesu Christ aus sein Dorscht em Wossr rief, do kame olle Vögl geflogn ond brochtn ei ehrn Schnabala a wenzigs Trepla. Domit benetztn se ne Harrgott de Leppn, sogar das Spotz mochte dos, bloß de Hollekroh nie, die kom nie. Se wor zu faul. Do hot onsr Harrgott dan Vogel verwunschn ond gesät: Du Hollekroh, du sollst vo heit ab weder aus an Börnla, noch aus aner Boch, noch aus an Teich trenkn, nur och dos Wossr, wos ranne tut, dos vom Hemmel fällt. – Ond wann's dohar long nie geranet hot, do schreit de Hollekroh em Wossr: kro, kra! ond de Leit manichn, 's werd bold doch a Ran komme.

Die Mohranixe

In Raase wohnte einst ein Mädchen, das sehr schön aber auch seltsam war. Es saß gern am Ufer der Mohra und blickte träumerisch in die Ferne. Eine Zigeunerin sagte einmal zu ihm: „Du bist hier und gehörst doch nicht hierher. Du wirst einmal Braut sein, doch Frau und Mutter wirst du nimmer!" Später heiratete ein junger Müller das Mädchen. Es wollte erst nicht und sagte zum

Werber: „Heirate mich nicht. Du wirst einen großen Schmerz erleben." Doch er wollte nur diese, sonst keine, darum willigte sie ein. Die Trauung wurde in Römerstadt vollzogen und man mußte zu Fuß dorthin gehen. Als sich der Hochzeitszug von Raase nach Braunseifen bewegte und man gerade an der Mohra zwischen dem Hexenplan und der Langer-Mühle war, war die Braut plötzlich verschwunden. Alles Suchen war umsonst, man fand nichts mehr von ihr. Der Bräutigam verfiel in Trübsinn und starb bald darauf. Seither soll man die schöne Braut in hellen Vollmondnächten im Brautkleid mit Schleier als Nixe auf einem Steinblock beim Hexenplan traurig sitzen gesehen haben, als sähe sie ihrem verschwundenen Glücke nach.   Franz Hirsch

Das Venusweibchen (Fenesweibla)

Der Diebskellerfelsen bei Neurode wies in früherer Zeit geräumige Höhlen auf, die nun schon lange verfallen sind. Gegenden Wankefelsen zu gab es auch geheimnisvolle Gänge, die tief in den Berg hineinführten. Sonntagskinder haben dort manchmal die Venusweibchen gesehen, wenn sie aus den Gängen schlüpften und in der Mohra Wasser schöpften.

Wenn in klaren Mondnächten sich die Mohrafelsen im reinen Wasser des Flusses spiegelten, dann huschten um die Mitternachtsstunde die Venusweibchen aus den Gängen, um auf der Wankewiese ihren Reigen zu tanzen. Eine seltsam schöne Musik hallte dann im Tale wider, dem nächtlichen Wanderer, der in diesen Zauber geriet, das Herz rührend. Manchmal jedoch nahm das anmutige Spiel ein jähes Ende. Von den Höhen fuhr in der Wankekarbe ein Brausen zu Tal, in das sich das Gekläff von Hunden mischte. Eine Unzahl kleiner schwarzer Händchen jagte über die Wiese bis ans Mohraufer. Erschreckt flohen die Venusweibchen in ihre Verstecke.

Es hieß aber, daß demjenigen, der ein Venusweibchen sähe, am nächsten Tag etwas Gutes geschehe. Wem es jedoch gar gelingen würde, ein solches Weibchen zu fassen, der solle es in sein Haus tragen, mit einem Schürzenband am Bettpfosten anbinden, dann sei das Glück ans Haus gefesselt. Ein junger Bursche, der mit seinen Eltern in einer Hütte oberhalb des Wehres wohnte, hatte sich vorgenommen, ein Venusweibchen ins Haus zu holen. Viele Nächte lauerte er vergeblich, bis es ihm einmal doch gelang, eines solchen feinen Wesens habhaft zu werden. Er hielt es fest in seinen Armen und trug es heim. Das kleine Ding bat flehentlich, es doch wieder frei zu lassen, doch der Bursche schaute es treuherzig an und sagte, es werde ihm schon kein Leid geschehen. Es solle auch Speise und Trank bekommen, nur im Hause solle es sein und das Glück bringen.

Wirklich wurde das Venusweibchen mit einem langen Schürzenband an den Bettstollen gebunden. Es war schon einige Wochen im Hause und tatsächlich glückte in dieser Zeit jedes Unternehmen, das man anfing. Alle taten lieb und schön mit dem kleinen Geschöpf, nur die Freiheit, nach der es sich sehnte, gab man ihm nicht.

Eines Tages kochte die Hausmutter das Mittagessen. Sie hatte sich ein paar Stengel Petersilie aus dem Garten geholt, um damit die Suppe zu würzen. Sie wusch das Kraut und schüttelte dann davon die Tropfen ab. Da sagte das Venusweibchen zur Frau: „Besprix mich och a met Petersilla!" Lachend tauchte die Frau das Kraut noch einmal ins Wasser und besprizte die kleine Gefangene. Sowie die Wassertropfen das Venusweibchen berührten, war es blitzschnell spurlos verschwunden. Der Zauber, der es ans Haus gefesselt hatte, war gebrochen.

Der Zwerglein Rache

Vor vielen Jahrhunderten lag am Fuße des Rautenberges ein stattlicher Freihof, dessen Besitzer ein weit und breit bekannter Waffenschmied war. Er stellte Schwerter und Rüstungen für die Ritterschaft des ganzen schlesischen Landes her, so daß in seiner Werkstatt die Arbeit nie ruhte. Sein Fleiß und sein Können brachten ihm Ruhm und Anerkennung ein, und sein Besitz mehrte sich sichtlich. Er selbst ging aber auch gar stolz einher. Kein Mädchen im Orte war ihm gut genug, und er holte sich eine Hausfrau aus der Stadt. Mit ihr aber war ein böser Geist ins Haus gekommen. Sie liebte ein Leben in Saus und Braus, sie feierte üppige Feste und lud viele Freunde aus der Stadt ein. Bei allem Fleiß konnte der Waffenschmied nicht so viel Geld erarbeiten, wie verbraucht wurde, und so ging es mit seinem Vermögen rasch bergab. Er mußte Schulden machen und schließlich gehörte ihm von seinem schönen Gute fast nichts mehr. Die fröhlichen Feste hatten nun ein Ende. Es kamen keine Gäste mehr, dafür zogen Kummer und Not und in ihrem Gefolge Zank und Streit ein. Die Frau machte ihrem Mann Vorwürfe und drohte, ihn zu verlassen, wenn er nicht Geld herbeischaffe. Der Schmied grübelte Tag und Nacht über sein Mißgeschick, ohne einen Ausweg zu finden. Eines Tages ging er in völliger Verzweiflung dem Hennenwalde zu, wo er sich auf einen Stein setzte. Da fühlte er den Stein wanken. Entsetzen packte ihn, aber noch bevor er sich im klaren war, was hier vorging, vernahm er ein Schnauben und keuchendes Atmen, das aus der Erde kam, und eine feine Stimme rief: „Bück den Rück, schieb und drück!" Dann hörte er eine zweite Stimme: „Rückwärts tritt, bist du müd!" Auf ihr folgte eine dritte kräftige Stimme: „Grubenhold, hergetrollt! Hammermann, drauf und dran! Schippenlast, angefaßt!" Ein ganzer Chor folgte: „Wurzel Spring, bring sie, bring!" Da rückte es von neuem an den Stein. Ha, das sind die Grubenmännlein, frohlockte der Schmied und schon war sein Entschluß gefaßt. Er wußte, daß die Zwerglein nur einmal im Jahr, an einem Freitag, Schlag zwölf Uhr mittags, zu Tage kommen, um sich ihr Essen, die Springwurzel zu holen. Er versteckte sich hinter einer mächtigen Buche und wartete. Nach abermaligem Rütteln hob sich der Stein, und der Kopf eines steinalten Männleins guckte vorsichtig heraus, verschwand aber gleich wieder. Der Waffenschmied kroch zum Stein und griff zu, als sich das Männlein zum zweiten Male zeigte. Er verlangte von dem Männlein zehntausend Goldgulden und versprach ihm dafür wieder die Freiheit. Damit es ihm nicht entwische, nahm er ihm die Kleider weg und auch den Karfunkelstein, den es trug, denn sowenig einer Schnecke das Haus zum zweiten Mal wächst, sowenig können die Zwerglein ihren Anzug erneuern. Er ist mit ihnen verwachsen. An dem Karfunkel aber ist ihr Leben gebunden. Das Männlein bat und flehte vergebens! Da stieg es in die Tiefe und holte das Lösegeld.

Der Waffenschmied nahm das Geld, hielt aber sein Versprechen nicht, sondern brachte das Zwerglein als seinen Gefangenen nach Hause. Dort sperrte er es auf dem Dachboden in einen Käfig. Mit dem vielen Geld wurden die Schulden bezahlt, dann fing das alte Lotterleben seiner Frau wieder an. Bald ging der Reichtum zur Neige. Doch dem Waffenschmied war nicht bange. Er verkaufte die Edelsteine, die das Männlein mitgebracht und die er in seiner Gefangenschaft noch geschliffen und poliert hatte. Der Erlös zerrann wiederum schnell, und der Waffenschmied war vom Pferd auf den Esel und von diesem auf den Hund gekommen. Er glaubte ja, in dem Männlein eine unerschöpfliche Einnahmequelle zu besitzen. Das Männlein behauptete aber, kein

Gold mehr zu besitzen und daraufhin bekam es vom Schmied nichts mehr zu essen und zu trinken. Nach drei Tagen fragte der Schmied das Männlein, ob es nun nachgeben wolle? Das Männlein schwieg. Da legte der Schmied den Karfunkelstein auf den Tisch, nahm einen Hammer und drohte zuzuschlagen, wenn es noch immer nicht nachgeben wolle. Das Männlein schüttelte den Kopf. Daraufhin sagte die Frau, die daneben stand: „Schmied, schlag zu!" Da fiel der Hammer, traf aber nicht den Karfunkel, sondern prallte zurück und traf die Stirne der Frau, daß sie tot niedersank. Zum zweiten Mal holte der Schmied den Hammer aus, da wankte der Boden unter seinen Füßen, alles stürzte zusammen und die Erde öffnete sich zu einem schauerlichen Abgrund. Aus diesem stiegen schwarze Kobolde heraus, die den Schmied in die Tiefe zogen. Der Rautenberg zuckte und dröhnte und eine hohe Feuersäule schoß aus ihm heraus. Sie war lange Zeit zu sehen und Asche sowie Lavamassen verheerten die Gegend. Der Frevler aber fand auch im Tod keine Ruhe. Er geistert seitdem als blaue Flamme in dunkler Nacht auf der Stätte seiner Untaten herum. Die Zwerglein aber sind seither lichtscheu geworden. Niemand kann sich je mehr erinnern, sie gesehen zu haben und auch die Springwurzel, weswegen die Zwerge immer wieder ans Tageslicht mußten, ist seitdem spurlos von der Erde verschwunden!

Der Bennischer Hexenmeister Kunz

In dem Städtchen Bennisch, das man allgemein nur „Bennsch" nannte, lebte im 16. Jahrhundert ein sehr verrufener Mann, der in der Zauberkunst wohl bewandert war und es daher zu großem Wohlstand brachte. Was Geburt und Abstammung von Kunz anbelangt, so weiß man nur, daß er aus der Umgebung stammte. Ein gebürtiger Bennischer kann er nicht gewesen sein, denn das sind nur gute Leut! Das Volk kannte ihn als „Hexenmeister Kunz" und erzählte manche unheimliche Geschichte von ihm. Häufig ging er um Mitternacht auf den Friedhof. Dort trat er auf die Gräber der kleinen Kinder und sprach über jedem Grab: „Toapp' a nouch!" (geh' langsam mit!). Mit diesen Worten weckte er die Kindlein aus dem Totenschlaf und zwang sie, ihm zu folgen. War die Mitternachtsstunde zu Ende, löste sich der unheimliche Totenzug auf, und die Kinder kehrten wieder in ihre Gräber zurück. Als die Obrigkeit von diesem anstößigen Treiben erfuhr, ließ sie eine Untersuchung einleiten. Man öffnete die Gräber der Kinder und fand wirklich, daß die Totenhemdchen von einigen unten „beschlompert" (beschmutzt) waren.

Als dann Kunz als reicher Mann das Zeitliche gesegnet hatte und man seinen Leichnam an den Fleischbänken vorbeitrug, saß Kunz quicklebendig auf dem Dach derselben und fragte neugierig die Vorüberziehenden: „Waan begroabt 'rn dou?" Als man dann seinen Namen nannte, sagte er darauf: „Ech ben jo dou und lab' jo nou!" Man ließ den Sarg öffnen und fand ihn mit Steinen gefüllt. Von diesem Tage an beunruhigte er die Bewohnerschaft in mannigfaltigster Weise bei Tag und Nacht. Um endlich Ruhe vor ihm zu haben, bannte man ihn in die Bennischer Kirchhofmauer. An der Stelle, wo Kunz begraben liegt, bleibt noch jetzt kein Mörtel hängen.

Auf dem Granzer Hübel, einem Waldhügel an der Straße nach Spachendorf, treibt sich noch heute der dreibeinige Schimmel herum, den Kunz bei Lebzeiten zu reiten pflegte. Kommt ein frommer Fuhrmann von Spachendorf dahergefahren und an der Steigung beim Granzer Hübel nicht vorwärts, so braucht er nur den Schimmel zu rufen. Ohne Verzug kommt der dreibeinige Schimmel angetrabt, läßt sich willig einspannen und hilft die Anhöhe hinauf. Ist jedoch die Kapelle unweit von Bennisch erreicht, so verschwindet der Schimmel ebenso plötzlich, wie er vorher unverhofft aufgetaucht war. Sollte er ausnahmsweise einmal nicht kommen, so hat es dem Fuhrmann gewiß am rechten Glauben gefehlt!

Das Kesselfeld bei Lichten.

Einst irrte ein Mädchen, das der Liebste nicht freien konnte, weil es arm war wie eine Kirchenmaus, in finsterer Nacht auf den Feldern umher. Da traf ihre Augen ein schwacher Lichtschein. Sie blickte auf und sah einen großen, kupfernen Kessel, in dem Gold- und Silbergeschmeide, Münzen und andere Kleinodien blinkten und funkelten. Schon wollte sie danach greifen, als ihr eine Stimme zurief: „Komm doch zu mir, Marie!" Sie wandte sich um, gab aber keine Antwort. Da es wieder ganz nahe „Mariele!" rief, wurde sie neugierig und begann zu suchen. Fest kniff sie die Lippen aufeinander, um ja nicht zu sprechen, sah ab und zu nach dem Schatz, der noch immer durch das Dunkel glänzte, und suchte; denn es schien ihr die Stimme ihres Liebsten zu sein, der sie in der Finsternis neckte.

Als sich das seltsame Rufen immer weiter entfernte, kehrte sie ärgerlich um und lief dem gleißenden Schatze zu. Von der Pracht geblendet, stand sie ein Weilchen still. Da zupfte sie etwas am Schürzenband und wisperte ganz nah hinter ihr: „Da bin ich doch!" Sie aber rief ärgerlich: „Hab mich gern, du Narrhans, du!" Kaum hatte sie es gesagt, war der Schatz verschwunden. Weinend lief sie nach Hause. Gar lange grollte sie ihrem Liebsten, und als sie sich endlich versöhnten und er ihr immer wieder beteuerte, er wäre ihr damals nicht gefolgt, mußte sie es wohl glauben. Doch konnte sie sich nicht genug wundern, wie das Nachtmännlein die Stimme ihres Geliebten so deutlich hatte nachahmen können.

Der Schatz wurde seitdem noch öfter gesehen, aber immer schlug Neugierde oder Schwatzhaftigkeit dem glücklichen Finder einen Streich, so daß der Schatz noch heute auf dem Kesselfeld bei Lichten zu finden ist für den, der ihn zu heben weiß und klüger ist als alle seine Vorgänger.

Das Gespenst zu Freudenthal

Ein Bürger mußte auf dem Rathause einen Eid leisten. Sofern er falsch geschworen habe, möge ihn die Strafe Gottes ereilen und er den Stein vor der Tür seines Hauses nicht lebend überschreiten. Beim ersten Tritt auf jenen Stein brach er tot zusammen. Von Gott gestraft, fand er im Grabe keine Ruhe, wandelte in der Nacht als Gespenst umher und verbreitete überall Schrecken.

Um die Bewohner des Landes von dieser Plage zu befreien, entschloß sich der Hoch- und Deutschmeister Johann Kaspar von Ampringen, den Geist zu beschwören und zu erlösen. Von seinem Kammerdiener begleitet, begab er sich zur mitternächtigen Stunde in die Nähe des Posthauses, ließ sich zwölf Tücher reichen, befahl dem Diener, auf ihn zu warten und ihn, wenn er nach einer Stunde nicht zurückkehren sollte, beim Friedhof zu suchen. Dann kroch er auf den Knien bis zum Friedhofstor. Indessen hörte der Kammerdiener einen ununterbrochenen heftigen Wortwechsel. Nach einer Stunde kehrte der fromme Mann zurück, übergab dem Diener die durchnäßten Tücher und erklärte, daß er nie mehr in seinem Leben so etwas wiederholen möchte. Aber von der Zeit an war der Geist zur Ruhe gebracht.

Die Venusweiblein von Spachendorf

Vor vielen Jahrhunderten lebten in der Gegend von Spachendorf Venusweiblein (Venesweibln). Nun ließ einmal eine Prinzessin daselbst eine Burg erbauen. Sie schloß mit den umwohnenden Landleuten einen Vertrag, damit sie ihr beim Bau helfen, und sie sollten dafür alljährlich am 1. Mai ein Gericht aus Hollunderbeeren erhalten. Auch die Venusweiblein wurden zur Arbeit herangezogen. Zur Belohnung dafür sollten sie weitere hundert Jahre im Land bleiben. Mit großem Eifer arbeiteten sie gewöhnlich bei Nacht und hatten den Bau bald vollendet.

Da heiratete die Prinzessin. Sie bekam einen Sohn, nach dessen Geburt sie starb. Das zarte Kind wurde vom Vater hart behandelt, ja er ließ es einmal sogar in den Garten werfen, damit es verkomme. Aber die Venusweiblein nahmen das Knäblein zu sich, brachten es dem Burgherrn in der Nacht wieder und zwangen ihn, es besser zu behandeln.

In gleicher Weise traten sie für die Landleute ein, als ihnen der grausame Herr den versprochenen Hollunderbrei nicht verabreichen wollte. Und so traten sie auch gegen jeden folgenden Burgherrn, der sich ein Unrecht zu Schulden kommen ließ, rücksichtslos auf, bis die hundert Jahr verstrichen waren. Dann verschwanden sie spurlos.

Die Teufelswette.

Eine Frau in Freudenthal, die ihren kranken Mann gern tot gesehen hätte, gab ihm giftige Pflanzen in ein Getränk, die sie zur Tötung lästiger Fliegen gesammelt hatte. Sobald er das dritte Glas getrunken hatte, starb er. Die Frau wurde verhaftet. Sie leistete jedoch einen Eid, daß sie unschuldig sei und wurde wieder entlassen. Sie empfand wegen dieser und mehrerer anderer Freveltaten die tiefste Reue und starb endlich hochbetagt nach einem langen, schmerzhaften Krankenlager.

Um ihre Seele stritten sich die Mutter Gottes und der Teufel. Maria behauptete, ein Recht auf sie zu haben, weil die Frau ihre Sünden bereut, der Teufel, weil sie große Missetaten begangen habe. Endlich einigten sie sich dahin, daß derjenige von beiden die Seele haben sollte, der vom Köhlerberg aus am weitesten ausschreiten und sodann feststehen würde.

Am Tage Allerheiligen kamen sie zur festgesetzten Stunde bei der Köhlerbergkirche zusammen. Der Teufel nahm alle Kraft zusammen und schritt auf die etwa drei Meilen entfernte Bischofskoppe zu, fiel aber dann gegen Preußen hin auf jene Stelle, wo noch heute kein Gras wächst. Maria machte einen kleineren Schritt, blieb fest stehen und gewann die Wette. Dort, wo Maria die Erde betrat, sieht man noch jetzt den Abdruck eines Fußes in einem Stein, von dem erzählt wird, daß er am Jahrestag der Wette alle Farben spielt.

Die Kuchen der Venusweiblein.

Im Dorfe Messendorf bei Freudenthal war eine Höhle, in der Venusweiblein hausten. Einst fuhr ein Bauer an dem sogenannten „Venusloch" vorbei und hörte, wie die Kinder der Venusweiblein riefen: „Mutt'r backtm'r an Plaz!" Der Mann stimmte gutgelaunt in die Rufe der Kleinen ein und sprach mit lauter Stimme: „Backt m'r aa an met!" Als er zurückfuhr wurde er aufgefordert, in die Höhle einzutreten und seinen Plaz zu essen. Er tat es, aß seinen Kuchen und zog unbehelligt weiter.

Die achtsame Hirtin.

Bei Raase ist eine Höhle, aus der zwei Gänge in einen Berg führen. Sie dienten dem Volk der Zwerge als Unterschlupf.

Einst hütete ein Mädchen an den grasreichen Hängen eine Kuh, den einzigen Reichtum ihrer Eltern. Da verlor sie das Tier aus den Augen und konnte es nicht wiederfinden. Gegen Abend kam sie zur Höhle. Ein Zwerg mit grauem Bart trat heraus und forderte sie auf, ihm zu folgen. Er führte sie in das Innere des Berges und durch einen langen Gang in ein helles Gemach, wo es von kleinen Männlein wimmelte. Neugierig blickten sie das Kind an und verständigten ihren Herrn von seiner Ankunft. Auf des Herrschers Befehl brachten sie ihr allerlei Sachen und unterhielten sie so lange, bis ein leckeres Mahl bereitet war. Jauchzend eilten nun die Zwerge an die Tafel und sie mit ihnen. Doch der Fürst flüsterte ihr zu: „Mädchen, nimm, doch nimmer iß, daheim der Eltern nicht vergiß!" Sie nahm von den Speisen und barg alles in der Schürze, ohne einen Bissen über die Lippen zu bringen. Nach dem Mahle kam ein sanfter Schlaf über sie.

Als sie erwachte, lag sie im Grase, neben ihr die Kuh, die sich das saftige Grün schmecken ließ. Das Mädchen sprang auf, warf weg, was es in der Schürze hatte und lief nach Hause zu den Eltern. Diese waren über die Ankunft ihrer Tochter sehr erfreut und sagten ihr, sie hätten sie drei Tage in der ganzen Gegend vergebens gesucht. Dann eilten sie mit ihr hinaus, um die Kuh heimzuholen. Schon von weitem sahen sie etwas im Grase funkeln, und als sie näher kamen, fanden sie ein ansehnliches Häuflein Gold.

Aus der Altvaterheimat

Der Altvater im Schnee

Am schönsten war es wohl am Altvater, wenn frischer Schnee gefallen war und man hier mit den Schiern in der glitzernden Landschaft die ersten Spuren ziehen konnte. Bei schönem Wetter war das auch gar nicht gefährlich, und man konnte unbedenklich drauflos fahren. Es gab keine steilen Felswände und wenn man doch einmal an eine schlechte Stelle kam, konnte man sich ja in den tiefen, federweichen Schnee fallen lassen. Das war auch die beste Bremse, man sang da einfach: „Einmal gibt es Pulverschnee, einmal gibt es Harsch. Einmal kommt der Kopf in die Höh, einmal auch der . . . Pulverschnee." Im Winter kam der Wind meist aus nördlicher Richtung und deckte so langsam die 3 – 4 Meter hohen kegelförmigen Fichten bis auf eine kleine Spitze zu. Da auch der Schnee immer von der gleichen Seite kam, bildete sich im Windschatten hinter den Fichten ein Loch, das nach oben hin immer schmäler und kleiner wurde. Zum Schluß sah man überhaupt nichts mehr davon. Wenn nun ein Schifahrer das nicht wußte und um die Baumspitze herumfahren wollte, war er auf einmal von der Bildfläche verschwunden. Man kam schon wieder heraus aus dem Loch, man mußte halt so viel Schnee heruntertreten bis man herauskonnte. Mehr Spaß machte es aber, wenn man einem unerfahrenen Schihaserl aus dem Loch helfen mußte. Bedenklicher wurde es schon, wenn man weiter unten in die geschlossenen Fichten einfuhr. Da konnte man in große Löcher durchsacken, aus denen man sich schwer herausarbeiten mußte.

Das war alles schön bei gutem Wetter, aber wenn jemand bei Nebel oder Schneesturm in eine solche Falle geriet, so war das doch sehr gefährlich. Ich hatte in der Heimat von Bekannten gehört, daß jetzt ziemlich viele Menschen im Altvatergebirge im Schnee umkommen. Ich konnte ihnen aber sagen, daß das so lange wir dort waren nicht so war. Mir sind in meiner Jugend nur zwei Fälle bekannt gewesen, wo Menschen im Schnee umkamen. Einmal war ein Schifahrer von der Hohen Heide in den Kessel geraten und hatte sich dann verirrt. Und dann waren zwei Schifahrer auf der Hohen Heide in einen Schneesturm geraten. Der eine war schon so ermattet, daß er nicht mehr weiter konnte. Der andere hatte nach langem Herumirren doch die Schäferei erreicht. Alles Suchen nach dem Verschollenen war aber umsonst und erst im Frühjahr nach der Schneeschmelze wurde er nicht weit von der Schäferei tot aufgefunden. Es ist bekannt, daß früher im Winter nicht so viele Menschen ins Gebirge kamen. Die es aber wagten, waren sich der Gefahr besser bewußt und nicht so leichtsinnig wie die Leute heutzutage. Wir Einheimischen wußten ganz genau, wie gefährlich der friedliche Altvater bei Nebel und Schneetreiben werden konnte und haben auch die Fremden bei schlechtem Wetter immer vor einem unüberlegten Abenteuer gewarnt. Wer aber wetterfest war, der wollte doch den Zauber, den eine rauhe Sturmnacht auf einer Schutzhütte am Altvater umgab, nicht missen. Man mußte aber den Weg genau kennen. Über die Hohe Heide und den Altvater waren Orientierungsstangen aufgestellt, an die man sich unbedingt halten mußte. Oftmals konnte man aber bei Nebel oder Schneetreiben nicht einmal von einer Stange zur anderen sehen. Nur wer die Richtung genau einhielt, konnte die nächste Stange finden, wenn er sie aber in dem gewohnten Abstand nicht fand, mußte er unbedingt auf die Spur wieder zurück und die Richtung neu feststellen. Kameraden mußten sich immer in Rufweite halten.

Wollte man zum Altvaterturm, so konnte die Sache ganz gemütlich anfangen. Im Wald bis zum Stern war es meist ruhig „wie ei äna Stob". Nur oben in den Baumwipfeln hörte man den Sturm dahinbrausen. Auf der Schäfereistraße hinauf wurde es dann immer luftiger. Trotzdem konnte man sich nicht vorstellen, was einem auf den Weg von der Schäferei bis zum Altvaterturm erwartete. Wer das nicht selbst erlebt hat, weiß nicht, was Beine und Lungen hergeben mußten, um dem Sturm standhalten zu können. Endlich sieht man kurz vor sich den Turm aufragen und stolpert hinter die Holzplanken am Eingang zum Altvaterturm. Hier kann man sich aufrichten und genießt die Windstille wie eine Erlösung. Schnell werden die Schi abgeschnallt und an die Wand gestellt. Der Schnee wird aus der Kleidung geklopft. Wer wird alles von den zünftigen Berghasen schon hier sein? – und dann der Jubel, wenn man einige gute Freunde schon vorfindet. Ein starker Tee mit Rum oder ein heißer Punsch bringt die Lebensgeister wieder in Bewegung. Da hört man es wieder am Eingang poltern. Wer wird es denn sein, der sich bei diesem Wetter auch auf den Weg gemacht hat? Bald fehlt keiner der alten Bergfreunde mehr in der frohen Runde. Mag der Sturm draußen noch so heulen und toben, hier im Turm ist man geborgen. Einmal aber hatten sich die Schikameraden doch nicht so dicht zusammengehalten wie es sein mußte, und so kam es zu einer Verirrung, die aber dann doch einen guten Ausgang fand. Der Anfahrweg zum Altvater ging entweder über Würbenthal oder Freudenthal und von dort aus mit der Bahn gegen Klein-Mohrau. Am liebsten stiegen die Schifahrer dann an der Haltestelle Neu-Vogelseifen aus, fuhren beim Morgenland vorbei und konnten so den Altvater oder Karlsbrunn gut erreichen. An einem Samstag war wieder einmal so ein „Kröllnwater". Wer dachte da im Seifn daran, daß sich dorthin einmal ein Schifahrer, der eigentlich auf den Altvater wollte, verirren wird. Es war riesig viel Schnee gefallen, und wer einmal so auf gleicher Strecke durch so tiefen Schnee stapfen mußte, der weiß, wie schwer dann auf einmal die Schi werden können. So ging es dem Spediteur Gremser aus Jägerndorf. Er hatte sich auf dem Weg von Neu-Vogelseifen nach Karlsbrunn die Bindung an den Schiern richten müssen und hatte den Anschluß an die Kameraden nicht mehr gefunden. Endlich sah er nach langem Weg ein Licht blinken und war in Seifn. Er klopfte an das Fenster und wollte fragen, wo er eigentlich sei. Da erwischte ihn jemand von hinten beim Kragen und hielt ihm einen Ochsenziemer vor die Nase. Es war der alte Hanisch. Der dachte, es wolle ihn jemand äften und war so in Gattichhosen und Schlafmütze gleich mit dem Ochsenziemer hinausgerannt, um den Bösewicht zu erwischen. Als er nun sah, daß es ein Fremder war, war er sofort hilfsbereit. Der Spediteur Gremser mußte unbedingt sofort nach Karlsbrunn, denn er wußte, daß ihn seine Schikameraden schon suchen würden. Der alte Hanisch wußte gleich Rat. Bei Schwurbln, im Gasthaus, hatte der Vergnügungsausschuß der Feuerwehr eine Sitzung über den Feuerwehrball. Dort würde er jemanden finden, der den Gremser nach Karlsbrunn brachte. Unter den Feuerwehrmännern war auch mein Vater, der Irmler Moritz. Der und seine Pferde waren geeicht, auch in so einer Nacht eine Fahrt durch den Wald nach Karlsbrunn zu wagen. Und was für lustige Leute gab es da in diesem kleinen Dörfchen mitten im Gebirge. Das hatte der Gremser gar nicht gewußt. Während mein Vater die Pferde und den Schlitten holte, wurde er von den Leuten prächtig unterhalten. Am liebsten wäre er bei den lustigen Gesellen geblieben. Er mußte aber nach Karlsbrunn und versprach beim Abschied hoch und teuer, daß er bestimmt zum Feuerwehrball nach Dürrseifen kommen werde. Sie sollten ihm nur eine Einladung schicken. Froh war er, daß ihn die Pferde durch den tiefen Schnee nach Karlsbrunn zogen. Es war Verlaß auf sie, und es hieß doch, daß bei Nacht die Pferde besser sehen könnten, als die Menschen. Als mein Vater mit seinem Fahrgast nach Karlsbrunn kam, waren die Schikameraden schon wieder von der Suche zurück. Sie hatten keine Spur finden können. Natürlich wurde das Wiedersehen gebührend gefeiert. Davon hatte aber auch mein Vater seinen Anteil abgekriegt. Wie er dann nach Hause kam, darüber konnte er nicht viel berichten. Seine Pferde kannten ja den Weg. Daheim im Hof ist er aufgewacht. Die Seifner schickten aber dem Gremser jedes Jahr eine Einladung zum Feuerwehrball, und jedes Jahr bekamen sie von ihm ein schönes Eintrittsgeld. Gekommen aber ist er nie.

Dos Mohrauer Bohnle im Winter

Wenn wir als Kinder einmal auf den Bahnhof nach Lichtewerden kamen und den Zug sahen, dann war das schon ein Erlebnis. Die Lokomotive kam uns riesengroß vor und die Männer darauf, was mußten das für Helden sein? Erst später, wenn man oft mit dem Zug fortfahren mußte, wußte man, wie klein und langsam das Bohnle eigentlich war. Und trotzdem hat es seinen guten Dienst getan.

Als die Autobusse immer mehr den Verkehr besorgten, verlor der Personenverkehr auf dieser Strecke viel von seiner Bedeutung. Meist wurde nur ein Personenwagen dem Lastzug beigegeben. Im Winter aber war doch das Mohrauer Bohnle das verläßlichste Verkehrsmittel. Besonders an Wochenenden mußte es die Arbeiter, die die Woche über in Ostrau oder Oderberg gearbeitet hatten, von und nach Freudenthal bringen. Dann noch die Skifahrer, die über den Sonntag ins Gebirge fuhren. Dann hatte es gewöhnlich drei Personenwagen. Wie froh war man, wenn es dann nach langem Warten trotz tiefen Schnees angefaucht kam und man in der wohligen Wärme des Wagens Platz nehmen konnte. Man sah nur den Zug, dachte aber kaum an die zwei Männer, die auf der kleinen Lokomotive den Zug in Gang brachten. Ich selbst hätte mir nicht vorstellen können, daß auch ich einmal diese Arbeit machen würde.

War schon die Strecke Klein-Mohrau – Freudenthal eine Besonderheit, denn von Klein-Mohrau nach Neuvogelseifen war sie so steil, daß sie eigentlich nach der Eisenbahn-Bauordnung schon als Zahnradbahn hätte gebaut werden müssen. Sie war gerade um ein Prozent zu steil, aber man half sich damit, daß man einfach die Geografie änderte. Auch der Streckenabschnitt von Lichtewerden nach Neuvogelseifen hatte eine große Steigung. 34 Prozent. Und dann kam im Winter noch der viele Schnee dazu. Die Lokomotiven waren wohl mit Schneeräumern ausgerüstet, die gewöhnlichen Schneefall gut zur Seite schleudern konnten. Doch in den Einschnitten war es bei tiefem Schnee oft schwer, durchzukommen. Von Freudenthal aus ging es zuerst über eine freie Strecke bis zur Haltestelle Altstadt ganz gut. Rechts von der Strecke wurden Schneeplanken aufgestellt, hinter denen sich der meiste Schnee ablud. Der Wind kam immer von Nordwesten. Vor Lichtewerden gab es einen kleinen Einschnitt und eine kleine Felsengruppe. Hier mußte sich der Zug bei der ersten Fahrt am Morgen schon anstrengen, um durchzukommen. Dann ging es wieder über eine freie Strecke durch Lichtewerden, bis es dann nach Neuvogelseifen steil aufwärts ging. Rechts, gerade in Windrichtung, standen einige kleine Wäldchen und eine Gruppe Felsen, hinter denen sich große Mengen Schnee abladen konnten. Wenn dieser Schnee noch schwer und pappich war, dann war es

natürlich aus und das Bohnle konnte erst dann fahren, wenn die Strecke freigeschaufelt worden war. Es konnte auch vorkommen, daß das Zügle im Schnee stecken blieb. So eine Fahrt mußte ich selbst erleben, als ich als Lokheizer auf jener Strecke fuhr.

Es war an einem Samstagabend, der letzte Zug, und es war gar nicht kalt, aber es schneite unheimlich. Im Zug waren einige Wintersportler und Arbeiter, die zum Wochenende heimfuhren. Nur wenig andere Fahrgäste. Der Lokführer sagte mir schon vor Lichtewerden, ich sollte nur gut Dampf daraufmachen, denn nach Neuvogelseifen hinauf wird es schwer werden. Und dann kam es. Der Zug wurde immer langsamer, und wo der Schnee am tiefsten lag, blieben wir stehen. Zurück ging es dann nicht mehr. Im Nu waren die Räder der Wagen mit dem pappigen Schnee vollgeweht. Nun standen wir da. Eine Hoffnung gab es noch, daß man uns von Freudenthal aus eine Hilfslokomotive schicken würde, die uns herausziehen konnte. Später erfuhren wir, daß auch sie schon hinter Altstadt im Schnee stecken geblieben war. Nun blieb nichts anderes übrig, als bis zum Morgen zu warten, denn dann erst konnten wir mit einer Hilfe rechnen. Einige Einheimische waren richtig angezogen, und die nahmen noch die Skifahrer mit, mit denen sie querfeldein nach Neuvogelseifen gingen. Unsere größte Sorge war nur, ob wir bis zum Morgen werden durchheizen können. Kohle war ja genug da, aber mit dem Wasser im Tender mußten wir sehr sparsam umgehen. Einige Reisende hatten Angst, und wir mußten sie beruhigen. Es war eine lange Nacht, immer in der Angst, ob auch das Wasser reichen würde. Schon hatten wir uns darangemacht, Schnee in den Tender zu schaufeln, aber das gab nichts aus. Endlich hatte das Schneetreiben aufgehört und schon im Morgengrauen sahen wir dunkle Gestalten über die Felder auf uns zukommen, die dann den Zug freischaufelten. Mit dem letzten Tropfen Wasser im Tender kamen wir dann in Klein-Mohrau an. Der Winter in der Heimat hat uns das Leben bestimmt nicht leicht gemacht. Er hatte aber auch soviel Schönes, daß wir gern an ihn zurückdenken.

Der alte Pieperle

Mein Großvater Johann Irmler galt als ein Siebzehnlötiger, aber als er sich in Dürrseifen einen Bauernhof gekauft hatte, traf er einen Nachbarn an, der's noch faustdicker hinter den Ohren hatte. Das war der alte Pieperle.

Die Meinungen über ihn gingen auseinander.

Er war zu jener Zeit Bürgermeister in Dürrseifen. Er war nicht groß, aber von kräftiger Gestalt. Ein besonderes Zeichen von ihm war, daß er im Sommer wie im Winter immer eine rote Fuchspelzmütze trug.

Er hieß Vinzenz Seifert. Jeder kannte ihn aber mit dem Namen Pieperle, weil er eine viel zu hohe Stimme hatte. Das machte ihn noch kurioser. Es war wohl seine größte Schwäche, daß er diesen Spitznamen gar nicht mochte. Da aber viele Leute seinen eigentlichen Namen nicht kannten, wurde er öfter mit Herr Pieperle angesprochen. So etwas konnte schlecht ausgehen, denn da konnte er ganz ungnädig werden.

Die Dürrseifner wurden oft von den Nachbargemeinden wegen ihres Bürgermeisters belächelt. Besonders von der Mustergemeinde Lichtewerden, die es immer etwas noblich gab. Aber die Seifner wußten schon, wen sie sich zu ihrem Bürgermeister gewählt hatten.

Wenn Pieperle einmal in seinem Amt nach Freudenthal mußte, dann zog er sich nicht besonders an, sondern ging so,

wie er vom Acker kam, in die Stadt. Dazu seine Fuchspelzmütze, wer hätte da einen Bürgermeister in ihm vermutet?

Irmler, der immer ein wenig für die feinere Art war, gab ihm
einmal zu verstehen, daß man ein größeres Ansehen beim Amt
hat, wenn man ein bißchen besser adjustiert kommt. Da sagte
der olde Pieperle: „Wenn ech ei die Kirch geh, do zieh ech mich
scheen o, denn vör mein Herrgoot ho ech Respekt, oba für den
Faderfochsern ei Freintol nie. Pfui Teifel! Do geh ich wie ech
ben."

Dann sagte er auch: „Es ees besser, wenn ma dümmer aus-
sieht, wie ma ees, do kann ma dan Leitn besser die Würmer aus
der Nos ziehn". Er hatte noch mehr Sprüche parad.

Ihm gehörte das Gasthaus mit Landwirtschaft Nr. 5 im
Nedaseifn. In den anderen Ortschaften sagte man für das Gasthaus „Beim Pieperle", aber die Seifner hüteten sich, diesen
Namen zu gebrauchen, denn wer wollte es sich bei Pieperlen
verscherzen. Ich habe den Olden Pieperle nie mehr gekannt,
aber von dem, was ich alles von ihm gehört habe, muß er ein
außergewöhnlicher Mann gewesen sein. Er war weit und breit
als Wunderdoktor bekannt, obwohl er das sicher nicht sein
wollte. Es ist auch nicht bekannt, daß er mit den Behörden
durch sein Kurieren in Schwierigkeiten geraten wäre.

Er heilte wohl alles, aber seine größten Erfolge hatte er mit
der Heilung offener, eitriger Wunden. Hier kamen seine Patienten von weit her, und es hatte sich schon herumgesprochen, daß
der alte Pieperle Fälle heilen konnte, bei denen sich Ärzte und
Heilpraktiker keinen Rat mehr wußten.

Dabei war er mit seinen Patienten nicht gerade höflich und
paßte auch auf, daß sie sich nach seinen Anordnungen hielten.
Wollte jemand widersprechen, dann sagte er „Wollt ihr gesund
warn oder nie?"

Es ist doch schade, daß aber auch gar nichts mehr über seine
Salben oder Arzneien bekannt ist. Wohl wurden nach seinen
Rezepten später in vielen Familien noch Salben hergestellt, aber
nur für den Hausgebrauch.

Über manche Krankheiten, die man heute leicht heilen
kann, wußte man zur Zeit des alten Pieperle noch gar nicht viel.
Man war wohl bei vielen Heilungen mehr auf die Erfahrungen
früherer Fälle angewiesen. Seine großen Erfolge bei der
Heilung von Wunden kann man sich nur so erklären, daß neben
seinem großen Wissen von den Heilpflanzen er bei der Herstellung von Salben und Arzneien auch Wirkstoffe verwendete,
über die man heute gut Bescheid weiß.

Seine Gestalt, seine rote Fuchsmütze, seine hohe pieperi-
sche Stimme, sein großes Wissen und die Heilerfolge waren
schon Grund genug, ihn als außergewöhnlich zu betrachten. So
wurde er zum Wunderdoktor. Dann war noch sein braunes
Fläschchen, das in den Gedanken seiner Patienten eine so große
Rolle spielte. Vielleicht war da der Zauber verborgen, der die
Heilungen bewirkte. Wenn jemand mit einer alten oder frischen
Wunde zu ihm kam, goß er zuerst aus dem braunen Fläschle
etwas darauf, das gehörig brannte. Manchmal verband er die
Wunde ohne jede Salbe, und sie heilte auch. War das nicht un-
heimlich? Daß in dem braunen Fläschle Alkohol oder sonst
etwas zum Desinfizieren gewesen sein konnte, das ging den
Leuten nicht auf.

Ein Fall aber war wohl für den alten Pieperle der schwerste,
aber festigte das Vertrauen in seine Kunst ungemein. Um
Schuhwerk zu sparen, ging man ja den ganzen Sommer barfuß.
So auch Adolf Zeidler, als er seine Wiese mähen wollte. Dabei
wurde er von einer Kreuzotter ins Bein gebissen. Die Kreuzotter muß schon lange nicht mehr zugebissen haben, weil ihr
Gift dem starken Mann in kurzer Zeit so zusetzte, und man
brachte ihn, so schnell man konnte, zum alten Pieperle.

Als der den Mann sah, schrie er mit seiner pieperschen
Stimme so hoch er konnte. „Ihr weßt gonz genau, doß ihr dan
Beß a aufschneiden und aussaugen müßt, nie blos obbinden.
Und etz bringt ihr mir dan Maon. Ar muß sofort zun Doktor".

Das war leichter gesagt als getan. In Engelsberg gab es den
Singer Doktor. Aber wie den Mann schnell hinbringen? Die
Bauern mit den Pferden waren auf den Feldern. Und ob der
Singer Doktor auch daheim war? Also in Goots Namen.

Man wickelte den Patienten, der schon ganz gelb war, in
nasse Tücher. Kalt oder heiß, das weiß man nicht mehr, und
was der alte Pieperle sonst noch machte. Für ihn gab es nur eins,
der Mann durfte unter seinen Händen nicht sterben. Nach ge-
raumer Zeit kam wieder Leben in den Mann, und er war gerettet.

Pieperle war im Alter wohlhabend geworden, und er dachte
an seinen Tod. Weil er immer sagte, man muß alles vorher bedenken, wollte er es auch so mit dem Sterben halten. Er bestellte
beim Tischler für sich einen Sarg, gefüllt mit Salben und Kräu-
terbüschelchen, und stellte ihn auf seinen Boden. Das war den
Hausleuten doch etwas unheimlich. Der Tod wie der Teufel
waren damals noch Gestalten, mit denen man sich nie anlegen
durfte. Was wird der Sensenmann dazu sagen, wenn er so her-
ausgefordert wird? Der olde Pieperle lebte noch schöne Jahre.

Pieperle hatte vielen Menschen geholfen. Die Generationen
aber wechseln. Einmal wird aber niemand mehr da sein, der ihn
kannte. Deshalb ist es gut, daß seine Geschichte einmal aufge-
schrieben wurde.

Holz-Relief in der Ehrenhalle des Altvater-Turmes.
(Eine Arbeit des Freudenthaler Holzbildhauers Alois Böhm um 1934)

Reproduktion (1987) Bruno Langer Verlagsdruckerei Freudenthal/Esslingen

Altvaterlied

Wo mit Schlesiens grünen Auen
sich das Mährerland vereint,
auf der Wälder dunkle Brauen
hell die liebe Sonne scheint,
von des Schneebergs steilen Hängen
hin bis an der Oder Strand:
::sei gegrüßt, du liebe Heimat,
Gott mit dir, Altvaterland!::

Wo umkränzt von hohen Gipfeln
still-verträumt die Heide liegt,
in ein Meer von grünen Wipfeln
sich das Heidekirchlein schmiegt,
wo der Schöpfung ganze Schönheit
ich zum ersten Mal empfand:
::sei gegrüßt, du liebe Heimat,
Gott mit dir, Altvaterland!::

Wo wie liebe Freunde grüßen
jedes Haus und jeder Baum,
wo ich zu der Mutter Füßen
träumte meinen ersten Traum,
wo im Tal, dem waldumrauschten,
meiner Väter Wiege stand:
::sei gegrüßt, du liebe Heimat,
Gott mit dir, Altvaterland!::

Viele Jahre muß ich weilen
nun schon in der Fremde hier,
aber meine Wünsche eilen
immer wieder heim zu dir,
zu dem schönsten Fleckchen Erde,
das ich je im Leben fand:
::sei gegrüßt, du liebe Heimat,
Gott mit dir, Altvaterland!::

ALTVATER! TURM DER SICHT IN WEITE UND LICHT!
DES BERGHAUPTES KRÖNUNG, BESUNGENER
HEIMAT RAGENDER ZEUGE, HERRLICH GEFÜGT UND
GEBAUT. ALTVATER, DU BIST ALS WORT SCHON EIN LIED
VON DAHEIM, EIN NIMMER VERGÄNGLICHES BILD!

Geschichtlicher Überblick

400 v. Chr.	Die keltischen Bojer siedeln im böhmischen Raum. Sie geben Böhmen den Namen Bojohemum.
um 60 v. Chr.	Die Bojer werden verdrängt, in Böhmen durch die Markomannen, in Mähren durch die Quaden. Marbod errichtet das Markomannenreich.
166–180 n. Chr.	Markomannenkriege.
500–550 n. Chr.	Im Zuge der Völkerwanderung wandern die germanischen Markomannen und Quaden aus. In den Randgebieten sollen Reste dieser Völker und Stämme zurückgeblieben sein (siehe Kolonisationstheorie).
550 – 600	Slawen wandern ein. Über die Inbesitznahme des Landes durch sie wird in den Quellen nichts berichtet.
568	Die Awaren aus Zentralasien unterwerfen die Slawen und bilden ein eigenes Reich.
626	Die Slawen erheben sich unter ihrem ersten König Samo, einem fränkischen Kaufmann, gegen die Awaren.
658	Mit dem Tode Samos zerfällt das Slawenreich.
um 830	Das Großmährische Reich entsteht und existiert bis 906.
845	Vierzehn böhmische Große lassen sich in Regensburg taufen.
850 – 1306	Die Przemysliden an der Spitze Böhmens und Mährens.
895	Spytignew, der Sohn Bořiwojs und Herzog eines Teilstammes der Tschechen, erscheint mit anderen Großen der böhmischen Stämme in Regensburg am Hofe vor König Arnulf; sie begeben sich unter die Hoheit des Reiches.
935	Ermordung des Herzogs Wenzel, der den Anschluß Böhmens an das Reich vorangetrieben und die Christianisierung intensiviert hatte. Er wurde ein Opfer der heidnischen und nationalen Reaktion. Dieser erste tschechische Heilige wurde einer der Landespatrone.
935 – 950	Kämpfe zwischen dem Fürsten Boleslaw I., dem Bruder Wenzels und Mitbeteiligten an dessen Ermordung, und Kaiser Otto I. um die Unabhängigkeit des böhmischen Staates. Boleslaw muß sich unterwerfen.
973	Auf dem Reichstag zu Quedlinburg wird das Bistum Prag gegründet. Der erste Bischof ist der Sachse Thietmar. Nach ihm werden noch viele andere Deutsche in Prag und Olmütz Bischöfe.
997	Martertod des zweiten Prager Bischofs, des aus slawischem Fürstengeschlecht stammenden Adalbert, der durch seine Mutter aber mit dem sächsischen Königshaus verwandt war. Er starb bei der Missionierung der Pruzzen.
1004	Böhmen wird Reichsfürstentum.
1029	Mähren kommt an Böhmen.
um 1030	Gunther, aus thüringischem Fürstengeschlecht und Benediktiner von Niederaltaich, lebt im Böhmerwald als Einsiedler. Er vermittelt zwischen Böhmen und den deutschen Königen. Der Friedensstifter und Wegebauer stirbt 1045 und wird in Břewnow begraben.
12. u. 13. Jh.	Von den böhmischen Herrschern gerufen, kommen viele Deutsche über die Randgebirge Böhmens ins Land: Bergleute, Bauern und Gewerbetreibende. Sie werden vielfach privilegiert und gründen Städte nach deutschem Recht, ebenso zahlreiche Klöster. Die deutschen Bergleute ermöglichen durch die von ihnen eingeführte Kunst des Tiefbaues eine bessere Ausbeute der Bergwerke und legen so den Grund für die nun folgende Blüte des Bergbaues, die dem Land Reichtum brachte.
1198	Ottokar I. erhält die erbliche Königswürde mit der Lehenshoheit über die Markgrafschaft Mähren. Die Bischöfe von Prag und Olmütz, das seit 1063 Bistum ist, gelten als Reichsfürsten.
1253	Ottokar II. wird König von Böhmen. Unter ihm erlebt Böhmen als Staat seine größte Machtentfaltung; er erwirbt Steiermark, Kärnten und Krain, fördert die deutsche Siedlung und gründet viele deutsche Städte. Von Rudolf von Habsburg wurde Ottokar gezwungen, die annektierten Gebiete wieder herauszugeben. 1278 fiel er in der Schlacht auf dem Marchfeld bei Dürnkrut.
1255	König Ottokar II. gründet anläßlich eines Kreuzzuges gegen die Pruzzen eine Siedlung, die ihm zu Ehren Königsberg genannt wird.
1290	Zawisch von Falkenstein, ein Rosenberger, ein Parteigänger Ottokars II. und mit dessen Witwe vermählt, wird, da er nach der böhmischen Krone trachtete, in Frauenberg enthauptet. Im Hohenfurther Stiftsschatz wurde das angeblich von ihm stammende wertvolle Zawisch-Kreuz aufbewahrt.
1300	Wenzel II., Sohn Ottokars II. und Schwiegersohn Rudolfs von Habsburg, erwirbt vorübergehend auch die polnische Krone. Er fördert die Einwanderung von Deutschen, holt Dichter an seinen Hof, den er zu einem deutschen Kulturzentrum macht. Wenzel selbst verfaßt Minnelieder in Deutsch. Er stirbt 1305. Wenzel II. erläßt das Kuttenberger Bergrecht, das zum Muster für das übrige europäische Bergrecht wird. Beginn der Prägung der

	Prager Groschen, einer hochwertigen Münzeinheit.
1306	Wenzel III., Sohn Wenzels II., wird während der Vorbereitungen zu einem Kampf gegen Polen in Olmütz ermordet. Mit ihm stirbt die männliche Linie der Přemysliden aus. König Albrecht I. zieht Böhmen als Reichsgut ein. Sein Sohn Rudolf wird von den böhmischen Ständen zum König gewählt, stirbt aber schon 1307 ohne Nachkommen.
1310 – 1437	Die Luxemburger regieren in Böhmen.
1322	Unter König Johann von Luxemburg, der 1346 in der Schlacht bei Crécy gegen die Engländer fällt, wird das Egerland für 20.000 Silbermark an die Krone Böhmens verpfändet und nicht mehr eingelöst.
1326	Schlesische Teilfürstentümer kommen unter böhmische Lehenshoheit. 1335 kommt ganz Schlesien an Böhmen.
1344	Gründung des Erzbistums Prag.
1346 – 1378	Karl IV., seit 1347 römisch-deutscher Kaiser. Während seiner Regierungszeit, die man das Goldene Zeitalter Böhmens nennt, führt er viele Reformen durch, ließ zahlreiche Bauten errichten und fördert Kunst und Wissenschaft. Sein Kanzler Johann von Neumarkt hat an der Prager Hofkanzlei wesentlichen Anteil an der Entwicklung der neuhochdeutschen Sprache.
1348	Karl gründet die Prager Universität und die Prager Neustadt.
1356	Karl erläßt die Goldene Bulle, das wichtigste Grundgesetz des Reiches. Sie kodifiziert das Recht der Königswahl und die Kurfürstenverfassung.
1365	Die seit 1348 im Bau befindliche Burg Karlstein bei Prag wird fertiggestellt; sie dient der Aufbewahrung der Reichskleinodien (heute im St.-Veits-Dom in Prag). Die Kreuzkapelle der Burg ist mit zahlreichen wertvollen Gemälden und Halbedelsteinen geschmückt.
1378 – 1419	Wenzel IV. Er wird 1400 von den Kurfürsten als deutscher König wegen Unfähigkeit abgesetzt.
1393	Wenzel läßt Johannes von Nepomuk, den Generalvikar des Erzbischofs von Prag, foltern und in der Moldau ertränken.
1409	Unter dem Einfluß der Anhänger des Johannes Hus, der zum Haupt einer Reformbewegung geworden ist, erläßt Wenzel das sogenannte Kuttenberger Dekret, durch das die Tschechen die Oberhand an der Prager Universität erhalten. Daraufhin ziehen die deutschen Professoren und Studenten aus Prag weg; es kommt zur Gründung der Leipziger Universität und anderer Hoher Schulen.
1415	Hus wird in Konstanz als Ketzer verbrannt.
1419	Der erste der drei Prager Fensterstürze löst die Hussitenkriege aus, die bis zur Niederlage des taboritischen Heeres bei Lipan (1434) und bis zur Annahme der Basler Kompaktaten (1436) dauern. Sie hatten nicht nur einen religiösen Hintergrund, sondern richteten sich auch gegen das Deutschtum. Erlitten die Deutschen auch sehr schwere Verluste – viele Städte wurden erobert, niedergebrannt und deren deutsche Bewohner grausam ermordet –, so gelang doch nicht ihre vollständige Ausrottung. Doch der Deutschenhaß blieb bestehen.
1452	Georg von Podiebrad wird zum Landesverweser in Böhmen gewählt. Er führt die Regierung für den noch unmündigen Ladislaus Postumus. Nach dessen Tod wird Georg König (1457 – 1471).
1464	König Georg verspricht auf dem Olmützer Landrecht den mährischen Ständen auf ihr Ansuchen hin, daß Mähren unter keinen Umständen jemals von Böhmen losgetrennt werden dürfe. Doch bereits 1478 trat König Wladislaw II. die Markgrafschaft Mähren auf Lebensdauer an den ungarischen König Matthias Corvinus ab; die Wiedervereinigung erfolgte mit dem Tode des Corvinus (1490).
1471 – 1526	Herrschaft der Jagellonen über Böhmen und Mähren.
1526	Ferdinand von Österreich aus dem Hause Habsburg regiert von 1526 – 1564. Die böhmischen Länder bleiben bis 1918 mit Österreich und Ungarn verbunden.
1564 – 1576	Maximilian II.
1576 – 1612	Unter Rudolf II. wird Prag wieder Hauptstadt des Reiches und erlebt eine kurze zweite Blüte. Als Regent ist Rudolf schwach. Der menschenscheue Sonderling umgibt sich auf dem Hradschin mit Astronomen, Künstlern, Musikern, Literaten, aber auch Alchimisten. Die Regierungsgeschäfte führen Hofbeamte.
1608	Der Zwist zwischen Rudolf und seinem Bruder Matthias (vgl. Grillparzers „Ein Bruderzwist in Habsburg") wird durch den Vertrag von Lieben beendet. Matthias, mit den Ständen verbunden, übernimmt die Regentschaft in Ungarn, Österreich und Mähren.
1609	Die böhmischen Stände nötigen Rudolf II. den Majestätsbrief ab: Die Evangelischen erhalten Religionsfreiheit und das Recht, auf königlichem Besitz Kirchen zu bauen. Daraus ergibt sich der Anlaß zum Ausbruch des Dreißigjährigen Krieges.
1612 – 1619	Matthias wird 1612 zum Kaiser gewählt. Er versucht vergebens, zwischen Katholiken und Evangelischen zu vermitteln.
1617	Ferdinand II. wird König von Böhmen. Als Kaiser regiert er von 1619 – 1637. Er ist der Hauptführer der Gegenreformation.

1618	Zweiter Prager Fenstersturz bei dem Aufstand, der auf die Verletzung des Majestätsbriefs hin ausbrach. Streit um die protestantischen Kirchen in Klostergrab, die der Prager Erzbischof zerstören ließ, und in Braunau, die Abt Selender sperren ließ.
1618 – 1648	Dreißigjähriger Krieg.
1620	Schlacht am Weißen Berg. Der Gegenkönig Friedrich von der Pfalz flieht. Des „Winterkönigs" Regierungszeit betrug nur 14 Monate.
1621	Prager Blutgericht. 27 Führer der Aufständischen werden hingerichtet. Die evangelischen Pfarrer müssen das Land verlassen. An die 150.000 Protestanten wandern aus.
1627/1628	Die „Verneuerten Landesordnungen" treten in Kraft, 1627 für Böhmen und 1628 für Mähren. Dadurch wird die ständische Macht beseitigt und die Vorherrschaft der tschechischen Sprache gebrochen.
1624	Wallenstein wird zum Herzog von Friedland erhoben. 1625 erhält er den Oberbefehl über das kaiserliche Heer. Ausweitung des Krieges nach Norden. Wallensteins Gegner setzen 1630 seine Absetzung durch. Nach seiner Wiederberufung 1632 siegt er bei Lützen, wo Gustav Adolf fällt.
1634	Wallenstein wird abgesetzt und in Eger ermordet.
1637 – 1657	Ferdinand III. Kaiser. Seit 1627 König von Böhmen, übernimmt Ferdinand nach Wallensteins Tod nominell den Oberbefehl über das kaiserliche Heer. Er fördert Kunst und Wissenschaft.
1648	Westfälischer Friede.
1655	Errichtung des Bistums Leitmeritz.
1658 – 1705	Während der Regierungszeit Kaiser Leopolds I. entfaltete sich die Kunst des Barock zu höchster Blüte.
1660	Errichtung des Bistums Königgrätz.
1680	In Ostböhmen erheben sich die Bauern gegen die Grundherren. Ein Robotpatent des Kaisers zeitigt keine Folgen.
1689	Von der Pfalz her fallen französische Horden ohne politischen Grund in Böhmen ein. Die Soldateska verwüstet Klattau, Trautenau, Braunau und Prag.
1705 – 1711	Joseph I.
1711 – 1740	Karl VI.
1724	Gründung einer Ingenieur-Akademie in Brünn, die der Universität Olmütz angegliedert wird. Feierliche Verkündigung der Pragmatischen Sanktion, bereits 1713 erlassen und 1722 von Böhmen angenommen. Sie bestimmte die Unteilbarkeit des Habsburger Reiches und das Recht der weiblichen Thronfolge.
1740 – 1780	Maria Theresia wird 1743 in Prag gekrönt.
1740 – 1742	Der erste der drei Schlesischen Kriege, die zwischen Friedrich II. von Preußen und Maria Theresia um den Besitz Schlesiens geführt werden. Friedrich siegt unter großen Verlusten in mehreren Schlachten auf böhmischem Boden.
1744 – 1745	Zweiter Schlesischer Krieg. Friedrich besetzt vorübergehend Prag, Tabor, Budweis und Frauenberg.
1756 – 1763	Dritter Schlesischer (Siebenjähriger) Krieg. Die Niederlage Friedrichs 1757 bei Kolin zwingt ihn, die Belagerung Prags abzubrechen. 1758 belagert Friedrich vergeblich die Festung Olmütz.
1741 – 1748	Im Zusammenhang mit den drei Schlesischen Kriegen steht der Österreichische Erbfolgekrieg zwischen Maria Theresia und dem bayerischen Kurfürsten Karl Albrecht um die Thronfolge in den habsburgischen Ländern; der Kurfürst wird 1741 in Prag zum König von Böhmen ausgerufen, muß aber im nächsten Jahr das Land wieder verlassen.
1763	Hubertusburger Frieden. Den größten Teil Schlesiens muß Maria Theresia abtreten („Den Garten habt ihr mir genommen, nur den Zaun habt ihr mir gelassen").
1780 – 1790	Joseph II. Beginn vieler Reformen, so Abschaffung von Leibeigenschaft und Folter, Religionsfreiheit, Aufhebung von Klöstern, Einwanderungserlaubnis auch für Nichtkatholiken nach Österreich, Lockerung des strengen Hofzeremoniells.
1783	Eröffnung des böhmischen Ständetheaters, das der Erbauer, Graf Nostitz-Rieneck, als deutsches Nationaltheater errichten ließ, mit Lessings „Emilia Galotti". 1787 findet hier die Uraufführung von Mozarts „Don Giovanni" statt. Österreich erläßt ein Auswanderungsverbot.
1787	Einführung des Allgemeinen Bürgerlichen Gesetzbuches in den böhmischen Ländern.
um 1790	In Böhmen gibt es 29.000 Baumwoll-, 51.000 Schafwoll- und 234.000 Flachsgarnspinner, über 3.000 Baumwoll-, 25.000 Schafwoll- und 72.000 Leinweber.
1790 – 1792	Leopold II.
1792 – 1835	Kaiser Franz II., bis 1806 deutscher Kaiser, ab 1804 als Franz I. österreichischer Kaiser.
1806	Errichtung eines polytechnischen Instituts in Prag, der ersten technischen Hochschule.
seit 1808	Böhmen und Mähren, besonders Prag, Brünn und die böhmischen Bäder, sind Aufenthaltsort von Persönlichkeiten, die sich gegen Napoleon stellen.
1813	Bei Kulm und Nollendorf werden die Franzosen geschlagen. Die entscheidende Nieder-

lage erleidet Napoleon in der Völkerschlacht bei Leipzig vom 16. – 19. Oktober.

1815 – 1866	Die böhmischen Länder gehören dem Deutschen Bund an.
1817	„Fund" der Königinhofer Handschrift, die sich später als geschickte Fälschung Hankas erwies, 1818 der zweiten Fälschung, der Grünberger Handschrift. In seiner Geschichte Böhmens benützte Palacký diese Fälschungen als Quelle.
1818	Gründung des Vaterländichen (National-) Museums in Prag, an der auch Deutsche Anteil hatten. Beginn des „Erwachens" der Tschechen.
1825	Bau der Pferdeeisenbahn von Budweis bis Gmünd.
1833	Die Gesellschaft zur Förderung der Industrie in Böhmen wird gegründet. Die Leitung geht nach der Statutenänderung von 1842 von Adeligen auf Bürgerliche über.
1845	Ankunft des ersten Eisenbahnzuges in Prag.
1848	Nach dem Slawenkongreß in Prag werden an die Wiener Regierung Forderungen gestellt; es kommt zum Pfingstaufstand in Prag, der niedergeworfen wird. Im September wird auf Antrag Hans Kudlichs die Aufhebung der bäuerlichen Robotlasten und des Untertänigkeitsverhältnisses gegenüber den Grundbesitzern im Wiener Reichstag beschlossen. Bis März 1849 tagt der Reichstag in Kremsier.
1849	Die Ingenieur-Akademie in Brünn wird zur Deutschen Technischen Hochschule erhoben.
1848 – 1916	Kaiser Franz Joseph I.
1860	Beginn der Verfassungskämpfe in Österreich.
1861	Der Böhmische Landtag richtet an den Kaiser eine Adresse mit der Bitte, sich zum König von Böhmen krönen zu lassen. Es war die letzte gemeinsame politische Aktion von Tschechen und Deutschen.
1862	Der Verein für Geschichte der Deutschen in Böhmen wird gegründet.
1863	Die Tschechen Fügner und Tyrš, beide deutscher Abstammung, gründen nach dem Vorbild der deutschen Turner die paramilitärisch ausgerichtete Vereinigung Sokol. 1938: 800.000 Mitglieder.
1866	Im Deutschen Krieg zwischen Preußen und Österreich um die Vorherrschaft in Deutschland kommt es am 3. Juli zur Entscheidungsschlacht bei Königgrätz, in der Österreich geschlagen wird. Nach dem Vorfrieden von Nikolsburg kommt es zum Frieden von Prag am 23. August. Auflösung des Deutschen Bundes.
1867	Durch den Ausgleich mit Ungarn wird das Habsburgerreich staatsrechtlich in die Österreichisch-Ungarische Doppelmonarchie umgebildet.
	Graf Taaffe, der sich auf die österreichischen, tschechischen und polnischen Konservativen stützt, versucht als Ministerpräsident und Innenminister die nationalen Gegensätze auszugleichen.
1869	Teilung der Technischen Hochschule in Prag in eine deutsche und eine tschechische.
1871	Die in den sogenannten Fundamentalartikeln formulierten Forderungen der Tschechen nach einem „böhmischen Ausgleich" werden nicht erfüllt.
1882	Die Prager Universität wird in eine deutsche und eine tschechische geteilt.
1883	Bei den Landtagswahlen erringen die Tschechen die Mehrheit.
1884	Josef Taschek gründet den Deutschen Böhmerwaldbund.
1886	Die deutschen Abgeordneten versuchen, um der Tschechisierung vorzubeugen, die Teilung der Landesverwaltung in tschechische und deutsche Bezirke durchzusetzen; als ihr Antrag scheitert, treten sie aus dem Landtag aus. Gründung des Bundes der Deutschen Nordmährens in Olmütz. Es folgen 1894 der Bund der Deutschen in Böhmen, der Bund Nordmark in Schlesien und der Bund der Deutschen in Ostböhmen, 1899 der Bund der Deutschen Südmährens.
1889	Gründung der österreichischen Sozialdemokratie durch Viktor Adler auf dem Parteitag zu Hainfeld, an dem auch Delegierte aus Reichenberg und Brünn teilnehmen.
1890	Die Ausgleichsverhandlungen zwischen Deutschen und Tschechen in Wien („Böhmischer Ausgleich") scheitern am Widerstand der Jungtschechen. Diese erlangten 1895 unter Führung von Kramář die Mehrheit über die Alttschechen (Palacký, Rieger, Clam-Martinic), die an einen böhmischen Staat im Verband der Monarchie dachten. Die Jungtschechen streben die Zerstörung der Monarchie und eine Verbrüderung mit Russen, Serben und Franzosen an.
1896	T. G. Masaryk schreibt den Aufsatz „Zur deutsch-böhmischen Ausgleichsfrage"; darin tritt er für die Trennung der Deutschen und Tschechen auf der Grundlage einer territorialen Autonomie ein.
1897	Von den Jungtschechen gedrängt, erläßt Ministerpräsident Badeni eine Sprachenverordnung, die in Böhmen und Mähren die Amtsführung in zwei Sprachen (auch in einsprachigen Gebieten) vorsieht. Die dadurch ent-

1899	Die Sozialdemokraten legen mit ihrem Brünner Programm einen Vorschlag zur Lösung der nationalen Frage vor (Karl Renner und Josef Seliger). Aufhebung der Sprachenverordnung durch das Ministerium Clary-Aldringen. Es folgen blutige Unruhen, von Tschechen in allen größeren Städten ausgelöst.
1901	Die Deutsche Technische Hochschule in Brünn erhält das Recht der Promotion zum Doktor der technischen Wissenschaft.
1903	Der Deutsche Volksrat für Böhmen wird von Dr. Josef Titta in Trebnitz bei Lobositz gegründet. Er soll die politischen und kulturellen Kräfte der Deutschen zusammenfassen.
1905	Der seit 1898 vorbereitete Mährische Ausgleich wird angenommen. Diese Verständigung zwischen Deutschen und Tschechen kommt in Mähren, leider nicht in Böhmen zustande.
1906	Bei der Einführung des allgemeinen Wahlrechts für die Reichstagswahlen wird vereinbart, daß Böhmen durch 75 tschechische und 55 deutsche Abgeordnete vertreten sein soll.
1907	Erste allgemeine Wahlen in den böhmischen Ländern.
1913	Im Vergleich zur Gesamtmonarchie beträgt die Produktion der böhmischen Länder in der Eisen- und Stahlerzeugung 60 v. H., in der Chemie-Industrie 75 v. H., in der Textil-Industrie etwa 80 v. H. und in der Zuckerindustrie 75 v. H. Gegenüber 1880 erreicht die Steinkohlenförderung das Dreifache (14 Mio. t), die Braunkohlenförderung das Vierfache (23 Mio. t). Karel Kramář erklärt im österreichischen Reichstag, daß die Tschechen den Tag herbeisehnten, an dem sie vom Böhmerwald bis Wladiwostok in einem Reich werden leben dürfen.
1914	Der österreichische Thronfolger Franz Ferdinand wird am 28. 6. in Sarajewo ermordet. Ausbruch des Ersten Weltkriegs. Auch die Tschechen halten sich an ihren Soldateneid; erst später laufen viele zum Feind über. Masaryk geht in die Emigration. 1915 folgt ihm Beneš. In einem tschechischen Komitee in Paris planen sie die Beseitigung der Habsburger und die Gründung eines eigenen Staates (1915).
1915	Tschechische Politiker, darunter Kramář, werden des Hochverrats angeklagt und eingekerkert, 1917 aber amnestiert.
1916	Der tschechische Nationalrat in Paris wird von England und Frankreich völkerrechtlich als Vertretung der Tschechen anerkannt.

Kaiser Franz Joseph I. stirbt am 21. November. Karl I. besteigt den Kaiserthron.

1917	Die Versuche Kaiser Karls zur Verfassungsreform scheitern. Erste Erwähnung des Wortes „Tschechoslowakei" durch alliierte Politiker. In der Schrift „Unser Staat und der Weltfriede" von H. Kuffner (angeblich E. Beneš) und in der beigegebenen Karte werden für den tschechischen Staat Teile von Österreich, Bayern, Brandenburg, Sachsen und Schlesien bis zur Oder gefordert. Bis Ende 1917 entfallen an Blutopfern des Krieges auf 1.000 Menschen: In den rein deutschen Gebieten Böhmens 34,5 Tote, Mährens 44,4 Tote, Schlesiens 29 Tote, in den rein tschechischen Gebieten Böhmens 22,5 Tote, Mährens 26,7 Tote, in den polnischen Gebieten Schlesiens 16,2 Tote. Im Durchschnitt bei den Deutschen 36 Tote, bei den Slawen 22 Tote.
1917/1918	Friedensaktion der Meinlgruppe. Verhandlungsversuche der Gruppe mit dem Sudetendeutschen Julius Meinl an der Spitze, mit Billigung Kaiser Karls bei den Alliierten unternommen, scheitern.
1918	Verhandlungen von Vertretern amerikanischer, tschechischer und slowakischer Organisationen in Pittsburgh über die Struktur eines künftigen tschechischen Staates. Fast alle Teilnehmer waren amerikanische Staatsbürger. Masaryk und Vertreter der Slowaken in den USA sichern sich im Vertrag von Pittsburgh die slowakische Autonomie innerhalb des tschechischen Staates zu. Im Sommer Anerkennung der Selbständigkeit der Tschechoslowakei durch Frankreich, Italien, England und USA. 26. 9. In Paris Bildung einer provisorischen Regierung (Masaryk ist Präsident, Beneš Außenminister). 13. 10. Bund der Deutschen in Böhmen: „Die deutschen Gebiete in Böhmen dürfen nie und nimmer einem tschechoslowakischen Staat einverleibt werden." 16. 10. Deutscher Volksrat für Böhmen: „Der Deutsche Volksrat betrachtet jedweden Versuch, der auch nur die Möglichkeit einer Einverleibung Deutschböhmens in den tschechischen Staat zur Folge haben könnte, als Preisgabe unseres Volkstums, dessen politischer und wirtschaftlicher Zukunft." 28. 10. Proklamation der Tschechoslowakischen Republik. 29. 10. In Wien werden die Provinzen Deutschböhmen und Sudetenland gebildet, deren Schutz die Deutschösterreichische Republik übernimmt. An der Spitze der Landesregierungen stehen Rafael Pacher bzw. ab 6. 11. Rudolf Lodgman von Auen für

Deutschböhmen und Robert Freißler für Mähren und Schlesien.

13. 11. Anschlußerklärung der Deutschen in Böhmen und Mähren an das am Vortag gegründete Deutsch-Österreich.

29. 11. Bewaffnete Tschechen, die Mährisch Trübau besetzt hatten, schießen in die demonstrierende, unbewaffnete deutsche Menge und töten 3 Frauen, eine Schülerin und einen Schüler.

1918/1919 Die militärische Besetzung der sudetendeutschen Gebiete durch Tschechen ist eine Verletzung des Selbstbestimmungsrechtes der Deutschen. Die neugebildete Regierung von Deutschböhmen und Deutschmähren wird vertrieben.

1919 4. 3. Während friedlicher Demonstrationen für das Selbstbestimmungsrecht werden 54 Sudetendeutsche von Tschechen (Militär und Polizei) erschossen.

16. 4. Erstes Gesetz zur Durchführung der Bodenreform (Enteignung des Großgrundbesitzes).

10. 9. Friedensschluß der Alliierten mit Österreich in Saint Germain. Die Tschechen erhalten von Deutschland das Hultschiner Ländchen, von Österreich Gebiete bei Gmünd und um Feldsberg, von Ungarn die ganze Slowakei und Karpatenrußland. Das Gebiet von Teschen wird 1920 zwischen der ČSR und Polen aufgeteilt.

Der Minderheitenschutzvertrag verpflichtet den neuen tschechischen Staat, nach dem Muster der Schweiz „allen Einwohnern ohne Unterschied der Geburt, Staatsangehörigkeit, Sprache, Rasse oder Religion vollen und ganzen Schutz von Leben und Freiheit zu gewähren". In Wirklichkeit betrachten sich die Tschechen als alleiniges Staatsvolk.

24. 9. Die Deutschböhmische Landesregierung in Wien löst sich auf. Die Vertreter der Sudetendeutschen, die noch einmal ihre Forderungen nach dem Selbstbestimmungsrecht verkünden, verabschieden sich von Österreich und verlassen den Staatsverband.

15. 10. Das tschechoslowakische Bodenamt führt die Enteignung eines großen Teiles deutschen Grundbesitzes durch. 840.000 ha bäuerlicher Grund und Boden (das sind 30 v. H. der Fläche des Sudetenlandes) kommen fast zur Gänze (das sind 94 v. H.) an Tschechen.

1919 Parteigründungen: Bund der Landwirte (Interessenwahrnehmung der sudetendeutschen Bauern in de ČSR. Löst sich 1938 auf und überführt seine Mitglieder in die SdP).

Deutsche Christlich-Soziale Volkspartei (Organisation der deutschen katholischen Mittelschicht in der ČSR, die die Gleichbe-

rechtigung für die Deutschen durch konstruktive Mitarbeit im Staat erreichen will. Löst sich 1938 zugunsten der SdP auf).

1920 Deutsche Gemeinden in der westlichen Hälfte der ČSR: 3.120 Gemeinden mit 80 – 100 v. H. deutscher Bevölkerung (darunter 987 rein deutsche Gemeinden), 277 Gemeinden mit 50 – 80 v. H. Deutschen, zusammen 3.397 deutsche Gemeinden. Dazu kommen noch deutsche Minderheiten von 10 – 50 v. H. in 148 Gemeinden und die deutschen Gemeinden in der Slowakei.

Die Kaiser-Joseph-Denkmäler werden von den Tschechen zerstört.

4. 2. Das Hultschiner Ländchen, durch den Versailler Vertrag am 28. 6. 1919 dem neuen Staat zugesprochen, wird durch tschechische Truppen besetzt. Am 4. 5. 1920 wird in Hultschin der Ausnahmezustand ausgerufen. Bei der Volksabstimmung am 11. 6. 1922 stimmen die Bewohner des Ländchens fast einmütig für die Rückgliederung an Deutschland.

17. 2. Die Gemeinden werden durch Gesetz zur Führung einer Chronik verpflichtet.

19. 2. Änderung des Universitätsgesetzes von 1882, nach dem die Deutsche und die Tschechische Universität die rechtmäßigen Nachfolgerinnen der 1348 gegründeten Universität waren und das Vermögen gemeinsam besaßen. Nachfolgerin dieser ersten Universität ist jetzt nur noch die tschechische Institution.

19. 2. Die Regierung beschließt das Sprachengesetz, nach dem die Staatsbeamten die tschechische Sprache beherrschen müssen. Als Folge davon verlieren bis 1930 31,51 v. H. der deutschen Beamten ihre Stellung.

29. 2. Die tschechoslowakische Verfassung wird von einer selbsternannten „Nationalversammlung" ohne Beteiligung der Minderheiten endgültig beschlossen.

18. 4. Bei den Parlamentswahlen wird die Deutsche Sozialdemokratische Arbeiterpartei mit 43 v. H. aller deutschen Stimmen stärkste Partei.

16. 11. Schwere Ausschreitungen der Tschechen gegen deutsche Einrichtungen in Prag, vor allem gegen das Deutsche Haus, das Deutsche Landestheater und die Redaktion der Zeitung „Prager Tagblatt".

5. 12. Das Deutsche Landestheater in Prag wird durch eine Bestimmung des Landesverwaltungsausschusses den Deutschen genommen und dem tschechischen Nationaltheater angeschlossen.

1921 15. 2. Volkszählung. Dabei kommt es zu Manipulationen, um die Zahl der Deutschen möglichst niedrig zu halten. Eine parlamentarische Eingabe von deutscher Seite mit der Bitte um Klärung dieser Angelegenheit wurde nicht beantwortet.

Bei der Volkszählung werden in den Sudetenländern (Böhmen, Mähren und Schlesien) gezählt: 6.727.408 Tschechen, 2.973.208 Deutsche, 73.020 Polen, 30.267 Nationaljuden, 15.630 Slowaken, 6.104 Magyaren, 3.321 Russen, 2.671 andere.

12. – 15. 3. Auf dem Parteitag in Paulsdorf bei Reichenberg wird die Deutsche Sektion der Kommunistischen Partei der Tschechoslowakei gegründet.

1922

14. 6. Auflösung deutscher Schulen: 61 in Böhmen, 111 in Mähren, 21 in Schlesien, insgesamt 193 Schulen mit 1.288 Klassen. Dafür werden viele tschechische Minderheitsschulen errichtet, oft nur für wenige tschechische Kinder. Häufig werden deutsche Staatsbedienstete genötigt, ihre Kinder in diese Schulen zu schicken. Seit Staatsgründung schuf man künstliche tschechische Minderheiten im deutschen Gebiet. Diese planmäßige tschechische Ansiedlung erreicht bis 1938 die Zahl von 400.000 Personen.

Im Sommer überreichen sudetendeutsche Abgeordnete dem Völkerbund in Genf eine Denkschrift, in der die Verletzungen des Vertrages von St. Germain vom 10. 9. 1919 durch die Gesetzgebung und die Regierung der ČSR nachgewiesen werden. 1923 wird noch eine Ergänzung über die Lage der Deutschen in der ČSR nachgereicht.

1924

25. 1. Frankreich und die ČSR schließen einen Bündnisvertrag.

1925

6. 7. Hus-Gedenkfeier in Prag. Der Tag des Hus war neben den Festen der Heiligen Cyrill und Method und des hl. Johannes von Nepomuk zum Staatsfeiertag erhoben worden. Da Hus für die katholische Kirche ein Ketzer und Häretiker ist, wurden die diplomatischen Beziehungen zwischen ČSR und Vatikan abgebrochen. Januar 1928 kam es zu einem Modus vivendi.

5. – 16. 10. Beneš nimmt an der Konferenz von Locarno teil. Es wird ein Schiedsvertrag zwischen Deutschland und der ČSR abgeschlossen. Die Unverletzlichkeit der Grenzen wird garantiert. Deutschland erkennt die Defensivverträge zwischen Frankreich und der ČSR an.

15. 11. Bei den 2. Parlamentswahlen erhalten die Tschechen und Slowaken 182 Sitze, die Deutschen 71. Die deutschen Sozialdemokraten haben nur noch 17 Sitze (1920 = 31), stärkste Partei wird der Bund der Landwirte mit 24 Sitzen; die Christlich-Sozialen folgen mit 13.

1926

12. 10. Die christlich-Sozialen und der Bund der Landwirte treten in die Regierung ein. Im Kabinett Švehla (seit 14. 10.) werden die deutschen Professoren Mayr-Harting und

Spina Minister. Mit diesem Aktivismus ändert sich für die Sudetendeutschen kaum etwas, obwohl diese ihre Bereitschaft zur Loyalität gegenüber dem Staat und zur Mitarbeit in der Regierung bekundet hatten.

24. 11. Die seit 1919 bestehende Deutschpolitische Arbeitsstelle wird zum Deutschpolitischen Arbeitsamt umgestaltet. In dieser neutralen Zentralstelle der deutschen Parteien sind vertreten: Bund der Landwirte, Deutsche Nationalpartei, Deutsche Nationalsozialistische Arbeiterpartei, Deutsche Gewerbepartei, Deutsche Christlich-Soziale Partei und die nicht im Parlament vertretene Deutschdemokratische Freiheitspartei.

1927

27. 5. T. G. Masaryk, seit 1918 Staatspräsident, wird wieder in dieses Amt gewählt.

14. 7. Die mit dem Gesetz vom 29. 2. 1920 eingeführte Gaueinteilung (21 Gaue im gesamten Staat, aber nur in der Slowakei vollzogen) wird wieder aufgehoben. Mit Gesetz Nr. 125/1927 werden Mähren und Schlesien zu einem Land vereinigt. Das Staatsgebiet besteht nun aus den Ländern Böhmen, Mähren-Schlesien, Slowakei und Karpatoukraine.

1928

16. 5. Die deutschen Minister Spina und Mayr-Harting erklären, daß die Teilnahme deutscher Parteien an der Regierung noch nicht die Lösung der Minderheitenfrage bedeute. Minderheitenschutzverträge und Verbesserungen des Verfahrens in der Minderheitenfrage durch den Völkerbund seien daher nicht überflüssig geworden.

Juli. Beschwerde der Hultschiner Deutschen bei Masaryk wegen der Verweigerung deutscher Schulen.

5. 8. Gründung der Arbeits- und Wirtschaftsgemeinschaft.

1929 – 1933

Von der Weltwirtschaftskrise sind hauptsächlich die sudetendeutschen Gebiete betroffen. Im Staat gibt es 800.000 Arbeitslose, davon sind etwa 500.000 Sudetendeutsche.

1929

27. 10. Parlamentswahlen. Tschechen und Slowaken erhalten 191 Sitze, die Deutschen 66 (das sind 22 v. H.), davon entfallen auf die Sozialdemokraten 21, den Bund der Landwirte 16, die Christlich-Sozialen 14, die Deutsche Nationalpartei 7 und die Deutsche Nationalsozialistische Arbeiterpartei 8.

7. 12. Die Sozialdemokraten treten mit Ludwig Czech als Minister für Soziale Fürsorge in die Regierung ein. Die Christlich-Sozialen scheiden aus. Die sogenannte Czech-Karte, eine Unterstützung für die Arbeitslosen (20 Kč wöchentlich für Verheiratete, 10 Kč für Ledige) kann nur die allergrößte Not lindern.

1930

1. 12. Volkszählung. Von den 14.729.536 Einwohnern sind 51 v. H. Tschechen, 16 v. H. Slowaken, 23 v. H. Sudeten- und Karpatendeutsche, 5 v. H. Magyaren, 3. v. H. Ru-

thenen und 1,3 v. H. Juden. Die geschlossenen sudetendeutschen Gebiete zählen 50 politische Bezirke (120 Gerichtsbezirke) mit 3.338 Gemeinden, dazu kommen noch 59 sudetendeutsche Sprachinselgemeinden und 313.666 als Diaspora-Sudetendeutsche im tschechischen Sprachgebiet.

1931   Die Kommunistische Partei der Tschechoslowakei fordert bei ihrem Parteitag in Prag das Selbstbestimmungsrecht der Nationen bis zur Loslösung vom Staat.

1932   29. 10. Im Kabinett Malypetr sind Ludwig Czech Minister für Soziale Fürsorge und Franz Spina Minister für das Gesundheitswesen.

1933   29. 5. Verbot des Empfangs ausländischer Rundfunksendungen.
1. 10. Gründung der Sudetendeutschen Heimatfront durch Konrad Henlein zum Zweck der Sammlung aller Sudetendeutschen.
4. 10. Selbstauflösung der Deutschen Nationalsozialistischen Arbeiterpartei, um dem Verbot der Regierung (21. 10.) zuvorzukommen.

1933 – 1938   Die ČSR ist Zufluchtsland für viele Emigranten. In Prag arbeitet der Exilvorstand der SPD bis Anfang 1938. Die österreichische Sozialdemokratie hat 1934 – 1939 ihr Auslandsbüro in Brünn, wo auch die „Arbeiterzeitung" erscheint. Die sudetendeutschen Sozialdemokraten bringen für die Emigranten große Beträge auf.

1934   24. 5. Wiederwahl Masaryks zum Staatspräsidenten.
9. 6. ČSR und UdSSR nehmen diplomatische Beziehngen auf.
24. – 26. 11. Der Rektor der Deutschen Universität in Prag wird gezwungen, die Insignien an die Tschechische Universität auszuliefern. Vorausgegangen waren heftige Auseinandersetzungen zwischen Deutschen und Tschechen.

1935   29. 4. Der Name „Sudetendeutsche Heimatfront" wird verboten; daraufhin erfolgt die Namensänderung in „Sudetendeutsche Partei".
16. 5. Militärbündnis zwichen ČSR und Sowjetunion.
19. 5. Parlamentswahlen. Von den deutschen Stimmen mit insgesamt 22,5 v. H. entfielen auf die Sudetendeutsche (und Karpatendeutsche) Partei 15,2 v. H., die Deutsche Sozialdemokratische Arbeiterpartei 3,6 v. H., die Deutsche Christlich-Soziale Volkspartei 2 v. H. und den Bund der Landwirte 1,7 v. H.
19. 12. Beneš wird Staatspräsident, nachdem Masaryk am 14. 12. zurückgetreten war. Beneš bleibt gegenüber den sudetendeutschen Forderungen unnachgiebig.

1936   Die Jungaktivisten mit Wenzel Jaksch (DSAP), Hans Schütz (Christlich-Soziale) und Gustav Hacker (BdL) an der Spitze versuchen, zwischen Sudetendeutschen und Tschechen zu vermitteln; ihre Bemühungen bleiben gegenüber dem tschechischen Nationalismus erfolglos.
30. 4. Annahme des Staatsverteidigungsgesetztes (zentralistische Polizeigewalt) gegen die deutschen Stimmen.
7. 6. Verbot des Turnerabzeichens „Frisch-Fromm-Fröhlich-Frei".
August. Henlein fordert für die Sudetendeutschen Selbstverwaltung.
11. 11. Ministerpräsident Hodža lehnt Autonomie und Gleichberechtigung der Sudetendeutschen ab. Auch Beneš lehnt wiederholt jede Autonomie ab.

1937   17. 2. Die tschechoslowakische Regierung und die drei an ihr beteiligten deutschen Parteien (Sozialdemokraten, Christlich-Soziale, Bund der Landwirte) verhandeln über die Proportionalität bei der Aufnahme in den Staatsdienst. Die Sudetendeutsche Partei, stärkste Partei der Sudetendeutschen, wird nicht beteiligt. Im Dezember gibt Ministerpräsident Hodža zu, daß seine Zusagen nicht eingehalten wurden.
27. 4. Gesetzesanträge der Sudetendeutschen Partei zur Lösung der nationalen Frage.
Oktober. Henlein besucht England und trifft mit Politikern, auch mit Churchill, zusammen.

1938   März. Auflösung der bürgerlichen deutschen Parteien und Anschluß ihrer Mitglieder an die Sudetendeutsche Partei.
22. 3. Henlein trifft zum erstenmal mit Hitler zusammen.
24. 4. Im sogenannten Karlsbader Programm fordert Henlein u. a. die Gleichberechtigung der Sudetendeutschen, deutsche Selbstverwaltung und das Recht auf freies Bekenntnis zum deutschen Volkstum.
21. 5. Die ČSR mobilisiert einen Teil der Armee.
18. 8. Henlein und der britische Vermittler Lord Runciman kommen auf Schloß Rothenhaus bei Görkau zusammen. In seinem Bericht erkennt Runciman die Beschwerden der Sudetendeutschen im wesentlichen als gerechtfertigt an. „Gerade in den letzten Tagen vor meiner Abreise habe ich von seiten der tschechoslowakischen Regierung keinerlei Bereitschaft gesehen, diese Übelstände einigermaßen zu beheben."
13. 9. Verhängung des Standrechts über die von Sudetendeutschen bewohnten Gebiete.
15. 9. Chamberlain und Hitler treffen sich in Berchtesgaden.
16. 9. Verbot der Sudetendeutschen Partei.

Henlein wird steckbrieflich gesucht.

23. 9. Mobilisierung der tschechoslowakischen Armee.

25. 9. Ablehnung des vom britischen Premier Chamberlain weitergeleiteten Memorandums des Deutschen Reiches durch die tschechoslowakische Regierung.

29. 9. Unterzeichnung des Münchener Abkommens durch Chamberlain, Daladier, Mussolini und Hitler über die Abtretung des sudetendeutschen Gebietes an Deutschland.

30. 9. Die tschechoslowakische Regierung stimmt auf nachhaltige Vorstellungen Großbritanniens und Frankreichs der Abtretung der sudetendeutschen Gebiete zu.

September. Die Deutsche Sozialdemokratische Partei in der Tschechoslowakei zählte 80.000 Mitglieder; nur 5.000 konnten emigrieren. 20.000 wurden nach dem deutschen Einmarsch verhaftet. Aber auch Mitglieder anderer Parteien, ferner Personen aus kirchlichen und bürgerlichen Kreisen kommen in Gefängnisse und Konzentrationslager.

1. 10. – 10. 10. Besetzung des Sudetenlandes durch die deutsche Wehrmacht.

2. 10. Polen annektiert Teschen. Das Hultschiner Ländchen kommt zum Landkreis Ratibor.

5. 10. Staatspräsident Beneš tritt zurück.

21. 11. Die sudetendeutschen Gebiete kommen unter deutsche Staatshoheit.

1939 15. 3. Besetzung der Rest-Tschechoslowakei durch das Deutsche Reich. Errichtung des Protektorats Böhmen und Mähren. Reichsprotektor für Böhmen und Mähren wird (bis 1941) Konstantin von Neurath.

15. 4. Der Reichsgau Sudetenland mit den Regierungsbezirken Eger, Aussig und Troppau wird gebildet. Einige Teile des sudetendeutschen Gebietes fallen an Niederbayern und an die Oberpfalz, ferner an die 1938 gebildeten Reichsgaue Ober- und Niederdonau. Der Sudetengau umfaßt 3.167 Gemeinden, an Bayern kommen 124, an die Ostmark 318 und an Preußen 38 Gemeinden.

1940 9. 6. Die britische Regierung erkennt der tschechoslowakischen Exilregierung mit Beneš an der Spitze provisorischen, ein Jahr darauf endgültigen Charakter zu.

1941 18. 7. Militärbündnis zwischen der tschechoslowakischen Exilregierung und der UdSSR.

31. 7. Anerkennung der tschechoslowakischen Exilregierung durch die USA.

27. 9. SS-Obergruppenführer Heydrich löst Konstantin Freiherrn von Neurath als Reichsprotektor ab.

1942 26. 5. Attentat auf Heydrich in Prag. Als Vergeltung wird das Dorf Lidice zerstört, die Männer über 16 Jahren werden erschossen.

22. 6. Wenzel Jaksch, Vorsitzender der sudetendeutschen Sozialdemokraten, löst wegen der Pläne Beneš', die Sudetendeutschen aus ihrer Heimat zu vertreiben, seine Verbindung mit der tschechoslowakischen Exilregierung in London.

29. 9. Die sudetendeutschen Sozialdemokraten werden bei der britischen Regierung vorstellig, um die Vertreibungspläne Beneš' zu verhindern. Ihre Proteste bleiben ohne Erfolg.

1943 12. 5. Beneš erhält von Roosevelt die Zustimmung zu seinen Austreibungsplänen, nachdem er ihn getäuscht und von einer angeblich bereits gegebenen Zustimmung der Sowjetunion unterrichtet hatte. Diese Zustimmung erfolgte jedoch erst am 6. 6. 1943.

21. 12. Beneš beschließt in Moskau die totale Enteignung der Sudetendeutschen und ihre Vertreibung aus der Heimat.

1945 Mai. Die Amerikaner besetzen Teile Westböhmens, bleiben aber infolge der Abmachungen mit der UdSSR stehen und ziehen sich wieder über die Grenze zurück.

9. 5. Die Rote Armee besetzt Prag. Hier und im ganzen Land bricht blutiger Terror gegen die Deutschen aus. Die Austreibung beginnt in den unmenschlichsten Formen.

31. 5. Am Fronleichnamstag wurden rund 25.000 Brünner ohne jedes Gepäck in einem mehrere Kilometer langen Zug aus ihrer Heimat nach Österreich getrieben. Das Bewachungspersonal verübte unbeschreibliche Grausamkeiten. Rund 1.500 Menschen bleiben am Straßenrand liegen. Sie werden in Massengräbern beerdigt.

3. 6. Beneš hält in Tabor eine Rede, in der er sagt: „Was wir im Jahre 1918 vorhatten, wird heute durchgeführt. Damals wollten wir alle Deutschen abschieben. Kein Deutscher darf auch nur einen Quadratmeter Boden unter seinen Füßen haben, kein deutscher Gewerbetreibender und Geschäftsmann sein Geschäft weiterführen. Wir wollten dies alles auf eine feinere Art durchführen, das Jahr 1938 kam uns jedoch dazwischen."

19. 6. Beneš ordnet die Einführung der sogenannten Volksgerichte zur Verurteilung der von Deutschen in der ČSR begangenen Verbrechen an. Die Gerichte „urteilen" mit größter Willkür.

31. 7. Massaker gegen die deutsche Bevölkerung der Stadt Aussig. Über 2.000 Männer, Frauen und Kinder werden in 4 1/2 Stunden ermordet. Erst das am Abend verhängte Standrecht beendete das Wüten des tschechischen Mobs und diesen entsetzlichen Bluttag. Dieses und andere Verbrechen wurden durch ein Gesetz der ČSR vom 8. 5. 1946 amnestiert.

2. 8. Die Sudetendeutschen verlieren durch Dekret die tschechoslowakische Staatsangehörigkeit.

25. 10. Der gesamte Besitz der Deutschen wird ohne jede Entschädigung vom tschechoslowakischen Staat beschlagnahmt.

Während bereits seit Kriegsende die wilden Deutschenaustreibungen in unmenschlicher Weise durchgeführt wurden, bestimmt das Potsdamer Protokoll vom 2. 8. 1945, daß die Abschiebung der Deutschen in „ordnungsgemäßer und humaner Weise" vor sich zu gehen habe; nach den Abmachungen sollten 1,75 Millionen Menschen in das Gebiet der US-Besatzungszone und 750.000 in die sowjetisch besetzte Zone abgeschoben werden. Wie die humane Aussiedlung durchgeführt wurde, zeigen die zahlreichen Berichte von Betroffenen, die in der Dokumentation der Vetreibung publiziert wurden.

20. 11. Bestimmung des Alliierten Kontrollrates über die Ausweisung in die vier Besatzungszonen Deutschlands. Jeder Ausgewiesene soll danach 1.000 RM und 75 kg Gepäck mitnehmen dürfen. Diese Bestimmung wurde von den Tschechen in den seltensten Fällen eingehalten. Rund 241.000 Sudetendeutsche verloren bei diesen unmenschlichen Vorgängen ihr Leben.

Die Zahl der Deutschen aus der ČSR in der Bundesrepublik Deutschland, in der DDR, in Österreich und anderen Ländern betrug Ende 1950 rund 3.000.400. In der Zeit von 1950 bis 1973 kamen 84.057 Personen aus der ČSR in die Bundesrepublik Deutschland, die DDR und nach Österreich. Zurückgehalten wurden Deutsche, die man als Facharbeiter oder als Spezialisten für die Industrie benötigte. Viele Sudetendeutsche, auch solche, die von den sogenannten Volksgerichten verurteilt waren, kamen in Konzentrationslager, wurden zur Zwangsarbeit eingesetzt, auch in den Urangruben von St. Joachimsthal, wo viele starben oder sich unheilbare Leiden zuzogen, da sie ohne die notwendigen Arbeitsschutzmaßnahmen arbeiten mußten.

1946 In München wird die Ackermann-Gemeinde gegründet. Ihre Mitglieder sind Vertriebene, die in der Heimat in der katholischen Jugend-, Volks- und Arbeiterbewegung tätig waren.

1947 Gründung der Seliger-Gemeinde. Aufgabe: Wahrung und Mehrung des Vermächtnisses der sudetendeutschen Arbeiterbewegung.

Gründung des Witiko-Bundes. Aufgabe: Dienst an der sudetendeutschen Volksgruppe, am ganzen deutschen Volk und an allen Bestrebungen in allen Völkern, die das Göttliche, Edle und Schöne, das Wahre und das Gerechte wollten. Im Oktober 1960 verkündet der Witiko-Bund seine Leitsätze zum Selbstbestimmungsrecht.

März. Die sudetendeutschen Sozialdemokraten treten in einer Eingabe an die Unterzeichnerstaaten von Potsdam für das Recht der Sudetendeutschen auf ihre Heimat ein.

25. 10. Gründung des Adalbert-Stifter-Vereins. Aufgabe: Betreuung der Kulturberufe und Wahrung der kulturellen Güter der Sudetendeutschen.

29./30. 11. Gründung des Arbeitsausschusses zur Wahrung sudetendeutscher Interessen als zentrale außenpolitische Institution des Sudetendeutschtums.

1948 25. 2. Staatsstreich der Kommunisten in Prag. Beneš tritt als Präsident zurück (7. 6.). Er stirbt am 3. 9.

1949 30. 11. Eichstätter Erklärung. 17 sudetendeutsche Männer des öffentlichen Lebens erklären die Grundsätze einer sudetendeutschen Europa-Politik. Es wird auch die Herstellung eines tragbaren Verhältnisses zwischen Deutschland und seinen westslawischen Nachbarn gefordert.

1950 23. 1. Nach einer Anordnung des Bundesinnenministeriums in Bonn ist für die sudetendeutschen Gebiete die Bezeichnung Sudetenland zu gebrauchen.

24./25. 1. Gründung der Sudetendeutschen Landsmannschaft, nachdem bereits seit dem 29. 8. 1947 ein bayerischer Landesverband bestanden hatte, an dessen Spitze Dr. Rudolf Lodgman von Auen stand. Als Sprecher der SL wirkt Lodgmann bis 1959. Von 1952 – 1954 leitete er auch den Verband der ostdeutschen Landsmannschaften. In der Detmolder Erklärung der SL wurde 1950 das Grundgesetz der SL verkündet.

14. 7. Der Deutsche Bundestag nimmt Stellung zum Prager Abkommen zwischen der ČSR und der DDR. In diesem Zusammenhang wird auch von den „in die Obhut der Deutschen Bundesrepublik gegebenen Deutschen aus der Tschechoslowakei" gesprochen (Obhutserklärung).

4. 8. Wiesbadener Abkommen zwischen dem Tschechischen Nationalausschuß (General Lev Prchala) und der Arbeitsgemeinschaft zur Wahrung sudetendeutscher Interessen (Lodgman von Auen). Auf diesem Abkommen beruht die Gründung des Sudetendeutsch-Tschechischen Föderativausschusses am 15. 12. 1951.

5. 8. Charta der deutschen Heimatvertriebenen. Sie erklärt den Verzicht auf Rache und Vergeltung, fordert das Selbstbestimmungsrecht als eines der Grundrechte der Menschheit und bekundet den Willen zur friedlichen Errichtung eines freien und geeinten Europa.

Oktober. Behandlung der Sudetendeutschen

Frage auf der Weltkonferenz für moralische Aufrüstung in Caux.

4. 11. Unterzeichnung der Europäischen Konvention zum Schutze der Menschenrechte und Grundfreiheiten.

Konstituierung der Historischen Kommission der Sudetenländer und des Collegium Carolinum.

1951
24. 1. In Malmö wird von den in Schweden lebenden Sudetendeutschen ein Sudetendeutscher Arbeitsausschuß gebildet.

24. 10. Die Arbeitsgemeinschaft zur Wahrung sudetendeutscher Interessen übergibt der Öffentlichkeit die „Dokumente zur Austreibung der Sudetendeutschen", das „Sudetendeutsche Weißbuch".

10. 11. Regensburg wird Patenstadt der Sudetendeutschen.

1952
Die „Dokumente zur Austreibung der Sudetendeutschen" werden an die Kommission für Menschenrechte bei der UNO übersandt.

1953
Gründung der Sudetendeutschen Landsmannschaft in Österreich.

1954
28. 1. Die Arbeitsgemeinschaft zur Wahrung sudetendeutscher Interessen stellt fest: Bei der Austreibung der Sudetendeutschen sind über 300.000 Personen umgekommen. Es leben noch etwa 3 Millionen Sudetendeutsche, davon 1,9 Millionen in der Bundesrepublik Deutschland.

5. 6. Bayern übernimmt die Schirmherrschaft über die sudetendeutsche Volksgruppe. Die Sudetendeutschen werden als der Vierte Stamm Bayerns bezeichnet.

1955
Gründung des Sudetendeutschen Archivs in München.

1956
Das „Administrativní lexikon obcí Republiky Československé" (Verwaltungslexikon) verzeichnet 348 Ortschaften der früheren ČSR als nicht mehr existierend, darunter auch größere Gemeinden, deren deutsche Bewohner vertrieben wurden.

1957
8. 7. In der Stuttgarter Entschließung sudetendeutscher Parlamentarier unter Vorsitz von Richard Reitzner (SPD) wird gefordert: Wiederherstellung des Heimatrechts der Vertriebenen und Verwirklichung ihres Selbstbestimmungsrechts;

1958
Die Sudetendeutsche Landsmannschaft stiftet den Europäischen Karlspreis.

1959
19. 9. Hans-Christoph Seebohm wird als Nachfolger von Dr. Lodgman von Auen zum Sprecher der Sudetendeutschen Landsmannschaft gewählt.

1960
Dr. Erich von Hoffmann trägt auf einer Tagung des Führungskreises der Ackermann-Gemeinde in Augsburg den Entwurf einer Stellungnahme zur Sudetendeutschen Frage in 20 Punkten vor. Der Entwurf wird vom Sudetendeutschen Rat 1961 angenommen.

1961
23. 1. In der Bergneustädter Erklärung der SPD zur Sudetenfrage wird festgestellt: Die Vertreibung war widerrechtlich; es ist Wiedergutmachung zu leisten. Das Recht auf die Heimat und der Grundsatz des Selbstbestimmungsrechts der Völker müssen verwirklicht werden. Die Entnationalisierung der heute noch in der ČSSR zurückgehaltenen Deutschen widerspricht den Grundsätzen eines Volksgruppenrechts.

1966
2. 7. In Wien stirbt Father Emanuel Reichenberger, einer der ersten und leidenschaftlichsten Kämpfer gegen das Verbrechen der Vertreibung.

1967
Dr. Walter Becher wird Sprecher der Sudetendeutschen Landsmannschaft.

1970
27. 7. Mit Gesetz des Freistaates Bayern wird die Sudetendeutsche Stiftung als Stiftung des öffentlichen Rechts errichtet. Vorsitzender ist der bayerische Ministerpräsident Dr. Strauß, sein Stellvertreter ist Staatsminister Dr. Pirkl, Vorsitzender des Vorstands ist Dr. Wittmann, MdB.

1973
14. 7. Rechtsverwahrung des Sudetendeutschen Rates zum paraphierten Vertrag über die gegenseitigen Beziehungen zwischen der Bundesrepublik Deutschland und der Tschechoslowakischen Sozialistischen Republik.

1974
24. 3. Beschluß der bayerischen Staatsregierung über die Errichtung eines Sudetendeutschen Zentrums durch die Sudetendeutsche Stiftung. Es soll für die Sudetendeutschen, die Gemeinschaft des Vierten bayerischen Stammes, ein Stück Heimat sein und dazu beitragen, die Identität der Sudetendeutschen auch für künftige Generationen zu erhalten.

1979
Die Sudetendeutsche Akademie der Wissenschaften und Künste tritt in Regensburg an die Öffentlichkeit.

1981
Einschließlich der seit 1945 geborenen Kinder leben drei Millionen Sudetendeutsche außerhalb ihrer angestammten Heimat. Nach einer Berechnung Jörg Kudlichs leben etwa 2,3 Mio. in der Bundesrepublik Deutschland (davon 1 Mio. in Bayern, 400.000 in Hessen, 350.000 in Baden-Württemberg), etwa 700.000 in Mitteldeutschland und Berlin-Ost, 120.000 in Österreich, 8.000 in anderen europäischen Staaten, 20.000 in überseeischen Aufnahmegebieten und 100.000 in der ČSSR.

1982
Als Nachfolger Dr. Walter Bechers wird Franz Neubauer als Sprecher der Sudetendeutschen Landsmannschaft gewählt.

Rudolf Hemmerle

Schrifttumsverzeichnis

Agricola, G.: De Re Metallica (3. Auflage), Düsseldorf 1961.

Appelt, H.: Schlesisches Urkundenbuch (Hrg. Historische Kommission für Schlesien), 1. Band, 1. Liefg. (971 – 1216), Graz/Köln 1963 und 2. Liefg. (1217 – 1230), Graz/Köln 1968.

Aubin, H.: Geschichte Schlesiens (3. Auflage), Stuttgart 1961 (Hrg. Historische Kommission für Schlesien)

Beck, J.: Gedenkblätter der Gemeinde Schreiberseifen-Kunau, Kornwestheim 1959.

Berger, K.: Die Besiedlung des deutschen Nordmährens und Schlesiens im 13. und 14. Jahrhundert (Neudruck nach der Erstausgabe von 1933), Wolfratshausen 1964.

ders.: Zur Geschichte zweier schlesischer Dörfer (Spachendorf und Raase), In: Zeitschrift für die Geschichte Mährens und Schlesiens, 10. Jahrgang, Heft 3.

Biermann, G.: Geschichte der Herzogthümer Troppau und Jägerndorf, Teschen 1874.

Bittmann, O.: Erinnerungen an Lichten, München 1957.

Böhm, F.: Weg und Ziel. Eine Chronik der heimatvertriebenen Sudetendeutschen, Verlagshaus Sudetenland, München 1974.

Bohmann, A.: Das Sudetendeutschtum in Zahlen, München 1959.

Bretholz, B.: Die Tataren in Mähren und die moderne mährische Urkundenfälschung. In: Zeitschrift des deutschen Vereines für die Geschichte Mährens und Schlesiens, 1 (1897), Seite 1 – 65.

ders.: Neuere Aktenstücke zur Geschichte des Schwedenkrieges in Mähren und Schlesien. In: Zeitschrift des deutschen Vereines für die Geschichte Mährens und Schlesiens, 5 (1901), Seite 1 – 91.

Brutscher, P.: Dokumentation über Heimatvertriebene im Landkreis Unterallgäu, Mindelheim 1987.

Buhl, P.: Troppau von A bis Z, ein Stadtlexikon, München 1973.

ders.: Troppau, die ehemalige Landeshauptstadt Österreichisch-Schlesiens, München 1979.

Chemnitz, B. Ph. von: Geschichte des Königlichen Schwedischen in Teutschland geführten Krieges, Stockholm 1855.

Christ, A.: Geschichte der Entstehung und Entwicklung des Bezirkes Hotzenplotz (Mährische Enklave), Würbenthal (um 1926).

Codex diplomaticus Silesiae:
Band II (Wattenbach: Urkunden der Klöster Rauden und Himmelwitz, der Dominicaner und Dominicanerinnen in der Stadt Ratibor), Breslau 1859
Band VI (Wattenbach und Grünhagen: Registrum St. Wenceslai. Urkunden vorzüglich zur Geschichte Oberschlesiens nach einem Kopialbuch Herzog Johanns von Oppeln und Ratibor), Breslau 1865
Band VII (Grünhagen: Regesten zur schlesischen Geschichte), Teil 1: bis 1250, Breslau 1868; Teil 2: bis 1280, Breslau 1875 und Teil 3: bis 1300, Breslau 1886
Band XIV (Markgraf und Schultes: Liber Fundationis Episcopatus Vratislaviensis), Breslau 1889
Band XX (Wutke: Schlesiens Bergbau und Hüttenwesen, Urkunden 1136 – 1528), Breslau 1900
Band XXI (Wutke: Schlesiens Bergbau und Hüttenwesen, Urkunden 1530 – 1714), Breslau 1901.

Czech, O.: Freudenthaler Heimatchronik (Juli 1949 – Dezember 1953), Köln.

d'Elvert, Chr.: Beiträge zur Geschichte der Rebellion, Reformation, des 30jährigen Krieges und der Neugestaltung Mährens im 17. Jahrhundert (Band 9 der Schriften der histor.-statistischen Sektion der k. k. mähr.-schlesischen Gesellschaft zur Beförderung des Ackerbaues, der Natur- und Landeskunde), Brünn 1857.

ders.: Zur Geschichte des Bergbaues und Hüttenwesens in Mähren und Österreichisch-Schlesien (aus Band 15 der Schriften der histor.-statist. Sektion . . .), Brünn 1866.

ders.: Beiträge zur Geschichte der Rebellion, Reformation und des 30jähr. Krieges (Band 16 der Schriften der hist.-statist. Sektion . . .), Brünn 1867.

Deutschmann, W.: Therese Krones zum 150. Todestag. Katalog zur 68. Sonderausstellung des Historischen Museums der Stadt Wien vom 6. 11. 1980 bis 11. 1. 1981.

Drechsler, A.: Altvaterland, Urkundenregesten und zusammenfassende Gedanken über die Dorfverhältnisse im Neisser Fürstentum, österr. Anteil, heute Bezirk Freiwaldau, Schlesien, Band I und II (1928), Band III (1961).

Dudik, B.: Die Schweden in Böhmen und Mähren 1640 – 1650, Wien 1879.

Ens, F.: Das Oppaland und der Troppauer Kreis, Wien 1834.

Escher, F.: Karlsthal im Altvatergebirge, Kultur- und Ortsgeschichte, Fürth 1985.

Flade, F.: Tagebuch des feindlichen Einfalles der Schweden in das Markgrafentum Mähren 1642 – 1650. In: Archiv für österreichische Geschichte 65 (1884), Seite 312 ff.

Fochler-Hauke, G.: Deutscher Volksboden und deutsches Volkstum in der CSR, Band 2, 1937.

Franzel, F.: Sudetendeutsche Geschichte (3. Auflage), Augsburg 1958.

Fremdenverkehrsverband Mähren und Schlesien (Herausgeber): Kurorte und Sommerfrischen in Mähren und Schlesien, Wien 1914.

Gottwald, A.: Lichtewerden. Zur Geschichte eines sudetendeutschen Dorfes, Bamberg 1969.

ders.: Altstadt. Zur Geschichte eines der ältesten sudetendeutschen Dörfer, herausgegeben im Auftrag des Heimatkreises Freudenthal.

ders.: Vogelseifen (Alt-Vogelseifen, Neu-Vogelseifen und Wiedergrün). Zur Geschichte meines sudetendeutschen Heimatdorfes, herausgegeben im Auftrage des Heimatkreises Freudenthal, 1973.

ders.: Würbenthal. Zur Geschichte einer sudetenschlesischen Bergstadt, herausgegeben im Auftrage des Heimatkreises Freudenthal, Sindelfingen 1975.

ders.: Die Einnahme Freudenthals am 30. April 1742. In: Freudenthaler Ländchen 36 (1965), Heft 1, Seite 7 – 8.

ders.: Die Stadtwappen des Kreises Freudenthal. In: Freudenthaler Ländchen 38 (1967), Heft 3, Seite 109 – 112.

Gröger, Th.: Karlsthal im Altvatergebirge, ein Gedenkbuch (2. Auflage), Bonn-Ramersdorf 1966.

Grünhagen, C. und Markgraf, H.: Lehens- und Besitzurkunden Schlesiens und seiner Fürstentümer im Mittelalter (Neudruck der Leipziger Ausgabe von 1883), Osnabrück 1965.

Grünhagen, C.: Die Hussitenkämpfe der Schlesier 1420 – 1435, Breslau 1872.

Grünwald, L.: Sudetendeutscher Widerstand gegen den Nationalsozialismus, Benediktbeuren 1986.

Habel, Fr. P.: Dokumente zur Sudetenfrage (Veröffentlichung des Sudetendeutschen Archivs), München 1984.

Hammerschmidt, A.: Die Heimatlandschaften in Böhmen, Mähren und Schlesien (Sudetendeutscher Atlas), München 1954.

Hanel, H.: Frei-Hermersdorf in Wort und Bild. Die Geschichte unseres Dorfes, München 1958.

Heinz, H.: Barockschlösser in Schlesien (Herzogtümer Troppau und Jägerndorf). In: Stifter-Jahrbuch VII (1964).

Helbig, H. und Weinrich L.: Urkunden und erzählende Quellen zur deutschen Ostsiedlung im Mittelalter (2. Teil: Schlesien, Polen, Böhmen-Mähren, Österreich, Ungarn-Siebenbürgen), Darmstadt 1970.

Hemmerle, R.: Sudetenland-Lexikon, Augsburg 1984.

Herold, F.: Chronik von Raase, Freudenthal 1895.

Hielscher, H.: Das Altvatergebirge (Natur, Mensch und Wirtschaft im deutschen Grenzland. Wirtschaftsgeographische Arbeit), Breslau 1936.

Hoensch, J. K.: Geschichte der Tschechoslowakischen Republik 1918 bis 1965.

Huber, K. A.: Eduard Schlusche (1894 – 1945), ein christlicher Streiter in neuerer Zeit, München 1985.

Hübner, H.: Die Grundsteuerreform in Schlesien 1637 – 1639. In: Zeitschrift des Vereins für die Geschichte Schlesiens 56 (1922), Seite 62 – 72.

Irgang, W.: Freudenthal als Herrschaft des Deutschen Ordens 1621 – 1725 (Band 25 der Quellen und Studien zur Geschichte des Deutschen Ordens), Godesberg 1971.

Jedin, H.: Eine Denkschrift über die Gegenreformation in Schlesien aus dem Jahre 1625. In: Archiv für schlesische Kirchengeschichte 3 (1938), Seite 152 – 171.

Jursitzka, R.: Festschrift aus Anlaß der vor 400 Jahren erfolgten Erhebung Engelsbergs zur Stadt, Augsburg 1956.

Kaemmerer, M.: Ortsnamensverzeichnis der Ortschaften jenseits von Oder und Neiße, Leer 1988.

Kaller, O.: Volks-Sagen aus dem oberen Oppatal (Altvatergebirge), Neulußheim, Baden, 1953.

Kneifel, R.: Topographie des k. k. Antheiles von Schlesien, Band 1 und 2, Wien 1804 – 1806.

König, E.: Heimatbüchlein der Gemeinde Zattig, 1978.

König, J. W.: Das Schrifttum des Ostsudetenlandes, Wolfratshausen 1964.

ders.: Sie wahren das Erbe. Die Gegenwartsautoren aus dem Ostsudetenland, Heidenheim 1983.

ders.: Im Dienste der Heimat, Wolfratshausen 1964.

Kober, E.: Heimatbuch des Kreises Jägerndorf, Band I – VI, Grettstadt 1955/1956.

Kober, R.: Freudenthal 1213 – 1913, Geschichtliche Entwicklung unserer Stadt während 7 Jahrhunderte, Freudenthal 1913.

Kolb: Eine bergmännische Übersichtskarte des 16. Jahrhunderts aus dem Sudetenland. In: Zeitschrift des Berg-, Hütten- und Salinenwesens im Deutschen Reich 89 (1941), Seite 132 – 137.

Kolbenheyer, K.: Die klimatischen Verhältnisse des Herzogtums Schlesiens. In: Mitteilungen der k. k. geographischen Gesellschaft in Wien 31 (1888), Teil 1: Seite 512 – 551; Teil 2: Seite 637 – 669; Teil 3: 32 (1889), Seite 194 – 217 und Teil 4: Seite 270 – 311.

Kořistka, C.: Die Markgrafschaft Mähren und das Herzogthum Schlesien in ihren geographischen Verhältnissen, Wien/Olmütz 1860.

Kotscher, E.: Biographie und Ortschronik des Marktfleckens Rautenberg, Nordmähren (Sudetenland), Freigericht/Somborn 1971.

Krebs, J.: Schlesien in den Jahren 1626 und 1627. In: Zeitschrift des Vereines für Geschichte und Altertum Schlesiens, 1. Teil: 20 (1886), Seite 1 – 32; 2. Teil: 21 (1887), Seite 116 – 148; 3. Teil: 25 (1891), Seite 124 – 148; 4. Teil: 27 (1893), Seite 150 – 203 und 5. Teil: 28 (1894), Seite 147 – 178.

ders.: Das Verhältnis der Schlesier beim Einfalle Mansfelds und der Dänen. In: Zeitschrift des Vereines für Geschichte und Altertum Schlesiens 31 (1897), Seite 165 – 194.

ders.: Archivalische Funde zur Geschichte des 30jährigen Krieges. In: Zeitschrift des Vereines für Geschichte und Altertum Schlesiens 29 (1895), Seite 279 – 304.

Kremser, R.: Zossen und seine kleine Ortsgeschichte, herausgegeben vom Heimatkreis Freudenthal, München 1965.

Kriege Friedrichs des Großen (Hrsg. vom großen Generalstab, Abt. Kriegsgeschichte):
1. Teil: Der erste schlesische Krieg 1740 – 1742 (Band 1: Die Besetzung Schlesiens und die Schlacht bei Mollwitz; Band 2: Von Mollwitz bis zum Beginn des mährischen Feldzuges; Band 3: Der Feldzug in Mähren, Böhmen und Oberschlesien).
2. Teil: Der zweite schlesische Krieg 1744 – 1745 (Band 1: Böhmen 1744; Band 2: Hohenfriedberg; Band 3: Soor und Kesselsdorf).
3. Teil: Der siebenjährige Krieg 1756 – 1763 (Band 1: Pirna und Lobositz; Band 6: Beuthen; Band 7: Olmütz und Crefeld; Band 8: Zornsdorf und Rothkirch).

Krotzky, F./Nadler, F./Zimmerhackl, D.: Eingliederung und Wirken der Heimatvertriebenen im Landkreis Limburg-Weilburg, Limburg 1986.

Kubin, M.: Die Wallfahrtskirche Maria Hilf auf dem Köhlerberge bei Freudenthal, Freudenthal 1923.

ders.: Bad Karlsbrunn, Freudenthal 1925.

Kühnel, A.: Meine Vaterstadt Engelsberg, Memmingen 1962.

Kuhn, H.: (Hrg.) Sudetendeutschtum gestern und heute (eine gesamtdeutsche Verpflichtung), München 1986.

Kunz, H. und Böhm, W.: Spachendorfer Heimatbüchlein, Selbstverlag Kempten.

Langer, K.: Unsere Mundart. In: Freudenthaler Heimatchronik 1953, Hefte 42 – 47.

ders.: Tage der Angst, Tagebuchblätter 1945, 2. Auflage, Esslingen 1990.

Lanz, J.: eine Freudenthaler Volkskunstkrippe. In: Mährisch-Schlesische Heimat, S. 242 – 245, Steinheim/Main.

Latzke, W.: Die Anfänge der Stadt Bennisch. In: Zeitschrift für Geschichte und Kulturgeschichte Schlesiens 20 (1930/32), Seite 34 – 47.

ders.: Drei Lichtewerdener Urkunden aus dem 13. und 14. Jahrhundert. In: Zeitschrift für Geschichte und Kulturgeschichte Schlesiens 18 (1924/25), Seite 74 – 76.

ders.: Die Besiedlung des Oppalandes im 12. und 13. Jahrhundert. In: Zeitschrift des Vereins für die Geschichte Schlesiens 72 (1938), Seite 44 – 135.

ders.: Zur Gründung der Jägerndorfer Kammerdörfer an der oberen Oppa. In: Freudenthaler Ländchen 16 (1936), Seite 44 – 52 und 58 – 59.

ders.: Schlesiens Südgrenze bis zum Anfang des 13. Jahrhunderts. In: Zeitschrift des Vereins für die Geschichte Schlesiens 71 (1937), Seite 57 – 69 und 96 – 101.

Machatschek, F.: Landeskunde der Sudeten- und Westkarpatenländer, Verlag Engelhorn, 1927.

Maschlanka-Gabriel, O.: Der böhmisch-mährische Raum im Wandel der Zeiten, Fellbach 1949.

Matschek, E.: Die erneuerte schlesische Tracht des Altvaterlandes, München 1986.

Maydell, K. von: Die Siedlungsformen des Bezirkes Freudenthal. In: Deutschmährisch-Schlesische Heimat 24 (1938), Seite 110 – 117.

Meißner, A.: Werden und Wachsen meiner Vaterstadt Freudenthal, München 1958.

ders.: Rund um Freudenthal, München 1960 (hrg. von Adolf Kühnel, Memmingen).

ders.: Heimatlandschaft am Schwarzbach, Sonderdruck aus Freudenthaler Ländchen, Folgen 5, 7, 9, 11/1969 und 1/1970.

Neumann, R.: Neurode (im Kreise Freudenthal), Selbstverlag.

Partisch, H.: Österreicher aus sudetendeutschem Stamme, Bände I – VII, Wien 1961 – 1970.

Partsch, G. W.: Zwischen Bennisch und Troppau. In: Mitteilungen des Allgemeinen Deutschen Kulturverbandes 53. Folge, Wien 1979.

Peithner, E. v. L.: Johann des Älteren von Würben Bergfreyheit für die Bergstadt Engelsberg. Aus: Versuch über die natürliche und politische Geschichte der böhmischen und mährischen Bergwerke. Wien 1780, Seite 438 – 447.

Peschke, A.: Bennischer Ländchen, Blätter zur Pflege der Heimatliebe und der Heimatgeschichte (1935 – 1938 Beilage zur Bennischer Zeitung), (1939 Beilage zur Freudenthaler Zeitung).

ders.: Der Goldsegen im Oppatale und der Umgebung im 16. und 17. Jahrhundert. In: Freudenthaler Ländchen 15 (1935), Seite 41 – 47.

ders.: Burg Freudenstein. In: Freudenthaler Ländchen 14 (1934), Seite 39.

ders.: Der Grenzstreit am Deichselbrecherseifen zwischen dem Breslauer Bistum und der Herrschaft Jägerndorf zwischen 1559 und 1676. In: Freudenthaler Ländchen 16 (1936), Seite 4 – 8 und 18 – 22.

Petrasch, R.: Almanach 1934/1935 für Gewerbe, Handel und Industrie betreffend das Gebiet Nordmähren und Schlesien, Sternberg 1934.

Pfohl, E.: Orientierungslexikon der Tschechoslowakischen Republik, Neuauflage Nürnberg 1987 mit dem Titel „Ortslexikon Sudetenland".

Pozorny, R.: Das Österreichische Schlesien, Land unterm Altvater, Eckartschriften Heft 61, Wien 1977.

Prásek, V.: Historische Topographie des Troppauer Landes, Troppau 1889 (Historická typografie zem Opavské) = Vlastivěda Slezská II.

Quis, R. und A.: Brättersdorf, Geschichte, Schicksale, Erinnerungen, Ingolstadt 1986.

Reichenberger, E. J.: Ostdeutsche Passion (für Wahrheit und Gerechtigkeit).

Roemer, F.: Über die Auffindung devonischer Versteinerungen auf dem Ostabhang des Altvatergebirges. In: Zeitschrift der deutschen Geologischen Gesellschaft 17 (1865), S. 579 – 593.

Rössler, H.: Die freie Bergstadt Bennisch. Ein Rückblick auf Schicksal und Lebensart einer sudetendeutschen Kleinstadt, Würzburg 1962.

Roßmanith, A.: Spillendorf und seine Geschichte, München 1957.

Rotter, J.: Familiengeschichte vom Heimatort Raase Bezirk Freudenthal (Manuskript, Deubach 1977), im Freudenthaler Heimatmuseum Memmingen hinterlegt.

Sauer, A.: Du liebes schönes Altvaterland, Stetten (Donau), 1955.

ders.: . . . Und in dem Schneegebirge, Stetten (Donau), 1956.

Sitka, R.: Die Gnadenorte der Sudetenländer.

Schmidt, G. A.: Gedenkbuch der Schwestergemeinde Breitenau-Markersdorf, herausgegeben von der Ortsgemeinschaft 1965.

Schmidt, H.: Stratigraphische Beobachtungen im ostsudetischen Paläozoikum. In: Nachrichten der Gesellschaft der Wissenschaften Göttingen (1927), Heft 4, S. 347 – 352 und S. 358 – 362.

Schneider, K.: Der Bergbau im Bezirk Freudenthal. In: Freudenthaler Ländchen 1927, Folge 5.

ders.: Zwei alte Urbarien der Herrschaft Freudenthal. In: Freudenthaler Ländchen 4 (1924), Seite 109 – 111, 119 und 120, 133 – 135; 5 (1925), Seite 28 – 30, 53 – 56, 62 – 64, 75 – 79, 83 – 87, 94 – 96 und 126 – 129.

ders.: Der Wasserrechtsstreit im Jahre 1554. In: Freudenthaler Ländchen 4 (1924), Seite 77 – 84.

Schober, H.: Beiträge im Freudenthaler Ländchen, Jahrgänge 25 (1953) bis 51 (1980).

Scholz, A. V.: Alt-Erbersdorf im Altvaterland, Nußdorf (Attersee) 1968.

Schwarz, E.: Die Ortsnamen der Sudetenländer als Geschichtsquelle, 1931.

ders.: Deutsche Namensforschung, Göttingen 1949/1950.

ders.: Sudetendeutsche Sprachräume (Heft 24 der Schriften der deutschen Akademie), München 1955.

ders.: Schlesische Studien. Teuthonista (Zeitschrift für deutsche Dialektforschung und Sprachgeschichte), 4 (1927/28), Seite 104 – 113 und 192 bis 203.

ders.: Die schlesische Mundart. In: Der Oberschlesier 11 (1929), Seite 361 – 398.

ders.: Altes und heutiges Schlesisch. In: Mitteilungen der schlesischen Gesellschaft für Volkskunde 37 (1938), Seite 810 – 813.

Seliger, E.: Die evangelischen Kirchenordnungen des 16. Jahrhunderts, Band 3: Die Mark Brandenburg, die Markgrafentümer Ober- und Niederlausitz, Schlesien. Leipzig 1909, Seite 475 – 483.

Simböck, M.: Schilderungen aus dem mährisch-schlesischen Gesenke (Volksbräuche und Mundart), Olmütz 1890.

Stejskal, J.: Geologische Forschungen im hohen und niederen Gesenke. In: Geologische Rundschau (Berlin) 20 (1929), S. 435 – 457.

Stellwag von Carion: Gedenkbuch der Schicksale Freudenthals und seiner Umgebung, Freudenthal 1863.

Stenzel, G. A.: Urkunden zur Geschichte des Bistums Breslau im Mittelalter, Breslau 1845.

Ströhl, H. G.: Städtewappen in Österreich-Ungarn (2. Auflage), Wien 1904.

Sueß, F. E.: Die moravischen Fenster und ihre Beziehung zum Grundgebirge des hohen Gesenkes. In: Denkschriften der k. k. Akademie der Wissenschaften in Wien, mathematisch-naturwissenschaftliche Klasse 88 (1913), S. 541 – 631.

Thannabaur, J.: Die Würbendenkmäler in Freudenthal. In: Freudenthaler Ländchen 3 (1923), Seite 44 – 55.

ders.: Schloß Freudenthal. In: Freudenthaler Ländchen 11 (1931), Seite 2 – 11, 17 – 26, 33 – 41 und 49 – 54.

Theimer, J.: Heimatbuch des Bezirkes Bärn.

Thiel, E.: Einsiedel – Geschichte eines sudetenschlesischen Waldhufendorfes im Altvatergebirge, Gärtringen 1986.

Tomschik, E.: Die Eingliederung der Vertriebenen im Landkreis Ludwigsburg, 1985.

Turnwald, W.: Dokumente zur Austreibung der Sudetendeutschen, 1951, herausgegeben von der Arbeitsgemeinschaft zur Wahrung sudetendeutscher Interessen.

Tutsch, F.: Römerstadt und das Römerstädter Ländchen. Ein Bild der geraubten Heimat, Wolfratshausen 1964.

Urbar 1604: Das Urbar der Herrschaft Freudenthal aus dem Jahre 1604. Statní Archiv v Opavě (Troppau), CSSR, VS Bruntál, Kart. 1.

Urbar 1618: Das Urbar der Herrschaft Freudenthal aus dem Jahre 1618. Statní Archiv v Opavě (Troppau), CSSR, VS Bruntál, Kart. 2.

Weinelt, H.: Forschungen zur Volkstumsgeographie des südschlesischen Stammesgebietes. In: Beiträge zur sudetendeutschen Volkskunde, Reichenberg/Leipzig 1940.

ders.: Drei Urkunden zur südschlesischen Volkstumsgeschichte. In: Zeitschrift für sudetendeutsche Geschichte 3 (1939), Seite 166 – 173.

ders.: Die Flurnamen des Bezirkes Freudenthal (Heft 2 des sudetendeutschen Flurnamenbuches), Reichenberg 1937.

ders.: Die sudetenschlesische Herrschaft Freudenthal um 1579. In: Schlesisches Jahrbuch für die deutsche Kulturarbeit im gesamtschlesischen Raume 10 (1938), Seite 35 – 64.

ders.: Das Werden der ostmitteldeutschen Kulturlandschaft Freudenthal. In: Deutsches Archiv für Landes- und Volksforschung 3 (1939), Seite 398 – 631.

ders.: Schlesische Burgen. In: Freudenthaler Ländchen 15 (1935), Seite 17 – 23, 65 – 71, 73 – 77, 83 – 88, 105 – 109, 16 (1936), Seite 39 und 40, 101 – 103, 17 (1937), Seite 2 – 5, 9 – 12, 29 – 31, 33 – 39, 67 und 68, 92 – 94 und 18 (1938), Seite 5 – 7.

ders.: Die Burgen des Würbenthaler Gebietes. In: Freudenthaler Ländchen 14 (1934), Seite 47 und 50 – 52.

ders.: Die landesfürstliche Burg Fürstenwalde. In: Deutsches Jahrbuch für Böhmen, Mähren und Schlesien 25 (1935), Seite 105 – 109.

ders.: Die Burgruine Freudenstein. In: Deutsches Jahrbuch für Böhmen, Mähren und Schlesien 26 (1936), Seite 89 – 93.

ders.: Die Grenzen der Rodungslandschaft Freudenthal in der Kulturgeographie. In: Zeitschrift für sudetendeutsche Geschichte 3 (1939), Seite 12 – 29.

Weiser, E.: Beiträge im Freudenthaler Ländchen, Jahrgänge 1920 – 1944 und Oktober 1953 bis Juli 1965.

ders.: Festschrift Bundestreffen Patenschaftsübernahme 11./12. 8. 1956 Kreis Freudenthal/Memmingen.

ders.: Festschrift zum Großtreffen des Deutschen Staatsrealgymnasiums Freudenthal, Memmingen 1961.

ders.: Das Saatreiten. In: Die Heimat (Troppau) 3 (1925), Seite 51 und 52.

ders.: Evangelische Kirchen-, Schul- und Eheordnungen der Herrschaften Freudenthal und Goldenstein. In: Freudenthaler Ländchen 14 (1934), Seite 77 – 81 und 90 – 98.

Weiß, F. G. A.: Gedenkblätter der evangelischen Kirchengemeinde Hillersdorf in Österreichisch-Schlesien aus den Jahren 1878 bis 1882 (als Beitrag zur Geschichte des österreichischen Protestantismus im Auftrage des Presbyteriums herausgegeben), Leipzig 1883.

Weizsäcker, W.: Eindringen und Verbreitung der deutschen Stadtrechte in Böhmen und Mähren. In: Deutsches Archiv für Landes- und Volksforschung 1 (1937), Seite 357 – 371.

Wenzelides, O.: Geschichte des Ostsudetenlandes – Unsere Heimat im Bilde der Geschichte, Troppau 1921.

Willmann, A. und Zöllner, A.: Heimatchronik der Pfarrgemeinde Wockendorf/Milkendorf, Steinheim a. Main 1967.

Wittek, E. A.: Landschaft, Land- und Forstwirtschaft Sudetenschlesiens, Altvater-Beskidenland-Kuhländchen. (Schicksal und Leistung eines sudetendeutschen Siedlungsraumes), Landsberg/Lech 1971.

Wohofsky, F.: Eckersdorf, herausgegeben im Auftrage des Heimatkreises Freudenthal, München 1959.

Wohofsky, O.: Erinnerung an Eckersdorf in Wort und Bild, Deisenhofen 1982.

Zayas de, A. M.: Die Anglo-Amerikaner und die Vertreibung der Deutschen, München 1981.

ders.: Anmerkungen zur Vertreibung der Deutschen aus dem Osten, Stuttgart 1987.

Zerlik, A.: Sudetendeutsche in Oberösterreich.

Zips, O., König, E. und Sahliger, G.: Heimatbuch der Gemeinde Zattig Kreis Freudenthal, Osterhofen 1984.

Zohner, A.: Heimatchronik Wildgrub (Gemeinden Ober- und Nieder-Wildgrub), herausgegeben im Auftrage des Heimatkreises Freudenthal, Kürnach 1979.

Sonstiges Schrifttum

Heimatjahrbuch Ostsudetenland, Bände I – X (1953 – 1962), Verlag Adolf Gödel, Inning/Wolfratshausen.

Handbuch des sudetendeutschen und preußischen Anteiles der Erzdiözese Olmütz, 1940.

Reiseführer Sudetenland (1939), Band 17/18, Verlag: Die deutschen Reiseführer.

Anbaustatistik im Bezirk Freudenthal. In: Freudenthaler Ländchen 1921, Heft 10.

Übersicht der Forstbetriebe im Sudetengau ab 50 Hektar aufwärts, Reichenberg 1940 (?).

Volkszählungsergebnis 1930. In: Freudenthaler Ländchen 1931, Heft 9 und 1938, Folge 10.

Volkszählungsergebnis 17. 5. 1939 (Statistisches Bundesamt, Bonn).

Ungedruckte Quellen

Gemeindegedenkbuch Groß-Herrlitz (Manuskript).

Gemeindeerhebungslisten des Kreises Freudenthal, 1966, hinterlegt in das Freudenthaler Heimatmuseum in Memmingen.

Gedenkbuch der Kriegs- und Vertreibungsopfer des Kreises Freudenthal 1939 – 1946 (Manuskript), hinterlegt in das Freudenthaler Heimatmuseum in Memmingen.

Verzeichnis der Flachsaufbereitungsbetriebe im Regierungsbezirk Troppau (Manuskript), erstellt von der Heimatauskunftstelle Troppau in Stuttgart.

Verzeichnis der Sägewerke im Regierungsbezirk Troppau (Manuskript), erstellt von der Heimatauskunftstelle Troppau in Stuttgart.

Verzeichnis der Ziegeleien und Kalkwerke im Regierungsbezirk Troppau (Manuskript), erstellt von der Heimatauskunftstelle Troppau in Stuttgart.

Bildquellennachweis

Der weitaus größte Teil des Bildmaterials dieses Buches stammt aus dem Bildarchiv des Heimatkreises Freudenthal/Altvater e. V. Das Archiv wurde von Lm. Karl Langer, Freudenthal/Göppingen, mit großer Liebe und Umsicht aufgebaut. Neben geretteten Ansichtskarten enthält das Archiv viele hunderte von Amateuraufnahmen, die von heimattreuen Landsleuten als Leihgaben oder Spenden zur Verfügung gestellt wurden. Bei diesen Aufnahmen handelt es sich vielfach um Reproduktionen, so daß sich nur selten der Name des Fotografen ermitteln läßt. Soweit gerettetes Bildmaterial den Namen des Verlages oder des Foto-Ateliers aufweist, ist dieses in alphabetischer Reihenfolge angeführt:

Verlag Adolf Bayer, Bennisch; Verlag Hermann Berger, Karlsthal; Verlag T. Bernhart, Bennisch; Foto Christian Brücklen, Freudenthal; Foto Dematschek, Mährisch-Schönberg; Foto Max Englisch, Freudenthal; Foto Franke, Freiwaldau; Verlag Geyer & Co, Breslau; Verlag Ignaz Hartwig, Freudenthal; Verlag Ludwig Hein, Jägerndorf; Verlag Gebrüder Hillebrand, Neustadt/OS.; Buchhandlung Hermann Hobinka, Freudenthal; Verlag A. Hoschek, Freudenthal; Foto Rudolf Klos, Bennisch; Verlag W. Krommer, Freudenthal; Verlag Rudolf Kühnel, Freudenthal; Verlag Langer, Sternberg; Foto Metzner, Zuckmantel; Foto F. Mück, Mährisch-Schönberg; Foto Karl Mader, Bennisch; Foto Alfred Neumann, Würbenthal; Kunstanstalt J. J. Olbrich, Würbenthal; Foto Hans Olbrich, Würbenthal; Foto O. Olbrich, Würbenthal; Foto Adolf Peiker, Bennisch; Verlag A. Prachowny, Troppau; Foto Josef Rech, Bennisch; Verlag R. Rotter, Freudenthal; Verlag C. Schröter, Breslau; Foto Stephan Walsa, Freudenthal; Verlag Ferdinand Pialek, Sternberg; Verlag Josef M. Thiel, Freudenthal; Verlag Viktor Wanjek, Troppau.

Einige Landschaftsaufnahmen entstammen den Bildbänden „Du liebes schönes Altvaterland" bzw. „Und in dem Schneegebirge" von Albert Sauer. Bilder zur Geschichte des Deutschen Ordens sind den Büchern „Freudenthal als Herrschaft des Deutschen Ordens 1621 – 1725" von W. Irgang sowie „Barockschlösser in Schlesien" von A. Heinz entnommen, desgleichen stammen einige Bilder zum bäuerlichen Leben der Arbeit „Landschaft, Land- und Forstwirtschaft Sudetenschlesiens, Altvater/Beskidenland/Kuhländchen" von E. A. Wittek.

Wir danken auch Lm. Rudolf Hemmerle für die Genehmigung zum Abdruck einiger Vignetten aus dem „Sudetenland-Lexikon" und dem Bruno-Langer-Verlag, Esslingen, für die Bildauswahl aus eigenen Beständen.

Abschließend bedanken wir uns bei den Verfassern bzw. Herausgebern der Ortsdokumentationen unseres Heimatkreises Freudenthal, die zur Vervollständigung des Bildmaterials beigetragen haben. Es handelt sich um die im Schrifttumsverzeichnis bereits genannten Heimatbücher der Gemeinden: Alt-Erbersdorf, Altstadt, Bennisch, Breitenau/Markersdorf, Brättersdorf, Eckersdorf, Einsiedel, Engelsberg, Frei-Hermersdorf, Freudenthal, Karlsthal, Lichten, Lichtewerden, Neurode, Rautenberg, Spachendorf, Spillendorf, Vogelseifen, Wildgrub, Wockendorf/Milkendorf, Würbenthal, Zattig und Zossen.

Ortsregister

Orte in der Bundesrepublik Deutschland und in der Deutschen Demokratischen Republik sind mit ihrer Postleitzahl gekennzeichnet.
Abkürzungen: NÖ = Niederösterreich, OÖ = Oberösterreich, OS = Oberschlesien, OT = Ortsteil.

Personenregister

Abt, Karl   185
Adalbert   491
Adam & Kawan   155
Adam, Engelbert   359, 456
Adam, Josef   359
Adam, Karl   193
Adam, Marie   359
Adler, Viktor   494
Affner, Friedrich   187
Albrecht I., König   492
Alfred, König von England   390
Alscher & Czernoch   182
Alscher, Hugo   354
Alscher, Rudolf   158
Alter, Franz Karl   359
Ampringen, Johann Caspar von   33, 35, 105,
   126 – 128, 274, 294, 359, 383, 394, 438, 483
Ampringen, Johann Christoph von   359
Amsler, August   161
Anderle, Johann Gabriel   378
Anders   222
Anlauf, Otto   111, 210, 358
Ansbach-Brandenburg, Markgraf(en) von
   121, 238
Ansbach-Brandenburg, Georg, Markgraf von
   55, 56, 145, 272, 316, 317, 336, 339
Ansbach-Brandenburg, Georg Friedrich,
   Markgraf von   60, 61, 317, 326
Ansbach-Brandenburg, Johann Georg,
   Markgraf von   309
Antel, Karl   112
Anton Viktor, Erzherzog   106, 284, 306
Anzengruber, Ludwig   378
Appel, Johann   175
Arbter, Hans   397
Arbter, Viktor   185
Arndt, Ernst Moritz   76
Arnulf von Kärnten, König   491
Ascher, Josef   342
Assissi, Franz von   366
Assmann, Paul   122
Assmann, Richard   135, 399, 422, 423, 440, 442
Au, Josef   154, 358
Aue, Rudolf   186, 190, 191, 193
Aue, Wilhelm   388
Auer, Andreas   295
Auer, Karl   360
Aulich, Franz   182, 191
Aust, Karl   186
Aust, Rudolf   185
Axmann   98
Axmann, Karl   408
Babolawsky, Jan = Bobolusk, Johann von   336
Bachmann, Adolf   393
Badeni, Felix Casimir   208, 494
Badstieber, Josef   191, 193
Baier, Alois   243
Baier, Ludwig   111
Baierle, Rudolf   420
Banér, Johann   66
Bannert, Karl   193
Bardutzki, Hedwig   193
Barisch, Anna   189
Barisch, Josef   292

Bartel, Adolf   242, 420
Bartel, Erwin   191
Bartel, Franz   243
Bartel, Gustav   181
Bartel, Heinrich   243
Bartel, Ignaz   191, 192
Bartel, Otto   243
Bartel, Rudolf   160, 297
Barth, Ottilie   191
Bartsch, Alfons   181
Bartsch, Alfred   111, 157, 324
Bartsch, Julie   160
Bartsch, Karl   191
Bartsch, Otto & Sohn   181
Basilius   106
Baudisch, Alfred   372
Baudisch, Grete = Just-Baudisch, Grete   372,
   391
Baudissin, Wolf Heinrich   64
Bauer, Franz   181
Bauer, Johann & Co   189, 190
Baum, Anna   190
Baum, Wilhelm   190, 408
Baumert, Wilhelm   171
Baumert, W. A. & Sohn   171
Baumgarten, Franz   191, 193
Bayer, Adolf   188 – 190
Bayer, Bruno   189
Bayer, Emil   159
Bayer, Friedrich   40
Bayer, Gustav   186
Bayer, Helene   303
Bayer, Johann   185
Bayer, Rudolf   184
Bayerle, Adolf   160
Becher, Walter   501
Beck, Alois   157, 228
Beck, Artur   148, 188
Beck, Edmund   98
Beck, Gisela   189
Beck, Josef   148, 172, 189, 420
Beck, Julius   148
Beege, Josef   148, 171
Beege, Julius   111
Beethoven, Ludwig van   362, 383, 397
Behr, Stefan   190
Beier, Alfred   109, 111
Beier, Anton   187
Beier, Erdmann   185
Beier, Franz   157
Beier, Fridolin   191
Beier, Hilda   193
Beier, Johann   187
Beier, Leo   223
Beier, Martin   342
Beier, Ottilie   191
Bellegarde, Graf(en) von   135, 162, 164, 237,
   259, 279, 335, 336, 353, 357, 358, 366
Bellegarde, August, Graf von   38, 157, 164,
   227, 228
Bellegarde, Elisabeth, Gräfin von   38
Bellegarde, Ernestine, Gräfin von   38

Bellegarde, Franz, Graf von   38, 56, 142, 259,
   357, 382
Bellegarde, Maria, Gräfin von   38
Bellegarde, Rudolfine, Gräfin von   38, 56, 259,
   357
Bellegarde, Sophie, Gräfin von   38
Benek, Marie   185
Benesch (Beneš), Edvard   8, 81 – 84, 90, 399,
   400, 401, 495, 497 – 500
Benesch III.   122
Beneschau (Beneschow), Milota von   339
Benischke, Josef   154, 342, 420
Benischke, Moritz   342
Benke, Adolf   154
Benscher, Heinrich   135, 350, 423
Berchthold, Graf von   382
Berdziakiewicz, Robert   186
Berger, Franz   189
Berger, Gottfried   189
Berger, Isidor   111
Berger, Karl   184, 339, 447
Berl, Ernst   360
Berl, Max   148
Berl, Max & Söhne   148, 186, 193
Berndl, Heinrich   422, 427, 428
Bernert, Franz   158
Bernhart, Karolina   188
Berthold   48, 302
Bertram, Adolf   373
Berziakywic, Olga   111, 298
Bethlen, Gabor   63
Beutel, Alois   154, 159, 323
Beutel, Georg   342
Beutel, Johann   159
Beutel, Michael   342
Beyer, Anton   187
Beyer, Konrad   175, 188, 189
Beyer, Olga   187
Beywl, Gustav   144
Bibus, Felix   439, 442
Bierka von Nassiedl, Bernhard   55, 56, 238,
   272, 279, 323
Bierka von Nassiedl, Georg   246, 279
Bierka von Nassiedl, Heinrich   246, 336
Bierka von Nassiedl, Hynek   38
Bierka von Nassiedl, Hynčik   38
Bischof, Johann   185
Bitowski, Karl   246
Bittmann, Alfred   188
Bittmann, Alois   187
Bittmann, Ernst   188
Bittmann, Josef   300, 358
Bittmann, Julius   189
Bittner   111, 475
Bittner, Eduard   196
Blaschke, Franz   184, 188
Blaschke, Richard   417
Blaschke, Rudolf   160
Blasiczek, Karl   190
Blücher, Gebhardt Leberecht, Fürst von   75
Blümel, Josef   187
Blum, Josef   184
Blum, Vinzenz   188
Bober, Rudolf   187

Inhaltsverzeichnis

Holzschnitzarbeit des taubstummen Bildhauers Max Ludwig, Würbenthal, „Der Nachtwächter". Der Kopf dieser Figur zeigt die Züge des Kaisers Franz-Josef von Österreich